廣安年鑑

GUANGAN YEARBOOK

2015

广安年鉴编纂委员会 编

方志出版社
Pubishing Houseo fL ocal Records

图书在版编目（CIP）数据

广安年鉴. 2015 / 广安市地方志办公室编. —北京:
方志出版社 .2015. 12

ISBN 978-7-5144-1881-1

Ⅰ. ①广… Ⅱ. ①广… Ⅲ. ①广安市—2015—年鉴
Ⅳ. ① Z527. 13

中国版本图书馆 CIP 数据核字 (2015) 第 306952 号

广安年鉴（2015）

编　　者：广安市地方志办公室
责任编辑：张颢
出 版 人：冀祥德
出 版 社：方志出版社
地址　北京市朝阳区潘家园东里 9 号（国家方志馆 4 层）
邮编　100021
网址　http://www.fzph.org
发　　行：方志出版社发行中心
电话（010）67110500
经　　销：各地新华书店
印　　刷：内江市龙华档案印务有限公司
开　　本：889 × 1194　1/16
印　　张：37.5
字　　数：1256 千字
版　　次：2015 年 12 月第 1 版　2015 年 12 月第 1 次印刷
印　　刷：001~900 册

ISBN 978-7-5144-1881-1
ISBN 978-7-5144-1881-1　定价：298.00 元

广安市行政区划图

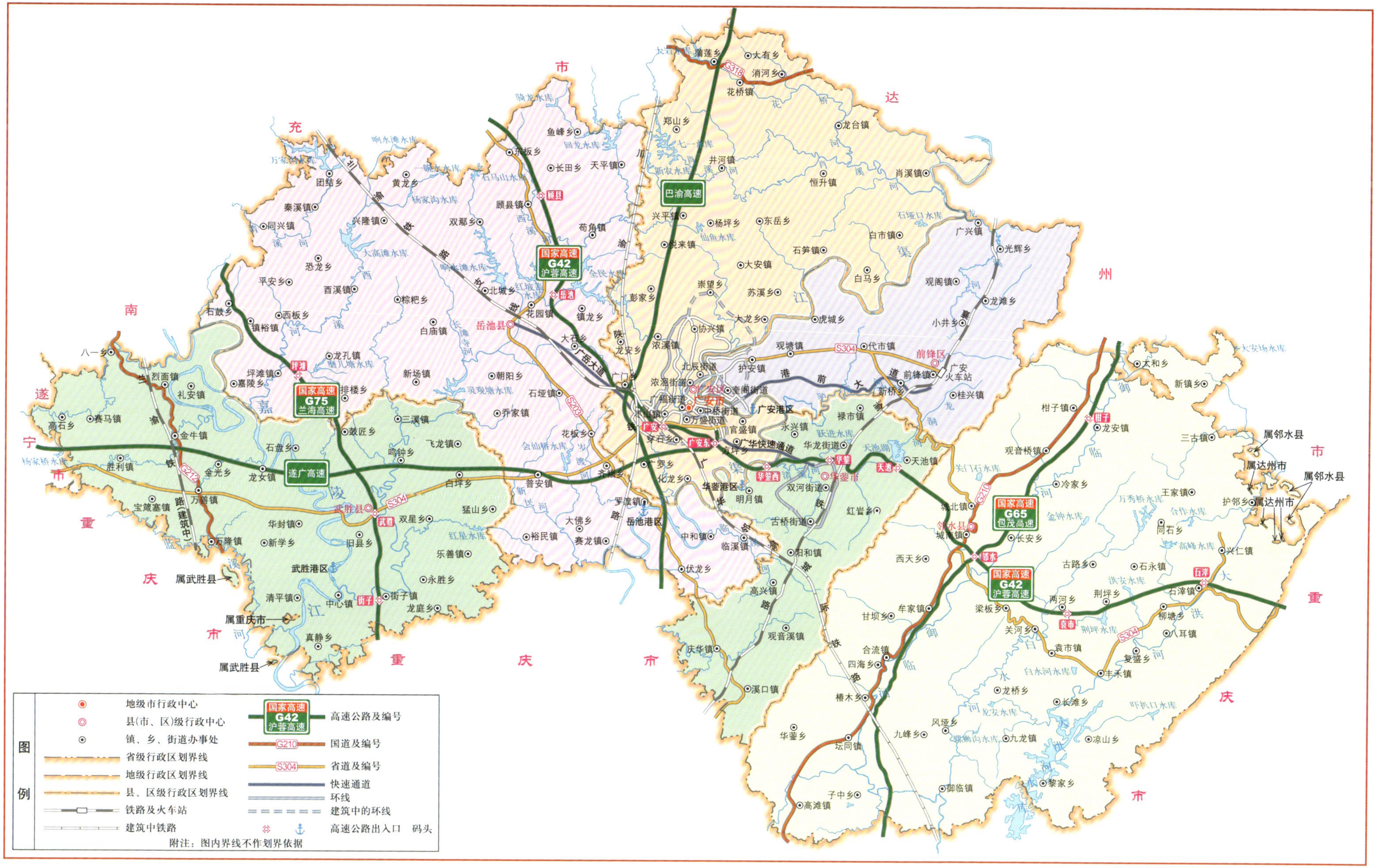

图例
地级市行政中心
县(市、区)级行政中心
镇、乡、街道办事处
省级行政区划界线
地级行政区划界线
县、区级行政区划界线
铁路及火车站
建筑中铁路
高速公路及编号
国道及编号
省道及编号
快速通道
环线
建筑中的环线
高速公路出入口
码头
附注：图内界线不作划界依据
广安区
前锋区
华蓥市
岳池县
武胜县
邻水县
广安港区
华蓥港区
岳池港区
武胜港区
岳池县
武胜县
邻水县
国家高速 G42 沪蓉高速
国家高速 G75 兰海高速
国家高速 G65 包茂高速
巴渝高速
遂广高速
广华快速通道
广岳大道
广安火车站
属武胜县
属重庆市
属邻水县
属达州市
南充市
达州市
重庆市
遂宁市

广安市城区图

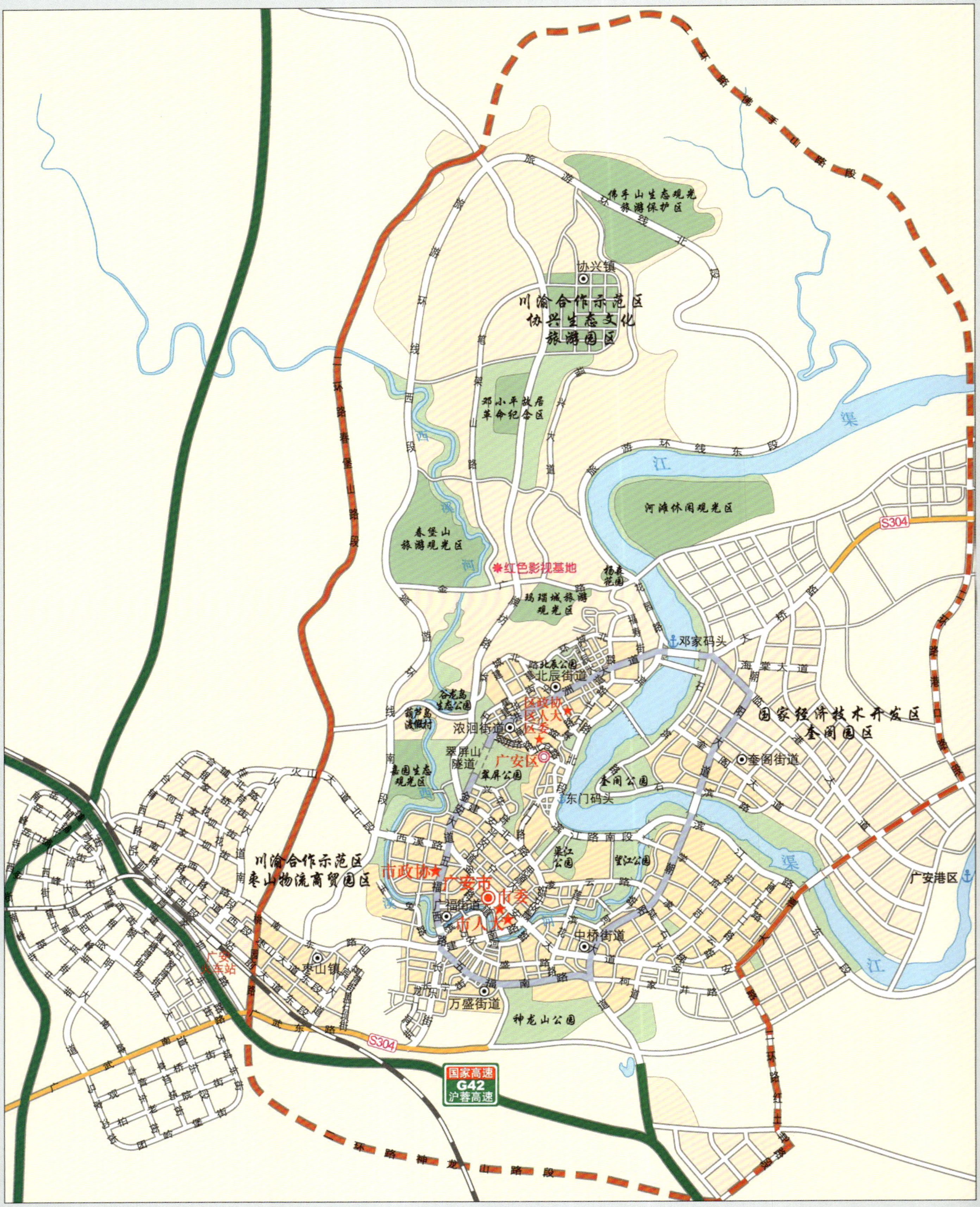

佛手山生态观光旅游保护区
协兴镇
川渝合作示范区
协兴生态文化旅游园区
邓小平故居革命纪念区
春堡山旅游观光区
红色影视基地
河滩休闲观光区
旅游环线东段
渠江
S304
邓家码头
北辰公园
北辰街道
区政协
区人大
区委
浓洄街道
翠屏山隧道
广安区
翠屏公园
东门码头
奎阁公园
奎阁街道
国家经济技术开发区
奎阁园区
广安港区
川渝合作示范区
枣山物流商贸园区
市政协
广安市
市委
市人大
渠江公园
望江公园
中桥街道
万盛街道
枣山镇
神龙山公园
国家高速
G42
沪蓉高速

《广安年鉴》编纂委员会

《广安年鉴》编辑部

编辑说明

一、《广安年鉴》于2005年创刊，以出版年为卷次，是中共广安市委、广安市人民政府主办，广安年鉴编纂委员会组织编纂的反映广安市情的年度大型资料性工具书，一年一鉴，国内公开发行。它逐年全面、系统、翔实、准确记述广安市改革开放、经济建设和社会事业的发展状况，收录年度性主要文献和重要资料，旨在为党政决策服务，为地方经济发展献策，为广大群众提供百科信息，为记录保存历史积累史料。它是各级、各部门、社会各界了解广安、认识广安的权威性工具书。

二、《广安年鉴（2015）》记录2014年度广安市自然、政治、经济、文化和社会的史料。所收录的资料断限除个别单位插图外，均为2014年的图文资料。年鉴框架结构主要包括前置图片、特载、大事记、政区与自然、政治、经济、文化、社会、县（市、区）概述、附录、后置图片等内容，以文字资料为主，图文结合的方式进行编纂。

三、《广安年鉴（2015）》前置图片按照纪念邓小平诞辰110周年、领导关怀、重要会议、交流合作、农村经济、工业经济、城建交通、商贸旅游、社会事业9大类进行分类排列；后置图片选录2014年部分机关、企事业单位、区市县政府工作成效方面的图文资料，体现各行各业年度成就。

四、《广安年鉴（2015）》采用条目体，按事物分类的方法进行编辑，主体内容分为类目、分目、栏目、条目四个层次，条目下层次较多的分段记述，条目标题一般采用名词或名词性词组，用黑体字并加【】表示。

五、《广安年鉴（2015）》的记述中，“全年”或没有用年份表述的时间均为2014年，数据增加或减少未说明与某年份比较的，均与2013年比较。

六、《广安年鉴（2015）》资料来源于市级各部门、党派、群团、企事业单位、区市县政府、园区、经开区、驻市各单位等，并经供稿单位领导审核，供稿人（单位）署名于各相应栏目的文末。统计数据使用法定计量单位，因统计时间、口径不同等原因，个别数据在不同稿件中可能不尽一致。反映全市国民经济和社会发展情况的数据，以广安市统计局资料为准。

七、《广安年鉴（2015）》在编纂、审核、出版过程中，得到各级领导、市级各部门和县（市、区）地志办等单位的大力支持和协助，在此表示诚挚谢意。书中错误和疏漏之处，恳请批评指正。

《广安年鉴》编辑部

2015年8月

纪念邓小平诞辰 110 周年

8 月 20 日，中共中央在人民大会堂举行纪念邓小平同志诞辰 110 周年座谈会，中共中央总书记、国家主席、中央军委主席习近平发表重要讲话

8 月 18 日，四川省纪念邓小平同志诞辰 110 周年座谈会在广安举行，省委书记、省人大常委会主任王东明发表重要讲话

8月18日，省委书记、省人大常委会主任王东明（右二），成都军区政委朱福熙（左），邓小平亲属代表、全国政协教科文卫体委副主任邓楠（右一）在邓小平故居陈列馆为邓小平雕像揭幕

8月18日，省委书记、省人大常委会主任王东明（前右二），成都军区政委朱福熙（前右一）等领导，邓小平亲属代表邓榕（前左二）等在邓小平缅怀馆缅怀伟人

8 月 18 日，省委、省政府在邓小平铜像广场举行向邓小平铜像敬献花篮仪式，纪念邓小平诞辰 110 周年

8 月 22 日，市委、市政府在邓小平铜像广场举行向邓小平铜像敬献花篮仪式，纪念邓小平诞辰 110 周年

8月11日，“光辉历程纪念邓小平诞辰110周年大型展览”新闻发布会在香港会展中心举行

8月17日，邓小平妹妹邓先群（右），女儿邓楠（中）、邓榕（左）等在邓小平故居陈列馆向邓小平雕像敬献鲜花

8月17日，著名雕塑艺术家吴为山（前左二）在向邓先群、邓楠、邓榕介绍邓小平雕像设计制作过程

8月17日，著名建筑师刑同和（右）在向邓楠、邓榕介绍邓小平缅怀馆设计过程

8 月 22 日，《邓小平同志诞生 110 周年》纪念邮票首发式在广安思源广场举行

8 月 18 日，邓小平妹妹邓先群在《丰碑》和《邓小平光辉历程地图集》首发式上签字赠书

6 月 10 日，“中国梦在广安——纪念邓小平诞辰 110 周年”广安市群众文艺演出在市体育馆举行

6 月 16 日，中国文联文艺志愿服务团在广安思源广场举行“高山仰止——纪念邓小平同志诞辰 110 周年”慰问演出

8月7日，中央电视台“心连心”艺术团赴广安慰问演出在协兴生态文化旅游园区牌坊村广场举行

11月13日，广安市召开纪念邓小平同志诞辰110周年工作总结表彰大会

领导关怀

5月7日，全国人大常委会副委员长、全国妇联主席沈跃跃（前右二）一行，在省委常委、省总工会主席李登菊（前左一），市委书记侯晓春等陪同下，在武胜县飞龙镇竹丝画帘公司视察

7月10日，全国人大常委会副委员长、农工民主党中央主席兼中华医学会会长陈竺（前右二）一行，在省人大常委会副主任刘道平（前左二）、市委书记侯晓春等陪同下，视察邓小平故里

9月11日，全国政协副主席、民革中央原常务副主席厉无畏（左三），在市政协主席刘凤成（左一）等陪同下，考察武胜县街子工业园区节能环保产业园

5月15日，原中共中央政治局委员、全国人大常委会副委员长、全国总工会主席王兆国一行，在市委书记侯晓春等陪同下，视察邓小平故里

4月20日，全国政协副秘书长、民革中央副主席何丕洁（右二），全国政协副秘书长、民革中央副主席、民革四川省主委刘家强（右一）一行，在市委书记侯晓春等陪同下，到协兴果山幸福美丽新村视察

6月16日，住房和城乡建设部部长陈政高（前左二）在市委书记侯晓春等陪同下，到协兴园区佛手山新村视察

5月19日，国家旅游局局长邵琪伟（前右二）一行，在市委书记侯晓春，市委副书记、市长罗增斌等陪同下，在邓小平故里视察

7月31日，中央文献研究室主任冷溶（前左三）、中央文献研究室办公厅主任高屹（右二），在省委常委、宣传部部长吴靖平（前左四），市委书记侯晓春，市委副书记、市长罗增斌等陪同下，到广安市调研邓小平故居陈列馆改陈和邓小平缅怀馆布展工作

8 月 10 日，北京师范大学校长董奇（左二）一行，在市委书记侯晓春等陪同下，在兰渝铁路广安南站视察

6 月 7 日，国防大学政委刘亚洲一行，在市委书记侯晓春等陪同下，到邓小平故里视察

12 月 20 日，民盟中央副主席、全国人大常委、中国作协副主席张平（前中）一行，视察邓小平故里

11 月 8 日，全国政协常委、著名经济学家、北京大学光华管理学院名誉院长、广安市高端决策咨询委员会专家厉以宁（前右二），到武胜县白坪飞龙乡村旅游示范区视察

3 月 18 日，省委书记、省人大常委会主任王东明（中）一行，在市委书记侯晓春等陪同下，视察武胜县街子工业园区

4 月 17 日，省委常委、省纪委书记王怀臣一行，在市委书记侯晓春等陪同下，到武胜县飞龙镇卢山村视察

4月16日，省委常委、成都市委书记黄新初（前左二）一行，在市委书记侯晓春，市委副书记、市长罗增斌等陪同下，视察协兴生态文化旅游园区红色文化影视城

5月10日，省委常委、省农工委主任李昌平（中），省政府资政张作哈（前右二）、市委书记侯晓春等全省县域经济工作会的代表，在邻水县城南机电园参观

7月23日，省委常委、宣传部部长吴靖平（前右一）一行，在市委书记侯晓春等陪同下，到邓小平故居陈列馆调研

2月20日，省委常委、政法委书记刘玉顺一行，在市委书记侯晓春等陪同下，在武胜县调研政法工作

7月24日，副省长王宁（前中）在市委书记侯晓春，市委副书记、市长罗增斌等陪同下，视察兰渝铁路广安南站建设情况

12月8日，副省长刘捷（前左二）在市委书记侯晓春，市委副书记、市长罗增斌等陪同下，调研华蓥电子信息产业发展

3月12日，副省长甘霖（中）一行，在市委副书记、市长罗增斌等陪同下，在广安区龙安乡勇敢村向村民了解产业发展情况

5月18日，省政协副主席陈放（右二）一行，在市委副书记、市长罗增斌等陪同下，参观在广安市举办的2014年四川省科技活动周启动仪式机器人表演

重要会议

7月9日，第三届中国报业党建工作座谈会暨邓小平群众路线观与新闻思想研讨会在广安市举行

4月15日，省委群众工作先进事迹报告团第一团在广安市举行首场报告会

7 月 18 日，四川党史界邓小平生平与思想研讨会在广安市举行

6 月 9 日，中共广安市第四届委员会第七次全体会议在市委四楼报告厅举行

3月25日，广安市第四届人民代表大会第五次会议在市会展中心开幕

3月24日，中国人民政治协商会议广安市第四届委员会第三次会议在市会展中心开幕

2 月 14 日，广安市召开中国共产党广安市第四届纪律检查委员会第四次全体会议

2 月 17 日，市委召开全市党的群众路线教育实践活动工作会议

1月10日，广安市召开经济工作暨城镇化工作会议

2月26日，广安市召开争创第四届全国文明城市工作推进大会

5月22日，广安市集中召开“培育和践行社会主义核心价值观”“志愿服务、诚实守信、‘讲文明树新风’公益广告宣传三个制度化建设”暨“未成年人思想道德建设”五项工作推进大会

5月28日，“感恩小平·共建广安”金融工作座谈暨金融对接大会在广安市举行，并举行签约仪式

6月17日，广安市召开落实党风廉政建设“两个责任”工作会

10月15日，广安市召开党的群众路线教育实践活动总结大会

10月20日，广安市召开深化农村改革推进会议

3月12日，广安市召开“3·15”国际消费者权益日暨“携手共治畅享消费”年主题宣传纪念大会

5月5日，广安市召开电子商务发展工作会议

4月28日，广安市庆祝“五一”国际劳动节暨纪念“五四”运动95周年大会在市委报告厅召开。市委书记侯晓春，市委副书记、市长罗增斌等市领导为劳动竞赛先进集体和先进个人代表颁奖

12 月 24 日，广安市工会第四次代表大会在市图书馆报告厅召开

12 月 26 日，广安市妇女第四次代表大会在市图书馆报告厅召开

12月29日，共青团广安市第四次代表大会在市图书馆报告厅召开

12月30日，广安市科学技术协会第四次代表大会在市图书馆报告厅召开

交流合作

1月13日，市委、市政府在北京组织召开高端专家座谈会。全国人大常委、北京大学原校长、中科院院士周其凤，全国政协常委、北京大学光华管理学院名誉院长、著名经济学家厉以宁等8名高端专家和侯晓春、罗增斌等市领导出席座谈会

5月31日，邓小平与小康社会研究实践基地揭牌仪式在邓小平故里举行，同济大学党委书记周祖翼（右二），中共中央文献研究室第三编研部主任龙平平（右一），市委书记侯晓春等出席揭牌仪式

12月10日，中信产业基金总裁田宇（右一）一行，在市委书记侯晓春等陪同下，在广安区官盛新区调研

5月26日，市委书记侯晓春，市委副书记、市长罗增斌率广安市党政代表团，在省政协副主席、凉山州委书记翟占一的陪同下，在凉山州邛海湿地保护区考察

5月5日，市委书记侯晓春，市委副书记、市长罗增斌率领广安市党政代表在泸州委书记蒋辅义（左二）的陪同下，考察泸州市城市建设

7月14日，市委书记侯晓春，市委副书记、市长罗增斌率领广安市党政代表团，在内江市委书记彭宇行（左）的陪同下，考察内江张大千纪念馆

9月5日，市委书记侯晓春率广安考察团赴浙江，在湖州市委书记马以（前右一）陪同下，考察安吉县农村生活污水处理项目

9月25日，市委书记侯晓春，市委副书记、市长罗增斌率广安市党政考察团赴贵州省贵阳市考察水环境综合整治等工作

5月18日，市委书记侯晓春在广安会见前来参加“5·19”中国旅游日主会场活动的法国 senlis 市（桑里斯市）旅游局局长 Jaque Bacherey（雅克）

7月19日，“邓小平诞辰110周年海外华侨华人广安行”座谈会在广安举行

5月18日，广安市人民政府与四川省科学技术厅在广安召开第二次厅市会商工作会议

11月11日，广安市举办“感恩小平·高端专家广安行”活动座谈会

8月12日，市委副书记、市长罗增斌接受台湾中时媒体专访

7月7日，在广安区官盛新区举行中国·长明高新技术产业园开工仪式

3月17日，广安文化创意产业园区项目签约仪式在广安市举行

4月8日，广安新型住宅产业化示范园项目签约仪式在成都市世纪城国际会议中心举行，中国恒天集团与广安市人民政府签订战略合作协议

4 月 9 日，“感恩小平 · 投资广安”广安市投资推介会暨项目签约仪式在成都举行

5 月 15 日，广安市在重庆举办“感恩小平 · 共建广安”——广安市投资推介会暨项目签约仪式

5月19日，广安市举行文化旅游项目推介暨集中签约活动

6月19日，渝广经贸合作领导小组第五次联席会议在广安市举行，并签署合作协议

8 月 7 日，第二届“西三角”区域开放合作交流会在广安市召开

8 月 17 日，中国建材集团与广安市人民政府签订广安新型房屋产业基地合作协议

9月3日，广安市与北京师范大学共建邓小平城乡发展学院签约仪式在北京举行

10月31日，广安市在成都举行邓小平故里优质农产品公用品牌发布会暨农业招商引资项目签约仪式

10月10日，广安市人民政府与中国建筑股份有限公司在北京签订战略合作协议

12月22日，江苏众瀛联合数据科技有限公司与广安市人民政府建设广安大数据智慧城市公共信息云平台及E消费项目签约仪式在广安市举行

农村经济

8月23日，华蓥山大熊猫野化放归培训基地启用及大熊猫入住仪式在华蓥山举行，国家林业局副局长陈凤学（小图右一）出席仪式

4月30日，全民水库生态重建项目正式启动，市委书记侯晓春等市领导集体向水库投放水生物

9月14日，市委书记侯晓春率队深入协兴园区协兴镇春风村，实地查看遭受暴雨洪涝灾害的灾情，了解群众安置情况

8月4日，市委副书记、市长罗增斌到岳池、武胜调研五排水库及长滩寺河流域水质状况

“9·13” 洪灾邻水县合流镇干部在受灾现场开展生产自救

11月8日，广安区举办龙安柚节

广安区龙安乡名柚品比博览园

广安区现代农业园区

9月14日，市委书记侯晓春率队深入协兴园区协兴镇春风村，实地查看遭受暴雨洪涝灾害的灾情，了解群众安置情况

8月4日，市委副书记、市长罗增斌到岳池、武胜调研五排水库及长滩寺河流域水质状况

“9·13” 洪灾邻水县合流镇干部在受灾现场开展生产自救

11月8日，广安区举办龙安柚节

广安区龙安乡名柚品比博览园

广安区现代农业园区

广安区彭家乡古佛村山羊养殖场

邻水县团结鹿业聪明养殖基地梅花鹿养殖

前锋区小井乡大型养鸡场

农民机械化收割稻谷

8 月 23 日，大熊猫“云涛”（右上）“阳花”（右下）正式安家华蓥山

岳池县白庙镇菊花村樱花产业园

建设中的武胜县中滩滨河湿地公园

广安区龙安乡勇敢新村

前锋区观塘镇碧峰新村

岳池县石垭镇玉屏湖新村

华蓥市禄市镇梨园新村

武胜县白坪乡白坪新村

邻水县柳塘乡大河坝泽达新村

工业经济

4 月 25 日，国网四川省电力公司总经理王抒祥（中）、党委书记葛兆军（右一），在市委书记侯晓春等陪同下，到西溪变电站 110 千伏线路迁改工程现场调研

12 月 21 日，市委副书记、市长罗增斌与深圳正威集团董事局主席王文银（左一）一行，到广安经开区新桥工业园区项目建设现场考察

11月11日，广安市在枣山物流商贸园区举行重大项目集中开工仪式

广安凉滩电站

6月29日，广安市首座GIS智能化变电站——武胜220千伏变电站竣工投入运行

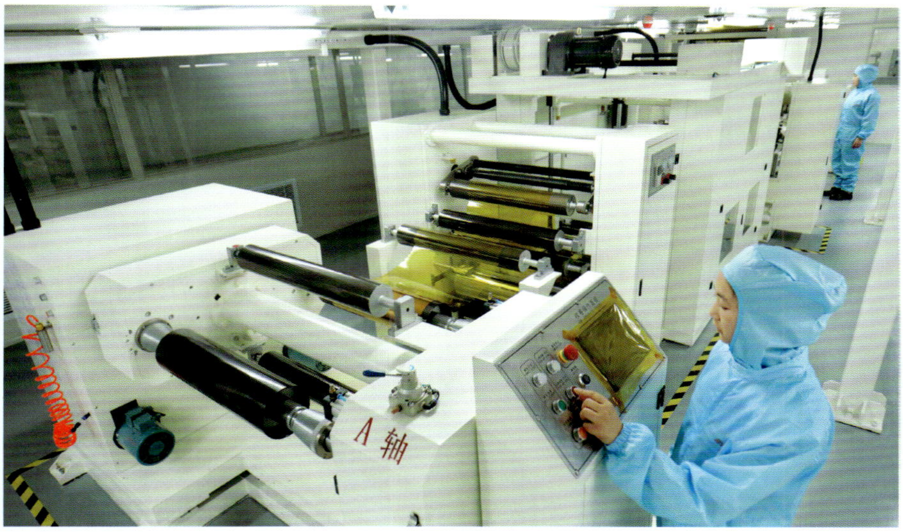

11月25日，广安宏威高新材料有限公司高新电子信息材料项目设备调试

6月13日，广安经开区新桥工业园区广安玖源化工公司试生产

广安诚信化工公司

广安市储配气保障设施

广安经开区新桥化工园区

邻水嘉逸皇冠科技公司摩托车生产

前锋工业园区福辉鞋业公司

华蓥市四川阿克拉斯电动车公司生产车间

武胜县街子工业园区四川一通杰豪机械公司

城建交通

6 月 4 日，中国建材集团外部董事倪小庭（前左一）一行，在市委书记侯晓春等陪同下在邓小平故里考察

2 月 7 日，市委书记侯晓春一行在协兴生态文化旅游园区大寨片区“美好家园”建设现场调研

10月9日，市委副书记、市长罗增斌到广安区官盛新区调研重点工程建设

2月7日，市委副书记、市长罗增斌（左三）调研广（安）华（蓥）大道公路建设

8月8日，兰渝铁路南高线正式开通运营，广安至成都动车开行首发仪式在广安南站举行

广安城南东南片区初具规模

广安城南新区西溪河一角

广安城区道路整治后的金安大道

广安城区道路整治后的重百转盘

新建的枣山大道

新建的广安市民广场

广安南火车站

广安南开往成都东的动车

广安南开往重庆北的快速列车

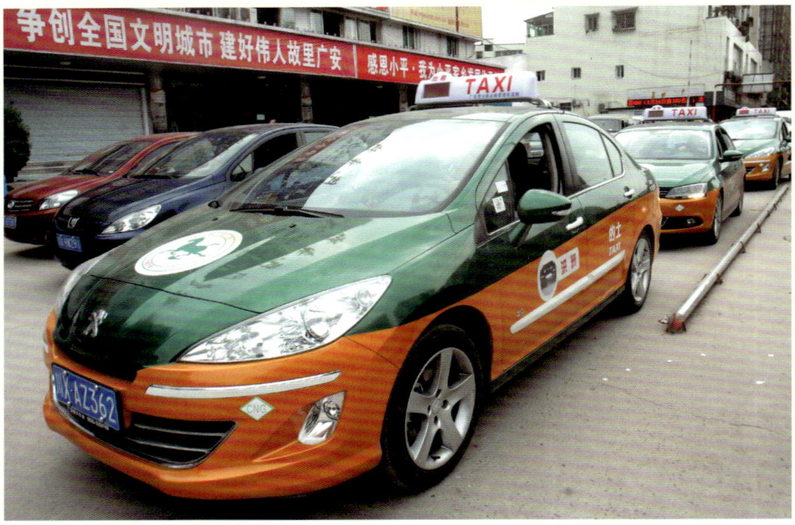

4月1日，广安城区新投放的出租汽车

新投放的农村客运班线

广安城市免费公共自行车

全长 2.7 公里的小平大道建成通车

新建的广（广安）岳（岳池）大道

新建的港（广安港）前（前锋）大道

改建的广（广安）前（前锋）大道

广安区枣（山）彭（家）公路建成通车

在建中的巴广渝高速公路广门互通

改扩建后的沪
蓉高速广安收费站

新建的广安区
渠江流杯滩大桥

广安港新东门码头一角

商贸旅游

5月19日，2014年“中国旅游日”主会场活动启动仪式在邓小平故居陈列馆广场举行，国家旅游局局长邵琪伟（左二），省委副书记、省长魏宏（右二）、光明日报总编何东平（左）、全国优秀导游代表刘松涛（右）通过触摸式互动媒体终端扫描掌纹，共同启动2014年“中国旅游日”主会场活动

4月14日，市领导侯晓春、罗增斌、余仪等一行在枣山物流商贸园区调研

邓小平缅怀馆及序厅

协兴生态文化旅游园区骑游步道

社会事业

7月3日，中国东方书画院院长王明远捐赠50万元支持广安幼教事业发展

2月20日，在武胜县白坪小学举行全国红军小学建设工程爱国主义军事体验基地授牌仪式，陈毅元帅之子、全国红军小学建设工程理事会副理事长陈昊苏（左）为基地授牌

10月12日，全国“五星级红军小学”授牌仪式在协兴生态文化旅游园区广安红军小学举行，全国红军小学建设工程理事会副理事长方强、市委书记侯晓春向广安红军小学授牌

3月22日，市委书记侯晓春带队前往广安区官盛镇官盛村调研指导党的群众路线教育实践活动

9月9日，广安市召开庆祝第30个教师节座谈会，市委书记侯晓春，市委副书记、市长罗增斌慰问与会代表

12月4日，侯晓春、罗增斌、余仪、刘凤成等市领导和区市县、市级部门党委（党组）书记在参观邓小平廉政思想与实践专题展

11月21日至12月1日，广安首届国防兵器展在市民广场举行

11月28日，广安市在广安职业技术学院举行“世界艾滋病日”大型宣传活动

2月19日，邓小平逝世17周年纪念日，广安市党政军群代表在邓小平铜像广场举行庄严的献花仪式，表达对世纪伟人的无限缅怀和感恩之情

9月30日，在邓小平铜像广场举行广安市2014年烈士公祭活动

8月4日，中央电视台“心连心”艺术团小分队成员到岳池县看望慰问抗美援朝特等功臣、一级战斗英雄柴云振，并与柴云振一家合影

8月28日，全国道德模范与身边好人现场交流活动在广安市会展中心举行

2月26日，在邓小平陈列馆前举行全国城市电视台感恩歌唱比赛（广安赛区）启动仪式

3月13日，广安市举行“3·15”携手共治畅享消费年宣传服务活动

5月15日，四川科技周活动启动仪式在广安思源广场举行

5月4日，广安市防灾救灾大演练之特大山体滑坡应急救援演练在华蓥市溪口镇举行

5月14日，广安反恐防暴暨应急处综合实战演练在广安中学举行

8月15日，佛手山新村举行“新村新貌新生活”文艺演出

4月12日，广安市第二届万人相亲节在神龙山景区举行

2月19日，广安市举行“忆伟人·庆新春”长跑健身活动

3月28日，广安市第二届中学生运动会在邻水中学举行

5月30日，武胜县举行嘉陵江龙舟文化艺术节

目 录
Contents

特 载

大事记

广安概况

政 治

经　济

文　化

社　会

区市县概述

附　录

索 引

插 图

CONTENTS

Specially Edited

Major Event

Overview of Guang´an

Politics

Economy

Culture

Society

Counties overview

Appendix

Index

特　载

在纪念邓小平同志诞辰110周年座谈会上的讲话

中共中央总书记、国家主席、中央军委主席　习近平

（2014年8月20日）

同志们，朋友们：

今天，我们在这里隆重集会，纪念敬爱的邓小平同志诞辰110周年，深切缅怀他为党、为祖国、为人民建立的不朽功勋，追思和学习他为党和人民事业不懈奋斗的崇高风范，进一步激励全党全国各族人民在新的时代条件下把中国特色社会主义事业推向前进。

邓小平同志是全党全军全国各族人民公认的享有崇高威望的卓越领导人，伟大的马克思主义者，伟大的无产阶级革命家、政治家、军事家、外交家，久经考验的共产主义战士，中国社会主义改革开放和现代化建设的总设计师，中国特色社会主义道路的开创者，邓小平理论的主要创立者。

110年前，邓小平同志出生在四川省广安县协兴乡牌坊村。当时，中国正处于半殖民地半封建社会的黑暗之中，中国正遭受着帝国主义列强的欺凌和封建统治的压迫，社会动荡不已，人民饥寒交迫，民族危在旦夕。面对深重的民族灾难和激烈的社会矛盾，为改变中华民族的悲惨命运，中国人民和无数仁人志士进行着艰辛探索和顽强抗争。那个风雨如晦的年代，孕育了邓小平同志救国救民的理想和追求。他16岁远渡重洋勤工俭学，并在那里接受了马克思主义，加入中国共产党，从此矢志不渝为党和人民事业奋斗了70多年。

邓小平同志的一生，同中国共产党、中国人民解放军、中华人民共和国创建和发展的历史进程紧紧相连，同中国革命、建设、改革的历史进程紧紧相连，同中华民族抗争、独立、振兴的历史进程紧紧相连，是光辉的一生、战斗的一生、伟大的一生。

新民主主义革命时期，邓小平同志为党领导的民族独立和人民解放事业建立了卓越功勋，是中华人民共和国的开国元勋。新民主主义革命时期，邓小平同志作为毛泽东同志的亲密战友，始终坚持正确路线，以充沛的革命热情，先后担任党和军队许多重要领导职务，为创建发展新型人民军队、赢得革命战争胜利做出了重要贡献。北伐战争期间，他从苏联回国直接参加革命斗争。

土地革命战争期间，他先后在上海极端险恶的环境下从事地下工作，在广西领导发动百色起义和龙州起义、创立左右江革命根据地，参加艰苦卓绝的长征，亲历标志着党的历史伟大转折的遵义会议。抗日战争和解放战争期间，他坚决执行党中央和毛泽东同志的战略决策，军政兼任、勇挑重担，不畏艰险、出奇制胜，一直处在战略全局的关键位置，处在对敌斗争的最前线。特别是先后同刘伯承、陈毅等同志一起，开辟晋冀鲁豫抗日根据地，率部千里跃进大别山，组织实施淮海战役和渡江战役，进军解放大西南，建立了赫赫战功。

在社会主义革命和建设时期，邓小平同志为胜利完成社会主义革命、探索我国社会主义建设道路做出了杰出贡献。新中国成立初期，邓小平同志主政西南，不久就参加中央领导工作，先后担任中共中央秘书长、中共中央政治局委员、政府副总理。1956 年党的八届一中全会上，他当选中共中央政治局常委、中共中央总书记，成为以毛泽东同志为核心的党的第一代中央领导集体的重要成员。此后 10 年间，他负责党中央大量日常工作，为探索适合我国情况的社会主义建设道路、为克服经济困难提出许多正确主张，进行了卓有成效的工作。“文化大革命”开始后不久，他受到错误批判和斗争，被剥夺一切职务，直到 1973 年复出。1975 年他开始主持党、国家、军队日常工作，为扭转“文化大革命”造成的严重混乱局面，开展大刀阔斧的全面整顿，同“四人帮”进行针锋相对的斗争。不久，他再次被错误撤职、批判。

在改革开放新时期，邓小平同志成为党的第二代中央领导集体的核心，为开创中国特色社会主义做出了历史性贡献。“文化大革命”结束，“中国向何处去”又成为摆在中国人民面前头等重要的问题。邓小平同志以他的远见卓识、丰富政治经验、高超领导艺术，强调实事求是是毛泽东思想的精髓，旗帜鲜明反对“两个凡是”的错误观点，支持和领导开展真理标准问题的讨论，推动进行各方面的拨乱反正。在邓小平同志指导下，1978 年 12 月召开的党的十一届三中全会，重新确立了解放思想、实事求是的思想路线，停止使用“以阶级斗争为纲”的错误提法，确定把全党工作的着重点转移到社会主义现代化建设上来，作出实行改革开放的重大决策，实现了党的历史上具有深远意义的伟大转折。

党的十一届三中全会以后，邓小平同志始终站在时代要求、国家发展、人民期待的高度，同中央领导集体一起，领导我们党作出一系列重大决策，把改革开放和社会主义现代化建设一步一步推向前进。邓小平同志指导我们党系统总结建国以来的历史经验，解决了科学评价毛泽东同志的历史地位和毛泽东思想的科学体系、根据新的实际和发展要求确立中国社会主义现代化建设的正确道路这样两个相互联系的重大历史课题，彻底否定了“文化大革命”的错误实践和理论，坚决顶住否定毛泽东同志和毛泽东思想的错误思潮，为党和国家发展确定了正确方向。邓小平同志紧紧抓住“什么是社会主义、怎样建设社会主义”这个基本问题，响亮提出“走自己的道路，建设有中国特色的社会主义”的伟大号召，领导我们党在新中国成立以来革命和建设实践的基础上，成功走出了一条中国特色社会主义新道路。邓小平同志强调必须坚持以经济建设为中心，坚持四项基本原则，坚持改革开放，领导我们党制定了党在社会主义初级阶段的基本路线。邓小平同志指导我们党正确认识我国所处的发展阶段和根本任务，制定了现代化建设“三步走”发展战略。邓小平同志突出强调“改革是中国的第二次革命”，领导我们党有步骤地展开各方面体制改革，勇敢打开对外开放的大门。邓小平同志反复强调“两手抓、两手都要硬”，必须抓好社会主义精神文明建设和民主法制建设，实现社会全面进步。他创造性提出“一国两制”科学构想，指导我们实现香港、澳门平稳过渡和顺利回归，推动海峡两岸关系打开新局面。邓小平同志明确提出和平与发展是当代世界的两大问题，领导我们党及时调整各方面政策，为改革开放和社会主义现代化建设创造了难得历史机遇和良好外部环境。邓小平同志强调加强党的领导必须改善党的领导，必须聚精会神抓党的建设，使党的建设充满新的生机活力。正是这些重大思想理论和实践，使 20 世纪的中国又一次发生天翻地覆的变化。

邓小平同志对党和人民的贡献，是历史性的，也是世界性的。正是由于有邓小平同志的卓越领导，正是由于有邓小平同志大力倡导和全力推进的改革开放，中国特色社会主义才能欣欣向荣，中国人民才能过上小康生活，中华民族和中华人民共和国才能以新的姿态屹立于世界东方。

邓小平同志的贡献，不仅改变了中国人民的历史命运，而且改变了世界的历史进程。邓小平同志赢得了中国人民衷心爱戴，也赢得了世界人民广泛尊敬。

像我们党的其他老一辈革命家一样，邓小平同志之所以能够为祖国和人民建立彪炳史册的功勋，就在于他看清了世界和中国的发展大势，深刻了解中国人民和中华民族的深沉愿望，把握住中国发展的历史规律，紧紧依靠党和人民建立了前所未有的历史性伟业。正如江泽民同志、胡锦涛同志指出的那样：如果没有邓小平同志，中国人民就不可能有今天的新生活，中国就不可能有今天改革开放的新局面和社会主义现代化的光明前景。

邓小平同志为中华民族独立、繁荣、振兴和中国人民解放、自由、幸福奋斗的辉煌人生和伟大贡献，将永远书写在祖国辽阔的大地之上。邓小平同志始终在人民中间，也始终在人民心间。在这里，我们要说：小平您好！祖国和人民永远怀念您！

同志们、朋友们！

伟大的时代造就伟大的人物。邓小平同志就是从中国人民和中华民族近代以来伟大斗争中产生的伟人，是我们大家衷心热爱的伟人。我们很多同志都曾经在他的领导和指导下工作过，他的崇高风范对我们来说是那样熟悉、那样亲切。邓小平同志崇高鲜明又独具魅力的革命风范，将激励我们在实现“两个一百年”奋斗目标、实现中华民族伟大复兴中国梦的征程上奋勇前进。

——我们纪念邓小平同志，就要学习他对共产主义远大理想和中国特色社会主义信念无比坚定的崇高品格。信念坚定，是邓小平同志一生最鲜明的政治品格，也永远是中国共产党人应该挺起的精神脊梁。

早在苏联求学期间，邓小平同志就立志“更坚决地把我的身子交给我们的党，交给本阶级”。在此后70多年的革命生涯中，无论个人处境如何艰难，无论革命道路如何坎坷，邓小平同志都坚信马克思主义的科学性和真理性，坚信社会主义、共产主义的光明前景。他说：“对马克思主义的信仰，是中国革命胜利的一种精神动力。”面对革命战争的枪林弹雨，他浴血奋战、视死如归；面对新中国建设的艰难局面，他励精图治、百折不挠；面对“文化大革命”的十年内乱，他信念执着、从不消沉；面对国际国内政治风波，他冷静观察、从容应对，坚信马克思主义、坚守共产主义理想，坚持在社会主义道路上推进我国现代化事业。

1992年，88岁高龄的邓小平同志在南方谈话中说：“我坚信，世界上赞成马克思主义的人会多起来的，因为马克思主义是科学。它运用历史唯物主义揭示了人类社会发展的规律。”“不要惊慌失措，不要认为马克思主义就消失了，没用了，失败了。哪有这回事！”

邓小平同志对理想信念的重要性具有深刻认识，他说：“我认为，最重要的是人的团结，要团结就要有共同的理想和坚定的信念。我们过去几十年艰苦奋斗，就是靠用坚定的信念把人民团结起来，为人民自己的利益而奋斗。”

革命理想高于天。没有一大批具有坚定共产主义理想的中华儿女，就没有中国共产党，也就没有新中国，更没有今天我国的发展进步。要把我国发展得更好，离不开理想信念的力量。我们共产党人锤炼党性，首要的就是坚定共产主义远大理想和中国特色社会主义共同理想。我们要学习邓小平同志矢志不渝为社会主义、共产主义而奋斗的执着精神，坚定中国特色社会主义道路自信、理论自信、制度自信，坚忍不拔、风雨无阻朝着我们的目标奋勇前进。

——我们纪念邓小平同志，就要学习他对人民无比热爱的伟大情怀。热爱人民，是邓小平同志一生最深厚的情感寄托，也永远是中国共产党人应该坚守的力量源泉。

邓小平同志曾经写道：“我是中国人民的儿子，我深情地爱着我的祖国和人民。”邓小平同志从对人民的挚爱，延伸到对党、对祖国的挚爱。他说过：“我的生命是属于党、属于国家的。”这质朴的语言，集中表达了邓小平同志对党、对祖国、对人民的大爱。

邓小平同志高度重视人民群众的地位和作用，他强调：“群众是我们力量的源泉，群众路线和群众观点是我们的传家宝。党的组织、党员和党的干部，必须同群众打成一片，绝对不能同群众相对立。如果哪个党组织严重脱离群众而不能坚决改正，那就丧失了力量的源泉，就一定要失败，就会被人民抛弃。”在他的一生中，无论身居要职还是身陷困苦，都始终与人民群众同甘共苦，努力为党和国家分忧解难。

邓小平同志孜孜以求的是增进人民福祉。他多次讲：“贫穷不是社会主义，社会主义要消灭贫穷。不发展生产力，不提高人民的生活水平，不能说是符合社会主义要求的。”他领导改革开放和社会主义现代化建设，心中想着的就是最广大人民。

邓小平同志坚持从人民创造历史的活动中吸取思想营养和前进力量。他说：“改革开放中许许多多的东西，都是群众在实践中提出来的。”“绝不是一个人脑筋就可以钻出什么新东西来。”“这是群众的智慧，集体的智慧。”他反复强调，要把人民拥护不拥护、赞成不赞成、高兴不高兴、答应不答应作为制定方针政策和作出决断的出发点和归宿。邓小平同志始终以人民利益为最高准则来开展领导工作。

爱祖国、爱人民，是最深沉、最有力量的情感，是博大之爱。我们要学习邓小平同志对祖国、对人民的深情大爱，始终为人民利益而奋斗，任何时候任何条件下都忠于祖国、忠于人民，脚踏实地践行党的宗旨，把自己的一生交给党和人民，为党和人民事业鞠躬尽瘁、死而后已。

——我们纪念邓小平同志，就要学习他始终坚持实事求是的理论品质。实事求是，是邓小平同志一生最重要的思想特点，也永远是中国共产党人应该遵循的思想方法。

邓小平同志坚持党的思想路线，坚持一切从实际出发，常说自己是“实事求是派”，反复强调“拿事实来说话”。“实事求是是马克思主义的精髓。要提倡这个，不要提倡本本。我们改革开放的成功，不是靠本本，而是靠实践，靠实事求是”。“要取信于民，要干出实绩”。“领导者必须多干实事”。邓小平同志以一生的实践证明，他是一位高瞻远瞩的思想家、政治家、战略家，也是一位求实、务实、踏实的实干家。

20世纪60年代初期，面对国家困难，邓小平同志提醒各级干部要“实事求是地说明情况”。当时为了推动恢复和发展农业生产，他说：“生产关系究竟以什么形式为最好，恐怕要采取这样一种态度，就是哪种形式在哪个地方能够比较容易比较快地恢复和发展农业生产，就采取哪种形式；群众愿意采取哪种形式，就应该采取哪种形式，不合法的使它合法起来。”

进入改革开放新时期，邓小平同志更加强调坚持彻底的求真务实精神。他说：“我读的书并不多，就是一条，相信毛主席讲的实事求是。过去我们打仗靠这个，现在搞建设、搞改革也靠这个。”他强调，要把是否有利于发展社会主义社会的生产力、是否有利于增强社会主义国家的综合国力、是否有利于提高人民的生活水平作为判断一切工作是非得失的标准。正是因为具有这种彻底的求真务实精神，邓小平同志果断从容处理了党和国家面对的一系列重大问题，指导党和人民劈波斩浪开创了党和国家事业新局面。

事实是真理的依据，实干是成就事业的必由之路。这也是“空谈误国，实干兴邦”的真谛。我国革命、建设、改革的历史反复证明，只有制定符合实际的政策措施，采取符合实际的工作方法，党和人民事业才能走上正确轨道，才能取得人民满意的成效。我们要学习邓小平同志善于运用辩证唯物主义和历史唯物主义观察世界、处理问题的思想方法和领导艺术，掌握真实情况，把握客观规律，发扬务实高效、不尚空谈的工作作风，踏踏实实把党的基本理论、基本路线、基本纲领、基本经验、基本要求贯彻落实好。

——我们纪念邓小平同志，就要学习他不断开拓创新的政治勇气。开拓创新，是邓小平同志一生最鲜明的领导风范，也永远是中国共产党人应该具有的历史担当。

综观邓小平同志70多年的革命生涯，可以清楚地看到，他身上始终洋溢着一种革故鼎新、一往无前的勇气，一种善于创造性思维、善于打开新局面的锐气。

1975年，邓小平同志在领导全国大刀阔斧的整顿工作期间，斩钉截铁地说：“现在问题相当多，要解决，没有一股劲不行。要敢字当头，横下一条心。”1977年复出后，面对长期形成的思想禁锢状况，邓小平同志鲜明提出，不能“书上没有的，文件上没有的，领导人没有讲过的，就不敢多说一句话，多做一件事，一切照抄照搬照转”。他谆谆告诫我们：“世界形势日新月异，特别是现代科学技术发展很快。现在的一年抵得上过去古老社会几十年、上百年甚至更长的时间。不以新的思想、观点去继承、发展马克思主义，不是真正的马克思主义者。”“一个党，一个国家，一个民族，如果一切从本本出发，思想僵化，迷信盛行，那它就不能前进，它的生机就停止了，就要亡党亡国。”

邓小平同志强调：“改革开放胆子要大一些，敢于试验，不能像小脚女人一样。看准了的，就大胆地试，大胆地闯。”“走不出一条新路，就干不出新的事业。”邓小平同志第一次比较系统地初步回答了在中国这样经济文化比较落后的国家如何建设社会主义、如何巩固和发展社会主义的一系列基本问题，深刻揭示了社会主义的本质，实现了马克思主义同中国实际相结合的又一次历史性飞跃。邓小平同志的南方谈话，从理论上深刻回答了长期困扰和束缚人们思想的许多重大问题，推动改革开放和社会主义现代化建设进入新阶段。正是在邓小平同志倡导和支持下，改革大潮汇聚成时代洪流，使中国人民的面貌、社会主义中国的面貌、中国共产党的面貌发生了历史性变化。

越是伟大的事业，往往越是充满艰难险阻，越是需要开拓创新。中国特色社会主义是前无古人的伟大事业，改革开放和社会主义现代化建设还有很长的路要走。在前进道路上，我们将进行许多具有新的历史特点的伟大斗争。我们要学习邓小平同志敢于开拓创新的政治勇气，细心观察新的实践和新的发展，尊重地方、基层、群众首创精神，果断作出决策，把开拓创新作为一种常态，不断用发展着的马克思主义指导新的实践，又从实践中作出新的理论概括，敢破敢立、敢闯敢试，义无反顾把改革开放不断向前推进。

——我们纪念邓小平同志，就要学习他高瞻远瞩的战略思维。战略思维，是邓小平同志一生最恢宏的革命气度，也永远是中国共产党人应该树立的思维方式。

邓小平同志思想敏锐、目光远大，多谋善断、举要驭繁，总是站在国内大局和国际大局相互联系的高度审视中国和世界的发展，善于从全局上思考问题，善于在关键时刻作出战略决策。进入改革开放新时期，邓小平同志洞察国内外发展大势，作出了一系列事关党和国家事业长远发展、事关社会主义前途命运的重大战略决策。

邓小平同志深刻分析当今时代特征和世界大势，指出："现在的世界是开放的世界。""总结历史经验，中国长期处于停滞和落后状态的一个重要原因是闭关自守。经验证明，关起门来搞建设是不能成功的，中国的发展离不开世界。"同时，邓小平同志高度珍惜并坚决维护中国人民经过长期奋斗得来的独立自主权利，告诫人们："中国的事情要按照中国的情况来办，要依靠中国人自己的力量来办。独立自主，自力更生，无论过去、现在和将来，都是我们的立足点。""任何外国不要指望中国做他们的附庸，不要指望中国会吞下损害我国利益的苦果。"

邓小平同志高度关注世界和平与发展问题，提出"应当把发展问题提到全人类的高度来认识，要从这个高度去观察问题和解决问题"。他关注广大发展中国家的命运，强调我们搞的是主张和平的社会主义，"中国和所有第三世界国家的命运是共同的。中国永远不会称霸，永远不会欺负别人，永远站在第三世界一边"。他强调，要反对任何形式的霸权主义，维护世界和平。

战略问题是一个政党、一个国家的根本性问题。战略上判断得准确，战略上谋划得科学，战略上赢得主动，党和人民事业就大有希望。我们要学习邓小平同志"放眼世界，放眼未来，也放眼当前，放眼一切方面"的世界眼光和战略思维，学习他善于抓住关键、纲举目张的思想方法和工作方法，站在时代前沿观察思考问题，把党和人民事业放到历史长河和全球视野中来谋划，以小见大、见微知著，在解决突出问题中实现战略突破，在把握战略全局中推进各项工作。

——我们纪念邓小平同志，就要学习他坦荡无私的博大胸襟。坦荡无私，是邓小平同志一生最光辉的人格魅力，也永远是中国共产党人应该锤炼的品质修养。

邓小平同志始终以劳动人民的一员看待自己，始终以共产党员的标准要求自己，不屈不挠面对困难，有情有义对待同志，一以贯之严格自律，自始至终谦虚谨慎，为我们树立了共产党人自觉加强党性修养的光辉典范。

邓小平同志始终把党和国家前途命运放在心中最高的位置，从不计较个人得失。他说："我自从十八岁加入革命队伍，就是想把革命干成功，没有任何别的考虑。"他一生"三落三起"都是因为敢于坚持真理、修正错误，每次被错误批判打倒都豁达乐观、沉着坚韧，对未来充满希望；每次复出重新回到工作岗位都无私无畏、以顽强的意志排除各种干扰，坚定不移推动正确路线方针政策的形成和实践。"文化大革命"结束后，邓小平同志再度出来工作，依然表示："我出来工作，可以有两种态度，一个是做官，一个是做点工作。我想，谁叫你当共产党人呢，既然当了，就不能够做官，不能够有私心杂念，不能够有别的选择。"邓小平同志真正做到了心底无私天地宽。

邓小平同志客观公正对待党的历史、对待同志、对待自己，谦逊随和，平易近人，善于同人合作共事。革命战争年代，他同刘伯承同志共事 13 年，形成亲密无间的革命友谊。他善于团结和使用同自己意见不同的人一道工作，从不以个人恩怨待人处事。他说："要抛弃个人恩怨来选择人，反对过自己的人也要用。"邓小平同志一贯反对特权、反对腐败，对亲属和身边工作人员总是严格要求。

邓小平同志功高至伟却从不居功自傲。他多次讲："永远不要过分突出我个人。我所做的事，无非反映了中国人民和中国共产党人的愿望。"他以唯物主义者的精神看待生死问题，对家人说："我哪天去，哪天走，不关紧要。自然规律违背不得，你们要想透这个问题。"他逝世后，按照他的遗愿，把角膜捐献给了医院，遗体供医学解剖，骨灰撒入大海，奉献了自己的一切。

共产党人拥有人格力量，才能无愧于自己的称号，才能赢得人民赞誉。我们要学习邓小平同志公而忘私、无私无畏的博大胸怀，加强党性修养，严于律己、宽以待人，正确对待组织，正确对待同志，正确对待自己，正确对待权力，积极践行社会主义核心价值观，为党和人民事业赤诚奉献，以身作则推动营造风清气正的党风、政风和社会风气。

同志们、朋友们！

邓小平同志留给我们的最重要的思想和政治遗产，就是他带领党和人民开创的中国特色社会主义，就是他创立的邓小平理论。马克思说："人们自己创造自己的历史，但是他们并不是随心所欲地创造，并不是在他们自己选定的条件下创造，而是在直接碰到的、既定的、从过去承继下来的条件下创造。”邓小平同志最鲜明的思想和实践特点，就是从实际出发、从世界大势出发、从国情出发，始终坚持我们党一贯倡导的实事求是、群众路线、独立自主。

中国特色社会主义是适合中国国情、符合中国特点、顺应时代发展要求的理论和实践，所以才能取得成功，并将继续取得成功。邓小平同志说：“特别是像我们这样第三世界的发展中国家，没有民族自尊心，不珍惜自己民族的独立，国家是立不起来的。”我们的国权，我们的国格，我们的民族自尊心，我们的民族独立，关键是道路、理论、制度的独立。

中华民族创造了具有5000多年悠久历史的辉煌文明，中国人民在中国共产党领导下创造了建设社会主义的辉煌成就，我们应该在这个基础上继续创造。我们自己不足、不好的东西，要努力改革。外国有益、好的东西，我们要虚心学习。但是，不能全盘照搬外国，更不能接受外国不好的东西；不能妄自菲薄，不能数典忘祖。

邓小平同志说过，中华人民共和国的成立，“中国取得了一个资格：人们不敢轻视我们”。所以，新民主主义革命的胜利成果决不能丢失，社会主义革命和建设的成就决不能否定，改革开放和社会主义现代化建设的方向决不能动摇。这是党和人民在当今世界安身立命、风雨前行的资格。中国近代以来的全部历史告诉我们，中国的事情必须按照中国的特点、中国的实际来办，这是解决中国所有问题的正确之道。

同志们、朋友们！

邓小平同志离开我们17年来，国际形势风云变幻，国内改革发展任务艰巨繁重，在以江泽民同志为核心的党的第三代中央领导集体、以胡锦涛同志为总书记的党中央领导下，我们党团结带领全国各族人民，坚持党的十一届三中全会以来的路线方针政策不动摇，推动党和国家各项事业不断取得新的伟大成就。党的十八大以来，党中央团结带领全国各族人民，全面贯彻党的十八大和十八届三中全会精神，高举中国特色社会主义伟大旗帜，坚持以马克思列宁主义、毛泽东思想、邓小平理论、“三个代表”重要思想、科学发展观为指导，统筹国内国际两个大局，全面深化改革，推动经济持续健康发展，全面加强作风建设，努力开创中国特色社会主义事业更加广阔的前景。

邓小平同志为我们擘画的社会主义现代化蓝图正在一步步变成美好现实，我们伟大的祖国正在一天天走向繁荣富强，中华民族正在一步步走向伟大复兴。对此，我们感到无比自豪。

此时此刻，我们必须牢记邓小平同志语重心长说过的这段话：“我们搞社会主义才几十年，还处在初级阶段。巩固和发展社会主义制度，还需要一个很长的历史阶段，需要我们几代人、十几代人，甚至几十代人坚持不懈地努力奋斗。”“社会主义的本质，是解放生产力，发展生产力，消灭剥削，消除两极分化，最终达到共同富裕。”实现社会主义现代化，实现祖国完全统一，实现中华民族伟大复兴，这是毛泽东同志、邓小平同志等老一辈革命家和千百万革命先辈的深切夙愿，是全体中华儿女的共同心愿。

邓小平同志曾经嘱托全党：“从现在起到下世纪中叶，将是很要紧的时期，我们要埋头苦干。我们肩膀上的担子重，责任大啊！”今天，历史的接力棒传到了我们手里，责任重于泰山。全党一定要紧密团结起来，敢于担当、埋头苦干，团结带领全国各族人民，以与时俱进、时不我待的精神不断夺取新胜利，不断完善和发展中国特色社会主义，不断为人类和平与发展的崇高事业做出新的更大的贡献。

我们相信，在20世纪赢得了伟大历史性胜利的中国共产党和中国人民，必将在21世纪赢得更伟大的历史性胜利！

（来源于《人民日报》2014年8月21日02版）

在全国纪念邓小平同志诞辰110周年学术研讨会上的讲话

中共中央政治局常委、中央书记处书记　刘云山

（2014年8月21日）

同志们：

举行全国纪念邓小平同志诞辰110周年学术研讨会，学习贯彻习近平总书记在纪念邓小平同志诞辰110周年座谈会上的重要讲话精神，缅怀邓小平同志的丰功伟绩，重温邓小平同志的光辉思想和精神风范，交流邓小平理论学习研究成果，这对于进一步深化党的理论创新成果研究、不断推进马克思主义中国化时代化大众化，对于坚持和发展中国特色社会主义、实现中华民族伟大复兴的中国梦，具有十分重要的意义。

邓小平同志是全党全军全国各族人民公认的享有崇高威望的卓越领导人，伟大的马克思主义者，伟大的无产阶级革命家、政治家、军事家、外交家，久经考验的共产主义战士，是中国社会主义改革开放和现代化建设的总设计师，中国特色社会主义道路的开创者，邓小平理论的主要创立者。邓小平同志把自己的一生献给了党和人民，献给了社会主义和共产主义事业，在新民主主义革命时期为党领导的民族独立和人民解放事业建立了卓越功勋，在社会主义革命和建设时期为胜利完成社会主义革命、探索我国社会主义建设道路做出了杰出贡献，在改革开放新时期为开创中国特色社会主义做出了历史性贡献，不愧为中国人民的伟大儿子。邓小平同志崇高鲜明又独具魅力的革命风范，将激励我们在实现“两个一百年”奋斗目标、实现中华民族伟大复兴的中国梦的征程上奋勇前进。

邓小平同志留给我们的最重要的思想和政治遗产，就是他带领我们党和人民开创的中国特色社会主义，就是他创立的邓小平理论。邓小平理论是马克思列宁主义基本原理同当代中国实践和时代特征相结合的产物，是毛泽东思想的继承和发展，是中国特色社会主义理论体系的开创之作，是指引我们胜利前进的伟大旗帜。深入学习研究宣传邓小平理论，始终是我们党思想理论建设的一项根本性任务。近年来，在党中央高度重视和大力推动下，在广大理论工作者辛勤努力下，邓小平生平和邓小平理论研究取得了丰硕成果。编辑出版《邓小平年谱》《邓小平思想年编（1975—1997）》《邓小平文集（1949—1974）》和《邓小平传（1904—1974）》，推出一批有分量的研究专著和学术文章，创作一批反映邓小平生平和思想的通俗读物、电影电视剧、文献专题片，这些都有力推动了邓小平理论的学习研究宣传，为促进党和国家事业发展发挥了重要作用。

经过党和人民长期奋斗积累，经过30多年改革开放伟大实践，中国特色社会主义事业已站在一个新的历史起点上。邓小平同志在1992年南方谈话中指出：“如果从建国起，用一百年时间把我国建设成中等水平的发达国家，那就很了不起！从现在起到下世纪中叶，将是很要紧的时期，我们要埋头苦干。我们肩膀上的担子重，责任大啊！”面对世情国情党情的深刻变化，面对前所未有的发展机遇和风险挑战，要把老一辈革命家开创的伟大事业继承好发展好，就必须从历史接续奋斗中坚定走向未来的信念，从先辈思想传承中把握继续前行的方向。我们要认真贯彻习近平总书记重要讲话精神，结合改革发展稳定的新任务新要求，不断深化对邓小平理论的研究阐释，为夺取中国特色社会主义新胜利凝聚起强大精神力量。

第一，深化邓小平理论研究，就要紧紧围绕中国特色社会主义这个主题，进一步坚定实现中华民族伟大复兴的中国梦的信念信心。在脱胎于半殖民地半封建社会的东方大国如何建设社会主义，是马克思主义发展史上前所未有的新课题，是极为艰巨的任务。新中国成立后，毛泽东同志带领党和人民进行艰辛探索，取得举世瞩目

的巨大成就，也遭受了严重挫折、付出了沉重代价。“文化大革命”结束后，在中国面临向何处去的重大历史关头，邓小平同志以巨大的政治勇气和理论勇气领导我们党拨乱反正，党的十一届三中全会确定把全党工作的着重点转移到社会主义现代化建设上来，作出实行改革开放的重大决策，实现了党的历史上具有深远意义的伟大转折。邓小平同志指出，必须搞清楚什么是社会主义、怎样建设社会主义，强调我们的经验教训有许多条，最重要的一条，就是要搞清楚这个问题，号召全党“走自己的道路，建设有中国特色的社会主义”。邓小平同志强调必须坚持以经济建设为中心，坚持四项基本原则，坚持改革开放，领导我们党制定了党在社会主义初级阶段的基本路线，制定了现代化建设“三步走”发展战略，第一次比较系统地初步回答了在中国这样经济文化比较落后的国家如何建设社会主义、如何巩固和发展社会主义的一系列基本问题，成功开创了中国特色社会主义。现在回过头来，想一想我们党领导人民在社会主义建设中的艰辛探索，看一看改革开放以来我国综合国力、国际竞争力和国际影响力的显著提升，再联系社会主义在世界其他一些国家遭遇的挫折，可以说，找到这样一条道路是多么了不起的伟大贡献！

坚持和发展中国特色社会主义，是一个接力推进的历史进程。以邓小平同志为核心的党的第二代中央领导集体开创了中国特色社会主义道路，以江泽民同志为核心的党的第三代中央领导集体成功把中国特色社会主义推向21世纪，以胡锦涛同志为总书记的党中央成功在新的历史起点上坚持和发展了中国特色社会主义。党的十八大以来，以习近平同志为总书记的党中央接过历史的接力棒，高举中国特色社会主义伟大旗帜，带领全党全国各族人民迈上实现中华民族伟大复兴的中国梦的新征程，把中国特色社会主义伟大事业推向新的境界。在前进的道路上，我们必须始终坚定不移地坚持和发展中国特色社会主义，既不走封闭僵化的老路，也不走改旗易帜的邪路，不为任何风险所惧，不为任何干扰所惑，不断夺取中国特色社会主义新胜利。

新形势下深化邓小平理论研究，就要紧紧围绕坚持和发展中国特色社会主义、实现中华民族伟大复兴的中国梦来推进、来展开，紧紧围绕坚定中国特色社会主义道路自信、理论自信、制度自信来聚焦、来着力。要紧密联系世界社会主义500年的历史进程，联系中国人民选择马克思主义、选择社会主义、选择改革开放的奋斗历程，把中国特色社会主义的历史渊源、理论逻辑、现实基础阐释清楚，把改革开放前后两个30年社会主义实践探索的关系阐释清楚，把为什么新民主主义革命的成果决不能丢失、社会主义革命和建设的成就决不能否定、改革开放和社会主义现代化建设的方向决不能动摇的深刻道理阐释清楚。要深入研究阐释中国特色社会主义道路的独特创造、理论的独特贡献、制度的独特优势，引导人们切实增强坚持和发展中国特色社会主义的自觉性坚定性。要深化对中国梦的理论研究，深入阐释中国梦昭示的发展理念、展示的光明前景、蕴涵的实践要求，深入阐释实现中国梦的现实路径、价值支撑、动力源泉，更好激发全体人民同心共铸中国梦的强大正能量。

第二，深化邓小平理论研究，就要始终坚持党的思想路线，不断推进实践基础上的理论创新。党的思想路线是中国共产党人认识世界、改造世界的根本遵循，是我们推动事业发展必须解决好的根本问题。新民主主义革命时期，毛泽东同志领导我们党克服党内曾经盛行的把马克思主义教条化、把共产国际决议和苏联经验神圣化的错误倾向，确立了党的实事求是的思想路线。粉碎“四人帮”以后，邓小平同志在千头万绪中抓住决定性环节，从解决党的思想路线问题入手，支持和领导开展真理标准问题的讨论，旗帜鲜明反对“两个凡是”的错误观点，号召全党“解放思想，实事求是”，恢复和发展了毛泽东同志倡导的马克思主义思想路线。他振聋发聩地指出：“一个党，一个国家，一个民族，如果一切从本本出发，思想僵化，迷信盛行，那它就不能前进，它的生机就停止了，就要亡党亡国。”他说自己是“实事求是派”，反复强调“拿事实来说话”，强调尊重实践、尊重群众，鼓励探索、鼓励创造。对于人民群众在实践中创造的新事物，他总是满腔热情地给予支持；对于在实践基础上提出的新的正确观点，他总是实事求是地予以肯定。正是邓小平同志坚持实事求是的科学态度，指导我们党系统总结新中国成立以来的历史经验，科学评价毛泽东同志的历史地位和毛泽东思想的科学体系，以非凡的胆略和勇气回答时代的新课题，提出一系列具有开创意义的新思想，创立了邓小平理论。可以说，解放思想、实事求是是贯穿于邓小平同志全部思想和实践活动中，是邓小平理论的鲜明特征。

时代在前进，实践在发展，理论创新没有止境。我们党在接力推进中国特色社会主义事业过程中，始终坚持党的思想路线，积极探索回答不同阶段遇到的新情况新问题，在继承和发展邓小平理论的基础上，形成了“三个代表”重要思想和科学发展观，推动中国特色社会主义理论体系不断丰富和发展。党的十八大以来，习近平总书记科学把握当代中国发展实际和当今世界发展大势，围绕坚持和发展中国特色社会主义、实现中华民族伟大复兴的中国梦，围绕改革发展稳定、内政外交国防、治党治国治军发表了一系列重要讲话，提出许多富有创见的新思想、新观点、新论断、新要求。讲话深刻回答了新的历史条件下党和国家发展的一系列重大理论和实践问题，升华了我们党对中国特色社会主义建设规律和共产党执政规律的认识，把马克思主义中国化推进到新高度，为党和国家事业发展提供了强大思想武器。

新形势下深化邓小平理论研究，就要始终坚持解放思想、实事求是、与时俱进、求真务实，树立正确对待马克思主义的科学态度，永不僵化、永不停滞，把开拓创新作为一种常态，不断推进实践基础上的理论创新。要立足中国特色社会主义伟大实践，总结提炼改革开放和社会主义现代化建设的新鲜经验，深入挖掘中国奇迹、中国创造蕴含的思想价值，不断作出新的理论概括和理论阐释，更好让党员干部和广大群众坚定理想信念、增强理论自信。强化问题意识、树立问题导向，是贯彻党的思想路线的具体体现，也是推进理论创新的必然要求。邓小平同志指出："发展起来以后的问题不比不发展时少。"当代中国正处于爬坡过坎的紧要关口，进入改革攻坚期、发展关键期、矛盾凸显期，许多问题相互交织、叠加呈现。要坚持以实际问题为中心，敢于正视问题、敏锐发现问题、主动聚焦问题，研究回答全局性、战略性、前瞻性重大问题，在推动解决问题过程中不断取得新的认识成果。

第三，深化邓小平理论研究，就要深入总结改革开放的成功实践和宝贵经验，坚定不移把改革开放伟大事业推向前进。改革开放是新时期最鲜明的特点，是我们大踏步赶上时代潮流的法宝。邓小平同志在对"文化大革命"进行深刻反思、对中国发展进行深刻总结、对国际形势进行深刻分析的基础上，领导我们党作出改革开放的战略决策，提出改革开放的一系列重大思想。他针对当时封闭僵化的严峻现实鲜明地指出："如果现在再不实行改革，我们的现代化事业和社会主义事业就会被葬送。"他强调，改革是一场新的革命，本质是社会主义制度的自我完善和发展，要通过改革从根本上改变束缚生产力发展的体制机制；改革是一个大试验，要"摸着石头过河"，要有一点闯的精神、冒的精神，胆子要大、步子要稳；改革是亿万人民群众自己的事业，改革越深入，越要注意把干部群众的积极性主动性创造性调动起来；判断改革和各方面工作的是非得失，归根到底要以"三个有利于"为标准，等等。在邓小平同志改革开放思想引领下，一场前所未有的大改革、大开放在中华大地上逐步深入展开，从农村改革到城市改革，从经济体制改革到各方面体制改革，从对内搞活到全方位对外开放，使中国以世界上少有的速度持续快速发展起来，谱写了波澜壮阔的历史篇章。

改革只有进行时，没有完成时。面向未来，要有效破解前进中的难题、化解来自各方面的风险挑战，根本动力在改革，根本出路也在改革。以习近平同志为总书记的党中央高举改革开放伟大旗帜，对全面深化改革作出新的战略部署，开启了改革开放新的伟大征程。我们说全面深化改革是一场新的伟大革命、伟大斗争，就在于改革的全面性前所未有，不仅包括经济体制改革、政治体制改革、文化体制改革、社会体制改革、生态文明体制改革，而且还包括国防和军队改革、党的建设制度改革；就在于改革的深刻性前所未有，要解决的都是深层次利益矛盾和体制机制问题，都是一些难啃的硬骨头，推进改革的复杂程度、敏感程度、艰巨程度一点都不亚于30多年前。在这个时候，我们更需要坚定政治定力、凝聚改革共识，正确、准确、有序、协调地推进改革。

新形势下深化邓小平理论研究，就要深入研究阐释邓小平同志改革开放思想，汲取蕴含其中的政治智慧、理论营养和科学方法，把邓小平同志开创的改革开放事业不断向前推进。要紧密结合全面深化改革新的伟大实践，深入研究阐释党的十八大和十八届三中全会提出的重大理论观点、重大决策部署，推出一批高质量的研究成果，为全面深化改革提供理论支撑。要深入研究如何完善和发展中国特色社会主义制度、推进国家治理体系和治理能力现代化，更好地推进党、国家、社会各方面事务治理的制度化、规范化、程序化；深入研究如何使市场在资源配置中起决定性作用和更好发挥政府作用，充分展示社会主义市场经济的特征和优势；深入研究如何贯彻促进社会公平正义、增进人民福祉的根本要求，创造更加公平正义的社会环境，使改革发展成果更多更公平惠及全体人民；深入研究各领域改革的重大举措和推进办法，更好把握各项改革的关联性系统性，处理好各方面重大关系。在研究阐释过程中，要牢记我们的改革是社会主义制度自我完善和发展，弄明白什么需要改、什么不能改，在根本性问题上保持政治定力，使我们的改革始终沿着正确方向前进。

第四，深化邓小平理论研究，就要着眼于巩固全党

全国各族人民团结奋斗的共同思想基础，推动全社会大力培育和弘扬社会主义核心价值观。共同思想基础，是一个政党、一个国家、一个民族真正有力量的决定因素。改革开放一开始，邓小平同志就高度重视加强全社会的精神文明建设，反复强调要在建设高度物质文明的同时，建设高度的社会主义精神文明，只有物质文明和精神文明都搞好，才是有中国特色的社会主义，必须坚持一手抓物质文明、一手抓精神文明，把“两手抓，两手都要硬”作为我国现代化建设的一个根本方针。他明确指出，建设社会主义精神文明，最根本的是要使广大人民有理想、有道德、有文化、有纪律，共同的理想和坚定的信念，无论过去、现在和将来都是我们的真正优势。他强调，全党要防止埋头经济工作、忽视思想工作的倾向，坚决抵制外来腐朽思想的侵蚀。他要求全党，抓精神文明建设，抓党风、社会风气好转，必须狠狠地抓，一天不放松地抓，从具体事件抓起。这些关于精神文明建设的重要思想，构成了邓小平理论一个极为重要的组成部分，为我们建设社会主义先进文化留下了宝贵的精神财富。

经过30多年努力，我国发展取得历史性成就，精神文明建设也取得历史性进步，全党全社会的共同思想基础更加巩固。同时要看到，随着国际形势深刻变化、世界格局深度调整，各种思想文化交流交融交锋更加频繁；随着改革开放和社会主义市场经济深入发展，人们思想意识的多样性选择性差异性不断增强。在这样的情况下，如何引领整合多元多样的社会思想意识，巩固马克思主义在意识形态领域的指导地位，巩固全党全国各族人民团结奋斗的共同思想基础，是摆在我们面前的一项重大课题。历史和现实告诉我们，思想文化最深层的要素是核心价值观，凝聚社会思想共识最根本的途径是培育和践行核心价值观。社会主义核心价值观凝结着全体人民的价值共识，为我们构筑全民族精神纽带、塑造共有精神家园提供了重要支撑。

新形势下深化邓小平理论研究，一个突出任务就是结合邓小平同志关于精神文明建设的重大战略思想，不断回答好核心价值观建设的重大问题，更好凝魂聚气、强基固本。推进核心价值观建设，首先要有价值观自信。要深入阐释我们的价值观自信来自马克思主义科学理论的正确指引，来自中华民族优秀传统文化的深厚滋养，来自中国特色社会主义的成功实践，来自对人类文明优秀成果的吸收借鉴。要深入研究阐释社会主义核心价值观的丰富内涵、历史渊源、现实基础和道义力量，引导人们不断强化价值观认同。要深入研究用社会主义核心价值观引领社会思潮的有效途径，深入研究如何把社会主义核心价值观贯穿到国民教育、精神文明建设和党的建设全过程，体现到政策法规制定、制度设计和社会治理之中，以良好的文化环境、社会环境、政策环境来涵养和培育核心价值观，真正做到内化于心、外化于行。

第五，深化邓小平理论研究，就要深入研究把握马克思主义执政党建设规律，全面推进党的建设新的伟大工程。中国的事情要办好，关键要把党建设好。邓小平同志在改革开放之初就提出了“执政党应该是一个什么样的党，执政党的党员应该怎样才合格，党怎样才叫善于领导”的问题。他强调“把我们党建设成为有战斗力的马克思主义政党，成为领导全国人民进行社会主义物质文明和精神文明建设的坚强核心”。针对当时党的建设遇到的尖锐复杂情况，他深刻指出，“要聚精会神地抓党的建设，这个党该抓了，不抓不行了”，并告诫“中国要出问题，还是出在共产党内部”。围绕加强党的建设，邓小平同志提出了许多重要思想，强调关键在党、党要管党、从严治党，坚持和加强党的领导必须努力改善党的领导；要抓好党员干部马克思主义理论学习，防止在日益复杂的斗争中迷失方向；要坚持和健全民主集中制，最重要的就是全党服从中央，维护党中央权威；要坚持德才兼备的原则，推进干部队伍革命化、年轻化、知识化、专业化；要切实加强党的制度建设，改革党和国家的领导制度，等等。他还特别重视党的作风建设，强调执政党的党风是关系党生死存亡的重大问题，强调群众路线和群众观点是我们的传家宝，提醒全党要反对干部队伍中的不正之风，反对形形色色的特权现象，在整个改革开放过程中都要反对腐败。正是在邓小平同志的高度重视和有力推动下，我们党在新时期开启了党的建设新的伟大工程。

当前，我们正在进行具有许多新的历史特点的伟大斗争。国内外形势的发展变化和党承担的历史任务，都对党的建设提出了新的更高要求。党的十八大以来，以习近平同志为总书记的党中央统筹伟大事业和伟大工程，坚持从严管党治党，以作风建设为切入点，制定落实中央八项规定，扎实开展党的群众路线教育实践活动，深入推进党风廉政建设和反腐败斗争，党的建设呈现出新面貌、新气象。同时要看到，在社会结构、利益格局、思想观念多样化复杂化特征日益明显的新情况下，如何保证党的思想统一，如何有效监督和管理党员干部，如何协调处理错综复杂的利益矛盾，如何增强党内生活政治性原则性战斗性等，都迫切需要做出回答。我们必须增强忧患意识，深刻认识党面临的“四大考验”“四种危险”，以更加坚决的态度、更加有力的举措加强和改进党的建设，增强党自我净化、自我完善、自我革新、自我提高能力，确保党始终成为中国特色社会主义事业的坚强领导核心。

新形势下深化邓小平理论研究，就要始终牢记邓小平同志“聚精会神地抓党的建设”的谆谆教导，准确把握马克思主义执政党建设规律，深入研究党的建设面临的新情况新问题，推动党的建设不断取得实实在在的成效。要紧密结合党的建设现状和党员干部队伍实际，深入研究怎样增强理想信念教育的针对性实效性，怎样培养选拔党和人民需要的好干部，怎样贯彻好马克思主义群众观点和党的群众路线，怎样推动党风廉政建设和反腐败斗争深入进行，怎样用铁的纪律维护党的团结统一，更好发挥理论研究在党的建设中的重要作用。要深入研究如何深化党的组织制度、干部人事制度、基层党组织建设制度改革的问题，如何强化权力运行制约和监督体系、加强反腐败体制机制创新和制度保障的问题，用扎实的研究成果推动党的建设制度改革深入推进。去年以来，在全党开展的群众路线教育实践活动创造了许多新鲜经验，要从理论上总结好、提炼好，更好推动改进作风制度化常态化。

邓小平同志的光辉业绩永载史册，邓小平理论始终指引着我们胜利前进。要把深入学习研究宣传邓小平理论，作为全党的一项重要政治责任，作为社科理论界的一项重要政治任务，以深厚的感情、高度的自觉推动落实。有关部门要加大组织力度、加强统筹协调，充分发挥马克思主义理论研究和建设工程、中国特色社会主义理论体系研究基地的引领作用，发挥哲学社会科学基金的导向作用，发挥党史、文献、社科研究、党校、高校等部门和单位的主力军作用，调动各方面研究资源和力量，把邓小平理论研究不断引向深入。要继续做好文献编辑研究工作，编辑好研究好关于邓小平生平和邓小平理论的重要文献。要把研究邓小平理论与研究马克思列宁主义、毛泽东思想结合起来，与研究“三个代表”重要思想、科学发展观结合起来，与研究阐释习近平总书记系列重要讲话精神结合起来，推动用马克思主义中国化最新成果武装全党、教育人民。

同志们，在新的历史条件下深化邓小平理论研究，意义深远、使命光荣。让我们紧密团结在以习近平同志为总书记的党中央周围，深入贯彻落实党的十八大和十八届三中全会精神，扎实深入开展理论研究，以更加丰硕的成果推动党的思想理论建设，为坚持和发展中国特色社会主义、实现中华民族伟大复兴的中国梦做出应有贡献。

（来源于《人民日报》2014 年 8 月 22 日 03 版）

在四川省纪念邓小平同志诞辰110周年座谈会上的讲话

中共四川省委书记　王东明

（2014年8月18日）

今天，我们怀着无比崇敬的心情，在这里隆重纪念邓小平同志诞辰110周年。

邓小平同志是全党、全军、全国各族人民公认的享有崇高威望的卓越领导人，伟大的马克思主义者和无产阶级革命家、政治家、军事家、外交家，久经考验的忠诚的共产主义战士，中国社会主义改革开放和现代化建设的总设计师，邓小平理论的主要创立者。他为中华民族的独立和解放，为我国社会主义制度的建立、巩固和发展，为开辟中国特色社会主义道路，立下了不朽功勋，是一位改变中国命运的世纪伟人。

邓小平同志的一生，是救国图强、波澜壮阔的一生，是坚持真理、不懈奋斗的一生。邓小平同志的少年时代，正值国家山河破碎、民族救亡图存的生死关头。他“不辞艰险出夔门”，远渡重洋寻找救国救民真理。在法国接受了马克思列宁主义，加入了中国共产党，义无反顾地走上了投身革命、匡扶社稷的道路。从此，他把毕生心血和精力贡献给了党的事业，贡献给了中国人民。

在艰苦卓绝的革命战争年代，邓小平同志南征北战、戎马倥偬，建立了彪炳史册的卓著功勋。土地革命时期，邓小平同志发动和领导了百色起义、龙州起义，创建了中国工农红军第七军、第八军和左江、右江革命根据地。解放战争时期，他同刘伯承同志率领大军，千里跃进大别山，揭开了人民解放战争全国性战略进攻的序幕；在战略决战阶段，他指挥淮海战役、渡江战役和解放南京、上海及东南诸省的战役，随后率部解放大西南，参加领导和平解放西藏。邓小平同志为新中国的诞生出生入死，立下赫赫战功，成为共和国的开国元勋。

在决定党和国家命运的转折时刻，邓小平同志拨乱反正、力挽狂澜，让社会主义中国重新回到正确前进轨道。新中国成立后，邓小平同志是第一代中央领导集体的重要成员，在主持中央书记处日常工作的10年间，为社会主义制度的建立，为探索适合中国国情的社会主义道路，做出了重大贡献。“文化大革命”中，邓小平同志受到错误批判，先后两次被剥夺一切职务，但他始终坚持真理，对党和人民无限忠诚。粉碎“四人帮”后，面对“文化大革命”造成的严峻局面，邓小平同志审时度势，以马克思主义者的大无畏勇气，反对“两个凡是”错误观点，摒弃“以阶级斗争为纲”，为把党和国家的工作重点转移到社会主义现代化建设上来奠定了思想基础。

在中国何去何从的历史关头，邓小平同志拨云见日、勾画宏图，开启了改革开放的崭新征程。党的十一届三中全会后，邓小平同志以超乎寻常的政治智慧和胆略，作出实施改革开放的重大决策。他创造性地提出“一个中心、两个基本点”的基本路线，制定现代化建设“三步走”发展战略，有步骤地推行各方面体制改革，果敢地打开对外开放大门，成功开辟了建设社会主义现代化、实现中华民族伟大复兴的新道路，开启了一个人民生活大幅改善、国家面貌深刻变化、综合国力显著增强的新时代。在国内政治风波影响和东欧剧变、苏联解体的复杂局面下，邓小平同志发表南方谈话，强调“发展才是硬道理”，更加坚定了全党全国人民走改革开放强国路的信心。正如习近平总书记所讲的那样，“如果没有邓小平同志知道我们党作出改革开放的历史性决策，我们国家要取得今天的发展成就是不可想象的”。

在马克思主义中国化的实践探索中，邓小平同志解放思想、实事求是，奠定了中国特色社会主义道路、理论和制度。邓小平同志是中国特色社会主义的伟大奠基人。邓小平理论是他对党、对人民、对马克思主义的最大贡献，是他留给我们最珍贵的财富。这个理论，将马克思列宁主义基本原理与当代中国实际和时代特征相结合，第一次比较系统地回答了在中国这样一个经济文化比较落后的国家如何建设社会主义、如何巩固和发展社会主义的一系列重大问题。这个理论，与马克思列宁主义、毛泽东思想是一脉相承的，是当代中国的马克思主义，是党的理论体系的又一次历史性飞跃，是中国共产党的指导思想和中华民族的精神支柱。

作为一代伟人，邓小平同志创造了铭刻青史的丰功伟绩，创立了光耀千秋的思想理论，已经并将继续深刻改变着中国、影响着世界。邓小平同志是中国共产党和中华民族的骄傲，也是四川人民的骄傲。邓小平同志永远活在我们心中！

同志们！

四川是邓小平同志的家乡，他一直深深眷恋着这片故土和这里的父老乡亲。新中国成立后，他担任中共中央西南局第一书记期间，殚精竭虑抓恢复、谋发展，团结带领广大干部群众，迅速医治战争创伤，开创了西南地区社会稳定、经济发展的新局面。邓小平同志专门讲，“建设西南首先要从交通建设抓起”。在建国初极其困难的条件下，用两年时间建成新中国第一条铁路干线成渝铁路，实现了千万巴蜀人民“通铁路、坐火车”的梦想。

1952 年 7 月到中央工作后，邓小平同志先后 9 次回川视察，其中在党的十一届三中全会后 4 次回川视察，对家乡建设提出明确要求，对家乡发展寄予殷切期望。1958 年，在视察隆昌气矿时，他鼓励企业在产品质量上创名牌，树立雄心壮志，赶超国际先进水平。在视察农村时，他要求注意提高单产，帮助农民发展家庭养殖业。1963 年，在听取剑阁县汇报工作时，他反复强调要保护和调动工人、农民的积极性，迅速将国民经济恢复起来。1965 年年底，来川视察三线建设，他看到攀枝花地区资源丰富，赞誉“这里得天独厚”，嘱咐要加紧建设，把四川建设成让党中央、毛主席放心的可靠的战略大后方。1978 年年初，在成都听取省委负责同志汇报时，他强调一定要集中精力把经济建设抓好，把农业搞上去。他说，社会主义优越性的根本表现，就是能够允许社会生产力以旧社会所没有的速度迅速发展，使人民不断增长的物质文化需要逐步得到满足。邓小平同志的殷殷嘱托，一直鞭策着我们始终坚持以经济建设为中心，专注发展第一要务。

邓小平同志对四川改革开放寄予厚望。1977 年广汉金鱼公社率先“包产到组”，1980 年 6 月向阳公社在全国第一个摘下“人民公社”的牌子。对此，邓小平同志形象地说，我是到处点火，在成都也点了一把火。1982 年 9 月，出席四川省及成都市干部大会时，他勉励大家说，四川是改革之乡，是我国的一个重要省份，要充分发挥“天府之国”的优势，在各项工作中争取更上一层楼。邓小平同志的勉励和期望，坚定了我们走改革开放之路的信心和决心，增添了巨大的动力。

邓小平同志十分关心家乡人民的生活状况。1975 年，当听到家乡的工人反映，蔬菜少，猪肉缺，好多地方都缺乏副食品时，他严厉要求各地采取实际措施加以解决。1980 年，他在四川视察中看到山区农村还很贫困，心里十分不安，语重心长地叮嘱干部，政策要放宽，让山区群众尽快富裕起来。言语中表达出他对家乡人民的无限关怀。

邓小平同志离开我们已经 17 年了，但他的音容笑貌永远珍藏在家乡人民心中，他的教诲和关怀激励着一代又一代巴蜀儿女用勤劳的双手创造美好明天！

同志们！

改革开放以来，四川与全国一样，在邓小平理论、“三个代表”重要思想、科学发展观的指引下，在中央的坚强领导下，历届省委、省政府坚持以经济建设为中心，全省各族群众拼搏奉献，推动四川发展取得了巨大成就。党的十八大后，在以习近平同志为总书记的党中央领导下，省委省政府团结带领全省人民立足新起点、抓住新机遇、谋划新蓝图，负重前行，真抓实干，克服重大自然灾害和经济下行的影响，各方面工作取得新成绩，正在为与全国同步全面建成小康社会而奋斗。

党的十八届三中全会吹响了全面深化改革的时代号角。站在新的历史起点，肩负“两个一百年”重任，我们对邓小平同志最好的纪念，就是牢记他的嘱托，继承他的遗志，把四川建设得更加美丽、更加繁荣、更加和谐。

我们要高举中国特色社会主义伟大旗帜，用发展着的马克思主义指导实践。坚持以邓小平理论、“三个代表”重要思想、科学发展观为指导，深入学习贯彻十八大精神和习近平总书记系列重要讲话精神，增强中国特色社会主义道路自信、理论自信、制度自信。要一切从四川实际出发，深入领会中央的新思想、新论断、新部署、新要求，把握省委提出的“六个基本判断”，不断研究新情况、解决新问题，努力开创四川各项事业发展新局面。

我们要坚持把经济建设作为兴省之要，奋力谱写中国梦四川篇章。邓小平同志始终强调“发展是硬道理，是解决中国所有问题的关键”。发展不足是四川最大的省情，加快发展是全省人民最强烈的期盼。我们要始终保持专注发展定力，按照省委十届三次、四次全会的既定部署，坚持“全面贯彻党的十八大精神、与全国同步全面建成小康社会”的工作主题不动摇，坚持科学发展、加快发展的工作指导思想，聚精会神搞建设、一心一意谋发展、万众一心奔小康。要把握发展大势，深入实施“三大发展战略”，着力推进转型升级，特别是主动布局长远发展、积蓄发展后劲，不断开拓新的发展空间，推动四川由经济大省向经济强省跨越、由总体小康向全面小康跨越。

我们要坚持改革开放，形成有利于科学发展的体制机制。邓小平同志开启改革开放，是决定当代中国命运的关键选择。习近平总书记指出，“改革开放到了一个新的重要关头。我们在改革开放上决不能有丝毫动摇，改革开放的旗帜必须高高举起”。我们要按照中央和省委全面深化改革的部署，最大限度凝聚改革共识，坚持问题导向，积极稳妥展开“五位一体”和党的建设制度全方位改革，充分释放体制机制活力。要把扩大开放作为一项全局性工作来抓，主动对接国家规划建设“两带一路”新机遇，对标先进，招大引强，注重实效，推动全方位开放合作，努力走在西部全面开发开放前列。

我们要坚持依法治省，把治蜀兴川各项事业纳入法治化轨道。邓小平同志早在20世纪80年代初，就高瞻远瞩地指出，巩固和发展安定团结的政治局面，要遵循社会主义法制的原则。法治是治国理政的基本方式。治蜀兴川，重在厉行法治。我们要深入实施《四川省依法治省纲要》，加快构建办事依法、遇事找法、解决问题用法、化解矛盾靠法的法治良序，营造尚法守制、公平正义、诚信文明、安定有序的社会环境。

我们要坚持人民利益高于一切，与全国同步全面建成小康社会。邓小平同志心中始终装着人民，把人民拥护不拥护、赞成不赞成、高兴不高兴、答应不答应作为制定和作出决策的依据。我们要坚持民生优先、共同富裕，把保障和改善民生作为一切工作的出发点和落脚点，团结带领全省各族人民奔康致富。要大力实施十项民生工程，办好19件民生实事，深入推进“四大片区扶贫攻坚行动”，加快芦山地震灾区恢复重建，全面发展各项社会事业，编制好民生保障的“安全网”，让城乡群众共同分享改革发展成果。

我们要坚持党要管党从严治党，切实加强和改进党的建设。邓小平同志曾经告诫全党，中国的事情能不能办好，关键在党，关键在人。我们要把握党的十八大以来中央关于以作风建设为重要切入点和着力点推进党的建设的新部署、新要求，以深入开展党的群众路线教育实践活动为契机，全面加强党的思想建设、组织建设、作风建设、反腐倡廉建设和制度建设，全面提高党的建设科学化水平。要严格落实中央八项规定和省委、省政府十项规定，突出问题导向开展正风肃纪，推动转变作风常态化、长效化。要按照“好干部”标准和“三严三实”要求，全面加强全省各级领导班子和干部队伍建设。旗帜鲜明开展反腐败斗争，全面落实党委主体责任和纪委监督责任，着力营造风清气正、干事创业的良好环境。

同志们！四川正处于全面建成小康社会、全面深化改革的关键时期，我们一定要在以习近平同志为总书记的党中央坚强领导下，沿着邓小平同志开创的改革开放和中国特色社会主义道路奋勇前进，解放思想、开拓创新，一心为民、干在实处，把四川的工作做得更好，把邓小平同志的家乡建设好！

牢记小平同志嘱托　谱写中国梦广安篇章

——在四川省纪念邓小平同志诞辰110周年座谈会上的发言

中共广安市委书记　侯晓春

（2014年8月18日）

尊敬的东明书记、魏宏省长，尊敬的邓楠大姐、邓榕大姐，各位领导，同志们：

今天，四川省委、省政府在这里隆重召开纪念邓小平同志诞辰110周年座谈会，深切缅怀小平同志的丰功伟绩，追思和学习他崇高的精神风范。这必将激励我们倍加崇敬、怀念和感恩小平同志，凝聚我们建设好小平同志家乡的正能量，增添我们实现省委提出“两个跨越”的信心和决心。

小平同志把毕生心血和精力贡献给了国家独立、人民解放和民族复兴的伟大事业，始终不渝践行“我是中国人民的儿子，我深情地爱着我的祖国和人民”的诺言。小平同志更是四川人民的好老乡，一直深深地牵挂四川的发展。1987年6月，他会见国际友人，在谈到中国率先搞改革的两个省时，特意向客人说明“一个是四川省，那是我的家乡”，自豪之情溢于言表。小平同志1952年7月到中央工作后，先后9次回川视察工作，深切地关注四川建设，深情地关怀家乡人民。此时此刻，我们聚集在这片诞生了一代伟人的土地上，感到无上的荣耀，心怀无限的思念！

小平同志离开家乡后，一直没有回广安，但他对家乡建设发展取得的每一点成就都感到由衷高兴，于1981年、1984年欣然为广安建成的萃屏公园、凉滩电站题名，以示勉励。小平同志对家乡发展寄予了殷切期望，1986年2月，小平同志在成都过春节，在金牛宾馆亲自接见家乡的同志，临别之时嘱托广安干部，“一定要把广安建设好”。亲切的鼓励成为广安人民宝贵的精神财富，一直鞭策着我们始终高举邓小平理论伟大旗帜，在省委、省政府的坚强领导下，坚持以经济建设为中心不动摇，深化改革，扩大开放，加快跨越发展步伐。2013年广安经济总量比1978年增长139倍，农民人均纯收入增长103倍，城镇居民人均可支配收入增长98.7倍，实现了由长期的“吃饭财政”向“发展财政”的历史性转变。如今的广安，经济发展，社会进步，人民安居乐业，正满怀信心向着全面建成小康社会阔步前进。饮水思源，470万广安人民永远感恩小平同志，永远怀念小平同志，小平同志永远活在家乡人民心中！

我们深知，对小平同志最好的纪念，就是把他的嘱托变成前进的动力，深入推进他开创的改革开放伟大事业。去年以来，我们用改革的办法，创新实践省委多点多极支撑发展战略，抓住广安区划调整机遇，扩大广安国家级经开区管辖范围，新设立川渝合作示范区枣山物流商贸园区、协兴生态文化旅游园区、华蓥山旅游文化景区，组建广安发展建设集团、广安交通建设集团，构建了6个区市县、4个产业园区、2个投资建设集团的竞相跨越格局，经济增长由“5点驱动”升级为“12个轮子驱动”，发展活力全面释放。今年上半年，全市生产总值、固定资产投资、地方公共财政收入、服务业增加值增长分别跃居全省第5位、第2位、第2位、第1位，发展步入了历史上最好的时期。

今年是小平同志诞辰110周年，四川省委、省政府高度重视纪念活动筹备工作，先后两次召开省委常委会专题研究具体事宜，东明书记两次亲临广安视察指导，要求广安以焕然一新的面貌迎接小平同志诞辰110周年。在东明书记的亲自协调下，中办两次发文部署纪念活动，小平同志家人和中央文献研究室悉心指导、全力支持，魏宏省长从项目和资金上，全力推动省政府部门支持广安，靖平常委自始至终牵头落实，推动了纪念活动高效有序进行。邓小平缅怀馆建设布展融入国际最新理念，建成了国内一流、世界领先的领袖纪念馆。邓小平故居陈列馆改陈赋予了新的内涵，在形式和内容上都有了极大提升。纪念园珍稀林木移栽补植全面完成，小平同志青少年时期活动场所全面恢复修缮，邓小平故里展现出焕然一新的面貌。

小平同志热爱人民，始终把为人民谋幸福作为毕生奋斗的目标，为我们树立了光辉典范。我们把筹备纪念活动与改善民生相结合，发扬逢山开路、遇水架桥、风雨无阻、昼夜兼程的精神，通过市场法则筹集资金，在全市范围内推动了环境治理、交通改善、幸福美丽新村等民生项目建设。我们在协兴生态文化旅游园区，规划实施了市民广场和文化综合体、骑游步道、园区快速通道、果山新村、协兴园区内环线等民生工程，让小平故里周边群众共享到发展成果。

在小平同志诞辰110周年之际，全社会有一种共同的心情，都希望来感恩这位为民族独立、人民解放、国家富强和人民幸福建立不朽功勋的伟人。根据东明书记提出“充分发挥纪念活动感召力，加大项目争取和招商引资力度”的要求，我们积极向省内市州发出感恩小平的倡议，同时向解放军四总部、全国一些发达地区、央企发出了倡议。军队系统深深敬仰小平同志，主动支持广安建设；省级部门全力推动小平家乡发展，在项目、资金上给予倾斜；兄弟市州积极参与小平故里惠民项目建设，表达了对小平同志诞辰110周年的纪念情谊；浙江、深圳等地和中国建材集团等企业、商会也积极参与感恩做贡献活动，表达对小平同志的感恩敬意，支持小平家乡民生事业的发展。

纪念活动筹备工作顺利开展，广安老百姓充分享受到了纪念活动带来的发展成果，这得益于省委省政府的英明决策和坚强领导，得益于小平同志家人的关心和中央文献研究室等中央部委的指导，得益于军队系统、省级部门和兄弟市州的大力支持。广安人民将永远铭记，无限感恩党、感恩祖国、感恩时代、感恩小平，衷心感谢所有为纪念小平同志诞辰110周年做出贡献的各级领导和各界人士！

敬爱的邓小平同志离开我们已经17年半了，但他的英名、伟绩和风范永远激励我们不断前进。可以告慰小平同志的是：邓小平理论描绘的宏伟蓝图在家乡正逐步变为美好的现实，广安人民正满怀豪情向着“两个一百年”目标奋勇前进。我们将全面系统学习习近平总书记的系列重要讲话精神，把对小平同志的崇敬、怀念、感恩之情，转化为开展“感恩小平·中国梦在广安”活动的强大动力，按照东明书记提出的“六个基本判断”，大力实施多点多极支撑、“两化”互动城乡统筹、创新驱动“三大发展战略”，以中国梦凝聚力量，抓改革激发活力，用发展惠及民生，推动广安实现“两个跨越”的宏伟目标，努力谱写好中国梦广安篇章，为中华民族的伟大复兴贡献出广安力量！

在全市党的群众路线教育实践活动总结大会上的讲话

中共广安市委书记　侯晓春

（2014 年 10 月 15 日）

同志们：

在全党开展以为民务实清廉为主要内容的党的群众路线教育实践活动，是党的十八大作出的一项重大部署。党中央自始至终高度重视，从全局上谋划、指导和推动，以抓铁有痕、踏石留印的决心和精神把活动抓实抓好。中央和省委部署开展第二批群众路线教育实践活动，适逢邓小平同志诞辰 110 周年。中央和省委十分关心广安活动开展情况。中央第七督导组组长陆浩、中央第四巡回督导组副组长李川相继深入我市对活动进行督促指导。省委东明书记、魏宏省长、尊平副书记、靖平部长等省领导多次听取我市工作汇报，要求我们以开展教育实践活动为契机，扎实做好筹办纪念活动等各项工作。省委常委、组织部部长范锐平指示广安教育实践活动要搞出特色。省政府副省长、省委派驻市（州）第十三督导组第一组长甘霖副省长多次来到广安，深入联系点和相关部门、区市县和基层单位调研，了解活动进展，指导活动开展。省委第十三督导组建平组长、子武副组长等领导从活动一开始就驻扎广安，尽职尽责，亲力亲为，给予我们倾情支持和有力指导。

在中央和省委的坚强领导下，市委把开展教育实践活动作为一项重大政治任务，以高度的自觉和坚决的态度，领导推动活动扎实开展。对活动进行系统研究和周密安排，精心谋划活动推进思路，强调必须以学习伟人风范、践行群众路线为思想引领；必须在思想认识、问题认知、整改认行、群众认同上着力见效；必须立足广安实际，体现实践特色，做好结合文章。全市各级党组织切实担当政治责任，从严从实落实推进措施，确保了活动有力有序开展，整个活动达到了预期目的，取得了良好成效。

一是我们坚持从提高思想认识入手，求深求实抓学习教育，党员干部理想信念、党性修养和宗旨意识得到明显增强。把学习教育贯穿整个教育实践活动始终，无论是听取意见、查摆问题，还是开展批评、整改落实，都做到思想先行。强化领导带头学，各级领导带头抓好集中学习和个人自学，深入系统、原原本本学习中省规定的必学内容特别是习近平总书记兰考重要讲话，务求入脑入心、触及灵魂。挖掘红色资源学，将邓小平群众观点、邓小平践行群众路线事例作为生动教材，开设小平故里党性教育基地、华蓥山爱国主义教育基地“实践课堂”和手机报特色“空中课堂”，激发了党员干部学习伟人情怀、坚守力量源泉的思想自觉。狠抓正反典型学，把学习焦裕禄精神作为一条主线，积极培树本地先进典型，让党员干部见贤思齐、比学赶超；开展违纪典型案例警示教育，增强了教育感染力和震慑力。全市广大党员干部在学习教育中补了精神之“钙”，受到了一次马克思主义群众观点和党的群众路线教育。大家普遍感到如同被猛击了一掌，思想警醒了，精神提振了，查改问题更自觉了，服务群众更主动了。

二是我们坚持在整治作风顽疾上较真，持续用力解决群众反映强烈的突出问题，干部作风实现明显好转。始终突出问题导向，在认知问题、整改问题上动真格、出重拳、下猛药。创新多种渠道，采取多种方式，深挖细查自省，把问题找准、找实、找深。市县领导干部召开座谈会 2173 场次，走访群众 17791 人次，收集意见 11510 条。坚持提前介入主动改、以上带下从严改、专项整治集中改，对“四风”问题进行大排查、大检修、大扫除。实施公开承诺践诺行动、挂牌建账督办行动、典型案例反向倒查行动，对群众反映强烈的“9+3”突出问题进行集中治理，市级部门明确重点挂牌督办事项 50 项目前已整改到位 33 项，文山会海、评比泛滥，门难进、脸难看、事难办，公款送礼、公款吃喝、奢侈浪费，超标配备公车、多占办公用房、新建滥建楼堂馆所，“三公”经费开支，形象工程和政绩工程，群众办事难，乱收费、乱罚款、乱摊派，落实惠民政策缩水走样，拖欠群众钱款、克扣群众财物，会所中的歪风，培训中心的腐败浪费，奢华浪费建设，乡镇干部走读，收红包及购物卡，领导干部参加天价培训，党政领导干部企业兼职等突出问题清理整治取得明显成效。活动开展以来，全市共查处“四风”问题案件 184 件，党纪政纪处分 195 人。群众普遍感到，干部服务态度变好了、办事效率提高了，党的好作风、好传统回来了。

三是我们坚持在贯彻整风精神上从严，认真执行民主集中制，党内生活焕发出新气象。全市各级领导班子严格召开专题民主生活会的要求，切实贯彻整风精神，严肃认真过好党内生活。各级领导班子和领导干部深挖细查，精心撰写、反复修改对照检查材料，大家感到每次修改都是一次认识深化、思想升华和精神洗礼。各级领导深入开展交心谈心，加强思想沟通，消除了隔阂、凝聚了共识。在民主生活会上，各级领导班子检查直奔主题、揭短亮丑，班子成员自我批评勇于解剖、触及灵魂，成员之间相互批评真刀真枪、见筋见骨。市委常委班子成员相互提出批评意见 254 条，6 个区市县及 3 个园区领导班子成员之间相互提出批评意见 1973 条。党员干部普遍反映，经历了入党多年来触动最大、感受最深、要求最严的一次党性锻炼，红了脸、出了汗、排了毒，留下了刻骨铭心的记忆。

四是我们坚持在健全长效机制上着力，切实扎紧制度笼子，权力运行得到进一步规范。这次活动坚持治标与治本相结合，有效堵塞不良作风的制度漏洞。以省委《关于建立健全作风建设长效机制的意见》《关于落实“三严三实”要求进一步加强党员干部教育管理监督的意见》等文件规定为遵循，对已有相关制度进行全面清理，废除与现行法规制度相抵触的制度。认真承接贯彻中央和省级层面出台的制度规定，突出规范资源分配权、财政资金管理权和人事权，研究制定出台了厉行节约反对浪费、公务接待管理等制度规定，正在制定完善领导班子成员政治生活规定、政府工作目标责任制和绩效考核、全面推进依法行政等制度文件。各地各单位按照中省市要求，切实抓好“废、改、立”工作，强化制度执行检查，增强了制度约束力和执行力，架起了行为“红线”。大家普遍感到，现在制度“紧箍咒”勒紧了，以前很多习以为常、司空见惯的“四风”问题受到节制了、不敢小视了。群众普遍反映，党员干部按规矩办事用权的意识增强了，越界犯规行为明显减少了。

五是我们坚持在夯实基层基础上攻坚，致力打通联系服务群众“最后一公里”，基层党组织凝聚力战斗力全面提升。推动联系服务群众，基层党组织是关键。我们以开展活动为契机，大力整顿基层软弱涣散党组织，切实加强基层服务型党组织建设，推倒隔心墙，打通断头路。每年新增投入 4000 余万元用于村（社区）党组织阵地建设，目前已建成新农村“1+N”党群综合服务体 116 个、园区党群活动服务中心 10 个，夯实了为民服务基础保障。将村（社区）办公经费全部提高到 2 万元以上，全面启动村级活动场所升级改造工作，积极开展壮大村集体经济试点。集中整顿 296 个软弱涣散基层党组织，向每个后进村（社区）选派机关干部担任“第一书记”，选派 112 名机关干部到“两新”组织担任党建指导员。加强带头人队伍建设，对大学生村官支部书记、村（社区）党组织负责人进行了全覆盖培训。在机关，深化“走基层”和“三联五帮”活动，市县乡机关干部走基层进万户、下深水到一线，为群众办好事、办实事；在农村，大力推行“1234”工作法，设立村务中转站，着力构建“10 分钟服务圈”等服务平台，切实解决群众办事难的问题；在城市社区，开通“社区民情专递”，搭建网格信息平台，以菜单式、上门式的方式服务群众。面对突如其来的洪涝灾害，各级党组织和党员干部冲在第一线，战斗在最前沿，与群众携手并肩，共抗洪灾，在危急时刻经受住了考验。

六是我们坚持在做好结合文章上使劲，凝心聚力推动改革发展，各项工作取得显著成效。认真贯彻落实省委“五个结合”要求，把教育实践活动与中心工作深度相融，以作风建设提振党员干部精气神，汇聚推动发展正能量。深入开展“中国梦在广安”活动，激励党员干部感恩奉献、超常付出，转变不适应、不符合科学发展要求的思想和行为，克服“为官不为”“廉而不勤”等消极思想，以昂扬向上、奋发有为的精神状态推动中国梦在广安全面实践，帮助人民群众追梦、圆梦。按照务实节俭的要求，举办邓小平同志诞辰 110 周年纪念动，广安以焕然一新的面貌展现在世人面前。深入贯彻党的十八届三中全会精神，结合实际制定了全面深化改革、推进县域经济跨越发展的 21 条措施，克服难的情绪，打消怕的顾虑，积极探索实践，推动了各项重点改革不断深化。始终保持专注发展的定力，在十点驱动格局基础上，继续探索多点多极支撑的实现形式，新设立华蓥山旅游文化景区、广安交通投资建设集团，经济增长升级为“12个轮子驱动”，发展活力全面释放。1—8月，广安固定资产投资总量居全省第7位，超过了绵阳、德阳这些大市，增速居全省第2位，仅次于有灾后重建任务的雅安；地方公共财政收入增长16.8%，增速居全省第5位。积极争创全国文明城市，部署实施“洁净水”行动，人民群众生产生活环境得到明显改善。许多干部深有感触地说，付出总有回报，只要能换来广安大发展，再苦再累也值得。群众普遍反映，看到广安城市一天天变靓、变美，越来越上档次，越来越有人气，真是打心眼里高兴。

通过开展教育实践活动，改善了党和政府的形象，凝聚了党心民心，提振了干部精气神，汇聚了社会正能量。活动中，全市各级各部门党组织自始至终坚持高标准严要求，积极主动作为，勇于责任担当，既务实认真做好规定动作，又注重解决活动中出现的具体问题，确保了活动有力有效推进。我们有以下深切体会：

一是强化组织领导、突出示范引领，是“反四风”转作风的不二法宝。全市各级领导干部以中央省领导为榜样，认真落实“五个带头”要求，既当好参与者、受教育者，又当好组织者、指导者，充分发挥了示范引领作用，形成了以上率下反“四风”的良好局面。实践证明，不强化领导抓，作风建设就容易走偏落空；不着力抓领导，作风建设就没有示范标杆。我们要把领导抓、抓领导作为作风建设的重要手段和方法，努力形成作风建设的强大推力。

二是抓住思想源头、推动以知促行，是反“四风”转作风的重要前提。全市各级党员干部在深学实学中提高思想认识，深刻认识到了“四风”问题的严重性、脱离群众的危害性，深刻认识到开展教育实践活动对于解决“四风”问题、密切党群干群关系、巩固党的执政地位和执政基础的重大现实意义和深远历史意义，切实增强了开展教育实践活动的政治责任感，真正把自己摆了进去。实践证明，只有思想认识这个源头解决好了，才能正本清源、固本培元，加强作风建设才有内在动力。

三是聚焦重点问题、集中力量整改，是“反四风”转作风的着力关键。我们按照中央和省委要求，始终突出问题导向，把着力重点聚焦到解决形式主义、官僚主义、享乐主义和奢靡之风这些群众反映强烈的突出问题上，抓住要害、集中发力、持续用劲，对共性问题集中整治，对顶风违纪行为严肃追责查处。实践证明，集中教育活动要取得实效，必须找准靶子、点中穴位，从群众反映最强烈的问题抓起、改起、突破，才能收到实实在在的成效。

四是坚持依靠群众、开门纳谏，是“反四风”转作风的必然要求。我们坚持在活动各个环节用好“群众路线”这个重要法宝，以真诚的态度把群众请进来，在群众意见中找准问题，在群众期待中看清差距，在群众监督中转变作风。创新开通基层问症、网络渠道、网格信息平台等多种群众参与渠道，组建300名群众监督员队伍，活动每个环节开展情况都及时向群众进行公开，充分调动了群众的参与热情。实践证明，加强作风建设必须充分相信群众、依靠群众，如果疏远和脱离群众，搞体内循环、自弹自唱，就难以得到群众理解和支持。

五是从严从实、真督实导，是反“四风”转作风的重要保障。我们构建起督导组全程督导、群教办随机巡查、群众监督员参与监督的“三维立体”督导格局，坚持标准，严格把关，防止降格以求，确保了活动不偏不虚不走过场。实践证明，只有坚持从严从实、体现认真，真督实导、层层压紧，才能有效防止形式主义。

我市教育实践活动扎实有效开展，受到王兆国、沈跃跃、陈竺等党和国家领导人的充分肯定。从省委督导组开展的测评情况看，广大干部群众对我市教育实践活动的做法和成效给予高度评价。这些成绩的取得，是省委和省委教育实践活动领导小组正确领导的结果，是省委第十三督导组、市县教育实践活动办公室及督导组悉心指导、严格把关的结果，是全市各级党组织和广大党员干部积极响应、共同努力的结果。活动中，省委第十三督导组在甘霖副省长、汤建平组长、蒙子武副组长的带领下，以对党和人民高度负责的政治态度，带着对小平家乡的深厚感情，对我市活动每个环节工作都认真研究、严格把关、从严督导，及时指出问题、提出更高要求，倾注了大量心血。各个市领导多次到联系点，访群众、讲党课、开展调研指导。10个市委督导组切实履职尽责，全心投入，做了大量艰苦细致和卓有成效的工作。

经过这次教育实践活动，党的作风改进有了一个良好开端。在充分肯定成绩的同时，我们也要看到存在的问题和不足，比如“四风”的思想根源问题没有完全解决，一些干部存在惯性思维，少数地方和单位对群众反映强烈的突出问题回应不够、整改进展缓慢，制度机制建设还有待加强，基层基础薄弱的状况没有完全改变，等等。对此，我们要高度重视，认真加以解决。

集中教育活动有期限，加强作风建设无尽期。10月8日，中央召开了群众路线教育实践活动总结大会，习近平总书记在会上作了重要讲话。总书记的重要讲话站高谋远、思想深刻、内涵丰富，充满了群众观点、求实态度、忧患意识、担当精神，是一篇闪耀着马克思主义群众思想光辉的重要文献，是指导新时期党的建设的纲领性文件，特别是提出的坚持从严治党八项要求，这既是对全党的刚性要求，也是对人民的庄严承诺，更是新形势下推进从严治党新的动员令。10月11日，省委召开了全省教育实践活动总结大会，东明书记结合四川实际，就贯彻中央精神、推进从严治党、加强作风建设作出具体部署，要求认真学习贯彻习近平总书记重要讲话精神，在新的起点全面推进从严治党；牢固树立马克思主义群众观，更加坚定自觉地践行党的群众路线；以落实省委“两个意见”为重点，推进作风建设常态化长效化；把教育实践活动成果转化为强大动力，奋力谱写中国梦四川篇章。我们要坚持把思想和行动统一到中央和省委的部署上来，以坚定的决心、严格的要求、过硬的措施，不折不扣地把中央和省委的决策部署落到实处。

一、增强政治自觉，强化责任担当，全面落实从严治党新举措

习近平总书记指出，从严是我们做好一切工作的重要保障，我们共产党人最讲认真，讲认真就是要严字当头，做事不能应付，做人不能对付，而是要把讲认真贯彻到一切工作中去。总书记在讲话中提出的八点要求，是新形势下坚持从严治党的基本遵循，我们必须结合广安实际具体化，一项一项抓落实。

一是责任落实要从严。各级各部门党委（党组）要强化管党治党意识，树立“抓好党建是本职、不抓党建是失职、抓不好党建是不称职”的理念，把党建工作作为主业，统筹抓好思想建设、组织建设、作风建设、制度建设和反腐倡廉建设。全面落实党建工作主体责任，坚持党建工作和中心工作一起谋划、一起部署、一起考核，既要抓好业务，也要管好党务，坚决防止一手硬一手软，推动形成党委统一领导、一把手负总责、分管领导具体负责、班子成员分工负责，一级抓一级、层层抓落实的党建工作格局。各级党委（党组）要把党建工作列入重要议事日程，党委（党组）书记要对重要工作亲自部署、重大问题亲自过问、重点环节亲自协调，做到既挂帅又出征。班子成员要严格履行“一岗双责”，既要管事，又要管人，把党建工作要求融入具体业务工作中，切实加强对分管部门和领域党建工作的领导和指导。改革绩效考核办法，加强对党组织成员特别是党委（党组）书记落实党建责任情况的考核和问责，对其他党员领导干部的考核也要加大这方面的权重。教育实践活动结束后，要根据中央和省委统一部署，开展市县乡党委书记基层党建工作述职评议考核工作，推动形成书记抓党建、一级抓一级、层层抓落实的生动局面。

二是思想教育要从严。习总书记讲，对党员、干部来说，思想上的滑坡是最严重的病变。思想上松一寸，行动上就会散一尺。各级党组织要重视思想建党，把抓业务、抓工作与抓思想有机结合起来，做到管业务也管思想、管作风。要加强党性和道德教育，引导党员干部坚定理想信念，坚守共产党人精神追求，切实解决好“总开关”问题。要认真学习马克思主义基本理论、中国特色社会主义理论体系和习近平总书记重要讲话精神，不断增强道路自信、理论自信、制度自信。要时刻保持清醒头脑，善于从政治上、全局上观察处理问题，做到在任何时候、任何情况下都能站得稳立场、经得起考验。要认清所担当的时代责任和历史使命，把实现共产主义远大理想落实到实现“两个百年”目标伟大梦想的具体行动中。现阶段，最重要的就是要积极投身“感恩小平·中国梦在广安”活动，深入推动中国梦在广安全面实践，努力带领群众奔康逐梦，为把小平家乡建设得更加美好、让人民群众过上更加美好生活而奋斗。

三是党内生活要从严。党内生活是锻炼党性、提高思想觉悟的熔炉。如果炉子长期不生火，或者生了火却没有足够的温度，那是炼不出钢来的。要切实加强党性教育，引导党员干部增强党的意识，在党言党、在党忧党、在党为党，坚决维护中央权威，思想上和行动上始终与中央保持高度一致。党内组织和组织、组织和个人、同志和同志、集体领导和个人分工负责等重要关系都要按照民主集中制原则来设定和处理，不能缺位错位、本末倒置。党内政治生活和组织生活要讲政治、讲原则、讲规矩，不能搞假大空，不能随意化、平淡化、娱乐化、庸俗化。大胆使用、经常使用、用够用好批评和自我批评这个武器，使之成为一种习惯、一种自觉、一种责任。开展积极健康的思想斗争，帮助党员干部分清是非、辨别真假，坚持真理、修正错误，统一意志、增进团结。

四是干部管理要从严。各级党委（党组）要把党员干部教育管理监督作为一项经常性、基础性、关键性工作，列入重要议事日程。要鲜明正确用人导向，坚持重品行、重实干、重公认，大力推进优秀干部人才递进培养工作，健全落实科学的政绩考核评价机制，加强领导班子结构模型化管理和动态分析研判，真正把一心为民、干在实处的好干部选出来、用起来。要加强干部选任监督，认真落实新修订的《干部选拔任用条例》，严格干部

选拔任用程序，全面推行干部选拔任用纪实制度，防止违规提拔任用干部，对“带病提拔”干部的选拔任用过程要倒查追责。切实抓好“六个专项整治”，深入整治选人用人不正之风，匡正用人风气、净化用人环境。要严格日常管理监督，认真落实干部谈心谈话年度全覆盖制度，开展经常性提醒告诫，定期综合分析研判。将考核作为从严管理干部的重要手段，建立差异化的政绩考核评价机制。大力倡导崇尚实干、狠抓落实，坚决抵制“为官不易”“为官不为”的思想和行为，引导党员干部干净干事、勤政廉政。各级领导干部要把“三严三实”作为基本行为准则，贯穿到学习、工作、生活之中，落实到为官、做人、干事各个方面，做新风正气的倡行者、引领者。

五是执行纪律要从严。纪律不严，从严治党就无从谈起。在纪律上要进一步严起来，纪律面前一律平等，党内不允许有不受纪律约束的特殊党员。坚持把维护党的政治纪律放在首位，按照省委“六个决不允许”要求，对违反政治纪律的苗头性倾向性问题及时提醒和纠正，对违反政治纪律的行为坚决制止。各级党员干部要自觉遵守党的组织纪律，严格执行党内组织生活制度特别是请示报告制度、领导干部个人事项报告制度，涉及领导班子和领导干部个人等重大问题、重要事项，必须第一时间向上级党组织请示报告。严格执行党的财经纪律，严禁不按规定追加预算、骗取套取上级财政资金、挤占挪用财政专项资金；各级领导班子主要负责人不得直接分管财务、人事、工程项目和物资采购；对区市县党政主要领导干部和资金、资产、资源管理量大的单位主要负责人，任期内至少审计一次。严明党的工作纪律，严格请销假制度，党员干部在工作时间离开工作所在地，要按规定提前向上一级党委、政府或领导班子主要负责人书面报告。交流任职的干部必须按规定转移行政关系、组织关系和工资关系。

六是制度约束要从严。只有扎紧制度笼子，才能规范权力运行和从政行为。要进一步抓好制度清理，对不适应工作要求、与现行法规制度相抵触的制度，坚决予以废止，在此基础上列出制度建设清单，做好废改立工作。要认真贯彻中央和省级层面出台的制度规定，坚持务实管用原则，突出规范资源分配权、财政资金管理权和人事权，进一步完善相关制度机制，真正做到用制度管人管事管权，让权力在阳光下运行。要把反腐倡廉建设作为贯彻省委“两个意见”的重中之重，认真落实党风廉政建设党委主体责任和纪委监督责任，着力构建“不想腐、不敢腐、不能腐”的制度机制。制度关键在落实。要加强制度落实情况监督检查，增强制度执行力，及时查处曝光典型案例，严惩以身试法、顶风违纪的行为，决不能让制度高开低走、束之高阁，成为“纸老虎”“稻草人”。

二、聚焦突出问题，持续正风肃纪，努力夺取作风建设新成效

作风建设是贯彻群众路线的突破口，也是推进从严治党的切入点。我们要清醒认识作风问题的顽固性和反复性，始终把作风建设紧紧抓在手上，常抓不懈、持续用力，推动作风建设常态化、长效化。

一是切实抓好问题整改落实。集中教育实践活动的收尾，绝不是作风建设的收场。在教育实践活动中，各级领导班子和成员结合征求到的群众意见、对照查摆的问题、民主生活会和组织生活会上提出的批评意见以及上级党组织、督导组点明的问题，认真负责地制定整改方案，列出整改措施和整改清单，这既是承诺书，更是军令状。各级领导班子和领导干部必须说到做到，切实兑现承诺，做到言必信、行必果。要下最大的决心，拿出最大的诚意，承诺一项、整改一项、兑现一项，确保群众反映的问题件件有回音，事事有着落，做到真改快改彻底改，坚决防止问题反弹回潮。对工作中出现的新问题，要跟进相应措施，及时进行整改，防止前紧后松、矛盾积压、简单粗糙、短期效应。各级领导干部要进一步发挥好示范引领作用，带头抓好问题整改落实，为广大党员干部树起标杆，做出榜样。

二是持续开展专项治理。要继续紧盯群众反映强烈的“四风”突出问题、涉及群众利益问题和联系服务群众“最后一公里”问题，重拳出击整治最集中、群众反映最强烈的问题，深入推进“七项专项治理”和“9+3”突出问题专项整治工作，继续抓好文山会海、“三公经费”、干部在编不在岗等问题集中清理，一个时间节点一个时间节点扭住不放，把中央和省委市委确定的各项重点整治任务落到实处。要继续实行挂牌督办制度，对重点整改事项建立台账、跟踪督办、整改销号。对顶风违纪的要坚持做到“零容忍”，使党员干部不仅不敢沾染歪风邪气，而且不能、不想沾染歪风邪气，努力营造风清气正的从政环境。现在，改进作风到了节骨眼上，社会上有种种议论和思想情绪，有的担心活动结束“四风”问题又会“涛声依旧”；有的盼着紧绷的弦松一松。要引导党员干部克服这种错误的惯性思维，谁以身试法就要坚决纠正和查处，决不能让“四风”问题反弹回潮。

三是进一步推动联系服务群众。教育实践活动表明，群众观点树立得越牢固、群众路线贯彻得越深入，从严治党的群众基础就越深厚，就越能得到人民群众的支持和拥护。全市各级党员干部要筑牢人民群众是真正英雄的唯物史观，进一步解决好对群众的立场问题；要强化人民公仆的角色定位，进一步解决好与群众的感情问题；要始终坚持以人民为中心的工作导向，进一步解决好为群众办实事的问题。要坚持把密切联系服务群众作为转变作风的重要途径，自觉摆正同群众的关系，站稳群众立场、增进群众感情，始终把群众装在心里，更好地为群众用权、履职、服务。要总结运用“走基层”“三联五帮”等活动的经验做法，健全工作推进机制，形成我市贯彻群众路线、加强作风建设、做好群众工作的重要制度安排，打通联系服务群众“最后一公里”。坚持扑下身子抓落实，畅通群众诉求表达渠道，深入了解群众需求，解决群众实际困难和问题，在联系服务群众中受教育、转作风、聚民心。加大软弱涣散基层党组织整顿力度，推动人力财力物力向基层倾斜，加强基层服务型党组织建设，全面提高服务群众的能力和水平。

三、坚持统筹兼顾，服务工作大局，不断开创改革发展新局面

促进事业发展是贯彻群众路线、推进作风建设的重要目的，也是从严治党、加强党的建设的重要使命。要紧紧围绕全市工作主题，始终做到“两手抓两促进”，把教育实践活动形成的政治优势、组织优势转化为发展优势，把党员干部在活动中激发出来的热情转化为推动改革发展的强劲动力。

一是提振干部精气神，保持专注科学发展的定力。从广安市情和阶段性特征来讲，发展始终是当前的第一要务，是贯彻群众路线、维护群众利益的最大实践。要始终扭住发展不放松，坚持全市工作主题不动摇，坚定不移实施“三大发展战略”，保持全市经济平稳较快发展势头。要着眼从长远上抢占发展先机，增强转方式、调结构的自觉性主动性，坚持不懈抓好我市的优势产业和，百亿产业的六大高端战略性产业，加快推进六大高端成长型产业和五大新兴先导型服务业发展，培育形成新的增长点和竞争力。要强化发展实体经济是推进“两个跨越”核心支撑的观念，坚持三次产业总体谋划、协调推进，一个产业一个产业集中力量攻坚，一个企业一个企业跟踪解决问题，抓好重点项目和重大产业项目落地，增强经济发展后劲。要把新型城镇化作为扩大内需、促进产业升级的重要抓手，统筹推进城市新区、旧城和棚户区改造、小城镇建设等重点工作，统筹推进城市新区、旧城和棚户区改造、小城镇建设等重点工作，大力实施“安居工程，推动城镇化有序发展、健康发展、高质量发展，为经济社会发展提供持续动力。要深化对外开放合作，充分发挥开放平台和载体的重要作用，积极参加西博会、科博会、农博会等重要展会和重大招商活动，继续加快推进川渝合作示范区、西部承接产业转移示范建设，推动形成适应转型升级需要的开放合作态势。大力发展县域经济，加快培育一批工业经济、现代农业和生态旅游强县，进一步夯实底部基础。

二是汇聚社会正能量，激发全面深化改革的活力。打好打胜全面深化改革这场攻坚战，需要干部群众共同奋斗。巩固教育实践活动成果、加强作风建设，需要把思想统一起来，把力量凝聚起来，形成各个方面都理解改革、支持改革、参与改革的良好局面。要坚持以经济体制改革为牵引，统筹推进农村改革、行政体制改革、事业单位改革、财税体制改革、司法体制改革、生态体制改革和党的建设制度改革，努力在重点领域、关键环节取得明显突破。要深入贯彻全省深化农村改革推进会精神，紧紧抓住放活土地经营权这个重点，创新农业经营体系，发展适度规模经营，努力提高农业劳动生产率和农业现代化水平，推动农村改革取得突破性进展。

三是增强群众满意度，提升促进和谐稳定的能力。群众对美好生活的向往，就是我们奋斗的目标。要始终把改善民生作为一切工作的出发点和落脚点，实施好省市民生工程项目，统筹抓好增收、就业、教育和卫生等各项工作，把老百姓所急所需所盼的事情办好办实。要纵深推进扶贫攻坚，切实完成年度脱贫任务。要大力推进幸福美丽新村建设，优先解决条件最差的村、最困难群众的生产生活问题。要创新机制体制，深入推进“洁净水”治理行动，力争挤入国家第一批“PPP”示范城市，让发展后的广安天更蓝、地更绿、水更情、空气更清新。要始终绷紧维稳这根弦，加强和改进群众工作，进一步加强安全生产，切实加强社会治安综合治理，确保全市社会大局稳定。深入推进依法治市，抓实“法律七进”基础性工作，把各项事业纳入依法治理轨道。大力推行网格化服务管理，整合各方资源，形成工作合力，共同维护社会和谐稳定的大好局面。

四、坚持立说立行，抓好当前工作，把教育实践活动成果转化为促进发展的强大动力

现在已进入第四季度，各项工作都处于收官阶段，我们一定要继续保持一鼓作气、奋力冲刺、勇争一流的

工作状态，以优异的成绩圆满完成全面目标任务。下面，我就当前几项重点工作提几点要求。

一要狠抓项目建设，努力向投资超千亿目标奋斗。项目建设是壮大经济总量的“加速器”，是优化经济结构的“调节仪”，是保障民生需求的“新引擎”。我们一定要加快项目建设，不断做大投资量。各区市县、产业园区要认真研究在建项目建设情况，从全市的情况来看，1—8月已累计完成投资697.9亿元，月平均投资额达87.24亿元，照这样的进度投资超千亿元目标完全能够实现。从各区市县的情况看，1—8月邻水县已完成118.3亿元，岳池县、华蓥市分别完成107亿元、101亿元，也能完成投资110亿元的目标。其他区县、园区要对照投资超110亿元的目标任务，深入研究，加大投资力度，促进项目建设快速推进，为全市投资超千亿做贡献。要积极谋划明年项目投资工作，力争在第四季度集中开工一批重大项目，确保明年项目投资实现良好开局。

二要继续深化“感恩小平·我为小平家乡发展做贡献”主题活动。虽然邓小平同志诞辰110周年纪念活动已圆满结束，但感恩小平同志，实践邓小平理论，只有进行时没有完成时。我们要继续坚持感恩做贡献主题，继续高举邓小平理论伟大旗帜，继续实践好邓小平理论，努力谱写好中国梦的广安篇章。市委宣传部要继续发挥好纪念活动的牵头揽总作用，组织市纪念办积极思考谋划好明年的感恩做贡献项目，抓好邓小平同志诞辰110周年纪念活动的总结和表彰。我们要以110周年纪念活动为契机，每年都开展纪念活动，让社会各界群众、外地游客永远铭记邓小平同志诞辰的伟大时刻。

三要抓好项目引进，为实现广安跨越发展注入强劲动力。要充分利用西博会等重大展会活动，积极推介广安投资优势，努力引进一批重大产业项目。深入开展“感恩小平广安行”活动，组织知名企业家到广安考察投资，争取吸引一批优势项目落户广安。充分利用年末元旦、春节等关键时期，加强与知名乡友、企业家、异地商会的接洽和联络，切实把情感投资转化为实实在在的项目投资。要加大对上汇报争取力度，切实为广安改革发展争取更多支持。这里要强调的是，对于个别不主动、不作为、无所事事、不思进取的部门，特别是项目争取不力的部门，要追究相关负责人的责任。

四要全力抓好全国文明城市创建工作，确保总评验收取得优异成绩。创建全国文明城市，是广安感恩做贡献的重要项目。在全市上下的共同努力下，去年我市在全国地级提名资格城市中，取得城市公共文明程度指数测评第3名，未成年人思想道德建设工作测评第4名的好成绩，实现了历史突破。今年，中央文明办对总评进行了调整，材料审核在网上进行，并运用“突然死亡法”，一项指标中某单个材料不合格或虚假，该项指标即判定为不合格、不给分；暗访测评和调查问卷不定时间、不打招呼、不见面对接，进行随机暗访，不再入户，测评范围更大更宽，既看城中间、也看城周边，既看大街、也看小巷，既看新区、也看老区，既看容易做好的地方，更看不容易做好的“死角”；评价方式也由原来的国家统计局单一评价改变为中央文明办、国家统计局、中央文明委成员单位、专家和省级文明委综合评价。这些改变，给我们提出了新的更高更严的要求。

反观市内近期的创建工作，问题很多，极不适应新的形势和要求。少数单位领导不重视，具体工作人员不负责，敷衍应付，一些部门对市创建办安排和督办的任务，推诿卸责、行动迟缓、整改不力。迎检资料准备不完整，一些单位提交的资料缺项多，质量差，不规范。用来迎接检查的场地差距很大，背街小巷、老旧小区、农贸市场、城乡结合部等老大难区域的基础设施、卫生状况、社会秩序存在较多问题。从最近一次创建办组织的调查问卷来看，离新的要求还有差距。以这样的状态去迎接总评验收，难以取得最终的成功。

据推测，正式测评将在今年10月下旬到11月底期间进行。在下步迎检工作中，我们必须鼓干劲，增措施，严要求，全力推进，确保今年摘取全国文明城市桂冠。

第一，要对照标准找差距。《全国文明城市测评体系》《全国未成年人思想道德建设工作测评体系》明确了测评的标准。各级各单位务必按照要求，一项一项进行梳理。市级各责任单位要起好行业牵头作用，在条条上纵向清理；广安区、前锋区、广安经开区、枣山园区、协兴园区、各街道、各社区要发挥主体作用，在块块上横向清理。要找到弱项、找准问题，迅速研究制定对策，采取过硬措施，逐一落实，逐一攻坚，确保在10月25日之前全面达到考评标准。要对照“一票否决”项目，狠抓党风廉政建设、安全生产、食品安全、环境污染治理等工作，确保无否决事项发生。要对照加分项目，做出特色、做好亮点，确保加分加满。档案资料的收集整理，要做实做细做精，不能出现任何纰漏。

第二，要突出重点搞整改。背街小巷的基础设施、市容卫生，城乡结合部的社会治安、交通秩序、环境卫生等问题，是不容易抓好却必须抓好的重点工作。住建部门要针对背街小巷、城乡结合部的基础设施、城市街道的人行道地砖以及老百姓关注的生活环境等，采取过硬措施，排查整改到位。公安交警部门、城管执法部门要集中力量整治车辆乱停乱放、行人和车辆闯红灯和小区、大街小巷、公园绿地等“脏乱差”现象。工商部门要集中力量整治集贸市场柜台摊位摆放无序、市场卫生状况较差、污水乱流、垃圾清运不及时等现象。交通部门要坚决集中整治出租车拒载、讲价不打表、随意停车载客、清洁卫生差、用语不文明等问题。旅游部门要抓好文明旅游工作，教育部门要抓好城乡学校少年宫建设和未成年人思想道德建设等相关工作。市级各单位、各区、广安经开区、枣山园区、协兴园区要针对居住小区环境差、市场环境差、城乡结合部和小餐馆环境差，市民行为习惯差、交通秩序乱、文化市场环境市民不满意等方面，从根源上找问题，采取切实有效的举措，确保环境更优、秩序更好、公共关系更和谐。

第三，要强化保障添合力。在这段时间里，市级领导要率先垂范，亲自过问、亲自研究、亲自落实相关创建工作。肖友才、刘光辉同志要负责抓好创建工作的督查督办和绩效问责工作；黄秀川同志要负责抓好街道、社区工作，夯实群众基础；唐雄兴同志要负责抓好宣传工作，营造浓厚创建氛围；杨利民同志要负责抓好创建办的工作，统筹全市创建工作，策划好各类创建活动；康永恒同志要负责学雷锋志愿服务工作；席世洪同志要负责抓好硬件工作组的工作，完善好城市道路、交通、公共场所、小区等的公共设施和其他设施建设，完善文化、体育、科技、教育等公益设施；邓文国同志要负责抓好公共环境、公共秩序的整治，并保持常态；陈全禄同志要负责抓好教育、卫生等重点工作；贺宗飞同志要负责抓好未成年人思想道德建设工作。要做好人、财、物的保障，凡市创建办需要抽调的人员，各级、各单位要无条件支持，创建工作需要的经费，市财政和相关部门要足额保证。各级各单位既要各司其职、分工负责，又要统筹协调、通力合作。

第四，要加强督查问责，保证工作落实。加强舆论监督，对工作被动、措施不力、整改不力的要坚决予以曝光。市创建指挥部办公室要会同市纪委、市委组织部、市督查办、市绩效办，严格落实创建全国文明城市问责办法和考核奖惩制度。对督查通报的问题未整改或整改不到位的，进行诫勉谈话和相应处理，甚至启动停职、免职、撤职等问责机制，严格追究相关领导和具体责任人的责任。对导致测评丢分的单位主要领导、分管领导和具体工作人员，要按照“丢分丢帽”的原则，坚决从严进行组织、纪律处理。

这里我宣布一条纪律，从今天开始，至全国文明城市测评结束，市区各级、各单位原则上不得休公休假。我们一定要把创建全国文明城市，作为检验教育实践活动成果的重要内容，确保成功创建成为第四届全国文明城市，为小平同志诞辰110周年献上一份厚礼！

同志们，贯彻党的群众路线没有休止符，作风建设永远在路上。我们要更加紧密地团结在以习近平同志为总书记的党中央周围，一心一意谋发展，聚精会神抓党建，继续打好作风建设这场硬仗，以好的作风保障改革发展，为推进广安“两个跨越”、谱写伟大中国梦广安篇章而不懈奋斗！

在市委四届八次全会第一次全体会议上的讲话

中共广安市委书记　侯晓春

（2015 年 1 月 12 日）

同志们：

这次市委全会的主要任务是，贯彻落实党的十八届三中、四中全会和中央经济工作会议、四川省委十届四次、五次全会和省委经济工作会议精神，总结报告市委常委会工作，分析当前经济形势，研究部署今年工作。

一、关于市委常委会工作

2014 年，市委常委会认真学习贯彻习近平总书记系列重要讲话精神，全面落实中央、省委决策部署，坚持以筹办邓小平同志诞辰 110 周年纪念活动统揽各项工作，积极应对复杂严峻的宏观经济形势，保持专注发展定力，锐意改革创新，大力实施“三大发展战略”，统筹谋划和扎实推进经济、政治、文化、社会和生态文明建设，认真开展党的群众路线教育实践活动，标本兼治加强反腐倡廉，全市呈现出经济平稳较快增长、民生持续改善、社会和谐稳定、党风政风持续好转、干部奋发有为的良好局面。

第一，认真贯彻落实省委决策部署，成功筹办邓小平同志诞辰 110 周年纪念活动。省委对纪念活动高度重视，东明书记两次召开常委会研究，两次亲自到广安视察指导。市委、市政府按照省委要求，努力以焕然一新的面貌迎接小平同志诞辰 110 周年，发起“感恩小平·我为小平家乡发展做贡献”活动，全市人民大力拥护，社会各界积极支持，整个纪念活动圆满完成，实现了中央和省委满意、小平同志家人满意、人民群众满意的目标。

一是高水平建设主体纪念设施，圆满完成中央和省委交办的政治任务。认真落实中共中央办公厅文件要求，高质量完成邓小平缅怀馆建设和邓小平故居陈列馆改陈工作，达到了“国内领先、世界一流”的水平。邓小平纪念园珍稀林木完成补植，更加生态、更加富氧，巩固提升了 AAAAA 级景区。翰林院子修缮改造全面完成，形成了新的旅游景点。小平故居武警中队营房全面建设，纪念设施和重点文物全部纳入武警保卫范畴。

二是组织开展丰富多彩的主题纪念活动，掀起了缅怀小平、怀念伟人的热潮。按照中办和省委提出“隆重热烈、务实简朴”的要求，精心组织了一系列纪念活动。

全面谋划，成功举行 2014 年中国旅游日主会场活动，吸引了 20 多万游客到广安缅怀小平同志；成功承办省委在广安召开的纪念座谈会，筹备工作得到省委省政府领导的充分肯定。

积极联系，统筹组织中国文联文艺志愿服务团、中央电视台“心连心”艺术团分别到广安开展慰问演出；精心策划，与人民网共同建设邓小平纪念网；创造条件，推动电视连续剧《历史转折中的邓小平》和纪录片《邓小平遗物的故事》成功开播；主动衔接，与中国邮政总公司共同举行了邓小平同志诞生 110 周年纪念邮票首发仪式；与中央文献出版社、中国地图出版集团举行《丰碑》《邓小平光辉历程地图集》图书首发仪式；与深圳、遵义、百色等地政协共同举办“追寻小平足迹·唱响春天故事”书画联展；积极参与承办，先后在香港、澳门举办“光辉历程——纪念邓小平诞辰 110 周年大型展览”；在中国美术馆举行了《春天的故事——全国版画艺术精品展》。

突出广安特色，办好市内活动。8 月 22 日前后，举办了“感恩小平·中国梦在广安”大型文艺晚会；组织全市机关干部职工向小平铜像敬献花篮；开展了“缅怀小平·万人同吃寿桃”、广场音乐诗会、全民健身跑、焰火晚会等群众纪念活动，掀起了纪念活动高潮，人民群众更加感恩时代、感恩祖国、感恩党、感恩小平。

加强对外宣传，《人民日报》等百家党报、新华网等

36家主流网络媒体、《世界日报》等30家境外媒体以及《四川日报》、四川电视台等省内媒体，对广安开展的纪念活动及经济发展、民生改善的成就进行了报道，展示了小平家乡的良好形象。

三是广泛引导和动员社会各界感恩作贡献，推动纪念项目、基础设施和惠民工程建设，广安城乡面貌焕然一新，群众得到更多实惠。全面开展“感恩小平·我为小平家乡发展作贡献”活动，凝聚起社会各界感恩小平的激情，纷纷捐资，推动广安建设和发展。向中宣部、国家发改委、财政部等部委争取到资金1.7亿元，推动了“两馆”建设布展；协调全省兄弟市州捐赠资金1.9亿元，争取驻川部队捐资1300万元，接受社会捐赠3.4亿元，加快了小平故里一批总投资26.9亿元的惠民项目建设。为了昭示后人，我们制作安装市民广场感恩碑，向捐赠企业和个人颁发荣誉证书，成为广安人民纪念小平诞辰110周年永远的丰碑。

在纪念活动中，我们运用市场法则筹集建设资金，对主城区建安路、五福西路、金安大道进行了综合整治，建成市民广场及文化综合体，进一步美化了城市环境，提升了城市品位。在感恩做贡献的精神感召下，各区市县、三大园区、市级各部门积极行动，自加压力推进发展。各区市县都推进了10平方千米园区基础设施建设；广安经开区建设了30平方千米道路骨架；枣山园区拉开10平方公里骨架路网；协兴园区整体提升邓小平故里周边环境。工业、交通系统感恩做贡献，玖源化工、正威国际等一批重大产业项目建成投产；广安港建成投运，建成广安南站，开通广安至成都动车。特别是发展建设集团、交通投资集团、爱众集团运用市场法则，吸纳社会资金，投资33.5亿元，优质高效地推进复兴大道、枣彭路等16个感恩项目建设。

四是在推进纪念活动中，全市上下凝聚起感恩激情、建设激情、发展激情，汇聚起吃苦耐劳、艰苦奋斗的精神，逢山开路、昼夜兼程的精神，成了广安干部群众的精神财富。全市广大干部面对复杂的局面，坚持直面挑战、迎难而上，用创新的办法解决了一个又一个难题；面对艰巨的任务，坚持超常工作、加倍付出，形成了人心思变、人心思干的良好氛围。在活动中，76个先进集体、325名先进个人获得表彰奖励。此外，还涌现出很多先进典型、无名英雄，为纪念活动做出了积极贡献，市委深切地为这些默默奉献的无名英雄点赞。这一份宝贵的精神财富，将永久激励广安人民艰苦奋斗、务实进取、开拓创新。

回顾整个纪念活动，中央、省委重视、国人关注。市委带领全市干部群众团结一心、攻坚克难、开拓创新，在圆满完成政治任务的同时，还加快了广安发展、惠及了广安百姓、锤炼了广大干部，向人民群众和小平同志交出了一份满意的答卷。

第二，以开展群众路线教育实践活动为载体，聚精会神抓好党的建设。坚持以为民务实清廉为主要内容，以“照镜子、正衣冠、洗洗澡、治治病”为总要求，集中解决“四风”问题，扎实开展教育实践活动，推动了制度机制建设，促进了科学民主决策，取得了干部受教育、群众得实惠的效果，进一步密切了党群干群关系。特别是全市领导干部切实转变了观念，树立起抓党建就是最大的政绩的理念，把抓党建与抓发展放在同等重要位置，为经济发展提供了坚强保障。中央督导组副组长李川对广安教育实践活动给予了充分肯定。

市委常委班子从严从实开展教育实践活动，带头学习，通过心灵上与习近平总书记系列重要讲话精神交流对话，理想信念、党性修养、宗旨意识明显增强；带头开好专题民主生活会，开展“走基层”活动，深入基层和群众解决实际问题，研究提出市委常委班子教育实践活动整改措施35条、专项整治措施21条，已完成整改任务19项。

强力开展正风肃纪，深入推动“9+3”突出问题及中央巡视组反馈的滥发奖金补贴、公务用车、庸懒散浮拖等问题专项治理，查处“四风”问题案件184件，曝光典型案件47起。重拳整治“三超两乱”等突出问题，督促法检系统整改撤销内设机构41个，全部废止提高干部职级待遇“土政策”。全市整改清退违规发放钱物971.6万元，党纪政纪处分11人。对违规购置和使用的270辆公车，已彻底整改到位。注重建章立制，制度笼子越扎越牢实，广大党员干部按规矩办事用权意识显著增强。活动开展以来，全市会议和文件分别下降21%、19%，“三公”经费开支下降26.1%，群众切实感受到了教育实践活动带来的新气象。

切实加强思想建党工作。加强理想信念教育，深入学习习近平总书记系列重要讲话精神，邀请厉以宁等知名专家为市委中心组成员授课，组织开展大型主题宣讲活动，使中央和省委精神深入人心。加强领导班子和干部队伍建设。落实“好干部”标准和“三严三实”要求，围绕广安事业发展调兵遣将。创新推进领导班子和领导干部选任方式等综合配套改革试点，试行新提拔科级领导干部家庭财产申报制度，将拟提拔任用干部落实党风廉政责任制情况纳入考察内容。实施年轻干部递进培养计划，已提拔使用65人、交流重用52人。与北师大合作举办邓小平城乡发展学院，搭建了干部培训的良好平台。集中开展选人用人不正之风“5+3”专项整治，健全干部选拔任用监督和日常管理监督机制。紧跟创新驱动发展战略引进培育人才，引进硕士、博士等优秀人才180名。

加强制度治党，着力构建“不敢腐、不能腐、不想腐”的体制机制。督促各级党委、纪委认真落实党风廉政建设主体责任、监督责任，初步构建了齐抓共管的新格局。坚持以零容忍态度惩治腐败，全市纪检监察机关立案605件，查处县处级干部16人，同比分别增长25.3%、220%，“不敢腐”的震慑已经形成。建立国土资源管理改革领导小组和组织人事统筹领导小组，重大经济工作、招商引资项目、土地出让、组织人事等事项让纪委全程参与监督，把权力关进制度的笼子里；实行廉政风险直接管理、迹象管理、动态管理和精细管理，全面建成行政权力依法规范公开运行电子监察平台，“不能腐”的制度体系不断完善。全面推进预防腐败“广土”工程，加强党性教育，全市领导干部主动上缴红包礼金358.5万元，“不想腐”的土壤不断孕育。

第三，坚定不移推进改革、扩大开放，不断增添发展的动力活力，多点多极支撑战略结出了丰硕成果。坚持以改革增添动力，以开放增添活力，大刀阔斧推进改革开放，广安改革工作得到省委考核组的充分肯定。

制定出台《关于全面深化改革加快县域经济跨越发展的决定》，为区市县发展松绑减负，推动产业园区完善体制机制，改革红利不断释放，县域经济呈现出蓬勃发展的良好势头。各区市县产业集聚效应凸显，形成精细化工、生物医药、电子信息、节能环保及新材料、新型住宅等现代产业集群。广安区成功创建四川省首批旅游十强县。前锋区城市综合体规划设计方案获得国家级金奖。华蓥市顺利通过全国生态保护与建设示范区省级评估。岳池县、邻水县被评为全省县域经济发展先进县。武胜县成功创建全国休闲农业与乡村旅游示范县。邻水县项目投资在全市继续领跑。

充分运用市场法则，投资平台成效显著，推动广安发展建设集团释放改革效应，全年直接融资5.66亿元，实现税利1.1亿元，为经济建设提供重要资金支持；组建广安交通投资建设开发集团，实现利税1000万元，有序推进了广前路等6个交通重点项目建设，同时将业务向各区市县拓展。整合资源，成立广安金财投融资集团，为发挥财政资金杠杆放大效应，助推产业转型升级和重大项目建设增添了手段。建立华蓥山旅游文化景区，大熊猫顺利入住广安，成为全国第三个野化放归培训基地，为下一步发展绿色生态旅游打下了坚实基础。

全力推进经济体制改革。以放活土地经营权为突破口推动农村改革，开展土地承包经营权确权登记，农村土地更加集中，产村相融推进新村建设的面积不断扩大；创新农业经营体系，培育新型农业经营主体，发展适度规模经营，农业和农村经济活力不断增强。粮食生产连续8年保持稳定增长，农民人均纯收入增长12.5%。大力实施农村“一个大环线、一个单元、一条连接线”的“111”工程，获得省委常委李昌平的充分肯定。金融领域改革成效明显，重庆银行广安分行正式营业，成都农商银行广安分行即将试营业，武胜农村信用社改制为农商银行开业运营；成功举办“感恩小平·共建广安”金融对接活动，签约总授信额度达830亿元。深化投融资体制改革，加快释放民间投资活力，全市民间投资占比达到62%。全面开展“洁净水”行动，争取到财政部以“PPP”模式支持，引入中信集团以市场机制投资建设、运营和管理污水处理厂，以治水来倒逼经济转型升级，把医药、旅游产业纳入了中信集团投资支持范围。各行各业积极争取先行先试改革探索，在推进大部门制改革、公共资源交易体制机制改革、绩效考核改革等23个方面取得重大突破。

对外开放全面深化。派遣干部到中省部委挂职、培训，获取信息，争取支持。主动汇报衔接，成功争取中省项目700个，到位资金16.94亿元。新聘请李长明、魏鹏为市高端决策咨询和投资促进专家，全市聘请高端专家达到9名。借助专家团队的智慧和资源优势，在争取项目资金、引进企业、培养人才等方面探索出发展新路径。成功引进李长明院士团队，投资160亿元打造“长明高新技术产业园”，重点发展生物智能芯片、超级电容、钠离子电池等高新技术产业，已与长虹手机签订了2亿元的合同，即将在广安先期投入生产；引进尤政院士团队建设清华大学广安新能源研究院，并与广安经开区、华蓥市达成合作意向，切实将科技成果转化为现实生产力。广安通过科技招商，大力发展院士经济的做法，得到省委东明书记的批示和肯定。深入推进川渝合作示范区和承接产业转移示范区建设，开放合作不断深化。成功举办“感恩小平·投资广安”中外知名企业广安行等活动，积极参加“中外知名企业四川行”和第十五届西博会等重大活动，广安签约项目数量、投资总额位居全省前列。全年引进项目948个，到位资金805亿元，增长14.7%。

渝广合作不断深化，引进重庆项目475个，到位资金380亿元，占总量的47%。与深圳合作共建广（安）深（圳）产业园正式挂牌。外贸出口达10.6亿元，居全省第4位。

第四，采取有力措施稳增长、抓投资、调结构，全市经济持续健康发展。我们始终把推动发展与感恩做贡献相结合、与践行党的群众路线相结合、与全面实施改革开放相结合，以思想建党、制度建党、组织建党的实际成效保障发展。针对经济下行压力，适时出台稳增长20条措施以及一系列配套政策，解决经济运行中的各种难题，确保经济稳定增长，发展进入历史上最好的时期。预计全年地区生产总值增长10%，有望居全省第5；全社会固定资产投资增长36%，有望居全省第1；规上工业增加值增长10%，有望居全省第8；社会消费品零售总额增长13%，有望居全省第7。特别是市本级一般公共预算总收入达到26亿元，一般公共预算支出达到31.5亿元，充分体现了体制机制改革创新的巨大成就。

集中推进重点项目投资。把项目投资作为经济工作主战场，坚持抓好项目促进科学发展、抓大项目促进加快发展，集中推进了一批重大项目建设，发展条件进一步改善。预计全年1000万元以上的重大项目完成投资574亿元，增长73.8%。其中，实施重大工业项目120个，完成投资256亿元；实施重大基础设施项目168个，完成投资276.6亿元。

坚定不移地走转型发展之路。通过加快转型增强发展新动力，在扩大增量中调优结构，制定专门的政策，对精细化工、生物医药、新型住宅等六大高端产业给予重点支持，电子信息、汽车制造等优势产业比重持续上升。坚定不移推动转型升级化解过剩和落后产能，全市产业技术研发院达5个，产业发展后劲不断增强。重点突破培育电信、电子商务业、现代物流业等新兴先导型服务业，服务业增加值增幅跃居全省前列。旅游产业快速发展，成功创建国家AAAA级景区4个，红色文化影视城一期实现运营。

推进新型城镇化。重点加快主城区建设，统筹推动县城和小城镇建设，主城区面积拓展14.9平方千米，城镇化率提高3.2个百分点。实行改造房、拆迁房、危旧房、商品房“四房合一”建设美好家园，大力实施“百万安居工程建设行动”，全年保障性住房建设和危旧房棚户区改造开工38736套，基本建成25993套，竣工14454套。以全省“百镇建设试点行动”为契机，加快乡镇“七个一”工程建设，启动建设30个特色集镇。以创建“美丽村庄”为契机，启动建设幸福美丽新村，实施农村安居工程39626户，全市8个新型房屋示范点564套房屋全部竣工。

第五，全力创建全国文明城市，宣传思想文化工作和精神文明建设再上新台阶。广泛开展社会主义核心价值观宣传教育，深入开展道德实践和精神文明创建活动，创建全国文明城市工作规范化、常态化，市民创建认同度、参与率、支持率明显提高；城乡文明程度和市民素质明显提升，广安城市公共文明指数位居全省地级城市第一。加强公民道德建设，承办“全国道德模范故事汇基层巡演”“全国道德模范与身边好人互动交流”活动，全市45人入选“四川好人”、6人荣登“中国好人”，涌现出邓德勤、杨淑芹等一批先进典型。有序推进志愿服务制度化，在全省率先开展厅级领导志愿活动，岳池义工联合会获得省“十佳优秀志愿服务组织”。在全省率先设立诚信“红黑榜”。加强互联网建设和管理，促进传统媒体和新兴媒体融合发展，舆论引导能力和水平不断提升。积极推动公共文化服务标准化均等化，“幸福美丽新村（社区）文化院坝”等文化惠民工程加快建设。

第六，着力保障和改善民生，让人民群众共享改革发展的成果。始终把保障和改善民生摆在突出位置，全年民生投入占公共财政支出的70%，高于全省平均水平5个百分点。全面完成省上下达的民生任务和22项市自办民生工程项目，投入资金125.63亿元，群众生产生活条件不断改善。两次提高低保标准，全市28.1万人纳入低保。就业形势保持总体稳定，新增就业4.98万人，城镇登记失业率控制在3.59%。城乡居民大病保险和灵活就业人员参加职工基本医疗保险制度全面实施。探索实施精准扶贫工作机制，完成贫困村扶贫项目152个，9.3万人摆脱贫困。扎实推进教育综合改革，部省共建教育改革发展试验区加快建设，成功争取中省资金12.3亿元，促进了各类教育协调发展。深化医药卫生体制改革，确定5家县级公立医院作为省综合改革试点单位，全市8家县级公立医院全面取消药品加成，提升了公共卫生服务能力。竞技体育和群众性体育协调发展，在省运会上夺得16金、16银、13铜的历史最好成绩。全市统一调度的“120”急救指挥系统建成并投入运行，广安市全科医生培训基地竣工并投入使用。强化食品药品安全治理，群众满意度大幅提升。

第七，加强社会主义民主政治建设，充分凝聚各方智慧和力量。大力支持市人大及其常委会依法行使职权，增强对“一府两院”监督实效，加强对重大经济、民生工作监督，开展专题询问和法律法规实施情况检查，依法决定重大事项，充分发挥人大代表作用。大力支持市政协依照章程履行职能，围绕全市工作大局开展政治协商、民主监督、参政议政，充分发挥人民政协作为协商民主重要渠道作用，针对纪念活动、商务经济发展、城镇化建设等重大问题，广泛调研考察、开展民主评议、积极献计出力、实施工作监督。支持工青妇等人民团体在改革发展、社会治理、服务群众等工作中发挥重要作用，完成工青妇和科协换届工作。深化基层民主自治建设，完成村（居）委会换届选举工作，制定完善村规民约、居民公约，推进社区治理和村（居）务公开。党管武装坚强有力，军民融合深度发展，优抚安置政策全面落实，全国双拥模范城“四连冠”各项基础工作有序推进。

第八，全面推进社会依法治理，法治化水平不断提升。广安依法治市纲要深入实施，“六五”普法和“法律七进”活动全面开展，依法执政、依法行政和公正司法整体推进。创新建立“大一统”情报信息综合处理平台，扎实推进社会稳定风险评估机制建设，依法妥处各类矛盾隐患，社会大局保持平稳。加强和创新社会治理，组建广安市国家安全局，推进网格化服务管理全覆盖，深化创新大调解工作机制，加强社会治安综合治理，深入开展平安和谐“三级联创”活动，法治城市创建活动取得突出成效。健全完善立体化防控体系，严厉打击各种刑事犯罪，加强反恐防暴工作，“五大民生警务”深入实施，人民群众生命财产安全得到保护。

市委常委会一年来富有成效的探索实践，积淀了弥足珍贵的经验，需要在以后工作中继续坚持和弘扬。

一是坚持把经济建设作为兴市之要，始终保持专注发展的定力，站在更高起点谋划和推动广安跨越发展。今后我们要继续坚持稳中求进、好中求快、奋发有为，确保经济保持一个高于全省的增长，为广安“两个跨越”奠定坚实的基础。

二是坚持“转型才能更好发展，后发也要高点起步”的理念，积极发展产业高端和高端产业，切实加快转方式调结构步伐。今后我们要以提高发展质量和效益为中心，重点发展六大高端产业和六大先导型服务业，加快培育和形成新活力、新动力、新体系、新优势。

三是坚持市场无形的手和政府有形的手紧密结合，突出市场主体作用，充分运用市场法则，多渠道筹措建设发展资金，把政府的国有企业在项目建设中的作用发挥出来，加大投融资力度，不断增强经济发展活力。今后我们要充分发挥财政资金的杠杆作用，用好市场法则经营积累财富，继续支持发展建设集团、交投集团、金财集团、爱众集团参与政府性项目建设，积极引导社会资金参与广安建设发展。

四是坚持以人为本、民生优先的执政理念，全力保障和改善民生，实现经济发展和民生改善的良性互动。今后我们要加大民生财政投入，让发展的过程成为改善民生的过程，既看总量、又看人均，既看平均数、更看大多数，使发展成果更多更公平地惠及人民群众。

五是坚持用感恩做贡献活动凝聚正能量，组织开展“感恩小平·我为小平家乡发展做贡献”“感恩小平·中国梦在广安”等活动，统一了思想，凝聚了共识，形成了“逢山开路、遇水架桥、风雨无阻、昼夜兼程”的精神。今后我们要继续转化社会各界对小平同志的崇敬爱戴之情，围绕感恩做贡献组织开展主题活动，充分调动市内建好家乡、市外共建广安的热情，为广安建设发展集聚更多的资源。

六是坚持把抓好党建作为第一政治责任和最大的政绩，深入开展群众路线教育实践活动，让党员干部思想受触动、作风有转变、工作上水平，进一步密切了党群干群关系。今后我们要把管党治党责任牢牢扛在肩上，把从严治党任务紧紧抓在手上，巩固教育实践活动成果，全面落实“三严三实”要求，以党建的新成效为推动经济社会发展提供坚强保障。

同志们，一年来市委常委会的工作，是在面临不少困难和挑战的局面下展开的，成绩来之不易，是上下一心、创新实干的结果。同时，我们也认识到，广安经济运行还存在一些困难和问题。一是发展速度虽然跃居全省前列，但经济总量规模仍然偏小，与发达地区差距较大，迈入全省第一方阵的任务艰巨。二是主导产业虽然初具规模，但缺乏带动作用明显的龙头企业，企业税收贡献少。三是新型城镇化总体规划虽然较超前，但单体规划质量不高，详规没有实现全覆盖，规划建设水平急需提高。四是经济下行压力仍然较大，实体经济面临严峻困难，要素制约瓶颈突出，一些项目受土地供需矛盾影响落地困难。五是党建责任落实不够，基层组织建设还存在薄弱环节，加强干部队伍建设的任务还较重。此外，全面深化改革、改善民生、维护稳定的压力也还很大。市委常委会一定保持清醒头脑，肩负职责使命，一心一意谋发展、聚精会神抓党建，不断开创广安工作新局面。

二、关于正确认识和把握经济发展新常态

去年11月，习近平总书记在亚太经合组织（APEC）

工商领导人峰会上首次系统阐述了新常态，鲜明提出我国正处于“增长速度换挡期、结构调整阵痛期、前期刺激政策消化期”三期叠加阶段，深刻分析了新常态下“速度变化、结构优化、动力转换”的三大特点，特别是在中央经济工作会议上系统阐述了新常态带来的“九个趋势性变化”。

省委东明书记着眼四川发展实际，在省委经济工作会议上提出了做好当前和今后一个时期四川工作的“五个方向性要求”。并鲜明提出，新常态下，绝不意味着可以放松发展；新常态下，更需要加大力度；新常态下，需要保持一个高于全国的合理增长。

习近平总书记和东明书记关于新常态的一系列重要论述，为我们认识和把握新常态、与时俱进做好经济工作，提供了基本方略和重要遵循。认识新常态、适应新常态、引领新常态，是当前和今后一个时期经济发展的大逻辑。推进广安科学发展、加快发展，关键要把思想和行动统一到中央和省委的判断上来，做到观念上适应，认识上到位，方法上对路，工作上得力，牢牢掌握经济发展主动权。

目前，广安的基本市情没有根本改变，仍然是人口多、底子薄，经济总量规模小，现在最紧迫的任务是把经济建设搞上去。实现全面小康目标，必须靠发展来说话。广安与 GDP 上千亿的市州比较差距大，区市县中 2013 年经济总量最大的邻水县也只列全省第 59 位，这就决定了在发展的问题上我们等不得、拖不得、慢不得。新常态下，给经济发展带来了挑战，但更多的是带来了机遇，增强了我们加快发展的信心。必须快节奏、高速度、超常规发展，保持一个高于全国全省的增长。

实现快速增长，必须用好机遇和有利条件，全方位寻找经济增长点。广安实施的多点多极支撑发展战略，让增长点由 5 个增加到 12 个，完全符合新常态的发展趋势。要在继续探索多点多极支撑发展战略的实现形式的同时，从薄弱环节中寻找增长点。调动各方面积极性推进新型工业化、新型城镇化、农业现代化和民生改善，从中挖掘出巨大的投资和消费需求。要从生态环境治理中寻找增长点。我们在抓水环境治理和水经济上先行一步，抢占了发展先机，良好的生态环境，将在旅游经济、文化创意产业，服务业新业态新模式上衍生出许多新的需求。要从基础条件改善中寻找增长点。广安铁路进入动车时代，县县通高速公路、对接重庆的快速通道加快建设，广安港开始营运，通用机场即将启动建设，交通物流等要素条件全面支撑经济发展。要从中省支持重点中寻找增长点。深入研究中省重大发展战略、“十三五”规划、年度工作部署以及行业发展政策，找准定位、搞好运筹，力争得到更多重大项目布局、特殊政策支持。

新常态需要广大干部特别是各级领导干部更加提振精气神。在工作中必须“实”字当头，在落实中必须“干”字为先。贯彻部署要实，把中央、省委、市委的决策部署具体化，做到有目标、有重点、有抓手、有形象进度要求，不能大而化之、笼而统之。推进工作要实，发扬昼夜兼程、食不甘味的拼搏实干精神，解放思想、轻装上阵，勇于担当职责，按程序科学决策，放开手脚抓工作，坚持反对“为官不为”和“庸懒散浮拖”。

总之，面对经济发展新常态，我们一定要抢抓机遇、主动作为，自加压力、跳起摸高，坚定不移地抓好发展第一要务，推动经济快节奏、高速度、超常规发展，保持高于全国全省的增长速度。当前，我们既要打好投资、消费、出口协同发力的组合拳，增强保持经济较快增长的混合动力；又要注重深化改革、扩大开放和创新驱动，解决长远可持续发展的动能问题，真正使经济发展做到换挡不失速、调速不减势、量增质更优。

三、关于 2015 年全市经济工作

2015 年经济工作总体要求是：认真贯彻落实党的十八届三中、四中全会和中央经济工作会议、四川省委十届四次、五次全会和省委经济工作会议精神，深入学习习近平总书记系列重要讲话精神，主动适应经济发展新常态，坚持稳中求进工作总基调，以提高经济发展质量和效益为中心，深入实施“三大发展战略”，扩大有效需求，推进转型发展，狠抓改革攻坚，加强民生保障，强化风险防控，从严管党治党，转变干部作风，促进全市经济健康较快发展和社会和谐稳定。

市委考虑，今年全市主要经济指标预期是：全市地区生产总值增长 9%，力争 10%以上；固定资产投资增长 15%，力争 20%以上；地方公共财政收入增长 10%，力争 15%以上；规模以上工业增加值增长 9%，力争 10%以上。这是市委理解经济新常态的科学内涵、把握全川发展态势的基础上提出的预期目标，也是对全市人民群众的一个交代。按照省委东明书记“六个基本判断”指明的方向，推动广安向全省经济第一方阵和全面小康社会跨越，满足人民群众的新要求、新期待，我们不能满足于以上目标。各级各部门一定要保持专注发展的定力，巩固在改革开放、群众路线教育实践活动和感恩做贡献中取得的成果，推动快节奏、高速度、超常规发展。各区市县、产业园区要以超过去年发展的速度，高于去年

开局的水平，做好今年经济工作。今年市委将对各区市县和产业园区实行梯次绩效考核的办法，具体要求是：完成以上目标任务，得基本合格分；超出全市平均速度的各项指标，梯次加分且上不封顶，提高绩效考核目标分数的含金量。要实现这些目标，重点要抓好以下几个方面的工作。

第一，继续推动项目投资快速增长。我们2014年固定资产投资增长36%，创历史最好水平，被省发改委誉为四川经济的一面红旗。我们要继续保持快速增长的势头，实现投资增幅在全省领先，夯实快节奏、高速度、超常规发展的基础。

要加强纵向的汇报争取。组织一批优秀干部到国家发改委、财政部、商务部、国土资源部、水利部等部委挂职学习，获取关键的经济发展信息。驻京办、驻蓉办和市级各部门也要加快转变职能，积极到中省相关部门汇报争取，获取更多发展信息和政策支持。要准确把握国家产业政策、中省投资方向，结合川渝合作示范区、承接产业转移示范区等支持政策，主动对接生态环保、重大水利、交通、能源等七大类建设重点，争取更多项目进入国家大盘子，纳入全省重点项目。要通过李长明、尤政等专家院士，编报科技含量高的云计算、生物芯片、集成电路等高端产业项目，争取国家、省上的项目、资金和政策支持。

要推动横向的经济联系。把招商引资作为经济工作的生命线，把招财引税作为投资促进的主旋律，加强重点产业招商。要深入研究分析产业转移趋势和企业投资投向，着力推进产业链企业和产业集群企业，梳理一批三次产业迫切需要发展的核心项目，整合市内和驻外招商力量，组建重点产业投资促进攻坚组，实施重点推进突破。始终围绕主导产业，扭住行业龙头企业、产业链高端企业重点对接，实现高端产业招商重大突破。规划建设中小企业孵化平台、电子商务集聚区、总部基地等一批特色功能区，开展专题招商。深化区域合作发展，推进川渝合作示范区建设，快速推进广安（深圳）合作产业园共建。争取广安设立海关和商检。

要着眼重点项目建设抓投资。做好省列、市列和投资1000万元以上重点项目实施的服务和要素保障工作，争取形成新的投资增量。扩大交通、水利、城市基础设施等领域投资，重视发挥政府投资的引导作用，积极推进政府和社会资本合作模式，鼓励民间和社会资本参与重点建设。要运用好市场法则，让项目建设的过程，成为财富增长的过程，促进项目本身和周边的资源不断增值，实现良性发展。

第二，积极培育现代产业体系。走产业兴市之路，以高端产业和产业高端作为切入点，在结构调整中做优存量、发展增量。

大力发展高端及百亿产业。把握高端产业技术含量高、处于价值链高端、在产业链占据核心部位的特征，集中优势资源，有针对性发展高端产业，建设高端产业发展集聚区。广安经开区、枣山园区、协兴园区要设立高端人才引进基金，依托高端专家，引进集聚更多领军型人才，建立引进100名以上具有专业技能的博士、硕士人才计划。强化技术创新的核心地位，努力把清华大学广安新能源研究院、西南大学广安高端产业技术研究院、广安新材料研究院等研发平台做好做实。成立专门班子，落实专项资金，抓好李长明院士、尤政院士等高端专家团队科研成果、专利技术和产业项目的转化利用，成为推动广安发展的现实生产力。着眼长远，立足当前，将精细化工、生物医药、电子信息、节能环保及新材料、新型住宅制造、高端装备制造等六大产业作为支撑未来发展的高端产业。加大金融扶持力度，引导培育企业积极构建现代企业制度，支持企业利用企业债券、短期融资券、中期票据等债务融资工具进行融资，鼓励企业大胆利用多层次资本市场直接融资，加快企业创新发展。用好金财公司平台，将邓小平故里发展基金设立广安市产业发展基金，用于对培育企业的担保融资、贷款贴息、股权投资等。

加快发展现代服务业。扎实开展省级服务业综合改革试点、省级现代物流业示范试点，推动广安现代服务业、现代物流业集聚集群发展。推进商贸流通、房地产业等重点行业健康发展，加快发展电子商务、现代物流、现代金融、科技服务、健康养老、通信等六大新兴先导型服务业。进一步放开市场准入、放宽经营范围，鼓励社会资金进入新兴先导型服务行业，建立和完善以民间投资为主体的社会投资体系。加快发展电子商务，着力引进知名电商企业在广安设立总部或区域结算中心，加快大数据公共信息云服务及E消费项目建设；大力培育本土电商平台及企业，推动电子商务集聚发展。要以建设世界旅游目的地为导向，推动旅游招商引资，加快实施旅游大项目，大力发展乡村旅游，打造精品旅游景区景点，启动华蓥山国家AAAAA级景区和国家旅游度假区创建工作，完善配套设施，整体提升旅游接待能力。大力推动旅游与文化、农业、林业等融合发展，发挥旅游的综合效益。大力拓展对外贸易。重点培育生产型出口企业，着力打造华蓥电子信息、前锋轻纺、邻水汽摩等产业基地，支持广安企业走出国门、开拓市场，在主动参与国际竞争中迅速成长。强化外资利用，规范外派劳务，推进外向型经济加快发展。

着力转变农业发展方式。要重视粮食生产，提高粮食综合生产和储运能力，保证粮食安全。加快推进产村相融、农旅结合“111”示范工程，打造全省优质现代农业产业基地及新农村建设样板。推动特色示范村镇建设，突出地域特色，挖掘文化底蕴，保留乡愁记忆；积极发展特色效益农业，提升农业规模化、良种化、标准化、集约化、品牌化水平。创新农产品营销方式，积极推行农产品网上销售，加大“邓小平故里华蓥山优质农产品”公用品牌推广应用力度，扩大品牌影响力。抓好农业招商引资工作，放手放胆引入社会资本，发展龙头企业，延伸产业链条，更多地发展让农民、村集体经济和财政增收的项目。

坚持市场法则和经营理念，将金财集团做强做大。金财集团不仅要为培育现代产业体系服务，更重要的是要按照市场法则经营，实现自身效益，利用资金的杠杆放大效应，破解高端产业、先导型服务业、农业现代化发展的瓶颈制约，全面释放市场活力，实现高端产业发展与集团公司自身发展相互促进、共同发展。

第三，积极推进新型城镇化。要坚持规划先行，树立“一盘棋”思想，严格按照先规划、后建设的发展模式，建立包含总体规划、控制性规划、详细规划、创意规划的层级规划体系，实现城镇规划与产业规划、园区规划的有机融合，以规划引领高起点、高水平、高标准的城镇化。要坚持规划建设与管理同步推进，基础设施建设到哪里，现代管理就跟进到哪里，要治理好扬尘污染，确保广大群众的身体健康，坚决杜绝一边搞建设、一边搞破坏的行为。

加快发展中心城市。广安主城区和各县城要结合地理条件、区位优势做好城市规划，坚持产城一体，打造区域经济文化中心。充分体现区域特色和文化内涵，根据不同功能，合理布局，形成科学的分区规划和修建性详细规划，细化到每一个片区、每一条街区、每一宗地块、每一幢建筑，每一个小区都要有体量、容量、风格和外部形象等方面的创意规划，保证风格协调、特色突出，改变“乡村版”的城镇建设。用高端规划引导土地招拍挂，坚持先规划后拍卖，严禁没有形成规划就拍卖土地。

稳步推进小城镇建设。对纳入国家级、省级、市级重点小城镇的乡镇，要强化规划，保留历史记忆，形成特色。充分发挥重点小城镇资源、区位、产业等优势，率先发展好教育、文化、卫生等公共服务事业，率先搞好污水处理、雨污分流和“洁净水”行动，形成示范效应，带动其他小城镇建设。严禁小城镇乱开发、铺摊子、搞土地财政。深入推进“双违”治理，下决心、出重拳，坚决杜绝拆除一起、新建一处的现象发生。

加强村庄规划建设管理。建设具有历史记忆、地域特色、民俗特点、乡村情趣的幸福美丽新村，让群众住上好房子、过上好日子。新农村建设不能搞大拆大建，对具有历史记忆和地域特色的建筑，要修缮还旧或修旧如旧，不能建一处新农村聚居点，破坏一起历史记忆。统筹规划和实施“洁净水”项目，保证每一个项目实施后，都能成为“望得见山、看得见水、记得住乡愁”的旅游景点。

第四，加快体制机制改革释放经济增长动力和活力。着力解决经济领域的突出问题，形成改革与发展良性互动。

大力破除县域经济体制机制障碍，继续加大减负松绑力度，拓宽县域经济投入渠道，激发县域发展活力。要围绕促进县域经济发展的21条改革措施，认真检查落实情况，对放权不到位、效率跟不上、服务有差距的，要及时整改落实。去年，市上加大市本级园区的体制机制改革力度，增添了园区发展动力，释放了发展活力，助推了市财政收入的较快增长。各区市县必须下大力气抓好产业园区经济体制和行政机制的改革，加强园区发展动力，释放发展活力。要对产业园区不懂经济、不抓经济的领导和中层干部进行组织调整，要给园区干部压经济担子，确保每个干部身上都有经济发展任务。市绩效办要搞好调查研究，总结好产业园区改革发展经验，对改革成效明显的园区要组织推广学习。广安经开区、枣山园区、协兴园区、华蓥山旅游区要加快实施一批重要基础设施和重大产业项目，促进现代制造业、总部经济、楼宇经济、企业孵化平台、现代金融、文化创意、休闲旅游等产业加速聚集，增强产业发展的竞争力。发展建设集团、交投集团、金财集团各项工作要快节奏、高速度、超常规，实现高于全市发展水平的增长。

深化农村改革，以促进农民、村集体和财政“三增收”为导向加大改革力度，多种形式推进适度规模经营，在发展种养大户、家庭农场、农民专合组织、龙头企业上取得突破性进展。深化工业领域改革，完善工业低效闲置土地退出机制，创新基础设施建设投入机制，积极推行“PPP”模式加快产业园区建设，探索建立工业产业发展基金，创新产业扶持方式。优化国有资产监督管理，力争在发展混合所有制经济上取得进展。推进金融改革创新，促进金融更好支持小微企业发展、助推实体经济。积极向上汇报衔接，争取中省允许广安在管理体制、产业发展、土地管理等领域先行先试、大胆探索，获得更多的政策、项目和资金支持。

第五，着力保障和改善民生。要满腔热情做好民生工作，让农村贫困人口、城市困难群众等所有需要帮助的人们都能生活得到保障、困难有人关心。

继续加大对民生的投入，在全面完成省下达民生工程和民生实事目标任务基础上，自加压力办好通村公路、农村客运、教育资助、住房保障、医疗卫生、文化体育、环境保护、食品药品监管等惠民项目。深入实施扶贫攻坚行动，以地质灾害区、旱山区、洪涝灾害区等连片特贫区为重点，加大精准扶贫力度，确保减少贫困人口5.3万人。

高度重视就业工作，扎实抓好以高校毕业生为重点的青年群体就业，统筹做好失地无业农民、城镇就业困难人员、退役军人就业工作。发挥失业保险预防失业、促进就业作用，落实稳岗补贴，促进化解过剩产能失业人员再就业。充分发挥广安技师学院和广安国家级高技能人才培训基地的作用，全面提升劳动者素质。加强公共就业服务能力建设，落实农村转移劳动力动态管理。

全面推进社会事业发展。加快部省共建广安教育改革发展试验区项目建设，规划加强大学城建设，继续实施学前教育三年行动计划、农村初中校舍改造等工程，推进义务教育均衡发展。广泛开展全民健身运动，加强城乡基本公共卫生计生服务体系建设，不断满足人民群众对优质公共服务的需求。加强党管武装工作，全面推进全国双拥模范城“四连冠”创建。

四、切实加强党的领导，推进依法治市、从严治党，为经济社会发展提供坚强保障

在经济发展新常态下，加强党委对各项工作的领导，全面推进依法治市、从严治党，至关重要。

第一，适应不断变化的形势，加强和改进对经济工作的领导。

一要加强学习，提高解决实际问题的能力。经济新常态对领导干部的能力水平提出更高要求，如果不加强学习，思想就会僵化，能力就会退化，就难以找到破解困境的办法，难以应对激烈的竞争。要通过中心组学习、培训轮训、专题交流等形式，抓好领导干部的学习教育。要有针对性地加强对经济社会领域知识的学习，特别是要加强经济、金融、法律、管理等方面知识的学习，做到既研究宏观经济的发展规律，又熟悉微观经济的运行法则。要坚持学以致用，把所学知识运用到实践中去，推动广安发展。

二要抓住大事，扭住重点工作争取突破。习近平总书记《谈治国理政》的鸿篇巨著中，《治大国若烹小鲜》文章指出，工作千头万绪，要区分轻重缓急，同时要建立既有分工又有协作的领导机制。各级领导干部要认真学习这篇文章，领会精髓实质。要充分发挥领导班子成员的积极性、主动性和创造性，大家各负其责，协调配合，共同把工作做好。党委抓经济工作，主要是议大事、管全局。要坚持常委会集体研究经济领域的重大问题，加强党委财经领导小组的工作，更好地发挥党委总揽全局、协调各方的领导核心作用。对一些全局性、阶段性的重点任务，要盯住重点地区、重点产业、重点项目一个一个去研究和推动，形成围绕重点任务抓落实的合力。要把中央、省委、市委的决策部署与本地本部门实际结合起来，理出几件大事，盯住不放，抓紧抓实抓具体。

三要树立当代思维、世界眼光，把握全局谋划发展。习近平总书记指出，领导干部要有世界眼光和战略思维，站在战略高度，观察和处理问题，放眼全局谋一域，把握形势谋大事。各级党组织要观大势、谋全局，跳出广安看广安，胸怀全局谋发展，在顺应大势中有新的作为。领导干部要经常向高端专家、专业团队借智借脑，不断拓宽眼界，把握发展趋势。要善于在全省、全市发展大局中谋划自身发展，使自身的发展规划与省市规划相协调、相配合。

四要加强舆论引导，凝聚加快经济社会发展的正能量。要围绕中心、服务大局，大力宣传市委一系列重大战略和决策部署，宣传全市经济社会发展的新亮点和新成绩，宣传各级各部门转方式、调结构、促改革、惠民生等方面的好做法和好经验，不断增强广安改革发展的信心。要对经济社会发展的重大问题和重大政策，及时进行舆论引导，发挥市级主流媒体的作用，第一时间发出正面声音，全力压缩负面舆论的空间，不让杂音干扰大局。

第二，加快全面推进依法治市进程，推动形成尚法守制、公平正义、诚信文明、安定有序的依法治市新格局。推进依法治市，就是要通过法治，建立起公平正义的经济秩序、社会秩序和生活秩序，形成办事依法、遇事找法、解决问题用法、化解矛盾靠法的格局，为经济

发展创造平安和谐的环境。要突出党在推进依法治市中总揽全局、协调各方的领导核心地位，继续强化党委领导、政法系统协调、相关部门各司其职的工作推进机制。要坚持依法治理与以德治理相结合，既重视发挥法律法规的规范约束作用，又重视发挥道德力量的教化感召作用，做到遵纪守法与崇德尚礼相辅相成。在具体工作中要做到以下几点。

一要坚持依法执政。依法执政是党治国理政的基本方式。各级党组织要坚持依法决策，把合法作为决策的第一要件，建立党委内部重大决策合法性审查机制，落实重大决策终身责任追究制度和责任倒查机制。各级领导干部要坚持依法依规、公开透明、集体决策，把经济社会发展纳入法治化轨道，切实为民执好政、掌好权，绝不能把权力用来谋取小团体或个人利益，陷入非法利益格局。

二要坚持依法行政。依法行政是推进依法治市的中心环节。全面推进依法行政，加快建设法治政府，要坚持职责法定，做到法定职责必须为、法无授权不可为，推行政府权力清单制度和行政审批制度改革，提高服务经济发展的能力水平。深化行政执法改革，规范完善执法程序。加强公共资源交易平台建设，科学合理、阳光透明配置资源。

三要科学推进地方立法。积极做好地方立法的准备工作，市人大及其常委会和有权制定地方法规规章的部门，要围绕全市大局、立足发展需要，提早谋划，切实为经济社会发展提供具有系统性、针对性和有效性的法规规章。优化立法职权配置，完善和落实公开、听证、咨询等立法程序。

四要坚持公正司法。优化司法职权配置，完善行政诉讼体制机制，改革法院案件受理制度。保证司法机关依法独立公正行使职权。加强对司法活动的监督，坚决防止司法腐败。旗帜鲜明支持司法机关依法履职，尽快建立并严格执行领导干部插手干预司法的记录、通报和责任追究制度。

五要坚持依法治理。推进社会依法治理，必须运用法治思维和法治方式化解社会矛盾。加大对土地征用、房屋拆迁等重点问题的依法治理力度。高度重视防范金融风险，依法保障金融经济安全运行。全面深化“五大民生警务”，深入开展“反邪教”专项斗争，严厉打击刑事犯罪，查禁取缔“黄赌毒”社会丑恶现象。加强安全生产监管，维护好校园安全、网络安全和食品药品安全，保障人民群众生命财产安全。狠抓“六五”普法工作，大力开展“法律七进”活动，推动全社会学法用法。

新常态下，领导干部要提高运用法治思维和法治方式深化改革、推动发展、化解矛盾、维护稳定的能力，把营造良好的法治环境作为吸引投资客商、壮大实体经济的重要竞争力，推动形成崇法尚德、公平正义、平安和谐的法治格局，为快节奏、高速度、超常规发展提供法治保障。

第三，把握新形势下从严治党规律，努力构建思想建党与制度治党紧密结合的管党治党新格局。新常态下，领导干部要有抓党建是最大政绩的理念，把抓党建作为最大的政治责任，作为经济发展的坚强政治保障。一方面，必须把经济工作抓上去，推进快节奏、高速度、超常规发展，实现“两个跨越”目标。另一方面，必须持久深入抓好“四风”问题整治，自觉改造世界观、人生观、价值观，坚决落实“八项规定”和“三严三实”要求，巩固深化群众路线教育实践活动成果，加强党性修养，规范自身行为，始终做人民群众满意的好干部、好公仆。实现这两方面要求，必须做到“八个务必从严”。

一是思想教育务必从严，把“总开关”这一根本问题解决好。要加强党员理想信念教育，深入学习习近平总书记系列重要讲话精神，用“感恩小平·中国梦在广安”凝聚正能量，坚定政治立场。用好邓小平故里、华蓥山等教育资源，推动党员领导干部认真学习党史、国史，带头践行社会主义核心价值观。领导干部要带头解放思想、转变观念，始终保持良好的精神状态，牢固树立不甘落后的进取意识，自觉做到敢于尽责，勇于担当，在攻坚克难中开创工作新局面。

二是选任干部务必从严，着力形成正确的选人用人导向和风气。坚持党委把关和发扬民主相结合，健全科学有效的选人用人机制，让“好干部”选得出来、用得起来，注重选拔使用受到省委、市委表彰的优秀党组织书记、优秀人才和有功人员。纵深推进递进培养计划，选派50名年轻干部到发达地区和市内金融部门、民营企业挂职。着力培养选拔好基层党组织带头人，推动基层服务型党组织建设和机关党建工作，建立市党员服务中心，推进“区域化”服务型党组织建设，农民专业合作社、“两新”组织党组织覆盖率分别达90%、80%以上，各领域服务型党组织达80%以上，村（社区）活动阵地达标率达100%。加快村级集体经济发展，力争50%以上的村消除“空壳”，年经营性收入超过5万元的村达8%以上。

三是管理监督务必从严，使干部心有所畏、言有所戒、行有所止。要加强对干部的日常监管，全面加强对重要岗位特别是“一把手”的监督，强化原则性和是非标准，多做拉拉袖子的提醒工作，防微杜渐，抓早抓小。健全纪检、人大、政协联合监督机制，增强监督管理的针对性和实效性。畅通建言献策和批评监督两个渠道，落实好委派市政协委员担任部门民主监督员工作。在严格要求的同时，认真落实“允许失误、宽容失败、鼓励创新”的制度机制，加强对勤勉做事干部的关心爱护。

四是惩治腐败务必从严，坚持做到惩防并举、以惩促防、标本兼治、综合治理。要严格落实“两个责任”和领导干部“一岗双责”。继续保持惩治腐败的高压态势，重点查办发生在领导机关和重要岗位领导干部插手工程建设、土地出让、买官卖官、腐化堕落等案件；重点查处十八大后不收敛不收手，问题线索反映集中、群众反映强烈，现在重要岗位且可能还要提拔使用的党员干部。深入推进预防腐败“广土”工程，在全社会孕育风清气正、崇廉尚洁的风尚和土壤。深化廉政风险防控机制建设，对主要领导和关键岗位进行廉政风险直接管理、迹象管理。加强廉政教育和廉洁文化建设，把警示教育贯穿党员干部成长全过程。全市纪检监察机关要紧盯主责主业，立足再监督、再执法、再检查、再问责，认真履职尽责。

五是改进作风务必从严，推动形成“为民、务实、清廉”的政治生态。在县处级以上领导干部中开展“三严三实”专题教育，综合分析群众信访、社会评价、党风廉政建设“天成指数”、监督检查等情况，紧盯“四风”问题新形式、新动向，持续深入开展“9+X”突出问题治理，持续抓好“庸懒散浮拖”专项整治，深入推进“走基层”活动，巩固和深化作风建设成果。

六是制度治党务必从严，推动形成讲规矩、懂章法的意识和习惯。推进制度治党，必须加大党纪普及的力度。开展党员干部党规党纪全覆盖教育培训，健全会前学规学纪、党规党纪专题培训、拟提拔党员领导干部党规党纪考试等制度，强化党规党纪意识，筑牢党规党纪防线。强化制度执行力，制度约束要到人到事，对制度执行不力及违反制度规定的，要严肃问责，真正用制度管权管事管人。

七是纪律约束务必从严，让党员干部自觉强化令行禁止步调一致的工作格局。党纪严于国法，严格遵守党纪国法是合格党员干部的基本条件。各级党组织要积极探索纪律教育经常化、制度化途径，强化党员干部的政治纪律意识，保证中央、省委、市委政令畅通，保证市委市政府重大决策部署落实。强化党规党纪的刚性约束，对党员干部违纪违法的行为，一经发现都要动真碰硬惩处，真正使纪律成为带电的高压线。

八是落实责任务必从严，努力构建一级抓一级、层层抓落实的工作格局。要坚持党建工作与中心工作同谋划、同部署、同考核，认真落实党建工作责任制的规定办法，着力构建党委抓、书记抓、其他班子成员分头抓、各有关部门配合抓，一级抓一级、层层抓落实的工作格局。要开展党建工作三级联述联评联考，认真落实市县乡党委书记党建工作专题述职制度，健全党建工作述职考评和问责机制。需要强调的是，作为党组织书记，抓党建是主业、是首要职责，要切实担负起第一责任人职责，做到管大事、解难题、抓落实、敢担当。

总之，我们要通过党要管党、从严治党，引导全市党员干部始终保持专注发展的定力，打造出一支信念坚定、为民服务、勤政务实、敢于担当、清正廉洁的好干部队伍，为广安经济社会发展营造出风清气正、开拓创新、团结奋进的良好环境。

同志们，适应经济发展新常态，做好2015年各项工作，任务艰巨、责任重大。我们一定要紧密团结在以习近平同志为总书记的党中央周围，认真贯彻落实省委、省政府的决策部署，一心一意谋发展、聚精会神抓党建，增强大局意识、法治意识、责任意识，坚定信心、奋发有为，干在实处、走在前列，为推进“两个跨越”、谱写中国梦广安篇章而努力奋斗！

名词解释：

九个趋势性变化：习近平总书记在中央经济工作会议上提出的新常态带来的九个方面重要变化。即：一是从消费需求看，现在模仿型排浪式消费阶段基本结束，个性化、多样化消费渐成主流。二是从投资需求看，基础设施互联互通和一些新技术、新产品、新业态、新商业模式的投资机会大量涌现，对创新投融资方式提出了新要求。三是从出口和国际收支看，我国低成本比较优势发生了转化，高水平引进来、大规模走出去正在同步发生。四是从生产能力和产业组织方式看，传统产业供给能力大幅超出需求，产业结构必须优化升级。五是从生产要素相对优势看，经济增长将更多依靠人力资本质量和技术进步，必须让创新成为驱动发展新引擎。六是从市场竞争特点看，统一全国市场、提高资源配置效率是经济发展的内生性要求，必须深化改革开放。七是从资源环境约束看，环境承载能力已经达到或接近上限，必须推动形成绿色低碳循环发展新方式。八是从经济风险积累和化解看，化解以高杠杆和泡沫化为主要特征的各类风险将持续一段时间，必须标本兼治、对症下药。九是从资源配置模式和宏观调控方式看，全面刺激政策的边际效果明显递减，必须科学进行宏观调控。

五个方向性要求：省委书记王东明在省委经济工作会议上，对主动适应经济发展新常态提出的五点要求。即：一要正确看待新常态下增长速度换挡。二要坚定不移抓好发展第一要务。三要始终保持转型发展定力。四要积极培育发现新的增长点。五要重视防范和化解新常态下各种风险。

六个基本判断：省委书记王东明在全省厅级领导干部读书班上对四川省情做出的六个方面的判断。即：第一，四川的基本省情没有根本改变，必须始终保持专注发展的定力。第二，发展的老路走不通了，必须主动转方式调结构、走转型发展之路。第三，改革是解决制约四川发展突出问题的根本途径，必须通过全面深化改革开辟发展新空间。第四，四川面临的社会矛盾和潜在风险不容忽视，治蜀兴川重在厉行法治。第五，四川全面建成小康社会任务更重，必须把民生改善和扶贫攻坚摆在突出位置。第六，四川党员干部队伍主流是好的，同时一些问题也比较突出，班子队伍建设任务繁重。

政府工作报告

在广安市第四届人民代表大会第六次会议上

广安市人民政府市长　罗增斌

（2015 年 2 月 9 日）

各位代表：

我代表市人民政府，向大会报告过去一年的政府工作，对今年工作提出建议，请各位代表审查，并请市政协委员提出意见。

2014 年工作回顾

过去一年，是全面深化改革的开局之年，也是广安攻坚破难卓有成效的一年。在市委的坚强领导下，在市人大和市政协的监督支持下，我们认真贯彻落实党中央、国务院、省委、省政府和市委的决策部署，始终保持专注发展定力，深入实施“三大发展战略”，统筹稳增长、调结构、促改革、惠民生，全市经济快速发展、民生持续改善、社会和谐稳定。主要经济指标增速位居全省前列，全年实现地区生产总值 919.6 亿元、增长 10.2%，增速居全省第 2 位；全社会固定资产投资、服务业增加值增速均居全省第 1 位，地方一般公共预算收入、城乡居民收入增速均居全省第 5 位，社会消费品零售总额、规上工业增加值增速均居全省第 8 位。

一年来，主要做了以下工作。

成功筹办邓小平同志诞辰 110 周年纪念活动。按照隆重、热烈、简朴、务实原则，精心筹办邓小平同志诞辰 110 周年纪念活动，掀起了缅怀小平、感恩奋进的热潮，加快了广安发展，惠及了广大群众。统筹建设主体纪念设施。全面完成邓小平缅怀馆建设和邓小平故居陈列馆改陈工作，恢复改造翰林院子等小平同志青少年时期活动场所，进一步丰富了邓小平故里爱国主义教育基地内涵。精心组织主题纪念活动。成功承办省委在广安召开的纪念座谈会，积极协调中国文联文艺志愿服务团、中央电视台“心连心”艺术团先后到广安开展慰问演出，与人民网共同建设邓小平纪念网，与中国邮政总公司共同发行了邓小平同志诞生 110 周年纪念邮票，参与并承办了在香港、澳门举办的“光辉历程——纪念邓小平诞辰 110 周年大型展览”，在中国美术馆举行了《春天的故事——全国版画艺术精品展》，举办了“感恩小平 · 中国梦在广安”大型文艺晚会，组织开展广场音乐诗会、焰火晚会、全民健身跑等大规模群众纪念活动，各项活动的成功举办，营造了缅怀小平的浓厚氛围。广泛开展感恩做贡献活动。组织开展“感恩小平 · 我为小平家乡发展做贡献”活动，动员社会各界参与“感恩小平 · 共建广安”活动，争取中宣部、国家发改委、财政部等部委“两馆”建设布展资金 1.7 亿元，衔接落实兄弟市州捐赠资金 1.9 亿元、驻川部队捐赠 1300 万元、社会捐赠 3.4 亿元；规划实施了市民广场及文化综合体等 36 个重大民生项目，在全社会凝聚起了感恩小平共促发展的强大合力。

综合施策稳定经济增长。积极应对宏观经济下行压力和传统骨干产业结构性萎缩的影响，研究出台 20 条稳增长措施及一系列配套政策，及时解决经济运行中的突出矛盾和问题，从多方面稳定经济增势。充分发挥投资对稳增长的关键作用。突出抓好基础设施、节能环保、民生保障等领域投资，重点实施一批夯基础、补短板、增后劲、惠民生的重大项目，417 个投资 1000 万元以上项目完成投资 575.8 亿元，长明高新技术产业园、玖源化工窑法磷酸、希施凯手机整机生产等项目开工建设，巴广渝高速及遂广高速广安段、宏威新材料等项目加快建设，玖源化工一期、诚信化工二期、临港大市场等项目竣工投产，兰渝铁路广安支线全面建成，广安至成都开通动车，广安进入动车时代。全社会固定资产投资总额达 919.2 亿元、增长 36.7%。着力发挥消费对稳增长的基础作用。加强城乡消费基础设施建设，完善城乡市场体系，摩尔春天、华润万家、欧丹百货、岳池东湖城市综合体等投入营运，枣山现代粮食物流园区、农产品批发市场一期建成，武胜、邻水农产品产地批发市场建设有序推进；积极参加全川市场拓展“三大活动”，组织开展名优特产、汽车、家居建材等各类展销会，培育了一批消费热点，实现社会消费品零售总额330.4亿元、增长13.1%。积极发挥工业对稳增长的主体作用。针对年初工业增速低迷状况，实施“一企一策”，加强分类指导，开展“入企结对帮扶稳增长”活动，协调解决企业市场拓展、融资、用地等困难，工业经济实现企稳回升，规上工业总产值实现1330.4亿元、增加值增长10.2%。大力实施大企业大集团培育计划，重点扶持小微企业发展，新注册小微企业1367户，新增规模以上企业71户。加快推进产业园区建设，新拓展面积56.6平方千米，园区基础设施和功能进一步配套完善。切实发挥生产要素对稳增长的保障作用。搭建合作平台，加强银企对接，支持实体经济发展，新增贷款90.29亿元、增速居全省第6位；加快推进城乡建设用地增减挂钩和工矿废弃地复垦利用试点，获批新增建设用地指标1033公顷。继续实施电煤调运“绿色通道”制度，协调争取天然气指标和直购电政策，广安发电厂、玖源化工生产用煤用气得到保障，诚信化工、华油LNG等重点企业享受直购电政策。

着力推动经济转型升级发展。坚持在增量中调结构，在发展中促升级。大力实施创新驱动发展战略。加快科技创新平台建设，深化与中关村、中国农科院务实合作；发展“院士经济”，与尤政院士团队建设清华大学广安新能源研究院，与李长明院士团队设立西南高端产业技术研究院；实施重大科技成果转化项目15项、技术创新项目37项，成功创建省级企业技术中心5家，培育国家级高新技术企业9家，获得发明专利授权15件，荣获省政府科技进步奖4项，高新技术产业总产值达399.9亿元、增长33%。坚持走新型工业化发展路子。继续改造提升传统产业，实施重大技改项目78个，完成技改投入158.3亿元；关闭地方小煤矿8处、淘汰落后产能65万吨；出台支持精细化工、生物医药、电子信息、节能环保新材料、新型住宅制造、高端装备制造等六大高端成长型产业及百亿产业发展的政策措施，潜力产业和战略性新兴产业实现产值249亿元，占比提高2个百分点。节能降耗成效明显，预计单位工业增加值能耗下降3%，单位GDP能耗下降2%。推动现代服务业改革发展。扎实推进省级服务业综合改革试点市和现代物流业发展试点示范市建设，制定实施促进服务业发展的意见，重点培育发展电子商务、现代物流、现代金融、科技服务、养老健康、通信服务等六大新兴先导型服务业，实现增加值79.6亿元，占服务业比重达28.3%；旅游业快速发展，新创建国家AAAA级景区4个，成功举办“5·19”中国旅游日广安主会场活动，红色文化影视城一期投入营运，全市实现旅游收入194.6亿元、增长43.8%；保险业健康发展，理赔金额11.7亿元。全年实现服务业增加值281亿元、增长11.7%。积极发展现代农业。加快推进国家现代农业示范区建设，大力实施现代农业和产村相融“111”工程，建成万亩以上现代农业园区83个87万亩、畜禽标准化规模养殖场（小区）5227个；狠抓农产品品牌建设，新发展无公害、绿色、有机农产品和地理标志农产品47个，成功推出“邓小平故里华蓥山优质农产品”公用品牌；粮食产量达到185.7万吨，农业实现增产增效。三次产业结构持续优化，二、三产业比重分别提升0.1个百分点、0.9个百分点。经济发展效益向好，地方一般公共预算收入完成46亿元、增长17.4%，税收占比提高到63.6%。

统筹推进城乡发展。加强规划引领，创新管理机制，突出以人为核心的城镇化建设，全市新型城镇化沿着正确的方向有序推进。大力推进城乡基础建设。加快东南片区、官盛新区建设，推进化龙沟、岔路口等片区旧城改造，完成主城区金安大道、建安路、五福西路市政配套建设，开工建设保障性住房和棚户区改造38376套，新增城镇面积21.5平方千米，城镇化率提高1.52个百分点。推进智慧城市和“宽带乡村”工程建设，建成投运城市公共自行车服务系统，全面启动“双违”治理，城市管理水平不断提高。启动建设30个特色集镇，13个镇获评全国重点镇，建成幸福美丽新村30个、新农村聚居点488个；8个新型房屋示范点564套房屋全部竣工。抓好农田水利项目建设，全民水库增容改造、西溪河堤防一二期工程全面完工，七一水库扩改建工程、关门石和天池湖水库渠系配套项目加快建设，猫儿沟、回龙寺、应家沟水库开工建设，新增恢复改善有效灌面18.7万亩，新建供水工程663处，解决19.17万人饮水问题。农业机械化综合水平达到55.2%。着力完善城乡交通体系。彭枣路、流杯滩渠江大桥、广岳大道等工程建成通车，广安渠江航道、广华大道等工程加快建设，渠江官盛大桥开工建设，广安市过境高速公路东环线及渝广高速支线、广安枣山客运枢纽站等项目前期工作快速推进；建成农村公路1221.8千米，完成公路安保设施600千米；新发展农村客运片区22个，新增和更新农村客运车辆175辆。综合治理城乡生态环境。启动实施华蓥山区生态修复工程，大熊猫入住华蓥山野化放归培训基地。全面开展“洁净水”行动，重点推进西溪河、芦溪河、大洪湖、五排水水库及长滩寺河等流域污染治理，建成乡镇生活污水处理厂（站）96座，嘉陵江、渠江出境断面水质达标，城区、乡镇集中式饮用水源地水质达标率分别为100%、85%。加强大气污染防治，PM2.5空气自动监测站、邻水县机动车尾气检测中心建成投运。市垃圾焚烧发电厂基本竣工。巩固国家森林城市创建成果，加强石漠化、地质灾害、水土流失治理，森林覆盖率达到38.9%。

持续深化改革扩大开放。抓紧启动重点领域改革。按照市委四届七次全会决定的改革“时间表”和“路线图”，出台实施了一系列重大改革方案，启动或完成32项改革事项。在简政放权上，市本级取消、下放40项行政审批事项；实施商事制度改革，新登记企业增长58.9%。在政府机构改革上，农业与农机畜牧、卫生与人口计生、教育与体育、科学技术和知识产权、财政与国资等职能整合全面完成，落实工商、质监下划地方管理，事业单位分类改革稳步推进，广电网络完成改制。在财税体制改革上，开展税收分享体制改革，完善市区财政体制，推进“营改增”改革试点，深化绩效预算管理和国库管理改革，启动综合治税平台建设。在投融资体制和金融改革上，推出鼓励社会投资重大项目，扩大民间投资领域；探索实施“PPP”模式治理水环境；推进企业债券发行，邓小平故里发展基金启动运营；武胜信用联社改制成农村商业银行，华蓥和邻水信用联社改制正式启动。在农村综合配套改革上，全面开展农村集体土地承包经营权确权登记颁证工作，新增土地流转面积13.14万亩；大力培育新型农业经营主体，新增家庭农场9个、农民专业合作社295个。务实推进对外开放合作。加快推进川渝合作示范区、承接产业转移示范区建设，深化与长三角、珠三角等发达地区的合作，与重庆经济协作区、川东北经济区在基础设施、产业发展、公共服务等领域合作取得新的进展；依托“中外知名企业四川行”、西博会、渝治会等重大平台，有效开展“感恩小平·投资广安”系列投资促进活动，广安—深圳合作产业园挂牌并启动建设，成都农商行、重庆银行入驻广安，全年引进项目950个、到位资金815.6亿元。调整外贸出口扶持政策，加强生产型出口企业培育，鼓励企业开拓国际市场，实现外贸出口10.7亿美元、增长9.6%，总量居全省第4位。

大力推进多点多极支撑发展。制定出台支持县域经济改革发展政策措施，切实为区市县发展松绑减负，为园区建设破除体制机制障碍，县域经济呈现出蓬勃发展的良好势头。广安区建成官盛新区10平方公里雏形，启动临港都市产业园建设，进入四川省首批旅游十强县。前锋区基本形成15平方公里城市骨架路网，城市综合体规划设计方案获得国家级金奖，轻纺和装备制造两大主导产业快速壮大。华蓥市资源枯竭型城市加快转型，电子信息产业实现由零部件加工到手机整机生产的历史跨越，高兴铁路物流园区纳入省级规划。岳池县被评为“全省县域经济发展先进县”，大力发展医药产业集群，入园企业快速增加。武胜县创建为全国休闲农业与乡村旅游示范县，宝箴塞旅游区、白坪—飞龙乡村旅游度假区创建为国家AAAA级景区，太极湖列为国家级水利风景区。邻水县成功创建为全省生产性服务业功能示范区，渝广共建机电产业园快速发展，以汽摩配件为主的机电产业成为首个百亿级产业集群，高滩工业园被授予“重庆空港工业配套园”。广安经开区加快建设千亿级产业园区，精细化工、新材料、新型住宅等产业链条不断延伸，拓展园区面积10.5平方公里，基本形成30.8平方公里道路骨架。枣山园区10平方公里基础设施基本完成，一批商贸物流专业市场快速建设。协兴园区建成20平方公里骨干路网，生态、文化、旅游等产业龙头项目相继落地，爱国主义教育基地影响力进一步提升。同时，充分运用市场法则，推动投融资平台建设，广安发展建设集团全年直接融资5.66亿元，广安交通投资建设开发集团、广安金财投融资集团完成组建并投入运行。

全面加强民生工作和社会建设。始终把改善民生摆在突出位置。整合公共资源，加大民生投入，民生支出131.1亿元，占一般公共预算支出的70%。完成省市民生项目143个，解决了一批群众关心的上学难、就医难、出行难、饮水难等实际问题。全面实施精准扶贫，减少贫困人口9.25万。积极应对“9·13”特大暴雨洪灾，灾后重建有力有序开展。城镇居民人均可支配收入24475元、增长10.2%，农民人均纯收入9514元、增长12%。切实加强就业促进和社会保障工作。积极开发公益性就业岗位，新增城镇就业5.01万人，城镇登记失业率控制在3.58%；建立统一的城乡居民养老保险制度，稳步推进城镇居民基本医疗保险、企业职工基本养老保险市级统筹，城乡居民大病保险和灵活就业人员参加职工基本医疗保险制度全面实施，社会保险覆盖人数达到287.16万人。连续十年上调企业职工养老保险待遇，两次提高城乡低保标准。社会养老服务体系加快建设。统筹推进社会事业健康发展。部省共建教育改革试验区建设取得新进展。启动第二期学前教育三年行动计划，新建城乡公办幼儿园21所；大力实施义务教育学校标准化建设，新改扩建学校106所，城镇学校大班额问题得到有效缓解；实施特殊教育提升计划，适龄残疾儿童入学率达92%；广安职业技术学院创省级示范性高职院校接受中期验收，武胜职专创国家中职改革发展示范校通过阶段性评估；与北京师范大学合作建设邓小平城乡发展学院。全民健身运动和群众体育活动蓬勃开展；竞技体育成果丰硕，在省十二运会上取得16枚金牌、创历史最好成绩，在省残运会及特奥会上名列金牌榜第三名。积极创建全国文明城市，城市公共文明指数位居全省地级城市第一名、全国地级城市第三名，目前广安作为中央文明委拟命名的第四届全国文明城市，已完成公示。加快构建现代公共文化服务体系，建成广安大剧院、市文化中心，文化创意、文艺演展、城市影院等文化产业加速培育。文化遗产保护得到加强，武胜县被命名为“中国民间文化艺术之乡”，岳池曲剧列入省级非物质文化遗产名录。县级公立医院综合改革深入实施。初步建立分级诊疗制度。新型农村合作医疗参合率达99.2%。“120”急救指挥系统实现全市统一调度，市全科医生培训基地建成投运，新增民营医疗机构6家，传染病发病率低于全省平均水平；“单独两孩”政策得到落实，人口自然增长率2.36‰。全面推进社会依法治理。广泛开展法治示范创建活动，“六五”普法获全国表彰，“一标三实”基础信息采集综合绩效全省第一；加强食品药品和工商行政监管，清理整顿投融资秩序；狠抓煤矿、非煤矿山安全生产，集中开展道路交通安全综合整治攻坚年行动和火灾防控专项行动，全市安全生产事故起数、死亡人数分别下降24.3%、10.4%，未发生重特大安全生产事故；深化平安广安建设，成立广安市国家安全局，建立应急联动指挥中心，有效组织重大活动安全保卫，全面开展“五大民生警务”活动，积极预防和化解社会矛盾，依法打击各类刑事犯罪活动，有效防控暴力恐怖犯罪，社会大局保持稳定。

加强政府自身建设和管理创新。加快转变政府职能，依法规范权力运行，持续深化正风肃纪，政府公信力和执行力显著增强。认真开展群众路线教育实践活动。全面贯彻落实中央八项规定、省委省政府十项规定，强力整治“四风”突出问题，扎实开展“9+3+X”专项整治，重点纠正“说假话、执行不力、作风不实”等问题，查处“四风”问题案件180件，党纪政纪处分218人，全市政风行风明显好转。大力推进法治政府建设。深入实施依法治市纲要，坚持市政府常务会学法，完善市政府法律顾问团制度，强化行政决策合法性审查，规范行政执法裁量权，加强行政决策风险评估，推进行政权力依法规范公开运行。深化政务信息公开，大力推行“网络理政”“在线访谈”，有效促进了政民交流互动。主动接受市人大及其常委会的法律监督、工作监督和市政协民主监督，充分听取各民主党派、工商联、无党派人士和人民团体的意见，办理人大代表议案建议154件、政协提案248件，办复率和满意率均为100%。切实加强廉政风险防控。出台规范政府投资项目招投标、土地及矿产资源出让、公共资源交易、财政资金管理等规范性文件21个，努力把行政权力关进制度的笼子；强化财政、审计监督和行政监察，主动接受群众监督和舆论监督，强化了在监督下工作的机制和氛围。

国防建设、民兵预备役、双拥共建和人民防空工作得到加强，统计服务、国资管理、粮食储备、食盐储备、防震减灾、住房公积金管理、信息化建设、供销、气象、外事、侨务、港澳台事务、民族宗教、档案、保密、地方志、老龄事业、邮政、烟草专卖等工作取得新成绩，石油、电力、供水、通信等保障工作取得新进展，工会、共青团、妇联、科协、残联、贸促会、社科联、文联、红十字会、关工委以及各民主党派、工商联等做出新贡献。

各位代表，过去一年，我们成功筹办了邓小平同志诞辰110周年纪念活动，实现了中央和省委满意、小平同志家人满意、人民群众满意的目标。我们抢抓纪念活动新机遇，广泛开展感恩做贡献活动，凝聚了发展合力；主动适应经济新常态，下功夫推动产业转型升级，提升了发展质量；探索改革开放新举措，着力破除体制机制障碍，增强了发展动力；着力办好民生大事实事，切实增进人民福祉，顺应了群众新期盼。

各位代表，过去一年，面对复杂严峻的宏观经济形势，全市广大干部群众始终保持“逢山开路、遇水架桥、风雨无阻、昼夜兼程”的精神状态，满怀激情干事创业，凝心聚力攻坚破难，跨越发展的成绩来之不易，感恩奋进的历程弥足珍贵。在此，我代表市人民政府，向全市干部群众，向人大代表、政协委员，向各民主党派、工商联、无党派人士、人民团体和各界人士，向驻广部队、武警官兵和公安民警，向所有支持广安改革发展的同志们、朋友们，表示衷心的感谢！

各位代表，总结去年工作，我们也清醒地看到，广安发展中还面临不少困难和问题，主要表现在：经济下行压力依然较大，一些行业企业短时期内难以走出困境；县域经济实力不强，新的经济增长点尚需加速培育；结构调整、转型发展任务还很艰巨；地方债务、金融等领域潜在风险逐步显现，深化改革、去产能化过程中的社会压力增大；基本公共服务均等化还需加力加速，城乡群众生产生活中的一些突出问题还有待解决；政府自身建设方面，在工作落实上还有一定差距，“庸懒散浮拖”等不良现象还不同程度存在，依法行政和反腐倡廉建设还需加强。这些问题和困难，我们将高度重视，认真加以解决。

2015 年工作意见

2015 年，是实施“十二五”规划的收官之年，也是改革发展任务繁重的一年。确定今年政府工作思路，制定经济社会发展目标，全面推动各项工作，需要我们科学研判、充分权衡几个方面的因素。一是准确把握经济新常态的特征和要求。经济新常态是中央对我国经济发展阶段性变化作出的重大战略判断，其基本特征是“速度变化、结构优化、动力转换”；省委立足四川实际，鲜明提出“五个方向性要求”，并强调在新常态下，绝不意味着可以放松发展，更需要加大力度，保持一个高于全国的合理增长，这为我们正确认识形势、与时俱进做好经济工作，提供了基本方略和重要遵循。面对经济新常态，我们既要主动适应发展速度从高速向中高速的转变，处理好稳增长和调结构的平衡关系，稳住发展速度，又要着力转方式调结构，推动经济从要素驱动、投资驱动向创新驱动转型，在转型发展中形成增长新动力，努力提高经济发展质量和效益。二是全面审视我市的基本市情和现状。对广安来说，“人口多、底子薄、欠发达”的基本市情还没有改变，“发展不够、发展水平不高”的主要矛盾依然突出。要与全国全省同步全面建成小康社会，在全省多点多极中实现次级突破、奋勇争先，时间更加紧迫、任务更加繁重。这就需要我们更加积极主动作为，跳起摸高、加压奋进，坚定不移抓好发展第一要务，按照市委快节奏、高速度、超常规发展的要求，推动经济持续快速发展，保持高于全国全省的增长速度，朝着“两个跨越”目标奋力迈进。三是充分认识广安发展的机遇和潜力。当前，广安正处于跨越发展、大有作为的关键时期，全面深化改革将释放更多的制度红利，加快转型发展将培育新的产业优势，新型城镇化、多点多极支撑发展、川渝合作示范区、承接产业转移示范区建设正成为广安追赶跨越的强大引擎，国家推进“一带一路”和长江经济带建设又给广安带来新的重大机遇。只要我们充分挖掘发展潜力，用好多重发展机遇，努力在薄弱环节、比较优势、中省支持的重点中寻找新的增长点，就会形成保持经济快速增长的内生动力，推动广安经济发展换挡不失速、调速不减势、量增质更优。

基于上述考虑，今年政府工作的总体要求是：深入贯彻党的十八大、十八届三中、四中全会和省委十届四次、五次全会精神，在贯彻落实中央、省委、市委重大决策部署上凝神聚焦发力，按照市委四届八次全会部署，主动适应经济发展新常态，坚持稳中求进工作总基调，以提高经济发展质量和效益为中心，深入实施“三大发展战略”，加快转型发展，狠抓改革攻坚，推进依法治市，加强民生保障，强化风险防控，促进全市经济健康较快发展和社会和谐稳定。主要预期目标是：全市地区生产总值增长 9%以上，全社会固定资产投资增长 15%以上，社会消费品零售总额增长 12%以上，地方一般公共预算收入增长 10%以上，城镇居民人均可支配收入增长 10%以上，农民人均纯收入增长 11%以上，居民消费价格涨幅控制在 3%以内，人口自然增长率控制在 5.4‰以内，完成省上下达的节能减排任务。实现上述目标，我市的地区生产总值和固定资产投资将双双突破 1000 亿元，广安的经济发展将上到一个新的台阶。

按照上述总体要求和预期目标，今年重点抓好以下几方面工作：

一、突出投资消费拉动，努力保持经济较快增长

充分发挥投资消费拉动经济增长的主引擎作用，从需求方面施策，从供给方面发力，努力扩大投资规模和消费需求。

保持投资持续增长。准确把握国家产业政策、中省投资方向，开展具有全局性、战略性的重大问题研究，科学编制“十三五”规划。用好川渝合作示范区、承接产业转移示范区等支持政策，主动对接生态环保、重大水利、交通、能源等七大类建设重点，精心策划包装、筛选上报一批重大项目，确保更多重大项目挤进中省“十三五”规划盘子。稳定和扩大政府公共投资规模，运用政府与社会资本合作的多种投融资模式，加强生态环保、重大水利、交通、能源等领域的项目建设，增加公共产品有效供给。充分挖掘产业投资潜力，提高研发创新和高端制造业投资比重，支持企业加大技术改造和创

新投入，促进产业投资稳定增长。加快实施517个投资1000万元以上的重大项目（含市列重点项目），确保重大项目投资完成682.5亿元。

努力扩大消费需求。顺应群众个性化、多样性的消费需求，重点挖掘养老健康家政、信息、旅游、住房、教育文化体育等领域消费潜力，培育新的消费热点。积极参加“惠民购物全川行动”“川货全国行”活动，大力举办各类展会展销活动，提高名优特新产品市场占有率。支持城乡消费设施和信息基础设施建设，继续打造主城区中央商务区和县城核心商圈，加快武胜、邻水农产品交易市场建设，升级改造农贸市场，推进家居建材、汽车销售等专业市场建设，完善农村电商配送网络，着力引进电商企业在广安设立总部或区域结算中心，加快构筑城乡现代流通体系。认真落实增加城乡居民收入各项政策，努力提高中低收入群众收入，不断增强群众消费能力。

积极发展外向型经济。积极拓展市场空间，提高出口创汇对广安经济的贡献率。优化外贸出口结构，支持生产型出口企业集聚发展，重点打造华蓥电子信息产业、前锋轻工产业、邻水装备制造基地。继续争取广安设立海关和商检机构，积极服务外贸企业发展。深入推进“万企出国门”活动，支持一批成长型、潜力型企业拓展外贸业务。鼓励优势企业“走出去”，开展工程承包和劳务合作。提高外资利用水平，实际利用外资4000万美元。

二、坚定走转型发展之路，积极发现培育新的增长点

坚持创新发展、高端发展，依托科技进步和全面创新，推动产业结构优化升级，不断提升经济发展质量和效益。

努力促进工业提质增效。依托创新培育工业发展新优势，大力发展六大高端及百亿产业，推进产业集群集约发展，实现产值345亿元，占比提升3.2个百分点。整合政府技改支持资金，抓好重点企业技术改造，完成技改投资182亿元、增长15%。深入实施大企业大集团培育计划，做大做强一批龙头企业，培育发展中小微企业，新增规上企业50户、小微企业1200户。持续优化工业布局，抓好重点产业园区建设，推动产业园区提档升级、转型发展。继续发挥市场作用化解过剩产能，淘汰落后产能。

加快发展现代服务业。经济转型发展，突破口在服务业。坚持把服务业发展放在更加重要位置来抓，扎实推进服务业综合改革试点市和现代物流业试点示范市建设，推动服务业发展提速、比重提升、水平提高，实现服务业增加值315亿元，增长10%。优先发展六大新兴先导型服务业，力争在服务业中占比提升0.5个百分点。加快重点旅游项目建设，打造精品旅游景区景点，配套完善旅游基础设施，加强省内外旅游交流合作，整体提升旅游业发展质量，力争旅游收入增长20%以上。推进6个省列“双百工程”项目建设，努力建设区域服务中心城市。实施“主辅分离”工程，加快发展与工农业配套的电子商务、物流配送、文化创意、科技服务等服务业，进一步提高生产性服务业在服务业中的比重。

着力推进科技创新驱动。对接产业链布局重大关键技术攻关、科技成果转化与创新产品培育，强化技术研发与推广运用。加快完善创新平台，创建省级技术创新工程示范县3个。支持企业提升自主创新能力，新培育国家级高新技术企业5家、省级创新型企业5家。鼓励和引导各类创业投资基金重点扶持小微企业创新，推进科技企业孵化器建设。深入实施人才强市战略，进一步激励科技人才创新创业。深入推进国家商标战略实施示范城市建设。做好创建国家知识产权强县工程试点工作。

三、加快转变农业发展方式，促进农村发展农民增收

始终把解决“三农”问题作为工作的重中之重，围绕农民增收这个核心，大力推进农业现代化和农村改革发展。

加快发展现代农业。坚持走产出高效、产品安全、资源节约、环境友好的现代农业发展道路，以国家现代农业示范区建设为抓手，加快推进产村相融“111”工程建设，新建现代农业产业基地16万亩，确保粮食稳产、农业增效。大力推进农业产业化经营，深入实施品牌发展战略，加大力度推介营销“邓小平故里华蓥山优质农产品”公用品牌，不断提升广安农产品影响力和市场竞争力。强化农业科技创新和重大技术推广，提升农业机械化水平，加强高素质职业农民队伍培育。加快建设猫儿沟、回龙寺、应家沟水库和渠江堤防工程，开工建设向阳桥水库，搞好灌区节水改造，进一步改善现代农业基础条件。

全面深化农村改革。积极争取改革试点试验。完成农村集体土地承包经营权确权登记颁证，同步推进“多权同确”。引导土地经营权有序流转，发展各类新型农业经营主体。建立完善农村产权评估、交易机构，促进农村产权流转交易市场健康发展。加强涉农资金统筹整合和管理，推进财政支农资金股权量化改革和农村土地流

转收益保证贷款试点，探索建立农村资金互助合作组织。

持续推进新农村建设。坚持“物的新农村”和“人的新农村”齐头并进，统筹推进基础设施、新型村庄、主导产业、公共服务、社会管理和生态文明建设，建成幸福美丽新村220个，建设新民居2.3万户、农村廉租房4000套。加强农村传统文化、乡土文化保护工作。建立农村留守老人、留守儿童、留守妇女关爱服务体系，进一步优化农村养老、教育、医疗等公共服务，让“三留守”有依靠有保障。

多渠道促进农民增收。稳定农产品价格，持续增加家庭经营收入。加大各类农民技能培训资源整合，稳定农民转移输出规模，做响劳务品牌，提升劳务经济质效。大力发展农产品加工、运输物流、休闲农业、乡村旅游等二三产业，拓展非农就业增收空间。发展壮大村集体经济，开展农村集体资产股份制改革试点。认真落实强农惠农政策，切实增加农民转移性收入。

四、全面深化改革开放，切实增强发展动力活力

坚持以政府自我革命牵引重点领域改革，推动高水平开放合作，不断激发经济发展新动力、新活力。

进一步深化重点领域改革。深入推进简政放权、放管结合的改革，清理优化行政权力目录，全面取消非行政许可审批事项，实现省市县联网审批。深入推进商事制度改革，提高市场准入效率。深化投融资体制改革，实施新版政府核准投资项目目录，规范政府投资项目和融资平台管理；推进公共资源交易流程化机制改革。深化财税体制改革，完善政府预算体系和控制方式，规范地方政府债务管理；建立涉税三方信息采集交换平台和分析应用机制；落实清理规范税费优惠政策，继续开展“营改增”等税制改革。推进金融改革创新，支持县级信用联社改制组建农村商业银行，加快发展服务小微企业的中小微金融机构，加强多层次资本市场体系建设，改革发展现代保险业，建立和完善金融风险防范机制。积极稳妥推进价格改革，最大限度缩小政府定价范围。大力推行政府购买服务，有序推进公务用车制度改革。深化事业单位分类改革，探索规范公益类事业单位管理。结合养老保险并轨改革完善机关事业单位工资制度。深化国有企业改革，发展混合所有制经济，探索国有资产保值增值新路径。

进一步推进区域合作发展。围绕川渝合作示范区建设“2015年初见成效”的目标，用好用活川渝合作示范区优惠政策，筛选实施一批渝广年度合作项目，加快渝广两地交通互联、产业相融、生态共建、服务共享。加快推进承接产业转移示范区建设，主动对接国家南向西向开放和“一带一路”战略，深化与长三角、珠三角等发达地区的经贸合作；推进广安-深圳合作产业园建设，力争在机制创新和项目落地上有新的突破。大力实施川东北经济区发展规划，加快推进区域重点合作项目，力争在旅游、交通、物流等领域合作取得新进展。加强与友好城市的交流，深化经贸、文化、科技、教育等领域的合作，努力提升开放合作水平。

进一步加强重点产业招商。围绕六大高端及百亿产业、六大新兴先导型服务业及现代农业产业，精心谋划和组织开展重点区域投资促进活动，积极参加“中外知名企业四川行”、渝洽会、西博会等展会活动，继续开展“感恩小平·投资广安”“中外知名企业广安行”等专题招商活动，重点对接高端产业和产业高端，实现产业招商大的突破。力争签约引进项目900个、形成固定资产480亿元。抓好已签约项目跟踪落地工作，努力提高招商引资项目履约率和资金到位率。

五、强化城乡统筹和多点多极支撑，不断优化经济空间格局

坚持规划引领，优化空间布局，加速培育新的经济增长点，继续保持多点多极竞相发展的良好势头。

加速推进新型城镇化。积极探索“多规合一”规划编制，突出分区规划和控详规编制。加快主城区与岳池、华蓥、前锋城市组团融合发展，推进武胜、邻水区域中心建设，加快建设50个特色集镇，新增城镇面积18平方公里，城镇化率提高2个百分点。深入推进城镇化改革，落实户籍制度改革方案，推进农村转移人口均等享受城镇基本公共服务。集中开展“双违”治理，严格规范用地和建设秩序。创新机制和办法破解城镇化发展难题，鼓励社会资本参与新型城镇化建设；深化土地要素配置和差别化用地机制改革，支持城镇低效用地再开发，拓展城乡建设用地增减挂钩、工矿废弃地复垦等试点，不断满足新型城镇化建设用地需求。

持续发展壮大县域经济。深入贯彻落实加快县域经济改革发展政策措施，促进县域经济追赶跨越、竞相发展。支持广安区现代服务业、前锋轻纺加工、华蓥电子信息、岳池医药、武胜节能环保、邻水装备制造等主导产业做大做强，努力壮大县域经济产业支撑。充分发挥民营经济在推动县域经济发展中的主体作用，有效激发民营经济发展活力和创造力，不断壮大县域经济实力。

做实做强市级园区和国有企业。围绕建设千亿园区目标，推进广安经开区奎阁、新桥园区建设，着力做强

精细化工、新材料两大主导产业，做实有色金属、装备制造、新型住宅三大优势产业，力争建成全省规模最大的精细化工基地和全省的新材料基地。围绕打造对接重庆、辐射川东北商贸物流集散地，加速推进枣山园区物流通道和配套设施建设，积极引进大中型商贸综合体、专业市场、现代物流企业，指导企业创新经营机制，科学配置业态，搞活经营，加快构建枣山总部经济集群。围绕建设世界级旅游目的地，加快完善协兴园区基础设施配套，着力打造集爱国教育、教育培训、文化创意、休闲度假等于一体的文化旅游产业新城；加强华蓥山旅游资源保护和地质灾害区治理，提档升级石林、天意谷景区，加快建设华蓥山自然保护区和宝鼎禅修文化旅游景区，积极创建华蓥山国家级旅游度假区，推动旅游资源优势向旅游经济优势转变。支持市发展建设集团、交通投资集团、金财集团抓好主营业务，搞好经营管理，实现国有资产保值增值，在市域经济发展中发挥更大的作用。

强化城乡基础设施建设。科学编制城镇地下管线综合规划，试点推进城镇地下综合管廊建设，加快建设和改善排涝防洪、垃圾污水处理等公共基础设施，不断增强城镇承载能力。加速构建城乡互联互通交通体系，开展广安（高兴）至重庆（黔江）铁路建设前期工作，全面竣工兰渝铁路武胜段，加快推进港前大道、广华大道等重大交通基础设施建设，启动实施广安市过境高速东环线及渝广高速支线、罗渡大桥等工程，开工建设省道203广安龙台（达州界）至兴平（岳池界）公路，力争遂广高速公路蓬溪界至岳池齐福段、国道350线邻水石滓至重庆界完工，富流滩二线船闸、渠江航道整治全面竣工；提升改造县乡公路200公里。推进重点输变电工程建设，加快实施农村电网升级改造，解决农村地区电压过低、电力供应不足问题。实施智慧城市发展战略，加快4G网络建设、三网融合、光纤入户步伐，加快实施“宽带乡村”“信息惠民”等工程，不断提升城乡信息化、数字化水平。

六、全面发展民生社会事业，努力提高群众幸福指数

更加注重保障基本民生，更加关注低收入群众生活，更加重视基本公共服务均等化，务实抓好新形势下的民生工作。

扎实推进民生工程。建立民生工程投入稳步增长机制，确保一般公共预算民生支出比重保持在65%以上。全面完成省定“十项民生工程”和20件民生大事。集中财力办好市定民生实事，完成通村公路建设600公里、异地扶贫搬迁1000户、整治山坪塘600口、新改扩建农村敬老院20所，以及资助贫困中小学生、升级改造农贸（菜）市场、新建乡镇妇女儿童之家、新增城区停车位等8大类25项惠民项目。

全面加强社会保障。进一步完善落实就业促进、创业引领、职业培训和服务均等化政策措施，抓好高校毕业生为重点的青年群体就业，做好农村转移劳动力、城镇就业困难人员、随军家属、退役军人就业工作，促进化解过剩产能失业人员再就业，实现城镇新增就业3.4万人，城镇登记失业率控制在4%以内。逐步建立覆盖城乡的社会保障体系，巩固和完善工伤、生育、失业保险市级统筹办法，全面实施城镇居民大病保险、企业职工基本养老保险市级统筹和城镇居民基本医疗保险统收统支制度。提高新农合保障水平，完善最低工资、低保标准增长机制，加强医疗救助和临时救助制度建设。加快异地就医结算平台建设，实现省内异地就医同步结算。关注和保障弱势群体权益。

协调发展社会事业。优先均衡发展教育事业。基本完成部省共建广安市教育改革发展试验区建设任务。继续实施第二期学前教育三年行动计划。全面改善义务教育学校办学条件，推进义务教育均衡发展。加大省级示范性普通高中建设支持力度，积极探索举办综合高中。大力构建现代职业教育体系，支持广安职业技术学院建成省级示范性高职院校。关心支持特殊教育发展。推进与西南大学、四川理工学院合作办学，加快邓小平城乡发展学院建设。鼓励支持民办教育健康发展，提升民办教育办学水平。切实加强学校德育、艺体、健康教育，深入实施素质教育。扎实抓好师德师风建设，提升教师队伍整体素质。积极推动文化繁荣发展。大力实施城乡“结对子·种文化”工程，促进城乡基本公共服务均等化；扎实推进文化惠民工程，加快建设市博物馆、县级文化场馆，推进公益文化设施免费开放常态化。加强优秀传统文化的传承弘扬和重点文物保护，抓好全市第一次全国可移动文物普查工作。推动文艺创作繁荣发展，丰富文化产品供给。培育壮大文化产业，加强文化市场监管，净化社会文化环境。继续开展群众性精神文明创建活动，巩固提升创建全国文明城市成果。启动县级体育场馆和全民健身中心建设，加强社区群众体育设施建设，促进群众体育、竞技体育和体育产业发展。扎实抓好卫生计生服务。加快市人民医院第二住院大楼、市妇幼保健院和前锋区人民医院建设，启动岳池县和邻水县

中医院、华蓥广能医院迁建工程。完善重大疾病防控体系和突发公共卫生事件应急机制，开展“平安医院”创建，提升重大突发公共卫生事件应急处置水平。鼓励和引导社会资本举办医疗机构和康复疗养机构，全力推行分级诊疗制度和试点医师多点执业。继续实施“单独二孩”政策，提高计划生育服务管理水平。做好国有档案滚动移交进馆工作。促进慈善事业健康发展。

深入开展扶贫攻坚。认真落实责任、权力、资金、任务“四到县”制度，坚持区域扶贫与精准扶贫“双轮驱动”，动员社会力量参与扶贫，深入推进“五大扶贫工程”，减少贫困人口5.3万以上。做好新建水库移民安置工作，完成移民后扶整村推进示范片建设任务。抓好“9·13”灾后重建工作。

七、加强生态环境保护，推动绿色低碳循环发展

顺应人民群众对清新空气、洁净水质和优美环境的殷切期待，加快建设资源节约型、环境友好型社会，努力让广安天更蓝、地更绿、水更净。

加强污染综合治理。坚持源头严防、过程严管、后果严惩、标本兼治，铁拳治理大气、水、土壤、重金属等重点污染，专项治理燃煤电厂、水泥企业、煤矿企业等工业污染，建筑工地施工、道路运输等扬尘污染，加强机动车尾气污染监测整治。扎实开展“洁净水”八大行动，不断改善水系、水面、水质、水岸环境质量。推进嘉陵江生态经济带建设，加强渠江广安段水污染治理与饮用水源保护。广泛开展农村面源污染、生活垃圾专项治理行动，加快推进区市县污水处理厂和城镇污水垃圾处理设施建设，加强运行监管，提高运行效率，着力消除城乡“黑臭河”。严格环境准入，优化环评审批，建立环境污染公共监测预警机制。狠抓污染企业挂牌整治，加强环境风险隐患排查，依法打击环境违法犯罪行为。开展企业环境信用评价，建立环保“黑名单”制度。

推进集约节约发展。积极创建全国循环经济示范城市，加快推进广安经开区国家级循环经济示范试点建设，强化结构减排、工程减排和管理减排，推广应用节能减排装备和技术。落实最严格水资源管理制度，严控用水总量，提高用水效率，建设节水型社会。严格土地用途管制，加强矿产资源保护与合理开发管理，提高土地投资强度和产出效益。落实节能减排目标责任制，力争单位工业增加值能耗下降3.5%以上、单位工业增加值用水量下降7.5%、工业固废综合利用率提高到75%，二氧化硫、化学需氧量、氨氮和氮氧化物排放量控制在目标范围内。

强化生态保护与建设。开展生态保护红线划定工作，保证和拓展生态建设用地。加强自然生态保护修复，大力实施天然林保护、石漠化治理等重点工程，启动实施新一轮退耕还林工程，强化生态功能区、湿地公园建设和管理。抓好生物多样性保护，加强大熊猫野化培训工作。推进国家级生态文明市、生态文明县（区市）和省级生态工业园区建设。完善自然资源有偿使用、用途管制、生态补偿等制度机制，稳步推进生态文明体制改革。

八、深入推进依法治理，切实维护社会和谐稳定

坚持以法治为引领，完善社会治理机制，加强公共安全体系建设，努力营造安居乐业的社会环境。

创新社会治理方式。深化全民“六五”普法教育，扎实开展法治示范创建活动，加快建设覆盖城乡的公共法律服务体系。坚持用法治思维和法治方式解决社会矛盾，解决好土地征用、房屋拆迁、环境治理等引发的矛盾纠纷。认真开展重大决策社会稳定风险评估，深化创新“大调解”工作机制，依法规范信访秩序。深化城乡社区治理体制创新，全面推进网格化服务管理。推进社会组织监管改革，引导社会组织健康发展。推动政府治理和社会自我调节、行业自律、居民自治良性互动，支持工会、共青团、妇联、工商联等人民团体参与社会治理，形成多元共治局面。

扎实抓好安全生产。健全完善安全监管责任体系，突出抓好重点领域隐患排查和专项整治，抓好矿山、非煤矿山、水陆交通、民爆危化品、建筑施工、森林防火和公共聚集场所等安全工作，深化巩固道路交通综合整治和火灾防控成果，有效遏制重特大安全事故发生，确保安全生产形势持续稳定好转。进一步加强食品药品安全监管，加快建立食品可追溯制度和质量标识制度，严厉打击食品药品安全违法行为，确保人民群众“舌尖上的安全”。

深化平安广安建设。加强社会治安综合治理，深入开展“反邪教”专项斗争，强化反恐防暴工作，依法打击各类违法犯罪；纵深推进“五大民生警务”活动，巩固“一标三实”基础信息采集成果，创新流动人口和特殊人群服务管理，推动社会治安防控法治化、社会化。加强社会信用体系建设，实施信用“黑名单”制度；持续整顿和规范市场秩序，进一步营造公平竞争、诚实守信的市场环境。清理整顿投融资中介机构，化解和防范民间金融风险。完善防灾减灾和应急救援体系，继续抓好地质灾害防治工作，有效防范和应对重大自然灾害。认真落实民族宗教政策，加强国防动员和后备力量建设，

做好人民防空、国家安全和保密工作，努力维护社会大局稳定。

关于政府自身建设

各位代表，政府的宗旨在于服务，行政的基石在于法治，公仆的本色在于清廉。新的一年，我们将以高度的政治自觉，落实依法治市、从严治党的各项要求，厉行法治、改进服务、清廉从政，努力建设人民满意政府。

依法行政、接受监督，建设法治政府。认真贯彻《依法治市纲要》。坚持以法治思维和法治方式深化改革、推进发展、维护稳定。推行政府权力清单、责任清单、负面清单制度，坚决消除权力设租寻租空间。着力规范行政权力运行，推进机构、职能、权限、程序、责任法定化。完善行政执法程序，规范行政执法裁量权，深化行政执法责任制，提升执法人员法律素质和能力，不断规范行政执法行为。全面落实重大行政决策法定规则和程序，完善行政机关内部重大决策合法性审查机制，健全政府常务会议和部门办公会议学法制度，深化政府法律顾问工作制度，落实行政决策终身责任追究、责任倒查和反馈跟踪制度，提高政府依法决策水平。自觉接受人大及其常委会的监督，主动接受政协的民主监督，认真办理人大代表议案、建议、批评意见和政协委员提案，广泛听取各民主党派、工商联、无党派人士和人民团体的意见，重视司法监督和舆论、公众监督。

以人为本、执政为民，建设服务政府。进一步转变政府职能，充分发挥市场在资源配置中的决定性作用，努力为市场主体创造更加公平有序的发展环境。加强政务服务与公共资源交易平台建设，大力推进并联审批和网上审批，建立完善重点投资项目审批服务代办机制，切实提高行政效率。坚持以公开为常态、不公开为例外原则，深化政务公开，重点推进财政预算、行政审批、公共资源配置、重大建设项目、公益性事业建设等领域的政府信息公开。扎实推进网络理政、在线访谈、市长热线等工作，畅通诉求渠道，推进政民互动，提高政府公信力。

综合施策、标本兼治，建设廉洁政府。坚持思想建设与制度建设紧密结合，全面推进政治清明、政府清廉、干部清正。加强行政权力行使监督，建立健全政府内部控制制度，对公共资金、国有资产、国有资源和领导干部履行经济责任情况实行审计全覆盖。认真落实从严治党、从严治政各项规定，着力加强政府党组自身建设，健全相关制度机制，严格党内政治生活，发挥党员先锋模范作用；坚持管行业同时管作风、交任务同时交纪律、抓工作同时抓作风，以纯政风、严政纪为重点，全面加强公务员队伍建设。巩固拓展群众路线教育实践活动成果，建立健全密切联系群众、改进工作作风常态化制度，从严从实加强纪律建设，持续治理“庸懒散浮拖”等不良现象。全面落实党风廉政建设各项规定，严格履行党风廉政建设责任制，认真落实预防、监督和惩治制度，支持执纪执法机关加大案件查办力度，旗帜鲜明地反对腐败，努力让人民群众感受到新风正气。

各位代表，新的形势给我们提出了新的要求，人民群众对我们寄予了新的期盼，我们深感责任重大，使命光荣。让我们在省委、省政府和市委的坚强领导下，高举中国特色社会主义伟大旗帜，团结带领全市人民，进一步解放思想、改革创新，抢抓机遇、乘势而上，为实现广安“两个跨越”、全面建成小康社会而努力奋斗！

2014年广安成就

2014年，面对复杂严峻的宏观经济形势，广安市坚持以筹办邓小平诞辰110周年纪念活动统揽各项工作，保持专注发展定力，锐意改革创新，大力实施“三大发展战略”，统筹谋划和扎实推进经济、政治、文化、社会和生态文明建设，认真开展党的群众路线教育实践活动，标本兼治加强反腐倡廉，全市呈现出经济平稳较快增长、民生持续改善、社会和谐稳定、党风政风持续好转、干部奋发有为的良好局面。

成就·数据

地区生产总值增长10.2%，居全省第2位；

全社会固定资产投资增长36.7%，居全省第1位；

规上工业增加值增长10.2%，居全省第8位；

社会消费品零售总额增长13.1%，居全省第8位；

1000万元以上的重大项目完成投资574亿元，增长73.8%；

市本级一般公共预算总收入达到26亿元，一般公共预算支出达到31.5亿元；

成功争取中省项目700个，到位资金16.94亿元；

引进项目948个，到位资金805亿元，增长14.7%；

外贸出口达10.6亿元，居全省第4位；

服务业增加值增幅跃居全省首位；

成功创建国家AAAA级景区4个，红色文化影视城一期实现运营；

成功举办“感恩小平·共建广安”金融对接活动，签约总授信额度达830亿元；

民间投资活力加快释放，全市民间投资占比达到62%；

主城区面积拓展14.9平方公里，全年保障性住房建设和危旧房棚户区改造开工38736套，实施农村安居工程39626户，8个新型房屋示范点564套房屋全部竣工；

粮食连续8年生产保持稳定，农民人均纯收入增长12%；

全面完成省上下达的民生任务和22项市自办民生工程项目，投入资金125.63亿元，民生投入占公共财政支出的70%，高于全省平均水平5个百分点；全市28.1万人纳入低保；

新增就业4.98万人，城镇登记失业率控制在3.59%；完成贫困村扶贫项目152个，9.3万人摆脱贫困；

部省共建教育改革发展试验区加快建设，成功争取中省资金12.3亿元；

竞技体育和群众性体育协调发展，在省运会上夺得16金、16银、13铜的历史最好成绩；

查处“四风”问题案件184件，曝光典型案件47起，全市“三公”经费开支下降26.1%；

坚持以零容忍态度惩治腐败，全市纪检监察机关立案605件，查处县处级干部16人，同比分别增长25.3%、220%。

成就·亮点

成功筹办邓小平同志诞辰110周年纪念活动，实现了中央和省委满意、小平同志家人满意、人民群众满意的目标；

高质量完成邓小平缅怀馆建设和邓小平故居陈列馆改陈工作，达到了‘国内领先、世界一流”的水平；

成功举行2014年中国旅游日主会场活动，吸引了20多万游客到广安缅怀小平同志；

综合整治主城区建安路、五福西路、金安大道，建成市民广场及文化综合体，城市品位进一步提升；

玖源化工、正威国际等一批重大产业项目建成投产，广安港建成投运，建成广安南站，开通广安至成都动车；

扎实开展群众路线教育实践活动，进一步密切了党群干群关系，中央督导组给予充分肯定；

广安区成功创建四川省首批旅游十强县，前锋区城市综合体规划设计方案获得国家级金奖，华蓥市顺利通过全国生态保护与建设示范区省级评估，岳池县、邻水县被评为全省县域经济发展先进县，武胜县成功创建全国休闲农业与乡村旅游示范县；

广安发展建设集团实现税利1.1亿元，广安交通投资建设开发集团有序推进广前路等6个交通重点项目建设，广安金财投融资集团成立，建立华蓥山旅游文化景区，大熊猫顺利入住广安，成为全国第三个野化放归培训基地；

大力发展院士经济，成功引进李长明院士团队投资160亿元打造长明高新技术产业园，得到省委书记王东明的批示和肯定；

大力实施农村“一个大环线、一个单元、一条连接线”的“111”工程，获得省委常委李昌平的充分肯定；

重庆银行广安分行正式营业，成都农商银行广安分行即将试营业，武胜农村信用社改制为农商银行开业运营；

全面开展“洁净水”行动，以治水来倒逼经济转型升级；

城乡文明程度和市民素质明显提升，广安城市公共文明指数位居全省地级城市第一；

全市45人入选“四川好人”、6人荣登“中国好人”，涌现出邓德勤、杨淑芹等一批先进典型；

在全省率先设立诚信“红黑榜”；

全市统一调度的“120”急救指挥系统建成并投入运行，广安市全科医生培训基地竣工并投入使用。

2014年广安十大新闻

2014年，广安全市人民以“感恩作贡献”的昂扬姿态，圆满完成纪念邓小平同志诞辰110周年系列活动，积极投身经济社会建设实践，广安迈入历史最好发展时期。广安日报编辑部对2014年影响全市经济社会发展的重大新闻事件进行认真梳理，评选出2014年度广安十大新闻。

一、纪念邓小平诞辰110周年系列活动高潮迭起，邓小平故居陈列馆生平馆、缅怀馆开馆

2014年，在市委的坚强领导下，全市上下全力以赴，圆满完成邓小平同志诞辰110周年各项纪念活动，实现了让中央和省委满意、让小平同志家人满意、让人民群众满意的目标。

8月18日，四川省纪念邓小平同志诞辰110周年座谈会在广安举行；8月22日，经过改陈、兴建后的邓小平故居陈列馆生平馆、缅怀馆正式开馆。“两馆”开馆和“邓小平与小康社会研究实践基地”在广安落户、邓小平思想研究基地建设调研暨“两馆”建设布展工作专家座谈会在广安市召开，中国中共文献研究会邓小平思想生平研究会、中国报业协会邓小平新闻思想研究会成立，标志着邓小平故里广安成为人们缅怀小平同志、研究小平思想和理论的重要基地。与此同时，中国文联文艺志愿服务团赴广安慰问演出，中央电视台“心连心艺术团”赴广安慰问演出，电视连续剧《历史转折中的邓小平》在央视一套播出，电视纪录片《邓小平遗物故事》在央视九套播出，《邓小平同志诞生110周年》纪念邮票发行，邓小平系列纪念丛书出版，“中国梦在广安·广安市纪念邓小平同志诞辰110周年群众文艺演出”等中央、省、市各项纪念活动使邓小平同志诞辰110周年纪念高潮迭起。

二、全面深化改革，加快县域经济发展，推进依法治市，奋力谱写中国梦广安新篇章

2014年6月9日，市委四届七次全会召开，贯彻落实十八届三中全会精神和四川省委十届四次全会和全省县域经济工作会议精神，全面深化改革，推动广安走在全省改革开放前列，加快县域经济跨越发展，夯实多点多极支撑发展战略格局的底部基础，加快全市经济总量由全省排名靠后向全省第一方阵跨越、由整体小康向全面小康跨越。会议审议通过了《全面深化改革促进县域经济跨越发展的决定》。同月，《广安市依法治市纲要》出台，法治广安建设步伐与贯彻落实中央十八届四中全会精神同频共振，为谱写中国梦广安新篇章构筑起既生机勃勃又井然有序的社会秩序。

三、党的群众路线教育实践活动深入开展，党员干部作风面貌焕然一新

2014年2月至10月，广安市全面开展党的群众路线教育实践活动。市委对活动进行周密安排，以学习伟人风范、践行群众路线为思想引领；在思想认识、问题认知、整改认行、群众认同上着力见效；立足广安实际，体现实践特色，做好结合文章，全市各级党组织切实担当政治责任，从严从实落实推进措施，活动有力有序开展，达到了预期目的，取得了良好成效。紧盯群众反映强烈的“四风”突出问题，坚持在整治作风顽疾上较真，大力开展“庸懒散浮拖”问题专项整治，打通服务群众“最后一公里”，全市党风政风和社会风气明显转好。

四、广安市文明城市创建接受国家测评，“创文”让老百姓幸福指数更高

2014年12月中旬，省文明办推荐广安市作为第四届全国文明城市参评对象。12月下旬，广安市全国文明城市创建工作接受国家测评。

近年来，广安市把文明城市创建作为市委市政府的重点工作，以“创建文明城市、构建和谐广安”为主题，着力培育和践行社会主义核心价值观，积极推进民生工程建设，扎实开展群众性精神文明创建活动，加强未成年人思想道德建设，深入推进学雷锋志愿服务、“讲文明树新风”公益广告宣传、诚信制度化建设，不断增强精

神文明建设实效，广安城市品位越来越高，市民精神面貌越来越饱满。

五、广安招商引资再创历史新高

2014年，广安市以纪念邓小平同志诞辰110周年为契机，充分利用各种招商平台，自我加压，继续加大固定资产投资力度，招商引资到位资金再创历史新高。据统计，全年招商引资到位资金达805亿元，增长13.9%，重大项目建设如火如荼，广安如同“沸腾的群山”。

广安市借力渝洽会、西博会、科博会、农博会等招商平台，深入开展“感恩小平·共建广安”活动，一大批中外知名企业赴广安考察投资。创新招商形式，进行借智招商，一批国内顶级专家学者担任广安市决策咨询顾问，利用他们广泛人脉进行招商。随着一批大企业、大集团投资广安，广安市逐步形成电子信息、医药、天然气化工、新型建材、装备制造、节能环保等六大支柱型产业。恒大中天国际、广安国际商业中心等相继建成开业，广安中央商务区雏形初显。

六、2014年“中国旅游日”主会场活动标志，广安加速向世界级旅游目的地迈进

2014年5月19日，2014年“中国旅游日”主会场活动启动仪式在广安市举行。8月23日，华蓥山大熊猫野化放归培训基地启用及大熊猫入住仪式在华蓥山举行，大熊猫“阳花”“云涛”正式安家华蓥山。在规划建设华蓥山旅游园区的同时，广安市还规划构建了协兴生态文化旅游园区等总面积600平方公里的10个旅游产业园区，引进了总投资500多亿元的旅游项目，红色旅游特色鲜明，乡村旅游魅力四射，全域旅游、智慧旅游正在开启，广安逐渐成为全省旅游经济强市、川渝休闲度假旅游基地、全国红色旅游基地，正加速向世界级旅游目的地迈进。

七、民生实事惠民众，百姓共享民生“大餐”

一手抓纪念活动筹备、推动民生改善，一手抓经济发展、推进邓小平理论在广安全面实践，努力为人民创造更加美好的生活。2014年，在“感恩发展作贡献”活动推动下，广安市上下自加压力，以36个重大惠民项目建设为抓手，民生项目全面开花，多点突进，市民广场建成，城市风貌改造完成、枣彭路、小平大道建成通车，一大批惠民项目建成，使广安城乡基础设施建设更加完善，处处焕然一新，民生为先的基本理念和积极实践，成为推动“感恩发展作贡献”活动最有效的社会动员，激发全市人民干事创业热情。

八、“洁净水”行动全面铺开，打造宜居宜业宜游新广安

2014年9月28日，市委第86次常委会审议通过《中共广安市委广安市人民政府关于全面开展“洁净水”行动的意见》。以治水为突破口倒逼经济转型升级，实施八大专项行动，11月，23个重大水利工程项目集中开工，12月29日，“洁净水”行动综合治理“PPP”项目集中开工，全市“洁净水”行动全面铺开，努力让天更蓝、地更绿、水更清、空气更清新。《广安日报》开展的“洁净水行动浙黔行”大型采风活动，为“洁净水”行动提供了可资借鉴的经验，营造了“洁净水”行动的良好氛围。

九、广安——成都动车正式开通运营，广安步入动车时代

2014年8月8日，广安至成都动车正式开通。动车开通，大大缩短了广安与成都、重庆之间的时空距离，促进广安新型工业、现代农业、现代服务业等产业转型升级和加快发展，带动广安在全省多点多极支撑发展战略中实现次级突破和跨越升位。广安港首航，兰渝铁路、广遂、渝广巴高速，广华、广岳快速通道全力推进，川东综合交通枢纽位置初显、广安百万组团城市发展加速。

十、广安代表团在省十二届运动会上喜获45枚奖牌，实现了由全省倒数第二到历史最好

2014年8月23日，省十二届运动会闭幕，广安代表团获得16枚金牌、16枚银牌、13枚铜牌，实现了由全省倒数第二到历史最好。

市委市政府高度重视竞技体育工作，出台《关于进一步加强竞技体育工作的意见》，大力选拔、培养、引进和输送优秀体育后备人才，提高竞技水平。同时，广安市还大力推进群众体育运动，深入贯彻实施全民健身计划，在城区和农村大力推行全民健身工程，完善城乡基础运动设施。全民健身局面已初步形成，群众体育呈现出繁荣发展的良好局面。

大事记

1月

1 日，四川华蓥山第二届冰雪节启幕，本届冰雪节持续到 2 月 15 日。

1 日，第三次全国经济普查工作进入正式登记阶段。1 月 2 日下午，市领导蒋英胜、陈捷对广安市经济普查登记工作进行检查。

2 日，中国人保投资控股有限公司党委书记、总裁刘虹一行到广安市，就广安市人保大厦项目建设相关事宜进行洽谈。市领导肖友才、甘用德、刘和斌出席会议。

2 日，市政府组织消防、商务、安全监管等单位工作人员，对广安城区的商场、超市等商贸流通市场进行安全生产检查。

2 日下午，市委书记侯晓春会见到广安市考察的四川交投集团董事、四川港航开发有限公司董事长贺晓春。侯晓春强调，各级各相关部门要增强搞好广安港建设的责任感和紧迫感，以时不我待的精神，逢山开路、遇水架桥的气魄，全面推进广安港的各项建设，助推广安市多点多极支撑战略的顺利实施，促进广安加快迈入全省经济发展第一方阵。市领导黄秀川及广安承平公司、广安北新建材有限公司相关负责人等参加会见。

3 日上午，广安市文化、科技、卫生“三下乡”暨学雷锋志愿服务活动服务团，到前锋区观阁镇开展文化、科技、卫生等志愿服务活动，为当地百姓送去温暖、爱心和欢乐。前锋区是广安市 2014 年文化、科技、卫生“三下乡”暨学雷锋志愿服务活动的第一站，在此后的 5 天时间里，服务团还将前往广安区、武胜县、岳池县、邻水县、华蓥市开展活动，丰富农村群众的精神文化生活。

3 日晚，邓小平缅怀馆陈列布展及邓小平故居陈列馆改陈评审会在中央文献研究室召开。中央文献研究室副主任杨胜群，四川省委常委、宣传部部长吴靖平，中国人民解放军后勤保障部副部长、原邓小平办公室秘书王世斌，中央文献研究室副秘书长、办公厅主任高屹，市委书记侯晓春，四川省委宣传部副部长傅思泉等出席评审会。

6 日，市委书记侯晓春主持召开专题办公会，研究邓小平同志诞辰 110 周年纪念活动筹备工作。侯晓春强调，各级各部门，特别是协兴生态文化旅游园区要以深化“感恩小平·我为小平家乡发展作贡献”主题活动为动力，以只争朝夕的精神，倒排工期，全力以赴推进各项目建设，确保各项目 5 月 18 日前竣工。市委副书记、市长罗增斌，市人大常委会主任余仪，市政协主席刘凤成，市委副书记袁险峰，以及肖友才、唐雄兴、杨利民、蒋英胜、甘用德，陈全禄、席世洪等市领导出席会议。

6 日下午，市委书记侯晓春深入广安区方坪乡磨盘村，与群众“零距离”接触、唠家常、听民声、察民情、面对面听取群众意见，实打实解决问题。侯晓春强调，各级干部要通过“走基层”，贴近群众，认真倾听民意，切实为民解难题、办实事，更加密切地联系群众，更好地服务群众，以真抓实干的作风全面深化改革、促进发展，让人民群众共享现代化建设成果。市委常委、组织部部长黄秀川随同走访。

6 日下午，广安市召开 2014 年农田水利基本建设、现代农业发展暨农村产权改革工作现场会。市委副书记、市长罗增斌出席会议并讲话。罗增斌强调，各地各相关部门要进一步强化组织领导，细化目标任务，落实工作责任，切实加强新一轮农田水利基本建设，扎实抓好现代农业示范区建设，稳步推进农村产权改革，努力开创广安市农业和农村工作新局面。

7日上午6时40分，邻水县四海乡葛麻湾煤矿发生一起较大安全生产事故。事故发生后，市委、市政府主要领导立即指示有关部门竭尽全力抢救井下人员，最大限度减少伤亡，妥善处理善后工作，彻底调查事故原因。赓即，市委副书记、市长罗增斌赶赴邻水县，组织召开全市安全生产工作紧急会议。

7日上午，市委书记侯晓春主持召开市委财经领导小组第二次会议，审议市发展改革委《2014年全市国民经济和社会发展主要指标安排建议》和市财政局《关于2014年市本级财政收支预算安排建议方案》。侯晓春强调，全市上下要深入贯彻落实党的十八届三中全会、省委十届三次全会、市委四届六次全会和中、省经济工作会议精神，认真研判经济发展形势，加快转变经济发展方式，不断提高经济增长质量，努力推动广安科学发展、加快发展。市委副书记、市长罗增斌，市委副书记袁险峰出席会议。

7日，市委常委、市总工会主席甘用德带领团市委到广安励志中学开展送温暖活动，并鼓励学生们好好学习，励志成才。

7日，市委常委、市纪委书记刘光辉带领市纪委监察局班子成员和部分干部职工，前往广安区肖溪镇自古村，对20户贫困群众进行集中慰问并开展结对认亲活动。

8日，市委书记侯晓春在市委市政府信访接待中心接待来访群众。在接访中，侯晓春始终耐心倾听，仔细问清原委经过，不放过一个细节。

8日，市四届人大常委会举行第十五次会议。市人大常委会主任余仪主持会议，会议听取和审议市人大常委会主任会议关于市人大常委会2014年监督工作计划（草案）；听取和审议并测评通过市发展改革委员会、市教育局、市城管执法局、市粮食局关于办理市人大常委会评议意见开展整改工作情况的报告；会议补选罗增斌为四川省第十二届人民代表大会代表。

8日下午，市委副书记、市长罗增斌主持召开2014年服务业发展专题办公会，分析研判服务业发展形势，研究谋划服务业发展工作。罗增斌强调，各级各相关部门要围绕服务业发展提速、比重提升、水平提高，坚定不移地把稳增长、调结构、促转型作为服务业发展的重要支撑，进一步加快推进全市服务业又好又快发展。

8日，市政协主席刘凤成带领主席会议成员考察广安职业技术学院。考察组先后参观该院建筑材料与力学实验实训室、建筑设备实训室、工程造价与制图模拟实训室、建筑工程实训室等，详细了解学院的基本建设，以及学院教学、实训、就业等工作开展情况，听取广安职业技术学院工作汇报。市政协副主席吴才林、袁继林、江陵、贺宗飞、刘兴汉、黄德齐等领导参加考察活动，广安职业技术学院党委书记王建平，院长陈永龙陪同考察。

8—10日，中央文献研究室第三编研部负责人吴振兴带领电视文献片《邓小平遗物的故事》摄制组主创人员到广安市采风，为该片拍摄作准备。

10日上午，广安市2014年房地产开发暨市政公用设施建设项目集中开工仪式在交投置业·承平盛世项目工地举行。市委书记侯晓春出席仪式并宣布项目开工，市委副书记、市长罗增斌在开工仪式上致辞，市人大常委会主任余仪，市政协主席刘凤成等出席开工仪式。

10—11日，市委召开经济工作暨城镇化工作会议，贯彻中央和省委精神，总结2013年全市经济工作，分析当前经济形势，安排部署2014年经济工作及今后一个时期城镇化工作。市委书记侯晓春出席会议并作重要讲话。侯晓春强调，各级各部门一定要认真落实中央和省委的决策部署，解放思想、开拓创新，攻坚克难、务实奋进，为推动广安走在全省改革开放前列，加快迈入全省经济发展第一方阵不懈奋斗。市委副书记、市长罗增斌，市人大常委会主任余仪，市政协主席刘凤成等市委、市人大、市政府、市政协和广安军分区在家领导出席会议。

11日上午，中央文献研究室副秘书长、办公厅主任高屹一行到广安市，在市委常委、宣传部部长唐雄兴陪同下，深入邓小平故居陈列馆改陈工作现场和邓小平缅怀馆建设现场，详细了解“两馆”建设情况，并提出具体要求。

13日，广安市决策咨询委员会高端专家座谈会在北京文津国际酒店举行。全国政协常委、北京大学光华管理学院名誉院长、著名经济学家厉以宁，北京大学原校长、中科院院士周其凤，清华大学机械工程学院院长、中国工程院院士尤政，北京大学经济学院教授、北京大学数字中国研究院副院长曹和平，新华社《经济参考报》主编徐殿龙，北京大学城市规划设计中心教授石健吾等出席座谈会并发言。市委书记侯晓春出席座谈会，详细介绍广安经济社会发展情况，真诚希望各位专家继续给予广安更大支持，帮助广安人民把小平家乡建设得更加美好，以焕然一新的面貌迎接邓小平同志诞辰110周年。市委副书记、市长罗增斌主持座谈会。

13日，市人大常委会主任余仪率队到定点联系的贫困村前锋区观阁镇银顶村，开展“走基层、解难题、办实事、惠民生”活动，详细了解群众的所需所求，并为困难群众送上慰问品。

14日上午，广安市召开全市道路交通安全综合整治第一阶段工作推进暨农村道路交通安全工作电视电话会议。市委副书记、市长罗增斌出席会议并讲话。罗增斌强调，各级各相关部门要牢固树立“安全第一、生命至上”的理念，以更加过硬的措施，更加严格的要求，全力以赴抓好道路交通安全整治工作。

14日，渝广两地近百名政商界乡友齐聚重庆，举行“感恩小平·共建广安”在渝乡友座谈会。重庆市政协副主席吴家农，广安市委副书记、市长罗增斌，广安市政协主席刘凤成等出席座谈会。

14日，市委书记侯晓春率队赶赴重庆，拜会重庆市政协常委、重庆市工商联副主席、重庆金山控股（集团）有限公司董事长、重庆民商投资控股（集团）有限公司董事局主席、总裁王金山，双方就加快广安金山科技城项目开工建设，加强对接与合作进行深入交流。

14日下午，市委书记侯晓春主持召开全市领导干部大会，听取市委、市政府领导班子述职述廉并进行民主测评。市委书记侯晓春，市委副书记、市长罗增斌分别代表市委、市政府领导班子述职述廉，并作个人述职述廉，市委、市政府其他班子成员作书面述职述廉。市政协主席刘凤成，市委副书记袁险峰等领导参加会议。

14日下午，广安市召开市级机关事业单位老干部情况通报会，市委书记侯晓春与老干部分享市委经济工作暨城镇化工作会议取得的成果，通报2013年经济发展情况及2014年经济工作。市委副书记袁险峰主持会议。

14日下午，市委常委、政法委书记肖雷带队到前锋区桂兴镇洞坪村，开展“挂包帮”调研及慰问贫困群众活动。

15日上午，市委副书记、市长罗增斌主持召开四届市政府第29次常务会议。会议组织学习《四川省城乡环境综合治理条例》，传达市委经济工作暨城镇化工作会议精神，安排部署2014年经济工作及一季度“开门红”工作，审议并通过《广安市农村公路建设养护管理办法》《市住房城乡规划建设局关于全市城镇污水处理厂（站）运行情况的报告》等有关事宜。

15日下午，市委书记侯晓春主持召开市委专题办公会，研究协兴生态文化旅游园区建设与发展的相关事宜。侯晓春强调，园区广大干部职工要勇担使命，转变观念，创新思维，大胆探索创新，突出重点项目，倒排工期，加班加点推进项目建设，推动园区追赶跨越发展，以焕然一新的面貌迎接小平同志诞辰110周年。

15—16日，中国国际通用航空产业集团董事局主席曲铁城一行到广安考察，并与广安市就通用航空机场建设相关事宜进行座谈交流。市委副书记、市长罗增斌主持座谈会并讲话。

16日上午，总投资10亿元的利尔精细化学品制造基地项目签约仪式在广安经济技术开发区三楼会议室举行。利尔化学股份有限公司精细化学品制造基地项目计划投资10亿元，占地约400亩，选址广安经开区新桥化工园区，主要建设有机磷中间体甲基二酯、含磷阻燃剂、氯代吡啶中间体等精细化工项目，2—3年内全部建成。市领导蒋英胜、陈捷，四川久远投资控股集团有限公司董事长、利尔化学股份有限公司董事长高文出席签约仪式。

16日，市委书记侯晓春，市委副书记、市长罗增斌，市政协主席刘凤成在蓉与成都广安商会会员亲切座谈，共话老乡情谊，共谋广安发展。

16日，邓小平故里旅游景区被全国绿化委员会命名为“全国义务植树示范基地”。

16—17日，省委办公厅直属机关党委书记陈念芜率省委检查组，深入广安市检查指导“走基层、解难题、办实事、惠民生”活动开展情况。检查组一行先后前往市群工局、广安区万盛街道办事处五福社区、前锋区观塘镇碧峰村，通过看现场、查资料的方式，实地检查指导广安市“走基层”活动开展情况。市委常委、宣传部部长唐雄兴出席汇报会。

18日，副省长甘霖在成都就邓小平同志诞辰110周年纪念活动筹备，以及广安经济社会发展工作，与广安市领导进行专题座谈。甘霖指出，广安抓住邓小平同志诞辰110周年机遇，深入开展“感恩小平·我为小平家乡发展作贡献”活动，邓小平同志诞辰110周年纪念活动筹备工作有力、有序、有效，经济社会发展取得很好成绩。他表示，将组织开展特区企业广安行、全国知名民营企业广安行等活动，全力支持广安发展。省政府副秘书长吴显奎，省商务厅、省工商局、省投资促进局等部门负责人，市委书记侯晓春，市委副书记、市长罗增斌，以及市领导甘用德、刘和斌参加座谈会。

19日，电视剧《邓小平》剧组到邓小平故里，将电视剧《邓小平》拍摄使用过的部分道具和相关纪念品捐赠给邓小平故居陈列馆。中央文献研究室第三编研部副主任张爱茹、省委宣传部副部长、省文明办主任朱丹枫，市委常委、宣传部部长唐雄兴参加捐赠仪式。

20日，广安市召开2014年发展和改革工作会议。会议总结2013年全市发展改革工作，安排部署2014年工作。市委常委、副市长肖友才出席会议并讲话。

20日，由四川省旅游局、四川日报共同推出的“2013·四川旅游产业TOP—10榜单发布及推选活动”落幕，广安成功入选“四川十大市州旅游目的地”。此外，武胜县入选“四川十大区市县旅游目的地”，邓小平故里旅游景区入选“四川十大景区旅游目的地”，含邓小平故里旅游景区和华蓥山旅游区的“剑门关—阆中古城—邓小平故里旅游景区—华蓥山自驾4日游”线路入选“四川十大自驾游线路”。

21日，市委书记侯晓春，市委副书记、市长罗增斌等市领导在成都向省旅游局局长郝康理专题汇报广安市旅游工作。郝康理表示，省旅游局将尽其所能支持广安打造旅游产业升级版，与广安一道共同把“5·19”中国旅游日主会场活动办出特色、办出亮点。

21日，广安市召开“走基层、解难题、办实事、惠民生”活动工作推进会，市委副书记袁险峰出席会议，市委常委、组织部部长黄秀川主持会议。

22日，市委常委、组织部部长黄秀川一行深入武胜县三溪镇驴子岩村和郭家坪村，开展“走基层、送温暖”活动，为乡亲们送去浓浓的新春祝福。

22日，市政协主席刘凤成带领市政协、市投资促进委和市质监局有关负责人深入前锋区龙滩乡朱家村，看望慰问困难群众，并为他们送上慰问品和慰问金。

24日上午，广安市2013年知名商标发布暨“2014年迎春购物月”活动启动仪式在思源广场举行。启动仪式上，市商务局公布2013年邓小平故里特色餐饮店、特色菜品、名优特产、特色商街评选结果及传统特色小吃认定结果名单；市工商局公布2013年知名商标评选结果。

24日下午，广安市召开“感恩小平·共建广安”迎春座谈会，市级相关部门、市县两级工商联负责人，市直属异地商会、行业商会会长和“感恩小平·共建广安”系列活动的部分认捐人共聚一堂，共叙乡情，共谋发展。市政协主席刘凤成出席座谈会并讲话。副市长刘和斌，市政协副主席、工商联主席刘儒贤出席会议。

26日上午，市委书记侯晓春率市领导肖雷及市水务局、环保局、协兴生态旅游文化园区负责人前往全民水库，对水库增容改造工程及水环境治理等工作进行调研。侯晓春强调，各级各部门要重视水环境保护工作，更新观念，加快施工进度，将生物防治和人工治理有机结合，努力恢复水库自然生态的多元性，不断改善全民水库和西溪河流域水环境，真正让库区和西溪河流域山更青、水更秀。

26日上午，市委书记侯晓春带队看望慰问广安市部分统战对象、优秀人才代表、退休老领导、部队官兵以及基层群众代表等，为他们送去慰问品和慰问金。

26日上午，市委副书记、市长罗增斌带队深入前锋区和驻广部队，看望慰问离退休老干部、敬老院老人、部队官兵、优秀人才代表、困难劳模等，为他们送去党和政府的关怀及新春祝福。

26日上午，市人大常委会主任余仪带队前往市武警支队和武胜县，看望慰问武警官兵、退休干部、困难劳模、困难职工，为他们送去慰问品和慰问金。

26日下午，市政协主席刘凤成带队到经开区和前锋区，对统战对象、优秀人才代表、离退休干部、优抚对象和低保户等进行看望慰问。

26日下午，广安市“低碳·智慧城市发展论坛”筹备组在北京召开媒体沟通会。会议通报“低碳·智慧城市发展论坛”筹备情况和广安市经济社会发展暨低碳·智慧城市建设的有关情况。《人民日报》、凤凰网等40余家新闻媒体参会。市委常委蒋英胜，副市长席世洪出席会议。

27日，四届市委召开第66次常委会，传达中央、省委会议精神，研究广安市贯彻意见。市委书记侯晓春主持会议并作重要讲话。侯晓春强调，各级各部门要认真贯彻落实中央、省委会议精神，切实把思想和行动统一到中央和省委会议精神上来，加快改革发展步伐，以优异成绩迎接邓小平同志诞辰110周年。市委副书记、市长罗增斌，市委副书记袁险峰，市委常委肖友才、肖雷、黄秀川、唐雄兴、杨利民、张志权、蒋英胜、甘用德、刘光辉出席会议。市人大常委会主任余仪，市政协主席刘凤成等列席会议。

27日，由广东翼德投资有限公司投资兴建的广安西部牛仔纺织服装商贸科技产业园正式开园，同时该园区被中国纺织产业转移工作办公室授予“十大产业园区”称号。

27日，举行广安市2014年春节帮扶慰问生活困难的道德模范和“身边好人”活动。市领导唐雄兴、杨利民、康永恒、陈全禄、贺宗飞参加慰问活动。

27日晚，受中国驻法国领事馆大使张国斌邀请，由前锋区文化馆组成的“宕渠双竹连响”表演队，在法国斯特拉斯堡参加中法建交50周年文化交流活动。《宕渠双竹连响》是由前锋区文化馆自编自创自演的节目，表现川东人民热爱生活、积极向上的精神面貌。该舞蹈曾获得四川省首届广场舞比赛二等奖。

29日，广安市召开2013年度公共文明引导学雷锋志愿服务工作表彰大会。大会授予20名公共文明引导志愿者“先进个人”称号并颁发奖金。市领导唐雄兴、杨利民、陈全禄参加会议。

30日上午，广安市2014年春节团拜会在市政府三楼会议室举行。市委书记侯晓春主持会议，市委副书记、市长罗增斌，市人大常委会主任余仪，市政协主席刘凤成，市委副书记袁险峰等市委、市人大、市政府、市政协、广安军分区全体领导出席团拜会。

30日上午，市委副书记、市长罗增斌亲切看望慰问工作在一线的公安干警、武警消防官兵和环卫工人，向他们致以节日的问候和新春的祝福，感谢他们在节日期间坚守岗位，为全市人民度过一个安宁、祥和春节所做的贡献。

31日中午12时30分，大年初一，市委书记侯晓春轻车简从，深入协兴生态文化旅游园区重点工程建设现场，看望慰问坚守在建设一线的工人，与他们同吃团年饭，一起过大年，并向节日期间坚守岗位的全市广大干部职工送上新春祝福。

31日，广安市2014年迎新春广场文艺表演在广安思源广场等5个城区广场分别拉开帷幕，喜迎马年新春佳节的到来。

2月

6日，第八届香港国际青少年艺术节钢琴比赛在香港亚洲博览馆落下帷幕，广安市选派的6名选手分别获得钢琴比赛项目的一、二、三等奖。

7日上午，市委召开农村工作会议，深入贯彻党的十八届三中全会和中央、四川省委农村工作会议精神，总结过去一年农村工作，研究部署当前和今后一个时期“三农”工作。市委书记侯晓春出席会议并作重要讲话。侯晓春强调，以“农业强、农民富、农村美”为总体目标，以感恩做贡献的精神、改革创新的办法抓好“三农”工作，全面深化农村改革，加快推进农业现代化，努力在统筹城乡发展上取得新进展。市委副书记、市长罗增斌主持会议，市人大常委会主任余仪，市政协主席刘凤成等出席会议。

7日上午，新年上班第一天，市委副书记、市长罗增斌到经信、发改等部门看望机关干部职工，送去新春祝福，并就做好今年工作提出明确要求。

7日，市委书记侯晓春率市领导肖友才、黄秀川、杨利民、席世洪一行，深入枣山物流商贸园区和协兴生态文化旅游园区，就“美好家园”建设情况进行调研。侯晓春强调，各级各部门要以对人民群众高度负责、对广安发展高度负责的态度，以强烈的责任感、使命感和紧迫感，扎实推进“美好家园”建设，确保拆迁群众早日乔迁新居，真正把“美好家园”建成人民群众放心满意的民生工程。

7日下午，市委书记侯晓春在市领导杨利民等陪同下，深入武胜县武胜街子工业园区、宝箴塞旅游景区，就工业经济和乡村旅游产业发展等情况进行调研。侯晓春强调，各地要坚定不移地实施省委多点多极支撑发展战略，突出抓好工业和乡村旅游产业发展，始终把构建新型工农、城乡关系作为推进全市经济社会发展的重要战略来抓，积极探索，不断创新，促进区域经济跨越发展，为推动全市经济社会迈入全省发展第一方阵、全面建成小康社会奠定坚实基础。

7日下午，市委副书记、市长罗增斌率市领导肖友才、钟志荣一行，深入广安市部分重点交通项目建设现场调研。罗增斌强调，各级各相关部门要加快建设进度，保证工程质量，优质高效完成项目建设任务，为邓小平同志诞辰110周年献礼。

8日上午，市委副书记、市长罗增斌组织召开美好家园二期改造工作专题办公会。罗增斌强调，实施美好家园二期改造工作有利于推进城市旧城区和棚户区改造，有利于解决消防安全隐患问题，有利于进一步完善城市功能，市级相关部门及广安区政府要科学论证，统筹规划，分步实施，拿出切实可行的办法支持美好家园二期改造工作。市领导肖友才、黄秀川、席世洪出席会议。

11日下午，市委召开政法工作会议，市委书记侯晓春出席会议并作重要讲话。侯晓春强调，全面深化政法工作改革，深入推进法治广安、平安广安建设，为广安科学发展、加快发展创造安全稳定的社会环境、公平正义的法治环境、优质高效的服务环境，以优异的成绩迎接邓小平同志诞辰110周年。市委副书记袁险峰主持会议。会议通报表彰广安市见义勇为先进个人等，肖雷、何玉平、邓文国、黄德齐等市领导出席会议。

11—12日，省农业厅副厅长张强一行在副市长钟志荣陪同下，到广安市督导检查小春田管及大春备耕工作，调研万亩现代农业示范区和“技术走基层”相关情况。

12日上午，市人大常委会组织召开研讨会，《中华人民共和国行政诉讼法修正案（草案）》。市人大常委会主任余仪出席会议并讲话。市人大常委会副主任康永恒、何玉平出席会议。

12日，重庆金山控股（集团）有限公司董事长王金山一行，在市委书记侯晓春，市委副书记、市长罗增斌等的陪同下，到广安推进金山科技项目建设。

12日下午，四届市委召开第67次常委会，传达中共四川省委十届四次全体会议精神，研究广安市贯彻意见等。市委书记侯晓春主持会议并作重要讲话。侯晓春强调，2014年是邓小平同志诞辰110周年，对邓小平同志最好的纪念，是贯彻落实好党的十八届三中全会精神、省委十届四次全会精神，最大限度凝聚全面深化改革的共识，努力汇聚全面深化改革的强大正能量，推动广安科学发展、加快发展。市委副书记、市长罗增斌，市委副书记袁险峰，以及市委常委肖友才、肖雷、黄秀川、唐雄兴、杨利民、张志权、甘用德、刘光辉出席会议。市人大常委会主任余仪，市政协主席刘凤成等列席会议。

13日上午，市委副书记、市长罗增斌主持召开四届市政府第30次常务会议，学习《突发事件应对法》，讨论《政府工作报告（征求意见稿）》等文稿，审议《关于深入推进义务教育均衡发展的实施意见》《关于2014年安全生产工作的意见》等有关事宜。

13日，市委书记侯晓春率市领导肖雷、杨利民等一行，先后前往武胜县、岳池县、广安区、邻水县以及协兴生态文化旅游园区等地，就工农业经济和旅游产业发展等情况进行调研。侯晓春强调，各地各部门要抢抓发展机遇，积极进取，不断创新，坚持用改革的办法解决好发展过程中遇到的各种难题，促进广安经济社会科学发展、加快发展。调研中，侯晓春一行还前往广安恒丰村镇银行，详细了解了银行的支农惠农情况，并对该行的工作给予了充分肯定。

13日，总投资6亿元的广安城区滨江路防洪综合改造工程启动，通过进行防洪、交通、排水和景观等综合改造，将滨江路防洪标准由现在的“五年一遇”提高到“百年一遇”，彻底解决广安老城区“十年九淹”的问题。

13日下午，广安市召开2014年审计工作会议，市委副书记、市长罗增斌出席会议并讲话。罗增斌强调，全市审计机关要牢固树立科学审计、依法审计的理念，实现哪里有公共资金，哪里就有审计的全覆盖审计方式，切实看住、管好公共资金，促进地方经济持续健康发展。

14日，中国共产党广安市第四届纪律检查委员会第四次全体会议在广安召开。出席会议的市纪委委员29人，列席210人。市委书记侯晓春出席会议并作重要讲话。侯晓春强调，要强化政治纪律，直面现实问题，坚持改革定力，严明组织纪律，深入推进党风廉政建设和反腐败斗争，为推动广安走在全省改革开放前列、加快迈入全省经济发展第一方阵，提供坚强的政治和纪律保障。市委副书记、市长罗增斌，市人大常委会主任余仪等市领导出席会议。

14日，省食品药品监督管理局党组书记、局长崔兆全一行在市委常委、市总工会主席甘用德，副市长刘和斌陪同下，到广安市调研食品药品监管工作及岳池县医药产业发展情况。

14日下午，广安市“感恩小平·沸腾广安”摄影展在广能广场开展，市领导唐雄兴、康永恒、陈全禄出席开展仪式。展期为三天，共展出工业类、农业类、第三产业类摄影作品110幅。

14日（农历正月十五）晚，举行“奉献广安·瑞泽地产之夜”元宵焰火晚会。晚会于当晚8时在城北滨江路原白塔仓库处精彩上演，历时36分钟，分为《感恩小平》《建设广安》《放飞梦想》三个篇章。

15日，广安区官盛新区美好家园在官盛镇开工。该项目总投资14亿元，拟建安置房5000余套，2016年8月完工。2013年5月，广安区规划启动50平方公里官盛新区建设，突出打造“一湖、一山、一园、五区”建设，建成后将成为功能完善、产业发达、人文丰厚、生态宜居的改革开放示范区、民营经济示范区和产城一体示范区。

17日上午，广安市优秀年轻干部人才递进培养计划首期培训班开学典礼在市委党校举行。市委常委、组织部部长、党校校长黄秀川出席开学典礼。

17日上午，市委召开全市党的群众路线教育实践活动工作会议，传达贯彻中央、省委党的群众路线教育实践活动第一批总结暨第二批部署会议和习近平总书记重要讲话精神，安排部署广安市党的群众路线教育实践活动。市委书记、市委群众路线教育实践活动领导小组组长侯晓春出席会议并作动员报告。省委第十三督导组组长汤建平、副组长蒙之武等到会指导。市委副书记、市长罗增斌，市人大常委会主任余仪，市政协主席刘凤成等出席会议。市委副书记袁险峰主持会议。该活动从现在启动，到10月基本完成。参加活动的单位主要是市、区（市、县）、园区机关及其直属单位，乡镇（街道）和村（社区）等基层组织，非公有制经济组织和社会组织，医院、学校，市、区（市、县）所属国有（控股）企业等。

18日，全市群众路线教育实践活动督导工作会在市政府九楼会议室召开。市委副书记袁险峰，市委常委、组织部部长黄秀川出席会议并讲话。

18日下午，四届市政府召开第四次全体会议暨第二次廉政工作会议。市委副书记、市长罗增斌主持会议并讲话。市委常委、副市长肖友才对《政府工作报告（讨论稿）》起草情况做了说明，部分参会人员对《政府工作报告（讨论稿）》提出了修改意见和建议。

18日下午，中国下一代教育基金会“草根少儿足球专项基金”启动暨捐赠仪式在广安区长乐小学举行。中国下一代教育基金会副理事长沈建国，全国亿万学生阳光体育运动领导小组办公室、团中央新时代青少年体质健康促进中心副主任邢守见，中国下一代教育基金会副理事长兼秘书长王萍，宋庆龄基金会理事沈红娣，副市长陈全禄出席仪式。仪式上，中国下一代教育基金会副理事长沈建国宣布“草根少儿足球专项基金”正式启动，向广安市11所中小学授牌并捐赠足球训练器材及足球训练教学资料等物品。

19日上午，在邓小平从广安走向世界的起点——广安区东门口码头，广安市举行“忆伟人·庆新春”全民健身跑活动，市级机关及6个区市县的16支代表队共4000余人，沿着滨江路向广安职业技术学院跑去，全程共4公里。

19日上午，《人民之子——邓小平同志110幅经典图片展》开展仪式在邓小平故居陈列馆举行。此次图片展于3月15日结束。本次展览，突出“人民之子”这一主题，精选邓小平同志各个时期的110幅经典图片。市委副书记袁险峰，市委常委、宣传部部长唐雄兴等领导参加开展仪式。

19日，是邓小平逝世17周年纪念日。广安市在邓小平铜像广场举行庄严的献花仪式，表达对世纪伟人的无限缅怀和感恩之情。上午8点30分，由全国政协原副主席、民革中央副主席厉无畏暨出席低碳·智慧城市发展论坛全体人员、省政协原副主席解洪、中国下一代教育基金会幸福教育基金总顾问曹志斌、中国人民对外友好协会原会长陈昊苏、解放军装备学院副院长刘建、全国红军小学建设工程理事会常务理事任远芳、广安市领导出席献花仪式。市委副书记、市长罗增斌主持献花仪式。

19日，由北京大学、韩国韩中领导人协会主办，北京大学城市规划设计中心、中国低碳产业投资中心承办的首届“低碳·智慧城市发展论坛”在广安市举行。全国政协原副主席、民革中央副主席厉无畏出席论坛并作主题报告，中央国家机关工委原副书记张德邻，国资委中国民族贸易促进会执行会长刘延宁，国务院参事、原国家发展改革委能源局局长徐锭明，四川省政协原副主席解洪，韩国国会议员、新国家党党代表李仁济等出席会议。市委书记侯晓春等作主旨发言，新华社《经济参考报》主编、著名策划专家徐殿龙主持会议，市委副书记、市长罗增斌，市政协主席刘凤成等市领导出席会议。国家有关部门领导、国内外专家学者、企业界知名人士及广安市领导肖雷、杨利民、席世洪等参加论坛。

19日，出席低碳·智慧城市发展论坛的企业界人士参加广安市举行的招商推介会。广安市委市政府高级决策咨询暨投资促进专家、新华社《经济参考报》主编、著名策划专家徐殿龙，市委常委蒋英胜，副市长陈捷，北京京驰无限通信技术有限公司、香港南益集团等30余家企业负责人，以及中国低碳产业投资促进中心、北达城乡规划设计研究院等单位负责人及广安市各相关部门负责人参加招商会。

19日，广安红军小学教学区落成暨授旗授牌感恩捐赠仪式在协兴生态文化旅游园区广安红军小学举行。全国红军小学建设工程理事会理事长赵兴发，中国人民对外友好协会原会长陈昊苏，中国下一代教育基金会幸福教育基金总顾问曹志斌、全国红军小学建设工程理事会副理事长苏希胜、李永平、张东辉，全国红军小学建设工程理事会副理事长兼秘书长方强，解放军装备学院副院长刘建、全国红军小学建设工程理事会常务理事任远芳、黄中芳出席仪式。中共广安市委书记侯晓春致欢迎辞。市领导杨利民、张志权、甘用德、武立国、陈全禄、席世洪等出席仪式。陈全禄主持仪式。

19日下午，北京四川企业商会广安分会常务副会长、北京新创展基础工程有限公司总经理蒋新民率领张东辉等国内多名书画家赴广安市，为邓小平故里管理局捐赠书画，以表达对小平同志的缅怀之情。市政协副主席刘儒贤出席捐赠仪式。

19日下午，由市委宣传部主办，邓小平故里管理局、市文联和市广播电视台承办的“思念如潮”——纪念邓小平同志逝世17周年诗歌朗诵会在市广播电视台演播大厅举行。市委常委、宣传部部长唐雄兴，市政协副主席贺宗飞和数百名干部群众共同观看演出。

19日晚，市委书记侯晓春会见国资委中国民族贸易促进会执行会长、科技部中国产学研促进会专家委员会专家、工业和信息化部中国信息化推进联盟专家委员会专家、中国低碳城市首席评委刘延宁，中国职业教育联盟秘书长蔺琪一行。双方就深化改革、发展教育等问题进行深入交流。

19—20日，中国美术家协会分党组书记、常务副主席吴长江带领全国著名画家赴广安市开展采风交流活动，期间，市委书记侯晓春与艺术家们亲切座谈，市委副书记袁险峰主持座谈会并就艺术作品的创作进行广泛交流。活动期间，艺术家们先后深入邓小平故里、武胜县等地进行实地采风。

19—21日，韩国龟尾市高中学生一行19人赴广安市开展文化交流活动。副市长陈全禄出席欢迎仪式。在为期三天的交流行程中，他们还参观邓小平故里、华蓥山石林景区、友谊中学等地，开展中韩学生联欢活动，并通过“结对子、进家庭”的方式，让中韩学生了解双方的不同文化，感受家庭的温馨和谐，增进中韩学生之间的友谊。

20日上午，全国红军小学建设工程理事会在武胜县白坪小学举行授牌仪式，授予武胜县中小学综合实践基地为“全国红军小学建设工程爱国主义军事体验基地”，全国红军小学建设工程理事会理事长赵兴发，副理事长、中国人民对外友好协会原会长、陈毅元帅之子陈昊苏，全国红军小学建设工程理事会副理事长李永平、张东辉，全国红军小学建设工程理事会副理事长兼秘书长方强，解放军装备学院副院长刘建、全国红军小学建设工程理事会常务理事任远芳、黄中芳，以及海军航空兵原副参谋长沈克恒少将，成都军区司令部某部政委管严等出席仪式，市委书记侯晓春出席仪式并讲话。授牌仪式上，全国红军小学建设工程理事会为基地捐赠小红军服200套、图书2000册、军事建筑模型1所，卫星模型、航空模型1架。

20—21日，省委常委、政法委书记刘玉顺一行在市委书记侯晓春等的陪同下，先后深入武胜县、协兴生态文化旅游园区、前锋区和广安经济技术开发区等地，就政法维稳、社会管理和工业经济等工作进行了调研。

20—21日，市政协第四届委员会第十次常委会议召开。市政协主席刘凤成出席会议并讲话。会议听取市政府关于办理市政协2013年环保、卫生工作民主评议意见的情况通报和行政审批制度改革情况的通报。审议通过《关于召开政协广安市第四届委员会第三次会议的决定》，政协广安市第四届委员会第三次会议议程、日程（草案），《政协广安市第四届委员会常务委员会工作报告》（审议稿）及报告人，《关于增设政协广安市委员会地方政协和委员联络委员会的决定》，《政协广安市第四届委员会常务委员会关于授权主席会议审议市政协四届十次常委会议未尽事宜的决定》。

24日，市人大常委会党组暨机关召开党的群众路线教育实践活动工作会议，传达贯彻中央、省委、市委关于开展教育实践活动有关要求，并对教育实践活动进行动员部署。市人大常委会主任余仪，副主任康永恒、敬世波、张建华、易铭珅等领导参加会议。

24日下午，市委副书记、市政府党组书记、市长罗增斌主持召开市政府党组会议，学习贯彻中央、省委和市委党的群众路线教育实践活动工作会议精神，研究部署市政府领导班子开展群众路线教育实践活动相关工作。

24日下午，市委副书记、市长罗增斌组织召开广华大道建设专题办公会。会上，省交通运输厅公路规划勘察设计研究院汇报广华大道推荐线路方案。市领导肖友才、甘用德、钟志荣出席会议。罗增斌指出，广华大道是广安“双百”组团城市主要的快速通道之一，是广安构建区域综合交通枢纽的重要干线公路，项目的建设将有效促进广安主城区与华蓥组团的快速形成，带动沿线经济社会健康发展。

25日上午，四届市委召开第70次常委会，传达贯彻全省统战部长会议精神，研究广安市贯彻会议精神等工作。市委书记侯晓春主持会议并作重要讲话。市委副书记、市长罗增斌，市委副书记袁险峰，以及市委常委肖友才、肖雷、黄秀川、唐雄兴、杨利民、张志权、蒋英胜、甘用德、刘光辉出席会议。市人大常委会主任余仪、市政协主席刘凤成等列席会议。

25日，“2014思源救护中国行”暨芭莎公益慈善基金（四川）救护车捐赠接收仪式在广安举行。中华思源工程扶贫基金会办公室主任陈颖，民建四川省委副主委、民建成都市委主委、成都市人大常委会副主任仰协，广安市委副书记袁险峰以及市领导康永恒、陈全禄、吴才林、贺宗飞等参加接收仪式。

25日下午，广安市召开旅游产业发展领导小组专题会议。市委书记侯晓春主持会议并作重要讲话。侯晓春强调，各地各部门要进一步解放思想，拓宽发展思路，积极克服和破解旅游产业发展的短板和难题，努力打造出一批符合广安特色的重点旅游产品，做大做响广安旅游形象品牌，进一步提升广安旅游的影响力和美誉度，努力开创建设旅游经济强市的新局面。市委副书记、市长罗增斌出席会议并讲话。

25日下午，市委书记侯晓春主持召开市委专题办公会，研究广安职业技术学院建设省级示范性高职院校相关事宜。侯晓春强调，广安职业技术学院要全面深化改革，不断转变办学模式，扎实推进职业教育转型升级，努力培养实用技术人才，为广安经济社会科学发展、加快发展贡献力量。市委副书记、市长罗增斌出席会议，并就广安职业技术学院发展提出具体要求。

26日上午，市委副书记、市长罗增斌在副市长邓文国的陪同下，到广武路岳池县齐福乡场镇路段调研。罗增斌指出，营造安全文明的交通环境需要全社会共同努力，希望通过此次道路交通安全整治，让广安成为平安之城、文明之城。

26日，市委书记侯晓春在副市长陈捷的陪同下，先后深入广安经济技术开发区奎阁工业园区滨江路、临港大道、广安港等地，实地察看经开区基础设施建设等情况。侯晓春强调，要进一步把园区基础设施建设作为服务企业、招商引资和项目建设的重中之重，最大限度增强园区的项目承载能力，以园区大建设推动新型工业大跨越，努力把经开区建成全市经济发展的龙头。

26日，广安区与成都市金牛区、都江堰市等地区获得“四川省首批旅游十强县”殊荣。

26日下午，广安市召开争创第四届全国文明城市工作推进大会。市委书记侯晓春出席会议并作重要讲话。侯晓春强调，全市干部群众要树立改革意识、增添创新办法，以逢山开路、遇水架桥、日夜兼程的精神狠抓创建工作，以优异成绩迎接全国文明城市总评验收，勇夺第四届全国文明城市桂冠，以焕然一新的面貌迎接邓小平同志诞辰110周年。市委副书记、市长罗增斌主持会议。市人大常委会主任余仪，市政协主席刘凤成，以及唐雄兴、杨利民、张志权等市领导出席会议。

27日上午，广安市召开工业、招商、金融工作大会，市委书记侯晓春出席会议并作重要讲话。侯晓春强调，实施“三大发展战略”、推进“两个跨越”，产业是支撑，工业是重点，招商是路径，金融是保障。要进一步做大经济总量、做优经济结构，推动工业经济、投资促进、金融工作再上新台阶，确保以优异的成绩迎接邓小平诞辰110周年。市委副书记、市长罗增斌主持会议。市人大常委会主任余仪，市政协主席刘凤成，以及市领导杨利民、蒋英胜、陈捷、刘儒贤等出席会议。

27日，广安市召开推进依法治市工作动员大会。市委书记侯晓春出席会议并作重要讲话。侯晓春强调，全市上下要以科学发展观为指导，改革创新，统筹协调，推进法治广安建设，将经济社会各项事业的发展纳入法制化轨道，为广安科学发展、加快发展提供坚强的法治保障。市委副书记、市长罗增斌主持会议，并就推进依法治市工作提出具体要求。市人大常委会主任余仪、市政协主席刘凤成等出席会议。

27—28日，省纪委副书记、监察厅厅长黄昌明一行在市委书记侯晓春，市委副书记、市长罗增斌等的陪同下，先后深入前锋区、广安经济技术开发区，实地察看广安市经济社会发展和纪检监察工作开展情况，并对广安市贯彻落实中央、省委关于党风廉政建设和反腐败工作的决策部署所取得的成绩及经验给予了充分肯定。省纪委监察厅党风政风监督室副主任余民、省纪委监察厅研究室副主任张宇随同调研，市领导肖友才、刘光辉陪同调研并出席座谈会。

28日上午，市委召开中心组理论学习会，深入学习贯彻习近平总书记系列讲话精神，充分领悟并认真践行邓小平的群众路线观点，为扎实开展党的群众路线教育实践活动奠定坚实的思想基础。市委书记侯晓春主持会议并作重要讲话。市人大常委会主任余仪，市政协主席刘凤成，以及肖雷、唐雄兴、杨利民、甘用德等市委中心组成员参加会议。

28日，中央电视台七套《美丽中国乡村行》两会特别节目——《谁不说俺家乡美》美食美景推介会在武胜县宝箴塞段家大院开拍，节目录制现场红灯高挂、人流如织、歌声、掌声、欢笑声汇聚成一片欢乐的海洋。

28日，由西南大学洁净能源与先进材料研究院与广安川泰投资有限公司、重庆坤联建筑工程有限公司携手合作建设的广安·中国长明高新技术产业园项目与广安区人民政府正式签订投资协议。该项目位于广安区官盛新区临港都市产业园，总规划用地面积约3000亩，计划总投资160亿元，项目实行总体规划、分期实施，建设周期为3年。

3月

1日，市委书记侯晓春率市领导肖雷、钟志荣等一行，先后到广安区现代农业产业基地、前锋区代市镇现代农业产业基地大春育苗现场、华蓥市禄市镇新型房屋建设现场和邻水县袁市镇、丰禾镇乡村旅游示范区、产业基地、大春生产育苗现场等地进行调研。侯晓春强调，各地要坚持走产村相融的农业发展路子，高标准、高质量地推进新型房屋和“幸福美丽新村”建设，因地制宜发展高效农业、特色农业和乡村旅游业，确保农业增效农民增收。

3日上午，市委副书记、市长、市城乡规划委员会主任罗增斌主持召开四届市政府城乡规划委员会第11次全体会议，审议《浓洄老街项目》《幸福花园》《广安市枣山片区石谷梁子“美好家园”》《广安市人民医院儿科及第二住院大楼》等设计方案。市领导肖友才、黄秀川、席世洪出席会议。

3日上午，广安市召开纪念邓小平同志诞辰110周年活动工作推进会。市委副书记袁险峰出席会议并讲话。市委常委、宣传部部长唐雄兴，副市长陈全禄等领导参加会议。

3日下午，广安市召开国资国企改革发展工作会议。会议传达全省国资国企改革发展工作会议精神，并对广安市国资国企改革发展工作作了总结部署。市委常委、副市长肖友才出席会议并讲话。

3—4日，市人大常委会主任余仪率调研一组分别调研华蓥市、邻水县和前锋区人民法院的立案工作情况。市人大常委会副主任何玉平率调研二组分别调研岳池县、武胜县和广安区人民法院的立案工作情况。

4日上午，市委副书记、市长罗增斌率市领导肖雷、邓文国一行，先后到市公安局技侦、网安支队，实地了解广安市对重点区域、重点人群的信息收集处理和网络监测的工作，罗增斌强调，2014年是邓小平诞辰110周年，广安备受各方关注，公安系统要时刻绷紧维稳这根弦，提升技术手段，培养专业人才，确保广安和谐稳定。

4日，广安市召开庆祝“三八”国际劳动妇女节104周年暨表彰大会。市委副书记、市长罗增斌代表市委市政府向全市广大妇女同胞致以节日的问候，并勉励广大妇女积极投身助推科学发展、促进社会和谐的创业实践，锐意进取、奋发有为，在各自岗位上创造一流业绩，为广安跨越发展做出新的贡献。市委副书记袁险峰，市委常委、市总工会主席甘用德，副市长陈全禄等出席会议。

4日，由市妇联主办的“话感恩、谋发展、建新功”首届賨州女性发展论坛在市委四楼报告厅举行，4名优秀女性代表结合各自实践进行经验交流。市委常委、总工会主席甘用德参会并讲话。

4日，市委常委、纪委书记刘光辉深入党的群众路线教育实践活动联系点——武胜县三溪镇观音桥村、桐子岩村，详细了解当前基层面临的主要矛盾，干部群众迫切需要解决的问题，认真听取群众对领导干部作风情况的总体评价和在“四风”方面存在的突出问题。

5日上午，市人大常委会主任余仪带领市人大机关党员干部，专程到群众路线教育实践活动联系点前锋区观阁镇银顶村，征求在群众路线教育实践活动中对市级领导班子和领导干部的意见。

5日下午，市委副书记、市长罗增斌一行先后在华蓥市、邻水县工业园区、重点交通项目、城市建设工地、保障性安居工程等建设现场调研。罗增斌强调，各区市县要继续保持良好的发展态势，抢抓机遇，加快发展，奋力夺取一季度经济“开门红”，为全年经济实现“满堂红”奠定基础。

6日上午，广安市召开2014年民生工作会议，市委副书记、市长罗增斌出席会议并讲话。罗增斌强调，各级各部门要精心组织，认真实施，以一流的民生业绩向邓小平同志诞辰110周年献礼。会议对2013年民生工作获奖集体和个人进行了表彰。市领导黄秀川、易铭珅、黄德齐参加会议。

6日上午，市公安局组织召开“百长千警进万家”亲民助民活动动员部署视频会，副市长、市公安局局长邓文国参会并讲话。

6—7日，市人大常委会主任余仪带领市人大教科文卫委、市卫生局相关负责人和两名市人大代表，深入武胜县、岳池县就新型农村合作医疗工作成效、存在的困难和问题、改革建议进行专题调研。

7日，正在北京出席十二届全国人大二次会议的全国人大代表、市委书记侯晓春做客人民网，就网民关心的“改革创新”“邓小平同志诞辰110周年”“新型城镇化”“川渝合作示范区”“生态文明建设”“打造世界级旅游目的地”“保障和改善民生”等问题接受人民网专访。

8日，北京广安商会成立暨广安乡友座谈会在北京举行。最高人民法院原副院长刘家琛，解放军军事科学院政治部原主任、中国少数民族对外交流协会副会长兼民族文化艺术工作委员会主任、全国红军小学建设工程理事会副理事长张东辉，空政文工团原政委、中国民族名家书画院院长冀有泉，中央防范和处理邪教问题领导小组办公室秘书局局长王体先，北京军区战友文工团政委赵宪志，团中央培训中心主任王捍忠，四川省政府驻北京办事处处长杨荣亮，中国房地产研究会副会长、中央企业青联会常委、中国建材股份有限公司副总裁、北新建材集团董事长王兵，世界杰出华商协会主席卢俊卿，中共广安市委书记侯晓春，市委副书记、市长罗增斌，市政协主席刘风成等领导和广安乡友代表、在京的广安企业家代表等汇聚一堂畅谈广安发展变化、共同谋划广安美好未来。罗增斌主持座谈会。

10 日，市委副书记、市长罗增斌在北京拜会中国建材集团、中国医药集团董事长宋志平。双方就在广安建设新型住宅产业基地等事宜进行亲切交谈，双方就控股收购医药企业等方面合作项目达成一致意见。中国建材集团董事、党委副书记、纪委书记郝振华，中国医药集团副总经理杨珊华，中国建材集团职工董事、工会主席、人力资源部总经理王于猛，中国建材股份有限公司副总裁、北新集团建材股份有限公司董事长王兵，以及领导刘凤成、杨利民、陈捷参加会谈。

11 日，市委副书记、市长罗增斌赴浙江省绍兴市凤凰庄纺织品有限公司实地考察，并就推进纺织、服装等综合项目落地广安建设与该公司董事长何锡辉进行座谈。2013 年 12 月，枣山物流商贸园区与该公司签订合作协议，拟在广安市投资建设纺织、服装等综合项目。

12 日，前锋区红豆杉基地建设项目正式签约，红豆杉属国家一级保护珍稀树种，有“植物黄金”之美誉。此次签约的红豆杉基地占地 8000 余亩，投资 3.6 亿元，将建成以红豆杉、名贵中药材、珍稀林果等为主的综合基地。

12—13 日，副省长、省委派驻市（州）教育实践活动第十三督导组第一组长甘霖率省政府副秘书长吴显奎，省质监局局长、省委群众路线教育实践活动领导小组成员郭春英，省直机关工委巡视员、省委派驻市（州）教育实践活动第十三督导组组长汤建平一行，在市委副书记、市长罗增斌，市委副书记袁险峰等领导陪同下，到广安市调研指导党的群众路线教育实践活动，深入机关、乡村、田间地头，实地调研了解广安市开展群众路线教育实践活动情况。甘霖强调，广安要准确把握中央、省委关于群众路线教育实践活动指示精神，坚持高起点开局，高标准开展，高质量推进第二批教育实践活动，在坚持抓严，认真抓实，切实抓常上下功夫，抓好三个环节，坚持五个带头和五个结合，真正做到让党员干部思想上受教育，作风上有转变，以实实在在的成效取信于民。

12—13 日，团省委书记刘会英一行在市委常委、市总工会主席甘用德陪同下，到广安市调研共青团工作。刘会英一行先后到前锋工业园区西部牛仔产业园、邓小平故里、广安思贤国际学校（邓小平红军小学）、广安职业技术学院、岳池县乔家镇乔家小学等地进行调研，亲切问候共青团成员，并就如何加强留守学生关爱工作，在岳池县吴雪艺术中心举行座谈会。

13 日上午，广安市召开“3·15”国际消费者权益日纪念大会暨“新消法、新权益、新责任”年主题宣传纪念大会，2014 年消费维权年主题为“新消法、新权益、新责任”。14 日下午，广安市保护消费者权益委员会和市工商行政管理局在思源广场举行“3·15”维权就在你身边大型宣传咨询活动。

13 日，市四届人大常委会举行第十七次会议。市人大常委会主任余仪主持会议。市人大常委会副主任敬世波、张建华、何玉平、易铭珅及委员共 37 人出席会议。会议听取关于市四届人民代表大会第五次会议筹备工作情况的报告；审议并测评通过市人民政府关于行政审批制度改革情况的报告、市中级人民法院关于立案工作情况的报告。

13 日，市委召开党的群众路线教育实践活动督导组工作会议，省直机关工委巡视员、省委派驻市（州）教育实践活动第十三督导组组长汤建平出席会议，市委副书记袁险峰主持会议。市委各督导组组长、副组长及联络员，市委教育实践活动办公室有关人员参加会议。

15 日，市委书记侯晓春率市领导杨利民、陈捷一行，深入邓小平故里、协兴生态文化旅游园区、枣山物流商贸园区、广安区和广安经开区，就邓小平同志诞辰 110 周年筹备、新型房屋建设以及园区和城市发展建设等情况进行调研。侯晓春强调，各地要全面深化改革开放，坚定不移实施多点多极支撑发展战略，快速推进各项工程建设，推进新型房屋和美好家园建设，推动旅游产业发展再上台阶，利用改革的办法进一步抓好园区基础设施和城市发展建设等工作，以焕然一新的面貌迎接邓小平同志诞辰 110 周年。

16 日，在前锋区伍山农家举办“2014 巴蜀奇源乡村旅游文化活动”开幕仪式，首次播放巴蜀奇源水文化纪录片第一集《巴蜀奇源之邓小平爱水的一生》。将邓小平与水的故事拍成纪录片，全国还是第一次。清华大学博导、水资源环境研究专家王占生教授参加文化活动。

17 日上午，市委书记侯晓春主持召开川东北经济区发展省级协调小组暨川东北经济区高层联席会第一次会议筹备工作会。侯晓春强调，川东北经济区高层联席会第一次会议确定在广安召开，体现了省委省政府对广安工作的高度重视和充分肯定，是推动广安在区域合作中发挥更重要作用的良好契机，将为广安实现跨越发展增添强大动力。市委副书记、市长罗增斌，以及肖友才、肖雷、黄秀川、杨利民、甘用德、席世洪、陈捷等市领导出席会议。

17 日下午，广安文化创意产业园区项目签约仪式在广安市举行。市委书记侯晓春，市委副书记、市长罗增斌，深圳市四川商会会长、深圳其正集团董事长寇学文，深圳市四川商会执行会长、天宇集团董事长刘国彬等出席签约仪式。该项目是由深圳四川商会众多实力派企业家携手建设，总投资110亿元，包括3D打印创意中心、博士成果孵化产业园区等现代科技项目，以及国际农业科技博览园、农业科技馆等子项目。项目选址协兴生态文化旅游园区，实行总体规划、分步实施，在4至6年内全面完成项目建设。

17日下午，市委副书记、市长罗增斌主持召开四届市政府第31次常务会议。会议学习《刑法原理及渎职罪相关规定》。审议《关于2014年深化行政审批制度改革工作的意见》《关于进一步推进民营经济又好又快发展的意见》等事宜。

18日上午，在中共中央文献研究室多功能厅，邓小平亲属邓楠、邓榕，中共中央文献研究室主任冷溶，副主任卓松盛，原副主任杨胜群，中共四川省委常委、宣传部部长吴靖平，中共广安市委副书记袁险峰，市委常委、宣传部部长唐雄兴等，对邓小平故居陈列馆改陈和邓小平缅怀馆布展设计方案进行评审。中国美协副主席、中国雕塑院院长吴为山汇报邓小平故居陈列馆序厅改造方案。中共中央文献研究室第三编研部副主任姜淑萍、北京瑞思集设计公司相关负责人汇报邓小平缅怀馆和邓小平故居陈列馆的内容设计和形式设计方案。

18日下午，省委督导组第十三组副组长蒙子武带领省、市督导组相关人员，对市人大常委会党组暨机关党的群众路线教育实践活动进行检查指导。市人大常委会副主任易铭珅出席座谈会。

18—19日，省委书记王东明率省委常委、副省长钟勉，省委常委、秘书长陈光志和省直有关部门负责人一行，在广安市委书记侯晓春等的陪同下，先后到武胜县白平——飞龙新农村示范区、岳池乔家镇三安农业合作社调研基层农村改革的探索与实践，到武胜街子产业新城、岳池医药产业园区、广安区枣山物流商贸园区、邻水经济开发区深入银钢集团、科伦药业、嘉逸皇冠科技等企业了解园区规划建设、招商引资、企业生产经营情况，19日上午，王东明一行前往邓小平故里旅游景区实地察看邓小平故居陈列馆改陈、缅怀馆建设以及布展工作。王东明指出，广安在农村基层改革中进行了生动探索与实践，新农村建设呈现出良好的发展新格局；广安产业园区发展定位准、起点高，创新贯彻全省多点多极支撑发展战略，构建起“6+3+1”十点驱动的大发展格局。

19日上午，市委副书记、市长罗增斌主持召开党的群众路线教育实践活动征求意见座谈会，听取党代表、人大代表、政协委员、高层次人才、社会知名人士对四大班子“四风”方面存在的问题、群众反映强烈的突出问题、联系服务群众“最后一公里”问题，以及对市政府工作等方面的意见和建议。

19日，省纪委常委苏梅一行到广安市专题调研述责述廉工作，并与部分区市县、市级部门主要负责人和基层党员领导干部代表进行座谈。市委常委、市纪委书记刘光辉主持会议。

19日下午，市委常委、副市长肖友才到枣山物流商贸园区开展党的群众路线教育实践活动，与园区企业家座谈，了解企业发展情况，动员广大企业家积极参与“联系群众走基层”活动。

20日，市委常委、副市长肖友才率相关部门负责人和17名企业家代表深入前锋区龙滩乡伍山村，组织开展党的群众路线教育实践“企业家联系群众走基层”活动，并召开座谈会。

20日下午，市委书记侯晓春亲切会见巨人集团光荣使命公司总经理、光荣使命网络创始人费拥军一行，并就有关合作事宜进行会谈。上海市政府合作交流委党委副书记鹿金东，上海宝钢建筑系统集成有限公司西南区负责人徐红，红星美凯龙集团副总裁李平，上海胜华电缆集团党委书记、副总裁金忠伟等参加会谈。

21日，市委书记侯晓春赴京拜会中国石油天然气集团公司总经理廖永远，并就玖源化工天然气供给事宜进行专题会谈。副市长陈捷，香港玖源集团董事局主席李洧若，以及广安经开区负责人参加会谈。

21日，广安市召开国土资源管理工作会议。市委副书记、市长罗增斌出席会议并讲话。他要求各级各部门要加强组织领导，严格目标考核，确保国土资源管理工作各项目标任务取得实效。会上，罗增斌还与各区市县政府、园区管委会签订2014年耕地保护暨国土资源管理目标责任书。市领导黄秀川、敬世波、席世洪、刘兴汉参加会议。

21日下午，市委副书记、市长罗增斌率队赴前锋区代市镇开展党的群众路线教育实践活动集中学习讨论会。罗增斌强调，开展教育实践活动，就是要围绕群众最关心的问题、最直接的利益、最迫切的愿望，时刻把群众装在心中，团结带领人民群众积极参与广安建设与发展，共同分享改革发展成果。市委常委、副市长肖友才，副市长席世洪参加会议。

22日上午，市委书记侯晓春主持召开四届市委第71次常委会议，传达省委书记王东明到广安调研重要指示精神和川东北片区座谈会议精神以及十二届全国人大二次会议精神，审议市四届人大五次会议、政协四届三次会议各项工作报告，研究邓小平同志诞辰110周年纪念活动及“两馆”建设等有关事宜。市委副书记、市长罗增斌出席并传达川东北片区座谈会精神。市委副书记袁险峰，市委常委肖友才、肖雷、黄秀川、唐雄兴、杨利民、蒋英胜、甘用德、刘光辉等出席会议。市人大常委会主任余仪、市政协主席刘凤成列席会议。

22日，市委副书记、市长罗增斌主持召开交通路网建设办公会，专题研究川东北经济区广安交通枢纽规划和广安主城区绕城高速公路规划及前期工作。

22日下午，市委书记侯晓春带队专程前往联系点广安区官盛镇及官盛村调研指导党的群众路线教育实践活动，听取群众的意见和建议。市领导黄秀川等参加调研。

24—25日，四川省林业厅在广安市组织召开“华蓥山地区大熊猫种群重引入可行性专家论证会”，浙江大学、西华师范大学、北京师范大学、四川农业大学、四川省林业厅的专家以及国家林业局熊猫办和四川省林业厅的主管领导听取中国保护大熊猫研究中心“圈养大熊猫放归预选栖息地研究之华蓥山调查报告”。专家和领导经过深入华蓥山实地考察和充分研究讨论，与会专家一致认为，华蓥山地区可以作为大熊猫种群重引入候选栖息地。

24日上午，中国人民政治协商会议广安市第四届委员会第三次会议在会展中心开幕。本次大会应到委员398人，请假20人，实到378人。市领导侯晓春、罗增斌、余仪、刘凤成等出席会议。大会审议通过政协广安市第四届委员会第三次会议议程。受政协广安市第四届委员会常务委员会的委托，市政协主席刘凤成向大会作政协广安市第四届委员会常务委员会工作报告。26日下午，会议闭幕。会议号召全市各级政协组织和广大政协委员，要进一步增强责任感和使命感，围绕中心履职尽责，汇聚力量推动改革发展，发挥优势助推邓小平同志诞辰110周年纪念活动圆满成功，为实施“三大战略”、推进“两个跨越”做出新贡献。

25日上午，广安市第四届人民代表大会第五次会议在市会展中心开幕。大会执行主席侯晓春、余仪、袁险峰、康永恒、敬世波、张建华、何玉平、易铭珅在主席台前排就座。市长罗增斌代表市政府向大会作政府工作报告，余仪主持开幕式。大会应到代表398人，实到代表364人。大会听取广安市人民政府工作报告；审查广安市2013年国民经济和社会发展计划执行情况及2014年计划草案的报告（书面）；审查广安市2013年财政预算执行情况及2014年财政预算草案的报告（书面）。27日下午，会议闭幕。大会表决通过关于政府工作报告的决议；表决通过关于广安市2013年国民经济和社会发展计划执行情况及2014年国民经济和社会发展计划的决议；表决通过关于广安市2013年财政预算执行情况和2014年财政预算的决议；表决通过关于广安市人大常委会工作报告的决议；表决通过关于广安市中级人民法院工作报告的决议；表决通过关于广安市人民检察院工作报告的决议。

25日下午，广安市举行广安市民广场及文化CBD概念项目规划交流沟通会，就规划方案进行充分讨论、交换意见。市委书记侯晓春出席会议并讲话，市委副书记、市长罗增斌主持会议，北京市朝阳区规划艺术馆馆长杨军率团队在对广安城区实地探勘后，详细介绍广安市民广场及文化CBD概念项目方案。会上，杨军还受聘为广安市委市政府顾问，侯晓春为其颁发聘书。

26日下午，市委书记侯晓春主持开展专题会议，研究广安通用航空项目相关事宜。侯晓春强调，广安市要进一步解放思想，抢抓机遇，从探索性、改革性、开放性角度思考，以战略高度科学谋划广安通用航空项目，促成项目尽快落地，推动广安经济社会在川东北经济片区领先。市委副书记、市长罗增斌出席会议，并就项目落地相关工作进行安排部署。

27日下午，广安市与中国国际通用航空产业集团有限公司签订中国西部通用航空产业城（广安）合作框架协议。市委副书记、市长罗增斌与中国国际通用航空产业集团有限公司董事局主席曲铁城分别代表双方签署合作协议。市人大常委会主任余仪，市政协主席刘凤成出席仪式。市委常委、副市长肖友才主持签字仪式。中国国际通用航空产业集团有限公司首席科学家苏隆清，中国国际通用航空产业集团有限公司董事刘继承，中国国际通用航空产业集团有限公司副总裁吴志华，市领导杨利民、蒋英胜、甘用德、蔡学勤、钟志荣等出席签字仪式。

28日，市委副书记、市长罗增斌主持召开会议，专题研究农产品品牌创建及专业批发市场建设等工作。罗增斌强调，市级相关部门要精选特色品牌，建好批发市场，进一步推动农村经济发展，更好地促进农业增效、农民增收。市领导肖雷、甘用德、刘和斌、钟志荣、周派国等出席会议。

28日下午，广安市第二届中学生运动会在邻水中学开幕。市委副书记、市长罗增斌出席开幕式，并宣布运动会开幕。市领导唐雄兴、康永恒等出席开幕式。此次运动会包括田径、排球和篮球三个项目的比赛，参赛运动员达2000余名。

30日下午，中国下一代教育基金会留守儿童教育救助项目四川捐赠仪式在岳池县顾县小学举行。第十届全国人大常委会副委员长、中国关心下一代工作委员会主任、中国下一代教育基金会名誉理事长顾秀莲，原全国工商联副主席、中国下一代教育基金会副理事长沈建国等出席捐赠仪式，市委副书记袁险峰出席捐赠仪式并致辞。幸福教育基金总顾问、重向教育投资集团有限公司总顾问曹志斌，省人大常委会副秘书长何迎晓，省委教育工委副书记王晓都，市领导杨利民、康永恒、陈全禄等出席捐赠仪式。

是月，由农业部组织开展的“中国美丽田园”评选活动结果揭晓，华蓥市黄花梨度假村榜上有名，被评为“中国美丽田园十大梨花景观之一”，也是四川省唯一一个被列入的中国美丽田园梨花景观。

4月

1日，广安城区更新投放的359辆出租汽车正式上路运营，10日前，投放新增的100辆出租车，缓解城市交通压力，满足市民的乘车需求。本次投放的出租车选用的是一汽大众速腾和东风标致408等两款低碳环保的双燃料车型。

1—2日，省委常委、省委农工委主任李昌平，省委农工委副主任刘铁一行在市领导肖友才、肖雷、钟志荣等陪同下，先后深入协兴生态文化旅游园区、武胜县，实地察看新型房屋、新村建设、产业发展等情况，就新农村建设进行调研。李昌平指出，广安要坚持把解决好“三农”问题作为重中之重，全面深化农村改革，不断建立完善农村基本经营制度，进一步提高农业现代化水平，不断促进农民增收致富，切实巩固提升新农村建设成果。

3日上午，省委十届四次全会精神宣讲团在广安市举行宣讲报告会。市委书记侯晓春主持报告会，省发改委党组成员、纪检组组长崔志国作专题报告。崔志国围绕省委十届四次全会的主要精神，从开展党的群众路线教育实践活动与全面深化改革的关系，全面把握经济体制改革和生态文明建设的主要任务等方面进行生动讲解。市委中心组全体成员，各区市县委、市级各部门、市管各产业园区的主要负责人和省委十届四次全会精神市委宣讲团各分团的宣讲员出席报告会。4月4日，省委十届四次全会精神宣讲团先后到华蓥市、邻水县，为两地的党员干部作宣讲报告。

3日下午，市委书记侯晓春主持召开专题办公会，传达十届省委常委会第77次会议和省委群众路线教育实践活动座谈会精神，研究邓小平诞辰110周年纪念活动有关事宜和广安市贯彻意见。省委督导组组长汤建平等到会指导。市委副书记、市长罗增斌，市人大常委会主任余仪，市政协主席刘凤成等市领导出席会议。

6日，市委书记侯晓春率市委常委、秘书长杨利民一行，深入部分重点交通建设项目现场调研，侯晓春强调，各级各部门要以深入开展“感恩小平·我为小平家乡发展作贡献”主题活动为动力，高度重视重点交通工程建设，倒排工期、优化流程，进一步加大建设力度，严把工程建设质量关，高起点、高标准抓好重点交通项目建设。

8日上午，广安新型住宅产业化示范园项目签约仪式在成都市世纪城国际会议中心举行，中国恒天集团与广安市人民政府签订第一住宅制造产业园项目战略合作协议，恒天集团董事长、党委书记张杰，市委书记侯晓春出席仪式并讲话，市委副书记、市长罗增斌主持仪式，恒天集团副总裁李晓红及广安市领导杨利民、陈捷、刘儒贤等共同见证项目签约。

8日，省委省政府搭建的“中外知名企业四川行”平台，市委书记侯晓春，市委副书记、市长罗增斌等率领广安代表团，先后在驻地会见到四川的碧桂园集团总裁、执行董事莫斌、碧桂园集团副总裁黎晓林以及台泥集团董事长辜成允、台泥集团副总经理吕克甫等，向各界客商推介广安，对接项目，促进项目签约。

9日上午，“感恩小平·投资广安”广安市投资推介会暨项目签约仪式在成都举行。副省长甘霖，省政府副秘书长吴显奎及广安市委书记侯晓春，市委副书记、市长罗增斌及四川省投资促进局、经信委、国资委、商务厅、港澳办、外侨办、工商联、贸促会等部门主要负责人以及中国国际通用航空、中国恒天等近百名知名企业、行业协会负责人出席会议。市领导杨利民、陈捷、刘儒贤、欧太元等出席签约仪式。

9日上午，副省长甘霖，市委书记侯晓春，市委副书记、市长罗增斌等在成都市世纪城国际会议中心亲切会见来川出席“中外知名企业四川行”的客商，向各界客商推介广安。重庆中宝集团、重庆海丰控股集团、中国纺织工业协会，中国国际通用航空产业集团、金山集团、深圳四川商会、东软集团、汉能控股集团、修正药业、贵州省工商联等企业和团体负责人先后参加会见。

9日，广安区滨江路综合改造工程举行开工仪式。滨江路综合改造工程工期为20个月，其中，防洪堤工程、内涝防治工程4月启动，一年内完成，其余工程在2015年10月底完成。

9日下午，省委常委、成都市委书记黄新初在成都会见由市委书记侯晓春，市委副书记、市长罗增斌率领的赴蓉考察的广安市党政代表团，市委副书记袁险峰参加会见。黄新初表示，邓小平诞辰110周年是我们政治生活中的大事，全力参与纪念活动筹备，全力支持伟人故里建设发展，做一份力所能及的事情，以此缅怀邓小平同志的丰功伟绩。成都市委常委、副市长朱志宏，市委常委、秘书长黄建发，市委常委、宣传部部长白刚，市人大常委会副主任仰协，市政协副主席付毅，市长助理、市政府秘书长门生，以及广安市领导唐雄兴、杨利民、蔡学勤、陈全禄等参加会见。会见前，侯晓春、罗增斌率领广安市党政代表团还前往成都市锦江区白鹭湾湿地、成都市规划馆进行实地考察。

10日上午，全省精神文明建设工作表彰大会在成都召开，会上对先进典型进行表彰，广安市3名道德建设先进典型荣获"第三届四川省道德模范"称号。助人为乐模范岳池县城西社区居民李小容、助人为乐模范广安区国税局人事教育科科长张洁、见义勇为模范华蓥市明月镇竹和村村民莫三明。岳池县、华蓥市荣获"四川省文明城市"荣誉称号。

10日，广安市召开人大代表联系群众工作经验交流会。省人大常委会副主任、党组副书记张东升到会指导并作重要讲话。市委书记侯晓春出席会议，并对进一步做好人大代表联系群众工作提出要求。市人大常委会主任余仪总结并安排部署人大代表联系群众工作。会前，张东升、侯晓春、余仪等同与会代表一道深入华蓥市、武胜县，实地视察人大代表联系群众工作。省人大常委会委员、人事代表工委主任肖萍，省人大常委会人事代表工委副主任王天福，以及康永恒、敬世波、张建华、何玉平、易铭珅、蔡学勤等市领导出席会议。

10—11日，重庆市政府原副市长、市政协原副主席、重庆市生产力发展中心专家委员会主任吴家农一行到广安市考察工业发展情况。市委副书记、市长罗增斌，市政协主席刘凤成，以及市领导蒋英胜、陈捷等出席座谈会。

10—13日，第九届中国中学生作文大赛总决赛暨颁奖典礼系列活动在广安市举办，这是该项赛事首次在地级城市举办，也是首次由地方政府承办。来自新疆、黑龙江、香港、澳门等22个赛区的150名选手参加初中、高中两个组别的总决赛，通过笔试、口试和电视演讲三轮角逐，决出初、高中组"恒源祥文学之星"各10名、"恒源祥文学之星提名奖"各10名，以及"最佳思辨奖""最佳综合素质奖""最佳人气奖""最具感染力奖""最具表现力奖"等奖项。国务院关工委副秘书长李启民、全国妇联中国儿童中心主任丛中笑、广安市人民政府副市长陈全禄等领导出席颁奖典礼。

11日，遂宁市委常委、副市长刘云率团到广安市考察，拟在广安市设立遂宁银行广安分行。

11日，由市文学艺术界联合会、广安日报社联合策划的"两江行"大型采风活动启动仪式在广安区渠江东门口码头举行。从即日起，广安日报社组织专门的采编人员组成采访团队，深入挖掘渠江、嘉陵江流域深厚的历史文化底蕴。

11日下午，市委召开党的群众路线教育实践活动座谈会，传达省委教育实践活动座谈会精神，通报前阶段广安市活动进展情况，对下一步工作作出部署，市委书记侯晓春出席会议并讲话。侯晓春强调，各级各部门要准确把握"六个基本判断"的内涵实质，把教育实践活动与"六个基本判断"要求结合起来，把思想和行动统一到到中央、省委和市委的要求和部署上来，扎实做好各项工作。市委副书记袁险峰主持会议。

12日上午，市委书记侯晓春率市领导唐雄兴、陈全禄、席世洪及市级相关部门负责人，深入广安城区主要街道和邓小平图书馆，就城市环境综合整治和邓小平图书馆改造项目相关工作进行调研。侯晓春强调，广安开展城市环境综合整治、对运行10年之久的邓小平图书馆改造升级，就是为了更好地方便群众、服务群众。各相关部门要科学规划，打造更加靓丽的城市，让广大百姓共享改革发展成果。

13日下午，贵州省广安商会成立大会暨"感恩小平·共建广安"活动启动仪式在贵阳市举行。贵州省工商联副主席吴维芳，广安市政协主席刘凤成等出席会议。市领导易铭珅、刘和斌、刘儒贤等参加会议。

14日，市委召开中心组理论学习会，学习中央党的群众路线教育实践活动领导小组印发的《关于认真学习贯彻习近平总书记在河南省兰考县调研指导党的群众路线教育实践活动时讲话的通知》，并展开专题讨论。市委书记侯晓春主持会议并作重要讲话。市委副书记、市长罗增斌，市人大常委会主任余仪，市委副书记袁险峰，团中央中国青年高级人才培训中心常务副主任王捍忠，以及肖友才、肖雷、黄秀川等全体中心组成员和基层党员干部群众代表参加学习会。

14日下午，市委书记侯晓春会见由省委宣传部机关党委书记平志英带领的省群众工作先进事迹巡回报告团第一分团成员。团中央中青高级人才培训中心副主任王捍忠，市委常委、组织部部长黄秀川，市委常委、宣传部部长唐雄兴等参加会见。

15日上午，四川省群众工作先进事迹报告团第一团在广安市举行首场报告会，市委书记侯晓春主持会议并讲话。报告团团长、省委宣传部机关党委书记平志英，市委副书记、市长罗增斌，市人大常委会主任余仪，市政协主席刘凤成，市委副书记袁险峰，团中央中国青年高级人才培训中心常务副主任王捍忠等出席报告会。

15日上午，广安市与国药广安医药有限公司、四川省中医科学院联合开展的“国家基本药物所需中药材种子种苗繁育（四川广安）基地建设项目”在广安市举行签约仪式。

15—16日，全省群众工作先进事迹巡回报告团在广安市武胜县、邻水县举行专场报告会，7名报告团成员作了精彩生动的宣讲报告。

15—16日，市人大常委会主任余仪带队，组织部分市人大代表对全市农村公路建设和客运网络发展情况进行视察。

16日，省委常委、成都市委书记黄新初率成都党政代表团一行在市委书记侯晓春，市委副书记、市长罗增斌等的陪同下，到广安市考察。黄新初先后到邓小平故里、果山幸福美丽新村、红军小学、红色文化影视城、市民广场和邓小平图书馆，实地考察邓小平同志诞辰110周年纪念活动筹备工作和广安市经济社会发展情况。黄新初指出，广安精心谋划，快速实施，效果显著，特别是将邓小平同志诞辰110周年纪念活动筹备工作与改善民生相结合的方式很好，既推进了纪念活动筹备工作，又惠及了广大人民群众。

17日，省委常委、省纪委书记王怀臣率队在市委书记侯晓春，市委常委、市纪委书记刘光辉等陪同下，到广安市考察，先后到武胜县白坪——飞龙新农村示范区，岳池县乔家镇南山村等地调研在党的群众路线教育实践活动中深化正风肃纪工作开展情况，督导群众路线教育实践活动。王怀臣强调，各级各部门要扎实开展好第二批群众路线教育实践活动，不断强化正风肃纪工作，进一步加强基层政权建设，切实解决群众最关心的问题，齐心协力为谱写中国梦四川篇章而努力奋斗。

17—18日，中央社会主义学院党组成员、教务长央吉率第31期民主党派干部班学员一行，在市政协主席刘凤成的陪同下，到广安开展中国特色社会主义教育和革命传统教育活动异地教学。

18日上午，广安市召开安全生产工作会议，市委副书记、市长罗增斌出席会议并作重要讲话。市委常委蒋英胜主持会议，副市长陈捷参加会议。

19日上午，“川货全国行·北京站”活动在全国农业展览馆拉开帷幕，广安展出龙须茶叶、黄龙贡米、岳池特曲、天登酱油、醉仙牛肉、胖大妈等16个名优特产。4月21日，落幕。广安市现场销售12万余元，签订协议金额达1500万元，达成意向协议金额2000万元。

19日下午，市委书记侯晓春率队深入协兴生态文化旅游园区，就“5·19”中国旅游日主会场活动项目建设情况进行调研。侯晓春强调，各地各部门要积极筹划和开展好旅游日各项活动，在旅游项目建设上下功夫，抓工期、保进度，努力打造出一批具有广安特色的知名旅游景区景点。

20日，全国政协副秘书长、民革中央副主席何丕洁，全国政协副秘书长、民革中央副主席、民革四川省主委刘家强一行到广安市考察，并就深化“民广合作”、推进杂卤石型钾盐矿风险勘探项目与市委书记侯晓春、市政协主席刘凤成等市领导亲切座谈。何丕洁、刘家强一行先后深入广安经济技术开发区钾盐项目风险勘探现场和协兴生态文化旅游园区果山幸福美丽新村建设现场进行实地考察。

20日，毛泽东的女儿李讷夫妇、世界华人联合总会顾问李广华、世界华人联合总会主席姜琳一行，在市委书记侯晓春等的陪同下，怀着无比崇敬的心情，到邓小平故里，拜谒邓小平铜像，敬献花篮，肃立鞠躬，表达对世纪伟人的深深怀念和无限崇敬之情。

20日，广安区296辆人力客运三轮车经营期满退出营运市场。

21日上午，中央文献研究室副秘书长、办公厅主任高屹，市委书记侯晓春专程前往邓小平故里，详细了解邓小平故居陈列馆改陈、邓小平缅怀馆建设情况，就“两馆”改陈布展工作提出具体要求。市领导袁险峰、黄秀川、杨利民等随同调研。

21 日上午，市委书记侯晓春主持召开广安农村干部学院筹建专题会议。侯晓春强调，建设广安农村干部学院，是国家发改委《川渝合作示范区（广安片区）建设总体方案》明确的重点项目，对提升广安影响、拉动投资消费、培养现代人才、支撑长远发展具有重要意义。团中央中青高级人才培训中心副主任王捍忠等出席会议。

21 日下午，广安市召开全市党风廉政建设社会评价结果、省委巡视组 2013 年巡视问题反馈暨查办农村基层违纪违法案件情况通报会。市委书记侯晓春出席会议并作重要讲话。侯晓春强调，各地要把反腐倡廉建设贯穿于改革发展全过程，为推进广安超常规跨越发展保驾护航，以改革创新的精神推进反腐倡廉建设走在全省前列，以党风廉政建设的新成效推动各项事业新发展。市委副书记袁险峰主持会议，市领导黄秀川、刘光辉等出席会议。

21—22 日，市委副书记、市长罗增斌带队前往阿坝州马尔康县看望慰问广安市援藏干部，并与广安市 40 余名援藏干部人才亲切座谈。罗增斌要求，各位援藏干部要积极发扬埋头苦干的精神，找准结合点，扎实工作，为藏区的发展与稳定做出积极贡献。

22 日，市委书记侯晓春深入岳池县石垭镇石马沟村紫玉淮山横向种植基地、玉屏湖幸福美丽新村建设现场，就现代农业，幸福美丽新村建设等进行调研。侯晓春强调，各地要按照高产、优质、高效、生态、安全的现代农业要求，坚持一手抓改革、一手抓发展，以改革激发农业农村发展活力，加快构建新型农业经营体系，着力建设幸福美丽新村。

22—23 日，市人大常委会主任余仪带领市人大常委会食品安全执法检查组 2 个小组，分赴 6 个区市县、部分城镇，对广安市贯彻实施《中华人民共和国食品安全法》情况进行全面检查。

23 日，市委书记侯晓春主持召开四届市委 74 次常委会，传达省川东北经济发展协调小组暨市际联席会议第一次会议、川东北片区教育实践活动座谈会精神等，研究广安市贯彻意见。侯晓春强调，各级党组织要认真贯彻整风精神，切实把党的群众路线教育实践活动作为抓班子、带队伍、转作风、促发展的重大机遇，采取有力措施，在正风肃纪方面走在全省前列。市委副书记、市长罗增斌，市委副书记袁险峰，以及黄秀川、唐雄兴、杨利民、张志权、蒋英胜、甘用德、刘光辉等市委领导出席会议。市政协主席刘凤成列席会议。

23—25 日，韩国首尔市政府北京代表处李镇秀一行到广安市开展经贸投资促进活动，并先后到广安经开区、前锋区部分企业参观考察。24 日上午召开韩中（广安）经济贸易合作洽谈会，市委常委、市总工会主席甘用德主持会议，副市长刘和斌出席会议并致辞。

24 日，在武胜县白坪——飞龙旅游区创国家 AAAA 级旅游景区省检情况通报会上，省旅游景区质量等级评定专家组宣布的检查结果，分值达到国家 AAAA 级景区要求，通过省检。

24 日，市委召开中心组理论学习会，重温红色经典影片《焦裕禄》，深入学习、大力弘扬焦裕禄精神，深刻领会省委依法治省的决策部署，并开展专题讨论，市委书记侯晓春主持会议并作重要讲话。市委副书记、市长罗增斌，市人大常委会主任余仪，市政协主席刘凤成，市委副书记袁险峰等出席学习会。

24—25 日，深圳四川商会广安项目组到广安市，就已签约的 3D 打印项目和协兴文化创意产业园项目进行对接。市委常委蒋英胜出席座谈会并讲话。

24—27 日，人民网组织部分国内知名摄影家赴广安市开展为期 4 天的“行摄小平故里印象美丽广安”全国摄影名家广安行活动。中国摄影家协会副主席李舸、《光明日报》摄影部主任刘新武、新华社摄影部主任记者邢广利等 10 余名全国知名摄影家参与此次活动。

25 日上午，广安市召开一季度经济形势分析会，主要是分析一季度经济运行情况，部署下一阶段经济工作，市委副书记、市长罗增斌在会上强调，各地各部门要对照年度目标，主动研判形势，落实工作举措，抓好经济工作，力争各项经济指标实现时间过半、任务过半，确保圆满完成全年各项目标任务。

25 日，国网四川省电力公司总经理王抒祥、党委书记葛兆军一行，在市委书记侯晓春等的陪同下，先后到西溪变电站 110 千伏线路迁改工程现场、邓小平故里、广安思贤国际学校、红色文化影视城等地调研。团中央中青高级人才培训中心副主任王捍忠，市委常委、秘书长杨利民陪同调研并参加座谈会。

26 日，市委书记侯晓春率市领导肖雷、杨利民、欧太元一行，深入广安区龙安乡勇敢村大纭山风景区、华蓥山石林景区以及邻水县天意谷风景区及华蓥山宝鼎等地，就全市旅游工作进行专题调研。侯晓春强调，各地各有关部门要进一步创新思路，增添举措，坚持把旅游产业作为振兴地方经济发展的重要手段来抓，以游客为中心，围绕游客旅游需求，加快旅游基础设施建设，不断完善旅游功能，不断使旅游景区承载力和吸引力得到进一步提升，形成良性的旅游发展态势。团中央中青高级人才培训中心副主任王捍忠等随同调研。

28日上午，市委书记侯晓春主持召开全市旅游文化产业发展推进会议，组织从事旅游文化产业开发的企业家与市级部门、区市县、园区面对面，听取一线企业的心声、需求，摆问题、提建议，相关部门现场解决企业发展中的难题。市领导肖友才、黄秀川、唐雄兴、杨利民、甘用德、张建华、刘和斌、席世洪、刘兴汉等出席会议。

28日，思科系统研发公司总经理关双志一行赴广安市考察，并与市委副书记、市长罗增斌等就智慧城市、智慧公交、智慧旅游等项目合作进行交流洽谈。市领导黄秀川、杨利民、席世洪参加洽谈会。

28日，四川省农村信用社联合社在广安会展中心举办“感恩小平作贡献·同心共筑中国梦”文艺演出。市领导侯晓春、罗增斌、余仪、刘凤成、袁险峰、黄秀川、唐雄兴、杨利民出席演出活动。

28日下午，广安市召开庆祝“五一”国际劳动节暨纪念“五四”运动95周年大会。会议表彰在劳动竞赛和共青团工作中做出突出贡献的先进集体和先进个人。市委书记侯晓春出席会议并作重要讲话。市委副书记、市长罗增斌主持会议，市人大常委会主任余仪，市政协主席刘凤成出席会议。市领导杨利民、甘用德、康永恒、陈全禄、黄德齐等出席会议。

29日上午，市委副书记、市长罗增斌带领市领导黄秀川、蔡学勤、席世洪，以及市级相关部门负责人一行，调研棚户区改造工作。罗增斌一行深入岳池县九龙镇、广安区化龙沟等地，实地察看棚户区改造进展情况，现场解决工作中的实际困难。罗增斌强调，各地各相关部门要加快棚户区改造步伐，进一步改善人居环境，提升城市品质，同时解决好棚户区群众住房困难问题。

29日，国家旅游局综合协调司司长张吉林、省旅游局副巡视员吴勉一行先后到小平故里旅游景区，红色文化影视城主会场活动现场，调研中国旅游日主会场活动筹备情况，并对广安市委市政府高度重视旅游产业发展，精心筹备中国旅游日主会场活动给予充分肯定。市委副书记、市长罗增斌在筹备工作汇报会上强调，要精心筹备中国旅游日主会场活动，全力推动全市旅游产业大发展。市领导杨利民陪同调研，张建华、席世洪、刘兴汉等出席汇报会。

29日，江苏省徐州市副市长漆冠山一行5人在市领导钟志荣陪同下，到广安市考察学习林业工作。漆冠山一行先后到武胜白坪——飞龙新农村示范区、华蓥古桥工业原料林基地、华蓥高兴——阳和现代农业园进行实地考察。

29日，全国旅游景区质量等级评定委员会发布公告（2014年第1号），全国97家旅游景区批准为国家AAAA级旅游景区，其中四川11家，广安市宝箴塞旅游区、广安市神龙山巴人石头城景区批准为国家AAAA级旅游景区。

30日上午，全民水库生态重建项目正式启动，市委书记侯晓春出席启动仪式并作重要讲话。重庆市农业投资集团有限公司副总裁王千六等出席启动仪式。仪式结束后，侯晓春等市领导和重庆市农业投资集团有限公司负责人集体向水库投放水生物。重庆市农业投资集团三峡渔业有限公司总经理李家勇及广安市领导肖雷、杨利民、易铭珅、邓文国、陈捷、刘兴汉等出席启动仪式。

30日，广安市召开2014年人大代表建议和政协提案办理工作会，会议总结2013年办理工作，安排2014年办理任务。市委副书记、市长罗增斌出席会议并强调，各承办单位要不断强化工作举措，注重解决实际问题，转化运用建议、提案成果，以认真负责的工作态度、求真务实的工作作风，高质量、高标准完成今年建议、提案办理任务。蔡学勤、刘和斌、邓文国、陈全禄、陈捷等市领导出席会议。

5月

4—5日，市委书记侯晓春，市委副书记、市长罗增斌率领广安党政代表团前往资阳、宜宾、泸州三地进行考察学习，就“感恩小平·共建广安”相关工作进行交流座谈，并详细考察三地城市建设、园区建设等相关工作。资阳市委书记李佳，市委副书记、市长邓全忠，宜宾市委书记王铭晖，市委副书记、市长徐进，泸州市委书记蒋辅义，市委副书记、市长刘强以及宜宾市委副书记吕晓莉，泸州市委副书记曹建国等分别陪同考察。市委副书记袁险峰参加考察活动。

5日上午，由共青团广安市委主办的广安市第二届青年趣味运动会在广安友谊中学高中部操场举行。上午9时，运动会正式开始。此次运动会主题为“舞动青春·放飞梦想”，参赛运动员由各区市县团委及市直属团组织的团员青年组成，旨在纪念“五四”运动95周年，进一步展现广安市青年干部的风采。市领导陈全禄、黄德齐出席开幕式。

6日，市委书记侯晓春在市领导杨利民、甘用德的陪同下，深入前锋区和武胜县，就农业农村工作进行专题调研。侯晓春强调，各地要深化农村改革，加快构建新型农业经营体系，坚持走产村相融发展之路，加快幸福美丽新村建设，促进农村群众就地就近就业，真正让农民群众住上新房子、过上好日子，真正实现安居乐业、致富奔小康。

6日下午，中央党的群众路线教育实践活动视频会议结束后，广安市立即召开会议，贯彻落实中央视频会议精神，通报广安市干部作风问题、省委督导组对广安市前期教育实践活动中存在问题提出的意见和要求，对今后一个时期的正风肃纪“9+3”专项治理工作和教育实践活动等工作进行部署，以此进一步推进全市党的群众路线教育实践活动。市委书记侯晓春出席会议并作重要讲话。省委第十三督导组组长、省直机关工委巡视员汤建平等到会指导，市委副书记、市长罗增斌主持会议，市人大常委会主任余仪，市政协主席刘凤成，市委副书记袁险峰等领导出席会议。

7日，全国人大常委会副委员长、全国妇联主席沈跃跃，全国妇联副主席、书记处书记喻红秋等，在省委常委、工会主席李登菊，省人大常委会副秘书长钟剑麟，省妇联主席吴旭，市委书记侯晓春等陪同下，到广安调研。沈跃跃强调，各级妇联组织要把联系和服务广大妇女作为工作的生命线，在围绕中心、服务大局、服务广大妇女群众需求方面，找准结合点，创造性地开展工作，在推动地方经济社会发展中发挥积极作用，在“感恩小平·我为小平家乡发展作贡献”活动中建功立业，为广安科学发展、加快发展，同步小康发挥“半边天”作用。

7日下午，市委书记侯晓春、市委副书记、市长罗增斌会见全国人大代表、省文联副主席、成都艺术职业学院院长余开元，省教育厅巡视员、省高教学会副会长、成都艺术职业学院党委书记刁绳志一行，双方就引进知名本科高校、参与“感恩小平·共建广安”活动等相关事宜进行深入交流。市领导肖友才、唐雄兴参加会见。

7—8日，由市委书记侯晓春，市委副书记、市长罗增斌率领的广安市党政代表团到深圳经济特区，就筹备邓小平诞辰110周年纪念活动相关工作与深圳市委市政府进行交流，实地考察招商引资、园区建设等有关工作。广东省委常委、深圳市委书记王荣，深圳市委副书记、市长许勤亲切会见侯晓春、罗增斌一行。广安市党政代表团在深圳市副市长陈彪的陪同下，前往深圳莲花山公园瞻仰邓小平铜像，并前往深圳市招商局集团蛇口工业区等地进行考察。市领导肖友才、杨利民、陈捷等参加考察活动。

8日，中央组织部老干部局调研组在市委常委、组织部部长黄秀川陪同下，到华蓥市双河街道办事处明光路社区，对“老干部工作进社区”工作进行调研。

8—9日，省政协副主席罗布江村率领部分省政协港澳委员到广安市考察经济社会发展情况。罗布江村一行在市政协主席刘凤成的陪同下，先后深入枣山物流商贸园区和广安经济技术开发区，实地考察轻工博览城、广安火车南站、站前广场、广安港、玖源化工等项目。

9日，邻水县代表广安市迎接全省县域经济工作会第四组与会代表参观考察。在省委常委、省农工委主任李昌平，省政府资政张作哈的率领下，市委书记侯晓春等第四组与会代表参观邻水县现代农业、工业园区和新型城镇化等工作。

10日下午，临港大市场招商启动仪式暨项目说明会在思源酒店会展中心举行，吸引2000多位各地行业代表及客户参加，重庆13个与农产品、食品相关的行业协会的会长或秘书长到会。活动现场，来自重庆、贵州、昆明、广安等地的商家代表现场签订入驻和意向入驻协议。

11日，市委副书记、市长罗增斌率队深入邓小平故里和协兴生态文化旅游园区，对“5·19”中国旅游日主会场活动筹备情况及相关工作进行调研。先后到邓小平故里景区、广安红色文化影视城、协兴生态文化旅游园区景观骑游道等项目建设现场，详细了解中国旅游日主会场活动相关流程及景区景点建设情况。副市长席世洪等随同调研。

11—12日，副省长、省委派驻市（州）教育实践活动第十三督导组第一组长甘霖到广安市督促指导党的群众路线教育实践活动。甘霖强调，广安各级党组织要以高度的政治责任感、良好的精神状态和扎实的工作作风，切实把党的群众路线教育实践活动组织好、开展好，进一步改进工作作风、密切联系群众，扎实做好各项工作，推动广安经济社会又好又快发展，为全省经济社会发展做出新的更大贡献。在广安市群众路线教育实践活动工作推进会上，省委第十三督导组组长汤建平对开展教育实践活动督导情况进行通报，并对下一步工作提出具体要求。侯晓春代表市委汇报广安市教育实践活动开展情况，罗增斌主持会议。省政府副秘书长吴显奎随同督导。市领导黄秀川、唐雄兴分别参加上述活动。

12日上午，市委副书记、市长罗增斌主持召开办公会，专题研究全市重点交通项目及通用航空产业项目建设等事宜。市领导肖友才、甘用德、席世洪、陈捷、钟志荣出席会议。

12日，北碚区委常委、副区长孙凌雁一行到广安市考察旅游市场暨“5·19”中国旅游日主会场活动筹备情况，先后深入思源广场、邓小平故里旅游景区、红色文化影视城、神龙山巴人石头城、武胜县白坪——飞龙乡村旅游区实地考察。

12日，广安市开通城市慢性公交系统——公共自行车。城市慢性公交系统一期工程共开启87个网点，自行车设备816套，服务管理亭21个。

12日下午，市委书记侯晓春，市委副书记、市长罗增斌专程前往市级政法部门调研，并组织召开政法工作座谈会，系统深入研究谋划政法工作。

12—13日，省卫计委党组书记、主任沈骥一行到广安，先后到市人民医院，武胜县卫生局、县人口计划生育局，就2014年卫生和计划生育重点工作进行督导调研，了解广安市卫生和人口计划生育工作、群众路线工作开展情况。副市长陈全禄、钟志荣出席会议并陪同调研。

13日上午，市委书记、市城乡规划工作领导小组组长侯晓春主持召开市城乡规划领导小组第七次全体会议，审议经开区总体概念规划和控制性详细规划、协兴园区总体概念规划和控制性详细规划、枣山园区总体概念规划和控制性详细规划。市委副书记、市长罗增斌，团中央中青高级人才培训中心副主任王捍忠等出席会议。市领导肖友才、黄秀川、杨利民、蔡学勤、席世洪等参加会议。

13日下午，广安市召开交通运输工作会议，市委副书记、市长罗增斌出席会议并作重要讲话。会前，与会人员前往华蓥市、岳池县参观重点交通工程和农村客运片区建设现场点。市领导甘用德、易铭珅、钟志荣、刘儒贤出席会议。

13—14日，省政协副主席、农工党四川省委主委王正荣一行，在市政协主席刘凤成、副市长陈全禄、市政协副主席袁继林陪同下，先后深入华蓥市人民医院、广安区中医院、武胜县人民医院，就县级公立医院全面取消药品加成情况开展调研，详细了解医院全面取消药品加成工作的开展情况，以及在工作推进中遇到的困难和问题，并召开全市卫生医改工作情况汇报会。省政协常委、省政协文体医卫委员会主任高仁全，省政协文体医卫委员会副主任崔兆全，省政协文体医卫委员会特邀副主任郑尚维，省政协文体医卫委员会专职副主任凌娟等参加调研。

14日，广安市反恐防暴暨应急处突综合实战演练在广安中学举行。市委书记侯晓春观看演练，并作重要讲话。市委副书记、市长罗增斌主持实战演练，市领导及广安军分区领导肖友才、肖雷、甘用德、武立国、邓文国等与部分市民代表一道观看演练。

15日，原中共中央政治局委员、全国人大常委会副委员长、全国总工会主席王兆国，在全国总工会书记处原书记李滨生，省人大常委会副主任、秘书长曾省权，市委书记侯晓春，市长罗增斌，市人大常委会主任余仪等陪同下，参观邓小平故里，并就改陈邓小平故居陈列馆、新建邓小平缅怀馆等邓小平同志诞辰110周年纪念活动相关工作进行考察。

15日上午，第十七届“渝洽会”正式开幕，下午，借助渝洽会搭建的交流合作平台，广安市在重庆成功举办“感恩小平·共建广安”——广安市投资推介会暨项目签约仪式，签约仪式上，广安市引进项目37个，协议资金达330.2亿元。重庆市人大常委会原副主任、现重庆市企业联合会会长、企业家协会会长、工业经济联合会会长余远牧，重庆市政府副秘书长张智奎，重庆市工商联主席、总商会会长黄红云以及四川省博览局、四川省政府驻重庆办事处等部门领导出席投资推介会暨项目签约仪式，广安市领导刘和斌、陈捷、刘儒贤等出席仪式。

15日，省农业厅厅长任永昌一行在市委书记侯晓春，市委常委、政法委书记肖雷，副市长钟志荣等的陪同下，深入武胜县、岳池县、邻水县、华蓥市，先后走访武胜县白坪乡浩宇家庭农场、岳池县石垭镇紫山药生产基地、邻水县袁市庙乡村旅游新村示范点、华蓥市禄市镇优质梨基地等家庭农场、乡村旅游区、“千斤粮万元钱”工程现场，就广安市农业农村工作进行调研。

16日上午，摩尔春天百货开业典礼在广安国际商业中心举行。摩尔春天百货是目前广安市最大的百货零售企业，卖场经营面积约3万平方米，共6个经营楼层，引进近1000个国际国内知名时尚品牌，涵盖服装、饰品、家居等类型。它的开业运营将填补广安市大型商场的空白。

16日，市委书记侯晓春、国家旅游局综合协调司司长张吉林、省旅游局副巡视员吴勉、团中央培训中心主任王捍忠、市领导唐雄兴、杨利民、张建华、席世洪、刘兴汉一行，先后深入邓小平故居陈列馆、翰林小镇、红色文化影视城等地，就“5·19”中国旅游日主会场活动筹备工作进行专题调研，实地察看中国旅游日主会场活动筹备工作情况。

17日上午，2014年中国旅游日主会场旅游公众咨询暨大酬宾活动在思源广场开幕，为期3天的酬宾活动中，参展的企业共有140多家，其中绝大部分为广安本地企业。市领导杨利民、张建华、席世洪、刘兴汉出席开幕仪式。

17日下午，香港影星蓝凯莎玲等人率电影《午夜蝙蝠》剧组成员来到华蓥山旅游区，参观美丽的华蓥山，并准备参加第二天在山上举行的发布会。当日，华蓥山迎来10名国际旅游形象大使和来自全国各地的游客。借助“中国旅游日”主会场活动在广安举办的契机，华蓥市设立分会场，开启“第九届中国·四川·华蓥山旅游文化节”，举办以“生态华蓥山，消夏避暑胜地”为主题的多项旅游活动。

18日上午，四川省2014年科技活动周暨四川省青少年科普文化节在广安思源广场启动。省政协副主席陈放出席启动仪式并讲话，省政府副秘书长蔡竞主持仪式，省科技厅厅长刘东，省科协党组书记、副主席吴凯等出席启动仪式。市委副书记、市长罗增斌在启动仪式上致辞，市政协主席刘凤成等出席启动仪式。

18日，市委书记侯晓春在广安会见前来参加“5·19”中国旅游日主会场活动的法国桑尼斯市旅游局局长雅克·巴希尔，双方就加强友好往来，促进两市经贸、旅游合作等事宜进行交流。同日，侯晓春还会见国际旅游形象大使。市领导杨利民、席世洪参加会见。

18日晚，《红色记忆·梦幻湟龙》“5·19”中国旅游日文艺演出在广安红色影视旅游城内举行，现场灯光璀璨，万人聚集。

19日上午，2014年“中国旅游日”主会场活动启动仪式在邓小平故居陈列馆广场举行。国家旅游局局长邵琪伟，省委副书记、省长魏宏，《光明日报》总编辑何东平，副省长黄彦蓉，国家旅游局副局长吴文学，省政府副秘书长王七章，省旅游局局长郝康理，以及广安市委书记侯晓春，市委副书记、市长罗增斌，市人大常委会主任余仪，市政协主席刘凤成等出席启动仪式。邵琪伟、魏宏、何东平等共同启动2014年“中国旅游日”主会场活动。黄彦蓉主持启动仪式。启动仪式后，邵琪伟、魏宏、黄彦蓉一行在市委书记侯晓春，市委副书记、市长罗增斌等的陪同下，到邓小平缅怀馆、广安红色影视旅游城，实地察看景区建设发展情况。省旅游局副局长宋铭，省旅游局副巡视员吴勉，市委副书记袁险峰，以及肖友才、杨利民等市领导出席启动仪式。

19日下午，由国家旅游局主办的邓小平旅游经济思想与中国旅游座谈会在市委六楼会议室召开。国家旅游局副局长吴文学，省政府副秘书长王七章，国家发改委社会发展司副司长苏国，国家发改委国防动员发展研究中心主任杨玉英，四川省旅游局局长郝康理，广安市委书记侯晓春以及与会的旅游主管部门、学术领域、旅游企业的专家学者从不同领域和角度，阐述我国旅游业发展历程，展望乡村旅游、旅游休闲度假、智慧旅游等新兴旅游业态发展趋势。

19日下午，广安市举办“感恩小平·共建广安”2014年“中国旅游日”广安市文化旅游项目推介暨集中签约活动，集中签约23个项目，协议投资总额417亿元。省政府副秘书长王七章，市委书记侯晓春，市委副书记、市长罗增斌，省旅游局副局长宋铭，法国桑尼斯市旅游局局长雅克·巴希尔等出席活动。市领导杨利民、蒋英胜、刘兴汉以及北京、上海、香港、广东、浙江、云南、重庆、四川等地的130多名全国知名企业家嘉宾出席活动。

20日下午，市委书记侯晓春主持召开四届市委第76次常委会议，并作重要讲话。侯晓春强调，各地各部门要扎实开展党的群众路线教育实践活动，全面深化改革，创新工作举措，扩大开放合作，奋力推进全市经济社会科学发展、加快发展，确保以焕然一新的面貌迎接邓小平同志诞辰110周年。市委副书记、市长罗增斌，市人大常委会主任余仪，市委副书记袁险峰等出席会议。

21日上午，广安市召开“数字广安”建设工作领导小组会议。市委副书记、市长罗增斌出席会议并讲话。罗增斌指出，数字广安地理信息公共平台是建设智慧广安、加快广安信息化进程的基础工程，各成员单位要切实履行职责，加强协调配合，为早日建成“数字广安”“智慧广安”做出积极贡献。

21日，市委书记侯晓春分别与市委副书记、市长罗增斌，市人大常委会主任余仪和市委常委其他班子成员，以及区市县党政主要领导进行谈心交心活动。侯晓春就各区市县党政领导班子在“四风”方面存在的共性问题作了通报。市委常委、组织部部长黄秀川主持会议，市委常委、秘书长杨利民出席会议。

22日上午，广安市采取“五会”套开的形式，集中召开“培育和践行社会主义核心价值观”“志愿服务、诚实守信、‘讲文明树新风’公益广告宣传三个制度化建设”暨“未成年人思想道德建设”五项工作推进大会，市委书记侯晓春出席会议并作重要讲话。会议安排部署培育和践行社会主义核心价值观、学雷锋志愿服务制度化建设、讲文明树新风公益广告宣传制度化建设、未成年人思想道德建设和诚信制度化建设工作，并对2013年度未成年人思想道德建设工作先进集体、先进个人进行表彰。市领导肖友才、黄秀川、唐雄兴、杨利民、蒋英胜、王义杰等出席会议。

22—23日，全国政协常委、副秘书长、民革中央副主席何丕洁一行到广安市，先后深入广安经济技术开发区、前锋区，实地调研杂卤石型钾盐矿风险勘探项目、北新建材生产加工车间及新型住宅建设情况，详细了解杂卤石型钾盐矿风险勘探项目相关技术，新型住宅材质、特点等，并在现场进行交流。

24日，中智集团董事长、陈云长女陈伟力，中山实业公司总经理、陈云儿子陈方一行，在市委书记侯晓春陪同下，怀着对邓小平的无限崇敬和怀念之情到广安市考察。

24日，省政府党组成员、副秘书长戴东昌一行，在市委常委、总工会主席甘用德陪同下，先后深入广安市巴广渝高速公路广门枢纽互通工程、兰渝铁路广安南站、广岳大道枣山段、广安港东门作业区、环城公路东南片区段，调研交通建设工作。

25—27日，广安市党政代表团前往凉山州、乐山市、德阳市、绵阳市考察学习，就广安按照中央、省委部署，精心筹备纪念邓小平同志诞辰110周年相关工作进行交流座谈。省政协副主席、凉山州委书记翟占一，乐山市委书记唐坚等分别会见广安市党政代表团一行。广安市委书记侯晓春，市委副书记、市长罗增斌分段率队考察，乐山市委副书记、市长张彤，德阳市委副书记、市长陈新有，绵阳市委副书记、市长林书成以及凉山州政协主席邓显祥、州委副书记苏嘎尔布，乐山市委副书记、峨眉山市委书记罗佳明，德阳市委副书记刘宏葆等分别出席座谈会。广安市委副书记袁险峰等参加考察学习活动。

27—28日，"感恩小平·共建广安"金融工作座谈会暨金融对接大会在广安市举行。广安市共与省级金融机构签订银政战略合作协议10个、授信额度830亿元；签署银企正式融资合同57个、金额36.93亿元；签订意向协议46个、金额64.39亿元；帮助45个中小微企业成功融资14.63亿元。市委副书记、市长罗增斌，市政协主席刘凤成，省政府金融办副巡视员邓新杰，人民银行成都分行副行长严思勃，四川银监局纪委书记王国成，四川证监局副局长马建华，四川保监局副巡视员陈清华，市委常委王义杰等出席对接大会。罗增斌介绍广安经济社会发展及金融工作情况，王义杰主持大会。会前，与会人员还深入广安经济技术开发区、协兴生态文化旅游园区、枣山商贸物流园区进行了实地考察。

27—28日，省信访局副局长邓大江率领省委"走基层"活动协调小组办公室指导组，先后深入广安区、邻水县，检查指导"走基层"活动开展情况。市委常委、组织部部长黄秀川出席座谈会。

29日上午，市委书记侯晓春，市委副书记、市长罗增斌在深圳会见正威国际集团董事局主席王文银，双方就加强沟通交流，加快广安聚酰亚胺新材料项目建设相关工作进行会商。

29日，由市委市政府、市精神文明建设委员会主办的广安市第二届中华经典诵读大赛决赛在市会展中心举行，全市教育系统的11支学生代表队参加决赛。

30日上午，市委书记侯晓春带队先后到市儿童福利院、华蓥市安丙小学，与少年儿童一道欢庆"六一"国际儿童节，为他们送上节日礼物和温馨祝福。

30日上午，由广安职业技术学院发起组建的广安职业教育集团正式成立，此举标志着广安市推进职教资源转化战略、推动职业教育规模化、集约化、连锁化和可持续发展向前迈进。

31日上午，邓小平与小康社会研究实践基地揭牌仪式在邓小平故里举行，这标志着邓小平与小康社会研究实践基地正式落户广安。同济大学党委书记周祖翼，中共中央文献研究室第三编研部主任龙平平，市委书记侯晓春出席揭牌仪式。出席仪式的领导还向邓小平铜像敬献花篮，植下纪念树。市领导唐雄兴、陈全禄出席仪式。

30日，世界杰出华商协会主席卢俊卿率40余位企业家再次走进广安，开展"感恩小平·共建广安"活动。企业家们为小平故里"杰出华商林"植树，为协兴镇捐赠学生电脑和感恩堂义诊室，现场认捐项目金额500余万元。

30日，武胜县举行中国四川嘉陵江龙州旅游文化节暨武胜县第26届"龙女湖杯"龙州竞赛活动。市领导袁险峰、肖友才出席活动。

30日下午，市委书记侯晓春主持召开座谈会，与市级部门、各区市县、园区负责人，就深化重点领域改革开放、推进县域经济发展相关工作进行交流。

30日下午，市委书记侯晓春会见同济大学党委书记周祖翼，中共中央文献研究室第三编研部主任龙平平一行，双方就开展教育、城乡规划建设合作、参与"感恩小平·我为小平家乡发展作贡献"主题活动等相关事宜进行深入交流。

31日上午，市委书记侯晓春主持召开专题会，听取华蓥山旅游开发创意规划，深入研究推进华蓥山旅游开发、大熊猫自然保护区建设等相关事宜。

31日上午，邓小平与小康社会研究实践基地揭牌仪式在邓小平故里举行，这标志着邓小平与小康社会研究实践基地正式落户广安。同济大学党委书记周祖翼，中共中央文献研究室第三编研部主任龙平平，市委书记侯晓春出席揭牌仪式。

6月

3日上午，市委副书记、市长罗增斌在成都拜会国家开发银行四川省分行行长王中，双方就进一步深化战略合作进行会谈。国家开发银行四川省分行副行长邵立波以及市领导王义杰等参加会见。

3日，市委书记侯晓春主持召开县域经济改革座谈会。市委副书记袁险峰，以及肖友才、杨利民、蒋英胜、刘光辉等市领导出席座谈会。

4日，中国建材集团外部董事倪小庭、赵小刚、庄来佑、朱延福、彭雪峰，中国建材集团董事会秘书兼总经理助理光照宇，北新建材党委书记、副总经理张乃岭，北新房屋有限公司总经理尹稷华等，在市委书记侯晓春的陪同下，先后深入邓小平故里、协兴生态文化旅游园区等地，就新型住宅产业项目进行实地考察。

4日，广安市举行2013年度十大“最美人物”颁奖典礼。侯晓春、罗增斌、余仪、刘凤成、袁险峰、肖友才等市委、市人大常委会、市政府、市政协在家主要领导出席。

5日下午，广安市召开2014年中国旅游日主会场活动总结会，市委书记侯晓春出席会议并作重要讲话。市委副书记、市长罗增斌主持会议并就推动旅游产业发展提出具体要求。市领导黄秀川、杨利民、张建华、席世洪、刘兴汉等出席会议。

6日，市委书记侯晓春，市委副书记、市长罗增斌等市领导与到广安市考察的中国食品工业（集团）公司副总经理周伟都一行亲切座谈。双方就加强交流合作、加快广安市食品工业发展等事宜进行广泛交流。在广安期间，周伟都一行还深入武胜、华蓥、岳池实地考察广安市现代农业基地和食品加工企业。

7日上午，国防大学政委刘亚洲组织该校师以上单位党委支部书记轮训班学员一行，在市委书记侯晓春等的陪同下，到广安市考察，并向邓小平铜像敬献花篮，深切缅怀世纪伟人的丰功伟绩。

7日下午，市委书记侯晓春在市领导陈捷等陪同下，深入广安经济技术开发区，就经开区基础设施建设、园区规划、项目建设等情况进行调研。

8日，中共广安市委四届七次全体会议召开，在市委书记侯晓春，市委副书记、市长罗增斌的带领下，与会人员深入6区市县和3个园区参观，并进行现场点评。9日，中共广安市第四届委员会第七次全体会议举行第一次大会。市委书记侯晓春代表市委常委会作工作报告。市委副书记、市长罗增斌作《关于全面深化改革加快县域经济跨越发展的决定（草案）》说明。市人大常委会主任余仪，市政协主席刘凤成，市委副书记袁险峰，市委常委肖雷、黄秀川、杨利民、张志权、蒋英胜、甘用德、刘光辉、王义杰和其他市委委员、市委候补委员出席会议。10日上午，中共广安市第四届委员会第七次全体会议举行第二次大会，通过《中共广安市委关于全面深化改革加快县域经济跨越发展的决定》《中国共产党广安市第四届委员会第七次全体会议决议》。全会闭幕。市委书记侯晓春主持会议并作重要讲话。市委副书记、市长罗增斌安排部署下一阶段经济工作。市人大常委会主任余仪，市政协主席刘凤成，市委副书记袁险峰，市委常委肖友才、肖雷、黄秀川、唐雄兴、杨利民、张志权、蒋英胜、甘用德、刘光辉、王义杰和其他市委委员、市委候补委员出席会议。

10日，国家林业局副局长陈凤学一行，在省林业厅党组成员、副厅长降初，市委常委、政法委书记肖雷，市委常委、市纪委书记刘光辉的陪同下，到广安市调研生态林业工作，详细了解了广安市森林资源现状、林业机构人员和经费运行等情况以及森林资源保护、生态富民产业工程等实施情况。

10日，广安市举行“中国梦在广安”纪念邓小平同志诞辰110周年群众文艺演出。侯晓春、罗增斌、余仪，刘凤成，袁险峰，肖友才、肖雷、唐雄兴、杨利民、甘用德等市委、市人大常委会、市政府、市政协全体在家领导出席活动。

10—11日，省委省政府决策咨询委员会调研组组长、省农科院副书记、教授吕火明一行，在副市长钟志荣的陪同下，先后深入四川欧阳农业集团有限公司、华蓥市德嘉农业科技有限公司以及华蓥市蓥山红葡萄专业合作社等地，就农业经营主体工作进行调研。省委省政府决策咨询委副主任赵文欣，省委省政府决策咨询委委员、四川农业大学原校长、教授文心田，省委省政府决策咨询委委员、省委农工委副主任杨新元，省委省政府决策咨询委委员、省人大农委原主任邓剑等领导参加调研。

11日上午，市委书记侯晓春深入广安区人民法院、官盛新区以及官盛镇八方村，对广安区开展党的群众路线教育实践活动进行调研指导，并就推动教育实践活动向纵深推进等相关工作进行座谈。市领导黄秀川、敬世波等随同调研并出席座谈会。

13日，市委书记侯晓春主持召开全市农村改革发展座谈会，研究全面深化农村改革工作。市委副书记、市长罗增斌，以及肖雷、蔡学勤、钟志荣、周派国等市领导出席会议。

14—17日，全国青联委员、中青企协会会员一行，赴广安市开展“走进广安，携手圆梦”活动。15日下午，全国、省青联委员会的委员，中央、省青企协会会员们分别深入广安职业技术学院开展“我的中国梦——奋斗的青春最美丽”主题报告会，深入武胜县白坪——飞龙新农村示范区开展农村青年致富大讲堂养殖技术培训。16日上午，全国青联委员、中青企协会会员们前往协兴生态文化旅游园区、枣山物流商贸园区、广安经开区等地调研，了解广安市企业发展情况。市领导肖友才、甘用德、陈全禄、黄德齐等陪同调研并出席交流会。

15日，第五届中国行政改革论坛在北京举行，市委书记侯晓春应邀在论坛上发言。侯晓春在论坛上以《老百姓的需求就是党和政府的工作方向》为题，系统讲述“过上好日子、住上好房子，是老百姓最现实的需求”“环境美好是老百姓对生活质量的高层次需求”和“基层干部能力素质强是老百姓的较高需求”等论断。

15日下午，省委常委、宣传部部长吴靖平，中央文献研究室副秘书长、办公厅主任高屹，省委宣传部副部长赵明仁等，在广安市委常委、宣传部部长唐雄兴陪同下，深入邓小平故居陈列馆改陈和邓小平缅怀馆建设现场，详细了解“两馆”建设情况，并提出具体要求。吴靖平强调，“两馆”建设备受世人瞩目，各相关部门要明确时间任务，加快建设步伐，把“两馆”建设成世人缅怀小平同志丰功伟绩的精品工程。

16日上午，中国文联文艺志愿服务团走进广安，在广安思源广场举行“高山仰止——纪念邓小平同志诞辰110周年”慰问演出，中国文联党组书记、副主席赵实，中国文联党组成员、书记处书记罗成琰，中国文联副主席、中国美术家协会主席刘大为，省委常委、宣传部长吴靖平，省委宣传部副部长赵明仁和广安市委书记侯晓春、市人大常委会主任余仪、市政协主席刘凤成、市委副书记袁险峰等，以及上万名干部群众观看演出。

16上午，在广安市调研的团中央书记处书记傅振邦为广安思贤国际学校“小平科技创新实验室”授牌并讲话，市委书记侯晓春出席授牌仪式并致辞。团省委书记刘会英、团中央中青高级人才培训中心副主任王捍忠等出席授牌仪式。市领导杨利民、甘用德、康永恒等出席授牌仪式。

16日，6月是我国第13个“安全生产月”，广安市举行主题为“强化红线意识，促进安全发展”的“集中宣传咨询日”活动。副市长陈捷率队视察活动开展情况。

16日，中国青少年科技创新奖励基金“小平科技创新实验室”项目推进会在广安市召开，团中央学校部、中国青少年发展基金会、团省委领导，全国12所创建学校的负责人以及相应地市级团委主要负责人参加会议。

17日上午，广安市召开落实党风廉政建设“两个责任”工作会，传达和学习省委《关于落实党风廉政建设党委主体责任和纪委监督责任的意见》，并对广安市下一步推进党风廉政建设和深化正风肃纪工作进行安排部署。会上，市委书记侯晓春签订《党风廉政建设党委主体责任承诺书》，市委常委、市纪委书记刘光辉签订《党风廉政建设纪委监督责任承诺书》。

17—18日，副省长、省委派驻市（州）教育实践活动第十三督导组第一组长甘霖，在联系点广安区参加并指导区委常委班子专题民主生活会。省质监局局长、省委教育实践活动领导小组成员郭春英，省委组织部副部长戴允康，省直机关工委副书记、省委第十三督导组组长汤建平，省煤田地质局巡视员、省委第十三督导组副组长蒙子武，市委书记、市委教育实践活动领导小组组长侯晓春，以及市委常委、组织部部长、市委教育实践活动领导小组副组长黄秀川，市委常委、市委秘书长、市委教育实践活动领导小组副组长杨利民，市委常委、市纪委书记、市委教育实践活动领导小组副组长刘光辉，市人大常委会副主任、市委第一督导组组长敬世波等参加会议。

18日，2014年重庆（合川）钓鱼城旅游文化节暨第五届音乐啤酒节在合川区文峰古街盛大启幕，广安市应邀参加开幕式相关活动，并与合川区签订旅游区域合作协议。

18日下午，市委书记、市城乡规划工作领导小组组长侯晓春主持召开城乡规划工作领导小组第8次全体会议，审议《教育文化创意产业园区一期》等项目详规设计方案。市委副书记袁险峰以及肖友才、黄秀川、杨利民、蒋英胜、席世洪等市领导和相关部门负责人参加会议。

19日上午，渝广经贸合作领导小组第五次联席会议在广安市举行，双方初步敲定2014年合作计划，共涉及七大类11项，并签署涉及交通、科技技术、旅游等在内的多领域合作协议。重庆市政府副秘书长董建国，广安市委书记侯晓春，四川省发改委党组成员、省以工代赈办主任邓长金出席会议并讲话。市人大常委会主任余仪、市政协主席刘凤成出席会议，市委副书记袁险峰主持会议。重庆市发改委副主任杨昌学，重庆市委组织部部务委员康骞以及广安市领导肖友才、黄秀川、杨利民、蒋英胜、刘和斌、陈捷等出席会议。会后，董建国一行前往川渝合作示范区枣山物流商贸园区、协兴生态文化旅游园区和国家级经济技术开发区广安经开区、前锋工业园区光前集团公司等地，对广安市经济社会发展和园区建设等情况进行调研。

21日，市委书记侯晓春以党员和领导干部志愿者身份前往邓小平母校——广安思贤国际学校少年宫，开展“星期六学雷锋志愿服务日”活动，与留守儿童一道欢度周末，用殷切的关怀温暖留守儿童。团中央中青高级人才培训中心副主任王捍忠以及市领导黄秀川、杨利民等一道参加志愿服务活动。

21日，市委书记侯晓春率队前往广安区广福街道办事处阳光西岸小区，就社区建设管理、志愿服务等相关工作进行调研。团中央中青高级人才培训中心副主任王捍忠，市领导黄秀川、杨利民等参与调研。

23日，广安市与西南大学在西南大学田家炳书院举行市校合作座谈会，双方就合作相关事宜进行深入交流对接。西南大学党委书记黄蓉生，市委书记侯晓春等出席座谈会并讲话。座谈会上，双方还就成立市校合作工作机构、制定切实可行的工作方案等相关事项达成初步合作意向。西南大学党委常委、副校长陈时见，以及广安市领导唐雄兴、陈全禄等出席座谈会。

23日下午，市委书记侯晓春前往西南大学洁净能源与先进材料研究院考察，实地参观该院重点实验室，并与西南大学洁净能源与先进材料研究院院长李长明进行亲切座谈，双方就广安·中国长明高新技术产业园项目规划建设等相关情况进行深入交流。

25日，市委书记侯晓春在接受全国知名网络媒体和网络名人集体采访。此次全国知名网络媒体和网络名人“小平故里行”集体采访活动，是由国家网信办和四川省网信办组织。国信办网络新闻信息传播局规划处处长杨威，四川省委外宣办、省互联网息办公室副主任陶俊培，以及新华网、人民网、光明网、搜狐网、中国青年网、新浪、网易、中国广播网、中国新闻网等知名网络媒体和网络名人参加集体采访。市委常委、宣传部部长唐雄兴主持采访会。

27日上午，市委书记侯晓春就广安市开展党的群众路线教育实践活动情况接受人民网、中国共产党新闻网、群众路线网的联合专访。

27日，邻水县和重庆渝北区签订“渝北—邻水2014年合作计划”，渝北区“空港工业园区配套产业园”落户邻水。

27日，华蓥市环境监测站投入100余万元购买的广安市首台PM2.5空气质量监测设备已安装调试完毕，正式投入使用。

27日，在以“国际时尚，成都力量”为核心内涵的成都国际时尚节上，广安西部牛仔城成为川东北地区唯一获得“成都十大国际时尚品牌”称号的单位。

29日，广安市首座GIS智能化变电站——武胜220千伏变电站正式竣工投入运行，比计划时间提前38天。该变电站的投运，标志着广安电网迈入智能电网时代。

30日晚8时25分，广安铜堡变电站至穿石牵引站110千伏线路工程正式投入运行，这是兰渝铁路广安段建成的第一条供电线路，为成都至广安动车组的开通奠定基础。

30日至7月2日，岳池曲艺节目——四川荷叶《秋江》被中国文联、中国曲艺家协会推选到法国参加第七届巴黎中国曲艺节进行文化交流演出，荣获银奖。

是月，中央电视台中文国际频道（CCTV-4）《国宝档案》栏目组一行5人到华蓥市安丙家族墓，拍摄制作15分钟左右的“探秘安丙古墓”专题节目。

7月

1日，市委书记侯晓春和市委常委、秘书长杨利民一行，先后深入枣山商贸物流园区枣山镇三圣村村支部活动室、协兴生态文化旅游园区牌坊村村委会议室、广安区中桥街道办事处莲花社区活动室，走访慰问老党员和困难党员代表。

1日，广安市召开深化“法律七进”专题会议，贯彻落实全省深化“法律七进”专题会议精神，安排部署广安市相关工作。市委副书记袁险峰出席会议，副市长邓文国主持会议。

2日下午，市委书记侯晓春主持召开四届市委第82次常委（扩大）会议。侯晓春强调，各地各部门一定要增强政治责任感，集中精力、激发动力、传导压力，动真格、打硬仗，勇于揭短亮丑，高质量开好专题民主生活会，做到要求更严、标准更高、力度更大，切实做到两手抓两促进，努力开创广安改革发展新局面。省委第十三督导组组长、省直机关工委副书记汤建平到会指导并讲话。市人大常委会主任余仪，市政协主席刘凤成，省委第十三督导组副组长、省煤田地质局巡视员蒙子武，市委副书记袁险峰等出席会议。

3日，纪念邓小平同志诞辰110周年王明远幼教发展基金捐赠仪式在广安市举行。中国东方书画院院长王明远将自己积攒的50万元捐赠给广安市，支持广安幼教事业发展。市委书记侯晓春出席捐赠仪式并作重要讲话。副市长陈全禄主持仪式。

3日下午，市委书记侯晓春主持召开市委专题办公会，听取“感恩小平·中国梦在广安”活动情况汇报，安排部署纪念邓小平诞辰110周年筹备相关工作。侯晓春强调，要进一步提振全市人民的精气神，坚定不移地推进“三大战略”，努力掀起“感恩小平·中国梦在广安”活动热潮，奋力谱写中国梦广安篇章。市委副书记袁险峰等出席会议。市领导肖友才、唐雄兴、杨利民等出席会议。

7日上午，由中国报业协会、中国报协邓小平新闻思想研究会联合主办，邓小平图书馆、广安日报社、邓小平民间纪念报馆承办的“纪念邓小平同志诞辰110周年邓小平专题集报展”在邓小平图书馆开展。中国报协对外联络部部长钱鹏飞主持开展仪式。

7日上午，广安市2014年大春生产田间管理现场会在邻水县召开。市委常委、政法委书记肖雷，副市长钟志荣出席会议。

7日上午，广安军分区召开宣布领导班子调整命令大会。省军区副司令员地的古火宣布中央军委命令和省军区党委通知。根据中央军委命令，任命樊茂阳为广安军分区司令员；批准广安军分区原司令员张志权退休。市委书记、广安军分区党委第一书记侯晓春出席会议并讲话，广安军分区政治委员武立国主持会议。

7日，省人大常委会副主任黄润秋一行在市人大常委会主任余仪陪同下，到广安区官盛镇，实地了解该镇的发展情况，并为官盛村的3位贫困户送去慰问品和慰问金。

7日，中国·长明高新技术产业园在广安区官盛新区正式开工建设。市委书记侯晓春宣布开工令。产业园总投资160亿元，其中一期投资30亿元，建成达产后，预计年产值达200亿元，年税收达5亿元，可提供就业岗位6.5万个。美国医学与生物工程院院士、国家“千人计划”特聘教授、西南大学洁净能源与先进材料研究院院长、长明高新技术产业园区首席专家李长明，中国科学院院士都有为，航母大单重宽厚板坯发明人、浙江电渣核材有限公司副董事长、总工程师向大林，以及市领导蒋英胜、敬世波、陈捷、刘儒贤出席开工仪式。

8日上午，河南省平顶山市民何春显与她的弟弟及侄儿推着“小平”回家乡。这尊邓小平塑像是玻璃钢仿铜像，按1∶1的比例制作。这尊小平塑像是他家七兄妹，于2007年4月出资铸造，并在香港回归10周年之际，他们推着轮椅上的“小平”到香港“走一走，看一看”，帮小平实现了这一愿望。

8日晚，中国报业协会邓小平新闻思想研究会发起会暨理事会在广安市召开。中国报协副秘书长胡怀福主持会议，中国报协对外联络部部长钱鹏飞宣读中国报业协会同意成立邓小平新闻思想研究会的批复文件。会议表决通过《中国报业协会邓小平新闻思想研究会活动办法》及理事会名单，并聘请重庆日报报业集团党委书记管洪为名誉会长。

9日上午，市委书记侯晓春会见到广安市考察的浙江昆仑置业集团有限公司董事长叶健一行。双方就项目投资相关合作事宜进行会谈。会见前，叶健一行还前往枣山物流园区、奎阁和西溪西区等地进行实地参观考察。市委常委、副市长肖友才参加会见。

9日，中国报业协会邓小平新闻思想研究会揭牌授牌仪式在广安市举行。中国报业协会驻会副会长石国雄，市委书记侯晓春为研究会揭牌，中国报业协会秘书长罗会文向研究会会长、广安日报社总编辑唐云峰授牌。

9日，邓小平群众路线观和新闻思想指导报业发展实践及报业党建工作论文获奖名单揭晓。经过专家组认真评审，共评出特等奖两件、一等奖两件、二等奖6件、三等奖16件。

9日下午，由中国报业协会、中共广安市委主办，广安市委宣传部协办的中国报业第三届党建工作座谈会暨邓小平群众路线观与新闻思想研讨会举行一场党建专家主题讲座，党建研究专家、国家文化安全与意识形态建设研究中心副主任兼秘书长朱继东以《邓小平新闻宣传思想的六大亮点及其现实意义》为题，与来自全国近百家媒体负责人分享研究成果。

9 日下午，青年毛泽东的扮演者贾云和中青年邓小平的扮演者李中坚偶遇红色影视城，贾云响应“感恩小平·共建广安”的号召到广安，在短短半年内，打造出一座红色文化影视旅游城，为广安再添新景；李中坚在邓小平诞辰 110 周年之际到广安，以捐赠珍藏影视光碟、画册的形式，表达对邓小平同志的缅怀、崇敬之情。

10 日 8 时至 11 日 8 时，广安市出现区域大暴雨，全市有 93 个站点雨量大于 50 毫米；100—200 毫米的站点达 47 个；200 毫米以上的站点 10 个。7 月 11 日上午 8 时，市防汛抗旱指挥部启动Ⅳ级防汛应急响应。广安市各地各成员单位已进入应急状态，迅速投入抗洪抢险工作。

10 日，由中华医学会、四川省医学会组织开展的“感恩小平·名医伟人故里行”大型公益性纪念活动在广安市启动。全国人大常委会副委员长、农工民主党中央主席兼中华医学会会长陈竺出席活动并讲话，四川省人大常委会副主任刘道平，中华医学会党委书记饶克勤，四川省卫生和计生委主任、省医学会会长沈骥等出席活动，市委书记侯晓春出席活动并致辞，市人大常委会主任余仪等出席活动。上午，举行四川省医学会定点帮扶广安市医学事业发展协议签字仪式。活动启动前，陈竺一行还前往邓小平故里参观，向邓小平铜像敬献花篮，植下纪念树，表达对伟人的深切怀念。四川省卫计委副主任张祖芸以及广安市领导唐雄兴、杨利民、陈全禄等出席活动。

10 日，在第三届中国报业党建工作座谈会暨邓小平群众路线观与新闻思想研讨会举行之际，参加会议的全体代表，在邓小平故里举行庄重的献花仪式。中国报业协会副秘书长胡怀福主持献花仪式。

10 日下午，到广安参加“感恩小平·名医伟人故里行”大型公益性纪念活动的中华医学会、四川省医学会的专家学者，在市人民医院举办学术讲座和现场教学示范，200 多名来自市人民医院和各区市县的医生和护理人员聆听专家们的学术讲座。11 日上午，专家们在市人民医院为市民进行义诊。

10 日下午，由市直机关工委主办、广安广播电视台协办的市直机关“中国梦在广安·党徽在岗位闪光”主题演讲比赛决赛在市广播电视台二楼演播厅举行。市委常委、秘书长杨利民出席并观看演讲比赛。此次演讲比赛评出一等奖 1 名、二等奖 2 名、三等奖 2 名、优秀奖 2 名。

10—11 日，由浙江省政府经济合作交流办公室副主任郑宪宏、四川省政府驻杭州办事处主任黄萍带队的浙江客商考察团，到广安市开展纪念邓小平同志诞辰 110 周年活动，对广安市投资环境进行深入考察，寻求合作共赢、共建广安的机遇。市领导肖友才、蒋英胜、陈捷出席会议。

12 日，市委书记侯晓春以党员志愿者、乡村学校少年宫校外辅导员的身份到市体育馆，参加“党员星期六志愿服务日”活动，为留守儿童和青少年乒乓球爱好者进行理论辅导和实战培训。

13 日，市委书记侯晓春一行前往浓溪镇、龙安乡，详细查看全民水库及西溪河流域环境治理情况，对水环境治理等工作进行调研。侯晓春强调，各级各部门要以强有力的措施，加大面源污染治理，抓好畜禽养殖污染治理，积极倡导规模、生态养殖，不断改善全民水库和西溪河流域水环境，真正让库区和西溪河流域山更青、水更秀。

13 日，市委副书记、市长罗增斌率市委常委、市总工会主席甘用德，以及市级有关部门负责人，对广岳、广华大道建设工作进行专题调研。罗增斌强调，各地各相关部门要按照既定目标任务，加快建设速度，高标准、高质量打造精品工程。

13—14 日，市委书记侯晓春，市委副书记、市长罗增斌率领广安党政代表团到内江、自贡两地进行考察交流，就纪念邓小平诞辰 110 周年相关事宜进行座谈。内江市委书记彭宇行，自贡市委书记雷洪金，内江市委副书记、市长杨松柏，自贡市委副书记、市长刘永湘陪同考察交流，并出席座谈会。考察交流期间，广安市党政代表团还前往内江张大千纪念馆、滨江大道和自贡南湖公园、高新工业园区等地进行实地考察。内江市领导周勇、潘梅、王隽，自贡市领导向华全、陈吉明、吴丕等分别陪同考察并出席座谈会。广安市领导肖友才、唐雄兴、杨利民等参加考察交流活动。

14 日，由中新社组织的来自 19 个国家和地区的 20 余家海外华文媒体到广安市开展集中采访活动。采访团一行先后深入邓小平故里、红色文化影视城、武胜白坪——飞龙新农村进行参观采访，实实在在地感受广安市旅游产业、生态文化建设、新农村建设等情况。

15 日上午，市领导余仪、刘凤成、袁险峰、肖友才、黄秀川、唐雄兴、杨利民、甘用德、刘光辉等深入分管联系的单位对省委《关于落实党风廉政建设党委主体责任和纪委监督责任的意见（试行）》《广安市落实党委主体责任和纪委监督责任实施方案》进行宣讲解读，并就落实工作提出具体要求。

15日，省委省政府印发《中共四川省委四川省人民政府关于表扬2013年县域经济发展先进县（市、区）的决定》，广安市岳池、邻水县荣获县域经济发展先进县。

15—16日，《国际商报》总编辑张益俊率采访组一行到广安市调研采访，并确定将广安市设立为该报的“走转改”基地。张益俊一行先后走进协兴生态文化旅游园区、枣山物流商贸园区和华蓥电子产业示范基地进行实地参观，重点了解广安市工业经济发展、生态旅游建设和商贸流通等工作。随后，就“走转改”基地建设和调研内容与广安市进行交流。16日上午，市委副书记、市长罗增斌接受《国际商报》总编辑张益俊一行的采访。

16日上午，由广安市直机关工委主办、广安市摄影家协会承办的市直机关“抓党建、惠民生、促发展”摄影作品展在邓小平图书馆开展。市政协主席刘凤成，市委副书记袁险峰，市委常委、副市长肖友才以及市直机关工委、市摄协有关领导出席开展仪式。

16日，总投资80亿元、运用近60项低碳智慧技术的广安·中国低碳智慧新城项目正式开工建设。中国低碳智慧新城项目由中国低碳产业投资中心、广安绿源低碳置业有限公司投资，项目地址位于广安东南片区（西溪峡附近），占地面积1700亩，跨越西溪峡两岸，是广安市实施“低碳智慧”发展战略的支撑性项目。

17日上午，市委副书记、市长罗增斌在市领导肖友才等陪同下，先后深入邻水县九龙镇、经开区和邻水家居建材市场等地进行现场调研，就该县上半年经济运行和特色集镇建设等工作进行调研。罗增斌强调，各地要深入分析研判上半年经济运行情况，认真落实稳增长相关措施，圆满完成全年各项目标任务，努力推动县域经济科学发展、加快发展。

17日晚，为期4天的四川省第十二届运动会“聚龙科技杯”举重比赛在遂宁市安居区结束，广安市代表队取得6金5银4铜的好成绩，打破上届省运会举重项目零奖牌的纪录。

17—18日，四川邮政管理系统2014年中工作座谈会在广安召开，四川省邮政管理局局长戚兰州，副局长张生泰、陈敏出席会议，全省21各地市州邮政管理局主要负责人参加会议。会议结束后，市委副书记、市长罗增斌，市委常委、总工会主席甘用德，副市长刘和斌会见省邮政管理局局长戚兰州一行，并就加强广安邮政业发展进行深入交流。

18日上午，广安市召开安全生产半年工作会，总结上半年安全生产工作，分析当前安全生产形势，部署下半年安全生产工作，市委副书记、市长罗增斌出席会议并讲话。罗增斌强调，各级各部门要牢固树立安全发展理念，按照市委市政府的安排部署，扎实抓好安全生产工作，努力实现安全生产形势持续好转，为全市经济社会又好又快发展做出积极贡献。

18日，由四川省党史研究室、四川省中共党史学会联合举办的四川党史界邓小平生平与思想研讨会在广安市举办。中央党史研究室科研管理部巡视员张兆宪，省委党史研究室主任、省党史学会会长陈荣仲，市委书记侯晓春出席会议并讲话，市领导唐雄兴出席会议。会上，举行四川省中共党史教育基地授牌仪式。陈荣仲、侯晓春共同向邓小平故里授牌。会后，与会专家学者到邓小平故里，向邓小平铜像敬献花篮。

19日上午，中国人民解放军国防科技大学政治委员王建伟中将一行，在市委常委、政法委书记肖雷，广安军分区司令员樊茂阳，广安军分区政委武立国的陪同下，到邓小平故里参观，种下一棵香樟树，参观正在进行改陈的邓小平故居陈列馆和正在新建的邓小平缅怀馆，并走进红军小学，了解广安军分区援建红军小学项目的进展情况。

19—20日，由省外侨办组织的来自澳大利亚、美国、新加坡、日本、加拿大、西班牙等10多个国家的30余名华侨华人到广安市参观考察，并开展“邓小平诞辰110周年海外华侨华人广安行”活动。19日在邓小平故里举行“邓小平诞辰110周年海外华侨华人广安行”活动启动仪式后，召开座谈会。20日上午，参加活动的华侨华人走进枣山物流商贸园区、经开区和协兴生态文化旅游园区参观考察，并深入部分重点项目现场、旅游景点和企业进行参观。

19—20日，副省长、省委派驻市（州）教育实践活动第十三督导组第一组长甘霖在广安市参加并指导市委常委班子党的群众路线教育实践活动专题民主生活会。省质监局局长、省委教育实践活动领导小组成员郭春英，省委组织部副部长戴允康，省直机关工委副书记、省委派驻市（州）教育实践活动第十三督导组组长汤建平，省煤田地质局巡视员、省委第十三督导组副组长蒙子武等到会指导。市委书记侯晓春主持会议，市委副书记、市长罗增斌出席会议，市人大常委会主任余仪、市政协主席刘凤成列席会议。袁险峰、肖友才、肖雷、黄秀川、唐雄兴、杨利民、张志权、蒋英胜、甘用德、刘光辉、王义杰出席会议。

21 日凌晨 4 时 30 分，兰渝铁路广安段最后一条供电线路——建丰至兴隆牵引站 110 千伏线路成功送电。该项目的竣工投运，标志着国网广安供电公司建管的电铁供电工程全面完成。

21 日，市委书记侯晓春主持召开市委常委班子专题民主生活会情况通报会。侯晓春指出，这次专题民主生活会是市委常委班子开展党的群众路线教育实践活动的重要内容，整个专题民主生活会按照“照镜子、正衣冠、洗洗澡、治治病”的总要求，紧扣“为民务实清廉”主题，以“反对‘四风’、服务群众”为重点，精心准备，扎实推进，达到红红脸、出出汗、加加油、鼓鼓劲的效果。省委第十三督导组组长汤建平、副组长蒙子武到会指导。市委副书记、市长罗增斌，市人大常委会主任余仪，市政协主席刘凤成，市委副书记袁险峰，以及肖友才、肖雷、黄秀川、唐雄兴、杨利民、蒋英胜、甘用德、刘光辉等市委、市人大、市政府、市政协全体在家领导等参加会议。

21 日，住房城乡建设部、国家发展改革委、财政部、国土资源部、农业部、民政部、科技部《关于公布全国重点镇名单的通知》，公布全国重点镇 3675 个，原 2004 年公布的全国重点镇名单同时废止。四川省有 277 个镇入选，数量位于全国第一。广安市 13 个镇入选，包括：广安区协兴镇、花桥镇、恒升镇，前锋区代市镇，岳池县九龙镇、顾县镇、罗渡镇，武胜县沿口镇、街子镇，邻水县鼎屏镇、九龙镇、丰禾镇，华蓥市高兴镇。

21—22 日，国家粮食局党组成员、副局长徐鸣一行在四川省粮食局局长张书冬，市领导刘光辉、刘和斌的陪同下，先后深入广安现代粮食物流园区、邻水县城南省粮食储备库等地，就广安市基层粮食部门开展党的群众路线教育实践活动进行调研指导。

21—23 日，住房和城乡建设部住宅产业化促进中心副主任文林峰一行，在副市长席世洪等领导的陪同下，深入武胜县、岳池县、华蓥市等地，调研国家住宅产业现代化试点城市创建工作。

22 日上午，市委书记侯晓春亲切会见由北师大新兴市场研究院院长、教授、博导、北师大中国乡村治理研究中心副主任胡必亮率领的调研组一行，双方就广安农村干部学院筹建工作进行深入交流。北师大继续教育与教师培训学院院长、教授、博导王文静等参加会见。

22 上午，市委书记侯晓春接受新华社记者采访。侯晓春表示，要团结带领全市人民继续弘扬“逢山开路、遇水架桥、风雨无阻、昼夜兼程”的改革精神，加快创新驱动，释放改革红利，让更多群众共享改革发展成果，努力谱写中国梦广安篇章。

22 日，由中央文明办、中国文联、中国曲艺家协会主办的“讲述道德故事，弘扬中国精神”2014 全国道德模范故事汇基层巡演活动将在广安市举办。此次演出活动将在市会展中心举办两场。

22 日，市委书记侯晓春主持召开市委专题办公会，研究广安至成都动车开行前的准备工作。侯晓春强调，各级各相关部门要协调做好广安至成都动车开行前的准备工作，科学谋划好广安至重庆动车开行准备，并积极抢抓动车开通机遇，加快广安商贸物流、旅游产业发展，促进广安经济社会追赶跨越发展。市领导肖雷、甘用德等出席会议。

22 日，由中央宣传部、中央文明办、中国文联、中国曲协主办，四川省文明办、广安市委市政府承办的“讲述道德故事弘扬中国精神——2014 全国道德模范故事汇基层巡演活动”走进广安，让广大市民深刻感受到中华民族传统美德的光辉。

23 日，省委常委、宣传部部长吴靖平一行在市委书记侯晓春，市委常委、宣传部部长唐雄兴等的陪同下，先后深入邓小平故居陈列馆、邓小平缅怀馆、果山幸福美丽新村和广安希贤学校，实地察看陈列布展和项目建设推进情况，就邓小平同志诞辰 110 周年纪念活动筹备工作进行专题调研。市委副书记、市长罗增斌，市委副书记袁险峰，市委常委、宣传部部长唐雄兴，市委常委、秘书长杨利民出席办公会。

23 日，广安市召开上半年经济形势分析工作会。市委书记侯晓春主持会议并作重要讲话。侯晓春强调，全市上下要坚定信心，保持发展定力，既定的目标任务不减，抢抓发展机遇，及早谋划明年工作，努力推动广安向全省经济发展第一方阵迈进。市委副书记、市长罗增斌，市人大常委会主任余仪，市政协主席刘凤成，市委副书记袁险峰，以及肖友才、肖雷、黄秀川、唐雄兴、杨利民、蒋英胜、甘用德、刘光辉等市领导出席会议。会上，市委常委、副市长肖友才通报固定资产投资、民生工作情况，市委常委蒋英胜通报工业经济、招商引资工作情况。会议表彰奖励全市 2013 年度优秀百强企业 5 户和百强企业 16 户。

23 日下午，市委副书记、市长罗增斌，在指导完前锋区委常委班子教育实践活动专题民主生活会后，专程前往市公安局调研，先后考察市公安局情报支队、网安支队、技侦支队、110 指挥中心和信息中心，罗增斌强调，面对新的维稳形势，公安队伍要依靠科技力量，不断提升管理能力和应急处突水平，为维护社会长治久安发挥应有的作用。市领导肖雷、邓文国随同调研。

24日，副省长王宁在市委书记侯晓春，市委副书记、市长罗增斌等的陪同下，实地检查兰渝铁路广安南站建设情况。王宁强调，成都铁路局、兰渝公司和广安市要密切配合，协调联动，抓紧完善广安南站站内站外各项设施设备，在确保安全和质量的前提下，及时开通动车。省政府副秘书长戴东昌，省发改委副主任、省铁建办专职副主任代永波，成都铁路局局长武勇，兰渝铁路公司董事长、总经理熊春庚，中铁二院集团总经理朱颖，中铁一局集团总经理马海民，中铁二十一局集团董事长、党委书记孟广顺，以及广安市领导肖友才、甘用德等陪同检查。

24日，市人大常委会主任余仪和市人大代表建议批评意见重点督办工作第九小组成员，到广安区肖溪古镇，调研市四届人大五次会议代表提出的《关于帮助肖溪镇水淹区群众消除水患危险的建议》的办理情况。

24—25日，广安军分区司令员樊茂阳、副市长钟志荣、广安军分区参谋长李元祥一行，检查2014年广安市各区市县征兵工作进展情况。

24—27日，韩国《两天一夜》节目总策划裴红义、节目项目统筹王少华和节目制片主任章根上一行赴广安对《两天一夜》第二季在广安拍摄场景进行踩点。此次拍摄踩点组到华蓥山旅游区、邓小平故里、红色文化影视城、武胜宝箴塞和白坪——飞龙旅游区等景点，了解广安的人文历史、民俗风情，对拍摄的节目流程等进行初步策划。

25日上午，四届市政府召开第五次全体会议。市委副书记、市长罗增斌主持会议并讲话。副市长肖友才、刘和斌、邓文国、陈全禄、席世洪、钟志荣出席会议。市委副书记袁险峰及市领导蔡学勤、刘兴汉应邀列席会议。

25日，第十二届全国见义勇为英雄模范表彰大会在人民大会堂召开，嘉陵江石盘码头的一名普通摆渡工人，“最美船工”汤开杰荣获“全国见义勇为模范”称号。作为全省两名获奖者之一。他先后荣获“武胜县见义勇为公民”“广安市见义勇为勇士”等荣誉。2013年12月，汤开杰被四川省人民政府评为“有突出表现的见义勇为个人”。

25日，市委书记侯晓春主持召开专题研讨会，深入研究推进华蓥山旅游开发、大熊猫自然保护区建设等相关事宜。侯晓春强调，各级各相关部门要充分调动各方积极性，成立旅游区筹备领导工作组，建立并完善工作机制体制，做到规划、保护、恢复、治理有机结合，实现环境保护和旅游开发并重，推进旅游区开发建设。市领导肖雷、黄秀川、杨利民、席世洪、钟志荣等出席专题研讨会。

27日下午，市委书记侯晓春到广安区北辰街道办事处渠江北路社区“米兰星空”家庭道德讲堂，走访慰问家庭道德讲堂创办人杜敏、周先瑜、张忠禄，要求全市上下掀起弘扬优秀文化传统、践行社会主义核心价值观热潮。市委常委、宣传部部长唐雄兴，市委常委、秘书长杨利明等陪同调研。

28日，广安市召开“双拥”工作座谈会，庆祝中国人民解放军建军87周年。市委书记、广安军分区党委第一书记侯晓春出席会议并作重要讲话。市委副书记、市长罗增斌主持会议。市政协主席刘凤成，市委副书记袁险峰，市委常委、政法委书记肖雷，市委常委、组织部部长黄秀川，市委常委、秘书长杨利民，广安军分区司令员樊茂阳、政委武立国，副市长钟志荣等出席会议。

28—30日，由重庆、深圳、百色、中山、湘潭等地媒体组成的记者采访团一行20余人赴广安市开展“感恩小平·友城媒体广安行”集中采访活动。此次采访团率先到邓小平故里、邓小平故居陈列馆、邓小平缅怀馆，向小平同志敬献鲜花，深情缅怀世纪伟人。随后，前往协感恩兴果山新村、观塘现代农业示范区、岳庙新村、华蓥山旅游区、邻水县工业园区、武胜白坪——飞龙乡村旅游度假区，对广安当地文化产业、农业、旅游业、工业发展情况进行实地采访、考察。

29日上午，市委副书记、市长罗增斌指导市审计局领导班子专题民主生活会。罗增斌强调，审计机关要以此次教育实践活动为契机，坚持问题导向，抓好整改落实，促进作风好转，为全面履行好审计职能提供坚强保障。市委群众路线教育实践活动第十督导组组长、市政协原副主席韩开富到会指导并讲话。

29日上午，由文化部组织的全国文化市场技术监管与服务平台推广应用业务系统培训在广安市举行。文化部副巡视员刘鲁平出席会议。云南、贵州、甘肃以及四川各地市州从事文化市场行政审批和执法的工作人员120余人参加为期三天的培训。

30日上午，广安区举行以“道德模范、身边好人”命名的志愿服务品牌队伍授旗仪式，市委书记侯晓春出席仪式并作重要讲话。侯晓春强调，各级各部门要切实推进志愿服务制度化，在全社会大力倡导志愿服务，培育和践行社会主义核心价值观。

30日上午，市政协主席刘凤成带领部分政协委员，对政协广安市第四届委员会第三次会议确定的一号提案《关于进一步加强公园和广场建设的建议》的办理情况进行检查督办。刘凤成一行先后深入神龙山公园、望江公园、萃屏公园和市民广场等地，通过实地查看、听取汇报等方式详细了解市住建局承办的一号提案办理工作进展情况。

30日，省发改委主任唐利民一行在市委书记侯晓春，市委副书记、市长罗增斌等的陪同下，先后深入兰渝铁路广安南站、红色文化影视城、佛手山新村、邓小平缅怀馆等地实地察看。唐利民表示，"感恩小平·我为小平家乡发展作贡献"活动凝聚了感恩做贡献的正能量，广安处处呈现出焕然一新的面貌。省重点项目办主任胡玉清以及广安市领导肖友才、甘用德等陪同调研。

30日，2013年1月开工建设的广安市民广场建成开放，市民广场位于市体育馆与西溪变电站之间，由文化综合体、中心广场、博物馆三大主体建筑组成，项目用地约250亩，总建筑面积近9万平方米，总投资约4.5亿元。

30日上午，市委书记侯晓春接受《重庆日报》《重庆晨报》、重庆电视台、华龙网等重庆媒体记者的集中采访。

30日下午，市委副书记、市长罗增斌主持召开四届市政府第36次常务会议。会议学习《中华人民共和国城乡规划法》，审议《关于做好最严格水资源管理工作责任分工的意见》《关于调整义务兵家庭优待金标准有关问题的请示》《关于进一步鼓励和引导社会资本举办医疗机构的实施意见》《关于表彰见义勇为群体和个人的请示》等事宜。

31日，中共中央文献研究室主任冷溶、中央文献研究室办公厅主任高屹在四川省委常委、宣传部部长吴靖平的陪同下，到广安市调研邓小平故居陈列馆和邓小平缅怀馆改陈布展工作。冷溶指出，"两馆"改陈布展内容好，展陈丰富，多形式、多角度、全方位展示了邓小平同志的丰功伟绩和崇高风范，既有历史的厚重感，又体现了当今时代精神，丰富了邓小平故里教育基地内涵，对教育广大党员领导干部和青少年，继承和发扬党的光荣传统和优良作风，传承革命精神，全面推进改革开放，实现伟大中国梦将发挥重要作用。市委副书记袁险峰，市委常委、宣传部部长唐雄兴陪同调研。

31日，凉山州委常委、州委秘书长、州总工会主席龙伟一行在市委常委、秘书长杨利民陪同下，到广安市考察，并捐资1000万元参与"感恩小平·共建广安"活动。

31日，中国移动四川广安分公司与市教育局签订"广安市教育信息化"战略合作协议，旨在进一步满足各级各类学校教育信息化需求，推动广安市加快教育信息化建设。

31日下午，市委副书记、市长罗增斌率市领导肖雷、钟志荣一行，到武胜、岳池等地对广安市大春粮食生产进行调研。罗增斌强调，各级各有关部门要坚持把农业放在基础性战略地位，抓好粮食生产、流通等领域的关键环节，做好做强优势农产业，确保大春粮食增产，农民增收。

是月中旬，全长2.679公里的小平大道主干道建成通车。

8月

1日上午，市委副书记、市长罗增斌到市公共资源交易中心进行调研。罗增斌强调，公共资源交易，社会关注度高，关系到政府对外形象和公信力，市公共资源交易中心要与相关部门密切配合，在有序运转的前提下，更好地服务于人民群众，确保各项公共资源交易公平公正。

1日，中央电视台"心连心"艺术团赴广安慰问演出负责人王炳森率新农村演出小分队一行，深入广安市农村、景区实地了解慰问演出与拍摄的筹备情况。王炳森一行先后深入武胜县白坪——飞龙新农村示范区"下坝记忆"、张家院子以及岳池县抗美援朝一级战斗英雄柴云振家、华蓥山风景区等地察看准备工作落实的相关事宜。

1日，开始全国夏秋季征兵工作，9月1日批准新兵入伍，9月5日起运新兵，9月30日征兵结束。

2日，市委书记侯晓春率市领导肖雷、陈捷一行，深入岳池县双鄢、顾县、苟角等乡镇，实地察看乡镇污水处理站建设、使用情况，就"洁水"行动进行专题调研。侯晓春强调，各级党委政府要切实把水环境安全作为头等大事来抓，建立水环境治理长效机制，把环境保护与经济发展结合起来，与特色集镇建设结合起来，扎实抓好水环境治理，确保"洁水"行动取得实效，促进经济社会可持续发展，造福子孙后代。

3—4日，"心连心"艺术团新农村小分队首先深入武胜县白坪——飞龙新农村示范区，展示新农村建设成就，设置“心连心课堂”，由当地一位非物质文化遗产传承人讲述剪纸文化，以及到岳池县抗美援朝一级战斗英雄柴云振家演出及拍摄短片。5—6日，小分队到华蓥山风景区以及邓小平故里铜像广场、邓小平故居陈列馆、邓小平故居演出及拍摄短片。7日，“心连心”艺术团中心小分队在协兴镇牌坊新村演出，整场演出由朱军、朱迅、张泽群、管彤主持，陈思思、雷佳、祖海、扎西顿珠、纪敏佳、平安等众多明星为广安人民献上精彩节目。

4日上午，市委副书记、市长罗增斌率队到岳池、武胜县召开五排水水库及长滩寺河流域污染治理议案提案现场办理会。罗增斌强调，岳池、武胜县及相关部门要把五排水水库及长滩寺河流域污染治理，作为回应人大代表、政协委员关切，解决广大群众所盼和“洁水行动”民生工程，上下联动，标本兼治，打一场污染治理攻坚战，确保五排水水库及长滩寺河流域水质明显好转。副市长陈捷、钟志荣参加现场办理会。

4—5日，浙江省宁波市对口支援办副主任崔存世一行到广安市衔接捐资项目有关工作。崔存世一行先后考察协兴园区浓溪幼儿园、浓溪敬老院、翰林院子、红军小学、北山小学堂、乡公所修复等项目，并与广安市纪念办、协兴园区管委会等部门负责人进行座谈。崔存世一行还参观了邓小平故居，并向邓小平铜像敬献花篮。

5日上午，市委书记侯晓春主持召开市委专题办公会，研究邓小平故居陈列馆和邓小平缅怀馆建设布展等相关工作。市委副书记袁险峰，以及市领导肖友才、唐雄兴、杨利民、刘光辉等出席会议。

5日，上海现代建设集团总建筑师邢同和，中国溜砚传承代表人许立荣，国家博物馆研究员荆小扬，以及市委副书记袁险峰向邓小平故里捐赠物品，以表达对小平同志的无限崇敬和缅怀之情。

6日上午，市委副书记、市长罗增斌率队到广安区检查广安市征兵体检工作。广安军分区司令员樊茂阳，副市长钟志荣一同参与检查。

6日上午，市委副书记、市长罗增斌在市委常委、宣传部部长唐雄兴陪同下，到协兴生态旅游文化旅游园区牌坊村，检查“心连心”艺术团赴广安市慰问演出现场准备工作。

6日，《光明日报》《求是》、中国新闻网、四川新闻网等参加全国媒体“法治四川行”的数家新闻媒体，应邀到广安采访报道。市委常委、政法委书记肖雷向采访组介绍广安市依法治市工作相关情况。

6日下午，市委书记侯晓春主持召开四届市委第83次常委会议，传达学习中央第九巡视组组长杜德印、省委书记王东明在中央第九巡视组巡视四川省工作动员会上的讲话精神，并对当前工作作出安排部署。市委副书记、市长罗增斌出席会议，市人大常委会主任余仪，市政协主席刘凤成列席会议。市领导肖友才、肖雷、黄秀川、唐雄兴、杨利民、蒋英胜、甘用德、刘光辉、王义杰等出席会议。

6日下午，市委副书记、市长罗增斌在思源酒店澳门厅会见到广安市参加第二届“西三角”区域开放合作交流会的客商代表。

7日，感恩小平・共谋发展——第二届“西三角”（重庆—成都—西安）区域开放合作交流会在广安市召开。中国外商投资企业协会常务副会长邵祥林致开幕词，市委副书记、市长罗增斌致辞。会上，广安市与新加坡宝力根精工集团签署投资协议。市委常委、副市长肖友才主持会议，市委常委蒋英胜，副市长刘和斌，市政协副主席刘儒贤等参加会议。下午，参加第二届“西三角”区域开放合作交流会的近50名企业家到广安市参观考察。在邓小平故里邓小平铜像前，举行献花仪式。随后，企业家们走进协兴生态文化旅游园区、枣山物流商贸园区、官盛新区以及经开区进行参观考察。

7日，世界知名企业美国杜邦（成都）有限公司总经理陈劲一行，在副市长陈捷的陪同下，深入前锋区观塘镇现代农业综合示范园区、广安经开区深圳正威广安项目点等地，考察了解广安市现代农业产业化和化工产业发展情况，并召开交流座谈会。副市长陈捷陪同考察并参加座谈会。

7日，广安市在市人民医院举行首届妇幼健康技能竞赛活动。6区市县和市直医疗单位等7支代表队共28名选手参赛。

8日上午，兰渝铁路南高线正式开通运营，广安至成都动车开行首发仪式在广安南站举行，省发改委副巡视员田源，成都铁路局总工程师徐涌，四川铁投总工程师李建兴，兰渝公司副总经理孙韶峰，以及市人大常委会主任余仪，市政协主席刘凤成，市委副书记袁险峰等出席首发仪式，袁险峰宣布广安至成都动车开行。市委常委、副市长肖友才在首发仪式上致辞，市领导肖雷、蒋英胜、甘用德、刘光辉等出席首发仪式。

8日上午，广州建安消防公司在市民广场向广安市捐赠价值102万元的消防器材，以进一步推动做好邓小平同志诞辰110周年纪念工程和重点惠民项目的消防安全工作。副市长、市公安局局长邓文国出席活动。

8 日，市四届人大常委会召开第 52 次主任会议。市人大常委会主任余仪主持会议。会议讨论通过 2014 年工作评议实施方案，将对市科技局、市公安局、市统计局、市旅游局开展工作评议。市人大常委会副主任康永恒、敬世波、张建华、易铭珅、蔡学勤出席会议。

10 日，北京师范大学校长董奇率领北京师范大学调研组到广安，先后深入川渝合作示范区枣山园区、协兴园区等地，就邓小平家乡经济社会发展情况进行调研。市委书记侯晓春，团中央中青高级人才培训中心副主任王捍忠等随同考察并出席座谈会。在广安期间，董奇一行还参观邓小平故里、翰林院子、广安希贤学校、广安职业技术学院、广安友谊中学实验学校，并为邓小平铜像敬献花篮。北京师范大学党委常委、副校长陈光巨，北京师范大学继续教育与教师培训学院院长王文静，以及广安市领导黄秀川、陈全禄等陪同调研。

11 日，市委书记侯晓春率市委常委、宣传部部长唐雄兴一行，深入邓小平故里就邓小平故居陈列馆、邓小平缅怀馆改陈和布展工作进行调研。

11 日，“光辉历程纪念邓小平诞辰 110 周年大型展览”新闻发布会在香港会展中心举行。21—23 日，由中共中央文献研究室、《香港文汇报》、中共四川省委宣传部和广安市人民政府联合主办的“光辉历程纪念邓小平诞辰 110 周年大型展览”在香港举行。

12 日上午，市委书记侯晓春接受人民网、《经济日报》《光明日报》、中新社、中央人民广播电台等中央驻川媒体以及《四川日报》、四川电视台、四川人民广播电台等省直媒体和成都新闻媒体记者集中采访。市委常委、宣传部部长唐雄兴主持访谈会。

12 日上午，广安市举行智能语音技术公共安全及大数据时代的社会管理创新报告会。科大讯飞董事长、语音及语言信息处理国家工程实验室主任刘庆峰，到会为广安市干部职工作精彩的专题报告。市委副书记、市长罗增斌主持报告会。市领导肖友才、肖雷、蒋英胜、甘用德、刘光辉、王义杰、刘和斌、邓文国、席世洪、钟志荣等出席报告会。

12 日下午，市委副书记、市长罗增斌带队暗访督查安全生产工作。罗增斌强调，各区市县、园区要迅速行动起来，开展好安全生产大检查工作，早发现、早整治安全生产隐患，为全市经济社会发展创造良好的安全生产环境。

11—12 日，由四川省委宣传部组织的中央驻川媒体记者以及省直媒体记者采访团到广安，先后到邓小平故里、红色文化影视城、枣山园区、广安经开区、观塘现代农业示范区、岳庙新村、邻水县工业集中发展区、武胜县白坪——飞龙乡村旅游示范区等地进行现场采访。对广安市纪念邓小平诞辰 110 周年各项活动以及经济发展、民生建设等方面的情况进行集中采访。

12 日上午，市委副书记、市长罗增斌接受台湾有关媒体专访。罗增斌说，广安深入贯彻实施多点多极支撑发展战略，大力推进以人为核心的新型城镇化建设，依托产业扩大城市区域，城市扩展依靠产业支撑，产业园区与主城区相融互动，整个城市形成产城一体组团式发展。

14 日，由资阳市委副书记、市长邓全忠率领的资阳市党政代表团一行在市委书记侯晓春，市委副书记、市长罗增斌等的陪同下，先后深入川渝合作示范区枣山园区、协兴园区等地，考察园区发展、新农村建设和新型住宅产业发展等相关情况，并出席广安·资阳绿道揭幕仪式。资阳市党政代表团资阳市领导曹家贵、李丹、郎宽以及广安市领导唐雄兴、杨利民、王义杰等一道考察，并出席揭幕仪式。

14 日，省新闻出版广电系统组织工作人员到广安，向邓小平图书馆、广安希贤学校捐赠图书。省新闻出版广电系统此次向邓小平图书馆捐赠图书 3000 余册、音像制品光盘 5000 余张，价值 30 万元；向广安希贤学校捐赠图书价值 20 万元。

14 日，农业部下发《关于开展向沈乾文同志学习活动的通知》，决定在全国农业系统开展向岳池县蔬菜局原局长沈乾文学习活动。

14 日晚，市会展中心由成都艺术职业学院到广安慰问演出的纪念邓小平诞辰 110 周年文艺晚会。省政府副秘书长、省政府参事室（文史馆）党组书记、主任蔡竞，文化部中国艺术研究院常务副院长王能宪，省文联副主席、成都艺术职业学院院长余开元，市委书记侯晓春，市委副书记、市长罗增斌，市人大常委会主任余仪，省政府文史研究馆馆长何天谷，省政府参事室副主任、党组成员钱声广以及广安市领导肖友才、唐雄兴、贺宗飞等与广大市民一道观看演出。

14—15 日，省政府副秘书长、参事室（文史馆）党组书记、主任蔡竞，省政府文史研究馆馆长何天谷一行到广安市，开展“走进广安·缅怀伟人——纪念邓小平同志诞辰 110 周年”活动。

15 日，“感恩小平·投资广安”四川省异地商会广安行项目恳谈会在广安市举行。会上，四川重庆商会与广安市投资促进委签订战略合作框架协议，深圳信利来电子科技有限公司与华蓥市、成都驰峰节能科技公司与武胜县签订项目合作协议，签约资金6亿元。同时，广安鼎恒新能源锂电池制造有限公司和四川同善堂药业连锁公司捐资110万元支持广安市民生工程建设。市委副书记、市长罗增斌，省工商联副主席袁明，省投资促进局机关党委书记吴燕翔，市委常委蒋英胜，副市长陈捷等出席恳谈会。

15日，“感恩小平作贡献·文明共建小粮仓”暨泸州老窖集团公司小粮仓捐赠仪式在协兴生态文化旅游园区浓溪镇举行，泸州老窖集团公司向广安市捐赠小粮仓1000个。

16日，市委书记侯晓春率市领导唐雄兴、杨利民等，到市规划展览馆调研。侯晓春强调，要充分发挥规划展览馆“留下历史印记、引领城市未来”和服务发展、服务群众的功能，使其真正成为展示城市历史变迁、发展现状和远景规划的展示馆、对青少年进行爱国主义和科普教育的大课堂，成为对外宣传的一张靓丽“名片”。

16日，深圳市政府副市长率党政代表团，在市领导蒋英胜、刘儒贤等的陪同下，深入广安（深圳）产业园区、广安港、官盛新区、翰林院子、红色文化影视城、市民广场等地考察，并与有关部门负责人进行交流。

16日下午，由中国中共文献研究会、中国美术家协会、中国国家画院、中共广安市委联合主办的《春天的故事——全国版画艺术精品展》开幕式在中国美术馆举行。邓小平女儿邓林，中央文献研究室副主任卓松盛，中央文献研究室副秘书长兼办公厅主任高屹，中国国家画院副院长卢禹舜，中国美术家协会副主席李翔，广安市委副书记袁险峰等出席开幕式。高屹主持开幕仪式。

16日晚，大型群众文艺演出“感恩小平·中国梦在广安”在市体育馆举行。中国建材集团董事长宋志平，国务院国资委第三巡视组组长韩修国，市委书记侯晓春以及肖友才、陈捷、刘儒贤等市领导观看演出。

17日上午，深（圳）广（安）市际联席会议暨惠民公益项目捐赠仪式在广安市举行，深圳、广安两地领导共同为广安（深圳）产业园区授牌，深圳市工商联（总商会）还代表深圳市企业家认捐广安一批惠民项目。深圳市副市长陈彪，中国残疾人福利基金会副理事长兼秘书长费薇，市委书记侯晓春，市委副书记、市长罗增斌以及广安市领导肖友才、蒋英胜、刘儒贤等出席会议。

17日，广安新型房屋产业基地签约、奠基仪式在广安市举行，并在广安经济技术开发区新桥园区破土开工。这标志着中国建材集团投资10亿元的广安新型房屋产业基地项目正式落户广安市。中国建材集团有限公司董事长宋志平，副总经理郭朝民，北新集团建材有限公司董事长王兵，总经理陶铮等，广安市委书记侯晓春，市委副书记、市长罗增斌，以及席世洪、陈捷等市领导分别出席签约、奠基仪式。宋志平、郭朝民、王兵、陶铮、侯晓春、陈捷、席世洪等为项目奠基。随后，宋志平一行到邓小平故里，向邓小平铜像敬献花篮，并为北新建材林揭碑、植树。

17日，邓小平的妹妹邓先群，女儿邓楠、邓榕等回到久别的故乡——广安。在邓小平故居陈列馆向邓小平雕像敬献鲜花，参观邓小平故居陈列馆。

18日上午，8月22日是邓小平诞辰110周年纪念日。省委、省政府在广安举行向邓小平同志铜像敬献花篮仪式，纪念邓小平同志诞辰110周年，深切缅怀伟人的丰功伟绩和崇高风范。省委书记王东明，成都军区政委朱福熙，省委副书记、省长魏宏，成都军区空军政委舒清友出席仪式。省委副书记柯尊平主持。省委常委李登菊、王怀臣、黄新初、陈光志、范锐平、李昌平、吴靖平、李亚洲，以及省人大常委会党组副书记，省政府副省长，省政协党组副书记，省法院院长，武警四川省总队政委，邓小平同志亲属及身边工作人员代表，省直有关部门负责人，各民主党派省委、省工商联负责人和无党派代表人士，中共广安市委副书记、市长罗增斌，市人大常委会主任余仪，市政协主席刘凤成，市委副书记袁险峰，以及市委、市人大、市政府、市政协、广安军分区在家领导和干部群众代表参加献花仪式。

18日上午，由中央文献出版社、邓小平故居陈列馆、中国地图出版集团联合出版的《丰碑》和由中国地图出版集团出版的《邓小平光辉历程地图集》首发式，在邓小平铜像广场举行。邓小平妹妹、解放军总政治部原群工部部长邓先群，邓小平外甥、安远集团董事栗丁丁，中共中央文献研究室副主任卓松盛，中共中央文献研究室副秘书长、办公厅主任高屹，中央文献出版社社长刘敏，邓小平身边工作人员黄琳，中共中央文献研究室第三编研部副主任姜淑萍，中国地图出版集团总经理倪庆华等出席首发式。仪式由市委副书记袁险峰主持。邓先群、卓松盛为《丰碑》和《邓小平光辉历程地图集》启动首发揭幕。在首发仪式现场，中国地图出版集团与中央文献研究室还向邓小平故里管理局、邓小平图书馆捐赠了图书。

18日，邓小平故居陈列馆经过半年闭馆改陈，对外开放。省委书记王东明，成都军区政委朱福熙，省委副书记、省长魏宏，邓小平同志亲属代表、全国政协教科文卫体委副主任邓楠在邓小平故居陈列馆为邓小平雕像揭幕。

18日下午，四川省纪念邓小平同志诞辰110周年座谈会在广安举行。省委书记王东明出席座谈会并发表讲话，成都军区政委朱福熙出席，省委副书记、省长魏宏主持。座谈会上，邓小平亲属代表、全国政协教科文卫体委副主任邓楠，广安市委书记侯晓春，四川大学博士生导师游志胜，科创控股集团董事局主席何俊明，牌坊村党支部书记邓治君分别发言。省委副书记柯尊平，省委常委李登菊、王怀臣、黄新初、陈光志、范锐平、李昌平、吴靖平、李亚洲，以及省人大常委会党组副书记，省政府副省长，省政协党组副书记，省法院院长，成都军区空军政委、武警四川省总队政委，邓小平亲属和身边工作人员代表，省直有关部门负责人，各民主党派省委、省工商联负责人和无党派代表人士，中共广安市委副书记、市长罗增斌，市人大常委会主任余仪，市政协主席刘凤成，市委副书记袁险峰，以及市委、市人大、市政府、市政协、广安军分区在家领导和干部群众代表参加座谈会。

18—19日，省政协副主席、致公党省委主委杨兴平一行，在省委统战部副部长刘建军，市政协副主席欧太元等陪同下，先后深入武胜县白坪——飞龙新农村示范区规划馆、红岩英雄文化陈列馆、中小学生综合实践基地、飞龙镇卢山村张家院子、白坪乡甜橙新村、龙女湖旅游区等地，对全省民主党派坚持和发展中国特色社会主义学习实践活动基地建设进展情况以及致公党省委认领项目合作共建情况进行调研，并召开全省民主党派坚持和发展中国特色社会主义学习实践活动基地建设工作座谈会。

19日上午，市委书记侯晓春主持召开四届市委第84次常委会议。会议传达四川省纪念邓小平同志诞辰110周年座谈会精神，组织学习《中共四川省委关于认真贯彻落实“三严三实”要求进一步加强党员干部教育管理监督的意见》和《中共四川省委关于建立健全作风建设长效机制的意见》。市委副书记、市长罗增斌出席会议，市人大常委会主任余仪，市政协主席刘凤成列席会议，市委副书记袁险峰出席会议。市领导肖友才、肖雷、黄秀川、唐雄兴、杨利民、蒋英胜、甘用德、刘光辉、王义杰出席会议。

19日下午，四川省加快推进新型城镇化督查组赴广安市，先后深入枣山石谷梁子安置房、官盛新区美好家园、广安港、佛手山新村等重点建设项目，详细了解广安市新型城镇化工作的推进情况。

20日上午，中共中央在人民大会堂举行座谈会，纪念邓小平同志诞辰110周年。中共中央总书记、国家主席、中央军委主席习近平发表重要讲话强调，邓小平同志为我们擘画的社会主义现代化蓝图正在一步步变成美好现实，我们伟大的祖国正在一天天走向繁荣富强，中华民族正在一步步走向伟大复兴。我们相信，在20世纪赢得了伟大历史性胜利的中国共产党和中国人民，必将在21世纪赢得更伟大的历史性胜利。中共中央政治局常委李克强、张德江、俞正声、王岐山、张高丽出席座谈会，中共中央政治局常委刘云山主持座谈会。市委书记侯晓春代表家乡人民，怀着对邓小平同志的无限崇敬与怀念之情，在北京参加了中共中央举行的纪念邓小平同志诞辰110周年座谈会。

20日上午，广安市召开华蓥山大熊猫野化放归培训基地启用及大熊猫入驻新闻发布会。会议对华蓥山大熊猫野化放归培训基地的选址、建设、运转等情况进行详细介绍，并通报大熊猫“云涛”“阳花”于8月23日正式“安家”华蓥山，主要用于野化放归培训研究，暂不对游客开放。

20—21日，广西壮族自治区24所高校的优秀大学生代表到广安市开展社会实践活动，24名大学生代表深入广安中学、广安职业技术学院参观，开展桂蜀大学生“缅怀邓小平·共筑中国梦”主题交流活动，并与广安职业技术学院的学生代表一同参观邓小平故里，感受红色文化，接受爱国主义教育。

20—23日，中国军事文化研究会会长、二炮原副政委程宝山一行，在市委书记侯晓春，市委副书记袁险峰，市委常委、副市长肖友才，广安军分区政委武立国等陪同下，到广安参加纪念邓小平同志诞辰110周年书画艺术展活动。

21日，由中央宣传部、中央党校、中央文献研究室、中央党史研究室、教育部、中国社会科学院、解放军总政治部联合举办的全国纪念邓小平同志诞辰110周年学术研讨会在北京举行，市委书记侯晓春受邀出席会议并发言，与全国各地150多位专家学者在会上围绕邓小平生平和邓小平理论研究进行学术交流。

21日，“春天的故事——广安市纪念邓小平同志诞辰110周年书法美术摄影作品展”在广安市民广场开展。市领导刘凤成、肖友才、陈全禄、贺宗飞参观展览。

21日，省人大法制委员会副主任委员王希龙随同中国社会科学院法学研究所法治国情室主任、研究员、《法治蓝皮书》主编田禾等专家学者一行到广安市开展“立法与改革”课题调研。市人大常委会主任余仪，副主任康永恒参加座谈会。

21—22日，《求是》杂志社总编辑陶骅一行，在市领导唐雄兴、王义杰等陪同下，到广安市开展纪念邓小平同志诞辰110周年活动，并对协兴园区佛手山新村进行考察。21日，在邓小平故里，陶骅一行向邓小平铜像敬献花篮，并植下纪念树，还参观邓小平故居陈列馆、邓小平缅怀馆。22日，在佛手山新村考察。

21—23日，8月22日是邓小平诞辰110周年纪念日，为缅怀这位世纪伟人，由中共中央文献研究室、香港文汇报、中共四川省委宣传部、广安市人民政府等联合举办的“光辉历程——纪念邓小平诞辰110周年”大型展览，在香港会展中心正式开幕。“光辉历程——纪念邓小平诞辰110周年大型展览”历时三天，是唯一一场境外举办的国家级纪念活动。

22日上午，广安市举行纪念邓小平同志诞辰110周年集体健身长跑活动，市级机关、企事业单位和社会各界的3000余名干部群众用健身长跑的方式纪念邓小平同志。市委书记侯晓春，市委副书记、市长罗增斌，市人大常委会主任余仪，市政协主席刘凤成，市委副书记袁险峰，市领导杨利民、康永恒、陈全禄、袁继林等出席活动启动仪式。

22日，广安市在邓小平铜像广场举行庄严的献花仪式，缅怀邓小平同志的丰功伟绩，市委书记侯晓春，市委副书记、市长罗增斌，市人大常委会主任余仪，市政协主席刘凤成先后率市委、市人大、市政府、市政协方阵向邓小平铜像敬献花篮。敬献花篮仪式后，侯晓春、罗增斌、袁险峰和市委党群系统的干部职工到邓小平故居陈列馆和邓小平缅怀馆参观。市委副书记袁险峰，以及肖友才、肖雷、黄秀川、杨利民、蒋英胜、甘用德、刘光辉、王义杰等市领导参加市委党群系统献花仪式。广安军分区、市级部门、各区市县和园区等干部职工3000余人共30个方阵先后向邓小平铜像敬献花篮。

22日，《邓小平同志诞生110周年》纪念邮票首发式在广安市举行。中国邮政集团公司副总经理李丕征，副省长王宁，中国邮政集团公司邮票发行部总经理高山，中国集邮总公司党委书记李永明，市委书记侯晓春，市委副书记、市长罗增斌等出席仪式。王宁、李丕征、侯晓春等为邮票揭幕。省委宣传部机关党委书记平志英，四川省邮政管理局局长戚兰州，省邮政公司党组书记、总经理韩广岳以及广安市领导杨利民、甘用德、刘和斌等出席首发仪式。

22日，国家一级美术师，中国美协百杰画家之一，广东大华鼎文化发展有限公司董事长，广安籍青年画家甘波自费600余万元在广安举办“永远的小平——纪念邓小平诞辰110周年全国名画家作品展”，并邀请100余名国内画坛名家云集广安，表达对小平同志的感恩。9月1日，展览结束。

22日下午，副省长王宁在市领导杨利民、甘用德、刘和斌的陪同下，参观改陈后的邓小平故居陈列馆和新建的邓小平缅怀馆。

22日，2014年5月动工的广安汉陶博物馆全面建成。该馆由“中国汉陶第一人”、年近七旬的著名民间收藏家、绵阳市三台县人何人积极参与“感恩小平·我为小平家乡发展作贡献”活动，以捐赠的方式筹建，广安市利用图书馆底楼馆舍约1300平方米场地，筹建广安汉陶博物馆（含汉文化交流中心），现拥有藏品近万件，全部由何人捐赠。

23日上午，华蓥山大熊猫野化放归培训基地启用及大熊猫入住仪式在华蓥山举行，标志着大熊猫“阳花”“云涛”正式安家华蓥山。国家林业局副局长陈凤学出席仪式并宣布大熊猫野化放归培训工作正式启动，省林业厅副厅长马平出席仪式并讲话，市委书记侯晓春在仪式上致辞，市委副书记、市长罗增斌主持仪式，市政协主席刘凤成出席仪式。国家林业局保护司副司长贾建生宣读国家林业局关于华蓥山大熊猫野化放归培训基地的批复文件，国家林业局驻成都专员办副专员张志忠、四川卧龙国家级自然保护区管理局局长张和民以及广安市领导肖雷、杨利民、钟志荣等出席仪式。

24日，河南新乡画家王宏忠在思源广场展出他创作的邓小平肖像百米长卷，以此表达对邓小平同志的深切缅怀。“邓小平肖像全国巡展”是由河南新乡日报社策划、卫辉市文广局组织，由画家王宏忠用两年时间创作110幅邓小平不同时期的肖像在全国巡展，广安是展出的第一站，接下来王宏忠将到重庆、百色等邓小平战斗、工作过的地方及各地爱国主义教育基地巡回展出。

25日，广安市召开整改落实建章立制环节工作推进会。省委第十三督导组组长汤建平，市委书记、市委教育实践活动领导小组组长侯晓春出席会议并讲话。市委副书记、市委教育实践活动领导小组副组长袁险峰主持会议。市委常委、组织部部长、市委教育实践活动领导小组副组长黄秀川传达省委教育实践活动领导小组会议、全省干部监督工作会议、全省优秀年轻干部培养选拔工作座谈会主要精神。

25日，市委书记侯晓春率市领导肖雷、钟志荣一行，先后深入武胜县三溪镇、岳池县朝阳、石垭等乡镇，实地察看了“111”工程（一个大环线、一个单元、一条连接线工程）建设情况，以及机收机耕和新型住宅建设等现场，就“111”工程建设和农业机械化生产等进行调研。侯晓春强调，各地要以特色农业产业基地建设为发展现代农业的载体和抓手，加大农业机械化推广力度，充分发挥农机在促进现代农业发展和加快新农村建设中的重要作用，引导支持发展农民专业合作组织、农业产业化龙头企业，加快现代农业发展和标准化建设。

25日，在成都参加四川汽车产业发展投资洽谈会的市委副书记、市长罗增斌，会见中国兵装集团党组成员、副总经理邓智尤，长安集团副总裁连刚一行，以及中国航空技术广州有限公司项目负责人及部分重庆企业家。副市长陈捷参加会见。

25日下午，根据省委统一部署，省委第五巡视组赴前锋区巡视工作并召开动员会。省委第五巡视组组长向阳讲话，市委常委、组织部部长黄秀川主持会议。省委第五巡视组副组长曾惠平，市委常委、纪委书记刘光辉出席会议。

26日下午，市委书记侯晓春主持召开全市“洁净水”行动专题办公会，讨论《广安市“洁净水”行动工作方案（讨论稿）》，对全市“洁净水”行动进行安排部署。市领导肖雷、蒋英胜、易铭珅、蔡学勤、席世洪、陈捷、钟志荣、刘兴汉等出席专题办公会。

27日上午，市委副书记、市长罗增斌主持召开全市督查稳增长措施落实情况专题办公会。罗增斌强调，当前各地各部门要把主要精力放在稳增长、促发展上，清醒认识经济运行存在的压力，认真落实稳增长各项措施，确保圆满实现全年经济发展预期目标。副市长刘和斌、席世洪、陈捷、钟志荣出席会议。

27日下午，市委书记侯晓春，市委副书记、市长罗增斌会见前来参加“感恩小平·投资广安”中外知名企业广安行活动的中石油华油天然气股份有限公司总经理仲文旭、中国国机集团副总经理黄晓敏等企业代表，双方就进一步深化合作等事宜进行交流。四川科伦药业股份有限公司副总经理刘思川，招商局物流集团公司成都公司党支部书记李羌生，宝钢建筑系统集成有限公司副总经理高光虎，重庆海丰控股集团董事长肖华安以及市领导蒋英胜、陈捷等出席座谈会。

27—28日，副省长、公安厅厅长侍俊在市委书记侯晓春等的陪同下，先后到岳池县基层派出所、思源广场城区治安警务平台和‘110”应急联动指挥中心、广安区广福街道办事处五福社区等地对内务管理、单警装备使用和维护、后勤保障等情况进行检查和暗访，详细了解治安防范、打击犯罪、管理服务、队伍突出问题集中整治等工作开展情况，并亲切慰问基层民警。市委常委、政法委书记肖雷，广安军分区司令员樊茂阳，副市长、市公安局局长邓文国陪同调研。

28日下午，由中央文明办主办，四川省文明办、中国文明网、中共广安市委、广安市人民政府承办，广安市委宣传部、市文明办、市电视台、四川文明网协办的“爱国、敬业、诚信、友善”全国道德模范与“身边好人”现场交流活动在市会展中心举行。

28日下午，市委书记侯晓春会见到广安市访问的美国哈佛大学费正清东亚研究中心原主任，著名社会学家、汉学家，《邓小平时代》作者傅高义一行，双方就邓小平同志诞辰110周年以及邓小平理论在广安的深入实践等问题进行交流。会谈后，傅高义还为广安市广大干部职工作一场题为“邓小平与中国的政治、经济改革”的精彩演讲。侯晓春主持演讲会。

28日下午，由省投资促进局和市委市政府共同举办的“感恩小平·投资广安”中外知名企业广安行项目恳谈会在广安市成功举行。清华大学机械工程学院院长、中国工程院院士、广安高级决策咨询暨投资促进专家尤政，中共中央对外联络部经济联络中心副主任吴保才，省投资促进局副局长付艳以及省政府驻广州、上海、厦门办事处等相关单位负责人，中国医药集团总公司副总经理曾兵等120家中外知名企业140余名客商出席会议，市委副书记、市长罗增斌出席会议并讲话。

28日下午，市委副书记、市长罗增斌会见到广安市参加“感恩小平·投资广安”中外知名企业广安行活动的中国医药集团总公司副总经理曾兵、清华大学机械工程学院院长尤政、中共中央对外联络部经济联络中心副主任吴保才等部分客商。市领导蒋英胜、刘和斌、陈全禄、陈捷参加会见。

29日上午，市委副书记、市长罗增斌主持召开四届市政府第37次常务会议。会议审议《广安市城市总体规划》《关于调整全市2014年度投资1000万元以上重大项目（含市级重点项目）计划的请示》《关于印发广安市农村土地承包经营权流转管理实施办法（试行）的通知》《关于进一步加强公路路政管理工作的通知》等有关事宜，听取市人大代表议案、建议和市政协提案办理工作情况汇报。

29日上午，省文明办创建处处长王伟率省文明办暗访组一行到广安市，就广安市开展创建全国文明城市工作进行督查暗访，并召开座谈会。市委副书记袁险峰出席座谈会并就广安市2014年创建全国文明城市工作作汇报。市领导唐雄兴、杨利民、康永恒出席座谈会。

29日，市委副书记、市长罗增斌带领市政府领导班子成员前往市规划展览馆开展调研。罗增斌强调，市规划展览馆对外要成为展示广安城市形象的重要窗口，对内要常态化向公众开放，增强市民对城市的认同感，让广大市民自觉维护好城市形象，更加积极主动地参与到城市建设中来。

9月

1日上午，市委书记侯晓春主持召开市委专题办公会，听取考察组赴外地考察景区车辆换乘经营管理情况汇报，研究邓小平故里旅游景区车辆换乘经营管理相关工作。侯晓春强调，各级各相关部门要进一步解放思想，切实缓解景区交通压力，保护好景区良好生态环境，努力提升景区形象，通过实践探索形成景区车辆换乘经营管理新模式，努力推动全市旅游产业低碳环保发展。市领导袁险峰、杨利民、易铭珅、刘兴汉等出席会议。

1—3日，以省水利厅副巡视员卜冀滨为组长的省政府安全生产第十综合督查组，在副市长陈捷陪同下，到广安市开展安全生产综合督查。督查组分为两组，分别深入市、县两级政府以及七一水库、巴广渝高速公路广安段、爱众股份有限公司、广安发电厂、玖源化工、科塔集团等10余个单位和企业，多渠道、多形式了解广安市安全生产工作开展情况。

1—3日，深圳市经济贸易信息化委员会、四川省人民政府驻深圳办事处组织全国驻深机构主要负责人一行，在市领导罗增斌、蒋英胜、陈捷、刘儒贤等陪同下，到广安考察调研。

2日上午，市委副书记、市长罗增斌率副市长陈全禄一行实地察看幼儿园、小学、初中、高中不同层级的学校，检查2014年度秋季开学工作。罗增斌强调，各级各有关部门要按照优先发展教育事业的战略要求，有效整合、合理布局各种办学资源，不断提升教学水平，持续推动教育事业健康发展。

2日下午，广安市召开"感恩小平·共建广安"全国驻深机构主要负责人赴广安考察座谈会。市委副书记、市长罗增斌，深圳市经贸信息委副主任高瞻出席会议并讲话。考察团一行都是邓小平同志恢复高考、改革开放政策的受益者，座谈会前，考察团一行还到武胜县、邓小平故里、广安经济技术开发区、枣山物流商贸园区等地考察。副市长陈捷出席座谈会。

2日下午，广安市召开全市农民增收书记县长负责制专题会议，确保全面完成2014年全市农民增收目标，市委副书记、市长罗增斌出席会议并讲话。市委常委、政法委书记肖雷主持会议，副市长钟志荣出席会议。

3日，中国中共文献研究会邓小平思想生平研究会在北京召开成立大会。中共中央文献研究室主任、中国中共文献研究会会长冷溶出席大会并致贺词。中共中央文献研究室等中央有关部门负责人，邓小平亲属代表邓榕、邓卓棣，邓小平原身边工作人员王世斌及有关专家学者等100余人出席大会。市委书记侯晓春、市委副书记袁险峰、邓小平故里管理局局长钱奇出席大会，侯晓春当选为副会长，袁险峰、钱奇当选为常务理事。

3日，是中国人民抗日战争胜利69周年纪念日，广安市开展"举办一期纪念活动专题宣传、观看一部抗战题材的影视片、重温一次抗日战争历史、进行一次主题文化活动、上好开学第一堂思想政治课、举办一期座谈讨论活动、举办一次主题征文"等系列活动纪念抗日战争胜利69周年。5日上午，广安市在市委宣传部五楼会议室召开纪念中国人民抗日战争胜利69周年座谈会。市区县各级相关部门和社会各界代表共40余人参加座谈会。

3日下午，邓小平城乡发展学院签约仪式在北京举行，广安市与北京师范大学达成合作，双方约定共建邓小平城乡发展学院。北京师范大学校长董奇，北京师范大学党委常委、副校长陈光巨，北京师范大学党委常委、副校长曹卫东，以及市委书记侯晓春，市委副书记、市长罗增斌，团中央中青高级人才培训中心副主任王捍忠等出席签约仪式。北京师范大学校长助理、学科处处长陈丽，北京师范大学经济与资源管理研究院院长、北京师范大学新兴市场研究院院长胡必亮，北京师范大学党委办公室、校长办公室主任康震，北京师范大学社会科学处处长范立双，北京师范大学对外联络办公室主任、北京师范大学教育基金会秘书长张吾龙，北京师范大学国内合作办公室主任屈浩，北京师范大学继续教育与老师培训学院院长王文静，以及广安市领导黄秀川、蒋英胜、张建华、陈全禄和广安职业技术学院、市教育局、市委党校等相关部门负责人出席签约仪式。

4—5日，市委书记侯晓春率广安考察团赴浙江，就生态文明建设、美丽乡村建设和“五水共治”等情况进行深入考察，湖州市委书记马以等陪同考察，并介绍相关情况。在浙期间，侯晓春率广安考察团还前往浙江省桐庐县迎春商务区、滨江商住综合体、临安市青山湖科技城规划展览馆等地，就城市建设等情况进行深入考察，并与当地党政责任人进行交流，临安市委副书记、政法委书记李文钢，临安市副市长俞灵君以及湖州市副市长杨六顺等陪同考察。市领导肖雷、蒋英胜、钟志荣等参加考察活动。

9日上午，广安市召开庆祝第30个教师节座谈会，市委书记侯晓春出席会议并作重要讲话。侯晓春强调，我们要认真践行邓小平教育理论，始终保持昂扬向上的姿态，不断追求更高更远目标，全面推进部省共建广安市教育改革发展试验区建设，办好人民满意的教育事业，努力谱写好“中国梦在广安”教育篇章。市委副书记、市长罗增斌主持座谈会。会议还表彰一批教书育人楷模和优秀教师、优秀教育工作者。市领导杨利民、袁继林等出席座谈会。

10日上午，广安市在广安军供站举行2104年新兵欢送会。市委副书记、市长罗增斌出席欢送会并讲话。市领导肖友才、肖雷，广安军分区司令员樊茂阳、政委武立国出席欢送会。

10—11日，副省长、省委派驻市（州）教育实践活动第十三督导组第一组长甘霖到广安市，深入广安区龙安乡群策村、勇敢村以及市质监局等地督促指导群众路线教育实践活动，并召开座谈会，与基层党员干部、群众交心谈心，充分听取党员干部、群众意见和建议，听取广安市经济社会发展、开展群众路线教育实践活动以及学习贯彻落实省委《关于建立健全作风建设长效机制的意见》《关于认真贯彻“三严三实”要求进一步加强党员干部教育管理监督的意见》情况的汇报。省政府副秘书长吴显奎，省质监局局长、省委群众路线教育实践活动领导小组成员郭春英，省直机关工委副书记、省委派驻市（州）教育实践活动第十三督导组组长汤建平等参加督促指导。市委书记侯晓春出席座谈会，详细汇报广安市有关情况。市委副书记、市长罗增斌主持座谈会。市领导黄秀川、杨利民、刘光辉等陪同并出席座谈会。

11日，第十一届全国政协副主席、民革中央原常务副主席、著名经济学家、博士生导师厉无畏一行在市政协主席刘凤成陪同下，到广安市调研，深入武胜县街子工业园区，实地考察四川银钢集团、街子节能环保产业园和重庆中宝集团建设现场。参观考察武胜县白坪——飞龙新农村示范区规划馆、飞龙镇卢山村张家院子、竹丝画帘展馆等，对武胜创新产业园区建设机制，大力发展循环工业、生物经济和节能环保产业给予充分肯定。并就当前经济形势与民营经济发展等问题，为武胜县干部和企业家代表作主题报告。

11日下午，广安市召开贯彻落实省委《关于建立健全作风建设长效机制的意见》和《关于认真贯彻“三严三实”要求进一步加强党员干部教育管理监督的意见》工作会议，市委书记侯晓春出席会议并作重要讲话。侯晓春强调，各级各部门要进一步转变作风，认真践行“三严三实”要求，营造起“不敢腐”的社会氛围，打造“不能腐”的制度环境，筑牢“不想腐”的思想根基，以良好的作风和精神状态推动广安科学发展、加快发展。省直机关工委副书记、省委派驻市（州）教育实践活动第十三督导组组长汤建平出席会议。市委副书记、市长罗增斌主持会议。

11日下午，中信集团子公司——中信产业投资基金管理有限公司总监何勇斌、高级顾问侯丰，中信水务集团董事副总经理陈铭率队到广安市考察，市委书记侯晓春会见考察团一行，双方就节能环保产业、高新技术产业、文化旅游产业、医疗卫生产业等进行了深入交流。市领导杨利民、蒋英胜等参加会见。

12日上午，受市委书记、市委网络安全和信息化领导小组组长侯晓春委托，市委副书记、市长、市委网络安全和信息化领导小组副组长罗增斌主持召开市委网络安全和信息化领导小组第一次全体会议。市委市政府及广安军分区领导肖友才、唐雄兴、杨利民、樊茂阳、邓文国等出席会议。

12日上午，市委副书记、市长罗增斌会见中泰信托有限公司业务总监、西南业务部经理黄荣开，中太建设集团华南工程有限公司董事、副总经理刘利平。罗增斌希望双方通过市场机制、公平竞争，积极构建长期合作关系，努力促进双方互利共赢、共同发展。

12日上午，市政协主席刘凤成深入邻水县甘坝乡联合村调研扶贫工作，他要求各级党委政府以加快贫困村基础设施建设为首要任务，帮群众之所需，解群众之所难，努力把扶贫项目建成精品工程，使广大群众真正满意。

12日，市委书记侯晓春一行前往广安·中国低碳智慧新城项目建设现场，对项目建设情况进行深入调研。广安·中国低碳智慧新城项目位于广安东南片区（西溪峡附近），包括白塔文化保护区、西溪峡旅游文化区、体育文化区、低碳智慧中心区。项目于7月正式开工，预计2020年基本建成。市委常委蒋英胜随同调研。

12日下午，市委书记侯晓春主持召开赴浙江考察“五水共治”工作汇报座谈会，听取考察情况汇报，研究部署“洁净水”行动相关工作。侯晓春强调，各级各相关部门要认真学习浙江省“五水共治”工作经验，结合广安实际，学以致用，加强领导，积极筹划，广泛宣传动员，建立市场运行体制机制，以项目为支撑，推动广安市“洁净水”行动快速、有序推进。市委副书记、市长罗增斌出席会议并讲话。市领导肖友才、肖雷、杨利民、蒋英胜、易铭珅、周派国等出席会议。

12日8时至13日10时，广安市出现区域性大暴雨，受上游强降雨影响，渠江干流将发生超警戒水位洪水。13日10时，广安市启动防汛Ⅱ级应急响应，渠江流域各地进入防汛紧急状态。13日零时至18时，广安市出现区域性大暴雨，降雨量普遍为50—150毫米，超过30毫米的站点有136个，占总站点数的76%，最大降雨量出现在邻水县椿木乡廖家湾，累计雨量达385.3毫米，各地不同程度出现灾情和险情。13日上午，市委书记侯晓春率领市级相关部门负责人，冒雨深入渠江广安城区段，实地察看汛情。侯晓春强调，各级各相关部门要快速启动防汛应急响应，加强监控，落实责任，全方位确保人民群众生命财产安全。14日上午8时，洪峰抵达广安，洪峰水位231.57米，洪水上涨19.2米，超警戒水位2.67米，超保证水位0.57米。截至9月14日16时，全市6区市县、107个乡镇（街道）、99.8万人不同程度受灾，直接经济损失高达8.89亿元。

13日上午，《永远的风采——邓小平遗物故事》新闻发布会在北京梅地亚中心举行。该片是为纪念邓小平同志诞辰110周年，由中共中央文献研究室、中共四川省委宣传部、中共广安市委、邓小平故里管理局、峨眉电影集团有限公司、中央新闻纪录电影制片厂（集团）联合摄制的20集大型电视片，将在中央电视台播出。

13日晚，市委副书记、市长罗增斌主持召开全市防汛工作紧急会议。罗增斌强调，各级各部门要按照省、市统一部署，紧急行动起来，研究应对措施，落实具体任务，全力做好洪峰过境的各项准备工作，确保全市安全度汛。

14日上午，市委书记侯晓春率队冒雨深入协兴园区，实地查看灾情，了解群众安置情况。侯晓春强调，协兴园区各级各部门和单位要树立大局意识、责任意识，把抢险救灾作为当前第一任务来抓，切实做好救灾和安置工作，全力保障灾区群众生命财产安全。

14日上午，市委副书记、市长罗增斌率副市长钟志荣一行，先后深入广安城北新南门、滨江路及华蓥市明月镇、阳和镇等地，检查防汛救灾工作，并就相关工作作了安排部署。罗增斌强调，各级各部门要把人民群众生命安全放在首位，继续加强水情及地质灾害监测，积极应对各种突发情况。干部群众在灾害面前要齐心协力，积极展开自救与灾后重建工作，最大限度减少洪灾造成的损失。

14日下午，省防汛指挥中心召开紧急会议，部署川东北防汛抢险工作，分析目前的防汛形势，研究部署下一步防汛措施。省委副书记、省长魏宏出席会议并作重要讲话，市委书记侯晓春通过视频汇报广安受灾情况，市委副书记、市长罗增斌出席视频会。魏宏强调，各地要把久雨后的地质灾害防范放在当前工作的重要位置，严防次生灾害的发生，确保人民群众生命财产安全，把洪灾带来的损失降到最低限度。

14日下午，省防汛抗旱指挥部常务副指挥长、水利厅厅长冷刚一行在市委副书记、市长罗增斌陪同下，先后深入广安区滨江路、邻水县柳塘乡、石滓乡等洪水重灾区，实地察看灾情，了解广安市抗洪救灾工作开展情况，并就下一步工作提出指导意见。

15日上午，市委书记侯晓春主持召开全市企业发展工作座谈会，广泛听取企业家代表发言，深入了解企业发展现状，帮助企业解决实际困难，研究更有针对性的政策措施，促进企业快速健康发展。市委副书记、市长罗增斌出席会议并讲话。市领导肖友才、黄秀川、蒋英胜、刘光辉、席世洪出席会议。

15日上午，为期5天的市、县政协委员和政协机关干部第三期培训班在市委党校开班，50名市、县政协委员和政协机关干部集中“充电”，提高履职能力。市政协主席刘凤成出席开班仪式并作动员讲话。

16日上午，市委书记侯晓春主持召开市委专题办公会，研究中信集团到广安投资合作有关事宜。侯晓春强调，与中信集团建立长期战略合作关系，充分借鉴吸收成熟运作模式，组织开展“洁净水”行动，是广安市挤进国家战略的重要举措，各级各部门要抢抓机遇，抓紧开展对接、洽谈工作，积极探索与中信集团等合作实施“PPP”模式，全面扎实推进生态城市建设。市领导肖雷、蒋英胜等出席专题办公会。

16日晚，由新丝路时尚机构主办、新丝路（北京）文化传播有限公司成都分公司承办、四川泰合置业集团冠名的“2014‘泰合之夜’新丝路中国模特大赛四川赛区总决赛暨颁奖盛典”在武胜县会展中心大礼堂上演。经过层层选拔出的30强选手为夺取全国总决赛参赛资格展开激烈角逐。大赛分别评出超模组、潮模组和男模组三个组别的冠亚季军以及“泰合之星最上镜奖”等四个单项奖，并进行现场颁奖。

17日上午，市委副书记、市长罗增斌主持召开“9·13”特大暴雨灾害灾后恢复重建工作专题会，对抓紧推进灾后恢复重建、恢复群众正常生产生活秩序进行安排部署。市领导肖友才、席世洪、钟志荣出席会议。

18日，广安市各地开展系列主题活动，纪念“九一八”事变83周年。当天，广安市鸣响防空警报，组织开展广安市人防（民防）知识竞赛、播放《天盾》等国防警示教育片；各区市县开展“勿忘国耻自强奋进谱写伟大中国梦广安篇章”万人签名活动；各级各类学校组织观看抗战影片、重温“九一八”历史、发放《中小学生人防知识读本》以及开展主题演讲、签名等活动，旨在引导未成年人不忘国耻、自强不息。

18日下午，市委副书记、市长罗增斌主持召开专题会议，听取广安市特色集镇建设工作汇报，讨论《中共广安市委广安市人民政府关于加快推进特色集镇建设的意见》，安排特色集镇建设相关工作。市领导席世洪、刘兴汉等出席会议。

18日，市精神文明建设办公室揭晓“图说我们的价值观”和“讲文明·树新风”公益广告获奖作品名单。《社会主义核心价值观基本内容》等5件作品荣获一等奖，《见义勇为》等9件作品荣获二等奖，《节约靠大家光盘你我他》等9件作品荣获三等奖，《“一游”止上壁“到此”留心中》等13件作品荣获优秀作品奖。

19日上午，市委副书记、市长、市城乡规划委员会主任罗增斌主持召开四届市政府城乡规划委员会第14次全体会议，审议《市规委会全体会议审议建筑工程设计方案工作制度》《凤凰山森林公园修建性详细规划》和《广安城北购物广场》《前锋爱众水电气服务中心》《广安福达冷链物流中心》等规划设计方案，会议还审议前锋区、前锋工业集中区等有关地块规划设计条件。市领导肖友才、黄秀川、席世洪等出席会议。

19日上午，市委书记侯晓春主持召开传达贯彻全省深化农村改革推进会议精神预备会。侯晓春强调，各地各部门要凝聚共识、形成合力，在土地确权颁证、推进土地流转等方面大做文章，结合农村改革，坚定不移地推进抓好产村相融、“千斤粮、万元钱”工程、“洁净水”行动，助推全市经济社会加快发展、科学发展。要坚持科学规划、成片推进，全力实施好“111”工程（1个大环线，1个单元，1条连接线工程）。市委常委、政法委书记肖雷出席会议，并传达全省深化农村改革推进会议精神。

19日，市委副书记袁险峰到华蓥市天池镇仁和村、市人社局，督导该市党的群众路线教育实践活动的开展。袁险峰一行还到华蓥市工业园区进行调研。

19—21日，为期3天的第十届中国食品博览会在成都市世纪城新国际会展中心举行。广安市共有23户食品企业参展，展位40个，展区面积达360平方米，参展产品涵盖茶叶、白酒、禽蛋、肉制品、调味品、米面制品、豆制品等七大类200多个品种，广安市参展企业实现现场销售额168万元，合同交易额4600万元，意向协议额3200万元。

20日，广安市组织未成年人开展“向国旗敬礼、做有道德的人”教育实践活动，深入贯彻落实党的十八大和习近平总书记系列重要讲话精神，加强“中国梦”和社会主义核心价值观的宣传教育。该活动至10月15日结束。

21日上午，由重向教育投资集团、四川重向广告传媒有限公司、北京橙润影视文化有限公司和市委市政府联合拍摄的公益电影《舞动梦想》新闻发布会暨开机仪式在广安市举行。市委副书记袁险峰以及市领导唐雄兴、杨利民、陈全禄，重向教育投资集团副总裁黄晓林，四川重向广告传媒有限公司总经理李大均等出席开机仪式。

22日下午，市委书记侯晓春主持召开四届市委第85次常委会议，传达贯彻全省深化农村改革推进会议精神，研究贯彻落实《中共四川省委关于认真贯彻落实“三严三实”要求进一步加强党员干部教育管理监督的意见》和《中共四川省委关于建立健全作风建设长效机制的意见》的相关文件。市委副书记、市长罗增斌出席会议，市人大常委会主任余仪，市政协主席刘凤成列席会议。市领导肖友才、肖雷、黄秀川、唐雄兴、蒋英胜、甘用德、刘光辉、王义杰等出席会议。

23日上午，市工商联组织全国各地广安商会组织及广大民营企业家回家乡广安，参观考察，省政协副主席、省工商联主席陈放，市政协副主席、市工商联主席刘儒贤出席活动。在邓小平铜像前，举行庄重的献花仪式。

企业家们深入枣山物流商贸园区进行参观考察，详细了解广安的投资发展环境和招商引资政策、措施和广安民营经济发展情况。

23日上午，市人大常委会召开2014年市人大代表建议批评意见重点督办工作会，市人大常委会主任余仪主持会议并讲话。会议听取10个重点督办小组工作开展情况汇报，安排部署下一步工作。市人大常委会副主任康永恒、敬世波、张建华、易铭珅参加会议。

23日，全国广安商会组织纪念邓小平同志诞辰110周年活动暨首届联谊会在广安市举行，200余名广安籍企业家相聚一堂，追思和学习伟人的崇高风范，不断深化“感恩小平·共建广安”活动的认识，凝聚报效家乡的强大能量。省政协副主席、省工商联主席陈放出席会议并讲话，市委书记侯晓春出席会议并讲话，市政协主席刘凤成等出席会议。会议还审议通过全国广安商会组织联络联谊活动办法。市领导肖友才、甘用德、刘和斌、刘儒贤、欧太元等出席会议。

23日，广安市迎国庆“名标”商品展销会在城区思源广场举办，集中展销广安市荣获国家驰名商标、地理标志商标、四川省著名商标及历年认定的广安知名商标产品。市委常委、市总工会主席甘用德、副市长刘和斌出席开幕式。展销会为期两天，共设70个展位，全市60余户驰名、著名、知名商标企业参加展览。

24日，广安市召开“走基层”活动现场推进会暨教育实践活动整改落实建章立制工作推进会。省委督导组组长、省直机关工委副书记汤建平出席会议并讲话。24日上午，与会人员先后深入武胜县沿口镇、武胜县网格化管理服务中心、白坪乡红梅新村、高洞村下坝院子及飞龙镇卢山村等地，对武胜县的“走基层”活动和教育实践活动整改落实建章立制工作表示肯定。市委副书记、市委教育实践活动领导小组副组长、市委“走基层”活动协调小组组长袁险峰出席会议并讲话。市委常委、组织部部长、市委教育实践活动领导小组副组长兼办公室主任、市委“走基层”活动协调小组副组长黄秀川主持会议。

24日上午，市委副书记、市长罗增斌主持召开四届市政府第38次常务会议。会议学习《四川省规范行政执法裁量权规定》，听取全市招商引资签约项目推进情况汇报，审议《关于推进依法治市加快法治政府建设的实施意见》《关于进一步加快发展养老服务业的实施意见》《广安市突发环境事件应急预案》等事宜。

24日，川东北片区煤矿业主、矿长谈心对话会及川东北片区煤矿安全座谈会在广安市召开。省安全监管局局长孙建军出席会议并讲话。市委常委蒋英胜出席川东北片区煤矿业主、矿长谈心对话会，副市长陈捷出席川东北片区煤矿安全座谈会。

24日，广安市召开医改领导小组会议，研究部署医药卫生体制改革下一阶段任务。市领导肖友才、唐雄兴、陈全禄出席会议。

24日，由人民网·中国共产党新闻网、邓小平纪念网、广安市网信办联合举办，四川广安福源文化旅游发展有限公司协办的纪念邓小平诞辰110周年网上有奖知识竞赛活动揭晓，产生黄云腾等一等奖2名，赵慧等二等奖5名，邱力伟等三等奖10名和刘蕾等纪念奖100名。根据参与人数，评选出河北沧州市南大港团委、四川自贡市自贡日报社、四川省广安市邮政局等20个优秀组织奖。该活动于8月8日启动，8月31日结束，有17万人次参与答题。

24—25日，广安市党政考察团赴贵州省贵阳市考察水环境综合整治等工作。贵州省委常委、贵阳市委书记陈刚，贵阳市委副书记、市长刘文新分别会见考察团一行。市委书记侯晓春，市委副书记、市长罗增斌率队考察，并就结合考察学习情况与推进广安市“洁净水”行动相关工作作了安排部署。贵阳市委常委、市委政法委书记庞鸿，市委常委、副市长李作勋，市委常委、市委秘书长聂雪松，市政协副主席陈鲁西陪同考察或出席会见。广安市领导肖雷、蒋英胜、钟志荣、刘儒贤等参加考察活动。

26日上午，市委中心组理论学习会暨广安讲坛·中华文明的根基专题讲座在广安市会展中心举行。著名学者、作家易中天应邀到会作专题讲座，畅谈中华文明。市委书记侯晓春主持讲座会。市领导肖友才、黄秀川、唐雄兴、蒋英胜、王义杰等市委中心组全体成员，各区市县委书记、市级各部门和园区主要负责人等1000余人聆听讲座。

26日上午，“华润万家爱心助学公益活动”捐赠仪式在广安区希望小学举行，市政府副市长陈全禄出席捐赠仪式。华润万家资助广安区希望小学、思源小学、东方小学、长乐小学、广安实验小学5所学校的200名品学兼优的困难学生，捐赠金额10万余元。

26日，成都军区政治部主任刘念光少将、四川省军区政治部主任林培雄少将一行在广安军分区政委武立国陪同下，到邓小平故里参观，向邓小平铜像敬献花篮，在邓小平故里纪念园植树认绿。随后，刘念光、林培雄一行还深入广安红军学校，检查驻川部队援建的高中部建设项目进展情况。

26日，由市文物管理委员会主办，市文广新局、市文物管理所、市博物馆承办的“伟人故里·古韵广安”——精品文物图片展开展，副市长陈全禄出席开展仪式。本次展览共展出40多张展板，近200张图片。

27日，广安市又一知名大型零售连锁企业华润万家开业。继重庆百货、美好家园、苏宁云商、国美电器、好人家等知名商家落户广安后，随着广安国际商业中心、恒大中天国际顺利完工，永辉超市、肯德基、华润万家等知名大型企业陆续进驻广安，摩尔春天、欧丹百货、肯德基、太平洋影院等主力店已经开业，核心商圈初步形成。

27日上午，市委书记侯晓春率队深入华蓥市阳和镇偏岩子新村和高兴镇林家新村，到“9·14”暴雨灾害受灾较重的蓥山红葡萄种植基地，就农业产业发展、农民增收、村集体经济增收、农村改革等进行调研。在随后召开的座谈会上，侯晓春一行认真听取了华蓥市各级党委政府负责人、村民代表关于农业农村改革相关工作的汇报。调研中，侯晓春一行还前往华蓥机电产业园，详细了解该市电子产业发展等情况。

28日，市委书记侯晓春主持召开四届市委第86次常委会，审议《中共广安市委广安市人民政府关于全面开展“洁净水”行动的意见》；传达首届四川国际旅游交易博览会和全省建筑业发展推进工作会精神，研究广安市贯彻意见。市委副书记、市长罗增斌出席会议，并传达了届四川国际旅游交易博览会精神。市人大常委会主任余仪，市政协主席刘凤成等列席会议。市委常委肖友才、肖雷、黄秀川、唐雄兴、杨利民、蒋英胜、甘用德、刘光辉出席会议。

28日，成都铁路局响应“文明单位”倡议，主动参与“感恩小平·我为邓小平同志母校（广安希贤学校）捐资活动”，为广安希贤学校捐资助学30万元。

29日，市委书记侯晓春先后深入部分老领导家中，以及广安区委办公楼、广安区北辰街道居民楼、广安区大龙乡敬老院、协兴园区牌坊村等地，看望慰问新中国成立前参加革命工作的老战士、老同志，烈士遗属、伤残军人等优抚对象，以及全国劳模，道德模范、孤寡老人代表，并与他们亲切座谈。市委副书记、市长罗增斌率队前往枣山园区、岳池县开展“国庆节”暨“老年节”走访慰问活动。市人大常委会主任余仪，市委常委、总工会主席甘用德一行深入广安经济技术开发区和前锋区看望慰问道德模范、优秀共产党员、伤残军人、烈属等，带去慰问金和慰问品。市人大常委会主任余仪率队深入到定点帮扶贫困村——前锋区观塘镇碧峰村开展扶贫调研。市政协主席刘凤成一行到华蓥市和邻水县，走访慰问部分全国劳动模范、道德模范及优抚对象、先进工作者，并送上慰问金和慰问品。市委常委、宣传部部长唐雄兴，市政协副主席江陵深入武胜县白坪乡、沿口镇、万善镇等地，走访慰问老复员军人、伤残军人、烈军属、贫困老人、百岁老人、全国先进工作者和全国劳动模范等代表。

29日，市委召开全市统战工作座谈会。市委书记侯晓春出席会议并作重要讲话。侯晓春强调，统一战线必须紧扣时代要求，创新方式路径，完善工作机制，以巩固党的执政地位为目标，以服务全面深化改革为主线，进一步加强统一战线工作，整合发挥统一战线的优势和力量，促进广安全面深化改革，助推经济社会科学发展、加快发展。市委常委、秘书长杨利民主持会议。市领导康永恒、袁继林、欧太元出席会议。

29日，由四川省休闲农业协会主办，武胜天禾旅游开发有限公司承办的四川创意农业精品展暨武胜第二届乡村旅游文化节在武胜县开幕。本次活动为期一个月，游客可在武胜白坪飞龙乡村旅游度假区、菊花博览园等地欣赏创意农产品和花卉，参与打糍粑、泥地足球赛、捉泥鳅等趣味活动。武胜县竹丝画帘获“第二届全国休闲农业创意精品展金奖”。

29日，水利部公布第十四批国家水利风景区名单，武胜县太极湖旅游区成为广安市首个国家级水利风景区。此次公布的国家水利风景区全国共有70家，其中四川省有8家。武胜县太极湖水利风景区依托东西关水电站工程而建，属于自然河湖型水利风景区。景区规划面积50平方公里，其中水域面积40平方公里。

30日，是全国首个“烈士纪念日”。广安市在邓小平铜像广场举行2014年烈士纪念日公祭活动。市委书记侯晓春，市委副书记、市长罗增斌，市人大常委会主任余仪，市政协主席刘凤成等市领导和广安军分区领导，以及各界人士、学生、烈属、老战士代表怀着无比崇敬的心情参加公祭活动。肖友才、肖雷、唐雄兴、杨利民、蒋英胜、甘用德、刘光辉、武立国等市领导和广安军分区领导参加公祭活动。

30日，市委书记侯晓春主持召开市委旅游工作专题办公会，安排部署国庆黄金周旅游工作。侯晓春强调，各级各相关部门要密切配合，全力以赴做好安全、文明等相关工作，为广大游客服好务，营造良好旅游环境，展示广安良好形象，确保广大游客和全市人民度过一个安全祥和的国庆佳节。市领导杨利民、邓文国等出席会议。

30日，市人大常委会召开党组学习会扩大会议，学习贯彻习近平总书记系列重要讲话精神。市人大常委会党组书记、主任余仪出席会议并讲话。市人大常委会副主任易铭珅、蔡学勤出席会议。

10月

1日上午9时，由广安西部牛仔城投资管理公司研发生产的红色旅游产品——“伟人风采”牛仔帽在邓小平故里举行全国首发仪式，标志着广安市红色旅游产品再添新“成员”。该产品填补前锋区红色旅游产品的空白。

1—10日，由邓小平故里管理局举办的“春天的故事——全国版画艺术精品展”在邓小平故居陈列馆（生平馆）珍藏厅开展，展出的近30件版画作品由全国各地优秀版画家精心创作。

8日下午，市委书记侯晓春与到广安市考察的中信集团客商座谈，双方就水环境治理、垃圾处理、文化旅游产业、医疗卫生产业等相关合作事宜进行深入交流。中信产业基金总裁田宇，中信水务集团董事长侯丰等出席座谈会，市委副书记、市长罗增斌主持座谈会。中信水务集团董事副总经理陈铭、中信产业基金投资总监杨怀宇以及广安市领导杨利民、蒋英胜、蔡学勤、陈全禄、席世洪、陈捷、钟志荣等出席座谈会。9日，侯晓春与侯丰、陈铭等座谈，广安市领导肖雷、杨利民、王义杰、陈全禄、席世洪、钟志荣出席座谈会。座谈会后，侯晓春等还陪同侯丰一行深入全民水库、红色文化影视城实地考察广安市“洁净水”行动开展情况。

9日下午，市委副书记、市长罗增斌主持召开全市扶贫工作专题会议。罗增斌强调，各地各相关部门要认真研究落实新时期扶贫工作的措施、机制，以精准扶贫为抓手，全力抓好扶贫工作，确保广安与全国、全省同步实现全面小康。市领导肖雷、蔡学勤、钟志荣、周派国出席会议。

9日上午，市委副书记、市长罗增斌带队前往广安区、广安经开区就当前经济稳增长措施落实和重大项目建设工作进行调研。罗增斌强调，各地各相关部门要把稳增长作为当前经济工作的重中之重，抓住全年最后几个月时间，加快重大项目建设，确保各重大项目早开工、早建设、早见效，进一步推动全市经济持续健康发展。市委常委、副市长肖友才随同调研。

10日上午，市委书记侯晓春在主持召开全市五大高端及百亿产业培育工作专题座谈会，研究分析广安市工业经济发展现状，安排部署今后一个时期全市工业发展工作。市领导肖友才、杨利民、蒋英胜、陈捷等出席会议。

10日，市委书记侯晓春率队前往川渝合作示范区枣山物流商贸园区、协兴生态文化旅游园区，就加快园区发展、加速推进园区基础设施建设等相关情况进行调研。侯晓春强调，园区各级各部门和广大干部职工要进一步解放思想，加大改革开放力度，探索创新体制机制，持续开展“感恩作贡献”活动，加快基础设施建设，着力提高园区吸引力、承载力，努力为加速建设百亿园区多做贡献、再立新功。市领导肖友才、杨利民等随同调研。

10日下午，“南城印象一期”前期物业管理物业服务项目开标会成功举行。这是广安市第一次通过公开招投标的方式选择物业管理企业。

10日下午，广安市与中国建筑股份有限公司在北京签订战略合作协议。双方约定，将在基础设施建设、统筹城乡发展、节能环保、住宅产业以及区域综合开发等领域进行多层次、多形式的合作，进一步促进广安经济社会可持续健康发展。市委副书记、市长罗增斌，中国建筑股份有限公司副总裁刘锦章，副总经济师兼基础设施事业部执行总经理张翌等出席签约仪式。市领导甘用德、钟志荣等出席签约仪式。

11日，广安市召开整顿民间投融资中介服务市场秩序工作推进会。市领导肖雷、刘光辉、王义杰、刘和斌、陈捷出席会议。

12日，全国“五星级红军小学”授牌仪式在协兴生态文化旅游园区广安红军小学举行，这标志着广安红军小学成为全省首个全国五星级红军小学。全国红军小学建设工程理事会副理事长方强、市委书记侯晓春向广安红军小学授牌。全国红军小学建设工程“五星级红军小学”评选由中共中央文献研究室办公厅、中国延安精神研究会等单位共同举办，在全国红军小学中进行评选。市领导甘用德、陈全禄等出席授牌仪式。

13日，市委书记侯晓春主持召开四届市委第89次常委会，学习传达贯彻习近平总书记在中央党的群众路线教育实践活动总结会上的讲话，四川省委书记王东明和中央第四巡回督导组组长张维庆在全省党的群众路线教育实践活动总结会上的讲话精神。省直机关工委副书记、省委第十三督导组组长汤建平到会指导，市委副书记、市长罗增斌出席会议。市人大常委会主任余仪列席会议。市委副书记袁险峰，以及市委常委肖友才、肖雷、黄秀川、唐雄兴、杨利民、甘用德、刘光辉、王义杰等出席会议。

13日下午，市委召开市人大常委会评议市级部门工作整改落实情况座谈会，市人大常委会主任余仪，市委副书记袁险峰以及市领导肖友才、敬世波出席座谈会。会议结合前阶段市人大常委会对部分市级部门工作评议测评结果，听取相关部门工作开展情况的汇报，分析工作中存在的问题的产生原因，并研究问题整改落实措施。

13日下午，由中国少先队事业发展中心、团市委、市教育局、市少工委共同主办，广安市实验学校、《少先队小干部》杂志社、青岛出版集团少儿期刊中心承办的全国少先队“红领巾阅读推广计划——广安行”启动仪式在广安市实验学校举行。中国少先队事业发展中心副主任赵继新，《少先队小干部》杂志社常务副社长季琳，青岛出版集团少儿期刊中心副总编辑黄东明，全国少先队“红领巾阅读推广计划”组委会办公室副主任张洪胜参加活动。启动仪式上，中国少先队事业发展中心和全国少先队“红领巾阅读推广计划”组委会向广安市各小学捐赠价值20万元的1000个红领巾图书角。

13日，广安市召开“图说我们的价值观”和“讲文明·树新风”公益广告颁奖座谈会，会上对获奖的36件优秀公益作品进行颁奖。

14日上午，电影《抉择》开机启动仪式在武胜白坪——飞龙乡村旅游度假区举行。《抉择》是首部以武胜县历史文化为背景，以新农村建设为题材的电影作品，影片将充分展示武胜县新农村建设成效，讲述武胜人民为追求幸福生活而付出努力的故事。该片是由亮影无界（北京）影像科技有限公司和四川天禾农业投资有限公司合作，共同投资、拍摄、制作、发行，是园区与企业联手开发新产业和借助电影形式向全国展示的初步尝试。

14日，市委书记侯晓春应邀在四川省委党校为四川省优秀干部人才递进培养第三期培训班学员作“善于在把握大局大势中推进全面深化改革”的专题报告。

14日，广安市召开关心下一代工作会议，通报关心下一代基金会筹备工作情况，传达省关工委宣传工作会议精神，研究下一步工作尤其是基金会筹建工作，进一步推动广安关爱事业向前发展。市委副书记袁险峰出席会议并讲话。市委常委、总工会主席甘用德出席会议。

15日，广安市召开党的群众路线教育实践活动总结大会，贯彻落实习近平总书记系列重要讲话和中、省党的群众路线教育实践活动总结大会精神，总结广安市教育实践活动情况，对进一步巩固发展活动成果、抓好从严治党各项工作、持续推动作风建设常态化长效化进行部署。省委第十三督导组组长、省直机关工委副书记汤建平，市委书记、市委教育实践活动领导小组组长侯晓春出席会议并讲话。市委副书记、市长罗增斌，市人大常委会主任余仪，市政协主席刘凤成，省委第十三督导组副组长、省煤田地质局巡视员蒙子武等出席会议。市委副书记、教育实践活动领导小组副组长袁险峰主持会议。会议以电视电话会议形式举行。市领导肖友才、肖雷、黄秀川、唐雄兴、杨利民、甘用德、刘光辉、王义杰、武立国等出席会议。

15—16日，省政协副主席、秘书长高烽率省政协委员到广安市，就川渝合作示范区（广安片区）建设情况进行考察，并听取广安市工作汇报。高烽对广安市经济社发展和川渝合作示范区建设等方面所取得的成绩给予充分肯定。市委书记侯晓春，市政协主席刘凤成参加汇报会。在广安期间，高烽一行先后深入邻水经开区等地实地考察川渝合作示范区建设情况。省政协常委、地联委主任陈芳，省政协委员、副秘书长聂卉，省政协委员，省委组织部副部长彭德秋，省政协委员、地联委副主任，省政府副秘书长张晋川等参加了考察。市委常委、副市长肖友才，副市长陈逮，市政协副主席周派国，广安军分区政治部主任蒲伦富等分别参加上述活动。

16日上午，第二届中国（绵阳）科技城国际科技博览会在绵阳开幕，市委副书记、市长罗增斌率副市长陈全禄一行参加。罗增斌在考察川东北经济区展馆广安展台时强调，各地各参展企业要利用科博会平台，借势借智借力，广泛参观交流，加强与高校、科研机构、创新实验室等单位合作，切实增强企业科技创新能力，推动广安经济社会又好又快发展。18日，博览会结束，广安市共推选出涉及电子信息产业、新材料产业、装备制造产业、生物医药产业、清洁能源产业以及现代农业产业等15个相关企业参加展出。

16—17日，川东北片区县域经济发展座谈会暨川东北经济区第二次联席会议在广安市召开。省委常委、副省长钟勉在主持会议时强调，川东北五市要把稳增长、防风险和惠民生有机结合，统筹谋划，创新机制，采取切实有力措施，进一步推动川东北经济区和县域经济科学发展，加快发展，努力实现全年预期目标。副省长甘霖出席会议并讲话。省国土资源厅厅长杨冬生，省委农工委副主任杨新元，省发改委副主任邓正权等省直部门领导，以及广安市委书记侯晓春，市委副书记、市长罗增斌，南充、巴中、达州、广元市委市政府主要领导出席会议。会中，与会人员还参观广安火车南站、市规划展览馆、华蓥市经开区、阳和偏岩子新村和现代农业园区。

17 日上午，全国社会扶贫工作电视电话会议召开，会上正式启动我国首个“扶贫日”活动。副市长钟志荣在广安分会场出席会议。

18—19 日，第五届中国西部金融论坛在成都举办。19 日下午，市委书记侯晓春作为嘉宾，以《转型发展重在抓水治理和水经济》为题，与西南财经大学副校长、上海对外经贸大学金融管理学院院长、中国社科院文学研究所所长、贵州省人民政府金融工作办公室副主任等专家教授，就“西部产业与金融结合的战略与路径依赖”主题，进行广泛交流。

20 日，广安市召开深化农村改革推进会。市委书记侯晓春出席会议并作重要讲话。侯晓春强调，各地要以放活土地经营权为核心，坚定信心，攻坚克难，创新农业经营体系，发展适度规模经营，着力提高农业劳动生产率和农业现代化水平，努力推动广安农村改革走在全省前列。市委副书记、市长罗增斌主持会议。市人大常委会主任余仪，市政协主席刘凤成，市委副书记袁险峰等出席会议。肖友才、肖雷、黄秀川、唐雄兴、杨利民、蒋英胜、甘用德、刘光辉、王义杰等市领导出席会议。会前，市委书记侯晓春，市委副书记、市长罗增斌分别带队深入武胜三溪镇产村相融示范区、武胜飞龙镇卢山村、武胜白坪乡白坪村、岳池玉屏湖幸福美丽新村参观。

21 日上午，市政府及办公室召开党的群众路线教育实践活动总结大会。省委第十三督导组组长、省直机关工委副书记汤建平，市委副书记、市长罗增斌出席会议并讲话。市委常委、副市长肖友才主持会议，副市长刘和斌、邓文国、陈全禄出席会议。

21 日，广安市召开前三季度形势分析会。市委副书记、市长罗增斌出席会议并讲话。罗增斌强调，各级各部门要对存在的问题切实加以解决，扎实做好四季度工作，科学谋划明年工作，确保全市经济持续健康发展。

21 日上午，市委副书记、市长罗增斌主持召开四届市政府第 40 次常务会议。会议听取全市前三季度经济运行情况分析汇报，审议并通过《关于建立统一的城乡居民基本养老保险制度的实施意见》《广安市开展城乡居民大病保险工作的实施方案》《关于进一步加快发展服务业的意见》等有关事宜。

21—22 日，市四届人大常委会召开第二十次会议。市人大常委会主任余仪主持会议。会议审议通过市人民政府关于《广安市国民经济和社会发展第十二个五年规划纲要》实施中期评估、师德师风建设情况等专项工作报告等。市人大常委会副主任敬世波、张建华、蔡学勤及委员共 33 人出席会议。

21—24 日，市委书记侯晓春率队到北京向财政部、住建部汇报工作并与中国兵器集团、重向教育投资有限公司和保利集团洽谈工作。市领导罗增斌、刘凤成、黄秀川、杨利民、蒋英胜、席世洪参加汇报与洽谈工作。

22 日，广安市与中国国际通用航空产业集团董事局主席曲铁城一行就航空产业园项目落地情况进行座谈交流。市委常委、副市长肖友才出席座谈会。座谈会上，曲铁城表示，中国国际通用航空产业集团将搞好项目布局和规划，确保该项目在广安迅速落地生根。

22 日下午，市委书记侯晓春，市委副书记、市长罗增斌率队前往北京，拜会国务院国有资产监督管理委员会管理的大型中央企业中国保利集团董事长徐念沙。希望保利集团与广安探讨发展，寻找合作，市领导黄秀川、杨利民、席世洪等参加拜会活动。

22—24 日，川滇黔赣冀五省市州政协第 36 次联系会议在广安市举行。市政协主席刘凤成主持会议，市委副书记袁险峰代表市委市政府在会上致辞。会议围绕深入学习贯彻党的十八大、十八届三中全会和习近平总书记在庆祝人民政协成立 65 周年大会上的重要讲话精神，就新形势下人民政协在积极推进幸福美丽新村建设中如何发挥作用进行了深入交流和探讨。会议期间，与会代表先后参观考察武胜县白坪——飞龙新农村示范区、宝箴塞，广安区邓小平故居、佛手山新村等地。川滇黔赣冀五省市州政协主要负责人，以及广安市政协副主席周派国、袁继林、贺宗飞、刘兴汉、黄德齐、欧太元出席会议。

24 日，第十五届中国西部国际博览会在成都世纪城新国际会展中心开幕。广安展馆位于成都新会展中心 3 号馆，广安市在工业布展中，选择 17 户电子信息类企业共计 51 类 180 余件产品，上午，市委副书记、市长罗增斌前往第十五届西博会展会现场，对广安展馆进行视察。市领导蒋英胜、甘用德、刘和斌等参加视察。截至 27 日，广安市举办广安市武胜县节能环保产业园区投资推介会暨项目签约仪式、广安市岳池生物医药示范产业园区投资推介会暨项目签约仪式、四川邻水——港澳台及外商合作恳谈会、广安区高新技术产业项目投资推介会等投资促进活动共6场次。达成59个签约项目，协议投资总额358.96亿元，其中，一产业项目5个，协议投资额5.7亿元；二产业项目41个，协议投资额266.3亿元；三产业项目13个，协议投资额86.96亿元。本届西博会于11月3日结束。

24日下午，市委书记侯晓春，市委副书记、市长罗增斌在成都分别会见参加第十五届西博会的中航资本副总经理兼中航安盟保险董事长刘志伟、一汽公司成都事业部党委书记王琳、美国IBM中国大西南区总经理刘文超等知名客商，就增进了解、对接项目等进行深入的交流。

25日上午，由市委市政府主办的川渝合作示范区广安市（武胜）节能环保示范产业园区投资推介会暨项目签约仪式在成都岷山饭店成功举行。市委书记侯晓春，市委副书记、市长罗增斌，民建省委秘书长刘正方，省经信委油气化工办主任阳开明等出席会议。仪式上，广安市及武胜县与中航安盟财产保险有限公司、重庆海丰控股集团、上海宝钢建筑系统集成公司签订项目合作协议，签约资金总额达50亿元。会前，侯晓春、罗增斌等还会见部分与会企业负责人。市领导杨利民、蒋英胜、刘和斌出席会议。

25日，揭晓的2014年度CCTV中国十大最美乡村名单中，武胜县白坪乡高洞村成为四川唯一获此奖项的乡村。

25日下午，省委书记、省人大常委会主任王东明，省委副书记、省长魏宏一行在市委书记侯晓春，市领导杨利民、甘用德、刘和斌等陪同下，到成都世纪城新会展中心西博会展馆考察广安展馆。王东明强调，广安市要充分发挥自身优势，放大伟人故里政治效应，借助西博会平台，进一步扩大招商引资成果，努力推动广安经济社会跨越发展。

25日下午，借力西博会平台，市委书记侯晓春，市委副书记、市长罗增斌等率领广安代表团在成都主动对接，集中会见成都广东商会会长、成都春熙集团董事长樊智刚，四川重庆商会会长谢永等各界客商，积极向各界客商推介广安，就教育、城市综合体等项目进行对接，促进项目签约。市领导杨利民、蒋英胜等参加会见。

27日，广安市120院前急救指挥系统建设完成，新系统投入使用。实现市、县、乡（镇）医疗急救网络系统的对接，使广安市急救中心医疗应急工作效率得到进一步提升。

27日，中国工商出版社智库型传媒建设推进暨专家聘任工作会在广安市举行。中国工商出版社社长崔守东，省工商局副局长杨跃，副市长刘和斌等出席会议。会上，中国工商出版社为首批专家代表颁发聘任证书。来自全国的专家学者代表就智库建设重点项目推动情况、工商登记改革成果智库产品打造等方面进行研讨。

27日，广安市第二届中学生运动会在邻水县实验学校落幕，共分田径、排球、篮球三项赛事，共有222支代表队2199名运动员参赛。在8个组别129个项目的争夺中，共产生团体奖169个、道德风尚奖56个，16人刷新9项田径纪录，19人达到国家二级运动员水平。副市长陈全禄出席闭幕式并向获奖选手及单位颁奖。

28日上午，由市老年体育协会主办，市气排球协会承办的2014年中国·广安中老年气排球邀请赛在市体育馆正式开幕。四川省老体协副主席李洪仁出席开幕式，市委书记侯晓春出席开幕式并致辞，市委副书记、市长罗增斌主持开幕式。本次邀请赛以“感恩小平、全民健身、友好参赛、快乐运动”为宗旨，历时5天，共有云南、贵州、湖南、湖北、重庆、成都、凉山等地的44支男女代表队，400余名运动员参加比赛。其中，广安市有4支男女代表队，43名运动员参赛。开幕式上，广安市与云南省德宏州、重庆市永川区、宜宾市、凉山州签订“气排球友好市州协作备忘录”。四川省老体协秘书长曹德勇以及市领导唐雄兴、康永恒、陈全禄、袁继林出席开幕式并观看比赛。

28日，市委书记侯晓春主持召开完善园区体制机制工作会，他强调，各园区和市区职能部门要围绕加快经济发展主题，按照有利于项目落地，有利于经济发展的原则，大胆探索、认真研究体制机制创新，推动广安经济技术开发区，协兴生态文化旅游园区、枣山商贸物流园区三大经济园区加快发展，科学发展，成为广安跨越发展的重要经济增长极。市委副书记、市长罗增斌，以及市领导肖友才、杨利民、敬世波等出席会议。

29日上午，全省深化农村改革与发展现代农业论坛暨农业招商引资项目签约大会在成都举行，本次论坛的主题是“深化农村改革，发展现代农业”，这也是“三农”专题论坛首次在西博会期间亮相。中央和国家部委有关专家先后作主题发言，省委常委、农工委主任李昌平出席论坛并致辞，副省长曲木史哈主持论坛，省政协副主席、省工商联主席陈放出席论坛，市委书记侯晓春作主旨演讲。论坛还举行农业招商引资项目集中签约仪式，一大批农业招商引资项目落户广安，签约金额逾15

亿元。市领导肖雷、钟志荣等出席论坛。

29日，市政协主席刘凤成率领市政协副主席江陵、市政协专委会和市商务局负责人到华蓥市调研商贸工作。

29日下午，市委副书记、市长罗增斌在广安与中国光大国际有限公司成都代表处首席代表、四川光大公司总经理余一平会谈。双方表示，将进一步加强沟通交流，找到更多的契合点，选择更好的合作项目，推动政企双方友好合作、共谋发展。

30日上午，第十五届西博会（2014）四川农博会在成都世纪城国际会展中心正式开展，省委常委、省委农工委主任李昌平等巡视广安市企业和农产品参展情况。李昌平指出，此次农博会，广安参展农产品丰富、市场前景好、价值高，展馆充分展示了广安推进国家级现代农业示范市建设的巨大成就。11月3日，第十五届西博会（2014）四川农博会落幕。农博会期间，广安现场销售农产品108.97万元，采购签约14.54亿元，成功签约31个农业项目、协议资金55.52亿元。

30日，市委书记侯晓春主持召开四届市委第90次常委会，传达学习党的十八届四中全会公报、《中共中央关于全面推进依法治国若干重大问题的决定》；传达全省培育和践行社会主义核心价值观工作经验交流会、全省文化体制改革工作会议精神，研究广安市贯彻落实意见。会议还审议通过《中共广安市委广安市人民政府关于表彰邓小平同志诞辰110周年纪念活动先进集体和先进个人的通报（审议稿）》等。市委副书记、市长罗增斌，市人大常委会主任余仪，市政协主席刘凤成，市委副书记袁险峰等出席会议。

30日，国家智慧城市试点工作省级专家组一行到广安市了解创建国家智慧城市试点工作推进情况。专家组一行现场重点考察广安市智慧旅游、智慧公安、数字城管、基础设施智能管理等具体工作项目，一致认为，广安市基本具备申报“国家智慧城市试点”建设的条件，标志广安市朝着申报“国家智慧城市试点”的目标迈出坚实的一步。

30日，江西省委原书记、中国红十字会总会事业发展中心顾问舒惠国一行，在市领导侯晓春、罗增斌、杨利民、陈全禄等的陪同下，到广安考察。

31日上午，市委书记侯晓春，市委副书记、市长罗增斌率市领导肖雷、杨利民、蔡学勤、刘和斌、钟志荣等，巡视第十五届西博会第二段展期（2014）四川农业博览会广安展馆。

31日，广安市借助2014年四川农博会平台，在成都举行邓小平故里优质农产品公用品牌发布会暨招商引资项目签约仪式，推出“邓小平故里优质农产品”公用品牌，并成功签约31个农业项目，协议资金56亿元。省委副秘书长张宁，市委书记侯晓春，市委副书记、市长罗增斌以及省委农工委、省水利厅、省农业厅、省林业厅、省质监局、省工商局、省食品药品监管局、省商务厅、四川省重庆商会等部门相关负责人和各界客商代表出席仪式。市领导肖雷、杨利民、蔡学勤、刘和斌、钟志荣等出席仪式。

31日，由四川省卫生计生委组织的“健康相伴·幸福同行”人口与健康基层“大篷车”巡演活动，到革命老区华蓥市，在华蓥山广场巡回演出。

11月

1日上午，由四川省人民政府、中国交通运输协会、中国对外应用技术交流促进会主办，遂宁市人民政府承办的第三届中国（四川）国际物流博览会在遂宁市体育中心开幕，广安市应邀参加本届物流博览会。广安市组团参加在遂宁市举行的在展会上将集中展示物流产业发展成果，宣传发展物流产业的区位和交通优势，推介重点物流项目，并与有关客商进行对接洽谈。市领导甘用德、刘和斌参加开幕式并参加物博会各项活动。11月3日结束。

1日，川渝（遂宁）精品粮油展示展销会在川渝粮食物流中心开幕，广安市有9家粮油加工企业的60余个品种参展亮相。此次展销会上，市粮食局与香港芙园集团食品有限公司达成战略合作协议，拟在广安投资5900万元，进行规模化主食集中生产项目建设。

2日，市委书记侯晓春在广安亲切会见到广安市考察的国家发改委国际合作中心、国际金融研究所执行所长王玉荣，四川博瑞德产业投资发展公司董事长徐志敏等西南财大博士班部分学员，就学习、工作和广安市经济社会发展与学员们进行交流。在广安期间，学员们还参观市城市规划展览馆、邓小平故居陈列馆和翰林院子等。

2日，清华大学厦门总裁班一行28人到广安市参观考察。参观城市规划馆、邓小平故里，并举行座谈会。

3日，市委书记侯晓春率市领导肖雷、杨利民等一行深入邻水县，到“9·13”特大洪灾重灾区袁市、御临等乡镇，就特大洪灾灾后重建工作进行调研。侯晓春强调，各受灾地区要按照重建与防灾减灾相结合、重建与改善群众生活相统一、重建与当地总体规划相衔接的原则，立足长远，精心规划好水毁工程及受灾群众集中安置点重建项目，精心施工，保证质量，坚决打好灾后重建这场硬仗，进一步提高防灾避灾抗灾能力，全面优质高效完成灾后重建任务。

3日，市委副书记、市长罗增斌主持召开四届市政府第41次常务会议。会议学习《中华人民共和国物权法》，审议《广安市行政机关首长出庭应诉工作意见》《关于规范外贸出口奖励有关事项的通知》《广安市第七届科技进步奖拟奖励项目》《广安市食品药品违法行为举报奖励办法（试行）》等事宜。

3日上午，市政协主席刘凤成率市政协副主席刘儒贤一行，考察中国联通广安分公司工作，察看联通营业大厅、联通“智慧城市”建设展示大厅。

4日上午，市委书记侯晓春会见到广安市考察的中华社会文化发展基金会朱德公益基金管理委员会执行主任、朱德嫡孙朱全华一行，双方进行亲切座谈。邓小平故里管理局以及仪陇县朱德故里管理局相关负责人会见时在座。

4日，中锐控股集团有限公司董事长钱建蓉率队到广安考察。市委书记侯晓春，市委副书记、市长罗增斌等与钱建蓉一行交流座谈，双方就教育事业发展、棚户区改造等相关项目进行深入对接。国家开发投资公司董事、总经理赵文琪以及广安市领导蒋英胜、陈全禄等出席座谈会。

4日下午，广安市召开“宽带乡村”工程建设启动会。中国电信四川公司总经理赵麦庆，市委副书记、市长罗增斌出席会议并讲话。“宽带乡村”是对“宽带中国”整体战略的细化和落地，是加快推动农村地区宽带发展与普及的首个国家补助宽带项目。会上，广安市与中国电信四川公司签署合作共建协议。中国电信四川公司副总经理郑成渝出席会议，副市长刘和斌主持会议。

31日，广安市新培育的龙安柚新品种——龙安柚新系试种成功。试种成功的龙安柚新系是四川晋宏农业科技有限公司2011年从福建引进培育出的新品种，经过三年的嫁接培育，成功挂果。这种柚子既保持了龙安柚原有的优良品质，又成功加入了福建蜜柚的口感。

5日上午，市委副书记、市长、市城乡规划委员会主任罗增斌主持召开四届市政府城乡规划委员会第15次全体会议。会议审议《广安市神龙山组团控制性详细规划》《广安市渠江明珠》《万城首座》《广安国际会展中心》《大寨片区改造项目》等设计方案。市领导黄秀川、席世洪出席会议。

5—6日，国家发展改革委地区司副司长黄进发一行在市领导陈全禄、袁继林陪同下，先后深入邻水县渝广共建机电产业园、华蓥市渝广共建电子信息产业园和规划展览馆等地，调研川渝合作示范区广安片区建设情况，并举行座谈会。市委副书记、市长罗增斌，副市长席世洪出席座谈会。

6日上午，市委书记侯晓春赴中央文献研究室，专题汇报开展的纪念邓小平同志诞辰110周年活动情况。中央文献研究室主任冷溶在听取汇报后指出，广安开展的纪念活动十分成功，充分体现了广安市委政治意识强、工作非常努力、创新精神强。中央文献研究室副主任卓松盛、原常务副主任杨胜群等领导听取汇报。市委副书记袁险峰、邓小平故里管理局相关负责人参加汇报。

6日，市政协主席刘凤成、副主席黄德齐率市政协委员在副市长、市公安局局长邓文国的陪同下，先后深入市公安局合成作战情报研判中心、市应急联动指挥中心等地，考察公安工作，观摩工作人员办公流程、应急联动指挥情景演练，了解公安队伍建设情况及先进设备使用情况。并召开政协委员考察全市公安工作座谈会。

6日，首艘载有18个集装箱的川江002号千吨级货船，平安抵达广安港新东门码头，标志着渠江广安流域开启水路运输的新时代。川江002号是专为广安港打造的1000吨级多功能货船，3月初顺利通过船检局检验，并取得相关航运船舶证书。

6日，广安市“119”消防宣传周启动仪式暨首届高校消防运动会在广安职业技术学院举行。副市长邓文国出席启动仪式。

6—8日，全国政协常委、著名经济学家、北京大学光华管理学院名誉院长、广安市高端决策咨询委员会专家厉以宁，在市委常委、秘书长杨利民，市委常委蒋英胜、王义杰陪同下，先后前往思源广场、协兴生态文化旅游园区果山新村、红色文化影视城，武胜县白坪——飞龙乡村旅游示范区、宝箴塞等地实地考察，详细了解城市规划建设、城市路网建设及新农村建设情况。7日，市委中心组召开理论学习会，著名经济学家厉以宁教授应邀作“走向国家富强、人民幸福”专题辅导报告，帮助广安市各级领导干部学习领会党的十八大、十八届三中、四中全会精神，深刻理解国家富强、民族振兴、人民幸福的中国梦的内涵，准确把握当前经济社会发展形势，以推动广安科学发展、加快发展。市委书记侯晓春主持专题报告会，并在会前与厉以宁教授亲切会谈。市领导肖友才、肖雷、唐雄兴、杨利民、蒋英胜等市委中心组成员聆听专题报告。

7日，广安市政协系统2014年宣传信息工作会议在邻水县召开。市政协主席刘凤成出席会议并讲话。会议学习贯彻全省政协新闻宣传工作会议精神，总结交流全市政协宣传信息工作先进经验，安排部署全市政协宣传信息工作重点。

7日，重庆经济协作区第十七次市长联席会在巴中市召开，本次市长联席会的主题为“深化重协合作，互动共融发展”。市委副书记、市长罗增斌率广安代表团参会并作交流发言。重庆经济协作区是由川渝滇黔等地的18个市（区、地区）于1988年3月联合组成的。本次联席会议的主旨是抓住长江经济带国家战略实施的机遇，深化区域经济合作内容和运行机制。会上，广安市与自贡、攀枝花、泸州、遂宁、内江、乐山、南充、宜宾、达州、巴中，重庆万州、涪陵、黔江，云南昭通和贵州遵义、毕节等16个城市旅游局签署协议，成立“重庆经济协作区旅游联盟”，共同打造大旅游经济圈。

7日下午，由中央电视台《致富经》栏目承办的2014年CCTV“三农”创业致富榜样评选推介活动“榜样到身边——走进广安”创业峰会在武胜县举行，全省各地的创业者与4位创业榜样进行热烈的交流互动，共同交流创业路上的经验，分享创造财富的无限商机。中央电视台七套农业节目、中国农业电影电视中心副主任林亚东，四川省农村信用社联合社党委副书记、监事长杨家卷以及广安市委常委王义杰等出席峰会并讲话。

7—8日，中央直属机关党校（司局级）干部进修班学员到广安市，在市委书记侯晓春陪同下，先后深入协兴生态文化旅游园区、华蓥市等地调研，详细了解农村改革和新农村建设等情况，并对广安市近年来新农村建设和农业产业发展所取得的成绩予以了高度评价。

8日，广安区在龙安乡群策村富康农业龙安柚生态产业园举行龙安柚开园品果节，现场为评选出2014年度的龙安柚“大柚王”和“品优王”颁奖。

10日，中国流动科技馆四川巡展（邻水站）在邻水实验学校启动，活动为期两个月，以“体验科学魅力，共建繁荣邻水”为主题，设置声光体验、电磁探秘、运动旋律、数学魅力、健康生活、安全生活、数字生活、科学表演、科学实验、科普影视10个主题，54件（组）展品。该县100多所学校将分批组织学生参观本次巡展活动，15万中小学生体验科学魅力，参与《流动科技馆——巡展征文》活动。

10日晚8时，阳、内江、广安三地书画交流笔会在广安帝豪大酒店多功能厅举行。省委农工委副主任、德阳市原人大常委会副主任、党组书记、德阳市书画院院长张法祥，市人大常委会主任余仪，市政协副主席贺宗飞等参加交流活动。11日上午，广安、德阳、内江三地书画精品展在市艺术中心开展，展出三地各类书画作品140幅，涉及艺术家130位，此次联展11月16日结束。

10—11日，“感恩小平·高端专家广安行”座谈会在广安举行。中国工程院院士、清华大学机械工程学院院长尤政，北京大学经济学院教授、北京大学数字中国研究院副院长曹和平，新华社《经济参考报》主编徐殿龙，北京大学城市规划设计中心研究员、北达城乡规划设计研究院院长石健吾以及美国医学与生物工程院院士、西南大学洁净能源与先进材料研究院院长李长明等广安市决策咨询暨投资促进高端专家，结合广安实际，积极为广安科学发展、加快发展建言献策。市委书记侯晓春出席座谈会并讲话，市委副书记、市长罗增斌主持座谈会，市政协主席刘凤成，市领导杨利民、陈捷等出席座谈会。座谈会前，决策咨询高端专家团队还前往广安经开区广安港、港前大道、玖源化工，前锋区观塘现代农业园区和城市规划馆，协兴生态文化旅游园区等地进行深入调研考察。

11日上午，由省纪委、省委宣传部、省监察厅、省广播电影电视局主办，省纠风办、四川人民广播电台承办的《阳光政务》政风行风热线特别节目走进广安。市政府副市长钟志荣带领市民政局、市卫计委、市人社局、市残联等部门有关负责人走进市广播电视台直播间，在线值守。1名省人大代表和1名省政协委员受邀全程参与节目，并对值守情况进行监督、点评。

11日，广安市各区市县、园区同步举行重大项目集中开工仪式，开工建设124个项目、总投资614亿元，涉及基础设施、重大产业、民生及社会事业、生态环保等多个领域。市委书记侯晓春出席枣山物流商贸园区重大项目集中开工主现场仪式，并宣布开工。市委副书记、市长罗增斌主持主现场开工仪式。中国下一代教育基金会副主席沈建国，中国下一代教育基金会理事、重向教育投资集团董事会主席郑足友出席主现场开工仪式。市人大常委会主任余仪、市政协主席刘凤成以及市领导肖友才、黄秀川、唐雄兴、杨利民、甘用德、刘光辉、王义杰、武立国、康永恒、张建华、蔡学勤、刘和斌、陈全禄、刘儒贤、袁继林、欧太元等分别出席广安区、前锋区、华蓥市、岳池县、邻水县、协兴生态文化旅游园区、武胜县举行的重大项目集中开工仪式。

11日，市四届人大常委会召开第61次主任会议，市人大常委会主任余仪主持会议。会议通过2014年广安市全国人大代表和省人大代表集中考察方案和全市农村扶贫移民工作视察方案。研究通过人大机关管理工作有关制度草案等。市人大常委会副主任康永恒、敬世波、张建华、蔡学勤出席会议。

11日，广安市召开庆祝第十五个中国记者节表彰座谈会，对2014年度优秀新闻工作者、第六届广安新闻奖获得者进行表彰。市委常委、宣传部部长唐雄兴出席座谈会并讲话。

12日上午，“感恩小平·高端专家广安行”活动举行科技成果对接会。市决策咨询暨投资促进高端专家、中国工程院院士、清华大学机械工程学院院长尤政，向广安市30余家企业介绍适合广安应用转化的高新技术成果，并希望能与企业深入交流，广泛对接，推动高新技术成果在广安市转化应用。市委书记侯晓春主持会议，市决策咨询暨投资促进高端专家、新华社《经济参考报》主编徐殿龙，市政协主席刘凤成，副市长陈全禄等出席会议。

12日，市委书记侯晓春主持召开华蓥山旅游文化景区和大熊猫自然保护区专题会，他强调，各相关部门和区市县要进一步统一认识，牢固树立一盘棋的思想，坚持统一科学规划和招商开发建设，精心把华蓥山旅游文化景区和大熊猫自然保护区打造成世界级旅游目的地。市领导肖友才、肖雷出席会议。

12日，市委副书记、市长罗增斌率队就城市公园建设与管理工作进行专题调研。罗增斌一行先后前往兔儿山公园、滨江公园、北辰湖公园、萃屏山公园以及市民广场实地调研，随后召开办公会，听取相关部门对城市公园建设管理情况的汇报。市领导肖友才、席世洪随同调研并参加办公会。

12日，四川发展（控股）有限责任公司梁尚文副总裁一行，在市领导侯晓春、罗增斌、肖友才、黄秀川、杨利民的陪同下，就广安市棚户区改造项目向国开行申贷事宜进行调研。

13日，广安市召开邓小平同志诞辰110周年纪念工作总结暨表彰大会。市委书记侯晓春出席会议并作重要讲话。市委副书记、市长罗增斌主持会议。市人大常委会主任余仪，市政协主席刘凤成，市委副书记袁险峰，以及市领导肖友才、肖雷、黄秀川、唐雄兴，甘用德等出席会议。侯晓春强调，邓小平同志诞辰110周年纪念活动的成功举办已载入广安史册，我们一定要以此为契机，大力弘扬纪念工作中展现出的广安精神，把在纪念活动中留下的宝贵经验、形成的良好作风、凝聚的正能量，运用到当前改革发展建设工作中去，继续弘扬“逢山开路、遇水架桥、风雨无阻、昼夜兼程”的精神，推动广安科学发展、加快发展，努力谱写好“中国梦”广安篇章。会议表彰了在邓小平诞辰110周年纪念活动中涌现出的先进集体和先进个人、感恩捐赠工作企业代表和党内先进代表。

13日上午，广安区首届童谣节“演童谣”暨闭幕式在广安市民广场举行。由思源小学、花桥小学等13所城区和农村学校演出童谣节目。2014年4月，广安区启动以“写童谣”“画童谣”“演童谣”为主要内容的全区首届童谣节，同时建立起每两年举办一届童谣节的机制。

13日晚，广安市第二届中小学艺术节优秀节目展演在广安市会展中心举行。市委副书记、市长罗增斌，市人大常委会主任余仪，市政协主席刘凤成以及市领导唐雄兴、康永恒、袁继林亲临节目现场，观看精彩演出。

14日，市人大常委会主任余仪一行现场察看广安职业技术学院，就职业教育改革发展情况进行专题调研。市人大常委会副主任康永恒，广安职业技术学院院长陈永龙随同调研。

16日晚，西南大学洁净能源与先进材料国际会议代表赴广安市考察交流座谈会举行。中科院院士、国家973纳米专项领导小组组长、前中科院理化所所长佟振合，美国医学与生物工程院院士、国家“千人计划”特聘教授、西南大学洁净能源与先进材料研究院院长李长明等国内国际专家、学者出席座谈会。市委书记侯晓春出席座谈会并讲话，市委副书记、市长罗增斌主持座谈会。市领导蒋英胜以及市、区主要部门负责人参加座谈会。

17日上午，市委书记侯晓春主持召开市委专题办公会，听取市体育代表团在四川省第十二届运动会上的情况，安排部署全市体育事业发展和备战四川省第十三届运动会工作。侯晓春强调，各级各相关部门要树立“培养人才从健康起步”的理念，大力弘扬“更高、更快、更强”的奥林匹克精神，发扬成绩，正视差距，努力推动全市竞技体育和全民健身快速发展。市委副书记、市长罗增斌，以及市领导唐雄兴、康永恒、陈全禄、袁继林等出席会议。四川省第十二届运动会于7月10日至8月23日在遂宁市举行，广安市派出由300名运动员、56名教练、近100名工作人员组成的代表团，参加跆拳道、摔跤、举重、拳击、乒乓球、篮球等15个大项、近百个小项比赛，取得16金、16银、13铜、团体总分998分的历史最好成绩，获得大会组委会体育道德风尚奖。

17日，市人大常委会主任余仪与市扶贫移民局、市国税局负责人一行，赴前锋区观塘镇碧峰村“走基层”调研。

17日下午，市委副书记、市长罗增斌主持召开四届市政府第42次常务会议。会议学习《国有土地上房屋征收与补偿条例》、省长魏宏在省政府第66次常务会议上的讲话，审议《关于深化投融资体制改革的实施意见》《广安市爱国卫生管理实施细则》《〈广安市征地补偿安置办法〉解释意见》和《广安农村商业银行股份有限公司筹建工作方案》等有关事宜。

18日，广安经开区举行第四季度重大项目集中开工仪式，集中开工航空零部件、玖源窑发磷酸、利尔化学氨基腈等9个重大项目，总投资55亿元，涉及基础设施、工业制造、航空航天等多个领域。市委副书记、市长罗增斌出席开工仪式并宣布开工，市人大常委会主任余仪、市委副书记袁险峰、副市长陈捷出席开工仪式。

16日，广安市第二届鸟展暨鸟王争霸赛活动在广安城区西溪河边举行，爱鸟人士以鸟会友、亲近自然。

19日上午，位于思源大道的重庆银行广安分行举行揭牌仪式，宣告重庆银行广安分行正式开始营业。重庆银行是中国西部和长江上游地区成立最早的地方性股份制商业银行。9月16日，中国银行业监督管理委员会四川监管局正式批复同意重庆银行股份有限公司广安分行开业。

18—19日，市人大常委会组织广安市全国人大代表和省人大代表，对全市经济社会发展情况进行集中考察。在两天的考察中，代表们分别考察岳池县麻柳河棚改项目、岳池县仁安药业、武胜县白坪——飞龙乡村旅游示范区、枣山商贸物流园区、广安南站、枣彭路、邻水经开区、华蓥工业新城、华蓥市阳和镇偏岩子新村、官盛新区、前锋新区、协兴园区、市民广场、市规划馆等地的建设情况。省人大代表、市人大常委会主任余仪参加考察。省人大常委会委员、省人大财经委主任委员陶生元，全国人大代表、市人大常委会副主任康永恒参加考察，市人大常委会副主任张建华、副市长钟志荣随同考察。

20日，根据《四川省保护和奖励见义勇为条例》，省政府发文对11名有突出表现的见义勇为个人和两个有突出表现的见义勇为群体给予奖励，广安市见义勇为个人胡昌学和1个见义勇为群体谢林波、张小林、李善林获奖励。

21日上午，由市国防教育委员会主办，广安区国防教育委员会、广安绿源低碳置业有限公司承办的广安首届国防兵器展在市民广场开幕，旨在弘扬爱国主义精神，唤起群众的民族自豪感，增强群众的国防观念。有歼20、歼15、歼10、武直10、99式坦克、伞兵突击车等兵器模型陈列展出，11月21日至12月1日免费对市民开放。

21日，市委书记侯晓春主持召开四届市委第91次常委（扩大）会，传达省委十届五次全会精神、省委书记王东明在中央第九巡视组巡视四川省情况反馈时的讲话精神，研究广安市贯彻意见。会议还审议了《中共广安市委广安市人民政府关于加快发展新兴先导型服务业的意见》。市委副书记、市长罗增斌，市人大常委主任余仪，以及市委常委黄秀川、唐雄兴、蒋英胜、甘用德、刘光辉、武立国等出席会议。

24日下午，广安市召开培育和践行社会主义核心价值观工作推进会，传达学习全省培育和践行社会主义核心价值观工作经验交流会精神，总结前一阶段工作、交流经验做法，安排部署下一步任务。市委副书记袁险峰，市委常委、宣传部部长唐雄兴出席会议并讲话，副市长陈全禄主持会议。

25日，市委副书记、市长罗增斌主持召开四届市政府第43次常务会议。会议学习《中华人民共和国预算法》、传达学习省委十届五次全会精神，研究广安市依法行政和法治政府建设工作、审议《关于进一步加强政府投资项目管理规定的通知》《关于进一步规范国家投资工程建设项目招标投标工作的实施意见》《关于进一步加强政务公开工作的通知》和《关于进一步加强土地利用管理规范土地出让工作的通知》等有关事宜。

25日，中国青少年发展基金会在北京举行“希望工程25年暨公益新项目发布”活动。基金会计划2015年将“小平基金”本金扩充至2亿元。2014年由邓小平同志140余万元稿费捐赠形成的“小平基金”落户中国青基会。2015年，中国青基会在140余万元“小平基金”的基础上注入1.1亿元非限定性净资产，同时向社会募集9000万元，构成2亿元的种子基金。种子基金的收益部分和社会后续捐赠资金，将根据小平同志的遗嘱，用于青少年科技创新奖励活动。

25日，四川理工学院院长汪明义一行，到广安市调研洽谈校地合作事宜，副市长陈全禄参加洽谈会。

25日，经传统保护村落发展专家委员会评审认定，住建部、文化部、国家文物局、财政部、国土部、国家旅游局等联合公布第三批中国传统村落名录，全国共有

994个村落榜上有名。武胜县宝箴塞乡方家沟村名列其中，成为全省本次入选的22个村落之一。方家沟村距离武胜县城约21公里，境内拥有全国重点文物保护单位宝箴塞和段家大院等历史建筑。入选中国传统村落，将获得中央财政从2014年到2016年，按平均每村300万元的标准，支持传统村落保护。

26日，中国物流协会会员、重庆市物流协会副会长、原重铁物流有限公司总经理魏鹏到广安市调研考察物流建设情况，并召开座谈会。市委常委蒋英胜出席会议并讲话。

26日，市委书记侯晓春，市委副书记、市长罗增斌等带着全市470万人民的深情，专程赴深圳市拜见邓小平同志胞弟邓垦，汇报广安市开展纪念邓小平同志诞辰110周年活动相关情况，并为邓老103岁生日送上家乡人民最真挚的祝福。中央文献研究室副秘书长高屹、中央文献研究室第三编研部副主任姜淑萍参加拜见。市委副书记袁险峰、副市长陈捷等领导及邓小平故里管理局有关负责人随同拜见。

26日，广安市在华蓥市猫儿沟水库举行广安市重大水利工程猫儿沟水库暨“洁净水”行动项目集中开工仪式，并在邻水县、岳池县和协兴生态文化旅游园区设立分会场，集中开工23个项目，总投资达6.9亿元。省水利厅副厅长李勇蔺以及市领导肖友才、肖雷、钟志荣、周派国等分别出席主会场和各分会场开工仪式。

26日，市委书记侯晓春到广东省韶关市与江苏众瀛联合数据科技有限公司负责人对接，洽谈智慧城市大数据平台和E消费项目。

26日晚，市委副书记、市长罗增斌，市委常委、总工会主席甘用德出席参加中国（重庆）国际物流展的邻水代表团与重庆商投集团的洽谈会，就重庆商投集团公司与广安亲密合作，投资渝邻国际农贸城项目进行了深入洽谈对接。

26—27日，省大气污染防治行动推进情况专项督查组一行到广安市检查大气污染防治工作。督查组一行先后到四川华强冶金有限公司、广安火电厂等多个现场点进行检查，开展全面细致的资料审查工作，并听取广安市大气污染防治工作汇报。

27日下午，川渝合作示范区广安市物流园区推介会暨物流项目签约仪式在重庆举行，广安市现场签约广安区跨境电商产业园、广安产城融合科技产业园等9个项目，投资总额达89.5亿元。市领导甘用德、刘和斌出席推介会。

27日下午，广安市召开领导干部会议，传达全省“庸懒散浮”拖问题专项整治工作领导小组（扩大）会议精神，市委副书记袁险峰就全市开展“庸懒散浮”拖问题专项整治等工作作动员部署。从现在起到年底，集中一个半月时间，按照“迅速治标、制度治本、推动工作”思路开展“庸懒散浮拖”专项整治工作，着力解决精神不振、担当不力、为官不为等突出问题，努力营造干事创业、崇廉尚实、风清气正的政治生态。市领导肖友才、黄秀川、刘光辉等出席会议。

27日，在广安区创建国家级可持续发展实验区工作汇报暨专家意见反馈会上，科技部组织的国家级可持续发展实验区创建专家组对广安区创建工作给予高度肯定，同意广安区申报创建国家级可持续发展实验区，标志广安区启动创建国家级可持续发展实验区工作迈出坚实的步伐。2012年4月，广安区被四川省确定为可持续发展实验区。

27日，广安市从11月27日起到年底，按照“迅速治标、制度治本、推动工作”思路，开展“庸懒散浮拖”专项整治工作，着力解决精神不振、担当不力、为官不为等突出问题，努力营造干事创业、崇廉尚实、风清气正的政治生态。

27—28日，由中国国际贸易促进委员会重庆委员会、中国国际商会重庆商会、重庆市物流与供应链协会指导主办的中国（重庆）国际物流展将在重庆悦来国际博览中心举行。广安市上百家企业负责人参加此次国际物流展。27日上午，市委副书记、市长罗增斌视察广安展馆布展及展出情况。他要求，各地要结合综合承载能力和区位特点，充分发挥规划的科学指导作用，推动现代物流产业又好又快发展，全力打造西部独具特色的现代物流高地。

28日，市委书记侯晓春主持召开四届市委第94次常委会，研究智慧城市大数据平台和E消费项目等事宜。侯晓春强调，各级各有关部门和单位要充分认识推进智慧城市大数据平台和E消费项目建设的重大意义，切实做到思想上高度重视，工作上主动作为，措施上有力有效，争分夺秒抢占先机，努力在2015年1月投入运行，尽快把广安建成E消费区域中心。市委副书记、市长罗增斌，市人大常委会主任余仪，市政协主席刘凤成，市委副书记袁险峰，以及市委常委肖友才、肖雷、黄秀川、唐雄兴、杨利民、蒋英胜、甘用德、刘光辉、王义杰等出席会议。

28日，广安市召开国家安全工作会。省政府副秘书长、省国家安全厅党委书记、厅长赵坚，市委书记侯晓春为新成立的广安国家安全局授牌，并作重要讲话。侯晓春强调，各级各部门要准确把握当前对敌斗争形势，切实增强维护国家安全的责任感和紧迫感，把国家安全意识贯穿到工作全过程。新成立的广安国家安全局要充分发扬顽强拼搏精神，坚持基础建设和业务工作两手抓，切实加强组织、政治、能力建设，高标准建好专业队伍，推动广安国家安全工作不断迈上新台阶，在谱写中国梦广安篇章和构建繁荣和谐美丽广安的伟大事业中做出应有贡献。市委副书记、市长罗增斌，市人大常委会主任余仪，市政协主席刘凤成，省国家安全厅党委委员、副厅长胡延生，以及肖雷、黄秀川、杨利民等领导出席会议。

28 日下午，广安市在广安职业技术学院举行“世界艾滋病日”大型宣传活动，市委副书记、市长罗增斌参与、指导宣传活动并讲话。市领导唐雄兴、袁继林等出席宣传活动。12 月 1 日是第 27 个“世界艾滋病日”。

28 日，市委书记侯晓春，市委副书记、市长罗增斌与中国国际通用航空产业集团董事局主席兼四川国通航空产业园建设公司董事长曲铁城一行，就加快推进广安通用航空产业园建设进行座谈，加快广安通航产业园区建设。市领导杨利民、蒋英胜、甘用德出席了座谈会。

28 日，广安市召开新提拔科级领导干部财产申报试点工作推进会。市委常委、市纪委书记刘光辉出席会议并讲话。

30 日，邻水县高滩川渝合作示范园内四川龙擎汽车部件制造有限公司投产，这是该园区第一家投产的企业。该示范园于 2012 年 11 月设立，2013 年 6 月启动建设，共引进企业 29 户，正在洽谈 6 户，另有 40 余户等待洽谈入驻。

是月，四川仁安药业有限公司（2013 年 6 月正式在岳池县注册，10 月动工建设）获得省药监局颁发的马来酸麦角新碱、阿莫西林钠和萘苄西林钠 3 种药品生产许可证，正在进行试生产，已向国家药品局申请验收。从 12 月起，长期依赖进口的马来酸麦角新碱止血药在岳池县工业园区的四川仁安药业有限公司首次实现批量国产。

12 月

1 日，市委书记侯晓春一行先后深入经开区奎阁园区和新桥化工园区，实地察看经开区基础设施建设和在建重点工业项目推进情况。侯晓春强调，要牢固树立抓大项目就是加快发展、抓好项目就是科学发展的理念，继续以加快重点项目建设为着力点，全力以赴推动重点项目早落地、早建设、早投产、早达效，以项目为支撑，实现产业聚集，不断提升产业层次和发展水平，力争早日建成千亿产业园区。团中央中青高级人才培训中心副主任王捍忠等随同调研。

1—8 日，市人大常委会主任余仪率队赴六区市县及市中级人民法院、市检察院开展工作调研，广泛征求意见建议。调研中先后召开 8 次座谈会，分别听取了区市县人大常委会、70 名市人大代表、25 名乡镇人大主席（街道人大工委主任）意见。

2 日，省委常委、宣传部部长吴靖平在省委宣传部副部长李酌，市委书记侯晓春，市委副书记袁险峰，市委常委、宣传部部长唐雄兴等陪同下，先后深入枣山园区、广安区官盛新区、长明高新技术产业园、邓小平故里、协兴园区佛手山新村、市民广场及广安汉陶博物馆等地，对广安市经济发展、邓小平故里“两馆”建设和宣传文化工作等进行深入细致地调研。吴靖平强调，广安要认真总结邓小平诞辰 110 周年系列纪念活动的经验，把纪念活动所形成的凝聚力和正能量传承下去，把感恩奋进作为强有力的思想武器，深入学习贯彻党的十八届四中全会和省委十届五次全会精神，始终坚持发展是第一要务，结合广安实际，推动伟人故里经济社会转型升级，确保实现科学发展、加快发展、又好又快发展目标，早日迈入全省发展第一方阵。

2 日上午 10 时，横跨渠江两岸，长达 600 余米的广安区流杯滩渠江大桥建成通车。该桥于 2012 年 9 月 3 日开工建设，总长 616 米，桥面宽 13.5 米，单主跨长 140 米，设计行车时速 60 公里，总投资 4872 万元。该大桥的建成打通渠江两岸的道路交通路网，改善代市、前锋、观阁、石笋、大安等 13 个乡镇 20 万余名群众的出行条件，彻底告别摆渡过河的历史。

2—3 日，省政协副主席高烽率调研组，在市政协主席刘凤成，市领导席世洪、周派国、刘兴汉的陪同下，到广安市调研统筹城乡综合配套改革和推进新型城镇化建设情况。3 日上午，高烽一行深入华蓥市蓥西新城，详细了解新城项目、基础设施以及城市公共服务配套建设等情况。调研期间，高烽一行还实地察看南（充）大（竹）梁（平）高速公路华蓥山隧道的建设情况。

2—3 日，市委副书记、市长罗增斌率队前往江苏无锡和苏州考察，先后考察无锡众瀛联合数据科技有限公司、苏州高新区和苏州工业园区。考察期间，罗增斌一行还会见无锡市市长汪泉、副市长曹佳中，以及苏州常务副市长周伟强，苏州市委常委、高新区党工委书记蒲荣皋，双方就加强两地沟通、深化合作等方面内容进行洽谈。市领导肖友才、蒋英胜、甘用德、王义杰参加考察。

3日，市委书记侯晓春率队前往自贡市，在四川理工学院党委书记游建军、校长汪明义等陪同下，对四川理工学院进行考察并举行校地合作座谈会，双方就开展校地合作办学、战略决策咨询、科技合作及成果转化、干部人才交流与培训等相关事宜进行深入交流。四川理工学院党委副书记唐健禾、李开世，副校长龚敏、刘康、王成端、肖兴政及广安市领导唐雄兴、杨利民、陈全禄等陪同考察并出席座谈会。

3日，20集大型电视文献纪录片《邓小平遗物故事》正式在中央电视台第九频道开播。为纪念邓小平同志诞辰110周年，由中共中央文献研究室、中共四川省委宣传部、中共广安市委、邓小平故里管理局、峨眉电影集团有限公司、中央新闻纪录电影制片厂（集团）联合摄制的《邓小平遗物故事》，从3日起至12日每晚8点在央视九频道连播两集。

3日，达州市政协主席康莲英率考察组到广安市武胜县考察新农村建设和乡村旅游工作。市政协主席刘凤成、副主席周派国等陪同考察。

3—4日，全省文化馆系统群众文学的组织工作者和文学创作者到广安，召开2014年全省群众文学创作笔会，开展文学点评与交流活动。

3—5日，广安市各级各部门在广场、车站、公园等人员密集的场所，搭建宣传咨询台，发放宣传书籍、资料，为市民提供法律咨询服务，掀起“12·4”国家宪法日和全国法治宣传日系列活动的热潮。

4日上午，市委召开中心组理论学习会，学习中省党的群众路线教育实践活动总结大会精神。市委书记侯晓春主持学习会并作重要讲话。市委副书记、市长罗增斌，市人大常委会主任余仪，市政协主席刘凤成，市委副书记袁险峰，以及肖友才、黄秀川、唐雄兴、杨利民、蒋英胜、甘用德、刘光辉、武立国等市领导出席会议。

4日上午，“邓小平廉政思想与实践”专题展开展仪式在邓小平故居陈列馆展研中心广场举行。市委书记侯晓春出席开展仪式并宣布开展。市委副书记、市长罗增斌，市人大常委会主任余仪，市政协主席刘凤成，市委副书记袁险峰，以及肖友才、黄秀川、唐雄兴、杨利民、蒋英胜、甘用德、刘光辉、武立国等市领导出席开展仪式。

4日，广安市召开建筑业发展座谈会。市委书记侯晓春出席会议并作重要讲话。侯晓春强调，各区市县、产业园区和相关部门要准确把握当前的宏观形势，积极主动思考，坚持把推动建筑业转型升级作为“稳增长、促改革、调结构、惠民生”的重要举措，加快推进建筑产业转型升级、跨越发展，着力将其培育成为国民经济发展的重要支柱产业，提升广安城镇化率，早日进入全省二梯队，推动广安科学发展、加快发展。市委副书记、市长罗增斌，以及黄秀川、杨利民、席世洪等市领导出席会议。

4日，由成都双流国际机场和成都市旅游局联合主办，中国国航、四川航空等5家航空公司以及多家综合旅游机构共同参与的成都国际航空旅游产品推介会在广安市举行。

4日下午，市委副书记、市长罗增斌主持召开全市铁路规划建设专题会议。罗增斌强调，各地各相关部门要进一步树立全方位推进广安成为川东北综合交通枢纽城市的意识，抓住当前重要机遇期，抓紧研究谋划，多方争取协调，力争未来在广安市形成纵横交错的铁路路网格局，推动全市经济社会又好又快发展。市领导肖友才、甘用德、蔡学勤出席会议。

5日，市委书记侯晓春主持召开座谈会，与到广安市考察的江苏众瀛联合数据科技有限公司董事长王静芳一行，交流洽谈大数据平台及E消费项目在广安运行等相关事宜。座谈会前，王静芳一行还前往市规划建设展览馆、邓小平故里、红色文化影视城等地进行考察。中国生产力学会副秘书长王海平、华泰联合证券董事总经理赵远军以及广安市领导袁险峰、肖友才、杨利民、蒋英胜、甘用德、易铭珅等出席座谈会。

5日，市政协主席刘凤成带领市政协主席会议成员对全市现代农业园区发展情况进行考察。考察组一行先后到邻水清水池塘生态农业园、伍昱洁奇花异果园、东鑫农业发展有限公司以及缪氏庄园等地，详细了解各园区农业生产、产品销售以及促农增收等方面情况。副市长钟志荣应邀参加考察，市政协副主席周派国、贺宗飞参加考察。

5日，广安市召开党的群众路线教育实践活动督导工作总结会议，对市委督导组工作进行全面总结，并部署下一步工作。市委副书记袁险峰出席会议并讲话，市委常委、组织部部长黄秀川主持会。市领导易铭珅、刘兴汉、黄德齐出席会议。

7日，全国政协常委、中央文献研究室原常务副主任、邓小平思想生平研究会会长杨胜群，中央文献研究室副秘书长高屹，中央文献研究室副秘书长、邓小平思想生平研究会副会长龙平平等专家到广安市，在市委副书记袁险峰等陪同下，先后到邓小平故里、广安经济技术开发区的广安港、宏威高新材料项目、玖源化工等重点项目和企业调研。

8日上午，市政协召开食品安全监管工作民主协商会，就广安市食品安全监管工作存在的问题和困难进行协商座谈。市政协主席刘凤成，市领导肖友才、甘用德、刘和斌、周派国、袁继林等出席会议。

8日上午，邓小平思想生平研究基地建设调研座谈会在广安市举行。全国政协常委、中央文献研究室原常务副主任、邓小平思想生平研究会会长杨胜群，中央文献研究室副秘书长、邓小平思想生平研究会副会长龙平平，中央文献研究室第三编研部副主任姜淑萍，市委书记侯晓春，市委副书记袁险峰等出席座谈会并讲话。

8日，中国社科院工业经济研究所创新工程《产业转移与区域协调发展研究》首席专家，研究员、教授、博士生导师，区域经济研究室主任，中国社科院西部发展研究中心副主任，中国区域经济学会副理事长兼秘书长陈耀率领中国社科院工业经济研究所课题组到广安市调研，并就相关课题进行对接交流。市委常委蒋英胜、副市长陈捷出席会议。

8日，广安市召开参加省第十二届运动会总结表彰会。市委书记侯晓春出席会议并讲话。侯晓春强调，全市上下要大力弘扬奥林匹克精神，把体育健儿们顽强拼搏的斗志和毅力，转化为全面建成小康社会的精神动力，推动广安经济社会又好又快发展。市委副书记、市长罗增斌主持会议。市人大常委会主任余仪出席会议。

8日，广安市举行纪念邓小平同志诞辰110周年图书、文物捐赠仪式，又一批珍贵图书、文物落户小平故里。全国政协常委、中央文献研究室原常务副主任、邓小平思想生平研究会会长杨胜群，中央文献研究室副秘书长、邓小平思想生平研究会副会长龙平平，中央文献研究室第三编研部副主任姜淑萍，中国收藏家协会书报刊收藏委员会常务副主任兼秘书长、中国古籍研究中心主任彭令，市委书记侯晓春，市委副书记、市长罗增斌等出席捐赠仪式，市委副书记袁险峰主持仪式。仪式上，杨胜群、龙平平向邓小平故居陈列馆、邓小平图书馆捐赠图书，彭令向邓小平故居陈列馆捐赠文献，侯晓春向彭令颁发邓小平故居陈列馆特约研究员聘书，罗增斌颁发捐赠证书。

8日下午，邓小平故居陈列馆生平馆和陈列馆缅怀馆建设布展工作专家座谈会在广安市思源酒店深圳厅召开。全国政协常委、中央文献研究室原常务副主任、邓小平思想生平研究会会长杨胜群出席会议并讲话。中央文献研究室副秘书长高屹，中央文献研究室副秘书长、邓小平思想生平研究会副会长龙平平，以及全国各地专家学者出席座谈会。市委副书记袁险峰，市委常委、宣传部部长唐雄兴参加会议。

8—9日，副省长刘捷带领省级相关部门负责人到广安，先后前往华蓥希施凯电子、兄弟时代电子科技项目、国雅电子，广安经开区玖源化工、宏威新材料等企业，就工业转型升级和科技创新发展等工作进行调研。在实地调研和座谈后，他强调，广安要弘扬办好邓小平同志诞辰110周年纪念活动所凝聚的精神，保持“感恩作贡献”的强劲发展势头，充分发挥后发优势，着力转型升级，牢固树立可持续发展理念，坚定不移实施改革创新，以科技创新提升发展质量，推动伟人故里经济社会科学发展、加快发展。省政府副秘书长蔡竞，省经济和信息化委主任王海林，省科技厅厅长刘东等随同调研并出席座谈会，市委书记侯晓春陪同调研并主持座谈会，市委副书记、市长罗增斌，市领导蒋英胜、陈捷等陪同调研，罗增斌汇报广安市工业转型升级和科技创新发展等相关工作。

9日，市委书记侯晓春与到广安市考察的中信产业基金总裁田宇一行，就医药、水务、旅游等投资项目进行深入洽谈、全面对接。田宇一行表示，一定要把合作项目建成一流优质示范工程，以实际行动参与“感恩小平·我为小平家乡发展作贡献”活动，为广安经济社会跨越发展贡献力量。市领导肖雷、唐雄兴、蒋英胜出席座谈会。10日上午，田宇一行在侯晓春、蒋英胜、王义杰、陈捷等市领导的陪同下，先后深入枣山物流商贸园区、广安区官盛新区、广安经济技术开发区、前锋区等地进行实地考察。

9日下午，市委副书记、市长罗增斌主持召开全市经济工作座谈会。罗增斌指出，当前广安发展正处于追赶跨越的关键时期，统一战线的广大人士要继续发挥人脉资源广、专业技术强的优势，围绕全市经济发展、改革创新、改善民生、维护稳定等方面积极建言献策、贡献力量，共同推进全市经济社会加快发展、科学发展。市领导陈捷、钟志荣、袁继林、江陵、贺宗飞、欧太元出席座谈会。

10 日，省委宣讲团先后在市委四楼报告厅、华蓥市宣讲党的十八届四中全会和省委十届五次全会精神。在市委四楼报告厅，省委宣讲团成员、西南财经大学法学院院长、教授高晋康围绕全面推进依法治国、从严治党等内容作了高水平的专题报告，刘凤成、黄秀川、唐雄兴、刘光辉、武立国等市领导及市级各部门、各区市县、园区相关负责人聆听报告。市委副书记袁险峰主持宣讲报告会。

10 日，广安市精神文明建设委员会授予沈乾文、黄明科、刘启荣、杨淑芹、张洁、刘银中等 6 人“广安市 2014 年度时代楷模”称号。

10 日，全省首批 100 家“省级示范休闲农庄”名单出炉，华蓥市“广安蜜梨度假村”榜上有名。广安蜜梨度假村位于禄市镇月亮坡村，是以南方优质早熟梨为主导产业的集果园、花卉、养殖、生产、科研、农业旅游观光、休闲度假、会议培训于一体的复合型景区，也是四川最大的蜜梨生产基地之一。

10 日下午，广安市召开违法用地、违法建设治理工作动员大会，市委副书记、市长罗增斌出席会议并讲话。罗增斌强调，各级各相关部门要进一步统一思想，凝聚力量，坚决打好“双违”治理攻坚战，为统筹推进城乡建设、积极创建全国文明城市创造良好环境。市委常委、副市长肖友才主持会议，市委常委、组织部部长黄秀川对全市“双违”治理工作作安排部署，市委常委、市纪委书记刘光辉，副市长、市公安局局长邓文国，市政协副主席刘兴汉出席会议。

10—14 日，武胜县组织武胜剪纸、竹丝画帘非遗项目亮相第九届中国北京文化创意产业博览会（以下简称文博会），这是该县第一次组织非遗项目参加高规格的文博会展示。该县还对沿口古镇文化旅游区、宝箴塞旅游区文化旅游项目进行推介。

11 日上午，中国社科院经济研究所创新工程《产业转移与区域协调发展研究》首席专家、中国区域经济学会副理事长兼秘书长陈耀率领中国社科院工业经济研究所课题组，与广安市相关部门、区市县分管负责人等座谈，就全市工业经济、招商引资工作和川渝合作示范区建设等事宜进行深入交流，积极为广安市推动经济社会科学发展、加快发展建言献策。

11 日，由省经信委主办、市经信委承办、百度成都公司协办的“互联网思维下的营销变革——2014 两化融合暨百度翔计划培训会议”在广安市开幕，全市 300 余名中小企业家代表参加会议。“翔计划”是百度联合国家工信部发布的一项系统地针对中小企业发展、加快中小企业转变经济发展方式的扶持计划，

12 日上午，市委书记侯晓春带队专程赴省商务厅，就电商工作与省商务厅厅长谢开华、副厅长杨春轩等交流座谈，并就下一步加快推进广安电子商务发展等相关工作进行交流座谈。省商务厅有关处室负责人，省电商协会秘书长及市领导肖友才等参加座谈。

12 日，副省长黄彦蓉在成都听取部省共建广安教育改革发展试验区及广安市与四川理工学院开展校地合作等相关工作。黄彦蓉强调，广安要抢抓部省共建教育改革试验区的发展机遇，探索建立校地合作新机制，积极培养推动经济社会发展的高科技人才，促进高校在广安建立产业技术研究基地和实训基地，加快科研成果在广安转化，努力推动广安经济社会转型升级发展。省政府副秘书长王七章，省教育厅厅长朱世宏等听取汇报，市委书记侯晓春汇报了相关工作，四川理工学院党委书记游建军、院长汪明义等参加汇报。

13 日，广安市首家汽车“7S”店落户广安经济技术开发区奎阁工业园区，成为全市汽车行业服务集约化程度最高的销售服务终端。广安市洁成新能源汽车有限公司打破传统汽车 4S 店的整车销售、售后服务、零配件供应、信息共享平台服务模式，新增了机动车检测、尾气检测、天然气汽车改装 3 项全新服务项目，因每个项目均以“S”字母开头，故称之为汽车“7S”店。

14 日，市委书记侯晓春率市领导肖雷、蔡学勤、周派国等一行，到岳池县顾县镇西溪河洁净水暨防洪治理工程、花园镇养殖场拆迁复耕现场，武胜县五排水库、白坪飞龙旧院落污水处理设施工程等地，就“洁净水”行动推进情况进行深入调研。侯晓春强调，全市各地各部门要高度重视，采取切实有效措施，系统、优质、高效推进“洁净水”行动，着力打造“天蓝、地绿、水清”优美生态环境，努力构建群众幸福家园，为广安科学发展、加快发展、又好又快发展贡献力量。

15 日，市委书记侯晓春主持召开专题会，研究智慧城市大数据平台及 E 消费项目合同等事宜。侯晓春强调，各级各部门一定要进一步解放思想、提高认识，切实增强新形势下加快推进电子商务发展的责任感、紧迫感，把发展电子商务作为我市实施创新驱动发展战略的重要抓手，主动适应经济新常态、应对新形势、迎接新挑战、抢抓新机遇，真抓实干，努力开创全市电子商务工作新局面。市委副书记、市长罗增斌，市政协主席刘凤成，以及肖友才、黄秀川、杨利民、蒋英胜、甘用德、刘光

辉等市领导出席会议。

15日，市委书记侯晓春，市委副书记、市长罗增斌会见到广安市考察的雅戈尔集团股份有限公司董事长李如成一行。双方就加强合作，推进全市旅游产业和六大高端产业发展进行深入交流。市委常委、秘书长杨利民参加会见。

15—16日，省文联党组副书记、副主席李兵带领四川省电影界艺术家齐聚广安，开展“追光中国梦·逐影广安情”四川电影界大型电影惠民创作采风活动。市委常委、宣传部部长唐雄兴，市人大常委会副主任易铭珅出席启动仪式。活动期间，艺术家们还前往邓小平故里和红色文化影视城等地进行创作采风。

15日至2015年2月25日，举行第三届华蓥山冰雪节，在冰雪节期间，景区门票推出系列优惠政策，游客可免费参观地质博物馆、中外名人蜡像馆、游击队纪念馆、历史记忆馆，主办方还精心策划冰雪嘉年华、生态住食、户外拓展、雪景圣诞夜、新年祈福等活动。

16日上午，市委书记侯晓春率市领导黄秀川、蒋英胜、席世洪、陈捷等一行，到前锋区召开扬尘污染治理工作现场会，参观前锋区广前路改造工程和新区建设现场后，侯晓春强调，全市上下在思想上要高度重视，措施上要坚决有力，大力推进以扬尘污染治理和“洁净水”行动等为重点的环境治理工作，探索建立长效机制，努力使广安天更蓝、水更清、空气更清新，让生态文明建设成果惠及广大人民群众。

16日，市人大常委会主任余仪带领市人大机关30余名干部职工到前锋区观塘镇碧峰村开展“走基层”活动，一对一地与贫困户结对子、认穷亲，了解贫困情况，谋划脱贫办法，并为23户困难群众送去慰问金。

17日上午，市委副书记、市长罗增斌主持召开四届市政府第44次常务会议。会议审议《关于实施川东北经济区发展规划重点任务分工方案》《关于推进政府向社会力量购买服务工作的实施意见》《广安市工商登记制度改革工作方案》《健全住房保障体系专项改革工作方案》《广安市推广新型建材和绿色建筑奖励办法》和关于设立“广安市青少年科技创新市长奖”等有关事宜。

17日，市委书记侯晓春主持召开四届市委第96次常委会，传达学习习近平总书记在中央办公厅《机制创新助推灾区恢复重建工作科学有序推进，一些问题仍须引起重视——习近平总书记芦山地震灾区考察第二次回访调研报告》上的批示，传达学习《中共四川省委办公厅四川省人民政府办公厅关于印发〈四川省安全生产“党政同责”暂行规定〉的通知》，传达全省党委秘书长办公厅（室）主任会议精神，研究贯彻意见，审议通过《中共广安市人大常委会党组关于市四届人大六次会议有关问题的请示》《中共政协广安市委员会党组关于召开政协广安市第四届委员会第四次会议有关事项的请示》，研究全面深化改革工作及审议方案。市委副书记、市长罗增斌，市人大常委会主任余仪，市政协主席刘凤成，以及市委常委肖友才、肖雷、黄秀川、唐雄兴、杨利民、蒋英胜、甘用德、刘光辉、王义杰、武立国等出席会议。

17日，市委书记侯晓春深入武警广安支队驻地和武警广安支队景区中队规划建设现场调研营房建设。侯晓春强调，广大官兵要按照“听党指挥，能打胜仗，作风优良”的要求，认真履行神圣职责，积极参与地方经济社会建设，为广安跨越发展再立新功。市委常委、政法委书记肖雷随同调研。

18日，市政协第四届委员会第十四次常委会召开。会议听取并讨论市政府关于市政协重要调研视察报告和提案办理情况的通报、市政府关于2014年国民经济和社会发展计划执行情况的通报、市政府关于2014年财政预算执行情况的通报和市纪委、市监察局关于党风廉政建设与反腐败工作情况的通报，审议通过《政协广安市委员会全体会议工作规则》《关于召开政协广安市第四届委员会第四次会议的决定》等。市政协主席刘凤成，副主席周派国、刘儒贤、袁继林、江陵、刘兴汉、黄德齐、欧太元出席会议。市委常委、纪委书记刘光辉，副市长钟志荣应邀出席会议。

18日，市人大常委会主任余仪主持召开市四届人大常委会第63次主任会议，听取相关专委会关于市人民政府2013年市级预算执行和其他财政收支审计处理结果的报告、2014年市本级预算调整方案报告的审查报告、2014年全市固定资产投资工作情况的调研报告、市人民政府研究处理《关于检查〈中华人民共和国食品安全法〉实施情况的报告》的初审意见以及全市农村扶贫移民工作情况的考察报告。市人大常委会副主任康永恒、张建华、易铭珅、蔡学勤出席会议。

20日，民盟中央副主席，全国人大常委、中国作协副主席张平一行，到邓小平故里参观考察。

20日，四川新闻网麻辣社区版主年会在成都举行。会上，廉政广安等10家单位，荣获年度“最受网民喜爱的实名认证机构”称号。“廉政广安”作为广安市纪委的官方账号，2012年注册，在麻辣社区构建纪检监察机关与广大网民朋友之间互动、交流、沟通的渠道。2014年，

“廉政广安”共发布案件85件次，回复网友问题410余次，宣传党纪法规50余次。

21日，“光辉历程——邓小平生平业绩暨‘一国两制’光耀濠江澳门回归15周年图片展”在澳门综艺馆开幕。在持续3天的展览中，400余幅珍贵图片和一批珍贵文物首次到澳门与市民见面。此次展览由香港文汇报社、广安市委市政府联合主办，邓小平故里管理局、澳门基金会等单位承办，同时获得澳门中联办、中国中共文献研究会邓小平思想生平研究会、外交部驻澳特派员公署和驻澳部队作为支持机构。全国政协副主席何厚铧、澳门中联办主任李刚、外交部驻澳门特派员胡正躍、驻澳部队司令员王文、澳门特区首任检察长何超明、澳门新闻局局长陈致平、澳门基金会行政委员会主席吴志良等主礼开幕式。邓小平长女邓林亲临开幕式并发表讲话。中共广安市委常委、宣传部部长唐雄兴，邓小平故里管理局主要负责人和相关人员参加展览。

21日，市委副书记、市长罗增斌与深圳正威集团董事局主席王文银一行，深入广安经开区新桥工业园区宏威高新材料项目建设现场考察项目建设情况。正威集团投资委员会副主席江道祥、余兴旺以及市领导蒋英胜、陈捷等随同考察。

21日，中国自然与文化遗产基金会常务副会长王晓华，江苏众瀛联合数据科技有限公司董事长王静芳一行，在侯晓春、杨利民、甘用德等的陪同下，深入枣山物流商贸园区、广安区官盛园区、广安经济技术开发区和协兴生态文化旅游园区等地进行实地考察。

22日，建设广安大数据智慧城市公共信息云平台及E消费项目签约仪式在广安市举行。该项目由江苏众瀛联合数据科技有限公司运用自主研发的公共信息云服务技术支撑平台系列智慧即时应用系统软件，打造广安大数据智慧城市公共信息云服务平台。项目建成后，对广安市推进智慧城市建设及电子商务发展具有重要意义。市委书记侯晓春，市委副书记、市长罗增斌，中国自然与文化遗产基金会常务副会长王晓华，江苏众瀛联合数据科技有限公司董事长王静芳，以及市领导肖友才、杨利民、甘用德、刘和斌等出席签约仪式。

22日，市委书记侯晓春主持召开四届市委第97次常委会，传达省委经济工作会议精神，研究贯彻意见。侯晓春强调，各区市县和园区要准确认识经济新常态、适应经济新常态，始终保持专注发展定力，加大发展力度，保持高于全市的合理增长水平，为全市经济发展保持高于全省的合理增长水平做出积极贡献。市委副书记、市长罗增斌传达了省委经济工作会议精神。市人大常委会主任余仪，市政协主席刘凤成，市委副书记袁险峰，以及市领导肖友才、黄秀川、杨利民、蒋英胜、甘用德、刘光辉、王义杰、武立国出席会议。

22日，市人大常委会主任余仪带领市人大办、统战部、食品药品监督管理局、运管处和友谊中学负责人到五福社区开展联系帮扶工作。

22日，全市“走基层”活动暨“庸懒散浮”拖问题专项整治工作推进会召开。市委副书记袁险峰，市委常委、组织部部长黄秀川出席会议并讲话。

22日下午，前锋区举行“金曲迎春·活力前锋”第一届群众广场舞大赛。此次大赛既充分展示新区广大干部群众开拓进取、奋发图强的精神，又丰富群众精神文化生活，提升群众的幸福指数，是该区全面推进全民健身活动的重要举措。

24日上午，广安市工会第四次代表大会在市图书馆报告厅开幕，此次会议总结市总工会第三届委员会以来的五年工会工作，确定今后五年全市工会工作的指导思想和奋斗目标，选举产生广安市总工会第四届委员会和经费审查委员会委员。省总工会党组成员、副主席胥纯，市委书记侯晓春出席会议并讲话，市委副书记、市长罗增斌，市人大常委会主任余仪，以及市领导黄秀川、甘用德、康永恒、陈捷、刘儒贤、黄德齐等出席会议。25日上午，广安市工会第四次代表大会闭幕。大会通过了市总工会第三届委员会工作报告、财务工作报告、经审工作报告的决议；选举产生了广安市总工会第四届委员会领导班子。市委常委甘用德再次当选为市总工会主席。

24日下午，市人大常委会主任余仪率队到国网广安供电公司调研指导工作，先后参观供电服务一线窗口、运营监控中心，了解甘孜新龙“电力天路”及无电地区建设情况，并召开座谈会，听取该公司2014年工作情况介绍。

24日，2014年度依法治省工作循环检查第18检查组到广安市检查依法治市工作情况。检查组一行先后深入岳池县、武胜县和市中级人民法院、国家税务局等单位，通过听取汇报、实地考察、座谈了解、查阅执法单位档案台账等方式，详细了解依法治市工作开展情况。

24—25日，市委书记、市城乡规划工作领导小组组长侯晓春主持召开市城乡规划工作领导小组第10次全体会议，审议《广安市神龙山组团控制性详细规划》《广安城区要街风貌塑造》《广安市文化CBD概念设计》等规划设计方案。市委副书记、市长罗增斌，市委副书记袁险峰等出席会议。

24—25日，国家标准委员会服务业处负责人率领专家组一行8人到广安，对广安市矛盾纠纷大调解服务综合标准化试点项目进行中期检查评估。先后检查广安区万盛街道办事处、五福社区、武胜县飞龙镇卢山村、白坪乡现场点，并取试点单位工作开展情况汇报。

25日，市委召开市委书记抓党建工作专项述职自评会，听取市委书记侯晓春就党建工作进行专项述职，并组织市委委员、候补委员，市委党建工作领导小组成员，党的十八大代表、省第十次党代会代表及部分市、县基层党代表进行测评。市委副书记、市长罗增斌主持会议。市人大常委会主任余仪，市委副书记袁险峰，市委常委肖友才、黄秀川、唐雄兴、杨利民、蒋英胜、刘光辉、王义杰出席会议。

25日下午，市委副书记、市长罗增斌主持召开四届市政府第45次常务会议。会议学习《统计法》，传达省委经济工作会议精神并研究贯彻意见，审议《关于依托多层次资本市场加快实体经济发展的意见》《关于2015年广安市人民政府常务会议学习方案》等有关事宜。

26上午，广安市妇女第四次代表大会在市图书馆报告厅召开，此次会议总结五年来全市妇联工作的成绩和经验，确定今后五年妇联工作的指导思想和奋斗目标，大会审议并通过市妇联第三届执行委员会工作报告的决议，选举产生市妇联第四届执行委员会和新的领导班子。省妇联党组书记、主席吴旭，市委书记侯晓春出席会议并讲话，市委副书记、市长罗增斌，市人大常委会主任余仪，市政协主席刘凤成，以及市领导黄秀川、杨利民、甘用德、康永恒、张建华、江陵等出席会议。26日下午，会议闭幕。

28日上午，广安凤凰山森林公园公墓烈士陵园项目举行开工仪式。市人大常委会主任余仪、市政协主席刘凤成、广安军分区司令员樊茂阳、副市长刘和斌等出席开工仪式，并为项目培土奠基。烈士陵园位于广安区官盛镇三层村，总投资10亿元，总规划面积2000亩，建设周期为5年。

29日上午，共青团广安市第四次代表大会在市图书馆报告厅召开。会议总结五年来共青团广安市委的工作成绩和经验，确定今后五年共青团广安市委的指导思想和奋斗目标，选举产生新的领导班子。市委副书记、市长罗增斌，共青团四川省委副书记克克出席会议并讲话，市人大常委会主任余仪，市政协主席刘凤成，以及市领导黄秀川、甘用德、康永恒、陈全禄、黄德齐等出席大会开幕式。29日下午，会议闭幕。

29日，广安市“洁净水”行动综合治理“PPP”项目集中开工仪式在广安区官盛新区官盛镇举行。此次集中开工的项目有广安市第二污水处理厂、武胜县第二污水处理厂、邻水县王家镇污水处理厂新建项目和协兴生态文化旅游园区浓溪镇污水处理厂提标改造项目。市委副书记、市长罗增斌出席开工仪式并宣布开工。中信水务集团公司董事长侯丰，市委常委、政法委书记肖雷，市委常委、秘书长杨利民，副市长席世洪、钟志荣，政协副主席周派国等出席开工仪式。

30日，广安市科学技术协会第四次代表大会在市图书馆报告厅召开。会议总结五年来广安市科学技术协会工作的成绩和经验，确定今后五年广安市科学技术协会的指导思想和奋斗目标，选举产生新的领导班子。市委副书记、市长罗增斌，省科协党组书记、副主席吴凯出席会议并讲话，市人大常委会主任余仪，市政协主席刘凤成等出席大会开幕式。

30日，市委副书记、市长罗增斌主持召开广安市服务业发展领导小组工作会议，研究城区农贸（菜）市场升级改造有关工作。罗增斌强调，各地各有关部门要把服务业发展放在经济转型升级中更加突出的位置，进一步增添措施，细化目标任务，努力推动全市服务业又好又快发展。市领导肖友才、甘用德、刘和斌出席会议。市领导甘用德、康永恒、袁继林等出席大会开幕式。30日下午，会议闭幕。

30日，市委副书记、市长罗增斌率市级相关部门负责人赴前锋区调研2014年经济运行情况及当前经济工作。罗增斌强调，前锋区要坚持走转型发展路子，不断提高经济发展的质量和效益，早日迈进全省县域经济发展第一方阵。

31日，市委书记侯晓春主持召开专题会，研究枣山物流商贸园区发展。侯晓春强调，枣山园区要认真研究经济发展新常态，主动适应经济发展新常态，切实把招商引资作为园区发展的生命线，牢固树立自我加压，跳起摸高的思想，努力提质增效，做到高速发展、高速增长，实现超常规跨越发展。市委领导袁险峰、肖友才、杨利民、甘用德、刘光辉、刘和斌等出席会议。

31日，市委书记侯晓春在城乡发展学院建设现场调研时强调，相关部门和施工单位要着力把城乡发展学院打造成国内最专业和最权威的城乡干部培训机构，努力培养更多具备现代化知识的优秀干部，为全面推进新型城镇化和新型工业化，城乡统筹发展打下坚实基础。市领导肖雷随同调研。

31 日，武警广安市支队邓小平故居中队新建项目在协兴生态文化旅游园区开工建设。市委书记侯晓春出席开工仪式，并宣布项目开工。市委常委、政法委书记肖雷出席仪式并讲话。

31 日，四川省加快推进新型城镇化工作领导小组办公室公布第三批“百镇建设行动”名单，全省 21 市州 100 个镇入选，广安市广安区协兴镇、武胜县街子镇、前锋区观阁镇、华蓥市庆华镇 4 镇入选。“百镇建设行动”自 2012 年启动，分三批进行，共覆盖 300 个试点镇。广安市第一批、第二批“百镇建设行动”有 10 个试点镇入选。

31 日下午，“金曲迎春·舞动广安”暨庆祝 2015 年元旦广安市广场舞大赛在广安市民广场举行。全市各地 29 支代表队参加。前锋区区级机关代表队、广安区文化馆代表队和岳池县文化馆代表队并列冠军，岳池县宣传系统代表队获亚军，广安区中桥办事处代表队与邻水县吉祥舞蹈队获得季军。此外，比赛还评选出了 7 个优胜奖。

是月，岳池县获得 2014 年“全国粮食生产先进单位”，受到农业部通报表彰。该县已连续七次获得该项荣誉。

是月，国家旅游局发布的《2014 年全国休闲农业与乡村旅游示范县》名单中，武胜县被认定为 37 个国家级休闲农业与乡村旅游示范县之一，也是四川省唯一被授予“全国休闲农业与乡村旅游示范县”称号的县。

是月，省委、省政府正式下发《关于授予全省城乡环境综合治理 2013 年度环境优美示范城镇乡村称号的决定》，10 个县城、100 个乡（镇）、1000 个村庄（社区）正式获得 2013 年度环境优美示县、乡、村称号。环境优美示范县城：岳池县；环境优美示范乡（镇）广安市（4 个）：广安区恒升镇、华蓥市阳和镇、岳池县罗渡镇、武胜县宝箴塞乡；环境优美示范村（社区）广安市（50 个），其中，广安区：恒升镇保卫村、龙台镇车堂村、兴平镇玉泉村、大安镇南桥村、花桥镇星火村、崇望乡曙光村、肖溪镇南溪村、大龙乡果坝村，前锋区：观塘镇七河村、广兴镇蔡家村、广兴镇永胜村、代市镇桐子村、小井乡小井村、观阁镇观南村，华蓥市：天池镇王家坝村、禄市镇小驴山村、明月镇白鹤嘴村、阳和镇中和村、高兴镇谭家桥村、观音溪镇田坝子村、溪口镇袁家坝村、庆华镇石佛沟村、双河街道栋梁村、华龙街道佘家井村，岳池县：罗渡镇桐子坪村、罗渡镇临水寺村、普安镇干堰塘村、普安镇大石沟村、石垭镇张口楼村、石垭镇丁家村、石垭镇大城村、苟角镇古坟梁村，武胜县：宝箴塞乡方家沟村、沿口镇东风村、街子镇王家庵村、龙庭乡新牌坊村、乐善镇水洞湾村、华封镇扶手村、鼓匠乡鹤林村、白坪乡长安村、永胜乡碉楼村，邻水县：观音桥镇三板桥村、石滓乡朱家寨村、石滓乡晒金村、石滓乡长龙村、石滓乡升坪村、石滓乡冷水村、石滓乡花房村、太和乡高家庙村、太和乡火炮铺村。

是年，2014 年起，广安市向重度残疾人发放护理费用补贴，其中一级重度残疾人每人每月补助 80 元，二级重度残疾人每人每月补助 50 元。截至 2014 年年底，全市共投入资金 2537.424 万元，惠及群众 35990 人。

是年，全市保险机构实现保费收入 32.5 亿元，首次突破 30 亿元大关，同比增长 131.2%，为全市 320 万保险客户提供风险保障。2014 年，全市已有保险公司 21 家，在各区市县、园区设支公司或营销部 26 个，乡镇网点 2896 个，提供就业岗位 8000 余个。

广安概况

建置境域

【建置沿革】 广安上古属梁州之域，殷属雍州之地。周灭殷后，武王封其宗族姬姓于巴，设立巴子国，广安属之。周慎靓王五年（前316年），秦惠文王命张仪、司马错举兵灭巴蜀后，设巴郡于江州（今重庆市），今广安市的广安区、邻水县、华蓥市为巴郡宕渠县所辖，武胜县属巴郡垫江县（今重庆合川区）所辖，岳池县属巴郡安汉县（今南充市）所辖。汉晋时期，建置无变动。

南朝齐建元元年（479年），析垫江县以北置汉初县（治地今武胜县烈面镇汉初村），隶属益州（治地今成都市）东宕渠僚郡（治地今重庆合川区）。南朝梁普通三年（522年），析宕渠县置始安县，隶属梁州北宕渠郡（治地今渠县）。南朝梁大同三年（537年），置渠州（今渠县），并析宕渠县东部始置邻水县（治地邻州城），属邻州邻山郡（治地今大竹县东南）。西魏恭帝三年（557年），邻州并入渠州，邻水县属渠州邻山郡。

隋开皇元年（581年），邻水县治地由邻州城移至岳池溪。隋开皇三年（583年），省邻山郡入渠州。隋开皇十八年（598年），改始安县为賨城县，隶属流江郡（北周武成元年〈559年〉，改北宕渠郡置，治地今渠县）。

唐武德元年（618年），賨城县复名始安县，并划出部分地域置丰乐县（治地今广安区恒升镇古城村），同属山南西道渠州。同年，置潾州，改邻水县为潾水县。武德二年（619年），潾水县改属渠州，县治由岳池溪移至崑楼镇。唐武德八年（625年），废丰乐县，其地复入始安县。唐万岁通天二年（697年），析南充县、相如县（今蓬安县）地置岳池县，属剑南道果州郡（今南充市）。唐天宝元年（742年），改始安县为渠江县，改渠州为潾山郡。唐乾元元年（758年），复为渠州，始安县、潾水县仍属渠州。唐宝历元年（825年），潾水县并入潾山县。唐大中元年（847年）复置潾水县。

宋乾德二年（964年），改潾水县为邻水县。宋开宝二年（969年），宋太祖应西川转运使刘仁燧之请，在渠江县秀屏山下的浓洄镇置军，取“广土安辑”之意，命名广安军，广安一名由此始。广安军与州同级，隶属潼川府路（原梓州路），领渠州之渠江、合州之新明、果州之岳池三县。渠江县为广安军的附廓县。宋开禧三年（1207年），升和溪镇为和溪县（治地岳池县新场镇）。宋淳祐三年（1243年），蒙古军入川，广安军治地迁大良城（今广安区小井乡大良村）。宋宝祐五年（1257年），蒙军焚毁汉初县治。宋宝祐六年（1258年）至宋咸淳二年（1266年），大良城两度被蒙古军占领，又两度为宋军收复。宋咸淳二年，改广安军为宁西军，领属如旧。

元至元二年（1265年），分汉初县地，置定远县。元至元四年（1267年），创武胜军（军与县同级），取“以武力胜南宋”之意。后升为定远州。元至元十二年（1275年），宁西军入元朝，治地由大良城迁回浓洄镇。至元十五年（1278），改宁西军为崇宁军，次年崇宁军废，并新明、和溪二县入岳池，渠江、岳池二县改隶顺庆府（今南充市）。元至元二十年（1283年），置广安府，治地渠江县，领渠江、岳池二县，隶顺庆路。同年，邻水县并入大竹县，改为邻水镇。省汉初县。元至元二十四年（1287年），降定远州为定远县，意为“永远安定”，属重庆路合州。元至正十二年（1352年），明玉珍于重庆建大夏政权，广安府入大夏地。

明洪武四年（1371年），平大夏，广安府入明版图。同年，改府为州，隶属顺庆府，领渠江、岳池二县。明洪武九年（1376年），增领渠县、大竹二县。明洪武十年（1377年），废渠江县，其地并入广安州，州领岳池、渠县、大竹三县。明成化元年（1465年），增领邻水县。次年，邻水县治地由崑楼镇迁鼎屏镇。明崇祯十七年（1644年），张献忠入川，建立大西政权。

清顺治四年（1647年），清军灭大西政权，广安州归入清朝版图。州城为人所据，州治迁来苏寨（今广安区蒲莲乡西南约3千米）。清顺治八年（1651年），治地由来苏寨迁竹山寨（今广安区肖溪镇北约2.5千米）。清康熙四年（1665年），治地迁回浓洄镇，仍领岳池、渠县、大竹、邻水四县。清康熙七年（1668年），废岳池县，其地并入广安州，其余三县属顺庆府，州遂为不领县的散州。清康熙八年（1669年），撤定远县入合州。清康熙六十年（1721年），复置岳池县，隶属川北道顺庆府。清雍正六年（1728年），复置定远县，隶属川东道重庆府。清宣统三年（1911年），蜀北民军占领广安州城，成立大汉蜀北军政府，宣布广安州脱离清政府，广安州为军政府驻地。

民国元年（1912年），撤大汉蜀北军政府，广安州隶属川北宣尉使署。民国2年（1913年），改广安州为广安县。广安县、邻水县、岳池县隶属川北道。民国3年（1914年），川北道改为嘉陵道，广安、邻水、岳池县随属之。同年，定远县更名武胜县，隶属东川道。民国24年（1935年），川政统一，广安、邻水两县隶属四川省第十行政督察区。岳池、武胜两县隶属四川省第十一行政督察区。

1949年12月，邻水、武胜、广安、岳池四县相继解放。1950年，岳池县、武胜县隶属川北行政区南充专区，广安县、邻水县隶属川东行政区大竹专区。1953年，撤销大竹专区，广安县划入南充专区，邻水县划入达县专区。1968年，改专区为地区，各县隶属不变。1978年4月，从广安、岳池两县划出1镇16个公社设置华蓥工农示范区，驻地双河公社双河场，隶属南充地区。1979年10月5日，经国务院批准，华蓥工农示范区更名为华云工农区。1983年3月3日，国务院《关于同意四川省发挥大中城市作用调整行政区划给四川省人民政府的批复》将华云工农区划归重庆市管辖。同年9月9日，国务院《关于同意四川省调整行政区划给四川省人民政府的批复》将华云工农区仍划归南充地区管辖。1985年2月4日，经国务院批准，撤销华云工农区，设立华蓥市（县级）。

1993年7月2日，经国务院批准设立广安地区，辖南充地区的广安县、岳池县、武胜县、华蓥市和达县地区的邻水县，行署驻地广安县浓洄镇。1995年5月，广安地级机关迁广安县城南经济技术开发区（广福街道办事处境内）。1998年7月31日，国务院批准，撤销广安地区和广安县，设立地级广安市，市人民政府驻新设立的广安区广福镇。广安市设立广安区，以原广安县的行政区域为广安区的行政区域。广安市辖广安区、岳池县、武胜县、邻水县，华蓥市由四川省人民政府直管，委托广安市代管。

2013年2月22日，四川省人民政府《关于同意调整广安市部分行政区划的批复》，经国务院批准，同意设立广安市前锋区。将广安市广安区的奎阁街道，前锋、代市、观塘、护安、广兴、观阁、桂兴7个镇，光辉、龙滩、小井、新桥、虎城5个乡划归前锋区管辖。以奎阁街道，前锋、代市、观塘、护安、广兴、观阁、桂兴7个镇，光辉、龙滩、小井、新桥、虎城5个乡的行政区域为前锋区的行政区域。前锋区人民政府驻前锋镇广前大道42号。

【政区境域】 广安市位于四川省东部，有“川东门户”之称。地理坐标为北纬30°01′—30°52′，东经105°56′—107°19′，东西宽134.5千米，南北长93.6千米。2014年，广安市辖广安区、前锋区、岳池县、武胜县、邻水县，华蓥市由四川省人民政府直管，委托广安市代管。辖区面积6341平方千米。嘉陵江由武胜县烈面镇苏家坝入境，流经武胜、岳池县，在武胜县真静乡的何家溪出境，流入合川区境内的嘉陵江，再注入长江。长江二级支流渠江流经广安区、华蓥市、岳池县，在合川区渠河嘴注入嘉陵江。境内的华蓥山、铜锣山、明月山蕴藏着丰富的矿产资源。

东面邻水县与达州市大竹县的欧家镇、姚市乡、妈妈乡、金鸡乡、文星镇、神合乡、四合乡、张家乡和重庆市垫江县的太平镇、澄溪镇等连界。邻水县护邻乡有三处“飞地”（境内部分土地被邻近地区的土地包围的地区）在大竹县境内。

南面邻水县与重庆市长寿区的海棠镇、云台镇、葛兰镇、大坝乡、万顺镇、洪湖镇、称沱镇，与渝北区的茨竹镇、大塆乡等连界；华蓥市与重庆市合川区的三汇镇、双槐镇、香龙镇等连界；岳池县和武胜县与合川区肖家镇、佛门乡、沙鱼镇、钱塘镇、金子镇等接壤。

西面武胜县与重庆市合川区的古楼镇、七间镇、庐山镇、合隆镇、燕窝镇、二郎镇，与遂宁市的群利镇、胜利乡、农兴乡，南充市嘉陵区的吉安镇、安抚镇、临江乡、土门乡等相邻。武胜县有两处“飞地”在重庆合川区境内，合川区有三处“飞地”在武胜县境内。

北面岳池县与南充市高坪区的浸水乡、万家乡、黄溪乡、鄢家乡，与蓬安县的凤石乡等连界；广安区与南充市蓬安县的银汉镇、南燕乡和营山县的新市乡，达州市渠县的宝城、定远、嘉禾、鲜渡、宝塔、保和、望溪等乡（镇）交界。

区划人口

【行政区划】 2014年，广安市辖广安区、前锋区、岳池县、武胜县、邻水县，华蓥市由四川省人民政府直管，委托广安市代管。全市辖86镇、86乡、9个街道，共有社区居委会221个，有居民小组1367个，村委会2763个、村民小组20265个。

2014年年末广安市行政区划表

表1 单位：平方千米、个

区市县	辖区面积	乡	镇	街道	社区居委会	居民小组	村民委员会	村民小组
广安区	1028	广罗乡、化龙乡、方坪乡、穿石乡、龙安乡、崇望乡、大龙乡、彭家乡、杨坪乡、郑山乡、消河乡、蒲莲乡、大有乡、白马乡、东岳乡、苏溪乡、广门乡（17个）	官盛镇、悦来镇、兴平镇、井河镇、花桥镇、龙台镇、肖溪镇、恒升镇、石笋镇、白市镇、大安镇、枣山镇、协兴镇、浓溪镇（14个）	广福街道、中桥街道、万盛街道、浓洄街道、北辰街道（5个）	44	363	572	4822
前锋区	505	小井乡、光辉乡、龙滩乡、虎城乡、新桥乡（5个）	广兴镇、观阁镇、前锋镇、桂兴镇、代市镇、观塘镇、护安镇（7个）	奎阁街道（1个）	17	118	266	2216
华蓥市	464	红岩乡（1个）	天池镇、禄市镇、永兴镇、明月镇、阳和镇、高兴镇、庆华镇、溪口镇、观音溪镇（9个）	双河街道、古桥街道、华龙街道（3个）	27	170	108	622
岳池县	1479	北城乡、朝阳乡、镇龙乡、粽粑乡、排楼乡、西板乡、嘉陵乡、石鼓乡、恐龙乡、平安乡、团结乡、黄龙乡、双鄢乡、长田乡、东板乡、鱼峰乡、大石乡、花板乡、齐福乡、大佛乡、伏龙乡（21个）	九龙镇、花园镇、白庙镇、新场镇、坪滩镇、龙孔镇、镇裕镇、西溪镇、同兴镇、兴隆镇、秦溪镇、顾县镇、苟角镇、天平镇、石垭镇、乔家镇、普安镇、罗渡镇、赛龙镇、裕民镇、中和镇、临溪镇（22个）	—	52	210	827	6217
武胜县	956	鸣钟乡、真静乡、猛山乡、双星乡、龙庭乡、石盘乡、旧县乡、鼓匠乡、白坪乡、永胜乡、新学乡、金光乡、八一乡、高石乡、宝箴塞乡（15个）	沿口镇、中心镇、烈面镇、飞龙镇、乐善镇、万善镇、龙女镇、三溪镇、赛马镇、胜利镇、金牛镇、清平镇、街子镇、万隆镇、礼安镇、华封镇（16个）	—	34	315	515	5105

续表1

区市县	辖区面积	乡	镇	街道	社区居委会	居民小组	村民委员会	村民小组
邻水县	1909	太和乡、冷家乡、新镇乡、长安乡、西天乡、梁板乡、四海乡、甘坝乡、九峰乡、华蓥乡、子中乡、椿木乡、风垭乡、黎家乡、关河乡、龙桥乡、两河乡、复盛乡、长滩乡、凉山乡、柳塘乡、荆坪乡、石滓乡、古路乡、护邻乡、同石乡、三古乡（27个）	鼎屏镇、城北镇、城南镇、柑子镇、合流镇、坛同镇、高滩镇、牟家镇、袁市镇、九龙镇、御临镇、丰禾镇、石永镇、兴仁镇、王家镇、八耳镇、龙安镇、观音桥镇（18个）	—	47	226	475	4374
合　计	6341	86	86	9	221	1402	2763	23356

说明：行政区划为民政局统计数

【人口状况】　2014年年末，广安市户籍总户数158.6万户，总人口471.7万人（男246.7万人、女224.5万人）。其中，非农业人口94.1万人，占19.9%；农业人口377.6万人，占80.1%。年末全市常住人口323.16万人，其中，城镇人口115.72万人，乡村人口207.44万人，城镇化率35.81%，比上年提高1.52个百分点。人口自然增长率为2.36‰。

2014年年末广安市人口统计表

表2　　单位：个、户、人

区市县	年末总户数	年末总人口	#农业人口	非农业人口	#男	女
广安区	289526	903128	647573	255555	469548	433580
前锋区	120101	370006	294785	75221	191714	178292
华蓥市	146051	363779	248432	115347	189168	174611
岳池县	373498	1191921	1010808	181113	627656	564265
武胜县	311468	849480	717270	132210	443141	406339
邻水县	345414	1038426	857208	181218	546478	491948
合　计	1586058	4716740	3776076	940664	2467705	2249035

说明：人口数为公安局统计数

自然环境

【地形地貌】　广安市地形呈扇形分布于川东丘陵与平行岭谷两大地形区之间，属于四川盆地盆底逐步向盆周延伸地带。纵贯于东南部的华蓥山脉将广安市分为两大地貌单元。整个地势东高西低，中西部为丘陵区，即四川“红色丘陵”的一部分。地表起伏不大，沟谷纵横分割。嘉陵江、渠江迂回曲折，以深切基岩的增幅曲流形式南流出境注入长江。表露地层多由侏罗纪砂岩、泥岩构成，形状平缓。东部为平行峡谷低山区，海拔高度从185米到1700多米，以华蓥山主峰高登山1704.1米为最高，最低处为御临河谷水位高程185米。华蓥山、铜锣山、明月山以相隔8千米—15千米的距离呈北东向平行分布，三山之间为两个狭长而宽缓的槽谷。大洪河、御临河由北而南贯穿谷底，经重庆市长寿区、渝北区出境注入长江。河流两岸有水平阶地分布，稻田成片。地貌包括浅丘带坝地貌、低山深丘地貌、中丘中谷地貌、平行岭谷低中山地貌四种类型。

境内的山脉有华蓥山脉、铜锣山脉和明月山脉，主要山峰有12座，包括高登山、宝鼎、皛然山、天池山、垭拐山、香炉山、万峰山、马鞍山、五华山、谷城山、金城山、来苏山，在华蓥山、铜锣山、明月山脉还形成有峡谷、槽谷。

华蓥山脉。起于四川省大巴山麓，止于重庆市江津山脉，连绵300余千米，横跨15个县（市、区），为川东平行岭第一山。在广安市境内有中段西缘，长约90千米，宽约7千米—21千米，呈北东向展布，北起与达州市大竹县交界的广安区光辉乡北端，经广安区、华蓥市、邻水县，最后从华蓥市溪口镇和邻水县高滩镇南端入重庆市三汇镇界。境内山峰重叠，中上部多古生代、中生代灰岩、泥岩，下部多三叠系砂岩。一般山顶相对高度600米左右。邻水县城北镇境内庙梁子以下，山峰呈锯齿状，峰峦重叠，兀立峥嵘，至高登山一线，海拔上升到1704.1米，为华蓥山脉最高峰，也是四川盆地底部地区最高峰。高登山以南山脊线降低到1100米，至华蓥山宝鼎，山势又复雄巍，海拔上升到1590.8米，危崖耸立，形势险要。

铜锣山脉。发脉于达州市的宣汉县境，由东北至西南走向，经达州市的达县、大竹县，广安市的邻水县，重庆市渝北区，至重庆市区以东的郭家沟铜锣峡为长江横切。因地质构造为铜锣山峡背斜，故名。在境内长约65千米，宽约5千米—7千米，一般海拔800米。北起达州市大竹县大安槽，南至邻水县幺滩镇界入重庆渝北区、长寿区界。北段山势险峻，邻水县龙安乡境内的万峰山海拔1054米，南延至梁板乡的天平寨、佛尔坡后高度降至650米左右，至九峰乡孔家山孤峰突起，海拔876米。至幺滩镇御临河峡谷为御临河横切，峡南的华家山，海拔降至505米。

明月山脉。发脉于达州市的宣汉县观面山，由东北至西南走向，自达州市的达县、大竹县进入广安市的邻水县，经邻水县与重庆市的垫江县、长寿区界南入重庆市渝北区，至重庆市区以东的明月沱为长江横切。因地质构造属明月山峡北斜，故名。在邻水县境内段为该山西翼。北自大竹县与邻水县交界的冒水眼入境，经护邻、兴仁、石滓、复盛、凉山、黎家等乡（镇）入重庆市长寿区界，长47千米，宽5千米—6千米。一般海拔850米，最高点土地垭海拔1179米。林脊浑圆，无显著突峰，起伏不大，山势平缓。高度由北至南递减，至南端天寨海拔降至788.5米。

山峰。高登山界于华蓥市红岩乡、邻水县甘坝乡之间，海拔1704.1米，群山耸立，插入云表。宝鼎耸于华蓥市溪口镇之南，邻水县华蓥乡西部，重庆市渝北区华秦乡北端，海拔1590.8米，是境内的主要山峰之一，山上“光明寺”，始建于唐至德二年（757年），素有“西朝峨眉、东朝宝鼎”之说。皛然山亦名白岩山，在华蓥市双河街道办事处境内，海拔1198米，最低点451米，相对高差747米。天池山为华蓥市与邻水县的天然界线，最高点1191米，最低点665米，相对高差526米。垭拐山位于邻水县护邻乡东部，为邻水县和重庆市垫江县的界山，长18千米，宽8千米，海拔1100米。香炉山位于邻水县观音桥镇西部，因顶部绝崖危立如香炉状，故名。属华蓥山背斜构造东翼，海拔1099米。万峰山位于邻水县龙安乡东部，为铜锣山脉最高峰。长14千米，宽7千米，一般海拔800—1000米，主峰万峰山海拔1054米。马鞍山位于华蓥市溪口镇东部，北接茅垭口，南连宝鼎，东交邻水界。海拔1010.6米，最低处为636米，相对高差374.6米。五华山位于邻水县丰禾镇与重庆市长寿区云台镇之间，为邻水和重庆市长寿县的界山，长12千米，宽8千米，海拔1009米。谷城山位于华蓥市华龙街道办事处东南云谷村，山中有洞，名谷城洞，洞口瑞云缭绕，宛如蛟龙腾空，象征吉祥。金城山又名金粟山，位于岳池县、南充市高坪区、蓬安县三县（区）的交界处。海拔824米，有99座山峰、36处泉水、48个山洞。来苏山位于广安区蒲莲乡与蓬安县银汉乡交界处，主峰海拔737米。山上林木覆盖，树种以柏树、千丈、桉树为主。

槽谷。华蓥山、铜锣山、明月山平行展布在广安市境内，贯穿全境，形成山地与丘陵、平坝平行相间的“三山两槽”地貌。三山之间，形成两个宽缓的向斜谷地，习称东槽、西槽。东槽地处大洪河沿岸，地势开阔，一马平川，田园阡陌，土地肥沃，素称鱼米之乡；西槽位于御临河两岸，地势狭窄，丘堡起伏，沟谷交错，矿藏丰富。华蓥山西斜广安区境段为“U”形，从广安区的光辉乡到桂兴镇接华蓥市天池镇界，习称内槽。槽内地势开阔，产稻谷、玉米、红薯等。

峡谷。华蓥山大峡谷位于华蓥山脉东缘中段，邻水县甘坝乡境内。峡谷长约6千米，海拔381—1086米，特殊地质构造形成溶洞、石笋、石柱等奇特的地貌景观。御临河小三峡位于邻水县幺滩镇西部，由御临河横切铜锣山脉形成，峡谷全长近 10 千米，由鹰嘴峡、仙女峡、西落峡三段峡谷与其间的窄谷组成，小三峡以峡谷和水景为主体，融溶洞、温泉、沙滩于一体，是广安市境内景观最优美的峡谷。翡翠峡位于邻水县凉山乡明月山中，是一条典型的山岳形峡谷，发源于重庆市长寿区境内的跳沟，注入大洪湖，峡谷激流奔涌，瀑布飞腾，两岸慈竹、松杉、杂木茂密，构成绿色原始生态环境。

【矿产资源】 广安市地处华蓥山中段，赋存的矿产资源主要分布在华蓥山、铜锣山、明月山三个背斜，邻水县东槽、西槽两个向斜。已探明或已发现的矿藏有煤、天然气、石油、岩盐、石灰石、硅石、玄武岩、白云岩、页岩、石膏、菱铁矿、锐钛矿、硫铁矿、铝土矿、磷矿、河沙、矿泉水、含钾岩石、耐火黏土、锂铍、锗、铬、硼、冰洲石、石英砂、辉绿岩、地热等 30 余种，具有较大工业价值，曾经开采和尚在开采的共有 17 种。

煤。广安市的主要矿产资源，已探明储量 7.45 亿吨（工业储量 5.02 亿吨）。主要分布在华蓥山脉沿线，含煤地层为二叠系平统龙潭组，二次为上三叠系须家河群。

天然气。广安市境内有油层伴生气和气藏气两大类。油层伴生气，在整个川中地区主要产自广安区大安镇境内的大安寨油层。根据资料分析，岳池县孔龙乡境内的石龙场构造大约有 3000 平方千米的范围属于大安寨油层含油气富集区带，可采储量为 90 亿立方米。气藏气，境内主要气层组即上三叠统香二，厚度由 500 米增厚到 1000 米左右，储集类型为孔隙——裂缝型，有 3 口井投产。

石油。在侏罗系自流井群发现凉高山组、大安寨组两个具有工业开采价值的油层。川中石油矿区及西南石油地质局对广安、龙女寺、罗渡等 3 个油田凉高山油层的石油储量进行测算。龙女寺油田面积 300 平方千米，总储量 1602.86 万吨；广安油田面积 200 平方千米，总储量 1484.7 万吨，探明储量 168.36 万吨；罗渡油田面积 10 平方千米，总储量 97.61 万吨。岳池县孔龙乡境内的石龙场油田面积 152 平方千米，探明石油储量 364.91 万吨，伴生气储量 92.36 亿立方米。

岩盐。遍布于全境，集中在广安区、岳池县、武胜县境内，总储量 2552 亿吨。根据 1992 年地质矿产部第二地质大队调查，广安县境内岩盐资源分布 800 平方千米，预测总储量 1000 亿吨以上。已完成地勘的盐井，分布在武胜县龙女寺构造 8 口，广安区广安构造 4 口，岳池县白庙构造、罗渡构造各 1 口。

石灰岩。广泛分布于华蓥山、铜锣山三叠系嘉陵江组、雷口坡组及侏罗系自流井群大安寨段地层中，品位高，资源储量达 2.65 亿吨以上，矿层厚度一般有几百米，矿脉裸露，便于开采，氧化钙含量 48%—52%，达到和超过国家规定的一级矿标准。已广泛用于工业生产水泥、石灰等。

【河流湖泊】 广安市有嘉陵江、渠江两大干流，大小江河、溪流 700 余条，流域面积大于 50 平方千米的一、二级支流 35 条，其中，8 条入嘉陵江、17 条入渠江、1 条直入长江。

嘉陵江水系。嘉陵江古称汉水、西汉水，发源于陕西凤县东北秦岭代王山东峪沟，流经陕、甘、川、渝四省市的 70 余县（市），全长 1102 千米，流域面积 157969 平方千米，是长江水系中流域面积最大的支流。嘉陵江自南充市嘉陵区进入武胜县烈面镇苏家坝，流经礼安、金光、龙女、石盘、华封、沿口、旧县、中心、清平等乡（镇），由南溪乡出境，流入合川区境内的嘉陵江段，岳池县的石鼓、镇裕、嘉陵、坪滩 4 个乡（镇）与武胜县共江。市境内段长 117 千米，江面均宽 500 米左右，落差 25 米，汛期和枯水期水位变化大，5—10 月为洪水期，11 月至次年 4 月为枯水期。1995 年，建成华能东西关水电厂，装机 4 台、18 万千瓦，年发电量 9.55 亿千瓦时。2003 年建成桐子壕水电站，总装机容量 3×3.6 万千瓦，年发电量 5.25 亿千瓦时。全市有嘉陵江一级支流 1 条（渠江）、二级支流 6 条（长滩寺河、西溪河、清溪河、兴隆河、复兴河、吉安河），总长 318.6 千米。

渠江水系。渠江古称潜水，为嘉陵江一级支流，长江二级支流。有渠江上游巴中市境的巴河和达州市境的州河二源，分别发源于米仓山、大巴山南麓，巴河为正源。自渠县三汇镇巴、州两河汇合处起，至合川区渠河嘴（距合川城区 8 千米）注入嘉陵江止，称为渠江。连源长 666 千米，三汇镇至渠河嘴 293 千米，境内段长 171.4 千米，其中，广安区段 113 千米、华蓥市段 23.8 千米、岳池县段 34.6 千米。多年平均流量 720 立方米/秒（35 年，罗渡溪水文站），年均径流总量 607 亿立方米。渠江自渠县三汇镇南沅 87 千米于广安区肖溪镇勤劳村李家坝入境，江流由东北向南西，斜贯广安区中部，曲折蜿蜒，依次流经广安区肖溪、白市、观阁、小井、白马、石笋、虎城、代市、观塘、苏溪、护安、协兴、大龙、北辰、浓洄、奎阁、广福、中桥、官盛、方坪、化龙 21 个乡（镇、办事处），华蓥市永兴、双河、明月、阳和 4 个乡（镇、办事处），岳池县中和、罗渡、赛龙 3 个乡（镇），于赛龙乡丹溪口入合川区境。辖区段天然落差

18.5米，平均比降0.16‰，河床宽300—500米，河谷多由开阔的“V”形过渡到“U”形，共有34处石滩、32处沱湾。渠江辖区段有一级支流12条（肖溪河、龙滩河、西溪河、驴溪河、胡家河、濛溪河、土和河、罗渡河、清溪河、临溪河、华蓥河、新民河），二级支流4条。

长江支流水系。大洪河古称东溪、东河、大邻水。1958年在下游重庆市长寿县（长寿区）洪湖区万顺公社青烟洞建水电站后，改名大洪河，属长江二级支流。大洪河有二源，一为明月山大竹县八渡乡张家寨，二为铜锣山大竹县青岗垭，于大竹县新店乡双河口汇合后，沿邻水县护邻乡入境，流经邻水县11个乡（镇）后，至黎家乡青冈林入重庆市长寿区境，南至重庆市渝北区统井镇中坪村汇入御临河。境内流长65.4千米，流域面积696.88平方千米。邻水县长滩乡以上河床一般宽65米，以下因筑坝建电站，河水倒灌成湖，一般宽1.5千米，最宽达3千米以上。水流平缓，木船可上行至八耳滩（八耳镇），汛期丰禾场（丰禾镇）以下可行小型机动船。因湖岛屿星罗棋布，又叫“千岛洪湖”。

御临河又称小邻水、西河，传说明朝建文皇帝曾隐迹于善庆里（幺滩镇）改称御临河。为长江一级支流。该河发源于大竹县清水乡云雾山天池和堡子乡境，两源汇于邻水县太和镇上祠堂北，沿西槽南流至子中乡西落滩，横切铜锣山，形成御临河小三峡，至幺滩场河口接纳白水河，至重庆市渝北区统景镇中坪村接纳大洪河，经太洪岗注入长江。御临河在邻水县境内流长100.5千米，流域面积1238平方千米，河床一般宽50米。幺滩场镇以上不通航，以下可行木船。

白水河是邻水县境内最长的支流，发源于冷家乡枫香树脚下，东南切穿铜锣山东翼达两河乡的双河口，纳土溪河，又西南至艾家大滩纳竹林冲水，至长屋嘴南一里纳清水溪后，流经关河乡，萦绕于岗峦之间，至风垭乡车二滩纳绿荫堂水，其间河曲达30余处。至花岩洞纳放水沟，由此改作南流，至手爬岩纳九龙镇境内羊鹿滩，经长达4千米的悬崖入幺滩镇内的御临河，全长69.8千米，河宽26米，流域289.4平方千米。

天池湖。广安市境内天然湖泊，位于华蓥市东北的天池镇青杠坡、糍粑店之间的深谷中，为大型岩溶湖泊，由岩溶槽谷串联的多个洼地堵塞储水而成，因湖位于天池镇而得名。湖长2.75千米，宽0.3千米—1.25千米。湖面1.3平方千米，周长9.5千米，最大深度50米，集雨面积85平方千米，湖面海拔480—485米，湖中盛产鱼、蚌，并有多种水鸟栖息。湖中三岛，以月亮岛最大（面积18公顷）。

大洪湖位于邻水县南的黎家、凉山、长滩乡境内，属长江支流大洪河上游，20世纪60年代，由建于重庆市原长寿县境内的青烟洞水电站筑坝而成，因坝址在原洪湖区境内而得名。水面13.4平方千米，长15千米，宽1.5千米，最宽3.5千米，最深2.5米，蓄水3.68亿立方米。大洪湖形成于丘堡万千、沟壑纵横的丘陵地区，湖面宽阔，港湾众多，岛屿密布，故有“千岛洪湖”之称。岛屿大的70公顷，小的1000平方米左右。湖的右岸有汉代崖墓群、摩崖造像，左岸有明月山林区和梁山温泉。

翠湖原名响水滩水库，位于岳池县城北5千米的花园镇境内，集雨面积48.7平方千米，蓄水2048万立方米，水面5.36平方千米，一般深8—14米，最深24米，长12.8千米，平均宽0.1千米—0.3千米。1983年改建，新建旅游景点，因山清水秀，翠色独特，改名为翠湖。1985年后进行多次改造，兴建旅游码头、广场等配套设施。湖中有龙华寺、尖山寺、金鳌寺三个湖心岛，面积最大的1.8公顷（龙华寺）。

太极湖位于武胜县北38千米的烈面镇和礼安镇境内，因湖形如太极图而得名，于1996年8月由长江一级支流嘉陵江东西关水电站大坝拦河蓄水而成。水面约33.5平方千米，长50千米，宽1千米—2.5千米，水深10—20米，蓄水2750万立方米。河床宽阔，河曲发育，此间40千米内形成二大回环，上下河床间龟状孤山几近凿穿，二回环相隔仅数百米，其状酷似太极图，故称太极湖。沿岸有汉初县治所遗址、东关寨、小南海等名胜景点。

秀观湖位于武胜县沿口镇、旧县乡与华封镇、中心镇之间，系嘉陵江武胜县桐子壕水电站建成后江水渠化而形成，水域面积22平方千米。沿岸景观众多，有被誉为全国建筑史上一绝的古寺庙秀观音，武胜县八大古景之一的平洲草色，佛教圣地永寿寺、千佛岩，反映道教文化的白鹤观，武胜县城标志性建筑定远塔，远近驰名的沿口古镇，以及出土大量文物的山水岩汉代古墓群。

【森林植被】 广安境内森林植被属中亚热带常绿阔叶林和针阔混交林植被区，森林种类繁多。裸子植物有中生代的松科、柏科与银杏、水杉，新生代有杉科植物。被子植物有中生代的桑科、卫茅科、鼠李科、槭科、木兰科、樟科、山毛榉科、金缕梅科、桦木科、胡桃科、防己科、杜鹃花科，新生代有苦木科、八角枫科、茶科、钟萼科、安息香科、铁马鞭科、山矾科、紫葳科、远志科、楝科、蜡梅科等。经森林资源调查，境内植物种类共有392种（不含近千种药类植物），隶属蕨类植物门、裸子植物门、被子植物门等三大门六大类，分属116科，其中，蕨类植物有12科、18种；裸子植物有8科、27种；被子植物有96科、347种。境内森林植被的类型，在自然植被中有亚热带常绿阔叶林，常绿、落叶阔叶混交林，针阔叶混交林，常绿叶林，针叶混交林，竹林，灌丛及人工植被等。华蓥山脉既是四川盆地东部的主体山，又是盆地平行岭谷区与盆中丘陵区的天然界山，地形、地貌、气候、土壤适宜各类植物的生长，因而，广安市的森林植被区系广泛，既有盆东地带特性的森林植被，又有盆中地带共性的森林植被，以偏东成分较多，具有盆东与盆中过渡地带的植被特色。

【保护植物】 珍稀植物。广安市珍稀植物有国家一级保护植物桫椤、水杉2种；国家二级保护植物银杏、杜仲等7种；国家三级保护植物天麻、楠木等10种。

一级保护植物。树蕨（桫椤）是国家保护的濒临灭绝的珍稀树种，被誉为“植物活化石”。1975年，邻水县林业局在罐子公社（八耳镇）插檐洞大队倒须沟、夏家沟、凉山乡龙王沟一带发现树蕨群，并在板桥公社（梁板乡）、黑滩公社（坛同镇）发现有零星树蕨。70年代末植物分类学家发布，其纬度在北纬30度左右，与日本国的屋久岛同纬度。1983年，邻水县政府划定八耳公社（八耳镇）插檐洞大队倒须沟、夏家沟一带300公顷树蕨保护区，派人巡回守护，防止破坏。2005年，树蕨保护区面积扩大到0.07万公顷，树蕨数量超过2万株。水杉为著名的孑遗植物，也被誉为“植物活化石”。在广安市境内机关、工厂、公路两旁、厂矿、学校、景区、村民院落多有人工栽培。

二级保护植物。银杏（白果树）在全市有天然分布，尤其在居民院落、厂矿单位、寺庙、景区多有人工栽植。广安区城内紫金山处有1株银杏距今有500多年，胸高直径1.3米，树高21米。华蓥市瓦店乡茶园村二组白果树院子，生长着雌雄两棵千年古银杏树，人称“夫妻银杏”，方圆百里闻名，雌树高25米，胸高直径4.44米；雄树高30米，胸高直径3.56米，树冠投影面积约300平方米。山尖杉主要天然分布于华蓥山海拔1200米以上，呈零星分散，邻水县冷潮沟分布最多。刺五加主要分布于华蓥山沟槽地带。金毛狗（又称金毛蕨）主要天然分布在邻水县明月山干旱瘠薄的岩石边。杜仲天然分布于邻水县柑子镇冒水龙等地。邻水冷家乡、丰禾镇人工栽植较多。峨眉含笑天然分布于华蓥山，被引种栽培，作为城市园林绿化。毛瓣金花茶天然分布于华蓥山。

三级保护植物。天麻广泛天然分布于华蓥山白夹竹林和天然的青岗、树林内，濒临灭绝。木姜子（俗称山苍子）天然分布于邻水县铜罗山，以两河乡大桥村、青水溪最多，明月山的五华山等地，华蓥山有少量零星分布。红豆树是邻水县天然分布特有植物，在古路乡有大面积成片分布。楠木在邻水县万峰山林场有大量天然分布，是珍贵的用材林树种，主要品种有贞楠和润楠两种。牛皮树在邻水县两河乡天然零星分布。黄连分布在华蓥山林冠下。绒毛皂荚分布在全市的农村四旁，数量极为稀少。银叶桂主要分布在含钙量高的华蓥山喀什特地貌区。核桃楸在邻水县“三山”（明月山、铜锣山、华蓥山）上有零星分布。桎叶槭是槭树的一种，在邻水县“三山”上均有天然分布。此外，1994年4月10日，四川农业大学植物学家易同培教授在邻水县城北镇与广安县瓦店乡（华蓥市瓦店乡）交界处的华蓥山上，发现白夹竹两个变种，并命名为黄杆绿槽和绿杆黄槽，为广安市的珍稀植物。

古树。广安市有古树361株，其中，广安区91株、华蓥市46株、岳池县57株、武胜县72株、邻水县95株。境内古树中有铁桦2株，系明万历年间翰林院庶吉士、广安乡人王德完引进私宅涵虚园（广安区委院内）栽培；有银杏32株，其中，华蓥市瓦店乡有2株树龄在千年以上；古柏2株，广安区桂兴镇王家湾有1株树龄400多年，岳池县黄龙乡1株树龄310多年；黄桷树203株，在各县（市、区）均有分布，其中，华蓥市永兴镇褒先寺1株，系南宋御封“鲁国公”安丙所植。邻水县王家镇汤坝丘的2株枫香树，树龄近千年，树高体大，具有很高的风景价值和研究价值。

【野生动物】 广安市的华蓥山、铜锣山、明月山一带属亚热带气候，为动物的栖息繁衍提供良好的环境，山中曾有虎、豹、猴、穿山甲、野猪等多种动物。在20世纪50年代末的“大跃进”和60—70年代的“文化大革命”期间，森林植被遭到破坏，动物种类和数量大量减少。从20世纪80年代开始，大规模的造林绿化，对动物的生存和繁殖提供条件。1986年、1987年、1988年、1989年、1992年，四川师范学院生物系副教授邓其祥先后带领该院部分学生与华蓥中学生物教师王仁飞，对境内渠江、嘉陵江流域的陆生脊椎动物资源进行调查。调查结果显示，境内野生动物有兽类14科30种、鸟类11目36科115种、爬行类19种、蛙类10种。

国家一级保护鸟类有灰腹角雉，主要分布在华蓥山一带的林区。国家二级保护鸟类有红腹锦鸡、红腹角雉、长角秧鸡、姬田鸡、花田鸡、棕背田鸡、鸳鸯（俗称野鸭子，邻水县大洪湖较多）、绿鸠、鸦鹃、领角鸮、雕鸮、斑头鸺鹠、鸢、鹰、蓝翡翠、翠鸟、黑枕绿啄木鸟、斑啄木鸟、棕腹啄木鸟、雀鹰，主要分布在境内华蓥山林区和渠江、嘉陵江、大洪河、御临河流域。国家一级保护兽类有穿山甲、大灵猫、斑琳狸、水獭，主要分布在境内华蓥山林区。水獭在林区及溪河边。国家二级保护兽类有鹿科的麂子、巨松鼠，分布在境内华蓥山林区。国家三级保护兽类有蛇、蛙、蟾，在市内均有分布。

【土地资源】 2014年年末，广安市辖区面积633921.86公顷。全市耕地307972.95公顷、园地16897.02公顷、林地132179.00公顷、草地8165.51公顷、城镇村及工矿用地73502.89公顷、交通运输用地10938.78公顷、水域及水利设施用地28042.30公顷，其他土地56223.41公顷。

气候状况

【气候评价】 广安市属中亚热带湿润季风气候区，气候温和，四季宜农。夏季受太平洋副热带高压、青藏高压、高原波动、西南暖湿气流交替影响，降雨丰沛，热量充足，形成光、热、水同季的气候，适宜大春作物生长发育。由于降水时空分布不均，又容易造成干旱、洪涝等气象灾害，并诱发地质灾害、森林火灾、农业病虫害等；冬季来自北方的冷空气，受秦岭和大巴山脉的阻挡，不易入侵本市，形成霜雪稀少的暖冬气候，对小春作物和经济林木安全越冬提供良好的气候条件；春季冷暖空气相对活跃，北方强冷空气入侵四川盆地继而影响本市，带来寒潮、低温天气，给大春作物播种和小春作物抽穗扬花有一些危害；秋季受西风带和副热带环流变化影响，如遇绵雨天气，不利于水稻收获、再生稻的生长，以及小春作物的播种育苗。境内年降水量为1051.6—1281.0毫米，但年际差异较大，最多年份达1551.4毫米，最少年份仅657.2毫米。连续降水日数最长31天，三日最大降水量503.1毫米，一日最大降水量297.4毫米。全市年平均日照时数为1181.8小时，较同纬度的长江中下游地区偏少6成左右。年日照总时数以武胜县最多，邻水县最少，两者相差132.4小时。

【气候特征】 2014年，广安市年平均气温为17.6—18.4℃，其中岳池为16.8℃、广安17.1℃、武胜17.6℃、邻水16.7℃。气温阶段性起伏大，其中，2月中旬偏低3.2—3.7℃，3月中旬和4月中旬分别偏高2℃和3℃左右；7月21日—8月7日，出现高温天气，8月6—7日，广安、武胜和华蓥最高气温纷纷突破40℃，其中，华蓥市8月6日最高气温达41.9℃，为今年广安市最高气温。年总降水量为1299.8—1626.5毫米，其中岳池为1448.7毫米、广安1537.3毫米、武胜1307毫米、邻水1636.4毫米。年总降水量较历史同期明显偏多28.9%—45.9%，且时空分布不均特点明显。其中，1—2月偏少，尤其1月月降水量仅为0.7—3.4毫米，较历史同期偏少9成左右；7月4日—8月6日，全市几无降雨，出现明显的重伏旱天气；9月中旬降雨量为常年的320%—755%。暴雨开始时间早，3月20日，邻水出现单点暴雨，雨量53.1毫米，较历史暴雨开始期提前1个月。

经济社会发展

【经济综述】 2014年，面对复杂多变的国内外形势，市委、市政府带领全市人民，以邓小平同志诞辰110周年纪念活动为契机，全面实施多点多极战略，科学统筹稳增长、促改革、调结构、惠民生，国民经济在新常态下平稳运行，结构调整出现积极变化，发展质量不断提高，民生事业持续改善。全市完成地区生产总值（GDP）919.6亿元，同比增长10.2%。其中，一、二、三产业分别实现增加值155.7亿元、482.9亿元和281.0亿元，分别增长4.1%、11.1%和11.7%，对经济增长的贡献率分别为6.4%、59.7%、33.9%，拉动GDP分别增长0.6、6.1、3.5个百分点。人均GDP为28489元，增长9.9%。三次产业结构由上年的17.9∶52.4∶29.7调整为16.9∶52.5∶30.6，其中第三产业比上年提高0.9个百分点。

全市非公有制经济增加值为529.7亿元，增长11.3%，占GDP的57.6%，对GDP的贡献率为65.3%，拉动GDP增长6.7个百分点。其中，一、二、三产业非公有制经济增加值分别为38.0亿元、313.5亿元和178.1亿元，分别增长4.4%、12.1%和11.6%。

全年居民消费价格总水平（CPI）比上年上涨2.3%，其中食品类价格上涨1.8%。商品零售价格上涨1.2%。工业生产者出厂价格（PPI）下降1.4%，其中生产资料价格下降1.3%，生活资料价格下降1.7%。工业生产者购进价格（IPI）下降1.5%。

【农村经济】 全年完成农业总产值265.3亿元，同比增长4.2%。全市粮食播种面积为34万公顷，粮食总产量

185.7万吨，比上年减少0.8万吨，下降0.5%。其中，水稻产量100.4万吨，下降1.7%；玉米产量29.3万吨，下降0.4%；小麦产量14.4万吨，下降0.8%。油料种植面积6.4万公顷，产量为13.4万吨，增长2.3%。蔬菜（含菜用瓜）种植面积为6.7万公顷，产量241.0万吨，增长2.4%。全年肉类总产量35.8万吨，增长2.1%；禽蛋产量6.8万吨，增长1.3%；牛奶产量2843吨，增长0.7%；蚕茧产量3260吨，增长0.8%。全年生猪出栏425.8万头，增长2.0%；牛出栏4.7万头，增长4.2%；羊出栏35.7万只，增长3.4%；家禽出栏2887.5万只，增长2.0%；兔出栏506.8万只，增长3.3%。全市水产品产量为6.1万吨。

全市共完成营造林面积2.1万公顷，其中人工造林0.9万公顷、封山育林0.1万公顷、森林抚育0.5万公顷、低产低效林改造0.7万公顷。全市森林总面积为25.4万公顷，森林覆盖率为38.9%。

实施现代农业和产村相融“111”工程，建成万亩以上现代农业园区83个87万亩、畜禽标准化规模养殖场（小区）5227个；新发展无公害、绿色、有机农产品和地理标志农产品47个，成功推出“邓小平故里华蓥山优质农产品”公用品牌。

全市病险水库除险加固45座，启动实施中小河流治理项目6个，渠系配套防渗220公里，新增农田有效灌溉面积3030公顷。解决22.1万农村人口饮水安全问题。

【工业和建筑业】 全部工业增加值为375.4亿元，增长9.4%，对经济贡献率为41.1%，拉动经济增长4.2个百分点。全年新增规模以上工业企业71户，年末规模以上工业企业总户数为517户。实现工业总产值1330.4亿元，增长16.2%，其中，轻工业551.5亿元，增长10.0%，重工业778.9亿元，增长21.0%；煤炭、电力、建材、装备制造和农产品加工五大支柱产业完成总产值851.9亿元，增长16.1%。规模以上工业增加值增长10.2%。从主要工业产品产量看，食用植物油15.2万吨，增长2.7%；矿山专用设备14.1万台，增长5.2%；大米39.5万吨，增长10.6%；蚕丝5286.4吨，增长27.6%；小麦粉28.5万吨，增长6.3%；精炼铜20359吨，增长140.2%；瓷质砖5268.4万平方米，增长47.8%；鲜、冷藏肉10.3万吨，增长3.0%；发电量108.0亿千瓦时，增长2.0%；家用洗衣机61.5万台，下降14.3%；饮料酒12.1万千升，下降7.6%；水泥1175.9万吨，下降0.2%；液化天然气15.0万吨。

全年规模以上工业企业实现主营业务收入1264.1亿元，增长11.3%。实现利润65.4亿元，下降10.9%；利税总额为94.7亿元，下降1.6%。产销率为98.5%。

全市产业园区新拓展面积56.6平方千米，累计拓展面积171.7平方千米，新入驻企业58户，其中投资亿元以上企业42户，累计入驻企业达705户。完成基础设施投入85.9亿元，增长31.9%，新建标准厂房199万平方米，新建道路93千米，铺设管网205公里，新建污水处理厂2座，新建220千伏变电站2座，110千伏变电站2座，建成供水厂2座、供气站1座。邻水经开区、武胜经开区创建为全省生产性服务业功能示范区，四川得丰电气成功创建为全省生产性服务业功能企业。

全年建筑业增加值为107.4亿元，增长16.5%，对经济的贡献率为18.6%，拉动GDP增长1.9个百分点。四级以上资质等级建筑企业纳入统计共105户（不包括劳务分包企业），完成建筑业总产值331.6亿元，增长23.5%。房屋建筑施工面积1640.9万平方米，增长19.4%；房屋建筑竣工面积848.6万平方米，增长15.1%。

【固定资产投资】 全年完成全社会固定资产投资919.2亿元，增长36.7%。其中，项目投资完成796.6亿元，增长33.1%。其中，一、二、三产业投资分别为24.3亿元、256.2亿元和638.7亿元，分别增长36.3%、2.7%和57.7%。

全年172个重大产业项目完成投资292.9亿元。其中，前锋区国美汽配生产建设、岳池县药用辅料药用包材生产项目等28个重大产业项目陆续投产，西部牛仔纺织服装商贸科技产业项目、华蓥山旅游园区基础设施建设项目、岳池医药产业化项目等89个项目加快建设，长明高新技术产业项目、广安市手机整机及手机配件生产线项目等55个重大产业项目相继开工。

全年168个重大基础设施项目完成投资248.8亿元。其中，市民广场（文化综合体）共建项目、站前广场等38个重大基础设施项目基本完工，兰渝铁路广安段、渝广巴高速公路广安段、遂广高速公路广安段、渠江广安（四九滩-丹溪口）航运建设工程等53个重大基础设施项目加快建设，中国低碳智慧新城项目、港前大道等77个重大基础设施项目相继开工。

全年70个重大民生及社会事业项目完成投资30.7亿元。其中，广安市公安局业务技术用房暨市应急联动指挥中心、广安市全科医生培养基地建设等24个重大民生及社会事业项目基本完工，华蓥山矿区煤矿棚户区改造工程、岳池县2013年移民后扶整村推进示范片建设等18

个重大民生和社会事业项目加快实施，广安区城北打靶场棚户区改造、前锋实验学校等28个重大民生和社会事业项目开工建设。

全年7个重大生态环保项目完成投资3.4亿元。其中，绿色文化长廊改造项目、邓小平故里景区节能改造教育示范项目等3个重大生态环保项目基本完工，退耕还林成果专项建设、天保工程二期2个重大生态环保项目加快实施，华蓥市资源枯竭型城市矿山地质环境治理重点工程、全民水库综合治理2个重大生态环保项目开工建设。

全年完成房地产开发投资122.1亿元，增长87.1%。商品房施工面积1045.5万平方米，增长37.2%；商品房竣工面积230.3万平方米，增长2.4倍；商品房销售面积305.9万平方米，增长28.6%。

【国内贸易和旅游】 全社会消费品零售总额为330.4亿元，增长13.1%，分行业看，批发业、零售业、住宿业和餐饮业零售额分别为47.1亿元、233.3亿元、5.0亿元和45.0亿元，增速分别为12.0%、13.3%、15.0%和13.1%。其中，城镇、乡村零售额分别为253.4亿元、77.0亿元，分别增长13.0%、13.4%。限上商贸单位实现零售额178.9亿元，增长15.0%。

成功举办“5·19”中国旅游日主会场系列活动，编制完成华蓥山旅游产业园区总规，游客中心、红色文化影视城等项目建成营运，协兴历史文化街区、翰林旅游小镇等项目加快建设，武胜白坪—飞龙、华蓥高兴—阳和等6条乡村旅游带成功打造，宝箴塞、华蓥山天意谷、神龙山巴人石头城等4个旅游区成功创建国家AAAA级景区，华蓥市成功创建四川旅游强县，武胜县成功创建全国休闲农业与乡村旅游示范县。全年实现旅游收入194.6亿元，增长43.8%，接待旅游人数2768.2万人次，增长38.6%。

【对外经济和招商引资】 全年新批外商投资企业5家、增资扩能项目1个，实际利用外资4194万美元，增长2.2%；外贸进出口总额11.1亿美元，增长12.0%，其中出口10.8亿美元，增长9.6%；岳池县成功创建国家级外派劳务公共服务平台，新获省厅批准境外投资企业1家，四川省华蓥市南方送变电有限公司获批对外劳务经营资格，实现对外劳务经营资格“零”的突破。全年引进项目950个、到位资金815.6亿元。

【交通通信和邮电】 巴广渝、遂广高速公路广安境内段进度有序推进，质量、安全均可控。岳池（九龙）至华蓥（阳和）干线联网畅通工程岳池段、枣山园区段建成通车，广安区、华蓥境内段全面开工建设。全市公路通车总里程为10782.2千米，等级公路9831.1千米。其中，高速公路206.2千米，一级公路98.2千米，二级公路358.6千米，三级公路447.8千米，四级公路8720.3千米，等外级公路951.1千米。公路客运量7369.43万人次，旅客周转量154673万人千米；公路货运量3452万吨、货物周转量272296万吨千米。

全年邮电业务总量为16.8亿元。其中，邮政业务总量2.6亿元；电信业务总量14.2亿元。年末固定电话用户31.4万户，下降4.7%；移动电话用户233.4万户，增长11.5%；宽带用户29.6万户，增长30.8%。

【财政金融】 全市地方公共财政收入46.0亿元，增长17.4%。其中税收性收入29.2亿元，增长20.7%，占地方公共财政收入的63.6%。公共财政收入支出186.6亿元，增长14.8%。国税收入20.8亿元，增长19.8%；地税收入43.6亿元，增长26.3%。

年末，全市金融机构各项存款余额1265.2亿元，比年初增加151.2亿元，增长13.6%；住户存款902.5亿元，比年初增加106.3亿元，增长13.4%。金融机构贷款余额515.0亿元，比年初净增90.3亿元，增长21.3%。

全市现有驻市保险机构21家，其中，财险公司10家，寿险公司11家。全年共收保费32.5亿元。其中，财险收入保费7.5亿元，寿险收入保费25.0亿元，全年各项赔款给付11.7亿元。

【教育和科技】 全市幼儿园720所，在园幼儿11.1万人，省级示范性幼儿园9所、市级示范性幼儿园19所，学前3—5岁幼儿毛入园率为80.6%。全市义务教育学校469所，其中，小学228所，初中241所，特殊教育学校5所；在校学生65.2万人；城镇学校“大班额”问题有效化解，2014年秋季小学、初中一年级56人以上大班额所占比例为32.0%、38.1%，分别比上年下降了2.0个百分点、7.0个百分点。全市普通高中学校35所、在校学生9.2万人。2014年高考本科上线11677人，重点上线1734人。全市中职学校23所，在校学生5.2万人。广安职业技术学院和广安电大整合。

全市共争取各类科技计划项目60项，到位项目资金2890万元。实施中省重点科技项目55项，取得科技成果48项。专利申请量744件，其中发明专利申请量215件，专利授权量368件。新培育国家级高新技术企业9家、省级创新型企业12家，成功创建省级企业技术中心4家。

【文体和卫生】 全市广播电视台5个，广播电视站2个。广播覆盖率97.7%，电视覆盖率96.2%。

全市公共图书馆7个，剧场影剧院9个，博物馆、展览馆2个，文化馆、美术馆7个，乡镇综合文化站172个。

全市组织参加2014年省十二届运动会。运动员在全省各类项目锦标赛中获得金牌16枚、银牌16枚、铜牌13枚。全市建成20个乡镇文体广场，免费开放体育场馆50多万人次。

全市档案馆7个，馆藏全宗1056个，以卷为保管单位59.7万卷、件为保管单位的30.5万件，录音磁带档案632盘，照片7426张，实物档案7318件，馆藏资料38058册，其中市档案馆保存全宗102个，以卷为保管单位71943卷、件为保管单位的54302件，录音磁带档案117盘，照片1856张，实物档案74件，馆藏资料1252册。

全年未发生一起重大食品安全事故，无重大传染病暴发流行。全市卫生机构共3561个，其中医院51个，卫生院172个，社区卫生服务中心（站）22个，诊所、卫生所、医务室364个，采供血机构2个，妇幼保健院6个，疾病预防控制中心7个，卫生监督机构7个，医学在职培训机构1个，其他卫生机构146个（含计生服务机构），村卫生室2782个。全市医疗卫生人员共18917人，其中，卫生技术人员12148人，有执业医师3853人，执业助理医师942人，注册护士4196人。全市医疗机构实有床位13213张、编制床位11470张。其中，医院实有床位8041张、编制床位6934张；卫生院实有床位4508张，编制床位3937张；妇幼保健院实有床位249张，编制床位234张。全市医疗机构总诊疗人次1288万人次，医疗机构入院人数52.31万人。全市万元以上设备台数6744台，总价值7.17亿元。全年免费婚检4.87万人，孕产妇死亡率14.88/10万，婴儿死亡率为4.02‰。全市358.57万农民参加新农合，参合率为99.2%；共筹集基金14.2亿元，政策范围内住院费用补偿比例为76.1%，新农合政策范围内统筹基金最高支付限额为12万元。

【环境保护和安全生产】 全年关停不符合环保产业政策企业3户，批准27个项目环评手续，完成20个建设项目环保验收，大中型建设项目环评率为100%。联网监控企业22户，新增3户射线装置使用单位核发“辐射安全许可证”，办理21家单位的许可延续，全市放射源和射线装置使用单位“辐射安全许可证”办理率达100%。

全市城区升级改造大气自动监测站5个，对城市环境空气质量进行24小时连续监测。全年广安城区空气质量监测天数365天，336天达到国家环境空气质量二级标准，达标率92.1%。对3个点位开展降水监测，酸雨频率32.0%。在主要流域嘉陵江、渠江、大洪湖、御临河广安境内和重点小流域清溪河设置出入境断面、控制断面共9个，对水质开展月报监测，在主要流域建设有6个水质自动监测站、1个饮用水源水质预警自动站，24小时对嘉陵江、渠江、大洪湖、御临河水质进行预警监测监控，全年主要流域嘉陵江、渠江广安段水质均达到Ⅲ类标准，各区市县城区饮用水水源地水质达标率100%，114个建制乡镇集中式饮用水水源保护区水质达标率94.7%。广安城区设置112个区域环境噪声监测点位、4个功能区噪声监测点位、11条道路交通噪声监测点位，噪声达标率100%。对19户国控、3户省控重点污染源企业和广安市垃圾处理中心按季进行监督性监测和在线比对监测，排放达标率为100%，全市城区生活污水处理达标率100%。

全年发生生产经营性事故28起、死亡26人、受伤11人、直接经济损失976.5万元。与去年同期相比，分别下降24.3%、10.4%、26.7%、23.6%。发生较大事故1起，死亡4人，杜绝了重特大安全生产事故。

【人民生活】 全市城镇居民人均家庭总收入为26238元，增长12.4%。其中，工薪收入16675元，增长7.9%；经营净收入3734元，增长26.6%；财产性收入458元，增长44.9%；转移性收入5371元，增长16.0%。城镇居民人均可支配收入为24475元，人均增加2265元，增长10.2%。人均消费性支出15985元，增长16.9%。其中，食品消费支出6814元，增长12.9%；衣着消费支出1689元，下降4.1%；居住消费支出1278元，增长10.1%；家庭设备用品及服务消费支出1560元，增长57.1%；医疗保健消费支出920元，下降0.4%；交通和通讯消费支出1675元，增长42.3%；教育文化娱乐服务消费支出1647元，增长25.0%；其他商品和服务消费支出402元，增长28.1%。

全市农民人均纯收入为9514元，人均增加1023元，增长12.0%。其中，工资性收入4750元，增长16.3%；家庭经营收入3383元，增长3.8%。农民人均生活消费支出6003元，增长26.3%。其中，人均食品支出2791元，增长12.2%；人均衣着支出359元，增长34.3%；人均居住支出658元，增长4.4%；人均家庭设备用品及服务支出511元，增长38.0%；人均交通和通讯支出509元，增长60.8%；人均医疗保健支出659元，增长89.2%；人均文化娱乐教育服务费支出372元，增长44.1%；其他商品和服务支出144元，增长97.7%。

【社会保障】 全市实现城镇新增就业5.0万人，失业人员再就业1.56万人，就业困难对象就业0.6万人，转移输出农村劳动力160.6万人，实现劳务收入192.9亿元，开展各类就业培训4.1万人次，城镇登记失业率为3.58%。

全市城镇职工（含机关事业单位）养老、失业、医疗、工伤、生育保险参保人数累计96.5万人，城乡居民社会养老保险覆盖人数128.1万人，城镇居民基本医疗保险参保人数62.56万人。全市城镇职工（含机关事业单位）社会保险基金总收入19.2亿元，社会保障卡持卡人数达到30万人。

全年成功引进急需、紧缺高层次专业技术人才110人，开展专业技术人员继续教育培训3.6万人，职业技能培训1.01万人次，职业技能鉴定450人次，新培育技能人才3.83万人，其中培养高级工1413人、技师79人。

全年组织各类人事考试20次，参考人数达到6.1万人次，招录公务员289人，开展公务员培训10期，培训6400人，安置军队转业干部38人。

全市最低工资标准达到1250元，增长16.8%。

全年处理各类劳动人事争议案件498件，仲裁结案率达到100%。查处各类劳动保障违法案件133件，追讨工资等待遇3200万元。

政　治

中国共产党广安市委员会

中共广安市第四届委员会会议

【全委会议】　2014年1—12月，四届市委共召开1次全体会议。6月8—9日，市委召开四届七次全体会议。市委委员、候补委员出席会议，市纪委委员和有关方面负责人列席会议。全会听取和讨论市委书记侯晓春受市委常委会委托作的工作报告，审议《中共广安市委关于全面深化改革加快县域经济跨越发展的决定（讨论稿）》。市委副书记、市长罗增斌就《决定（讨论稿）》向全会作说明，对全市经济工作作安排部署。

【常委会议】　2014年1—12月，四届市委共召开36次（第62—97次）常委会议。会议着重传达《中共四川省委办公厅关于印发习近平等中央领导同志重要批示》的精神；审议市委书记侯晓春和市委副书记、市长罗增斌在市委经济工作暨城镇化工作会议上的讲话；审议《2014年全市国民经济和社会发展主要指标安排建议》；审议《2014年市本级财政收支预算安排建议方案》；审议《中共广安市人大常委会党组关于市人大常委会2014年监督工作计划（草案）的请示》；审议《中共政协广安市委员会党组关于审议〈政协广安市委员会2014年工作要点（草案）〉的请示》；听取侯晓春、罗增斌在市委经济工作暨城镇化工作会议上的讲话讨论情况的汇报；通报省委干部考察组反馈的1月15日上午干部考察谈话推荐情况；通报广安市领导干部大会民主推荐结果；传达中央、省委党的群众路线教育实践活动第一批总结暨第二批部署会议精神，研究广安市贯彻意见；传达省十二届人大二次会议精神，研究广安市贯彻意见；传达省政协十一届二次全会精神，研究广安市贯彻意见；传达省纪委十届三次全会精神，研究广安市贯彻意见；传达省委农村工作会议精神，研究广安市贯彻意见；听取近期政法信访有关会议、工作情况的汇报，研究广安市贯彻意见；审定《中共广安市委机构编制委员会办公室关于转报市政协增设地方政协和委员联络委员会请示的报告》；传达中共四川省委十届四次全体会议精神，研究广安市贯彻意见；审议《中共广安市委关于深入开展党的群众路线教育实践活动的实施意见》等14个市委群众路线教育实践活动系列文稿；审议《中国共产党第四届纪律检查委员会第四次全体会议工作报告（审议稿）》；审议《中共广安市纪委关于给予孔梁开除党籍、开除公职处分的请示》；审议《中共广安市人大常委会党组关于市四届人大五次会议有关问题的请示》《中共广安市人大常委会党组关于报请审定市四届人大五次会议有关文件的请示》；审议《中共政协广安市委员会党组关于召开政协广安市第四届委员会第三次会议有关事项的请示》；传达省委组织部长会议精神，研究广安市贯彻意见；研究贯彻省委十届四次全会精神有关工作；传达全省统战部长会议精神，研究广安市贯彻意见；审定2013年度市级领导班子和市级领导年度考核等次；研究加强对广安发展建设集团统筹协调事宜；传达省委东明书记到广安调研重要指示精神和川东北经济区工作座谈会议精神；传达十二届全国人大二次会议精神；审议四届人大五次会议、政协四届三次会议各项工作报告；研究邓小平诞辰110周年纪念活动及“两馆”建设有关事宜；审议《中共广安市统战部关于〈政协广安市第四届委员会委员调整增补方案〉的请示》；审议《2014年度省本级面向全社会公开遴选优秀干部和人才工作情况汇报及相关工作建议》；传达全省组织人事干部学习贯彻《干部任用条例》培训精神；审定非定向推荐副厅级领导干部拟提拔使用人选建议名单；研究确定区县委书记进入大会推荐人选；传达省川东北经济片区发展协调小组暨市际联席会议第一次会议精神，研究广安市贯彻意见；落实省委依法治省领导小组督查组检查广安市依法治市工作情况；传达川东北片区教育实践活动座谈会精神，研究广安市贯彻意见；研究确定区市县委书记考察对象；研究纪念邓小平诞辰110周年争取支持相关事宜；传达全省县域经济工作会议精神、研究广安市贯彻意见；讨论市委领导班子“四风”方面存在的问题及表现形式、并审议市委领导班子对照检查材料事宜；听取全省深化重大事项社会稳定风险评估工作电视电话会议精神、研究广安市贯彻意见；审议《中共广安市委关于印发〈广安市依法治市纲要〉的通知》；审议《中共广安市委广安市人民政府关于2014年党风廉政建设和反腐败工作的意见》；审议《中共广安市纪委关于给予唐云棕开除党籍处分的请示》；传达全省第二批教育实践活动推进会精神；审定推荐全省优秀县乡村党组织书记拟表彰人选；调整部分市委领导分工；传达中央第四巡回督导组在广安督导讲话精神及反馈情况；审议市委四届七次全体会议有关事宜；研究《中共广安市委关于全面深化改革加快县域经济跨越发展的决定》；研究《中国共产党广安市第四届委员会第七次全体会议决议》；研究《全面深化改革发展县域经济努力推动广安向全省第一方阵和全面小康跨越》；审议《中共广安市委关于全面深化改革加快县域经济跨越发展的决定（草案）》；组织学习《省委办公厅关于印发〈关于落实党风廉政建设主体责任和纪委监督责任的意见（试行）〉的通知》，审议《关于印发〈广安市落实党委主体责任和纪委监督责任实施方案〉的通知》；审议《广安市交通投资建设开发集团有限责任公司筹建方案》；传达全省农村土地承包经营权确权登记工作会议精神，研究广安市贯彻意见；审议《关于设立市政府口岸办与物流办公室的情况报告》；传达全省促进大学生创新创业现场会议精神事宜；审定《市委组织部关于组织人事统筹领导小组有关事宜的请示》；传达群众路线教育实践活动相关事宜；传达杜德印、王东明在中央第九巡视组巡视四川省工作动员会上的讲话精神；传达王东明在通报出访法德荷三国情况时的讲话精神（书面）；传达国家现代农业示范区农业改革与建设培训暨经验交流会会议精神（书面）；听取全省社会治理现场会有关情况暨广安市贯彻落实意见建议的汇报（书面）；审议《广安市区市县和市级部门目标绩效考核办法》和《2014年单项工作考核奖项设置方案》；审议《工、青、妇第四次代表大会有关事项的请示》；审议《中共广安市纪委关于给予陈华明开除党籍处分的请示》；审议《中共广安市纪委关于给予袁东平开除党籍处分的请示》；审议《中共广安市委组织部关于明确广安交通投资建设开发集团有限责任公司管理体制有关问题的请示》；传达四川省纪念邓小平诞辰110周年活动及座谈会议精神并提出8月22日纪念活动建议意见；组织学习《中共四川省委关于认真贯彻“三严三实”要求进一步加强党员干部教育管理监督的意见》，组织学习《中共四川省委关于建立健全作风建设长效机制的意见》；传达贯彻全省深化农村改革推进会议精神；审议贯彻省委“两个意见”的实施意见；审议《中共广安市委广安市人民政府关于全面开展“洁净水”行动的意见（审议稿）》；传达首届四川国际旅游交易博览会精神，研究广安市贯彻意见；传达全省建筑业发展推进工作会精神，研究广安市贯彻意见；研究涉嫌违纪干部免职事宜；研究确定拟交流提任省直部门副职进入大会推荐人选；研究确定拟交流提任省直部门副职人选；传达习近平、王东明、张维庆在中、省教育实践活动总结会上的讲话精神；传达学习党的十八届四中全会精神，研究广安市贯彻落实意见；传达全省培育和践行社会主义核心价值观工作经验交流会、全省文化体制改革工作会议精神，研究广安市贯彻意见；审议《中共广安市委广安市人民政府关于表彰邓小平同志诞辰110周年纪念工作先进集体和先进个人的通报》；审议《广安市扶贫和移民工作局党组关于全省干部驻村帮扶暨对口定点扶贫工作会议精神及贯彻建议的报告》；审议《中共广安市委组织部关于审定市委党内表扬对象的请示》；传达省委十届五次全会精神，研究广安市贯彻意见；传达王东明在中央第九巡视组巡视四川省情况反馈会上的讲话精神，研究广安市贯彻意见；审议《中共广安市委广安市人民政府关于加快发展新兴先导型服务业的意见（审议稿）》；研究确定郑鹏程为拟任区市县委书记进入会议推荐人选；研究确定郑鹏程为拟任区市县委书记人选考察对象；研究关于全市滥发奖金、工资、补贴清理整改情况事宜；研究广安市智慧城市大数据平台和E消费项目工作事宜；研究岳池县委书记的调整补充事项；传达学习习近平总书记在中央办公厅《机制创新助推灾区恢复重建工作科学有序推进，一些问题仍须引起重视——习近平总书记芦山地震灾区考察第二次回访调研报告》上的批示；传达全省党委秘书长办公厅（室）主任会议精神，研究广安市贯彻意见；审议《中共广安市人大常委会党组关于市四届人大六次会议有关问题的请示》；审议《中共政协广安市委员会党组关于召开政协广安市第四届委员会第四次会议有关事项的请示》；研究全面深化改革工作及审议改革方案；传达学习《中共四川省委办公厅四川省人民政府办公厅关于印发〈四川省安全生产“党政同责”暂行规定〉的通知》，听取全市安全生产工作汇报，审议《广安市安全生产“党政同责”暂行规定（审议稿）》；传达省群团工作经验交流会精神，研究广安市贯彻意见；审议《中共广安市委组织部关于明确广安金财投融资（集团）有限责任公司管理体制有关问题的请示》；审议《中共广安市纪委关于群众反映广安职业技术学院公款旅游问题调查情况的报告》；审议《中共广安市纪委关于给予李茂成开除党籍、开除公职处分的请示》《中共广安市纪委关于给予刘学超开除党籍、开除公职处分的请示》和《中共广安市纪委广安市监察局关于给予金朝明开除党籍、开除公职处分的请示》；传达省委经济工作会议精神，研究广安市贯彻意见；审议全市违规购置使用公务用车有关事宜。

【办公会议】 2014年1—12月，四届市委共召开34次办公会议。会议着重研究武警广安市支队建设与发展相关事宜；研究广安文化教育创意产业园区引进华西医院建设广安分院有关事宜；研究邓小平缅怀馆布展和陈列馆改陈、邓小平红军小学授牌仪式、邓小平逝世17周年纪念活动、2014年中国旅游日主会场活动等有关事宜；研究邓小平故里管理局、协兴生态文化旅游园区重点项目建设有关事宜；研究广安职业技术学院建设省级示范性高职院校有关事宜；研究全市旅游工作；研究广安区滨江路综合改造工程有关事宜；研究广安通用航空项目前期工作；研究广安市党政代表团向四川省委常委、成都市委书记黄新初汇报工作有关事宜；研究邓小平诞辰110周年纪念活动和群众路线教育实践活动有关事宜；研究四川省委常委、成都市委书记黄新初率领成都市党政代表团赴广安考察调研及进一步明确感恩小平、支持广安发展事宜；研究广安农村干部学院筹建工作有关事宜；研究加快推进旅游产业和协兴园区发展有关事宜；研究加快广安农村干部学院筹建工作进度有关事宜；研究筹建西南艺术学院等有关事宜；研究共建广安农村干部学院有关事宜；审议华蓥山旅游开发创意策划，研究华蓥山旅游开发事宜；研究凤凰山森林公园建设等有关事宜；研究广安市规划展览馆建设、展陈事宜；研究“感恩小平·中国梦在广安”活动有关事宜；研究中国·长明高新技术产业园建设有关事宜；研究全国土地出让金收支及耕地保护审计事宜；研究广安至成都动车开行前有关事宜；研究邓小平缅怀馆陈列布展有关事宜；研究北京师范大学和广安市合作共建邓小平农村发展学院有关事宜；研究两馆项目建设有关事宜；研究邓小平诞辰110周年纪念活动安保工作有关事宜；研究邓小平故里景区换乘车辆经营管理事宜；安排部署国庆黄金周旅游工作；研究完善园区体制机制工作；研究尤政院士与广安企业家科技成果对接有关事宜；研究加快发展全市体育事业有关事宜；研究解决广安市通用航空产业项目推进过程中的有关问题。

（何柯均）

工作综述

【邓小平诞辰110周年纪念活动】 按照省委要求，努力以焕然一新的面貌迎接小平诞辰110周年，发起“感恩小平·我为小平家乡发展作贡献”活动，顺利完成纪念活动，实现中央和省委满意、邓小平家人满意、人民群众满意的目标。

高水平建设主体纪念设施，完成中央和省委交办的政治任务。认真落实中共中央办公厅文件要求，高质量完成邓小平缅怀馆建设和邓小平故居陈列馆改陈工作，达到“国内领先、世界一流”的水平。邓小平纪念园珍稀林木完成补植，更加生态、更加富氧，巩固提升AAAAA级景区。翰林院子修缮改造全面完成，形成新的旅游景点。小平故居武警中队营房全面建设，纪念设施和重点文物全部纳入武警保卫。

组织开展丰富多彩的主题纪念活动，掀起缅怀小平、怀念伟人的热潮。按照中办和省委提出的“隆重、热烈、务实、简朴”要求，精心组织一系列纪念活动。全面谋划，成功举行2014年中国旅游日主会场活动，吸引20多万游客到广安缅怀邓小平；成功承办省委在广安召开的纪念座谈会，筹备工作得到省委省政府领导的充分肯定。积极联系，统筹组织中国文联文艺志愿服务团、中央电视台“心连心”艺术团分别到广安开展慰问演出；精心策划，与人民网共同建设邓小平纪念网；创造条件，推动电视连续剧《历史转折中的邓小平》和纪录片《邓小平遗物的故事》成功播出；主动衔接，与中国邮政总公司共同举行邓小平诞生110周年纪念邮票首发仪式；与中央文献出版社、中国地图出版集团举行《丰碑》《邓小平光辉历程地图集》图书首发仪式；与深圳、遵义、百色等地政协共同举办“追寻小平足迹·唱响春天故事”书画联展；积极参与主办，先后在香港、澳门举办“光辉历程——纪念邓小平诞辰110周年大型展览”；在中国美术馆举行“春天的故事——全国版画艺术精品展”。突出广安特色，办好市内活动。8月22日前后，举办“感恩小平·中国梦在广安”大型文艺晚会；组织全市机关干部职工向小平铜像敬献花篮；开展“缅怀小平·万人同吃寿桃”、广场音乐诗会、全民健身跑、焰火晚会等群众纪念活动，掀起纪念活动高潮，人民群众更加感恩时代、感恩祖国、感恩党、感恩小平。加强对外宣传，《人民日报》等百家党报、新华网等36家主流网络媒体、《世界日报》等30家境外媒体以及《四川日报》、四川电视台等省内媒体，对广安开展的纪念活动及经济发展、民生改善的成就进行报道，展示小平家乡的良好形象。

广泛引导和动员社会各界感恩做贡献，推动纪念项目、基础设施和惠民工程建设，广安城乡面貌焕然一新，群众得到更多实惠。全面开展“感恩小平·我为小平家乡发展作贡献”活动，凝聚起社会各界感恩小平的激情，纷纷捐资，推动广安建设和发展。向中宣部、国家发改委、财政部等部委争取到资金1.7亿元，推动“两馆”建设布展；协调全省兄弟市州捐赠资金1.9亿元，争取驻川部队捐资1300万元，接受社会捐赠3.4亿元，加快小平故里一批总投资26.9亿元的惠民项目建设。制作安装市民广场感恩碑，向捐赠企业和个人颁发荣誉证书，成为广安人民纪念小平诞辰110周年永远的丰碑。对主城区建安路、五福西路、金安大道进行综合整治，建成市民广场及文化综合体，进一步美化城市环境，提升城市品位。

【创建全国文明城市】 把创建第四届全国文明城市列入纪念邓小平诞辰110周年的惠民工程，扎实开展创建活动，市民素质不断提升，文明成为社会风尚；城市环境不断改善，人民更加安居乐业；经济社会快速发展，群众得到更多实惠。广安市以全国地级城市本届三年总成绩第3名、西部城市第1名的优异成绩成功创建为第四届全国文明城市。

全市上下一心，创建工作推动有力。领导高度重视，率先垂范。市委书记侯晓春，市委常委、宣传部长唐雄兴，市委常委、秘书长、市创建全国文明城市指挥部指挥长杨利民多次主持召开创建工作会议，研究解决创建工作中的困难和问题。干部群众热情高涨，积极参与。通过对广大群众的宣传教育，激发群众参与的热情，营造浓厚的创建氛围。创建工作制度完善，规范有序。建立起“条块结合、以块为主、以条为辅”的市、区、街道办事处、社区四级联动模式，日例会工作制度和每月模拟测评、年度“四项测评”制度，健全文明创建与市领导工作挂钩、与文明奖惩挂钩、与绩效考核挂钩、与效能督查挂钩“四挂钩”制度，推动创建工作制度化、规范化、常态化。

社会主义核心价值有效弘扬。市内主流媒体、网站及手机报、微信、微博等新媒体、新平台同步开展宣传，扎实开展社会主义核心价值观进机关、进学校、进乡村、进社区、进企业、进单位、进媒体、进小区“八进”活动，把社会主义核心价值观24个字的内容和精神实质宣传到群众身边，做到家喻户晓，深入人心。

诚信建设制度化初见成效。建立起“1+4+N”组织领导体系，出台诚信制度化建设工作意见，制定五年工作规划。各工作单元共建立或完善信用信息数据库50余个，门户网站“广安诚信网”已正式建成。启动“红黑榜”发布制度及诚信创建活动。

志愿服务制度化成效显著。出台《广安市推进学雷锋志愿服务制度化的意见》，成立20余支专业志愿服务队伍，以及党员、文明单位等特色志愿服务队伍。全市共有注册志愿者18万余人，建成服务支队212个、工作站956个、服务点1063个。开展“邻里守望”、公共文明引导、“星期六志愿服务日”等活动，参与志愿者达7余万人次。

公益广告宣传制度化坚持不懈。扎实推进“讲文明树新风”“图说·我们的价值观”公益广告宣传制度化、常态化。市、区（市县）电视台、电台各频道、频率平均每天各播出公益广告30次以上，报纸平均每月刊播公益广告10个整版，最多达13个整版。汽车站、火车站、休闲广场、公园等公共场所公益广告展板随处可见，全市公益广告实现全覆盖。

未成年人思想道德建设扎实推进。“我的中国梦”主题教育活动内容丰富，组织参与网上祭英烈投票寄语活动52.5万余人次，未成年人覆盖面达到90%以上，位居四川地级城市第一。深化文明校园、文明班级创建活动，组织道德模范、“身边好人”进校园活动，引导未成年人做一个有道德的人。广安区希望小学“三个一”打造国学经典诵读特色学校的做法，《人民日报》等媒体作长篇深度报道，获得中宣部、中央文明办的关注与肯定。推进未成年人社区教育，构建和完善未成年人关爱服务体系，强力整治校园周边环境，未成年人成长环境全面优化。

“五大文明”行动深入扎实。扎实开展“文明与旅游同行”等主题活动，积极引导广大旅游者参与文明旅游活动，自觉成为中华文明的传播者；在全市5桌以上餐馆扎实开展“文明餐桌”行动，在全社会营造俭以养德、俭以养性、俭以养身的节俭风尚；深入推进“文明交通”行动，有效提高行人和驾乘人员的文明行车、行路意识；“文明网络”行动形成影响，传播网上正能量；“文明窗口”行动形成亮点。各“窗口”赶学比超，提升服务质量和水平，提高公民文明素质和社会文明程度。

【改革开放】　推动多点多极发展取得丰硕成果。精心研究并强力落实全面深化改革发展县域经济的21条措施，推动区市县立足本地实际以产业园区为载体构建多点发展格局，完善市级产业园区体制机制，改革红利不断释放，县域经济呈现出蓬勃发展的良好势头。充分运用市场法则，精心打造投资平台，推动广安发展建设集团释放改革效应，实现税利1.1亿元；组建广安交通投资集团，有序推进广前路等6个交通重点项目建设。成立广安金财投融资集团，发挥财政资金杠杆放大效应，助推产业转型升级和重大项目建设。建立华蓥山旅游文化景区，大熊猫顺利入住广安，成为全国第三个野化放归培训基地。

全力推进经济领域改革。大力推动农村改革，实施农村“一个大环线、一个单元、一条连接线”的“111”工程，产村相融推进新村建设的面积不断扩大；创新农业经营体系，培育新型农业经营主体，发展适度规模经营，农业和农村经济活力不断增强。农民人均纯收入增长12.0%，居全省第5位。积极推动金融领域改革，缓解发展的资金瓶颈制约。深化投融资体制改革，加快释放民间投资活力。争取到财政部“PPP”项目支持，引入中信集团以市场机制，全面开展“洁净水”行动。指导各行各业争取先行先试改革探索，在推进大部门制改革、公共资源交易体制改革、绩效考核改革等23个方面取得重大突破。

全面深化对外开放。主动研究国家项目投资政策导向，派遣干部到中省部委挂职、培训，争取支持；主动汇报衔接，成功争取中省项目700个，到位资金16.94亿元。引进李长明院士团队，投资160亿元打造“长明高新技术产业园”，引进尤政院士团队建设清华大学广安新能源研究院，在发展院士经济上实现重大突破，得到省委东明书记的批示和肯定。成功举办“感恩小平·投资广安”中外知名企业广安行等活动，积极参加“中外知名企业四川行”和第十五届西博会等重大活动，广安签约项目数量、投资总额位居全省前列。全年引进项目950个，到位资金815.6亿元，增长16.2%。渝广合作不断深化，引进重庆项目475个，到位资金380亿元，占总量的47%。与深圳合作共建广（安）深（圳）产业园正式挂牌。

【经济建设】　坚持把稳增长摆在突出位置。在年初市委经济工作暨城镇化工作会议上，市委准确分析形势、把握趋势，突出高位求进、奋力争先，提出全市经济工作的总体要求、工作目标和工作重点，引导全市上下保持专注发展定力。针对经济下行压力，适时出台稳增长20条措施以及一系列配套政策，解决经济运行中的各种难题，确保经济稳定增长。全年地区生产总值增长10.2%，居全省第2位；固定资产投资增长36.7%，居全省第1位；服务业增加值增长11.7%，居全省第1位；地方公共财政收入增长17.4%、支出增长14.8%，分别居全省第5位、第3位，发展步入历史最好时期。

强力推进重点项目投资。坚持抓好项目促进科学发展、抓大项目促进加快发展，集中推进一批重大项目建设，发展条件进一步改善。全年1000万元以上的重大项目完成投资574亿元，增长73.8%。其中，实施重大工业项目120个，完成投资256亿元；实施重大基础设施项目168个，完成投资276.6亿元。

集中力量抓好转型发展。牢固树立“转型才能更好发展”“后发也要高点起步”理念，坚持在扩大增量中调优结构，制定专门的政策，对精细化工、生物医药、新型住宅等六大高端产业给予重点支持，电子信息、医药化工等优势产业实现产值249亿元，同比增长29.7%。坚定不移推动转型升级化解过剩和落后产能，产业发展后劲不断增强。重点突破培育通信、电子商务业、现代物流业等新兴先导型服务业，服务业增加值增幅跃居全省第1位。大力发展电子商务，充分利用国家扶持政策，成功引进江苏众瀛公司与广安共建E消费省级结算中心。推动旅游产业全面升级，加快推进重点旅游项目建设，成功创建国家AAAA级景区4个，红色文化影视城一期实现运营，全年实现旅游总收入194.5亿元，同比增长43.7%。

推进城镇化健康发展。坚持以人的城镇化为核心，重点加快主城区建设，统筹推动县城和小城镇建设，主城区面积拓展14.9平方千米。实行改造房、拆迁房、危旧房、商品房“四房合一”建设美好家园，大力实施“百万安居工程建设行动”，全年保障性住房建设和危旧房棚户区改造开工3.87万套，基本建成2.6万套，竣工1.45万套。以全省“百镇建设试点行动”为契机，加快乡（镇）“七个一”工程建设，启动建设30个特色集镇。以创建“美丽村庄”为契机，启动建设幸福美丽新村，实施农村安居工程3.96万户，全市8个新型房屋示范点564套房屋全部竣工。

【社会建设】 民生工程。始终把保障和改善民生摆在突出位置，全年民生投入占公共财政支出的70%，高于全省平均水平5个百分点。投入资金125.63亿元，全面完成省上下达的民生任务和22项市自办民生工程项目，群众生产生活条件不断改善。两次提高低保标准，全市28.1万人纳入低保。就业形势保持总体稳定，新增就业4.98万人，城镇登记失业率控制在3.59%。城乡居民大病保险和灵活就业人员参加职工基本医疗保险制度全面实施。探索实施精准扶贫工作机制，完成贫困村扶贫项目152个，9.3万人摆脱贫困。

社会事业。扎实推进教育综合改革，部省共建教育改革发展试验区加快建设，成功争取中省资金12.3亿元，促进各类教育协调发展。深化医药卫生体制改革，确定5家县级公立医院作为省综合改革试点单位，全市8家县级公立医院全面取消药品加成，全市统一调度的“120”急救指挥系统建成并投入运行，广安市全科医生培训基地竣工并投入使用，提升公共卫生服务能力。大力推进文化事业和文化产业发展，积极推动公共文化服务标准化均等化，“幸福美丽新村（社区）文化院坝”等文化惠民工程加快建设。竞技体育和群众性体育协调发展，在省运会上夺得16金、16银、13铜的历史最好成绩。强化食品药品安全治理，群众满意度大幅提升。

依法治市。全面开展“六五”普法和“法律七进”活动，依法执政、依法行政和公正司法整体推进，加快构建办事依法、遇事找法、解决问题用法、化解矛盾靠法的法治良序。创新建立“大一统”情报信息综合处理平台，扎实推进社会稳定风险评估机制建设，依法妥处各类矛盾隐患，社会大局保持平稳。加强和创新社会治理，组建广安市国家安全局，推进网格化服务管理全覆盖，深化创新大调解工作机制，加强社会治安综合治理，深入开展平安和谐“三级联创”活动，法治城市创建活动取得突出成效。健全完善立体化防控体系，严厉打击各种刑事犯罪，加强反恐防暴工作，“五大民生警务”深入实施，群众生命财产安全得到保护。

【党建工作】 坚持把抓好党建作为根本政治责任，市委常委会全年研究有关党建工作30余次。市委书记认真履行第一责任人责任，其他市委常委班子认真落实“一岗双责”，承担起廉政建设主体责任，带头宣讲“两个责任”，切实加强对分管部门经常性廉政教育。出台《落实党委主体责任和纪委监督责任实施方案》，逐一明确党委（党组）领导班子、班子主要负责人、班子成员的主体责任和纪委的监督责任。制定《党建工作责任制暂行规定》，全面落实各级党组织领导班子、党组织书记、领导班子成员抓党建工作的政治责任。建立县乡党委书记党建工作述职评议考核制度，着力构建党委抓、书记抓、一级抓一级的党建工作格局。建立健全党建工作责任监督体系，创新实施“明、询、查、考、述、评”六步工作法，采取责任分解落实“三书”、纪委委员询问质询、责任落实情况监督检查、党员领导干部“三述”、党风政风行风“三风”测评等措施，推进“两个责任”落实。推行“一案三查”，对发生违纪违法案件和“四风”问题的，除严肃查处当事人外，还要倒查追究其主体责任人和监督责任人的责任，全年问责95人。

党的群众路线教育实践活动。认真贯彻执行中央八项规定和省委省政府十项规定精神。市委常委班子从严从实带头开展教育实践活动，坚持以为民务实清廉为主要内容，以“照镜子、正衣冠、洗洗澡、治治病”为总要求，集中解决“四风”问题，扎实开展教育实践活动，推动制度机制建设，促进科学民主决策，取得干部受教育、群众得实惠的效果，进一步密切党群干群关系，党风政风和社会风气焕然一新。全市领导干部在教育实践活动中切实转变观念，树立起抓党建就是最大政绩的理念，把抓党建与抓发展放在同等重要位置，为经济发展提供坚强保障。市委常委班子从严从实开展教育实践活动，带头学习，通过心灵上与习近平总书记系列重要讲话精神交流对话，理想信念、党性修养、宗旨意识明显增强；带头开好专题民主生活会，开展“走基层”活动，深入基层和群众解决实际问题，研究提出市委常委班子教育实践活动整改措施35条、专项整治措施21条，已完成整改任务19项。持续用力抓正风肃纪。深入推动“9+3”突出问题及中央巡视组反馈的滥发奖金补贴、公务用车、庸懒散浮拖等问题专项治理，查处“四风”问题案件184件，曝光典型案件53件。重拳整治“三超两乱”等突出问题，督促法检系统整改撤销内设机构41个，全部废止提高干部职级待遇“土政策”。全市整改清退违规发放钱物971.6万元，党纪政纪处分11人。对违规购置和使用的270辆公车，已彻底整改到位。注重建章立制，制度笼子越扎越牢实，广大党员干部按规矩办事用权意识显著增强。全市会议和文件分别下降21%、19%，“三公”经费开支下降26.1%，引导树立良好的党风政风。扎实深入开展“走基层”活动。结合教育实践活动，在全市集中开展“走基层、解难题、办实事、惠民生”活动，深入基层和群众解决实际问题，全市解决民生难题2万余件。

思想理论建设。把学习贯彻习近平总书记系列重要讲话精神、党的十八届三中、四中全会和省委十届四次、五次全会精神，以及省委经济工济暨城镇化工作会议、省委党的群众路线教育实践活动会议等重大会议精神，作为重大政治任务，先后召开12次中心组学习会进行学习传达，结合实际研究落实具体贯彻措施，做到思想上政治上行动上同以习近平为总书记的党中央保持高度一致，与省委保持高度一致。同时，对各级党组织和党员干部学习贯彻作出安排部署，在全市掀起学习宣传贯彻的热潮。广泛开展社会主义核心价值观宣传教育，深入开展道德实践和精神文明创建活动，城乡文明程度和市民素质明显提升。强化正面宣传和舆论引导。加强公民道德建设，承办“全国道德模范故事汇基层巡演”“全国道德模范与身边好人互动交流”活动，全市45人入选“四川好人”、6人荣登“中国好人”，涌现出邓德勤、杨淑芹等一批先进典型。有序推进志愿服务制度化，在全省率先开展厅级领导志愿活动，岳池义工联合会获得省十佳优秀志愿服务组织。在全省率先设立诚信“红黑榜”。加强互联网建设和管理，促进传统媒体和新兴媒体融合发展，舆论引导能力和水平不断提升。

班子队伍建设。着力选优配强各级领导班子。落实“好干部”标准和“三严三实”要求，学习贯彻《干部任用条例》，出台加强领导班子和干部队伍建设的“1+6”政策文件，围绕广安事业发展排兵布阵、调兵遣将。加强干部队伍能力建设，选派521名干部到省级机关、重庆、成都和市内重点园区、乡（镇）、村（社区）挂职锻炼，选派20名优秀年轻干部到市级金融部门和大中型民营企业挂职锻炼，安排市级部门年轻干部、乡（镇）干部互派挂职各20名；积极推进干部跨行业跨部门交流，2014年交流县级干部98人次，4名干部交流到市属国有企业任职。紧跟创新驱动发展战略引进培育人才，全年引进硕士、博士等优秀人才180名。有针对性开展优秀年轻干部递进培养计划。制定出台《优秀年轻干部人才递进培养对象日常培养联系人暂行办法》，与北师大合作举办邓小平城乡发展学院，搭建干部培训的良好平台。全年遴选第二批递进培养对象633名，其中市本级81名。加强培养对象跟踪培养，坚持把递进培养对象中的优秀学员作为干部提名的优先人选，明确每年培养对象原则上提拔重用三分之一。一、二批培养对象已提拔使用65人、交流重用52人。积极稳妥推进干部人事制度改革。创新推进领导班子和领导干部选任方式等综合配套改革试点，试行新提拔科级领导干部家庭财产申报制度，将拟提拔任用干部落实党风廉政责任制情况纳入考察内容。健全落实干部选任监督“五位一体”制度体系，把监督贯穿到干部选任全过程。

基层组织建设。扎实推动基层组织堡垒作用不断夯实。强力开展后进基层党组织整顿，对296个软弱涣散村（社区）党组织实行“挂牌督办、转化销号”，推行“一村一策”，加强帮扶整顿，已全部实现转化。着力构建“党总支+党支部+中心户”的基层党组织网络，积极构建农村“10分钟服务圈”，推行“民事村办”，努力实现精细化服务。全力夯实基础保障，村（社区）办公经费达到2.3万元，落实村级组织服务群众专项经费每村4.1万元，对活动阵地低于90平方米的211个村进行全面改造升级。

反腐倡廉建设。保持惩治腐败高压态势。督促各级党委、纪委认真落实党风廉政建设主体责任、监督责任，初步构建齐抓共管的新格局。坚持以“零容忍”态度惩治腐败，全市纪检监察机关共处置线索812条、立案605件、结案606件、处分643人、移送司法机关处理32人，同比分别增长54%、25.3%、10.7%、32.1%、60%，查处县处级干部16人，同比增长220%；查处违纪金额100万元以上案件32件，同比增长256%，“不敢腐”的震慑已经形成。建立国土资源管理改革领导小组和组织人事统筹领导小组，重大经济工作、招商引资项目、土地出让、组织人事等事项让纪委全程参与监督，把权力关进制度的笼子里；实行廉政风险直接管理、迹象管理、动态管理和精细管理，全面建成行政权力依法规范公开运行电子监察平台，“不能腐”的制度体系不断完善。深入开展警示教育。在全市范围内开展“邓小平廉政思想与实践”专题展、反腐倡廉警示教育展、廉政书画作品展，分批组织全市2万余名党员干部前往参观，接受教育。编印《邓小平反对“四风”重要论述摘编》《覆鉴》《清慎勤》等廉政读本，制作《贪欲之害》《让顶风违纪者付出代价》等警示教育片。全面推进预防腐败“广土”工程，在市内媒体广泛开设“安辑专刊”“安辑在行动”“聚焦廉政”等专题专栏，办好“安辑廉线”网站群，构建多位一体的反腐倡廉宣传教育网络，“不想腐”的土壤不断培育。

民主政治建设。认真学习贯彻习近平总书记在庆祝全国人民代表大会成立60周年和庆祝中国人民政治协商会议成立65周年大会上的重要讲话精神。大力支持市人大及其常委会依法行使职权，增强对“一府两院”监督实效，加强对重大经济、民生工作监督，开展专题询问和法律法规实施情况检查，依法决定重大事项，充分发挥人大代表作用。大力支持市政协依照章程履行职能，围绕全市工作大局开展政治协商、民主监督、参政议政，充分发挥人民政协作为协商民主重要渠道作用，针对纪念活动、商务经济发展、城镇化建设等重大问题，广泛调研视察、开展民主评议、积极献计出力、实施工作监督。加强对群团工作的领导。支持工青妇等人民团体在改革发展、社会治理、服务群众等工作中发挥重要作用，完成工青妇和科协换届工作。深化基层民主自治建设，完成村（居）委会换届选举工作，制定完善村规民约、居民公约，推进社区治理和村（居）务公开。加强党管武装工作，支持国防后备力量建设，军民融合深度发展，优抚安置政策全面落实，全国双拥模范城“四连冠”各项基础工作有序推进。

班子自身建设。认真贯彻执行民主集中制，坚持常委分工负责，增强市委常委班子整体功能，充分发挥总揽全局、协调各方的领导核心作用；加强理论学习，深入领会和把握中央和省委精神，确保不折不扣地贯彻到广安工作中；带头推动落实，直接牵头负责重大工作，针对纪念活动、稳增长、转型发展、深化改革、法治建设等加强调研和部署，指导和推动重点区域发展；从严改进作风，模范遵守中央和省委规定，深入基层和群众解决实际问题；重视制度建设，注重从制度上、机制上谋划解决事关全局和长远的问题，加强抓落实、转作风、反腐败等建章立制，及时推出一批制度性成果；做到廉洁自律，严格执行廉洁从政有关规定，努力在各个方面为全市党员干部作出表率。

【领导人】 市委书记：侯晓春，副书记：罗增斌、袁险峰，常委：肖友才、肖雷、黄秀川、唐雄兴、杨利民、蒋英胜、甘用德、刘光辉、王义杰（5月起）、武立国（9月起），秘书长：杨利民。

（刘文杰、屈昌明）

市委办公室工作

【文稿撰写】 坚持谋划在前、思考在前、工作在前，紧跟市委主要领导思维，围绕邓小平诞辰110周年纪念活动筹备工作，起草市委主要领导向中宣部、中央文献研究室等中央有关部委、省委省政府和小平亲属汇报材料，赴浙江、深圳等地汇报材料，到保利集团、中信集团、中国建材集团等央企汇报材料50余篇，向全国各地相关部门、企业、知名人士发出“感恩小平·共建广安”邀请函100余篇，起草全国百家党报和来自美国、俄罗斯、法国等17个国家海外华文媒体等7批大型集中采访活动中市委领导接受采访的稿件100余篇，向全国、全世界推荐广安、宣传广安，多角度展示广安改革发展巨大成就。

及时总结提炼市委领导的新理念、新思路和新观点，起草市委主要领导四届七次全会报告、贯彻十八届四中全会精神讲话、产业园区发展大会讲话等重要文稿20余篇，组织撰写丘陵地区畜牧业助农增收现场会、川东北经济区工作座谈会等发言材料20余篇。经过认真整理，经市委主要领导同意后及时投稿，市委主要领导在中省主流刊物、媒体上发表的文稿与去年相比增加15%。其中，市委主要领导《努力为人民创造更加美好的生活》的文章在8月22日《人民日报》第7版发表。

【调查研究】 在市委创新实施省委多点多极支撑发展战略过程中，积极深入建设发展一线开展调查研究，形成《推动多点多极支撑战略实施，实现在次级突破中跨越升位》等高质量调研文章，为市委构建多点多极支撑发展格局提供参考，助推广安发展活力全面释放。积极服务市委坚持创新驱动推进发展，积极为著名经济学家厉以宁、原北大校长周其凤等为高级决策咨询暨投资促进专家来广调研组织汇报材料、陪同调研、参与讨论，为各位专家建言献策提供翔实依据。针对市委决定将“洁净水”行动作为纪念活动后的一项重要工作，积极组织相关人员外出学习浙江、贵阳等省市先进治水理念，形成《关于赴贵阳市学习考察南明河水环境综合整治情况的报告》，为市委领导决策提供有益参考。在充分讨论研究后，牵头起草出台《关于全面开展“洁净水”行动的意见》，为工作顺利开展提供遵循。

【全面深化改革】　在全市上下深入推进全面改革的关键时期，市委成立全面深化改革领导小组，将办公室设在市委办公室。为有序推进全市全面深化改革，市委办结合贯彻省委十届四次全会和县域经济工作会议精神，反复讨论，起草出台全面深化改革加快县域经济跨越发展的21条措施，每条都体现针对性、突破性和操作性，成为指导广安全面深化改革加快县域经济跨越发展的纲领性文件。全力推动改革，印发关于国资国企、医药卫生体制、教育领域等配套改革文件10个，编发《广安改革动态》33期、《改革信息参阅》11期。

【信息服务】　围绕党委工作重心，认真落实“紧扣中心、突出实效、数质并举、强化服务”的目标要求，准确上报广安推进纪念活动和深化改革的各种经验、要务信息，及时反馈贯彻落实中央、省委决策情况，反映重大工作举措、重要社会动态和社情民意，为党委决策和指导工作提供及时准确的信息服务。全年向中央办公厅和省委办公厅上报信息1600多条，向省委办公厅报送《广安信息专报》230期，采编各级各部门信息3200余条，编发《广安要情》41期，全市党委系统信息工作保持较好的发展势头，得到中办和省委办领导的肯定。

【统筹协调】　全面收集通报工作动态信息。共编发《市委常委未来一周主要活动预告》40期、《一周工作动态》44期，印发《常委会决定事项通知》168期、会议纪要40期、会议备忘录8期，发出《交办通知》204期，每周印发《近期领导批（交）办事项及办理情况一览表》，按月发出《各地各部门办理市委主要领导同志批示情况的通报》，推动市委决策的有效落实。

精心统筹市委重要活动（会议）。对市委重要会议和重大活动，坚持“一个口子进、一个口子出”，共统筹协调全市重大活动（会议）75次，得到市委主要领导的充分肯定。精心拟制王兆国、沈跃跃、顾秀莲、厉无畏、陈竺等党和国家领导人到广安视察和中国低碳智慧城市发展国际论坛、中国旅游日主会场活动等系列方案，精心做好省委纪念邓小平诞辰110周年大会在广安召开的相关协调工作，确保纪念活动的成功。

不断健全完善各项工作制度。健全要情报告制度、重要活动预告制度、领导干部外出请销假制度、领导批交办事项督办制度等一系列工作制度，不断规范优化和完善工作运行机制。

【文书会务】　按照《党政机关公文处理工作条例》要求，把好文件质量关口；认真执行中央、省委、市委精简文件简报要求，把控发文关口。严格公文运转时效，畅通公文运转流程，确保公文传递及时准确。坚持会前周密部署，会中优质服务，会后及时清整，在“规范”上下功夫，在“快捷”上花力气，在“细致”上做文章，切实把好每一道关口，努力抓好每一处细节，使办会、值班工作向制度化、规范化方向迈进。严格按照八项规定要求，切实整治“文山会海”，出台《关于精简文件的六项规定》《关于精简会议的六项规定》，印发《中共广安市委发文办理工作制度》并严格执行，市委发文与去年同比下降14.6%，全市性会议次数同比下降20%。

【督促检查】　建章立制规范督。坚持从制度建设入手，制定《纪念邓小平同志诞辰110周年重大项目督促检查工作管理制度（试行）》，拟订《专项督查工作计划》，推动督查工作制度化、规范化、科学化，做到有章可循、有规可依。整合资源联动督。充分发挥督查部门、纪检监察部门、相关职能部门、新闻媒体等方面的作用，形成各级各部门共同参与、齐抓共管的督促检查运行机制。与市纪委、监察局联合起草印发《关于纪检监察机关和督查部门在监督检查工作中加强协作配合的通知》，不断巩固联合督查制度化和长效化。查找问题逗硬督。坚持问题导向，真督实查，全程跟踪督办。在发现巴广渝高速公路广安区水竹山隧道施工停滞问题后，会同市纪委、监察局开展联合监督检查，先后对8个单位下发整改通知，责成有关责任单位上报督查整改方案15个，树立督查权威，助推市委决策部署的落实。创新举措高频督。注重创新督促检查方式方法，将现场督查、电话督查、暗访抽查、书面督查、预告制督查等多种方式有效结合。对施工面广、问题较多的项目，基本保持每周1—2次的高频率督查，有力促进工作的开展，确保项目建设快速推进。

【绩效考核】　以改革创新精神探索绩效考核新机制。推行全员绩效考核，实现考核单位、人员全覆盖，激发机关干部活力。实行分类考核评比，根据被考核对象的工作性质、特点和主要职能职责，将市级单位、产业园区、区市县进行分类考核、分类评比，为各单位之间构筑一个公平竞争的平台。科学设置考核体系，从重经济指标考核转变为全面履行职能考核，加大公共服务、社会管理、民生和环境保护等指标考核，推动经济社会全面协调可持续发展。根据区市县、园区在资源禀赋、发展基础、发展水平等方面的不同特征，差异化下达目标任务，改革计分方式，增强考核实效。坚持考核过程公开，注重考核结果运用，建立完善绩效考核结果运用与单位集体荣誉、个人年度考核、绩效奖金挂钩的激励机制，激发区市县、园区和市级各部门跳起摸高、争先进位的热情，有力地推动全市经济社会超常跨越发展。

【接待工作】 逗硬执行《党政机关厉行节约反对浪费条例》，坚持“从简、从严、从细”的原则，全力抓好接待服务工作，全年共接待各类宾客283批次5361人，接待费用同比去年下降16.3%。完成国家领导人到广安视察的二级接待任务4批，完成邓小平家人、王东明书记、魏宏省长等多批省部级领导以及厉以宁、尤政、石健吾、易中天等国内外知名学者、教授来广安的接待服务工作，完成纪念邓小平诞辰110周年系列活动、邓小平理论研讨会、心连心艺术团赴广安慰问演出等大型会议及活动的接待工作。

【后勤服务】 全面提升机关后勤管理服务水平，强化财务管理，加强车辆管理，对市委大院后花园进行改造升级，对办公大楼进行加层改造，新增办公室40余间，为干部职工创造洁净、优美、舒适的工作和生活环境。加强综治、普法、消防及安全保卫工作，创造和谐稳定的办公环境，努力遏止各类事故的发生。

【机要保密】 加强应急移动密码通信系统建设，规范密码电报办理程序，确保密码通信绝对畅通、安全；加强涉密人员、保密要害部门部位、涉密载体及重要涉密会议、重大涉密活动的保密管理，建立覆盖全市的保密技术防护和检查体系，全年未发生重大失密泄密事件。

【外联工作】 指导市驻蓉办切实转变作风，发挥对外联络的优势，积极开展投资促进工作，成功促成世界500强、中国500强、民营500强等21家企业与广安“一对一”对接，成功签约落地建设项目4个、实际引资16亿元，协助市投资促进委、区市县及园区引进协议资金近200亿；认真做好信访维稳工作，全年共接送、劝返上访人员60余人次，有效维护社会和谐稳定。促进市驻京联络处主动协助驻京工作组做好邓小平遗物收集整理工作，共征集文物466件、艺术品30件、书籍1500余册；从两千余家企业中筛选出与广安市产业布局相关、对广安比较感兴趣的中关村企业18家、北京市属企业19家进行对接，与市投资促进委及相关园区共同引进大型项目5个、投资493.7亿元。

【自身建设】 坚持把学习贯彻习近平总书记系列重要讲话精神作为一项重大政治任务，深入学习贯彻习近平总书记系列重要讲话精神，坚定正确政治方向。以超前的政治敏锐性和高度的政治责任感，及早草拟市委《学习宣传贯彻习近平总书记系列重要讲话精神实施意见》，指导全市各级各地迅速掀起学习贯彻习近平总书记系列重要讲话精神热潮。坚持在先学一步、学深一层、学透一点上起好模范表率作用。围绕“谱写中国梦广安篇章”“树立正确的群众路线”等主题内容，组织全体干部职工开展专题大讨论20余次，分单位、科室、支部讨论140多批次，推动干部职工思想大解放、观念大更新、作风大转变。坚持立足办公室岗位，在深学、细照、笃行上下功夫。认真学习习近平总书记发表的“5·8”重要讲话和在10月全国党委秘书长会议上作出的重要批示，切实做到深学、细照、笃行。为更好地提升工作能力和水平，在市委办公室系统开展“PDCA循环提升”活动（计划PLAN、实施DO、检查CHECK、处理ACT），促使管理工作不断创新发展，工作质量和效果不断提高，办公室工作科学化水平大为提升。

扎实开展党的群众路线教育实践活动，锤炼优良作风。坚持从提高思想认识入手，求深求实抓学习教育，党员干部践行群众路线的使命感明显增强。先后召开5次集中学习会，认真学习习近平总书记及中央、省领导系列重要讲话精神，引导党员干部从内心深处感恩祖国、感恩党、感恩时代、感恩小平、感恩人民，努力争做贡献。开展学习弘扬焦裕禄精神、学习“三严三实”、践行“十问”三大活动，党员干部在学习教育中补了精神之“钙”，增强推动广安科学发展、加快发展的使命感、责任感。坚持在整治作风顽疾上较真，“四风”突出问题得到有力整治，党员干部投身“感恩作贡献”热情有效激发。突出问题导向，对“四风”问题进行大排查、大检修、大扫除，在改进调查研究，整治“文山会海”，清理评比达标等方面取得明显成效。坚持在做好结合文章上使劲，凝心聚力服务改革推动发展。把教育实践活动与中心工作深度相融，以作风建设提振党员干部精气神，汇聚发展正能量。办公室系统过硬的作风和出色的工作得到市委高度认可，在全市召开的邓小平诞辰110周年总结暨表扬大会上，市委办公室被评为“完成重大项目建设类先进集体”，市委办公室系统共16人获市委表扬，受表扬人数在全市各级各单位中名列前茅。

狠抓干部队伍建设，精心打造一流团队。通过学历教育、党校培训、业务培训等方式，加大干部职工教育培训力度，不断增强干部职工综合素质，全年组织干部职工参加各类培训学习 30 余人次。加大办公室系统干部队伍选拔交流力度，将作风硬、能力强、群众公认的优秀干部充实到重要岗位，全年在办公室系统提拔县级领导干部 3 名，交流县级领导干部 7 名，选拔 8 名优秀年轻干部参加全市递进培养计划，2 名副县级领导下派挂职锻炼。按照岗位空缺情况和人员结构实际，认真做好中层领导岗位调整充实和非领导职务晋升工作，提拔正科级领导 4 名、副科级领导职务 5 名，交流科级领导干部 15 名，形成中层干部多岗锻炼、公平竞争的良性机制。认真开展扶贫帮困活动，组织人员深入广安区龙安乡勇敢村专题调研，为该村产业发展、基础设施改善、基层组织建设、农民增收致富献计出力。严格落实党风廉政建设责任制，要求干部职工清白做人、干净做事、廉洁奉公，有效地维护市委办公室系统党员干部的良好形象。

【领导人】　市委常委、秘书长：杨利民，市委副秘书长、市委办公室主任：唐鹤松，市委副秘书长：郑洪涛（10 月起），市委副秘书长：蒲长文，市委副秘书长、市委政法委副书记、市维稳办主任：李远纪，市委副秘书长、市投资促进委主任：罗海波，市委副秘书长、市惠民办主任：刘贤述，市委副秘书长、市绩效（目标）办主任：杨勇，市委副秘书长、市委政研室主任刘潜（1 月止），市委副秘书长、市督查办主任：贺功锦（9 月止），市委副秘书长：罗学文（6 月止）；市委副秘书长：邹来云，市委副秘书长、市督查办主任：杨顺平（9 月起），市委副秘书长：张艳萍，市委副秘书长、市委政研室主任：孙勇（11 月起）。市委办公室副主任：曹湛，市委办公室副主任：孙勇（11 月止），市委办公室机关党委书记：杨春龙，市委办公室纪检员：李晶，市委办公室副主任：文彦艳（2—12 月）。

（刘文杰、屈昌明）

党的群众路线教育实践活动

【组织机构】　2013 年 7 月，市委成立以市委书记侯晓春为组长的党的群众路线教育实践活动领导小组。领导小组下设办公室，市委常委、组织部部长黄秀川兼任办公室主任，市委教育实践活动办公室抽调 36 人在市投资促进委六楼集中脱产办公，办公室下设综合组、宣传组、联络一组、联络二组。同时，组建由厅级领导任组长的 10 个市委督导组，开展跟踪督导。建立市领导联系点，每名市委常委、党员副市长分别联系 1 个区市县和 1 个乡（镇），加强对基层活动的联系指导。各级各部门组建领导机构和工作机构，加大对教育实践活动的组织领导和检查指导力度。

【活动对象】　1 月 20 日、25 日，中央和省委相继召开教育实践活动第一批总结暨第二批部署会议，作出开展第二批群众路线教育实践活动动员部署后，2 月初，广安市立即启动开展党的群众路线教育实践活动工作。活动从 2014 年 2 月开始，10 月基本完成。参加单位主要包括：全市机关及其直属单位，乡（镇、街道）和村（社区）等基层组织，非公有制经济组织和社会组织，医院、学校（含高等职业技术学院、中等职业技术学校），所属国有（控股）企业等。

【活动思路】　结合广安实际，谋划研究形成“12345”工作思路：突出学习伟人风范、践行群众路线“一个思想引领”；扭住对照检查材料、正风肃纪“两个关键”；用好本地邓小平理论研究专家、身边先进典型、邓小平故里和华蓥山游击队遗址红色教育基地“三大特色资源”；强化领导带头、正风肃纪、分类指导、开门开放“四项重要举措”；抓好与开展“感恩小平·我为小平家乡发展作贡献”活动、深化改革走在全省改革开放前列、深入推进“走基层、解难题、办实事、惠民生”活动、加强基层组织建设、建立健全为民务实清廉长效机制“五个有机结合”。并按照学习教育、听取意见；查摆问题、开展批评；整改落实、建章立制三个阶段进行，抓住反对“四风”这个重点，集中解决领导机关、领导班子和领导干部“四风”方面存在的突出问题，下大力气解决发生在群众身边的不良作风问题，对作风之弊、行为之垢来一次大排查、大检修、大扫除。

【重要事项】　2 月 17 日上午，市委召开全市党的群众路线教育实践活动工作会议，传达贯彻中央、省委党的群众路线教育实践活动第一批总结暨第二批部署会议和习近平总书记重要讲话精神，安排部署全市党的群众路线教育实践活动。市委书记、市委教育实践活动领导小组组长侯晓春出席会议并作动员报告。省委第十三督导组组长汤建平、副组长蒙之武等到会指导。市委副书记、市长罗增斌，市人大常委会主任余仪，市政协主席刘凤成等出席会议。市委副书记袁险峰主持会议。

3 月 12—13 日，副省长、省委派驻市（州）教育实践活动第十三督导组第一组长甘霖到广安市调研指导党的群众路线教育实践活动，甘霖一行深入广安区龙安乡、广安区商务局实地调研了解广安开展群众路线教育实践活动情况，与广安区商务、工商、质监、农信社等部门负责人座谈，广泛听取党员、干部和群众的意见建议，进一步了解党的群众路线教育实践活动开展情况，并对广安市开展的第二批党的群众路线教育实践活动取得的成效给予充分肯定。

4月3日下午，市委书记侯晓春主持召开专题办公会，传达十届省委常委会第77次会议和省委群众路线教育实践活动座谈会精神，研究邓小平诞辰110周年纪念活动有关事宜和广安市贯彻意见。省委督导组组长汤建平等到会指导。市委副书记、市长罗增斌，市人大常委会主任余仪，市政协主席刘凤成等出席会议。

5月6日下午，中央党的群众路线教育实践活动视频会议结束后，广安市立即召开会议，贯彻落实中央视频会议精神，通报干部作风问题、省委督导组对广安市前期教育实践活动中存在问题提出的意见和要求，对今后一个时期的正风肃纪“9+3”专项治理工作和教育实践活动等工作进行部署，以此进一步推进全市党的群众路线教育实践活动。市委书记侯晓春出席会议并作重要讲话。省委第十三督导组组长、省直机关工委巡视员汤建平等到会指导，市委副书记、市长罗增斌主持会议，市人大常委会主任余仪，市政协主席刘凤成，市委副书记袁险峰等出席会议。

5月11—12日，副省长、省委派驻市（州）教育实践活动第十三督导组第一组长甘霖到广安督促指导党的群众路线教育实践活动。分别与市委书记侯晓春，市委副书记、市长罗增斌等进行“一对一”谈心谈话。在侯晓春等的陪同下，深入广安区北辰街道办事处北辰社区、广安区官盛新区开展调研，随机走访市水务局和广安区法院等单位，与基层干部群众亲切座谈，详细了解教育实践活动开展情况。随后，甘霖在市委六楼会议室召开的党的群众路线教育实践活动宣讲讨论会上作了宣讲报告。省委第十三督导组组长汤建平对广安开展教育实践活动督导情况进行通报，并对下一步工作提出具体要求。侯晓春代表市委汇报全市教育实践活动开展情况，罗增斌主持会议。

5月22—27日，中央第四巡回督导组副组长、福建省政协原副主席李川一行对广安市开展教育实践活动情况进行督导检查。在27日召开的中央第四巡回督导组召开意见反馈会上，李川对广安经济发展、社会变化、干部精神状态、也给予高度评价，提出希望广安借开展教育实践活动来有效推动广安跨越发展。

5月28日，市委召开常委（扩大）会议暨党的群众路线教育实践活动领导小组工作会，传达中央第四巡回督导组副组长李川在广安督导教育实践活动时的讲话精神，安排部署当前和下一阶段全市教育实践活动。市委书记侯晓春主持会议并作重要讲话。

7月19—20日，市委召开党的群众路线教育实践活动专题民主生活会。副省长、省委派驻市（州）教育实践活动第十三督导组第一组长甘霖到会指导。省质监局局长、省委教育实践活动领导小组成员郭春英，省委组织部副部长戴允康，省直机关工委副书记、省委派驻市（州）教育实践活动第十三督导组组长汤建平，省煤田地质局巡视员、省委第十三督导组副组长蒙子武等到会指导。会议由市委书记侯晓春主持，市委副书记、市长罗增斌出席会议，市人大常委会主任余仪、市政协主席刘凤成列席会议。会上，侯晓春代表市委常委班子作对照检查，市委常委班子成员从侯晓春开始，逐一对照检查发言进行自我批评，并开展相互批评。

9月10—11日，副省长、省委派驻市（州）教育实践活动第十三督导组第一组长甘霖深入广安区龙安乡群策村、勇敢村以及市质监局等地督促指导群众路线教育实践活动，并召开座谈会，与基层党员干部、群众交心谈心，充分听取党员干部、群众意见和建议。市委书记侯晓春出席座谈会并详细汇报。市委副书记、市长罗增斌主持座谈会。

10月15日，广安市召开党的群众路线教育实践活动总结大会，贯彻落实习近平总书记系列重要讲话和中央、四川省党的群众路线教育实践活动总结大会精神，总结全市教育实践活动情况，对进一步巩固发展活动成果、抓好从严治党各项工作、持续推动作风建设常态化长效化进行部署。省委第十三督导组组长、省直机关工委副书记汤建平，市委书记、市委教育实践活动领导小组组长侯晓春出席会议并讲话。市委副书记、市长罗增斌，市人大常委会主任余仪，市政协主席刘凤成，省委第十三督导组副组长、省煤田地质局巡视员蒙子武等出席会议。市委副书记、教育实践活动领导小组副组长袁险峰主持会议。会议以电视电话会议形式举行。

【学习教育】 抓领导示范，带着责任学。制定一把手履行活动职责十项规定，强化一把手的政治责任。建立一把手活动专门台账和学习日志，推广边读边讲边谈的解读式领学、全员准备的不定式讨论、领导和参学人员点评的现场式评学“三项学习制度”，重点学习习近平总书记系列重要讲话特别是兰考讲话以及省委东明书记讲话精神。市县领导班子将集中学习放到基层，与党员干部群众一起学习一起讨论。

抓专题研讨，紧扣问题学。紧扣改革发展问题和党员干部中存在的宗旨意识淡薄、脱离群众、精神缺钙等问题，联系实际围绕“感恩奋进作贡献怎么干、改革开放走前列怎么走、川渝合作示范区建设怎么建”分专题研究讨论。市厅级领导干部做辅导报告113场，县处级领导干部作辅导报告1046场，邀请高校、本地开展理论宣讲2333场。

抓红色载体，激发感情学。挖掘广安红色教育资源，组织市县领导干部到小平铜像前开展集体承诺，将邓小平群众观点、邓小平践行群众路线事例作为生动教材，编印《邓小平论党的群众路线选辑》《邓小平为民务实清廉故事选辑》《邓小平反对“四风”重要论述摘编》，开设小平故里党性教育基地、华蓥山爱国主义教育基地“实践课堂”和手机报“空中课堂”，编发手机报159期，激发党员干部学习伟人风范、践行群众路线的热情。利用红色资源开展活动得到中央群教办充分肯定并以信息刊发。

抓正反典型，触动灵魂学。持之以恒学习弘扬焦裕禄精神，建立本地先进典型库，培树杨淑芹等584名有影响的先进典型。省市县组织先进典型巡回报告会1296场。汇编警示教育读本《覆鉴》，拍摄本地党员干部违纪典型案例专题片10部，公开曝光典型案件47起，组织党员干部到廉政教育基地接受教育，增强教育感染力和震慑力。

抓形势教育，结合实践学。创新领导干部辅学、专家学者讲学等“十学”方式，并在党校主体班、优秀干部人才递进培训班开展群众路线专题教育，深入开展“形势任务怎么看、对标先进怎么办、五个结合怎么干”大讨论，深刻领会省委东明书记“六个基本判断”重要论述，引导党员干部在深学细照笃行中安身安心安业，感恩付出奉献。

【查摆问题】　深入群众找问题。灵活采取基层问症、信函征询、网络渠道、市民热线、网格信息平台等10余种渠道，深入广泛征求意见。市县领导班子采取登门拜访、个别走访、会议座谈等方式面对面听取意见。市委领导带头深入基层面对面听取群众意见，市委书记侯晓春在广安区方坪乡磨盘村召开院坝会，与群众拉家常、听意见，收集到群众对党委政府意见建议23条。建立党代表驻乡（镇、街道）便民服务中心联系服务群众工作机制，全市基层党代表定期入驻便民服务中心，听取群众意见建议，对群众反映的问题进行督办、反馈和解释说明。武胜、华蓥、前锋等地开展“广场问症”“一周换位体验”“四在农家”活动。活动期间，市县领导干部召开座谈会2173场次，走访群众17791人次，收集群众意见11510条。

对标自己查问题。对照中央和省委列出的“四风”问题具体表现，各地各单位广泛开展“四风”问题具体表现大讨论，引导党员干部对号入座查找自身问题。及时组织开展“回头看”，对“四风”再聚焦、问题再扫描，市县两级共查摆“四风”问题具体表现1128条。市直各部门普遍查找出部门利益至上、“门难进、脸难看、事难办”、服务基层不够等问题；区市县党委常委班子普遍查找出政绩观偏差、坚持民主集中制不力、干部队伍管理不严等问题；在市内学校突出查找出学风教风浮躁、有偿家教等问题，医疗单位着重查找出服务态度生硬、小病开大处方等问题。

上级帮助提问题。统筹纪检、组织、审计、信访等部门力量，根据平时了解掌握的情况，列出问题清单，分层次原汁原味反馈各级各部门。重视与省委十三督导组的常态化沟通，邀请督导组成员，深入机关部门、窗口单位检查指导工作，帮助查找问题。在收集问题过程中，主动上门全覆盖征求退出厅级领导岗位的31名老干部和近5年退出正县级领导岗位的38名老干部意见。

开展集体议问题。为提高查找问题的深度和精度，在全市深入开展从四面镜子中对照、从征求意见中透视、从民计民生中体验、从社会抱怨中审视、从上级批评中自省、从改革发展中反思“六议”活动，剥茧抽丝、层层深挖，找准找实问题。市委常委班子在“走基层”中收集建立群众诉求台账问题327个，集体深议出作风问题86条。

【锤炼党性】　各级领导班子严格按照“照镜子、正衣冠、洗洗澡、治治病”总要求，深刻对照检查、深入交心谈心、严肃开展批评，扎实召开专题民主生活会，达到红红脸、出出汗的效果。

深刻对照检查。整合各方力量，落实过硬措施，督促各级领导精心撰写对照检查材料。严把“三级关口”：严把督导组集中初审关，市委各督导组集中时间审核所督导单位检查材料；严把群教办与督导组联合集中审核关，由市委群教办抽派人员与市委督导组对应组成联合审核组，对材料进行集中分类交替审核；严把组织部重点审核确认关，成立由市委组织部领导为组长的6个重点审核小组，对材料进行终审确认。同时，用好综合排位、当面约谈、现场指导“三个手段”，督促撰写修改检查材料。市县乡领导班子和成员的检查材料都进行多次修改，大家感到每次修改都是一次认识深化、思想升华和精神洗礼。

深入交心谈心。市委常委班子认真落实“四必谈”要求，抓住突出问题、深层次问题、思想障碍、差距不足“四个重点”深入谈、反复谈，做到对班子问题、个人问题、对方问题、拟在会上提出的批评意见、产生问题的原因及整改措施“六个谈透”。省委督导组逐一与市委常委深入谈心谈话，帮助打消顾虑，纠偏纠错。市委主要领导带头开展交心谈心，敞开心扉、开诚布公，与其他常委开展3轮谈心交心。市委就常委之间拟开展批评意见专门召开两次恳谈沟通会，既确保批评意见有足够“辣味”，又确保被批评对象能够接受。班子成员间“敞开天窗说亮话”，相互谈心达3次以上，就拟批评意见进行沟通，达到谈开心结、澄清误解、消除顾虑、增进团结的目的，为相互开展批评打下良好基础。各区市县采取书记带头谈、常委交叉谈、上下联动谈、深入反复谈的模式，深入细致开展交心谈心。前锋区通过“一对一”“一对多”“多对多”“面对面”等形式，逐一开展交心谈心。区委主要负责人开展谈心谈话68次，其他区委常委开展谈心谈话总计210余次。武胜县把谈心交心活动作为提高认识、形成共识的“加油站”，县委常委11名班子成员共开展交心谈心136次，梳理谈话要点109条，相互帮助查找问题74个，形成共识133条。通过会前开诚布公、掏心见胆、推心置腹的交换意见，做到班子成员心里想提的意见、会前谈心沟通的意见和会上正式抛出的意见有效统一，确保卸下思想包袱、去掉思想顾虑，消除模糊认识。

严肃开展批评。班子检查直奔主题、揭短亮丑。各级领导班子逐一查找遵守政治纪律特别是“四风”突出问题，体现高标准、严要求。市委常委班子梳理在遵守党的政治纪律和执行中央八项规定、省委省政府十一项规定方面的17个突出问题，在“四风”方面的32个突出问题。自我批评勇于解剖、触及灵魂。各级领导干部严肃开展自我批评，体现良好政治素养。市委书记侯晓春带头开展自我批评，深刻剖析自己存在的问题，充分发挥表率作用。相互批评真刀真枪、见筋见骨。各级领导班子成员相互批评短兵相接、刺刀见红。在市委常委班子民主生活会上，成员之间相互提出批评意见254条；6个区市县及3个园区领导班子成员之间相互提出批评意见1973条。甘霖副省长、省委督导组建平组长对市领导班子专题民主生活会和组织生活会给予高度评价，认为效果好、质量高、有“辣味”，体现整风精神，达到团结—批评—团结的目的。

【整改问题】 提前介入主动改。在中央、省委开展第一批活动时就主动作为，提前介入整肃作风，查纠“四风”问题138件，党纪处分151人；集中整治邻水县长达10余年的“双违”问题，清查违法用地38万余平方米、违法建筑125万余平米，在全市引起良好反响。中央督导组组长陆浩对广安市主动查改问题给予充分肯定。

以上带下从严改。专题民主生活会后，市委召开2次中心组专题学习会，深入学习领会习近平总书记系列重要讲话精神，在深学真省中进一步增强自觉，以敬终如始、一鼓作气的精神带头抓整改。市委书记先后3次主持召开专题办公会，研究制定市委常委班子“两方案一计划”，逐一梳辫子、拉单子，提出整改措施35条、专项整治措施21条、制度建设计划15项。市委常委班子成员分别列出整改清单，落实整改措施117条。对常委班子制定的12个方面整改任务，由市委书记负总责、常委分工抓落实，逐一明确时间、进度、质量和责任。各单位的整改工作，由市委常委、党员副市长分工负责指导，督促一把手认真履职尽责抓整改。

专项整治集中改。市委以专项整治为着力点，不折不扣落实中央“7+4”专项整治和省委“9+X”问题专项整治工作部署，并结合广安实际，明确把群众反映强烈的乡（镇）“机关化”、公职人员公务时间休闲娱乐和便民（政务）服务中心不便民等3个突出问题，作为整治重点，完善工作方案，采取有力措施，狠抓正风肃纪。实施挂牌督办行动，遴选一批群众反映强烈的切身利益问题，分级分类建立台账、挂牌督办、整改销号。市级部门明确重点挂牌督办事项50项，已整改到位33项。

【建章立制】 抓好制度清理。由市委常委分工负责，各单位一把手牵头实施，对已有相关制度进行全面梳理，对不适应工作要求、与现行法规制度相抵触的制度，坚决予以废止。市县共清理制度规范性文件2339件，其中废止242件、继续有效1363件、修改713件。

加强制度建设。认真承接贯彻中央和省级层面出台的制度规定，突出规范资源分配权、财政资金管理权和人事权，研究出台制定厉行节约反对浪费、公务接待管理等17项制度规定。市县两级领导班子共提出制度建设计划1597项，其中市县党委领导班子提出制度建设计划186项。

强化制度执行。构建督导组、活动办、群众监督员、市内媒体为主体的“四维一体”监督模式，组建由300名普通群众组成的监督员队伍，加大对执行制度情况的监督检查。强化制度硬约束，加强对违纪违规的查处追责力度，坚决防止“破窗效应”。活动开展以来，全市共查处“四风”问题案件184件，党纪政纪处分195人。

【活动成效】　10月15日，广安市召开党的群众路线教育实践活动总结大会，整个活动全面结束。在推动广安跨越发展中抓整改转作风。抓住邓小平诞辰110周年的契机，深入开展“感恩小平·中国梦在广安”活动，引导党员干部认真落实省委治蜀兴川方略，以过硬作风做好稳增长、促改革、调结构、惠民生各项工作，帮助群众追梦、圆梦。让群众钱袋子更鼓，发展县域经济和园区经济，以产村相融模式推进现代农业产业基地建设，积极发展乡村旅游等增收产业。让群众住房更舒适，把“民心”筑进安置房，建设“美好家园”36101套；引进中国建材集团布局住宅产业化示范基地，建成安全、美丽、放心新型住宅564套。让群众生活环境更优美，开展全国文明城市创建，加强城乡环境整治和生态建设，建成森林进城、绿环绕城、绿带穿城的城市景观，农村生活垃圾实现无害化处理，群众生活条件得到根本改善。

致力打通联系服务群众“最后一公里”。在机关，深化“走基层”活动和“三联五帮”工作，组织全市4500余名机关干部走基层进万户、下深水到一线，为群众办好事实事5500件。在农村，大力推行“1234”工作法，设立村务中转站，着力构建“10分钟服务圈”等服务平台，切实解决群众办事难的问题。在城市社区，开通“社区民情专递”，搭建网格信息平台，以菜单式、上门式的方式，把服务送到小区和居民家中。

不断加强基层党组织建设。集中整顿296个软弱涣散基层党组织，对每个后进村（社区）均选派机关干部担任“第一书记”，选派112名机关干部到“两新”组织担任党建指导员。加强带头人队伍建设，举办村（社区）党组织书记、新聘大学生村干部、大学生村官创业等主体专题培训班11期。每年新增投入4000余万元用于村（社区）党组织阵地建设，已建成新农村“1+N”党群综合服务体116个、园区党群活动服务中心10个，夯实为民服务基础保障。

全市950余名市县领导干部、7556个基层党组织、141057名党员在教育实践活动中受到一次深刻的马克思主义群众观和理想信念、党性修养教育，一批群众反映强烈的“四风”问题、涉及群众利益问题和联系群众“最后一公里”问题得到有效解决，党群干群关系明显改善，干部作风根本好转，筹办纪念活动及改革发展等各项工作取得良好成效。王兆国、沈跃跃、陈竺等党和国家领导人对广安以教育实践活动促进发展的做法给予充分肯定。

（谯小松）

纪检监察

【落实“两个责任”】　健全机制制度，市委印发《落实党委主体责任和纪委监督责任实施方案》，逐一明确党委（党组）领导班子、党委（党组）主要负责人、领导班子成员的主体责任和纪委的监督责任，推动形成党委、纪委落实党风廉政建设责任“两个合力”。组织分层分线宣讲“两个责任”，约谈党委、纪委主要负责人，签订落实主体责任、监督责任承诺书，以集中宣讲提升认识，以“签字背书”推进落实。市县两级党委、政府领导班子成员带队开展宣讲200余场次。创新实施“明、询、查、考、述、评”六步工作法，即通过责任分解落实“三书”等明责明廉明险，纪委委员询问质询等询责询廉询险，责任落实情况监督检查等查责查廉查险，拟提拔任用干部落实责任制情况考察等考责考廉考险，党员领导干部“三述”等述责述廉述险，党风政风行风群众满意度测评等评责评廉评险，出台《广安市领导干部述责述廉述险实施办法（试行）》《广安市拟提拔任用干部落实党风廉政建设责任制情况考察实施办法（试行）》等配套制度，推进落实“两个责任”环环相扣、形成链条。全面开展述责述廉述险工作，年初选取4名地方和市级部门党政主要负责人在市纪委全委会上“三述”，并现场开展满意度测评，全年共12916名党员干部进行书面“三述”、2896名党员领导干部进行会议“三述”。大力实施“一案三查”，倒逼“两个责任”落实，全年共倒查追究95名主体责任人和监督责任人的责任。

【干部作风建设】　坚持抓主要领导、抓一线人员、抓正反典型、抓责任落实、抓常态检查、抓长效机制的“六抓”举措，常态长效推进作风建设。从严纠治“四风”，采取不定时间、不定地点、不定对象的“三不定”方式，在春节、“五一”、中秋、国庆等重要节点开展常态检查，查处公务时间休闲娱乐、公款大吃大喝、庸懒散浮拖等“四风”问题184件，处理223人。开展作风建设正反典型集中通报活动，点名道姓公开曝光典型案件53件。扎实推进“9+3+X”突出问题治理，在抓好省定9个突出问题治理的基础上，结合广安实际深入整治乡（镇）工作“机关化”、公职人员公务时间休闲娱乐、便民服务中心不便民等3个问题，区市县结合实际立项整治一批突出问题。组织对全市116个单位开展正风肃纪群众满意度测评，对测评排名倒数三位的单位主要负责人进行约谈，向76个被测评单位反馈意见建议500余条，督促限期整改。在长效机制建设上。出台《广安市国家公职人员违反规定操办婚丧喜庆等事宜责任追究办法》《广安市国家公职人员公务时间休闲娱乐责任追究办法》等规定。

【惩治腐败】 畅通信访渠道，建立电话、信件、来访、网络多位一体的信访举报体系，开展基层信访举报工作专项检查，对进京到省上访多、“天成指数”高、重信重访总量大、检查发现问题的乡（镇）进行蹲点剖析指导，约谈乡（镇）党委书记、纪委书记42人。创新制定《广安市纪检监察信访举报工作责任追究办法》，明确31种需追责的情形，厘清信访举报工作责任。保持反腐定力，从严查办案件。全市纪检监察机关共处置线索812件、初核778件、立案605件、处分643人、移送司法机关处理32人，同比分别增长54%、47.9%、25.3%、32.1%、60%；查处县处级干部案件16件，同比增长220%；查处违纪金额100万元以上案件32件，同比增长256%。先后严肃查处市政府原副秘书长汪智勇、市计生委原副主任袁东平、邻水县财政局原局长张文等县处级干部案件或涉案金额数千万元的典型案件。加强反腐败协调，各成员单位相互移送案件114件。强化案件线索管理，建立“案件线索信息管理库”，实施统一排查、统一受理、统一登记、统一管理和重点摘报制度。从系统内外选派具有办案、审计、财经等专业知识的人员220人，建立市县两级办案人员库，充实办案力量。严明审查纪律，加强办案监督，从严审批和规范使用“两规”“两指”措施，全年未发生违规行为和安全事故。制定案件监督管理暂行办法、案件检查工作责任制、党纪政纪案件备案管理制度等，建立案件审理与案件检查沟通协调机制，探索“乡案县审”“片组交叉审理”等审理方式，对全市纪检监察机关查办案件质量进行集中检查，推进依纪依法、安全文明办案。积极推进惩治成果向预防成果转化，发挥办案治本功能，在住建系统、国土系统召开警示教育大会，启动“积极预防、系统治理”工作。

【预防腐败】 牵头制定《广安市建立健全惩治和预防腐败体系2013—2017年实施方案》，将工作任务细化为37大项、148小项，逐一分解落实到9家市级牵头部门、43家协办单位。建立工作台账，实行项目化管理，定期对工作进展情况进行检查督促，完成阶段性任务60余项。全面深化预防腐败“广土”工程。在工作理念上，变过去单纯的体制内预防为全社会预防，着力培植广泛而深厚的廉洁土壤；在工作路径上，立足“八大廉洁基石建设”，针对不同社会组织的功能，分类分线培育廉洁社会细胞；在工作载体上，将“广土”工程与精神文明建设、诚信体系建设等中心工作有机结合，推进互融互促；在工作推进中，将预防腐败工作有机融入职能部门的业务工作，寓防于业务、寓防于流程、寓防于细节。深化廉政风险防控机制建设。推行廉政风险直接管理，选取7名区市县、市级部门和国有企业主要负责人，由市纪委牵头实施廉政风险直接管理，市委书记侯晓春亲自与责任对象签订廉政风险告知卡。加强廉政风险迹象管理，督促各级各部门结合业务、岗位实际制定出台实施细则，推进风险迹象可防可控。抓实廉政风险动态管理，组织对重点领域、关键岗位的廉政风险进行动态排查，及时调整防控内容、等级和措施，确保工作科学有效。扎实推进“积极预防、系统治理”工作，结合查办案件暴露出的问题，在全市住建系统深入开展系统治理工作，集中整治公务员违规从事营利性活动等6个方面突出问题，建立健全财产申报、轮岗交流、风险防控等配套制度，实施源头防治。健全党风廉政建设“天成指数”动态预警机制，定期分析通报地方和部门纪检监察信访、行政效能投诉、涉腐网络舆情等综合指数排名，约谈有关单位主要负责人和纪检组织负责人，督促开展针对性治理，市县两级纪委全年共约谈有关人员112人。健全完善行政权力依法规范公开运行电子监察平台，对46个市级部门的5000余项行政权力事项逐一设置电子监察点和廉政风险点，推进权力运行实时监控、动态预警。在广安区、邻水县、市公安局、市住建局、市教育局，开展新提拔科级领导干部家庭财产申报试点工作。

【反腐倡廉宣传教育】 丰富反腐倡廉教育载体、宣传载体、文化载体和广安市纪委“安辑哥”形象载体，着力构建“大宣教”格局，推进电视有画面、电台有声音、报刊有新闻、网络有动态、手机有消息。开展“‘廉’接你我他、共建靠大家”活动，在全市车站、广场、宾馆、医院等张贴廉洁公益广告、标语18万余幅，在公交车、出租车、城市公共LED显示屏滚动播放廉洁提示语，廉洁宣传深入日常生活、氛围日益浓厚。组织编印《覆鉴——党的群众路线教育实践活动警示教育读本》《邓小平反对“四风”重要论述摘编——党的群众路线教育实践活动学习读本》《清慎勤——广安共产党人的本色人生》等廉政书籍，制作《贪欲之害》《让顶风违纪者付出代价》等警示教育片，举办“邓小平廉政思想与实践”专题展，拓展邓小平故里全国廉政教育基地功能，并分批组织全市党员干部前往参观。在五一、中秋、国庆等节假日期间向全市领导干部发送廉洁提示短信2.2万余条。组织撰写反映广安市反腐倡廉建设外宣稿件1800余篇，在中省媒体发表200余篇，在《广安日报》刊发“安辑专刊”15期、广安电视台播出“安辑在行动”专题节目15期、四川电视台《聚焦廉政》栏目播出广安市反腐倡廉节目8期。开通“安辑廉线”网站群，办好“安辑哥”政务微信微博、论坛用户“廉政广安V”，适时发布重大新闻、公布案件案情，受理群众举报，回应社会关切。“安辑廉线”网站群发布广安市反腐倡廉信息1万余条，“安辑哥”微信微博发布信息2500余条，“廉政广安V”荣获“全省2014年度最受网民喜爱的实名认证机构”第一名。

【纪律检查体制改革】　积极推进纪律检查体制改革，全面落实中央、省委“两为主”“两覆盖”等要求。主动转职能、转方式、转作风，市、县两级纪委监察局牵头或参与的议事协调机构由582个减少为99个，精简82.99%。市纪委监察局机关72.88%的工作力量向监督执纪问责主业倾斜。指导各区市县纪委监察局机关完成内设机构和职责调整，普遍增设纪检监察室，增配直接从事执纪监督业务的人员。出台《区市县纪委书记、副书记提名和考察工作办法》《纪检监察机关干部资格准入制度》，明确提名考察工作原则、责任主体、具体程序，建立纪检监察领导干部后备人员库，严把选人用人关，强化上级纪委对下级纪委的领导。出台《部门纪检组参加党组会议同步记录制度》，市县两级部门纪检组记录党组议事决策会议2156次，对决策事项提出建议意见328条，纠正违规决策187次。创新出台《广安市市、县两级纪委与同级人大常委会、政协委员会监督工作协作配合制度》，建立信息互通、资源共享、力量互借等机制，推进纪委党内监督、人大法律监督、政协民主监督形成合力。推行纪检组织负责人定期述职、询问、约谈等制度，召开述职评议大会，随机抽取人员进行大会述职，并现场接受纪委委员询问和质询，定期约谈纪检组织负责人，督促履行好监督责任。

【纪检监察队伍建设】　制发《深化“三项建设”深入推进“三转”实施方案》，成立工作领导小组，下设办公室于市纪委组织部，落实3名具体工作人员负责日常工作。组织召开“两深”工作动员会，制定《推进“两深”工作任务分工表》，层层抓好工作动员、落实工作责任。实行班子成员定点联系、分片督导制度，对“两深”工作任务完成情况实行季度交账制，纳入纪检监察业务考核。大力清退议事协调机构，市县两级纪委议事协调机构由原来的582个减少为99个，精简82.99%，市纪委监察局机关仅保留16个。着力改进监督方式，不再参与招投标现场监督等具体事务，实行再监督、再检查、再执法、再问责，推进职能部门归位履职。部署开展纪检监察系统“安辑·砺炼”专项行动，通过“砺学说写办炼”等措施，开展国防教育素质拓展等活动，提升纪检监察干部综合素质。强化纪检监察干部业务培训，举办市级部门纪检监察干部专题培训班，集中培训查办案件、办理信访、监督检查等业务，提升监督执纪能力。开办纪检监察系统“安辑小讲堂”，讲授财经纪律、文化艺术等知识，推进系统内外交流互学，营造崇尚学习氛围，全年举办专题讲座11期。对各级各部门专职纪检监察干部分工兼职情况进行全面清理，要求不得从事纪检监察业务以外的其他工作，确保将全部精力放在监督上。以“为群众服务、向群众负责、同群众商量、共群众甘苦、受群众监督”为主题，深入开展党的群众路线教育实践活动，改进文风会风，简化公务接待，厉行勤俭节约，抓好“纪委书记下基层”等活动，纠治“四风”树新风。深入开展践行“六项承诺”活动，全市1920名纪检监察干部全部签订承诺书并向社会公开，自觉接受监督。设立纪检监察干部监督室，开通对纪检监察干部的专门举报电话2296960，出台《关于加强纪检监察干部监督的实施意见》《反映纪检监察干部问题线索办理工作规程》等制度，开展干部作风巡察，强化干部监督。

【领导人】　市委常委、市纪委书记：刘光辉，市纪委副书记、市监察局局长、市预防腐败局局长：汤文辉，市纪委副书记：张超、李茂军，市纪委常委、市监察局副局长：赵泽波，市纪委常委、市预防腐败局副局长：唐伦彪，市纪委常委：蒋兴元、易海燕，市监察局副局长：张春燕。

（市纪委）

组织工作

【教育实践活动】　求深求实抓学习教育。制定一把手履行活动职责十项规定，建立一把手活动专门台账和学习日志，推广“三项学习制度”，市委中心组集中学习5次，市县领导干部作辅导报告1159场，邀请本地、高校专家学者开展理论宣讲2333场。开设小平故里党性教育基地、华蓥山爱国主义教育基地“实践课堂”和手机报特色“空中课堂”，广安市利用红色资源开展活动的做法得到中央群教办充分肯定。培树杨淑芹等584名有影响的先进典型，省市县组织先进典型巡回报告会1296场。汇编警示教育读本《覆鉴》，拍摄本地党员干部违纪违法典型案例专题片10部，公开曝光典型案件47起。创新“十学”方式，在党校主体班开展群众路线专题教育，深入开展“形势任务怎么看、对标先进怎么办、五个结合怎么干”大讨论。

切实把问题找准找实。采取基层问症、网格信息平台、第三方调查等10余种渠道，深入广泛征求意见。市县领导干部召开座谈会2173场次，走访群众17791人次，收集群众意见11510条。市县两级共查摆“四风”问题具体表现1128条。深入开展“六议”活动，市委常委班子建立台账问题327个，集体深议出作风问题86条。

认真开展批评与自我批评。市县乡领导班子和成员的检查材料都进行多次修改。市委就常委之间拟开展批评意见专门召开2次恳谈沟通会，市委主要领导带头与其他常委开展3轮谈心交心，班子成员间相互谈心达3次以上。市委常委班子成员之间相互提出批评意见254条；6个区市县及3个园区领导班子成员之间相互提出批评意见1973条。构建督导组、活动办、群众监督员、市内媒体为主体的“四维一体”督导格局，组建300名群众监督员队伍，群众监督员参与督导1900余次，提出意见120余条。3名乡（镇）党政主要领导不重视教育实践活动被调离或免职，华蓥市法院、岳池县九龙镇等单位专题民主生活会被叫停重开。

强力正风肃纪解决突出问题。市委先后3次召开专题办公会，研究制定市委常委班子“两方案一计划”，提出整改措施35条、专项整治措施21条、制度建设计划15项。市委常委班子成员分别列出整改清单，落实整改措施117条。狠抓正风肃纪，对“9+3”突出问题和50项挂牌督办事项集中整治。活动开展后，全市性会议和文件同比分别下降21%、19%；压缩“三公”经费开支3749.4万元、同比下降26.13%；清理调整多占办公用房10076平方米，停建楼堂馆所9732平方米；清理吃空饷人员626人；查处损害群众利益问题110件124人；查纠“四风”问题案件184件，党纪处分195人；率先开展乡（镇）去“机关化”试点工作，严肃查处乡（镇）基层干部走读39人。

建立健全制度机制。抓好制度废改立工作，市县共清理制度规范性文件2339件，其中废止242件、修改713件。研究出台制定厉行节约反对浪费、公务接待管理等17项制度规定。市县两级领导班子共提出制度建设计划1597项，其中市县党委领导班子提出制度建设计划186项。

【储备干部人才】 提高遴选门槛。2014年全市第二批共遴选培养对象633名，其中市本级81名。笔试环节实行同题不同答，组建6个专家评审组分类别打分。面试环节增设民主测评，增加民意权重，对优秀、称职率低于70%的遴选对象，明确不得确定为培养对象，全市参与测评人数达5000多人次。

提升培训质量。建立干部培训优秀教师资源库，邀请市级领导、省级层面递进培养对象、省驻市单位学者型领导、援藏干部和川渝两地党校教授等作专题讲座，重点解读党的十八届三中、四中全会精神及省委、市委重大战略部署。开设群众路线教育专门课程，邀请市纪委书记为递进培养对象上廉政党课，引导学员牢固树立群众观点，增强廉洁意识。优化高校培训，分培养类别选择专业排行在全国前10名的高校作为承训机构，并分批组织全市经济金融、城建规划类等急需紧缺岗位的专业干部人才参加跟班培训。实践增设农村历练内容，组织开展以“进村进户进田间、同吃同住同劳动、促民生促发展促和谐”为主要内容的“三进三同三促”活动。有针对性地选派到省市县乡党政机关、规模以上企业及工业园区、金融单位、藏区、后进村（社区）等开展不少于1年的实践锻炼，全市第一批培养对象到上级部门挂职91人，到乡（镇、街道）、村（社区）挂职84人，到园区、信访、维稳等一线挂职150人。

从严从实管理。实施结对联系培养，制定出台《广安市优秀年轻干部人才递进培养对象日常培养联系人暂行办法》。建立日常培养联系人制度，明确日常培养联系人6项职责，并由培养对象所在单位制定“一人一策”日常培育计划，为每人制定岗位说明书。按照干部管理权限，市、县组织部门每年对培养对象开展全覆盖谈心谈话，定期对培养对象开展综合分析研判和专项考核，对连续2次不参训、坐等提拔的调整出递进培养人才库。

优中选优使用。建立培养对象分类人才库，纳入动态提名人才库和后备干部队伍进行统筹管理，在领导班子调整补充或非定向推荐时予以优先考虑，每年提拔重用培养对象原则上不低于当年递进培养人数的三分之一。市本级首期递进培养对象已提拔重用11人，达14%。

【干部选任】 深化干部选任方式改革。多渠道动议提名，与递进培养六大类别对应建立拟提拔使用人选库，对非定向推荐拟提拔使用人选、递进培养对象进行分类排序管理，实行职位出缺公示，采取单位提名、领导个人提名、群众联名提名等形式从人选库中产生动议提名人选。差别化民主推荐，推行重要岗位“先谈话推荐后会议推荐”、专业岗位“单位党组织推荐+会议推荐”、一般副职“会议推荐”，促进组织把关和发扬民主有机结合。全方位考察评价，建立“综合服务、经济管理、社会事业、执纪执法”四类考察员队伍，建立干部日常考核台账，推行“四进考察四德”、考察公示进社区等制度，将拟提拔干部落实党风廉政责任制情况纳入考核内容，全面掌握干部一贯德才表现。强化机关事业单位人员统筹调配，出台《关于进一步加强和规范全市人事调配和新进人员管理工作的意见》，成立广安市组织人事统筹领导小组，形成“一个口子进出”的调配格局。

改进干部政绩考核评价办法。出台广安市目标绩效考核办法，差异化设置考核指标，按区市县、园区、综合服务、经济管理、社会事业、执纪执法六类分别设置考核项目和指标，总体下调GDP权重、增加约束性指标。改进考核方式，推行政绩考核“季报年评”，试行年度考核、绩效考核、党风廉政建设责任制考核“三考合一”机制，建立政绩核查、政绩公示等制度办法，着力构建“审、核、晒”的完整体系。加强综合分析，实行“三评价两比较”考实绩，分上级领导、班子成员、干部群众三个层面设置不同权重，按同类单位横向比较看差距、同一单位纵向比较看变化的方式，科学区分显绩与潜绩、基础条件与自身努力、集体成就与个人贡献。

加强领导班子综合分析研判。健全谈心谈话、日常考核、年度考核、届期考察、专项分析“五位一体”的综合分析研判体系，全面掌握班子运行状况和成员履职情况。突出研判重点，班子重点研判自然结构、运行状况和工作实绩，领导干部重点研判德行表现、能力绩效和廉洁情况。灵活研判方式，把信息收集融入日常巡访、谈心谈话、重大事件跟踪考察、民主生活会等工作，适时开展专项研判。2014年，结合群教活动对区市县领导班子进行集中考察和分析，选派组工干部全程参与督导组纪实评价工作，对85个县级领导班子、800余名领导干部进行分析研判，建立基础信息库。

实行领导班子功能结构模型化管理。学习武汉、襄阳等地领导班子结构模型建设经验，开发集“干部基本信息管理、干部信息综合查询、单位信息管理、领导职数管理、干部综合统计分析、领导班子结构模型、便携式领导查询、干部日常考核”八大功能于一体、市县共用的《广安市干部综合信息及领导班子功能结构模型管理平台》。市本级分类建立95个相对独立、各具特点的县级领导班子结构模型，根据职能职责和特点，逐一设置功能结构要素，分别赋予不同权重，对偏离指标进行前置预警、动态掌控和调整优化。同时，市委组织部可直接查阅各区市县科级领导班子结构模型现状，强化班子选配的指导和监督。

【干部队伍建设】 认真抓好“六个专项整治”。印发《关于切实做好超职数配备干部问题整治工作的通知》《关于重申机构编制管理规定和严禁超职数配备干部的通知》，强力整治“三超两乱”，制定整改计划，明确整改时限，对超配的3名副县级领导干部拟在2016年9月底前完成消化，其余在2017年9月底前完成，现已整改消化超配领导职数11名。建立防止干部超职数配备长效机制，把按职数配备干部列为干部选拔任用工作有关事项报告的重要内容，实行干部选拔任用工作方案预审制度，对预审中发现一个地方或单位总体超配的，一律不能新配备领导干部。规范党政领导干部在企业兼（任）职工作，全市排查出的28名违规兼（任）职干部已全部整改。

全力抓好中央巡视组、中组部检查组巡视检查反馈问题整改整治工作。深入贯彻全省组织系统落实巡视检查整改暨选人用人问题专项整治工作电视电话会议精神，结合实际制定广安市《关于中央巡视组、中组部检查组反馈选人用人问题整改工作实施方案》《关于开展选人用人不正之风“5+3”专项整治工作实施方案》，并督促区市县、园区、市级各部门制定“5+3+X”的整治方案。坚持举一反三，坚决整治超设机构问题，采取整合科室职责、撤并内设机构的方式，将全市法检两院违规超设的41个机构全部整改到位。坚决整治违规提高干部职级待遇问题，清理并废止提高干部职级待遇“土政策”6条，采取退休一批、转任一批、取消一批“三个一批”的办法逐步予以消化整改。启动开展机关事业单位人员在编不在岗专项治理，截至2014年12月底已返岗361人。

强化干部选任过程监督。推行干部监督工作督查员列席区市县委讨论决定干部任免常委会、干部调整情况月报告、乡（镇）党政正职届内调整定期通报、干部调整方案预审等制度，开展新提拔科级领导干部财产申报试点和领导干部个人有关事项报告随机抽查和重点抽查核实工作，促进选人用人风清气正。加大对违规用人问题的责任追究力度，对2013年“带病提拔”乡科级领导干部选拔任用过程进行全面倒查。

狠抓思想政治建设。坚持把党的十八届三中、四中全会、习总书记系列重要讲话、省委十届五次全会精神、省委东明书记在新任职干部集体谈话会上的讲话等纳入教育实践活动和各级党委（党组）中心组学习及党校、行政院校培训的重要内容，贯穿递进培养对象培训全过程，并利用广安组工手机报进行宣传解读，提高思想教育实效。以开展“走基层”“三联五帮”等活动为载体，引导各级领导干部到一线、下深水，用心用情服务群众。深化“感恩小平·中国梦在广安”等活动，引导党员干部抢抓机遇，超常付出。切实加强和改进老干部工作，扎实抓好思想政治建设，落实好老干部各项待遇，充分发挥离退休干部的积极作用。

加强能力素质建设。加强学习型领导班子建设，邀请厉以宁、李肇星、傅高义、易中天等专家学者到广安讲学，引导干部更新观念、拓宽视野。开展大规模干部培训，在北京、深圳、成都、重庆等地建立培训基地，深化党校主体班“本地学习+异地培训+实践锻炼”“三段式”教学模式，2014 年共培训各类干部 3.6 万人次，选派 81 名干部到重庆市委党校、北京市海淀区委党校学习。多渠道锻炼干部，选派 521 名干部到省级机关、重庆、成都和广安重点园区、乡（镇）、村（社区）挂职锻炼，选派 20 名优秀年轻干部到市级金融部门和大中型民营企业挂职锻炼，安排市级部门年轻干部、乡（镇）干部互派挂职各 20 名；积极推进干部跨行业跨部门交流，2014 年交流县级干部 98 人次，4 名干部交流到市属国有企业任职。

注重优化班子结构。深入学习贯彻《干部任用条例》，紧扣发展战略选贤任能、排兵布阵、调兵遣将。鲜明激励先进的导向，2014 年，省委表彰的 5 名优秀乡（镇）党委书记已提拔 2 名。统筹抓好年轻干部、女干部和党外干部选拔配备，2014 年，提拔 40 岁以下副县级领导干部 25 名，提拔担任县级领导职务的女干部 13 名、党外干部 7 名。加强选调生培养管理，制发《关于进一步重申选调生培养管理工作有关规定的通知》，加大教育培养、监督管理和选拔使用等工作力度。2014 年，80 名选调生通过遴选成为递进培养对象，分批次组织符合遴选条件的优秀选调生参加党校理论阶段培训；提拔重用 4 名选调生任县级领导干部，其中 1 名任华蓥市政府市长、1 名任邻水县委副书记，提拔 40 名任科级干部。

【基层组织建设】 狠抓带头人队伍建设。以村（社区）换届为契机，实施大学生村干部“253 成长计划”，204 名大学生村干部当选村党组织书记，52 人担任村委会主任，367 人成为村“两委”常职干部。换届后村（社区）党组织书记平均年龄下降 4.4 岁，大专以上学历比例提高 7%，致富带头人、回乡创业人才占比达 50%。

强力开展后进基层党组织整顿。实行“挂牌督办、转化销号”制度，推行“一村一策”，对 296 个后进村（社区）党组织分别制定转化升级时间表，采取市县领导定点帮扶、“第一书记”蹲点帮带等措施，加强帮扶整顿，现已全部转化。

大力加强党员发展教育管理。认真贯彻落实《中国共产党发展党员工作细则》，大力实施党员发展“四优计划”，2014 年新发展党员 2670 名，发展质量不断提升。严格党内组织生活，从严党员日常管理，处置不合格党员 513 人。深化远程教育“三千工程”，切实强化站点督查走访和管理员培训，大力推动站点设备更新、入网升级。

构建科学高效服务体系。围绕“产村相融”，全市建立 244 个中心村党总支、647 个产业党支部、16476 个党员中心户，构建起“党总支+党支部+中心户”的基层党组织网络。推行“民事村办”，在中心村设立民事代办点，在党员中心户设立村级服务中转站，积极构建农村“10 分钟服务圈”。扎实开展“双报到”和“党员义工日”活动，健全以社区服务中心为核心、社区共建单位资源为依托、党员志愿服务队和党员设岗定责为支撑的社区党组织服务体系，着力实现精细化服务。开展“红领聚力·奉献广安”主题实践活动，实施“两新”党建“双百”行动，不断提升“两新”组织党建科学化水平。

全力夯实基础保障。村（社区）办公经费达到 2.3 万元，落实村级组织服务群众专项经费每村 4.1 万元，对活动阵地面积低于 90 平方米的 211 个村进行全面改造升级。

【人才工作】 坚持高端引领、以用为本，突出高端人才引进。聘请厉以宁、周其凤等 8 名知名专家担任广安高端决策咨询暨投资促进专家，组织开展“感恩小平·高端专家广安行”活动，对广安港、玖源化工、观塘现代农业园区和城市规划馆建设等重点和重要产业发展进行课题研究和科研成果转化落地牵线搭桥。

坚持引进人才与引进项目相结合，推动人才工作与项目工作相融互促。引进国家“千人计划”李长明院士、中国工程院院士尤政在广安建设院士产业园区，带动吸引北大、清华等高校毕业生到广安创业；引进全省“千人计划”李英富、彭立增等博士团队建立医药研发中心，着力实现科研成果就地转化，借智借力助推经济发展。

借助高端决策专家董奇，争取北师大与广安联建邓小平城乡发展学院，加强对全市干部人才培训，重点对农村基层干部进行全覆盖培训。

坚持急需什么、引进什么，突出急需紧缺高层次人才引进。紧盯广安急需紧缺的规划建设、经济金融、生物医学等高层次人才，通过集中引才与常年引才相结合，2014年引进高层次人才109人。打破人才体制壁垒，修订完善高层次人才引进办法及管理服务办法，4月中旬广安市首次面向引进人才竞争性选拔25名副科级领导干部，有效拓展引进人才成长途径。

坚持把引进人才与培养本土人才相结合，充分发挥“两大人才”作用。实施高层次人才递进培养计划，2014年，第一批选派50名到西南大学开展培训。推进企业家培养计划，组织150名企业家在西南财大和浙江大学加强企业管理培训，获省“2014年藏区和贫困地区产业发展紧缺人才培养行动项目”专项补助22万元。激励教育卫生人才服务基层，对到乡（镇）服务的专业技术人员实行奖励积分，在同等条件下优先评聘。

坚持政策扶持与创新机制相结合，促进大学生和科技人才创新创业。在广安职业技术学院建立大学生创新创业俱乐部，聘请创新创业领军人才、高校优秀教师开展辅导培训。在广安经开区设立人才基金，每年20万元用于大学生高新技术创新创业。发展壮大广安区、华蓥市、岳池县大学生创新创业（孵化）园，对在校大学生和毕业5年内的高校毕业生，在创业园、孵化园等孵化的创业项目，给予创业补贴1万—10万元。

【重要工作与活动】　4月，广安市被省委组织部确定为全省领导班子和干部队伍建设四个试点市之一，全面进行干部选任方式、综合考核评价、综合分析研判和领导班子功能结构模型化管理等制度改革，探索建立科学高效、务实管用、简便易行的选人用人机制。

5月，按照省公务员主管部门统一部署，广安市首次开展从优秀工人农民和村（社区）党组织书记中考录公务员工作，150余名考生通过资格审查竞争18个职位。其中，面向优秀村（社区）党组织书记的职位，首次在考察环节采用百分制量化打分的方式，并计入考生总分。

8月29日，启动第二期优秀年轻干部人才递进培养计划，全市共遴选680人，市本级80人。

9月8—11日，中组部干部监督局副巡视员张伟一行7人，到广安市对换届后的选人用人工作进行全面检查。同时，延伸检查华蓥市、岳池县的选人用人工作。

10月28日，召开全市组织系统“践行‘三严三实’、加强四大建设，争创模范部门”主题活动动员会，制发《争创模范部门主题活动实施方案》，对为期一年的创建活动进行系统部署，明确政治建设、能力建设、文化建设、制度建设等36项争创任务。编印《中央、省委领导关于加强组织部门自身建设重要讲话摘编》，摘录习近平、刘云山、赵乐际、王东明、范锐平等领导关于加强组织部门自身建设的重要讲话。

11—12月，聘请厉李长明、魏鹏担任广安高端决策咨询暨投资促进专家。全市引进国内外知名专家已达到9名。

11月11日，组织开展“感恩小平·高端专家广安行”活动并召开座谈会，邀请中国工程院院士、清华大学机械工程学院院长尤政，北京大学经济学院教授曹和平，新华社《经济参考报》主编徐殿龙，美国医学与生物工程院院士、西南大学洁净能源与先进材料研究院院长李长明等广安市高端决策咨询暨投资促进专家积极为广安市科学发展、加快发展建言献策。

12月9—11日，广安市举办2014年“两新”组织党组织书记示范培训班。全市50名重点“两新”组织党组织书记、党务工作者和23名“两新”组织党建指导员参加集中培训。

【获得荣誉】　2014年5月，《加强基层服务型党组织建设问题研究》被省委组织部评选为二等奖，同时被广安市社科联评选为二等奖；《城乡统筹的社区大党委运行模式研究》被省委组织部评选为二等奖，同时被广安市社科联评选为三等奖；11月，市委组织部获市委市政府表彰的邓小平诞辰110周年纪念活动支持重大项目建设类先进集体；12月，《非公企业党组织实质作用发挥研究》获全国党建研究会2014年非公有制企业党建主题征文评选活动三等奖，为全省唯一获等次奖的文章。罗向前于10月被市委表彰为优秀共产党员，11月在邓小平诞辰110周年纪念活动中被市委市政府嘉奖，郑炜于11月被市委市政府表彰为纪念邓小平诞辰110周年活动先进个人，李卓林于12月被省委保密办公室、省人社厅、省保密局表彰为四川省保密工作先进个人。

【领导人】　市委常委、组织部部长：黄秀川，副部长、市人力资源和社会保障局局长：郭建平，常务副部长、党建办主任：张文东（6月起），副部长、党建办主任：胡彦军（6月止），副部长、编办主任：唐时兵，副部长、老干部局局长：易泽平，副部长、“两新”组织党工委书记：苏怀纪。

（魏洪国）

老干部工作

【概况】 2014年12月底，全市共有副县级以上离退休干部1350人。离休干部144人（机关50人、事业40人、企业54人），副县级以上退休干部1206人（厅级退休干部109人、县级退休干部1097人）。其中，市级机关厅级退休干部97人、县级退休干部286人。

【落实老干部待遇】 认真落实好老干部政治待遇。各级各部门普遍坚持走访慰问老干部制度，在春节、重阳节等重大节日期间，广泛开展走访慰问老干部工作。市四大家主要领导率队登门慰问老干部，各级老干部部门配合各级领导深入基层、深入街道、深入社区登门走访慰问老干部。全年，市县两级老干部门共召开各类座谈会、学习辅导会等达50场次，组织老干部达2500余人次。全市还组织500余名离退休干部和老干部工作人员集中收看全国离退休“双先”表彰大会，认真学习领会习近平总书记在大会上的讲话精神。召开情况通报会，市委、市政府主要领导向老干部通报中央、省、市重大决策部署及广安改革发展和经济建设情况，把老干部思想统一到市委市政府重大决策部署上来，让老干部了解全面改革和经济发展情况，正确理解改革中出现的一些新情况新问题，发挥老同志的政治优势，为推动广安经济社会发展献计出力。全年，市县两级共召开情况通报会30余次。坚持适时组织老干部外出参观考察，组织厅级退休干部赴云南和宁夏等地参观考察，赴重庆仙女山疗养，5次组织老干部到本市辖区内参观考察重点工程建设和工农业生产情况，并分别召开座谈会听取老干部的意见建议，让老干部实地感受全市经济和社会事业的发展变化。认真贯彻落实老干部现有政策规定，召开全市老干部工作会议，对全面落实好老干部“两项待遇”提出具体要求，积极稳妥地协调处理老干部关于待遇方面的信访件。继续加强对全市离退休干部特殊困难帮扶机制正常运行的指导，尽力为生活困难的老干部安度晚年提供支持和帮助。全年，市县两级共发放离退休干部特殊困难帮扶资金54.58万元，帮扶困难老干部218人。

【活动阵地建设】 以市老干部活动中心荣获“全省老干部学习阵地规范化建设示范单位”荣誉称号为契机，在全市范围内进一步推进老干部学习活动阵地规范化建设，华蓥市通过完善老干部活动设备，老干部活动中心室内活动项目达到10个。岳池县投入资金27万元，对老干部活动中心门球场进行升级改造。切实抓好老干部文娱体育活动，组织老干部开展门球、书法、太极拳剑、象棋、麻将、扑克、乒乓球、卡拉OK等经常性活动，坚持重大节日开展文体庆祝活动，营造节日氛围。在邻水县举办全市老干部运动会，组织近200名老干部参加乒乓球、门球、太极拳剑、和中国象棋等4个项目的比赛。

【发挥老干部作用】 动员和引导老干部力所能及地发挥作用。围绕市委市政府“感恩小平·我为小平家乡发展作贡献”这一主题开展“感恩小平献余热·同心共促新跨越”主题建言献策活动、“颂歌献小平·红心永向党”老干部纪念邓小平诞辰110周年文艺演出、“翰墨丹青献小平·伟人故里展新颜”老干部纪念邓小平诞辰110周年书画展、“中国梦、广安篇”老干部纪念邓小平诞辰110周年诗歌吟诵会、“缅怀小平功绩·传承伟人精神”红色主题教育活动等系列纪念活动，充分发挥老同志政治觉悟高、对党忠诚、社会影响力大的独特优势，组织引导他们为全面深化改革传递正能量，为纪念小平诞辰110周年营造浓厚氛围。抓好深化老干部工作进社区工作，进一步完善老干部工作进社区示范点建设，在发挥社区优势为老干部服务的同时，注意发挥老干部的优势与特长，为其“老有所为”提供阵地、创造条件。组织老干部向社区群众宣传党的方针政策，为城市管理和社区建设建言献策，对社区干部传、帮、带，关心社区青少年健康成长，帮助调解民事纠纷和维护社区稳定等。深入开展关心下一代工作，引导市、县两级德高望重的老领导积极主动到关工委任职，为推动全市关工委工作发挥重要作用。开展大众化适合老年人参加的活动，组织老干部参与到群众性的社会活动和文体娱乐活动中，充分发挥老干部在活动中的牵头、示范作用。深入开展老干部志愿服务活动，在政策宣讲、建言献策、关心下一代、构建和谐社区等方面积极引导老干部发挥作用，不断促进老干部志愿服务活动深入开展。

【领导人】 市委组织部副部长、老干部局局长：易泽平，副局长：刘晓曦。

（尹艳平）

宣传工作

【邓小平诞辰110周年活动】 参与并精心策划纪念邓小平诞辰110周年纪念活动。主动向邓小平亲属、中宣部、中央文献研究室、中央文明办、省委宣传部汇报纪念活动情况。广泛开展系列主题活动，掀起“感恩小平·我为小平家乡发展作贡献”新热潮。精心组织社会宣传和氛围营造工作，营造浓厚的纪念和感恩氛围。持续深入开展“感恩小平·我为小平家乡发展做贡献”系列主题活动，收到全国各地、社会各界捐赠资金达5.5亿元。开展邓小平图书、文献资料收集活动，征集到有关邓小平的图书和文献3504种、16432册。指导开展“缅怀小平——万人同吃寿桃系列活动”和“感恩小平·中国梦在广安”焰火晚会等系列主题文化活动。广安日报社纪念邓小平诞辰110周年宣传受到中宣部肯定。加强对纪念设施建设和纪念活动的管理，防止“项目搭车”“活动搭车”“商业搭车”。

【理论工作】　通过专家辅导、外学经验、利用平台、学研结合等方式，始终把学习贯彻习近平总书记系列重要讲话精神作为首要政治任务，与纪念邓小平诞辰110周年活动、“感恩小平·中国梦在广安”主题教育实践活动、党的群众路线教育实践活动有机结合起来。《四川建设学习型党组织工作简报》专期刊发广安市工作经验。做好市委中心组理论学习的组织服务、统筹协调和衔接联络，先后邀请厉以宁、易中天、李济琛等7位国内外知名专家教授为市委中心组成员作专题辅导报告；征订《习近平谈治国理政》《历史转折中的邓小平》等理论读物10余本，编印《市委中心组学习参阅资料》4期、《凝心聚力谋发展——中共广安市委经济工作暨城镇化工作会议文集》1本。围绕学习贯彻习近平总书记重要讲话，中央、省委全会精神，层层组建宣讲团，深入机关、企业、学校、社区等地开展理论宣讲。全年累计成立宣讲团30个，宣讲分团200余个，组织开展大小宣讲活动5000余场，发放宣传资料40余万份。积极组织社科理论工作者参与中央、省委主办的理论研讨会，《邓小平品格风范研究述评》入选全国“邓小平研究述评”理论研讨会论文集，《邓小平社会主义初级阶段定位的确立》《论邓小平改革开放思维的坚定性》入选全省“邓小平理论研讨会”论文集并作大会发言。

【社会宣传】　围绕“感恩小平·我为小平家乡发展作贡献”“纪念邓小平同志诞辰110周年”“学习宣传贯彻党的十八大精神”“党的群众路线教育实践活动”“中国旅游日广安主会场活动”“社会主义核心价值观”“创建全国文明城市”等市委市政府重点工作，广泛开展公益宣传活动，采取悬挂标语、户外公益广告、电子显示屏、宣传栏、黑板报、手机短信等多种形式，营造昂扬向上、团结鼓劲的社会氛围。结合党的群众路线教育实践活动，深入开展“培育和践行社会主义核心价值观”主题教育，组织开展各种形式的教育实践活动，涌现出黄明科、沈乾文、杨宏林、杨淑芹等一大批先进典型。以公民道德建设宣传教育月（日）活动为引导，常态化开展道德教育“五进”（进机关、进企业、进学校、进村镇、进社区）活动。广泛组织开展“走复兴路，圆中国梦”青少年爱国主义读书教育活动，发行系列丛书21万余册，覆盖全市在校中小学生36%，受到全国组委会表彰6300余人次。积极建设爱国主义教育阵地，进一步丰富邓小平故里、华蓥山游击队革命遗址等全国、省级爱国主义教育基地展陈内容，充分发挥其爱国主义教育功能。

【舆论引导】　围绕市委的重大决策部署和全市中心工作，制定下发各类主题宣传方案30余份，运用通讯、综述、言论、专题的方式开展“纪念邓小平诞辰110周年”“中国旅游日广安主会场”“全面开展‘洁净水’行动”等主题鲜明的宣传活动。以纪念邓小平诞辰110周年活动为主线，以“感恩作贡献”“中国梦在广安”为主题，推出110个版的纪念特刊、35集系列报道等重头报道，刊（播）发《用“中国梦”凝聚广安跨越发展正能量》《把握一致性，感恩作贡献，同圆中国梦》等稿件；开设《全面深化改革进行时》《推进依法治市，建设法治广安》等专栏，对深化改革、厉行法治、依法行政等方面的举措做法进行重头报道；开设《为民务实清廉》《践行群众路线，推进两个跨越》《正风肃纪，反对四风》《走进川渝合作示范区建设前沿》等栏目，深度宣传报道市委工作；统筹安排创建全国文明城市、“洁净水”行动、“双违”专项治理、道路交通安全综合治理等专题宣传，持续推出系列动态报道、深度报道、访谈报道。组织开展2013年度广安十大最美人物、“雷锋们的一天”“劳动奖章获得者先进事迹”“时代楷模”等5组典型宣传，推出邓德勤、杨淑芹、黄明科、沈乾文、杨宏林等一大批重大典型。以广安在线、广安新闻网为基础，成立文化传媒产业市场主体，推进全市媒体融合发展工作。与人民网合作建设邓小平纪念网站，与四川在线合作建立“小平故里，美丽广安”专题网页，邓小平纪念网日均点击量90万次以上，累计点击量3.45亿次。邓小平纪念网成为纪念邓小平的平台，对外展示广安形象的窗口。

【对外宣传】　注重统筹协调，充分整合资源，策划、挖掘10余个涵盖经济社会发展各领域的宣传主题，在中、省及国（境）外媒体刊播宣传广安稿件19692篇（条），专刊、特刊16个、头版10条（其中头版头条5条）、专题（专栏）42个、系列报道4个，拍摄、制作公益电影

《舞动梦想》、外宣画册《美丽广安》。围绕经济社会发展，推出《广安确保来年固定资产投资超千亿》《广安市抓牢“五个抓手”推进群众路线教育实践活动》《广安开展主城区环境整治》《当年实施，当年完成——广安办民生实事有“硬杠杠”》等200余篇（条）重头稿件。利用全国、全省两会、西博会、渝洽会、5·19、中国旅游日广安主会场“低碳·智慧城市发展论坛”“中外知名企业四川行”“纪念邓小平诞辰110周年”等重大政治、文化、经贸、纪念活动，组织开展对外宣传活动12次。特别是“纪念邓小平诞辰110周年”活动期间，适时组织开展“行摄小平故里　印象美丽广安”全国知名摄影家广安行、全国知名网络媒体和网络名人“小平故里行”、百家党报看广安、海外华文媒体“美丽四川广安行”“感恩小平·友城媒体广安行”、中央、省媒体“广安行”和“魅力广安——台湾媒体广安行”等七次大型集中采访活动。在“中国20世纪三大伟人故里互动宣传联盟”的基础上，邀请与邓小平有关的广州、深圳、重庆、百色、中山、湘潭等城市加盟宣传联盟，形成“3+N”宣传联盟平台。“追寻小平足迹”大型采访活动成为中国报业协会推荐品牌。

【文化事业】　不断加强公共文化服务体系建设，加强15个乡（镇）综合文化站、117个村级综合文化室、257个村村级广播、130户农村电视户户通、20个社区书屋等项目建设，市民广场、文化综合体、广安大剧院等基础设施建成开放，创建国家第二批公共文化服务体系示范区工作进展顺利。成功举办中国文联文艺志愿服务团“高山仰止——纪念邓小平同志诞辰110周年”慰问演出、中央电视台“心连心”艺术团“好山好水好四川”慰问演出、成都艺术职业学院“情深似海念小平”演出、“感恩小平·中国梦在广安”群众文艺演出、“春天的故事——广安市纪念邓小平同志诞辰110周年”书法美术摄影作品联展等主题鲜明、群众喜闻乐见的文化活动。大力推进文艺创作，全市相继出版报告文学、长篇小说、散文、诗词、文艺评论等文学作品80余部。川剧《杨汉秀》、歌曲《打谷酒》《三月里的纸飞机》获得省精神文明建设“五个一工程”优秀奖，摄影作品《家电下乡》获四川省第七届“巴蜀文艺奖”，舞蹈《宕渠双竹连响》、曲艺《秋江》先后赴法国演出。

【领导人】　市委常委、宣传部部长：唐雄兴，常务副部长：黄勇，副部长：王洪、高志坚，纪检员：李雪春。

（祝茂元、冯　云）

精神文明建设

【公民思想道德建设】　思想道德宣传教育活动。组织公民思想道德宣传日（月）等活动，开展学习雷锋、志愿服务、家庭美德、诚实守信、文明旅游等15项宣传教育活动，大力加强社会公德、职业道德、家庭美德、个人品德教育，培育良好道德风尚。

2013年度十大“最美人物”评选表彰活动。年初，启动寻找2013年度广安“最美人物”大型公益活动，评选出10位广安市2013年度十大“最美人物”和10位广安市2013年度十大“最美人物”提名奖。5月28日，举办广安市2013年度“最美人物”现场访谈和颁奖典礼活动，对获奖者进行表彰并广泛宣传。

开展“我推荐、我评议身边好人”和“善行义举榜”活动。印发《关于广泛建设“广安善行义举榜”暨“好人榜”大力培育社会主义核心价值观的通知》，广泛开展“我推荐、我评议身边好人”活动，并纳入精神文明建设目标管理体系，形成每月1次的村（社区）、乡（镇）、区市县、市四级评选推荐学习“广安好人”机制。2014年，共评选广安好人105人，推荐43人成为“四川好人”，6人荣登“中国好人榜”，沈乾文事迹在《好人365》栏目展示。在全市各镇（村）、街道（社区）、学校、机关、企（事）业单位、主要街道、公共广场、居民小区等显著位置、人流集中地，全覆盖、高质量设立“广安善行义举榜”暨“广安好人榜”1800余榜，各类好人榜已发布6期，宣传各级好人典型800余人。

开展“道德讲堂”活动。全市1800个“道德讲堂”按照“社区（村镇）经常讲、讲堂总堂半月讲、文明单位每月讲、其他单位两月讲”的要求，已开讲12000余场次，受众超过280余万人次。广安区创新形式，创办的“米兰星空家庭道德讲堂”受到媒体广泛关注，并在全市社区家庭推广。同时，广泛开展道德修身、道德论坛活动。

开展学习宣传、帮扶礼遇道德模范和身边好人活动。5月，集中开展道德模范和“身边好人”进社区、村镇、企业、机关、学校、军营巡讲巡演活动8场次；7月22日，成功承办“2014年全国道德模范故事汇基层”巡演活动2场；8月28日，成功举办“全国道德模范与身边好人”现场交流活动，持续掀起“学习好人、争做模范”的社会风尚。帮扶慰问各级道德模范46人次，慰问金额达35万余元，单人最高帮扶金额达2万元，营造“好人有好报”的价值导向。

开展“我们的节日”活动。春节、清明、端午、中秋等传统节日和“烈士纪念日”“抗日战争胜利69周年”等纪念日，以及“五一”“七一”“十一”等重要节点，广泛开展群众性主题实践活动，传承和弘扬中华民族优秀节日文化和传统美德。

【志愿服务制度化建设】 志愿服务组织建设。印发《广安市推进学雷锋志愿服务制度化的意见》，建立健全业务培训、活动记录、星级志愿者认定、回馈和嘉许等制度。依托“广安志愿服务网”建立志愿者招募、注册、信息发布、活动对接平台，成立科普宣传、法治宣传、环境保护、应急救援、助残、医疗保健等20余支专业队伍和“米兰星空道德讲堂志愿服务队伍”等品牌队伍。共有注册志愿者18万余人，服务支队212个、工作站956个、服务点1063个。

学雷锋志愿服务活动。围绕公共文明引导、保护“一山一河两江”“小平诞辰110周年活动志愿服务”等，策划大学生暑期志愿服务、敬老月志愿服务等项目20余个，开展活动2300多次，参与志愿者达7万余人次，基本实现“常年有点位、月月有安排、周周有活动”。以“邻里守望”为主题，突出空巢老人、留守儿童、困难职工、残疾人等重点人群，全面推行党员社区报到制度，广泛开展“千名党员干部进街道共建文明社区”“党员星期六志愿服务日”等“四关爱”社区志愿服务活动，发布需求信息5期，关爱社区特殊人群1000余人次。市委书记侯晓春参加文化主题志愿服务活动受到中国文明网、《精神文明报》等媒体广泛报道。

组织参加“四川志愿·‘码上’学雷锋”“‘码上’圆梦”“传播核心价值，践行雷锋精神”知识竞赛、“光影学雷锋”摄影大赛等主题志愿服务活动，推荐知识竞赛优胜者10名、“光影学雷锋”摄影作品39件，参与“‘码上’学雷锋”的志愿者达13000多人次。

全年共评选表彰优秀志愿服务项目3个，优秀志愿服务组织3个，优秀志愿者30名。其中4人被表彰为“全省百名优秀志愿者”、岳池义工联被评为“全省十佳志愿服务组织”。

志愿服务精神宣传。利用报纸、广播、电视等大众传媒和短信、博客、微博、微信等新兴媒体，宣传志愿服务精神和理念、动态、经验以及志愿者的感人事迹已达1500余条。在广场、交通路口和公交车、出租车LED显示屏等推出反映志愿服务内容的公益广告，扩大志愿服务的影响面。

【诚信制度化建设】 自上而下的组织体系。建立起“1+4+N”组织领导体系，成立由市委书记任第一组长的全市诚信建设制度化领导小组，组建政务诚信、商务诚信、社会诚信和司法公信推进组，建立36个市级部门、6个区市县、3个园区为成员单位的工作单元，市委、市政府印发《广安市推进诚信建设制度化的意见》，成立诚信办和信用信息管理中心，建立联席会议制度，制定五年工作规划。

自下而上的信息管理平台。各工作单元共建立或完善信用信息数据库50余个，市上依托人行信用信息系统，建立起企事业单位信用信息数据库和个人信用信息数据库。已经归集更新信用信息400余万条次，实现部分单位信息互通共享。

诚信主题宣传活动。6月18日，广安市文明委主办，市文明办、市人行联合承办2014年“邮储杯”征信知识竞赛决赛，并在广安电视台录播。同时，在全市开展“幸福美丽文明新广安·征信杯征文”活动。在食品行业启动“学习双桂坊、诚信做食品”创建活动；在生产企业启动“做精工产品、做诚信企业”创建活动；在商场、集贸市场启动“诚信经营示范店”创建活动；在旅游行业启动“诚信经营、诚信导游”创建活动。

“红黑榜”发布制度。设立被执行人、环境、产品质量、食品药品、建筑行业信用、文化市场诚信经营等17类诚信“红黑榜”，制定评价和奖惩等行业评价标准25个，建立每两月集中统一发布一次的规范运行机制。经层层上报、严格审查、联席会议审定，已发布四期“红黑榜”，共公布诚信典型企业48个、失信企业35个、失信个人648人，并在市级媒体上公开发布，产生良好反响，被中国文明网、精神文明报等广泛报道。

【公益广告宣传制度化】 推进举措。出台《推进讲文明树新风公益广告宣传制度化建设的意见》，要求各类媒介不少于1/3的时间（版面）刊播公益广告，并将这一要求作为新增广告位审批的前置条件，扎实推进“讲文明树新风”“图说·我们的价值观”公益广告宣传制度化、常态化。

创新形式。除刊发中宣部、中央文明办发布的公益广告通稿外，运用剪纸、漫画、连环画等民间艺术和现代艺术形式，创作公益广告作品近200件，评选出贴近广安、主题鲜明、水平较高的优秀作品50件，并在全市进行展播。

刊播广泛。市、区（市县）电视台、电台各频道、频率平均每天各播出公益广告40次以上，报纸平均每月刊播公益广告10个整版，最多达13个整版。LED电子显示屏每天播放公益广告7个小时以上；建筑工地90%以上围栏制作公益广告；车站、休闲广场、公园等公共场所公益广告超数量、高质量制作的展板，全市“讲文明、树新风”和“图说·我们的价值观”公益广告实现全覆盖。

【群众性精神文明创建活动】 全国文明城市创建工作。完善创建机制。建立起“条块结合、以块为主、以条为辅”的市、区、街道办事处、社区四级联动模式，推动创建工作机制化、全员化。完善“日督查、日通报”工作制度、重点工作专题研究制度和每月模拟测评，先后对“文明旅游”“志愿服务”“公益广告宣传”等20余项重点工作专题研究，推动创建工作规范化、常态化。实行倒排工期。召开培育和践行社会主义核心价值观、志愿服务制度化、诚信建设制度化、讲文明树新风公益广告宣传制度化、未成年人思想道德建设等会议，对精神文明建设工作进行安排部署、细化分解，把各项任务落细落小落实。强化创建工作进度统筹，倒排创建任务工期，明确责任领导、责任人员，有序推进各项工作。严格追责问责。健全文明创建与市领导工作挂钩、与文明奖励挂钩、与绩效考核挂钩、与效能督查挂钩“四挂钩”制度，刹不为之风，换不为之将，对出现的问题，倒查责任；对落实缓慢，整改较差的，严扣绩效分。促进创建过程与创建质量并重，让老百姓在各项文明创建活动中实实在在受益。

文明单位创评管理。2014年新创成市级最佳文明单位8个，市级文明单位7个，市级文明校园10个，市级文明村7个，市级精神文明建设工作先进村11个。强化文明单位动态管理，广泛开展“五个一”（一堂、一队、一牌、一桌、一传播）活动，切实发挥文明单位在提升社会文明程度中的示范引领作用。

“欢乐市民大赛”。开展以“争做文明市民、构建和谐广安”为主题，以培育文明居民为目的，以社会主义核心价值观、思想道德教育、文明礼仪教育等为核心内容，以评选十星文明户、和谐平安户、诚实守信户、清洁卫生户、好婆婆、好媳妇等文明细胞创评为载体的“欢乐市民大赛”，采取培育示范、检查评比、文艺表演、知识竞答、趣味比赛等形式，丰富市民文化生活，和谐市民关系，推进文明户、文明社区创建工作。

农村精神文明建设。结合“幸福美丽新村”建设，打造特色文化院坝14个。开展“欢乐农家”大赛活动，以“十星级”文明户评选表彰为抓手，以环境改善、乡风文明为内容，开展教育培训、比赛评选等系列活动，倡导文明居家、崇尚科学，农民文明生活习惯进一步养成，促进文明村镇、农村文化广场、文明集贸市场等创建工作。

【“四大文明”行动】 “文明旅游”。以“5·19”中国旅游日启动仪式为契机，深入贯彻“中国公民出境旅游文明素质部际联席会议”精神，印发《关于开展2014年“文明旅游行动”的通知》，建立联席会议制度，并在出入境办证大厅、旅行社、酒店、旅游景点等宣传文明旅游知识，组织旅行社、导游、游客专题教育，扎实开展“文明与旅游同行”等实践活动，提高旅游者文明旅游素质。

以“文明餐桌”为重点的“勤俭节约”行动。在全市5桌以上餐馆开展“文明餐桌”行动，普及“合理点餐、文明就餐”“吃不完，就打包”等理念，开展节水、节电、垃圾分类等主题活动，营造诚实劳动、俭以养德的节俭风尚。

“文明交通”行动。开展文明交通知识“四进”教育活动、交通秩序集中整治、公共秩序常态化引导等“文明交通”活动，提高行人和驾乘人员的文明行车、行路意识，常态化开展驾校学员开展交通文明劝导志愿服务。

“网络文明传播”活动。组建网络文明传播志愿者队伍173支，开展“感恩作贡献”、创建文明城市我该怎么办”“弘扬传统、过我们的节日”等“网络文明”传播活动，参与人员达到42000余人次，撰写博文、评论、微博和论坛贴文已达13万余条，有力传播网上正能量。

【未成年人思想道德建设】 工作机制。召开未成年思想道德建设工作会，印发《2014年未成年人思想道德建设工作要点》和《广安市贯彻落实全国、全省未成年人思想道德建设工作部署的任务分工方案》，分解细化未成年人思想道德建设目标任务，常态开展月度测评，有效推动未成年人思想道德建设工作。

“三结合”教育网络。认真落实《2011—2015年推进家庭教育五年规划》，建成全面覆盖中小学校、幼儿园、社区的家长学校1093所，教育家长达30多万人次。组织开展“传承家庭美德共谱文明家风——中华家规家训”征集评选活动，参与活动的人次达30多万人次。开展“父母身教”行动计划暨“好爸爸”“好妈妈”评选活动，倡导家长以自身的良好行为规范为孩子树立高尚人格和健康生活的榜样。

主题活动。开展“缅怀伟人·纪念先烈·报效祖国

·圆梦中华”活动，组织52.5万余人次未成年人参与网上祭英烈投票寄语活动，覆盖面达到90%以上，创作清明节日小报8万余份。开展“学雷锋、做美德少年”活动，评选表彰“小平故里五星美德少年”126名，设立校园“善行义举”榜400余个，宣传美德少年1000余名。开展“童心向党”歌咏活动500余场次。开展“勿忘国耻圆梦中华——纪念抗战胜利69周年”宣誓暨签名纪念活动达570多场次。开展“向国旗敬礼、做一个有道德的人”教育实践活动，参与“向国旗敬礼”活动达87万多人次。开展社会主义核心价值观进校园活动。将社会主义核心价值观体现到教材编写、课堂教学、课外活动等各方面，开展校园传播、校内培育、网络引导、课外实践活动，让孩子们从小背诵熟记“三个倡导”24个字，全市各学校在校园内显著位置制作社会主义核心价值观24字永久性的宣传标语，共张贴3万余条墙体宣传标语，展播广告5万余幅，办校园广播、黑板报（专栏）6000余期，希望小学国学课堂“六个一”培育社会主义核心价值观活动得到《人民日报》等媒体广泛报道。

文化传承活动。举办广安市第二届中华经典诵读大赛活动，开展课堂诵读、班队诵读、社区诵读、广场诵读、亲子诵读、节日诵读活动3000余场次，5月29日，举办“诵读经典·传承美德·感恩奋进——广安市第二届中华经典诵读大赛”决赛，集中展演诵读成果。决赛特等奖节目——《星火燎原·毛泽东诗词联诵》参加全省调演并获得一等奖。开展童谣创作、传唱活动，征集童谣1000余首，评选优秀童谣150首；创新开展“演童谣”“画童谣”等传唱展演活动。

未成年人活动阵地建设。新建20所中央彩票公益金支持项目乡村学校少年宫。完善乡村学校少年宫管理机制，促进学校少年宫开放经常化、活动常态化。建成市未成年人心理健康辅导中心1个、区市县未成年人心理辅导站5个，举办“广安市首届心理健康教育教师辅导培训”，培训200余名心理健康教育老师，岳池中学等6所学校被命名为四川省“心海护航”工程示范学校。在广安文明网常态化开设未成年人专题专栏，开设未成年人专题（专栏）17个，刊载未成年人信息530余条。开展中、小学校学生学习文明网1小时活动。

优化社会文化环境。实施每月一次社会文化环境月度测评，开展网吧信用等级评定，推行上网实名登记制和网吧“零点断网”行动，开展营业性网吧违规接纳未成年人专项整治行动，检查音像制品店130家次，检查电子游戏场所140家次，全面净化荧屏声频，打击互联网和手机媒体传播低俗色情信息。

【领导人】　主任：高志坚，副主任：张华学、张盛。

（蒋勇华、杨　珏、余立东）

市委农村工作

【概况】　坚持以农民增收为核心、以发展现代农业为取向、以深化农村改革为突破，以农产品公用品牌建设和农业招商引资为抓手，认真实施“111”工程和“洁净水”行动，不断推进产村相融巩固深化提升。2014年，广安市农民人均纯收入达到9514元，同比增加1023元，同比增长12%，增幅排名全省第5位，较上年提升2位。武胜县、华蓥市、岳池县被评为“全省农民增收工作先进县（市）”。全年实现粮食总产185.7万吨，是从2007年连续八年保持在185万吨以上的高位。全市粮食复种面积达到500万亩以上，建设万亩粮油高产创建示范片总面积超过60万亩。

【现代农业产业基地建设】　全市建成现代农业产业基地183万亩，年存栏100头以上的生猪规模养殖场（小区）4279个，集中连片构建五大带状优质稻基地、八大优质柑橘产业带、五大基本蔬菜区和五大优质生猪养殖带，建成渔业基地380个，优质葡萄、优质梨、优质蚕桑等特色产业基地14万亩。深入推进“千斤粮、万元钱”示范工程，初步建成以渠江、嘉陵江流域，沿华蓥山及境内四条高速公路沿线为重点的七大粮经产业发展核心区，面积达29万亩，亩均产值达8000元以上。不断推进生产过程标准化、质量检测体系化、质量监管常态化，全市新发展柑橘、蔬菜、葡萄等标准化生产面积15万亩，全市达到120万亩；新改建畜禽标准化养殖场（小区）113个，现代农业产业基地实现检测检验全覆盖，全市农产品省级抽检合格率持续保持在98%以上，无公害农产品172个，绿色食品25个，有机转换食品2个，地理标志农产品1个。

【“111”工程建设】　按照产村相融、农旅结合、标准建设、成片推进的总体要求，强力推进现代农业“111”（一个大环线、一个单元、一条连接线）工程建设，在原有新农村建设示范片基础上，进一步科学布局，精心规划，着力打造涵盖全市六区市县的现代农业发展和新农村建设的优质示范现场，覆盖全市六区市县28个乡（镇）、267个行政村，面积300平方千米，建设农民新村聚居点87个，其中新建新村聚居点57个、改扩建30个；

提档升级建设新农村综合体17个、幸福美丽新村30个；新建现代农业产业基地25.75万亩，其中水果基地7.82万亩、粮经基地6.2万亩、蔬菜基地9.2万亩、花卉苗木基地1.43万亩、旅游基地1.1万亩；年出栏5000头以上生猪标准化规模养猪场2个、种猪规模1.2万头以上的祖代种猪场1个。

【农业产业化经营】 成功创建“华蓥山”公用品牌并组建协会。2014年西博会四川省农业博览会期间，在蓉举行“中国·四川邓小平故里华蓥山优质农产品公用品牌发布会”暨广安市农业招商引资项目签约仪式，会上播放公用品牌宣传片，倾力推出“邓小平故里华蓥山优质农产品”公用品牌，20多家中省主流媒体竞相进行采访报道，“邓小平故里华蓥山优质农产品”的美名不胫而走，逐步深入人心，广安农产品品牌影响力大大提升。加大龙头企业的培育引进力度。全市规模以上龙头企业达到219家，其中新增11家，新培育亿元以上龙头企业2家，省级龙头企业达到17家，市级龙头企业达到65家。新引进的广安富康农业发展有限公司投资1600万元在广安区龙安乡新建龙安柚深加工生产线，邻水县东鑫农业发展有限公司投资1800万元，在邻水脐橙生产基地建起脐橙商品化处理生产线，为带动产业发展、促进农民增收奠定坚实的基础。大力发展和规范农民合作组织，全市建成示范性农民合作组织190个，其中省级示范组织36个，农民合作组织总数达到1884个，其中新发展合作组织153个，全市农民合作组织带动面达到53.16万户，占全市总农户的51.12%。突出农业招商引资年主题，致力高端产业、重大项目的引进，编印《广安市现代农业对外合作重点项目》，收录投资5000万元以上项目64个、投资228.9亿元，其中投资10亿元以上的项目7个，通过多种渠道分送有关客商，引进龙头企业投资广安现代农业。在省农博会期间，专门组织农业招商引资项目签约仪式，成功签约31个农业项目，协议资金55.52亿元，其中投资上亿元的项目就达20个。全年新签约农业项目77个，协议资金139.5亿元，到位资金46.3亿元（含续建项目）。

【农村改革】 以县为单位统筹开展农村土地承包经营权、农村集体土地所有权、农村集体建设用地使用权、林权、农村房屋所有权、农户宅基地使用权、小型水利工程产权等“多权同确”。其中，前锋区基本完成土地承包经营权确权工作，其余区市县完成总工作量60%以上。邻水县、华蓥市已初步搭建县级农村产权交易平台，开展农村产权交易130宗13200万元。充分发挥龙头企业、专业大户、专业合作社、家庭农场和职业农民的作用，采取灵活的利益联结方式形成风险共担、利益共享的联合体，实现互惠互利、共同发展。全市已发展农业业主2328个、家庭农场267个。万亩现代农业产业基地、重点产业乡（镇）、主导产业优势发展区专业技术人员达到323人。全市新建（提升）庄稼医院187座、植保专业合作社151个。广安市农业信息服务网、各区市县农业信息服务110系统实现全覆盖。电话服务、农技人员下乡、农民上门咨询等实现服务常态化。大力推动县域金融机构服务“三农”工作，全市金融机构投入现代农业发展资金稳中有增；扩大农业保险覆盖区域和试点品种，柑橘、蔬菜产业保险试点成功进行。

【“洁净水”行动】 创新提出开展“洁净水”行动，重点开展工业污染防治、城乡生活污水处理、畜禽养殖污染整治、清水工程、农业面源污染治理、河库内源治理、生态修复、饮用水水源保护等八项专项行动。全市建成污水处理厂（站）77座，垃圾中转站53座。广安市污水处理二厂、武胜县污水处理二厂、邻水县王家镇污水处理站新建项目和协兴园区浓溪镇污水处理站提标改造项目于2014年12月29日集中开工。全市县级以上集中式饮用水源地水质达标率达到100%，乡（镇）达到85%。完成岳池县西板乡西溪河、华蓥市城区清溪河、岳池县城区长滩寺河、广安区新桥乡驴溪河、协兴镇西溪河等防洪治理工程，新建堤防18.8千米，治理河道32.5千米。基本完成全民水库周边及西溪河流域近50个规模养殖污染治理任务。

【农业项目】 充分借助承接产业转移广安示范区、川渝合作示范区、国家级现代农业示范区、省政府支持广安整体推进现代农业产业基地建设、邓小平诞辰110周年等有利机遇，精心包装编报农业发展项目，积极向上争取资金，千方百计吸引社会资金投入现代农业发展。全年争取到位中省支农项目资金11.4亿元，其中，现代农业生产发展、小型农田水利设施建设、秦巴山区连片扶贫开发、财政专项扶贫整村推进、新村基础设施建设、退耕还林等重大支农项目在广安市整体推进，单个项目补助资金在1000万元以上的项目就达8个。同时，市、县财政共安排支农专项资金5.51亿元，比上年增长7.8%，其中市级财政6770万元、县级财政48396万元。以财政资金为引导，引导农民筹资和投劳折资约6.1亿元，撬动金融资本投入农业资金达21.8亿元。

【扶贫帮困】 深入实施精准扶贫，全年到位扶贫移民项目资金4.9亿元，同比增长56.3%，6个特殊困难地区连片开发示范片、152个整村推进扶贫村、4个移民后扶整村推进示范片、移民后扶等项目年度建设任务全面完成。扶持贫困群众发展增收产业8960亩，建成万亩规模生猪养殖场1个，发展林下养殖27.3万只，直接经济效益达6500余万元，实现贫困村农户人均增收800余元，9.2万名贫困人口实现脱贫。

【获得荣誉】　2014年，市委农工委荣获“广安市2013年度农业农村工作及支农工作先进”“四川农博会组织工作先进单位”“四川农博会展览展销工作先进单位”“邓小平诞辰110周年纪念活动完成重大项目建设类先进集体”；龙兴平、周仪、吴国瑞分别荣获邓小平诞辰110周年纪念活动先进个人表扬、表扬、嘉奖。

【领导人】　市委副秘书长、农工委主任：蒲长文（10月止），农工委主任：龙兴平（10月起），副主任：蒋智奎、董奇智，纪检员：郝晓明。

（吴国瑞、周　仪）

统战工作

【多党合作和政治协商】　精心制定并认真落实《2014年度市委同各民主党派政治协商规划》，坚持印发会议主题在前、深入调查研究在前和集体讨论研究在前以及整理会议意见建议形成建言献策专报在后的“三前一后”程序，组织引导各民主党派、工商联和知联会围绕主题搞调研，集体讨论寻良策，增强建言献策的针对性，提升建言献策质量。全年共组织召开政治协商会、情况通报会和建言献策会6次，党外代表人士提出具有较高质量的意见建议160余条，整理形成建言献策专报5期。其中，《关于促进民间融（投）资行业健康发展的建议》《关于规范枣山物流园区一站式家居建材市场建设的建议》等一批意见建议得到市委、市政府的高度重视和采纳。市委、市政府主要领导高度重视，多次亲自出席有关会议活动，作出重要指示和批示。

【民主党派工作】　扎实开展坚持和发展中国特色社会主义学习实践活动，组织开展民主党派暑期学习实践活动，进一步增强中国特色社会主义道路自信、理论自信、制度自信。争取省委统战部将武胜县确定为全省各民主党派坚持和发展中国特色社会主义“学习实践活动基地”，创新实施“五个一夯基工程”“三个七人才成长计划”和“四个一助推发展活动”，各民主党派省委共组织31批次830余人次到基地参观学习，与武胜县开展合作共建项目22项，中央统战部和各民主党派省委共下派8名干部到武胜挂职帮助工作，基地的思想教育、人才培养和助推县域经济社会科学发展的作用初显。九三学社中央下派1名干部到广安市政府挂职（副市长）。

协助民革广安市委新建基层支部3个、民建广安市委新建基层支部4个，协助民盟广安市委新建直属前锋区支部，指导民盟广安职业技术学院支部完成换届。落实《市级各民主党派组织发展座谈会纪要》，按照“三个为主”方针、突出界别特色、严格发展程序，年内新发展民主党派成员73名，全市现有民主党派成员总数达777人。开展民主党派市级组织领导班子后备干部队伍建设，确定民主党派市级组织领导班子后备人选17名。

成立由市委分管领导为组长的深化“民广合作”工作协调小组，就进一步推进“民广合作”进行充分协商，拟订《民革中央与广安市2014—2020年合作规划》。民革中央副主席何丕洁、刘家强先后两次带领民革中央社会服务部和国家发改委、环保部领导、专家到广安调研，形成的调研报告《关于在四川盆地建立国家钾盐勘查开发与战略储备基地的建议》得到全国政协主席俞正声、国务院副总理张高丽的批示。

【党外代表人士队伍建设】　制发《贯彻落实市委关于加强新形势下党外代表人士队伍建设重要政策措施分工方案》，进一步明确相关部门在党外代表人士队伍建设中的职责，形成党委领导、统战部门牵头负责、有关部门和社会团体密切配合的党外代表人士队伍建设工作机制。

全面开展优秀党外干部推荐工作，深入系统分析全市党外干部配备情况，探索试行县级党外干部全市统筹调配制度，促进各地党委高度重视党外干部培养工作，年内新提任党外副县级领导8名。牵头做好市政协委员的调整增补工作，增补市政协委员17名，认真做好党外干部实践锻炼和培训工作，选派8名党外干部到乡（镇）挂职，24名党外代表人士到复旦大学、浙江大学、中央社会主义学院和省社会主义学院培训。完成中央社会主义学院民主党派干部班、西藏自治区政协委员班赴广开展异地培训。

开展党外知识分子工作专题调研，启动前锋区党外知识分子联谊部筹建工作，向省委统战部推荐无党派代表人士后备人选50名。深入开展“汇聚工程”，通过“在党政机关开展参政议政献智行动、在科研院所开展勇争一流创新行动、在教科文卫系统开展牵手农村文明行动和在民营企业开展回报社会感恩行动”等“四大行动”，搭建无党派人士作用发挥平台，激发无党派人士参与全面深化改革和推进“两个跨越”的热情。

【非公有制经济统战工作】 新建乡（镇）商会43个，街道商会、园区商会、区域商会各1个，同业商会、行业商会18个，异地商会22个，进一步拓展商会的组织覆盖和工作覆盖。

成立市非公有制经济组织党的群众路线教育实践活动指导小组，制发《实施意见》，深入开展“走基层送服务听意见”活动，集中整治非公经济组织党组织工作覆盖面不宽、党员先锋模范作用发挥不够、服务企业发展力度不大、保障职工权益不到位等问题共187个，非公有制经济组织党组织凝聚力和战斗力明显增强。

书记、市长分别组织召开全市经济工作座谈会，听取企业发展中存在的问题及意见建议，针对当前全市制约企业发展存在的市场准入、生产服务、政务服务和要素保障等四大类14个问题，市委办公室和市政府办公室联合下发《关于解决落实全市企业反映困难和问题的通知》，分门别类地提出解决的对策措施，并将责任落实到6个区市县、3个园区和市发展改革委等16个部门。举行“感恩小平·高端专家广安行”科技成果对接会，清华大学机械工程学院与长明高新技术产业园、华蓥国雅电子等30多个民营企业进行高新技术对接。上海盈广电器公司与清华大学机械工程学院达成建设超级电容项目意向协议，已完成选址、企业名称申报等前期工作。四川安泰茧丝绸集团有限公司、四川建设集团有限公司等7家企业获得市政府第一届质量奖。

深入开展“百企扶百村”“扶贫济困光彩行动”等活动，组织非公有制经济代表人士参与新农村建设、扶贫济困、捐资助学等公益事业。发动世界杰出华商协会主席卢俊卿等40余位企业家为协兴镇捐赠电脑3000台，捐建感恩堂义诊室9个；捐资500万元参与小平故里红军小学建设，捐资1300余万元改善农村道路交通，捐资4000余万元用于新农村建设。昆明广安商会会长唐果，捐资近4000万元，为家乡乡亲捐建别墅67套。据统计，全国各地广安商会和企业家共为公益事业捐款达1亿多元，牵线搭桥引进项目资金近250亿元。

【民族宗教工作】 加强民族团结进步宣传教育，深入开展民族团结进步示范创建，组织开展民族团结进步进机关、进学校、进社区、进企业活动，加强少数民族风俗习惯、宗教信仰和民族政策宣传，在全社会形成尊重少数民族、维护民族团结的良好氛围。协调民宗、公安、城管等部门，对在广安市流动务工经商的40多名新疆少数民族群众开展“同心·关爱帮扶”活动，主动帮助他们解决具体困难。加大少数民族发展帮扶力度，争取民族项目8个补助资金210万元，帮助1700余名少数民族群众改善生产生活条件。

认真落实依法治市纲要和工作要点，牵头制定和谐寺观教堂示范创建规划和实施方案，深入开展“依法治市法律进寺观教堂”活动。市县两级开展“依法治市法律进寺观教堂”专题培训13次，培训宗教干部、宗教教职人员、宗教团体、宗教活动场所负责人480余人次。加强宗教场所建设，广安天主教堂迁建选址规划已基本完成。

开展“心灵法门”渗透情况的专项排查和推进新型城镇化建设中宗教活动场所合理分布问题的专题调研，对全市民族宗教领域境外非政府组织及其活动情况进行摸底调查，对藏传佛教在广安市的非法传播活动进行专项清理整治。认真开展重要敏感时期民族宗教领域的维稳工作，妥善处理广安区龙泽寺住持交接等民族宗教领域信访问题5个，调处各种矛盾纠纷15件，防止“越级上访”事件发生，确保重大节日、宗教活动日和两会期间民族宗教领域的安全稳定。

【港澳台海外统战工作】 借助纪念邓小平110周年诞辰活动做好政策宣传服务，加强与港澳台同胞、海外侨胞的联系联络，先后与葡萄牙温州同乡会、西班牙华商协会、法国温州商会及美国华人工商联合总会等10多个国家的华侨华人社团建立合作关系。组织开展和应邀参与系列涉侨活动，促进交流合作，积极服务经济建设。积极承办和参与第十二届世界华商大会、第十四届西博会、“中外知名企业四川行”等重大涉侨活动，招商引资优势产业项目50多个，总投资额达79.9亿元。

【参与“感恩作贡献”工作】 以邓小平诞辰110周年纪念活动为契机，组织和引导各民主党派、工商联、知联会赴京上省，寻求中央省委层面的支持。民盟市委主动作为，推动民盟省委和民盟中央为广安在中省层面争取更多支持。全国两会期间，民盟中央提出《关于加快推进川渝合作示范区（广安片区）建设》的提案，交由国家发展改革委（主办）、银监会、民政部、国土资源部会商办理。民盟四川省委推动省政协将《关于发挥“成渝经济区”示范作用，全面推进川渝合作示范区（广安片区）建设的建议》列为省政协重点督办提案。

以深化“民广合作”为契机，多次赴京到省汇报杂卤石型钾盐项目建设，促成民革中央以直通车的形式上报《关于在四川盆地建立国家钾盐勘查开发与战略储备基地的建议》，得到中央领导的亲笔批示，推进杂卤石型钾盐项目顺利进行。争取民盟四川省委协调争取移民后扶整村推进资金3900万元，争取民建四川省委协调落实西溪河环境保护治理专项资金1400万元，帮助武胜县争取农村电网改造项目资金4588万元。促成民建中央中华思源工程扶贫基金会芭莎公益慈善基金向广安区捐赠救护车6台。积极引导统一战线成员在广投资兴业，民主党派成员中的企业家在广安投资兴办的中国红色文化影视城形成接待能力，洁城新能源汽车竣工投产；万贯法国风情街、华美立家五金家居建材城、哈蔓石油天然气加注站等项目进展顺利。

【惠民工作】　扎实开展“挂包帮”和“双联”帮扶工作，争取民族帮扶项目资金30万，发动民建会员企业家捐款5万元，自筹资金10万，支持“挂包帮”村——前锋区小井乡优良村建设便民桥1座。邀请四川农业大学林学院龚伟教授和广安和诚林业开发有限责任公司技术专家在“双联村”——前锋区观塘镇开展花椒丰产栽培技术培训和现场实践指导，捐助1万元帮助该村维修人行桥，结对帮扶贫困户37户。牵头协调团市委、市外侨台办和市工商局捐款6万元为党建帮扶村——协兴镇扯度村修建便民路3000米。

【领导人】　市政协副主席、市委统战部部长：欧太元，市委统战部副部长、市工商联党组书记、常务副主席：郑晓敏，市委统战部副部长、市民族宗教事务局局长：文杰，市委统战部纪检员：陈兰英。

（白小兵）

市直机关党建

【思想理论武装】　学习贯彻党的十八大和十八届三中、四中全会精神。各级党组织抓好《中共中央关于全面深化改革若干重大问题的决定》和《中共中央关于全面推进依法治国若干重大问题的决定》的学习贯彻落实。1月，组织市公安局、市国税局等单位400余名干部聆听题为《全面深化改革政治宣言和行动纲领》的十八届三中全会精神宣讲辅导；10月，召开市直机关学习贯彻党的十八届四中全会精神会议，市领导杨利民为各区市县直机关工委负责人、市直机关、企事业单位党组织负责人作十八届四中全会精神专题辅导报告。贯彻落实市委四届七次全会精神。以习近平总书记关于“中国梦”的系列重要讲话和市委四届七次全会精神为主要内容，通过支部“三会一课”等多种形式组织广大党员干部认真学习，深刻领会市委提出的开展“感恩小平·中国梦在广安”活动的精神实质。在市直机关形成敬业奉献、锐意创新、敢于担当、感恩奋进、团结和谐、清正廉洁的良好风尚，实现广安与全国、全省同步实现全面小康的奋斗目标。组织开展“中国梦在广安·党员筑梦作贡献”实践活动，开展“共筑广安跨越发展梦”“共筑广安为民和谐梦”和“共筑广安特色党建梦”系列活动。推进学习型党组织建设。加大对市直机关学习型党组织建设的指导、督促和检查力度，坚持以党员领导干部为主体，以党委（党组）中心组学习为重点，拓展学习内容，创新学习方式，落实学习制度，充分发挥理论学习中心组在学习型党组织建设中的示范作用；以党员为主线，以“三会一课”为重点，充分发挥党员干部在建设学习型党组织中的主体作用；以干部职工为主体，以形势会、报告会、主题党课、业务培训为重点，不断扩大创建活动的影响和工作覆盖面，在市直机关党组织中形成勤于学习、善于思考，联系实际、崇尚实干的良好态势。市政协办、市检察院、市委群工局、市国税局等党组织被评为2014年度市直机关创建“学习型党组织”先进集体。

【纪念邓小平诞辰110周年系列活动】　开展“感恩邓小平·党员当先锋”主题实践活动。印发《关于在市直机关开展“感恩邓小平·党员当先锋”主题实践活动的意见》，从“提速升位当发展先锋、感恩奉献当服务先锋、强基固本当党建先锋”等3个方面对机关党员干部提出争创一流、勇当先锋的工作要求。市财政局争取到中、省财政对川渝合作示范区（广安片区）建设专项补助资金政策，被市政府记集体二等功；邓小平故里管理局加快建设邓小平缅怀馆、改陈邓小平故居陈列馆等主题纪念设施，先锋作用凸显；市住建局迅速行动，制定方案，开展阳光规划、加快建设、服务民生、美化环境、结对帮扶、廉政建设六项先锋行动，取得良好成效。11月，市委分别授予市委办、市国税局等4个单位党组织“先进基层党组织”称号，市人大邓林、市政协蒲靖等16名“优秀共产党员”称号，市政府办机关党委书记邓建平、市政务服务中心党支部副书记王春华等4名“优秀党务工作者”称号；工委通报表彰先进基层党组织26个，优秀共产党员86名，优秀党务工作者24名。开展“感恩小平·我为小平家乡发展作贡献”征文活动。在市直机关、企事业单位党组织中开展“感恩小平·我为小平家乡发展作贡献”主题有奖征文活动，征集到稿件68篇，组织评审组对来稿进行认真评审，评选出一等奖1篇、二等奖2篇、三等奖5篇、优秀奖10篇。开展“感恩小平·我为协兴民生改善作贡献”党建结对帮扶活动。组织市直机关94个直属基层党组织和协兴镇20个村级党组织建立“N+1”的机关党组织和农村党组织对接帮扶机制，以“生产发展、生活宽裕、村风文明、村容整洁、管理民主、和谐稳定”为总目标，在生活条件改善、乡村面貌好转、集体经济充实、基层组织建设加强、党群关系密切等方面取得实效。针对协兴镇协兴村等20个村（社区）群众提出的58个具体问题，市直机关党组织落实到位帮扶资金104万余元，解决对口帮扶村群众行路难、饮水难、用气难等民生问题。组织党员代表参观“纪念邓小平诞辰110周年”重大项目建设成就。11月，市领导杨利民率市直机关第一批优秀党员、老党员、入党积极分子代表60余人，开展以“观巨变谋新篇，怀感恩再奋进”为主题的学习参观活动，先后到各区市县、广安经开区、枣山园区、协兴园区和邓小平故里等地进行为期1天的参观，亲身感受广安的巨大变化。12月中旬，工委组织第二批市直机关党员代表80余人开展参观活动，掀起学习基层、学习先进、争做贡献的热潮。积极营造良好的舆论氛围。工委与省委《四川党的建设》杂志社合作出版《四川党的建设·时代先锋广安筑梦特刊》一期，与省直机关工委《时代先锋》杂志社联合推出宣传广安的集中专题报道一期。

【教育实践活动】　按照中央、省、市安排部署，工委精心组织、扎实开展，认真完成群教活动各个阶段工作任务。2月26日，召开工委党的群众路线教育实践活动动员会议，工委全体党员干部参加会议，正式启动工委教育实践活动；7月27日，召开工委班子专题民主生活会，市委常委、秘书长、市直机关工委书记杨利民到会指导；10月17日，召开工委党的群众路线教育实践活动总结会议。在群教活动中，工委坚持把学习贯穿始终，自觉把思想和行动统一到中央和省委、市委的要求上来，开展集中学习7次、讨论9次；广泛征求意见，坚持开门搞活动，梳理形成领导班子在“四风”方面存在的问题14条；认真查摆问题，坚持对照标杆找差距；深入交心谈心，为开展好批评和自我批评创造良好氛围；认真撰写对照检查材料，进一步明确整改方向和措施；开好专题民主生活会、专题组织生活会，认真指导督促94个市直机关党组织开好专题组织生活会，强化制度建设，充实完善16项制度。在做好规定动作的同时，开展好特色工作，3月，组织市交通运输局、市委农工委、市农业局、市旅游局等党组织深入到协兴镇所属20个村（社区）开展“基层问症”活动；4月，到邓小平故里开展“缅怀伟人，重温入党誓词”党性教育活动，和市气象局党总支联合开展党课教育暨党的群众路线教育实践活动知识竞赛活动，工委常务副书记谢清涛作题为《群众路线是党的生命线》专题党课；围绕关心基层、关心群众、关心发展“三关心”主题，深入农村、深入社区、深入机关，开展调研活动，形成领导班子和班子成员专题调研报告共4篇。

【基层组织建设】　印发《关于在市直机关开展党组织共建活动的通知》，将党组织关系在市直机关工委的机关、企事业单位，按单位职能关联度、党员人数、行业结构、驻市单位平衡分布以及党委、总支、支部兼顾等因素，划分为10个片组开展共建活动，工委每年为每个共建组匹配1万元党建活动经费，要求每个共建组成员单位再自筹一定党建活动经费，每年至少组织共建组内的党员干部开展4次以上的党组织活动，实现市直机关各党组织工作交流互动、齐头并进、平衡发展。各共建组均开展丰富多彩的共建活动，共建三组建立8项工作制度机制，确定15项年度共建活动；共建四组提出“党建共抓、资源共享、文明共创、活动共办”的活动主题；共建五组深入到浓洄街道水塘堡社区，开展为民服务知识宣传活动，发放宣传资料3000余份、环保袋200余个；共建九组从加强工作联系、开展专题调研、推动经验交流、拓展集中活动、严格经费管理、抓好工作移交六个方面敲定年度工作计划。全年召开工委委员会议2次，发展党员77名，预备党员转正59名，机关党组织换届12个，党组织改选18个，新设立支部2个。

【机关文化活动】　举办纪念建党93周年文艺节目展演活动。6月，在邓小平故居陈列馆广场，与重庆市北碚区、大渡口区文广新局，广安市文广新局等单位联合主办“2014年川渝合作颂党恩——纪念建党93周年”群星奖优秀节目展演活动。市直机关59名新党员在演出前举行入党集中宣誓仪式。市领导杨利民、钱奇全程观看演出。举办“中国梦在广安·党徽在岗位闪光”主题演讲比赛。7月，在广安市广播电视台演播大厅，举行“中国梦在广安·党徽在岗位闪光”主题演讲比赛决赛，市直机关各系统9名选手参赛。经过激烈的角逐，评出一等奖1名，二等奖2名，三等奖3名，市领导杨利民出席演讲赛并为获奖选手颁奖。举办市直机关“抓党建、惠民生、促发展”摄影大赛和摄影作品展。征集到参赛作品1286件，评出金奖3幅，银奖6幅，铜奖9幅，优秀作品40幅。7月，在邓小平图书馆展厅集中展出优秀作品110幅，市领导刘凤成、袁险峰、肖友才等出席开展仪式并为获奖作品作者、优秀组织奖单位颁奖。开展廉政文化建设活动。牵头在市委办、公安局、国税局等52个机关单位开展"'廉'接你我他、共建靠大家"活动，提出并践行"选择廉洁、一身幸福"等廉洁承诺；组织市人大办、市住建局、市交通局等16个单位60余名科级党员干部旁听李茂成贪污受贿职务犯罪庭审。

【党员培训教育】　举办市直机关党务干部培训班。6月中旬，在市委党校举办2014年市直机关党务干部培训班，市直机关、企事业单位党务干部80余人参训。市领导杨利民出席开班典礼并作讲话。邀请省委党校彭穗宁教授、省直机关党校副校长吴兆华博士和市人大、市纪委、市委党史研究室、市法制办等单位领导为学员授课。举办党员发展对象培训班。7月底，在市科知局三楼会议室举办2014年市直机关党员发展对象培训班，市直机关、企事业单位110名学员参训。安排《牢记党的宗旨，做一名合格的共产党员》《党的历史》《党的纪律》等党性党规党纪课程，同时，对学员进行测试。举办科级党员干部党性修养培训班。11月底，在市委党校举办第十三期科级党员干部党性修养培训班，来自市直机关、企事业单位的70余名科级党员干部参加培训。邀请市纪委、市文明委领导分别作"党风廉政建设"和"社会主义核心价值观的几个问题"专题讲座。参训学员观看警示教育片，到川东监狱（大竹）接受现场警示教育。省内交流学习。5月和12月，分两批组织区市县直机关工委负责人、部分机关党组织负责人到成都、阿坝、遂宁、广元、巴中、达州等市（州）直机关工委学习考察，通过经验介绍、座谈交流和现场参观等方式学习取经，收到预期效果，形成学习考察报告2篇报市委。省直机关工委、省委党校、泸州市直机关工委、广东省佛山市直机关工委到广安市直机关工委考察交流机关党建工作。

【服务群众】　"双联"工作顺利推进。7月，市委办、市政府办印发《关于开展市领导及市级部门（单位）联系指导区市县和基层工作的通知》，全市双联工作正式启动，38名市领导、112个市级部门（单位）组成52个工作组，联系6区市县的52个乡（镇）的71个村；11月，召开全市干部驻村帮扶工作培训会，传达省驻村帮扶工作暨定点帮扶工作会议精神，对驻村干部管理工作进行安排，市级部门共派出52名驻村干部到村开展帮扶工作。慰问工作广泛开展。5月1日，市领导杨利民带领市直机关工委人员先后到福兴路、邓小平故里旅游景区骑游步道、红色文化影视城、蚕房院子等4个重点建设项目工地开展慰问；7月1日，市委书记侯晓春带队在中桥街道莲花社区，慰问市直机关4名党员；7月2日至3日，工委到市委农工委、市环保局等23个机关单位，慰问机关优秀党员、老党员代表5人、机关困难党员代表30人和机关优秀一线党员代表5人。"七一"期间，在市直机关工委的统筹安排下，市直机关党组织普遍慰问老党员代表47人、困难党员44人、优秀一线党员代表89人。

【机关党建宣传】　创办《广安机关党建》。7月1日推出《广安机关党建》创刊号，全年编印发行3期。内刊以全方位、多层次的角度展示广安市委、市政府在实施"三大战略"和推进"两个跨越"上所树立的新形象、取得的新成效，展示市直机关党组织在"中国梦在广安·党员筑梦作贡献"活动中的新作为、新贡献，宣传在实践党员筑梦做贡献活动中涌现的先进典型，营造起推动活动开展的良好氛围，使机关党组织党建工作经验学习交流有新平台。编印《机关党建动态》20期。有效搭建机关加强宣传、增进了解、相互学习和资源共享的党建研究的平台，全面系统宣传市直机关最新的党建研究成果、展示机关党员围绕市委中心工作锐意进取的新风新貌，进一步丰富和活跃机关广大党员干部的精神文化生活，凝聚推动广安跨越发展的强大动力，以新的机关党建宣传形象迎接邓小平诞辰110周年。积极在中、省刊物宣传广安。组织在《中直党建》《紫光阁》《时代先锋》及其网站等省以上媒体刊发广安机关党建信息共45条，其中在《时代先锋》及其网站刊发广安机关党建信息35条，在《紫光阁》及其网站刊发信息7条，在《中直党建》及其网站刊发信息3条。

【领导人】　书记：杨利民，常务副书记：谢清涛，副书记：黄琴，工委委员、纪工委书记：邓元志。

（王　莉）

党校（行政学院）工作

【教学与管理】　进一步完善主体班"本地学习—异地培训—社会实践"的"三段式"培训模式，全年共完成2个班、71人次的主体班培训任务。抓好本地学习。本地学习授课量由过去的12讲，增加到17讲，总授课量则由过去的33讲左右，增加到41讲以上。聘请省委党校、重庆市委党校的知名专家学者，以及市级领导、中省下派干部和身处经济社会建设第一线的本地专家型领导（9人次）为主体班学员授课，增强教学的针对性和实效性。高层次专家视频课也由过去的每期2堂增加到4—5堂。

随着本校师资力量的逐步壮大，本校教师授课数量也有明显增长。同时，继续把“党校大讲堂”与主体班教学相结合，面向全市市级机关实行开放式讲堂。组织异地培训。组织学员到中国改革开放的前沿阵地深圳和对广安市经济社会发展有重大影响的内陆发展高地重庆学习，让学员开阔眼界，学习发达地区经济社会发展的成功经验。培训中，既聘请深圳和重庆两地的党校、高校、相关科研院所、知名企业和党政机关的专家、学者、领导授课，又组织学员参观重庆公租房建设和深圳动漫基地、华强集团等知名社区和大型企业，将课堂教学与现场教学有机结合，使学员既学到理论知识，又获得实践经验。开展社会实践。组织学员开展“进村进户进田间、同吃同住同劳动、促发展促民生促和谐”的“三进三同三促”教育实践活动，将党校课堂搬进基层，使学员充分了解市情民情，为群众排忧解难，密切干群关系，受到广大群众的衷心拥护和热烈欢迎。加强教学管理。修订《中共广安市委党校主体班学员管理暂行办法》，狠刹吃喝风等不良风气，学员学风得到很大改善；积极开展教学调研，摸清教学需求，为更加有针对性地开展教学工作打下基础。

【优秀年轻干部递进培养】 举办广安市优秀年轻干部人才递进培养计划（党校理论培训段）培训班2期，共计培训学员140余人次。课程设置丰富，针对性强。坚持以学员为中心、以问题为导向，重点加强学员的理论武装和党性培养；按照“抓什么训什么、管什么学什么、缺什么补什么”的原则设置课程；邀请四川科学社会主义学会会长、省委党校巡视员周治滨，重庆市委党校副校长罗晓梅等知名专家及市上相关专家型领导为培训班授课。教学方法灵活，实用性强。在理论培训的基础上，辅以拓展训练、现场教学、学员论坛、读书沙龙、主题演讲、辩论会、撰写心得体会等教学手段，促进学员对所学理论的消化吸收，增强年轻干部成长所需的理论素养、知识结构和实践能力，切实提高培训实效。教学管理严格，纪律性强。对学员实行全程准军事化管理；构建全方位管理组织体系，形成“跟班考察人员+学管组+班委+小组长”的管理体系；市委组织部跟班考察人员和党校班主任与学员同吃、同住、同学习、同调研，全程跟踪记录，对学员理论学习、能力提升、党性修养、廉洁自律、遵守校规校纪等方面的现实表现做出科学评判；注重学员自我服务、自我管理，管理责任层层落实。教学活动丰富，实践性强。结合党的群众路线教育实践活动，开展“参观一次监狱、看一部专题片、听一堂廉政课、开展一场研讨”的“四个一”党风廉政教育活动，触动学员灵魂，有效增强学员们对法纪的敬畏感和执行党风廉政建设各项规定的自觉性。深入基层调研问症，向群众发放科技、计生、社会保障、农业种植技术等方面的宣传资料，开展扶贫帮困活动，提升学员的宗旨意识和群众观念，《四川日报》等媒体对首期培训班基层问症活动给予专题报道。举行援藏干部先进事迹报告会，邀请市优秀援藏干部代表刘建华、刘强等学员作报告，以他们在藏区的亲身经历、朴素真实的情感，生动讲述发生在援藏干部身上的感人事迹，增强学员勇于担当、为民务实的责任感和使命感。开展形式多样的文体活动，除日常军事训练、乒乓球、篮球、羽毛球、棋牌、课前齐唱红歌、练习普通话等课余活动贯穿培训全过程外，还大力开展华蓥山户外素质拓展，“服务群众、实践成才”送文化进社区文艺演出等特色活动。

【干部继续教育及短训】 2014年全市共有72人报考省委党校在职研究生，考取26人，考取比例超过全省平均值；出台《中共四川省委党校在职研究生广安教学点学员学习管理补充规定》，加强在职研究生日常管理，积极稳妥地做好2012级、2013级、2014级在职研究生班各项日常管理工作。与市级相关单位共同举办短训班7期，共计培训学员550余人次。组织完成全市403名党政领导干部参加四川省拟任县处级党政领导干部任职资格考试。

【科研工作】 组织召开“学习贯彻党的十八届三中全会精神，努力走在全省改革开放前列”理论研讨会，共征集到论文71篇，评出入选论文45篇、优秀论文16篇，并将入选和优秀论文集结出版交流。理论研究成果显著。校课题组联合相关单位，编著并由四川人民出版社公开出版发行50万字的专著《邓小平理论活的灵魂研究》，提升全市邓小平理论研究水平。围绕学习贯彻党的十八届三中全会精神和习近平总书记系列重要讲话精神、党的群众路线教育实践活动、邓小平研究、新型城镇化、人才队伍建设等，立项课题24项（省委党校重大调研课题1项，一般调研课题3项；市政府办课题3项；市社科联重点规划课题2项，一般规划课题2项；校本级课题13项）。此外，学校与省委党校课题组共同完成商务部课题《川渝地区承接产业转移研究》；完成四川省哲学社会科学重点研究基地、中国特色社会主义理论体系研究中心、四川省城乡统筹发展基金会2013年立项课题《城乡统筹视域下的农民市民化研究——以四川广安为例》；积极配合市政府研究室完成省政府2014年调研课题《广安经济转型发展研究》。调研课题数量、质量均创历史新高。科研质量明显提升。全年在市级以上报刊和网站发表论文及调研报告22篇（省级以上9篇），入选全国及全省大型理论研讨会交流论文6篇，其中1篇被大会评为优秀论文。由学校牵头完成并编著出版的专著《广安川渝合作示范区建设研究》，荣获四川省政府第十六次社会科学优秀成果三等奖，这是广安市党校系统首次荣获省政府三等奖。全年编辑发行校刊《广安论坛》6期。研究制定《中共广安市委党校关于实行〈广安论坛〉责任编辑制的通知》，进一步规范《广安论坛》的编辑程序，有效提高用稿质量；开设“邓小平研究”专栏，共计发邓小平研究相关文章36篇，栏目设置更加丰富，文稿主题更加多样化，有效提高刊物的影响力。与校内经济学教研室联合开展专题研究，形成决策咨询文章《关于深入推进我市区域合作的思考与建议》，发表于《广安发展参考》，并送市委市政府领导参阅。

【校院建设及管理】　加强制度建设。印发《关于调整校院领导班子成员分工的通知》《关于调整有关领导工作机构的通知》《校委会议事规则（试行）》等文件，进一步明确校院领导班子职责分工和议事程序，有效增强校院管理的科学化水平。研究制定《关于完善常务副校长不直接分管财务人事接待物资采购工程建设工作制度的实施意见（试行）》《公务接待管理办法》《公务用车管理办法》《差旅费管理办法》《财务报销管理办法》等一系列规章制度，进一步规范国有资产管理、资金运行等程序。改善办学条件。投入近10万元采购投影仪和笔记本电脑，改善教学条件。为图书室新购置一批邓小平研究相关书籍；并协助省委党校图书馆做好《邓小平理论数据库》信息收集工作，共收集各类图文信息1711个文件、122个文件夹，为邓小平研究提供更加丰富的基础资料。加大信息化建设力度，完善校院门户网站，规范西部远程学习网（视频直播）的运用，加大中央党校远程教学网中教学资源的选用力度，全年采集中国西部远程学习网的直播课程共计78学时，并组织学员进行学习。广安农村干部学院建设有序推进。加强队伍建设。2014年，校院考入硕士研究生（博士研究生在读）1名并任副科级职务，引进高层次人才2名。印发《关于校领导联系青年教师的通知》，组织本校听课、新课试讲与教学委员会评讲等活动，大力加强青年教师培养。组织参加中、省党校和行政学院举办的各类培训7期、12人次，有效提高校院师资教学科研水平。推进文化建设。积极抓好创建全国文明城市工作，印发《关于开展“千名党员干部进街道，共建文明社区”的活动方案》；利用宣传栏、校园网等载体大力传播社会主义核心价值观、倡导文明新风，提高干部职工思想道德素质；定期组织干部职工进社区开展创建文明城市问卷调查、文明劝导及“学雷锋志愿服务”等活动，得到莲花社区领导、居民的充分肯定；搞好校园净化、绿化、美化，营造良好的学习、工作和生活氛围，提升校园文明形象。指导县级党校（行政学校）开展好各项工作。组织召开全市党校行政院校系统工作座谈会。印发《关于成立教学改革指导小组的通知》《关于市委党校班子成员联系县级党校（行政学校）工作的通知》；按照“大党校”“大师资”“大培训”的办学理念，在各县级党校（行政学校）增挂市委党校（行政学院）分校（院）牌子；实现教学科研“四统筹”，加强教学、科研资源的共享和成果考核；整合师资力量，成立经济学、党史党建与政法、哲学与社会文化3个教研室，全年共开展教研活动6次，加强教学研讨，提高教学科研质量。主动抓好信息宣传工作。印发《科研及信息工作积分管理办法（试行）》，有效促进信息宣传工作的开展。全年，在《学习时报》《四川日报》《四川党校报》、四川党务党建网、省委党校蜀光网、《广安日报》、校园网等媒体发表信息100余条、180余次；发行《校院通讯》11期。

【领导人】　党校校长：蒙焱雄，副校长：雷盛成；行政学院副院长：蔡良志。

（陈婷婷）

党史研究

【著作编写】　集中编写《中国共产党广安历史》第三卷（1978—2002）。2013年，启动党史三卷的资料征集工作。2014年，对征集图片、文字资料集中甄别整理，5月启动编写工作。编写工作按计划稳步推进，将于2015年上半年形成初稿。同时注重提纲和初稿撰写的业务把关，督促指导区市县党史三卷的编写。

启动《中国共产党广安历史大事记》（2012—2014）征编工作。按照党史工作“及时跟进历史步伐”的要求，10月，市委地方党史编审委员会印发《关于征编〈中国共产党广安历史大事记〉（2012—2014）的通知》，启动党史大事记的征编工作，及时在各区市县和市级各部门开展2014年党史大事记的资料收集工作，2015年上半年将完成该书的编写和出版发行。

【课题研究】　开展广安党史系统学科课题研究。年初，围绕市委市政府的中心工作，面向区市县党史部门公开征集2014年度全市党史系统学科课题，经精心调研，科学设立2014年度党史学科课题17个，年底全面完成课题研究任务。同时对申报结项的研究成果鉴定结项评奖，及时推介宣传优秀研究成果，发挥党史的资政作用。

开展省、市有关党史课题研究。组织人员参加省委党史研究室组织的研讨会征文活动，通过广泛查阅资料，深入调查研究，撰写出高质量的研究文章，其中2篇论文入选四川党史界邓小平生平和思想研讨会，2篇入选四川省党史界纪念“三线建设”50周年学术研讨会，《论毛泽东整风思想的继承与发展》在《金广安》2014年第6期刊发。全市党史系统著作成果参加四川省第十六次党史学科优秀成果评奖，有9项成果获奖，其中一等奖1项，二等奖4项，三等奖4项。完成市社科联立项的2项社科课题结项。

【党史宣传】 结合党的群众路线教育实践活动，深入开展党史“六进”活动。以党的群众路线教育实践活动为契机，将主题教育活动和弘扬革命先辈的高尚品质有机结合，深入开展党史“六进”活动，深入推动党员干部学习党的历史。深入机关、企事业单位宣讲党史知识。党史研究室主任李光辉先后为市直机关党员培训班、广安区、前锋区的党史干部授课，讲授党史知识。林明入选市委群教办组建的理论工作者队伍，分赴各机关单位、学校、农村、社区，结合党的历史开展群众路线理论宣讲工作。与市纪委、群教办合作编写廉政教育读本《清慎勤——广安共产党人的本色人生》，利用广安本土先进党史人物的鲜活事迹教育引导广大党员干部。

结合传统节日开展党史宣传教育活动。清明期间，印发《关于清明节期间开展革命英烈纪念活动的通知》，指导各区市县党史部门牵头开展革命英烈祭奠活动。各区市县分别组织机关干部职工、青少年学生开展向革命烈士敬献花篮、祭扫烈士墓、重温入党誓词等活动，通过参观革命遗址、讲解英烈事迹、展播红色经典影视作品等形式有效开展革命优良传统和爱国主义教育。

【资料征集】 补充征集《中国共产党广安历史》第三卷（1978—2002）资料。年初，市委编审委员会召开党史三卷资料补充征集协调会后，在相关部门配合下，补充收集文字资料50余万字、图片数百幅，充实党史三卷内容，推动三卷编写。

征集《中国共产党广安90年简史》（1926—2016）资料。在收集保存好广安党史一、二卷的基础上，重点对1978年以后的党史资料进行收集。共征集文字资料20余万字，图片30余幅。

征集广安三线建设资料。派专人赴重庆、成都、达州、南充等地，通过翻拍历史照片、原始档案、走访当事人（亲历者）等方式，收集广安三线建设文字资料500余万字，图片资料1000余幅，为编写出版《三线建设在四川资料丛书·广安卷》提供丰富的史料。

征集邓小平文史资料。抓住邓小平诞辰110周年契机，向省内外兄弟市州党史部门开展有关邓小平的文史资料征集工作，特别有针对性地向邓小平曾经战斗和工作过的广西百色市、江西樟树市、贵州遵义市等地征集有关邓小平的文史资料，共征集30多册。

【资政服务】 筹办四川党史界邓小平生平与思想研讨会。省委党史研究室、省党史学会主办，市委党史研究室承办的“四川党史界邓小平生平与思想研讨会”于7月18日在广安成功召开，四川党史界80多名专家和学者参加会议，中央党史研究室科研管理部巡视员张兆宪、省委党史研究室主任、省党史学会陈荣仲及省室其他班子成员与会指导、市委书记侯晓春出席会议并致辞。

争取省委党史研究室将邓小平故居命名为首批“四川省中共党史教育基地”。为向邓小平诞辰110周年献礼，党史研究室向省委党史研究室专题汇报，积极争取将邓小平故居命名为首批“四川中共党史教育基地”。7月18日，省委党史研究室将邓小平故居命名为“四川省中共党史教育基地”并授牌。邓小平故居首批命名为全省党史教育基地，对加强全市党员干部群众的革命传统、爱国主义和社会主义核心价值观教育必将发挥积极作用。

市委党史研究室与市纪委、市委群教办共同深入挖掘广安本地党史人物，编写廉政教育读本《清慎勤——广安共产党人的本色人生》，作为党的群众路线教育实践活动学习读本，用广安本土共产党人的优秀事迹教育广大干部群众，为全市开展党的群众路线教育实践活动提供生动鲜活的教材。

【领导人】 主任：李光辉，副主任：冯骥。

（范开红）

机构编制工作

【行政管理体制改革】 加快政府职能转变。全面落实省委、省政府《关于全省政府职能转变和机构改革的实施意见》精神，进一步理顺政府与市场、政府与社会、政府层级间的关系，大力简政放权，改善管理，依法行政，政府管理科学化水平切实提高。减少一批行政审批事项，取消面向公民、法人及其他组织的非行政许可审批事项；对保留的行政审批事项，公开办理流程、审批方式，主动接受社会监督，实行并联审批；改革工商登记制度，由“先证后照”改为“先照后证”；鼓励社会组织参与社会事务管理；充分发挥县、乡政府的便民服务、就近管理优势；改革完善财政管理制度，清理规范行政事业性收费和政府性基金项目；强化地方各级政府公共服务、市场监管、社会管理、环境保护等职责；大力推进依法治市。

深化政府机构改革。稳步推进大部门体制改革，新组建市卫计委、市农业局、市教育体育局。进一步理顺管理体制，将市规划局调整为市政府工作部门；将市发改委的煤炭发展计划、行业标准、投资审批和市经信委的煤矿生产能力核定、淘汰落后产能、复产验收等职责整合，交由市安监局承担；将房屋、林地、土地登记等职责整合，交由市国土局承担；将城镇职工基本医疗保险、城镇居民基本医疗保险和新型农村合作医疗保险整合，交由市人社局承担。在规定限额内设置政府部门；其中，市本级设32个，广安区、前锋区各设23个，华蓥市、岳池县、武胜县、邻水县各设24个。通过改革，市县两级政府共撤销机构17个。

严格控制机构编制。规范设置政府部门内设机构，推行“大科室制”，要求每个科室人员编制不少于2名，科室职责配备突出部门主要业务，行政审批职能集中交由一个内设机构承担，规范内设机构加挂牌子。在总数限额内，根据部门职责变化情况，对行政编制进行动态调整。全年先后调整涉及合并、职责弱化的5个部门编制，收回行政编制24名；为市纪委、市农工委等加强工作职责的单位适当增加编制。合理确定市县部门领导职数标准。对行政编制11名以内的，核定领导职数1正1副；行政编制12—25名的，核定领导职数1正2副；行政编制在26名以上的，核定领导职数1正3副。

统筹推进其他领域改革。组织召开全市“百镇建设”体制机制创新工作座谈会，安排布置具体任务，切实加强业务指导。5月，省委编办副主任张明来广安市调研“百镇建设”工作，做出高度评价。广安区率先出台一系列配套改革文件，下放试点镇经济社会管理权限达65项。深入开展城市街道（社区）体制机制创新工作，将广安区的五福社区作为改革试点进行高标准打造。

【事业单位分类改革】 按照事业单位分类改革的总体要求，在清理规范的基础上，按照“先易后难、稳步实施、扎实推进”的原则，积极稳妥地开展和推进事业单位分类工作。2014年第一次编委会，审定市本级事业单位分类指导目录和区市县行政类事业单位目录，并按要求将有关情况上报省委编办备案，将全市2786个事业单位，划入行政类的40个，占1.43%；划入生产经营类的13个，占0.47%；划入公益一类的2414个，占86.65%；划入公益二类的163个，占数5.85%；暂缓分类的156个，占5.6%。根据省委编办批复意见，市委编办批复邓小平故里管理局等168个市本级公益类事业单位的分类意见，批复率达82.5%；全面完成区市县行政类事业单位备案批复工作。

【机构编制管理】 优化配置编制资源。围绕多点多极发展战略和市委、市政府中心工作，拟定上报华蓥山旅游文化景区管委会（增挂华蓥山大熊猫自然保护区管理局牌子）、华蓥山大熊猫野化放归培训基地管理中心设立方案；增加协兴园区全民水库水上派出所工作力量；为经开区、枣山、协兴等3个园区分别设立国库支付中心；完善前锋区派驻机构和园区政务服务、投资促进、环卫园林、机关后勤服务等事务性机构。以服务基层民生、促进社会和谐为根本，设立食品药品检验检测中心、新型农村合作医疗管理中心、扶贫移民服务中心等事业单位，加强对事关民生的食品药品监管、新型农村合作医疗工作服务、水利工程质量监督等工作的工作力量。按照职责相近整合原则，将市人才交流中心、市职业介绍服务中心、市劳动保障事务代理中心、市劳动能力鉴定服务中心等机构进行整合，设立市人力资源服务中心。

机构编制实名制管理。加强基础设施建设。积极协调市机要局、市电信公司，增加市县两级编办的党政网络带宽，增大IP地址应用范围，进一步加大计算机、交换机等硬件设备的投入。强化信息录入审核。指导各级各部门按时完成实名制补录、修正和数据更新工作。牵头组织、人社、财政、审计等部门，进行信息联合审核，并将审核结果进行公示，主动接受群众监督。全市3760个机关事业单位均建立规范的机构编制台账，62099名机关事业单位人员、11409名编外聘用人员的信息真实、准确、完备。注重系统维护运用。将实名制系统账号开通到各级各部门，要求各级各部门及时调整机构、编制变化情况，确保数据真实准确。市委编办多次利用实名制系统的强大统计分析功能，为全市中心工作提供有力的数据支撑。

事业单位登记管理。依法实施事业单位网上年检。采取集中培训与重点指导相结合的办法，全力推进事业单位网上年检，确保数据准确性和工作高效运转。市本级登记事业单位166个，年检合格166个，合格率100%。认真贯彻落实登记管理新法规。对2014年申请设立登记的17个、变更登记的18个事业单位，首次实行开办资金确认登记制度。进一步简化变更登记程序，将法人证书有效期延长至5年。有序推进法人登记实地审查工作。组织人员到园区宣传事业单位登记管理工作，对申请办理法人证书的财政国库支付中心等事业单位进行实地核查。组织召开事业单位法定代表人培训。

【机构编制监督检查】　全力做好机构和人员编制核查工作。按照中、省统一部署，印发《关于深入开展机构和人员编制核查，进一步完善机构编制实名制管理的通知》，明确目标任务、核查范围、核查内容、核查时间和方法步骤。会同组织、人社、财政、审计等部门实地核查部分机关事业单位。其中，市本级实地核查138个，占总数的47.7%，超过省上“不低于40%”的要求。将机构编制情况纳入领导经济责任审计内容。参与起草《广安市县级党政主要领导干部和国有企业领导人员经济责任审计结果运用办法（试行）》，提出协助执行审计决定、完善机构编制管理制度、加强监督管理、加强宣传教育等四种审计结果运用方式。开展机构编制专项整治工作。认真整改中央巡视组、中组部反映的法检两院内设机构超限额、党校设置专职校务委员等问题。针对省委编办指出的“六个方面”突出问题，按时间顺序进行梳理，建立问题台账，逐项整改。积极配合市委组织部“三超两乱”专项整治工作。下发《关于重申机构编制管理规定和严禁超职数配备干部的通知》，对机构编制管理规定进行再次重申，切实增强各级各部门机构编制纪律意识。

【领导人】　市委组织部副部长、编办主任：唐时兵，编办副主任：周剑光；编办纪检员：李洪军。

（唐世鉴）

信访工作

【概况】　2014年，市委、市政府及市委群工局共接收处理来信来访1530件次、2710人次，同比分别下降11.8%、13.9%。市委群工局被人民日报社人民网表彰为“2014年度全国网民留言办理工作先进单位”，被省人社厅、省信访局表彰为“全省信访工作先进集体”，被省信访局表彰为“2014年度全省信访工作一等奖”。

【畅通信访渠道】　加强信访接待中心建设，完善部门联合接访制度，组织与群众利益密切相关的部门安排人员入驻中心接访，实行统一登记、归口办理、综合协调、各负其责、限时办结的“一站式”运行模式，当天上台账，定期问情况，限时报结果，实现“一站式接待、一条龙受理、一揽子解决”。强化首办责任制，规范接访办信登记、信访事项办理流程，认真办理群众初信初访，对本级受理和上级转办的案件，在坚持结案质量标准的基础上，尽可能缩短案件办理期限，使群众反映的问题能够在较短时间内得到解决，做到件件有人负责办理、事事有结果反馈，防止初信初访转化为重信重访。利用现代网络资源和技术手段，拓宽网络信访渠道，认真办理人民网、“省长信箱”“市长信箱”网民留言事项，规范受理、交办、反馈流程，着力提高办理质量，努力打造网络问政新平台。建立信访工作与“大调解”对接机制，充分利用信访和“大调解”组织体系、信息网络和人力资源等优势，对适宜现场调处、方便就地化解的信访事项，信访部门邀请矛盾纠纷“大调解”协调中心或有关人民调解、行政调解、司法调解组织及涉事单位到场联合接访，现场调处，当场化解矛盾纠纷。

【领导干部接访下访】　坚持领导干部定期接访制度，充分发挥领导干部在解决信访问题中的主导作用，确保领导干部接访的时间、力量和质量，零距离听民声，实打实解民难。严格落实领导干部定点接访、重点约访、专题接访、带案下访、跟踪回访和领导包案“五访一包”制度，保证市级领导每周三在市接访中心坐班接访，区市县每天有1名县级领导在接访中心坐班接访，市、区市县部门每天有1名领导在本单位接访，各乡（镇、街道）领导随时接访，把上访群众吸附在当地、把信访问题解决在当地。结合党的群众路线教育实践活动、“走基层解难题办实事惠民生”活动，深入开展领导干部下访，组织各级领导干部通过入户走访、重点约访、带案下访等形式深入群众，了解社情民意，解决实际问题，化解矛盾纠纷。各级领导干部按照“事要解决”的要求，及时办理走访中受理的群众诉求，对能够当场解决的问题及时就地解决；对一时不能解决的问题，认真梳理、全面汇总、逐一甄别，及时召开问题交办专题会，分流交办、明确责任、限时办结、认真回复，做到件件有着落、事事有回音，并强化跟踪回访，及时告知群众调查处理进展情况和处理结果；对群众诉求依法按政策不能解决的，耐心细致地做好解疑释惑和情绪疏导工作，取得群众的理解和支持。

【矛盾纠纷排查化解】　组织开展矛盾纠纷市、区市县、乡（镇、街道）、村组（社区）“四级联动”大排查，形成横向到边、纵向到底、全覆盖、无遗漏的大排查网络，重点排查农村土地征用、城镇房屋拆迁、国有企业改制、涉法涉诉、劳动保障、环境保护、非法集资等方面存在的信访突出问题，确保不留空挡、不剩死角。对排查出的矛盾纠纷逐项登记建立台账，按照“属地管理、分级负责”和“谁主管、谁负责”的原则，分类集中研究分析，并逐一与相关责任部门、责任领导、责任人签订化解责任书，明确时限和要求，做到就地发现、就地解决、就地稳控。注重运用法治思维和法治方式做好信访工作，在法律政策的框架内解决群众信访问题，对同一类或同一个问题，形成相对统一、集中的答复处置意见，实现思想认识、答复口径、解决标准“三个统一”，从源头上避免产生新的矛盾纠纷。建立健全信访稳定风险评估组织领导体系和运行机制，把风险评估作为定政策、作决策、上项目、搞改革的前置程序和必备条件，对出台、实施关系到群众切身利益和社会普遍关注的重大事项可能出现的信访稳定风险实行先期预测、先期评估、先期化解，最大限度地减少不稳定、不和谐因素，促进党委政府决策民主化、科学化，实现从保稳定向创稳定的转变。

【信访突出问题处理】　组织各地各部门对本辖区、本系统、本部门的信访突出问题进行全面彻底排查清理，按照时间跨度、处理难度、复杂程度等梳理汇总，逐案分析甄别，对最终认定信访突出问题全部集中挂牌交办，落实领导包案集中攻坚，采取定领导、定方案、定人员、定质量、定时限的“五定”措施，落实包掌握情况、包思想教育、包解决问题、包稳控管理、包依法处理的“五包”责任制，分类处置，强力推动问题解决。对符合法律法规和政策规定的合理诉求，一次性解决到位，不欠政策账；对诉求合理但坚持过高要求的，在解决合理诉求的同时，耐心细致做好教育疏导工作，不欠感情账；对诉求不合理但生产生活确有困难的，及时采取政府救济、社会和民间救助等措施，帮助解决具体困难，不欠时间账。

【维护信访秩序】　按照《国家信访局关于进一步规范信访事项受理办理程序引导来访人依法逐级走访的办法》要求，在信访接待场所醒目位置张贴《办法》主要内容和群众依法逐级走访示意图，大力宣传信访法律法规，引导群众依法、理性、逐级表达诉求，不支持、不受理越级上访。积极引导信访人进入三级终结程序，依法终结信访事项，对重大复杂疑难信访事项，充分运用听证会、座谈会、论证会等形式，与群众面对面交流，及时宣讲国家政策及法律法规，以德服人，以理服众。加大非正常上访行为的处置力度，加强对信访人的法制教育和思想疏导，对无理缠访、闹访和意图借上访制造事端、谋求不正当利益的人员，按照“先规范行为，再受理问题”原则，及时收集和固定证据，由公安机关按照公安部《关于公安机关依法处置信访活动中违法犯罪行为适用法律的指导意见》依法处理，并通过公开曝光、以案说法，让信访群众得到警示、受到教育，维护法律的权威和尊严。全国全省两会、十八届四中全会、成都西博会等重要时期，做好重点人员、重点群体的宣传教育和疏导稳控工作，开展信访工作专项督导，推动工作落实。

【领导人】　局长：夏高毅（9月止）、胡年军（11月起），副局长：龙汉彬、王黎明、宋亚辉（9月起），纪检员：张凡平。

（徐治国）

保密工作

【保密宣传】　坚持把《保密工作》杂志作为对干部职工进行经常性保密宣传教育的重要载体，把征订工作作为扩大保密法治宣传教育面和做好保密工作的基础来抓，把学刊用刊工作作为提升保密工作水平的重要手段。2014年，全市组织征订《保密工作》杂志排名全省前列。组织征订《中华人民共和国保守国家秘密法实施条例》1247本、解读706本、宣传挂图213本，分发放各级各部门，为各部门开展保密工作提供有益参考和指导。制作《条例》宣传展板，向广大干部职工宣传要学好用好《条例》。做好先进典型评选工作。根据省人社厅、省委保密办要求，坚持公开、公平、公正的原则，坚持以政治表现、工作业绩、贡献大小作为衡量标准，好中选优，对广安市五年来保密工作的先进个人5名和先进集体4个进行推荐，上报省保密局统一表彰。

【保密培训】　按照《关于在党校（行政学院）培训中进一步加强保密教育的意见》要求，市县两级党校把保密教育纳入党校（行政学院）的教学计划，重点加强对领导干部和涉密人员的保密培训，提高各级领导干部和涉密人员的保密意识。市、县保密局领导到市、县委党校举办的副科级以上干部培训班上保密课，讲授保密知识3次、培训189人次。举办保密委员会主任讲保密专题党课活动，市委常委、市委秘书长、市委保密委主任杨利民带头讲，市县两级部门120多位保密委员会主任讲授保密专题党课，全市6150余名党员领导干部和涉密人员接受保密党课教育。市保密局为市政府办公室、市国税局等市级部门和各区市县授课8次，培训1100余人。11月底，组织全市4名保密干部赴北京参加中国保密协会专题保密培训班，培训保密形势与任务、保密法实施条例，探索怎样做好县级保密工作、信息安全与保密技术防护、泄密案例分析与警示等内容。

【保密管理】 规范网络保密管理。进一步开展网络核查分类，严格界定涉密网络、非涉密网络属性，规范内部办公网络，特别是电子政务内网和涉密单机保密管理；严肃查处非涉密计算机违规处理涉密信息行为。严格涉密载体管理。按照《中央保密委员会办公室、国家保密局关于组织开展涉密中央文件保密管理专项检查的通知》要求，各级各部门加强对涉密中央文件收发、传递、使用、销毁等各环节的监管，确保国家秘密安全。同时，严格管理涉密移动存储介质，禁止交叉使用。加强涉密人员管理。在去年保密普查的基础上，以重要涉密人员为重点，开展保密意识、保密常识、保密知识教育活动。建立涉密人员管理信息数据库，为加强涉密人员动态管理，抓好上岗、在岗、离岗等环节保密监管。加强定密工作管理。按照中省要求，组织全市各级各部门认真做好定密责任人确定、备案工作和定密授权工作。

【保密检查】 贯彻全省保密工作会议精神，4月17日，召开市委保密委员会全体会议，对全市的保密工作进行安排部署。并对五区市县保密委、保密办（局）以及市级有关部门贯彻落实中、省、市保密工作会议精神进行专项督查。实施专项检查。对全市非涉密网络电脑终端进行专项检查，共检查非涉密网络电脑终端25270台，对发现的9起泄密隐患及时进行整改处理。开展保密普查。对2013年全市乡（镇）以上党政机关的保密机构设置、队伍建设、制度建设、涉密载体、涉密人员、保密要害部门部位、涉密信息系统和信息设备等基础信息进行摸底，及时更新全市保密管理数据库，促进保密工作精准化管理，提升保密工作科学化水平。抓好国家考试。积极主动配合市教育局、司法局等部门做好国家统一考试试卷保密工作。5月、6月、9月，分别参与对高考、国家高等教育自学考试、国家司法考试等考试试卷的存放、分发、护送、启封、发放、回收、入库等环节的安全保密和服务工作，通过与各相关部门的密切配合，未发生考试试卷泄密事件，确保各类考试的公平、公正和严肃性。

【领导人】 主任（局长）：向朝玲。

（唐　燕）

惠民工作

【组织领导】 坚持把实施民生工程作为保障和改善民生的根本途径，作为推动社会和谐稳定的有力举措，作为识别和使用干部的重要平台，在广大干部中倡导和形成“不抓民生工作是政治方向不明的表现、抓不好民生工作是能力素质低下的表现”等广泛共识，全市围绕“科学发展上水平、民生建设出成效”主题积极展开工作，心往一处想，劲往一处使，为民生工程顺利实施奠定坚实的思想基础。市上成立由市委、市政府主要领导任组长、分管领导任副组长，市级牵头部门主要负责人为成员的市民生工程协调领导小组，办公室设在市惠民办，负责项目分解、协调、督查、资金对接等日常工作。各区市县高度重视民生工作，成立相应的工作领导机构。邻水县委主要领导带头抓民生，全年组织召开专题会、推进会和现场办公会研究民生21次，及时解决问题35个，信函督办14个部门、乡（镇），批示督办22次。前锋区委、区政府将民生工作作为“一把手”工程来抓，全年区委常委会、区政府常务会专题研究民生工作6次，并汇集四大班子力量，为民生工程顺利实施提供有力的组织保障。武胜县分管领导每月至少听取1次民生情况汇报，及时协调解决民生工程实施中的困难和问题。省上“十项民生工程和十九件民生实事”目标任务下达后，为将目标任务尽快落到实处，市委、市政府分管领导及时召集各区市县、市级各牵头部门，对目标任务逐一分解，全面对接，及时将目标任务纵向落实到区市县、乡（镇、街道）、村（社区），横向落实到市、县相关部门，同时明确每个项目的市、县级责任领导、部门（单位）责任领导和具体责任人，确保责任落实到人，项目实施到位。

【民生工程】 民生工程任务完成。始终把民计民生摆在突出位置，坚持把民生工程作为推动全市经济社会发展的重要举措，作为“感恩小平，我为小平家乡做贡献”活动的有效载体，快速度、高质量推进省、市民生工程，省上下达的121项民生工程项目全面或超额完成，自我加压实施的22项市自办民生工程项目基本完成。同时，各级各部门、各级领导干部大兴“全民办实事”之风，筹资3.9亿元办理惠民实事达3.8万件。

民生工程投入快速增长。市县财政强化“民生财政”

理念，坚持“民生为本、民需为重”原则，倾力筹集民生项目资金，强化资金使用管理，保障民生工程的顺利实施。2014年，全市一般公共预算民生支出占比达70%，省、市民生工程投入资金达125.63亿元，投入力度超过以往任何一年，比2013年增长64.09亿元，增幅达104%。其中，争取中省补助47.94亿元，市县安排23.55亿元，其他资金54.14亿元（含土地折价）。市自办的22项民生工程投入资金7.05亿元，较上年4.03亿元增加3.02亿元，增长75%。

民生工程实施效果明显。随着各项民生工程的深入实施，保障和改善民生工作力度不断加大，一批群众关心的热点难点问题得到有效解决，一批困难群体的生活得到不同程度的改善，民生工程的社会知晓度、满意度进一步提升。特别是广安市坚持对贫困大学新生救助帮扶、农村敬老院“以院养院”、联网成片推进乡村公路建设、产业园区与民生项目相配套等工作，引起中央、省委主流媒体的广泛关注。全年，中央、省委主流媒体宣传广安市民生工作成效、举措1000多篇。

【资金保障】　年初，经过周密测算，仅省“十项民生工程”就需投入资金108.1亿元。面对巨大的财政压力，各级各部门千方百计筹集和落实好民生工程资金。开源节流保投入。积极调整财政支出结构，通过在新增财力中增大比重和压缩行政工作经费等方式保障民生工程。整合各类资源和力量，采取部门帮、社会捐、对外引、群众投等方式，积极筹措建设资金，千方百计保证民生工程建设所需。各民生工程实施责任单位也积极争取中、省更多更大的政策和资金支持。岳池县2014年敬老院建设投入资金达2666万元，新建农村敬老院7所、民办养老院9所、维修改造12所、新增改造养老床位1220张。优先垫支保实施。建立民生工程资金使用“绿色通道”和应急预拨机制，足额配套民生工程项目资金，确保不因资金影响民生工程进度。强化监管保用途。对城乡低保、五保等涉及个人的项目，经过“三榜公示”后，一律打卡发放；对工程类项目一律按基建程序严格按工程进度拨款，并实行每季度定期对民生资金的使用情况进行审核，有效杜绝挤占、挪用、滞留和虚报冒领民生工程资金，提高资金使用效益。

【工程监管】　树立群众意识。在实施民生工程项目时，充分听取群众意见，办群众最渴望办的事情，向最困难的群众倾斜，充分发挥项目最大效益，让更多群众得到更大的实惠，着力提升群众满意度。以工程质量和安全为第一目标，切实加强民生工程监管。严格落实工程招投标制和质量终身责任制，凡符合招投标条件的民生工程项目，都严格按程序进行公开招投标，平等竞争，降低造价。严格民生工程办理的标准和要求，力求将每项民生工程都建成“民心工程”“精品工程”，真正把实事办实、好事办好，真正发挥好民生工程的政治、经济和社会效益。广安区在建设幸福美丽新村建设中，以省级新农村示范片建设为抓手，按照产村相融、整村推进的建设思路，全面建成光明新村新型建材房屋，大安南桥、大龙果坝、崇望曙光、龙安群策等一批“望得见山，看得见水，记得住乡愁”的幸福美丽新村。树立监督意识。让群众全程参与民生工程项目的规划设计、施工管理、竣工验收、质量监督等重要环节。依托行政效能中心，设立群众监督电话，并在电视台、政府网上进行公示，社会监督面达100%，群众参与监督面100%。民生工程实施过程中，收到意见建议36条，采纳21条，收到情况反映2件，整改落实2件，确保工程运行阳光、透明，达到群众满意。

【机制建设】　注重过程管理，建立督查机制。按照“年初部署、每季督查、半年小结、年终考评”的要求，由市惠民办牵头，会同相关部门，定期对民生工程实施开展跟踪问效。从4月起，每月都要开展调研或检查。全年，市惠民办共组织开展督导4次，调研6次，专项督查6次，暗访5次，抽查全市132乡（镇），78个县级民生工程牵头部门，386个村（社区），入户调查1820户，查看现场点1328个，走访座谈困难群众4556人次。注重科学规划，建立决策机制。在规划年度民生工程项目时，注重听取基层和人民群众的意见，坚持“立足实际、尽力而为、量力而行”的原则，达到抓好开局、长远规划、长期发挥效益的目的。注重协作配合，建立联动机制。制定民生工程实施方案和相关配套文件，明确任务要求，有序组织实施。层层建立责任管理体系和工作台账制度，严把物资采购、施工进度、施工质量、竣工验收等关键环节。注重长远见效，建立巩固机制。坚持民生项目建管并重，一手抓工程建设，一手抓建后巩固，切实搞好现有巩固体制的改革和完善。对已经完工的项目，由区市县、乡（镇）等项目管理单位、建设单位和使用单位共同办理工程移交手续，按实物及价值分别建立台账，明确管护巩固主体、严格措施、落实责任，采取组织、媒体、群众等后续监督管理措施，确保民生工程项目建一项、成一项、发挥效益一片。华蓥市为充分发挥已建成污水处理厂（站）作用，出台城乡污水处理设施运行管理办法，落实乡（镇）、住建、环保、财政等部门和单位职责，确保污水处理厂（站）正常运行。前锋区观阁敬老院不断完善基础设施建设，积极探索新的管理模式，集中供养老人生活质量高，该院被评为“省二星级敬老院”和“一级敬老院”。

【特色亮点】 “三个优先”保障民生。民生项目优先安排。民生工程项目高起点规划、高强度投入、高标准建设，优先安排建设用地，优先审批规划方案，优先组织招投标，有效实现民生工程快实施、早见效。配套资金优先保障。充分发挥政策和财政的调控功能，科学编制工程预算，多渠道筹资渠道，建立民生资金拨付“绿色通道”，民生工程资金做到优先保障、及时配套、不留缺口。惠民政策优先兑现。有针对性地出台民生工程配套政策，建立健全惠民利民政策优先兑现制度，让更多的城乡居民更早更好地享受到民生工程带来的实惠。

“三问于民”做实民生。问需于民，变“政府配餐”为“群众点菜”。坚持将群众呼声、需求作为实施民生工程的第一信号。市惠民办按照市委、市政府要求，通过设立调查点、入户走访、发放问卷、召开座谈会等方式，充分发挥媒体、网络等作用，广泛收集各方面意见。在确定自办民生项目和分解省、市民生工作目标时，充分尊重收集到的基层和村民意见，及时开展工程项目前期调研和可行性论证，统筹谋划、科学布点民生项目，力求把民生项目办在群众心坎上，最大程度解决群众的苦处、难处、痛处。市自办实施的新修村级公路、治理全民水库周边及西溪河流域畜禽养殖污染、整治山坪塘、新建乡（镇）公厕、乡（镇）污水处理站、乡（镇）片区压缩式垃圾处理站、文体广场、“妇女儿童之家”、救助重度精神病患者、发展农村客运片区、规范化建设乡（镇）劳动就业社会保障服务平台、新建市青少年活动中心、市职工活动中心、市妇女儿童活动中心、救助贫困学生等民生项目，都是在充分尊重群众意见后实施的。问计于民，变“政府独揽”为“政民互动”。坚持政府主导、群众参与，注重通过政策导向和舆论引导，激发群众参与民生工作的责任感与积极性，增强民生工程建设合力。把民生工作与“感恩作贡献”活动相结合，在不增加群众和财政负担的前提下，巧用财政杠杆作用，运用市场法则开发经营，引入社会资金发展民生，推进惠民项目建设。市民广场及配套的文化综合体等一大批纪念邓小平诞辰110周年重大惠民工程项目，就是运用市场法则推动惠民项目实施的具体体现。问效于民，变“政府自评”为“群众评判”。把群众满意作为第一标准，把民生工作成效的评判权交给群众，定期不定期开展民生工程工作群众满意度测评，并将群众满意度情况纳入民生工作考核内容，真正做到“民生工程民做主，民生实效民打分”。年终组织开展民生工作群众满意度测评，满意率为98.3%。

“三个结合”做大民生。将民生工程工作与民生经济发展相结合。依托地方资源、产业优势及重大项目实施，大胆探索类似于农村敬老院“以院养院”、联网成片推进乡村公路建设、新农村建设与民生项目整合实施等民生发展方式，既“输血”，也“造血”，克服经济发展与民生改善“两张皮”。将民生工程工作与惠民帮扶工作相结合。将民生工程工作与惠民帮扶工作相结合，确保实现“保基本、兜底线”。各区市县均按市上要求，设立惠民帮扶专项资金，资金由财政兜底，主要用于应急救助、济困帮扶、惠民医疗、生产扶持、智力扶助、安居解困、法律维权等，一大批困难、特殊、优抚群众得到帮扶，市惠民办（惠民帮扶中心）和岳池县首次获得省帮扶工作先进集体表彰。将民生工程工作与社会监督相结合。市人大、市政协将民生工程列入监督要点，按照“不重不漏、不增加负担”的原则，组织人大代表、政协委员对民生工程开展全面视察，及时提出建设性意见，完善民生工程实施工作。市纪委监察局制定加强民生工程巡查工作意见，开展民生工程专项巡查活动，构筑起民生资金安全“防火墙”。通过考察督查、审计监督活动的开展，确保各个环节依法操作、规范操作、阳光操作，民生工程资金都用到刀刃上。

【领导人】 市委副秘书长、市惠民办主任：刘贤述，副主任：唐渊、余正利。

（杜周云）

督查工作

【概况】 2014年，广安市督查办坚持“围绕中心，服务大局，突出重点，狠抓落实”的工作思路，结合“感恩小平·我为小平家乡发展作贡献”主题活动，深入开展党的群众路线教育实践活动，强化督查职能，全力推动工作，确保中、省、市决策部署得到贯彻落实，完成各项督查任务，促进各项工作高效开展。全年，共组织开展各项督促检查活动287次，督办落实市委常委会及市政府常务会议定事项、书记及市长办公会研究议定事项、网络舆情及信访件批转等事项405项，编发《督查通报》69期、《纪念活动及项目专项督查通报》128期、《督办通知》27期，向市委市政府及领导报送《督办落实情况报告书》38期，其中，“5·19”中国旅游日筹备、全市工业（产业）园区建设、投资1000万元以上重大项目建设、道路交通安全综合整治、市民广场展示馆装饰、广福街道办事处旧城改造等方面30余期督查通报类材料得到市委市政府主要领导或分管领导肯定性签批，一季度“开门红”、国家森林城市创建、投资促进工作方面的督促检查受到市委市政府表彰。2014年11月，专项督查组被市委、市政府表彰为“邓小平诞辰110周年纪念活动先进集体”。11月，杨国军被市委、市政府记个人二等功；杨洁被记个人三等功。

【重大事项督查】　将纪念邓小平诞辰110周年重大事项专项督查作为工作的重中之重，坚持“日督查，日通报”，全面督促纪念活动和重大项目建设高效推进，完成市委市政府交办的专项督查任务。

市委确定的3大类36个重大项目。纪念邓小平诞辰110周年的36个重大项目涉及的77个子项目总体推进顺利，完成较好。截至8月22日，“两馆”建设、创建国家森林城市、四川省纪念邓小平诞辰110周年学术研讨会、新建游人中心等38个子项目已全面完成。创建全国文明城市、协兴红色文化影视城、巴广渝高速公路广安境内段工程、枣山园区基础设施建设等28个子项目进展顺利。协兴生态旅游文化名镇、渠江堤防工程、市体育中心建设等7个子项目进展滞后。西溪峡谷公园建设、《邓小平遗物展》专题展览等4个子项目已经取消。对部分在建设过程中进展较慢和问题较大的项目，通过专项督查，各相关责任单位按照要求增添措施、积极整改。西溪河堤防工程项目一期、二期建设初期曾严重滞后，对此市专项督查组多次深入现场，详细调查了解，认真核实情况，约谈项目经理，主动帮助责任单位协调解决问题，并督促整改落实，通过督查整改，西溪河堤防工程一期、二期工程已竣工。兰渝铁路开行广安至成都动车建设工程时间紧、任务重、完成难度大，项目施工过程中阻工事件频发，专项督查组会同市铁建办，多次深入施工现场督查，协调解决施工单位的具体问题和困难，穿石、兴隆两座110千伏牵引站线路工程全面完成，确保8月8日动车正式开行。市民广场综合体展示馆装饰、装修工作时间紧、标准高、难度大，市领导高度重视，专项督查组紧“盯”业主单位和施工单位，连续、高频督查，并主动和他们一起现场研究，完善施工计划，解决实际问题，通过多次督查，该项目已于8月15日完成。

各区市县和市级部门自加压力献礼项目。通过书面督查和抽查，各类自加压力献礼项目整体推进效果较好。如遂广高速武胜段项目涉及需迁改杆管线402处，督查之前仅迁改139处，完成率为34.58%，杆管线搬迁进度滞后。通过督促检查，该项目杆管线搬迁及征地拆迁工作按时全面完成，项目建设快速有序推进。岳池县玉屏湖旅游区项目建设初期推进不力，进度滞后，市专项督查组连续两个月到现场督促检查，将发现的问题及时通报岳池县委县政府，并督促岳池县对该项目建设实行倒排工期，落实县级责任部门和责任人，经过督查，玉屏湖环湖路面8.4千米黑化工作、电力和通讯等线路整改工作、建设阳光花海和盆景园等工作已按时、按质完成，整个项目进展顺利。

【重大决策部署督查】　以全面贯彻落实市委全委会、市政府全体会、政府工作报告、市委工作意见、市政府工作要点等重要会议和重要文件精神为总纲，将中央、省、市重大决策、重要部署和市委市政府提出的工作目标逐项进行任务分解，拟定督查计划，落实承办单位、督办科室和人员，强力开展督查督办。2014年，重点对一季度经济工作“开门红”“5·19”中国旅游日筹备、“洁净水”行动、川渝合作示范区建设、投资1000万元以上重大项目、落实稳增长促改革调结构惠民生政策、城市风貌改造、道路交通安全整治、农村义务教育学生营养改善计划、五排水水库及长滩寺河水污染治理、广福街道办事处旧城改造、全民水库增容改造、西溪河流域面源污染综合治理、加快推进县域经济跨越发展21条决定贯彻落实情况、全国文明城市创建、国家森林城市创建等工作进行跟踪督查、强力督办，对存在的问题进行定时、连续通报，督促整改。在“5·19”中国旅游日广安主会场活动筹备督查中，单独制定督查方案，组建专门督查组，落实督查责任，深入景区景点和项目现场开展拉网式反复督查，发现问题要求当天整改，并当天反馈整改情况，督促工作落实，确保活动成功。在城市风貌改造督查中，对城市主干道立面改造工程进行现场蹲点督查，不仅负责督促，更积极协调解决部门之间配合不到位、居民阻挠施工等问题，为该项工程于“5·19”中国旅游日之前顺利完工提供重要保障。在道路交通安全整治督查中，组织市交警支队、市运管处等单位对全市道路交通安全综合整治工作进行全方位督查，促使该项工作实现由被全省通报批评向全省通报表扬的转变。在落实西溪河流域面源污染综合治理督查中，对涉及的6个责任单位和14个配合单位进行任务分解、责任细化，明确工作目标和时限，先后开展3次现场督查和2次书面督查，督促相关责任单位整改关停养殖场49家、小水电站3座，新建乡（镇）污水处理厂10个，有效改善西溪河流域水环境。

【领导批交办事项督办】 按照“交必办、办必果、果必报”原则，把落实领导批示件、交办件当作一项上为领导分忧、下为群众解难的重要工作抓紧抓好，不断加大领导批交办事项的督促检查力度，对全市工业（产业）园区建设、集中开工项目建设、五福桥头片区拆迁、明发集团用地拆迁等市委市政府领导批交办事项，做到即交即办、全程跟踪、限时完成、及时反馈。全年共收转上级和市委市政府领导批交办事项60余件次，已全部办理完毕，做到件件有着落，事事有回音。在落实市委主要领导提出的“各区市县园区新增10平方公里”建设任务中，采取查看建设现场、查阅档案资料、问询责任人员、听取项目实施部门汇报等方式，对全市园区基础设施建设进行多次全方位督查。全市园区基础设施建设进一步完善，切实扭转“园区基础设施建设落后于项目建设”的被动局面。在督促落实市政府主要领导关于明发集团用地拆迁的有关指示中，逐户了解情况，分解任务，落实责任，共组织召开协调会议10余次，研究拆迁工作，适时提出有效解决方案。同时，约谈广安区重点办及街道办事处拆迁负责人，增添工作举措，强化拆迁力度，拆迁工作成效明显，项目涉及的中桥GC2013-45号地块拆迁全面完成，岔马路B1-1号地块剩余3户已完成强拆司法程序，即将启动强拆。在落实省委督查室交办八项规定贯彻落实情况、服务省领导联系指导市（州）和基层工作、违规购置和使用车辆、办公用房清理等事项中，市督查办按照更高的要求和标准，每次接到交办任务后迅速行动、认真细致、真督实查，及时开展督查督办和材料撰写上报工作。其中，八项规定贯彻落实情况的督查督办和材料上报工作每月开展，均实现工作零差错。

【建议提案交办催办】 认真做好2014年429件人大代表建议和政协委员提案办理交办催办工作，及时召开交办会议，将每一件建议和提案第一时间交办至相关责任单位。为进一步规范建议提案办理工作，修改完善《办理人大代表建议、政协委员提案的规定》，从完善制度、严格程序、强化办理、组织领导等方面对办理工作作了明确规定，确保办理工作制度化、规范化。通过电话沟通、组织座谈等方式对重点、难点事项进行逐一协调，有效疏通梗阻，提高办理效率。对广安发展建设集团等首次承担办理任务的单位进行跟踪指导，使其在一个月内高质量完成《关于将地方建设重大投资项目纳入广安投资控股集团公司融资规划的建议》和《关于兑现广武路、广邻路债券的建议》，得到代表、委员认可。8月初，主动邀请市人大常委会人事代表工委、市政协提案委负责人，对办理建议、提案较多的单位和19件重点督办建议、提案承办单位进行督导调研，促进重点督办建议、提案高效办理。积极组织环保、水务、农业等部门对《关于加强五排水水库和长滩寺河流域水污染治理的建议》等重点建议提案办理工作进行每月暗访和通报，督促在短短3个月时间里，打捞水葫芦和漂浮垃圾水面3200亩，取缔养鱼网箱10276只，养鱼设施全部取缔，水质明显好转，得到市人大常委会领导及人大代表高度认可。截至10月底，429件建议提案均全面办结，实现答复率、满意率“两个100%”，一大批涉及全市发展战略、民生工程、现代农业发展、基础设施建设、城市规划建设与管理等方面的建议和提案得以有效办理，基本实现“办好一件建议提案，推动一方面工作”的效果。

【领导人】 市委副秘书长、市督查办主任：贺功锦（10月止）、杨顺平（10月起），副主任：蒋志勇、彭俊才、杨国军。

（杨　洁）

绩效考核

【考核目标】 无缝对接省委省政府下达的目标任务。在区市县、园区考核指标设置上，从过去重经济指标考核转变为全面履行职能考核，无缝对接省委、省政府下达目标任务，进一步加大公共服务、社会管理、民生和环境保护等指标考核，推动经济社会全面协调可持续发展。差异化下达目标任务。根据区市县、园区在资源禀赋、发展基础、发展水平等方面的不同特征，在指标设置上既注重设置体现各自特点的个性指标，又在共同考核指标的目标任务下达上体现差异性，尽量避免出现“输在起跑线上”的现象，使得考核结果相对公平。改革计分方式。区市县、园区政务目标实行上不封顶、下不保底计分方式，激发区市县、园区跳起摸高、争先进位的热情，推动县域经济发展。5月23日，省委办公厅、省政府办公厅对各市（州）2013年绩效保证目标、政务目标考核，广安排名全省第二位，继2011排名全省第七位之后创历史佳绩。

【考核对象】 单位全考核。在对区市县和市级部门进行绩效考核的基础上，将驻广部队、驻市企事业等单位纳入绩效考核，考核对象由以前的74个增加为107个，实现考核单位全覆盖。分类考核。根据被考核对象的工作性质、特点和主要职能职责，将98个市级单位分为综合服务部门、经济管理部门、社会事业部门、纪检政法执法部门、驻市单位五个类别，将3个产业园区从区市县考核类中剥离出来，分为区市县和园区两个类别，进行分类考核、分类评比，为各单位之间构筑一个公平竞争的平台。人员全考核。要求市级各部门对内设、挂靠机构及其下属单位实行内部绩效考核，将目标任务分解到科室、落实到人，切实做到领导有责任、部门有目标、层层有担子、人人有任务，在全市上下形成“千斤重担大家挑，人人肩上有目标”的局面。

【重点督办】　现场督办。对全市有形象进度要求的集中开工重大项目、全市1000万以上投资建设项目等重点工作实施现场督办，深入实地看现场、查实情、促进度，不偏信材料、不偏听汇报。跟踪督办。坚持结果督办与过程督办相结合，对时间紧、环节多的一季度开门红、纪念邓小平诞辰110周年36个重点项目等工作推行全程督办，随时抽查，一抓到底，以环环相扣的督查督办确保工作落实。实施暗访督办。对涉及民生的新建30户以上农民新村、乡（镇）污水处理厂（站）建设等热点难点问题采取暗访的方式，深入到基层一线核查实情，摸清情况，督促工作顺利推进。

【过程监控】　目标拟制充分征求意见。拟制绩效考核目标时，充分征求被考核单位和市委、市政府分管领导的意见，坚持加压驱动，就高不就低。严格核实考核数据。对需要职能部门提供的数据，要求具有权威性，与上报或对外公布的统计数据一致；对需要实地考核认定的数据，专门派出考核组到现场考核，严格按规定程序获取。日常考核情况及时公布。按照日常考核与年终集中考核相结合、更加注重日常考核的原则，对目标进度情况每季度一公示，促其明差距，抓紧补欠账；对平时考核的指标扣分情况每季度一通报，促使各级各部门时刻绷紧绩效考核这根弦，心思围绕目标想，工作紧扣目标抓。年度考核结果及时反馈。绩效考核结果在报市委、市政府审定前，均与各被考核单位逐一核对，公布各考核项目的得分、加分、扣分等情况，增强绩效考核的公开性、透明度和说服力。

【结果运用】　本着奖优、治庸、罚劣的原则，建立完善绩效考核结果运用上的“四个挂钩”机制。与单位集体荣誉挂钩。区市县和园区分别按政务目标、保证目标得分高低排名并通报全市，按70%和30%的比例折算计入绩效考核综合得分，按综合得分高低评选先进集体。凡是绩效考核结果评为先进集体或一等的单位，由市委、市政府通报表彰；评为三等或排名末位的单位，由市委、市政府通报批评。与个人年度考核挂钩。绩效考核结果通报组织人事部门，作为考核区市县、园区、市级部门领导班子和干部政绩的重要依据。区市县、园区和市级部门被评为先进集体或一等的，县级干部优秀比例按20%确定；被评为三等的，县级干部不分配优秀等次名额。被评为一、二、三等的市级部门的干部职工优秀比例分别按20%、15%和10%确定，与绩效奖金挂钩。区市县、园区年度绩效考核根据得分高低拉通排名并按得分计奖，市级部门按考核等次计发绩效奖。对区市县地区生产总值总量或增速进入全省前15名，统计口径内的主要经济指标进入全省前10名的，可评为绩效考核特别贡献奖。

【领导人】　市委副秘书长、市绩效办主任：杨勇，市绩效办副主任：何晓波（3月止）。

（市绩效办）

接待工作

【重要接待】　2014年，广安市接待办共接待各类宾客283批5361人次，先后完成厉无畏、顾秀莲、沈跃跃、王兆国、陈竺等国家领导人到广安视察的二级任务共6批，完成四川省纪念邓小平诞辰110周年座谈会、“心连心”艺术团赴广安慰问演出、中国文联“高山仰止——纪念邓小平同志诞辰110周年慰问演出”“感恩小平·名医伟人故里行”大型公益性纪念活动、世界杰出华商协会“感恩小平、共建广安”活动、“感恩小平、投资广安”中外知名企业广安行、“感恩小平、高端专家广安行”、第三届中国报业党建工作座谈会暨邓小平群众路线观与新闻思想研讨会等系列纪念活动和2014年中国旅游日主会场活动等活动的接待工作。

【获得荣誉】　市接待办公室被省接待办表彰为“2014年全省政务接待先进集体”“完成‘1001’代购任务先进集体”，被市委市政府表彰为“纪念邓小平诞辰110周年活动先进集体”。冯丽莉被市委市政府表彰为“纪念邓小平诞辰110周年活动先进个人（嘉奖）”。

【领导人】　市委副秘书长、市接待办主任：张艳萍（12月止），市接待办主任、市接待服务中心主任：陈君（12月起）。

（冯丽莉）

广安市人民代表大会常务委员会

第四届人民代表大会会议

【人民代表大会会议】 2014年，广安市第四届人民代表大会召开会议1次。4月25—27日，市四届人大五次会议在广安召开，364名市人大代表出席会议。会议听取和审查广安市人民政府工作报告，通过市政府工作报告的决议；审查和批准广安市2013年国民经济和社会发展计划执行情况的报告及2014年国民经济和社会发展计划，通过该报告的决议；审查通过广安市2013年财政预算执行情况的报告及2014年财政预算草案，批准2013年市本级财政预算执行情况的报告和2014年市本级财政预算；听取和审查广安市人大常委会工作报告、广安市中级人民法院工作报告、广安市人民检察院工作报告，通过以上报告的决议。会议期间，代表提出议案14件，建议、批评、意见134件。大会主席团决定将关于五排水库及长滩寺河流域水环境治理的议案交付市人大城环资委进一步审议，督促市人民政府及相关职能部门研究办理，适时向市人大常委会报告研究办理情况并在下一次的市人代会上向大会主席团报告审议与办理结果。

【常委会会议】 2014年，广安市第四届人民代表大会常务委员会会议召开8次。

1月8日，召开市四届人大常委会第十五次会议。会议听取和审议市人大常委会主任会议关于市人大常委会2014年监督工作计划（草案），审议并表决通过关于提请补选罗增斌为四川省第十二届人民代表大会代表的议案，听取和审议市发展改革委员会关于办理市人大常委会评议意见开展整改工作情况的报告、市教育局关于办理市人大常委会评议意见开展整改工作情况的报告、市城市管理行政执法局关于办理市人大常委会评议意见开展整改工作情况的报告、市粮食局关于办理市人大常委会评议意见开展整改工作情况的报告，并进行满意度测评，听取和审议市人大各专门委员会2013年工作总结和2014年工作要点，表决通过人事免职事项。

2月18日，召开市四届人大常委会第十六次会议。会议决定将广安市第四届人民代表大会第五次会议议程草案、主席团成员和秘书长名单草案提请广安市第四届人民代表大会第五次会议预备会议表决，决定将广安市人民代表大会常务委员会工作报告草案提请广安市第四届人民代表大会第五次会议审查，决定广安市第四届人民代表大会第五次会议列席人员名单，通过广安市第四届人民代表大会个别代表的代表资格审查的报告，听取四川省第十二届人民代表大会第二次会议情况的报告，会议决定接受蒋维君辞去广安市人大常委会副主任职务，报广安市第四届人民代表大会第五次会议备案，表决通过人事任职事项。

3月13日，召开市四届人大常委会第十七次会议。会议听取市四届人民代表大会第五次会议筹备工作情况的报告，听取和审议并测评通过市人民政府关于行政审批制度改革情况的报告、市中级人民法院关于立案工作情况的报告。

5月14—15日，召开市四届人大常委会第十八次会议。会议传达四川省十二届人大常委会第八次会议精神，听取和审议市人民政府关于全市农村土地承包经营权流转情况的报告、关于加快推进新型城镇化工作情况的报告，市人民检察院关于侦查监督工作情况的报告，市财政局关于2014年“一府两院”序列部门预算的报告，并进行满意度测评，听取和审议市人大常委会执法检查组关于检查食品安全法实施情况的报告，表决通过市人大常委会代表资格审查委员会关于广安市第四届人民代表大会个别代表的代表资格审查的报告，会议决定接受王廷锐辞去广安市第四届人大常委会委员职务，表决通过人事免职事项。

7月31日，召开市四届人大常委会第十九次会议。会议传达四川省十二届人大常委会第九次会议精神，听取市人大相关专委会关于广安市2013年市级财政预算执行和其他财政收支审计工作情况报告、广安市2013年财政决算报告的审查报告，听取并审议通过市政府关于2013年财政预算执行和其他财政收支审计工作的报告，批准广安市2013年市级财政决算，听取和审议市政府关于广安市2014年1—6月国民经济和社会发展计划执行情况的报告、关于广安市2014年1—6月财政预算执行情况的报告、关于现代农业示范市建设情况的报告、关于医德医风建设情况的报告，并分别进行满意度测评，表决通过人事任免案。

10月21—22日，召开市四届人大常委会第二十次会议。会议传达四川省第十二届人大常委会第十次、第十二次会议精神，听取并审议通过市人民政府关于《广安市国民经济和社会发展第十二个五年规划纲要》实施中期评估、师德师风建设情况等专项工作报告，听取并审议通过市人民政府、市中级人民法院关于市四届人大五次会议代表建议批评意见办理情况的报告，会议决定，同意将广安市2014年棚户区改造项目委托代建资金和代建管理费列入市财政年度预算，听取并审议通过市人大常委会执法检查组关于检查《中华人民共和国城乡规划法》实施情况的报告、市人大常委会代表资格审查委员会关于广安市第四届人民代表大会个别代表的代表资格审查的报告，审议《广安市城市总体规划（2013—2030）》，听取和审议市人大常委会人事代表工委关于市四届人大五次会议代表建议批评意见处理情况的报告、重点督办工作情况的报告，表决通过人事任免案。会议期间召开联组会议，对城镇污水处理厂（站）运行监管工作情况进行专题询问。在近3个小时的专题询问中，常委会组成人员针对城镇污水处理厂（站）规划、选址、污水处理工作选择、网管建设、建设质量、建设资金投入等10个方面问题提出询问，市政府及相关部门负责人一一作答。在一问一答的互动中，沟通情况，明晰原因，探讨对策，形成共识，必将对全市城镇污水处理厂（站）运行监管工作起到重要的推动作用。

11月12日，召开市四届人大常委会第二十一次会议。会议审议并通过市政府机构改革有关人事任免案。党的十八届四中全会决定要求，建立宪法宣誓制度，凡经人大及其常委会选举或表决任命的国家工作人员正式就职时，公开向宪法宣誓。鉴于宣誓程序尚无依据、誓词尚无规定，本次任命人员暂未举行宣誓，待有关办法、规定出台后补行宣誓。

12月23—24日召开市四届人大常委会第二十二次会议。会议通过关于召开广安市第四届人民代表大会第六次会议的决定，会议决定，市四届人大六次会议于2015年2月9日在广安召开，会期4天，会议听取和审议并测评市人民政府关于2014年固定资产投资工作情况的报告、关于五排水水库及长滩寺河流域水环境治理的议案办理结果的报告，表决通过关于批准广安市2014年市本级预算调整方案的决议、关于市四届人大五次会议主席团交付审议的代表提出的《关于五排水水库及长滩寺河流域水环境治理的议案》审议结果的报告，表决通过人事任免案。

【主任会议】　2014年，市四届人大常委会召开主任会议25次。主要议题有：研究处理常委会的重要日常工作；决定常委会会议召开日程和议程；听取常委会会议议题准备情况；审议以市人大名义向市委提出的建议和其他重要文件；审议提交常委会讨论通过的文件，讨论决定执法检查、考察、调研等活动方案；审议市人大及各专门委员会2014年工作计划；组织学习贯彻党的十八大、十八届三中、四中全会精神；传达贯彻省人大常委会会议、市委重要会议及文件精神；讨论修订市人大常委会相关工作制度，研究人大机关建设等事项。

工作综述

【重大事项决定】　跟踪监督市四届人大五次会议审查批准的计划和财政预算执行情况，听取和审议关于2014年1—6月全市国民经济和社会发展计划执行情况、2014年1—6月财政预算执行情况的报告。听取和审议关于广安市2014年市本级财政预算调整方案的报告，审查批准广安市本级2014年财政预算调整方案。听取和审议关于广安市2013年财政决算的报告，审查批准广安市2013年市本级财政决算。听取和审议关于广安市2013年度市级财政预算执行和其他财政收支审计工作情况的报告。听取和审议广安市2014年国民经济和社会发展计划调整方案，审查批准2014年国民经济和社会发展计划调整方案。

【听取和审查专项报告】　听取和审议市中级人民法院关于全市法院立案工作的报告，提出要重视解决“立案难”、规范立案程序、统一立案标准、便利诉讼费用缴纳，切实保障当事人的诉讼权利。听取和审议市检察院关于侦查监督工作情况报告，提出要严把侦查案件质量关，加强对不捕、不诉案件的审查和释法说理，加强对侦而不捕、退而不查现象的监督，维护司法、执法公平公正。听取和审议2014年上半年国民经济和社会发展情况报告，提出要认真落实稳增长措施，向改革求增长、向转型调整求增长、向惠民生求增长，发挥政策叠加效应，确保实现增长目标。听取和审议“十二五”规划实施中期评估报告，针对部分规划指标完成难度较大的问题，督促推动攻坚克难、加大改革创新力度、力争“十二五”规划愿景全面实现。听取和审议全市固定资产投资工作情况报告，客观指出存在的问题和不足，提出建设性的意见、建议，并跟踪监督研究处理工作。听取和审议全市农村土地承包经营权流转工作情况报告、现代农业示范市建设工作报告，促进农村发展、农业增收、农民致富。听取和审议新型城镇化工作情况报告，提出要进一步增强责任意识，让失地农民充分享受到城镇化的红利，让社会资本有序参与到城镇化建设中来，统筹谋划产业布局、基础设施、文化教育和环境保护等各方面发展，建设宜居宜业美丽城乡。听取和审议市财政局关于“一府两院”序列部门预算报告，审查42份部门预算，促进细化预算编制、强化预算刚性约束。审查批准2013年市本级决算，听取和审议2014年上半年预算执行情况报告，审查市本级预算调整方案，决定调整市本级一般公共支出预算和政府性基金支出预算。根据市政府的提议，常委会审议作出决定，同意将2014年棚户区改造项目委托代建资金和代建管理费列入市财政年度预算，同意将“9·13”特大暴雨灾害抗洪救灾应急资金列入市财政年度预算，要求明确偿债责任，防范市本级政府债务风险。听取和审议2013年预算执行和其他财政收支情况的审计报告，加强对整改落实情况的跟踪监督，督促审计发现的未执行收支“两条线”规定、收入未及时缴库、违规列支经费、改变项目实施内容等7个大项39个分项问题得到有效纠正，对整改效果不好的问题，要求进一步加大查纠力度，限期整改到位。听取和审议医德医风建设情况报告，督促切实解决群众反映强烈的乱检查、乱用药、乱收费等突出问题。

【执法检查】 检查食品安全法实施情况，重点检查法律宣传、监管体制改革、经营者责任落实、重点环节治理和重大违法问题，提出加强食品安全法的学习宣传、健全食品监管机制、抓好群防群治工作、加大政府投入、解决突出问题等5项整改工作建议，对于促使食品安全突出问题得到有效解决将起到重要作用。检查城乡规划法实施情况，提出加大宣传普及力度、加快规划编制工作进度、强化城乡规划管理，加大城乡规划执法力度等4项整改工作建议，督促强化规划权威性和严肃性，从源头上控制违法建设的发生。受省人大常委会委托，对未成年人保护法、专利法实施情况进行检查。

【考察调研】 组织驻市全国、省、市人大代表进行10次集中考察调研，提出多渠道加大扶贫开发投入力度、强化新农合监管工作等一批好的建议和意见。考察全市公共文化体育设施建设情况，提出高度重视公共文化体育设施建设工作、统筹规划建设、加大投入力度、强化管理维护，真正满足人民群众日益增长的物质文化需求等建议。考察全市重点项目建设情况，支持和鼓励建设单位攻坚破难、你追我赶、创新争先，督促有关方面积极争取上级政策和资金、项目，破解要素瓶颈制约，注重质量、效益、惠民，努力做到建一个工程献一份敬意、添一道风景、造一处福祉、生一块红利，把重点工程办成民生工程。考察广安经济技术开发区、枣山物流商贸园区、协兴生态文化旅游园区及官盛新区、前锋工业园区建设情况，促进新区竞相跨越发展。考察全市农村公路建设和客运网络发展情况，要求加大农村公路建设力度，积极处理好管理与服务的关系，切实解决农村群众出行难、出行贵问题。考察全市扶贫移民工作，提出深化对扶贫移民工作的认识、科学编制并实施好扶贫移民规划、多渠道加大扶贫开发投入力度、加强扶贫项目资金监管、积极探索建立扶贫移民工作长效机制、真正实现扶贫移民工作目标等建议，督促贫困地区群众生产生活困难和基础设施落后等问题得到有效解决。调研全市电力建设及供电服务工作，推动继续加大电力建设力度、依法加强电力设施保护，整治供变电站周边安全隐患，推进城市“弃管小区”老旧电力设施的维护和更新，巩固提高供电质量和便民利民服务水平。调研全市医德医风建设情况，提出提高认识、健全机制、改革创新、强化统筹、强化新农合监管工作等意见建议。调研全市职业教育改革发展情况、全市城乡“低保”工作、民间投融资中介监管等工作，提出意见和建议。

【人事任免】 坚持党管干部和人大依法任免有机统一，充分发扬民主，严格依法办事，确保任免工作公正性和严肃性。任命国家工作人员27人，补选2人，免职12人，接受辞职3人，实现市委人事安排格局，保证市政府机构改革方案顺利实施。坚持和完善任前法律知识考试、汇报任职打算、颁发任免书等制度。加强对被任命人员的任后监督，建立任期实绩档案，要求被任命人员按时报送任期工作规划和年度工作总结。认真研究县、乡人大换届选举工作中出现的新情况、新问题，切实加强工作指导和协调，确保换届选举工作顺利进行。

【代表工作】 深入开展代表联系群众工作。制定《关于进一步深化代表联系群众工作的实施意见》，以“我当代表我为民”履职主题活动为载体，在完善全域覆盖、拓宽联系渠道、改进联系方式、丰富联系内容、保持联系常态等方面健全制度、优化机制，注重实效，推动代表联系群众工作制度化、规范化、常态化。2014年，全市34个市人大代表小组，开展各项活动76次，提出意见、建议135条。组织部分国、省、市人大代表对现代农业发展、旅游业发展、工业园区建设等进行专题调研或集中考察，形成调研报告18篇，考察报告16篇。优化“邓小平故里·广安人大网”，其“代表直通车”升级网页版，开通手机版，新增“通知通报、知情知政、代表履职、代表建议和代表论坛”五大版块，市人大代表通过电脑或手机即可免费应用。2014年，通过“广安人大网”公开常委会文件100余件、工作动态2500余件，更新代表履职情况1100余次，常委会组成人员通过“代表直通车”定期与市人大代表在线交流共计120余次，代表上网反映意见建议70余则，经梳理归纳12条作为闭会期间代表建议，已交相关部门研究办理并答复代表。加强代表履职的服务与保障。2014年，市人大代表列席常委会会议、参与常委会考察、调研、工作评议、执法检查等活动达325人次，多数常委会会议和活动还邀请国、省、县、乡人大代表及县、乡人大工作者参与。继续为每位市人大代表订阅《中国人大》《人民权力报》和《民主法制建设》，寄送《广安市人大常委会公报》《广安人大工作》等文件资料。按预算足额划拨市人大代表活动经费，强化使用管理，切实保障代表依法履职。认真督办代表建议批评意见。市四届人大五次会议以来，市人大代表提出的161件建议批评意见（其中会间149件、会后12件），已全部按时办结并答复代表。创新开展重点督办工作，对代表提出的《关于从源头上治理胡家河流域水质污染的建议》《关于改善学前教育师资问题的建议》《关于加强中小学校周边食品安全的建议》等9件建议案和《关于对广安市小车驾照考试中一些做法的批评》1件批评案进行重点督办，督促办理单位抓落实、求实效，协调处理督办中的困难和问题，推动一些关系群众切身利益、社会各方反映强烈问题的妥善解决。

【备案审查】　加强与市政府法制部门、区市县人大常委会的联系，进一步完善和规范工作程序，做好规范性文件备案审查，2014年市人大常委会共备案审查规范性文件194件。其中，市人民政府107件，广安区人大常委会15件，前锋区人大常委会19件，华蓥市人大常委会21件，岳池县人大常委会11件，武胜县人大常委会8件，邻水县人大常委会13件。市人大常委会依法向省人大报备规范性文件16件。

【自身建设】　扎实开展党的群众路线教育实践活动。常委会党组和机关认真贯彻中央、省委、市委决策部署，围绕中心、服务大局，贯彻党章要求，认真履职尽责，自身建设取得明显成效。突出“为民务实清廉”主题，按照“照镜子、正衣冠、洗洗澡、治治病”的总要求，全面开展学习教育、听取意见，查摆问题、开展批评，整改落实、建章立制和“回头看”活动。通过开门整风，广泛征集意见建议。以问题为导向，抓对照剖析、对号整改，每个党员干部都写出鞭辟入里的剖析材料，开展刺刀见红的批评与自我批评，接受触及灵魂的思想洗礼，收到洗心治病的良好效果。常委会机关建立和修订25项工作制度，制定6个方面、90条具体整改措施并逐一落实，干部队伍思想建设、作风建设、制度建设取得重大进展，党建工作和机关管理、运行效率得到明显提高。进一步强化能力建设。坚持把加强学习作为提升常委会组成人员履职能力的基本功，认真学习习总书记系列重要讲话，及时学习宣传贯彻党的十八届三中、四中全会精神，学习省委、市委重要文件，不断增强政治意识和大局观念。组织召开常委会组成人员学习会，学习讨论习总书记在全国人民代表大会成立60周年大会上的重要讲话，学习宪法、立法法、预算法、行政诉讼法等法律法规，不断增强法律素养和依法履职能力。认真贯彻民主集中制原则，坚持做到民主决策、集体行权。加强人大宣传工作。致力宣传人民代表大会制度、宣传人大代表依法履职和联系群众工作，报道和公开人大工作。2014年，广安市在四川省第23届人大好新闻评选中，获奖数量和等次均名列各市州第一。人大工作信息化建设取得新的进展，“邓小平故里·广安人大网”点击量近20万人次，其中20余条信息被“中国人大网”采用。

【领导人】　人大常委会领导：主任、党组书记：余仪，副主任：康永恒、敬世波、张建华、易铭珅、蔡学勤。

人大常委会各专委会领导：

法制委主任：刘明川，副主任：廖劲松、刘卫东。

内司委主任：刘有德，副主任：杨仕太、杨全能。

财经委主任：陈绪凯，副主任：夏克梦、甘慧英、赖元平。

农业与农村委员会主任：杨润生，副主任：李世建、冯昌安。

教育科学文化卫生委员会主任：侯国永，副主任：谢光忠、邱秋、李小平。

城乡建设环境资源保护委员会主任：秦小平，副主任：刘俊、李学渊、黎国斌。

民族宗教外事侨务委员会主任：龙汉洲，副主任：唐伦轩、张锦林、何巨峰。

（李汶锶）

广安市人民政府

第四届人民政府会议

【全体会议】 2月18日，市委副书记、市长罗增斌在市政府三楼会议厅主持召开四届广安市人民政府第四次全体会议。各位副市长、市政府秘书长、副秘书长以及各县（区、市）政府、广安经开区管委会、枣山园区管委会、协兴园区管委会、市政府工作部门、各直属机构主要负责人参加会议。7月25日，市委副书记、市长罗增斌在市政府三楼会议厅主持召开四届广安市人民政府第五次全体会议。各副市长、市政府秘书长、副秘书长以及各县（区、市）政府、广安经开区管委会、枣山园区管委会、协兴园区管委会、市政府工作部门、各直属机构主要负责人参加会议。

【常务会议】 1月15日，市委副书记、市长罗增斌在市政府8楼常务会议室主持召开四届广安市人民政府第29次常务会议。副市长肖友才、刘和斌、邓文国、席世洪、陈捷，市政府秘书长蔡学勤出席会议。会前学习《四川省城乡环境综合治理条例》，会议传达学习市委经济工作暨城镇化工作会议精神并安排部署2014年经济工作及一季度“开门红”工作，审议《广安市农村公路建设养护管理办法》《市住房和城乡规划建设局关于全市城镇生活污水处理厂（站）运行情况的报告》《市统计局关于认真贯彻落实〈省政府关于依法统计提高数据质量的意见〉有关情况的报告》《前锋区政府关于特许西部牛仔产业园污水处理厂处理前锋城区生活污水的请示》有关事宜，研究人事任免。

2月13日，市委副书记、市长罗增斌在市政府8楼常务会议室主持召开四届广安市人民政府第30次常务会议。副市长肖友才、刘和斌、邓文国、陈全禄、席世洪、陈捷、钟志荣，市政府秘书长蔡学勤出席会议。会前学习《中华人民共和国突发事件应对法》，讨论《政府工作报告》（审议稿）《关于广安市2013年国民经济和社会发展计划执行情况及2014年计划草案的报告》（审议稿）和《关于广安市2013年财政预算计划执行情况及2014年财政预算草案的报告》（审议稿），审议《关于深入推进义务教育均衡发展的实施意见》《关于2014年安全生产工作意见》《关于广安区“9·13”较大火灾事故调查报告》《市投资促进委关于2013年度全市招商引资工作目标考核情况的报告》《市人力资源社会保障局关于给市财政局集体记功的请示》有关事宜。

3月17日，市委副书记、市长罗增斌在市政府8楼常务会议室主持召开四届广安市人民政府第31次常务会议。副市长肖友才、刘和斌、邓文国、陈全禄、席世洪、陈捷，市政府秘书长蔡学勤出席会议。会前学习刑法原理及渎职罪相关规定，审议《关于2014年深化行政审批制度改革工作的实施意见》《关于进一步推进民营经济又好又快发展的意见》《广安市工业项目用地管理办法（试行）》《关于枣山园区北片区3条骨架道路采用抽签招标确定中标人的请示》《广安市安全生产目标管理奖励暂行办法》有关事宜，安排部署当前工作，研究人事任免。

4月15日，市委副书记、市长罗增斌在市政府8楼常务会议室主持召开四届广安市人民政府第32次常务会议。副市长肖友才、刘和斌、邓文国、席世洪、陈捷出席会议。会前学习行政诉讼及国家赔偿法律制度，审议《关于落实〈政府工作报告〉重点工作部门分工的意见》，分析全市一季度经济形势，听取广安参加“中外知名企业四川行”情况汇报，审议《广安市乡镇生活污水处理设施建设运行管理暂行办法》《促进健康服务业发展实施方案》《关于深入推进森林城市建设加快发展民生林业的意见》《广安市安全生产举报奖励办法》《关于支持农村信用社改革发展的意见》《广安市监察局关于给予王德明行政记过处分的请示》有关事宜，研究人事任免。

5月6日上午，市委副书记、市长罗增斌在市政府8楼常务会议室主持召开四届广安市人民政府第33次常务会议。副市长肖友才、刘和斌、邓文国、陈全禄、席世洪、陈捷、钟志荣出席会议，会前学习《行政监察法》，审议《关于全市政府职能转变和机构改革的实施意见》《华蓥市工业发展区城市骨干道路工程BT建设招投资人方案》《广安市市直机关差旅费管理办法》《广安发展建设集团有限公司领导层成员2013年度绩效考核薪酬发放的请示》有关事宜，听取全市环境保护工作情况汇报。

6月5日上午，市委副书记、市长罗增斌在市政府8楼常务会议室主持召开四届广安市人民政府第34次常务会议。副市长肖友才、陈全禄、席世洪、陈捷、钟志荣出席会议，会前学习《政府信息公开条例》，研究促进当前经济稳增长工作措施，听取市防汛抗旱指挥部2014年汛前检查情况汇报，审议《广安市地名管理实施办法》《关于进一步加快农村客运发展的通知》《广安市重性精神病人救治救助办法》《广安市政府投资项目BT、BOT建设方式监督管理办法（试行）》（修订稿）《岳池余家河特色景观区BT项目融资建设方案》《广安市岳池（九龙）至华蓥（阳和）干线公路联网畅通工程清溪口—铜堡段及蓥城连接线BT建设招标方案》《市政府全体会议、常务会议议定事项跟踪落实制度》《市人力资源社会保障局关于给广安市林业局集体记功的请示》有关事宜，安排近期工作。

7月3日上午，市委常委、常务副市长肖友才在市政府8楼常务会议室主持召开四届广安市人民政府第35次常务会议。副市长刘和斌、邓文国、陈全禄、席世洪、陈捷出席会议。会前学习《中华人民共和国档案法》，审议《市民政局关于提高城乡居民最低生活保障标准的请示》《市发展改革委关于调整污水处理直接运行费用的请示》《广安市2014年最低工资标准调整方案》《关于进一步规范国家投资工程建设项目招标投标工作的若干意见》有关事宜，听取市农业局、市林业局关于全市农村土地承包经营权流转情况的汇报，研究人事任免。

7月30日下午，市委副书记、市长罗增斌在市政府8楼常务会议室主持召开四届广安市人民政府第36次常务会议。副市长肖友才、刘和斌、邓文国、陈全禄、陈捷、钟志荣，市政府秘书长胡彦军出席会议。会前学习《中华人民共和国城乡规划法》，审议《关于实行最严格水资源管理制度责任分工的通知》《市民政局关于调整义务兵家庭优待金标准的请示》《关于进一步鼓励和引导社会资本举办医疗机构的实施意见》《市综治委关于表彰见义勇为群体和个人的请示》《市国土资源局市财政局关于调整市本级城市规划区内划拨用地成本价的请示》《市粮食局关于广安市粮食储备库仓储设施建设项目增加工程量及投资的请示》《市国资委关于广安发展建设集团有限公司年度经营业绩考核实施细则及2014年目标值的报告》有关事宜，研究人事任免。

8月29日上午，市委副书记、市长罗增斌在市政府8楼常务会议室主持召开四届广安市人民政府第37次常务会议。副市长刘和斌、邓文国、陈全禄、席世洪、陈捷、钟志荣，市政府秘书长胡彦军出席会议。审议《广安市城市总体规划（2013—2030）》《关于调整全市2014年度投资1000万元以上重大项目（含市级重点项目）计划》《广安市农村土地承包经营权流转管理实施办法（试行）》《关于进一步加强公路路政管理工作的通知》《市民政局关于邻水县石滓乡、三古乡撤乡设镇审查情况的报告》《广安交通投资建设开发集团有限责任公司章程》《市监察局关于给予袁东平开除公职处分的请示》有关事宜，听取市人大代表议案、建议和市政协提案办理工作情况的汇报，研究人事任免。

9月24日上午，市委副书记、市长罗增斌在市政府8楼常务会议室主持召开四届广安市人民政府第38次常务会议。副市长肖友才、刘和斌、陈全禄、席世洪、陈捷、钟志荣，市政府秘书长胡彦军出席会议。会前学习《四川省规范行政执法裁量权规定》，听取全市招商引资签约项目推进情况汇报，审议《关于推进依法治市加快法治政府建设的实施意见》《关于进一步加快发展养老服务业的实施意见》《广安市突发环境事件应急预案》（修订稿）《市第二次全国土地调查领导小组办公室关于全市第二次土地调查数据成果衔接情况报告》《邓小平故里管理局关于邓小平缅怀馆土建及设备工程增加工程量的请示》《广安交通投资集团有限责任公司关于调整市区城市公交车票价的社会稳定风险评估报告》有关事宜，安排部署当前重点工作。

10月16日上午，市委副书记、市长罗增斌在市政府8楼常务会议室主持召开四届广安市人民政府第39次常务会议研究人事任免。副市长肖友才、刘和斌、邓文国、陈全禄、席世洪、陈捷、钟志荣，市政府秘书长胡彦军出席会议。

10月21日上午，市委副书记、市长罗增斌在市政府8楼常务会议室主持召开四届广安市人民政府第40次常务会议。副市长肖友才、刘和斌、邓文国、陈全禄，市政府秘书长胡彦军出席会议。会议分析全市前三季度经济运行情况，审议《关于建立统一的城乡居民基本养老保险制度的实施意见》《广安市社会保险费征缴管理办法》《广安市城镇居民基本医疗保险市级统筹办法》《广安市开展城乡居民大病保险工作的实施方案》《关于进一步加快发展服务业的意见》《广安市煤矿企业兼并重组工作领导小组办公室关于预拨2014年度广安市整顿关闭煤矿补助（奖励）资金的请示》有关事宜。

11月3日上午，市委副书记、市长罗增斌在市政府8楼常务会议室主持召开四届广安市人民政府第41次常务会议。副市长刘和斌、邓文国、陈全禄、席世洪、钟志荣，市政府秘书长胡彦军出席会议。会前学习《物权法》，审议《广安市行政机关首长出庭应诉工作办法》《关于规范外贸出口奖励有关事项的通知》《关于表扬广安市参加四川省第十二届运动会先进集体、先进个人的通报》《市城管执法局关于调整城市管理相对集中行政处罚权实施区域的请示》《广安市第七届科技进步奖拟奖励项目》《广安市食品药品违法行为举报奖励办法（试行）》有关事宜，研究人事任免。

11月17日下午，市委副书记、市长罗增斌在市政府8楼常务会议室主持召开四届广安市人民政府第42次常务会议。副市长刘和斌、邓文国、陈捷、钟志荣，市政府秘书长胡彦军出席会议。会前学习国有土地上房屋征收与补偿制度，学习魏宏省长在省政府第66次常务会议上的讲话并研究贯彻意见，审议《市发展改革委关于2014年固定资产投资目标任务调整方案》《关于深化投融资体制改革的实施意见》《政府核准的投资项目目录（广安市2014年本）》《市住房公积金管委会关于调整全市住房公积金缴存基数、比例的请示》《广安市爱国卫生管理实施细则》（修订稿）《〈广安市征地补偿安置办法〉解释意见》《广安农村商业银行股份有限公司筹建工作方案》有关事宜。

11月25日上午，市委副书记、市长罗增斌在市政府8楼常务会议室主持召开四届广安市人民政府第43次常务会议。副市长肖友才、刘和斌、邓文国、陈全禄、席世洪、陈捷、钟志荣，市政府秘书长胡彦军出席会议。会前学习新《预算法》，传达学习省委十届五次全会精神并研究广安市依法行政和法治政府建设工作，审议《关于进一步加强政府投资项目管理规定的通知》《关于进一步规范国家投资工程建设项目招标投标工作的实施意见》《关于进一步加强政务公开工作的通知》《关于进一步加强土地利用管理规范土地出让工作的通知》《转发〈省政府关于进一步加强矿产资源开发管理的规定〉》《转发〈省政府关于深化行政审批制度改革进一步加强建章立制工作的意见〉》《转发〈省政府关于进一步加强财政资金管理规定〉》《转发〈省政府关于创新政府采购机制加强政府采购监管工作的意见〉》《转发〈省政府关于进一步加强企业国有产权转让管理规定〉》有关事宜，安排部署当前重点工作。

12月17日上午，市委副书记、市长罗增斌在市政府8楼常务会议室主持召开四届广安市人民政府第44次常务会议。副市长肖友才、刘和斌、席世洪、陈捷、钟志荣，市政府秘书长胡彦军出席会议。审议《关于实施川东北经济区发展规划重点任务分工方案》《广安市企业职工基本养老保险市级统筹实施办法》《关于推进政府向社会力量购买服务工作的实施意见》《广安市工商登记制度改革工作方案》《健全住房保障体系专项改革工作方案》《广安市推广新型建材和绿色建筑奖励办法》《市住房城乡规划建设局关于万盛街街道综合整治工程增减工程量有关情况的报告》《关于设立“广安市青少年科技创新市长奖”》《广安市国家教育招生考试经费开支标准及管理办法》有关事宜，研究人事任免。

12月25日下午，市委副书记、市长罗增斌在市政府8楼常务会议室主持召开四届广安市人民政府第45次常务会议。副市长肖友才、邓文国、陈全禄、席世洪、陈捷、钟志荣，市政府秘书长胡彦军出席会议。会前学习《统计法》，传达省委经济工作会议精神并研究广安市贯彻意见，审议《关于依托多层次资本市场加快实体经济发展的意见》《广安市岳池九龙至华蓥阳和干线公路工程（枣山至清溪口大桥段）投资人招标文件》《2015年广安市人民政府常务会议学法方案》有关事宜，安排部署当前工作，研究人事任免。

（米　成）

工作综述

【概况】 2014年，全市实现地区生产总值919.6亿元、增长10.2%，增速居全省第2位；全社会固定资产投资、服务业增加值增速均居全省第1位，地方一般公共预算收入、城乡居民收入增速均居全省第5位，社会消费品零售总额、规上工业增加值增速均居全省第8位。

【筹办纪念活动】 按照隆重、热烈、简朴、务实原则，精心筹办邓小平诞辰110周年纪念活动，掀起缅怀小平、感恩奋进的热潮，加快广安发展，惠及广大群众。统筹建设主体纪念设施。全面完成邓小平缅怀馆建设和邓小平故居陈列馆改陈工作，恢复改造翰林院子等邓小平青少年时期活动场所，进一步丰富邓小平故里爱国主义教育基地内涵。精心组织主题纪念活动。成功承办省委在广安召开的纪念座谈会，积极协调中国文联文艺志愿服务团、中央电视台“心连心”艺术团先后到广安开展慰问演出，与人民网共同建设邓小平纪念网，与中国邮政总公司共同发行邓小平诞生110周年纪念邮票，参与并承办在香港、澳门举办的“光辉历程——纪念邓小平诞辰110周年大型展览”，在中国美术馆举行《春天的故事——全国版画艺术精品展》，举办“感恩小平·中国梦在广安”大型文艺晚会，组织开展广场音乐诗会、焰火晚会、全民健身跑等大规模群众纪念活动，各项活动的成功举办，营造缅怀小平的浓厚氛围。广泛开展感恩作贡献活动。组织开展“感恩小平·我为小平家乡发展作贡献”活动，动员社会各界参与“感恩小平·共建广安”活动，争取中宣部、国家发改委、财政部等部委“两馆”建设布展资金1.7亿元，衔接落实兄弟市州捐赠资金1.9亿元、驻川部队捐赠1300万元、社会捐赠3.4亿元；规划实施市民广场及文化综合体等36个重大民生项目，在全社会凝聚起感恩小平共促发展的强大合力。

【稳定经济增长】　及时研究出台20条稳增长措施及一系列配套政策，从多方面稳定经济增势。充分发挥投资对稳增长的关键作用。突出抓好基础设施、节能环保、民生保障等领域投资，重点实施一批夯基础、补短板、增后劲、惠民生的重大项目，417个投资1000万元以上项目完成投资575.8亿元，长明高新技术产业园、玖源化工窑法磷酸、希施凯手机整机生产等项目开工建设，巴广渝高速及遂广高速广安段、宏威新材料等项目加快建设，玖源化工一期、诚信化工二期、临港大市场等项目竣工投产，兰渝铁路广安支线全面建成，广安至成都开通动车，广安进入动车时代。全社会固定资产投资总额达919.2亿元、增长36.7%。着力发挥消费对稳增长的基础作用。加强城乡消费基础设施建设，完善城乡市场体系，摩尔春天、华润万家、欧丹百货、岳池东湖城市综合体等投入营运，枣山现代粮食物流园区、农产品批发市场一期建成，武胜、邻水农产品产地批发市场建设有序推进；积极参加全川市场拓展“三大活动”，组织开展名优特产、汽车、家居建材等各类展销会，培育一批消费热点，实现社会消费品零售总额330.4亿元、增长13.1%。积极发挥工业对稳增长的主体作用。针对年初工业增速低迷状况，实施“一企一策”，加强分类指导，开展“入企结对帮扶稳增长”活动，协调解决企业市场拓展、融资、用地等困难，工业经济实现企稳回升，规上工业总产值实现1330.4亿元、增加值增长10.2%。大力实施大企业大集团培育计划，重点扶持小微企业发展，新注册小微企业1367户，新增规模以上企业71户。加快推进产业园区建设，新拓展面积56.6平方千米，园区基础设施和功能进一步配套完善。切实发挥生产要素对稳增长的保障作用。搭建合作平台，加强银企对接，支持实体经济发展，新增贷款90.29亿元、增速居全省第6位；加快推进城乡建设用地增减挂钩和工矿废弃地复垦利用试点，获批新增建设用地指标1033公顷。继续实施电煤调运“绿色通道”制度，协调争取天然气指标和直购电政策，广安发电厂、玖源化工生产用煤用气得到保障，诚信化工、华油LNG等重点企业享受直购电政策。

【科技创新】　加快科技创新平台建设，深化与中关村、中国农科院务实合作；发展“院士经济”，与尤政院士团队建设清华大学广安新能源研究院，与李长明院士团队设立西南高端产业技术研究院；实施重大科技成果转化项目15项、技术创新项目37项，成功创建省级企业技术中心5家，培育国家级高新技术企业9家，获得发明专利授权15件，荣获省政府科技进步奖4项，高新技术产业总产值达399.9亿元、增长33%。

【新型工业化】　继续改造提升传统产业，实施重大技改项目78个，完成技改投入158.3亿元；关闭地方小煤矿8处、淘汰落后产能65万吨；出台支持精细化工、生物医药、电子信息、节能环保新材料、新型住宅制造、高端装备制造等六大高端成长型产业及百亿产业发展的政策措施，潜力产业和战略性新兴产业实现产值249亿元，占比提高2个百分点。节能降耗成效明显，单位工业增加值能耗下降6.74%，单位GDP能耗下降3.87%。

【现代服务业】　扎实推进省级服务业综合改革试点市和现代物流业发展试点示范市建设，制定实施促进服务业发展的意见，重点培育发展电子商务、现代物流、现代金融、科技服务、养老健康、通信服务等六大新兴先导型服务业，实现增加值79.6亿元，占服务业比重达28.3%；旅游业快速发展，新创建国家AAAA级景区4个，成功举办“5·19”中国旅游日广安主会场活动，红色文化影视城一期投入营运，全市实现旅游收入194.6亿元、增长43.8%；保险业健康发展，理赔金额11.7亿元。全年实现服务业增加值281亿元、增长11.7%。

【农业产业化】　加快推进国家现代农业示范区建设，大力实施现代农业和产村相融“111”工程，建成万亩以上现代农业园区83个87万亩、畜禽标准化规模养殖场（小区）5227个；狠抓农产品品牌建设，新发展无公害、绿色、有机农产品和地理标志农产品47个，成功推出“邓小平故里华蓥山优质农产品”公用品牌；粮食产量达到185.7万吨，农业实现增产增效。抓好农田水利项目建设，全民水库增容改造、西溪河堤防一二期工程全面完工，七一水库扩改建工程、关门石和天池湖水库渠系配套项目加快建设，猫儿沟、回龙寺、应家沟水库开工建设，新增恢复改善有效灌面18.7万亩，新建供水工程663处，解决19.17万人饮水问题。农业机械化综合水平达到55.2%。

【城乡建设】 加快东南片区、官盛新区建设，推进化龙沟、岔路口等片区旧城改造，完成主城区金安大道、建安路、五福西路市政配套建设，开工建设保障性住房和棚户区改造38376套，新增城镇面积21.5平方千米，城镇化率提高1.52个百分点。推进智慧城市和“宽带乡村”工程建设，建成投运城市公共自行车服务系统，全面启动“双违”治理，城市管理水平不断提高。启动建设30个特色集镇，13个镇获评全国重点镇，建成幸福美丽新村30个、新农村聚居点488个；8个新型房屋示范点564套房屋全部竣工。着力完善城乡交通体系。彭枣路、流杯滩渠江大桥、广岳大道等工程建成通车，广安渠江航道、广华大道等工程加快建设，渠江官盛大桥开工建设，广安市过境高速公路东环线及渝广高速支线、广安枣山客运枢纽站等项目前期工作快速推进；建成农村公路1221.8千米，完成公路安保设施600千米；新发展农村客运片区22个，新增和更新农村客运车辆175辆。

【生态环境】 启动实施华蓥山区生态修复工程，大熊猫入住华蓥山野化放归培训基地。全面开展“洁净水”行动，重点推进西溪河、芦溪河、大洪湖、五排水水库及长滩寺河等流域污染治理，建成乡（镇）生活污水处理厂（站）96座，嘉陵江、渠江出境断面水质达标，城区、乡（镇）集中式饮用水源地水质达标率分别为100%、85%。加强大气污染防治，PM2.5空气自动监测站、邻水县机动车尾气检测中心建成投运。市垃圾焚烧发电厂基本竣工。巩固国家森林城市创建成果，加强石漠化、地质灾害、水土流失治理，森林覆盖率达到38.9%。

【深化改革】 按照市委四届七次全会决定的改革“时间表”和“路线图”，出台实施一系列重大改革方案，启动或完成32项改革事项。在简政放权上，市本级取消、下放40项行政审批事项；实施商事制度改革，新登记企业增长58.9%。在政府机构改革上，农业与农机畜牧、卫生与人口计生、教育与体育、科学技术和知识产权、财政与国资等职能整合全面完成，落实工商、质监下划地方管理，事业单位分类改革稳步推进，广电网络完成改制。在财税体制改革上，开展税收分享体制改革，完善市区财政体制，推进“营改增”改革试点，深化绩效预算管理和国库管理改革，启动综合治税平台建设。在投融资体制和金融改革上，推出鼓励社会投资重大项目，扩大民间投资领域；探索实施“PPP”模式治理水环境；推进企业债券发行，邓小平故里发展基金启动运营；武胜信用联社改制成农村商业银行，华蓥和邻水信用联社改制正式启动。在农村综合配套改革上，全面开展农村集体土地承包经营权确权登记颁证工作，新增土地流转面积13.14万亩；大力培育新型农业经营主体，新增家庭农场9个、农民专业合作社295个。

【开放合作】 加快推进川渝合作示范区、承接产业转移示范区建设，深化与长三角、珠三角等发达地区的合作，与重庆经济协作区、川东北经济区在基础设施、产业发展、公共服务等领域合作取得新的进展；依托“中外知名企业四川行”、西博会、渝洽会等重大平台，有效开展“感恩小平·投资广安”系列投资促进活动，广安—深圳合作产业园挂牌并启动建设，成都农商行、重庆银行入驻广安，全年引进项目950个、到位资金815.6亿元。调整外贸出口扶持政策，加强生产型出口企业培育，鼓励企业开拓国际市场，实现外贸出口10.7亿美元、增长9.6%，总量居全省第4位。

【多点多极发展】 2014年，创新构建“6+4+4”（6个区市县+国家级经开区、枣山物流商贸园区、协兴生态文化旅游园区、华蓥山旅游文化景区+广安发展建设集团、交通投资建设开发集团、金财投融资集团、检验检测集团）多点多极支撑发展战略。广安区建成官盛新区10平方千米雏形，启动临港都市产业园建设，进入四川省首批旅游十强县。前锋区基本形成15平方千米城市骨架路网，城市综合体规划设计方案获得国家级金奖，轻纺和装备制造两大主导产业快速壮大。华蓥市资源枯竭型城市加快转型，电子信息产业实现由零部件加工到手机整机生产的历史跨越，高兴铁路物流园区纳入省级规划。岳池县被评为全省县域经济发展先进县，大力发展医药产业集群，入园企业快速增加。武胜县创建为全国休闲农业与乡村旅游示范县，宝箴塞旅游区、白坪—飞龙乡村旅游度假区创建为国家AAAA级景区，太极湖列为国家级水利风景区。邻水县成功创建为全省生产性服务业功能示范区，渝广共建机电产业园快速发展，以汽摩配件为主的机电产业成为首个百亿级产业集群，高滩工业园被授予“重庆空港工业配套园”。广安经开区加快建设千亿级产业园区，精细化工、新材料、新型住宅等产业链条不断延伸，拓展园区面积10.5平方千米，基本形成30.8平方千米道路骨架。枣山园区10平方千米基础设施基本完成，一批商贸物流专业市场快速建设。协兴园区建成20平方千米骨干路网，生态、文化、旅游等产业龙头项目相继落地，爱国主义教育基地影响力进一步提升。同时，充分运用市场法则，推动投融资平台建设，广安发展建设集团全年直接融资5.66亿元，广安交通投资建设开发集团、广安金财投融资集团完成组建并投入运行。华蓥山旅游文化景区、检验检测集团正在筹备中。

【民生工作】　整合公共资源，加大民生投入，民生支出131.1亿元，占一般公共预算支出的70%。完成省市民生项目143个，解决一批群众关心的上学难、就医难、出行难、饮水难等实际问题。全面实施精准扶贫，减少贫困人口9.25万。积极应对“9·13”特大暴雨洪灾，灾后重建有力有序开展。城镇居民人均可支配收入24475元、增长10.2%，农民人均纯收入9514元、增长12%。切实加强就业促进和社会保障工作。积极开发公益性就业岗位，新增城镇就业5.01万人，城镇登记失业率控制在3.58%；建立统一的城乡居民养老保险制度，稳步推进城镇居民基本医疗保险、企业职工基本养老保险市级统筹，城乡居民大病保险和灵活就业人员参加职工基本医疗保险制度全面实施，社会保险覆盖人数达到287.16万人。连续十年上调企业职工养老保险待遇，两次提高城乡低保标准。社会养老服务体系加快建设。

【社会事业】　部省共建教育改革试验区建设取得新进展。启动第二期学前教育三年行动计划，新建城乡公办幼儿园21所；大力实施义务教育学校标准化建设，新改扩建学校106所，城镇学校大班额问题得到有效缓解；实施特殊教育提升计划，适龄残疾儿童入学率达92%；广安职业技术学院创省级示范性高职院校接受中期验收，武胜职专创国家中职改革发展示范校通过阶段性评估；与北京师范大学合作建设邓小平城乡发展学院。全民健身运动和群众体育活动蓬勃开展；竞技体育成果丰硕，在省十二运会上取得16枚金牌、创历史最好成绩，在省残运会及特奥会上名列金牌榜第三名。成功创建第四届全国文明城市。加快构建现代公共文化服务体系，建成广安大剧院、市文化中心，文化创意、文艺演展、城市影院等文化产业加速培育。文化遗产保护得到加强，武胜县被命名为“中国民间文化艺术之乡”，岳池曲剧列入省级非物质文化遗产名录。县级公立医院综合改革深入实施。初步建立分级诊疗制度。新型农村合作医疗参合率达99.2%。

【公共管理】　“120”急救指挥系统实现全市统一调度，市全科医生培训基地建成投运，新增民营医疗机构6家，传染病发病率低于全省平均水平；“单独两孩”政策得到落实，人口自然增长率2.36‰。全面推进社会依法治理。广泛开展法治示范创建活动，“六五”普法获全国表彰，“一标三实”基础信息采集综合绩效全省第一；加强食品药品和工商行政监管，清理整顿投融资秩序；狠抓煤矿、非煤矿山安全生产，集中开展道路交通安全综合整治攻坚年行动和火灾防控专项行动，全市安全生产事故起数、死亡人数分别下降24.3%、10.4%，未发生重特大安全生产事故；深化平安广安建设，成立广安市国家安全局，建立应急联动指挥中心，有效组织重大活动安全保卫，全面开展“五大民生警务”活动，积极预防和化解社会矛盾，依法打击各类刑事犯罪活动，有效防控暴力恐怖犯罪，社会大局保持稳定。

【自身建设】　认真开展群众路线教育实践活动。全面贯彻落实中央八项规定、省委省政府十项规定，强力整治“四风”突出问题，扎实开展“9+3+X”专项整治，重点纠正“说假话、执行不力、作风不实”等问题，查处“四风”问题案件180件，党纪政纪处分218人，全市政风行风明显好转。大力推进法治政府建设。深入实施依法治市纲要，坚持市政府常务会学法，完善市政府法律顾问团制度，强化行政决策合法性审查，规范行政执法裁量权，加强行政决策风险评估，推进行政权力依法规范公开运行。深化政务信息公开，大力推行“网络理政”“在线访谈”，有效促进政民交流互动。主动接受市人大及其常委会的法律监督、工作监督和市政协民主监督，充分听取各民主党派、工商联、无党派人士和人民团体的意见，办理人大代表议案建议154件、政协提案248件，办复率和满意率均为100%。切实加强廉政风险防控。出台规范政府投资项目招投标、土地及矿产资源出让、公共资源交易、财政资金管理等规范性文件21个，努力把行政权力关进制度的笼子；强化财政、审计监督和行政监察，主动接受群众监督和舆论监督，强化在监督下工作的机制和氛围。

【领导人】　市委副书记、市长：罗增斌；市委常委、副市长：肖友才；副市长刘和斌、邓文国、陈全禄、席世洪、陈捷、钟志荣、张瑛（11月起）；市政府秘书长：蔡学勤（5月止）、胡彦军（7月起）。

2014年广安市经济社会发展主要指标

表3

项　目	单　位	实　绩	比2013年增长（%）
地区生产总值	亿元	919. 6	10. 2
第一产业增加值	亿元	155. 7	4. 1
第二产业增加值	亿元	482. 9	11. 1
第三产业增加值	亿元	281. 0	11. 7
规上以上工业总产值	亿元	1330. 4	16. 2
非公有制经济增加值	亿元	529. 7	11. 3
农业总产值	亿元	265. 3	4. 2
粮食总产量	万吨	185. 7	-0. 5
生猪出栏	万头	425. 8	2. 0
家禽出栏	万只	2887. 5	2. 0
肉类总产量	万吨	35. 8	2. 1
社会消费品零售总额	亿元	330. 4	13. 1
全社会固定资产完成投资	亿元	919. 2	36. 7
地方财政一般预算收入	亿元	46. 0	17. 4
地方财政一般预算支出	亿元	186. 6	14. 8
旅游总收入	亿元	194. 6	43. 8
外贸进出口总额	亿美元	11. 1	12. 0
年末金融机构存款余额	亿元	1265. 2	151. 2
年末金融机构贷款余额	亿元	515. 0	21. 3
保费收入	亿元	32. 5	—
城镇居民人均可支配收入	元	24475	10. 2
农民人均纯收入	元	9514	12. 0
城市污水处理率	%	100	—
城市垃圾处理率	%	100	—
普通高校在校学生数	人	8590	7. 4
中小学在校学生数	万人	74. 4	—
广播综合覆盖率	%	97. 7	—
电视综合覆盖率	%	96. 2	—
有线电视入户率	%	80. 0	—
新型农村合作医疗参合率	%	99. 2	—
城镇登记失业率	%	3. 63	—

（米　成）

政府办公室工作

【统筹协调】　面对经济下行压力加大的严峻形势，协助市政府和各级各部门及时出台一系列稳增长、促改革、调结构、惠民生的政策举措，完成邓小平诞辰110周年纪念活动、2014年中国旅游日主会场活动等一系列繁重而艰巨的任务，充分体现市政府办公室在重大事情、重要关头的强大凝聚力和战斗力。加强领导活动统筹，坚持市政府活动每日预告和每周、每月通报制，协调好市政府领导出席的各种活动、会议，合理安排好行程、细节，抓好关键环节，确保万无一失。加强与市委办以及各区市县政府、市级各部门协调联系，通报情况，融洽关系，协调各区市县、各相关部门落实好市委、市政府的决策部署，共同形成抓工作、促发展强大合力。主动加强与市人大办、市政协办的工作衔接，协调相关各方切实做好人大代表、政协委员考察、专委会调研等各项准备工作，为人大代表、政协委员履行职能提供良好服务。

【参谋辅政】　敏锐把握中、省政策和重大工作部署，准确领会市政府领导意图，注重把上级精神和领导意图、工作实际有机结合，精心起草各类公文和讲话材料，做到“出点子、出思路、出精品”。围绕市委、市政府工作大局以及领导关心、群众关注的重点、难点、热点问题，主动深入基层、深入一线，开展调查研究，形成高质量调研报告，为领导决策提供参考。一年来，重点就落实稳增长措施、促进经济体制改革、推进特色集镇建设等方面进行调研，并组织起草《促进当前经济稳增长工作措施》《深化经济体制改革重点任务》等系列文件，撰写的《川渝合作示范区（广安片区）建设的实践与探索》《因地制宜，创新举措，加速推进新型城镇化》等50篇理论文章在中央、省、市刊物发表。坚持把政务信息作为领导掌握情况、分析问题、出台政策的有效载体，广泛收集整理信息，捕捉敏感动态信息，着重编报重点、热点信息，供领导参阅。全年编发《政务快讯》52期，编发政务内网工作动态信息4423条，向省政府办公厅报送政务信息1250条，82条被《川政晨讯》采用，4个专报信息被《要情专报》采用，2条信息得到省政府领导肯定性批示。

【文会办理】　严把文稿审核程序，从政策、体例、格式、内容、文字、校核等方面严格把关，坚持实行不合格公文退文制，政府系统公文质量显著提高，公文处理更加规范；严格公文审核时限，在办公室实行3天办文制度，公文运转效率进一步提高。严格发文规定，坚持实行“六不发”（上级公开发布市上无贯彻意见的不转发，无具体内容可发可不发的文件不发，可通过电话沟通、协调解决的不发文，已开会部署并明确工作任务的不发文，可用报刊、电视、网络等公布的不发文，凡属部门职责范围内的工作不以政府名义发文）工作原则，从源头上减少发文数量。2014年市政府共发文160个，同比减少24个、下降13.0%。完善会议工作规范，严格会议审批，严控会议规格，全市性会议数量明显下降，全年市政府组织召开全市性会议同比下降26.7%。坚持精细服务，注重环节管理，从会前准备、会中服务、会后落实各环节优化工作流程，重要会议落实专人值守，随时掌握会场情况，提供周到细致服务。2014年，高质量承办邓小平诞辰110周年活动有关座谈会、川东北片区县域经济发展座谈第二次联席会议、市政府全体会、常务会、专题会等重要会议，指导部门办会100余场次，均做到会场布置周到、会务服务细致、会议秩序井然，收到满意效果。

【政务信息】　加大政府信息公开力度，督促各地各部门扎实开展财政、保障性住房、食品安全、环境保护、招投标、生产安全事故、征地拆迁、价格和收费等八大重点领域信息公开，指导教育、医疗卫生、供水、供气、供电等公共企事业单位公开服务收费项目及标准，主动接受群众监督，方便群众办事。加强行政审批事项改革综合指导服务，督促“两集中、两到位”全面落实，指导乡（镇）便民服务中心标准化建设，行政审批服务环境更加优化便民。加强行政权力依法规范公开运行平台建设，督促各级各部门录入行权事项36907项，全市全年在行权运行平台办理事项14324件。加强电子政务大厅建设，市、县两级电子政务大厅全部建成运行，实现省市县三级互联互通，行政审批事项实现在线申请、在线咨询。加强市政府门户网站建设，创新建设形式，丰富网站内容，满足不同人群需求；开设《广安新闻》《乐游广安》《投资广安》等栏目，网站更新信息2万余条，网站点击量每天达10万人次，在全国地市级政府门户网站绩效评估中，2014年排位从2013年的167名提升至72名。开设网络理政平台，完善《市长信箱》《百姓话题》《民意直通车》《在线咨询》《在线访谈》等栏目，举办在线访谈12期，在线接受群众咨询1600余人次，受到广大群众好评。

【督查督办】　加强制度建设，制定《关于进一步加强政府督促检查工作的实施意见》《市政府全体会议、常务会议议定事项跟踪落实制度》，修订完善《广安市人民政府政务督促检查工作规则》，进一步促进政务督查工作制度化、规范化建设。围绕市委、市政府重大决策部署主动开展专项督查、跟踪督查，对市政府领导交办以及会议议定的事项，及时向部门交办，提出明确时限要求，联系科室随时电话跟踪、了解、督办，对办理落实不到位、问题解决不彻底的，要求做出书面说明、提出整改措施及时限，并一督到底，强化承办部门的执行意识，保证督办的重大事项落实到位。2014 年，组织开展专项督查 74 次，督办落实市政府常务会议议定事项、市政府主要领导批示交办事项 343 项，编发《督查通报》35 期；重点抓好邓小平诞辰 110 周年纪念工程、稳增长 20 条措施、投资 1000 万元以上重大项目建设、新型城镇化建设、道路交通安全整治、全民水库增容改造等重大事项的跟踪督办工作。认真做好“五排水水库及长滩寺河流域水污染治理”等人大代表议案、建议和政协委员提案办理工作，修订完善《关于办理人大代表建议、政协提案的规定》，全年共办理人大代表建议和政协委员提案 402 件，实现办结率、答复率、满意率 3 个 100%。

【队伍建设】 扎实开展党的群众路线教育实践活动，聚焦“四风”问题，深入开展“9+3+X”专项整治行动，对征求到的涉及市政府办的 46 条意见建议，逐项进行梳理，制定整改方案，狠抓整改落实。抓好建章立制工作，认真梳理开展党的群众路线教育实践活动中形成的制度规范，启动《广安市人民政府办公室工作规范》修订工作，对办公室 110 余项工作制度进行修订完善。以创建“学习型机关”为抓手，加强干部职工学习培训，先后选送 40 余人次参加各类主体班和专题班培训学习，组织全办公务员参加省人社厅组织开展的社会主义核心价值观专题培训学习，全部通过测试。突出实践锻炼，坚持干部上挂下派工作机制，搭建多岗位锻炼平台，先后从市级部门和区市县选用 3 人到办公室上挂帮助工作，下派锻炼干部 4 人。注重干部培养，积极向组织部门汇报办公室干部队伍现状，努力为干部成长营造宽松环境，2014 年，推荐提拔县处级副职干部 4 人，通过竞争上岗提拔中层干部 12 人，交流中层干部 7 人。强化后备人才储备，通过遴选、公考、组织推荐等多种形式广纳贤才，全年共遴选调入公务员 9 名。坚持为职工办实事，为 2 名引进人才办理落实住房补助政策，为 5 名职工职称考试全程服务。

【纪检监察】 狠抓责任落实，层层签订廉政建设目标责任书，建立起一级抓一级、层层抓落实的党风廉政建设责任体系。2014 年，全办共签订“履行党风廉政建设责任承诺书”“党风廉政建设责任书”“领导干部拒收不送红包礼金承诺书”各 100 余份，做到责任书签订和责任落实全覆盖。加强制度建设，组织制定《纪检组监察室工作职责》《议事决策规划》《专项监督检查制度》等系列制度规定，确保办公室纪检工作有章可循、有据可依、衔接有序、运转高效。同时，严格执行约谈、“三述”“一案三查”等制度规定，2014 年，班子成员相互约谈 3 次，纪检组不定期约谈科室负责人 22 人次。开展廉政教育，狠抓干部职工廉政教育常态化，先后邀请增斌市长、市文联主席童光辉等领导为全办干部职工上廉政党课，先后 3 次组织全体党员干部集中观看《忏悔实录》《蜕变》等警示教育片，先后组织全体干部深入市中级人民法院廉政教育基地参观，到小平故里开展“缅怀伟人·感恩小平”党性教育活动，党员干部的理想信念进一步坚定。同时，建立并执行节假日廉政短信提醒制度和“创文·廉洁知识周周学”短信学习制度，党员干部的自律意识进一步增强。

【后勤管理】 严格执行《党员干部廉洁从政若干准则》《党政机关厉行节约反对浪费条例》以及中央、省、市改进工作作风、密切联系群众的各项规定，严控“三公”经费，规范车辆派遣、维修、费用报销等制度，开办政府办食堂，热情节俭搞好政务接待，2014 年，办公室“三公”经费同比下降 20.23%。坚持量力而行、尽力而为，及时更换、购置办公设施设备，办公条件进一步改善。以深入开展党的群众路线教育实践活动为契机，针对办事群众反映政府大楼电梯运行效率不高、大院停车位较少等问题，及时对电梯运行进行重新设置，对机关大院停车位进行重新规划，增扩网球场、篮球场为停车场，并重新制作车辆行驶路线、标示标牌，实现机关大院车辆停放规范有序。加大执勤和巡逻力度，实行政府大楼 24 小时不间断值勤守护，维护机关大院安全和正常的工作秩序。

【领导人】 市政府副秘书长、办公室主任：唐明光；市政府副秘书长：杨毅（8 月止）、徐诚、王山；市政府副秘书长、法制办主任：刘强；市政府副秘书长、地志办主任：何斌；市政府副秘书长、研究室主任：杨春明；市政府副秘书长、金融办主任：田运富；市政府副秘书长、区域合作办主任：赵胜强（3 月起）；市政府副秘书长、应急办主任：陈文华。

（米　成）

政务服务

【“两集中两到位”工作】 按照《四川省人民政府关于进一步深化行政审批制度改革的意见》等相关文件要求，2014年再次逐单位、逐项目清理“两集中、两到位”落实情况，对未落实到位的单位和行政审批事项，督促其限期整改落实。行政审批部门在政务服务大厅共设立21个独立窗口，市本级15个部门全部设立行政审批科并整体进驻政务大厅窗口，2个新划转地方管理的工商局、质监局也设立行政审批科并整体进驻，4个中央、省部门参照市级部门做法，也全部整体落实到位，各部门共进驻工作人员117人，除个别需要现场踏勘的服务事项外，全部实现在政务大厅现场办结。为进一步加大行政审批项目入驻政务服务中心和行政审批办件的督查力度，多次组织中心督查科、并联审批科等相关科室负责人到园区企业开展办件回访调查，配合市纪委多次开展案卷核查，采取多种方式核查行政审批项目进驻和办理情况，防止行政审批项目体外循环。2014年市本共受理各类行政审批事项129551件，已办结129722件，按时办结率100%，现场办结率99.98%，提前办结率99.58%，实际办理提速86.81%，满意率99.99%以上，全年未发生一起超期件和有效投诉。

2014年，出台《关于在全市开展“局长进大厅”的实施意见》，要求部门主要领导、分管领导每周至少到窗口值守1次，每次不少于半天，并纳入绩效目标考核。从2014年5月份活动开展以来，逐步规范化、常态化，各部门进驻政务大厅的主要领导、分管领导共接待群众3000余次，接受群众咨询近2500人次，现场直接为群众办理相关事项400余件。

【并联审批】 严格执行“统一接件、及时分送、同步办理、一表审签”，进一步建立健全多部门联合并联审批机制，市本级政务服务中心共建立设立21个行政审批窗口，形成以政务服务中心为主导的并联审批运行机制。建立健全市县纵向联动并联审批机制。

创新并联审批服务方式。开通绿色通道。按照《广安市加快推进重大项目建设实施办法》的要求，将川渝合作示范区、承接产业转移示范区建设项目和投资3000万元及以上的重大投资建设项目，全部纳入并联审批绿色通道，在确保“安全、环保、效益”的前提下，坚持“流程最优、环节最少、时间最短、服务最佳”的基本原则，实行“VIP”式、保姆式、一站式服务模式，实现重大项目开工提速。建立亖大投资建设项目跟踪台账，加强重点项目办理过程中的跟踪力度，及时通报情况，发现问题及时督促相关部门进行整改。2014年，先后组织召集有关行政审批部门窗口首席代表、项目业主、中介服务机构召开一次性告知联席会议15次。开设代办服务。2014年，共接待华星奔驰4S店等5家项目的咨询，对业主提出的国家产业政策和项目代办流程等自愿委托代办问题进行认真答复；2个小时为广安奎阁经开区招商引资企业江波办完广安中鼎天晟新能源有限公司预核名和银行账户，赢得项目业主好评。开展上门服务。组织大厅窗口首席代表到园区、项目现场开展上门服务，与项目业主面对面交流，对项目需要办理的事项情况进行摸底、梳理，听取并收集他们的意见和建议。2014年，先后8次组织有关行政审批部门窗口首席代表到项目现场开展审批服务，为项目业主提供报批业务指导、及时协调解决项目业主提出的各类问题13个。

提升并联审批服务效率。2014年，通过进一步规范并联审批程序，开工前投资建设并联审批项目的承诺时限由原来的233个工作日压缩到44个工作日，企业设立登记并联审批项目的承诺时限由原来的18个工作日压缩到3个工作日。同时，将总投资额在3000万元以上、5000万元以下（不含本数）的投资项目，采取简化审批方式，将项目建议书、可行性研究报告合并为1个程序，只审批项目建议书，并采用表格式审批；总投资额在5000万元以上的，只审批可行性研究报告，合并项目初步设计和施工图设计审查环节。

【中介服务】 2014年7月，为贯彻落实《四川省人民政府关于全面清理非行政许可审批事项的通知》精神，广安市政府办公室下发《关于进一步清理规范行政许可、非行政许可审批事项及中介服务的通知》；8月，为贯彻落实《四川省人民政府办公厅关于进一步规范与行政审批相关的中介服务的通知》精神，广安市政府办公室下发《关于进一步规范与行政审批相关的中介服务的通知》。投资建设项目开工前中介服务机构服务项目的承诺时限，由原来的405个工作日压缩到60个工作日。市政务服务中心将各有关部门择优推荐的72家中介服务机构纳入投资建设项目中介服务机构诚信库，实行动态管理，在政务服务中心网站上公示，供项目业主自主选择。2014年更新中介服务机构14家（其中：新增中介服务机构6家、删减已注销2家、年检资质不合格3家、资质未达到要求的企业3家）。

【电子政务大厅建设】 完善政务大厅功能设施。将视频监控系统延伸到与企业和群众密切相关的公共资源交易、公安车管、社会保险、劳动保险、就业服务、纳税办税等办事大厅。按照便民、利民的原则，结合市政务服务中心场地实际，完善自助服务区的政务服务事项自助查询、办事指南自助打印系统和办公区域网络无线覆盖功能。同时按照政务服务大厅标准化建设要求，完成大厅部门窗口LED项目显示屏的采购及安装工作。努力做好政务网站内容的及时更新。定期收集大厅各部门窗口和中心机关的信息、简报等资料，对需要上传到网站的内容经领导同意后及时更新；将每月的办件情况在当月底手动录入到网站的数据库，保持办件统计信息能在网站上准确反映。同时，及时收集政务服务有关法律、规章，及时上传到网站，将网站更新纳入日常工作中，做到及时、快捷。加大考核力度，提高各级电子政务大厅的在线值守率。完善电子政务大厅的操作流程，根据省政务中心对电子政务大厅的考核要求，制定市政务中心部门窗口的电子政务大厅在线值守和网上办件的考核任务，及时更新行政审批通用软件和电子监察系统，升级电子政务大厅，确保电子政务大厅运行规范。全年电子政务大厅网上办理737件、在线回复1386件。

【窗口服务】 行政审批部门将公布的行政审批事项重新制作工作流程、办事指南和示范文本放在大厅部门窗口，供办事群众查阅和领取，并将电子文档挂在中心的电子政务网上，方便群众网上查询，切实做到规范统一。加强大厅巡查力度。坚持电子监察和现场巡查相结合的方式，实行专人值班制，每天由固定人员轮流到大厅接受群众咨询和投诉，同时对窗口工作人员进行现场监督管理，重点对政务大厅工作人员执行首问负责制、限时办结制进行巡查，对巡查发现的问题定期进行通报。2014年，对1名办事态度不好的窗口工作人员做出调离窗口的处理决定。畅通群众的投诉举报渠道。充分发挥政务服务中心热线“96196”的服务功能和全省行政效能“96960”投诉电话的监督功能，畅通办事群众的诉求渠道，有力地提高大厅工作人员的工作效率。充分发挥市纪委监察局派驻市政务服务中心纪检组、监察室和中心督查科等科室的职能作用，公布政务服务中心纪检组和督查科电话，进一步畅通群众反映情况、投诉举报的渠道。同时，加大违纪违规行为的查处力度，对反映部门窗口工作人员吃拿卡要、乱收费、推诿卸责、不按规定办事等不作为、慢作为、乱作为等问题，严格按照相关规定认真调查，逐一回复，做到事事有结果，件件有着落。对有令不行、有禁不止、顶风违纪的，只要一经查实，决不姑息迁就，视其情节轻重分别给予通报批评、责令书面检讨、取消部门窗口和工作人员评先评优资格。

【作风建设】 进一步转变作风，密切联系群众。规范行政审批。大力推行亲切服务、微笑服务、文明服务、和谐服务，认真解答办事群众咨询的问题，做到热心、细心、耐心和有责任心。完善和优化审批服务程序，全部审批事项开通网上预审，修订、细化、完善办事指南，上报示范文本和格式文本，按照公开办事承诺和审批流程规范要求，从简从快办理行政审批事项。严格按章办事。既不以提高效率为由，超越法律、法规和职权范围行事，也不以依法行政为借口，影响行政效率，刁难办事企业和群众。建立健全办结事项抽查回访制度。杜绝向服务对象吃拿卡要现象。实施评议制度。聘请政务服务工作行风监督员，对政务服务中心大厅部门窗口及其工作人员的工作作风、联系服务群众情况进行民主评议和行风监督。全面推进机关政效能建设。按照“九最一零”目标（审批项目最少、时限最短、服务最优、制度最硬、问责最严、作风最正、运行最佳、投资环境最好、群众最满意，服务“零投诉”）和行政审批项目“四统一”原则，（即行政审批事项名称、行政审批数量、设定依据、承诺办结时限完全统一），与市效能办、监察局、市法制办等一道对区、市、县和市级部门进行清理检查，确保行政审批和公共服务事项目实现现场办结率100%，按时办结率100%，群众满意率99%以上等工作目标的完成。扎实治理“便民服务中心不便民”的问题。2014年5月4日，在市政务服务中心三楼会议室召开由全体工作人员参加的市政务服务中心正风肃纪专项整治工作会议，组织学习《关于在党的群众路线教育实践活动中深化正风肃纪切实解决“四风”突出问题的通知》，宣读市政务服务中心正风肃纪工作方案，并就正风肃纪工作提要求。着力解决便民服务存在的“最后一公里”问题。解决部分惠民、利民、便民措施落实不到位；利用“走基层，送服务”活动抓好政务服务体系建设，深入开展全市政务服务体系标准化建设的调查研究，深入分析乡（镇）便民服务中心、村级代办点在政务服务体系标准化建设方面存在的问题，通过完善对区市县政务服务工作考核、开展“十佳”乡（镇）便民服务中心活动，引导区市县党委政府完善基层政务服务体系标准化建设，切实解决便民中心不便民的问题。

【领导人】 党组书记、主任：曾全明，党组成员、副主任：韦兴林，党组成员、纪检组组长：谢佳菊。

（顾　凡）

档案工作

【概况】 2014年，全市档案馆7个，馆藏全宗1056个，以卷为保管单位597353卷、件为保管单位的304735件，录音磁带档案632盘，照片7426张，实物档案7318件，馆藏资料38058册，其中市档案馆保存全宗102个，以卷为保管单位71943卷、件为保管单位的54302件，录音磁带档案117盘，照片1856张，实物档案74件，馆藏资料1252册。全市提供档案查阅利用10377人次、47909卷次、43829件次。

【档案馆建设】 武胜县、邻水县档案馆全面建成，岳池县、华蓥市档案馆项目前期工作有序开展，前锋区档案馆项目已向国家、省档案部门申报列入“十三五”规划。广安区档案馆经省局考评小组测评验收，达到国家二级综合档案馆标准。2014年，共接收16929卷、13782件档案进馆。

【档案法治】 2014年，印发《关于做好国有档案移交进馆工作的通知》，制定《广安市档案馆国有档案移交进馆业务标准》《广安市档案数字化规程》等规范性文件，以档案法律“六进”“6·9”国际档案日和“12·4”法制日等活动为载体，采取多种形式广泛开展法治宣传活动。积极开展档案法律法规贯彻执行情况的调研和检查，组成11个档案行政执法检查组，对全市155个机关、123个事业单位、116个乡（镇）开展档案执法检查，下达“档案行政执法检查通知书”81份。清理档案行政权力事项11项，编制行政权力目录和内外流程图，实现行政权力网上公开透明运行，健全档案行政权力运行制约和监督体系。

【档案监督】 认真贯彻落实国家档案局10号令和《四川省档案工作规范化管理办法》，开展档案归档范围和保管期限审定工作，推进档案规范管理，认定省级档案工作规范化管理单位9个，对81个达标单位进行定期复查。

【档案信息化】 全市数字档案馆建设全面启动。市档案馆全部完成馆藏档案数字化，初步建成数字档案馆运行模式。广安区完成馆藏档案数字化加工处理1698卷，邻水县完成馆藏档案数字化加工处理2000卷40万页。岳池县、武胜县、华蓥市档案局数字档案馆（室）建设稳步推进。

【档案征集编研】 全市各级档案部门立足本地实际，突出地方特色，不断拓宽档案征集渠道，加大档案征集力度，征集声像档案、实物档案千余件。利用馆藏档案资料撰写《世纪伟人——邓小平》《广安百年禁毒风云》《广安区史话》《武胜史略》等书籍，为各级领导和各界人士提供有价值的档案资料参考，充分发挥档案记录历史、传承文明的作用。市档案局通过举办“伟人故里·魅力广安”“广安英烈”档案展览，弘扬红色文化，激发爱国热情，爱国主义教育基地共接待参观68批次，接待人数4160人次。

【重大建设项目档案】 建立健全重大建设项目档案工作协调机制，联合有关部门开展重大建设项目档案工作督促检查，重大建设项目档案登记和验收工作逐步健全。2014年，对91个重点建设项目进行登记，登记率100%；对12个重大建设项目档案工作进行督查，对6个重点项目档案进行竣工验收。

【新农村档案】 加大对新农村建设档案工作的调查研究和业务指导力度，土地确权登记档案试点工作有序开展，规范化档案管理试点单位先后建立。2014年，广安区、岳池县社会主义新农村建设档案工作示范县通过省上验收。

【民生档案】 围绕保障和改善民生，不断加强民生档案工作，切实做好民生档案调查摸底、清理分类，形成全市民生档案调研报告并作为成果上报市委市政府。加强医保、社保、低保等民生档案的重点指导服务，全市医保社保档案通过省上验收。

【领导人】 局长：李盛慧（10月止）、舒建明（10月起），副局长：任辉，副馆长：周红兵，纪检组组长：邹可兵。

（肖 锋）

外侨港澳台工作

【外事港澳工作】 国际友城工作不断深化。按照平等互利、相互信赖、共同发展的原则，与友城之间在经贸、文化、教育、旅游等方面开展实质性、多样化的交流合作。邀请韩国龟尾市高中学生代表团一行19人赴广安开展学生结对及住宿家庭活动。市委常委、副市长肖友才率团应邀参加在韩国龟尾市举办的“第16届韩中日地方政府交流会议”，并与南洧镇市长就广龟两市拓宽交流领域，开展深层次合作达成共识，构建务实交流平台。充分借助加入中国长江中上游地区与俄罗斯伏尔加河沿岸联邦区地区合作机制的机遇，积极主动与俄罗斯伏尔加河沿岸联邦区谋求在经贸、科教、旅游、文化、农业等多方面交流合作，力求与其建立新的国际友好城市关系。

对外交流交往继续扩大。积极推动广安市文化交流艺术代表团赴法国巴黎、阿美城和斯特拉斯堡参加“中法建交50周年中法友谊艺术使者演出活动”并获得成功；帮助邓小平故里管理局与俄罗斯奔萨州文化与档案馆建立文化联系；做好法国桑利斯市旅游局局长雅克·巴希尔率团参加2014年中国旅游日主会场活动启动仪式、“感恩小平·共建广安”文化旅游项目推介暨集中签约活动和第九届中国四川华蓥山旅游文化节开幕式等相关工作；邀请美国哈佛大学教授、《邓小平时代》作者傅高义先生赴广安开展文化交流活动；联合市教育局共同与德国乔恒生基金会达成友好协商，邀请10名德国青年志愿者到广安市5所学校开展为期1年的教育交流活动；认真做好“光辉历程——纪念邓小平诞辰110周年大型展览”在香港及“光辉历程——邓小平生平业绩暨‘一国两制’光耀濠江澳门回归15周年图片展”在澳门举办的协调、联络服务等相关工作；广安市青年联合会一行8人赴香港开展“感恩发展作贡献”主题商贸洽谈及招商活动。

因公出国（境）管理规范有序。积极配合省因公临时出国联合检查组开展专项检查，得到充分肯定；与市纪委等单位成立联合检查组，对全市因公临时出国（境）情况进行拉网式排查，全面查找问题，深入分析原因，认真总结经验。加大因公临时出国（境）量化管理和计划管理力度，认真贯彻落实备案制度、团组行前教育制度和团组信息公开制度，做好因公出国（境）审核、报批等服务，各类团组出访顺利有序。全市共审核办理因公出国（境）23个团组53人次，同比减少53人次，下降50%。

【侨务工作】 服务经济建设成效明显。大力实施“侨务搭台、经济唱戏”战略，积极参与重大涉侨活动。先后组织相关部门和企业参加“中外知名企业四川行”、第十二届东盟华商会、第十五届西博会、“海科会”等重大涉侨经贸活动，与侨商广泛开展联谊交流及宣传推介活动，加大与侨商、侨领对接力度，邀请多批次侨商、侨领到广安参观旅游、考察投资，协助引进侨商投资共计59亿元人民币。成功举办“华人华侨邓小平故里行”纪念活动，来自15个国家的30名川籍华侨华人社团负责人到广安开展缅怀纪念活动；做好来自19个国家和地区的20余家海外媒体赴广安市采访报道邓小平诞辰110周年纪念活动、对外开放合作及经济社会发展情况。精心编制《春天的故事——中国四川广安》宣传画册，向侨胞、侨商广泛宣传广安发展成就。

为侨服务工作扎实开展。扎实推进“侨爱（心）工程”，积极争取香港应善良福利基金会捐资45万元修建石永小学，香港小平教育基金资助邻水中学、华蓥一中的共100名贫困学生完成学业。大力实施“侨务惠民行动”，重点对贫困归侨侨眷给予关爱和帮助。开展“走基层、入侨家、暖侨心”活动，全年共走访慰问侨胞（属）35户，送去慰问金7600元，帮扶16户困难归侨侨眷。大力开展涉侨法律法规街头集中宣传和“法律进社区”等活动，妥善处理涉侨信访件1件。

精心打造“万侨助万村”活动品牌。积极引导侨资（属）企业参与农业产业化发展和新农村建设，全市“万侨助万村”示范点由2个乡（镇）发展到5个乡（镇），拓展出口创汇“订单”基地增加到15000亩，带动“订单农户”20000多户，比2013年增加20%，促进示范点农民群众增收致富。广泛开展农业产业技能培训，对“万侨助万村”活动示范点及归侨侨眷相对集中的村开展5批次共计2000余人次的农业种植、养殖技术培训，赠送科普资料3000余份，提高村民的种、养技能。

【对台工作】 对台经济工作扎实推进。围绕高科技、现代农业、现代服务业，邀请多批次台商到广安参观考察、洽谈投资。多次深入台资企业，了解生产情况、存在问题和困难，扎实开展为台资企业服务。会同经济部门认真梳理和推进可签约的台资项目，邀请重点跟踪的和有投资意向的台资企业代表参加“中外知名企业四川行”、第十五届西博会、省台办“2014年中国西部海峡两岸经贸合作交流会”等大型经贸活动。市委书记侯晓春，市委副书记、市长罗增斌在成都会见台湾台泥集团董事长辜成允，与台泥水泥达成投资项目协议，促成台泥水泥投资9.8亿元人民币收购川铁水泥，重组台泥水泥（华蓥）公司。在第十五届西博会期间，主动协调省台办邀请20名侨台企业代表参加邻水县“四川·邻水——港澳台及外商企业合作恳谈会”，签订2个投资协议项目、协议投资59亿元人民币。

涉台宣传教育深入开展。邀请由台湾旺旺中时媒体集团组织的台湾《中国时报》《旺报》、中国电视、《中时电子报》等电视、平面媒体采访团进行为期一周的“魅力城市——广安”拍摄采访活动，共刊播11篇、59条及电视专题片1集，以及所有刊播内容集结的“广安城市特色”电子书，制作《魅力城市——广安》画册，媒体记者表示将向台湾民众推介广安的美丽风光和投资优势，宣传广安的经济发展情况，为台资企业到广安落地发展牵线搭桥。通过专题学习、座谈会、中心组学习等方式开展形式多样的涉台宣传教育，先后举办涉台形势报告会 4 场，培训对台干部 400 余人次，编发学习宣传教育资料 1000 余份，帮助干部群众准确理解中央对台方针政策和重大部署。

对台交流工作继续扩大。通过全市台情普查，建立完善台胞、台商重点人士资料信息库，加强与重点对象的联系和沟通。大力“走出去”，组织区市县、市级相关单位和企业参加对台交流活动，广泛开展交流对接。审核办理参加省组团组 1 个 1 人次。努力“请进来”，广泛邀请台胞到广安开展农业、电子、建材、文化、旅游等方面的交流合作。邀请台泥集团辜成允、台胞蒋权瀚等到广安考察。

涉台管理服务不断加强。做好台湾台塑集团捐资援建农村小学的工作，跟踪落实台湾台塑集团捐资 158 万元援建 2 所小学进展情况。做好台商彭荫刚资助全市 50 名贫困小学生助学金发放工作。切实维护台胞台属合法权益，妥善处理涉台信访 1 件。

【领导人】　市外侨港澳台办党组书记、主任，市委台办主任：李婧，市侨联主席，市外侨港澳台办党组成员、副主任：胡锵，市外侨港澳台办党组成员、纪检组组长：周英芥。

（张秋华）

地方志工作

【宣传贯彻新《条例》】　年初，市地方志办公室制订《学习宣传〈四川省地方志工作条例〉（新修订）的实施方案》，采取多种形式和渠道，广泛开展形式多样的宣传活动。印发《地方志法规汇编》小册子 200 册，分发给全市地方志系统广大干部职工，供大家学习领会；发放新《条例》明白纸、知识问答等宣传资料，进一步扩大地方志法规在干部群众中的知晓率和影响力；利用广播、电视、电台、报刊等新闻媒体，宣传报道新《条例》及其贯彻落实情况。3 月 21 日，《广安日报》发表广安市政府副秘书长、市地志办主任何斌答记者问《四川省地方志工作条例》10 年来首次修订；各区市县召开新《条例》学习讨论专题座谈会议，并通过板报和网络平台开办新《条例》学习专栏。通过这一系列多种形式的宣传学习，在全市掀起宣传贯彻落实新《条例》的热潮，增强社会各界对地方志工作的理解和支持，进一步营造出依法修志的良好氛围，为推进全市地方志工作健康、持续发展打下坚实基础。

【志书开发利用】　6 月，举行《广安市广安区志（1993—2005）》发行工作会，标志着广安第二轮修志工作目标任务全面完成，出版首部《广安市志》和续修的 5 部区市县志等 6 部地方志书，以及 150 多部部门志、乡（镇）志书。市地志办将开发利用《广安市志》《岳池县志》《邻水县志》《武胜县志》《华蓥市志》《广安市广安区志》作为地方志的重要工作，积极开展志书“进机关、进学（党）校、进企业、进社区”活动，分送《广安市志》等志书 1000 余册，主动为各级党政决策和社会各界服务，为各级党政和部门决策提供有价值的史料。市地志办与湖南长沙、湘潭、江苏淮安，四川仪陇等伟人故里，以及广州、河北等省市交换志书 50 余册。同时，市地志办积极参与广安规划馆布展建设、市民广场历史文化墙规划、华蓥山旅游区开发、前锋区大良城旅游开发、邻水县博物馆的规划布展、武胜县历史文化墙规划、西南大学广安分校规划建设等项目论证工作，并提供翔实史料。华蓥市志办参与安丙公园建设项目论证工作，并提出重要参考意见被市委市政府采纳；武胜县志办参与城市综合体建设、印山公园改造项目论证工作并提供有价值史料；邻水县志办参与邻水博物馆规划布展工作。

【年鉴编纂】　认真贯彻执行省志编委制定的年鉴编写规范，指导市级部门开展年鉴编纂及大事记编写。3 月，召开全市年鉴编纂工作会议，安排布置 2014 年年鉴编纂工作任务，并对参会业务人员进行年鉴业务知识培训，规范全市年鉴的编纂体例和出版发行的具体要求，明确广安经济技术开发区、枣山物流商贸园区、协兴生态文化旅游园区按属地分别纳入前锋区、广安区年鉴编纂内容。4 月，首部《广安市前锋区年鉴（2014）》的编纂工作正式启动。8 月，《广安年鉴（2014）》和各区市县的本级年鉴相继完成总纂送审稿。12 月，《广安年鉴（2014）》和各区市县的本级年鉴均完成公开出版发行任务。

【地情文献编纂】　进一步加强与市图书馆、文化馆、档案馆和文化、党史部门的联系交流，加大家谱、族谱、照片、录音、录像资料以及口述历史资料等地方文献的征集收集力度。积极开展特色志、部门（专业）志、企业志、乡（镇）志和图志、概览等地情文献编纂工作，以作为广安历史文化的通俗读物和乡土教材。3 月，启动《广安概览（1993—2005）》和《广安历代志书提要》的编纂工作，12 月印刷出版。5 月，启动市区市县两级共同编纂的《广安史话》的编纂工作，拟于2015年5月公开出版。市地志办通过多方联系，搜集《中国地方志联系目录》中广安区、岳池县、武胜县、邻水县的历代旧志书，并通过影印的方式全部予以收藏，广安市共收藏雍正、乾隆、嘉庆、咸丰、光绪、民国版《广安州志》6套45册，其余各县区收藏相关旧志10余套，填补各县区旧志版本缺失的空白。邻水、华蓥的乡（镇）志编纂工作已取得初步成效，部分乡（镇）志总纂稿形成。《岳池农家乐文化志》《中国共产党武胜执政实录（2013）》《李准年谱》（邻水县志办编纂）完成总纂任务，进入审稿付印阶段。《邓小平传说选》（岳池县志办编纂）《武胜史略》《邻水记忆》已印刷出版。

【信息化建设】 积极应用现代信息技术手段，提高地方志工作应用信息技术的水平和能力，加大地方志机构“三网一库”建设，推进地方志资料目录数据库、全文数据库、多媒体数据库建设。10月，市地志办对广安方志网进行改版升级，进一步完善方志网栏目设置，增强社会服务功能，加强方志类网站间互联互通，实现资源共享。同时，利用地方志学会，认真总结修志工作经验，通过学习交流、学术论坛等形式，开展多次地方志学术理论与业务研讨等活动，探索地方志书及年鉴编纂规律，促进地方志事业健康发展。

【地方志优秀成果】 11月，四川省第十六次地方志优秀成果奖公布，《华蓥市志（1992—2005）》《广安市水利志（1993—2005）》《广安市统一战线志（1993—2005）》获三等奖，《广安日报社志（1993—2005）》《华蓥市人民法院志（1978—2010）》《广安市广安区畜牧志（1986—2005）》《华蓥市公安志（1978—2010）》《四川星星建设集团志》获优秀奖；《广安年鉴（2012）》获二等奖，《岳池年鉴（2013）》《武胜年鉴（2013）》《邻水年鉴（2013）》《广安区年鉴（2013）》获三等奖；《广安历代治地沿革考》获地方文献类三等奖，《三元寨风云》《广安龙门阵》获优秀奖。

【领导人】 市政府副秘书长、市地志办主任：何斌，市地志办副主任：谯小松。

（李有毅）

公共资源交易

【办公场地搬迁】 按照中共广安市委办公室、广安市人民政府办公室《关于印发〈广安市公共资源交易市场建设工作方案〉的通知》要求，通过公开招标方式择优组织力量完成交易场地的设计和装修工程。2014年7月，将公共资源交易场地由广安市广安区建安南路459号（市政务服务中心6楼）搬迁至华油苑7号楼（广安市广安区河堰路170号），交易场地面积约2100平方米。强化公共资源交易服务平台标准化建设，推动业务机房、监控系统、开评标设施设备功能升级，实现开评标场地音视频监控全域化。依托科技确保CA办理区、视频监控区、开评标区、专家评审区和机关办公区相互物理隔离，交易场地运转有序，服务群众更加到位。

【交易业绩】 按照《广安市公共资源交易目录》，充分实现“应进必进”。2014年，广安市公共资源交易中心共办理各类交易717宗，交易额128.02亿元，为政府增收节资9.06亿元。其中：工程建设项目384宗，中标价46.85亿元，节资6.09亿元，节资率11.77%（另有投资人招标6宗，中标价30.65亿元）；政府采购255宗，实际采购金额1.59亿元，节资0.41亿元，节资率20.63%（另有投资人招标1宗，中标价30亿元）；土地矿产资源交易31宗，交易额19.14亿元（国有建设用地使用权拍卖15宗，成交价13.18亿元，增资2.54亿元，增资率23.85%，挂牌15宗，成交价5.94亿元。国有矿权拍卖1宗，成交价151万元，增资131万元，增资率655%）；国有产权交易40宗，成交价183.55万元，增资76.86万元，增资率72.04%。

【工作创新】 推行自主招标。凡使用市级及以下财政资金的政府工程建设项目不再选择招标代理机构，由公共资源交易中心履行工程建设项目自行招标代理职能，破解“中介不中”、违规操作问题。2014年，共办理自主招标项目96宗，交易金额43.42亿元，节约资金0.76亿元。实施固定价“抽签招标法”。评标专家对投标申请人首先进行资格审查，确保符合招标文件要求的投标申请人进入随机抽取环节，项目业主代表通过摇号机随机摇号现场确定中标规则，投标申请人再按购买资格预审文件的顺序摇号，按要求符合中标规则的投标申请人中标，最大限度确保招标投标过程公开、程序公平、结果公认。2014年，共办理抽签招标项目87宗，交易金额9.78亿元，节约资金0.76亿元。放宽投标前置条件。取消诚信库作为招投标前置条件，实行“一站式保姆服务”，简化办理程序，只需办理CA数字证书即可参加招投标活动，河北、河南、山东、江西、重庆、成都等省市优质企业涌进广安参与小平家乡经济社会发展建设。2014年，共办理CA数字证书6145个，进一步挖掘广安招投标市场潜力，优化广安招商引资投资发展环境。下放自主招标权限。将由市公共资源交易中心代理的各区市县本级政府投资工程建设项目的自主招标代理职责全部下放至区市县，扩大基层自主招标权限，提高区市县交易工作积极性和主动性。全年工程建设项目招投标未发生1例投诉。创新机房管理模式。对核心数据服务器实行“三段式密码”管理，由3名工作人员各掌握4—6位；机房配置“两把锁”，钥匙分别由2名工作人员掌握，严格执行登记制度，确保各类交易信息安全。

【电子交易平台建设】 依托广安市公共资源交易网，进一步完善工程建设项目、政府采购、土地（矿权）和国有产权四大电子交易平台，运行电子监控系统和电子评标两大系统。固化电子招标标准文本，实现交易信息发布、网上报名、购买招标文件、收缴费用、开标、评标、结果公示公告等功能，最大程度弱化专家自由裁量权，确保招投标从过程到结果实现公开、平等、竞争、择优。

【领导人】 党组书记、主任：李盛慧（11月起），党组副书记、副主任：冯文祥，党组成员、副主任：熊伟、胡万源（12月起），党组成员、纪检组组长：熊辉。

（邓南新）

金融工作

【信贷投放】 以贯彻落实省上两个金融支持政策为抓手，围绕“实现五个突破”目标，以扩大信贷投放、优化信贷结构、提高信贷质量、支持实体经济为重点，积极向上争取信贷规模、信贷产品和信贷支持政策，努力盘活存量、突破增量、做大总量。2014年，全市金融机构争取到省上在信贷规模、审批权限、产品先试等方面的倾斜政策多达43条。在2014年经济下行压力较大的情况下，全市银行业金融机构信贷总量515亿元。

信贷规模取得突破。2014年，全市银行业金融机构信贷总量突破500亿元大关，达到515亿元。其中，2014年新增信贷90.29亿元，比年初增长21.3%，增速居全省第6位。

信贷结构继续优化。金融资源坚持向县域、“三农”、小微企业倾斜，2014年，辖内4县域贷款余额达到295.32亿元，占全市贷款余额的57.35%，比年初增加52.55亿元；涉农贷款余额269.17亿元，占全市贷款余额的52.27%，比年初增加44.46亿元，增长19.79%；小微企业（包括小微企业主和个体工商户）贷款余额214.46亿元，增速高于全市贷款平均增速2.84个百分点，同比多增2.83亿元，全面实现“两个不低于”目标。

存贷比水平持续改善。2014年，全市银行业金融机构新增存贷比接近60%，达到59.69%，比2013年提高12.5个百分点，基本达到“新增存款的60%用于当地经济发展”的总体要求，新增存贷比创下历史最好水平。

【直接融资】 全年全市共实现直接融资85.53亿元，同比增长10.73%。其中银行表外业务5.43亿元，金融租赁4.16亿元，经开区成功发行企业债券10亿元，私募股权融资0.5亿元，银行间市场债务融资1.5亿元，信托融资3.6亿元，BT（BOT）等其他融资57.34亿元。

积极推进债券发行，广安发展建设集团14亿元二期债券发行已得到国家发改委受理，四川广安爱众股份公司在全国银行间债券市场成功发行首单中期票据1.5亿元，广安经开区恒生公司成功发行10亿元企业债。大力推荐企业到场外资本市场挂牌融资。加强与重点企业联系、培训、对接，积极推荐企业到场外资本市场挂牌融资，武胜银钢凸轮新三板上市正加快推进，武胜金易管业等企业成功推荐到成都（川藏）股权交易中心进行场外资本市场挂牌融资。充分发挥“两类”公司融通资金作用。全市融资担保公司为3794户中小企业提供融资担保服务，在保余额8.56亿元，全市小贷公司累计为500户中小企业提供贷款支持，贷款余额12.9亿元。

【保险证券】 2014年，全市保费收入突破30亿元，达到32.51亿元，比2013年增长32.15%，政策性农业保险、新型农村小额人身保险、农村住房保险业务迅速发展。证券交易量突破200亿元，达到286亿元，比2013年增长51.6%。

【金融领域改革】 金融领域改革系列文件相继出台。《广安市人民政府关于深入推进金融领域改革的实施方案》《广安市人民政府关于进一步提高农村金融服务水平的实施意见》《广安市人民政府关于依托多层次资本市场加快实体经济发展的实施意见》《广安市人民政府关于现代金融业发展工作推进方案》《广安市人民政府关于支持农村信用社改革发展的意见》等金融领域改革文件相继出台。信用联社改制工作快速推进。武胜农商行已开业运营，结束广安市无地方法人商业银行的历史。广安区联社改制组建广安农村商业银行的方案已上报省政府，华蓥市联社已获得省联社启动改制批复，邻水县联社、岳池县联社正有序推进改制前各项监管指标优化等前期工作。北辰信用社风险处置及改制重组工作取得重大突破。第一阶段主并购人已经确定，债务处置工作基本结束，并报经国家银监会同意和省政府批准，广安思源农村商业银行筹建工作正式启动，力争2015年6月底前正式开业，届时困扰市委市政府近20年的历史遗留问题将得到全面妥善解决。

【金融机构引进】 着力创优金融机构入驻环境，积极联系对接，取得较好的成绩，先后获批引进重庆银行、成都农商行、武胜中银富登村镇银行、邻水中银富登村镇银行，其中武胜中银富登村镇银行8月13日、重庆银行广安分行11月19日开业，成都农商行广安分行、邻水中银富登村镇银行计划2015年2月底前开业。遂宁银行已多次到广安考察，准备向国家银监会申报。成都银行在岳池设立分支机构。前锋区的惠鑫小贷、岳池县的泉兴小贷开业营运，2家融资性担保公司完成增资扩股。

【融资对接活动】 努力搭建企业融资平台，举行多层次多形式的政银企互动融资对接活动，深入区市县、园区等融资难问题相对突出的企业，查实情、找问题，采用“一企一策”的方式，为企业量身定做融资方案。2014年3月，组织辖内企业参加全省“送金融走基层”活动。5月28日，由市委市政府组织，市金融办承办，举办“感恩小平·共建广安”金融工作座谈会暨金融对接活动，形成银政对接成果9项，总授信额度达830亿元，银企对接成果180个，对接融资达175.03亿元。深入实施“中小微企业金融服务提升工程”，建立广安市重点项目融资信息监测制度，动态调整“万家千亿”小微企业重点培育名单，开展小微企业金融服务暨融资辅导活动11次，引导金融机构加大金融产品与服务创新力度。积极协调，主动作为，争取到国开行四川省分行已批广安市的16亿元危旧房棚户区改造专项贷款和1.5亿元的广安“9·13”特大暴雨灾后重建应急贷款。

【金融服务水平】 积极支持行政管理体制调整和园区发展，前锋新区、枣山物流园区和协兴园区成功设立金库并有效运行；积极打造“迅通工程”升级版，全面降低助农取款通信资费标准，开通农村信用社、农业银行助农取款服务点联网通用功能，成功打造小平故里刷卡无障碍示范区，创建助农取款精品服务点100个，完成20个金融服务空白乡ATM布放工作，支付服务环境进一步改善；配合打造“智慧广安”，积极推进金融IC卡多应用工作，三个县市实现公交刷卡多应用，校院一卡通成功发行。

【金融生态环境】 先后代市政府草拟出台《关于加强影子银行监管的实施意见》《关于打击和处置非法集资工作意见》和《关于加强金融风险排查的实施意见》《关于加强民间投融资中介机构风险排查的实施意见》，转发《省政府金融办等三部门印发关于防范和化解突发性信贷违约风险的意见的通知》等，对全市小额贷款公司和融资性担保公司进行年度检查、多次专项检查和专项调研，会同工商、公安、人行、银监等部门对民间投融资中介机构开展专项风险排查工作，协调化解岳一中、邻水交投等几笔不良贷款。人民银行广安市中心支行投入近100万元，专门建立集企业法人信息、信贷业务信息及金融政策信息、公民个人信息于一体的公共信息平台，近日已全面开通。同时，为提高全体公民诚信意识，支持配合广安创建全国文明城市，利用全市各新闻媒体，首次对外公布诚信“红黑榜”名单。

【领导人】 市政府副秘书长、市金融办主任：田运富，市金融办副主任：王有力。

（李欣欣）

应急管理

【概况】 自然灾害。全市发生自然灾害事件6起，死亡10人，失踪2人，直接经济损失17.91亿元。6个区市县、3个园区、181个乡（镇）、212.41万人受灾，紧急转移安置人口11.02万人次，农作物受灾10.78万公顷，成灾6.23万公顷，绝收0.81万公顷；倒塌房屋4143间，损坏房屋11361间。

事故灾难。共发生各类事故28起、死亡26人、受伤11人、直接经济损失976.5万元，与去年同期相比，事故起数、死亡人数、受伤人数、直接经济损失分别下降24.3%、10.4%、26.7%、23.6%。全年排查病险水库80余处，地质灾害隐患点90余处，整改清除火灾隐患863起，挂牌整治重大火灾隐患9起，杜绝重特大安全生产事故。

公共卫生事件。全市发生1起未分级突发公共卫生事件，总发病1人，1起食物中毒事件，7人被确诊为食物中毒。全市未发生较大以上传染疫病情、群体性不明原因疾病、食物和职业中毒、饮水污染以及其他严重影响公众健康的突发公共卫生事件。

社会安全事件。全市未发生重特大刑事案件、涉外突发事件、恐怖袭击事件、民族宗教事件、经济安全事件、重大网络安全案件等社会安全事件，社会安全形势总体稳定。全市刑事案件共立案13747件，其中8类暴力案件 787 件，侵财案件 11932 件，其他案件 1028 件，共受理经济犯罪案件 310 件，共立涉网刑事案件 380 件，成功处置网络舆情 83 件。

【组织体系建设】　2014 年 5 月，市政府成立市应急管理委员会，由市长任主任，常务副市长、副市长及军分区主要领导任副主任，3 个园区管委会和市直 40 多个部门为成员单位，同时设立安全生产、食品安全、消防安全 3 个专门委员会及防汛抗旱、森林防火、地质灾害、突发环境事件、公共卫生事件、农业灾害、动物疫情、抗震救灾、金融风险、社会安全事件等 10 个专项指挥部，制定出台市应急委及专项指挥部的工作规则，加大对应急管理工作的组织指挥和统筹协调力度。2014 年 3 月，市政府建立市应急联动指挥中心，整合“110”“119”“122”等各专业指挥平台，健全统一指挥、综合协调、分类管理、联动响应的政府应急组织体系，明确部门职责，理顺条块关系，在全市应急处突工作中发挥重要作用。

【应急综合演练】　2014 年，全市先后开展应急演练共 1413 次，参演人员达 26.44 万人次。其中，开展疏散转移类应急演练 1000 次，集结拉动类演练 413 次，参演学校 256 所、企业 138 户、社区（村组）1571 个、机关事业单位 221 个，参演队伍 3.86 万人、参演群众 16.36 万人、参演学生 10.53 万人，出动大型机具 268 台（具），基本覆盖全市各行各业、各区市县、各乡（镇）、社区和村组。5 月 26 日，市委市政府在华蓥市溪口镇举行的广安市 2014 年抗御特大地质灾害综合实战演练，共有 20 支应急救援队伍参演，参演力量 3000 余人，参演装备 150 台（具），演练历时 2 个小时，受到省政府应急专家组的高度评价。

【宣传教育培训】　发送防灾应急常识短信息 120 万条，发放《四川城市应急知识手册》《四川农村应急知识手册》《广安市应急知识手册》3 万册，各类宣传单、宣传画册 5 万余份；在广安电视台创办《防灾与应急》栏目，宣传防灾应急法律法规、相关案例、突发事件信息、应急动态、防灾常识和地震知识，已播出 75 期；与广安广播电视报联办《广安应急》栏目，已刊发 93 期。6 月中旬，组织开展广安市农村建筑工匠抗震技能培训班，培训农村建筑工匠 150 余人；12 月 3—5 日，在良港商务酒店组织全市第五期应急管理培训，对 100 余名重点乡（镇）长和市级机关业务科长进行培训，提高应急管理能力。

【防震减灾】　以地震指挥中心改造、技术系统建设和综合防御能力建设为重点，及时制定《广安市防震减灾综合能力项目建设方案》，并于 12 月上旬全面完成项目建设。在广安区井河镇、邻水县兴仁镇新建 2 个数字地震监测台，与广安华蓥台和邻区 9 个监测台合并组网，实现广安 2.0 级以上地震实时监控能力。利用应急点名系统，在全市 181 个乡（镇、街道）建立防震减灾信息报送平台，在 6 个市级部门和 16 个乡（镇）设立地震灾情上报节点，规范管理地震灾情采集 PDA，随时收集和传送震情、灾情信息。全面清理地震部门行政权力明确行政权力 16 项，将建设工程场地地震安全性评价初审、危害地震监测设施和地震观测环境建设项目审查纳入广安市投资建设工程并联审批事项，制定审批指南，优化工作流程，健全制度规范。

开展科普示范创建，广安区长乐小学校、邻水县鼎屏镇第二小学、武胜县万善镇小学、岳池县城关中学等 4 所学校成功创建为 2014 年度省级防震减灾科普示范学校，截至 2014 年年底，全市省级防震减灾科普示范学校总数达到 19 所。前锋区代市镇黄桷社区、华蓥市高兴镇高兴村成功创建为省级地震安全示范社区。

【政府值班工作】　建立差错档案分析机制，避免类似差错再次出现；建立办结回复机制，及时回复领导交办事项；探索紧急信息发布机制，向广大公众告知紧急重大预警信息，提高民众防范应对意识和能力。全年共办理会议通知 1326 件，收转公文 914 件，传达领导批示、指示 615 件，接收和处理社会公众咨询 587 人次，编印《值班日志》235 期，接报突发事件信息 27 件次，第一时间向党政领导发送突发事件短信息 983 人次，编印《突发事件信息快报》24 期、《广安应急工作》简报 18 期，为领导决策应急处突提供科学依据。

【突发公共事件】　邻水县“1·6”煤矿事故。2014 年 1 月 6 日，邻水县四海乡葛麻湾煤矿+426 米水平南煤层运输巷掘进工作面发生爆炸，导致 4 名井下作业人员死亡，直接经济损失 430 余万元。

广安区“4·18”风雹灾害。2014 年 4 月 18 日凌晨，广安区突发短时阵性大风、雷电、冰雹和降雨天气，致广安区部分乡（镇、街道）2.4 万余人受灾，1 人死亡，2 人受伤，经济损失 719 万元，其中农业经济损失 486 万元。倒塌房屋 18 户 56 间，严重受损房屋 54 户 171 间，一般损坏 97 户 304 间，农作物受灾 116 公顷、成灾 67 公顷、绝收 13 公顷。

岳池县“6·9”暴雨灾害。2014 年 6 月 9 日，岳池县部分乡（镇、街道）遭受暴雨灾害，致岳池县 43 个乡

(镇)、480个行政村、8万余人受灾，紧急转移16人，无人员伤亡，经济损失292万元，其中农业经济损失165万元。房屋损坏254间、倒塌41间，山坪塘损毁4口，道路损毁0.1千米，农作物受灾550公顷、成灾513公顷、绝收37公顷。

广安市“7·11”暴雨灾害。2014年7月10—11日，广安市出现区域性大暴雨，岳池县和武胜县大部分地方降雨量超过200毫米，最大降水246.3毫米，全市有4个区市县、81个乡（镇、街道）、1168个村（社区）、47.8万人不同程度受灾，直接经济损失9860余万元，其中农业经济损失6800余万元。因灾损坏房屋107户124间，房屋倒塌51户73间，紧急转移2800人，全市农作物受灾73万亩、成灾56万亩、绝收2.02万亩，死亡大牲畜380头，损毁圈舍186间。全市因灾冲毁村级公路48.8千米，冲垮山坪塘及石河堰147处，堤防受损2千米。

广安市“9·13”暴雨洪涝灾害。2014年9月13—14日，广安市出现区域性大暴雨，受上游巴中、达州等地强降雨影响，渠江干流发生超警戒水位洪水，广安城区于9月14日8时出现洪峰，洪峰水位231.57米，涨水19.2米，超警戒水位2.67米，超保证水位0.57米。全市有6个区市县、107个乡（镇、街道）、99.8万人不同程度受灾，渠江沿江有7个场镇进水被淹，紧急转移撤离58628人，因山体滑坡和房屋倒塌死亡3人，意外掉水死亡3人，落水失踪3人，直接经济损失8.89亿元。全市因灾损坏房屋6000间，倒塌房屋1294间，全市农作物受灾17.9万亩，成灾9.6万亩，绝收2.4万亩，暴雨造成46个养殖场受灾，生猪、牛、羊等大牲畜死亡2792头，冲走鸡、鸭、鹅等家禽3.72万只，冲走成鱼115吨。全市冲毁干线公路、村级公路480余千米，损坏山坪塘1820口、石河堰93座、蓄水池3610口，损坏堤灌站630处、供电设施396处。

【获得荣誉】 2014年，市应急办荣获“广安市2013年度安全生产工作先进集体”，市防震减灾办公室荣获四川省地震局表彰的“2013年市（州）防震减灾工作综合评比优秀奖”“2013年市（州）科普宣传教育先进单位”“2013年市（州）抗震设防先进单位”；李兴禄荣获“广安市2013年防灾救灾大演练先进个人”。

【领导人】 市政府副秘书长、市应急办主任、市防震减灾办主任：陈文华。

（范　卓）

中国人民政治协商会议广安市委员会

市政协第四届委员会会议

【全体委员会议】 3月24—27日，中国人民政治协商会议第四届广安市委员会第三次会议在广安市会展中心举行。刘凤成、吴才林、刘儒贤、袁继林、江陵（女）、贺宗飞、周派国、刘兴汉、黄德齐、欧太元为开幕大会执行主席。副主席吴才林主持开幕式。开幕式大会主席台就座有市政协主席刘凤成，副主席吴才林、刘儒贤、袁继林、江陵（女）、贺宗飞、周派国、刘兴汉、黄德齐、欧太元和秘书长李全富以及政协广安市第四届委员会全体常务委员。应邀出席开幕大会并在主席台就座的有市委、市人大、市政府、三届市政协、军分区、市中级人民法院、市人民检察院、市精神文明建设委员会、广安职业技术学院、邓小平故里管理局领导和市委、市人大、市政府、市政协正厅级退休领导，包括：侯晓春、余仪、袁险峰、罗增斌、黄秀川、肖友才（藏族）、唐雄兴、杨利民、张志权、蒋英胜、甘用德、唐益财、苑红、蒋登伦、付清民、向开义、武立国、蒋维君、康永恒、敬世波、张建华（女）、何玉平、易铭珅、刘和斌（女）、邓文国、陈全禄、陈捷、钟志荣、何群、李元祥、蒲伦富、张能、孔凡示、陈茂全、陈永龙、钱奇。政协第四届广安市委员会委员总数392人，向大会报到的委员369人，出席会议委员共369人，符合《政协章程》的规定。应邀列席会议的还有：领导班子成员中没有四届市政协委员的市级部门负责人，驻市中央、省企事业单位负责人，市属企业负责人，不是四届市政协委员的市政协机关办事机构负责人。

刘凤成代表政协广安市第四届委员会常务委员会向大会作《政协广安市第四届委员会常务委员会工作报告》。袁继林代表政协广安市第四届委员会常务委员会向大会作《政协广安市第四届委员会常务委员会关于四届一次会议以来提案工作情况的报告》。会议审议通过《政协广安市第四届委员会第三次会议提案委员会关于四届三次会议提案审查情况的报告》和《政协广安市第四届委员会第三次会议决议》。会议补选政协广安市第四届委员会常务委员会委员 2 名。中共广安市委书记侯晓春在大会结束时作重要讲话。

【常务委员会议】 2014 年，政协第四届广安市委员会召开第 10—13 次常务委员会会议。

十次常务委员会会议：1 月 14 日、16 日、17 日，在市政协四届三次会议期间分三阶段套开第十次会议。14 日举行市政协四届十次常委会第一次会议，会议听取市委统战部关于增补政协广安市第四届委员会委员事项的说明；审议通过增补政协广安市第四届委员会委员名单。16 日，举行市政协四届十次常委会第二次会议，会议听取大会秘书长关于委员审议常委会工作报告、提案工作报告的情况通报；听取市委组织部关于人事事项的说明；审议人事事项；审议选举办法（草案）；审议总监票员、监票员建议名单；审议总计票员、计票员建议名单。17 日，举行市政协四届十次常委会第三次会议，会议听取大会秘书长关于委员讨论政府工作报告、计划报告、财政报告和审议提案审查情况报告（草案）、决议（草案）的情况通报；听取大会组织组关于委员协商讨论人事事项的情况通报；审议提案委员会关于四届三次会议提案审查情况的报告（草案）；审议政协广安市第四届委员会第三次会议决议（草案）；审议人事事项；审议选举办法（草案）；审议总监票员、监票员建议名单；审议通过总计票员、计票员建议名单。

十一次常务委员会会议：6 月 20 日，市政协召开四届十一次常委会议。市政协主席刘凤成、副主席周派国先后主持会议，市人大常委会副主任何玉平，市委副秘书长杨勇应邀参加会议。市政协副主席刘儒贤、袁继林、江陵、贺宗飞、周派国、刘兴汉、黄德齐，欧太元，秘书长李全富出席会议。会议学习省政协十一届三次常委会议精神，听取市政府关于广安市中小企业发展情况和关于广安市枣山物流商贸园区建设情况的通报。会议审议通过市政协关于广安市中小企业发展情况的调研报告。

十二次次常务委员会会议：9 月 17 日，市政协召开四届八次常委会议。市政协主席刘凤成、副主席周派国先后主持会议，市委副书记袁险峰，市人大常委会副主任敬世波，副市长钟志奂，市经济技术开发区管委会主任田运刚应邀参加会议。市政协副主席刘儒贤、袁继林、江陵、刘兴汉、黄德齐，欧太元，秘书长李全富出席会议。会议听取市政府关于农产品质量安全监管情况的通报，市委政法委关于全市大调解工作情况的通报，市政府关于广安经济技术开发区配套功能规划建设情况的通报，并对通报工作进行分组讨论和满意度测评。会议审议通过市政协关于农产品质量安全监管的调研报告和有关人事事项。刘凤成要求，全市各级政协组织、各参加单位、广大政协委员要立足政协特点、发挥自身优势，大力宣传广安、推介广安，加强联络联谊、积极引智引资，真情服务群众、切实关注民生，维护公平正义、促进社会和谐稳定，努力汇聚加快发展的正能量，形成全市上下一心一意谋发展、聚精会神搞建设的生动局面。

十三次常务委员会会议：12 月 19 日，市政协召开四届九次常委会议。市政协主席刘凤成、副主席周派国先后主持会议，市人大常委会副主任何玉平，副市长刘和斌，市政府秘书长蔡学勤应邀参加会议。市政协副主席刘儒贤、袁继林、江陵、贺宗飞、刘兴汉、黄德齐，欧太元，秘书长李全富出席会议。会议书面学习省政协十一届四次常委会议精神传达提纲，听取市政府关于市政协重要调研考察报告和提案办理情况的通报，市政府关于 2014 年国民经济和社会发展计划执行情况的通报，市政府关于 2014 年财政预算执行情况的通报，市纪委、市监察局关于党风廉政建设与反腐败工作情况的通报，并对通报工作进行分组讨论和满意度测评。会议审议通过有关人事事项。刘凤成指出，要科学谋划 2015 工作，努力助推广安迈入全省发展第一方阵。全市各级政协组织、市政协各专委会和广大政协委员，特别是各位常委，要紧扣“6+3+1”发展格局，继续把川渝合作示范区（广安片区）建设和民营经济、城乡统筹、公共文化服务、生态文明建设、社会治理等方面作为重点履职课题，深入调查研究，广泛协商议政，积极提出合理建议；要主动跟进党政中心工作，通过调研、考察、提案、反映社情民意等形式，关心关注市委确定的邓小平诞辰 110 周年 36 个重大纪念项目的建设情况，推动邓小平诞辰 110 周年纪念活动成功；要以感恩小平为己任，继续把开展“感恩作贡献”活动作为推动广安跨越发展的重要抓手，不断扩大对外交流，积极参与招商引资，在更大范围内为广安发展汇聚更多资源、争取更多支持，合力助推广安早日迈入全省发展第一方阵。

【主席会议】 2014年，召开主席会议共16次。主要议题有：研究处理常委会的重要日常工作；审议市政协2014年工作要点；审议以市政协名义向市委、市政府提出的建议和其他重要文件；决定常委会召开日期、议程；审议提交常委会讨论通过的文件，讨论决定重要的视察、调查等活动；研究市政协四届四次会议筹备工作有关事宜，审议政协广安市第四届委员会常委会议议程、日程及召开时间。审定市政协四届四次会议邀请、列席人员建议名单和市政协四届四次会议各讨论小组召集人建议名单；学习传达省委“实现伟大中国梦，建设美丽繁荣和谐四川”主题教育活动电视电话会议和省政协十一届三次常委会议精神；审议通过《政协广安市委员会民主评议工作暂行办法》；组织学习市委办、市政府办《关于贯彻落实市委、市政府改进工作作风、密切联系群众十一项规定的意见》文件。

（张泽相）

工作综述

【政治协商】 全体会议协商。四届三次会议期间，组织全体政协委员围绕政府工作报告和计划、财政、法院、检察院等报告，通过分组讨论、界别活动、大会发言、市长听取委员代表意见等形式，进行认真讨论协商，提出的意见和建议受到市委、市政府领导的充分肯定和积极采纳，收到良好的效果。各界市政协委员、各民主党派、人民团体和市政协各专委会在广安市经济社会的各个领域，认真调查研究，深入分析论证，撰写的提案质量进一步提高。市委、市政府高度重视政协提案办理工作，主要领导亲自过问提案办理情况，对办理工作提出明确要求；其他领导在有关提案上及时签批办理意见，协调解决存在的问题，有力地促进提案的办理落实。坚持政协领导领衔督办重点提案、专委会跟踪提案办理制度，定期通报提案办理情况，并将未办结的“B类提案”进行再次交办，一些重点工作顺利推进。承办单位把提案办理作为发现问题、接受监督、改进作风、推动工作的契机，积极采纳和落实提案中的建议，使提案在推动科学决策、改进部门工作、促进全面发展等方面发挥积极作用。常委会协商。常委会议专题对2014年广安市中小企业发展情况、枣山物流商贸园区建设情况、邓小平诞辰110周年纪念活动筹备工作情况、农产品质量安全监管情况、全市大调解工作情况、广安经济技术开发区配套功能规划建设情况、重要调研考察报告、提案办理情况、2014年国民经济和社会发展计划执行情况、2014年财政预算执行情况、党风廉政建设与反腐败工作情况等进行协商。

主席会协商。主席会议就广安市中小企业发展情况等进行调研形成的调研报告、分别报送市委、市政府及相关部门、引起高度重视，就有关问题批转相关部门决策参考。

【民主监督】 听取法院、检察院工作情况通报，参加广安市创建全省首批法治城市迎检督查工作和关心下一代工作，参加工会、团委、妇联等单位举办的相关活动，为化解社会矛盾、维护社会稳定做出贡献。组织委员视察工作，形成视察报告，所提建议市委批转有关部门和各区市县落实。常委会议、主席会议定期听取市政府和市级有关单位的工作通报，并在常委会上开展满意度测评，为改进相关工作产生积极的推动作用。突出考察的针对性和实效性，发挥委员考察的民主监督作用，促进市委市政府决策有效落实。开展民主评议，促进民生问题得到改善。医疗卫生和环境保护是社会各界广泛关注的民生问题。市政协将其作为民主评议内容，开展长达半年的民主评议全市卫生、环保工作，分别形成的民主评议卫生、环保工作意见得到市委主要领导批示，要求各区市县党委、政府及相关部门整改落实，并取得明显成效。医疗卫生方面，着力加强医疗卫生机构基础设施和人才队伍建设，启动市人民医院扩建和市妇幼保健院迁建工作，启动20种重大疾病医疗保障试点工作，统一全市新农合报账政策，逐步缓解老百姓就医难题。环境保护方面，全市争取项目资金2672万元加强环保基础建设，投入8000万元建成乡（镇）污水处理站24座，投入2.1亿元加强饮用水源保护，将15家污染企业纳入环境污染责任保险试点，进一步强化环境监管、监测工作。继续抓好社情民意工作，充分反映不同阶层、不同界别群众的利益诉求，努力促进问题解决，维护社会和谐稳定。坚持政协领导领衔督办重点提案、专委会跟踪提案办理制度，定期通报提案办理情况，并将未办结的“B类提案”进行再次交办，一些重点工作顺利推进。

【参政议政】 会议期间开展界别活动。加强与各民主党派、工商联和无党派人士的联系，支持他们深入开展政治交接和“同心”思想学习教育活动，开展文化发展繁荣、医药卫生体制改革、城市规划与发展、小城镇建设等调研，开展慰问贫困学生、贫困村民等活动。加强与港澳台同胞、海外侨胞及其亲属的联系，积极开展海峡两岸交流活动，增进团结互信；专题调研外侨港澳台工作，调研报告得到市委主要领导的高度重视，责成相关部门落实政协建议，市侨联已正式挂牌成立，工作运转相关问题得到解决。关注民族宗教工作，倡导爱国爱教、团结进步，专题考察全市宗教活动场所运行情况，相关部门正协调解决实际问题。重视政协诗书画院工作，支持开展书画笔会、创作联谊、对外交流活动。加强文史资料工作，组织编印文史资料第十七辑。指导市政协诗书画院顺利换届，团结诗书画优秀艺术人才，提升政协影响力。推荐委员担任执法监督员、组织监督员、廉政监督员和特邀监察员，协助执纪执法部门了解情况、依法行政，维护社会公平正义。部分市政协常委担任一些重大项目、重点工作的负责人，全力参与党政中心工作。市政协加强与省内外客商、知名人士的联系，宣传广安的旅游和发展项目，组织和发动政协委员发挥自身优势，积极引进项目和资金。

【联谊工作】　广泛开展联谊工作，组织区市县政协参加川渝片区政协联谊活动，赴遂宁、阿坝、眉山、宜宾、自贡等地考察学习，在对外交流中开阔视野、扩大影响，开放合作能力进一步提升。组织经济界委员调研川渝合作示范区建设，深入本地企业商讨良策，远赴江苏连云港国家东中西区域合作示范区学习借鉴，提出的建议得到市委、市政府和职能部门采纳。加强与重庆各级政协的沟通与交流，积极牵线搭桥，协助市政府促成广安市农副产品龙头企业参展中国·重庆第一届蔬菜博览会，进一步拓展广安市农产品销售市场。加强与港澳台同胞、海外侨胞及其亲属的联系，积极开展海峡两岸交流活动，增进团结互信。

【宣传工作】　高度重视市政协信息宣传工作，采取政协宣传用稿激励机制，调动机关干部职工的宣传积极性，全年在各级报刊杂志上发表稿件600余篇。《广安政协》内刊不断提高质量，及时反映全市政协系统工作动态，围绕政协中心工作重点宣传，不断增强实效性。同时，不断提高网络宣传水平，抓好市政协自助网站维护更新，加强对网站的后台管理，确保网站正常运行，及时更新网站信息，为宣传政协工作、展示委员风采搭建平台，为反映社情民意提供方便，多层次、宽领域拓展政协宣传工作，努力扩大政协的影响。认真抓好社情民意信息收集和反映工作。通过健全信息网络、加强队伍建设、完善工作机制，调动各方面反映社情民意信息的积极性。同时通过人民政协理论与实践研讨会，大力宣传中国共产党领导下的多党合作和政治协商制度。党委政府高度重视政协工作，人民政协的形象进一步提升，影响力进一步扩大，凝聚力进一步增强，政协机关工作环境得到明显改善。

【惠民扶贫】　积极有效地实施惠民行动和扶贫帮困活动，工作取得显著成绩。经常深入基层，认真听取并及时反映农村干部群众的意见和要求，为农民致富、农村发展献计出力。全年共开展慰问150余人次，结对帮扶贫困户、贫困党员、贫困学生28户（名），协调资金近290万元支持贫困村改善基础条件、改造村支部活动室，捐资10万余元帮助上百名贫困户改善生活条件、发展生产，办实事200余件。

【自身建设】　重新修订完善《机关制度汇编》，制定《专门委员会通则》《全体会议工作规则》《委员联系及管理办法》等9项制度，进一步完善《机关学习制度》《公文处理规则》《常委会工作规则》《主席会议工作规则》等29项规章制度。进一步制定和完善会议服务、信息报送、公文处理、值班联络、机要保密、后勤接待等方面的工作流程。举办专题学习会，学习贯彻省政协学习会精神，交流全市政协工作经验，研究讨论加强专委会工作举措，努力提升政协整体工作水平。抓好政协机关学习，定期举办业务学习会，推进机关学习经常化。注重机关干部培养选拔，全年市政协机关先后提拔任用正县级干部2名，副县级领导干部2名，科级干部1名，上挂工作人员2名。全年送派机关干部参加培训33人次，其中参加省部级培训6人次，市委党校培训12人次，其他培训3人次。同时，组织机关干部到外地考察学习，拓宽视野，增长才干。积极争取有关方面的支持，确保机关运转正常。注重厉行节约，严格按照中央、省、市有关规定，在积极做好各项会议、活动后勤保障的基础上，努力降低办会办文成本。细化行政经费管理办法，做到统筹兼顾，合理安排。加强后勤保障能力建设，开办机关食堂，更新办公设备，完善安保措施，机关办公环境进一步改善，运转效率进一步提升，服务保障能力进一步增强。

【领导人】　市政协领导：主席：刘凤成，副主席：周派国、刘儒贤、袁继林、江陵、贺宗飞、刘兴汉、黄德齐、欧太元，秘书长：李全富，副秘书长：唐剑、周兴键。

各委室领导：

提案委主任：房岳充，副主任：王小明、李虹。

经济委主任：李世民，副主任：张力、黄晓凤。

农业委主任：邢宗诚，副主任：胡辉、吕斌。

社法委主任：吴利民，副主任：徐方红。

教科文卫委主任：刘建国，副主任：唐丕。

外事民宗委主任：欧洪，副主任：何周。

学习文史委主任：李先林，副主任：雷小林、陈安年。

人资环委主任：蒋天文，副主任：杜文波、石春来。

地联委主任：杨山，副主任：唐孝珍。

市政协研究室副主任：夏兴初。

市政协纪检员：张强。

市政协办公室副主任：罗志强、刘长安。

市政协机关党委书记：刘来洪。

（张泽相）

民主党派与工商联

中国国民党革命委员会广安市委员会

【政治理论学习】 认真学习贯彻中共十八大、十八届三中、四中全会、民革十二大和以习近平为总书记的新一届中共中央领导集体关于依法治国、统一战线的一系列重要论述精神。深化以传承民革老一辈长期与中国共产党团结合作形成的政治信念、优良传统和高尚风范，共同开创中国特色社会主义事业光辉未来为主要内容的政治交接主题学习教育活动，进一步增进政治共识，牢固树立与中国共产党同心同德、同心同向、同心同行的政治信念。认真贯彻执行中共中央“八项规定”和《党政机关厉行节约反对浪费条例》，坚决反对“四风”，继续改进文风、会风、学风。通过加强作风建设，切实改进工作作风，不断提高工作效率和水平。

【组织建设】 加强领导班子建设，增强广安民革各级组织班子的凝聚力和战斗力，为学习实践活动提供坚强组织保证。积极发挥民革人才智力优势，探索民革各级组织中青年骨干和机关干部实践锻炼的新途径，为民革后备干部队伍建设打下坚实基础。

3月4日，召开民革广安市委一届五次全委会议。会议学习齐续春在民革全国参政议政工作暨成果交流会上的讲话，传达万鄂湘、齐续春在民革中央坚持和发展中国特色社会主义学习实践活动动员培训会上的讲话精神，研究民革广安市委2014年工作要点和工作计划。

6月26日上午，召开民革广安市委一届六次全委（扩大）会议。审议通过《民革广安市委先进集体、先进个人评选办法》《民革广安市委关于参政议政工作及信息宣传奖励办法》和《民革广安市委发展新党员实施细则》。下午，召开组织工作会议。会议分析当前广安民革基层组织建设中存在的一些问题，强调民革基层组织建设的重要意义，要求以坚持思想建设、制度建设和作风建设为重点，把广安民革建设成为高素质的民主党派而努力。

9月22日，完成民主党派代表人士及其后备人才登记库登记工作。9月29日，召开民革广安市委一届七次全委会议。会议学习万鄂湘《在人民政协广阔平台上不断发挥参政党作用》的精神，传达民革四川省十一届常务委员会第八次会议精神，讨论通过各支部上报的拟发展党员。本着质量第一的原则稳步推进组织发展工作，全年共培养发展7名新党员。

【参政议政】 市委领导积极参加中共市委、市政府、市政协组织的各种协商会、通报会和调研活动，充分发表意见，履行好参政职能。党员中的人大代表、政协委员充分发挥带头作用，不断增强代表和委员的责任意识，“一代表一议案、一委员一提案”活动不断深入。在市人大四届五次代表大会和市政协四届三次全体会议期间，党员中的人大代表、政协委员积极参政议政，共提出议案、提案和建议16件。民革市委集体提案“促进我市民间融（投）资行业健康发展”和朱鹏“关于在广安市市民广场建立广安历史名人和广安历史文化墙的建议”被列为市政协重点督办提案并表彰为优秀提案。唐剑“关于加大对城镇污水处理厂资金投入的建议”被列为四川省人大常委会重点督办的人大代表建议。卢洪在市政协四届三次全体会议上关于“促进我市民间融（投）资行业健康发展”的大会发言，引起中共广安市委和市人民政府的重视，得到广大委员的肯定。

【服务社会】　以纪念邓小平诞辰110周年、“感恩小平·我为小平家乡发展做贡献”活动和“民广合作”20周年为契机，积极争取民革中央、民革省委支持广安发展，做好社会服务工作。

8月1日，召开经济和社会服务工作专题会议，组织学习《民革广安市委经济和社会服务工作委员会工作规则》。会议要求各专委会按计划组织实施好社会服务工作，开展好调研和考察活动；要加大宣传力度，各支部要高度重视社会服务工作，全体党员要积极参加专委会活动，提高民革的凝聚力和影响力；民革组织要围绕党和国家的中心任务开展各种形式的社会服务工作，为推进社会主义经济、政治、文化、社会和生态建设贡献力量。

开展“伸出博爱之手牵手困难群众”“同心博爱”和“送医、送教、送法下乡”等智力扶贫、法律扶贫等活动，充分反映社情民意。2月，民革市委组织民革党员到广安区小井乡开展“送医、送法下乡”活动。

4月24日，民革广安市委与广安市金融系统、共青团中国银行广安支委在广安市思源大道联合举行人民币知识宣传活动，取得良好的社会效果。

6月21日，民革广安区支部到广安区兴平镇中咀村留守学生之家开展“关爱留守儿童捐赠活动”，给留守儿童带去价值六千余元的文体用具。

8月16日，全市党员深入广安经济技术开发区前锋工业园区，考察广安华庆塑业公司，详细了解企业生产经营和管理状况，并进行座谈交流，为其健康发展提出合理化建议。

10月17日，民革广安市委组织部分民革党员赴岳池县东板乡开展“爱心助学”活动，向东板小学捐赠1台价值1万元的印刷一体机、价值1万元的乒乓球台6台、价值4000元的文件柜五组等助学用品并组织友谊中学4位老师分别为东板小学师生上美术、思想品德和英语示范课。

关心支持民革党员创办企业的发展，民革市委领导多次深入广安佰瑞德矿业公司钾盐项目现场调研，协调解决项目建设中的难点问题。支持剑桥成长教育联盟十周年校庆活动。

【民广合作】　4月20日，全国政协副秘书长、民革中央副主席何丕洁，全国政协副秘书长、民革中央副主席、民革四川省主委刘家强一行赴四川广安市考察。何丕洁、刘家强一行深入广安经济技术开发区钾盐风险勘探项目现场和协兴生态文化旅游园区果山幸福美丽新村建设现场进行实地考察，并就深化“民广合作”、组织民革党员参与“感恩小平·我为小平家乡发展作贡献”活动、推进杂卤石型钾盐矿风险勘探项目和新型住宅产业项目等与中共广安市委书记侯晓春、市政协主席刘凤成等亲切座谈。

5月22—23日，全国政协常委、副秘书长、民革中央副主席何丕洁带领国家发改委和环保部的专家在民革四川省委副主委、四川省旅游局副局长郑学炳的陪同下莅临广安市，调研杂卤石型钾盐矿风险勘探项目及新型住宅产业化基地建设情况。并与中共广安市委、市政府领导共同研究协商“民广合作”相关事宜，确定未来5年“民广合作”基本框架，形成《民广合作规划（2014—2020年）》，并就5个方面达成共识。发挥民革人才智力优势，为广安经济社会发展提供决策咨询；发挥民革中央联系广泛优势，为广安招商引资牵线搭桥；发挥民革中央“直通车”优势，争取国家项目政策支持；发挥民广合作载体优势，争取把广安打造为全国深化改革试验区；发挥邓小平故里政治优势，为民革各级组织开展学习实践活动搭建平台。

9月，民革中央调研组形成的调研报告《关于在四川盆地建立国家钾盐勘查开发与战略储备基地的建议》得到中共中央政治局常委、全国政协主席俞正声，中共中央政治局常委、国务院副总理张高丽的高度重视，并作重要批示。国家有关部委庚即落实中央领导的批示，国土资源部做“川东杂卤石资源远景调查”三年规划，国家发改委派专人小组赴川考察调研，支持该项目实施。民革四川省委提出的《关于在小平故里广安规划建设国家钾盐勘查开发与战略储备基地的建议》，得到四川省委书记王东明的批示。

9月29日，由民革四川省委牵头，广安杂卤石勘查开发项目三方座谈会在四川省国土资源厅召开。中共四川省委统战部、民革四川省委、四川省国土资源厅、广安市相关领导参加会议。座谈会上，民革四川省委表示将继续配合相关各方推进四川省杂卤石型钾盐勘查开采工作，并将此作为“民广合作”的重要载体，继续支持并服务广安经济社会发展。

12月12日，民革广安市委主委唐剑、副主委张智勇等一行3人赴北京，向民革中央领导汇报“民广合作”工作。民革中央副主席何丕洁、秘书长李惠东、社会服务部副部长边旭光等有关处室负责人听取工作汇报，并对深化“民广合作”工作提出新的要求。

为宣传“民广合作”20年，民革广安市委组织编辑制作《民广合作20年画册》，全面展示“民广合作”20年的历程和成果。

【重要活动】 结合庆祝中华人民共和国成立65周年、纪念邓小平诞辰110周年、纪念中国共产党领导的多党合作和政治协商制度确立65周年、民革四川省委成立60周年，深化坚持和发展中国特色社会主义学习实践活动，开展革命传统和民革历史教育，助推全省民主党派坚持和发展中国特色社会主义学习实践活动基地建设。

6月13日和7月26日，市委和各支部相继组织党员赴重庆“特园”中国民主党派历史陈列馆、曾家岩50号周公馆开展以“寻根溯源、继往开来”为主题的组织生活。

7月14—15日，为推进“白坪—飞龙”新农村示范区创建国家AAAA级景区项目，民革省委副主委、省旅游局副局长郑学炳赴武胜县为全县科、处级领导干部作“服务三农、打造乡村旅游升级版”的专题辅导报告。

7月29日，湖南省政协副主席、民革湖南省委主委、长沙民政职业技术学院院长刘晓一行到武胜考察调研，并就干部培训、专家授课等达成初步协议。开展武胜县政法干警赴长沙进行为期1个月的创新社会管理专题培训。

8月16日，民革党员赴邓小平故里，举行向邓小平铜像献花篮仪式，深切缅怀敬爱的邓小平，激发全市民革党员参与“感恩小平·我为小平家乡发展做贡献”活动。

8月12日，为推进武胜白坪——飞龙新农村示范区创建国家AAAA级景区，民革四川省委副主委何一立、曹丰平带领民革省委机关干部深入武胜考察调研，帮助支持武胜开展创建工作。

9月11日，十一届全国政协副主席、原民革中央常务副主席厉无畏到武胜考察调研，并为武胜县科级以上干部做“当前经济形势与民营经济”主题报告。

10月21日，四川省各民主党派坚持和发展中国特色社会主义学习实践活动基地建设推进会在武胜县召开。民革四川省委宣传处干部韩邢到武胜县现代农业园区挂职锻炼，任园区管委会副主任。10月27—30日，组织市委委员和部分党员赴广州、中山、深圳等地进行学习考察，开展爱国主义和革命传统教育、“感恩小平·我为小平家乡发展作贡献”招商活动。

【领导人】 主委：唐剑，副主委：王瑛、张学慧，副主委兼秘书长：张智勇。

（向文林）

中国民主同盟广安市委员会

【参政议政】 1月20日，在四川省政协十一届二次会议上，盟市委上报的《关于加大养殖污染治理力度的建议》《关于进一步完善我省农村残疾人服务体系建设的建议》被盟省委采用并作为在四川省政协十一届二次会议上的盟省委集体提案。2月13—16日，广安市政协主席刘凤成，副主席、盟市委主委袁继林一行赴民盟中央、全国政协汇报川渝合作示范区（广安片区）建设情况，恳请民盟中央、全国政协予以支持，得到民盟中央主席、全国人大常委会副委员长张宝文，民盟中央常务副主席、全国政协副主席陈晓光的接见。18日，盟市委参加市政府《政府工作报告》征求各界人士意见座谈会，就政府工作报告提出意见建议。

3月23—26日，在政协广安市第四届委员会第三次会议上，盟市委共提交集体提案4件，盟员政协委员领衔提案50件，经市政协四届第29次主席会议审定的9件重点督办提案中，民盟市委集体提案《关于进一步加强公园和广场建设的建议》、盟员个人提案《关于对禁用食品添加剂加大查处力度的建议》《关于进一步加强行人、非机动车、摩托车、电瓶车交通安全管理的建议》《关于在广安市市民广场建立广安历史名人和广安历史文化墙的建议》等4件提案被列为政协广安市第四届委员会第三次会议重点督办提案。在广安市四届人大五次会议上，盟员中的市人大代表领衔提出议案、建议10件。

4月29日，在全市政协系统2014年宣传信息暨提案工作会上，盟市委集体提案《关于建好广安川渝合作示范区的建议》《关于构建我市新型农业科技服务体系的建议》，盟员个人提案《关于加强渠江流域广安段防洪基础设施建设的建议》《关于进下推进全民水库饮用水源保护的建议》《关于大力发展民办中等职业教育的建议》被表彰为优秀提案。7月30日，市政协主席刘凤成带队督办市政协一号提案、民盟市委集体提案《关于进一步加强公园和广场建设的建议》。盟市委参加视察并参加办理协商会。

8月13—15日，市政协副主席、民盟广安市委主委袁继林带领由市政协教科文卫体委、食品药品监督管理局、市编办、市财政局、民盟广安市委等单位赴岳池、邻水等地调研食品安全监管工作。29日，盟市委参加广安市经济运行情况通报会。主委袁继林代表盟市委就经济建设提出六点建议。9月29—30日，主委袁继林带队督办《关于加强义务教育阶段农村学生素质教育》重点提案，并召开办理协商座谈会。10月28日，盟市委广安市社会事业发展情况通报会。主委袁继林代表盟市委提出三点建议，继续重视化解城区学校大班额问题，高度重视城乡义务教育均衡发展的问题，进一步加强学生素质教育。

11月3—4日，主委袁继林带领盟市委机关干部赴重庆市潼南县开展川渝合作示范区建设调研。实地考察潼南绿色蔬菜种植基地、城市发展新区、工业园区建设以及潼南县作为川渝合作示范区建设的推进情况。5—6日，主委袁继林陪同国家发展改革委地区司副司长黄进发到邻水渝广共建机电产业园、华蓥市渝广共建电子信息产业园等地调研川渝合作示范区（广安片区）建设情况。28日，盟市委参加广安市深化教育领域综合改革建言献策座谈会。主委袁继林代表盟市委提出全方位地推进教育领域综合改革、重视农村义务教育均衡发展等六点建议。

12月9日，盟市委参加广安市经济工作座谈会。主委袁继林代表盟市委就推进川渝合作示范区（广安片区）建设提出建议，进一步拓展川渝合作的深度和广度，加强川渝合作示范区之间的协同互动。25日，盟市委参加广安市党风廉政建设和反腐败工作通报会。30日，召开广安民盟2014年参政议政工作会议。传达学习民盟中央、民盟四川省委参政议政工作会议精神，全面总结广安民盟2014年参政议政工作并对2015年参政议政工作进行安排部署，民盟岳池县委、民盟武胜县委、民盟广安区总支及民盟市委直属华蓥市支部作经验交流发言。

【服务社会】　5月20—22日，争取北京外研通教育科技有限公司为广安市武胜县三溪镇小学、沿口镇小学和前锋区前锋中学等3所学校捐赠价值3万元的教师点读笔和外语有声图书室。受捐赠的学校校长、教师在遂宁市参加由民盟中央、省委组织的中小学骨干外语教师集中培训。7月16日，盟市委前往岳池县看望、慰问身患癌症的退休老盟员。17日，主委袁继林带领盟市委机关及有关部门调研武胜县宝箴塞乡农林村、安堂坡村扶贫工作，实地查看贫困村项目实施现场，详细了解贫困村项目的规划及资金预算情况，研究落实帮扶措施。

8月14日，盟市委在邻水县宣教文化中心举行帮助贫困学生丁舒驰对接活动，民盟广安市委直属机关支部副主委、大川铁路运输学校校长唐川承诺帮助丁舒驰解决上大学主要费用，并向其支付第一学期费用6600元。30日，主委袁继林带领盟市委机关干部开展“学雷锋星期六志愿服务日”活动，看望慰问留守儿童段佳惠，为她送上新书包、文具、字典及少儿百科全书等学习用具、书籍和200元助学金。10月22日，召开社会服务工作会议，总结近年来民盟广安市委社会服务工作的情况，民盟武胜县委、民盟岳池县委、民盟广安区总支、民盟市委直属机关支部、华蓥市支部、友谊中学支部、民盟广安职业技术学院委员会分别交流开展社会服务工作的经验。26日，民盟广安市委直属友谊中学支部组织志愿者前往广安区方坪敬老院开展“百善孝为先、爱老敬老行”志愿服务活动，为敬老院58位孤寡老人送去慰问品。

11月29日，盟市委组织盟内眼科、内科、中医专家前往武胜县宝箴塞乡开展义诊活动。免费为群众检测血压230余人次，诊断病人180余人次，开出处方120余人次，赠送常规药品值1100余元，发放卫生保健宣传单500余份。

12月13—14日，盟省委田继万带领姚文忠教授、米波在岳池开展“农村教育烛光行动暨校园文化建设”系列专题活动，对岳池县学校校长及有关负责人进行培训。

【自身建设】　民盟广安市委辖民盟岳池县委、民盟武胜县委、民盟广安区总支、民盟广安职业技术学院委员会及民盟市委直属机关支部、友谊中学支部、华蓥市支部、前锋区支部等4个直属支部。

3月3—5日，盟市委主委袁继林陪同盟省委副主委田继万为组长的调研组一行，调研坚持和发展中国特色社会主义学习实践活动基地建设情况，参观广安中学校史园，张澜、邓小平铜像广场，华蓥山游击队纪念馆，邓小平故居及武胜岳武起义纪念馆并召开座谈会。13日，召开三届六次主委会，会议讨论三届三次全委会工作报告、市政协四届三次全委会大会发言材料和集体提案，研究2013年盟务工作先进表彰事宜。14日，召开三届三次全委会。学习民盟四川省委2014年工作要点；听取副主委贺宗飞受主委会委托所作的2013年盟市委全委会工作报告，与会人员对工作报告进行认真讨论修改，并得到全委会一致通过；对2013年在思想宣传、组织建设、参政议政、社会服务等方面取得优异成绩的盟组织进行表彰。

4月1日，民盟中央副秘书长、组织部部长陈幼平一行赴南充、广安调研基层组织建设工作。调研组在南充市北湖宾馆召开座谈会，广安、南充民盟组织及基层组织负责人参加会议。民盟广安市委主委袁继林汇报广安民盟基层组织建设情况，民盟广安市委直属广安职业技术学院支部、华蓥市支部、民盟武胜县委、民盟岳池县委汇报基层组织建设情况。下午，陈幼平一行赴广安调研基层组织建设，参观邓小平故居。5月16日，盟市委与盟省委盟史调研组到岳池召开岳武起义座谈会。

6月5日，民盟市委与民建市委开展机关建设暨基层组织建设座谈会。11日，民盟广安市委召开专题会议学习中共广安市委四届七次全会精神，研究贯彻会议精神意见。17—18日，全国政协常委、黑龙江省政协副主席、民盟黑龙江省委主委赵雨森一行15人赴广安小平故居学习考察，市政协主席刘凤成、副主席袁继林、贺宗飞、欧太元，秘书长李全富等领导亲切会见赵雨森一行并进行友好交流。19日，盟市委机关干部召开会议学习《广安市公职人员公务时间休闲娱乐责任追究暂行办法》。23日，市政协副主席、统战部长欧太元一行到民盟广安市委机关，调研民主党派自身建设。召开调研座谈会，主委袁继林介绍民盟的基本情况及近年来民盟开展有关工作、履行参政党职能的情况及下步工作打算，并对结合自己在民主党派工作中面临的困难和问题谈自己的体会。

7月3日，召开三届七次主委会。学习传达民盟省委十一届七次常委（扩大）会议精神和中共广安市委四届七次全委会议精神；总结上半年工作，对下半年工作进行安排部署；讨论广安盟史资料收集整理工作方案、参政议政和思想宣传表彰办法、参与坚持和发展发展中国特色社会主义学习实践基地建设方案；研究民盟广安市委直属广职院支部换届及前锋区支部筹建事宜；会议审批新盟员。23日，召开三届八次主委会。研究民盟领导班子后备干部推荐工作。24日，召开领导班子后备干部推荐会议。民盟广安市委委员，不是市委委员的县级委员会、总支、直属支部的主委，担任县处级领导以上职务的盟员，盟员中的省人大代表、政协委员及盟员中的市人大常委、政协常委参加推荐会议。中共广安市委统战部副部长、工商联党组书记郑晓敏，干部科长张建春，经济联络科长冯素华出席会议。与会人员进行投票推荐和谈话推荐。

8月4日，主委袁继林带领盟市委机关干部到前锋区调研民盟基层组织建设工作，看望在前锋区工作的盟员并召开调研座谈会，中共广安市委统战部干部科科长张建春、主任科员张川平陪同调研。前锋区政协主席帅晓东，区政协副主席、统战部部长杨德金出席调研座谈会。

9月10日，民盟省委副主委田继万一行赴广安调研机关建设工作。11—12日，民盟中央宣传部副巡视员蒋鹏利一行到广安调研开展坚持和发展中国特色社会主义学习实践活动情况，参观华蓥山游击队纪念馆、武胜岳武起义纪念馆并召开调研座谈。12日，盟省委副主委、民盟成都市委主委、成都市政协副主席李铀一行到邓小平故居开展纪念邓小平诞辰110周年暨赠书仪式活动。13日，民盟山西省委秘书长徐佩雄一行到邓小平故居参观。

10月14日，民盟广安市委直属广安职业技术学院支部召开换届大会，支部更名为中国民主同盟广安职业技术学院委员会，会议选举以洪前蓉为主委，周万明为副主委，谢敖文、周安、王雪松为委员的民盟广安职业技术学院委员会第一届领导班子成员。14—16日，在四川民盟机关建设工作会议上，民盟广安市委、民盟岳池县委被评为“四川民盟机关建设优秀单位”，民盟武胜县委被评为“四川民盟机关建设先进单位”。民盟广安市委和民盟武胜县委做交流发言。25日，民盟广安市委暨直属机关支部召开会议，专题学习贯彻党的十八届四中全会精神。

11月1日，民盟南充市蓬安县总支一行赴广安邓小平故居参观学习。7日，民盟南充市营山县总支一行赴广安调研新农村建设。8—10日，四川民盟召开民盟四川省组织成立70周年纪念大会和四川民盟基层组织工作会议。广安区总支被民盟中央表彰为先进基层组织；民盟武胜县中心支部、民盟岳池一中支部、民盟华蓥市支部被民盟省委表彰为先进基层组织。18日，召开中国民主同盟广安市委员会直属前锋区支部委员会成立大会，会议选举杨江华、柏明华、周涛、毛一兵、范敏为民盟广安市委直属前锋区支部第一届委员会委员，杨江华为主委，柏明华、周涛为副主委。19—21日，盟市委及民盟岳池县委、民盟武胜县委机关干部赴民盟重庆市合川区委、民盟泸州市委、民盟内江市委学习调研盟务工作。

12月4—6日，民盟广安市委举办2014年新盟员培训班，对全市各基层组织的79名新盟员进行培训。5—6日，民盟中央秘书长高拴平莅临广安调研盟务工作，参观邓小平故居，调研新农村建设情况，听取民盟广安市委的工作汇报。17日，召开三届九次主委会议，研究民盟广安市委参政议政工作表彰奖励办法和思想宣传理论工作表彰奖励办法，总结2014年工作，审批新盟员。18—19日，在四川省民盟思想宣传理论工作会上，民盟广安市委、民盟武胜县委、民盟广安职业技术学院委员会获得“2013—2014年度四川民盟思想宣传理论工作先进集体”。19—20日，民盟中央副主席、全国人大常委、中国作协副主席张平一行到广安调研民盟思想宣传理论工作。张平副主席一行参观邓小平故居，查看中国民主同盟林的情况，听取广安民盟工作汇报。29日，召开三届十次主委会议。研究参政议政工作会议相关事宜。

【领导人】　主委：袁继林，副主委：贺宗飞、李学渊、吕玲，秘书长：向金志。

（殷　云）

中国民主建国会广安市委员会

【参政议政】　建立激励机制，激发参政热情。在2014年各级两会上，市委会提交《关于设立中小微企业创业园建议》《关于普遍建立市、县、乡三级政府法律顾问制度的建议》2件集体提案，在市政协会上作《关于加快龙安柚产业化发展的建议》的书面发言，担任各级人大代表、政协委员的民建会员共提交个人提案议案30余件，提出意见建议40余条。会员杨径曲的个人提案《关于彻底整治万盛大街的建议》、田祖荣的个人提案《关于鼓励发展民办养老机构的建议》获评广安市政协优秀提案。

深入调查研究，增强建言实效。6月，召开重点理论研究课题研讨会，组织理论水平较高的会员深入华蓥市、邻水县、武胜县围绕参政党参政议政能力建设和参政党后备干部培养等问题开展理论调研工作，并形成《浅谈如何提升民主党派参政议政能力》《民建组织建设与经济社会发展和谐稳定关系思考》《民建后备干部队伍建设的思考》3篇理论调研文章上报到民建四川省委和中共广安市委统战部。7至8月，组织骨干会员深入广安区、邻水县、武胜县、华蓥市等区市县和会员企业进行实地调研，收集、掌握第一手资料，在准确、翔实了解基本情况的基础上，撰写《广安市养老服务产业发展研究》《对广安市市场配置农业生产资料，深层次解决农业发展问题的调查》《广安市城区停车问题的现状分析与对策》《关于现代农业园区及“园中园”建设的思考》《关于设立中小微企业创业园建议》5篇调研文章，针对广安经济技术开发区建设、城市规划建设、现代农业发展、养老事业发展等问题提出切实可行的意见和建议，为政府决策提供有力依据。

【服务社会】　充分发挥优势，积极争取支持。发挥好企业家和专家学者两支队伍的优势，积极参加中共广安市委统战部组织的“三下乡”活动，为边远山区的群众送医送药，提供免费的法律咨询和法律服务。3月，发动5名企业家会员出资5万元，帮助前锋区小井乡优良村修桥，打通该村与代市的通道，彻底改变当地群众出行难和农产品销售难的问题；5月，组织会员中的法律专家深入广安区五福社区开展“走基层，送法律，进社区”主题活动，为社区群众作“我们身边的法律问题”专题讲座。积极联系四川省人民政府向广安市拨付西溪河流域环境综合整治工程项目推进和监督专项资金1400万元；协调联系中华思源工程扶贫基金会向广安区捐赠6台救护车，捐赠车辆已纳入广安120急救体系，每年将为患者提供6000人次的急诊服务；在武胜县选送20名家庭贫困的优秀学生参加“扬帆计划”暑期夏令营活动；帮助武胜县争取到农村电网改造资金4588万元。

创立品牌效应，扩大社会影响。注重社会服务工作的整体性和连续性，探索社会服务工作新模式，创立广安民建自有的社会服务品牌。妇委会确定每年在市委会定点扶贫的武胜县白坪乡庙坝村实施“369”活动，即每年的“三八”妇女节慰问帮扶贫困妇女，“六一”儿童节慰问帮扶贫困儿童，“九九”重阳节慰问帮扶贫困老人；第三支部确定每年开展“夕阳红计划”主题活动，每年至少开展两次送法进校园、进企业活动；会员企业四川活福律师事务所主动为前锋区26所中小学校提供法律服务，组织律师担任学校的法律顾问和法制辅导员，一个学期在一所学校举办一次公开的法治讲座，随时为师生提供免费的法律咨询服务。

【学习实践活动】　成立开展坚持和发展中国特色社会主义学习实践活动领导小组，制定出台《民建广安市委关于开展坚持和发展中国特色社会主义学习实践活动实施方案》。积极配合民建四川省委理论与学习委员会赴广安开展重点理论研究课题调研；配合民建四川省委经济委员会、企业委员会在武胜县召开“非公经济前沿问题”研讨会暨2014年工作会；协调配合民建四川省委直属工委80余名会员赴广安考察学习。认真统筹省内各级民建组织赴武胜县开展定点帮扶、招商引资、人才培养等工作，积极做好成都、泸州、宜宾、南充、雅安、广元等地民建组织进驻武胜县的接洽工作。同时，以“感恩小平·思源同心”实践进广安（武胜基地）行动为主要内容，确定武胜县白坪乡庙坝村为民建广安市委定点帮扶村，正努力协调相关部门在该村实施农村电网改造项目和村级公路硬化项目。

【自身建设】　加强思想建设，坚定理想信念。组织骨干会员赴重庆参观中国民主党派历史陈列馆，重温民建先贤创立和发展民建的奋斗历史，对会员进行民建优良传统教育。开办新会员培训班，对近三年入会的50余名会员系统进行中国特色社会主义理论、统战理论、民建会章会史教育。成立市委中心学习小组，将各支部主委纳入学习小组，定期组织政治学习。积极推荐骨干会员参加民建中央、民建省委举办学习班、培训班，向各支部发放《中国民主建国会简史》《毛泽东传》《邓小平时代》等一批好书，为各支部订阅《人民政协报》《团结报》《四川统一战线》等报纸杂志，适时组织会员交流，提高思想认识。

注重制度建设，实行规范管理。市委会制定完善《主委接待及办公制度》《学习制度》《会议制度》《会员慰问制度》《评先评优办法》《支部工作考评办法》等各项规章制度，并指导各支部制定《学习制度》《会议制度》《考勤制度》《会费缴纳制度》《慰问制度》，将制度建设作为评选优秀支部的必要条件。

加强班子建设，促进能力提升。明确市委班子成员职责分工，要求每一个班子成员对口联系一个支部，牵头一个专委会的工作。切实加强领导集体建设，着力提高领导班子的政治把握能力、参政议政能力、组织领导能力和合作共事能力。坚持和健全民主集中制，重大事项经班子成员集体研究决定，强化领导班子作风建设，注重发挥领导集体的作用，不断提高领导水平。

夯实组织基础，提高整体素质。始终坚持“三个为主”的方针和注重质量、注意数量、保持特色、优化结构的组织发展原则，尤其将注重质量放在首位，逐步由以前的快速发展转变为有序发展。2014年新发会员19人，会员数增加至100人，会员结构得到进一步优化。会员平均年龄41岁，其中：经济界人士74人，占会员总数的74%；有大学本科文化程度的42人，有研究生学历的2人；有中高级以上专业技术职称的28人；有正县级领导干部1人，副县级领导干部2人，科级干部10人。

强化机关建设，提升服务水平。在市政协落实两间办公室，制定《公文办理制度》《财务管理制度》《用车制度》等各项规章制度，新聘用一名大学生，机关工作人员增至3人。2014年，市委会机关负责起草、出台工作性文件10余个，为领导起草各类讲话材料20余个，承办各类会议20余个，传阅、办理公文70余件，编发《广安民建》简报15期，在民建中央网站、中国日报网等中央级媒体刊发活动信息30余条，在《华西都市报》、四川新闻网、民建四川省委网站等省级媒体刊发活动信息100余条，在《广安日报》、广安电视台、广安市人民政府网、《广安政协》《广安统战》等市级媒体刊发活动信息30余条，接待会员80余人次。

【领导人】　主委：吴涛，副主委：缪宇、杜建平，副主委、秘书长：杨径曲。

（谭　钠）

中国民主促进会
四川省委员会广安直属支部

【组织建设】　2014年，支部会员发展到62名，结合坚持和发展中国特色社会主义学习实践活动、创先争优活动及坚持和发展中国特色社会主义学习实践活动，注重队伍建设，凝心聚力，积极为广安的发展建言献策。支部会员周代碧被表彰为民进四川省委2014年度优秀通讯员、支部荣获2014年度民进四川省委网络宣传工作先进单位、社会服务工作先进单位；2014年11月被授予“民进全国组织建设先进基层组织”。

【参政议政】　支部建立专门的参政议政工作小组，组织人员深入调研思考，邀请广安市人大副主任、全国人大代表康永恒对支部内的人大代表和政协委员进行参政议政工作的专题培训。主委刁志强出席省十二届人大二次会议，先后就《政府工作报告》、计划报告、财政报告等内容作了两次大会发言，提出4点建议。在市两会期间，广安民进会员积极建言献策，表现十分抢眼，提交建议4份、提案20份。刘卫东提出的《关于大力发展城市公交的建议》，被列为2014年10件重点督办件。黎红代表民进广安支部在政协大会上做《对加强我市城乡集中式饮用水源保护的建议》的发言，得到委员们的认同。刘卫东代表在人代会上就加强城市基础设施建设所做发言，被《广安日报》“为民履职谋发展凝心聚力促跨越”栏目宣传报道。在政协会议分组讨论中，刁志强、程学锋、黎红、方龙、周代碧、唐云梅等委员分别就出租汽车管理、教育投入、旅游营销、保护文物、农村饮用水源的保护，乡（镇）污水处理站建设、农村人居环境改善等问题做了发言。刁志强、程学锋、黎红被市政协评选为政协委员风采人物。

【服务社会】　立足自身特点，围绕武胜“坚持和发展中国特色社会主义学习实践活动基地”建设活动，主动而为做好对接服务工作。先后陪同省委刘激涛副主委、张宏秘书长调研武胜县中小学生综合素质教育实践基地、白坪—飞龙新农村示范区规划馆、白坪乡高洞村下坝院子、白坪乡高洞甜橙新村、飞龙镇卢山村张家院子、沿口古镇文化旅游区（规划馆）、街子工业园区。邀请中科院成都分院副院长王嘉图一行专家6名，走访调研武胜金易管业有限公司、四川银钢一通凸轮轴有限公司、街子园区鸿岱科技公司、安泰丝业有限公司，问工艺、问营销、问市场、问目标，面对面听取和解决企业在生产经营中遇到的亟待解决的难题。并就武胜县级部门、企业代表对工业发展、产业升级、创新驱动发展、农业园区良种良化、企业需求等恳请解决的事项进行逐一梳理，达成专项对接四项。邀请绵阳、南充的5名中小学教学教研名师赴武胜县，举办“接近名师，经典课堂”教学观摩活动，对全县800多名教师进行培训。

【领导人】 主任委员：刁志强。

（陈学锋）

广安市工商业联合会

【重要会议】 2014年1月14日，“感恩小平·共建广安”在渝乡友座谈会在重庆召开。重庆市政协副主席吴家农，广安市市长罗增斌出席会议并作重要讲话。市政协主席刘凤成、副市长陈捷，重庆广安商会（邻水商会）会长、重庆中德地产集团董事长冯中德及渝广两地的近100名政商界乡友参加会议。会议由广安市政协副主席、工商联主席刘儒贤主持。

1月16日，市委书记侯晓春，市委副书记、市长罗增斌，市政协主席刘凤成，市政协副主席、工商联主席、总商会会长刘儒贤在蓉参加成都广安商会座谈会。

1月24日，广安市工商联在市政协五楼会议室组织召开“感恩小平·共建广安”迎春座谈会。市人民政府副市长刘和斌出席会议。市政协主席刘凤成出席座谈会并讲话。市级相关部门、市县两级工商联负责人，市直属异地商会、行业商会会长和“感恩小平·共建广安”系列活动的部分认捐人参加会议。

3月8日，北京广安商会成立暨广安乡友座谈会在北京举行。最高人民法院原副院长刘家琛，解放军军事科学院政治部原主任、中国少数民族对外交流协会副会长兼民族文化艺术工作委员会主任、全国红军小学建设工程理事会副理事长张东辉，空政文工团原政委、中国民族名家书画院院长冀有泉，中央防范和处理邪教问题领导小组办公室秘书局局长王体先，北京军区战友文工团政委赵宪志，团中央培训中心主任王捍忠，四川省政府驻北京办事处处长杨荣亮，中国房地产研究会副会长、中央企业青联会常委、中国建材股份有限公司副总裁、北新建材集团董事长王兵，世界杰出华商协会主席卢俊卿，中共广安市委书记侯晓春，市委副书记、市长罗增斌，市政协主席刘凤成，以及肖友才、肖雷、杨利民、甘用德、刘儒贤等领导出席会议。广安乡友代表、在京的广安企业家代表100余人参加会议，座谈会由罗增斌主持。会上，侯晓春全面介绍广安经济社会发展情况。

3月27日，市工商联召开贵州广安商会成立筹备工作会座谈会。贵州广安商会拟任会长、贵州省建筑钢材物流商会执行会长、贵州省老年产业协会常务理事、贵州金巨川贸易有限公司董事长张继明率领拟任商会领导的班子成员一行6人参加该会议。会上，市政协副主席、工商联主席、总商会会长刘儒贤作重要讲话，并就商会成立的有关工作进行全面安排部署。

4月13日，贵州省广安商会成立大会暨“感恩小平·共建广安”活动启动仪式在贵阳市举行。贵州省工商联党组副书记、工商联副主席吴维芳，贵州省政协原副主席何永康，贵州省军区原副司令员刘世果，贵州省黔南州委原书记李培书，贵阳军分区原司令员罗南孝，贵州省委政法委原常务副书记栗先惠，贵阳军分区原副政委吴进德，贵州省银监局原局长邓瑞林，贵州省黄金局原局长寇生田，贵州省化工厅原厅长张福润，贵州省劳动人事和社会保障厅原副厅长王明铮，贵州警官职业学院原党委书记鲍光和，贵州省法制生活报社原社长王志忠和广安市政协主席刘凤成，广安市人大副主任易铭珅，广安市副市长刘和斌，广安市政协副主席、工商联主席、总商会会长刘儒贤，广安市政协秘书长李全富等领导出席大会。参加会议的还有广安六区市县工商联主席、市直属异地商会负责人。会上，贵州省贵阳市乌当区农村信用合作联社、贵州聚宝盆融资担保有限公司分别与贵州省广安商会签订战略合作协议。贵州省广安商会还向全体商会会员、在黔广安乡友发出“感恩小平·共建广安”活动倡议，现场认捐70万元。

5月30日，商会与世界杰出华商协会在广安举办“感恩小平·共建广安”捐赠座谈会。市政协主席刘凤成，市委常委、总工会主席甘用德，市政协副主席、工商联主席刘儒贤和世界杰出华商协会主席卢俊卿等出席会议。市纪念办、市投促委、市红十字会、广安经开区、枣山物流商贸园区、协兴生态文化旅游园区等部门负责人及来自全国各地的40余位民营企业家参加会议。会上，世界杰出华商协会及各地企业家现场认捐506万元。

6月30日至7月1日，商会组织召开感恩共建捐赠活动座谈会，贵州广安商会张继明等会班子成员参加会议，政协主席刘凤成出席会议并作重要讲话，会议由市政协副主席、工商联主席刘儒贤主持。

8月22日，组织工商联（商会）系统和重庆企业家协会等共260余人为小平铜像敬献鲜花，并召开纪念邓小平诞辰110周年座谈会。

9月23日，召开全国广安商会组织纪念邓小平诞辰110周年活动暨首届联谊会，省政协副主席、工商联主席陈放，市委书记侯晓春、市政协主席刘凤成，市委常委、常务副市长肖友才，市委常委、总工会主席甘用德等领导和部门负责人及商会组织相关人员近200人参会。

10月30日，阆中广安商会在阆中市锦元张飞酒店召开成立大会。市人大副主任张建华，市政协副主席、工商联主席、总商会会长刘儒贤出席会议并作重要讲话。

11月6日，市委反腐败协调领导小组与市工商联联合召开“广安市廉洁企业建设工作会”，市人大副主任敬世波，市检察院检察长孔凡示等领导出席会议。市委常委、市纪委书记刘光辉出席会议并作重要讲话。市级有关部门领导及全市企业代表共150余人参加会议。会议由市政协副主席、工商联主席、总商会会长刘儒贤主持。

【参政议政】 3月24日至3月27日，市两会期间，市工商联组织非公经济人士中的人大代表、政协委员积极参政议政，共提出议案、提案51件。4月29日，市工商联在市政协四届二次会议上提出的《关于深化改革创新举措为川渝合作示范区建设提供强有力金融支撑的建议》被评为优秀提案。

【服务会员】 指导部分商会组织成立“有偿互助基金会”，指导成都广安商会成立成都民信融资性担保公司、成都市成华民信小额贷款公司，为会员企业提供规范的融资需求近10亿元。充分发挥政策服务作用，协调处理各类纠纷30余件，直接或间接挽回经济损失近千万元；4月22日，市工商联与冠群驰骋投资管理（北京）有限公司（广安分公司）签订战略合作协议，不断为会员企业拓宽融资渠道。

【对外联络】 3月27—28日，世界杰出华商协会李红艳一行11人赴广安开展商务考察活动，积极推进天九鑫旺金融港事宜。4月7—10日，组织近30家民营企业参加省委、省政府在成都市世纪城国际会议中心举行的“中外知名企业四川行”活动。5月15日，云南省永仁县人民政府李明峰县长及楚雄广安商会会长罗映明一行13人赴广安市考察。6月12—13日，贵州广安商会会长张继明一行16人深入广安市枣山物流商贸园区、广安经开区、武胜县、岳池县等地开展“感恩小平·回报家乡”投资考察活动。6月30日至7月2日，贵州广安商会会长张继明一行赴广安洽谈“感恩小平·共建广安”捐赠活动事宜，并再次深入市内各地考察。7月8—9日，刘儒贤带领华泰建设集团等会员企业赴上海考察。7月24日至8月1日，市政协副主席、工商联主席刘儒贤一行4人赴各区市县调研全市非公企业发展现状和县级工商联标准化建设情况。8月11—12日，昆明贵州广安商会赴广安开展“感恩行”活动。8月14—15日，省工商联副主席袁明率领四川省部分异地商会负责人及企业家代表赴广安开展“感恩行”和项目考察活动。

【基层组织建设】 2014年，新组建成立广安市投资担保行业协会和北京、贵州、阆中广安商会，新发展会员318名。同时，指导各区市县成立岳池异业合力商会，大连、重庆广安区商会，北京、广州、华东武胜商会。指导昆明广安商会顺利进行换届。3月8日，广州白云区广安武胜商会在白云区万达希尔顿酒店举行成立大会。四川省人民政府驻广州办事处副主任王强，广州市白云区委常委、统战部长袁东华，白云区委统战部副部长、工商联党组书记梁春生；市工商联副主席、总商会副会长谌念敏，市人民政府驻广州（深圳）办事处副主任尚敏，武胜县委书记毛加庆，县人大常委会主任张洋华等出席会议。

【服务社会】 4月19日，商会在邻水县关河乡关路村小学举行“会乡合作”签约暨“感恩小平·回报家乡”捐赠仪式，组织协调有关方面为该乡关路村修桥助学捐资逾100万元。4月23日，市工商联带领医疗志愿者深入“挂包帮”村广安区蒲莲乡金城村开展走基层“三进三同三促”活动和免费义诊活动，为他们发放价值5000元的医疗药品，为困难群众送去慰问金2000元。5月19日，市工商联副主席、四川华珂集团公司董事长李昌龙在广安区政协举办的“感恩贡献——阳光三百”工程启动仪式上，帮助贫困留守儿童邓杰等。5月29—31日，世界杰出华商协会40余会员赴广开展“感恩行”活动，为小平家乡捐款196万元。7月4日，市政协副主席、工商联主席刘儒贤出席广安电视台承办的“感恩小平·共建广安”系列活动之一“播洒阳光”慈善基金捐赠仪式，市总商会副会长广安尚礼商贸有限公司袁尚礼在仪式上捐赠现金20万元，用于代市镇旭光村道路建设。8月10日，华蓥市现代农业园区海馥种植专业合作社为云南鲁甸捐赠1000件价值20万元的“爱心葡萄”。9月9日，深圳市总商会组织会员企业为广安偏远地区困难学生和医疗卫生事业捐款200万元。11月24日，商会深入协兴镇冠子村开展党建帮扶工作，并资助1万元帮扶款。11月25日，深入贫困村岳池西板乡鼓楼坡村、石鼓村开展扶贫慰问工作，向10户贫困群众发放慰问金4000元。11月26日，资助2000元帮助洗脚溪社区加强阵地建设。11月27日，深入“三联五帮”联系村邻水县四海乡四海村、方竹村开展“走基层”活动，向10户贫困群众和贫困党员送去慰问金2000元。

【领导人】　市政协副主席、工商联主席：刘儒贤，市委统战部副部长、工商联党组书记：郑晓敏，市政协副秘书长、工商联副主席：谌念敏，工商联副主席：刘和平，工商联秘书长：刘家平。

（喻孝福）

群众团体

广安市总工会

【服务经济建设】　围绕广安加快发展、科学发展主题和迈入全省经济发展第一方阵目标，组织动员全市广大职工广泛开展“感恩小平·中国梦在广安”“当好主力军，建功十二五”“创建学习型组织、争做知识型技能型职工”“创建工人先锋号”和“六个一”等劳动竞赛和技能提升活动，全市参赛企业2136家、参赛率92%以上，参赛职工16万余人次、参赛率达95%。

“五一”前夕，全市选树推荐全国、省、市五一劳动奖章8人，省、市五一劳动奖状7个，全国、省、市工人先锋号7个。全年召开劳模座谈会25场，举行事迹报告会10场次，政策法律咨询15场次，新闻宣传报道40次，送出慰问金10余万元。“两节”期间走访慰问省部级以上劳模200余人次，省总工会党组书记、副主席罗茂乡，市委常委、市总工会主席甘用德分别到武胜、广安区，深入劳模家中和劳模工作一线，看望慰问劳模。

【基层组织建设】　全市已建基层工会组织5292家，会员达87.2万人，其中建立女职工组织3374个，覆盖女职工27.76万人，女职工组织覆盖率达到99.37%。全总非公企业数据库广安市企业建会率达99.52%，职工入会率99.86%。向省总工会争取乡（镇、街道）工会、社区工会工作专项资金74.13万元打造工会规范化建设示范点，成功打造武胜县总工会、广安电业局工会、绿水洞煤矿工会、金易管业工会、武胜白坪乡高洞村工会联合会五个规范化建设示范点，武胜县沿口镇工会联合会被评为“2014年四川省示范乡（镇、街道）工会”，广安区中桥社区工会等4个社区工会被评为“2014年度四川省示范社区工会”。协同团委、妇联、科协等群团组织，试点建成10个群团组织社会服务中心。11月，在全省群团工作调研座谈会上，广安市群团服务工作得到省委常委、省总工会主席李登菊的充分肯定。

【惠民送温暖活动】　元旦、春节期间，全市各级工会广泛开展慰问企业、困难职工和困难劳模活动，共筹集送温暖慰问款物243.27万余元，慰问困难企业53户、慰问困难职工家庭2145户、困难农民工家庭847户、慰问困难劳模140人次。组织区市县及时编制申报生活救助、医疗救助、法律援助、职业培训等七大帮扶项目，争取到全总、省总下拨项目帮扶资金654万元，帮扶救助10210人次。送清凉慰问活动中，走访慰问企业75户，慰问职工2245人次，发放防暑降温等慰问品价值10万多元，为职工提供健康检查3045人次。金秋助学活动中，筹集资金413.2万元，资助困难职工和困难农民工子女上学6108人。“三八”妇女节期间，慰问389名单亲女职工、发放慰问金17.3万元。困难职工帮扶工作中，为1014名下岗失业人员进行职业介绍，帮助困难职工720人实现再就业，为困难职工提供就业培训1058人次、提供医疗救助349人次，为困难职工子女提供帮扶2100人，生活救助4986人。组织273名全国、省、市劳模参加健康体检、28名劳模参加疗休养。全市参加住院医疗等互助保险的职工4800人，赔付金额达71万元。全市工会系统实施完成三项民生工程，实际投入资金达150.7万元，超目标

37%完成，被市委市政府提名表彰为“2014年度惠民工作先进单位”。

【维护职工权益】 全市3046户企业建立平等协商制度并签订集体合同，占应签企业总数的88.5%，国有及其控股企业、企业化管理的事业单位和外资企业平等协商集体合同的建制签约率达到100%，规模以上非公有制企业厂务公开民主管理推行率达92%以上。全市1300户规模以上企业参加“安康杯”竞赛活动，参赛职工20多万。全市有3个单位和个人分别获全国“安康杯”竞赛活动优胜单位、优胜班组和组织工作优秀个人，有9个单位和个人分别获四川省“安康杯”竞赛活动优胜单位、优胜班组、组织工作优秀单位和组织工作优秀个人。实现煤矿、非煤矿山、危化、建材四大行业职业病防治专项集体合同签订率100%。各级工会参加安全生产检查40多次，排查整改隐患35件，跟踪督促整改事故隐患17件，调查处理工伤事故21件。全市各级工会组织开展企业防暑降温工作专项检查，共组织检查企业48户，提出整改意见35条。全市签订工资集体合同1040份，覆盖企业3040家、职工23.6万人。签订劳动安全卫生专项合同2720份，覆盖职工26.5万人。签订女职工权益保护专项集体合同1815份，覆盖企业2526家、女职工74574人。广安市广能集团、邻水天圣药业公司女职工权益保护专项集体合同获省优秀范本提名奖。基层劳动争议调解组织和劳动法律监督组织组建率达90%以上。市和区市县总工会组建劳动法律监督委员会达100%，工业园区、乡（镇、街道）等区域性法律监督组织组建率达80%，各级工会累计建立劳动法律监督委员会3120个，基层工会70%已建立劳动法律监督组织，专兼职工会劳动法律监督员3500余人。成功协调大连市总工会、大同市总工会处理解决“广安60名农民工62万元工资被拖欠13年”和“广安农民工明显云追讨工资”案件。

【代表大会】 2014年12月23—25日，广安市工会第四次代表大会在市图书馆报告厅召开，304名职工会员代表和29名特邀代表参加会议，市委书记侯晓春，省总工会党组成员、副主席胥纯，市委副书记、市长罗增斌，市人大常委会主任余仪等出席大会，侯晓春作重要讲话。会议选举产生广安市总工会新一届领导班子，广安市总工会第四届委员会设主席1人，副主席2人，常委13人（含主席、副主席），委员45人；广安市总工会第四届经费审查委员会设主任1名，委员11人（含主任）。经无记名投票选举，市委常委甘用德当选为广安市总工会第四届委员会委员、常委、主席；纪洪强、谢永福当选为广安市总工会第四届委员会委员、常委、副主席；戈小平当选为广安市总工会第四届经费审查委员会委员、主任。

【阵地建设】 广安市职工文体活动中心主体工程于7月完工，建设面积12664万平方米，位于广安市市民广场文化综合体内，集困难职工帮扶中心、职工培训中心、职工活动中心功能于一体，主要包括困难职工帮扶大厅、法律援助中心、职业介绍所、培训中心教室、办公室、学员宿舍、羽毛球场、乒乓球馆、健身中心、300人非正式剧院、职工文艺中心。该阵地建成后解决现有公共文化服务体系不健全，活动场所较少等实际问题，能较好地满足职工教育、帮扶、健身、休闲和娱乐等需要，是一个集多功能、现代化、智能化为一体的综合文体休闲场所。

【领导人】 市委常委、总工会主席：甘用德，党组书记、副主席：纪洪强，党组成员、副主席：李键，党组成员、纪检组组长：谢永福，党组成员、经审委主任：戈小平。

（蒋君华）

共青团广安市委

【“感恩作贡献”活动】 2014年，团中央书记处书记傅振邦、团省委书记刘会英等中省团领导先后到广安考察指导。团中央支持30万元建设“小平科技创新实验室”1所，支持市青少年活动中心建设的600万元资金已到账。全国青联、中国青企协、团省委、省青联捐建希望小学、希望快乐中心、爱心体育器材中心、爱心电教室、化学实验室、物理实验室、净水太阳能系统、爱心家园粉刷工程等爱心项目10余个，资金达330余万元。市青少年活动中心即将开馆运营。《邓小平与共青团》一书获中央文献研究室大力支持，出版发行。

【民生工程】 及时分解落实任务，多方筹集建设资金，多次深入项目实施单位督促指导，确保民生工程高标准、高质量完成。创建星级留守学生之家40所，完成率100%；培训农村青年542名，完成率108%；招募西部计划志愿者86人，完成率168%；资助贫困学生57人，完成率100%。

【社会治理创新】 依托未成年人法律援助工作站，提供各类法律援助130余人次，附条件不起诉帮教未成年人工作全面铺开，预防青少年违法犯罪体系不断完善。依托基层惠民帮扶中心和便民服务中心，在邻水西街社区和丰禾镇建立群团社会服务中心（站）2个。组织12支快乐学校志愿者队伍深入各社区，陪伴200余名留守儿童开展暑期快乐学校活动。探索共青团购买社会服务改革，团队活动由“活动引导型”向“项目带动型”转变推进有力。原始基金为1000万的广安市关心下一代基金会即将获批成立。

【青少年素质教育】　开展“我的中国梦”“红领巾相约中国梦”等主题教育活动，120余万青少年社会主义核心价值观得到不断加强。大学生暑期社会实践“逐梦计划”有效实施，引导在校大学生参与社会实践和职业体验，建成“岗位超市”、募集见（实）习岗位200余个。积极开展青年农民技能培训，以市场需求为导向，整合培训基地、劳动技能职业学校等资源，实施“输血造血”工程，通过专家讲座、实地指导、现场观摩，为青年农民教授先进畜牧养殖技术、新能源实用技术、网络农副产品经营等方面知识。累计举办青年农民实用技术培训班12期，培训青年农民542人次，实现就业169人。

【团队活动】　招募网络传播志愿者1600名，组织9名青年志愿者骨干参加省上培训，培训西部计划志愿者66名。完成全国文明城市创建、“5·19”国际旅游日广安分会场、兰渝铁路高南线动车正式开通运营、全国老年气排球比赛、广安纪念小平诞辰110周年活动等系列志愿服务任务。广安市义工联合会、广安荧光志愿者协会、广职院青年志愿服务队等志愿服务品牌更加响亮，带动参与服务的志愿者队伍达31支，服务近5000余人次。第二届青年趣味运动会成功举办。全国少先队“红领巾阅读推广计划——广安行”启动仪式隆重举行，受赠价值20万元的红领巾班级图书角及配套书刊1000套。7名品学兼优的留守家庭青少年赴香港参加为期5天的“童行中国”夏令营活动。深入开展“我要上大学”——希望工程助困入学关爱行动，帮助46名贫困学子圆梦。

【青年创业就业】　积极动员企业、青联委员、青企协成员等参与青年就业创业见习基地建设，青年培训、见习、就业、融资、创业相结合的服务平台和运行机制逐步健全。落实培训机构3个，培训资金6.2万元，开办技能培训班22期，培训学员5200人。深化银团合作，协调有关职能部门降低门槛、简化手续、规范程序，500名青年获得青年创业小额贷款。充分发挥青年文明号、青年岗位能手、青年安全生产示范岗作用，广泛开展青工技能培训、技能竞赛、岗位比武等活动，新命名27个市级青年文明号，组建20支青年突击队开展劳动竞赛，举办青工技能培训5次，组织安全大检查100余次，查处安全隐患1700多处，查处“三违”11人次，安全隐患全部得到整改。

【领导人】　团市委书记：韩刚，副书记：陈欣（12月止）、文彦艳（12月起）、王斌（12月起）；市关工委办公室主任：张志军。

（余东洋）

广安市妇女联合会

【促进妇女发展】　增强创业就业能力。充分利用妇女儿童活动中心、妇女之家等培训阵地，开展妇女创业就业培训、劳动力转移培训等培训班10余期，组织1257名女性参加职业技能培训，培训创业女性160人。再次争取到北京农家女学校支持，选派14名妇女到该校进行为期12天SYB培训。举行“话感恩、谋发展、建新功”首届賨州女性发展论坛，邀请王小红、张惠玲、缪敏、龙嘉琳等女企业家代表作论坛主题发言，进一步激发广大妇女的创业干事激情。

帮助妇女创业就业。扶持做强“三业一群体”，把发展传统种养业、手工业、生活性服务业作为重点，帮助城乡女性群体破解就业困境。新建居家灵活就业示范基地13个，巾帼创业就业示范基地14个，带动全市近6000名妇女创业就业和就近居家灵活就业，实现人均年收入3.2万元。大力开展“两个一百”行动，联系创业成功女性搭建创业互动平台，为100名有创业愿望的妇女提供结对帮扶，帮助136名失业、零就业妇女实现就业再就业。联合人社等部门举办“春风送岗位”等各类女性专场招聘会9场次，提供女性就业岗位2000余个，达成就业意向人数896人。

引领妇女岗位建功。深化“巾帼文明岗”、岗（巾帼文明岗）村联建、企（女企业家）村共建、委（机关妇委会）村同建工作，加强城乡妇女的交流互动，实现城乡妇女工作对接和整合，引领城乡妇女学科技、学经营、赛技能、比贡献，带动农村妇女增收致富、城镇妇女岗位建功。全市共创建市级以上巾帼文明岗43个；岗、企、委村结对数达100余对。四川缪氏现代农业发展有限公司被授予“全国巾帼现代农业科技示范基地”，邓小平故里管理局游客接待科讲解部被授予“四川省三八红旗集体”，岳池县东街小学校长李春梅被授予“全国三八红旗手”，广安北新建材有限公司总经理龙嘉琳等被授予“四川省三八红旗手”。

【维护妇女儿童权益】 强化源头维权，推进两纲实施。对照“两纲”指标监测体系，切实抓好2013年妇女儿童“两纲”监测统计工作，通过梳理重点难点指标、监测年度完成情况，认真分析妇女儿童生存现状、发展的趋势与问题。针对预防和控制出生缺陷、女性养老服务、妇女儿童之家工作落实情况，组织市级妇儿工委成员单位和区市县妇儿工委开展专题调研，形成专题调研报告。

加强宣传教育，提高维权意识。利用“三八”妇女维权周、“巾帼维权月”、依法治市宣传月、“6·26”“12·4”等时间节点，多次深入乡村、社区、街道，学校采取多种形式广泛宣传《妇女权益保障法》《未成年人保护法》《婚姻法》等法律法规知识，不断提高广大妇女依法维权能力，活动中，共印发宣传资料5.8万份，设置展板60个，悬挂宣传图片120幅，提供法律咨询服务12000余人次，举办法治讲座培训48场，培训人员3600余人，开展“送法下乡”等活动167场次，举办“巾帼维权法律大讲堂”8场次，培训基层妇女1000余人。在《广安日报》开辟的“三八”维权周法治宣传专栏上刊登《建好平台、主动作为、依法维权——市妇联帮助维护妇女儿童合法权益工作侧记》举案说法、维权案例剖析，引起社会对依法维权的关注。

探索创新，实施妇女信访代理。全面推广实施“12345”妇女信访代理工作法，全市共建立县级妇女信访代理服务中心6个、乡（镇）妇女信访代理服务站54个，村（社区）妇女信访代理室590个，招募三级妇女信访代理员727名、选聘信息员1988余人。2014年，共代理案件1774件，先后为1013名妇女调解家庭纠纷，帮助724名妇女摆脱家庭暴力阴影。

【建设幸福家庭】 寻找最美家庭，弘扬家庭美德。组建54个讲师团，开展幸福女性大讲堂、婚姻家庭课堂、父母大课堂等52场，举办“新女性、新形象、新生活”等讲座及幸福使者分享会达103次。在全市2984个“妇女之家”广泛开展寻找“最美家庭”活动，举办最美家庭故事会2281次，晒出的家庭照片3057幅，家风家教征文121篇，家庭文艺活动334次，征集家庭文化作品259件、最美家庭324户。评选出先进家庭480户、先进家庭角色典型596人，培育“平安家庭”标准示范户57433户，全市组建巾帼志愿者队伍208支，巾帼志愿者达3391人，开展各类志愿服务活动达591次。

倡导廉洁家庭，筑牢拒腐防线。按照市委预防腐败“广土”工程建设的要求，成立廉洁家庭建设工作领导小组，制定《关于开展预防腐败“广土”工程廉洁家庭建设工作的通知》和《关于深入开展廉洁家庭建设“七个一”活动的通知》，围绕“家庭助廉、共促和谐”主题，深入推进“建设廉洁家庭”活动。向领导干部及家庭成员寄送“建设廉洁家庭”倡议书700余份，倡导各级领导干部及家属认真遵守和执行好廉洁从政相关规定。举办“家庭助廉、廉洁共建”万人签名倡议活动，组织广大妇女及领导干部家属签名助廉。向全市机关妇委会和区市县发放廉洁知识问卷3.2万份，组织开展廉洁知识竞赛。

建好家长学校，普及家教知识。加强未成年人思想道德建设，大力开展小公民道德实践活动，联合市教育局表彰“广安市优秀小公民”50人，树立少年儿童学习的标杆。深入开展家长学校创建和家长教子活动，创新“六落实、五固定、四坚持”的办学模式，大力创办家长学校，全市中、小学、幼儿园家长学校建成率100%，社区建立家长学校（家庭教育指导中心）建成率95%。成立广安市家庭教育讲师团，邀请“知心姐姐”等家庭教育专家、四川省家庭教育讲师团专家，邀请“知心姐姐”等家庭教育专家、四川省家庭教育讲师团专家，深入机关、农村、企业，开展家教知识讲座20多场次，直接培训家长4000多名。积极发展早期教育工作，全市建立早教中心3个，广安蒙特梭利早教中心被省妇联邀请参加发起成立四川省早期教育行业协会。

【改善妇女儿童民生】 强化项目运作。大力争取并实施好各项妇儿民生项目，全市5辆“母亲健康快车”共为3600余名妇女开展免费健康体检；争取到中央、省妇基会“两癌”救助金70万元，救助农村贫困“两癌”患者70名；争取到“母亲水窖·校园安全饮水”项目39.5万元，解决2000余名师生饮水安全难题；争取到中国儿基会“蓝天春蕾助学金”18万元，分三年救助广二中50名高中女生；争取到“母亲健康快车—德昌祥温暖半边天女性健康知识宣讲公益活动”项目，为3000名妇女普及健康知识，并赠送价值30万元的妇科药品。争取到多美滋、贝因美奶粉933件，价值72万元惠及3000余名妇女儿童。

推进民生工程。狠抓广安市妇女儿童活动中心建设，按时完成项目建设指挥部和各牵头部门交办的任务。积极完善项目规划，分四个子项目进行编制，联合民建广安市委和市工商联积极开展对外宣传推荐工作，多次向全国妇联、全国妇基会、省妇联汇报争取项目支持。按照“有妇女组织管理人员、有巾帼志愿者服务队伍、有固定的活动场所、有开展活动的必要设备、有健全的管理制度、有丰富多彩的活动”的“六有”标准，加大工作指导力度，督促各地按时完成新建50个乡（镇、街道）“妇女儿童之家”的目标任务，进一步丰富基层妇女儿童的活动阵地。

关注特殊人群。深入开展“致富思源·关爱留守妇女儿童”主题活动，动员社会各界爱心人士为留守妇女儿童捐款捐物，开展形式多样的爱心资助行动。大力开展“暖冬暖心”走访慰问活动，为100名贫困妇女儿童送去6000余元的慰问金和价值近2万余元的慰问品。压缩工作经费，拨付邻水县“9·13”洪灾救助款3万元，救助受灾妇女儿童。“三八”节前夕，请市委常委、总工会主席甘用德带队深入武胜县看望慰问贫困妇女、拥军家属、女企业家和先进妇女等基层妇女代表。“六一”前夕，牵头组织策划市委书记侯晓春等市领导和市级相关部门到市儿童福利院、华蓥市、岳池县等地，慰问孤残儿童、留守儿童及进出务工人员子女代表，为他们送上节日礼物和温馨祝福。

【组织建设】 开展“走基层、解难题、办实事、惠民生”活动，牵头组织市级相关部门多次深入岳池县粽粑乡蒋家院村、皂角树村调研，科学制定帮扶措施，为两个村71名留守儿童送去价值5000余元的书包、文具等。认真开展千名党员进社区活动，结合创建全国文明城市，定期开展党员义务日活动，为联系社区送去帮扶资金2000元。

强化典型培树宣传。大力培树、宣传妇女先进典型，“三八”节期间，表彰10个广安市“三八”红旗集体和20名“三八”红旗手，10个广安市“城乡妇女岗位建功先进集体”和20名“城乡妇女岗位建功标兵”，20个广安市“先进妇联（妇女）组织”和30名“先进妇女工作者”，以及50户广安市“五好文明家庭”。举办“话感恩、谋发展、建新功”首届賨州女性发展论坛，四川广安发电有限责任公司党委书记王小红、四川广安慧博玻璃工业有限公司董事长张惠玲、四川缪氏现代农业发展有限公司董事长缪敏、广安北新建材有限公司总经理龙嘉琳作主题发言。

创新妇联组织建设。积极开展群团社会服务中心建设调研，认真指导武胜县开展探索试点工作，拨付工作经费2万元，建成3个群团社会服务中心。对20多个到期换届的市级机关妇委会进行考察，指导完成换届选举工作，促进机关妇委会组织的良性发展。指导并批复广安经开区、枣山物流园区成立妇女工作委员会，健全其指导辖区乡（镇）及企业等基层妇女组织工作的职能职责。在“两新”组织建妇女组织32个，进一步拓展组织覆盖面。大力开展廉洁机关建设，打造廉洁班子，建设廉洁队伍，实施廉洁行为，形成廉洁机制，被市纪委确定为廉洁机关示范单位。

【领导人】 党组书记、主席：谭锦屏，党组成员、副主席：任景佩、陶开琴，党组成员、纪检员：何萍。

（谭恩建）

中国国际贸易促进委员会广安市委员会

【参加国际展会】 全年共参加中国四川（东盟）出口商品展览会、2014缅甸国际汽车摩托车零部件展、2014年第四届南非建材及五金工具展览会、2014美国拉斯维加斯汽配展、2014四川（印度、斯里兰卡）商品展等境外展（博）览会5次，参展企业35户，展出面积63平方米，贸易成交合同金额1350万美元。

【参加国内展会】 全年参办中国四川（东盟）出口商品展览会、第十五届西博会、第十七届渝洽会、第十八届中国东西部合作与投资贸易洽谈会暨丝绸之路国际博览会、第二届中国（四川）国际家居饰品暨红木艺术展览会、第四届中国（四川）进口商品展览会等境内展（博）会11次，参展企业达385家，专业观众人数15000人，展出面积2720平方米，贸易成交合同金额83548万美元。

【经贸交流】 全年共组织20家次企业参加2014首尔百宝铺团——中国经贸洽谈会、第五届中国（四川）——南亚经贸合作圆桌会议、中国—青海绿色经济投资贸易洽谈会、新西兰贸易投资与留学移民推介会、川澳商贸对接洽谈会、意大利威尼托大区企业家代表团商务洽谈会等8个重大经贸活动。

【牵线搭桥】 6月18日，贸促会邀请法国沙涛集团有限公司中国区总负责人张春晓到广安光前集团参观考察，双方就开展资金与技术合作进行深入交流和洽谈，针对航空制造表面处理工艺和零部件精密制造建厂事宜进行深入磋商，双方表示将在合资建厂、先进技术、人才培训等领域进行广泛合作。8月中旬，贸促会还邀请中信实业投资集团（香港）有限公司总裁杜朋一行8人到广安市参观考察，双方将就投资合作事宜作进一步交流。

【贸易知识培训】 3月26日，组织岳池县投促局驻渝办事处和武胜醉巴斯牛肉有限公司、武胜醉仙牛肉有限公司等企业负责人参加由重庆市贸促会主办的“中国—新加坡投资贸易开放性座谈培训会”，听取新加坡经济发展局大中华区中西部官员及专业人士就新加坡投资贸易政策、投资贸易优势及难点、中资企业新加坡上市要求、投资贸易争议解决等话题的讲解，对新加坡市场投资环境、投资贸易政策、产业机遇等有更新的了解，增强企业开拓新加坡市场的信心。

5月8日，邀请南充市贸促会、南充出入境检验检疫局、成都海关驻南充办事处一行11人，到邻水考察四川嘉逸皇冠科技有限公司、四川艾马仕科技有限公司等7家外贸企业。考察组一行就法检目录调整政策、出入境货物检验检疫政策、出入境检验检疫收费标准、出口货物检验检疫免费政策、电子申报、电子放行、电子监管、分类管理、检验检疫相关费用、检验检疫注册登记办理流程、所需资料、操作办法、电子报检系统操作流程等课题对邻水25家外贸企业负责人及业务操作员进行外贸知识专题培训，丰富广安市企业管理人员和专业人员的外经贸知识。

【项目争取】 成功邀请缅甸、泰国、菲律宾、老挝、越南等东盟国家工商会司局级管理人员研修班一行20人于2014年5月17—20日在中国贸促会、四川省贸促会领导陪同下到广安市参观考察。考察组参加“5·19”中国旅游日广安主会场和华蓥分会场活动，参观四川嘉逸皇冠科技有限公司、四川利爵科技有限公司、四川同心门业有限公司、四川琳度瓷业有限公司、四川万豪科技有限公司、正大汽配有限公司等企业，同广安市举行中国（广安）—东盟国家工商界代表座谈会。罗增斌市长就广安市市情和外向型经济发展情况作介绍，考察组阐述东盟各国对外经济贸易和合作政策，表达东盟国家与中国开展经贸往来的良好愿望，并与广安市万豪电子、华镃服饰、龙台花酒、银丰食品、利爵摩托等企业负责人进行长达2小时的对接座谈，座谈双方表示将进一步加强沟通和联系，相互组织企业实地考察并参加博览会，积极推进东盟—广安经贸合作。

【获得荣誉】 2014年，市贸促会先后荣获“支持商贸流通工作、招商引资工作先进集体”“全省贸促系统先进单位”“西博会组展参会工作先进集体”“第二届中国国际口岸贸易博览会（绥芬河）特别贡献奖”等荣誉称号。

【领导人】 会长：冯中华。

（雷　鸣）

广安市科学技术协会

【科普惠民】 开展“基层科普行动计划”项目建设，大力培育和扶持农村专业技术协会、科普示范基地和科普带头人的发展和开展科普示范社区建设。2014年，广安区白马乡柠檬产业协会、武胜县佳鑫养鸭协会、前锋区益农蔬菜协会、邻水县柚子协会、华蓥市竹河玉米制种科普示范基地和岳池县九龙镇安公桥社区分别获得中国科协、财政部基层科普行动计划先进单位，获奖补资金120万元；广安区白市柚产业协会、前锋区前红梨业协会、武胜县马氏肉牛养殖协会、华蓥市草莓专业技术协会、岳池县大石乡草莓技术协会，邻水县万丰蛋禽养殖科普示范基地，岳池县石垭镇梨子园村朱小平、华蓥市阳和镇三岔河村罗海军、前锋区观塘镇白鹤村鲁四龙和广安区北辰街道北街社区分别被四川省科协、财政厅表彰为2014年度基层科普行动计划先进单位和个人，获奖补资金76万元。为助推新农村建设，提升农民科学素质，全市新建“农村科普服务站、科普宣传栏、科普员”工程30个。为提高农民的种养技术，促进农业增产农民增收，市科协分别在广安区大安镇开展蔬菜种植技术培训，在华蓥市举办农技协骨干培训，在武胜县胜利镇举办水产养殖培训，在武胜县举办甜橙种植技术，在岳池县乔家镇三安蔬菜协会开展蔬菜种植技术培训，在邻水县开展核桃种植技术培训，五期共培训农民种植大户及技术人员600余人次。同时，全市科协系统结合实际需要，组织开展各种形式短期培训活动，培训期数达60期、培训人数5000余人次。为促进基层科普组织的健康发展，市科协与邮储银行广安市分行在全市范围内开展战略合作，联合下发《关于加快开展科协与邮政储蓄银行合作的意见》，全市各级科协与邮政储蓄银行紧密开展合作，发放“银会合作”贷款123笔，贷款金额2686.9万元。

【科普宣传】 为贯彻落实《中华人民共和国科学技术普及法》和《全民科学素质行动计划纲要》，大力开展科普宣传活动。在2014年“三下乡”活动期间，市科协分别深入到前锋区观阁镇、广安区龙台镇、武胜县猛山乡、岳池县坪滩镇、邻水县龙安镇、华蓥市华蓥山广场等地开展“送科技、文化、卫生”三下乡活动，向广大群众发放科普宣传资料4500余份、科普书籍4000余册，接受群众咨询500余人次，宣传群众达1.5万余人次。

3月6日，广安市2014年“科技之春”科普月活动启动仪式暨科普赶场活动在邻水鼎屏三小广场举行。启动仪式结束后，市科协在邻水三完小组织开展科普大篷车进校园活动，吸引全校近2000余名师生参与科学体验活动；市科协组织市级相关学会、科普志愿者在邻水县南门大街开展科普宣传和科普咨询活动，发放各种科普资料和书籍5000余份（册），现场接收咨询群众800余人次。结合三月道德建设宣传月、文明城市和法治城市创建工作，组织科普志愿者深入街道社区开展文明道德、法规知识宣传，积极推进文明城市、法治城市建设。

5月18日，四川省2014年科技活动周暨四川省青少年科普文化节在广安市思源广场启动。四川省政协副主席陈放，四川省政府副秘书长蔡竞，四川省科技厅党组书记、厅长刘东，四川省科协党组书记、副主席吴凯，广安市委副书记、市长罗增斌等出席启动仪式。川农大、省农科院、省社科院、省林科院、省中医院等20多家科研单位100余名科普志愿者开展技术咨询、技术服务，发放资料上万份，省科技型企业展览3D打印机，分析测试设备及部分农产品。省青少年科普文化节展示的科普互动设备深受群众欢迎，广安市有3000余名青少年、城镇居民参加启动仪式。

6月10日，市科协在思源广场参加以“尚德守法，倡导全民节俭节约，提升食品安全治理能力”为主题的2014年食品安全宣传周启动仪式及食品宣传活动；6月13日市科协开展主题日科普宣传活动，邀请市营养学会专家在社区开展食品安全科普知识讲座，并针对社区居民所询问的平时碰到的食品疑惑和问题作仔细解答，向社区居民发放各类食品科普宣传资料2000余份，大力增强广大社区居民的食品安全自我保护意识，对于引导他们形成科学、安全、合理的饮食习惯起到较好的促进作用。

9月19日，2014年广安市全国科普日暨中国流动科技馆四川前锋区站巡展启动仪式在前锋区葳孚润滑油办公大楼前隆重举行，市委常委、市总工会主席甘用德、省科技馆副馆长雷斌禄出席启动仪式。启动仪式结束后，市科协组织市级相关学会、科普志愿者开展“科普一条街”宣传活动，发放各种科普资料和书籍4500余份（册），现场接收咨询群众500余人次。广安区在社区举办全国科普日市民欢乐大赛活动，通过文艺表演、知识问答的形式宣传创建全国文明城市的相关知识以及食品安全、环境保护、防灾减灾、节约资源等科学知识，吸引广大市民积极参加；邻水县组织科技下乡宣讲团深入丰禾、袁市、两河、石滓等10余个乡（镇），围绕全国科普日主题，开展农业新技术讲座、新品种推广、技能培训技术推广等科普服务活动；武胜县以“创新发展、全民行动”为主题举办全国科普日主场活动，组织100余名科技工作者和科普志愿者，通过科普文艺表演、科普知识有奖问答、发放科普宣传资料、科技咨询服务、义诊义疗、法律法规宣传等形式开展科普活动。

【科普示范创建】　为深入实施《全民科学素质行动计划纲要》，市科协积极组织开展科普示范创建活动。指导邻水县开展2016—2020年度全国科普示范区市县申报工作，并按照新一轮创建要求，做好各项创建准备。组织开展全市科普示范社区创建工作，4个城市社区被命名为市级科普示范社区；广安市广安区广福街道西溪社区社区、岳池县九龙镇安公桥社区被四川省科协命名为省级科普示范社区。组织开展科普示范企业创建工作，4个企业被命名为市级科普示范企业。全市科协系统以创建活动为载体，以建基地、抓示范为突破口，积极整合科普资源，提升科普示范效应，全市形成一批科普示范乡镇、示范村社、示范院落、示范户

【青少年科技活动】　组织和参加市17届、省29届青少年科技创新赛，通过组织发动和层层筛选，大赛共收到区市县推荐作品671件，经市组委会评审，共评出市级获奖作品246件。广安市选送的58件青少年优秀创新作品获省级一等奖7件、二等奖9件、三等奖25件；邻水县二中彭道红老师的《多功能光学试验仪》获四川省科技创新大赛最高荣誉奖“四川省科协主席奖”，广安区龙安小学王丹、程璐的《吹吸同步吸尘器》作品获四川省“英才”奖；广安市3件作品被入选参加全国二十九届青少年科技创新大赛作品展评，获全国二等奖1件，三等奖1件。组织邻水坛同中学、邻水实验学校参加第九届全国青少年教育机器人奥林匹克赛、第十四届全国青少年“综合技能”创新实践活动，获一等奖1件，二等奖1件。组织开展“科技进校园”活动。市科协坚持将科普资源与学校教育特别是科学课程、综合实践活动、研究性学习有机结合起来，大力开展“科技进校园”活动，吸引1万余名师生参加体验，发放有关环境保护、赛先生的背影操作指南宣传资料6000余份；市科协与团市委、市教育局一道协作，争取中国青少年科技创新奖励基金支持30万元，在广安思源国际学校建立“小平科技创新实验室”；在全市中小学中开展主题为“体验科学、放飞梦想”的第二届青少年科普文化节，积极营造青少年“学科学、爱科学、用科学”的良好范围。为加强全市科技辅导员建设，提高科技教师的科学素养和辅导能力，9

月29日，市科协举办青少年科技辅导员骨干培训班，邀请四川省十佳优秀科技辅导员任金权、陈万明老师分别作“优秀科技实践活动的设计与实施”“科技辅导员如何辅导学生科技活动和申报参赛”专题讲座，来自全市各中小学的100余名科技辅导员参加培训。

【学会活动】 2014年，市气象学会组织承办鄂豫川陕气象协作区秋季会议，省气象局副局长李杨富出席会议，襄阳、十堰、随州、南阳、安康、商洛、汉中、达州、广安和汉江集团等地及单位参加会议，交流学术论文71篇。市医学会承办全省放射科继续医学教育培训及学术交流会，南充、遂宁、达州、巴中、德阳、内江等市医疗机构的放射专业人员130余人参加学术会议，四川大学华西医院周翔平、陈卫霞等知名教授参加学术研讨；组织普外科继续医学教育项目培训及学术会议、护理岗位管理暨护理人员培训，近1000人参加培训；开展健康宣传和送医送药下乡活动，为群众义诊6000余人次，提供健康咨询1300余人次，免费发放药品价值达1.5万元，发放宣传资料6.9万份。市林学会组织开展全国第33届爱鸟周科普宣传，召开“国有林场60周年”论坛，交流学术论文73篇，并编辑出版论坛专刊2000册。市环科学会举行环保论文评选活动，编撰印发《广安市环境科学学会专刊》1000册。市心理学会在学校、机关、社区、军营大力开展心理健康科普知识讲座，吸引近2000人参加听讲，有效引导群众树立健康、乐观、自信的心态。广安区科协积极组织开展全区学术研讨，收集论文200余篇，编辑《实践与研究》500册。市科协组织编印《生活安全与防灾减灾》《中医养生》《母婴保健知识》《食品与营养健康》等科普读物2万册，向机关干部、社区居民、农民、青少年等人群免费发放。

【金桥工程】 为促进科技成果转化为现实生产力，科协系统充分发挥中介职责，积极开展“金桥工程”项目实施工作。到2014年6月，全面完成2013年“金桥工程”立项项目8项；2014年新立项9项，4个项目上报四川省“金桥工程”项目办公室。

【感恩活动】 为积极响应市委提出的“感恩小平·我为小平家乡发展作贡献”的号召，市科协将中国流动科技馆来广安巡展作为市科协纪念小平诞辰110周年的自选献礼项目，经与中、省科协多次联系衔接、跟踪协调、努力争取，从2014年6月起，中国流动科技馆将在广安市所辖区市县开展为期一年的巡展。为保障巡展工作的顺利有序开展，市科协积极协调各区市县巡展点的安排与落实，努力争取财政和教育部门的支持，与市财政局、市教育局联合下发《关于做好中国流动科技馆广安市巡展工作有关事项的通知》。截至年底，中国流动科技馆广安区、前锋区、邻水县、武胜县巡展活动顺利结束，已接待中小学生和群众参观体验共计16余万人次。2013年9月，市科协与重庆市老科协签订合作备忘录，建立川渝科协合作长效机制。2014年，市科协积极加强与重庆市科协系统、科技型企业的沟通、衔接，推动两地科协深化联系，促进科技企业与广安市工业园区建设、技术和项目进行合作，努力在川渝合作示范区建设中献力。6月10日，重庆市老科协、科技企业代表一行20余人在重庆市老科协副会长王方启带领下到邻水县高滩工业园区、邻水县经济技术开发区等进行实地考察、座谈，对邻水园区发展建设提出许多宝贵意见。有意向到广安投资项目的企业与有关部门进行协商。

【惠民行动】 市科协深入岳池县石垭镇烂洞坝村开展“双联”工作。在调查研究基础上，制定工作方案，帮助理清发展思路，指导产业发展；开展调查摸底，建立工作台账，及时与村党支部、党员和联系户进行帮扶对接，开展走访慰问贫困户；实施智力扶贫，拨付2.3万元建设农村科普宣传站及财务公开栏，捐赠农业致富科技书籍500册，举办农业科技学习班1期，传授农业实用技术。深入广安区大有乡三星村积极开展“计生三结合”工作。按照三年扶贫规划，把三星村种养殖产业发展纳入2014年帮扶计划，引导帮扶户发展生产，科技致富；组织干部与“计生三结合”户结对子，针对各户的具体情况为帮扶户量身规划发展项目，寻找致富途径，为计生“三结合”户送去帮扶资助金4000元，引导农民发展特色养殖业；市科协班子带队对困难帮扶户开展“送温暖”活动，向帮扶户宣传党的计划生育政策，鼓励他们勤劳致富，科学致富，并向困难帮扶户送去慰问金1000元。

【召开代表大会】 2014年12月30日，广安市科学技术协会第四次代表大会在市图书馆报告厅隆重召开。会议总结五年来广安科学技术协会工作的成绩和经验，确定今后五年广安市科学技术协会的指导思想和奋斗目标，选举产生市科学技术协会第四届委员会主席、副主席、常委。市委副书记、市长罗增斌，省科协党组书记、副主席吴凯出席会议并讲话，市人大常委会主任余仪，市政协主席刘凤成等出席大会开幕式。全市各条战线的177名科技工作者代表和17位特邀代表参加本次大会。

【领导人】 主席：杨铁，副主席：张来荣。

（伍海港）

广安市社会科学界联合会

【理论学习】　精心组织市社科联机关干部认真研读《关于全面深化改革若干重大问题的决定》《关于全面推进依法治国若干重大问题的决定》和习近平总书记重要讲话原文，准确把握三中、四中全会提出的新思想、新论断、新任务、新举措，理清全市社科工作发展思路，明晰发展路径和工作举措。抽调18名社科干部，配合市委宣传部组建十八届三中全会和习近平总书记重要讲话精神宣讲团，深入6个区市县、3个园区和广安发展建设集团开展理论宣讲50场次，听众达1.2万人次，受到基层干部群众的欢迎。配合市委党校举办“学习贯彻党的十八届三中全会精神，努力走在全省改革开放前列”理论研讨会，就广安多点多极支撑发展战略如何实施，川渝合作示范区如何建设，农村改革如何深化、装备制造业如何发展，文化体制如何改革，社会保障如何实现全民覆盖等涉及广安发展的重大问题进行深入研讨，收到论文71篇，评选表彰优秀论文16篇、入选论文29篇，择优在《金广安》杂志刊发论文10篇。

【社科普及】　科普机制常态化建设。以学习贯彻新修订的《四川省科学技术普及条例》为契机，向市四大家领导和市委宣传部、市财政局以及区市县党委政府赠阅《条例》单行本500余册，利用各种有利机会，积极主动向市委市政府主要领导汇报《条例》修改工作，加强与市财政局和各区市县党委政府的沟通协调，赢得重视和支持，科普机制常态化建设特别是科普经费落实工作取得重大进展。在市级层面，首次实现将6万元社科普及经费、10万元《金广安》杂志编印费纳入市社科联年初预算；首次将社科普及基地建设纳入全市科普基地建设框架，与自然科学同等享有项目建设经费支持。在区市县层面，6个区市县社科联经费争取不同程度有新进展，邻水县社科联成功实现将“邻州讲坛”经费15万元、《学习与探索》杂志办刊经费10万元、科普工作专项经费5万元纳入年初预算；华蓥市科联年初预算中也落实10万元科普专项经费。

科普宣传。认真履行《科普条例》赋予社科联在社科普及工作中的主体责任，加强与市科技局、科协等科普宣传成员单位的协调，共同牵头做好科普宣传工作。3月6日，会同市科技局、科协牵头，联合司法、农业、卫生、环保等十多家市级科普工作成员单位，在邻水县拉开广安市第十九届“科技之春”科普宣传月活动序幕。科普宣传月活动突出“科技创新驱动农村发展”主题。2014年，市县两级社科联组织社科学会开展大型科普宣传活动15场次，举办科普讲座35场次，开展社科咨询2500人次，播放科普电影200场次，展出科普图书3500册、科普挂图200余套，赠阅科普资料8.5万余份。

社科阵地建设。大力开展社科普及基地建设，在认真学习借鉴兄弟市州成功经验，深入基层调研，广泛听取各地意见的基础上，市社科联会同市委宣传部研究制定《广安市哲学社会科学普及基地管理办法》《广安市哲学社会科学普及基地评估办法》，广安社科联于4月上旬印发《关于开展申报2014年度广安市哲学社会科学普及基地的通知》，出台举措鼓励支持申报创建科普基地，将科普基地创建工作纳入对区市县社科联考核范畴。强化刊物质量建设。《金广安》杂志是广安市社科宣传普及的重要平台和载体，2014年广安社科联特别重视刊物质量建设，在认真总结办刊16年经验教训、学习借鉴兄弟市州办刊成功经验的基础上，组织专家反复论证后，正式启动《金广安》杂志前期改版工作，提高稿费标准（由过去20—50元/篇提高到50—300元/篇），精减栏目设置，重点加强“邓小平生平与思想研究”“感恩小平·我为小平家乡发展作贡献”“深入开展党的群众路线教育实践活动”“领导论坛”“科普之窗”“本期视点”“学习贯彻党的十八届四中全会精神”等栏目建设。全年编印发行《金广安》杂志12期、纪念邓小平诞辰110周年特刊1期，每期印数达4500册，市内四大家领导和外地理论工作者的稿件有大幅度增长，杂志知名度和美誉度得到进一步提升。

【社科规划评奖】　改革立项结项管理机制，提升社科规划研究影响力。印发《关于征集广安市2014年度社科规划研究课题的通知》，面向区市县和市级相关部门广泛征集社科规划建议课题，收到建议课题350余个，结合国家宏观经济政策和广安经济社会发展大势，市社科联组织专家充分论证后确定75个参考课题，出台《2014年度广安市社科规划项目研究方向》，全面启动2014年广安市社科规划项目研究工作。各区市县社科联和市级社科学会积极宣传发动，精心组织申报，广大社科工作者踊跃参与。共收到申报课题221个，比2013年增加45个，其中县处级领导干部申报课题20个，厅级领导干部申报课题1个。经专家论证，正式批准立项课题61个（其中重点项目22个、一般项目39个）。同时，积极探索改进研究成果鉴定工作，面向全市选拔具有副高级以上职称、理论功底比较深厚的专家组建广安市社科专家库，随机抽取库内专家组建哲学社会科学成果鉴定委员会，由鉴定专家全权负责成果审查工作，有效确保结项成果质量。2014年，广安社科联首次利用这一机制鉴定2013年度立项的51项研究成果，最终审定结项成果45项，其中获优秀等级成果5项、良好等级成果15项、合格等级成果25项，并对结项成果给予500—1000元/项的奖励。

组织申报省级社科项目，社科研究取得新成效。鼓励支持全市社科工作者积极申报省级社科规划项目，《广安市经济转型发展研究》项目获得省政府立项，《广安巴文化研究》获得2014年度省社科规划市州项目立项，《加快构建新型农业经营体系的理论与实践研究》等7个课题获省委党校立项，《中印高等职业教育比较研究》等15个课题获得省教育厅立项。加强对各立项课题跟踪管理，全力做好服务协调工作，促进社科研究稳步发展，推出一批有较高价值的研究成果。特别是由中共广安市委党校、邓小平图书馆、广安市社科联、中共邻水县委联合课题组编著的专著《邓小平理论活的灵魂研究》，广安职业技术学院陈永龙教授等主编的专著《邓小平职业教育思想研究与实践》已于2014年8月，由四川人民出版社、西南交通大学出版社先后正式出版发行。

大力宣传发动，做好省市社科奖评审工作。认真学习宣传《第十六次四川省哲学社会科学优秀成果评奖实施细则》《四川省社会科学优秀成果评奖工作纪律监督暂行办法》《广安市社会科学优秀成果评奖办法》，成立以副市长陈全禄为主任的广安市第七届哲学社会科学优秀成果评奖委员会，聘请省社科联副书记、副主席唐永进等11位专家为广安市第七届社科奖学科评审组专家，选派工作人员参加省社科评奖系统操作培训，全力做好省社科奖网上成果申报、初评技术保障工作。2014年，共收到省第十六次社科奖参评成果21件，通过专家组认真初评，《川渝合作广安示范区建设研究》《深化川渝毗邻地区经济合作研究》《政务服务中心在服务区域发展中的价值研究——以广安为例》等3项参评成果进入终评程序，专著《川渝合作广安示范区建设研究》荣获四川省第十六次哲学社会科学优秀成果三等奖。收到广安市第七次社科奖参评成果450余件，通过对申报成果的资格审查、学科分类登记、初评，212件成果进入学科组评审程序，经省上专家组评审，评出一等奖2项、二等奖6项、三等奖12项、优秀奖50项。

【邓小平诞辰110周年纪念活动】 精心组织开展有奖征文活动。会同市直机关工委、市交通局先后举办“感恩小平·我为小平家乡发展作贡献”和“我为小平家乡交通发展出份力”有奖征文活动，收到“感恩小平·我为小平家乡发展作贡献”征文90余篇，评选表彰优秀文章18篇，收到“我为小平家乡交通发展出份力”主题征文120余篇，评选表彰优秀文章15篇。

办好纪念小平诞辰110周年特刊和特别栏目。整合编辑资源，集中优势力量，全力办好《金广安》杂志“感恩小平·我为小平家乡发展作贡献”“邓小平生平与思想研究”两个重点栏目，全年刊发相关文章30篇。同时，在邓小平诞辰110周年当月，组织精干力量，周密策划，编印纪念特刊1期。

配合做好邓小平生平思想文献资料捐赠工作。主动加强与省内外社科界的广泛联系，动员各地社科组织积极捐献邓小平生平思想相关图书文献资料。共收到北京市、广东省、黑龙江省社科联等省外社科界捐赠的重要文献资料20余本（套），充实广安邓小平图书文献研究资料。

【社团管理】 探索新形势下加强学会管理的新方法和新途径，不断加强学会的管理和协调工作。年初，组织召开广安市学会工作会，评选表彰广安市政协理论与实践研究会、广安市新闻工作者协会、广安市检察官协会、广安市警察协会、广安市国际税收研究会、广安市林学会等6个先进学会。加强与市民政局的沟通协作，认真开展市属社科学会调查统计工作，通过调查，全面掌握广安现有38家市级社科学会的基本情况，摸清家底。加强与学会挂靠单位的联系，督促学会规范有序开展工作，市新闻工作者协会开展“好记者讲好故事”演讲比赛，评比表彰先进新闻工作者。市政协理论与实践研究会于11月4日召开第三次理事会，补选理事和常务理事，举办以“发挥人民政协协商民主重要渠道作用”为主题的理论研讨活动，收到理论文章，评选表彰一等奖2篇、二等奖5篇、三等奖8篇、优秀奖15篇。市检察官协会、市警察协会、市林学会狠抓会刊质量建设，全年编印《广安检察》《广安公安》《绿色广安》各4期。2014年，市属各社科学会以邓小平诞辰110周年纪念活动为契机，结合“感恩小平·我为小平家乡发展作贡献”主题活动，认真开展社科理论研究，完成社科规划研究课题10个，向市社科联报送理论调研文章53篇，其中《广安市普惠金融发展浅析》《商业银行服务执行政府定价对中间业务收入的影响》《浅谈基层控申检察实践中如何做好群众工作》《广安市公共文化体育设施建设现状及对策思考》《农村信用社企业所得税税收优惠对经济社会及税收效应分析》等20余篇文章先后被《金广安》杂志刊用，为有关部门和领导决策提供智力支持。

【领导人】　主席：毛宜南。

（张　莉）

广安市文学艺术界联合会

【纪念活动】　1月，启动“颂歌献小平·诗意赞广安”纪念邓小平诞辰110周年诗歌大赛，活动于7月底结束，共评选出获奖作品19件；2月，协调省委宣传部、中国音协，启动“春天的故事——纪念邓小平同志诞辰110周年全国歌曲作品征集”活动，活动于5月底结束，共评选出获奖作品20件；2—7月，按照市委要求，协调中国文联、中国美协，邀请全国著名美术家前来广安采风，为邓小平缅怀馆精心创作美术作品17幅，给邓小平缅怀馆陈列布展增添艺术内涵；2月19日，在市广播电视台演播大厅举办“思念如潮——纪念邓小平同志逝世17周年诗歌朗诵会”朗诵会；8月22日，在市民广场艺术中心一楼，“永远的小平——全国书画名家作品邀请展”开展，共展出《春天的故事》《永远的小平》《思源》等精品力作440余件；6月14日，成都艺术职业学院组织该校150余名演职人员赴广安在市会展中心开展“情深似海念小平——纪念邓小平同志诞辰110周年”慰问演出活动，参演演员200余人，观演群众2000余人；6月10日、8月16日、8月17日“感恩小平·中国梦在广安——纪念邓小平同志诞辰110周年群众性文艺演出”活动分3次在市体育馆举行，参演人员达1300余人，观演群众达12000余人次；6月15—16日，中国文联党组书记、副主席赵实率领国内一批著名文艺家到广安开展“高山仰止——纪念邓小平同志诞辰110周年”中国文联文艺志愿服务团赴广安系列文艺志愿服务活动，艺术家们为广安送来精心创作的书法、美术、摄影作品110余幅，举办中央、省、市书画交流笔会，同时还在广安思源广场开展文艺演出，近万群众观看演出；8月，中央电视台“心连心”艺术团赴广安岳池、武胜、华蓥、协兴等地分别开展多场慰问演出活动，为小平家乡人民送来丰富的精神食粮；8月，《“故乡的怀念”——广安文艺纪念特刊》出刊，全书共分为传奇人生、乡音乡情、绵延思念、故里新韵四个部分，旨在以文艺的形式缅怀小平、纪念小平。

【文艺迎春活动】　以“感恩小平·我为小平家乡发展作贡献——广安市文艺界‘百花迎春’系列文艺活动”为统揽，组织市级文艺家协（学）会广泛开展一系列文艺纪念活动。组织市作协、诗词学会开展“永远的小平”文学采风创作活动、举办纪念邓小平诞辰110周年诗歌大赛活动、编印《永远的小平》文学诗词作品专辑；组织市音乐舞蹈家协会举办“賨州放歌——广安市原创音乐作品演唱会”、编辑出版《广安市原创音乐作品集》；组织市书法家协会举办四川省篆刻艺术、刻字艺术研讨交流会，创作一批“邓小平名言肖像篆刻艺术作品”110余件；组织市美术家协会赴各区市县开展“颂小平·画广安”系列采风活动，举办纪念邓小平诞辰110周年暨广安市首届美术作品年展；组织市摄影家协会开展系列摄影采风活动，拍摄系列反映牌坊村及广安发展变迁的摄影艺术作品，举办“感恩小平·沸腾广安”“抓党建、惠民生、促发展”主题摄影作品展、“春天的故事”网络摄影大赛。组织市电视艺术家协会举办“小平您好——全国100家城市电视台群众感恩歌唱比赛”，共有400余名选手报名参赛。

8月21—24日，在市民广场举办“春天的故事——广安市纪念邓小平同志诞辰110周年”书法美术摄影作品展，共展出艺术作品330幅，分别精选书法、美术、摄影作品各110幅。8月22日上午，在市民广场举办“颂歌献小平·诗意赞广安”——广安市纪念邓小平同志诞辰110周年广场音乐诗会，参演作品均为专门创作的原创诗歌及音乐作品，近万群众现场观看。

【基层文艺活动】　鼓励和指导各区市县文联、企业行业文联举办系列纪念主题文艺活动，开展送书籍、书法、美术、音乐、舞蹈、摄影、曲艺、戏剧等文化艺术进机关、进校园、进社区、进企业活动，为邓小平诞辰110周年营造氛围。全年共开展文艺下乡活动30余场次，惠及群众万余名；先后开展“红五月新人书法美术摄影展”“感恩小平·建设家乡——大型书法美术摄影展”“春到前锋——美术作品展”“光影前锋——摄影展”“光辉的思想·巨大的成就——书法美术摄影作品联展”等文艺展览20余场次；开展“畅想春天故事——四川曲艺伟人故里行巡演”“感恩小平·心系群众——合唱音乐会”“永远的小平——大型诗词朗诵演唱会”“感恩小平·金色的田野——中国梦在华蓥”等系列文艺演出20余场，为邓小平110周年诞辰营造浓厚的氛围。

【创作采风活动】　坚持深入实际、深入生活、深入群众，广泛组织各文艺家协（学）会开展系列文艺采风活动，激发广大文艺工作者的创作灵感，以美术、书法、摄影、音乐、舞蹈、曲艺、文学作品等形式集中创作一批反映广安市火热生活、风土人情、群众精神风貌和各行业建设成果的优秀文艺作品，为建设美丽、繁荣、和谐广安，谱写中国梦的广安篇章提供精神动力。全年开展“两江行”“颂小平·画广安”“走进鹅风岭”“行摄小平故里·印象美丽广安”“前锋印象”“光影前锋”“看武胜·画武胜”“走进飞龙白坪，看乡风民俗”“忆小平·看变化·展辉煌”“走进阿坝”“美在身边”“唐风汉韵”等系列采风活动40余场次，创作作品800余件，丰富协会工作内容，提升文艺创作水平。

【创作成果】 音乐舞蹈方面：创作歌曲《小平，您好》《童年的七彩路》《中国步伐》《老鼠偷蛋》《永远牢记小平恩》《春天的怀念》《大爱》《清风吹进万家门》《龙女湖放歌》《岳池美》《做个清廉好少年》，舞蹈剧《大良魂》《春天的故事》《渠江潮音》等。赵大国创作的少儿歌曲《三月的纸飞机》获四川省第十三届“五个一工程”优秀作品奖，歌曲《和谐小唱》入编于四川省委宣传部编辑出版的《动感地带·舞动天府》广场舞歌曲选，舞蹈《幺妹情》参加四川省首届农民艺术节暨民间艺术节“群星奖”大赛荣获三等奖。

文学方面：编辑出版诗词专辑《永恒的思念》、文艺评论集《嘉陵观涛》，创作纪实文学《中国的美丽精神家园——人文广安》，小说《光耀北川》《湖广填四川》《渴望轮回》《库楼》《三元寨风云》《夜暗中的明珠》《阵痛》《金缕玉衣传奇》《华蓥山游击队传奇》《乌江疑案》，文学作品集《童声嘹亮》《濙州梦韵》《广安方言与民俗词典》等，推出《青年作家·广安专号》。广电公司文联围绕社会主义核心价值观主题，创作出版《人生之美》文学作品集。

美术方面：创作《广安记忆》《华蓥山武装起义》《编背篓》《他的来信》及“颂小平·画广安”美术采风系列作品，杜杰油画作品入选四川省美术作品展，有7人作品入选四川省第七届新人新作展，其中熊盛勇油画作品荣获优秀奖。

摄影方面：重点创作反映广安独特喀斯特地貌的《广安石趣》以及大量的摄影采风作品，唐明作品《中国梦》荣获第三届中国摄影“和谐金鼎奖”，邱海鹰作品《社区女民警唐晓红的一天》荣获2014年全国组织人事新闻摄影比赛一等奖，吴凌作品《渴望》在第四届“金鹤奖”全国数码摄影大赛获奖。

电影电视方面：市电视台开辟“悦读广安”栏目；拍摄服务社会的励志微电影《有爱无碍》，并在华电集团97部参评微电影中摘下最佳男主角桂冠；创作影视文学剧本《李准：南海亮剑》《走出国门》《两条白绫》《上帝请睁开你的眼睛》《用爱补偿》等。

书法方面：重点创作一批展示邓小平名言肖像的篆刻书法作品；杨建新创作的篆刻作品，入展全国第四届西部书法篆刻作品大展；杨建书法作品在四川省“畅想中国梦·展示新四川”展览中荣获一等奖，篆刻作品在“张大千杯”全国书画作品大展中获得优秀奖。

戏曲方面：创作大型灯戏《仇县令治衙》、小品《交班》，出版戏剧作品集《朝夕黄花开》；创编的《宕渠双竹连响》获邀参加中法建交50周年交流活动，并荣获四川省农民艺术节暨民间艺术节“群星奖”曲艺类节目二等奖；曲艺节目荷叶《秋江》在2014“巴黎中国曲艺节”比赛中夺得银奖。

【展演交流】 结合全市中心工作，广泛开展系列文艺宣传、文艺交流、文艺展览、文艺演出活动，与德阳、内江联合举办“中国梦·翰墨情”——广安、德阳、内江三地书画精品展，展出书画艺术家精品110件；联系省电影家协会，举办“追光中国梦·逐影广安情”——四川大型电影惠民创作采风活动，对广安市电影文学创作进行培训指导，专题研讨电影剧本《走出国门》；加强书法艺术交流，邀请省内著名篆刻艺术家赴广安，举办四川省篆刻研讨会；与资阳文联以及南充、达州等周边市州文艺家协会开展研讨交流活动10余场；举办各类书画研讨会、书法美术摄影作品展览30余场次，一大批优秀文艺作品得到展示、推介和宣传，扩大文艺的影响力。

【阵地建设】 办好文艺刊物：精心编辑出刊《广安文艺》，全年刊用稿件250余篇；与《广安日报》联合开展“第三届《川东周末》文艺奖”评选表彰活动，共评出获奖作品27件；同时《广安诗词》《广安书法》《广安歌声》《小小说》《岳池文艺》《宕渠风》《广安文苑》《华蓥山》《龙女湖》《邻州文艺》《岳池文艺》等文艺刊物编辑质量稳步提升，扩大市内文艺刊物的影响力。搭建网络平台：创办“广安文艺”网站，开辟文联动态、通知公告、地方文联、会员单位、文艺焦点、重点文艺家、作品大看台等栏目，建立起文艺家的“网上家园”。同时，市作协、市美协、市评协也新创建网站，邓小平故里摄影网、市音协网站等也在不断优化，在展示广安市文艺界形象、扩大文艺界影响、促进文艺交流方面发挥重要的作用。启动创作交易展示中心建设工作：与武胜县协商沟通，在武胜县白坪乡启动广安市创作交易展示中心建设工作。筹建书法创作培训基地：加强与四川省书法家协会的联系协调，分别在岳池、华蓥筹备建立四川篆刻艺术创作培训基地和四川省刻字艺术创作培训基地。

【队伍建设】　4月15日，成立广安市曲艺家协会；7月9日，成立广安市检察官文联；8月1日，成立广安市戏剧家协会；9月21日，成立广安市文艺评论家协会，市文联下属各团体会员达19个（市级协会10个，行业文联2个，县级文联6个，宕渠书画院1个）。

支持和鼓励协会发展新会员，向中省文艺家协会推荐发展会员，一大批条件成熟的文艺爱好者被吸纳进各级文艺家协会，为文艺工作注入新鲜“血液”，增添新的活力。截至2014年年底，市级各文艺家协会新增会员360余名，省级协会会员新增46名，国家级协会会员新增10名。

【领导人】　主席：童光辉，专职副主席：兰勇，副主席（兼）：王小红、张宗科、蒋晓明、唐云峰、唐宗林、邱秋、唐卫东、李成志。

（熊小林）

广安市红十字会

【救灾工作】　8月3日，云南鲁甸发生6.5级地震。市红十字会立即组织安排赈灾募捐工作，向区市县红十字会发出做好赈灾募捐工作的紧急通知，开通3条捐赠热线电话，实行24小时值班制，印发募捐倡议书，积极开展赈灾募捐。全市红十字会共募捐人民币31.57万元。在募捐工作中，市、县红十字会严格按照省、市要求规范募捐，开具捐赠专用票据，所募捐款及时存入银行，做到捐款来源、去向、账目清楚，数据准确。及时汇总区市县募捐数据，按时上报省红十字会。所有募捐款转汇四川省红十字会指定账户。每天将所有捐赠单位名称、捐赠者姓名及捐赠金额在广安红十字会网站公示，做到公开、透明。

9月13—14日，广安市遭受暴雨洪灾。灾害发生后，市红十字会立即对全市红十字会开展救灾赈灾工作进行安排，积极抗洪救灾。全市红十字会共接受省红十字会援助物资价值43.8万元。共救助20个乡（镇）、127个村，受益6310人次。

【救助工作】　2014年元旦，春节期间，开展“红十字博爱送万家”活动。全市红十字会共接受省红十字会博爱送万家活动救助物资价值15.22万元，募集资金3.9万元，分发4区市县、30个乡（镇）、58村，1691人受益。开展结对帮扶活动，资助护安镇民星村帮扶资金1.5万元，并为13户贫困村民送去棉被、棉衣、裤子、茶杯等生活用品。募集资金65.4万元，资助广安区东岳乡方井村、岳池县天平镇土地坳村、前锋区龙滩乡伍山村等8个村贫困村修建便民路、整治山坪塘等。开展医疗救助活动。向上级红十字基金会申报救助资料47份，获救助27人。市红十字会募捐资金3万元，救助白血病患儿2人，利用红十字会网站为8名患者发出医疗求助信息，为1名重症肝硬化患者募捐0.42万元。

开展“感恩小平·我为小平家乡发展作贡献”筹资募捐活动。市红十字会先后与市委宣传部、市总商会、市粮食局合作，积极参与“感恩小平·共建广安”系列活动。到11月底止，共接受捐助资金1095万元，并根据捐赠者意愿拨付745万元，支持市“120”急救体系、邓小平学校广场、邻水县关河乡关路村便民桥等项目建设。

【项目建设】　博爱家园项目。按项目要求制定完成《前锋区红十字会博爱家园项目管理办法》，9月，将8万元生计基金投入到2户专业户，为他们扩大种养殖业规模提供资金保障。同时，带动其他农户发展种养殖业，帮助农民脱贫增收。

灾后重建援助项目。2014年，红十字会与红新月会国际联合会援助500万元，改建前锋区观阁卫生院综合业务楼，新建前锋区龙滩卫生院。到2015年12月底，龙滩卫生院项目已完成竣工验收并于10月投入使用。观阁卫生院项目已完成消防设施安装和内部装修。

红十字小餐盒项目。从2013年1月开始，台湾红十字组织援助资金50万元，在邻水县观音镇初级中学等9所学校实施“弱势关怀计划”红十字小餐盒项目，为邻水县边远贫困山区的中小学走读学生解决中午吃饭难的问题。到2015年9月，项目共为邻水县300名边远贫困山区的中小学走读学生，在校期间每天免费提供一餐价值5元午餐。

“三献”工作示范点项目。8月，无偿献血、造血干细胞捐献、人体器官捐献（简称“三献”）工作示范点项目在协兴生态文化旅游园区大寨社区实施。大寨社区建立“三献”工作培训基地和红十字“三献”志愿者服务中心，成立红十字“三献”工作组织机构，组建一支20人的志愿者队伍，制定社区“三献”工作制度，建立宣传阵地和“三献”咨询服务窗口。通过宣传培训、志愿者走家入户关爱一系列活动，社区居民对“三献”知识的知晓率达到60%，20多人踊跃献血、献干细胞。

【宣传工作】 利用“5·8”世界红十字日、“无偿献血者日”“世界急救日”“世界防治麻风病日”开展集中宣传活动，结合广安市创建全国文明城市、应急大演练、实施援助项目、贫困村帮扶等工作，与卫生部门、疾控中心联合开展专题活动，传播红十字精神、卫生防病知识，扩大红十字会的社会影响。为搞好宣传活动，市红十字会对全市的宣传活动进行安排部署，制定活动方案。在全市的集中宣传活动期间，共发放宣传画、宣传单等宣传品65000份，健康咨询、义诊服务23850人次。

【无偿献血及骨髓干细胞捐献】 积极开展多种形式的宣传活动，动员和组织红十字会基层组织和广大会员、志愿者带头参与无偿献血及骨髓干细胞捐献工作。到11月底，全市无偿献血14352人，共献血511.51万毫升。开展献造血干细胞和遗体捐献咨询服务189人次，采集造血干细胞捐献者血样19人（份），遗体捐献登记4人，实现眼角膜捐献1例。

【宣传培训】 在世界红十字日、无偿献血者日等主题宣传活动中，市、县红十字会组织志愿者在街头发放宣传资料、悬挂《应急救护知识》宣传画、开展急救技能演示活动，全市共开展应急救护知识和防病知识宣传咨询服务5次，宣传培训4.8万人次。利用举办短期培训班等方式先后培训红十字志愿者30名、社区居民3260名。结合实施项目培训村民211人、中小学生1683名。4月，与市义工联合会联合筹建市红十字志愿者应急救援队，对候选队员进行5次培训，共培训214人次；选派10名骨干志愿者，先后到北京、成都参加中国红十字会总会、四川省红十字会举办的应急救护师资培训；组织队员观摩四川省红十字应急救援队在岳池县鱼峰乡小学校开展的应急救护知识进校园活动，组织骨干队员到四川省红十字应急救援队参观学习。

【领导人】 常务副会长：杨基国。

（杨清华）

广安市保险行业协会

【概况】 2014年广安市保险行业坚持以邓小平理论和“三个代表”重要思想、科学发展观为指导，认真贯彻落实党的十八届三中、四中全会和全国、全省保险监管工作会议精神，按照广安市政府提出“大力发展保险业，努力扩大保险覆盖面”的工作要求，自觉践行“守信用、担风险、重服务、合规范的”行业核心价值观，主动融入全市经济社会发展，保险已成为广安市经济社会发展的重要组成部分。全行业直接向当地纳税6915万元，代征车船使用税3020.5万元，组织保险代理人资格考试211场，报考人数8346人，为社会提供就业岗位11000个，有力地支持地方经济和社会发展。

【保险企业】 2014年年底，广安保险市级机构共有20家（中邮人寿没有牌照，业务收入计入在内）。10家寿险公司即中国人寿公司、新华人寿公司、泰康人寿公司、农银人寿公司、中国人民人寿公司、合众人寿公司、太平洋人寿公司、太平人寿公司、长城人寿公司、平安人寿公司；10家财险公司，即中国人保财险、中华联合财险、太平洋财险、安邦财险、华农财险、大地财险、锦泰财险、天安财险、信达财险。保险中介代理8家，即恒光保险代理公司、志远保险代理公司、嘉诚保险代理公司、泰源保险代理公司、泛华保险代理公司、汇金保险代理公司、博广诚保险代理公司、安诚保险代理公司。保险经纪公司1家，即四川诚泰保险经纪有限公司广安分公司。县、市、区保险机构增加到48家，乡（镇）保险营销服务部181个，村级保险服务网点3070个，保险从业人员8000多人，加上兼业代理和村级保险费人员，全市有11000多保险从业人员。

【保费收入】 2014年，全市实现保费收入325063.53万元，完成年计划131%，同比增长32.15%。是2010年的1.67倍，年均增长17.6%，保险密度686元（人均保费），保险深度3.1%（保费收入确保占GDP的比重）。从市场占有率看：人保财险占财险市场的55.88%，独占鳌头，中国人寿占寿险市场的18.95%，居第二名。保费收入过亿元的公司有8家。

【财产险承保】 2014年，全市10家财险公司实现保费收入财产险实现保费收入75241.69万元，完成年计划101.9%，同比增长16.94%；机动车交强险承保190773辆，同比增长10.86%，保费收入111756.97万元，同比增长11.96%；商业车险承保124534辆，同比增长10.33%，保费收入40458.7万元，同比增长20%；摩托车承保92224辆，同比下降2.32%，保费收入1033.15万元，同比增长0.33%。企业财产险保费收入615.81万元，同比增长11.3%，家庭财产险保费收入1403.26万元，同比增长96.26%；责任险保费收入3566.96万元，同比增长30%。

【人寿险承保】 2014年，全市10家寿险公司实现保费收入249822.18万元，完成年计划142%，同比增长37.54%。实现个险业务保费收入77705.83万元，同比增长20.1%，个险保费收入市场占比最大是中国人寿和泰康人寿公司，2家公司的个险占行业个险保费收入的73.58%，团险保费收入6265.98万元，同比增长5.8%。团险市场份额最大的是中国人寿占76.6%，银邮代理业务实现保费收入167459.51万元，同比增长47.54%，银邮代理业务保费收入占人寿保险总保费的67%，占全市产、寿险保费收入总规模的51.52%。银邮业务保费收入最多是人民人寿，银邮保费收入达到44919.3万元，其次是合众人寿达到30993.21万元。

【社会贡献】 2014年，财产、人寿险共计处理各类赔案230583件，同比增长59.62%，产、寿险共计赔给付款金额117162.24万元，同比增长50.22%。向当地缴纳各种税费6915万元，代收车船税3020万元，据市人大提供信息，保险行业对地方财政的贡献度已超过通信业，为全市320多万保户提供风险保障5000多亿元，为社会提供就业岗位11000多个。在“9·13”洪灾和重特大事故、自然灾害的处置和救灾中，保险发挥的重要作用。

【产品创新】 2014年，全行业在巩固传统业务发展的基础上，积极开展产品创新，不断拓宽服务领域，努力开拓农村市场，全市农业保险承保种植业2453万亩，养殖业6448万头，林业758万亩，承保农村房屋保险66.56万户，开展农村房屋保险、农村经果林保险、农村小额人身保险等，农险保费总收入11303万元，小额人身保险保费收入1947万元。

【行业自律】 2014年，协会把加强市场督导，坚持依法合规经营，规范市场秩序，防范和化解风险作为行业协会的重要工作。认真搞好保险中介市场清理整顿，按照川保监办文件要求，对7家保险中介公司、7家保险公司进行现场督导，其余13家保险公司采取集中督导，按时完成保监局交办的保险中介市场清理整顿的督导任务。积极开展反保险欺诈工作，按照四川保监局、四川省公安厅川保监《关于建立和打击保险违法犯罪协作机制的通知》，协会与市公安局成立“反保险欺诈工作站”，张应祥秘书长任工作站主任，市公安局经侦支队长张学荣任副主任，广安市经侦支队和20家保险公司为成员单位，制定《广安市保险业反保险欺诈工作站章程》和《关于加强和打击保险违法犯罪工作实施意见》，工作站办公地点设在协会。认真开展防范和打击非法集资活动，按照中国保监会和四川保监局、广安市处非办的相关要求，先后于6月30日、8月15日和9月1日三次召开会议进行排查。

【保险宣传】 强化行业宣传，创新宣传方式，正面引导舆论，营造良好发展环境。由行业整合资源，拓宽宣传领域，先后与《广安日报》、广安电视台、《广安电视报》、广安新闻网统一联系，分别签订保险宣传合作协议，统一在4个栏目中具体安排每个公司在具体宣传时段的宣传方式和宣传内容，为做好保险行业整体宣传工作打下坚实基础。《广安日报》刊用保险稿件92篇，电视台播出16期，《广安电视报》刊用保险稿件12篇，四川省保险行业动态刊用6篇，四川金融投资报刊用6篇，行业协会公众网站用稿107篇。召开保险宣传工作媒体座谈会，市委宣传部、市金融办、市电视台、《广安日报》、新闻在线等媒体单位的领导参加。认真抓好“3·15”全国消费日、“7·8”全国保险宣传日活动，先后2次在思源广场组织集中宣传，搭建宣传展台24个，大型气球门、悬挂气球标语6幅，制作宣传展板156块，发放宣传资料60多种1万多份，接受群众咨询、问卷调查1500人次，市委常委王义杰、副市长刘和斌不顾天气炎热，亲自到现场看望，扩大保险影响，收到较好效果。

【投诉处理】 协会建立信访投诉处理机制，制定《广安市保险行业协会保险消费者投诉处理机制建设方案》，建立保险消费投书处理中心，聘请市消委会、市司法局法调处2位专家，作为保险协会消费者投书处理工作机制的专家顾问。切实保护保险消费者权益，认真处理群众来信来访。驻市各会员单位先后开展诚实守信、合规经营切实保护被保险人利益的教育，制定各种突发事件应急预案，确保信访维稳工作有人抓，有人管。2014年，接待各类电话投诉30件，接待来访16人次，信访投诉6件。做到件件有登记，件件有回访记录，协会专门多次到信访投诉所涉公司调查了解，责成所设涉公司派员专程调查，在接到所涉公司的调查报告和整改意见后，立即找当事人进行核实，并将处理情况向投诉人反馈。投诉处理效果较好，客户比较满意。

【领导人】 会长：曾继强，副会长：王建明、胡敏。

（蒲耀全）

武　装

广安军分区

【思想政治建设】　系统学习习近平主席系列重要讲话和十八届三中、四中全会、全军政治工作会议精神，认真梳理蕴含其中的重大理论观点和精神要义，掌握精神实质。扎实开展党的群众路线教育实践活动。重点围绕党的群众路线重要论述、习主席系列讲话、“三个专项活动”内容，采取领导导学、专家讲学、讨论议学等形式，组织全区开展学习教育活动，官兵职工撰写心得体会114篇，制作群众路线教育展板橱窗27期，聘请36名监督员全程对教育实践活动进行评议和监督，人人如实填报《个人事项报告表》；结合实际开展“讲党性、立规矩、治歪风、树正气”和“讲政治、守纪律、树形象”专题教育，引导党员干部自觉亮党性、晒问题、紧法纪，始终做到秉公用权、不搞特权；广泛开展谈心交心，扎实开好专题民主生活会，强力推进问题整改，反“四风”、改作风取得阶段性成效。分区部队收集意见建议和查找各类问题158个，已于年底前全部整改完成。清理收缴发放的不符合规定福利补助42590元，清退违规占用住房7套，整改2名师职、3名团职干部超标准办公用房。修订完善《党委议事规则》《军分区接待管理规定》等制度规定8个，废止各类规章制度11份。深入开展“牢记强军目标，献身强军实践”主题教育活动，结合纪念小平诞辰110周年，开展知识竞赛、演讲比赛、歌咏比赛、影视作品展播、心得体会展评、参观经济建设成就展和到小平故居开展“学讲话、忆党恩、强军魂、跟党走”重温入党誓词等系列配合活动，取得较好教育效果。扎实开展“深刻汲取叶万勇严重违纪违法案教训，全面加强团以上党委机关和部队建设”教育整顿和“坚定信仰、忠于职守、廉洁从政”专题教育，组织观看《血泪警戒》《泣血的教训》等警示教育片，组织53名党员干部参观南充市监狱，聆听职务犯罪服刑人员现身说法，在党员干部中开展“四查四看”和心得体会交流，人人撰写对照检查材料，使党员干部思想受到深刻警醒。分区成立涉徐才厚、叶万勇等人信息专项清查组，由分区常委带队，先后3次到6个人武部和民兵武器仓库进行清理清查，主动协调地方相关部门同步开展清理清查，分区部队共清理清查封存涉徐等人书籍、照片、文电、报纸、杂志共823本（份/件），彻底肃清徐才厚等对部队建设带来的恶劣影响。

【军事斗争准备】　修订完善应战应急行动方案，全区投入经费249万余元，采购配套部队和民兵应急分队携运行物资1125套，应急装备器材652件，有力保障部队民兵遂行多样化军事任务。升级改造作战值班室、民兵武器装备仓库和所属人武部应急指挥系统。更新完善国防动员潜力、兵要地志、重要目标等数据库。3—5月，组织首长机关和参谋人员完成体能、基本技能、指挥技能和实打实投等为主要内容的强化训练。5月下旬，狠抓首长机关战术作业，高标准完成“抗御特大地质灾害”军警民联合实兵演习。4—6月，分批分期落实民兵分队训练，开展专武干部、民兵连（排）长集训。部队民兵接受省军区半年军事训练交叉考核，总体合格率为96%。7月上旬，高标准完成军分区、人武部指挥所演习，成建制拉动民兵分队。8月份，部队民兵参加广安市火车南站反恐维稳应急演练，提高应急处突能力。制定《进一步加强民兵训练经费管理的通知》，提升训练经费效益。认真贯彻落实中共中央《关于加强和改进新形势下民兵工作的意见》和全省民兵转型建设推进会精神，研究探索大型国有企业和具备条件的非公企业民兵组织建设机制，依托驻地广能集团、爱众集团、林业局、水务局等企（事）单位，组建民兵抗震救灾、水上援救、灭火救灾等专业救援分队，积极推进民兵转型建设。配齐民兵应急营、连、排的物资器材。按照全省民兵应急力量规范化建设现场观摩活动筹备会精神，依托广能集团、市安监局、市人防办三个单位组建广安市民兵矿山救援分队，高标准做好参展准备。加强征兵宣传发动，积极协调市政府落实优抚优待政策，将义务兵家庭优待金按上年度农村人均纯收入100%标准发放，从3000元提高到8492元。坚持依法廉洁征兵，坚持公开公平公正，全市所征集的新兵均没有违纪违法问题。

【安全稳定】　坚持以“三个一”推动安全稳定和经常性工作有效落实，扎实开展“条令月”和百日安全“三无”竞赛活动，不断强化官兵职工安全意识和自律意识。认真贯彻中央“八项规定”、军委“十项规定”，严格执行“禁酒令”，加强官兵职工管理教育，严格一日生活和周三晚理论学习等制度，确保人员管理不留盲区。强化重点部位、重要目标的实时管控，确保制度落实、工作到位、不留死角。认真落实两级军区安全稳定工作会议精神，狠抓涉密载体“清零”、重要涉密岗位人员政治考核、军人网上交友专项整治、涉密服务保障保密清理、2012年以前永久档案整理移交等重点工作，清理上交各类电子涉密载体24件，整理永久档案16卷，添置配齐重要涉密场所报警器、视频监控系统、手机信号屏蔽器等保密安防设备，及时消除安全隐患。军分区机关和5个人武部集中文印室已全部建成并投入使用。开展枪支弹药“清零”行动，对枪支弹药和民兵武器装备仓库进行全面清点核对，军分区、人武部无账外枪弹、无非编枪弹，确保部队安全稳定。

【后勤装备保障】　认真修订完善财务、军需、营房、卫勤等各类保障方（预）案12个，扎实开展后勤专业比武和战备训练，实现全区后勤应急队伍训练参训率和合格率双100%。专线开通网上收支平台，严格财经管理秩序，在军事斗争准备投入上做加法，在行政消耗安排上做减法，全年接待费与去年同比下降61.7%，行政消耗性开支下降45%，军事训练等中心工作经费增加20%，分区本级及各人武部家底经费均稳中有升。在全区认真开展财务执法检查，打击假发票整治，清退违规发放补贴4.25万元。开展第二批党的群众路线教育实践活动军需物资油料系统专项整治，着力纠治油料管理不规范，伙食调剂不科学等6个方面存在的问题。认真落实人武部小额账户管理规定，狠抓民兵军事训练经费专款专用。积极参与广安创建全国文明城市活动，全面普及卫生防病常识教育，积极开展营区灭“四害”清理，建立健全健康档案77份，全区官兵职工整体健康水平进一步提升。狠抓清房清车工作落实，整改领导办公用房8套、清理违规占用住房7套、不合格房屋租赁合同20份、查找房屋出租安全隐患15处，清理违规购车2台，均按上级要求作出处理，分区清房“三项”工作全部完成。

【参建参治】　积极参加广安“感恩小平·我为小平家乡发展作贡献”活动，协调驻川部队集中援建广安红军小学资金1400余万元，省军区援建的红军小学国防综合楼主体工程、附属设施和红色文化氛围布置全面竣工。带领分区部队和民兵预备役人员积极参建参治，全区定点帮扶7个村、118户贫困户、7所学校280名留守儿童，定期看望慰问14名军（烈）属、79名孤寡老人，4次组织官兵职工民兵预备役人员3500人次帮助群众抢种抢收。踊跃参加全市重大任务和抢险救灾急难险任务，19次组织民兵应急分队1700人次参与治安巡逻，3次组织民兵750人参与森林灭火、泥石流抢险，7次协助地方调解各类纠纷23起，2014年广安“9·13”特大暴雨洪灾发生后，分区部队出动民兵4200余人次，第一时间奔赴受灾严重的华蓥市庆华镇、邻水县御临镇抢险救灾，全体官兵和民兵连续战斗三天两夜，排除险情15处、转移群众190余人、清淤14000余立方米、挖出遇难群众尸体2具、转移群众3000余人、建立集中安置点6个、搭建帐篷50顶、安置群众300余户，有力促进社会和谐稳定。

【比武竞赛活动】　4月1—3日，军分区在市国防教育训练基地组织全区官兵进行“考、比、拉”比武竞赛活动，完成手枪、自动步枪精度射击，轻武器分解结合，手榴弹实投，战术标图及基础训练的竞赛考核，提升军分区部队军事训练水平。

【防灾减灾大演练】　5月26日，军分区出动官兵、民兵560人参加广安市政府在华蓥市溪口镇举行的2014年军警民防灾减灾综合大演练，动用车辆47台次、各类救援装备238件（套、把、付）、信号枪6支、消耗弹药36发，完成增援力量集结拉动、掩埋车辆搜救、泥石流垮塌搜救、转移安置四个课目演练，提高军分区部队的应急响应、处置和救援能力。

【专武部长集训】　12月14—19日，组织全市52名新任专武部长完成为期一周的封闭式集训。集训按照“连队化管理、院校式教学”要求，采取理论授课、业务培训、强化训练、专家辅导、讨论交流、参观见学等形式，狠抓军事理论、军事技能、本职业务、组织指挥等内容的学习训练。期间，现场观摩广安区人武部民兵整组资料及整组流程、前锋区民兵应急排应急处突组织与实施、武胜县基层人武部正规化建设，参观邓小平廉政建设思想展及广安市廉政建设教育基地。通过集训，使参训专武部长熟知军事理论和基层武装工作业务知识，掌握民兵组织整顿基本程序和应急行动组织指挥的基本流程，明晰基层武装部正规化建设的主要内容，增强抓基层武装工作的有效性和针对性，提高综合能力素质。

【特大暴雨抗洪抢险】 2014年广安"9·13"特大暴雨洪灾发生后，分区出动民兵4200余人次，第一时间奔赴受灾严重的华蓥市庆华镇、邻水县御临镇抢险救灾，全体官兵和民兵坚守三天两夜，排除险情15处、转移群众190余人、清淤14000余方、挖出遇难群众尸体2具、转移群众3000余人、建立集中安置点6个、搭建帐篷50顶、安置群众300余户。

【协调援建红军小学】 为迎接小平诞辰110周年，军分区协调驻川部队集中援建广安红军小学，省军区援建的红军小学国防综合楼主体工程、附属设施和红色文化氛围布置已全面竣工。

【领导人】 司令员：樊茂阳，政治委员：武立国，参谋长：李元祥，政治部主任：蒲伦富，后勤部部长：黄永静。

（军分区）

武警广安市支队

【概况】 2014年，支队认真学习贯彻三级党委扩大会议精神，聚焦强军目标，坚持内涵发展，统思想、抓落实、打基础，各项工作推进顺利，部队呈现出持续向上的发展势头。2014年，支队被总部表彰为"连续12年无事故案件先进单位"，被总队表彰为"新闻工作先进单位""正规化执勤优秀单位"，岳池县中队、华蓥市中队、邻水县中队被总队表彰为"基层全面建设先进单位"。政治处主任韩志强被总部表彰为"优秀政治干部"。

【军事训练】 以总队狙击手集训、特勤排比武和广安市防灾救灾大演练、武警公安应急力量展示为牵引，广泛掀起练兵热潮，有效提升官兵军事素质；密切关注社会动态，加强防爆炸、防冲撞、防袭击为重点的针对性训练；投入5万余元，购置配发2012型防暴盾牌、束缚式防暴叉等一大批警用器材。"9·2"延寿县看守所杀警脱逃事件发生后，派出专项工作组对哨兵情况处置进行考核、规范，对执勤隐患进行全面排查、纠治，对AB门运行、交接制度落实情况进行检查和督导；8月26日，广安区中队成功处置一起在押犯群体斗殴企图脱逃事件。全年，累计出动兵力9488人次，完成警卫、中国旅游日广安主会场安保、城市武装巡逻和"9·13"抗洪抢险等54起临时勤务；在邓小平诞辰110周年系列纪念活动中，广大官兵充分发扬"两不怕"精神，完成献花司仪、警卫安保、庆典活动等各项任务，以过硬的素质、良好的形象赢得地方党委和人民群众的高度赞誉。

【思想政治工作】 突出用习主席系列讲话精神和党的创新理论占领思想主阵地，采取计划送审、笔记调阅、成果展评、体会交流等形式，运用宣讲辅导、板报宣传、问题辨析、实践感悟等方法，抓好"三个读本"的学习。通过严格落实"三个半小时"、热点讨论、答疑释惑、批驳歪理等方法，深入开展时事政治、形势政策等随机教育，坚决做到"三个绝对"。精心抓好主题教育，采取支队上大课、大队搞串讲、中队开小课、班排抓讨论"四步法"进行，建立推门听课、教育回访等五项制度。充分发挥驻地红色资源优势，组织官兵到小平故居、烈士陵园缅怀革命先烈，举行授枪授衔仪式、主题歌咏比赛、战斗力标准大讨论等配合活动。过细做好一人一事思想工作，加强对考学提干落榜、家庭受灾、在外集训官兵的思想掌控。扎实开展"四送"服务下基层活动，47名支队重点帮教对象，帮教措施到位，转化效果明显；注重人文关怀，干部结婚，派常委参加、送上祝福，官兵生病住院，领导都第一时间前去看望；发动官兵为家庭困难、女儿身患重病的退伍老兵骆礼江捐款3.8万元。投入30余万元规范完善武胜、广安区、二中队等政治文化环境，广泛开展"日练一篇字、周学一首歌、月撰一篇文、季排一节目"活动，为官兵学习成才搭建平台。结合"强军风采"系列活动，将驻地红色精神、历史文化和战斗元素融入警营文化，威风锣鼓、舞狮等6支小分队在驻地活动经常。

【作风建设】 始终将群众路线教育实践活动作为政治工作的头等大事，围绕"四真四见"要求，通过三上三下征求各级意见，梳理出9个层面、28个具体问题；制定督办公示、明察暗访等"十项制度"和推进教育实践活动"五条措施"。机关、基层共拟写心得体会和交流发言200余篇，先后编发9期《简报》，4篇经验做法被总部、总队政工网转发。坚持把走群众路线、开门搞活动作为有力武器贯穿始终，2次书面征求意见、组织8场次专题座谈会、发出500多份问卷调查表，收集到意见236条。两级民主生活会上，敢于揭短亮丑，不遮掩问题、不回避矛盾，见人见事见思想；临时抽调列席会议的战士代表，敢说真话、实话，切实达到红脸、出汗、排毒的效果。投入60余万元妥善解决一中队生活设施陈旧、教导队洗澡难等问题，年初党委机关承诺的"十件实事"已全部完成。在接待方面，研究制定《支队接待管理规定》，全年行政消耗性开支较去年压减73.7%，接待费支出减少86.6万元。在人员方面，针对6类违规使用兵员情况进行对照检查，共清退机关超占兵员5名。

【后勤保障】　按照“三个舍得”的原则，坚持人力、物力、财力向基层倾斜。调整基层经费使用比例，对该花的、该用的绝不卡“脖子”；按照总队经费管理整改通知书指出的3个突出问题，精心抓好整改落实。深入开展“伙食管理年”活动，注重选好训强队伍，精心搞好伙食调剂，所有中队均实行自助餐，官兵对伙食普遍满意；新规划基层菜地7.2亩、养殖生猪24头，丰富官兵“菜篮子”。及时修订各类应急保障预案，依托地方资源建立完善代储代供代运机制，与1家银行、2家营运公司、2家地方超市和3所医院建立相互衔接、系统配套的后勤应急保障体系；投资2.7万元优化战备物资储备，实现一次性出动100人能独立保障；强力推动营建任务，借助市政设施改造之机，协调价值80余万元的路灯、47万元的苗木，并将后大门160米道路纳入枣山物流园区整体规划，仅此一项就节约经费150余万元。占地29亩，高标准、高规格，与小平故居建筑风格浑然一体的景区中队，已完成规划设计和土地征用。

【领导人】　支队长：刘明开，政治委员：左定伦，副支队长：于中全，副政治委员：邹培元，参谋长：李旭，政治处主任：韩志强，后勤处处长：胡勇。

（杨永红）

广安市公安消防支队

【思想引领】　深入开展中国特色社会主义体系、中国梦强军梦、党史国史改革开放史和“牢记强军目标、献身强军实践”主题教育、忠诚使命教育、“为何从警、如何做警、为谁用警”大讨论等活动，用当代革命军人核心价值观武装官兵头脑，确保“三个绝对”“四个忠于”。组织开展“知党史、学党章、明党纪、讲党性”活动，进一步体现党组织和党员官兵的先进性、纯洁性。整合教育资源、统筹教育载体，发挥小平故里独特的政治优势，牵头组织第三片区教育推进会、党员集体宣誓、主题授课、知识竞赛等活动并取得优异成绩。

【正风肃纪】　强化条令条例和纪律规定的执行，开展“条令条例暨规章制度学习月”“学制度懂制度用制度”专题教育等活动，官兵职业形象明显改观。落实党风廉政责任制，深化“一岗一排”廉政风险防控机制建设，完善规章制度6项，组织廉政教育7次、廉政集体谈话120余人次，向社会公开述职述廉会8场。认真开展党的群众路线教育实践活动“回头看”，以及切实解决执行不力和侵害群众切身利益、执法腐败、领导干部收受红包礼金、领导干部生活待遇等问题的专项整治，清退违规收受钱物20余万元，6名防火监督干部因违纪违规受到纪律处分和相关处理。

【火灾防控】　始终把预防和遏制重特大尤其是群死群伤火灾事故作为中心任务，不断推动消防工作社会化进程的加快和社会火灾防控能力的提高。2014年，全市发生火灾438起、亡2人、伤0人、直接财产损失152.6万元，同比分别下降30.14%、50%、100%和35.12%，全市火灾形势整体平稳。在长达8个月的小平诞辰110周年系列活动消防安保工作中，实现“活动现场和代表驻地不冒烟、城区不起火、全市不发生亡人及有影响火灾”的工作目标，被市委市政府表彰为“支持重大项目建设类先进集体”。

抓好责任落实。推动市、县两级政府召开消防工作会议，层层签订消防工作目标责任书。推动市政府出台《消防工作考核办法》，将消防工作纳入到目标责任考核和政务督查的重要内容，首次组织消防工作年度考核。市政府先后召开会议5次、下发文件6份研究、部署消防工作，强化消防安全委员会、消防工作联席会议等议事协作平台，市（县）两级领导对消防工作指示批示30余次，检查指导消防工作50余人次，政府主导和部门联动发挥明显。公安机关将消防工作与其他公安业务工作协同推进，形成“全警消防”的良好格局。

抓好隐患整治。落实消防安全形势分析研判和综合评估制度，针对本地消防安全的重点领域和薄弱环节持续开展治理。扎实开展新一轮“清剿火患”战役、消防安全“打非治违”、九九消防平安行动、开发区工业园区集中整治等8项消防安全专项行动，全年检查单位3699家，整改消除火灾隐患863起，实施行政处罚232起，罚款264万余元，保持高压治火的态势。提请政府挂牌整治重大火灾隐患9起，已有5起销案，剩下4起可在年底前按期销案。办理消防产品行政处罚案件32起，协助办理消防产品行政处罚案件和刑事案件19起，消防产品整治专项工作受到总队表扬。

抓好综合治理。推动5个区市县、4个国家重点镇、56个建制镇、45个乡、221个村庄完成消防规划的编制或修编，全市新增市政公共消火栓150具。进一步健全“三级网格”管理机制，深度拓展“区域区长负责”制，采取“划片包干、责任到人”的办法，形成“层级明晰、条块结合、全面覆盖、机制健全”的消防安全网络监管模式。采取绩效、分包、单位“三问责”的方法推进社会单位消防安全“四个能力”建设，人员密集场所“四个能力”建设达标率、重点单位消防安全“户籍化”档案建档率、人员密集场所“三提示”覆盖率均达到100%。

抓好规范执法。开展“端正执法理念、转变执法作风、规范执法行为”活动，大力提升执法公信力和群众满意度。进一步深化警务公开，向社会公布权力清单和运行流程图，进行公开承诺，全面规范政务中心窗口。细化完善13个重点执法环节，落实执法责任审计、执法质量考评、执法交叉检查、执法案件倒查等机制。为所有执法干警配备现场记录仪，支队和大队全部建成消防档案室并实现数字化管理。结合“万警进万家”开展送服务进园区“八个一”活动，受到社会各界的普遍欢迎。华蓥大队被评选为全国消防监督执法示范单位。

抓好宣传教育。积极拓宽宣传渠道，在主流媒体开设消防专栏4个，设立固定消防宣传机400余台，利用楼宇电视、微博、微信、手机报等新型媒介播发消防公益广告和安全提示32万余条，发展微博“粉丝”近2万人。积极创新宣传形式，举办首届高校消防运动会和“消防梦·橙色力量”主题消防摄影展，开展“查找隐患·关注家庭消防安全”中小学生火灾逃生计划制作大赛，吸引30余万学生参与。积极引导公众参与，组建1100余人的“橙袖标·正能量”消防志愿者队伍，发动200余万手机用户查找举报火灾隐患，营造出“全民消防”的浓厚氛围。

【灭火救援】　坚持把战斗力提高作为根本标准，加快核心战斗力转型升级，部队灭火救援能力得到显著提升。2014年，全市消防部队共接警出动822起，疏散营救2043人，抢救保护财产价值4339.2万元。特别是在“9·13”特大洪灾的抗洪抢险战斗中，成功营救199人，疏散转移3393人，抢救保护物资价值2800余万元，再次彰显消防部队的英勇形象，受到地方党委政府领导和社会各界群众的高度赞誉。

完善力量体系。立足广安现役消防警力严重不足的实际，将多种形式消防力量建设作为广安消防力量增长的“第二极”。出台加强专职消防队伍建设的指导意见，将其与现役队进行“一体化”打造，实行招收聘用、力量编成、教育管理、训练考核、工资待遇“五个统一”，定期与现役队联训联动联勤，全面提升其战斗力。岳池县、武胜县、华蓥市等3个政府专职消防队全部完成营房新建和人员扩编，前锋区政府专职消防队组建，全市新增政府专职消防员和消防文员70人。广安区花桥镇、岳池县罗渡镇、邻水县丰禾镇、华蓥市溪口镇等重点乡（镇）的专职消防队建设启动。

推进战训改革。坚持“实战牵引”，结合广安灾害事故实际加强灭火救援能力训练和训法、操法、战法革新，设计组训科目30余个，推广创新操法5项，组织“战训大讲堂”12期，开展研讨授课18次，修订灭火救援预案和交通水源手册169份，举行实兵实装实战和无预案拉动演练8次，组织“检讨式”战评11次，高质量承办川东片区超长隧道火灾事故处置桌面推演。扎实开展内攻和紧急避险训练、举高消防车实地测试、古城区古建筑消防安全调研评估等专项行动，组织执勤中队指挥能力考评和技体能“季考”，投入20万元专项经费进行奖励训练尖子。

强化信息支撑。累计投入500余万元，对119接处警系统进行扩容升级，在全省第一批完成语音图像综合集成（二期）和营区监控系统建设，购置3G单兵图传系统、350米多模便携式差转台、海事平板和PDT多模差转台等应急通信装备，部队信息化建设硬件水平上一个大台阶。深度应用信息综合集成系统，实现“一键式”调度指挥，落实运行维护管理规定。出台《火警和应急救援等级划分及救援力量战斗编成规定》《无线通信保障方案》等调度指挥配套制度，开设接警调度员业务技能培训班3期，开展应急通信保障演练5次。

提升装备水平。落实装备建设规划的年度计划，投入2980万元，新列装各类消防车13辆、器材装备12300件（套），其中，有54米登高平台消防车、城市主战消防车等技术含量较高的装备，加快从“数量规模型”向“质量效能型”的转变。着力提高装备规范化管理水平，重点规范采购验收、登记报废、管理操作制度“三项制度”，对装备全面实施电子化管理，培养装备技师6名。开展装备器材大清理活动，严格执行“四个一律”（带病带伤的一律停用，超期服役的一律报废，来源不明的一律封存，质量低劣的一律销毁），共清理不合格器材装备5000余件（套），有效消除装备使用的隐患。

【安全稳定】　大力推进部队正规化精细化管理，努力实现依法施管、层次施管、科技施管、量化施管，全面规范部队“四个秩序”；同时，深刻吸取“5·15”训练亡人事故的惨痛教训，狠抓安全防事故工作，全力维护部队高度统一和集中稳定。

建立健全管理网格。推进“一二三四五”工程，明确“一网融合、无缝管理”目标，订立“两责任”（工作责任、帮扶责任），完善“三网络” （管理、制度、责任），出台“四制度”（信息公开、隐患排查、访查督导、定期考评），提供“五保障”（内容、时限、责任、奖惩、经费），支队党委成员深入基层与官兵面对面谈心46次。全面梳理原有的规章制度，修订完善30余项，出台《制度汇编》和与之配套的《工作规范》《应知应会手册》，提升依法管理水平。每月对基层进行不少于两次的督察，查出问题121项，下发整改通知书15份、督察通报10期。开展以“敬业精神、战斗精神、职业心态、职业形象”为重点的职业精神教育，官兵职业素养明显提高。

突出抓好安全防范。对“5·15”事故进行深刻剖析，将每年5月15日定为“安全警示日”。深入推进“学安全知识、知安全规章、明安全责任、树安全新风”活动，部署开展“五大活动”（安全隐患大排查、装备器材大清理、部队秩序大整顿、基础设施大改造、能力素质大提升），按照“三查四定五到位”（个人自查、官兵互查、领导帮查三管齐下，对隐患定任务、定人员、定时间、定措施整改，做到组织领导到位、责任落实到位、督导检查到位、追根溯源到位、建章立制到位）的要求，整改安全隐患300余处，订立防范措施和规章制度40余项。在营区安装监控设备51套、手机屏蔽器18套，行政车辆全部安装GPS定位仪，执勤车辆全部安装双向行车记录仪。

深化创建“五型机关”。狠抓机关秩序整治，重新划分办公区域，全面进行修缮维护，严格规范内务标示，添置面部/指纹双识别考勤设备和去向告知牌。制定修订《精简规范会议规定》《车辆管理制度》《财务管理制度》《公用经费管理制度》等20余项规章制度，机关文件和会议同比压缩30%，机关行政消耗性开支同比下降16%，“三公”经费同比下降81%。机关干部“大假”期间全部到基层中队蹲点代班，与基层官兵开展面对面谈心、对退伍老兵实施一对一跟进，征集基层意见建议26条，为基层解决实际困难17项，杜绝机关截留基层经费、装备的状况。引入“基层给机关挑刺”的“反向考评”机制，倒逼机关规范管理和行政效能的提升。

【基层基础建设】 坚持立足当前，着眼长远，切实抓好基层，扎实筑牢基础，实现基层基础建设提速增效，积聚起推动广安消防部队长远发展的强大力量。

经费保障大幅提升。推动《四川省地方消防经费管理实施办法》落地起效，全市地方消防经费总量创纪录达到4727.52万元（不含3200万元新指挥中心基建经费），同比增长20%；支队本级地方消防经费达到2306.45万元，其中基本预算经费1399万元（同比增长31.66%）、专项经费870.5万元（同比增长81.35%），为部队建设提供强有力的资金保障。着力强化经费的预算、使用和管理，建立财务风险评估机制，确保经费投入向战斗力聚焦，仅支队机关全年投入信息化建设、装备建设、营房改造的经费就达到674万元，占经费总开支的37.95%。

队站建设面貌一新。全力推进“1+3+4”工程（高起点建设1个新指挥中心，高标准竣工3个新站，高水平改造4个旧站）。岳池、武胜、华蓥等3个新消防站已提前入驻，硬件水平达到甚至超过省内绝大部分公安站水平；幸福街中队、环城路中队、利民南路中队、特勤中队等4个旧站的改造基本完成；支队新指挥中心建设正按工期有序推进；新成立的前锋区也已开工建设消防站。2014年，全支队新竣工并投入使用的队站总建筑面积达到19925平方米，改造营房面积近8000平方米，总投入资金5275万元（不含建设中的新指挥中心），警营面貌发生根本性变化。

警营文化提档升级。积极从警营生活取材，推出广安消防队歌、队训，创建文化小分队，创作9个警营文艺作品。按照“提高品位、突出特色、整体规划、分步实施”的思路，全面优化警营文化的设计和布局。基层单位分别确定“伟人文化”“战斗文化”“安全文化”“幸福文化”“红岩文化”“曲艺文化”等11个警营文化建设主题，投入专项资金800余万元与新建的消防站同步规划、同步打造，“一队一主题”的警营文化建设初具规模。新打造警营影院1个、健身房4个、娱乐室4个，新增图书3000余册、电脑80余台、体育器材200余件（套）。

【重要活动】 5月14日，广安市反恐防暴暨应急处突综合实战演练在广安中学举行。广安消防支队派出约70余名官兵参加此次演练的5个科目，各级领导观看此次演练。5月26日，广安市举行2014年抗御特大地质灾害综合实战演练。广安市消防支队50余名官兵10余辆消防车投入到此次演习中。

10月14日上午，“牢记强军目标、献身强军实践”主题教育第三片区授课竞赛在广安支队四楼会议室举行，绵阳、广元、达州、南充、巴中、广安6个支队的政工干部参加竞赛。广安支队各大、中队政工干部和城区中队近80余名官兵现场观摩授课竞赛。

11月6日上午，广安市人民政府在广安职业技术学院举行“119”消防宣传周启动仪式暨首届高校消防运动会。副市长、市公安局局长邓文国，广安职业技术学院院长陈永龙，消防支队支队长李涛、政治委员杨正等领导出席启动仪式，消防安全重点单位、消防志愿者、职业技术学院学生、消防官兵等3000余人参加活动。

【队伍建设】 大力创建“学习型、服务型、创新型”党组织，组织党委中心组学习12次、理论大讲堂3次、党委（支部）书记培训班一期，不断强化班子能力建设。突出抓好班子调整配备，打破“论资排辈”调整正（副）书记2名，增强基层党组织的活力。充分发挥“指挥棒”作用，突出“五个注重”修订完善班子考核办法，对落后班子主官晋升实施“一票否决”。严肃党内政治生活，认真落实党组织工作条例和“四项制度”，深入推进“145”工程，健全完善党委议事决策机制，全面推行重大事项票决制和党务公开，提高依法决策、科学决策、民主决策水平。

认真落实人才队伍建设、年轻干部培养、人才选拔保留等制度规定，健全评学、考学、促学制度，通过全员练兵“六个一”活动及举办“四大讲堂”、开展全员培训、实行机关基层双向代职锻炼等手段，不断提升队伍能力素质。规范干部竞争性选拔机制，以“赛场选马”方式提拔使用营连职干部10名，将两名考分靠前但工作有失误的干部免于任用，避免“唯票唯分取人”，匡正选人用人导向。组织开展新一轮创先争优活动，评比表彰“五类标兵”16名，推树“最美消防员”王东等先进典型，营造出干事创业、奋勇争先的良好氛围。

【帮带活动】 坚持任务牵引，扎实开展“帮建支部、帮带干部、帮抓骨干”活动。支队党委印制《帮带手册》，党委书记亲自进行帮带培训，党委成员采取“蹲点包队、责任捆绑”的方式，以“八个一”活动为载体，指导基层党组织加强自身建设，切实推动党建工作进队进班、党建理论入脑入心。坚持向基层聚焦聚力，组织开展机关营团职行政领导干部当兵锻炼、双向挂派、师徒结对等活动，确定3个帮扶重点调研课题，帮助基层解决队站建设、经费争取、管理教育等热点难点问题18项。

【获得荣誉】 1月，幸福街中队被四川省消防总队表彰为“2013年度先进基层单位”，华蓥市消防大队被四川省消防总队表彰为“2013年度先进基层单位”“2013年度全省专职消防队伍先进集体”，5月，广安市消防支队被四川省消防总队表彰为2014年度“清剿火患”战役综合考评优秀二类支队，6月，协兴镇中队党支部被四川省消防总队表彰为“全省消防部队先进基层党组织”，7月，武胜县消防大队被市政府表彰为“广安市防灾应急大演练先进集体”。

【领导人】 支队长：李涛，政治委员：杨正。

（广安消防支队）

人民防空

【重点项目建设】 防空警报系统更加完善。全年新增防空警报器13台，全市共安装防空警报器115台，基本实现城镇人口万人以上乡（镇）安装一套预警报知系统的目标。人防机动指挥所建设快速推进。主动协调相关部门，完成市人防机动指挥所组成车辆上户工作，同时强化日常训练和维护管理，确保人员操作熟练、设备良好运行。华蓥市、岳池县、武胜县、邻水县人防机动指挥所特种技术用车指标申请已报送省政府机关事务管理局，待批准后即可实施建设。人防“结建”工程提质增量。全年共审批修建防空地下室项目8个；全年建成防空地下室项目3个。全年共收取人防易地建设费13081万元，完成目标任务的192%，其中市本级收取4173万元、华蓥市收取1075万元、岳池县收取4609万元、武胜县收取2743万元、邻水县收取481万元。人防（民防）宣教中心加快建设。完成市人防（民防）宣教中心建设装修及安装工程设计、多媒体互动展示系统政府采购、监理和施工招投标等工作，于2014年11月进场施工，2015年8月底前竣工并交付使用。华蓥市、邻水县人防（民防）宣教中心已完成立项、选址等前期工作，拟于2015年开工建设；岳池县、武胜县人防（民防）宣教中心正在做立项、选址等前期工作。市人防基本指挥所建设着手启动。通过积极汇报，主动协调相关部门，已完成选址工作，正在拟制建设方案报市政府审批，2015年开工建设。核心疏散基地建设积极开展。按照核心疏散基地的要素要求，市核心疏散基地完成初步选址，正在研究提出建设方案。华蓥市、岳池县、武胜县、邻水县核心疏散基地正在申报立项。

【通信保障】 按照“战时靠得住、平时用得上”的总体要求，制定《广安市人民防空2014年训练工作计划》，全年市人防机动指挥所自主训练50次（驻地训练48次、野外训练2次），参加全省视频会议互联互通44次，无线短波电台出联422次，沟通401次，收发报准确率达100%。县级人防短波电台已安装调试完毕，实现市县两级人防短波电台互联互通，人防指挥通信能力得到较大提升。

【民防应急】　按照“战时应战、急时应急、平时服务”的要求，参与兰渝铁路开行广安至成都动车相关准备工作，完成广安南站人防应急预案拟制；结合实际组建民防志愿者队伍35名，组织实施以在岗训练为主的业务培训；参与2014年全市抗御特大地质灾害综合实战演练，完成演练指挥部赋予的组织鸣放防空警报、参与增援力量集结拉动等各项演练任务，达到展示形象、锤炼队伍、检验预案、提升能力的目的。

【基层人防组织建设】　基层人防组织建设作为2014年全市人防工作“三大突破”之一，年初下发《关于进一步加强基层人防组织建设的意见》，加强督促指导，全市基层人防组织建设快速推进，效果明显。华蓥市所辖13个乡（镇、街道处）、武胜县万人以上的9个镇及城区社区、岳池县7个重点乡（镇）建立基层人防组织，广安区、前锋区、邻水县也在积极有序地推进。

【宣传教育】　深入开展人防知识“六进”活动，充分借助电视、广播、报纸、网络等媒体，着力提高市民防灾避险知识和自救互救能力，大力营造社会各界关心人防、支持人防、建设人防的浓厚氛围。全年共发放宣传资料3000余份、发送短信10000余条、悬挂宣传标语35条，在各级报纸杂志和新闻媒体发表稿件和信息67条，“9·18”前夕到街面和学校展出人防（民防）知识展板并利用《广安日报》开展大规模的人防（民防）有奖知识竞赛。通过开展一系列人防（民防）宣传教育活动，进一步提高市民应急避难能力，进一步增强市民居安思危和国防意识，拓展人防（民防）宣传教育的深度和广度。

【领导人】　党组书记、主任：欧光贵，党组成员、副主任：唐军华，党组成员、纪检组组长：刘建红。

（饶　刚）

交通战备

【基础设施建设】　2014年广安市重点实施交通运输、邮电通信基本建设项目1个，即桂兴镇至老屋嘴国防战备公路改造工程，该路全长4.7千米，改造技术标准为二级公路，计划投资1880万元（其中：地方自筹1175万元、申请省预算内补助资金705万元），年内全面建成。

【正规化建设】　认真贯彻落实国家和成都军区交战办正规化建设的系列规定，全面落实“请示报告、情况通报、战备值班、资料整理”等各项规章制度，重点对办公室、指挥室、国防交通网络、办公设备和装备进行从新规划建设。完成全市民用运力潜力数据调查、保障队伍调查等工作。特别是民用运力潜力数据调查，坚持把上级需要与自身需要、上级部署和自我安排结合起来，摸清底数，确保紧急情况下有效应对。

【通信保障】　2014年宣传贯彻新的《四川通信设施保护规定》，做好全市通信护线工作，组织通信部门通过多种形式宣传教育，在“5·17”世界电信日来临之际，会同市综治委“三电”办公室于5月13日召开全市国防干线光缆保护工作会，推进对国家干线光缆护线“三网”的纵深打造。立足于全面建设与广安市迎接邓小平诞辰110周年庆典活动的护线工作新环境，明确纵深打造国防干线光缆护线“三网”的总体目标与全新任务。用好新的《四川通信设施保护规定》，突出国家一、二级通信干线这个重点，加大对盗窃破坏通信设施违法犯罪的打击力度和对基本建设与通信保护矛盾的协调处理力度，确保全市通信设施安全畅通。

【领导人】　主任：王晓明，副主任：贺小华。

（贺小华）

法　治

政法委及综治工作

【维护社会稳定】　把确邓保小平诞辰110周年系列纪念活动的平安顺利举行作为首要政治任务，提前部署安排，精心组织实施，各项纪念活动顺利、万无一失，得到省市和社会一致好评。全面强化市、县、乡三级涉稳情报信息综合处理平台建设，整合公安、信访、维稳、综治、大调解等各方情报信息资源，创新建立广安市大一统情报信息综合处理平台，全方位收集各类情报信息，及时预警处置，得到中省充分肯定。市委办、市政府办联合下发《关于深入推进重大事项社会稳定风险评估工作的意见》，扎实推进社会稳定风险评估机制建设，相继对水利建设、征地拆迁等领域中131个涉及群众切身利益的重大事项进行风险评估，准予实施120件，暂缓实施10件，推动稳定风险评估全覆盖。深化不稳定因素排查化解，开展集中排查4次，开展反恐防暴、非法融资等专项排查5次，排查不稳定因素786件，已化解到位743件，确保全市社会大局稳定。进一步修订完善《广安市处置群体性事件工作预案》和《处置大规模暴力犯罪事件工作预案》，指导广安经开区、枣山园区、协兴园区建立应急处置预案，适时开展预案推演和演练。协调指导市公安局、市应急办分别于5月14日、5月26日相继在广安中学和华蓥市溪口镇组织开展广安市反恐防暴暨应急处突综合实战演练和广安市2014年抗御特大地质灾害综合实战演练。强化苗头隐患处置，预防处置群体性闹事苗头175起，有效应对武胜县“2·13”精神病人故意伤人案件、岳池县“5·13”居民坠楼死亡等突发事件，全市社会大局持续平稳。

【平安广安建设】　全面构筑街面、社区（村）、单位和行业场所、区域边际、线路、网络社会“六网对接”的立体化社会治安防控网络，组建社区“红袖标”治安巡逻队、网格服务管理员服务队、社会志愿者服务队、基层便民专业化服务队、党员先锋服务队“五支队伍”7626支，群防群治队员5万余人，有效筑牢基层治安防线。集中挂牌整治12个群众反映较大的社会治安混乱地区和突出治安问题，全部整改到位。坚持“什么犯罪突出，就严厉打击什么犯罪”，深化严打整治专项斗争，成功破获涉案金额达2.8亿元的“4·15”非法制售假发票案、收缴冰毒13.9千克的“XJD11-9”特大贩毒案等系列大案，可防性案件同比下降7.1%，治安案件同比下降18%。制发《广安市重性精神病人救治救助管理办法》，扎实做好精神障碍患者、刑释解教人员、社区矫正对象等特殊人群的排查、登记、帮教、服务和管控工作。深入开展平安和谐“三级联创”活动，积极推动武胜县、广安区广福街道、协兴园区协兴镇、广安区万盛街道五福社区、前锋区代市镇岳庙村等平安示范创建活动，带动基层平安创建蓬勃开展。大力开展见义勇为奖励保护工作，市政府授予谢林波、张小林、李善林群体和向勇、韩存乐、杨元秋群体为“广安市见义勇为勇士群体”荣誉称号，授予胡昌学、甘东为“广安市见义勇为勇士”荣誉称号，奖励每人6万元。

【网格化服务体系建设】　把网格化服务管理工作作为创新社会治理和深化平安建设的切入点，科学界定城市社区、农村地区、园区景区网格划分标准，共划分城市社区网格777个、农村（园区、景区）网格8346个，选配专兼职网格服务管理员9204名，实现横向到边、纵向到底、全域覆盖。大力拓展网格化服务管理领域，创新建立民情收集、群众评议、奖惩激励、考评问责等工作机制，实现城乡区域、服务领域、运行机制，大力推广“一刻钟生活服务圈”和“双代”便民服务模式，切实提升工作效能。全面强化综治组织、流动人口、特殊人群、重点场所等信息的采集录入，共录入户籍人口470.18万人，流动人口7.1万人，出租房屋1.54万处，代办群众民生事项2.73万件，管控重点场所0.86万处，实现基层95%以上的问题就近解决在网格。相关做法，得到省委常委、政法委书记刘玉顺的充分肯定。

【矛盾纠纷大调解】 完善大调解基层组织，全市共建有6137个调解组织、9584个常态运行调解工作前置“窗口”，物建调解员21184名、劝调员50678名，全年化解一般矛盾纠纷28112件，化解率96%。创新建立广安市医患纠纷调处中心，在16个矛盾纠纷重点领域建立专业性调解组织，探索出“女法官+亲友”调解婚姻家庭纠纷、“法院+工会”调处劳动争议纠纷等8种类型化调解模式，实现调解组织和调解工作由综合型向专业性、行业性扩展。深化社会矛盾排查化解“攻坚破难”专项行动，采取挂牌督办、专案攻坚、专项调处等方式，挂牌督办76起重大疑难矛盾纠纷，成功化解72件。集中打造调解和谐文化示范带（片）30个、示范性调解和谐文化大院（小区）1000个，依托调解和谐文化大院（小区）就地化解矛盾纠纷6533件，妥善处理工程建设和新农村建设引发的征地拆迁、环境污染等矛盾纠纷26件。深入推进矛盾纠纷大调解国家级服务综合标准化试点，对机制、流程、制度、管理等关键环节，制定具体标准70余个，顺利通过国家国家标准化委员会中期评估。推广“案例工作法”，编撰《广安市矛盾纠纷调解经验选集》《广安市矛盾纠纷大调解工作文件制度汇编》，及时下发指导基层实践。

【法治广安建设】 深入实施《广安市依法治市纲要》，整体推进依法执政、依法行政和公正司法，通过法治手段解决“无理取闹”等突出问题，依法治市进入加快推进阶段。扎实开展“六五”普法和“法律七进”工作，公务员“一月一法一考”、行政案件集中管辖被依法治省领导小组确定为依法治省的亮点工作，新华社、《四川日报》等多家媒体专题采访报道，广安市被全国普法办表彰为“六五”普法中期先进城市。全市法院案件结案率95.3%，进京赴省涉执信访总量同比下降68.4%，打击抗拒执行工作经验在全省交流推广。检察系统立案查办贪污贿赂、渎职等职务犯罪案件82件102人，立案人数同比上升20%，司法公开进一步深化，诉讼监督切实加强。公安系统深推执法规范化机制体系建设，协兴园区协兴派出所被公安部授予“全国公安机关执法示范单位”称号。建立县级法学会3个，专门研究会2个，法学研究工作在中省荣获一等奖4个、二等奖3个、三等奖3个，优秀奖6个，整体位居全省前列，市法学会年度工作考评位居全省第一。广安市被全国普法办表彰为“六五”普法中期先进城市，广安市人民政府被表彰为全国“六五”普法中期先进单位。

【执法监督和涉法涉诉信访】 认真贯彻落实中省关于推进涉法涉诉信访改革的意见要求，推动建立涉法涉诉信访形势研判制度，推动全市政法机关规范设立信访接待室，强力落实领导干部接待日制度，对重大疑难信访问题开展重点约访和专题接访，全面畅通涉法涉诉信访渠道，坚决纠正涉法涉诉中侵害群众利益问题。全年共接待受理涉法涉诉来信来访2673件，办理中省挂牌交办涉法涉诉信访积案59件，办结53件，实施国家司法救助110人次，涉及案件104件，发放司法救助金86.3万元。探索推进轻微刑事案件快速办理机制，办结轻刑快办案件332件，办案周期同比节省近20天。积极探索建立符合司法规律的审判运行和监督机制，实现辖区内6个基层法院行政案件统一交由前锋区法院和武胜县法院跨行政区划行政案件的相对集中管辖，全市行政案件受理量同比上升100%，审理质量持续提升。

【政法队伍建设】 将开展党的群众路线教育实践活动作为加强政法队伍建设、巩固党的执政根基的关键性举措，通过发放理论书籍、编发学习资料、举行专题辅导等方式，深入系统学习党的十八大、十八届三中全会、习近平总书记系列重要讲话精神。通过班子民主生活会、党员干部会、群众座谈会等方式，广泛听取意见，深刻查找在宗旨意识、工作作风、精神状态、为民办事、廉洁自律等方面存在的问题和不足，对“四风”方面存在的问题全面梳理，强力整改，并推动建立长效机制40余项，政法队伍高举旗帜、听党指挥、忠诚使命的思想基础夯实筑牢，服务大局、服务群众、廉洁自律能力有效提升。扎实开展“转变作风，司法为民”“增强党性、严守纪律、廉洁从政”等系列专项活动，开展作风专项巡察200余次，持续深化政法队伍作风建设，并对9个基层政法单位予以通报批评，对29名政法干警给予批评教育，对3名刁难群众的政法干警停职处分，4名不作为、乱作为政法干警被记过处分。部署开展实施“广土”工程、建设廉洁政法专项活动，大力深化廉洁机关、廉洁窗口、廉洁队伍建设，强力整治政法队伍中存在的特权思想、衙门作风，野蛮粗暴执法，冷硬横推、吃拿卡要、作风不检等歪风邪气，着力构建教育、制度、监督并重的惩治和预防腐败体系，在全市政法系统广泛培育崇廉尚洁、风清气正的土壤。11月19日，全市政法系统举办声势浩大的实施“广土”二程、建设廉洁政法知识竞赛活动，推动廉洁成为全市政法机关及广大政法干警的共同价值认同和价值遵循，人民群众对政法工作的满意度大幅提升，《中国纪检监察报》等媒体对此进行专题报道。

【领导人】 市委常委、政法委书记：肖雷，市委副秘书长、政法委副书记、维稳办主任：李远纪，政法委副书记、市综治办主任：兰朝红，政法委副书记：蔡天翔，政法委副书记、防邪办主任：程云富。

（曹一波）

公　安

【维护稳定】　2014年，全市公安机关以邓小平诞辰110周年系列安保工作为统揽，密织情报网络，深化对敌斗争，深入排查化解矛盾纠纷，有力维护全市社会政治稳定。全年获取情报信息1800余条，群体性事件预警率达100%；调处矛盾纠纷2.3万余起，化解率97%；接待信访群众778起1177人次，办结信访事项351起，办结涉法涉诉信访案件73件；破获邪教案件33件，抓获邪教人员124人，刑事拘留70人，逮捕50人，捣毁地下窝点40个，收缴反宣资料2.3万余份（册）。加强应急处置，成立230人的反恐制暴专业队伍，组建市、县两级街面快反突击队，全市特巡警和应急处突预备力量增至900余人；成功举办“5·14”全市反恐防暴暨应急处突综合演练等大型实战演练4次，防范制止暴恐苗头4起。

【打击刑事犯罪】　2014年，全市公安机关以“平安广安”建设为载体，坚持严打方针，突出打击重点，先后开展命案侦破、“平安广安”“打黑除恶”、打击“两抢两盗一诈骗”“打拐”和打击电信诈骗等战役行动9场，全市性集中统一清查行动6次，保持严打高压常态化，维护全市社会治安持续稳定。全市共立各类刑事案件13368起，破6416起，其中立现行案件11659起，破5663起，抓获各类犯罪嫌疑人5992名，打掉犯罪团伙276个，逮捕1463人，移送起诉2693人，抓获网上逃犯1248名。发现行命案32起，破30起，破案率93.75%；打掉恶势力团伙23个，抓获处理涉案人员81名，破案77起；公诉“两抢两盗一诈骗”案件368案603人，打掉“两抢两盗一诈骗”犯罪团伙223个，破系列案件214串，追缴上网机动车461辆；破获各类涉拐案件568起，行政处罚280人，刑事处罚127人，解救被拐卖妇女儿童511人；破获系列电信诈骗案件15串，打掉电信诈骗团伙6个，抓获嫌疑人71名，破案205起，追回损失300余万元。

【打击毒品犯罪】　2014年，全市公安禁毒部门坚持“预防为先，以打开路，综合治理”的工作思路，严打吸贩毒犯罪，破获毒品刑事案件161起，打击处理253人，缴获海洛因等各类毒品44.5千克，破获毒品目标案件7起、公斤级大案8起。其中，破获邻水县“XJD11-19”特大贩毒案，抓获犯罪嫌疑人21人，收缴冰毒14千克、海洛因17.24克、麻古129颗，扣押涉案车辆4台，冻结涉毒资金70万余元；破获广安区张志中特大贩卖毒品案，抓获违法犯罪嫌疑人61名，刑事拘留28人，收缴冰毒4.7千克、枪支2支、毒资10万元，扣押涉案车辆4台；破获前锋区“9·30”贩毒案，缴获冰毒2.431千克；破获武胜县雷勇贩毒案，抓获犯罪嫌疑人18人，收缴冰毒2.5千克。

【打击经济犯罪】　2014年，全市公安经侦部门以打击假冒伪劣犯罪、涉众型经济犯罪、商业贿赂犯罪、涉税犯罪及整治非法金融活动为重点，全力维护良好市场经济秩序。共破获涉税犯罪、合同诈骗、金融诈骗、侵占、挪用、集资诈骗、非法融资、传销等各类经济犯罪案件236件，刑拘183人，提请逮捕77人，移送起诉201人，涉案金额12亿多元，挽回经济损失2亿多元；捣毁制假、售假窝点80个，涉案总价值3000多万元。侦办王成非法吸收公众存款案，涉及群众1900多人，涉案标的22亿，资金缺口16.7亿元，通过清产核资、追赃挽损，有效防止巨大危害，维护群众利益；破获广安万金山旧城改造和渠江右岸护坡工程项目中伍某某等人涉嫌商业贿赂系列案件，涉案金额3000多万元，挽回经济损失1600多万元；成功侦破涉案金额1200余万元的全市首起骗取出口退税案，破获“4·15”非法制售假发票案，收缴空白税务发票、完税证4900份，印章（公章）323枚，涉案金额2.8亿余元；对全市205家投融资公司开展全面摸排调查，联合相关部门深入核查、重点监管，坚决防止非法集资等恶性案件发生，确保社会稳定。

【打击食品药品犯罪】　2014年，全市公安食品药品犯罪侦查部门着眼人民群众生命健康安全，主动出击，全力打击食品药品犯罪，共破案91件，抓获犯罪嫌疑人116人，其中刑事拘留84人，提请逮捕36人，移送起诉67人；查破“毒豆芽”案7起，查获毒豆芽5000千克；破获公安部督办的华蓥赵继亮制售假药案，收缴有毒保健品12800多盒；破获夏荣福等人销售假药系列案件，案涉全市57个乡（镇），260多家药房，刑拘79人，提请逮捕21人，移送起诉61人。

【警务改革】　2014年，全市公安机关以公安“三化”建设为引领，大力推进警务改革创新，重点实施现代警务指挥体系建设、派出所勤务运行模式改革、警务辅助人员管理改革、公安人事制度改革、目标绩效管理改革“五项改革”，取得突破性实效。经市委、市政府同意，出台《广安市公安机关警务辅助人员管理工作意见》和《广安市公安机关警务辅助人员管理实施细则》，全面规范警务辅助人员公开招聘、合同管理、教育培训、考核奖惩、层级晋升、工资优抚等。年内，市局业务技术用房暨市应急联动指挥中心投入使用，高标准建成市公安局110指挥调度中心，实现110、122、119“三台合一”；建成350米警用无线通信基站32个、治安智能卡口86个，新建城市视频监控点位771个，全市2000余个“天网”高清监控点位接入110指挥调度中心；做大、做强、做实城区、中心镇派出所，收缩偏远乡（镇）派出所，全市5人以下派出所已由127个减至15个，基层实力明显增强。

【治安管理】　2014年，全市公安治安部门严密社会面管控，大力查处治安违法，共查处治安案件11726件，治安处罚4218人，拘留2508人，其中查处涉黄涉赌案件151件，提请逮捕33人。开展打击赌博游戏机集中行动，端掉电子游戏机赌博窝点11个，现场捕获违法犯罪嫌疑人32人，收缴电子游戏赌博机26台，收缴赌资3.3万元。加大人口管理力度，采集实有人口、实有房屋、实有单位和标准地址“一标三实”基础信息383.8万条；认真贯彻实施《四川省流动人口信息登记办法》，申报流动人口信息61485条，注册用户2169个，通过手机、微信方式申报信息572条；发现并清理违法违规户口案（事）件524起，清理应销未销户口415个，清理纠正户口登记项目差错489个；强化枪爆危化物品安全监管，开展“缉枪治爆”专项行动，检查单位111家，督促整改安全隐患50起，立案查处违法犯罪案件5起；组织培训班10期，培训从业人员1000余名；对2000余民警持枪资质进行审核，并组织办理持枪证件。

【巡逻防控】　2014年，全市大力构建以扁平指挥体系为依托的“点、线、面、圈”立体防控网络，初步形成以网格化巡防为基础，“天网”与“地网”结合、人防与技防结合、警力与民力结合的多维防控格局，可防性案件明显下降。新建城市视频监控点位771个，全市增至2059个，基本实现城区主要街道、重点部位全覆盖。坚持驻点巡逻、视频巡控、错时巡逻相结合，加大重点部位、重点时段巡逻密度，提升违法犯罪碰撞率、实时发现率、现场打击率。整顿健全社区、行政村治保会2092个，落实网格员、红袖章志愿者，提升社会巡防效能。

【出入境管理】　2014年，全市公安出入境管理部门严把出入境关口，受理审批公民因私出境申请140141件次，同比上升35.53%，其中办理新证（含护照、港澳通行证、内地居民往来台湾通行证）62573件次，签注申请77568件次，受理审批赴港澳地区定居115人次；依法清理发现“三非”外国人12人，遣返1人，劝返4人，警告7人。

【民生警务】　2014年，全市公安机关坚持民意导向，送警务到基层、到社区、到乡村、到群众，在城镇社区、旅游景区、学校、医院和原五人以下派出所设置警务室，大力实施农村警务、新型城镇警务、园区警务、医校警务、红色警务“五大民生警务”，共建警务室169个，其中社区警务室79个，农村警务室56个，医院警务室8个，校园警务室16个，园区警务室10个，通过实施民生警务，破获小案件466起，化解小纠纷2352件，治理小隐患1552个，解决小困难、小问题2280件。

【网络安全监管】　2014年，全市公安网安部门充分发挥技术优势，严打网络犯罪，主侦涉网刑事案件61件，刑事拘留135人，提请逮捕84人；配侦涉网案件160件，抓获违法犯罪人员253人，抓捕CCIC在逃人员129人；成功侦破涉及广安、南充、达州、内江、自贡等省内20个地市州30余起案件的“李军杰系列网络诈骗案”、追缴赃款20余万的“曾祥斌、曾小泉、郑权武等人系列网络诈骗案”等大要案件。加强网络舆情导控、处置，开展全国导控工作50余起，发布导控帖文万余篇；处置涉稳舆情202起，及时妥善处置恶意炒作涉警舆情50起。加强网络基础阵地管控，采集录入ICP用户注册信息、宽带用户上网账号、注册信息等1896条，更新互联网管理数据1361条。清理互联网上网服务营业场所33家，检查网吧240家、行政处罚73家，取缔“黑网吧”6家、收缴电脑21台。创新推动基层网安工作，全市投入3000余万元加强县级网安大队装备、手段建设，在全省率先建成网安三级网，集成网侦、刑侦、技侦、图侦、情报、科通六大技术，建立网上合成作战平台。

【执法规范化建设】　2014年，全市公安机关以强化执法培训、突出执法保障、完善执法制度、狠抓执法质量为着力点，努力提升规范执法水平，大力推进法治公安建设。全市公安法制部门审核刑事案件6618件，行政案件14309件，移送起诉2884人，行政拘留3044人；市局法制部门审核可能判处死刑案件21件，移送起诉63人；办理行政复议案件7件，未发生一件行政败诉案件。强化执法培训，举办执法培训班23期，培训民警400余人，开展比武竞赛12场次；全市2批次300余名公安民警参加统一组织的基本级、中级和高级执法资格考试。突出执法保障，市、县局和派出所建立办案中心、办案区，审讯一律在办案中心、办案区进行，全程录音录像，保障办案规范；严格实行“网上办案单轨制”，刑事、行政案件一律网上流转。狠抓执法质量。严格实行执法主体资格准入制度、持证上岗执法制度；建立内部执法监督常态机制，严管民警办案质量；聘请警风警纪监督员、法制监督员200余名，主动接受人大、检察机关法制监督、媒体舆论监督、社会民主监督。

【交通安全管理】 2014年，全市公安交警部门深入推进道路交通安全综合整治攻坚年行动，全面加强道路交通安全管理，查处各类交通违法478911起，其中酒驾、客运超员、超速等重点违法行为为38000余起；发生一般交通事故75起，同比下降12.79%；死亡40人，同比下降6.98%；受伤79人，同比上升14.49%；经济损失174060元，同比上升22.73%。全市未发生一起死亡3人以上道路交通安全事故。强力整治“双超”，出动执法人员43288人次，检查货运车辆327306台次，查处“双超”交通违法违规行为568起，行政处罚10人，强制卸货22000吨，劝返超载超限车4018辆，拆除非法改装货车172辆，查处非法改装、拼装货车窝点3个。深入开展道路“安保”工程建设，共排查安全隐患路段908千米，建设完成公路安保工程578千米；改造升级城区道路32千米、农村道路18千米，规划调整城市机动车停车泊位150个，完善交通安全标志67个，新增交通信号灯45组，安装智能卡口监控设备127套。推进车管便民服务，受理机动车业务29万余起，其中机动车注册登记34420辆，办理驾驶证业务152913人；专项整治“车串串”，查处违法嫌疑人7人。

【消防安全管理】 2014年，全市公安消防部门以新一轮“清剿火患”战役、消防安全“打非治违”、九九消防平安行动、开发区工业园区集中整治等8项消防安全专项行动为载体，切实强化消防安全监管。坚持高压治火，共检查单位3699家，整改消除火灾隐患863起，实施行政处罚232起，罚款264万余元。全市发生火灾438起、死亡2人、直接财产损失152.6万元，同比分别下降30.14%、50%、35.12%，火灾形势整体平稳。

【监所安全管理】 全力推进“平安监所、法治监所、规范监所”建设，联合武警开展监所应急处突演练46次，开展安全大检查26次，排查监管场所安全隐患165起，督导整改142起。2014年，全市共关押各类违法犯罪人员6794人，其中看守所3046人、拘留所3131人、戒毒所617人，做到监所安全零事故。

【队伍建设】 2014年，全市公安机关扎实开展党的群众路线教育实践、队伍突出问题集中整治、庸懒散浮拖问题专项整治、新民警敬业奉献精神不足专题整治、“百长千警进万家”亲民助民等系列主题教育实践活动，狠抓队伍作风建设。制定《窗口部门文明用语规范》和《领导干部直接联系群众八项制度实施意见》，深入查找、专项整治重点突出问题14个，开展宗旨理想信念、群众路线教育、革命传统教育、形式任务教育、纪律作风教育等活动200余场次，专题调研讨论89场次。对全市公安机关科级领导干部集中考察考核，市县两级对等调整交流，调整县级干部11人、科级干部135人。加强队伍教育训练，开展各类调训60批（期）6761人次。举办警营开放日活动、“全市反恐防暴汇报演练”等宣传活动6次，成功举办“感恩小平，我为广安道路交通安全出份力”大型广场文艺晚会。

【纪检督察】 2014年，全市公安机关以“吸取教训，正风肃纪”专项整治、公路“三乱”专项治理、“四廉”创建评比活动、“转变作风、司法为民”等专项整治活动为抓手，深入推进公安党风廉政建设和反腐败工作，切实规范公安民警纪律作风和执法行为。全年查处民警违纪违法案件14件18人，同比分别增长75%、63%，党纪处分9人，政纪处分11人，同比分别增长80%、36%；市局纪委接受群众举报174条，其中有效举报52条，对工作中措施不力、效果不佳的责任领导和责任人开展诫勉谈话15次，问责3个部门18人次；开展督察活动400余次，明察暗访96次，检查科所队426个、民警2300余人次、警用车辆270辆次，暗访餐饮娱乐场所90家次；发现各类问题142个，下发督察通报、督察通知书52份，现场查纠70人次。

【领导人】 市政府副市长、市公安局长：邓文国，副局长：杨天荣、王琪、汪晓麟、董献英，纪委书记：范晓荣，政治部主任：邹勇，副局长：程晓辉（省公安厅下派，7月起），机关党委书记：赵东，党委委员、正县级侦查员：谭福川，指挥中心主任：宋小华，党委委员、正县级侦查员：徐浩。党委委员、广安区公安分局局长（4月起），党委委员、经开区分局局长：文成仲。

（宋小华、龚　政）

检　察

【概况】 2014年，全市检察机关共批捕各类刑事犯罪919件1503人，起诉1336件2142人。对无逮捕必要的案件不批捕339人，对犯罪情节轻微的案件不起诉74人，对轻微刑事案件促成和解57件。共立案查办贪污贿赂、渎职等职务犯罪案件82件102人，追赃挽损6600余万元。

【打击刑事犯罪】 2014年，共批捕各类刑事犯罪919件1503人，起诉1336件2142人。其中批捕故意杀人、故意伤害、强奸、绑架等严重暴力犯罪157件214人，起诉226件293人；批捕“两抢一盗”、诈骗等多发性犯罪260件407人，起诉324件520人；批捕生产销售“毒豆芽”“假牛肉”“伪胶囊”等危害食品药品安全犯罪16件35人，起诉45件68人，市检察院牵头与市公安局、市食品药品监督管理局召开联席会议，就加强食品药品安全监管、打击违法犯罪等建立协作机制。

【查办职务犯罪】 2014年，共立案查办贪污贿赂、渎职等职务犯罪案件82件102人，其中贪污贿赂犯罪案件66件82人，渎职犯罪案件16件20人，立案人数同比上升20%。向法院提起公诉85人，起诉率83.3%，同比上升3.3个百分点。法院已作出判决55人，有罪判决率100%。突出查办大要案，共查办大案78件，占立案数的95.1%，同比上升7.6个百分点，其中查办贪污贿赂100万元以上大案14件，50万以上100万以下12件，查办县处级要案4人。开展查办发生在群众身边、损害群众利益职务犯罪专项工作，重点查处民生领域、涉农惠民领域及发生在基层的职务犯罪，立案查办44件58人。开展打击行贿犯罪专项行动，立案查办12件12人。集中清理福利企业与监管部门相互勾结，骗取国家退税优惠问题，立案查办玩忽职守、滥用职权犯罪案件7件8人。

【预防职务犯罪】 开展个案预防，向发案单位或其主管部门发出检察建议33件，协助发案单位落实整改措施60余条；开展预防约谈工作，针对职务犯罪频发问题，市检察院对一市级部门领导班子就加强内控管理和预防工作进行集体约谈；强化预防调研，就办案中发现的问题，向市县党委、政府报送预防调研报告53份，一批反映重点领域突出问题的专项调研报告引起市县党政主要领导高度重视，批示有关部门研究办理和整改；强化预防宣传教育，深入有关单位开展预防宣讲和咨询25次，增强干部职工预防职务犯罪意识。

【诉讼监督】 坚持纠正案件该立不立与不该立案而立案相结合，强化立案监督，共监督侦查机关立案38件，监督侦查机关撤案7件。坚持纠正遗漏与纠正违法相结合，强化侦查监督，依法纠正漏捕16人、追诉漏犯37人、追诉遗漏罪行44件，对侦查活动中的违法问题，监督纠正25件。坚持实体监督与程序监督相结合，强化刑事审判监督，共提出抗诉9件，法院已判决5件，改判4件，对刑事审判活动中的违法问题监督纠正17件次。坚持日常监督与专项监督相结合，扎实推进刑罚执行和监管活动监督，就收押、出所、羁押、监管等重点环节存在的问题，监督纠正32件；开展减刑、假释、暂予监外执行专项检察活动，对职务犯罪罪犯、经济犯罪罪犯、黑社会犯罪罪犯等三类罪犯刑罚执行变更情况进行全面清理审查；认真落实保障人权的要求，开展羁押必要性审查166人，对无继续羁押必要的变更强制措施94人。坚持诉讼过程监督与结果监督相结合，加强民事行政检察工作，对生效判决、裁定提出抗诉和再审检察建议17件，法院采纳11件；对民事行政审判活动违法情形提出监督意见19件，对民事执行提出监督意见19件，均被法院采纳。坚持诉讼监督与查处司法腐败相结合，强化监督效果，维护公平正义和法律尊严，共查处司法人员枉法裁判、玩忽职守等职务犯罪案件4件5人。

【自身监督制约】 积极稳妥推进检务公开改革，市检察院制定出台检务公开配套制度14项，完成互联网门户网站、微信、微博等检务公开载体建设，实行生效法律文书、办案流程等信息公开制度，自觉接受社会监督。共在门户网站公开生效法律文书73份、办案流程信息695条、重大案件信息25件。继续深化案件管理机制改革，强化全国统一业务软件系统应用和执法办案网上管理，实行办案期限周预警、办案情况月通报制度，杜绝线下办案。开展规范执法强化年活动，结合年度案件评查工作，加强检察各诉讼环节规范执法、文明办案情况检查。共组织评查案件2530件，其中市检察院组织复查366件，对存在的问题逐一督促整改。突出加强对自侦办案活动的监督，严格执行讯问职务犯罪嫌疑人同步录音录像制度。落实人民监督员、特约检察员制度，提交人民监督员监督案件10件13人，聘任新一届特约检察员5人。

【参与社会治理】 开展创建“文明接待室”活动，落实首办责任制、检察长接访、定期巡访等制度，接待来信来访共467件，全部办结，3个基层检察院获全国检察机关“文明接待室”称号。加强对困难涉案当事人检察环节司法救助工作，受理司法救助23人，发放救助金14.3万元。探索建立附条件不起诉未成年人帮教考察社会化工作机制，通过设立帮教考察工作站、聘请帮教人员等措施，初步建成司法、学校、社区、家庭、社团“五位一体”帮教体系；加强对监外执行和社区矫正的检察监督，就存在的问题提出纠正意见140件次，全部监督整改到位。

【队伍建设】 开展党的群众路线教育实践活动，深化理想信念、党性党风党纪和职业道德教育，加强主观世界改造，筑牢为民务实清廉的思想基础。全面贯彻落实中央八项规定、省委省政府十项规定、市委市政府十一项规定，大力整治“四风”突出问题，深入开展正风肃纪问题专项治理、庸懒散浮拖问题专项整治，开展检务督查29次，对2名存在违规违纪的干警进行通报批评。深入推进党风廉政建设，强化责任担当，严格落实“两个责任”。大力推进检察队伍专业化建设，全市新招录检察人员28人，市检察院干警到基层检察院和国企挂职锻炼3人，组织两级检察院干警参加上级举办的轮训、培训125人。

【基层基础工作】 认真贯彻《2014—2018年基层人民检察院建设规划》，制定基层检察院建设实施细则和抽样预评估工作方案，完善市检察院领导联系基层、业务部门对口指导制度，增强基层指导的及时性和有效性；完善对基层检察院绩效考核机制，更加注重本地经济社会发展实际，更加注重对执法办案效果的考核，引导检察工作协调发展、科学发展。加大科技强检力度，完成电子检务公开系统、职务犯罪侦查信息化平台、远程视频接访系统建设，为执法办案提供有力的科技支撑。

【领导人】 检察长：孔凡示，副检察长：杨立、吴金泉、吴涛，反贪局局长：汤华钧，纪检组组长：陈涛。

（姜明杰）

法 院

【概况】 2014年，全市法院以深入开展“感恩小平·司法建功”活动为总揽，坚持司法为民、公正司法，积极争创“两个一流”。市中院连续三年荣获全省法院争创“两个一流”综合特等奖，连续两年受到省法院集体嘉奖，被省法院和省人社厅表彰为“全省法院先进集体”。全市法院办结各类案件33720件，结案率95.3%，其中市中院办结1592件，结案率92.8%。

【刑事审判】 依法严惩突出刑事犯罪，全市法院依法审结故意杀人、抢劫、强奸等严重暴力犯罪案件，盗窃、抢夺、诈骗等多发性侵财案件，毒品犯罪案件，非法吸收公众存款、金融诈骗等犯罪案件，贪污、受贿、渎职等职务犯罪案件，食品药品安全犯罪案件，判处相应徒刑。严格落实刑事办案各项规定，严把事实认定和法律适用关，坚决防止冤假错案。正确把握宽严相济刑事政策，健全落实未成年人犯罪记录封存制度，依法对主观恶性和人身危险性不大的罪犯适用非监禁刑。

【民事审判】 围绕全市“三大战略”顺利推进，以服务园区建设为重点，全市法院审结涉及市场准入、投资融资、贸易合作、房地产开发等领域案件879件。加强对涉“三农”纠纷的司法应对，审结农村集体资产权属、土地流转纠纷，以及农业企业经营纠纷等案件368件。强化法治在解决民间纠纷中的作用，审结婚姻家庭、遗产继承、邻里纠纷等案件10769件。注重涉民生纠纷化解，畅通群众维权案件“绿色通道”，审结有关教育就业、医疗卫生、社会保障、农民工追索劳动报酬等案件1136件。依法保护自主创新，审结著作权、商标权等知识产权案件17件。全市法院办结民事案件25896件，其中市中院办结978件。

【行政审判】 深入推进行政案件集中管辖试点，与市政府联合出台《行政首长出庭应诉工作意见》，将行政首长出庭应诉工作情况纳入依法治市年度目标考核。全市法院办结行政案件715件，其中行政诉讼案件343件。行政诉讼案件的受案数、结案数同比分别增长30.8%、22.5%。行政案件集中管辖被依法治省领导小组确定为依法治省的亮点工作，新华社、《四川日报》等多家媒体进行专题采访报道。

【案件执行】 突出执行工作“强制性、信息化和规范化”，扎实推进执行指挥中心建设和“点对点”执行网络查控系统的全面运用，坚决打击拒不执行生效裁判行为。全市依法限制出境5人，限制高消费26人，公开曝光被执行人377人，纳入失信名单540人，移送公安刑事侦查37人。召开集中兑现大会2次，为34名当事人集中兑现标的354万元。全市法院执结各类案件4697件，执行到位金额2.1亿元，进京赴省涉执信访总量同比下降68.4%。打击抗拒执行工作经验在全省交流推广。

【改革创新】 按照上级的部署要求，结合实际积极探索，稳妥有序推进制度和机制改革创新。积极运用诉讼与非诉讼相结合的纠纷解决方式，推动建立相关机制，市委办、市政府办出台《关于建立健全诉讼与非诉讼相衔接的矛盾纠纷解决机制的实施意见》。探索完善轻微刑事案件快速办理机制，建立健全环保案件、知识产权案件的“三审合一”模式，探索推行法官跨部门办案等机制，最大限度整合审判资源和力量。创新审判管理机制，完善临近审限预警提示、重大案件督查督办等制度，加强对执法办案的全程监督。

【司法公开】　全面推进审判流程、裁判文书、执行信息三大司法公开平台建设，健全完善“案件进展查询系统”，全市法院在中国裁判文书网及中院政务网站公开裁判文书10041份，其中市中院公开1138份，占应公开文书的100%。加大科技法庭应用力度，在中院推行所有开庭均在科技法庭进行，实现庭审同步录音录像的全覆盖。注重委托评估、鉴定、拍卖工作的全程透明，相关信息在人民法院诉讼资产网等媒体全面公开。综合利用各类媒体推进司法公开，与市电视台合办《法庭视线》节目54期，微博直播庭审12期。

【司法为民】　以开展党的群众路线教育实践活动为契机，立足涉诉群众所需所盼，建立健全司法为民长效机制。扎实推进中院诉讼服务中心建设，完善两级法院各类办事窗口的布局和实际功能，严格执行统一的工作流程、司法礼仪和服务标准。探索建立“诉讼引导”制度，为涉诉群众提供全程指导和帮助。健全完善司法为民网格化体系，全市新建乡（镇）巡回审判点126个，新增村社诉讼服务联系人397人。制定《案件回访工作制度》，对群众反映强烈、社会普遍关注、存在廉政风险迹象的案件，逐一回访当事人及其诉讼代理人。

【涉诉信访】　建成“12368”诉讼服务平台，全方位接受和处理群众咨询、投诉、举报。深入推进涉诉信访机制改革，进一步明确诉访分离的标准、范围和程序，健全完善申诉立案受理、涉诉信访听证等制度，对符合法定立案条件的信访事项，及时立案导入相应法律程序，对确有错误、瑕疵的案件，及时依法纠正，对诉讼权利已充分行使、法律程序已经穷尽的案件，邀请社会各界代表参与听证，公开公正处理促进息诉息访。全市法院进入申诉复查程序案件78件，进入再审程序案件17件，再审改判4件。

【队伍建设】　认真落实中央“八项规定”和省、市各项规定，扎实开展对“四风”等突出问题的整治，强力正风肃纪。围绕提升队伍职业化水平，建立科学规范的培训体系，深化与高等院校的合作，开办“素质提升大讲堂”12期，开展自主培训40期2060人次。大力实施年轻干警培养工程，建立重点人才库，认真执行竞争性选拔干部、轮岗交流等工作机制，完善干警业绩评价机制，激励干警争先创优。21篇学术调研文章、典型案例在全国、全省获奖，13个集体、24名干警受到省级以上表彰奖励。协兴人民法庭被最高法院表彰为“全国法院人民法庭工作先进集体”。中院法官张登贵被最高法院表彰为“全国法院办案标兵”。

【基础建设】　积极争取党委、政府重视支持，深化人民法庭各项建设，市委办、市政府办下发《关于进一步加强人民法庭建设的通知》，对人民法庭业务建设、队伍建设、物质保障等提出明确要求，人民法庭建设取得长足进展，人民法庭建设经验在全省法院院长会上交流。以“科技法院”建设为依托，高标准规划建设“综合信息指挥中心”，建成移动、巡回执法办案信息指挥监控系统，全市法院信息化工作再上新台阶。岳池、华蓥、武胜法院新的审判大楼建设基本完工，即将投入使用，全市法院基础设施状况持续改观。

【领导人】　党组书记、院长：张能，党组副书记、副院长：王宇，党组成员、副院长：胡兆蓉、唐伦平，党组成员、执行局局长：张伟，党组成员、纪检组组长：王小飞，党组成员、政治部主任：唐卫东，党组成员、机关党委书记：钟鹏飞。

（苟兴全）

司法行政

【法治广安建设】　先后制发《广安市推进“法律七进”工作方案》《广安市‘法律七进”工作指导标准》《广安市“法律七进”三年行动纲要》和《关于进一步完善“谁执法、谁普法”工作机制的实施意见》等一系列文件，强化各地、各部门、各单位、各行业的普法工作职责。市委组织召开全市“法律七进”工作流动现场推进会，培育“法律七进”示范点16个，并加强与高校合作，成立深化“法律七进”研究课题组，推进“法律七进”工作落地生根、开花结果。建立领导干部及公务员“一月一法一考”制度，编辑《学法用法手册》两期，增强领导干部及公务学法用法的针对性和实效性。大力实施乡村普法“六个一”工程，扎实开展“法律顾问进万村”和“法治宣传进万家”活动，组织法律服务小分队深入村（社区）开展“送法下乡”活动。切实加强法治文化建设，岳池、邻水等地充分挖掘本地“法源”，精心创作法治曲艺、法治小品等在辖区内巡演，并率先启动法治公园建设，全市成功打造以武胜县上岭东方小区、岳池县梨子园新村为代表的一批法治文化示范大院（小区）。启动市级法治示范区市县、法治示范乡（镇、街道）和学法用法示范机关（单位）等法治细胞创建活动，有力地推进地方、行业、基层依法治理。创新普法载体，各地开通普法官方微博，武胜县开通手机普法短信平台，华蓥市开设背篼法律图书馆，增强普法工作实效。“12·4”国家宪法日暨全国法治宣传日系列活动期间，岳池县举办“法治文艺下乡”活动，华蓥市开展“宪法宣传赶场”活动，全市上下开展形式多样、内容丰富、声势浩大的法治宣传教育活动。2014年，全市共开展法治宣传活动4000余次，举办法治培训班和法治讲座1000余期，各类法律知识竞赛460余场，办法治专栏墙报8000余期，张贴法治挂图标语和宣传横幅标语15000余幅，开展广播电视及平面媒体法治宣传400期（场），新建法治文化大院（小区）12个、青少年法治宣传教育基地6个，培养“法律明白人”25392个，发放法治宣传资料和法律知识读本500余万份（册）、法律服务便民联系卡15万张，提供法律咨询35.4万人次，全市法治适龄受教率达92%，在全市营造办事依法、遇事找法、解决问题用法、化解矛盾靠法的良好氛围。

【社区矫正机制】　建立健全社区矫正接收、管理、考核、奖惩、解除矫正等各个环节的工作制度，保障社区矫正工作规范运行。全市建立社区矫正宣告室109个，充分发挥村（居）民委员会的积极作用，并以全市建立社区网格化管理体系为契机，将社区服刑人员纳入社区网格化管理。创新监管教育手段，武胜县、岳池县探索建立以居住地矫正机构管理为主，户籍地矫正机构监管为辅的外出务工社区矫正对象的双重管理办法。邻水县则采取“三发”（一发廉政风险监督卡、二发手机短信、三发追踪问效卡）强化社区矫正廉政风险防范。充分发挥社区矫正信息平台功能，加强对社区服刑人员进行标准化电子档案管理和全天候跟踪监控，并运用信息监管平台及社区矫正QQ群，向社区服刑人员定期推送信息，收到较好的效果。2014年，全市累计接收社区服刑人员4059名，解除矫正2196名，现有在册社区服刑人员1863人，所有接管的社区服刑人员无一漏管、脱管，无一名重新违法犯罪，取得良好的法律效果和社会效果；另全市接茬刑释解教人员1915人，帮教1819人，帮教率达95%，安置1743人，安置率达91%，重新犯罪率控制在3%以下。

【人民调解】　继续完善人民调解网络，积极推动在“两新”组织、物业管理、征地拆迁、环境保护、劳资关系等领域建立人民调解委员会，健全行业性、专业性、区域性人民调解组织。牵头成立“广安市医疗纠纷人民调解委员会”，组建由法学、医学、鉴定、保险等方面53名专家组成的医疗纠纷调解员专家库，聘请3名专职调解员，6名兼职调解员，为全市开展医疗纠纷人民调解工作，化解医疗纠纷奠定良好的基础，有效地维护正常的医疗秩序。对全市21个人调解工作室进行规范，充分发挥行业性、专业性调委会及个人调解工作室独特作用，将其打造成化解矛盾纠纷的主战场，服务群众的重要窗口，宣传法律法规的重要阵地。依托农村院落特色和城镇小区布局，因地制宜推进调解文化大院建设，全市新建12个示范性人民调解文化大院，取得良好的社会宣传效果和示范辐射带动作用。充分发挥人民调解“广安模式”的独特优势，深入开展矛盾纠纷大排查、大调解，成功化解一大批重特大、疑难复杂矛盾纠纷。2014年，全市成功调处各类社会矛盾纠纷24681件，其中，妥善化解极易引发重大群体性事件的非正常死亡纠纷148件151人，防止民间纠纷转化为刑事案件91件，防止民间纠纷引起自杀案件13件，制止群体性械斗事件39件，防止群体性上访事件148件。

【法律服务】　充分发挥律师、公证、司法鉴定等法律服务人才的专业优势和市、县重大法律事务协调中心的重要作用，积极为全市6+4+2多点多极支撑发展战略、农村产业结构调整、重点工程、重大项目、招商引资等重要活动和工业园区、农业园区提供优质高效的法律服务。全面推行法律顾问制度，特别是“一村（社区）一法律顾问”制度，市司法局制发《广安市法律顾问进乡（镇、街道）、村（社区）工作方案》，并从办公经费中拿出9万元补贴给各直属律师事务所，调动律师参与法律顾问进万村工作的积极性，广安区以“两办”名义印发《关于推进法律顾问进乡（镇、街道）、村（社区）工作的通知》；华蓥市建立完善法律顾问团制度写入该市《依法治市纲要》；武胜县实现“一村一法律顾问”制度全覆盖；岳池县从2014年起，每年投入30万元专项资金通过政府购买专业法律服务方式，为全县每个行政村配备一名法律顾问。全市90%的乡（镇、街道）、村（社区）聘请法律顾问。出台《律师事务所量化考核办法》，加大监督考核力度，推动律师事务所规范化、专业化、品牌化发展。组织律师积极参与涉法涉诉案件的处理，教育群众寻求保护自身合法权益的正确方法。大力拓展公证服务领域，充分发挥公证法律意见书在服务经济社会发展和保障改善民生中的重要作用，年检注册前委第三方审计机构对公证处进行审计，确保公证行业规范发展。加强司法鉴定质量监管，司法鉴定公信力大幅提升。进一步完善“一小时法律援助服务圈”，新建前锋区法律援助中心受理大厅和9个规范化法律援助工作站已投入使用。深化法律援助“两优一满意”活动，提升案件质量，扩大受援范围，为更好地为外出农民工服务，岳池、邻水两个人口超百万县分别在云南昆明、广东惠州吉隆建立法律援助工作站，专门为当地的川籍农民工提供法律援助服务。2014年，全市法律服务人员为市县两级政府法律顾问单位出具法律意见书70份，参与重大事项研究78次，为615家企事业单位担任法律顾问，开展送法进园区、进企业活动160余次，提供法律意见或建议269条；办理法援案件1678件，提供法律援助20023人次，完成省民生工程目标任务的138%；办理公证案件9605件、司法鉴定案件3110件；司法考试工作实现“零差错”目标。

【司法队伍建设】 以“四学三讲三议”为主要内容，抓紧抓实学习教育。组织党组中心组专题学习党的十八届四中全会精神、开展集中学习活动12次，开展“群众观点怎么看”等专题讨论9次，邀请理论专家和先进典型作专题报告。聚焦“四风”查摆问题，通过走访调研、网络微博征集等多种方式收集群众意见建议21条，并梳理形成“四风”表现书面材料，班子成员撰写《如何结合广安实际推进社区矫正管理机制创新》等专题调研报告6篇；深入开展专项整治和正风肃纪工作，重点对机关党员干部执行不力、法律服务人员执业不规范等21项整改任务进行专项治理。修订完善《党组议事规则》和新制定《党员干部直接联系群众制度》《机关干部作风评议督查办法》等制度，形成加强作风建设、密切联系群众长效工作机制。狠抓干部队伍监督管理，组织开展作风巡查暗访18次。进一步建立健全廉政风险防控长效机制，切实增强干部队伍执行中央“八项规定”的自觉性与坚定性，推进干部队伍作风建设常态化、制度化。在2014年7月市纪委组织开展的群众路线正风肃纪群众满意度测评中，市局位列市级政府部门第三名，11月19日，市局代表队参加广安市政法系统实施“广土工程”、建设廉洁政法知识竞赛荣获三等奖。

持续深入开展“转变作风，司法为民”“走基层、三联五帮”等活动，为大龙乡太山村57户困难群众送去慰问金4800元、为党建对接帮扶的广安区协兴镇四兴村捐赠帮扶资金17600元。以“双报到”活动为契机，组织党员干部和法律服务人员到浓洄街道办事处果丰社区担任法律顾问，参加义务劳动。深入邻水县古路乡河丰村扎实开展“双联”工作，选派一名优秀干部开展驻村帮扶。大力夯实基层党建工作，全市律师行业始终坚持以党建带所建，以所建促队建，完善基层党组织建设，新发展律师党员2名，为律师党建工作注入新鲜血液。为加强广安市律师队伍建设，促进律师行业健康有序发展，10月25日在东阳国际酒店召开广安市第三次律师代表大会并进行换届选举。积极开展文明城市创建工作，按照全市志愿服务工作统一部署，分别组建广安市法律援助志愿服务支队和广安市法治宣传志愿服务支队，组织志愿者深入社区开展法律服务、敬老爱老等志愿服务活动38次，230人次。深入开展“讲政治、重法治、保平安、肃风纪、比贡献”活动，教育广大干警讲政治、重品行、有作为，在全系统营造“人人争先、科室争先、单位争先”的良好氛围，全系统先进典型不断涌现，武胜县司法局赵忠已被推荐到省委省政府作为“四川省人民满意公务员”表彰对象，前锋区司法局唐超被省司法厅荣记个人三等功，打造一支政治过硬、业务过硬、责任过硬、纪律过硬、作风过硬的高素质司法行政队伍。

【获得荣誉】 3月28日，广安市被全国普法办表彰为“六五”普法中期先进城市，广安市人民政府被表彰为全国“六五”普法中期先进单位，武胜县荣获全国“六五”普法中期先进县，广安区司法局局长熊鸿波、四川鑫泰律师事务所主任周虎荣获全国“六五”普法中期先进个人，邻水县司法局局长周文波荣获全国“六五”普法中期先进工作者，四川丘山律师事务所主任岳豪荣获“四川省消费维权十佳律师”、第三届“四川省维护职工权益杰出律师”、四川省“五一劳动奖章”。

【领导人】 党组书记、局长：王正力，党组成员、副局长：周建华、舒翠华、秦毅，党组成员、纪检组组长：王淑君，党组成员、政治部主任：赵远涛。

（李 洲）

法治政府建设

【常务会议学法】 增强领导干部法治思维，提高依法治理能力是依法治国的基本要求。按照政府安排，经法制办统筹协调，市政府常务会议学法得到持续推进。全年共学习《突发事件应对法》《刑法原理及渎职罪相关规定》《行政诉讼法》《国家赔偿法》《行政监察法》《四川省规范行政执法裁量权规定》《物权法》《城乡规划法》《国有土地上房屋征收与补偿条例》《预算法》《统计法》等12部法律、法规。

【规范性文件审查备案】 合法性审查论证对行政行为和重大行政决策的贯彻落实具有保障作用。全年共审查25件规范性文件、133件涉法文件，办理12件省政府立法调研，向市人大常委会和省政府报备19件市政府规范性文件，并向市人大常委会报备91件市政府其他涉法文件，备案审查各区市县政府、市政府各部门规范性文件35件，保障行政决策合法。审查17件政府招商引资、工程建设等合同。

【政府法律顾问制度建立】 政府法律顾问制度对政府依法行政具有重要作用，按照要求，建立政府法律顾问制度。通过遴选、考核，报市政府同意，聘请5名市政府法律顾问，组建市政府法律顾问团，并规范管理市政府法律顾问工作，更好地发挥法律顾问在依法决策中的作用。

【行政审批事项清理规范】 清理规范市本级行政审批项目。严格对照国务院、省政府2013年以来取消和调整行政审批项目的决定，进一步清理规范市本级行政许可、非行政许可审批项目。市本级保留的行政许可审批项目81项，保留的非行政许可审批项目45项，总数比清理前减少49项，保留的行政审批项目平均承诺办结时限缩减至3.2天，清理提速25%，比法定最高时限提速73.7%。全面清理规范市县两级行政许可、非行政许可审批事项及其中介服务。根据《广安市人民政府办公室关于进一步清理规范行政许可、非行政许可审批事项及其中介服务的通知》，对市、县两级行政审批项目及其中介服务事项再次进行全面清理。制发《关于做好行政审批项目监管工作的通知》，对保留、取消和下放（不再实施）行政审批项目分类明确监管的重点，提出并细化行政审批实施机关逐项制定监管办法、改进监管方式、构建协同监管机制等六项监管措施要求，并明确市审改办、市监察局、市法制办等部门的监管职责。规范行政审批中介服务。制定《广安市人民政府办公室关于进一步规范行政审批中介服务的意见》，提出实施中介服务目录管理、理顺中介组织监管体制、规范中介服务行为等内容，并逐项明确责任单位，确保工作任务真正落到实处。

【行政执法行为规范】 强化行政执法人员资格管理。组织开展2014年全市行政执法考试，严把行政执法资格准入关。全年统一考试共902人报考，759人参考，420人成绩合格，合格率为55%。合格人员名单在广安市人民政府网站公布，方便考生查询，接受社会监督。同时，严格执行行政执法人员持证上岗制度，进一步规范管理行政执法资格证件。规范行政执法裁量权。根据《广安市人民政府办公室关于制定行政执法裁量权标准和发布典型案例的通知》，要求市级各行政执法部门（单位）全面梳理可以量化和细化的行政许可、行政征收、行政确认、行政给付、行政裁决及其他行政权力，严格按照《四川省规范行政执法裁量权规定》要求，逐项制定行政执法裁量权标准，进一步细化省级行政机关制定的行政处罚、行政强制裁量权标准，切实缩减裁量空间。开展行政执法和刑事司法衔接工作。9月3日至4日，市检察院同市法制办抽调人员组成“两法衔接”案卷评查组，对市级相关行政执法单位和区市县的行政执法案件进行评查。评查发现有符合刑事立案标准而未依法移送的案件，严格督促有关单位及时移送；对发现的其他行政执法问题，责令限期整改。

【行政权力监督制约】 推进行政权力清单管理。按照市政府统一部署，全市各级行权部门开展行政权力清理，不断完善行政职权目录，优化权力运行流程，科学设置廉政监察点，共清理行权事项36455项，设置监察点1407910个，市本级45个行权部门15799项行政权力实现网上公开运行。在市级各行权部门清理基础上，市法制办进一步清理规范对已经录入行权平台的行政权力基础数据，重点解决基础数据不全面、不准确以及运行流程不规范等问题。加强对重大行政处罚、重大行政强制行为的监督。严格执行《四川省重大行政处罚、行政强制备案规定》，制发《广安市人民政府法制办公室关于做好重大行政处罚行政强制备案工作的通知》，对市级行政执法部门做出的52件重大行政处罚、行政强制案件进行备案审查。

【行政突出问题解决】 结合党的群众路线教育实践活动，经广泛征求意见，对依法行政的突出问题进行梳理、公布和整改。按照《市政府依法行政工作领导小组关于做好依法行政突出问题承诺整改工作的通知》，市公安局、市发展改革委、市食品药品监督管理局等34个市级主要行政执法部门，认真梳理本部门依法行政工作中群众反映的突出问题，制定整改方案。市法制办对各部门提出的66条依法行政突出问题及相应整改措施进行审核汇总，经市政府审定后，于7月17日在市政府门户网上向社会公布，接受社会监督，并严格督促整改。经整改，依法行政突出问题基本得到解决。

【行政行为不规范问题专项督查】 10月中下旬至11月上中旬，由市法制办牵头，会同市政务服务中心组成督查组，对行政行为不规范问题进行专项督查。重点检查规范行政执法主体、规范行政执法行为、规范重大行政决策、规范行政审批服务、行政规范性文件制定和备案情况、依法行政突出问题承诺整改情况。在督查中，对个别部门行政行为不规范、不作为、乱作为等问题，进行通报，要求限期纠正，同时扣减绩效考核分值。对发现的普遍问题，向市政府作专题报告。

【行政争议化解】　发挥行政复议解决行政争议的主渠道作用，依法办理复议案件，纠正违法行政行为，维护当事人的合法权益。全年，市法制办共收到行政复议申请39件，决定立案受理31件，不予受理8件。受理的31件案件中，做出维持决定26件，驳回行政复议申请3件，经依法调解当事人主动撤回复议申请1件，因证据存疑中止办理的1件。注重运用法治思维和法治方式开展调解工作，依法妥善化解行政争议。全年，全市各级行政调解组织共受理行政调解案件4861件，其中行政争议388件、民事纠纷4473件；调解成功4125件，不成功533件，其他处理156件，未办结47件，调解成功率为91%。完善行政审判与政府法制工作交流机制。11月13日，市政府与市中级人民法院根据新修订的《行政诉讼法》，联合出台《广安市行政机关首长出庭应诉工作办法》，着力推进行政首长出庭应诉、促进司法与行政良好互动，合力解决进入诉讼的行政争议。

【领导人】　市政府副秘书长、法制办主任：刘强，法制办副主任：姜自平。

（谭承友）

经　济

经济管理

发展和改革

【概况】　2014年，市发展改革委以邓小平理论、“三个代表”重要思想、科学发展观为指导，以开展党的群众路线教育实践活动为契机，深入贯彻落实党的十八届三中、四中全会和省委十届四次、五次全会以及市委四届七次全会精神，围绕市委、市政府“实施三大战略，推进两个跨越”和“全面深化改革、加快县域经济发展”战略部署，抢占机遇，顺势而为，各项工作取得较好成效。全社会固定资产投资总量逼近1000亿大关，增速位居全省前列；一批关系广安未来发展的重大项目被纳入中省规划、挤入重点支持项目“盘子”；争取中省到位资金13.44亿元，债券10亿元，再创历史新高；狠抓区域合作，两大示范区建设全面推进，兰渝铁路广安支线和广安火车南站的建成，结束广安城区不通客运火车的历史。

2014年，全市经济保持持续快速增长的良好势头，主要经济指标增速跃居全省前列，实现地区生产总值919.6亿元、比2013年增长（下同）10.2%，地方公共财政收入46亿元、增长17.4%，全社会固定资产投资919.2亿元、增长36.7%，社会消费品零售总额330.4亿元、增长13.1%，外贸出10.7亿美元、增长9.6%，增速分别居全省第2名、第5名、第1名、第8名、第5名。城镇居民人均可支配收入24475元，农民人均纯收入9514元，分别增长10.2%、12%。

【年度发展计划】　从经济社会发展各个层面、各个层次、各个类型强化对区市县经济发展的指导，分层、分类、分重点对全市经济运行情况进行把控，按季度进行经济形势分析，提出2014年国民经济和社会发展主要指标、2014年全市经济工作“开门红”的意见、项目投资任务分解建议等，为2014年全市经济顺利实现“开门红”，全市向上争取项目资金、全社会固定资产投资继续保持高位增长提出方向性建议。撰写完成《关于广安市2013年国民经济和社会发展计划执行情况及2014年计划草案的报告（书面）》，顺利经过第四届人民代表大会第五次会议审议通过。认真落实中央、省、市稳增长政策措施，代市政府起草《促进当前经济稳定增长若干政策措施的通知》，定期开展稳增长专项督查，按时上报《广安市稳增长促改革调结构惠民生政策措施落实情况的自查报告》，确保中省市稳增长政策措施落到实处。

【重大发展规划】　围绕发展改革大局，认真研究中央、省委有关政策，积极主动深入基层一线，以问题为导向开展课题调研，及时为市委市政府提出决策建议，努力推动全市经济平稳较快增长。特别是加强新常态下的政策研究，结合川渝合作示范区、承接产业转移示范区建设，及早谋划，提出全市“十三五”规划编制工作方案、川东北经济区发展规划重点任务分工、促进经济稳增长的20条政策措施，得到市委市政府采纳。结合市委提出的实施“三大发展战略”和“两个跨越”，组织撰写《重塑经济发展格局，加速推进“两个跨越”——广安市创新实践省委多点多极支撑发展战略研究》《加速川渝合作示范区建设推动广安经济社会跨越发展》等理论文章。结合省委提出的建设川东北经济区战略，认真研究广安市在川东北经济区的发展定位，提出有关产业发展、基础设施建设等建议，争取到遂宁至广安高速公路、广安城市过境公路、广安高兴至重庆洛碛铁路等24个重点项目被纳入川东北经济区发展规划。

【项目资金争取】 抢抓邓小平诞辰110周年及“稳增长、促改革、调结构、惠民生”政策措施落实等重大机遇，加强与省发展改革委、省重点项目办的沟通衔接，主动汇报项目进展情况，全力跟踪申报项目，成功争取到27个重大项目列入2014年全省500个重点项目（含跨区域项目），其中与省政府签订目标责任的重点项目20个，年计划投资138.6亿元，项目个数和年计划投资分别增长17.6%、209.4%。会同相关部门认真筛选项目，提高项目成熟度，得到中央、省委肯定，获得更多支持。2014年，共争取到保障性安居工程配套基础设施、农村安全饮水、农村学前教育、中等职业教育、农村电网改造升级等中省支持项目271个，到位资金13.35亿元、增长25%。牵头组织世行项目专家多次到广安市进行项目鉴定和专题培训，1亿美元世行贷款项目进展顺利；经开区10亿元债券成功发行，广安发展建设集团10亿元二期债券发行工作国家发改委正按程序办理。

【经济体制改革】 按照市委统一安排部署，就全面深化改革、加快县域经济发展进行广泛调研，代市委起草《中共广安市委关于全面深化改革加快县域经济跨越发展的决定（送审稿）》，在深化行政审批制度改革、投资管理体制改革、招投标制度改革、财税、金融、城乡用地等二十一个方面改革提出政策建议。按照《四川省人民政府关于深化投融资体制改革的指导意见》等文件要求，代市政府草拟《关于深化投融资体制改革的贯彻意见》，进一步下放投资项目的审批、核准权限，除明确规定由市级审批、核准的项目权限不得下放外，其他项目审批、核准权限一律下放至区市县发展改革部门；下放给扩权县（市）发展改革部门的市级审批、核准权限也全部下放给广安区、前锋区；外商投资注册资本在3000万美元以下的审批权限下放至各扩权县（市）；城市供水、管道燃气销售价格等权限内商品政府定价、政府指导价审批权下放至广安区、前锋区；目录以外的企业投资项目，按照属地管理原则，实行备案管理。

【项目审批办理】 经市委编办批复，市发展改革委撤销区域发展与合作科，单设行政审批科，负责牵头集中办理由市发改委承办的行政审批事项。严格按照市政府“关于取消和调整市本级行政审批项目的决定”等文件要求，进一步简化项目审批环节、压缩审批时限，全程跟踪服务，原由市发改委负责审批的“天然气销售价格审批”下放给广安区、前锋区，“政府出资的投资项目审批”“收费许可证核发和年检”“国家投资工程建设项目比选方案及招标文件等材料备案”3项行政审批变更为日常行政管理行政审批。全年共受理行政审批59件，其中，收费许可证核发及收费年审14项，固定资产投资项目（新建、扩建）节能评估和审查32项，政府投资项目审批13项，无超期件，无违规设立审批事项或咨询机构、行业组织或中介组织进行变相审批等情况，满意率达100%。

【固定资产投资】 围绕市委、市政府确定的奋斗目标，深入各区市县和有关部门调查研究，编制完成年度全市全社会固定资产投资计划，及时分解下达目标任务。根据国家产业政策和中省预算内资金安排的投资方向，结合国家宏观预调微调方向和重点，深入挖掘政策中的“隐形”投资信息，策划包装对路项目，筛选符合省重点项目5年规划申报条件的项目432个，总投资4944亿元。全年全社会固定资产投资完成914亿元、增长36%，投资总量和增速分别超计划目标74亿元、11个百分点，投资总量位居全省第9位，增速位居全省第1位。认真开展1000万元以上投资项目、2014年争取中省支持重大项目的专项督查，及时协调解决项目建设中的具体问题。按季分析全市固定资产投资完成情况，找准问题，及时采取措施，有力地促进投资的较快增长。

【招标投标管理】 进一步规范招投标监督管理工作，市政府出台《关于进一步规范国家投资工程建设项目招标投标工作的若干意见》《关于进一步规范国家投资工程建设项目的实施意见》《广安市政府投资项目BT、BOT建设方式监督管理办法》等文件。加强对各区市县招投标工作的指导协调，全年帮助各区市县解决各类问题100余次。及时妥善处理各类投诉事件，确保相关项目依法顺利推进。按照办事不出园区的指导思想，全面下放招投标管理权限给经开区、枣山物流园区、协兴旅游生态园区。认真履行监督职责，坚持严格把好“六关”：即统一交易平台关、招投标市场准入关、招投标信息发布关、招标文件审核关、投标保证金收退关、中标公示关，派员参加40余次现场监督，现场纠正错误10余次，有力地维护招投标市场的良好秩序。2014年，市本级（除三个园区）完成招标项目42个，财政评审金额9.75亿元，中标金额8.42亿元，节约资金1.33亿元，资金节约率达13.6%。

【项目稽查监督】 科学拟定年度稽查计划，选取保障性安居工程、政法基础设施、高新技术产业、节能减排项目等重点领域的25个政府投资项目开展稽查，确保稽查项目在各级各类项目中的合理比例及在各县（区、市）及市本级部门中的合理分布，突出稽查项目的代表性、稽查内容的全面性、项目稽查的效益性。坚持定期稽查和专项稽查相结合，对其项目前期工作、招标投标、财务管理、投资控制、质量监管、工程进度、档案资料等方面进行全过程各环节稽查检查，稽查结果及时向相关单位和部门进行通报，对稽查中发现问题较为突出的广安区坡耕地水土流失综合治理、广安可可钴业有限公司年产4000吨电积钴等项目进行整改复查。全年共项目稽查30个，其中，自行组织稽查项目20个，协助国家、省开展专项稽查项目10个，提出整改意见100余条，处罚招标违法行为1起，有效保障项目工程质量和资金安全。

【重点项目建设】 协调全市建立重大项目前期工作统筹机制，实行“一站式”“代办式”“保姆式”服务，推动猫儿沟水库、玖源窑法磷酸等重大项目及早开工建设。

牵头做好11月11日广安市各区市县、园区同步举行重大项目集中开工仪式，开工建设124个项目、总投资615亿元，涉及基础设施、重大产业、民生及社会事业、生态环保等多个领域。其中，枣山物流园区集中开工11个重大项目，总投资109亿元，涉及教育、交通、能源、商住、物流等多个领域。协兴园区集中开工11个重大项目，总投资28.6亿元，包括小平足迹园、安置房建设、棚户区改造、生态养老等项目；广安区集中开工15个重大项目，投资逾101亿元，包括新型城镇、现代农业、新型工业、移民扶贫及道路建设等项目；前锋区集中开工5个重大项目，总投资达12.3亿元，涵盖制糖、纺织、建材等领域；华蓥市集中开工17个重大项目，总投资达78.8亿元，亿元以上投资项目14个，覆盖工业、城建、交通等多个领域；岳池县集中开工15个重大项目，总投资达33.9亿元，包括医药、机车配件、电梯生产、高新电子、针织产品等项目；武胜县集中开工17个重大项目，总投资近百亿元，涵盖基础设施建设、产业经济发展、民生及社会事业发展等多个领域；邻水县集中开工17个重大项目，总投资77.7亿元，包括机械制造、线缆生产、汽车部件生产、棚户区改造及配套基础设施、水厂建设等项目。

加强对重点项目的监管，积极开展重点项目建设进展情况定期分析通报和1000万元以上投资项目的专项督查，帮助协调解决建设用地等困难，渝广巴高速公路广安段、宏威新材料等155个在建项目加快推进，邓小平缅怀馆、红色旅游影视文化城一期和市民广场等130个重大项目建成投用。全年全市417个投资1000万元以上重大项目（含市重点项目）累计完成投资575亿元、增长74%，占全社会固定资产投资62.9%，超额完成全年目标任务。

【物价管理】 价格调控科学透明。按照价格调节基金征收管理办法，规范开展征收工作，全年全市共征收入库价格调节基金4411万元，支付广泰公交公司补贴952万元。严格执行市级天然气价格调节金“管理暂行办法”以及“征收管理细则”，征收入库天然气专项价格调节金536.63万元，及时核拨2013年燃气补贴144.23万元，为稳定农村客运市场起到积极作用。严格履行成本监审工作的相关规定和程序，2014年，共监审资金5.85亿元，核减企业不合理成本9500余万元。价费管理严格有序。全市确定21个采价监测点，密切关注市场价格行情，及时调整2014年稻谷最低收购价格，充分调动农民种粮积极性；加强旅客道路运输价格管理，3次调整道路旅客运输票价；及时调整成品油、车用压缩天然气销售价格，按中央、省委通知已累计调整成品油价格15次，下调车用压缩天然气销售价格1次，取消天然气价格调节金征收标准；严格做好收费管理工作，落实中省新出台政策，停收国土、水利等部门收取的征地管理费、河道采砂管理费等4个行政事业收费项目，免收公安等10个部门收取的机动车抵押登记费等17个行政事业收费项目，规范商业银行服务收费项目和收费标准，完善水土保持补偿费征收使用管理办法，调整非水力发电类水资源费征收标准；积极解决热点难点收费问题，起草《广安市物业服务收费管理实施细则》并经市政府常务会通过实施，规范完善驾驶员培训收费标准和管理办法，积极有序推进全市公立医院医疗服务价格改革，完成对全市48个系统主管部门、138家执收单位、147个收费项目的收费许可证审验，涉农、涉企收费管理进一步完善。价格服务严格细致。针对市场异常波动，将广安境内河沙、碎石、商品混凝土价格纳入日常价格监测范围，保证市场秩序稳定。2014年，全市查处价格违法案件20件，实施经济制裁158万元；受理并办结“12358”价格举报咨询67件，答复满意率100%；办理涉案财物价格鉴定案件345件，鉴定金额2185.9万元；完成道路交通事故车物损价格鉴定案件266件，标的额580万元。

【以工代赈】 2014年，共争取到位以工代赈项目和易地扶贫项目资金4921万元，其中财政预算内项目资金1632万元，以工代赈示范工程项目资金350万元，易地扶贫搬迁工程项目资金2640万元，省级以工代赈配套项目资金299万元。在全省总的资金规模未增加，安排范围进一步扩大的情况下，争取到资金比2013年增加1031万元，同比增长28%。

【节能减排】 积极创建国家循环经济示范城市。积极修改完善《四川广安创建国家循环经济示范城市实施方案》，上报国家发改委批复。按照国家批复的实施方案，代市政府起草《创建国家循环经济示范城市实施意见》《创建国家循环积极示范城市2014年度实施计划》和广安市创建国家循环经济示范城市领导小组等文件。做好省对2013年节能工作考核。严格落实节能减排政策，积极推进节能减排，2013全市单位GDP能耗同比下降4.41%，超额完成省上下达的年度目标任务。代市政府起草《关于2013年节能目标责任评价考核的自查报告》《关于2013年全市节能工作情况的报告》《关于报送2013年节能目标责任评价考核自查情况的函》等文件，省对广安市2013年节能节水降碳和淘汰落后产能目标责任进行评价考核组，给予充分肯定。2014年9月，省发改委对考核结果为超额完成等级的、节能目标进度超前的、措施落实较扎实的广安等市（州）予以通报表扬。

【铁路建设】 加快推进兰渝铁路广安段建设。兰渝铁路广安市境内段全长90.98千米，涉及岳池、武胜、华蓥、广安四个县、区（市）的22个乡（镇）。其中武胜县20.19千米（双线），岳池县48.2千米，广安区18.3千米，华蓥市3.87千米（双线）。2014年，中铁一局、中铁二十一局等参建单位共同努力，兰渝铁路高南支线于7月底全面建成，8月初正式通车，高南支线上的广安南站、岳池站已建成并投入使用。同时，兰渝铁路广安段正线建设轨道已铺至武胜县烈面镇，完成兰渝铁路广安段正线铺轨总量的80%，2016年年初，兰渝铁路正线将建成通车。

争取支持工作。新增2对广安至成都的动车和1对广安南至重庆的普速列车。积极协调成都铁路局客运处，对广安南火车站客源情况进行深入分析，得到成都铁路局的大力支持，将广安至成都的动车由开通初期的2对增加至4对，并在“黄金周”等重大节假日实行重联，缓解广安至成都难的局面。同时，新开1对南充经广安南至重庆的普速列车。华蓥市高兴火车站I类变更设计获得中国铁路总公司《关于新建兰州至重庆铁路高兴站增设客运设施I类变更设计的批复》，高兴火车站建设即将全面启动。

【惠民帮扶】 开展定点联系帮扶贫困村和新一轮“挂包帮”工作，深入武胜县街子镇九石坎定点帮扶贫困村，以及市发改委“挂包帮”前锋区龙滩乡伍山村，编制《武胜县街子镇九石坎村帮扶规划》《前锋区龙滩乡伍山村挂包帮帮扶总规划和三年子规划》，“挂帮包”村已落实以工代赈等项目资金200万元，街子镇九石坎村已落实项目资金20万元，用于贫困村基础设施建设，改善贫困村群众生产生活条件。

【领导人】 党组书记、主任，市物价局局长：熊祥俭，党组成员、市以工代赈办主任：赵胜强（3月止）、陈章友（7月起），党组成员、副主任：张必伦（12月起）、罗津泷、邓洪英，党组成员、市项目办主任：杨先国，党组书记、机关党委书记：谢洋波（6月止）、苏林（11月起），党组成员、纪检组组长：欧海龙，市能源办主任：陈浩，市重大建设项目稽查特派员办公室主任：杜海燕（3月起），市国民经济和装备动员办公室主任：蒋宇峰（8月止）、刘春华（10月起）。

（许世川）

区域合作

【机构组建】 2013年6月3日，经广安市机构编制委员会第三次全体会议审定，同意设立广安市区域合作办公室。2014年3月，广安市区域合作办公室正式组建，10月搬入市政府裙楼办公。单位核定参公事业编制10名，设主任1名（正县级），副主任2名（副县级），内设机构3个（综合科、联络科、督查调研科），正科级领导职数3名，工勤人员1名。市区域合作办主要是开展区域合作，组织实施川渝合作示范区建设工作；统筹实施承接产业转移示范区建设的相关工作；加强区域间的联络协调，推动经贸合作；负责川渝合作示范区建设工作领导小组日常工作；协助开拓重庆旅游市场。

【川渝合作】 促成省政府办公厅印发《2014年川渝合作示范区（广安片区）建设重点工作方案的通知》，对年度重点工作进行具体安排，促进支持广安发展的相关政策和项目落地。促成民盟中央在全国政协十二届二次会议上提交《关于加快推进川渝合作示范区（广安片区）建设的提案》，并组织全国政协委员赴川调研相关情况，省委书记王东明给予高度关注，增强广安向上争取支持的力度和效果。

成功召开渝广经贸合作领导小组第五次联席会议，签订科技、交通、旅游专项合作协议，商定实施渝广2014年度合作计划，并分别以两市政府名义印发文件共同推动六大类十一项重点合作工作。

【蓉广合作】 科学谋划实施，启动成都与广安合作对接，蓉广市级部门合作交流座谈会首次召开，拟定蓉广市际联席会第一次会议方案和成都市人民政府、广安市人民政府战略合作框架协议并商定蓉广2014—2015年合作计划，促成广安国家经开区与成都高新区达成园区共建共识。

【川东北经济区建设】 积极履行川东北经济区市际联席会首届承办方职责，牵头组织召开广元、南充、广安、达州、巴中五市市级联络员会议，开展交通、旅游、规划等方面的政策研究，商定2014年跨区域合作重点工作和重大项目，明确共同向上争取的工作重心；成功承办川东北片区县域经济发展座谈会暨川东北经济区第二次联席会议，起草完成《川东北经济区2015年重点工作计划（建议稿）》。

【承接产业转移示范区建设】 促成《四川广安承接产业转移示范区建设规划（2014—2020年）》编制完成，已由四川省发展和改革委印发实施。广安（深圳）合作产业园正式在广安国家经开区挂牌，枣山物流商贸园区、协兴生态文化旅游园区加快拓展，邻水县机电、华蓥市电子信息、前锋区装备制造、岳池县生物医药、武胜县节能环保等特色产业集群加速集聚，启动编制滨江新区、官盛新区总体规划，承接产业合作平台不断夯实。

【其他合作】 成功召开深（圳）广（安）市际联席会暨惠民公益项目捐赠仪式，广安（深圳）产业园区正式挂牌，争取深圳各界捐赠资金1400万元；积极参与省中俄两河流域合作交流，科学制定广安市中俄两河流域合作项目清单和时间表，全力争取与俄罗斯伏尔加河联邦区建立友好城市关系，推动两地经贸、人文合作交流；积极推动重庆经济协作区建设，组团赴巴中参加重庆经济协作区第十七次市长联席会议，接任协作区第十八次市长联席会承办职能；推动与上海、厦门、漳州等地的合作对接，全力搭建与长三角、珠三角合作平台。

【领导人】 主任：赵胜强（3月起），副主任：沈伟（3月起）。

（刘 兴）

国有资产监督管理

【概况】 2014年，按照“以管资产为主向管资本为主转变”的思路，以产权为纽带，切实加强国资监管，注重资本运作，深入推进企业国有资产（国有资源）资本化，扶持国企转型升级、做强做优。全年市属国有企业实现利税4141万元，扣除客观因素后同比增长19.64%；实现经营收入11254万元，同比增长26.92%；市属国有企业国有资本达702498万元，扣除客观因素后实现国有资本增值率为5.81%。11月，市国资委整体合并到市财政局，增加财政管理国有资产职能。

【国企改革】 支持组建交通投资建设集团。支持整合交通系统优质资源，组建广安交通投资建设开发集团有限责任公司，对广泰公交公司和广顺运业公司的股权依法实施无偿划转，审核《广安交通投资建设开发集团有限责任公司管理体制实施方案》《广安交通投资建设开发集团有限责任公司关于领导层成员年薪管理实施细则（试行）》和《广安交通投资建设开发集团有限责任公司关于2014年度经营业绩考核指标及目标值的建议及说明》并提出合理化建议意见，在企业股权划拨、资产审计评估、工商注册登记等方面安排专人给予配合，推动交投集团的快速组建，该企业在8月份正式挂牌。

继续支持广安发展建设集团。支持发展集团整合优质项目和资源，打造市域国有资本运营企业航母。牵头起草《发展集团领导层成员年度经营业绩考核实施细则》，为充分发挥考核导向功能、实现有效激励。支持利用闲置资金组建注册资本3亿元的小额贷款公司；支持参股邓小平故里基金，为邓小平故里建设筹措资金；深入推进资源资本化，整合渠江沙石资源，组建建材公司；将车辆检测、公墓等特许经营权赋予发展集团组织实施。

做好市污水处理厂债务重组和监管工作。落实《广安市城市污水处理厂投资及经营管理补充协议》，加强对该企业的监督管理，监督企业使用折旧资金，对《补充协议》中不符合实际或实际情况发生变化的情形，如折旧资金的使用、设备报废更新、污水处理价格测算等，及时组织相关部门研究并提出对应的处置建议，获得市政府采纳，确保污水处理的正常进行。

扶持广泰公交公司稳步发展。指导公司通过定岗、定员、定薪等措施，强化司乘人员和管理人员考核，完善内部管理制度，提高企业营运效益。帮助企业向上争取各项政策性补贴，确保正常运营。

支持协兴文化生态旅游园区打造园区投融资平台。组建注册资本为2亿元的广安协力文化旅游投资发展有限公司。

【招商活动】　组织参加中外知名企业四川行活动。在活动期间，广安举办投资推介会，邀请数十家国内外知名企业参加，广泛宣传广安，推介邓小平故里。通过省国资委积极牵线搭桥，联系10余家央企参加推介会，在本次活动中，广安签订投资协议和投资意向协议67个，协议投资额达536.2亿元。同时，会同财政局向省上申报2户国有企业发展改革资金共计500万元。

【资产管理】　加强机关事业单位资产管理，从资产占有、使用、管理维护到资产处置、报损、报废、资产处置收入监缴等环节均严格把关，公开、公平、公正管理国有资产。

资产管理规范化。按照国家财政部、省财政厅的统一部署，根据市政府分管领导安排，按照《广安市人民政府关于加强和改进市级国有资产管理工作的通知》文件精神，对全市机关事业单位固定资产情况进行摸底清查，全市行政事业单位总资产571829.8万元，其中土地资产12427.95亩，价值48452.2万元；房屋、建筑物6157984.19平方米，价值339159.12万元；运输工具3019辆，价值40098.8万元；办公设备4358796台/件，价值144119.68万元。组织实施并报送2013年机关事业单位固定资产报表相关工作；贯彻落实省财政厅关于机关事业单位、国有企业资产管理信息化系统工作，搞好市级行政事业单位资产管理软件培训，推进资产管理信息化、科学化、网络化、实时化管理。

资产处置程序化。严格执行《广安市政府国有资产监督管理委员会关于规范国有资产处置管理工作的通知》，认真开展固定资产清理，规范固定资产报损、报废程序，严格按照国有资产处置相关规定，对机关事业单位废旧资产处置遵照公开、公平、公正的原则，经社会中介机构评估后，委托市公共资源交易中心进行公开拍卖，截至2014年10月底，机关事业单位废旧资产（包含车辆、办公用品）处置收入共103万余元，全部缴入市财政。协助市重点办、广安区建设局对实验小学后山两幢厂房进行清理，由市国土局提供征地相关依据对该地块按照双证齐全的标准进行征用赔偿，使国有资产收益达到价值最大化。

资产维护合理化。协助市公路处对办公用房临街面外墙进行维护，配合市委政法委、供销社等部门对办公用房进行修缮，确保国有资产的安全完整，保障机关事业单位工作正常开展。

资产调剂高效化。按照中央、省、市关于党政机关停止新建楼堂馆所和清理办公用房相关要求，于2013年11月和2014年4月对全市（包含区、市、县、园区）机关事业单位办公用房进行彻底清理，此次清理违规使用办公用房已整改面积8776.01平方米。遵循按需调剂配置资产的原则，对市执法局、广安市医疗纠纷调解委员会、广安市法官协会、华蓥山旅游文化景区和大熊猫自然保护区的办公用房进行安排调剂，经市政府分管领导同意将广安发展集团经营性用房“和美江南”茶房收回划拨给市委政法委作办公用房，到2014年11月底先后调剂办公用房近600平方米用于保证相关部门正常办公。与市财政一起完成广安驻重庆办事处办公场地对外公开招租工作，协助枣山园区租用万贯法国风情街综合楼三、四楼近4000平方米用作办公场地。根据市政府领导安排和市残联要求，将原劳动局因地震而闲置的办公楼（二、三楼近1600平方米）进行合理使用，安排作为市残联残疾人康复中心场地，关爱社会弱势群体，维护社会和谐，促进国有资产有效使用，做到科学配置、合理调剂，提高资产使用效能。

【日常监管】　研究起草《关于深化国资国企改革促进发展的意见》，对全市国资监管和国有企业改革提供有力指导。开展党政领导干部在企业兼职（任职）问题清理，免去行政领导干部在企业兼任的职务，不断推动企业管理规范化。开展普法依法治理活动，购买法律书籍送到国有企业，提高企业管理人员和职工的法律意识和依法参与企业经营管理的意识。强化企业“三重一大”事项监督管理，完成企业负责人经营业绩考核、工资总额调控、国有资本经营预算等工作，促进企业快速健康发展。切实加强企业产权基础管理工作，提升产权管理信息化水平，实现全覆盖、动态化管理。做好企业国有资本经营预算工作，2014年国资委作为出资人的国有企业国有资本经营收益收缴入库373万元，按照实际需要、集中统筹的原则支出328.9万元，集中有限资金帮助企业解决具体问题。

【领导人】 党组书记、主任：舒建明，党组成员、副主任：肖建华、蔡松林，党组成员、纪检组组长：张清。（以上任职均为11月止）

（钟茜茜）

国土资源管理

【耕地保护】 耕地及基本农田保护。严格落实耕地保护制度，层层签订目标责任书，全市耕地保有量、基本农田保护面积分别稳定在28.89万公顷、24.81万公顷以上。全市永久性基本农田数据库建设工作基本完成，初步划定基本农田保护面积25.0001万公顷，比省下达任务多划定保护面积0.1901万公顷。

土地整治项目及高标准基本农田建设。加强土地整治项目实施监管，新建、续建和竣工待验省投资土地整治项目20个，新增耕地3.1万亩。实施市投资土地整理项目14个，新增耕地1.24万亩。全市完成高标准基本农田建设32.53万亩，占省下达目标的114.1%。广安市荣获全省基本农田水利基本建设绩效考核国土资源项目类第一名。

征地补偿安置。全市组织上报征地61个批次，征地面积1317.7083公顷，新增建设用地1053.3305公顷。对省政府历年来批准征收的36个批次实施征地补偿安置，补偿面积759.7034公顷，兑付土地补偿安置费及青苗树竹补偿费22710.6043万元。

【土地规划】 健全资源规划体系。完成广安区和前锋区行政区划调整后的土地利用总体规划编制，省政府批复广安区和前锋区土地利用总体规划。完成工矿废弃地复垦利用试点专项规划（2016—2018年），上报省国土资源厅审查。

土地利用总体规划局部调整。全年共完成华蓥市观音溪镇，广安区枣山镇、官盛镇、方坪乡，岳池县白庙镇等14次土地利用总体规划局部调整，调规面积259.0309公顷。

建设项目用地预审。全年对46个建设项目进行预审，申请面积222.4968公顷，预审面积221.5763公顷（其中农用地63.925公顷，耕地3.925公顷），核减面积0.9205公顷。

城乡建设用地增减挂钩试点。完成省级终验项目7个，获取周转指标162.9752公顷，其中城镇建新区可使用129.90396公顷。市级初验项目4个，批准周转指标185.4627公顷，市级验收周转指标180.0599公顷。正在实施项目12个，批准周转指标524.6709公顷。

工矿废弃地复垦利用试点。13个项目已通过市级初验，初验周转指标400.9489公顷。全市上报工矿废弃地复垦项目37个，申请复垦规模1890.5339公顷；获批项目9个，批准复垦规模320.4422公顷。

【土地利用】 建设用地供应。全市供应各类建设用地257宗，1004.9103公顷。其中，出让164宗，面积516.819公顷，实现出让价款642146.7111万元；划拨90宗，面积488.0908公顷；供应经济适用房、公租房、廉租房用地25宗，面积45.3823公顷，实现应保尽保，优先保障。

制度建设。市政府印发《广安市工业用地管理办法（试行）》，为加强工业项目节约集约用地打下制度基础。市政府印发《关于进一步加强土地利用管理规范土地出让工作的通知》，对全面加强土地供应管理、规范供地行为、减少土地出让违法违规行为提出具体措施。出台《市本级国有建设用地使用权出让金补缴监管制度》，规范出让金补缴办理程序。下发《关于进一步做好全市土地供应管理工作的通知》，对各区市县、经开区、园区“供地率”“土地利用动态巡查率”及土地开发利用违规违约处置情况实行“季度通报、年中评估、年度考核”，强化结果运用。

【矿政管理】 制度规范。着力推进矿政管理制度化和规范化，先后草拟并出台《广安市人民政府办公室关于加强矿权出让管理规范矿业权市场的通知》《广安市人民政府办公室关于开展石灰石矿山秩序专项整治工作的通知》《广安市矿业权登记核查制度（暂行）的通知》等文件，为进一步加强矿政管理夯实制度基础。

矿业权年检。现场抽查企业24个，抽查率8.48%。全市66个煤矿企业全部制定“三率”指标并考核合格，年检率100%，全市所有矿山企业均依法缴纳税费。

开展专项检查。1月初至3月底，在全市开展“百日安全生产活动”，共巡查煤矿49个、非煤矿山125个。对存在安全隐患的矿山企业提出整改意见。7—9月在全市开展安全生产大检查，共抽查煤矿33个，非煤矿山87个。对发现有安全生产隐患的矿山送达执法文书并责令其限期整改；对超层越界和批甲采乙的矿山送达停工通知书。8月开始在全市实施“六打六治”打非治违专项行动，共巡查煤矿19户，非煤矿山35户。

矿权出让。2014年1月14日在广安市公共资源交易中心公开拍卖出让武胜县乐善镇白马庙村八组等3处页岩采矿权。其中，武胜县乐善镇白马庙村八组页岩采矿权成交价为151万元，由于竞得人未在要求时限内交清成交价款，广安市公共资源交易中心依法取消竞得人的竞得资格，并没收竞买保证金10万元；另外2宗采矿权因无人应价流拍。

【地质灾害防治】 2014年，全市排查出各类地质灾害隐患点共742处，主要类型为滑坡和崩塌，约占70%，地裂缝、地面塌陷和其他类型约占30%，具有中小型隐患点居多，巨型和大型隐患点较少的特点，威胁人数达30663人，威胁财产总数达8715.15万元。

落实防灾责任。建立市、县、乡级政府主要领导任指挥长、相关部门主要负责人为成员的各级地质灾害防治工作领导小组和指挥部，层层签订地灾防治责任书。建立健全市、县、乡、村、组五级群测群防网络体系，编制隐患点防灾治灾《临灾预案》，实现群测群防、齐抓共管。

地质灾害防范警示。加强地质灾害警示教育，发放防灾责任卡和明白卡2万余份，在所有地质灾害隐患点设置警示宣传牌，划定危险区域，明确灾害类型、规模、诱发因素及避让措施。全年开展应急演练40次，参与人员达5000余人；培训20余次，培训人数4000余人。

“9·13”暴雨应急处置。全市启动地质灾害应急响应，局领导分别带队到各区市县进行地质灾害防治巡查和督查，据统计，暴雨后地灾隐患点增至1049处，安排专人负责对新增隐患点落实防灾措施。实行24小时值班监测，对可能发生和因强降雨引发的地质灾害及时进行预警；落实专人负责，做好灾情收集和统计工作，及时上报市政府和省国土资源厅，并筛选22处重大地质灾害治理项目向省国土资源厅申请立项治理，已获立项批复14个，争取资金4720万元。

项目监管和实施。加强对广安区佛手山、武胜千佛岩、邻水甘坝乡煤炭沟煤矿等44个已下达资金地质环境治理工程项目的管理，已有9个项目通过省厅终验，25个项目通过省级专家的初步验收。争取到位避险搬迁安置工程补助资金和群测群防专职监测队伍建设经费共计864.4万元；加快推进华蓥市资源枯竭型城市矿山环境治理工程项目，2010年度二、三、四、五、六标段和2011年度五标段治理项目通过省级专家初步验收，其余治理的项目正在抓紧实施；针对项目结余资金5000万元，重新规划2个标段解决当地群众的实际困难。邻水县甘坝乡矿山环境治理省级示范项目正在实施治理，编制2015年度第二期申报治理资金实施方案报省厅审核。

民生工程实施。完成393户避险搬迁项目任务，占年初省厅下达广安市280户目标任务的140%，全年共完成3个重大地质灾害治理项目，超额完成任务，有效地保障群众生命和财产安全。

【地籍地政管理】 全国第二次土地调查工作。与市级相关部门就有关数据进行衔接，提出意见并上报市政府常务会审议后，市二调办、市国土资源局和市统计局联合向社会进行公布。

宗地统一编码工作。各区县市均完成招投标程序，确定作业单位，作业单位均按时进场开展地籍区和地籍子区的划分、内业档案资料整理扫描、外业测绘和数据库建设等工作，全面完成工作任务。

农村集体建设用地大比例尺图实测工作。在全市范围内开展农村集体土地大比例尺图实测工作。华蓥市已完成招标任务，并进场开展控制测量工作。其余各区县完成方案制定，向政府报告落实工作经费，年内均完成招标工作。

土地登记管理。2014年市本级共登记国有土地使用权91宗地，颁发“国有土地使用权证”106本；办理变更登记4128本；办理他项权利53宗地，颁发《他项权利证书》53本；处理历史遗留问题15件；完成广安区和前锋区拆迁安置房办证7000余本。

【测绘地理信息管理】 测绘资质管理。开展测绘资质日常监督检查，对全市15家测绘资质单位进行信用评级。指导全市测绘资质单位完成复审换证工作。严把测绘资质准入关，严格备案登记制度，全市进行项目备案88项。

规范地图市场秩序。在中小学开展国家版图意识教育宣传。严格实行地图编印准印备案制度，对个别单位私自委托印制地图的行为及时进行制止。联合市级相关部门进行重点清理整顿，从严查处违法采集编图行为，对书店非法地图进行清理检查。

基础测绘工作。完成“数字广安”地理空间框架建设《项目设计书》编制并经市政府审定，市政府与省测绘地理信息局签订省市共建《合作协议书》，项目进入招投标程序。配合省局开展地理国情普查。基本完成城市坐标系统清理工作。建立健全测量标志保护制度，落实保护责任人，签订委托保管书。

测绘体制管理。广安市测绘管理局更名为广安市测绘地理信息局，设立1个行政科室即测绘管理科，负责全市测绘管理日常工作。各区市县均向编办进行请示更名，广安区、岳池、邻水、华蓥局已更名为测绘地理信息局，挂牌并落实工作人员。

【执法监察】 土地矿产卫片执法检查工作。2014年，部下发广安市土地卫片执法检查疑似违法图斑984宗，监测图斑总面积8889.45亩，耕地总面积6823亩（耕地包含可调整地类427.24亩）。通过内、外业核查，对地块图斑进行分割、合并后，共计182宗地块，其中合法149宗，违法33宗（面积951.42亩，耕地759.38亩）。通过查处整改，违法用地面积占新增建设用地总面积的比例为1.9%（耕地面积违法比例为1.7%）；部下发广安市2014年矿产卫片执法检查疑似违法图斑3宗，经调查核实，都属违法，已全部立案查处到位并结案。

动态巡查工作。共开展动态巡查1432次，参加巡查3756人次，重点区域巡查覆盖率100%，发现土地违法行为68件，涉及土地面积697.528亩（其中耕地176.1775亩），均及时制止。立案查处28件，退、收回土地面积336.08亩，拆除构建筑面积3463.2平方米，没收构建筑物面积174960.37平方米，挽回经济损失223.5万元。发现矿产违法行为6件，停止非法勘查开采行为6件，没收矿产品300吨，没收涉矿非法所得43.2125万元。

【纪检监察】 履行"两个责任"。认真落实"四个一"管理规定和"一岗双责"，及时分解落实党风廉政建设和反腐败工作任务，全系统590余名干部职工层层签订廉政责任书。认真落实领导干部述责述廉述险制度，对12名新提拔和转任的副科级以上领导干部分别进行任前廉政谈话。

惩防体系建设。编制《广安市国土资源系统建立健全惩治和预防腐败体系2013—2017年工作规划》，抓住领导干部、重点科室、重点岗位、重点环节，开展廉政风险防范管理工作。加大对反腐倡廉法规制度执行情况的监督检查，严肃查处随意变通、拒不执行制度行为。

开展专题活动。开展廉政风险问题专项治理活动，对2010年以来全市发生的违纪违法案件进行认真剖析。认真开展廉政风险排查，全系统共排查出廉政风险点68个，制定防控措施107条。开展建设"廉洁机关"和"廉洁中介"活动。对系统干部职工在中介机构暗中参股、指定中介机构，利用中介机构变相收费等违规情况进行清查、整改，进一步规范中介机构行为。开展国土资源管理审计自查清理。对广安市2008年至2013年征收、管理土地出让金和征收、供应、储备土地的情况进行自查自纠工作，对存在的问题进行全面整改。开展"五个专项整治"行动。开展领导干部收受红包礼金，滥发奖金、工资、补贴，违规购置和使用车辆，庸懒散浮拖问题，选人用人问题五个专项治理和加强土地出让管理、加强矿产资源管理、深化正风肃纪工作、加强廉政警示教育工作四个专项工作。

案件查处。全年受理信访举报情况6件，立案2件，共对3名违纪人员追究纪律责任。

【法规监察】 国土资源改革。成立国土资源领域改革工作领导小组。赴重庆江津区、成都郫县和崇州市学习考察农村集体建设用地使用权流转工作，草拟《广安市农村集体建设用地使用权流转工作实施方案》和《广安市集体建设用地流转实施办法》。

行政权力依法公开运行。建立行政权力依法公开运行平台。经清理，市级保留的行政审批项目共计8项，县级保留的行政审批项目共计6项。行政处罚104项，行政确认1项，行政征收7项。

行政处罚、行政复议及行政诉讼。共审理土地违法案件9件，审核广安区强制执行案件2件，2014年未结的行政诉讼案件1件，受理行政复议案件2件。其中行政诉讼案件、行政复议均在审理过程中，5件行政处罚案件已经查处到位，4件行政处罚案件正在处理中。

【信访维稳】 全年共处理来信36件，比去年减少20%；接待群众来访68批次153人，比去年增长12.5%；重复上访6件，比去年多一件，初信初访结案率98%，重信4件，比去年减少20%；上级交办24件，比去年减少17.2%，已办结23件；受理办结信访复查8件，受市政府委托信访复核13件；排查不稳定因素6起，化解多年信访积案3件，切实做到"零进京、零上省"。

【信息化建设】 政务公开工作。全年共新增和变更主动公开政府信息3762条，通过政务互动平台网络答复各类信访及意见36件，发布政务微博152条。政务信息网上公开工作在全省国土资源系统检查评比中荣获第三名。

门户网站管理保障。全面完成广安资源网改版升级工作，出台《广安资源网网站管理规定》《广安市国土资源局办公室关于印发2014年政务公开工作任务分解表的通知》，健全网站内容保障机制，明确网站内容保障的职责、程序、方式、时限和要求，加强对网站内容保障工作检查、通报工作，督促各科室落实相关制度。

信息化工作。搭建安全稳定的门户网站运行环境，实现门户网站服务器纳入局机房统一管理，并在系统关键位置配置WEB防火墙和防篡改软件，保障网站安全运行。完成市局门户网站安全等级保护定级，按照等保二级的标准，从机房环境、安全防范、制度建设、系统建设等方面逐一对照检查，对存在的问题及时予以整改。

【窗口服务】 结合开展党的群众路线教育实践活动，加强“四风”方面突出问题专项整治，窗口服务意识得到加强。国有土地使用权登记办证在原10个工作日的基础上，缩减到7—8天。解决广安区中医院、银海楼、协兴镇新村土地登记等遗留问题10余起。基层基础进一步夯实。进一步树立为民务实清廉形象，领导班子坚持到局信访办、市群众接访中心接访，解决前锋区护安镇园门村征地补偿资金80万元；“挂包帮”工作深入开展，筹集9.2万元援建资金，帮助广安区崇望乡老观村基础设施援建。

【领导人】 党委书记、局长：李胤，党委委员、副局长：林华、唐茂林，党委委员、总规划师：唐道甫，党委委员、纪委书记：屠建明。

（彭督喻、田 丹）

工商行政管理

【市场主体建设】 以实施商事登记制度改革为契机，积极探索推行小额经营备案制度、下放市级名称的核准权，推行注册资本认缴制度，进一步降低市场主体准入门槛。商事制度改革充分发挥先手棋、突破口的作用，2014年3—12月，按认缴制登记公司制企业2564户，新增注册资本134.4亿元，同比增长分别为58.9%、92.0%。继续深入开展“三联六帮”活动（联系个体工商户、私营企业、农民专业合作社，帮登记、帮融资、帮创牌、帮维权、帮合同、帮用工），联系1000户个体工商户、300户私营企业、100户农专社，走访市场主体5700户次，制定发展帮扶计划1400份，提供政策咨询服务1289件次，协调解决各类问题489件次，帮助市场主体融资16.7亿元，指导企业注册商标180件，促成就业用工协议835人次，受到广大市场主体广泛好评。2014年全市实有各类市场主体113061户，注册资本（金）总额703.9亿元，同比增长21.8%、30.9%。

【商标战略】 以推进国家商标战略实施示范市建设为契机，积极响应省政府提出的“惠民购物全川行动”“川货全国行”主题活动，带队组织全市驰（著、知）名及地理标志商标企业，赴苏州参加“2014中国国际商标品牌节暨中华品牌博览会”，广安名标商品成功打入江浙市场。9月，牵头承办主题为“迎国庆、惠民生、促消费、展名标”的广安市迎国庆名标商品展销会，这是广安市首次举办的展示广安本地名标商品的展销会，得到社会各界的一致好评，获得市委、市政府主要领导及分管领导的充分肯定。同时，以贯彻落实新《商标法》为载体，特邀商标品牌专家举办新《商标法》培训讲座，深化企业对商标战略的认识。全年新申请注册商标1020件，推荐2件商标争创中国驰名商标，成功创建省著名商标6件，组织认定广安市知名商标28件，“莲桥”商标成为广安市首枚香港注册商标。

【市场监管执法】 以红盾春雷行动和各类专项行动为抓手，坚持教育规范与查处惩戒、日常监管与专项整治相结合，严查危害群众生命财产安全、破坏自然生态环境、阻碍市场公平竞争的各类违法违章经营行为，有效维护公平竞争交易环境和安全放心消费环境。整治消费者反映较集中的供水、供电、房地产、汽车销售等领域的格式条款合同，共立案查处各类合同违法案件130件；共立案查处商标侵权案件119件，查获侵权饮用纯净水81600瓶、侵权电动自行车（三轮车）29辆、侵权燃气灶具1889台、侵权名酒1444瓶、侵权大米43吨、侵权日化品6130瓶（袋）等一大批物资；深入开展“红盾网剑”专项行动，共立案查处网络违法经营案件22件；通过商业贿赂案件查处协作机制，先后查处商业贿赂案10件；同时严厉查处公有企业限制竞争行为。全年共立案查处各类经济违法违章案件1603件，案值达3445.85万元。

【消费维权】 加大消费维权宣传力度，开展宣传活动10余次，印发宣传资料6.5万分。以提升消费维权站效能为出发点，坚持以点代面，大力推进消费维权示范站精品工程建设，按照“八个一”规范化建设标准，重点打造45个消费维权示范站。共组织流通领域商品质量抽检618个批次，发现不合格商品306个批次，立案查处经销不合格商品案220件。着重对涉及消费者人身、财产安全、节日期间消费量大、群众日常生活必需的重点商品进行质量跟踪，先后发布消费警示和消费提示20余条，较好地发挥消费教育、引导、警示等职能作用。联合市文明办、保险行业协会对全市保险行业开展消费调查评议活动，有效规范保险行业经营行为，促进保险行业健康发展。2014年，共受理消费者投诉、咨询、举报5755件，其中受理消费投诉1364件，成功调解1351件，为消费者挽回经济损失达56.7万余元。

【红盾惠民】 将广安创建全国文明城市与市场三化建设、农村文明集市创建、诚信市场创建等工作有机结合，全力维护农贸市场整洁有序，顺利通过省文明办、中央文明办的检查验收。大力查处“黑网吧”、无证无照经营电子游戏厅，取缔“黑网吧”及游戏厅67个，收缴扣留电脑主机683台，向电信部门发函断网36次，查缴各类

"口袋书"、盗版书120余册，收缴盗版光碟498余张。严厉打击传销规范直销，会同公安部门开展"打传"专项执法行动4次，对27个安利销售网点进行检查规范，行政指导、行政约谈直销企业13次，查处直销案件3件。

【融资助企】 开展"融资助企"行动，切实将企业动产抵押物登记权下放基层，为企业提供更加便捷的融资抵押登记服务。全市共办理动产抵押登记份数80件，完成省局目标数200%，抵押登记金额160508.608万元，被担保的主合同金额104883.88万元，帮助中小企业解决融资难题。

【领导人】 党组书记、局长：余万祥，党组成员、副局长：张敏、秦玉龙、粟红，党组成员、纪检组组长：蒲建平。

（唐 彬）

质量技术监督

【服务经济建设】 出台市局《服务广安经济跨越发展十二条工作举措》，切实减轻企业负担，降低产品检验检测收费，各项涉企产品质量监督检验收费在现行标准上降低10%；计量器具检定、特种设备检验收费在现行执行标准上降低10%；小微企业组织机构代码证书申请、变更、换证、补证，一律免征工本费；全年共减负80余万元。共挤出近10万元积极开展"挂包帮""定点扶贫"和联系社区工作，较往年有成倍增长。有效推进行政权力依法规范公开运行，精简下放行政审批项目3项。

【重大项目建设】 大力推进国家级矛盾纠纷大调解服务标准化试点工作，制定具有广安特色的部门标准73个、区域性地方标准2个，实现社会事务管理的创新发展。

成功争取川东北首家国家级非金属（聚乙烯）管道焊接考试机构落户武胜金易管业，参训人员除本地外，还来自达州、南充、巴中、自贡等省内城市和云南、贵州、重庆等西南片区，服务"气化广安"项目建设，带来良好的社会效益和显著的经济效益。

国家级龙安柚原产地溯源鉴别技术科研项目已结题，得出并验证龙安柚的特征性指标，发表相关科技论文3篇，为龙安柚产业化发展提供数据支撑和决策依据。

【质量管理】 推动设立"市政府质量奖"，7家首届获奖企业涵盖工业和建筑业，在健全完善大质量工作机制方面做出积极贡献；武胜、华蓥、岳池也设立县（市）政府质量奖，并有序开展评审工作。

强化农资、建材、危险化学品、烟花爆竹、食品相关产品等重点民生产品的质量监督抽查和后处理工作，全市系统立案查处案件300余件，涉案金额2800万元，妥善处理质量举报投诉37件，为消费者挽回经济损失100余万元。全年产品质量综合合格率达94.4%，同比上升0.2个百分点。

支持武胜县、华蓥市争创首批省级"质量强市示范城市"，西部牛仔城、邻水经开区争创省级"知名品牌创建示范区"，武胜醉仙牛肉争创省级"中小学质量教育社会实践基地"。争取省质协在广安市举办《企业现场管理准则》培训班，指导企业落实主体责任，推广先进质量管理方法。通过持续深入开展"产品质量提升"专项活动，全市产品质量总体水平连年持续提升。

【品牌建设】 全市成功争创四川名牌产品26个、国家地理标志保护产品5个；建成国家级和省级农业标准化示范项目39个、省级精品农业标准化示范区4个；36家企业取得工业产品生产许可证，69家企业荣获"四川省质量信用企业"称号，165家企业通过各类体系认证。

【计量与认证管理】 积极投身"道路交通安全综合整治攻坚年"专项行动，特别加大辖区高速公路进出口57台动、静态汽车衡的检定力度，确保其量值准确可靠，为货运车超载超限治理工作提供有力技术支撑。此项工作成效明显，分别得到市政府邓文国副市长、陈捷副市长的书面肯定性批示。联合市公安局，合理规划设置机动车安检机构，促其去行政化，加快社会化进程，自3月30日起，已实现机动车全市通检。

大力建设诚信计量体系，广泛开展"推进诚信计量，建设和谐城乡""计量惠民生，诚信促和谐"双十工程诚信计量行动，全市集贸市场、餐饮业、加油站等10个领域143家企业成功创建为诚信计量自我承诺示范单位。督促14家重点耗能企业按要求配备计量器具。积极探索有机产品认证，指导邻水御临龙须茶、华蓥德嘉公司葡萄通过有机产品认证，全市认证产品增至3个。

【标准化管理】 加大农业标准化示范力度，培育广安区白马乡柠檬申报省级农业标准化示范项目，制订农业区域性地方标准5个，帮助5个产品过采标认可。

【特种设备安全】 积极宣贯《特种设备安全法》，推动市政府印发《特种设备事故应急救援预案》，健全特种设备应急体系和事故调处机制。开展"百安""安全生产月""打非治违"专项活动，切实加强全市4600余台特种设备、2.14万只气瓶的安全监察和监督检验，出动执法人员620余人次，发出《特种设备安全监察指令》58

份，签订特种设备安全管理责任书517份。重点开展3个月的电梯安全专项整治，结合群教活动，将排查出的“电梯维保市场混乱、安全隐患大”问题在《广安日报》上挂牌整改，不符合要求的电梯维保单位已被全面清理并退出市场，确保电梯安全运行。在10家特种设备使用单位开展风险评价和分类监管试点，创建华蓥局和广安区局为基层监察机构规范化建设达标单位。全年未发生一起特种设备安全责任事故。连续7年被授予全市“安全生产工作”先进单位荣誉称号。

【检验检测】　围绕发展抓能力提升。围绕川渝合作示范区、承接产业转移示范区和国家级经开区建设，大力发展生产性服务业，加快提升质检技术机构在化工、建材、汽摩、电子、有色金属等方面的检验检测能力，近两年新增检验检测项目50%以上。

市质检所已达到Ⅱ类实验室要求，认证项目涵盖食品8大类329项产品354个参数，工业产品7大类150项产品343个参数；市计量所社会公用计量标准已增至50项，该所LNG加气机检测业务除覆盖本市外，还拓展到广元、遂宁、南充等地；市特检所检验项目包括5大类16项，通过有针对性的服务重点工程，确保玖源化工、广安港顺利投产。围绕产业抓质量基础。不断创新质监工作服务地方经济社会发展的载体，切实发挥计量、认证认可和标准化“三大支柱”作用。

【质监体制调整】　认真核查质监系统机构、编制、人员情况，做好清产核资工作，确保系统人、财、物顺利移交。12月9日，省质监局、广安市政府举行质监系统分级管理体制调整移交工作座谈会，标志着广安质监系统机构和职责正式移交划转地方，市质监局成为同级政府的工作部门。

【领导人】　党组书记、局长：江平，党组成员、副局长：郭锐锋、杨开春、陈琢，党组成员、纪检组组长：尹涛，党组成员、机关党委书记：唐协彩，党组成员：房莉、申元全。

（唐　华）

食品药品监管

【日常监管】　监督抽样。坚持预防为主，强化风险意识，以发现问题为导向，认真执行监督抽检和风险检测计划，全面排查风险隐患，牢牢掌握防控风险的主动权。全市共完成抽检1250批次，发现不合格110批次，对不合格产品进行重点整治。

餐饮监管。推行餐饮食品网格化和量化分级管理，城区餐饮服务单位、学校食堂全部实行量化分级管理。完成小平诞辰110周年纪念活动、“心连心”艺术团赴广安慰问演出活动、“魅力城市——广安”采访拍摄活动等各项重大活动的餐饮安全保障。

药械日常监管。推动新版药品生产质量规范（GMP）、药品经营质量规范（GSP）实施工作，全市7家生产企业通过新版GMP认证。认真开展新版GSP认证及部分事权下放工作，指导县局承接药品连锁企业开办及认证现场检查工作，督促指导药品经营企业实施新版认证和规范经营，已获新证97张。对全市麻醉药品区域性批发企业开展3次日常检查，对6家第二类精神药品批发企业和3家零售企业开展1次日常监督检查，覆盖率达100%。组织开展1次药源性兴奋剂专项检查和特药批发企业整治，未发生特药流弊事件。

保化品监管。全面推进经营企业备案管理制度，督促企业建立健全进货查验、索证索票、购销台账、储存、出库等质量安全制度，督促业主落实主体责任。

参与全国文明城市创建工作。对责任区域实行网格化管理，严格执行“三包责任制”，将市、区两级部门人员定点、定责、定位到每一个具体的食品药品生产经营单位。组织专人每天对各个责任片区、责任小组进行不定期巡回督查，对发现的问题即时通报，强化问责，以强有力的手段推进“创文”迎检测评工作任务的全面落实。

【专项整治】　案件数质双增。全市共立案查处食品药品违法案件713件（其中食品案486件，药品案164件，医疗器械案36件，化妆品案27件），罚没215.7万元，取缔无证经营户11家，捣毁制假售假窝点3个，移交司法机关案件37件，配合公安机关抓获犯罪嫌疑人86人。

开展“亮剑行动”食品安全专项整治。重点对肉制品、食用油、调味品、乳制品、酒类、鲜活水产品和保健食品进行专项整治。在整治行动中，强化市县所三级联动，全力以赴，分别以肉类加工企业、白酒生产企业、乳制品生产企业、食用油、农贸市场、冷库、肉类和鲜活产品集散地、学校食堂、大型餐饮、火锅店、西餐厅、小作坊、食品超市、保健食品专卖店和药店等为重点单位和场所，加强对其经营资质、索证索票、产品包装标识、感官性状等方面检查，大力排查安全隐患，及时查处食品生产经营的违法行为。通过拉网式排查和案件查办，查获一批无中文标识、无检验检疫证明涉嫌非法进口的肉类4000千克，下架退市食品322.4千克，立案270件，案值37.21万元，处罚没款55.14万元。

开展灾后食品安全专项整治。“9·13”特大暴雨灾害发生后，食品药监局第一时间采取行动，全市系统上下齐动员，参与抢灾救灾工作，全面加强汛期和灾后食品药品安全的监督检查，检查受灾地食品药品经营主体1900余户，收缴、销毁和督促下架受损食品药品3万余千克，全市未发生一起因受灾引起的食品药品安全事故。

开展校园周边食品安全专项整治。整治的重点区域为全市各类学校校门两侧及街道对面两侧200米范围内的涉食场所，重点整治食品经营户、食品摊点、餐饮单位、小作坊（含现做现卖）、饮品店、小卖部等的生产经营食品行为，重点加强农村和城乡结合部的学校周边整治。以乳制品、饮料、冷冻饮品、方便食品、糕点、油炸食品、儿童食品、烧烤食品、膨化食品以及粮油、米面制品、豆制品、酱油、醋、食盐、熟肉制品、生鲜肉品、水产品、即食食品、裸装食品为重点整治品种。

推进“亮剑行动”药品安全专项整治。针对药品生产企业、药品化妆品经营企业和药品使用单位，全力整治药品、化妆品供货渠道、生产经营条件、证件证照、宣传、购入使用药品记录等方面存在的问题。全市共立案174件，其中药品120件、医疗器械34件、化妆品20件，罚没金额43.01万元，移送司法机关6件，抓捕犯罪嫌人76人，提起公讼案件2件；捣毁药品无证经营窝点2个、售假窝点9个，查获涉案药品2万余盒，查获无标签、标识的中药饮片1000余千克。

开展医疗器械“五整治”行动。对非法经营、夸大宣传、使用无证产品三种违法行为进行重点整治。全市共出动执法人员3160余人次，检查医疗器械生产企业1家、经营企业118家、使用单位1866家，责令整改36家，受理群众投诉举报7件，立案15件。

【服务医药产业】 充分发挥部门职能优势，深挖“省市县三级合作”和川渝合作示范区（广安片区）建设的政策潜力，以岳池医药工业园区为平台，多方牵线搭桥，积极帮助岳池引进重庆南松医药中间体、龙舵制药、高端医疗耗材、一新医药科技等7个亿元以上医药项目，涉及投资49.3亿元。主动向上汇报争取，积极帮助岳池解决制约该县医药发展最大的制约瓶颈——药品品种转移问题基本得到解决，仁安药业已于9月底进行试生产，广安市医药产业发展取得新的突破。

市食品药品检验检测中心建设已纳入政府重点支持建设项目，18亩土地已落实，正抓紧进行前期工作，尽快正式开建设。

【机制建设】 狠抓制度建设。结合机构改革后的食品药品监管工作实际和群众路线教育实践活动建章立制要求，全力做好制度的废、改、立工作。共起草和出台《食品药品安全日常监督巡查制度》《食品药品监管系统行政效能问责制度》等十余项制度。

落实安全责任。市政府与各区市县政府签订食品药品安全责任书，进一步明确地方政府食品药品安全工作职责，全面落实乡（镇）食品安全监管责任，健全农村聚餐备案工作制度。制定食品药品工作要点和考评方案，对重点工作进行专项督查，对监管目标任务量化进行考核，各级食品药品监管部门与药品生产经营企业和餐饮业主签订安全承诺书，督促落实食品药品安全第一责任人的责任，形成横向到边，纵向到底，一级抓一级，层层抓落实的食品药品监管新格局。

加强“两法衔接”。市食品药监局与市检察院、公安局、法制办建立起四方协作机制，通过建立部门协作、案件移送集体会审、法律顾问咨询服务三大机制，落实案卷评查、工作考核、行政问责三项监督制度，强化涉嫌犯罪案件移送后的跟踪办理，形成打击食品药品违法犯罪合力。

【社会共治】 广泛争取支持。市人大主任、市政协主席分别带队，开展《中华人民共和国食品安全法》执法检查和食品安全工作考察，进一步了解广安市食品安全监管现状。为及时解决当前监管存在的问题，市人大、市政协分别以工作交办、召开政治协商会议的方式要求、督促政府解决食品药品监管中存在的问题，巩固广安市食品药品监管基础。

加强宣传教育。加大宣传经费投入，与电视台、报社、广播电台等媒体建立合作关系，开辟新闻专栏，播放相关公益广告及公益宣传片190余场次，监管新闻60余条，做客市电视台、电台录制食品药品专题节目4期。开通“广安食药监”政务微博、政务微信，及时公开政务信息。利用“全国食品安全宣传周”“食品药品科普之春”“安全用药月”等宣传活动为载体，组织人员走家入户、散发传单、接受咨询，把安全饮食用药知识带给广大人民群众，覆盖面得到较大提升。

畅通投诉渠道。落实专人负责处理“12331”投诉举报电话的，积极扩大投诉举报电话的群众知晓率，共收到投诉举报248件，均得到及时处理、回复。大力推动市政府出台《广安市食品药品违法行为举报奖励办法》，极大地提高群众参与食品药品安全监管的积极性。

【队伍建设】 全市各区市县、园区都建立食品药品监管局（分局），全系统共核定各类人员编制678名，净增加404名，实际到位人员净增加208名。在乡（镇）按片区设立基层监管所46个，成立乡（镇）食安办174个，配备食品安全协管员3402名。

开展人员培训。针对新进人员来源广泛、业务不熟的情况，组织开展6次业务培训，实现全市系统人员全覆盖，使其能够尽快适应新岗位，提升业务水平。通过举办周末专家讲座的形式，聘请国家食品药品监管总局、国家行政学院等地的知名专家、教授到广安为全市系统干部职工进行职业心理、职业能力等方面的培训，全面提升干部队伍素质。

【扶贫济困】 深入开展"走基层""三联五帮"和"双联"活动，组织党员干部多次深入"三联五帮"联系村岳池县罗渡镇石门子村和"双联"帮扶村岳池县秦溪镇四方寨村，走访村支"两委"和村民群众，开展调研帮扶工作，重点就农村经济发展、村民诉求、贫困原因和社会维稳进行调查，并结合部门职能就食品安全、医疗药品及农村坝坝宴食品安全管理等情况进行深入了解，会同食品医药企业送去帮扶资金3万元和一定数量的常用非处方药，积极帮助联系点村民发展产业，改善村民生活条件。

【领导人】 党组书记、局长：屠明春，党组成员、副局长：郑智力、李中庚、熊昌辉，党组成员、机关党委书记：唐协民，党组成员、纪检组组长：苏睿，党组成员、药品安全总监：易武元，党组成员、市食安办专职副主任：王雪飞（下派挂职岳池县副县长）。

（杜云涛）

安全生产监管

【概况】 2014年，全市共发生生产经营性事故28起、死亡26人，受伤11人，直接经济损失976.5万元，与2013年同期相比，事故起数、死亡人数、受伤人数、直接经济损失分别下降24.30%、10.40%、26.66%、23.56%，死亡人数占省政府下达广安市全年控制指标46人的56.52%，比全年控制指标少死亡20人；发生较大事故1起，事故起数占省下达指标4起的25%，比控制目标减少3起；全年未发生重特大安全生产事故。亿元GDP生产安全事故死亡率、工矿商贸企业从业人员10万人生产安全事故死亡率、道路交通万车死亡率、煤矿百万吨死亡率均控制在省下达的考核指标之内。2014年，市安全生产指标控制名列全省第3名。

【安全责任】 2014年，全市各级党委、政府高度重视安全生产工作，市委和市政府主要领导多次深入基层一线对安全生产工作进行检查督导，并先后召开2次市委常委会、3次市政府常务会、4次安委会成员全体会议、4次煤矿安全监管例会和1次现场会专题研究部署安全生产工作。年初，市政府出台《广安市2014年安全生产工作意见》和《2014年广安市安全生产工作重点任务分解表》，对全市全年安全生产工作重点予以明确和细化，市政府与各区市县、各产业园区、市安委会成员单位，各区市县与辖内乡（镇、街道）、相关部门、重点企业分别签订责任书，横到边、纵到底的安全责任网络进一步健全。全市先后出台安全生产综合监管、议事协调、隐患排查治理和安全生产约谈、警示通报、宣传教育培训联系等一系列制度，有效规范安全生产监管行为，凝聚齐抓共管的强大合力；全面完成行政权力运行平台建设，制定出台行政权力依法规范公开运行平台管理制度、考核考评办法等文件，保障行政权力平台的成功运行。

12月17日，在广安市四届市委第96次常委会上，讨论通过并出台《广安市安全生产"党政同责"暂行规定》，随后《广安市安全生产"一岗双责"实施办法》《广安市关于进一步明确相关行业部门安全监管职责的通知》和《安全监管部门定期向组织部门报送安全生产情况工作制度的通知》也相继出台，将安委会主任调整由政府主要负责人担任，安委会成员由部门"一把手"担任；增加市委组织部为安委会成员单位；建立7个行业安委会（重点建设国有资产行业、商贸通信食品药品行业、公安消防行业、文化教育科技卫生行业、建设国土旅游行业、工矿金融行业、交通运输农林水利行业安委会），各行业安委会由分管行业的副市长担任安委会主任，联系副秘书长为副主任，该行业主管部门"一把手"为成员。全市安全生产"五个全覆盖"在市、县两级层面得到全面落实，进一步落实综合监管、行业监管和属地监管责任，推进责任体系的全面完善。

【宣传教育】 强化安全生产宣传教育，结合"百日安全生产活动""全国安全生产月""安全生产万里行"以及宣传贯彻新《安全生产法》等，在全市煤矿、非煤矿山、危险化学品、烟花爆竹等重点行业（领域）开展为期3个月的"依法治矿、依法办企"为主题的谈心对话活动，全市上下安全生产知识和法律法规意识得到全面提升。2014年，全市共出动安全宣传车辆0.6万台次，累计下发安全宣传资料4.2万余份（册），群发安全短信3万余条，张贴悬挂各类安全标语2万余幅，受教育群众、企业人员达20余万人次。

强化安全生产培训。采用“请进来、送出去”和“安全培训下乡”活动，及时对县、乡两级安全监管人员进行轮训，着力提升安全监管水平。结合易出安全事故的薄弱环节和关键岗位，对症施治，先后分期分批对非煤矿山、危化品和烟花爆竹、冶金建材、道路运输等行业主要负责人和安全管理人员进行教育培训。2014年，全市先后举办各类培训班750余期，培训各类安全监管人员4860人次、企业安全管理人员6400人次，审核办理特种作业操作证8185个。

强化安全示范引领。结合“寻找最尽职的安全操作手、最负责的安全管理者、最履职的基层安全监管者”评选活动，集中播放安全生产警示教育片、安全教育微电影、安全生产情景剧，分行业领域培育一大批安全生产标兵企业、示范带头人，充分发挥榜样带动、反面警示的作用。

【安全生产大检查】 2014年，全市以“安全生产万里行”活动为契机，继续全面深入地推进安全生产大检查工作，采取企业自查、集中排查、综合督查等方式强化安全监管，确保各行业领域的安全稳定。全市全年共检查生产经营单位3676家，排查一般事故隐患15963项，整改率100%；重大安全隐患5项，整改率100%，投入整治资金1281.3万元；打击非法违法、治理纠正违规违章行为12906起。在持续推进各行业领域安全生产隐患排查整治的基础上，全市坚持以“分门别类、突出重点、跟踪督促”为思路，强化重点行业领域及重大安全隐患的整改落实。组织市级相关部门人员对2014年市级挂牌的重大安全生产隐患进行逐一复查验收，按期销号；对全市安全隐患大排查的资料进行汇总、筛选和整理归档；坚持安全隐患月报制度，并按月收集、整理全市安全隐患整改的进展情况、资金投入情况等，按规定及时上报。全市全年安全隐患整改率达100%，安全生产环境持续改善。

加强对各类隐患进行排查整改，对违法违规行为进行曝光查处。2014年，市政府组建9个安全生产综合暗访督查组在全市开展综合暗访督查，暗访督查组按照“四个必须”（即：必须是暗访，必须要带电视台和广安日报社的记者，必须要对发现问题和隐患公开曝光，必须要开展“回头查”）的要求，分别到负责的区域对企事业单位、乡（镇）、部门开展4次以上的暗访督查。市委宣传部抽出专人负责市电视台和广安日报社集中安全生产大检查宣传工作，做到“记者到位、宣传到位、曝光到位”。各级各部门也组建督查组，各级主要领导、分管领导也先后深入到乡（镇）、部门、企业开展安全大检查，取得明显成效。2014年，全市共组织督查组688个，参加检查人员6217人次，监督检查企事业单位和场所4166户，发现安全隐患5299条次，停止违法行为1934起，责令停产、停业、停止建设134户，关闭1户。

【“打非治违”】 2014年，全市按照“全覆盖、零容忍、严执法、重实效”的总要求，突出煤矿、金属与非金属矿山、危险化学品、油气管道、交通运输、建筑施工、粉尘防爆等重点行业领域，扎实开展以“六打六治”为重点的打非治违专项行动，并将重大非法违法行为备案督办制度、跨地区跨部门联合执法、“打非治违”典型案例曝光专题行、事故企业“黑名单”制度、典型案例公开审判和约谈警示以及“一案双查”制度等重点工作措施纳入此次行动中。2014年，通过开展“六打六治”等各项专项行动，全市共组织检查组357个，组织检查人员2884人次，受检企业1404家次，查处非法违法生产经营建设行为10277起，责令停产整顿2件，列入黑名单企业1户；市本级监察执法检查企业107户，行政罚款140万元，调查处理安全事故案件2起，立案查处的处罚案件9起。

【安全社区及标准化建设】 2014年，全市成功备案1个国家级安全社区，成功创建6个省级安全社区；组织参加“四川省安全社区建设理论文集征集活动和摄影书画比赛”，获得一等奖1名、优秀奖4名。企业标准化建设方面，明确工作目标，制定工作方案。全年，全市481户工贸企业已达到安全标准化建设三级以上标准，其中二级以上标准17户。

【安全奖励政策】 2014年，全市修订完善《广安市安全生产目标管理奖励暂行办法》，将奖励范围扩大到安全生产监督管理个人，奖励经费由原来的30万元提高到150万元；制定出台《广安市安全生产举报奖励办法》，将安全生产举报奖金按照最低500元、最高2万元每件纳入财政预算，进一步调动各级各单位和社会各界抓好安全生产工作、监督安全生产问题的主动性和积极性。

【惠民行动】 以开展党的群众路线教育实践活动为契机，认真开展各类惠民帮扶活动。开展“党员干部进社区”活动20余次，入户宣传10余次；先后为五湖社区、柑子园社区送去帮扶资金8000元，为协兴镇爱国村送去帮扶建设资金13000元，为联系贫困村广安区兴坪镇双坪村送去价值3万多元的办公桌椅、水泥等村级发展建设必需品；为双坪村开展安全生产特种作业人员和管理人员培训35人次。

【领导人】 党组书记、局长：周明（12月止），党组成员、副局长：王志军、罗祥盛，党组成员、纪检组组长：蒋永峰（4月止）、李庆贵（4月起），副局长：张学慧。

（向飞宇）

审 计

【概况】 2014年，全市审计机关完成审计项目604个，查出主要问题金额1177363万元，审计处理处罚金额273351万元，审计促进整改落实有关问题资金238560万元，审计后挽回（避免）损失32516万元，移送司法机关、纪检监察机关和有关部门处理事项20件，提出审计建议1096条，提交审计信息256篇，被批示、采用216篇（条），向社会公告审计结果83篇。

【财政（预算执行）审计】 适应财税体制改革新要求，从真实性、合法性、科学性入手，将着力点放到促进提高公共资金绩效上，进一步优化统筹资源配置，拓展审计深度，深化财政审计，市县两级审计机关组织开展2013年度同级财政预算执行情况审计、税收征管及税收政策执行情况审计。市本级对市经信委等6个市级部门及所属机构预算执行情况，对市图书馆、市电视台财政财务收支情况进行审计，对123个市级一级预算单位预算执行情况和财政存量资金开展专项审计调查，并对政府存量债务情况进行清理甄别。

【经济责任审计】 围绕干部管理、党风廉政建设需要，明确审计内容，突出审计重点，着力在审计深度和质量上有新突破，深入推进领导干部经济责任审计，切实加强对权力运行的监督制约，充分发挥审计监督促进反腐倡廉的作用。市县审计机关采取与其他项目审计相结合、“交叉审计”和“同步审计”等方式，对全市72名党政领导干部进行任期经济责任审计。

【农业与资源环保审计】 按照守住底线、突出重点、完善制度、引导舆论的要求，以政策贯彻落实、资金管理使用与效益、民生项目合理性等情况为重点，加强对民生保障资金的审计。市县两级审计机关组织开展保障性住房、秦巴山区扶贫资金专项审计。市本级对广安区农村信用联社涉农信贷资金、财政教育资金和精准扶贫政策落实情况进行专项审计（调查），促进资金使用效益的提高和民生保障政策的落实。

【固定资产投资审计】 以贯彻《四川省投资审计条例》为契机，加大政府投资建设项目工程造价和竣工决算审计力度，对投资额在3000万元以上的政府重大投资建设项目进行跟踪审计。2014年全市共完成投资审计项目454个，审计金额236069万元，依法审减工程造价28586万元，审减率达12.11%。其中，市本级共完成投资审计项目20个，审计资金47247.33万元，依法审减工程造价7562.09万元，审减率16.01%。

【专项审计（调查）】 按照审计署和省审计厅的统一安排部署，组织市县两级审计机关对稳增长等宏观政策措施落实情况进行持续跟踪审计；对市委“实施三大战略、推进两个跨越”重大部署落实执行情况开展审计监督；对《党政机关厉行节约反对浪费条例》等改进工作作风相关规定贯彻落实情况以及“三公经费”、公车治理、乱发钱物和政府性楼堂馆所建设管理情况开展专项审计监督；选派人员参加并完成全国土地审计。

【信息化建设】 按照署、厅统一要求，坚持统一安排部署、统一技术标准、统一组织实施的原则，扎实推进审计信息化建设，市县两级审计机关标准化机房全部建成，网络系统操作平台、高清视频会商系统已建成全面投入使用，并各自建成互联网门户网站。AO辅助审计系统应用实现突破，在信用社审计项目中提炼出的“核查贷款五级分类”方法，得到省厅充分肯定。

【领导人】 局长：周彧忠，副局长：唐素珍、黎毅翔、吕玲，经济责任审计分局局长：蒋锡德，总审计师：黎柯，纪检组组长：唐思平。

（符家果、邵 彬）

国家调查

【常规调查】 城乡居民收支调查。调查对象是城镇、农村住户家庭基本情况、收入、支出、消费、投资、生产等调查。由此调查取得城镇居民可支配收入、农民人均现金收入等指标数据。报告期为月度。

居民消费品价格（CPI）调查。是反映一定时期内城乡居民所购买的生活消费品及服务项目价格变动趋势和程度的调查。调查对象为城乡居民购买并用于日常生活消费的商品和服务项目的价格。调查内容按用途划分为食品、烟酒及用品、衣着、家庭设备用品及维护、医疗保健和个人用品、交通和通信、娱乐教育文化用品及服务、居住共8个大类，263个小类，1000多个代表规格品。一般性规格品（服务）每月调查2—3次；对于与居民生活密切相关、价格变动比较频繁的商品（服务）每5天调查一次价格。报告期为月度。

采购经理调查。为编制中国和四川制造业采购经理指数、非制造业商务活动指数，加强对国民经济活动的监测与预警能力，为国家宏观调控和企业生产经营提供参考依据和咨询建议进行的调查。采购经理指数（PMI）是国际上通行的宏观经济监测指标，是衡量经济发展的重要指针，也是全球备受关注的先行指标之一。调查企业为抽中的辖区内制造业与非制造业的法人企业和依照法人进行统计的产业活动单位。调查样本实行分层级管理，即国家样本由国家统计局抽选，省级样本由国家统计局四川调查总队抽选。调查报表由抽中样本企业的采购（或供应）经理填报。调查内容为采购（或供应）经理对企业生产经营活动、采购及相关业务活动情况的判断。其中制造业采购经理调查主要包括对企业生产、订货、采购、价格、库存、人员、供应商配送、采购方式等情况的判断；非制造业采购经理主要包括对企业业务总量、新订单（客户需求）、存货、投入价格、从业人员、供应商配送等情况的判断，以及企业生产经营和采购过程中遇到的主要问题及建议。报告期为月度。

规模以下工业抽样调查。反映规模以下工业的基本情况和生产经营状况。调查范围包括年主营业务收入2000万元以下的工业企业和全部个体经营工业单位。具体调查范围是被抽中的目录企业和样本村（居委会）中个体经营工业单位，以及落入样本村（居委会）中新增或遗漏的非目录企业。报告期分为年报和季报两种。

规模以下服务业抽样调查。反映我国规模以下服务业企业的经营状况、经营环境，为政府宏观经济政策提供参考依据。调查范围：（一）辖区内年末从业人员50人以下，且年营业收入1000万元以下的服务业样本法人单位。具体包括：交通运输、仓储和邮政业，信息传输、软件和信息技术服务业，租赁和商务服务业，科学研究和技术服务业，水利、环境和公共设施管理业，教育，卫生和社会工作；以及物业管理、房地产中介服务等行业。（二）辖区内年末从业人员50人以下，且年营业收入500万元以下的服务业样本法人单位。包括：居民服务、修理和其他服务业，文化、体育和娱乐业。调查内容包括规模以下服务业法人单位的基本情况，经营状况、经营环境、遇到的困难及建议等。报告期为季报。

限额以下批零住餐抽样调查。通过调查获取批发和零售业、住宿和餐饮业比较可靠的基层样本单位数据，为推估、评价全国分行业和网上零售统计数据提供参考依据。调查范围包括限额以下批发和零售业、住宿和餐饮业样本单位，具体包括从抽中的样本村级单位、社区（居委会）中抽选出来的限额以下批发和零售业、住宿和餐饮业法人企业和个体户。调查内容为每个样本单位的基本情况与经营情况。报告期为季报。

工业品出厂价格（PPI）调查。涉及工业品原材料、燃料、动力购进价格和工业品出厂价格调查，出厂价格上报企业45个，上报规格品64个。原材料、燃料、动力购进价格上报企业45个、上报规格品59个。报告期为月度。

主要畜禽监测。调查的范围为全市各区县的农户及畜禽生产经营单位。调查对象是辖区内猪、牛、羊、禽生产经营单位、规模养殖户以及抽中的村民小组（普查小区）的所有农户，或抽中的行政村（普查区）中的猪牛羊禽养殖调查户。调查内容为主要畜禽（猪、牛、羊、禽）存栏、出栏、产品产量及出售价格等情况。报告期为季度。

生猪调出大县监测。调查的范围为全市4个（广安区、岳池县、武胜县、邻水县）被国家列为享受中央财政扶持的生猪调出大县的所有农户及生猪生产经营单位。调查对象是：4个县辖区内所有的生猪生产经营单位、所有的生猪规模养殖户以及抽中的80个村民小组（普查小区）的所有农户（散养户）。调查内容为生猪存栏、出栏、产品产量及出售价格等情况。报告期为月度。

县级粮食产量抽样调查。调查范围涵盖享受国家财政奖励的粮食生产大县和《全国新增1000亿斤粮食生产能力规划县（2009—2020年）》确定的产粮大县。2014年，广安市共4个区、县（广安区、岳池县、武胜县、邻水县）纳入调查范围。调查对象按照抽样原则抽取有代表性的村民小组，并对村民小组的所有耕地面积种植的粮食作物进行调查。调查内容为主要粮食作物小麦、玉米、水稻的播种面积和单位面积产量，并对其他小品种粮食作物的面积和产量进行统计估算，推算出产粮大县夏粮、秋粮及全年粮食播种面积和产量。报告期为季节报。

【专项调查】 2014年8月26—27日，结合党的群众路线教育实践活动，对照"深入实际、实事求是、艰苦奋斗、科学严谨、认真细致"的苏区调查精神，广安调查队全体干部职工深入广安区龙台镇箭滩村与村民同吃、同住开展现场调研工作，通过实地蹲点考察、入户深访、干群座谈等方式，察民情、体民意、听民声，用亲身体验来学习苏区调查的精髓。2014 年 7—8 月，受市委群教办、市纪委委托，将去年的“党风、政风、行风测评”调查与党的群众路线教育实践活动相结合，广安队组织开展“广安市党的群众路线教育实践活动群众满意度测评调查”，测评单位全面涵盖 103 个市级党政部门和公共服务行业、6 个区市县、3 个园区以及 4 所市属学校，通过随机抽样的方式抽取各类调查对象共 4000 余名，按照测评得分对各单位进行分类排名，并由市纪委在《广安日报》、安辑廉线等媒体上公布。2014 年 9—10 月，受市纪委委托开展广安市企业发展软环境调查，共抽取 1055 个调查样本，涉及 405 个规模以上企业管理人员和 75 个小微企业主，全部分布于 6 区市县和 3 园区，涵盖工业、农业、旅游、建筑、商贸、餐饮、医疗等行业，形成情况清楚、问题明确、建议可行的高质量调查报告提交市委、市政府，得到充分肯定。

【业务建设】　城乡一体化调查稳步推进。进一步研究出台《广安市城乡住户居民收入调查数据评审办法》，建立健全城乡收入局队联和评审机制，用制度进一步规范调查行为，有效规避人为干扰调查数据，确保独立调查、独立报告，努力构筑维护数据质量的体制保障。探索建立城乡一体化住户调查网点“两牌、两册、两表、一图”工作模式，打造出分市县住户调查工作“7 有”标准化模板，并于 9 月 17 日通过召开调查网点标准化建设现场会的方式，在全市所有住户记账点全面推广，实现调查网点工作流程上墙、辅助调查员访户记录在手、记账户记账要领入心，从根本上提升调查业务规范化水平。推出削价规格品管理“一图三表”。“一图”即规格品图册，其中包含所有调查规格品的图片信息和规格品标识。“三表”即《规格品一览表》《规格品更换信息表》和《规格品图册索引表》。《规格品一览表》包含规格品的所有相关信息；《规格品更换信息表》明确更换规格品的变更路径；《规格品图册索引表》与规格品图册一一对应，图文并茂详细描述规格品特征。

【法制建设】　利用各专业年报会与各报表企业签订《建立统计调查关系告知书》。年内共执法检查 6 个单位，立案查处 2 个，其中对四川川东麻纺有限公司提供不真实统计资料行为进行通报批评并罚款 3000 元的处罚。组织 5 月“广安统计法治宣传月”和“12・4”国家宪法日现场宣传活动，制作宣传展板和环保购物袋，并在思源广场开展面对面宣传。

【参谋服务】　信息调研水平明显提升。全年被各级各类采用信息 417 条次；上报约稿 42 篇，其中被国家领导人批示 6 篇；全年针对民生焦点和经济生活热点撰写并被采用调研报告 37 篇；省上中标课题研究 1 篇。做好主要调查数据定期发布工作，按季度编辑发行《广安调查》季刊。注重深度挖掘，打造一期《四川调查・广安专刊》，并发放各市州主要领导及广安市县领导和各部门。强化指标解读，第五届“中国统计开放日”活动期间，连续 5 天在《广安日报》刊登《走进国家调查》系列报道，对国家调查职能职责及城乡一体化调查、粮食生猪监测、CPI、PPI 等重要指标进行介绍，从而以优质高效的服务树立“为国调查、为民服务”的良好形象。

【领导人】　党组书记、队长：周学林（3 月起），副队长：周晓芹（5 月起），纪检组组长：田骏涛。

（严贵生）

统　计

【概况】　2014 年，广安市统计局以解决问题为抓手，坚持依法治统前提，大力建设“规范统计、阳光统计、诚信统计、服务统计、效能统计、和谐统计”，率先破冰深化改革，各项工作扎实推进并取得明显成效。2014 年 11 月国家统计局《中国信息报》总编辑万东华在广安调研时指出“广安推进依法统计工作走在全国前列，很有成效。”2015 年 1 月 30 日，《中国信息报》刊发文章《把统计行为关进制度的笼子——四川广安统计依法行政见闻录》。2014 年荣获全省统计工作综合考评第 1 名、全省统计系统政风行风群众满意度测评第 2 名。

【统计服务】　打造服务统计迈上新台阶。认真贯彻落实市委“感恩作贡献”决策部署，多次与国家、省统计局进行沟通协调，策划统计宣传方案。2014 年 8 月，国家统计局出版社公开发行《数说广安 20 年》《四川省情》杂志第八期专版宣传广安经济社会发展。主动跟踪监测党委、政府中心工作和经济社会发展的热点、难点问题，把统计预警机制与政府决策机制对接起来，扎实开展“6+3+1”多点多极发展战略监测、民营经济监测、文化产业监测、小康监测、县域经济监测和投入产出调查，及时为市委、市政府领导决策提供参考依据，共组织撰写调研分析和专题分析文章 49 篇。围绕川渝合作示范区建设、工业强市、两化互动、次级突破、低碳经济、城乡居民收入等重点课题，组织专业人员深入基层开展调研，深度挖掘基层第一手资料并形成调研报告，共组织撰写调研报告15篇，其中4篇文章被市委党校选为十八大理论学习研讨文章。

【国情国力调查】 组织实施第三次全国经济普查，高质量完成经济普查入户登记、数据审核纠错工作，成功开展资料开发运用试点工作。有序开展入户登记。高质量完成对11248户法人单位、12952户产业活动单位以及94962户个体经营户的入户登记、资料审核工作。资料开发率先作为。紧抓经济普查资料开发试点工作契机，在深入各区市县及相关行业主管部门的基础上，切实找准经普资料开发的重点领域和方向，扎实开展产业结构调整优化以及服务业、战略性新兴产业、文化产业和小微企业深度解析等课题研究，极力促进普查成果转化。

【统计数据质量】 打造诚信统计构建新机制。借力政府推进依法治统。四届市政府第45次常务会议集中学习《统计法》，重申严格遵守"四条红线"纪律，坚持依法开展统计，形成领导重视、部门参与、统计部门具体实施的依法统计合力。强力规范统计系统自身行为。层层签订"广安市数据质量管理责任书"，分解落实市、区市县、基层报表单位数据质量管理三级责任，对数据质量、入库申报等方面存在的48个问题发出工作提醒6次，开展诫勉谈话4人次，实施限批、停报、退库3次。夯实数据协调支撑。健全完善部门联席会议制度，定期会同经济主管部门对统计数据间相互衔接和逻辑平衡关系进行对比验证审核，及时查询或更正缺乏关联数据支撑的数据。修订完善GDP、规模以上工业、全社会固定资产投资、社会消费品零售总额、服务业、能源消耗、城乡居民收入等主要统计数据的评审办法，从评审步骤、方法、依据、指标、权重和结果认定六个方面进行规范。2014年共组织各区市县（园区）统计部门分管领导、专业人员对GDP、规模以上工业、服务业、城乡居民收入等大要数据进行现场公开评审6次。

【统计管理】 以联网直报为抓手，以名录库建设为载体，切实加强统计管理并取得较好成效。严格联网直报管理。研究制定《网络直报管理责任追究办法》，全面加强联网平台日志监管，并实行每月对区市县联网直报注册登记及统计人员持证情况进行定期通报，全市"四上"单位网络直报率、统计从业人员注册率均居全省前列。严格单位名录库管理。严格按照《四川省基本单位名录库管理办法》要求，在提高名录库共建部门行政登记资料互换频率的基础上，从机制、人员、条件保障等方面进一步加强名录库基层更新维护工作。扎实做好"四上"单位、房地产开发经营单位及投资项目入库申报工作，全年共成功申报规上工业企业71户、限上商贸单位65户、服务业74户、建筑和房地产开发企业32户。加强部门统计管理。进一步明确发改、经信、住建、商务等行业主管部门的统计工作责任，注重抓好部门统计的组织协调工作，理顺与市级经济主管部门之间的关系，统计工作整体合力得到增强。

【统计基础建设】 加强统计信息化建设。推进统计专网建设，努力提升统计现代化水平，到2014年年底已连通从市到乡（镇）的统计网站。成功搭建并开通"广安统计"手机微信公众服务平台，最大限度满足社会各界的统计需求。

强化基层基础建设。加强县级统计机构规范化建设，继武胜县、岳池县、邻水县、华蓥市统计局创建为县级统计机构达标单位后，2014年广安区统计局也成功创建；加强部门统计规范化建设，部门数据生产流程、审批程序、数据协调和发布管理更加规范；加强乡（镇）统计基础规范化建设，实现乡（镇）统计工作管理规范化、制度化和科学化目标；加强企业统计规范化建设，巩固和完善"一企一卡"和"AB岗"制度，全市181个乡（镇）和70%以上的"四上"单位完成统计基础规范化建设。

推进统计队伍建设。积极探索建立人才引进新机制，2014年公开考录公务员1名；严格执行《党政领导干部选拔任用条例》要求，加大干部选拔任用力度，全年共选拔任用科级干部5名；在全省统计系统首创政府统计专业人员准入考试制度，坚持做到专业人员逢进必报、逢进必考、上岗准入，并成功组织区市县专业人员进行网络考试，全市统计系统自觉学习、钻研业务知识的浓厚氛围逐步形成。

【统计执法】 打造阳光统计实现新突破。紧扣"六五"普法规划和广安法制城市建设重点，采取市、县、乡三级联动的方式，扎实开展中国统计开放日和统计法制集中宣传月活动，集中对《统计法》《四川省统计管理条例》等统计法律法规进行宣传。扎实开展"三查"工作，重点查纠指令报数、代替报数和反复修改报数等违法违规行为，切实保证源头数据质量。"核查"上报数据是否属实，执行数据核查54次，检查企业和投资项目900户（个）次，整改数据800笔次，发出核查报告38期；深入企业摸排实情，"稽查"是否存在统计违法行为，开展数据稽查5次，稽查单位31个；层层递进，层层加力，开展执法检查4次，检查单位23个，严肃查处存在统计违法行为的4户企业。

【扶贫惠民】　以开展“挂帮包”“三联五帮”、扶贫帮困等创建活动为载体，多次组织局机关干部职工深入联系村摸情况、理思路、商措施、送温暖，督查项目建设进度，妥善解决联系村的发展困难，较好地促进联系村生产、生活条件改善，群众增收能力及收入水平明显提高。深入到定点联系贫困村武胜县宝箴塞乡农林村开展扶贫慰问工作，送去8000元扶贫资金。帮扶“挂包帮”联系村广安区广罗乡月台村项目建设，送去帮扶款10000元，帮助修建村社公路和购置支部活动室办公设施和广播器材等。深入“三联五帮”联系村岳池县西板乡牛场寨村、鼓楼坡村、观音阁村、金子沟村，为12户贫困户送去慰问金和食用油，共计3600元。资助中桥社区、北街社区工作经费共3000元，并捐赠电脑、桌椅等办公用品。

【领导人】　党组书记、局长：谭云，党组成员、副局长：寇永现、刘先明，党组成员、纪检组组长：滕忠。

（许利萍）

农　业

农村经济

【概况】　2014年，全市农业部门围绕广安市国家现代农业示范区建设，按照“粮经并重、种养并举、标准建设、成片推进”的思路，大力推进现代农业产业发展，实现粮食增产、农民增收目标，农业规模化、产业化、标准化再上新台阶。全市实现农业总产值133.3亿元，同比增长3.8%，优质粮油、生猪、柑橘、蔬菜、葡萄、梨、食用菌等特色优势农产品产量保持稳定增长。粮食总产达到185.7万吨，连续八年保持在185万吨以上的高位；蔬菜和食用菌产量241万吨，同比增长2.4%；柑橘产量达到40万吨，同比增长5.3%；出栏生猪425.8万头，同比增长2.0%。在2014年度全省农田水利基本建设“李冰杯”绩效考核中，农业、农机项目获第二名；在2015年省委农村工作会议上，华蓥市、岳池县、武胜县获2014年全省农民增收工作先进县，武胜县获“三农”（农业、农村、农民）工作先进县，武胜县被认定为全国休闲农业与乡村旅游示范县。2014年，市农业局获得市政府绩效目标考核一等奖，市政府表彰的创建全国文明城市先进单位；获省农业厅目标考核二等奖，被市委、市政府评为“民生工作”先进单位、“邓小平诞辰110周年纪念活动”先进集体。

【机构改革】　2014年10月，根据《中共广安市委广安市人民政府关于全市政府职能转变和机构改革实施意见》精神，将原市农业局、畜牧食品局、农业机械管理局的行政管理职责、水务局的水产渔政行政管理职责、商务局的生猪屠宰管理职责，整合划入农业局，设立新的广安市农业局。11月4日，市委市府召开市农业局、畜牧食品局、农业机械管理局和水产站全体干部职工大会，宣布正式组建职能整合后的广安市农业局。根据广安市政府办公室《关于印发广安市农业局主要职责内设机构和人员编制规定的通知》，新组建的广安市农业局机关行政编制28名。设局长1名、副局长4名；纪检组组长、机关党委书记、总农艺师各1名。内设12个科室，正科级领导干部14名。所属事业站、所、中心保持原状。全局共有职工120名。

【农用地产权制度改革】　2014年，根据中、省统一部署，全市农村土地承包经营权确权登记工作从去年区市县各选择1个乡（镇）试点已基本结束。2014年，各区市县认真总结试点经验，整体推进此项工作。按照市委提出的确权登记工作目标，加大对各地督查指导力度，确保确权工作抓牢抓实；市农业局组织各区市县农业局分管领导、农经站长和业务骨干，赴泸州学习考察确权登记工作的先进经验；市确权办集中各地业务骨干人员，对各地在确权登记工作中带共性的问题，统一认识，明确具体处理办法。截至2014年年底，前锋区的确权登记工作航飞拍摄已结束，有6个乡（镇）正在进行地块指认，有3个乡（镇）进行公示阶段；广安区已有4个乡（镇）正在进行地块公示，余下的25个乡（镇）由3家技术公司航飞，已航飞19个乡（镇），航飞摄影面积占74.5%；华蓥市已航飞3个乡（镇），航飞摄影面积占25.3%；岳池县、邻水县、武胜县已开标确定航飞技术公司，正选择适宜天气航飞，并正在开展外业调绘和软件公司招标工作。

【农业产业化发展】 一是基地建设成片推进。2014年，全市建成现代农业产业基地16万亩，配套建成畜禽标准化规模养殖场（小区）62个。截至2014年年底，全市共建成现代农业产业基地183万亩，年存栏100头以上的生猪养殖场（小区）4279个，集中连片构建五大带状优质稻基地、八大优质柑橘产业带、五大基本蔬菜区和五大优质生猪养殖带，建成渔业基地380个，优质葡萄、优质梨、优质蚕桑等特色产业基地14万亩。二是“千万工程”规模发展。大力实施“千斤粮、万元钱”示范工程，初步建成以渠江、嘉陵江流域，沿华蓥山及境内四条高速公路沿线为重点的七大粮经产业发展核心区，面积达29万亩，亩均产值达8000元以上。三是农产品公用品牌战略成功实施。2014年，成功推出“邓小平故里华蓥山优质农产品”公用品牌，在成都、重庆召开“邓小平故里华蓥山优质农产品”公用品推介会，公用品牌涵盖整合优质粮油、优质柑橘、优质蔬菜、优质生猪四大主导产业及优质葡萄、优质梨等特色产业。

【现代农业园区建设】 2014年，全市现代农业园区在坚持高端规划引领发展、集中成片建设基地、大力实施“千斤粮、万元钱”工程、加速发展新型主体、深入推进标准化生产、大力拓展市场营销、不断完善发展机制等方面狠下功夫，实现现代农业产业布局合理、组织方式科学、资源利用高效、供给保障安全、综合效益显著的预期目标。

产业基地规模扩大。大力实施“111”（一个产业大环线、一个产业单元、一条产业连接线）工程，建成粮油“五大带状基地”、柑橘“八大产业带”、蔬菜“五大菜区”，现代粮油基地达到59.6万亩，柑橘基地达到60.5万亩，蔬菜基地达到63.5万亩，优质葡萄、优质梨、优质蚕桑等特色产业基地14万亩。建成各类规模畜禽养殖场（小区）5153个、渔业基地380个。

“三新”战略支撑有力。全面推广“新品种、新技术、新装备”，引进水稻、柑橘、蔬菜的优质、专用品种151个；推行旱育秧工厂化育苗12.3万亩，水稻直播7700亩，蔬菜设施育苗13亿株，测土配方施肥占比达到80%以上，以螨治螨、太阳能杀虫灯等生物防治面积达到103万亩，柑橘大窝、大肥、容器苗栽培技术推广面积达到100%，留树保鲜11万亩。

发展方式加速转变。在经营方式上，由传统分户经营为主向规模化、标准化发展，由分散经营向农庄化、园区化发展，全市规模化经营面积达75万亩以上。在生产方式上，由简单再生产向精细化、集约化发展，设施农业发展到56万亩。在组织方式上，形成“公司（业主）+专业合作社+家庭农场（农户）”等发展模式，截至2014年年底，培育规模以上龙头企业40个、专业合作社1615个，家庭农场631户，农业业主2328个。

多元业态齐推并进。坚持实行种养结合，全市“猪—沼—菜”发展面积达到36.5万亩，幼龄果园（林地）综合利用面积达到32万亩，林（果）下养殖畜禽达到200万只；依托国家级现代农业示范区资源优势，大力发展休闲农业和乡村旅游，规划发展华蓥山生态旅游区、黄花梨休闲基地、武胜宝箴塞、白坪、飞龙等乡（镇）乡村旅游示范区、广安区龙安柚产业基地和邻水脐橙乡村旅游产业带，华蓥市禄市黄花梨休闲度假区、武胜县白坪—飞龙乡村旅游度假区先后获得全国休闲农业与乡村旅游示范点，武胜县正抓紧申报全国休闲农业与观光旅游示范县，白坪—飞龙乡村旅游度假区，获中央电视台“全国十大最美乡村”提名奖。

【农产品检测】 省级检测工作。2014年，广安市农产品检测检验中心（以下简称中心）共承担省级例行检测5次，抽检样品350个，其中蔬菜280个，茶叶30个，食用菌40个；元旦春节监督抽检1次，共计抽检样品130个，其中蔬菜90个，水果20个，食用菌20个；承担专项抽检5次，共计抽检样品280个，其中抽检蔬菜样品40个，小麦产品样品20个，大米样品10个，水稻样品80个，白萝卜样品10个，土壤样品100个，水样20个。全年共计承担省级抽检任务11次，抽检样品760个。

市级检测工作。2014年，中心共承担市级例行检测2次，抽检样品150个，其中蔬菜样品130个，食用菌样品20个；元旦、春节专项监督抽检1次，抽检样品90个，其中蔬菜样品66个，食用菌样品6个，水果样品18个。

实验室升级改造工作。2014年年初启动实验室升级改造项目，完成项目的初设，建设项目的地址变更，资金到位。

【农村能源】 2014年，全市共新增农村沼气用户7900户，占年度目标任务7900户的100%，新建沼气工程20处，新培训沼气技师200人，新建村级沼气服务网点40个，新建或改建省柴节煤炉灶6000台，新增太阳能利用装置2000平方米，新增生活污水净化沼气池1000立方米。全市共计到位中省农村沼气项目资金 2157.7 万元，地方配套 96.44 万元，业主和农户自筹 1911 万元，工作经费 38 万元。全市农村沼气用户已累计达到 29 万户，沼气工程已累计达到 120 处，农村沼气服务网点已累计达到 410 个，培训沼气技术人员 300 多人，全市拥有农村沼气施工队伍 50 多支，拥有沼气职业资格技术人员 734 人，其中沼气高级工 17 人，沼气技师 15 人，高级技师 7 人。全市年产沼气 1 亿立方米以上，沼液利用面积已达 40 万亩，每年助农增收 2 亿元以上，在部、省沼气项目绩效考评中获得好评，获省“李冰杯”绩效考核二等奖。

【农业科教】　2014 年，全市农业系统共组织科技人员 470 名，深入各区市县、乡（镇）、村社，通过科技赶场、举办培训班、现场指导和示范等形式，培训农民 4.7 万人次，科技赶场 83 场，办科技培训班 133 班次；民生工程新型农民培训完成 19728 人，占任务的 109.6%，农民实用技术培训完成 102.4166 万人次，占任务的 102.4%；2014 年，全市获得新型职业农民培育资金 504 万元，共培训新型职业农民 4100 人，其中生产经营型职业农民 2120 人、专业技能型职业农民 1070 人、社会服务型职业农民 910 人；推进农业服务体系建设，各区市县农业部门 2014 年争取到 880 万元的基层农技推广体系改革与建设项目资金。2010 年部、省下达邻水县乡镇农技站条件建设计划 5 个；2012 年下达 135 个（含 2011 年已下达的 15 个乡镇条件建设任务），其中广安区新建 28 个（含 2011 年 10 个、前锋区 5 个）、岳池县 35 个（新建 30 个，改扩建 5 个）、武胜县新建 26 个、华蓥市改扩建 10 个、邻水县 36 个（2011 年新建 5 个，2012 年新建 27 个、改扩建 4 个），截至 2014 年年底，全市 2010 年至 2012 年 140 个乡镇农技站条件建设计划启动实施建设的乡镇有 122 个（广安区 19 个、前锋区 2 个、邻水县 30 个、华蓥市 10 个、岳池县 35 个、武胜县 26 个），占 87.1%；完成办公用房建设的有 81 个乡镇（广安区 16 个、前锋区 1 个、邻水县 11 个、华蓥市 10 个、岳池县 30 个、武胜县 13 个），占 57.8%；未开工建设的乡镇 18 个（广安区 4 个、前锋区 3 个、邻水县 11 个），占 12.9%。仪器设备采购基本完成，全市乡镇农技站条件建设项目，除华蓥市外，其余各区县均未完成。

【农经工作】　2014 年，全市根据农业产业发展规划，按照“农民自愿、平等协商、签订合同、合同备案”的程序和“依法、自愿、有偿”的原则，公平、公开、公正地流转农村土地，全市土地流转总面积 74.02 万亩，占耕地面积 29.7%，涉及农户 15.43 万户，占全市农户总数 15.1%，其中，2014 年新增土地流转面积 13.14 万亩，比上年增长 21.6%。土地流转主要有转包、出租、互换、转让、股份合作形式，其中：转包 34.47 万亩，占流转面积的 46.6%；出租 23.54 万亩，占流转面积的 31.8%；互换 3.30 万亩，占流转面积的 4.5%；转让 3.73 万亩，占流转面积的 5.0%；股份合作 4.25 万亩，占流转面积的 5.7%；其他形式流转 4.73 万亩，占流转面积的 6.4%。推进农村土地承包纠纷仲裁厅建设，积极争取上级部门的支持，指导前锋区、华蓥市申报农村土地承包纠纷仲裁厅建设，农业部分别给予 50 万元的资金支持，有利于农村土地承包纠纷仲裁和调解。强化村级财务公开和民主监督，全市建立村民理财小组 2756 个，占 98.1%，落实财务公开的村 2782 个，占 99.1%。实行村财乡代管的乡（镇），每季度做出村级财务公示方案，交由村民理财小组审核后，由村委会在公示栏进行全面、真实的公开。以加强审计为手段，推进农村财务规范管理。组织人员对村级主要干部开展离任和任期经济责任审计，共审计 2401 个村，占总村数的 85.5%；健全落实农村财务管理十项制度（财务计划与决算制度，货币资金管理制度、会计核算制度、开支审批制度、“一事一议”筹资筹劳管理制度、财务监督制度、财会人员交接制度、票据及档案管理制度、财务人员奖励制度）；继续推行村财乡代管制度，强化村社财务收支监管，全市村财乡代管的村 2431 个，占总村数的 86.6%。

【农业执法】　2014 年，全市成立农业综合执法机构 7 个，实现农业综合执法市、区市县全覆盖。其中，岳池县、华蓥市农业综合执法大队为经编制部门批准的全额拨款事业单位；市级农业综合执法支队、武胜县、广安区、邻水县、前锋区农业执法大队为经编办批准的内设机构；全市 7 个农业综合执法机构中，实行种植业（种子、肥料、农药、农产品）综合的有 6 个，前锋区实行跨行业（种植业、畜牧、农机）综合。全市现有在岗执法人员 38 名，其中，公务员编制的 1 名、参照公务员管理的 5 名、事业编制的 32 名。岳池县和广安区纳入农业部综合执法规范化建设项目支持。2014 年全市出动执法人员 1870 人次，检查企业 1569 个次，整顿市场 860 个次，立案 120 多件，其中一般程序 116 件，简易程序 4 件，参加省厅案卷评查共 36 卷，武胜县、广安区、邻水县各一件案卷被省厅评为优秀案卷，为农民挽回经济损失 500 多万元，切实维护广大农民的利益，规范农资生产经营行为，制售假劣农资的行为得到有效遏制。

【领导人】　机构改革前市农业局领导（11 月止）：党组

书记、局长：郑洪涛，党组成员、副局长：冉启平、张朝平，党组成员、纪检组组长：贺建平。

机构改革后市农业局领导（11月起）：党组书记、局长：刘健，党组成员、副局长：冉启平、白健、刘晓清、张朝平，唐世富、汤志刚、左之才，党组成员、纪检组组长：贺建平，党组成员、蚕业站站长：欧儒金，党组成员、机关党委书记：舒伟，总农艺师：李晓华。

（王庆国）

种植业

【植保植检】　2014年，坚持“预防为主，综合防治”的植保方针，着力现代植保体系建设，努力提升农作物病虫预警和控制能力，有效地控制住病虫草鼠危害。2014年，全市农作物病虫草鼠发生面积1190.89万亩次，防治1132.57万亩次，防治面积占应防面积的95.1%，挽回粮经作物损失39.6万吨，其中，病虫发生面积737.63万亩次，防治762.41万亩次，挽回粮经作物损失31.9万吨；农田鼠害发生面积209.2万亩次，防治163.95万亩次，挽回粮经作物损失1.93万吨；农田草害发生面积244.06万亩次，防治206.21万亩次，挽回粮经作物损失5.75万吨。重大病虫危害损失率控制在2%以内。

全市农作物病虫专业化统防统治组织达290个，登记并在农业部门备案的有146个，从业人员达2490人，其中，持证上岗970人，有日作业能力大于60亩的机械196台，日作业面积可达11.58万亩，专业化统防统治面积达259.58万亩次，占农作物病虫防治总面积的34%，其中全程承包防治面积83万亩，占专业化统防统治面积的31.9%。广安市植保植检站实施的《农业有害生物预警体系的建立与应用》项目，获广安市人民政府科技进步一等奖。

【土壤肥料】　高标准农田建设：2014年建设完成高标准农田9.8万亩，其中武胜县、邻水县均为2.6万亩，岳池为2.5万亩，广安区为1.6万亩，华蓥市为0.5万亩，为省政府下达目标任务9万亩的109%，超额完成0.8万亩。共投入资金37058.54万元，其中国家财政资金26836.25万元，群众自筹8865.96万元，其他投入1356.33万元。通过项目实施，完成田型调整7.32万亩，地力培肥9.3万亩；建农田排渠219.5千米，农田灌渠96.88千米；整治（新建）山坪塘、新建蓄水池等小型水源工程452处；建机耕路23.72千米，田间生产路223.56千米。

测土配方施肥：2014年，测土配方施肥补贴项目共计完成测土配方施肥技术推广面积473.5万亩，配方肥推广面积191万亩，配方肥施用量（折纯）2.9万吨，采集分析土壤样品1042个，建设万亩示范片8个，村级示范方34个，培训农户2.87万人次，开展田间小区试验34个。

耕地保护与质量提升：2014年耕地保护与质量提升项目，共计推广秸秆还田腐熟技术30.2万亩，超额完成任务6.2万亩，秸秆还田率达95%；推广地力培肥综合配套技术16.2万亩；完成对比试验及效果监测点20个，万亩示范片4个，技术培训1.2万人次，印发宣传资料4.9万份。2014年全市共种植绿肥28.91万亩，其中细绿萍种植面积1万亩，红萍萍种植面积4.3万亩，紫云英种植面积3.5万亩，胡豆种植面积14.06万亩，豌豆种植面积3.55万亩，其他绿肥作物种植面积2.5万亩。共计推广秸秆还田面积144.8万亩，秸秆还田利用量达102.41万吨，占秸秆总量的65%左右；全市农家自制有机肥施用总量达120万吨，商品有机肥使用量1.8万吨，亩平均施肥量达460千克左右。

城乡环境综合治理：2014年，市城乡环境综合治理农业面源污染防治工作及“进村社”活动涉及的总农户数达到41.82万户，城乡环境综合治理相关宣传及农业面源污染防治涉及的村数累计达到1089个，农业面源污染防治典型示范的村数达到51个，成效比较显著；推广秸秆腐熟还田、机械还田、堆沤还田、过腹还田等综合利用技术，促进秸秆肥料化、基料化和能源化利用，“以疏促堵”防止秸秆露天焚烧，有效改善农村环境质量。各级涉农项目推广的秸秆腐熟还田、堆沤还田、机械还田、过腹还田等推广面积总数182.5万亩。围绕农村清洁工程“三池一站”建设、沼气工程“一池三改”建设，有机农业生产基地建设，实现农村生活垃圾污水、农业投入品废弃包装物、畜禽粪便、农作物秸秆等废弃物无害化处理。大力推广测土配方施肥、绿色防控，农膜科学施用等节肥、节药、节膜清洁生产技术，减少不合理农药、化肥、农膜施用，有效遏制农田、居家和公共水源环境造成的面源污染。推广测土配方施肥面积473.5万亩，性诱剂、以螨治螨、色板、频振诱虫灯、生物导弹等绿色防控技术推广面积总数4.5万亩，通过残膜回收试点等工作的开展，带动各地残膜回收的总量1542吨，成绩显著；处理化肥、农药、除草剂等农业投入品包装袋（瓶）13000千克。

【农技推广】　选用优质良种：督促各区市县结合本地实

际，广泛开展主推品种宣传，备足种子，保证供应，确保优质高产良种覆盖率90%以上。大力推广先进实用技术：水稻旱育秧技术推广面达到130万亩以上，全市所有冬水田、冬闲田等全部实行旱育秧栽植，并坚持旱育保姆拌种、双膜覆盖保温育苗、集中统一育苗，有效防治旱育秧烂种、死苗。玉米肥团育苗移栽面积达到90%以上，杜绝玉米直播、迟播，并因地制宜抓好玉米地膜覆盖膜侧集雨栽培技术的组装配套。麦/玉/豆新三熟栽培模式在全市推广面积达到30余万亩。狠抓新技术示范：在前两年试验水稻人工直播技术取得初步成功的基础之上，2014年，各地积极开展水稻直播新技术生产示范。全市示范面积达到6480.6亩，比上年的96.02亩扩大6300多亩。直播稻平均亩产581.6千克，比旱育秧（548.6千克）增产33.1千克，增6.0%；比机插秧（565.6千克）增产16.0千克，增2.8%。全市示范的直播稻比旱育秧增产稻谷214.5吨，按稻谷一般市场价（2.6元/千克）计算，增加产值55.8万元，增加收益141.9万元。同时，指导各区市县开展油菜直播示范，全市人工直播面积达到1000亩以上，机播面积达到2万亩以上，示范效果良好。强化高产创建示范带动：在更大规模、更广范围、更高层次上开展高产创建活动。市级高产创建完成水稻、玉米、大豆、小麦、油菜和洋芋六大作物各10万亩任务，示范区实现技术良种配套、农机农艺融合、病虫草害统防、科学配方施肥、种植模式创新，带动大面积各项技术的普及。完成省级高产创建，全市完成省级高产创建8.43万亩，通过验收，各项技术、产量指标达到创建要求。落实部级高产创建，完成农业部高产创建14万亩（广安区5万亩、岳池县5万亩、华蓥市4万亩）任务，顺利通过部级验收。

【蔬菜生产】 2014年，全市蔬菜产业狠抓产业基地建设，着力万亩蔬菜示范区建设，大力引进蔬菜种植业主，突出抓好蔬菜销售市场培育，蔬菜产业化进程不断加快。全市蔬菜种植面积（复种）达到205万亩（业务统计），其中蔬菜基地面积达到62万亩以上，比2013年增加5万亩，设施蔬菜面积达到48万亩，比2013年增加5万亩。全年蔬菜和食用菌产量241万吨，增长2.4%。

蔬菜基地建设。各地按照蔬菜产业发展规划，坚持集中连片发展，大力推进商品蔬菜生产基地建设。全市主要公路干线规模种植蔬菜26万亩，沿江河坝蔬菜基地发展到14万亩，高山反季节蔬菜基地发展到5.4万亩，近郊商品蔬菜基地面积达到16.6万亩，全市蔬菜生产基地面积达到62万亩，比2013年增加5万亩。岳池县在主要公路沿线建立优质无公害反季节西瓜基地3.1万亩，在石垭、九龙、朝阳、乔家、坪滩建立蔬菜基地10.6万亩。广安区在大龙、崇望、协兴、悦来、大安建立商品蔬菜基地9.4万亩，渠江沿岸种植早春菜用洋芋4.1万亩。武胜县在飞龙、白坪、三溪建立蔬菜基地4.6万亩。

蔬菜万亩示范区建设。在去年新建和改造的万亩示范区基础上，坚持集中成片推进，统一规划布局，全市新建和改造蔬菜示范区12个，涉及17个乡（镇），面积达13.7万亩。岳池县在九龙、朝阳、乔家3个乡（镇）新建和改造蔬菜示范园区面积2.7万亩；广安区在大安、悦来2个镇新建蔬菜示范区面积2.1万亩；武胜县在三溪、白坪2个乡（镇）新建和改造蔬菜示范区面积2万亩。

蔬菜新品种、新技术引进和示范。2014年，全市共引进100多个产量高、品质好、抗逆性强、市场潜力大的国内外新品种试点示范。岳池县引进辣椒、番茄、苦瓜、甜瓜、南瓜等蔬菜良种40多个，进行示范推广。育苗重点推行工厂化育苗、穴盘育苗和设施育苗，2014年，全市设施育苗达到13亿株；播栽重点推广双膜栽培、大棚等设施种植技术，面积达到48万亩，比2013年增5万亩。岳池县以省蔬菜产业创新团队为支撑，新建品比试验基地2个，新品种、新技术、新模式推广基地2个。业主引进、龙头培育和蔬菜营销。各地通过出台一系列优惠政策，大力引进和培育蔬菜生产、加工龙头企业、专业合作社和农业业主。通过财政资金、项目资金牵引，带动一大批农业业主、龙头企业发展蔬菜产业，建设标准化基地，增强蔬菜龙头企业和农业业主的示范带动作用。2014年，全市新引进蔬菜种植业主26个，新建蔬菜专业合作社11个，销往重庆等外地的蔬菜达110多万吨。全市通过参加西博会、彭州菜博会等，大力宣传蔬菜产品，不断拓宽蔬菜销售渠道，畅通销售市场。岳池三安蔬菜专业合作社积极拓展重庆、南充市场，2014年销往外地的紫甘蓝、甜菜等精品蔬菜8000多吨，产值1500多万元。广安聚丰贸易有限公司销往香港的菜心等260多吨，产值达430多万元。蔬菜产业发展投入。2014年，全市落实涉农项目和财政资金1.3亿多元用于蔬菜产业发展。带动龙头企业、业主、专合组织、群众自筹产业发展资金达1.8亿余元。

【种子管理】 2014年全年共引进新品种20个以上，全市主要农作物良种覆盖率达98%以上。全市共组织执法人员967人次、车辆7台，开展种子市场清查，检查种子经营门市519个，纠正违规经营行为15起。全市共抽查种子样品数821个，其中玉米410个，水稻393个，油菜15个，其他3个。查出不合格样品12个，合格率达到98%。全年共查办种子案件14起，结案14起，涉案种子3.8万千克，案值78万元，处以罚款3.12万元。全市共抽检六区市县的种子批发、零售商53家，扦样水稻品种37个，玉米品种39个，对扦取的种子样品进行净度、发芽率和水分三项质量指标检测，共检出不合格种子样品3个（其中水稻1个、玉米2个），抽检样品合格率达96.1%。同时送样18个品种（其中水稻7个、玉米11个）到省种子站进行纯度和真实性检测，合格率88.9%。对华蓥市种子站在李光凤扦取的水稻“金优18”品种、邻水县种子质量监督检验站在廖小红扦取的水稻“川香优198”品种真实性存在的问题，进行严格的限期确认和核实。全市共抽取油菜品种24个，其中武胜县12个，广安区5个，华蓥市7个。被抽检种子的净度、水分、发芽率等质量指标合格率在95%以上。

【蚕业工作】 2014年，全市蚕桑行业在茧丝绸行情下滑形势下，稳定蚕桑生产总量，全市全年共计养蚕60061张，生产茧3260吨，蚕桑总产值12010余万元，完成生产任务。全市开展小蚕共育70余处、共育蚕种3000多张，在季养蚕1张以上的农户全面普及蚕台省力化饲养，推广1万多处养蚕3万多张，新推广纸板方格蔟50多万片，纸板方格蔟上蔟占养蚕总量的30%左右。同时积极开展统一配送养蚕药物、统一消毒等工作，大力推广农桑12号、农桑14号、嘉陵20号、无核大十果桑等优良桑树品种，通过这些工作大大提升全市栽桑养蚕技术水平，全市养蚕单产、蚕茧质量稳步提高，栽桑养蚕效益在蚕茧价格下跌的情况下保持稳定。纸板方格蔟旋转架自动上蔟技术在武胜县、广安区推广面进一步扩大，武胜县桑枝菇种植推广面继续扩大，形成规模。

【种子质检】 2014年，全市共抽检六区市县的种子批发、零售商53家，扦样水稻品种37个，玉米品种39个，对扦取的种子样品进行净度、发芽率和水分三项质量指标检测，共检出不合格种子样品3个（其中水稻1个、玉米2个），抽检样品合格率达96.1%。同时送样18个品种（其中水稻7个、玉米11个）到省种子站进行纯度和真实性检测，合格率88.9%。对华蓥市种子站在李光凤扦取的水稻“金优18”品种、邻水县种子质量监督检验站在廖小红扦取的水稻“川香优198”品种真实性存在的问题，进行严格的限期确认和核实。同时，全市共抽取油菜品种24个，其中，武胜县12个，广安区5个，华蓥市7个。被抽检种子的净度、水分、发芽率等质量指标合格率在95%以上。

（王庆国）

畜牧业

【概况】 2014年，全市畜牧业产值105.41亿元，同比增加1.45%，占农业总产值的比重达41.57%。实现农民人均畜牧业现金收入3250.2元，牧业纯收入1449.7元，同比增长8.6%，占家庭经营纯收入的37.82%。畜牧业已成为繁荣农村经济、促进农民增收的支柱产业。2014年，全市出栏生猪425.8万头、家禽2887.5万只、肉牛4.7万头、肉羊35.7万只、肉兔506.8万只，同比分别增长2%、2%、4.2%、3.4%、3.3%；肉、蛋、奶产量分别为35.76万吨、6.78万吨、2843吨，同比分别增长2.1%、1.3%、0.7%。

【品种改良】 2014年，生猪三元杂交面达93.98%，牛、羊、禽、兔良种面分别达到64.2%、96.8%、97.26%、98.17%。新建岳池县石垭镇张口楼种猪场、邻水县八耳正大方圆种猪场和武胜天兆中心种猪场等3个常年存栏千头以上优质种猪扩繁场，改建标准化人工授精站1个。全市已建成区域性生猪一级扩繁场4个、标准化人工授精站15个，现有各类种畜禽场76个，牛、羊、禽、兔的良繁体系建设及品种改良推广工作取得显著成效，种畜禽自给能力不断增强。

【规模养殖】 2014年，新（改扩）建畜禽标准化规模养殖场（小区）113个，全市3.2万余户农户发展畜禽适度规模养殖，已建成生猪基地乡（镇）62个、家禽基地乡镇43个，国家商品瘦肉猪生产基地、商品猪储备基地和生猪调出大县4个，现有各类畜禽规模养殖场（小区）5224个，创建部级畜禽养殖标准化示范场10个、省级22个。初步建成广安区悦来—杨坪—井河、前锋区观塘—代市、岳池石垭—乔家—朝阳、武胜县飞龙—白坪、邻水县袁市—丰禾—复盛—石滓、华蓥市高兴—阳和等六大现代畜牧产业园区，生猪、家禽规模养殖比重分别达到67.3%、67.8%。

【产业化经营】 产业化水平不断提升。全市现有市级以上重点龙头企业24个，广安天兆、岳池四海、广安心动、华蓥永泰、邻水金亿、邻水勇鹏等六个大中型生猪加工企业，年屠宰加工生猪能力238万头。经工商部门注册登记的畜牧专业合作社321个（其中市级以上示范专业合作社44个），社员12242个，社员年均纯收入达1.09

万元。

产业品牌不断增多。培育发展无公害畜产品产地认定70个、无公害畜产品认证62个，国家地理标志商标2件（武胜仔猪、广安盐皮蛋），全省著名商标1件（武胜县醉仙麻辣牛肉食品有限责任公司），市知名商标19件，邓小平故里“华蓥山”优质农产品创建工程加快推进，以武胜仔猪、邓家盐皮蛋、醉仙牌麻辣牛肉、桂兴山羊、翠湖土鸡等为代表的畜牧品牌远近闻名。

机制模式不断创新。各类畜牧经营主体由单一家庭经营向多主体、多领域合作经营转变，逐步形成“规模养殖场户+农户”“养殖小区+农户”“专合社+基地+农户”“公司+农户”“龙头企业+农户+基地”“龙头企业+专合社+农户+基地”等生产经营模式，探索形成“公司+农户”的生猪订单养殖、“专合组织+农户”的家禽寄（托）养、“小区+农户”股份合作养殖、“专合组织+农户”产销结合养殖、“规模养殖场户+农户”带动养殖等多种生产经营机制，带动农户9万多户，户均牧业增收3500元以上。

【疫病防控】 全年未发生区域性重大动物疫情、动物源性食品安全及人畜共患病，保障市畜牧业持续健康发展。全市累计免疫猪O型口蹄疫408.21万头、牛O型-亚洲I型口蹄疫13.91万头、羊O型-亚洲I型口蹄疫37.32万头、猪瘟408.21万头、高致病性猪蓝耳408.21万头、高致病性禽流感3201.68万羽、新城疫2277.09万羽，免疫密度、免疫标识佩戴率均达100%。调运消毒药品50.6吨，养殖场、养殖大户自购消毒药32.9吨，对畜禽饲养圈舍集中消毒7919万平方米，消毒面达100%。组织、调运、发放口蹄疫疫苗934.31万毫升、猪瘟疫苗997.5万头份、高致病性猪蓝耳疫苗633万毫升，高致病性禽流感4885万毫升，新城疫3400万羽。落实重大动物疫病防控工作专项经费1839.39万元，其中市级安排20万元，县级安排1512.29万元，乡级财政安排307.1万元。紧急做好小反刍兽疫防控工作，全市现已免疫羊44753只，疫苗利用率达84%。尚未发现羊的急性发热、腹泻、口炎等临床异常和死亡现象。中心实验室参加全省市（州）级兽医实验室检测能力比对，检测血清样品10份、病原学样品5份，结果准确率为100%。

春秋动物防疫工作通过省上验收合格。春季重大动物疫病免疫抗体省中心检测合格率分别为O型口蹄疫合格率为71.82%，亚洲I型口蹄疫（牛羊）合格率为90%，猪瘟合格率88.89%，猪蓝耳病88.89%，禽流感88.89%，鸡新城疫88%；秋季重大动物疫病免疫抗体省中心检测合格率分别为O型口蹄疫合格率为75.45%，亚洲I型口蹄疫（牛羊）合格率为93.33%，A型口蹄疫（牛羊）合格率为70%，猪瘟合格率81.25%，猪蓝耳病97.5%，禽流感97.75%，鸡新城疫98.18%，均达到部省标准要求。

全市共抽取饲料质量监督样品80批次，抽检合格率100%。抽检兽药经营环节、使用环节兽药样品30批次，查出假兽药3批次，不合格兽药全部进行无害化处理。抽检鸡蛋样品80批次，猪肉样品120批次进行兽药残留检测，全部安全可靠。抽检400批次猪肉（肝）、禽肉（肝）进行呋喃唑酮、呋喃他酮等违禁物品检测，检出率为零，畜产品质量安全可控。全面实施兽药GSP规范，切实加强兽药经营监管和执法检查。继续组织开展兽药经营资质清理活动，依法查处和取缔无证经营、超范围经营等违法行为。对辖区内已取得《兽药经营许可证》的兽药GSP经营企业进行监督检查，重点检查供应商质量档案、产品来源、购销记录等兽药GSP规定的执行情况，依法查处违反兽药GSP规定的行为。

【行政执法】 全市共出动执法检查人员1985人次，开展兽药专项清理整治5次，饲料专项清理3次，整治饲料兽药市场20个次，整治重点区域8个，检查兽药经营企业135个次，饲料经营企业215个次，使用单位4826个次，查获不合格饲料产品500千克，全部进行无害化处理。查获不合格兽药产品285千克、69个品种（批次）、389盒（瓶），没收假劣兽药58个品种，货值共计0.4万余元，处罚款0.8万余元。

【领导人】 机构改革前市畜牧局领导（11月止）：党组书记、局长：杨贵德，党组成员、副局长：刘晓清、唐世富，党组成员、纪检组组长：甘毅（6月止）。

（王庆国）

农业机械

【概况】 2014年，广安市农机工作坚持以“现代农业产业基地建设示范市”“千万工程”和新农村建设为中心，围绕农业增效、农民增收、农机发展目标，加快推进农业机械化示范市（县）建设。全市农机总动力达到201.3万千瓦；机耕作业309.5万亩，水稻机械化育插秧44.19万亩，水稻机收161.1万亩，油菜机播41.3万亩，耕、种、收综合水平达到52.2%；新建机电提灌站20处/20台/638千瓦；维修改造提灌设备20台/420千瓦；提水1.644亿立方米，保灌面积78万亩；培训各类农机人才2.03万人次，推广先进适用农业机械3.8万台（套）；全市农机专业合作社已达到38个；农机安全零事故；“李冰杯”考核获得全省二等奖第一名。

【农机装备水平】 实施购置补贴资金1138.342万元，补贴各类机具15397万台/套，受益农户达12036户。农机总动力达到201.3万千瓦（其中柴油发动机动力121.5万千瓦，汽油发动机动力30.7万千瓦，电动机动力48.9万千瓦，其他机械动力0.18万千瓦），比2013年的187.8万千瓦增加13.5万千瓦，增长7.2%。其中：拖拉机总量879台/18032.4千瓦，拖拉机配套农具3749部；耕整机51076台/230521千瓦，比2013年42956台/206137千瓦增加8120台/24384千瓦，增长11.8%；排灌动力机械48486台/277945千瓦，比2013年46649台/265778.7千瓦增长4.6%；联合收割机535台/16816千瓦，比2013年511台/16495千瓦增加24台/321千瓦；机动脱粒机150501台/294290千瓦，比2013年增长8.7%；农产品初加工动力机械102510台/333126千瓦比2013年增长8.2%；运输机械平稳增长，农用运输车8193台/225442千瓦，比2013年数量和功率增长1.7%。

【农机化发展】 全市农机系统围绕“全省整体推进现代农业产业基地建设试点市”和建设社会主义新农村的总体要求，以实现农业节本增效、农民节支增收、农机跨越发展为目的，着力在水稻、油菜机械化生产技术攻关、政策引导、试验示范、主体推动上下功夫，对水稻机械化育插秧、油菜机械化播收实施作业补贴，调动区市县政府近1000万元的资金投入。与江苏、河南等省农机跨区机收服务组织签订跨区机收合同，引进联合收割机进入全市各地跨区作业，跨区组织与水稻种植合作社、种植大户、重点乡（镇）、村建立稳定的合作机制，确保稻谷颗粒归仓。主要农作物的耕、种、收综合机械化水平达到55.14%。

【农田水利建设】 全市新建机耕便民道2164千米，其中村组道路428千米，田间机耕道869千米，入户便民道867千米。累计投工49.7万个，资金投入29762万元，其中各级财政投入11348万元，社会投入18414万元，完成年度目标任务的108%。全市机耕便民道总里程达到11375千米，田间通达率达68%以上，服务面积达160万亩以上。机电提灌站建设在全省率先纳入市办民生工程，市级财政以奖代补，统筹安排专项补助资金120万元，全市共新建20处、维修20处机电提灌站，新增灌溉面积20万亩，3万多农户受益。

新增提灌机械950台/11160千瓦，完成提灌维修改造3460台/34270千瓦，新增机械节水灌溉面积5600万亩。机耕便民道、提灌站的建设，提高农业综合生产能力，推动土地规模经营，助推新机具新技术的推广应用。

【领导人】 机构改革前市农机局领导（11月止）：党组书记、局长：龙兴平，党组成员、副局长：白健、汤志刚，党组成员、纪检组组长：舒伟。

（王庆国）

水产业

【概况】 2014年，全市水产业坚持生态优先、养捕结合和以养殖为主的发展方针，确保市场水产品有效安全供给和渔民持续增长，切实加强水产健康养殖、新农村水产示范基地建设、新型渔业经营主体培育、水产养殖质量监管、渔业科技应用与推广、渔政管理与执法，促进渔业稳定持续健康发展。全市完成水产品产量6.13万吨、渔业经济总产值10.589亿元，分别比上年增长1.79%、2.07%。

【加快发展现代渔业】 2014年，水产渔政工作以深入贯彻落实全国全省现代渔业发展电视电话会议为契机，按照《四川省人民政府办公厅关于加快现代水产业的通知》《广安市人民政府办公室关于加快现代渔业发展的实施意见》的要求，明确工作目标任务，落实工作责任，突出工作重点，加强工作指导，有力地推进生态优先现代渔业的发展。

【取缔网箱施肥养鱼】 认真执行广安市人民政府办公室印发的《取缔江河湖库网箱施肥养鱼工作实施方案》，加大指导督导工作力度，突出工作重点，针对工作难点开展督查工作，全面完成江河湖库网箱养鱼取缔工作任务，全市共取缔网箱12084只（其中水库12050只、江河234只）、水库施肥养鱼面积6.5万亩、渔业船舶812只、网具28700千克。

【健康养殖示范场】 以坚持生态优先、养捕结合和以养殖为主的发展方针为动力，认真开展渔业健康养殖示范场创建工作，引领业主立着力于区域特色水产养殖发展，大力推广渔业标准化生产、无公害健康养殖技术，全市完成申报验收国家农业部水产健康养殖场6个、无公害水产品基地3个，省级水产良种示范场1个，注册渔业商标22个。

【新型经营主体渔业】 鼓励支持发展专业大户、专业合作社、龙头企业、家庭渔场等经营主体，积极组织引导分散的农户有效建立水产专业合作社，实行统一的标准化生产，提高进入市场的组织化程度，带动养鱼农户实现水产养殖向规模化、标准化、产业化、特色化发展。全市新培育渔业专业大户8户，打造家庭渔场4个，注册专业合作社6个。

【水产养殖质量】　认真执行农业部《水产养殖质量安全管理规定》，抓住生产环境、生产投入品、生产过程和上市产品质量安全监控四个关键环节，深入开展水产养殖环境、养殖质量、渔用物质打假、违法添加非食用物质和滥用食品添加剂专项整治行动，加强渔业基地养殖环节用药行为的监管和养殖品种药残抽检，重点检测养殖品种中非法添加氯霉素、孔雀石绿、硝基呋喃等禁用药物。全市共检查渔业养殖场（库）505户、加工流通环节146户，完成渔业养殖药残抽检品种278个，其中县级抽检品种250个，省级抽检品种28个，检测的水产品合格率为100%。

【平安渔业】　认真贯彻落实2014年2月1日实施的《四川省渔船渔港管理办法》（省政府令274号），采取以会代训的办法加强渔民的宣传学习培训，深入开展水产行业“安全生产月”活动，切实开展一年一度渔业船舶检验和船员考核工作，积极开展“百日安全生产”、汛期渔业安全风险隐患排查、船用产品质量整治、冬季渔业船舶安全大检查等一系列渔船安全执法检查行动，对违法违规的渔船严厉查处，确保全年未发生重大渔业生产安全事故。全市共整治隐患渔船21只，查处处罚渔船安全违规行为10起。

【渔业资源增殖保护】　严格实施春季禁渔，采取张贴禁渔通告标语、手机短信、新闻媒体等多种形式加强宣传，采取明察暗访、交叉检查、同步执法等多种方式执法检查，查处江河违规捕捞船17艘，市场餐馆经营大河鱼8起，取缔违禁渔具14片，没收渔获物还江128千克。打击非法捕捞活动采取市县联合执法分组行动的方式，依法查处嘉陵江、渠江及重要河段电鱼等非法捕捞行为，违法捕捞得到有效遏制。全市共依法查处电鱼15起、没收电鱼器15台，查处违法网具25起、没收网具5800米。人工增殖放流科学制定实施方案，严格按照农业部水生生物增殖放流管理规定，全市在嘉陵江、渠江及其河流投放鱼种368万尾，渔业资源得到有效增殖养护。

（王庆国）

林　业

【概况】　2014年，广安市林业局狠抓城乡绿化美化，加快林业产业发展，强化森林资源保护，加强林业队伍建设，完成年度目标任务。全市林地面积达到308万亩，森林覆盖率达38.9%，实现林业产业总产值60.98亿元，农民人均从林业上获得收入1191元。市林业局被市政府记二等功，被市委、市政府表彰为“邓小平诞辰110周年纪念活动”先进集体；获全省农田水利基本建设三等奖。

【造林绿化】　营造林工作稳步推进，完成营造林面积31.5万亩，完成2013年中央财政森林抚育补贴项目8万亩，实施2013年中央财政造林补贴项目7.1万亩，建设珍稀树木示范基地2000亩。认真贯彻落实市政府《关于加强林木种苗工作意见》，积极发展优良品种和引进科技育苗技术，大力培育优质核桃、花椒、桢楠、香椿、香樟、银杏等苗木，完成林业育苗3077亩，产苗量达487万株。广泛开展全民义务植树活动，义务植树参加人数达216.6万人，栽植树苗646.5万株。

【产业发展】　落实管护责任，加强补植补造、除草施肥和病虫防治，林业产业基地普遍长势良好。按照《关于加快全市现代林业产业发展的意见》和整体推进现代林业产业基地建设的要求，广泛吸引企业参与后续产业发展，狠抓以桢楠、香椿为主的珍稀树木基地，以核桃、花椒为主的特色经果林基地，以泡桐、巨桉、杨树为主的工业原料林基地建设，全市新建现代林业产业基地面积12万亩，其中工业原料林基地面积4.3万亩、特色经果林基地面积4.1万亩、珍稀树木基地面积2.5万亩，其他1.1万亩。加大林业龙头企业和专业合作组织的培育力度，扶持资源培育型龙头企业3户，新建林业专合组织15个。引导林下种植、林下养殖和森林景观利用等林下经济发展，提高全市林地综合管理水平和经济效益，全年发展林下经济6.3万亩，其中林下养殖1.5万亩、林下种植2.2万亩、森林景观利用2.6万亩。

【生态建设】　严格按照国家、省（部）颁布的自然生态环境治理的相关法律、法规和规范性文件的要求，认真编制《华蓥山区生态修复工程规划纲要》和《华蓥山区生态修复工程实施总体方案》，为全市生态建设工作提供科学依据。

华蓥山大熊猫野化放归培训基地建设项目进展顺利，3月，市人民政府与中国保护大熊猫研究中心签订《华蓥山大熊猫种群重引入科研项目合作协议》，编制上报华蓥山大熊猫野化放归培训基地建设项目申报书，建成华蓥山大熊猫野化放归培训适应基地，8月23日大熊猫“云涛”“阳花”正式入住该基地，开始大熊猫野化放归培训工作。

4月4日，在思源广场举行广安市2014全国第33届“爱鸟周”活动启动仪式，本次爱鸟周主题为“爱鸟更爱自然，共建美好家园”。

湿地保护利用工作开始起步，组织人员先后赴成都市、山东省、江苏省等地对湿地保护管理工作进行考察学习，委托四川省林业调查规划设计院对广安市湿地资源保护利用开展规划设计，就编制《广安市全域湿地保护利用总体规划（2015—2030年）》和《四川广安白云湖国家湿地公园总体规划》达成共识。

【资源管理】 狠抓森林防火工作，层层签订森林防火目标责任书13万余份，加强《森林防火条例》等法律法规宣传，组织开展森林防火工作检查和火灾隐患排查活动76次，排查和整治各类森林火灾隐患120处，重点森林火险区综合治理第一期项目建设进展顺利，建立广安市和邻水县森林防火指挥中心和24个林火视频监控前端。认真做好林业有害生物监测、预警和防治工作，加强林木种苗产地检验检疫和疫木处理，严防外来有害生物入侵，全年林业有害生物防治面积23.75万亩，防治率为99.79%，林业有害生物发生测报准确率为98.02%，产地检疫率达100%。加强森林资源管理，截至2014年年底，全市现有林地面积308万亩，新增森林蓄积9.3万立方米，活立木蓄积达761万立方米，森林覆盖率达到38.9%；实施天保工程森林管护134.7万亩，完成天保工程公益林建设任务1万亩，占目标任务的100%；全年森林采伐林木9852.1立方米，占省上下达限额的8.22%；开展林地专项清理整治“亮剑行动”，重点对华蓥山地区进行专项整治，迎接国家林业局驻成都专员办对遂广高速征占用林地专项检查。

【科技推广】 举办“科技三下乡”“科普之春”和“科技活动周”活动，编制印发各类林业实用技术和政策法规培训资料5万余份，推广新品种29个、新技术44项。认真实施科技项目，2012年度省级财政林业科技推广项目—核桃丰产栽培技术推广示范项目通过省上的验收，完成2013年度中央财政林业科技推广项目，建成高标准青花椒示范基地500亩。大力推广核桃、花椒、香椿、香樟丰产栽培技术，建立科技示范户900余户，建立科技推广示范基地面积1.5万余亩，辐射面积10万余亩，增加产值1000多万元。

【林业经济】 全年实现林业产值60.98亿元，农民人均林业收入1191元。争取现代林业产业发展、农业综合开发、扶持林业专合组织发展、石油价格补贴、国有林区棚户区危房改造、林业有害生物防治、森林防火、巩固退耕还林成果、天然林资源保护、林业科技推广等项目，到位资金3.05亿元。全年完成招商引资4.4亿元，引进弘宇木业、长宁木业、祥盛林业等3户有实力的林业投资企业。

【行政执法】 维护林区社会稳定，依法管理、综合施策，全力做好林区综合治理，全年查处涉林信访案件21起，回复21起。严厉打击涉林违法犯罪行为，全市共办理森林和野生动物刑事案件、治安案件、行政案件559起，破案558起，破案率99.82%，其中共立森林和野生动物刑事案件23起，破案22起；受理林业行政案件533起，查处533起；受理涉林治安案件3起，查处3起。调处各类涉林纠纷143起，收缴野生动物284只，收缴罚款125.31万元。查处华蓥山景区非法征占林地案等大案要案4件，达到侦办一案、震慑一方、教育一片的目的。

【民生帮扶】 扎实开展“走基层”活动，以“挂、包、帮”“三联五帮”等扶贫帮困活动为载体，深入定点联系贫困村邻水县西天乡后山村和广安区肖溪镇凉滩村开展调查研究，帮助制定发展规划，在发展林业产业方面提供项目支持和技术指导，共确定结对帮扶贫困户25户、帮带户20户、贫困中小学生5名，送去帮扶资金1.3万元和大米、食用油等生活用品。帮助广安区浓洄街道办事处厚街社区改善办公条件，捐助资金3000元，送去办公桌椅3套。按照市委统一安排，为协兴镇战旗村筹集资金1万元，帮助其深入开展基层党的建设。

【熊猫安家华蓥山】 3月25日，省林业厅在广安组织召开华蓥山地区大熊猫种群重引入可行性专家论证会，通过华蓥山地区可以作为大熊猫种群重引入栖息地的专家评审，国家林业局熊猫办张德辉处长，四川省林业厅降初副厅长、广安市委常委、政法委书记肖雷等领导出席会议并讲话。4月17日，广安市与西华师范大学正式签订编制《四川华蓥山（大熊猫）自然保护区综合科学考察报告》项目协议。7月29日，国家林业局批准广安市在华蓥山建立大熊猫野化放归培训基地。8月13日，国家林业局组织专家组对华蓥山大熊猫野化放归培训基地进行验收。8月20日，市政府新闻办公室召开华蓥山大熊猫野化放归培训基地启用及大熊猫入驻基地活动新闻发布会。8月21日，“云涛”和“阳花”两只大熊猫入驻华蓥山大熊猫野化放归培训基地。8月23日，华蓥山大熊猫野化放归培训基地启用及大熊猫入住仪式在华蓥山举行。国家林业局副局长陈凤学出席仪式并宣布大熊猫野化放归培训工作正式启动，省林业厅副厅长马平出席仪式并讲话，市委书记侯晓春在仪式上致辞，市委副书记、市长罗增斌主持仪式，市政协主席刘凤成出席仪式。

【领导人】 党组书记、局长：刘健（11月止）、杨贵德（11月起）；党组成员、副局长：何伟；党组成员、纪检组组长：袁宏；党组成员、副局长：周绪华；党组成员、调研员：刘度南；党组成员、森林公安局局长：吕先忠。

（林业局）

水 务

【项目工作】 争取外部支持。坚持不定期向水利部、长江委、省水利厅以及市委市政府领导报告工作，争取支持。市委书记、市长多次主持研究“洁净水”行动、水利项目建设、防汛抗旱和水资源管理，且抽出时间专门赴水利部、省水利厅汇报工作；肖雷常委、志荣副市长多次出席水务工作会议，采取“罚点球”方式向各区市县政府交任务、提要求、传压力。长江委、省水利厅更是给予广安特殊关怀，特别是在中型水库前期工作上，坚持第一时间审查，最快速度批复。到位资金首破七亿。全市水务系统抓住中省加大水利投资、“9·13”灾后重建、重大水利项目获批等难得机遇，编规划、包项目、做方案、争支持。全市获批中省项目64个，到位资金7.17亿元，分别较上年增长25.1%、25.4%，实现历史性突破。项目落地迅速及时。重大水利项目快速推进，新建猫儿沟、回龙寺、龙滩、向阳桥四座中型水库全部成功立项并开工建设两座，为实现“十二五”期间开工“5+1”座中型水库奠定坚实基础。小型水库前期工作跟进迅速，邻水县张家冲、广安区黄桷、岳池县灵泉寺3座小型水库编制完成可研报告并先后报审。岳池县、前锋区成功竞得第六批中央财政小型农田水利重点县项目，新增107座病险水库纳入中省补助范围，一批江河堤防、中小河流治理、坡耕地治理等项目先后纳入中省投资计划并预安排建设资金。

【民生水利】 水利建设投资增速。全年开工水利项目142个，完工162个，完成投资16.2亿元，较上年增长13.6%。应家沟水库、七一水库工程、关门石、天池湖水库渠系配套加快建设；中小河流项目开工7个、完工5个；农村水电增效扩容项目已有5个完成主体设备安装；全民水库增容改造、西溪河堤防一二期、渠江花园右岸中段至新大桥护岸工程等项目全面完工，坡耕地治理、农发水保、小农水项目完成年度建设任务并通过验收，岳池县第三批小农水2013年度绩效考评为优秀县，列全省第二名。农建管理再上台阶。全市坚持以争创“李冰杯”为统揽，按照“规划引领、整合资源、产村相融、助农增收”思路，狠抓水利、新村、产业、农旅结合，集中连片推进农田水利示范区建设，打造示范区12万亩，实现农建综合管理“夺冠”目标。通过以点带面、以条带块，全市完成渠系配套及防渗220千米，新增有效灌面、节水灌面18.7万亩，新建集雨节灌工程625处；治理水土流失面积65平方千米；完成20座小（2）型病险水库除险加固及蓄水验收；整治山平塘1350口；新建集中供水工程77处分散供水工程586处，解决19.167万人饮水不安全问题。渔业发展态势良好。全市完成水产品产量6.13万吨，完成渔业经济总产值10.589亿元，分别比上年增长1.79%、2.07%。狠抓现代渔业基地建设，出台广安市加快现代渔业发展的实施意见，全年申报并验收国家农业部水产健康养殖场6个、无公害水产品基地3个、省级水产良种示范场1个，新培育渔业专业大户8户，打造家庭渔场4个，注册专业合作社4个。狠抓水产品质量监管，检查渔业养殖场（库）505户、加工流通环节146户，完成渔业养殖药残抽检品种278个，水产品检测合格率达100%。

【水资源管理】 最严水资源管理制度基本建立。市政府将用水总量、用水效率、水功能区限制纳污“三条红线”指标分解下达到区市县、园区，出台实行最严格水资源管理制度实施意见和考核办法；市和各区市县水资源规划和全市水资源（饮用水源地）保护规划通过专家审查，市境内全国重要江河湖泊水功能区标志设立全面启动；国控取水户监控能力建设项目加紧实施，北控水厂取水设施通过验收；《广安经济开发区奎阁（临港）园区》规划水资源论证报告通过省水利厅技术审查；全市219套取水许可证173个入河排污口46座承担供水功能水库完成基本信息调查；岳池县、邻水县节水型社会建设完成中期评估检查。

【“洁净水”行动】 扎实开展河道内源治理、取缔网箱养殖两大专项行动，完成岳池县西板乡西溪河等6条河流治理，新建堤防18.8千米，治理河道32.5千米；江河湖库网箱养鱼取缔基本完成，取缔网箱1.2万只、水库施肥养鱼6.5万亩和全民、五排水库渔业船舶812只、网具2.87万千克。饮用水源地保护和水生态文明建设进一步加强，对全市44座承担供水功能重点水库按季开展监测，启动渠江燕儿窝水源地安全保障达标建设；成功创建1个国家级、11个省级水利风景区。深入推进西溪河流域综合治理，整治、搬迁、关停规模养殖场45个，建成乡（镇）污水处理站7座，治理荒山荒坡2.18万亩，关停小水电5座，全面改造五福桥、检察院外泄洪闸，编制完成全民水库水资源调度方案。防汛抢险扎实有效。

【防汛救灾】 全面落实防汛责任，在市水务局网站、《广安日报》向社会公布2014年度332座水库的地方政府、主管部门、水管单位防汛责任人名单。强化防汛准备，在充实物资、完善预案、保障经费的同时，通过购买服务方式组建广安市水文局，有效提升全市防汛、水文技术力量。健全预警体系，山洪灾害防治县级非工程措施、中小河流水文监测系统建设一期工程已全面建成并投入使用，建成自动河道和水库水位站41个，自动雨量站204个。加强宣传演练，市和区市县先后举行抗御特大地质灾害、抗洪抢险演练，全市数万人次观演。强化抢险救灾，有效应对“9·13”洪灾，科学处置全民水库建库以来最大下泄洪水，积极组织灾后重建，努力将灾害损失降至最低。

【依法治水】 继续开展水土保持、河道管理、水资源管理三个专项执法行动，查处不执行水保“三同时”制度案件6起、发出监督检查记录表25份、书面整改通知书15份、补报编制水保方案10余个、审批水保方案40个；加强渔政行政执法，查处江河违规捕捞船17艘，市场餐馆经营大河鱼8起，取缔违禁渔具14片，没收渔获物还江128公斤，开展执法检查行动38次，查处电鱼12起；深入开展水政宣传，在《广安日报》刊发副市长钟志荣署名文章——《加强河湖管理维护生态健康》，市县两级向群众发放宣传资料10万余份。

【水务改革】 及时下放涉水行政审批事项，将取水许可等5项审批事项全部下放区市县；全面启动小型水利工程管理体制改革，印发全市深化小型水利工程管理体制改革实施意见，启动并完成小型水利工程现状调查摸底工作；创新水利项目主动征求群众意见机制，严格实行“规划请群众参与、实施请群众监督、效果请群众评价”制度；建立完善水利技术咨询评审专家库、水土保持方案评审专家库，选聘首批专家47人。12月，因农业系统机构改革，市水产站划归新组建的市农业局，其中4人合并到农业局。

【队伍建设】 扎实推进群众路线教育实践活动，结合“三联五帮”和“挂包帮”活动，全面建立“走基层”制度，局领导干部带队深入基层调研指导，帮扶慰问困难群众和水务系统困难职工40余人，收集整改群众反映强烈问题和“最后一公里”问题23个，整治“四风”问题20余个，修订完善局机关及行业管理制度30余个。狠抓基层党组织建设。认真落实局党组抓基层党建工作责任制，扎实开展“党员义工日”和“双报到”活动，严格落实党组织生活会和党员谈心制度，制定出台党员干部直接联系服务群众制度和局机关支部委员会工作制度。强化党风廉政建设，全面履行党风廉政建设党组主体责任和纪检监督责任，研究出台党风廉政建设和反腐败工作意见，层层签订目标责任书，组织党员干部赴成都金堂监狱开展警示教育活动，不定期组织收看反腐警示教育片。加强干部队伍建设，严格执行干部选拔任用工作条例，调整充实中层干部和科室人员，不定期开展青年干部成才教育，落实谈心谈话制度，成功举行全市水务系统第五届职工运动会，全面加强水文化建设，着力培养“信念坚定、为民服务、勤政务实、敢于担当、清正廉洁”的“五好”干部。

【领导人】 党组书记、局长：徐元武，党组成员、纪检组组长：吴恩军，党组成员、副局长：卢俊华、王孝华，党组成员、防汛办主任：杨运祥，党组成员、总工程师：胡勇。

（李春华）

气象服务

【基础业务】 2014年，全市地面气象观测质量综合指数为100%，国家级自动气象站传输及时率为99.86%，国家级自动气象站业务可用性为100%，区域站传输及时率国考站为98.05%，省级考核站为98.25%，自动土壤水分站传输及时率为99.79%。全市综合气象观测业务质量全面达标。

按照根据《中国气象局综合观测司关于做好全国地面气象观测业务调整工作的通知》工作安排，组织开展全市地面气象观测业务改革调整工作。进一步优化全市国家级气象台站人工观测任务，简化地面气象观测资料传输流程，提高观测数据传输时效和数据质量，减少人工观测工作量。晴雨预报准确率达79.6%以上，短期灾重天气评分为71.2分，节假日预报为85.6分。全年共制作发布临近天气预报、重要天气趋势预报、重要天气预警和气象灾害预警信号、气象服务快报、专题预报、暴雨诱发中小河流洪水气象风险预警、山洪地质灾害气象风险预警、环境污染预报、霾站点预报等信息服务材料共2513期次。

【气象预报】 全市各级气象部门高度重视预报服务工作，坚持“无微不至，无所不在”的服务理念，严密监视天气演变，加强省、市及周边地区预报联合视频会商，有效提高预报准确率和前瞻性，全年重要天气做到无漏报无错报，有效降低灾害损失，受到各级领导的肯定。针对元旦、春节、清明节、五一、中考、高考、端午、中秋和国庆等节假日，市气象台共发布30期专题预报，通过电视台、报纸等媒体及手机短信、电子显示屏等方式广泛向社会公众发布，服务效果深受社会公众好评。

2014年，汛期共出现“6·13”“7·11”“8·9—11”“8·26—27”“9·13—15”和“9·17”等6场区域暴雨天气过程和伏旱天气，市气象台均做出准确有效的预报服务。尤其是对2014年高温伏旱的发展趋势、持续时间、强度变化及“9·13”特大暴雨天气过程作出准确预报，为党委政府及时掌握气象情报和科学决策提供准确资料，切实有效的发挥气象部门在防灾减灾中的先行作用。在开展纪念邓小平诞辰110周年系列活动中，市气象局先后发布气象保障专题预报19期，确保纪念活动的成功举办。

【防灾减灾】 全市人影部门更新作业装备4套（由原来的BL-1型换成WR-98型），更换作业车辆2部，新增作业车辆1部，先后实施人工增雨作业12次，发射增雨火箭弹70枚，为保障重大社会活动、抗击高温伏旱和缓解雾霾做出巨大贡献。全市气象部门认真履行防雷减灾社会管理职能，强化防雷安全技术服务和行政执法检查，强化雷击风险评估、防雷装置安全性检测、重大建设项目防雷安全可行性论证服务，同时对各易燃易爆、危险场所、电源和网络信息等行业防雷工程进行安全性年度监测，全市共检测222个单位1200余栋处，对33个不合格单位进行整改，最大限度避免雷电灾害造成损失。

【气象现代化】 积极推广使用省市县三级预报业务平台和公共气象服务平台，推广运用SWAN系统、中尺度天气分析软件等，制作山洪地质风险预警服务产品和环境气象预报服务产品等，不断拓展服务领域。完成武胜县精细化暴雨洪涝灾害风险普查，在武胜县、广安区国家气象观测站各建设1套能见度自动观测仪。认真实施“三农”服务专项建设工作，新建电子显示屏3个。进一步补充完善气象信息员队伍，全市有乡（镇）气象协理员181名、村级气象信息员3572名，覆盖全市181个乡（镇、街道）和2772个行政村。进一步改进决策气象短信内容、频次，全市决策气象服务短信接收已达8000人次以上，覆盖市、县各级党政领导以及各乡（镇）、大部分行政村干部。开通广安气象微博和气象防灾减灾QQ群，进一步完善气象服务手段。岳池县气象局综合改善工程、广安区气象观测站整体搬迁工程、广安区雷达搬迁工程、市气象局综合楼改造工程等项目进入验收阶段。

【农信网服务】 农信网服务工作纳入全市农业农村工作目标考核，新建乡（镇）信息服务示范站6个。全市农信网服务人员认真做好本地的供求信息采集上传，全年上传供求信息369条。11月下旬，市农信网中心参与广安区和华蓥市两行政区域的乡（镇）气象信息员联合培训。积极协助广安区气象局开展三农气象服务专项建设，通过省、市、县三级共同努力，开展对延文牌龙安柚的气候品质认证和溯源工作，向群策龙安柚专业合作社发放“优”级气候品质认证标志及溯源标签5000套，受到柚农欢迎，龙安柚成为广安市首个通过该认证的农产品，也是四川省首个获得此类认证的柑橘类产品，得到新华网、凤凰资讯等近20家媒体关注报道。推荐代市镇信息员白裕全参评并荣获中国气象局颁发的2014年百名优秀气象信息员奖。

【领导人】 党组书记、副局长：詹万志，纪检组组长：龙飞，副局长：赵军、林强。

（蔡 维）

工 业

经济和信息化

【概况】 全年全市规上工业实现总产值1330.4亿元，增长16.2%。工业增速逐步回稳。全市工业增加值增速达到10.2%，高于全省平均速度0.6个百分点，排位从2月末的全省第17位回升至第8位，比2月末提升9.2个百分点，实现止滑回升，逐月向好。新兴产业加快发展。化工、医药、电子信息、有色金属加工、节能环保及新材料等产业增势强劲，实现产值249亿元，同比增长29.7%，拉动全市工业产值增长5个百分点。关联指标支撑较好。工业用电保持平稳增长，工业用电量累计达到28.4亿千瓦时，增长14.6%。制造业累计用电量16.3亿千瓦时，增长22.4%。工业增值税增速较快，累计入库工业增值税10.02亿元，增长21.7%。工业贡献逐步显现。全工业对经济增长贡献率达41.1%，拉动GDP增长4.2个百分点。工业企业实现税收15.47亿元，同比增长11.3%，占到全市税收总额的24%。工业新增就业人口2.35万人，占到全市新增就业人口的46%，工业从业人员达到11.4万人。

【工业生产】 强化工业经济运行调节，制订出台工业经济稳增长政策措施，实施“一业一策”“一企一策”，促进工业企业发挥产能，冲刺全年目标任务。投产达产。加大协调服务力度，推动31个投资5000万以上的项目竣工投产。强化重点帮扶，狠抓龙头企业达产，诚信化工、红狮水泥、领创电子等企业实现满负荷生产。全市80户重点企业实现产值515.6亿元，增长17.1%，拉动全市工业经济增长6.6个百分点。复工复产。大力开展“结对帮扶稳增长”活动，实行市级领导结对联系园区，县级领导、工业部门和工业系统干部职工结对帮扶企业，强化对经营不善、资金短缺、季节性和政策性等原因停产的企业分类指导，帮助企业解决实际问题，推进企业恢复生产。市场开拓。利用渝洽会、西博会、全国中小企业博览会等平台，积极组织辖内企业参加产品展销推介，帮助企业拓展市场。鼓励市内上下游企业加强协作，实现配套发展，延伸拓展产业链条，打造产业集群。支持企业创新商业经营模式，大力发展电子商务，实现产品网上交易。抓新增企业。强化领导，落实责任，加强培训，全力推进新增企业培育。全市新增规上企业71户，拉动工业经济增长4.2个百分点。

【项目建设】 累计实现工业投资256.2亿元；实现技改投资158.3亿元，同比增长30.3%。项目开工。加大协调服务力度，开工88个工业项目。玖源窑法磷酸、聚苯硫醚、利尔化学等项目先后开工建设。重大项目建设。切实加大对工业项目建设的指导、协调、督促力度，每月挂牌通报项目建设进度，全市重大工业项目建设进展顺利，切实增强工业发展后劲。市列120个重大工业项目完成投资185.6亿元，占年度投资计划的107.4%，宏威新材料、诚信甘氨酸、仁安药业等45个项目加快建设。项目包装储备。围绕能源、机加、化工、有色金属等主导产业以及新能源、新材料、高端电子信息等战略新兴产业，深度论证、包装优势产业项目，包装投资亿元以上的项目65个、投资十亿元以上的项目8个。

【园区建设】 全市产业园区新拓展面积56.6平方千米，园区企业累计达705户，园区企业实现产值1211.9亿元。增强承载能力。大力组织实施“153”产业园区发展计划，不断优化园区规划、功能定位，大力拓展园区基础设施建设。新增建成面积56.6平方千米，新建厂房199万平方米，新建道路93千米，新增管网205千米，新建成供水厂1座，新建污水处理厂2座。突出产业特色。强化“一园一主业，园区有特色”理念，引导全市产业园区立足特色优势，实现错位发展，产业园区主导产业培育思路渐趋明晰。广安经开区化工、新材料等产业加速集聚，正威新材料一期、诚信化工二期加快建设，玖源化工建成投产。岳池县医药化工产业渐具雏形，科伦药业产销两旺，仁安药业建成投产。邻水县汽摩配套产业初具规模，启源、嘉逸皇冠等摩托车整装企业建成投产，摩托车整车产能达到65万辆。华蓥市围绕电子信息产业加速集聚，希施凯、兄弟时代等手机整机生产项目落地，引领电子产业链不断延伸。前锋区以西部牛仔产业园为龙头，翼德纺织等轻纺企业建成生产，轻纺产业发展形势可观。武胜县着力打造西部节能环保产业园，一批新材料项目加快建设。完善配套功能。科学制定生产性服务业发展规划，大力发展运输与物流、信息、金融、科技、商务、现代商贸流通等生产性服务业，全市产业园区信息服务平台达到6个，物流平台达到6个，融资担保平台达到9个。积极抓好生产性服务业功能示范区和生产性服务业示范企业（机构）的培育、创建和发展，邻水经开区、武胜经开区创建为全省生产性服务业功能示范区，四川得丰电气成功创建为全省生产性服务业功能企业。

【企业管理】 突出重点，持续提升企业管理水平。实施企业培育工程。严格实施市委、市政府工业大企业大集团培育计划、加快扶持小微企业发展意见等决策措施，全市新增规上工业企业71户、小微企业1462户。大力实施中小企业成长工程和“小巨人”提升工程，全年列入全省“小巨人”计划扶持的企业达到29户。有效开展管理培训工程。建成市中小企业服务中心平台并投入运营，加强对中小企业政策咨询、员工培训、项目投资、品牌策划等服务。全年组织200名企业业主和高管人员以及工业战线干部，分两期到国内知名高等学府学习现代企业管理知识，提升企业业主和干部队伍的现代企业意识和现代企业管理水平。积极推进技术创新工程。科学引导实施企业技术创新，重点实施37项技术创新项目，成功创建省级企业技术中心5家，市级企业技术中心9家。扎实推进两化融合。引导企业加快信息化建设步伐，推动信息技术、现代管理技术与企业生产融合，采用现代信息技术手段，全面提升企业运营效率和管理水平。督促鼓励有条件的企业加快发展电子商务，构建企业信息门户和电子商务平台，对依托电子商务平台拓展销售渠道的企业予以奖励。

【优化发展环境】 突出抓好重点专项工作，创优工业经济发展外部环境。抓煤炭资源整合。立足各地实际，强化统筹指导，科学推进小煤矿关闭工作。全年关闭小煤矿8座，淘汰小煤矿产能65万吨。加快推进煤矿企业兼并重组，提升煤炭生产集中度。抓工业节能减排。突出重点领域，强化基层基础工作，科学有序实施重点企业节能监督管理和淘汰落后产能工作。全市35户纳入国家“万家企业节能低碳行动”企业和69户纳入省“千户企业节能行动”计划企业按进度完成节能目标任务，12户纳入省政府淘汰产能计划的企业提前全面完成淘汰任务。1—9月全市单位工业增加值能耗降低11.37%，超省政府下达目标8.37个百分点，提前完成全年目标任务。抓企业安全生产。坚持“安全第一、预防为主、综合治理”的方针，全面落实安全生产“一岗双责”责任制。加大专项检查和日常巡查力度，保持电力、建材、化工等行业安全生产监管高压态势，及时排查和限期整治安全隐患，全市工业系统安全生产形势持续稳定好转。抓减轻企业负担。突出重点环节和关键领域，联合开展执法专项检查，严格查处向企业乱收费、乱罚款、乱摊派等违法违规行为，切实减轻企业负担。加大督促检查力度，确保工业经济稳增长、扶持小微企业发展等各项工业优惠政策落到实处，进一步优化工业发展软环境。抓要素保障协调。加强电煤调运，全市共调运电煤393.4万吨，有力地保障广电公司正常生产；加强电力、天然气、成品油等能源物资调度，确保工业企业生产需求。组织开展中小企业银企对接活动，破解中小企业融资难题；全市银行业金融机构贷款余额515亿元，比年初增加90.4亿元、增长21.3%。进一步优化土地利用，整理、盘活存量土地，积极配合国土部门土地报征工作，协调落实工业用地。全年全市通过土地整理，盘活工业用地1000余亩。

【改革创新】 开展“感恩作贡献”活动。响应市委、市政府“感恩小平·我为小平家乡发展作贡献”号召，投身工业领域“感恩作贡献”活动。园区创牌取得突破，广安经开区成功纳入全省千亿重点培育园区计划，邻水经开区成功纳入全省500亿重点培育园区计划。直购电政策得到落实，诚信化工、华油天然气等企业纳入直购电试点，年可节约电费1000万元。项目资金争取创新高，全年共包装上报各类项目123个，到位中省补助资金1.62亿元。积极推进工业领域深化改革。认真贯彻落实市委全面深化改革加快县域经济跨越发展的决策部署，制订工业领域深化改革、加快推动工业转型升级实施方案。市级部门经济管理权限全部下放，产业园区“一站式审批”“办事不出园区”得到落实，运行机制更加顺畅。用地清理卓有成效，园区依法清理收回闲置土地1000余亩。企业兼并重组迈出实质步伐，煤炭企业关闭整合有序推进，水泥企业收购兼并成功实施。

【通信基础设施建设】 加快实施“宽带中国”战略、“信息惠民”工程，推进广安“智慧城市”建设，不断提升广安信息化、数字化水平。各通信运营商和新一代广电网络不断扩大投资规模，加强通信网络基础设施建设。年末，全市共有核心通信枢纽3个，交换端局5个，交换容量500万户，基站总数达到3885个，其中4G基站达到1807个，传输线路8400皮长千米，管道510管程公里，WLAN热点128个，有线宽带小区3000余个，行政村通宽带率达80%。移动用户规模达到180万户，年收入超过10亿元。4G网络已基本覆盖所有区市县主城区、重要乡（镇）、高校和部分风景区，已发展4G用户超过25万户，主城区平均下载速率达40兆/秒。光纤网络覆盖累计将达到50万户，城市带宽接入能力达到20兆/秒以上，乡（镇）带宽接入能力达到8兆/秒以上，固定宽带接入用户达到8万户，固定宽带家庭普及率达到24%。

【智慧城市建设】 广安市分别与中国电信四川分公司、中国移动四川分公司、中国联通四川分公司签订战略合作框架协议，已编制完成《智慧广安建设总体规划》，并逐步实施。2014年年末，智慧城市的一些功能在居民日常生活中得到体现，包括智能公交、翼机通、车务通、“114”挂号、短信群发、手机银行、驾讯通、校讯通、新农通、手机订电影票、电子政务、“爱城市”手机门户等，在城市生活中不断推广应用。在全市重要道路卡口、路口、社会治安重点地带、重大安全生产隐患单位等设立全球眼点位2000余个，形成全市联动的图像传输应急处理公共平台。建成全市行政效能、应急联动、数字城管、电子政务、安监网、煤监网、税监网等信息化平台。数字城管、应急联动、行政效能，海事船舶无线视频监控等信息化建设成效被公安部、省委省政府肯定并加以推广。

【农村信息化建设】 加快农村通讯基础设施建设。2014年，农村新建通讯基站300余个，新铺设通信管线1000余公里，500多个自然村的通信网络得到改善，进一步提升通讯网络服务质量和网络覆盖率，新增移动手机用户和网络用户8万余户。扎实推进“行政村通宽带、自然村通电话”通信工程。扎实推进“行政村通宽带、自然村通电话”通信工程，共完成881个行政村通宽带，1350个自然村通电话，超额完成省上下达的惠民目标任务。大力推进农村信息化建设。深入推进“宽带信息百镇千村工程”建设，共建成宽带信息乡（镇）82个、信息村280个。中国电信成功将广安争取纳入“宽带乡村”工程扩大示范市，已启动“宽带乡村”建设工程，新增光纤通达行政村331个。

【企业信息化建设】 认真贯彻“以信息化带动工业化”战略，加强对企业信息化工作的指导。支持企业进行网站建设，引导企业利用网站进行企业产品宣传和网上营销。充分利用万网工程和天虎云商等平台，推进企业网站建设。有200余户企业建立自己的网站，20多家企业开展网上营销，大大降低营销成本。鼓励引导企业强化信息化意识，加大力度革新技术、创新管理，使企业在实现信息化中真正受益。广安光前集团公司、四川超臣电器、武胜安泰茧丝绸集团有限公司等企业进行信息化技术创新，改善生产工艺，提升自身实力，增强产品竞争力。向上争取两化融合项目资金支持。鼓励在两化融合方面做得好的企业积极向上争取项目资金，2014年，广安耀业机械制造有限公司、广安金侑达电业科技有限公司、四川百脉建筑机械有限公司、四川圣锦风机有限公司等4户企业共获得省两化融合专项资金430万元。2014年，两化融合项目资金四川百脉建筑机械有限公司、四川圣锦风机有限公司共220万元已拨付到位，项目正在实施中；广安耀业机械制造有限公司、广安金侑达电业科技有限公司共210万元项目资金正在按程序拨付。

【“万网工程”建设】 “万网工程”以四川机构网为技术支撑依托，按照省政府信息化工作办公室万网工程的规划目标和运用要求，建站单位的域名和空间在省信息办的指导下由四川机构网实行统一集中管理、统一服务、统一配置。广安市认真贯彻落实省信息化工作办公室关于组织实施“万网工程”开展建站工作的有关文件精神，积极推进电子政务建设，加快推进机关事业单位信息化建设步伐。市信息化工作办公室每年下达“万网工程”建设目标任务，对全年“万网工程”工作进行全面的安排部署，机关事业单位建网站300余家，提高行政机关工作透明度和工作效率。

【邓小平纪念活动无线电安全保障】 为保障邓小平诞辰110周年纪念活动期间无线电安全保障，成立以市经信委党组书记、主任任指挥长的无线电安全保障指挥部，指挥部下设协调执法组、技术参谋组、广播电视专项监测组、监测1队、监测2队、移动监测队、后勤工作组，保证决策部署的统一性和信息上通下达，制定保障方案，完成基础设施建设，完成指挥中心系统升级，邓小平故居测向站、金广测向站、数字应急通信建设安装，监测系统联网的工作，2014年8月正式投入使用。

开展技术演练。8月4—5日，省无线电监测站在广安召开保障技术演练培训会，成都、自贡、乐山等12个市（州）无线电监测站负责人及技术人员参加会议并接受相关技术演练培训，技术演练培训内容力求贴近应急无线电保障工作实际，有效地提高队伍无线电应急保障、干扰快速查处、突发事件的处理能力。

在纪念活动保障工作中，累计实施无线电监测356小时，监测频点1032个，保障用频87组，查排干扰12起，检查、检测各类发射设备42部。由于前期工作扎实有效，重点保证8月16—23日8天的纪念活动无线电安全保障，频段背景干净，频率信号清晰，通信安全顺畅，无线电安保工作达到零投诉，实现保证纪念活动安全万无一失。用于纪念活动保障的60台套技术车辆、设备和人员配置大部分由省市调配解决，新建的监测技术设施既为纪念活动保障服务，更是广安市无线电管理长远的技术布局。

【无线电台（站）年检验证】　2014年6月1日至7月31日，历时2个月，参加年检验证单位24个，年检无线电台（站）2802个，其中广播电台21个（声音12个、电视8个、差转1个）；甚高频、特高频电台207个（固定陆地电台2个、移动电台205个）；蜂窝移动通信基站2573个（GSM基站1422个、CDMA386个、TD－SCDMA158个、WCDMA607个）；微波接力站1个。

【无线电常规监测】　坚持24小时应急值班，积极排查有害干扰，维护空中电波秩序，保障重要无线电业务的正常开展。全年共受理、查处无线电干扰投诉12起，其中卫星信号干扰器5起、广播电视干扰1起、台（站）干扰5起、查处伪基站1起。完成省上下达的专项频谱监测工作，重点加强航空、广电、公安、公众通信等频段的频谱监测任务，累计监测时间3803小时，较好地完成无线电频谱监测统计月报工作，每月及时向省上报送频谱监测报告，共上报16篇。

【重要场所无线电安全】　在广安市2014年抗御特大地质灾害综合实战演练、全国高考、全国卫生专业技术资格考试、护士执业考试、省公务员考试等重大活动期间，成立无线电安全保障领导小组，并根据工作需要，及时调整充实保障小组工作力量，制定详细的工作保障方案。全体监测技术人员放弃节假日休息，坚守岗位，开展无线电安全保障21次，其中国考8次、省考4次、市考6次、重大活动保障3次，派出人员142人，车辆35辆，启用技术设备74台，发现作弊信号23起，进行无线电干预23起，完成各项无线电安全保障任务，被省无线电办公室评为“高考无线电安全保障先进单位”。

【无线电执法检查】　配合有关部门开展打击非法生产、销售和使用“伪基站”、非法广播电台专项清理活动，在全市执法大检查和专项活动工作，查处伪基站1起、卫星干扰器设备9台，有效的整治电波秩序，提升无线电监管能力，被省无线电办公室评为打击整治“伪基站”专项行动先进单位。

【无线电宣传培训】　按照省无线电管理办公室的统一部署，围绕“管好频率、管好台站、管好秩序，服务经济社会发展、服务国防建设、服务党政机关，突出无线电安全保障重点工作”宣传工作主题，开拓宣传渠道和领域，增强宣传工作的深度和广度，坚持创新与务实性相结合，保证宣传工作的质与量，丰富无线电管理宣传的内涵。利用网站、信息、广播、电视、移动短信、街道宣传等各种形式及时开展宣传报道。派发《无线电应用小常识》200份；编印《无线电管理办事指引》150份，宣传展板80幅，宣传资料1000份，进一步推进宣传工作水平上新台阶，提高无线电管理的地位和影响力。

有计划、有针对性地组织开展无线电管理行政执法、无线电监测、检测等业务学习培训，着重进行人员队伍的思想作风建设和执法检查、监测培训演练。在大型活动无线电保障组织指挥、协调配合、技术操作、程序标准等各方面培养锻炼队伍。先后安排人员参加《全国无线电管理宣传工作培训》《全省无线电管理综合业务培训》《全省监测技术演练培训》等培训学习，为完成无线电保障任务奠定基础。

【领导人】　党组书记、主任：刘登宏，党组成员、副主任：胡锡国，郑钦平，刘佳国（9月止）、李庆（10月起），党组成员、纪检组组长：周绍平，市信息化办副主任：胡修平，党组成员、总经济师：李华川。

（夏丽萍）

国家电网广安供电公司

【概况】　国家电网四川省电力公司广安供电公司（简称国网广安供电公司），主要供电区域为广安市及重庆合川市部分地区，供电面积3887平方千米，供电户数70余万户，是国有大一型企业。2014年，有员工1877人，其中长期员工463人，获得高级职称75人，中级职称156人；从职业技能等级看，其中高级技师22人，技师312人。公司设置11个职能部门，7个业务支撑与实施机构，以及华蓥、邻水供电分公司，受省公司委托管理武胜县供电有限责任公司和邻水县供电有限责任公司。

2014年，售电量实现34.76亿千瓦时，固定资产原值达到27.77亿元，上缴地方财政税收10122.52万元。公司管理的35千伏及以上变电站48座，变电容量3003.8兆伏安；35千伏及以上输电线路1511.726千米。

【电网建设与发展】　全年新建110千伏及以上线路490.67千米、新增变电容量32.945万千伏安，小型基建596.04平方米。由公司独立承担建管的首座220千伏武胜智能变电站按期投运，优化广安电网结构，进一步提升供电可靠性；顺利完成甘孜新龙4个电力天路工程以及29个无电地区项目建设，结束新龙孤网运行的历史，改善藏区人民生活水平。2014年公司完成1.1亿元的2014年农网工程，前锋10千伏罗代Ⅱ回被国家电网公司命名为"农网百佳工程"。

【经营管理】　定期走访大客户，掌握负荷情况和电力需求。聚焦供电服务"最后一公里"问题，积极拓展缴费渠道、推行离柜购电模式，完善城区"10分钟缴费圈"，增设"便民电"143个，建立党员心连心服务站9个；大力实施"包片进村"，走访1217个村、21万户农村客户，发现问题726个，问题处理率99.8%。实施95598光明服务工程，建立客户协同服务机制，党员服务队获得全市优秀志愿者服务项目，公司再次蝉联全市诚信经营示范单位称号。

【安全生产】　完善安全生产奖惩办法及反违章处罚实施细则，加大安全责任追究力度，强化综合管控，充分发挥安全巡查大队查纠违章的督查作用，每周定期点名通报违章行为，全年共处理违章行为136次，开展各类检查28项，及时排查事故隐患和安全风险173项，发布安全督察督办通报18期，确保安全生产可控、能控、在控。加强内外联动，组织并参与内外部应急演练12次，应急管控能力得到明显提升。基建、营销、农电、信息安全以及消防、交通安全状况良好。完成邓小平诞辰110周年系列重大纪念活动保电任务和"9·13"特大洪灾电力抢险工作。

【科技创新】　以精益转型为契机，深化管理创新，《供电企业以提升经营效益为目标的流动资产精益管理》获得全国企业协会管理创新成果二等奖，《班组精益途径研究》荣获2014年全国电力企业优秀管理论文二等奖并入选中国电力行业优秀管理论文集。

【精神文明建设】　聚焦干部队伍"四风"、习惯性违章和供电服务"最后一公里"等问题，坚持自查自纠、立查立改，精心制定"两方案一计划"，拟订10项重点措施和14个专项整改落实子方案，严格落实销号管理规定，整改问题194个。组织本部管理人员深入一线班组蹲点实践，解决班组管理中的问题和困难127项；深入开展班组减负，班组冗余工作和资料缩减超过50%。持续巩固精神文明建设成果，公司顺利通过"全国文明单位"复查验收。

【华蓥市供电公司】　公司供电范围包括华蓥市、岳池县及重庆合川市的部分地区。供电面积510平方千米，直供17个乡（镇、街道），206个村、1178个社、11.05万余用电户、用电人口36.5万人。村社通电率100%。公司现有员工208人，年售电量7.04亿千瓦时，下设5个职能部门，6个供电所，9座变电站，其中：220千伏变电站1座、110千伏变电站4座、35千伏变电站4座，主变压器18台，变电总容量为691.2兆伏安。35千伏及以上输电线路308.37千米，10千伏配电线路730.02千米，共有配电变压器1318台。

【武胜县供电公司】　公司供电范围为武胜县行政区域以及岳池县、合川市、蓬溪县等部分行政区域，供电面积960平方千米，包括515个村，31个乡（镇），5113个社，24万余户。村通电率100%，户通电率100%。截至2014年年底，公司有在册员工471人，退休员工197人。公司下设8个职能管理部门及2个业务支撑实施机构。下辖10个供电所，4座110千伏变电站、7座35千伏变电站，总变电容量358250千伏安；现有110千伏线路6条，总长109.28千米；35千伏线路12条，总长139.43千米；10千伏线路72条，总长1565千米，共计配变容量326310千伏安。2014年最高负荷11.2万千瓦。全年完成售电量34459.39万千瓦时，同比增长8.81%。

【邻水县供电有限责任公司】　公司担负41个乡镇（全县共计45个乡镇）供电任务，供电营业面积1700余平方千米，供电户数24.14万户，供电人口93万。公司内设8个职能部门、2个业务支撑和实施机构、11个班组、10个乡（镇）供电所。现有员工484人，其中：长期职工366人、农电工118人；大专及以上文化程度325人、中级及以上职称24人、高级工及以上技能226人；平均年龄42.08岁。辖区内拥有110千伏变电站2座，35千伏变电站10座，主变容量177.65兆伏安。公司电网以35千伏输电网络与110千伏丰禾、邻水和牛背山3座变电站并网运行。截至2015年1月，网内有110千伏线路20.187千米，35千伏线路12条，总长142千米；10千伏线路57条，总长1737.55千米、10千伏配变2099台339.04兆伏安。2014年售电量4.58亿千瓦时，同比增长5.27%。

【邻水县供电公司】　公司担负着邻水县县城、乡（镇）部分及重庆部分地区的供电任务，邻水县城部分区域和高滩、坛同、子中、华云、甘坝等5个乡（镇），供电面积800平方千米，覆盖105个村，345个社，4.64万余户（其中专变75户/102个户头），供电人口20万人，村通电率100%，户通电率100%。公司下设5个部门、3个班组，3个供电所。现有职工148人，其中全民职工43人，中专及以上文化程度126人，中级职称和技师18人，各类专业技术人员40人。现有10千伏公用线路13条，总长299.05千米；配电变压器550台，总容量777430千伏安；0.4千伏线路793.316千米。2014年全口径售电量8.8733亿千瓦时。

【领导人】 总经理、党委副书记：何惧熊，党委书记、副总经理：李远德，副总经理：李敏、冯伟、杨可，工会主席：程志炯，总会计师：谭书云。

（石同春）

四川广安发电有限责任公司

【概况】 四川广安发电有限责任公司（以下简称广电公司）是四川省电力系统首家按照《公司法》和现代企业制度组建的独立法人企业。成立于1996年6月1日，由华电国际电力股份有限公司持股80%，神华四川能源有限公司持股20%。已形成总资产101亿元。公司总装机容量240万千瓦，分三期建成，其中一期2×30万千瓦燃煤机组分别于1999年10月、2000年2月投产发电；二期2×30万千瓦燃煤机组分别于2004年7月、2004年11月投产发电；三期2×60万千瓦燃煤机组分别于2006年12月、2007年6月投产发电。投产至2013年年底，累计完成发电量930.5亿千瓦时，实现工业总产值273.95亿元。广电公司法人治理结构完善，下设18个部门，员工总人数886人，平均年龄39岁，其中大专及以上学历员工占83.4%。广电公司严格按现代企业制度运作，以创建华电领先、国内一流发电企业为愿景，秉承“双赢”企业文化理念，科学经营、精细管理，取得显著的经济效益和社会效益。广电公司先后荣获全国“五一劳动奖状”“全国企业文化建设优秀单位”“全国精神文明建设工作先进单位”“全国模范职工之家”、四川省“优秀诚信企业”“社会治安综合治理模范单位”“十佳职业道德建设标兵单位”“国家优质工程银奖”以及华电集团“五星级发电企业”“文明单位”“先进基层党组织”“文明单位”等70余项省部级以上荣誉称号。2014年，公司安全生产形势总体稳定，完成发电量85.58亿千瓦时，实现销售收入31.72亿元，上缴税金2亿多元。公司连续多年被广安市国税局授予“纳税大户”“诚信纳税企业”等荣誉称号。

【安全生产管理】 安全管理。广电公司认真贯彻落实各级政府和上级公司安全生产工作文件精神，落实安全生产责任，运用“安全综合管理评估体系”和“文明生产综合评估体系”，深入开展安全性评价、春秋季检查、“安全生产月”、防洪度夏等安全专项活动；强化反违章管理和隐患排查治理，加强交通消防管理，持续推进安全文化建设，提升应急处理能力，增强职业健康安全意识。全年安全生产形势稳定，截至2014年12月31日，实现连续安全生产1798天。

生产管理。完成33号、61号机组大修，4台机组小修工作，共计检修项目542项，达到预期目标。运行维护工作规范有效，共消除缺陷8781条，同比减少646条。以防“四管”泄漏为重点，做到“逢停必检”，严格三级验收，锅炉“四管”泄漏次数同比减少3次。加强对标管理和节能监督，主要指标进一步优化，61号机组获60万机组能效对标竞赛三等奖。

节能减排。广电公司高度重视环保工作，积极履行企业环保责任。自成立后，在环保方面投入的资金多达20亿元，占总投资的25%。公司按照建设环境友好型企业和实现可持续发展的思路，认真贯彻落实节能和环保政策，持续加大环保技改力度，搞好运行维护管理，切实履行企业环保责任，高标准、严要求实现达标排放，2014年顺利完成节能减排任务。

【经营管理】 电量营销。在四川水电装机快速增长、国调留川电量大幅增加、电力市场低迷的情况下，积极和政府相关部门、电网公司沟通汇报，抢发优发电量。2014年，完成发电量85.58亿千瓦时，为四川省和广安市电力供应提供坚强保障。

燃料管理。巩固“3+N”燃料供应模式，形成以广能、重能投、陕煤化三大战略合作伙伴为支柱、多个重点小客户为支撑的稳定供应链，为满足四川电网枯水期发电用煤提供有力的燃料保障。厂内燃料管理方面，完善阳光采购机制和标准化实验室建设，进一步细化制度和改进流程，加强采制化全过程管理，燃料管理水平不断提高，确保煤质验收的公平、公开、公正。

【综合管理】 按照华电集团7S工作部署，制定《7S管理实施方案》等规章制度和技术规范，确定总体安排思路和打造区安排原则，理清7S推行与固有管理程序之间的关系，做到生产现场、行政后勤多层次无盲区立体推进，完成3批46名督导师培训，成功打造200个区域，现场环境、设备管理和职工素养得到明显提升。深入开展内控建设，编制《管理业务流程控制手册》和《内控风险数据库》，梳理规章制度500余项，新增、修订、废止标准40余项。持续深化管理创新，广泛开展QC攻关、劳动竞赛、合理化建议等创新活动，举办QC成果发布会，取得成果20余项，节约资金700余万元，“信息系统动态效能评估”获华电集团管理创新成果三等奖。着力打造“五型”班组，修订班组建设考评办法，拓展“五型”的内涵和外延，扎实开展五型班组创建工作，热工队入围国资委“班组管理优秀案例汇编”，维修部汽机队获华电集团标杆班组。持续加强信息化建设。大力开展信息系统推广，实施星级企业管理平台、环保监控平台、FAM系统等应用，信息化管理水平全面提升。

【社会责任】 广电公司作为中央企业，高度履行政治责任和社会责任。在电力供应紧张、煤炭供不应求、煤价大幅上涨、企业亏损的情况下，为确保地方经济发展和社会用电，全力以赴保障电力供应，展示“中国华电”社会形象良好。多年来，根据抗洪救灾、抗旱保电等重、难、急、险任务需要，组建志愿者队伍开展救灾清淤、义务送水、灾后防疫等工作。自主成立5支义工服务队，参加社会义工组织的人数达50余人。坚持参加“照顾孤寡老人、爱心助学、义务送考”等志愿服务活动，与街道办共同举办“创建文明社区，党员志愿者服务行动”主题活动。完善志愿者服务机制，463名志愿者在支部注册登记，开展“义务植树”“义务除草护林”等活动。公司坚持节日慰问广安市驻地部队，做好警企联动，建设平安电站，实现一方平安。工会牵头对广安市困难学生资助学费，帮助贫困学生实现自己的人生价值。

【领导人】 董事长：耿元柱，副董事长：杨强、张戈临，董事：钟国东、兰国芹、罗强骏、周其平，职工董事：王小红、唐小兰，监事会主席：魏爱云，监事：杨昕瑞、丁圣民，职工监事：李纯洲、吕霞，董事会秘书：陈勇，总经理：周其平，党委书记：王小红，副总经理、总会计师：唐旭东，纪委书记、工会主席：唐小兰，副总经理：郭强、李化霜，总工程师：张洪。

（苏　鹏）

四川华蓥山广能（集团）有限责任公司

【概况】 2014年，面对复杂严峻的外部形势和艰巨繁重的工作任务，公司实施以“改革创新、扭亏增盈”为主题的“改革创新年”和“强化基础年”活动，采取有力措施，沉着应对困难和挑战，经受住压力和考验，在逆境中谱写改革发展的新篇章。公司生产商品煤324万吨（其中洗精煤26.63万吨），同比增长2.9%；掘进总进尺5.92万米，完成计划的101%；机械加工产值3.18亿元，完成计划的102.6%；电力收入1.98亿元，完成计划的98.5%；医疗收入6991万元，完成计划的107.6%；小贷公司税前利润2713万元，同比增长33%；物流（含商贸）收入1.12亿元，同比增长33.4%；企业全年对外营业总收入16.95亿元，完成计划的96.86%；经营现金净流量2.1亿元，完成计划的87.5%；账面利润总额0.56亿元，完成调整计划的112%；资产总额70.69亿元，同比增长12%。

【改革改制】 开展形势教育。面对持续低迷的市场形势和企业日趋严峻的被动局面，公司多形式、分层次、有重点地开展干部职工形势任务教育，认真开展“怎么看、如何办”大讨论活动，着力解决干部职工的思想认识问题，使干部职工认清形势、支持改革、参与改革。推进改革改制。启动“三项制度”改革，重新核定两级机关的部门设置和人员配备，优化配置，精简机构，精减人员，精炼团队；改革薪酬分配管理，调整工资挂钩指标结构，提高职工当期工资分配水平，井下生产岗位职工工资稳中有升；稳步推进贵州世纪公司改革试点工作，实现人员精干、费用节省、效率提高；整合救援队伍并统一管理，提高应急救援水平；完成混合所有制经济项目的筛选、调研、股权设计等工作。强化依法治企。强化企业改革过程的法律风险防范，确保改革依法依规；进一步规范合同日常管理，修订完善合同基础管理制度，加强法律风险预防预控，审查各类合同及招投标文件136份，涉及金额2.76亿元。

【生产组织】 组织煤炭弹性生产。公司根据市场需求合理组织生产，抓住旺季机遇，上半年公司商品煤产量同比增加20.6万吨；生产矿井在淡季进行停产检修，奠定旺季高产的基础。单产单进获得突破。李子垭煤矿于3月份和5月份，龙滩煤电公司于4月份，分别创川煤集团同等条件单面月产商品煤的最高纪录；公司平均单进同比提高3.7%，绿水洞煤矿和龙滩煤电公司快速掘进进尺同比分别提高38.6%和31.3%。煤炭质量大幅提高。强化煤炭质量管理，加强生产加工和销售全过程的质量控制，强化煤炭出厂质量检验和市场跟踪监管，严格质量责任追查处理，公司商品煤发热量比计划提高190千卡/千克。非煤板块持续发展。嘉华机械公司拓展青海中奥、新疆焦煤、贵州泰丰等新用户，贵州黔西分厂一期规划项目全部完成，并荣获“全国煤炭机械工业优秀企业”。四方电力公司完成李子垭电厂1号锅炉技改和35千伏电网

"双电源"认证工作，成功取得龙门峡南煤矿供电权。总医院强化医疗质量和安全管理，建立120急救平台，医疗技术水平不断提高。万丰物流公司开拓轮胎和煤炭等贸易项目，改善业务机构，营业收入同比增长33%。小贷公司杜绝不良贷款和贷款损失，实现税前利润2713万元，并荣获"四川省最佳小贷公司"称号。

【经营管控】 市场营销逆市突围。针对煤炭市场日益严峻的形势，公司强化市场信息的收集、讨论和分析，准确研判形势，加强老用户走访，积极开发新用户，煤炭实现全产全销；及时制定丰水期煤炭销售预案，狠抓丰水期煤炭销售；及时签订合同，强化货款回收，优化货款结算流程，分组分片催收欠款，全年货款回收率达97.8%。狠推全面预算管理。层层分解落实年初预算指标，召开全面预算管理推进会，完善管理制度，制定实施方案，开展15次预算管理和系统操作培训，全面预算管理软件系统上线运行，逐步实现"三级预算编制"和"八大预算管理体系"。突出成本管理控制。严格材料、电力等成本管控，积极开展设备租赁、物资代储和井口超市建设工作，大力开展清仓利库和闲置资产盘活工作，切实回收复用旧材料、旧设备，减少新材料、新设备投入，严格控制期间费用支出，严控各类培训，停用小车22辆。规范资金运行管理。每月定期召开资金平衡例会，合理使用资金，依托金蝶EAS信息化平台实现资金预算管控；加大融资力度，拓展融资渠道，控制新增贷款利率，扩大承兑汇票支付范围，最大限度地保证现金流；积极争取财政补助资金9613万元，同比增长30%。强化工程物资招标。规范招投标基础管理，进一步提高招标工作质量和效率；积极稳妥推进电子招标，系统已全面投入运行；开展年度集中管理物资招标工作，物资采购单价同比下降20.3%。

【项目建设】 公司狠抓重点项目投资控制，严格审核新项目立项，削减一批非安全生产急需项目，严格项目管理考核，促使重点项目建设正常推进。2014年，公司完成重点项目投资8.1亿元，基建矿井完成掘进进尺1.23万米。贵州雷公山煤矿顺利实现由建转产，取得安全生产许可证。挖陇沟煤矿实现主干系统贯通，形成矿井皮带运输和采区煤矸运输系统，洗选厂投入正式运行。金家寨煤矿有序开展地质储量备案和矿区范围划定工作。黔阳洞口煤矿着手两矿整合手续申报和开工前的准备工作。龙门峡南煤矿加快"3111"首采工作面建设，并优化采区布置，力争尽快达产。煤矿棚户区改造工程强化质量和进度管控，工人新村小区完成1—11号楼主体工程，局车队组团完成施工招标。万丰物流公司汽车大修厂技改迁建项目、总医院改扩建项目等均有序推进。

【科技兴企】 公司修订完善科技管理系列办法，不断优化完善技术创新体系；全年科技经费投入达到公司销售收入的4.6%，技术创新所需人财物得到保障；深化职工"五小"创新活动，培育国家级何模洪"劳模工作室"、省级邬家华"职工创新工作室"和省级熊维孝"技师工作室"。2014年，公司通过省科技厅组织鉴定的科技项目5项，获省科技进步一等奖1项、三等奖1项，中煤协会二等奖1项，川煤集团一等奖1项、二等奖1项、三等奖8项；新申请实用新型专利23项、发明专利29项，专利数量和质量均有较大提升。绿水洞煤矿建立全省首个"分布式温度监测火灾预警系统"。各类科技成果为公司创造经济效益2700余万元，同时为公司提高经济增长质量、转变经济增长方式起到推动作用。

【安全生产】 层层落实安全责任。严格落实煤矿安全"双七条"规定，牢固树立安全生产"红线"意识和底线思维；健全"党政同责、一岗双责、齐抓共管"的安全监管责任体系，确保监管工作全覆盖。突出安全监管重点。狠抓"一通三防"管理，严格执行综合防突措施，强化瓦斯综合利用，严控瓦斯超限；强化水害预防和水患治理，狠抓重点区域监控，有效防范水害事故发生；大力加强机电运输、顶板等安全管理。不断夯实安全基础。安全管理信息系统建成投用，安全管理的精细化、规范化水平和执行力得到提升；针对阶段安全工作特点，开展安全专项活动，提高安全管理的针对性；加强现场管理，强化隐患排查治理，隐患整改率达到100%；以"三铁"精神狠反"三违"行为，狠抓"三违"帮教；强化"双基"建设和安全质量标准化管理，狠抓职工教育培训，开展安全生产技能大赛和安全知识竞赛等活动。科学有序应对洪灾。"9·13"洪灾发生后，公司上下快速响应，举全公司之力，落实抢险救灾保障，抓好矿井灾后复产，强化地面抢险救援，并做好受灾职工群众的安置、救助和思想疏导工作，使灾害损失降到最低。2014年，公司百万吨死亡率控制在1以内，李子垭南二井、李子垭南煤矿、龙门峡南煤矿、挖陇沟煤矿分别实现安全生产3922天、1668天、1319天和1423天。

【惠民活动】 公司坚持以人为本，真心实意为职工办实事、办好事。把常规性慰问与节日慰问相结合，各级组织慰问困难职工群众9170人次、发放慰问金193万元。建立和完善"特重病救助基金""困难救助基金"和"职工互助储备金"的困难职工"三金"帮扶长效机制。

建立职工互助储金会40个，参加储金人数5557人，互储金额29.2万元，利用储金循环借款422人次，金额11.9万元；参加四川省职工保险互助会，开展的女职工大病互助保险，共为1280名女职工投保1413份，投保金额14.1万元，并为7名患病女工成功办理赔付金7万元。认真开展党员干部与困难职工群众“一帮一”帮扶工作，两年来，公司部门副职及以上管理人员开展“一帮一”扶贫245人次，慰问金额18.7万元。抓好“金秋助学”工作，帮扶困难职工子女206人、金额26万元。认真开展职工健康体检、疗休养工作，组织396人参加疗休养。在评选“最美矿工”“最美矿嫂”的基础上，编排创作举办以其先进事迹为题材的“中国梦·矿山美”大型文艺晚会，并顺利举办首届职工足球运动会。各项惠民活动的适时开展，进一步激发广大员工爱岗敬业、争做贡献的积极性与创造性。

【领导人】 董事长、党委书记：高正强（10月止）、赵麒麟（10月起），总经理：赵麒麟（10月止）、雷才国（10月起），党委副书记：王明建（2月止），监事会主席、纪委书记、工会主席：何峥嵘，副总经理：聂春辉、王建新、王明江、王灿华、岳晓书、胡彬（9月起）。

（杜方春、李　川）

四川爱众发展集团有限公司

【概况】 2014年，坚持以转型发展统揽全局，积极应对严峻的宏观经济形势，保持专注发展定力，探索实践“混合经济”模式，统筹谋划和扎实推进各项工作。2014年，全集团实现工业总产值9.48亿元，同比增长47%；实现营业收入16.3亿元，同比增长22%；实现利润总额1.62亿元，同比增长97%（未计提云南昭通爱众发电公司地震损失金额）；上缴税金1.4亿元，同比增长33%。其中，股份公司实现营业收入15.47亿元，占全年预算112%，同比增长23%；归属于股份公司净利润-1.47亿元（扣除地震损失因素，实际盈利1.18亿元），同比减少2.27亿元。全年完成售水量4496万吨，同比增长13%；完成发电量10.68亿千瓦时，同比增长38%；完成售电量16.9亿千瓦时，同比增长21%；完成售气量1.28亿立方米，同比增长17%。2014年，集团本部首现盈利，全年实现利润总额83万元，同比增加1411万元。

【重要保障】 2014年，集团公司高度重视邓小平诞辰110周年纪念活动，明确落实责任领导，层层签订责任书，全力推进枣山基础设施建设项目、花园水厂三期扩建工程两个献礼工程，在市、区规定的时限内全面完成建设任务。为确保邓小平110周年诞辰各种纪念活动的顺利开展，集团公司严格按照市、区的要求，成立以公司董事长为组长的邓小平诞辰110周年纪念活动水、电、气保障工作领导小组，制定严密的水、电、气保障方案及有关专项预案，组织相关单位认真对水、电、气管网、设施、设备等全面进行拉网式排查，对排查出的隐患及故障及时进行整改，完成邓小平诞辰110周年纪念活动期间水、电、气的各项保障工作。

【安全生产】 认真贯彻落实“安全第一，预防为主，综合治理”的安全生产方针，始终坚持安全生产“党政同责、一岗双责”责任制，层层签订安全责任书，认真落实安全主体责任。特别是在2014年8月31日新《安全生产法》出台后，集团公司及时对新《安全生产法》精神进行宣讲学习贯彻。2014年，公司系统未发生政府安全生产考核事故，公司内部员工和谐稳定，未发生恶性集体信访维稳事件，实现安全生产“双零”目标，安全生产总体形势明显好转。

【项目建设】 爱众领域房地产项目：截至2015年1月31日，已售出房屋214套，回收现金3725万元。阆中房地产项目：截至2014年12月，收回投资及投资回报1772万元。枣山片区基础设施项目：2014年12月底，已收回投资及投资回报1.28亿元。武胜迎宾大道C段道路项目：2014年5月19日、8月22日全线贯通并通车，截至2014年12月，完成投资2.34亿元，已收回项目投资款及投资回报8900万元。武胜城市综合体项目：完成土石方开挖200万立方米，完成祥升大道和祥和路水稳层的铺筑、广场地下室基础土石方开挖工作，正在进行广场装饰工程和安置房土石方工程施工以及两条道路的黑化工作，截至2014年12月底，该项目已完成投资1.27亿元。花园水厂三期扩建工程：厂区部分全面投产，配套管线工程已进入勘察设计挂网招标阶段。该项目完成投资3200万元。全长4.2千米的协兴内环线工程：于2014年2月10日开工建设，9月完成竣工验收，完成产值1亿元，拨回工程款1500万元。全民水库增容改造工程：于2014年1月26日进场施工，12月13日完工，完成产值2100万元，收回工程款739万元。此处，还完成枣山供水加压站及其配套管网工程、110千伏恒升输变电工程、35千伏恒升至花桥输电线路工程以及从国网金星变电站至前锋110千伏变电站下网线路工程建设，开工35千伏观塘输变电工程、35千伏悦来变电站改造工程、35千伏协兴变电站工程、

110千伏枣山输变电工程、凉滩电站一期增容扩效改造工程、四九滩综合楼迁改工程，星辰水电泗耳河梯级水电站建设正按计划有序推进，一级电站已经具备发电条件，三级电站在2015年3月底具备发电条件。新疆哈德布特水电站4台机组已经于2014年6月全部投产发电。红石岩电站遭受“8·3”云南鲁甸地震后，已经启动保险理赔和灾后重建工作。

【企业管理】　财务管理。集团公司全年收回投资项目工程款3983万元，回收各类欠款7048万元；到位2013年、2014年农网升级改造资金3.02亿元；筹措项目投资资金1.34亿元，日常费用850万元、财务费用952万元；周转到期贷款2.3亿元，按时还款付息。2014年，集团本部新增融资额度1亿元；可控费用比上年下降32%，其中业务招待费比去年同期减少30万元，同比下降38%；车辆使用费比去年同期减少8万元，同比下降16%；差旅费比去年同期减少14万元，同比下降53%。

项目管理。对工程项目实施精细化勘测设计，科学编制工程预算，严格执行招投标及招投标方案的集体研究制度，强化内部评审、认真落实施工过程监督及事后审计、事后评价制度。

绩效管理。修订完善《集团公司员工绩效管理办法》及《子、分公司年薪人员绩效管理办法》，起草《集团公司绩效考核细则》，明确、细化组织绩效与个人绩效的考核程序、方式方法及结果的运用。

人力资源管理。及时对空缺岗位进行招聘；组织部分员工参加MBA培训班的培训学习，64人参加余世维博士的“如何突破工作瓶颈”课程学习，购买各类管理书籍供员工借阅；按照实际工作需要，对部分岗位及其工作职责进行适当调整，基本解决“忙闲不均”的问题；实施年度薪酬调整计划，提高员工的薪酬待遇，激发员工的工作热情。

【领导人】　党委书记、董事长：罗庆红，党委委员、总经理：袁晓林，党委委员、监事会主席：欧春生，副总经理：寇继凯，党委委员、副总经理：秦文中，纪委书记、副总经理：彭从义。

（杨红林）

华油天然气广安有限公司

【生产经营】　2014年，公司LNG工厂生产天数为330天，开工率100%；共处理原料气2.47亿立方米（同比2013年增长9.3%）；生产LNG产品15.04万吨（同比增长12%）；共计销售LNG产品15.81万吨，累计实现营业收入7.28亿元。投资建设加气站3座，建成2座（乐山撬装加气站、重庆荣昌油气混合站），在建1座（重庆九龙坡加油加气站）；全年推广LNG汽车326辆，现已总计推广1156辆LNG汽车。

【销售工作】　2014年，在严峻的LNG市场环境下，公司LNG销售工作取得西南地区LNG工厂行业内的“三项”最佳成绩：成为西南地区年销售量增长幅度最快的LNG工厂。2014年，公司完成LNG销售总量为15.81万吨，相比2013年销售增长3.26万吨，增幅高达20.63%，是西南地区（已投运并连续生产的）LNG工厂中，年销售量增长幅度最快的公司。

成为西南地区年销售量最多的LNG工厂。2014年，与公司相同设计规模的西南地区某公司，公司比该公司多销售LNG产品近2万吨，公司成为西南地区年销售量最多的LNG工厂，是西南LNG工厂领军企业（据国内某著名咨询平台统计，2014年公司工厂产量位列全国第9名）。

通过科学的市场调研，有效掌控市场供需变化，合理预测和制定销售价格，成为西南地区年销售平均单价最高的LNG工厂。

【降本增效】　积极协调省、市经信委、能源局等政府职能部门和省、市电力公司，落实2014年直购电、富余用电优惠、开门红用电优惠。2014年，公司减少电费支出共计794.53万元，降低公司生产成本。2014年，公司被广安市政府授予市科技进步一等奖。

【安全管理】　全面开展风险辨识及评价工作，提高员工风险管控意识。公司要求全员开展点式风险辨识，其中工厂危害因素辨识512条，加气站危害因素辨识280条。公司还将整理后的风险辨识印制成册，下发至每位员工。

组织应急救援演练。多次组织各加气站、工厂进行应急救援演练，特别是6月成功地完成由经开区组织的“LNG泄漏堵漏演练”和由昆仑能源组织的“LNG工厂充装站泄漏应急演练”两次演练，提高员工应对各类突发事件的应急处置能力。

【基础管理】　2014年，公司坚持“重实践，兼顾理论”原则，共开展各类培训286次，培训达到2567人次。相比去年增加155次，增加1446人次，100%人员持证上岗。公司现有员工220人，具有专业技术职称81人，较去年59人，增长45.76%。

（吴寒冰）

广安市矿山救护大队

【概况】 广安市矿山救护大队是一支以煤矿抢险为主，集非煤矿山、危险化学品、火灾、地震、山体滑坡、泥石流、洪水等抢险于一体的国家二级矿山应急救援专业队伍，现有指战员50名。大队设有总工室、战训科、培训科、办公室、后勤科、财务科、调度（值班）室、气体分析化验室等部门。已建成综合办公大楼、队员标准化住宿楼、室内外训练场、化验室、氧气充填室、演习巷道等一批基础性设施，配备救援车、装备车、高泡、惰气等大型救援装备。2014年，大队通过国家安监总局二级救护队资质复查验收，配合市安监局对全市煤矿开展非法违法作业点清理行动，与社会力量联合筹建广安市安全生产宣教培训中心，积极参加并完成矿道救援演练任务，被广安市应急管理委员会评为"应急演练先进集体"。

【队伍建设】 加强救援能力建设。进一步完善大队机构，配齐人员，落实责任。选调1名地质专业和1名文史专业硕士研究生，面向社会招考2名煤矿专业技术人员，充实大队管理和专业技术人员。同时，面向社会公开招5名体质好、文化知识高的救护队员。加大经费和装备工作力度，夯实保障基础。在救护事业上，由单一矿山救援向综合救援转变，在经费保障上由以矿山救护协议费保障转变为以财政、矿山救护协议费共同保障，并逐步实现财政全额保障。大队队员补助经费从2013年的18万元增加到64万元，市政府拨专款购买生命探测仪1台。在省安监局争取到救援装备专项资金152万元，主要用于购买氧气呼吸器、多功能气体检测仪和井下灾区电话等救援装备。

拓展服务领域。积极拓展技术服务工作，除瓦斯等级鉴定及煤矿排放瓦斯、震动性爆破、启封火区、反风演习和其他需要佩戴氧气呼吸器作业的安全技术工作外，开展非煤矿山应急法律培训。按照国家相关法律规定，与社会力量联合筹建广安市安全生产宣教培训中心，举办安全生产特种作业人员和安全管理人员培训班4期，培训安全生产管理人员280多人。

规范队伍管理。坚持规范化建设这条道路，按照《矿山救护规程》《矿山救护队质量标准化建设规范》的要求，以纪律约束人、用制度管理人，将工作绩效、月度考核、违纪违规与经济效益挂钩，奖勤罚懒，调动队员的工作积极性。

【应急训练】 坚持战训结合，做到战时怎么救平时就怎么练，平时怎么练战时就怎么救。年初，大队编制训练大纲，每月又制订训练计划，认真分解任务、细化措施、强力推进，高强度、高标准地进行科学化的训练和管理，实现目标和任务两明确两实现。训练中，坚持训考结合，战练合一，以考促训，以战验训。大队实行浮动工资制度，每月进行一次考试考核，分纪律作风、理论知识、体能、设备操作、一般技术、现场急救六个项目进行，根据考核情况进行浮动。年终，大队在全队开展一次业务技能竞赛。分小队和个人进行，根据成绩进行奖惩，中小队长实行津贴浮动。同时大队积极开展实战化演练，相继开展瓦斯爆炸、顶板冒落、透水演练。

5月4日早上，全队32名指战员分乘4台救援车和1台大型装备车紧急出动，紧急赶赴华蓥市溪口镇，参加2014年广安市防灾救灾大演练特大山体滑坡应急救援拉动集结。

5月26日上午，大队两个小队指战员紧急出动参加华蓥市溪口镇特大地质灾害事故综合实战演练，在大队承担的矿道救援现场，指战员佩戴氧气呼吸器，携带各型救援装备，刨开掩埋井口，打通堵塞巷道，经过艰难搜寻和现场处置，成功救出2名井下遇险人员，完成矿道救援演练任务，被广安市应急管理委员会评为"应急演练先进集体"。

12月8日，市矿山救护大队接到省安监局紧急出动命令，参加省局模拟的达州市红果煤矿W1127机巷3人遇险事故应急救援工作。1个救援小队携带处理火灾事故装备，参加模拟指挥、信息传输、帐篷搭建、任务领取和报告、战前检查、万米佩机行走等科目演练并接受省安监局领导的现场检查。

【隐患排查】 切实做好预防性检查工作。主动开展矿山预防性安全检查工作和技术服务工作，加强对区域内服务矿山企业的安全隐患检查，及时发现和清除一大批安全隐患，熟悉矿山作业场所环境，对有效开展救援工作打下坚实基础。同时，协助矿山监管部门和矿山企业建设兼职救护队伍，按照《矿山救护规程》和上级关于兼职救护队伍建设的要求，指导矿山企业完成兼职矿山救护队救援组建、军事化管理、装备设施、业务技术训练等建设。

5—6月，配合市安监局对全市煤矿开展非法违法作业点清理行动，出动指战员125人次，检查煤矿38户。在技术服务中，为35户煤矿进行复工前的入井侦察，开展非煤矿山应急救援培训，为前锋区、华蓥市35户煤矿开展气体检测工作，为蔡山洞等10户煤矿排放瓦斯，为高顶山煤矿等21户煤矿开展瓦斯等级鉴定。

11—12月，按照国务院安委会办公室《关于全国集中开展煤矿隐患排查治理行动方案》的通知，大队派出指战员携带氧气呼吸器、自救器和各种检测设备，配合各区市县安监和煤管部门，深入煤矿井下开展专项隐患排查，通过排查整改，确保安全生产。

【应急救援】　妥善开展事故救援工作。全队进一步加强战备值班工作，严格执行24小时值班和周五仪器设备检验制度，在救援物资、救援设备、救援技术等方面做好充分准备，做到闻警即到、速战能胜。2014年，共出动处理煤矿各类安全事故6起、非煤矿山事故和其他社会应急救援1起，为企业挽回巨大的经济损失。

在邻水县葛麻湾煤矿“1·6”较大瓦斯事救援中，20名救护指战员科学制定救援方案，排除一切困难排放事故巷道瓦斯、清理垮塌巷道渣石，搜寻遇难者残骸、寻找火工品爆炸点，共计清理煤渣20余吨，恢复巷道80多米，抢运遇难人员4名。

8月6日，华蓥市高兴镇杨家湾村发生森林火灾，大队接到出动命令后，两个救援小队需迅速携带灭火器、灭火铁扫把等灭火装备赶赴现场投入灭火救灾，受到灭火指挥部领导和当地群众的高度赞扬。

【技术比武】　为提高和检验广安市救援队伍基本素质和应急救援水平，大队开展全员参加的救援技术竞赛活动，竞赛分理论知识、军事化队列、一般技术和体质连续四大项进行，对表现优异的团队和个人分别进行表彰和奖励。参加在攀枝花市延边救护队举行的2014年度全省救援技术比武，杨虎获得个人综合成绩优胜奖，受到省安监局的表彰奖励。

【标准化建设】　为提高队伍的整体素质和抢险救灾实战能力，大队把开展质量标准化建设作为工作的主要目标和首要任务，常年开展标准化建设工作。除参加突发安全事故处理和煤矿安全性预防检查外，坚持每月进行一周的救护理论学习、进行一周仪器设备操作训练、进行一周的体能训练、进行一周的军事化队列训练。训练中认真分解任务、细化措施、强力推进，高强度、高标准地进行科学化的训练和管理，应急救援训练和质量标准化建设工作取得较大的进步。11月，省救援中心质量标准化建设验收获得80.5分，通过国家安监总局二级救护队资质复查验收。

【领导人】　大队长：钟维华，副大队长：何纯安，总工程师：傅本福。

（邓功成）

产业园区与企业集团

广安经济技术开发区

【概况】　广安经济技术开发区地处广安市白塔渠江大桥南桥头，与广安职业技术学院隔江相望，规划面积103平方千米，成都、重庆之间成渝经济区腹心地带。距成都280千米，重庆110千米，位于重庆1小时经济圈内，是川渝陕黔主要的物资集散地。2014年，经开区全口径地区生产总值实现198.7亿元，增长12.3%；工业总产值实现645亿元，增长16.1%。其中，核心区实现地区生产总值28.5亿元，增长12.8%；工业总产值75.3亿元，增长24.1%；固定资产投资78.5亿元，增长29.8%；社会消费品零售总额3.2亿元，增长12.4%；公共财政预算收入0.83亿元，增长20%。新增规上工业企业7户，规模商服企业3户入库，新培育外贸进出口企业2户；农民年均纯收入达8720元，增加749元，城镇居民可支配收入9469元，增加853元。辖区总人口6万余人，辖区面积62.04平方千米。其中，奎阁街道辖2个城市社区和6个行政村，总人口1万人，辖区面积7.2平方千米；新桥乡辖15个村，总人口2.6万人，辖区面积26.4平方千米；护安镇辖23个村，1个社区，总人口2.4万人，辖区面积28.44平方千米。

【招商引资】　利用川渝合作示范区带来的政策聚集、目光聚焦、要素聚合效应，围绕化工、有色金属、新型建材三大产业，以“四园一城”（综合物流园、汽博城园、高新技术产业园、生态文化园和集商贸、金融、现代服务业为一体的滨江新城）建设为重点，调整招商思路，从单纯的第二产业招商扩大至一、二、三产业全方位招商，推动三次产业联动发展。2014 年，新引进项目 22 个，协议资金 176 亿元，到位资金 70 亿元，其中 10 亿元以上项目 5 个。奥尔电梯、贝恒新型建材等一大批重大项目正积极洽谈，河北金谷油脂、浙江华尔管材等意向项目正抓紧跟踪。

【重大项目建设】 基础建设明显加快。新开工滨江大道、港前大道 A 段、4 号、8 号、9 号路等 11 条 18 千米道路；竣工临港大道 A 段、港前大道 C 段等 6 条道路，拓展园区面积 10.5 平方千米，形成 30.81 平方千米道路骨架；竣工新桥供水厂、商业服务中心等配套项目 3 个；新建和改建园区绿化面积 3.9 万平方米，新增路灯 548 盏；奎阁 110 千伏变电站、天然气储备站、5 万吨污水处理厂、新桥 2 万吨污水处理厂扩能、新桥蒸气供应站前期工作加快推进；基础设施建设完成投资 21.4 亿元，创历史新高。产业培育有力推进。加快化工产业培育，新开工芳烃、玖源 PPS、窑法磷酸等 8 个工业项目；玖源 50 万吨甲醇、30 万吨合成氨项目已全部投产，投资 15 亿元完成诚信二期工程，已投入试生产；四川佰瑞德公司投资 2 亿元钾盐钻探 1 号井已成功，2 号井已开始钻探，钾盐中试厂已开始建设；化工企业产值达 20 亿元。加快材料产业培育。鼎鑫金属公司投资 4.7 亿元，完成铜铝型材项目建设已投入生产；深圳正威已投资 10.2 亿元，完成挠性覆铜板生产线 2 条，已进入试生产，电子胶封装项目设备已订购，1 栋厂房已建成，PICC 项目已建成 1 栋厂房，设备正在订购之中；玖源投资 10 亿元 PPS 项目已开工建设；材料工业完成产值 0.5 亿元，2015 年完成 5 亿元。加快制造产业培育。投资 20 亿元航空部件项目已全面开工建设；投资 60 亿元 OGS 触摸屏项目平场已基本完成，土建队伍已进场；精密制造项目相控雷达元件项目已租赁厂房并投入生产。加快住宅产业培育。新型房屋项目平场已完成，前期工作正努力推进；投资 1 亿元新型木塑板项目已开工建设。加快推进商服项目培育。实施广安港、汽车 4S 店等三产业项目 6 个，完成投资 5.6 亿元，广安港船泊、货场、仓储建成，千吨货船试航成功，全面具备港口营运和通船能力。

【项目前期工作】 加大对上争取力度，2014 年加大融资力度，争取棚户区改造、公共租赁房等中省补助资金 1.43 亿元，成功发行 10 亿元企业债券，3.4 亿元棚户区专项贷款已批准；落实诚信化工、华油 LNG 直供电政策，争取北新建材、玖源化工、科塔金属用电快速增长补助政策，解决玖源化工天然气供气。加快推进企业创新。深圳正威与绵阳九院五新合办的广安新材料研究院研发大楼建设进入尾声；玖源与湖南长沙矿冶研究院合办的广安玖源化工研究院研发楼与磷酸化工项目同步规划开工建设；清华大学尤政院长拟在广安建设的新能源研究院正与投资方协商之中；精密制造吴元文拟在广安建研发院也在与投资方协商之中。

【体制改革】 市委市政府体制改革决定全面落实，为经开区在行政管理、财政管理、人事管理、社会事务管理、绩效考核管理等方面作刚性的规定。园区运行机制逐步完善，与前锋区建立对接机制和联席会议制度，定期不定期研究解决出现的新情况、新问题；完善委领导联系企业制度，明确联系职责任务和工作目标；成立土地审查工作委员会，对拟挂牌土地及时审查。推进园区体制改革，3 个乡（镇、街道）部分村改社区工作正报市民政部门审批；推进园区财政管理改革，实行管委会内设部、办、局“部门模拟预算”管理。

【农业工作】 农业农村经济稳步增长。全年粮食总量达 0.738 万吨，主要农作物覆盖率达 95%，种子抽检合格率 90%，农产品质量安全抽检合格率 90%，机械化耕作 0.78 万亩，农民人均纯收入 9469 元，比上年增长 853 元。

【民生工作】 再就业成绩喜人，辖区城镇新增就业 1923 人，城镇失业人员再就业 582 人，就业困难人员再就业 157 人，城乡残疾人居家灵活就业 376 人，分别完成全年目标任务的 135%、166%、143%、100%；城镇失业率控制在 4%以内；打造高校毕业生就业见习基地 4 个，鼓励大学生创业 8 名，完成青年劳动者技能培训 330 人，新型农民培训 500 人，农民实用技术培训 10000 余人，分别完成目标任务数的 100%。完成脱贫任务 852 人，法律援助 150 人，扶持农村贫困残疾人发展生产 65 人，为贫困残疾人适配亟须基本辅助器具 20 人，救助贫困家庭脑瘫儿童 1 人，救助困难职工生活和医疗 10 人，分别完成全年目标任务的 100%。社会保障全面覆盖。全面完成城乡困难群众最低生活保障；城乡居民社会养老保险覆盖人数 31654 人，完成目标任务的 102%；参保缴费人数 18522 人，占目标任务的 100%；城镇居民基本医疗保险覆盖人数 7679 人，占目标任务数的 192%；新农合参合率达 99%；智力、精神残疾人居家托养 14 人，残疾人家庭无障碍改造6户，占目标任务的100%。坚持民政为民，全力服务百姓。开展社会救助专项整治，清理城市低保332户421人；农村低保858户1148人；接受医疗救助申请51名，批准救助资金153174.5元。

【社会事业】 教育助学惠及群众。全面免除义务教育阶段学生作业本费，完成新桥两所学校的食堂主体工程建设，并完全投入使用，让学校444名农村孩子享受到每天一顿的阳光午餐；减免幼儿保教费50人，中职学校招生130人，总工会资助家庭困难职工子女上学10人。分别完成全年目标任务的100%。深入实施《关于进一步加强和改进中小学德育工作的意见》，强化德育工作实效，全力实施“师德工程”建设，扎实开展理想、道德和纪律三项教育。加大教育引资力度，感恩捐建效果佳，充分利用邓小平110周年诞辰纪念活动之机，积极争取捐建资金500万元，拟用于新建护安镇小学教学综合楼，全面改善该校办学条件。大力提升园区文化、乡村文化、特色文化建设，多方筹措，搞好村级文化娱乐设施添置，全年为护安镇、新桥乡“农家书屋”添购新书1.2万余册。免费放映农村公益电影516场。坚持计生国策不变，创新卫生管理机制。扎实做好

计划生育奖励扶助、特别扶助、“三结合”、独生子女父母奖励以及计生特殊困难家庭关怀扶助等各项民生工作。新生婴儿581人，男女出生人口性别比为207∶185，计划生育率82.43%. 全年完成社会抚养费征缴346.2万元；辖区累计奖扶人数为国扶699人，省扶108人，特扶27人，手术并发症1人；新增“三结合”帮扶户30户；独生子女父母奖励在年底前完成发放。全面接管奎阁社区服务中心，5月起接管事权，12月实现人财物整体划转，为辖区基本公共卫生服务再注有力保障。

安全工作稳步推进，出台安全生产例会、考核奖惩办法等制度，制作温馨提示册，层层签订目标责任书，开展安全生产大检查和危化品、建筑施工及教育、卫生等行业（领域）为重点的专项整治；大力推进安全标准化和职业卫生管理规范化企业创建工作，危险化学品、烟花爆竹行业安全标准化建设达标率为100%；加强安全生产教育宣传，开展集中宣传活动20余次，开展应急救援演练5次，组织各类培训10余次，开展重大危险源登记、工矿商贸企业、作业场所职业危害等5项专项调查，全年未发生较大及以上安全生产事故。

切实维护社会稳定，采取领导包案、干部接访、重点盯防等措施，成功调处各类纠纷28起，做到小事不出村（企）、一般事不出乡（镇）或园区、大事不出经开区，实现信访维稳工作“三无”目标；大力做好社区网格化服务管理工作，建立社区网格化服务管理试点社区三个；倾力做好防邪教转工作，建立台账，开展防邪志愿者培训，落实帮扶责任和措施。

【新桥工业园区】 新桥工业园区距广安市18千米，规划面积60平方千米，是四川省确定的气盐结合的精细化工基地、国家发改委确定的循环产业示范基地，定位为工业新城，园区于2007年4月破土动工，重点发展有色金属、精细化工、新材料等产业。已引进正威聚酰亚胺、玖源化工、诚信化工、LNG、广安科塔、北新建材、达江木业、钾盐中试、北控水务等30余个项目，全部建成后，年销售收入超过900亿元，年创利税60亿元以上，可解决上万人就业。

【奎阁滨江新城】 奎阁滨江新城（临港物流园区）地处广安城区东北部，规划面积43平方千米，定位为广安市工业化、城镇化“两化互动”的示范区，境内四川第六大内陆港广安港已建成，距广渝高速公路、广南高速公路入口仅2千米，综合配套完善，交通便捷，区位优势突出。重点发展电子信息、新能源、新材料等战略性新兴产业和仓储物流等产业。已引进广安港、超臣电器、渝生钢绳、华通钢缆、华泰混凝土、鑫宇电子、金丰五金、洁诚新能源等60余个项目。

【领导人】 党工委书记：蔡学勤（4月止）、田运刚（10月起），党工委副书记、管委会主任：田运刚（10月止）、杨世章（10月起），党工委副书记：黄永鸿（10月止），党工委委员、管委会副主任：王瑛、蒋家贤、姚斌（8月起）、李庆（11月止）、党工委委员、纪工委书记：刘涛，党工委委员、管委会副主任，公安分局党委书记、局长：文成仲，党工委委员、规划建设局局长：李寿喜（11月止），党工委委员、办公室主任：付松柏，党工委委员、党群工作部部长：石国平（2月起）。

（吴常胜）

广安枣山物流商贸园区

【概况】 川渝合作示范区广安枣山物流商贸园区管理委员会（简称枣山园区管委会）为市政府的派出机构，增挂广安经济技术开发区枣山物流商贸园区牌子。中共川渝合作示范区广安枣山物流商贸园区工作委员会（简称枣山园区党工委）与枣山园区管委会合署办公。枣山园区管委会履行枣山园区内的行政和经济社会事务管理职

责，市级相关部门依法将行政审批事项委托给枣山园区管委会。枣山园区管委会设党政办公室、经济发展投资促进局、规划建设局、国土资源分局、环保分局、财政局、社会事业局、农村工作局、政务服务中心、环卫园林所10个工作机构。

枣山物流商贸园区地处广安市城区西南部，北侧紧邻小平故里核心区，西侧环绕望子山等山体，东侧相接城南主城区。园区管委会辖枣山镇、广门乡和万盛街道办事处长乐、马石梯社区，共35个村（社区），辖区面积57.4平方千米，总人口5.3万人。2014年，园区实现地区生产总值9.8亿元，同比增长10.1%；完成地方公共财政收入7729万元，公共财政总收入11329万元，分别增长262.52%、249%。其中税收收入7304万元，占地方公共财政收入的94.5%；完成固定资产投资60亿元，同比增长186.8%；实现农民人均纯收入9850元、城镇居民人均可支配收入26105元，分别增长16%、12%；引进国内省外到位资金24.83亿元，完成全年目标任务的112.86%。

【园区规划】 高起点规划，聘请重庆市设计院、上海雅克设计公司等高资质、高水平的规划设计单位，按照定位清晰、功能互补、因地制宜、同意衔接的规划思路，注重近期与远期、园区内部与外部、宏观与微观、基础建设与产业发展的协调统一，实行一次规划、分步实施，科学编制枣山园区57.4平方千米全域创意规划、园区总体规划（2013—2030年）、36平方千米控制性详细规划（含西溪西区、枣山片区、物流园区21.2平方千米控制性详细规划修编）和部分节点位置的城市设计等规划。规划成果已经市规划委员会审定，为实现规划引领园区发展奠定坚实基础。同时，结合枣山园区发展定位，明确重点培育现代物流商贸、总部经济、金融、楼宇经济、文化创意“五大产业”集群。筹建后已审定或新审项目规划设计方案29个。

【基础建设】 坚持以园区规划为指导、以市政道路为基础、以产业项目为重点，着力把园区打造成广安的“城市会客厅”、产业新高地。2014年，建成骨架道路项目16条、20千米，新增建成区3平方千米，10平方千米“三纵三横”骨架路网全面建成，站前广场建成投用，广安动车8月8日顺利开行，滴水岩美好家园、石谷梁子美好家园房屋主体工程基本完成。

【项目引进】 按照“招主业、引集群、招龙头、引链条”工作思路，突出“产业兴城”这一主题，充分发挥园区交通便捷的区位优势、多项叠加的政策优势、独一无二的政治优势，加强对外联络，扩大对外开放，深化区域合作，拓宽引资渠道，扎实推进科学招商，实行重点招商，注重专题招商，“五大产业集聚效应初步显现”。2014年，共引进“五大产业”项目12个、投资45亿元，其中5亿元以上产业项目4个、投资30亿元，引进项目中，竣工运营产业项目10个、在建项目20个。

【征地拆迁】 突出瓶颈破解，强化保障发展，采取向上报批“要地”、把握政策“换地”、清理闲置“收地”、集约集群“节地”、调整结构“争地”等措施，为园区项目落地争取到足够的用地指标。

2014年，完成征地报件3个批次，征地面积达1088.184亩，已取得2个批次、486.8615亩的建设用地征地批文。组织完成广安区2012年第18批、2012年第6批、2014年第4批等3个批次乡（镇）建设用地及广岳快速通道、广华快速通道、右干渠改线、巴广渝高速公路枣山出口、物流B线延长线道路等6个独立选址项目征地补偿工作。征地补偿土地面积3540.36亩，兑付征地补偿资金8430.83万元；办理失地农民“农转非”3287人；办理并划拨社保“三险”资金13914.15万元。

【财政税收】 2014年，园区完成地方公共财政收入7729万元，完成达目标任务7500万元的103.05%，同比增加5597万元，增长262.52%，其中：税收收入7304万元，同比增加5632万元，增长336.84%；非税收入425万元，同比减少35万元，下降7.6%；园区上划中央“两税”收入完成943万元，同比增加729万元，增长340.65%；园区公共财政总收入完成11329万元，同比增加8083万元，增长249.01%；园区基金收入完成62988万元，同比增加18981万元，增长43.13%。

【农村工作】 2014年，园区实现大春播种面积4.5万亩，产量5.2万吨，其中稻谷种植面积为2.3万亩，产量1.6万吨，玉米播种面积12000亩，产量6720吨，其他作物播种面积5000亩，产量22033.5吨。小春生产播种面积4.5万亩，农民人均收入达9850元，同比增长16%。完成造林面积1200亩，其中枣彭路沿线植树造林1000亩。

【社会事业】 教育教学质量明显提升。2014年，投入资金近1000万元，大幅度改善广安三中教育教学条件，广安三中高考一本实现“零”的突破，二本上线4人，为近十年最好成绩；五福初中中考上重点线120多人，是学校成立后最好的一年；广门小学、鞍山小学中考成绩也较往年有较大提升。举办枣山园区首届中小学文化艺术节暨社会事业募捐活动，展演高质量节目24个，募集捐赠资金750万元。

民政基础设施加快建设。投入8万元，建成枣山镇插旗村农村互助幸福院；投入13.63万元，建成广门乡社区日间照料中心；投入9.9万元，启动园区农村敬老院改造项目；争取福彩公益金10万元，启动广安南站应急避难场所建设，争取社区日间照料中心建设资金10.5万元；启动枣山镇马石梯社区办公用房建设。

社会救助水平不断提升。2014年，共发放城乡低保金412万元，累计取消不符条件城乡低保对象106户193人，新增城乡低保对象107户116人，枣山园区基本实现城乡低保“应保尽保，应退尽退”目标。

优抚安置工作全面落实。2014年，共农村发放义务兵家庭优待金38.214万元；接收退役士兵19人，其中，符合政策就业安置转业士官4人、货币安置15人，一次性发放地方性经济补偿费70.9万元。

公共卫生服务日趋均等。建立规范化居民健康档案71473份，规范电子建档率95%，严格执行35岁以上患者首诊测血压工作，共管理高血压患者2829例，管理率达60%；管理糖尿病人数1098例，管理率50%；全年排查重性精神病人235例，检出率3.5‰；新纳入基层医疗机构管理重性精神病人138人，管理率达80%；确诊活动性肺结核20人；完成麻疹疫苗接种5697人次，报告接种率98.9%。基本公共卫生服务项目按人均经费不低于35元/人年执行，拨付基本公共卫生服务项目补助经费224.38万元。

【食品药监】 扎实开展专项整治，加强对各类食品流通、餐饮企业的日常监管效能和力度。2014年共开展5次专项整治行动，检查食品生产流通单位187店次、出动人员120人次，提出整改意见80条，发放监督意见书40余份，有效提高对园区各类食品流通生产单位的监督力度。

【领导人】 党工委书记、管委会主任：杨世章（10月止）、李代芹（10月起），党工委副书记：李代芹（10月止）、刘永明（12月起），党工委委员、管委会副主任：陶刚（挂职，8月起）、吴奇雷（10月止）、蒋文树、严晓霞（挂职，7月止）、杨德高、张道川、程军（挂职，3月起）、郑亚辉（挂职，8月起），党工委委员、纪工委书记：许艳，党工委委员、公安分局局长：曹晋，党工委委员、经发局局长：龚显军。

（张冬华）

广安协兴生态文化旅游园区

【概况】 2014年，园区围绕筹办邓小平诞辰110周年系列纪念活动，大力弘扬“逢山开路、遇水架桥，风雨无阻、昼夜兼程”的广安精神，扎实开展“感恩做贡献”“中国梦在广安”活动，改革创新，艰苦奋斗，统筹推动各项工作。全年地区生产总值完成10亿元，同比增长9.9%；地方公共财政收入实现3817万元，同比增长179%，为年初预算的113%，其中税收收入完成3144万元，占82.3%，非税收入完成673万元，占比17.7%；全社会固定资产投资完成43亿元，同比增长86%，为年初目标任务的86%；社会消费品零售总额增长率13%；全年三次产业结构由20∶26.4∶53.6调整为18.8∶26.4∶54.8。

【纪念邓小平诞辰110周年活动】 纪念工程。超常规推进福兴大道、骑游步道、内环线、枣游连接线、红军小学整体风貌塑造、翰林院子外围景观、佛手山新村、协兴基础设施改造、农村干部学院一期、故里游客中心等基础设施及配套服务项目建设，并全面完成任务。

纪念活动。按照务实节俭要求，认真筹备“2·19”纪念、“5·19”中国旅游日主会场和“8·22”邓小平110周年诞辰纪念活动，统筹推进精神文明和文明城市创建工作。完成红军学校授旗授牌仪式、全市重大旅游项目集中开工仪式、全国知名网络媒体及网络名人赴广安集中采访活动、影视城大型演出、心连心艺术团赴广安文艺演出、“万人同吃福寿桃”、纪念邓小平诞辰110周年大型焰火晚会等系列活动和各类中省重大接待任务95次。

活动氛围。积极调动社会资源和力量，在园区主要公路沿线、人口密集区域、各项目工地集中制作投放纪念活动公益宣传，新安装、更换协连线、福兴大道新型路灯487盏，营造起隆重热烈、节俭朴实的纪念氛围。加强骑游道管理，对沿途“双违”行为和农家乐违法经营进行全面整治，加强道路、绿化和各项设施管护，骑游道成为小平故里一道靓丽的风景线。加大社会秩序和道路交通秩序治理，依法打击农家乐、农家客栈业主追车拉客、拦车揽客、暴力欺客、乱摆摊点兜售小商品等违法经营行为，大景区旅游秩序进一步规范，对外形象明显提升。

【经济建设】 以重点产业项目为支撑，激发感恩贡献动力，奋力开创建设发展新局。坚持科学规划，发挥资源优势，突出产品特色，引进优势项目，以生态文化旅游为核心的产业聚集群亮点纷呈，生动呈现出园区大步跨越、展翅腾飞的多元发展格局。

龙头企业引领产业聚集。生态文化影视城一期、玛瑙城国际酒店、神龙山巴人石头城等重点产业项目建成并实现运营，葫芦岛、广安天下、富盈酒店、翰林小镇商业街、小平足迹园等重点产业项目有序推进。新签约引进欢乐王国、文化创意产业园、协和三级医院、农牧产业园、天颐国际养老等项目14个，协议总投资208.7亿元，其中新签约引进5亿元以上项目8个，占年度目标任务的200%、到位资金41.3亿元，占全年目标任务的118%。借力纪念活动，积极参与中外知名企业四川行活动、第十七届渝洽会、第十五届西博会等重大投促活动中，以生态文化旅游为主导的产业园区知名度和影响力不断提高。

旅游商贸服务蓬勃发展。大力开展旅游宣传营销，组织辖区旅游企业积极参加省首届旅博会，赴成都、重庆、南充、遂宁等地宣传推介园区特色旅游产品。全年接待游客430.4万人次、同比增长64.8%，实现旅游收入26.66亿元、同比增长96.7%，为全年目标的128.8%。积极促进消费市场繁荣，依托食博会、西博会等大型节会，组织辖区企业开展节庆促销，累计实现交易额740余万元，龙安柚、广安盐皮蛋等特色农副产品通过电子商务平台销往韩国、香港等地。加大企业主体培育力度，新培育规上服务企业3户、限上商贸企业2户，园区规上服务业企业实现零的突破，服务业增加值实现5.4亿元，同比增长10.8%，季度增速位居全市第一。

城乡统筹发展步伐加快。建成总长25千米、总投资10亿元的园区主要干道。完成30万平方米的安置房主体工程建设和协兴场镇、牌坊村棚户区改造、大寨安置房规划设计工作。新增城镇人口0.24万人，拓展城镇面积2平方千米，城镇化水平提升4个百分点。佛手山新村建成投入使用，乡村旅游日渐兴旺。稳步推进城乡生态环境治理，及时启动全民水库生态系统重建，西溪河三期堤防工程、全民水库增效扩容工程顺利推进。全面启动“洁净水”行动和“双违”治理，完成腰鼓溪堤防和王家河闸坝项目前期准备，西溪河沿岸、骑游道周边“双违”建筑实现全部搬离拆迁。统筹实施病险水库除险加固、塘堰整治、村级公路、便民路、供水工程等农业综合开发项目，农业基础设施进一步完善。

【社会民生】 民生社会事务统筹推进。持续加大民生投入，全年新增财力投入民生资金达85%，占财政总收入的75%，86个（项）省市民生工程和棚户区改造、风貌塑造、生态环境治理、幸福美丽新村建设等13项自办民生工程全面完成。及时足额缴纳征地农转非人员失业保险、医疗保险资金，城乡居民社保、医保实现全覆盖。统筹推进计划生育、民政优抚、就业创业、精准扶贫等社会事业协调发展。在市委、市政府的积极支持下，争取各类捐赠资金1.05亿元，集中用于改善科技、教育、卫生、文化等事业发展。

精神文明创建再上台阶。深入推进群众性精神文明创建活动和公民道德建设工程，积极参与、全力抓好全国文明城市创建工作。全年开展“欢乐农家大赛”3场，建成果山村、牌坊新村、四新村、友谊村等示范文明村和协兴镇、牌坊村办事处、协兴信用社、协兴法庭等文明单位，带动其他村（社区）文明村、文明单位的创建热情。建立治安联防、法律咨询、环境整治、家电维修、扶贫帮困、旅游服务等党员志愿者服务队24个，组织开展志愿服务活动40余次，参加人数300余人次，受益人员6800余人。统筹开展道德实践、法治教育、“我推荐、我评议身边好人”“最美家庭”“最美人物”寻找、“广安好人”评选和“我们的节日”主题活动，精神文明建设成果得到有效深化。

社会大局保持和谐稳定。全面深化安全生产隐患大排查、大整治，进一步加强食品药品安全监管，安全生产形势保持稳定，全年未发生重特大安全事故和重大食品药品安全事故。深入推进综治、信访、维稳、防邪等工作，社会网格化管理实现全域覆盖，各类违法犯罪得到依法严厉打击，“黄赌毒”得到有效遏制，实现刑事案件持续下降和治安案件大幅下降、群众安全感提升的“两降一升”目标，信访案件办结率达98.5%，各类矛盾纠纷调处成功率达99%。

【全面深化改革】 深化城乡用地制度改革。积极探索农村经营性建设用地流转机制，建立高效利用土地奖励机制，创新“水库水面”用地方式改革，严格执行低效利用土地推出机制。根据园区实际，在充分调研的基础上，编制协兴镇、浓溪镇城乡建设用地增减挂钩试点项目5个，全面完成立项编制工作，并配合省国土资源厅开展现场踏勘；协兴镇、浓溪镇土地整理项目已获得市国土资源局立项批复，财政评审工作稳步推进。和谐征（租）地2869.3亩，农户、企业、坟墓搬迁量达近三年来总数的3倍以上，支付征地拆迁安置补偿款1.6亿元，通过大量群众工作，采取土地流转方式完成租地1800亩。加强与项目业主谈判，促使项目征地由4383亩调整为征地2297亩，剩余2086亩用土地流转方式解决。

推动财税金融体制改革。加强对财政资金有效监督，切实保证发展建设资金的需要，申请设立国家金库广安协兴生态文化旅游园区支库，及时开通园区“四川省非税收入收缴系统”，进一步强化增收节支，度过建设资金严重短缺难关。扩大信贷投放，增强金融机构辐射能力，5家国有金融机构相继在园区建立营业网点8个。组织金融机构与园区企业开展融资对接，先后与市中行、工行、农行和省农发行、进出口银行、东北证券等多家金融单位联系洽谈，为园区企业融资总额达10亿元，解决发展资金瓶颈问题。

积极探索用人机制改革。按照干部管理权限完善组织人事调配机制，形成“一个口子进出”的组织人事调配格局。完善优秀人才引进、评价、激励、约束相配套的政策体系，吸引高层次人才到园区机关工作，增强人才政策开放度，探索建立优厚的保障措施，增强人才吸引力，广泛吸引各类高端人才到园区创业发展。及时退回不符合用人条件的借用（调）干部4人、调出2人，引进高端人才3人。机关现有在编人员49人，空编13个，平均年龄36岁，大学以上学历达100%，其中硕士研究生以上学历5人。

【基层组织建设】　把教育实践活动、“感恩作贡献”“中国梦在广安”和园区建设发展相结合，教育引导广大党员干部坚定政治立场，不断激发干事创业热情，凝聚建设发展合力。将园区发展思路、项目招商引资、干部人事管理等事项纳入党工委集体讨论决策，切实增强班子成员间的团结协作。及时调整和优化镇（办事处）、直属各部门班子结构，促其职能有效发挥、密切协作。着力解决服务群众“最后一公里”等问题，村（社区）党组织活动经费分别提高到3万元/年和3.8万元/年。建立健全《党工委议事规则》《管委会议事规则》等各项规章制度24项。

【领导人】　党工委书记、管委会主任：刘潜（1月起），党工委副书记：彭赟（12月止）、蒋波（12月起），党工委委员、管委会副主任：蒋波（12月止）、沈伟（3月止）、何晓波（2月起）、周绪华（2月起）、陈力强（4月起）、张山（8月起）、何甫生、白平（12月起），党工委委员、纪工委书记：唐明，党工委委员、公安分局局长：蒋登巍。

（协兴园区管委会）

广安发展建设集团有限公司

【概况】　2014年，秉承“干一项工程，出一项精品，开一方市场，交一方朋友”的经营理念，弘扬“诚信、高效、自强、创新”的企业精神，以“感恩小平·我为小平家乡发展作贡献”活动为载体，抓项目建设和企业管理，全集团实现产值8.8亿元，是上年度的11倍；实现营业收入5.6亿元，是上年度的8.5倍；实现利润7790万元，为年度目标的138%，是上年度的2.24倍；实现税金4011万元，是上年度的6.69倍；融资到位8.6亿元，为年度目标的172%。

【机构调整】　因公司经营范围发生变化，原有的机构设置已不能适应业务发展需要，公司改部门制为中心制，设综合管理、行政管理、人力资源管理、财务管理、融资管理（投资管理）、工程管理（采购管理）、资产管理七大中心，下辖5家全资子公司及1家股份公司：广安市城市建设投资有限公司、广安市广达置业有限公司、广安市广安区鸿信小额贷款有限责任公司、四川安通建设工程有限公司、广安市宏泰建设工程质量检测中心有限责任公司以及广安市驥腾建材有限责任公司。经营范围涉及建筑施工、建材生产销售、房地产开发、殡葬业、土地整理、小额贷款、建筑工程质量检测等。

【完善机制】　总结经验，探索国有企业发展战略。集团公司自2013年8月成立后，面临无模式借鉴、无经验积累、无规范管理制度的“三无”状态。经过一年多的不断探索和努力，初步形成一套运作高效、考核科学的管理机制。为更好地助推企业上平台，集团正积极着手进行企业发展战略的研究和制定工作。

不断完善集团法人治理结构。按照建立现代企业制度和《公司法》的要求，进一步明确公司决策机构、执行机构、监督机构的职责范围，完善党委会、董事会、监事会和经营层之间的分工、协作机制和议事规则，规范法人治理结构。

积极探索适合集团长远发展的人力资源管理模式。坚持人才是企业第一资源的管理理念，积极探索市场经济规律下的选人用人机制。针对集团公司人力资源管理存在的问题，聘请成都明德管理咨询有限公司为集团公司制定“以绩效为导向”的管理体系，完善岗位设置、功能定位、目标任务等，调整、完善薪酬、绩效、招聘、培训四大体系，以最大限度激发员工积极性，推进企业管理迈上新台阶。

【项目建设】 推进“献礼工程”。为迎接小平110周年诞辰，公司承担总投资达4.2亿元的“献礼工程”。面临时间紧、任务重、应急性强的局面，公司顾大局，讲政治，不吝成本，不计得失，夜以继日，风雨兼程，高标准按时完成红军小学风貌改造、翰林院子景观工程、福兴大道建设、广安火车南站站前广场、果山旅游新村及佛手山游客接待中心建设等献礼工程。

推进“民生工程”。公司围绕市委政府工作重心，快速推进城南片区“美好家园”安置房建设，2015年10月全面完工；全面完成协兴片区污水管网（含泵站）工程，现已投入使用；基本完成压缩式垃圾中转站项目可研报告、环评报告、节能报告编制，选址意见书、规划审查图、用地现状图办理以及用地预审手续等前期工作；凤凰山森林公园项目包括公墓、烈士陵园在内的一期工程于2014年12月28日顺利开工建设。

推进基础设施建设。作为市政府独资企业，公司主动作为，克服困难，为市政基础设施提档升级做贡献。总投资1.54亿元的市公安局交警支队车辆管理所搬迁项目截至2014年年底完成投资7000万元，达到预期目标；为使经营性资产提档升值，公司完成市委裙楼经营性资产的改扩建工作，完成产值约900万元。改造后，年租金由原来的175万元上升为495万元；平稳快速推进广安公路客运枢纽站项目建设。客运枢纽站建设是广安交通的一件大事，集团公司接受任务后高度重视，多方筹集资金、完善建设审批。完成立项批复、可研报告、环评报告、项目投资测算及项目周边业态分析，土地已完成挂牌及地质勘测，并已交纳土地出让金、土地税费，办理土地证的相关手续已提交完毕，争取交通部补助资金的申请报告及初步设计已获省交通厅评审通过，并已上报到国家交通运输部，2015年正式开工建设。

【金融工作】 成功组建邓小平故里发展基金。根据国家发改委批复的《川渝合作示范区（广安片区）建设总体方案》关于设立邓小平故里发展基金的要求，在经过多方筹备、多家接洽、多轮谈判、多方对比后，成功邀请到四川盈耀资产管理有限公司、成都中城汇银股权投资基金管理有限公司联合设立“邓小平故里发展基金”和“邓小平故里发展基金管理公司”。基金总规划100亿元，首期规模10亿元。经过与长安信托、中信证券、中城建集团、中核华泰等单位对接洽谈，已完成首期10亿元资金的募集工作，就广安公路客运枢纽站、广安凤凰山森林公园等项目的投建工作达成合作意向，并与前锋区、经开区、武胜县及枣山园区的领导及相关人员洽谈对接，积极寻找合作契合点。

成功发行二期企业债券。按照国家最新政策取向，集团公司以城南片区“美好家园”项目建设为主体，精心包装总投资为24亿元的发债项目，先后与多家金融机构和券商进行对接，通过严格比选确定“广发证券”为主承销商，选定债券发行的评级机构、会计师事务所、律师事务所、资产评估机构、可研和节能编制单位及环评编制单位等，经过多方努力，企业债券申报材料于2014年9月29日通过国家发改委初审。在取得发行企业债券核准的过程中，集团公司认真研究政策，扎实准备资料，在关键时间节点前完成阶段性工作，得以豁免新政策的约束，推进债券发行的进度。2015年2月13日，集团公司发行二期企业债券的申请正式获得国家发改委核准，同意发行总额不超过12亿元的企业债券。

开展融资工作。开年以后，在建项目和新开工项目大量上马，工程总投资达到23.5亿元，资金筹集压力空前。为确保工程顺利进行，公司千方百计多方筹资。4月初在广安市恒丰村镇银行成功融入流动资金2200万元；城南片区“美好家园”新年度融资2.5亿元也已到位；积极争取市财政局衔接2014年地方政府债券转贷资金申报工作已获成功，2000万元地方债转贷资金已经到位；5000万元财政引导基金已入基金管理公司账户；与中铁十八局、重庆交通建设投资集团等国企紧密合作，成功为协兴园区福兴大道融入建设资金近2亿元，确保献礼工程建设在8月22日前竣工。

小贷业务走势良好。全年共为企业和个人发放贷款22010万元，实现总收入1385万元，上缴税金330万元。

企业信用等级稳步上升。强化管理，规范行为，与资信评估有限公司密切配合，使企业信用等级由上年度AA⁻成功升级为AA信用等级，为企业的持续发展奠定良好的基础。

【资产经营】 成都农商行入驻广安工作基本完成。成都农商行作为市委、市政府引进的金融机构，指定租赁公司新建的市委裙楼作为其入驻广安的办公场所，确保成都农商行引进广安前期工作的顺利完成，为其按时入驻奠定基础。同时，以泰合集团为主要发起人拟成立的金融机构，其办公场所的租赁工作也已全面完成。

完成原公安局办公大楼拆迁的门市搬离工作。原公安局地块及地面建筑于2013年打包出售给开发商用于商业开发，集团公司立即指示下属经营部门通知承租户将正式合同改签为临时合同。2014年5月，开发商要求市政府及国土部门按合同约定交付地块，若违约则以20万元/天的标准赔付违约金。公司在收到通知后，立即着手出租门市的搬迁，在此过程中无一例承租户上访闹事、拖延霸占的事件发生，协助国土部门及时完成该地块的过户。

经营性资产租赁收益稳步增长。在可经营资产不断减少的情况下，特别是位于原公安局区域门市的拆除，公司通过市场手段，深挖潜力、发现价值，通过资产改造升级及借力广安市公共资源交易中心电子交易平台等方式，进一步实现经营收益的稳定提升，截至2014年10月底，公司剩余的177处经营性资产收益约837万元，对比去年同期同规模资产收益，增长幅度达7%。

遗留权证办理工作有序推进。针对原市级机关事业单位移交的经营性资产存在的权证分割、实地测量、地名核实等遗留问题，经营部积极协调各主管行政单位，推进相关权证办理工作，截至10月底，新办理土地证52本，房产证20本，资产评估价值约5789万元。

【培育企业发展】　组建骥腾建材公司。按照市委、市政府组建国有砂石公司对渠江河道的砂石资源开采经营的指示和市场化要求，公司与广安区、前锋区共同出资注册成立“广安市骥腾建材有限责任公司”并于2014年5月11日顺利接管广安区、前锋区辖区内渠江流域河道河段的砂石开采经营管理权，发挥稳定周边砂石市场价格调控的功能。截至2014年年底，已实现砂石销售额达5000余万元。

做实安通公司。2014年，市委、市政府要求集团公司承接凤凰山森林公园、公墓、烈士陵园的建设和经营。按照项目总体规划，整个投资将达到十亿元，涉及的建设和经营任务重、周期长，集团公司现有子公司中没有适合条件的公司去承接相关业务，以此项目做实安通公司，既可以用活其资质，又有专业公司来组织完成市委市政府交办的任务。

成立广达置业公司。为有利于广安公路客运枢纽项目和第一个由集团自己开发的“广发壹号”房地产项目的经营建设和管理，集团于2014年12月18日成立以市政公用工程建设及房地产开发和经营为主的广安市广达置业有限公司。

接管原市质量检测中心。根据广委会要求，市建设工程质量监督站下属市建设工程质量检测中心分流改制，将其经营权交由集团公司，并组建国有检测企业——广安市宏泰建设工程质量检测中心有限责任公司，该公司为广安市唯一一家国有工程质量检测企业。

【安全工作】　抓规章制度落实，培养企业安全文化。按照“一岗双责”要求，全面落实企业安全主体责任，优化安全制度操作流程，加强新《安全生产法》的宣传学习，进一步明晰各部门、各岗位的安全责任和目标任务，形成完整的指标制度链及流程体系链。

抓组织保障到位，明确安全生产责任制。按照“一岗双责”的要求，明确主要负责人的安全管理职责，形成一种高压态势，分管领导、各级员工明确各自在安全生产工作中应尽的责任，形成一级抓一级的全员参与的安全管理格局。

抓隐患排查治理，做好安全事故防范。合理配置安全监督机构，配备安全专（兼）职人员，定期进行安全隐患排查检查，保证安全监管工作不留死角、不走过场。要求凡履职不到位、造成伤亡事故的，一律从严从重处理，确保风险行业工作安全推进。

抓安全生产标准化建设，提高企业本质安全。把安全生产标准化建设作为增强企业安全发展能力的固本强基工程来抓。通过建立安全生产责任制，制定安全管理制度和操作规程，排查治理隐患和监控重大危险源，建立预防机制，规范生产行为，使各生产环节符合有关安全生产法律法规和标准规范的要求，以提高企业本质安全。2014年度，全公司未发生较大及以上安全责任事故。

【领导人】　党委书记、董事长：雷盛才；党委成员、总经理：张久龙；党委成员、纪委书记：蒋永峰（4月起）；党委成员、副总经理：包中山；监事会主席：李红军。

（刘　馨）

广安交通投资建设开发集团有限责任公司

【机构设置】　广安交通投资建设开发集团有限责任公司（简称广安交投集团）系广安市人民政府批准成立的国有独资企业，于2014年6月16日开始筹建，9月16日完成工商注册正式成立，注册资本金5亿元，总资产13亿元。广安交投集团内设综合部、财务审计部、企划发展部、工程技术部、多种经营部5个事业部，下辖四川广安交通建设开发有限责任公司、广安市广泰公共交通有限责任公司、广安广顺运业有限公司、广安市公路勘察设计院、广安市公路工程试验检测中心、广安交投集团机动车尾气检测有限公司等6家子公司，即将组建广安交投建材有限公司。

广安交投集团以建设和服务川东综合交通枢纽为己任，按照“投资、建设、开发、经营”一体化大战略和“多元化、规范化、专业化”经营管理模式，全面整合旗下资源，完善上下游产业链，重点发展交通工程建设、交通勘察设计、公路工程质量检测、公共交通及旅客运输、交通建材生产、汽车尾气检测、汽车租赁服务、汽车驾驶培训、新建道路沿线广告及加油加气、商贸物流等十大经营业务，力争通过3—5年的努力实现企业快速发展，建成交通建设主业突出、多元发展壮大、产业有机链接、管理规范高效的现代企业集团。

【建章立制】　已建立《领导层成员年度经营业绩考核实施细则》《公司年度目标任务和考核办法》《资金集中管理办法》《员工聘用管理办法》《工程建设管理办法》《费用报销办法》《安全生产管理制度》《信访维稳管理制度》等，为公司规范管理提供制度依据。同时，正抓紧拟定物资采购、人力资源、财务和投融资等管理办法，切实规范企业运作。

【项目建设】　2014年，克服时间短、人手紧、任务重等困难，高效完成枣彭路至小平故里游客中心连接线、小平故里路一二段改造、小平大道第三合同段及官盛大桥征地拆迁等项目建设，完成投资2.15亿元。同时，全力实施全长22千米、投资近8000万元的国省干线公路大修工程广（安）前（锋）段，克服工期紧、车流大、任务重、质量严、天气恶劣等突出矛盾，精心组织，环环相扣，高效实施，将至少3个月的工期，缩短在70天内全面完成，打响交通建设的“第一炮”。

10月10日下午，广安市与中国建筑股份公司在北京签订战略合作协议。双方约定，将在基础设施建设、统筹城乡发展、节能环保、住宅产业以及区域综合开发等领域进行多层次、多形式的合作，进一步促进广安经济社会可持续健康发展。市委副书记、市长罗增斌，中国建筑股份公司副总裁刘锦章，副总经济师兼基础设施事业部执行总经理张翌等出席签约仪式。

【开发经营】　与中石油广安销售公司签订燃油（气）经营战略合作协议，拟在小平大道、枣彭路、岳广华快速通道等国省干线公路建设加油（气）站项目；推进新建干线公路沿线广告特许经营业务，已完成项目前期规划工作，正开展广告位建设招商工作；组建广安交投建材公司，已完成论证、选址工作；新组建成立汽车尾气检测公司，已完成工商注册、设备采购等工作，于2015年2月底投入运行；广顺公司及时调整经营策略，在广安城南火车站设置临时客运代办点增开华蓥、邻水等客运线路，在市内与邮政公司合作开展汽车客运网络售票业务延伸服务范围，大力增设便民服务实施，适时调整运输价格；广泰公交公司通过新增100辆出租汽车投放、优化配置公交线路、调整公交票价、提升服务质量等举措实现利润稳步增长；检测中心拓展三个园区城市道路及岳池县国土整理等项目检测业务，创收近200万元；设计院通过承揽枣山园区公路安保工程、枣山园区水毁工程、华蓥山熊猫基地道路等设计创收。

2014年，完成工程投资2.15亿元、营业收入1.4亿元、利润1100万元、扩大再生产投资1300万元、融资1.5亿元，实现企业发展的“开门红”。

【投资融资】　积极创新融资、建设模式，破解资金瓶颈。由交投集团打捆项目，投资9.8亿元的岳广华大道枣山、广安区段和清溪口特大桥项目BT招标顺利推进；在市金融办的大力支持下，积极与国家开发银行对接，完成融资1.5亿元。

【项目储备】　全面启动省道204、205、208、406干线改造工程前期工作，协助开展港前大道收费立项批复工作，抓好官盛大桥、岳广华大道项目管理工作，努力贮备项目，为企业持续发展奠定基础。

【领导人】　党委书记、董事长：杨毅，党委副书记、监事会主席：张宗玖，总经理：姚建国，副总经理：段正中、徐文光、梅绍云。

（祝　箭）

广安金财投融资（集团）有限责任公司

【机构设置】　2014年12月23日在广安工商行政管理部门注册登记，组建广安金财投融资（集团）有限责任公司（以下简称金财集团），由市政府注入注册资本金3亿元人民币。按照“政府主导、企业主体、市场运作、服务地方”的功能定位，加快金融改革创新，整合金融财政资源。金财集团是市政府直属管理、主要从事投融资业务的国有独资企业，按正县级单位管理。

公司业务遵循“积极稳妥、逐步壮大、多元发展”的原则，组建初期主要经营基金、小贷、担保、投资理财等4类专项业务。经营范围为：基金管理、小额贷款、融资担保、投资理财、融资租赁、信托、增信、股权投资、发债、咨询服务、资产评审、并购重组、债权转让（保理业务）、企业上市服务等金融业务。

金财集团组建初期，下设小平故里基金管理公司（含基础建设子基金、产业发展子基金、公益事业子基金）、广安市金财小额贷款公司（暂定）、广安市中小企业融资担保公司、广安德润农业融资担保公司（占股20%）、广安市金财投资理财公司等5个具有二级独立法人资格的子公司，鼓励民间资本进入子公司发展混合所有制经济。

【治理结构】 法人治理结构。董事会：董事会成员5名，其中设董事长1名，副董事长2名（1名由总经理兼任，1名由副总经理兼任）；另2名董事由职工代表产生。监事会：监事会成员5名，其中设监事会主席1名，另4名监事由职工代表产生。经营层：经营层管理人员4名，其中设总经理1名，副总经理3名（1名由副董事长兼任）。金财集团董事长、总经理、监事会主席和3名副总经理共6人为公司高管，纳入市委管理；其中董事长、总经理、监事会主席按正县级管理，副总经理按副县级管理。集团公司成立党委，设党委成员6名，其中党委书记1名（由董事长兼任），副书记1名（兼任监事会主席、纪委书记、工会主席），其余党员高管为党委委员。

内设机构及人员控制。组建初期，集团公司内设4个职能部门，分别为综合部、投融资部、财务部、战略发展部（法务部），配职员20人。

子公司管理。本着“精简高效、独立核算、依法管理”的原则，集团下属子公司具有二级独立法人资格，高管人员招聘、任免按《公司法》相关规定执行。

【基金业务】 2014年5月16日，四川盈耀资产管理公司、成都中城汇银股权投资基金公司、广安发展建设集团共同出资成立注册资本金500万元的广安小平故里股权投资基金管理有限公司，其中广安发展建设集团占股35%，并于6月30日发起设立第一支子基金——广安小平故里股权投资基金，正在开展项目运作。

基础建设子基金。以小平故里股权投资基金为依托，以广安市域重大基础设施建设和重大项目为目标，采取股份合作、公私合伙制（PPP）等模式，多渠道募集信托、保险、银行和国有企业、民营企业及社会投资者等各类资金，形成建设项目资金池，加速推进全市重大基础设施和重点项目建设。

产业发展子基金。按照市委、市政府决策部署，整合工业、商贸、旅游等产业发展专项资金，创新实践“拨改投”方式，金财集团作为政府资金出资人，接受财政（国资）部门全程监管，通过政府资金的杠杆作用，多渠道吸纳社会资金支持广安建设发展，重点支持六大高端成长型产业、现代服务业及战略性新兴产业发展，促进传统产业转型升级和主导产业集群集聚发展。

公益事业子基金。努力把小平故里的政治优势转化为资本优势，广泛募集社会捐赠资金，积极争取民生项目和公益资金，采取专项募集、专款管理、封闭运行、全程公开以及捐赠人现场验收等办法，确保各类捐赠资金、民生资金和公益资金全部投入到社会公益事业和民生项目，充分激发和调动社会各界感恩小平、支持伟人故里公益事业发展的积极性。

【小贷业务】 经与省金融办汇报衔接，同意组建注册资本金3亿元的小贷公司，主要为中小微企业、科技创新型企业及重点项目提供小额贷款、搭桥应急贷款及生产流通贷款，促进企业健康运行，扶持企业发展壮大。

【担保业务】 将广安市中小企业担保公司的注册资本金由5000万元增资到1亿元，达到国有商业银行最低合作标准，主要为市域重点项目以及符合中央、省产业政策、有发展前景的潜力企业和科技型、创新型企业提供融资担保服务。指导德润农业担保公司积极为农业产业化项目、农产品加工企业等涉农项目提供优质高效的融资担保服务。

【投资理财业务】 大力发展私募投资，通过市场化手段定向募集战略投资者资金（含区市县财政、3个园区和中央、省市国企及民间资金，单笔资金100万元以上），畅通各类资本投资渠道，激活政府、企业闲散资金。依法开展理财服务，通过担保增信，借助第三方支付平台，稳步发展互联网金融（P2P），建立网上理财项目资金池（支付宝类），搭建民间资金“投资方”与项目建设“融资方”互动平台，引导民众合法理性理财。

【领导人】 党委书记、董事长：周明，党委副书记、监事会主席、纪委书记、工会主席：周长奎，党委委员、副董事长、总经理：杨远鹏，党委委员、副总经理：江玲、高欣、唐家文。任职时间均为12月26日起。

（金财集团）

城建交通

住房和城乡建设

【概况】 2014年，全市住房城乡规划建设工作紧扣“感恩小平·我为小平家乡发展作贡献”主题，大力实施多点多极支撑发展战略，全力推进以人为核心的新型城镇化进程，城乡面貌焕然一新。全市城镇面积拓展21.5平方千米（其中城市新区面积拓展14.9平方千米），城镇化率提高3.2个百分点；完成房地产开发投资122.11亿元、城乡市政基础设施和公共服务设施建设投资53.44亿元、村镇建设投资10.82亿元；开工建设保障性住房和改造各类棚户区38736套；实现建筑业总产值331.6亿元。

【城乡面貌】 市民广场及文化综合体建成投运，规划展览馆、低碳智慧城市体验馆对外开放，多功能会议厅装饰装修正快速推进。广安南站及站前广场、广岳快速通道、枣山大道、站前大道等全面建成，广成动车、广渝快车如期开通，为广安融入成渝经济圈打下坚实基础。广安主城区金安大道、建安路、五福西路环境综合整治完成投资1.8亿元，实施建筑立面改造约15万平方米、人行道铺装约15万平方米、道路黑化约21万平方米、交通道口整治15处、楼宇亮化44栋，绿化提档、路灯改造全面完成，小区便民服务设施进一步完善，城区面貌焕然一新。运用市场法则，通过公开招商，成功引进成都吉和翰福科技有限公司建设运营广安城区自行车慢行系统，一期工程建成站点55个，设置公共自行车及锁车柱816套，累计办理借车卡7000余张，极大地方便市民出行。

广安主城区东南片区近5平方千米的市政道路建成通车，官盛新区10.5平方千米的道路骨架基本形成。广安经开区广前路二期左侧道路拓宽改造、临港大道A段、港前大道C段、8号路等4条骨干道路主体工程全面完成，雨污水管网、路灯、绿化、交通标志标线等配套工程不断完善，形成30平方千米的道路骨架。枣山园区枣彭路、广武路改造、园区11条支路等项目如期竣工，建成道路28.7千米，完成投资7.66亿元，10平方千米的骨架路网基本建成。协兴园区福兴大道、内环路、枣彭路至游客中心连接线、骑游道等市政道路工程全面完成，建成道路16.8千米，完成投资约8亿元，红色影视文化城如期开园，整体提升邓小平故里周边环境。

区市县立足实际，创新理念，超前谋划，坚持城市拓展与功能完善并重，全面加快城市道路、公共绿地、供水排水、污水处理、垃圾处理、学校、医院、农贸市场等市政基础设施和公用服务设施建设，城市综合承载能力明显增强。广安区大力实施白塔片区、岔马路片区改造，快速推进低碳新城、广安新天地等项目建设。前锋区大力实施城市道路等基础设施建设，永前大道等城市主干道建成通车，双狮路等城市辅道初具雏形，“五纵四横”城市路网、15平方千米城市骨架基本形成。华蓥市全面推进城北连接道路、章广大道、爱民路延伸段、红星四路和六路延伸段等13条城市道路建设，完成新华大道、广华大道、城北转盘、蓥光路等主干道黑化。岳池县完成火车站站前广场和道路、成果村安置房东侧道路B段等重点项目建设，余家河景观综合改造加速推进。武胜县迎宾大道C段全线通车，中滩生态湿地公园、城市“四馆”、仁和片区旧城改造等项目建设快速推进。邻水县全面完成博物馆、规划展览馆装修布展并对外开放，宏帆广场一期、二期主体工程基本完成，西出口改造及迎宾大道建设加快推进。

狠抓政策措施制定，以全省“百镇建设行动”为契机，在深入调研基础上，制定出台《中共广安市委、广安市人民政府关于加快推进特色集镇建设的意见》。以加快推进“七个一”工程为抓手，重点实施市政道路、地下管网、给排水等基础设施与市场、学校、医院等公用服务设施建设。10个“百镇建设行动”试点镇完成基础设施建设投资5.5亿元，就近就地吸纳农业人口4.5万人。启动建设特色集镇30个，完成场镇总体规划、控制性详细规划编制，广安恒升等工业贸易型、武胜白坪飞龙等旅游服务型特色集镇初见成效。协兴等13个乡（镇）被列入全国重点镇，武胜县白坪乡高洞村被央视评为2014年“中国十大最美乡村”，飞龙镇卢山村被评为“中国最美休闲乡村”，宝箴塞镇方家沟村被列入中国第三批传统村落名录，广安区龙台镇水井村等4个村被列入四川省第二批传统村落名录，岳池县张口楼村正申报中国田园建筑优秀实例，前锋区代市镇岳庙村正申报全国宜居示范村庄。

【规划编制】 实施规划管理机构改革，进一步强化规划职能，市规划局升格为一级行政局，有利于进一步发挥规划龙头引领作用。实行市城乡规划领导小组、市规委会、市规划专家咨询委员会和相关部门并联技术审查会制度，对市域内城乡规划项目实行逐级审批和集体把关。全年共组织召开市规划领导小组会4次、市规委会5次、技术审查会4次，审核项目52个。坚持全面、协调、可持续发展，不断完善城乡规划，突出地方特色，提升城市品位。《广安市城市总体规划（2013—2030年）》经省住建厅专家技术评审，待省政府审批。

加快“两区三园区”分区规划及片区控详规划编制，川渝合作示范区广安课题研究基本完成，助推广安加快融入重庆一小时城市群都市圈。广安市棚户区危旧房改造专项规划、广安市凤凰山森林公园概念规划一期等民生工程规划编制完成，及时启动主城区环境综合治理改造二期工程规划——要街等城市设计。前锋区城市综合体规划设计获中国建筑协会2014年人居经典方案金奖。建立并实施“一书两证”和“四统一”办事流程及审批程序，有效提高规划审批效率。拆分规划职能，按环节分科室把关城乡规划设计条件、规划方案审查意见书、总平面布置图、两证一书、规划核实等审查，推进规划权力相互制约，提高审批质量。启动广安主城区测绘信息系统平台建设，统一主城区测绘技术标准。建立六方责任主体放线、验线、复线制度，从源头上有效预防违法建设行为的发生。

坚持规划刚性原则，保持规划延续性，维护规划严肃性，制定出台广安市建设项目设计方案深度管理暂行规定、广安市城市规划管理技术规定等覆盖规划编制、管理、批后监管全过程的规范性文件，为规划管理提供科学依据。加大建设项目用地合法性、总平面布局、市政配套设施、交通组织、园林绿化景观、建筑风貌等审查力度，提高建设标准。加强规划监管，严肃查处违规建设行为，初步形成市、县（区、园区）、乡三位一体、自上而下的监督网络。

【行业转型】 中国北新建材集团承建的协兴果山、华蓥禄市等地628套集中连片新型房屋基本竣工，得到住建部陈政高部长、住建厅何健厅长等领导肯定。中国恒天集团拟投资200亿元，在广安打造集研发、制造和推广于一体的住宅产业示范园。岳池县亿联家居建材城对外营业，武胜县绿色建筑产业园建设有序推进。积极向住建部、住建厅汇报，加快启动《广安市住宅产业现代化发展纲要》编制，创建国家住宅产业现代化试点城市成效显著，并在第十三届中国国际住宅产业博览会上荣获先进单位。年末，全市现有二级房地产企业27家，三级135家，全年完成房地产开发投资122.11亿元，房屋施工面积1045.55万平方米，房屋新开工面积370.15万平方米，房屋竣工面积230.3万平方米，商品房销售面积305.95万平方米。同时，自筹资金近400万元建立信息中心和房地产市场监管系统，打造高效、透明、规范的房地产交易与登记服务大厅，实现省、市、县联网监管。

推动建筑产业工业化，助推经济结构调整，提高经济发展质量和效益。全市现有一级建筑施工总承包企业11家，二级建筑施工总承包企业64家，企业资质覆盖房屋建筑、水利水电、公路施工、电力工程、市政公用工程、装修装饰、园林古建筑、隧道工程、建筑幕墙等多个领域。全年初审上报新办建筑施工总承包企业10家，劳务分包企业6家，专业承包企业3家，企业资质升级、增项企业18家。完成企业各类建筑人员及继续教育培训3681人、职业技能鉴定1281人、全省建设管理人员培训考试2417人次，成建制输出建筑劳务4.3万人，实现劳务收入6.2亿元。组织5名骨干教师为阿坝藏族羌族自治州235名建筑业农民工进行技能培训和鉴定，用实际行动抒写藏羌汉一家亲的“鱼水深情”。配合北京大学成功承办首届“中国低碳·智慧城市发展（广安）论坛”，全国政协原副主席、民革中央副主席厉无畏等领导出席会议，国内外知名专家参加讨论，市委书记侯晓春发表重要演讲。逐步启动绿色建筑，以低碳智慧为主题、运用60多项低碳智慧技术的“低碳·智慧新城”开工建设，成功创建2014年第三批国家智慧城市。

深入开展全市商品混凝土行业综合整治，编制《广安市预拌混凝土预拌砂浆站布点专项规划（2014—2020年）》《广安市预拌混凝土和预拌砂浆行业监管办法》，促进商品混凝土市场平稳发展。扎实开展安全生产“三项行动”“三项建设”“安全生产月”和“工程质量治理两年行动”，加快推进质量安全数字化平台建设，加强燃气、隧道、桥梁等安全检查，及时处理萃屏山隧道裂缝、中桥病变等安全隐患，杜绝较大及以上质量安全事故发生。广安市人民医院全科医生培训基础等3个项目荣获省级“结构优质工程”奖，全市有5个工地被评为省级安全生产文明施工标准化工地。成立物业管理专家库，配合市城管执法局建立前期物业管理招投标制度，物业管理水平不断提高。进一步加大老旧小区专项维修资金归集力度，市本级累计归集专项维修资金9049万元，支取专项维修资金274.81万元，有效维护房屋业主及使用人共同利益。加大勘察设计企业挂靠设计等违规行为查处力度，进一步规范勘察设计市场秩序。

【民生工作】 围绕“住有所居、出棚进楼”目标，将保障性住房建设和危旧房棚户区改造作为重大民生工程和发展工程来抓，进一步落实责任，加强督查，强力推进。争取城镇危旧房棚户区改造申贷资金15亿元，有力推进全市保障性住房建设。全年保障性住房建设和危旧房棚户区改造开工38736套（其中公共租赁住房4736套、城市棚户区31662套、国有工矿棚户区2338套）、基本建成25993套（其中公共租赁住房3197套、城市棚户区21590套、国有工矿棚户区1206套）、竣工14454套（其中公共租赁住房2354套、城市棚户区11480套、国有工矿棚户区620套），分别占年度目标任务的102.2%、110.9%、112%。建设农村安居工程39626户，占年度目标任务的100.3%，实施农村危房改造7313户，大大改善城乡居民居住环境。

研究制定“洁净水”行动——广安市城乡生活垃圾污水处理专项行动实施方案和城南片区雨污水管网建设改造实施方案，着重从乡（镇）生活污水和垃圾处理、城区雨污水管网改造等方面，全面实施“洁净水”行动。强化西溪河流域等重点领域的污水治理，加快推进乡（镇）污水处理厂（站）建设，全年新建污水处理厂（站）27座（达到96座），新建乡（镇）污水管网103.9千米。采用PPP模式，公开招标引进中信水务集团，对全市大多数污水处理厂（站）实施统一建设、管理及运营。市第二污水处理厂、武胜县第二污水处理厂、邻水县王家镇污水处理站、协兴园区浓溪镇污水处理站等第一批“PPP”项目集中开工建设。万盛片区污水管网建设工程完成节能、环评、立项等前期工作，现已启动工程建设设计。

广安市城市生活垃圾焚烧发电项目实现点火烘炉，即将投运。坚持“全民动员、全员参与、条块结合、上下联动、重点突破、整体推进”的创建机制，深入扎实开展创建全国文明城市工作，确保不丢分、得高分。

园林绿化方面，全年完成9个园林规划设计，对主城区园林绿化进行提档升级，强化日常管护，建成区绿地率达35.1%，绿化覆盖率达40.6%，人均公园绿地面积达14.9平方米，园林绿地完好率达95%以上，顺利通过国家园林城市复查验收，并指导邻水县成功创建省级园林县城。

环卫管理方面，全面实施道路保洁精细化、垃圾清运专业化、公厕卫生标准化、城市照明规范化环卫作业，加大建筑工地扬尘治理力度，探索实施城区主干道立体化保洁。全年收集转运城市生活垃圾70000余吨，维修、抢修路灯线路1700余次，确保垃圾收运率和处理率达100%、城区亮灯率达99%以上、重要节日和重要区域亮灯率达到100%。

市政维修方面，对城南片区107条市政主次干道的路面、人行道板、排水排污管网和无障碍设施等市政基础设施进行配套、改造和维护，累计投入维修资金约2200万元。

建筑工地管理方面，对城区所有在建工地实行标化管理，工地围挡规范设置公益广告，营造良好的创文氛围。高度重视建议、提案的办理，主动邀请人大代表、政协委员通过实地考察、座谈会商、专题调研等方式，对建议、提案涉及的问题进行深入研究，进一步强化办前了解意图、办中沟通协商工作机制，增强承办工作的针对性和实效性。坚持以督促办，以办促建，确保承办的61件人大代表建议和政协委员提案办理满意及基本满意率达100%。主动接受人大、政协的监督，配合做好执行城乡规划法、强化物业管理、乡（镇）生活污水处理厂（站）建设及运行、推进新型城镇化等工作的视察、调研和询问。制定信访维稳工作预案，建立健全来信来访接待制度，逐级落实信访维稳工作责任，扎实推进社会稳定风险评估。坚持从国有土地上房屋征收、产权办理、市政设施完善等与百姓生活密切相关的热点问题入手，全力做好政策咨询和矛盾化解工作，妥善处置建筑质量安全、拖欠农民工工资和工程款等引发的突发事件。

落实领导班子定期接访、机关干部下访、矛盾纠纷排查化解、积案化解和领导包案化解信访等制度。全年接待群众来信来访372件次，其中：初信初访315件次、重复来信来访57件次，按时办结率100%。成功化解葫芦岛安置房、天下豪庭、主城区商品混凝土价格纠纷等突出信访、集访问题20余件，有效维持社会稳定。

【依法行政】 全面清理行政许可事项，规范审批流程，精简办事环节，实现提速增效。继续推进“两集中、两到位”，健全以窗口服务为主导的行政审批运行机制。创新服务方式，探索实行房屋确权登记、规划选址意见书、建设用地规划许可证、建设工程规划许可证等4项行政审批事项受理环节前移。大力培育中介服务市场，取消区域性、行业性限制，促进市场公平竞争，实现“一窗进出”。全年清理行政审批事项3次，下放建设工程施工许可证、建设工程竣工验收备案2项行政审批事项，行政审批和公共服务办理逾40000件。结合政府新一轮机构改革，组建标准定额科，完成市工程质量检测中心改制，实现政企分开。积极衔接省住建厅，研究拟制《广安市农村集体土地上房屋所有权确权登记颁证工作实施意见》，细化办事流程，认真落实内部权属登记资料审核、交接、签收制度，严格错件责任追究，规范农村房屋登记工作秩序，为下一步农村房屋所有权确权颁证奠定坚实基础。认真开展“双违”治理，加大建筑房地产领域违法建设监督检查力度，严厉打击违法建设行为，切实维护群众利益。组织开展省外入广企业专项检查、房地产开发专项检查，严肃查处广安城南壹号违规挂靠、广安区“笋城名苑”违法建设、前锋区“锋城名苑”违法预售等违规违法案件80余件，发出整改通知书600余份，罚没金额4000余万元，有效遏制违法建设势头蔓延。

【美丽乡村评选】 2014年6月，2013年度四川省“环境优美示范城镇”和“美丽乡村”评选结果，命名20个区市县、100个乡（镇）为2013年度环境优美示范县（区）和乡（镇），1000个村庄为美丽乡村。岳池县被评为环境优美示范县城，广安区恒升镇、华蓥市阳和镇、岳池县罗渡镇、武胜县宝箴塞乡4个乡（镇）被评为环境优美示范乡（镇），广安市被评为美丽乡村50个，广安区：恒升镇保卫村、龙台镇车堂村、兴平镇玉泉村、大安镇南桥村、花桥镇星火村、崇望乡曙光村、肖溪镇南溪村、大龙乡果坝村；前锋区：观塘镇七河村、广兴镇蔡家村、广兴镇永胜村、代市镇桐子村、小井乡小井村、观阁镇观南村；华蓥市：天池镇王家坝村、禄市镇小驴山村、明月镇白鹤嘴村、阳和镇中和村、高兴镇谭家桥村、观音溪镇田坝子村、溪口镇袁家坝村、庆华镇石佛沟村、双河街道栋梁村、华龙街道余家井村；岳池县：罗渡镇桐子坪村、罗渡镇临水寺村、普安镇干堰塘村、普安镇大石沟村、石垭镇张口楼村、石垭镇丁家村、石垭镇大城村、苟角镇古坟梁村；武胜县：宝箴塞乡方家沟村、沿口镇东风村、街子镇王家庵村、龙庭乡新牌坊村、乐善镇水洞湾村、华丰镇扶手村、鼓匠乡鹤林村、白坪乡长安村、永胜乡碉楼村；邻水县：观音桥镇三板桥村、石滓乡朱家寨村、石滓乡晒金村、石滓乡长龙村、石滓乡升坪村、石滓乡冷水村、石滓乡花房村、太和乡高家庙村、太和乡火炮铺村。

【获得荣誉】 2014年，市住建局荣获第十三届中国国际住宅产业暨建筑工业化产品与设备博览会先进单位，市委市政府表彰的自加压力感恩做贡献类先进集体；袁晓毅荣立市委市政府二等功，滕继平获市委市政府嘉奖，李君、邓凯分别被市委市政府表彰为先进个人。

【领导人】 党组书记、局长：王小兵，党组成员、纪检组组长：吴恩军，党组成员、市规划局局长：滕继平，党组成员、市园林局局长：蒋天文，党组成员、机关党委书记：余良明，党组成员、副局长：徐岑泽、胡连登、袁晓毅、陈欣，党组成员、总工程师：甘春，党组成员、纪检组组长：甘毅，党组成员、市环卫处处长：孙利民，副局长：陈光全。

（周 勇）

城乡规划

【概况】 2014年，完成各层次规划编制17个；全市城镇建成区面积拓展21.5平方千米（其中新增建成区面积14.9平方千米），城镇化率提高3.2个百分点，达37.49%。

【机构调整】 3月，市委编委会对市规划局内设机构、领导职数、职能职责等进行调整，将城乡规划管理科分设为规划编制科（增挂村镇规划管理科牌子）、建设用地规划管理科、建筑工程规划管理科，内设科室由3个增至5个，新增副局长1名、总规划师1名，正科级领导职数2名。同时，将广安市城乡规划设计院、广安市工程技术服务中心调整为市规划局直属事业单位。12月中旬，广安市规划局党组成立，市规划局成为市政府工作部门。

【规划编制】 总规编制报批加快推进。2014年，总规正式成果通过市城乡规划领导小组、市政府常务会议、市四届人大常委会审议和省住建厅组织的专家技术评审。按程序上报省政府审批。《川渝合作示范区广安课题研究》基本完成，实现广安市与重庆重大基础设施和公共服务设施的有效对接，进一步激发广安发展活力。

县市区规划编制有序跟进。完成《广安市神龙山组团控制性详细规划》《华蓥山风景名胜区总体规划》等8个规划方案专家技术评审。两区三园区分区规划及片区控详规划成果初步形成。指导全市10个乡（镇）完成控制性详细规划。

镇村规划编制迅速启动。指导并完成恒升、代市等30个特色集镇的总规及控规编制，50个“美丽新村”规划编制。“七个一”工程以及集镇道路、管网、水电气、通讯、商业网点、绿地系统等布点规划有序推进。

民生规划快速实施。完成《广安市中心城区公共自行车服务系统规划》《广安市棚户区危旧房改造专项规划》《广安市主城区环境综合治理改造工程规划二期》等7个专项设计。

城市设计扎实开展。完成《广安市主城区环境综合治理改造工程规划》《广安主城区风貌整治改造二期规划》编制，开展金安大道原广安市公安局地块及周边区域城市设计工作，为进一步优化城市色彩、天际轮廓线以及标志性建筑提供重要的保障。指导前锋区开展城市综合体规划设计，该项目获得2014年全国人居经典方案竞赛金奖。

【规划管理】 出台规范文件。制定《广安市建设项目设计方案深度管理暂行规定》《广安市城乡规划管理技术规定》等一系列覆盖规划编制、规划管理、批后监督等规划全过程的规范性文件，为依法依规管理提供依据，确保规划实施不走样。

依法依规审批。在从严控制项目建筑间距、绿地率、容积率和建筑密度等经济指标的同时，加强对建设项目用地合法性、总平面布局、市政配套设施、交通组织、园林绿化景观、建筑风貌等方面的审查，确保新建小区功能齐全、环境优美，达到高品质小区标准。全年共承办市规划领导小组会6次、市规委会5次、技术审查会5次。全市共审批方案建筑面积919.74万平方米、审查项目197个。其中，主城区（含市本级和3个园区）共审批方案总建筑面积399.6万平方米、审查项目25个、总土地面积124.1万平方米、办理规划设计条件38件、建设项目选址意见书14件，建设用地规划许可证23件，设计方案审查批准通知书25件；建设工程规划许可证37件，面积153万平方米；规划放验线47件。

加强批后监管。全面推行精细化管理，将“细、严、实”贯穿整个批后监管的始终，重点对建设项目的用地选址、规划方案、建筑方案、建设工程规划许可证、外立面建筑材料审查、过程查验和规划验收等方面进行监督检查，着力解决重批轻管和监管缺失的问题，有效遏制随意变更规划和侵害公共利益的行为。严格执行批前公示和批后公布有关规定，切实增强规划透明度，确保规划管理公正、公开。全年开展项目方案审批公示25件，规划条件出具公示18件，公开公示率达100%。

扩大成果运用。高标准完成市规划展览馆设计、布展工作，全方位展示广安历史沿革、发展战略、发展历程以及规划建设成就。自8月6日开馆试运行后，共接待50余个团体、上万名群众，搭建起社会各界“关注规划、参与规划、监督规划”的新平台。

【规划基础建设】 队伍建设得到加强。全年共引进、考录、选调规划专业人才5名，全局21名在编人员中有专业人才17名，含2名全国注册规划师、4名硕士研究生，规划人才队伍进一步壮大。组织干部职工30余人次参加住建部、省住建厅、重庆大学等单位开展的以“建筑工程建筑面积计算规范、加快推进新型城镇化战略及规划理念转型升级、全国注册规划师、村庄规划与传统村落保护、规划信息管理、三规合一”等为主题的培训，邀请权威规划专家、学者20余人次对干部职工进行业务培训和指导，全面提升干部队伍综合素质和业务能力。

技术支撑日趋强劲。积极开展市城乡规划设计院资质申报工作，叫响“广安设计”品牌，为拓展新业务、开拓新市场提供硬件支持。2014年，市设计院承接建设项目设计30余项、开展规划编制8项，总建筑面积达30余万平方米，产值达200余万元，创历史新高。加强与省城乡规划设计院、重庆市规划院等科研院校的技术合作，借智借力，提升广安市规划编制与管理水平，助推广安市规划设计院资质升级。

档案管理更加规范。新增档案用房30平方米，购齐各类档案设施设备。落实专人，负责档案的收集、整理及信息化管理工作，基本完成3500余卷陈年档案整理，全年新接收建设项目档案60余项，接待查档93人次，提供复印资料2000余份，基本满足社会对规划档案信息的需求。

风险防控切实有效。全面清理建设项目从出具规划指标到竣工时的规划核实，全过程可能存在的廉政风险点，将规划指标计算确认、违规变更规划、调整容积率和规划核实等作为防范重点。强化权力拆分和监督运行制约，加强财务管理、公务接待、公车使用等管理，真正做到用制度管权、管钱、管人、管事，从源头上预防和治理腐败。

【领导人】 局长：滕继平（12月止），党组书记、局长：王小兵（12月起），党组成员、副局长：李寿喜（12月起），党组成员、城乡规划院院长：李忠（12月起）。

（胡兆虹、袁　媛）

房产管理

【房屋登记】　按照《物权法》《城市房地产管理法》《房屋登记办法》《房屋登记簿管理试行办法》的规定和要求，认真做好对全市房屋产权产籍管理工作的监督指导和对广安城区及两区三园区辖乡（镇）国有土地上房屋登记、确权、发证等工作，房屋登记工作按照“精简、统一、高效、便民”的原则和“两集中、两到位”的要求，进驻市公共资源交易中心集中统一办理，实行“一个窗口收件，一个窗口发证，一次性收费，房产交易、产权办理‘一条龙’服务”，进一步完善内部权属登记资料审核、交接、签收制度，加强房屋登记风险防控工作，规范房产档案管理。针对广安主城区（含前锋区）因缺乏规划建设手续等办证必备要件资料导致安置房产权证长期无法办理的情况，按照市政府领导“先办证，同步完善相关手续”的批示和要求，多次召开专题会议研究落实，督促两区三园区按照办理工作要求，抓紧收集、完善、整理相关资料，对已提交的办证申报资料，实行当天收件，分组审核，统一审批、发证、归档，24 小时内办结。据统计，整个广安主城区（含前锋区）安置房产权证应办 7445 套，办结 7445 套，办结率达 100%。在此基础上，结合农村产权制度改革，明确按照“先地后房”“房地一致”“一户一宅”原则积极稳妥推进农村房屋所有权确权登记颁证工作的时间表。2014 年，全市共办理各类房屋登记 88921 宗。其中，初始登记 19585 宗，转移登记 26883 宗，变更登记 4135 宗，注销登记 14075 宗，抵押登记 24243 宗。全年市局共办理各类房屋登记 25905 宗。其中，初始登记 9728 宗，转移登记 4848 宗，变更登记 950 宗，注销登记 4585 宗，抵押登记 5794 宗。收取房屋所有权登记费 350 余万元。为房产按揭、首套房屋契税、廉租住房申报、户口办理等出具各类房产证明 1 万余份，调查处理回复房屋登记类信访 15 件，及时回应群众的合理诉求。

【住房保障】　按照中央、省关于推进城镇住房保障工作的总体部署和要求，围绕“住有所居”“出棚进楼”目标，将保障性住房建设和棚户区改造作为重大民生工程和发展工程。

精心组织实施。充分发挥牵头部门作用，多次组织市发改、财政、国土和各区市县住建局、各园区规划建设局等单位召开住房保障工作推进会，及时研究解决项目实施中存在的具体问题，督促新建项目和续建项目加快建设进度，力保开工、基本建成、竣工目标按时完成。

创新建设方式。坚持按照“美好家园”理念建设保障性安居工程，优化小区环境及配套设施，搞好户型设计，水、电、气、闭路、网络、超市、幼儿园等公用设施配套达到同期中高档商业住宅小区标准；将保障性住房、拆迁安置房和危旧房棚户区改造相关政策进行捆绑，整合项目资金，实行统一规划、统一建设，确保各类资源高效利用；充分发挥广安发展建设集团等平台公司的作用，通过直接融资和发行债券等方式筹集建设资金；积极利用银行平台发行政府债券，吸引国家开发性金融支持保障性安居工程建设。特别是为抢抓危旧房棚户区改造项目争取开行专项贷款的大好机遇，破解广安市棚改资金难题，广安市专门组织人员加班加点包装项目、完善资料，在申报工作启动后，多次与省住建厅、开行省分行进行协调对接，并按要求反复修改项目数据、完善申报资料，最终有 10 个项目通过审核，拟申请 15 亿元开行专项贷款（其中市本级 9 亿元），2014 年年末，按要求完善合同签订阶段的相关资料。

加强建设监管。实行全过程监管，落实终身责任追究，坚决杜绝工程质量隐患；定期不定期地开展建设项目质量安全大检查，发现问题及时督促整改；严格履行基本建设程序，严把施工现场准入关，严禁伪劣建材入场，坚决杜绝质量安全事故，使保障性安居工程真正成为优质安全工程、放心工程。

严格督查考核。严格实施问责机制，将保障性安居工程建设作为重大民生工程和发展工程，纳入各级政府重点督办事项，进行年度目标绩效考核。会同市督查办、市惠民办、市发展改革委等部门将保障性安居工程作为重点督查事项，进行专项督查并通报，对措施不力、工作缓慢的，严格实施责任追究。

2014 年，广安市保障性住房建设和棚户区改造目标任务为新开工 37906 套（其中公共租赁住房 4596 套、城市棚户区 31000 套、国有工矿棚户区 2310 套），基本建成 23448 套，竣工 12900 套；廉租住房租赁补贴发放目标任务为 2000 户，其中新增 600 户；定向分配给农民工公共租赁住房 660 套，其中成套型 321 套、宿舍型 339 套。截至 2014 年 12 月底，保障性住房建设和棚户区改造已开工 38736 套（其中公共租赁住房 4736 套、城市棚户区 31662 套、国有工矿棚户区 2338 套）、基本建成 29532 套（其中公共租赁住房 3597 套、城市棚户区 24705 套、国有工矿棚户区 1230 套）、竣工 16477 套（其中公共租赁住房

2652套、城市棚户区13165套、国有工矿棚户区660套），分别占年度目标任务的102.2%、125.9%、127.7%，完成投资82.2亿元；廉租住房租赁补贴已发放2819户，占年度目标任务的141%；农民工公共租赁住房已分配722套（其中成套型361套、宿舍型361套），占年度目标任务的109.4%。争取中、省专项补助资金8.6亿元。同时，中桥组团保障性安居工程建设项目一期工程（1—5号楼）、二期工程（6—57号楼）主体工程已全面完工，室外装饰、室内装修工程已接近尾声，地下室安装、绿化景观工程、水电气安装等配套设施建设正加速推进，2015年年初交付入住。

【物业管理】 宣传教育。开展以“规范物业管理，构建和谐小区”为主题的“2014年《四川省物业管理条例》宣传周”活动，通过在新闻媒体开辟宣传专栏、发放宣传资料、现场咨询等方式大张旗鼓地宣传，营造贯彻实施《四川省物业管理条例》的浓厚氛围。会同市城管执法局做客市政府门户网站“在线访谈”节目，围绕“小区物业管理”相关话题，与网民进行在线交流。

业务指导。结合迎接邓小平诞辰110周年、创建全国文明城市等重大活动，认真督促各物业服务企业抓好日常管理、完善各项制度，加强绿化、美化、规范化服务工作，为业主营造一个安全、文明、和谐的居住环境；会同市城管执法局建立前期物业管理承接查验制度和前期物业管理招投标制度；通过本人申请、各区市县及园区住建部门初审、市房管局复审，在全市范围内首次选聘25名物业管理专家，组成广安物业管理专家库；完善物业管理诚信制度，建立物业服务企业信用档案，加强物业服务企业信用档案日常管理；会同辖区街道办事处、社区居委会深入物业小区悉心指导召开业主大会、成立业主委员会，完善业主自治管理机构，协调解决物管纠纷，全年共调查处理回复物管类信访21件，为构建和谐小区创造条件。

整改落实。将市人大常委会执法检查组关于检查《四川省物业管理条例》实施情况的报告及时转发至各区市县及园区住建局（规建局），并就整改落实提出明确意见和要求；多次组织市城管执法局、各区市县及各园区住建局（规建局）召开物业管理座谈会、物业管理工作推进会，就报告提出的问题及整改要求进行认真研究、落实；安排相关工作人员深入各区市县及园区，采取与当地街道社区、物业服务企业、业主代表座谈、走访等多种方式，广泛倾听企业和群众心声以及对物业管理工作的建议，并进行认真梳理、深入分析，并形成科学的调研报告；对市人大常委会执法检查中指出的群众反映较大的具体问题，也逐一进行整改落实。

资金监管。认真贯彻落实《住宅专项维修资金管理办法》《四川省住宅专项维修资金管理细则》等规定和要求，印发《关于进一步加强住宅专项维修资金管理的通知》，进一步细化归集、支取、使用程序，加大对老旧小区住宅专项维修资金的归集力度，妥善解决历史遗留问题，切实做好住宅专项维修资金监督管理工作，为住宅共用部位、共用设施设备的维修和更新改造提供资金保障，解除群众对房屋使用的后顾之忧。截至2014年12月底，全市共归集住宅专项维修资金23530万元，涉及楼盘268个、面积667万平方米、户数6万余户，新建住宅小区缴存率达100%，支取住宅专项维修资金381万元，53个小区通过使用住宅专项维修资金及时解决共用设施设备存在的问题。其中，市局负责归集监管的住宅专项维修资金已达9040余万元，涉及楼盘87个、面积288万平方米、户数2.5万余户，支取住宅专项维修资金275万元，25个小区通过使用住宅专项维修资金及时解决共用设施设备存在的问题。

【领导人】 局长：王祥永。

（林建强）

园林绿化

【园林规划】 全面完成广安市草花培育基地工程方案及施工图设计；完成广安国际商业中心临河一侧、协连线交叉口、马石蹄三角绿地及建安路绿化带改造工程方案和施工图设计；完成兔儿山边坡治理、春节鲜花方案设计。

【园林建设】 全年共完成金安大道、建安路、五福西路3条大道环境整治、老化植物改造等绿化工程，建成区绿地率达35.1%，绿化覆盖率达40.6%，人均公园绿地面积达14.9平方米。移植原有黄桷树和小叶榕等大小乔木1800余株，用于城区调栽及部分园区绿化。新栽种银杏、香樟、朴树338株。栽植小乔木天竺桂、广玉兰、红叶李800株。在机非隔离带内新栽植小叶榕桩头125株、三角梅桩头60株，新栽植灌木26420平方米，草坪5260平方米，草花1386平方米，摆放移动花箱89组。完成思源广场、西溪路等地段老化植物改造，更换栽植桂花9株，改造金森女贞、红叶石楠、花叶万年青、佛顶桂等花灌木12万株，铺植草坪5000余平方米；加大“一街一品”绿化建设力度，新建街道栽植香樟、桂花（φ12 厘米）等行道树 102 株。

【园林管护】 采取“走出去，请进来”等方式学习先进管护经验，强化施肥、病虫害防治等日常管护，有序开展修枝整形、绿地维护，加强绿地及公园保洁，绿地清洁率达 95%以上。先后到杭州、重庆等地学习园林绿化管养护先进经验，并聘请园林专家对技术工人开展技能培训，培训 200 余人次；全年开展病虫害普防普治 3 次，追施肥 4 次，施用复合肥及尿素 12 吨；对城区街道、公园绿地内近万株独立景观树等进行修枝整形；利用洒水车在夏季高温时节喷水降温，同时采取浇灌、漫灌等措施确保园林植物正常生长；及时采取人工清淤、冲洗植株、修剪折断树木等措施，清理“9·13”特大降雨造成的公园塌方，降低园林绿化损失；修复人为践踏缺失绿地，补栽行道树 158 株，补植花灌木 10 万余株，种植结缕草、麦冬等近 10000 平方米，维修破损石栏杆、木栈道约 500 米，铺设草坪砖及人行石板 350 平方米，维修景观亭、廊架等 10 处，绿地及设施设备完好率达 95%以上。

【城区美化】 对城区重点街道及节点进行园林绿化提档升级，新增银杏、红叶李、黄千层及樱花等色叶、开花植物。在思源广场及城区固定花池等重要节点鲜摆放花 160 万余钵，播撒草花 1000 余平方米，完成春节等重大节日期间鲜花造型及摆放。加强对播撒、栽植开花植物的管护，及时更换街道树池、隔离带内栽植的鲜花。

【园林创建】 制作创建主题宣传展板 40 余块，设立文明温馨提示牌 300 余张，更换“图说我们的价值观”等展板宣传画面 500 余幅；认真开展国家园林城市自查，做好复查迎检准备，充实完善综合管理、绿地建设、建设管控、生态环境、社会保障等 8 方面复查资料，精心准备迎检现场点，顺利通过国家园林城市复查验收，指导邻水县顺利通过省级园林县城初步验收；按照“定人、定地段、定标准、定责任”的原则，实行道路、景点创建问责机制，明确考核目标，落实创建责任，确保工作落实。

【领导人】 局长：蒋天文。

（向世伟）

市政环卫

【道路清扫保洁】 督促环卫作业承包公司，要求环卫工人每天 5：00—7：00、12：00—14：00 各进行 1 次普扫，其余时间巡回保洁。在此基础上，每天出动 5 辆洗扫车、10 辆高压清洗车和 1 辆护栏清洗车对城区街道定时进行机械化清洗清扫，并随时做好雨后主干道和雨水回灌点的清洗，最大限度确保城区整洁靓丽。全年共对城区及背街小巷督查 2100 余次，对保洁不到位、果皮箱未清洗清掏及垃圾未及时清运的，严格处罚，全年累计罚款 15000 元；出动清洗车 2400 余台次，清洗清扫街道 13000 余万平方米，完成各类接待 150 余次。

【垃圾收集清运】 采购双桶果皮箱 1000 个，对城区街道、小区破损的果皮箱和塑料垃圾桶及时维修更换，完善城区生活垃圾收运设施设备；每天出动各类垃圾清运车，及时清运城区生活垃圾，做到垃圾不堆放、不过夜，全年共收集转运城市生活垃圾 70000 余吨，垃圾收运率和处理率始终达 100%。强化垃圾中转站维护管理，按时开关门，定期进行冲洗、消毒、杀蚊蝇、除臭，随时保证站内及周边环境卫生，最大限度减少对周边环境的影响。

广安城南主城区垃圾中转站分布情况

表 4

序号	垃圾中转站名称	所在地址	日转运能力
1	凌云路压缩垃圾中转站	凌云路中段	80 吨/天
2	平安片区压缩垃圾中转站	建安北路	80 吨/天
3	西出口压缩垃圾中转站	小城镇加油站背后	80 吨/天
4	西溪西区压缩垃圾中转站	兔儿山公园口	80 吨/天
5	南出口压缩垃圾中转站	万盛南路明珠花园旁	80 吨/天
6	东南片区压缩垃圾中转站	东南片区振兴路	80 吨/天

【公共卫生间管理】 2014 年，新建 2 座公共卫生间，现主城区共有固定公共卫生间 37 座，移动公共卫生间 5 座，

为方便市民和游客入厕，按照公共卫生间标准，足额配备所需日用品，及时更换损坏的设施设备，每座公共卫生间配备1名专职管理人员，按时开关门，既加强公共卫生间内部卫生管理，又确保公共卫生间周边环境。

广安城南主城区公共卫生间分布情况

表5

序号	公共卫生间名称	所在街道地址	类别	备注
1	高岩公共卫生间	广门路高岩路口	二类	
2	思源广场公共卫生间	思源广场	一类	
3	渠江公园公共卫生间	思源广场下面河边	二类	
4	思源大道公共卫生间	思源大道福鑫广场内	二类	
5	检察院公共卫生间	青莲路11号门市对面	三类	
6	一苑公共卫生间	民安下街一苑宾馆对面	一类	
7	二苑公共卫生间	劳动街公路管理处大门旁	二类	
8	一号桥南公共卫生间	滨河路一段60号门市对面	三类	
9	一号桥北公共卫生间	清溪路河边一号桥桥头下	二类	
10	万兴一街公共卫生间	万兴一巷8—13号对面	三类	
11	万兴三街公共卫生间	万兴三巷41号里面	三类	
12	AB匝道公共卫生间	市委党校对面花园内	三类	
13	CD匝道公共卫生间	金安大道二段花园内	三类	
14	凌云路公共卫生间	凌云路中国福利彩票对面	一类	二星级
15	西出口公共卫生间	长乐街加油站旁边	一类	二星级
16	马踏飞燕公共卫生间	马踏飞燕处	三类	
17	建安桥公共卫生间	滨河路二段18号对面	一类	
18	B号桥公共卫生间	环溪一路B号桥桥头	一类	二星级
19	南出口公共卫生间	五福南路798号人防办对面	一类	二星级
20	广南高速路出口公共卫生间	广南高速收费入口处	一类	三星级
21	在水一方公共卫生间	环溪一路268号门市对面	三类	
22	西岸阳光公共卫生间	环溪一路375号门市对面	三类	
23	正元星辰公共卫生间	金源三街129号门市对面	二类	
24	民和街公共卫生间	民和街中段	三类	
25	五福桥公共卫生间	玉兔路五福桥头	三类	
26	西溪西区公共卫生间	“上甲山水”背面	一类	
27	平安公园公共卫生间	平安公园内	一类	
28	科技局对面公共卫生间	柳溪街市科技局对面	一类	
29	中心血站公共卫生间	爱心路市中心血站旁	一类	
30	望江公园公共卫生间	凌云桥右侧公园内	一类	

续表5

序号	公共卫生间名称	所在街道地址	类别	备注
31	东南片区公共卫生间	东南片区振兴路	一类	
32	渠江白塔大桥公共卫生间	渠江白塔大桥旁	一类	
33	职业技术学院公共卫生间	市职业技术学院对面	一类	
34	广邻高速出口公共卫生间	广邻高速收费处站路口	一类	
35	望江公园公共卫生间	凌云桥左侧公园内	一类	
36	环溪一路 A 段移动公厕	环溪一路 A 段鑫亿汽车美容店对面河岸一侧		移动公厕
37	环溪一路 C 段移动公厕	环溪一路 C 段蜀园配电房旁		移动公厕
38	西溪尚品对面移动公厕	西溪尚品苹果商务酒店对面绿地内		移动公厕
39	五福桥头移动公厕	五福桥头绿地内（福源医院侧）		移动公厕
40	华仔对面移动公厕	华仔餐厅对面绿地内		移动公厕
41	建安北路公共卫生间	建安北路与金安大道交汇口	二类	
42	西溪路公共卫生间	西溪路末端	二类	

【城市亮化管理】 全年共完成路灯线路抢修 62 次，更换各类缆线 1600 余米，维修路灯 1623 余，更换镇流器 1152 台、触发器 1099 个，钠灯 1336 只，三防灯 300 余盏，照树灯 250 余盏，庭院灯 190 余盏，保险盒 423 个，更换电杆门 110 个，抢修配电箱 18 次；维修景观灯带 T5 管 900 余只、灯具 130 余套、灯泡 820 余只；预埋过街管道 1500 余米，更换手孔井 33 个，确保城区亮灯率达到 99%以上，主干道、重要节日和重要区域亮灯率达到 100%，主干道装灯率 100%。随着季节变化，做好路灯启闭时间调整，方便市民出行。

【基础设施建设】 A 号桥右侧（环溪一路）和建安北路路口（友谊中学实验学校右侧）公共卫生间于 9 月底前建成并投入使用，二苑公共卫生间完成改造并投入使用。在城区风貌整治期间，督促施工单位按期完成迎宾大道、金安大道、建安路、五福西路路灯改造，共安装双层桂花灯 122 柱、单层桂花灯 190 柱、玉兰灯 124 柱、庭院灯 143 柱、中杆灯 75 柱；完成广宁路、民安街、兴安街、东方街亮化升级改造和凌云桥亮化；实施金安大道、建安路、五福西路楼宇亮化；完成邓小平诞辰 110 周年的城市亮化工作。集中采购电瓶三轮垃圾清运车 30 辆，护栏清洗车 1 辆，环卫服装 12000 套。

【城镇生活污水治理】 截至 2014 年年底，全市已建成城镇污水处理厂（站）77 座（含城区污水处理厂），覆盖 96 个乡（镇、街道），建成乡（镇）污水管网 103.9 公里，投入运行的城镇污水处理厂（站）23 座，正常运行率 29.87%。2014 年 4 月，代市政府办公室起草《广安市乡镇生活污水处理设施建设运行管理暂行办法》，并于 5 月份经四届市政府第 32 次常务会议审议通过实施；10 月下旬接受市人大常委会《关于开展城镇污水处理厂（站）运行监管工作情况专题询问》，询问结果令人满意。

【垃圾焚烧发电项目建设】 协调并督促广安能投华西环保发电有限公司采取切实有效措施，快速推进垃圾焚烧发电项目各项工作。截至 2014 年年底，项目总混凝土浇筑量约 2.7 万立方米，完成主体框架浇筑约 2.45 万立方米（含基础换填），完成约 90%；主厂房完成结构部分施，（2 号锅炉炉后土建框架由于安装需要，施工缓慢）；1 号、2 号锅炉钢架和受热面总安装量约 860 吨，已完成安装约 850 吨，完成约 98%；全厂设备安装完成约 60%。

【水环境治理】 根据《中共广安市委广安市人民政府关于全面开展“洁净水”行动的意见》精神，为掌握真实情况，确保城镇生活垃圾和污水处理效果，安排专人对全市乡镇污水处理和垃圾清运设施建设运行，以及地下污水管网现状进行逐一调查，拟制《“洁净水”行动——广安市城乡生活垃圾污水处理专项行动实施方案》，同时，与各区市县及园区衔接，对乡镇生活污水处理项目进行包装，并配合投促委拟定《广安市“洁净水”综合治理项目投资人招标实施方案》，采用“PPP”模式，由投资人统一负责全市乡镇污水处理厂（站）及配套管网的整改、运行和管理。第一批“PPP”项目于2014年12月29日动工建设，其余“PPP”项目，部分项目完成可研、立项、地勘、三通一平等前期工作，部分项目正在进行前期资料收集、选址、方案论证等工作。

【领导人】 处长：孙利民。

（冯爱军）

城管执法

【概况】 市城管执法局围绕广安市“6+3+1”多点多极和“两化互动”发展战略，以“四个城管”（法治城管、效能城管、科技城管、和谐城管）为要求，以“三个一流”（市容秩序一流、工作机制一流、队伍建设一流）为目标，努力提升城市管理精细化和队伍正规化建设水平，实现党风政风行风测评提名升位的目标。全年组织开展城市管理专项整治100余次，完成重大活动保障任务80余次，查纠城市管理违法行为1500余万元，实施行政处罚36050起，办理一般程序案件241件，办理行政审批1208件。

【队伍建设】 加强干部人事管理。开展干部交流工作，参加“双向选派”，选派1名干部挂职武胜县赛马镇李子坑村。先后三次组织县级干部推荐，晋升为县级领导干部4名。

加强干部教育培训。按照市委组织部、市委党校、市人社局统一安排，选派1人参加县级领导干部调训班、2人参加科级领导干部培训班、2人参加科级干部任职培训班。

加强党风廉政建设。严格遵守中央关于改进工作作风密切联系群众的“八项规定”、《党政机关厉行节约反对浪费条例》《党政机关国内公务接待管理规定》，全面落实党风廉政建设责任制，签订党风廉政建设责任书97份，制作廉政警示牌50余块。深入开展廉政风险排查，梳理142个岗位284个风险点，全年办理问责案件9件，通报批评8人次，黄牌警告6人次，解除劳动关系2人。

【城管考核】 强化市级部门城市管理工作考核。根据《广安市区市县和市级各部门绩效考核办法（试行）》精神，2014年，市委、市政府将城市管理工作纳入全市绩效考核保证目标重点督办事项，以0.2%的权重比例实行“特殊情况扣分制”。考核对象包括：市城市管理责任部门，其他纳入市绩效考核的市级部门和中省派驻单位。

强化街道社区城市管理工作考核。修订完善《广安城区街道社区城市管理工作督查考核实施办法（试行）》，从“市容秩序、门前五包、小额处罚、信息采集、文明劝导、小区管理”等方面，对主城区8个街道办事处（镇）30个社区（村）坚持每月定期考核，每季兑现奖惩，夯实城市管理基础，全年兑现街道社区城市管理工作奖励性工作补贴110万元。

强化内部绩效考核。坚持领导带队巡查制度，每周轮流由一名局领导带队，监察室牵头巡查街面秩序和队容风纪。建立健全督查督办制度，规范督查要求和职责、范围和方式、权限和处理以及责任追究等。全年，下发《督查通报》49期，确保全局中心工作、领导交办事项、市上通报问题得到全面整改落实。

【基础设施】 加强基础设施建设，增强城市管理综合承载能力，新增机动车车停车位1520平方米、非机动车停放框1120平方米，修补机动车临时停车位3730平方米，增设非机动车停车标志81个，安装隔离石球40个，隔离石柱248个，着力解决城区停车难和乱停放问题。按照规范管理、整洁有序、经济适用的原则，完成对花街、望江巷、利民北街统一改造升级，对26家流动摊贩的流动摊车进行改造升级。

【城市管理】 扎实开展“双违”治理。及时下发《广安市“双违”治理专项行动实施方案》，组建工作机构，落实工作人员，“双违”治理取得初步成效。开设“推进依法治市·建设法治广安——‘双违’治理专项行动专栏”，刊发稿件7篇，公益广告8条次，播放公益广告80余条次，悬挂治违宣传横幅120幅，印发“双违”治理公告3000份。摸排违法用地596起81518平方米，建设房产领域违法行为271起795831平方米，违法建设工程209个246851平方米，违法搭建1239起93929平方米。拆除违建54处8257平方米。集中整治扬尘污染。及时修订《广安主城区建筑垃圾管理办法》，督促33个在建工地完善“一硬三有”设施。严格弃土运输处置审批，核准备案建筑垃圾运输企业3家，改装运输车137台。严格标准，强力整治，开展建筑工地扬尘污染专项整治2000余人次，暂扣违规运输渣土车辆20台，立案查处20起，涉案罚款11万元，确保扬尘污染得到长效管理。集中整治噪声污染。以开展中高考“禁噪”行动为契机，开展噪声污染专项治理13次，发放宣传资料4000余份，查纠在建工地、KTV、坝坝舞等噪声扰民行为300余起。设置7个坝坝舞LED温馨提示牌，规范广场坝坝舞37起。有效解决盛世花都、拿铁酒吧等噪声扰民事件6件。集中整治油烟污染。查纠餐饮饭店违规乱排88起，督促273家业主安装油烟净化器，444家业主安装上天入地排放管道。集中整治西溪河水环境污染。以整治向西溪河乱扔垃圾、乱倒污水、洗衣物等为重点，查纠在河边洗衣物、洗澡等不文明行为280余起；开展沿河夜市摊点乱倒、乱堆、乱倾等专项整治100余人次，查纠违法行为176起；拆除沿河简易操作间1处，搭建临时厕所10处，增设移动厕所1处。全面清理“牛皮癣”。全年共清除“牛皮癣”15万余处，新增社区便民张贴栏37个，查处“牛皮癣”乱贴人员24名，城区“牛皮癣”得到全面治理。集中整治校园周边环境秩序。大力开展校园周边秩序治理。全年出动执法车400余台次，执法人员3000余人次，下达责令改正通知书300余份，教育纠正违法行为1000余起，整治流动摊贩2500余起，暂扣物品200余件，确保校园周边秩序得到有效管控。集中治理流动商贩。印发《广安市城区经商须知》双语（维文、汉文）手册500本，规范城区新疆维族同胞经商行为21起；查纠流动摊点乱摆乱设2万余起，登记保存物品1500余件，依法取缔100余家。集中整治占道经营。采取定点值守、流动巡查，全天候无缝隙的链条式管理模式，集中力量对城区农贸市场、医院学校、商场广场、车站码头等重点场所进行整治，有效遏制占道经营行为。全年，审批占道641件，查纠违法占道经营行为15000余起，暂扣物品1000余件，行政处罚500余起。集中整治广告店招。以“净化市容、提质减量”为目标，坚决拆除违法设置、陈旧破损、存在安全隐患的广告店招横幅，全面清理落地店招、灯箱广告和“野广告”。全年拆除破损广告（店招）1132处，面积27588平方米；清理破损广告横幅2000余幅10000平方米、不规范店招1500块。集中整治违法搭建。依法拆除主次干道、居民小区以及群众反映强烈的违法建（构）筑物203起，现场制止431处，拆除面积15386.07平方米。依法拆除西溪河沿岸、滨江路沿线、协兴等处柴火鸡违章搭建40余处，乱搭乱建行为得到有效遏制。严格管控城市道路开挖秩序。集中审批道路开挖46件。重点监管城区亮化工程。开展城区夜景亮化专项巡查204次，督促205家部门、酒店等维护图案、文字、灯光显示不全或残缺损坏的亮化设施650余处。临街防护栏（窗）全面规范。代市委、市政府起草下发《广安市城区临街居民楼外置防护栏整治试点实施方案》，对建安路、五福西路沿线、金安大道全段沿线以及市民广场周边等重要路段临街面防护栏（窗）进行全面规范。拆除临街防护栏（窗）1481户，面积26197平方米，拆除雨篷4482平方米。

【物业管理】 建立健全制度。建立健全《广安市主城区物业服务示范住宅小区标准及评分细则》《广安市主城区散居楼院物业规范化管理标准》《物业小区防治违法建设办法》《物业小区规范防护栏（窗）管理办法》《广安主城区物业服务企业“红黑榜”管理制度》等9个制度，破题性开展前期物业招投标和承接查验。培塑典型带动。全年打造出文萃苑、西溪尚品等10个星级小区，评选出鹭岛国际等10个示范小区，评选阳光西岸等10个优秀业主委员会，袁尚礼等10个优秀业主委员会主任。强化教育培训。邀请省上专家对主城区物业管理人员进行岗位培训2次，受训人员1784人次，物业公司、物业管理人员的业务水平得到大幅度提升。加强小区管理。局领导先后10次深入上甲山水等小区召开现场会，解决处理车位不足、乱搭乱建等问题。拆除小区违法搭建98起969平方米，拆除防护栏175起1254平方米，新增停车位200余个。同时，指导街道社区成立业主委员会23个，组建各类志愿服务队64支1981人，开展志愿服务350余人次，受理居民投诉120余起，调处物业矛盾纠纷50余起，老旧小区环境卫生发生巨大变化。全年，办理市长信箱、领导批示信访件56起，同比下降31.7%。

【执法工作】 加强法治建设。修订完善《广安市城市管理行政执法责任制办法》《广安市城市管理行政执法责任过错追究办法》等7项执法管理制度，开展《行政处罚自由裁量权实施办法及裁量权标准》《中华人民共和国行政强制法》等法律法规业务培训400余人次。认真开展2014年度行政权力清理工作，固化91项行政执法职权、5项行政强制、3项行政审批、1项其他行政行为的运行流程，顺利通过省、市依法行政检查。

加强执法办案。严格落实违法建设巡查监控、举报投诉和信息采集制度，下发《规划执法协作机制》，坚持定期联合巡查管理与分散巡查管理相结合的原则，每月开展1次以上建设项目联合巡查，确保违法建设得到有效监管，及时查处。全年巡查监管在建工地181个，参加放验线18起，规划复核19起，责令停止建设17起，查处华阳东方、汇鑫苑等10余个违法建设项目，办理规划案件10件，罚款1057万元。下发《2014年创建全国文明城市违法搭建专项整治实施方案》，依法立案查处主次干道、居民小区的违法建设238起。采取劝离、贴单、锁车、拖车等手段，查处违法停放车辆79063起，其中：贴单76804起，锁车374辆，拖车1885辆。全年办理一般程序案件241件、简易程序案件36050件。

加强执法监督。坚持案件审核委员会制度、大案要案听证制度、案件质量检查考评制度，接受人大、司法监督，确保案件程序合法、证据确凿、处罚适当。组织开展执法质量检查2次，无一复议案件被撤销，无一诉讼案件败诉。

加强执法保障。强化人力保障。全年招聘协管队员三批，共200余人，全部充实到执法一线，强化执法力量。强化财力保障。全年投入195万元购置照相机6部、摄像机8部、执法记录仪46部、锁车器21把、反光背心134件、执勤雨衣236件、执法服装90套、电脑27台、空调10台、电动执法巡逻车27辆，争取国有办公用房四间200平方米。强化警力保障。新招聘协警队员6名，深入一线，随队作战，全年接处警338起，调处纠纷173起，为城市管理高效运行奠定坚实基础。

【创建全国文明城市】 市局以“创建文明城市，构建和谐广安”为主题，扎实开展“千名党员干部进街道，共建文明社区”、学雷锋志愿服务、“讲文明树新风”公益广告宣传等活动，保持城市“洁化、绿化、序化、亮化”。在8月、11月、12月三次创文测评中，全局干部职工全力以赴、众志成城，顶风雨、冒严寒，市局承担的职责任务逐一达标，为全国文明城市创建成功做出突出贡献。落实责任，工作推进有力。根据《全国文明城市测评体系》和《全国未成年人思想道德建设工作测评体系》，制发《关于进一步加强创建全国文明城市工作实施意见》，出台《2014年创文工作考核办法》，建立“条块结合、以块为主、以条为辅”的局、大队、街道办事处、社区四级联动模式，实行“每日一次温馨提示、半月一次工作推进、每月一次考核奖惩”，充分调动和激发全局的工作积极性。全年召开创文推进会、协调会25次，积极解决创文难题12个，落实市创建办督办事项17项，整改市创建办通报事项1230余项次。大力宣传，创建氛围浓厚。充分利用局门户网站的“凝心聚力不辱使命，奋勇争创文明城市”专栏、《广安日报》、内部简报等大力宣传。2014年，在局门户网站刊发信息50篇，编印局《创文工作简报》33期，在市创建办《创文工作动态》刊发5篇，在《广安日报》刊发稿件100余篇。主城区460块大型户外公益广告的数量超过15%的规定，90%以上建筑工地围墙围挡制作公益广告；思源广场、市民广场等大型广场添置移动展板16块，修复展板32块；沿街门店和大型户外的LED显示屏滚动字幕都设置公益广告和创文知识宣传内容。创新载体，活动丰富多彩。积极创新活动载体，大力培育和践行社会主义核心价值观，各项创文活动取得实实在在的效果。严格按照“5+4”环节要求（静默反省、唱一首歌曲、诵一段经典、看一部短片、讲一个故事、作一番感悟、念一段劝善词、行一个崇德礼、送一份吉祥），开展道德讲堂活动7次，受教育人数达400余人次。积极倡导志愿服务理念，注册志愿者450余名，开展学雷锋志愿服务活动180余次，参与人数3800余人次。扎实开展“道德模范”“身边好人”推荐评选工作，刘启荣、陈华云、胡安山、刘光明等4人上榜。在清明、中秋等传统节日期间，组织开展缅怀先烈、慰问孤寡老人、关爱孤残儿童等活动。加强诚信制度化建设，建立物业企业诚信红黑榜，上报红榜企业226家次、黑榜企业1家次。

【重要活动保障】 深入开展“感恩小平·我为小平家乡发展作贡献”“中国梦在广安”等主题活动，全力保障四川省纪念邓小平诞辰110周年座谈会、中国文联文艺志愿服务团赴广安慰问演出、中央电视台“心连心艺术团”赴广安慰问演出、“中国梦在广安·广安市纪念邓小平诞辰110周年群众文艺演出”等各项纪念活动的成功举办，实现让市委满意、让人民群众满意的目标。谋划早，战前准备充分。市局成立由局党组书记、局长任组长的活动保障领导小组，召开3次专题会研究纪念活动期间市容环境秩序保障工作，制定详细的工作方案，为完成保障任务奠定坚实基础。安排细致，责任落实到位。围绕活动期间的重点路段、重要区域，将活动线路细分为35个战斗单元，采取定人、定点值守和机动巡查相结合的模式，安排192名执法人员实行定点值守，落实60名后备力量进行机动巡查，保证责任落实、目标明确。举措实，管控效果凸显。活动期间，查纠车辆乱停乱放行为2134起；查纠占道经营行为620起；拆除楼顶钢架广告45个、大型立柱广告12处，拆除违法设置、陈旧破损广告、横幅3000余处；清除“牛皮癣”10万余处；依法拆除违法搭建170处，面积3500平方米。

【科技城管】 升级和拓展数字城管平台、政务办公自动化系统；做好“城管通”办案终端的软件开发与兼容测试、数字城管平台“高清数显”升级项目的招标准备等工作；建设网络视频安全监控系统，开展城市部事件数据采集和普查；完成44辆执法车GPS定位子系统的安装运行和省级监管平台与广安数字化城管平台系统数据交换对接；实现数字城管平台短信子系统多网群发，为城市管理精确化、网格化、流程化、标准化提供数字保障。全年依托数字城管系统平台受理群众举报投诉39259件，办理简易程序案件36050件、一般程序案件241件，办理行政审批1208件，数字城管平台视频监控问题查纠率达

99%以上。

【行政审批】　严格执行行政审批“两集中、两到位”，坚持一个窗口对外原则，公开办事流程，严格审批时限，全年办理占道开挖、户外广告店招设置、建筑垃圾运输处置三项行政审批1208件，按时办结率和群众满意率达100%。

【民生服务】　及时高效办理市委市政府领导批示件、市长信箱、网络舆情等398件，办结率达100%，群众满意率达98%。完成市委市政府主要领导交办件42件，其中金安大道错时停车、城北汽车站三轮车混乱等交办事项4件，得到市委市政府主要领导肯定性批示。依法依规及时、妥善处理书记、市长热线转接及“12319、96198”服务热线受理的群众举报投诉3.9万起，群众满意率达98%以上。认真实施民生帮扶工程，筹集扶贫资金8.5万元，为邻水县九龙镇观音村、协兴镇西来村、武胜县赛马镇李子坑村实施扶贫帮困，帮助贫困户、贫困学生60户。

【领导人】　局党组书记、局长：文强，局党组成员、副局长：彭贤俊、谭敏、何智勇（12月止），局党组成员、纪检组组长：周长奎（12月止），局党组成员、机关党委书记：胡勇（9月止）、程钢（12月起）。

（沈建军）

环境保护

【环保宣传】　加强对新《环境保护法》的学习宣传，举办全市“两高”司法解释培训会，邀请市检察院专家对环保系统干部职工、重点污染监管企业负责人进行法治培训。依托媒体和借助“4·22”地球日、“6·5”世界环境日、“广安环保世纪行”等活动平台向社会作广泛深入的宣传，共发放环保宣传资料8万余份、宣传手册3万余册。督促县级环保部门深入乡（镇）设立科普宣传站，利用环保宣传流动车等方式向广大农民朋友赠送农村环境保护宣传挂图，宣传普及环境保护、清洁生产、节约能源等科学知识，倡导绿色生产、绿色消费的科学方法及科学文明健康的生活方式，共发放环保宣传资料2万余份，现场咨询3千余人次。以创建环境友好型学校为载体，会同市教育局在全市中小学开展市级“环境友好型学校”创建活动，广安友谊中学实验学校等6所学校被命名为首批市级“环境友好型”学校。将环保知识融入中小学生课堂，通过学生的影响带动家长，引领全社会关注环保。大力开展环保诚信体系建设，制定《广安市环境信用评价办法（试行）》，建立环境诚信“红黑榜”发布制度，4家因环境违法行为被列入失信黑名单。扎实开展环境污染责任保险试点工作，2014年新增3家化工企业参加保险试点，全市已有20家企业纳入环境污染责任保险试点名单。

【环境质量】　全市空气质量超标29天，达标336天，达标率为92%。可吸入颗粒物（PM10）浓度比2012年升35%，比2013年上升20%，环境空气质量呈下降趋势。全市主要流域水质达地表水Ⅲ类标准以上，嘉陵江清平出川断面和渠江赛龙出川断面除9月份为Ⅲ类水质外，其余月份达到地表水Ⅱ类水质标准；黎家乡崔家岩村监测断面和大洪湖长滩乡三旁村监测断面达地表水Ⅲ类水质标准，达标率为100%。城市水域功能区（渠江、嘉陵江）水质均能达到地表水Ⅲ类标准，达标率100%；城市集中式饮用水源地西来寺水质达标率100%；建制乡（镇）集中式饮用水源地水质达标率为97.5%，与上年相比，广安市地表水水质无明显变化。全年酸雨频率32%，酸雨强度与去年同期相比无明显变化。区域环境噪声等效声级为53.8分贝。交通干线环境噪声等效声级为63.5分贝，声环境质量达各功能区标准。辐射环境质量国家控制点位小平故居和嘉陵江清平断面均达到规定标准。全市环境空气质量实现适时发布，每天在广安电视台、广安市政府网和广安市环保网等媒体上公告；每月向市委、市政府、市人大、市政协报告全市空气、降水、地表水、饮用水、噪声等环境质量，编写2014年环境质量报告书。

【环境信息化建设】　完善信息监管中心建设。加大对信息监控中心的投入，购买服务器1台，操作系统1个，做好系统硬件、软件及网络平台的运行维护，保持网络畅通，确保数据稳定交换和软件各功能模块正常使用，使平台能够正常接收数据。安排专人定期对国控平台进行巡检，对平台出现的故障进行及时处理，保障国控平台稳定运行。建立健全管理制度及应急预案，实行24小时带班制度，有效应对系统运行中的各种突发事件，成功处理25次监控异常情况。每月按时上报《污染源自动监控月报告》《监控中心机房日巡查报表》《监控中心机房巡查月报告》《国控平台运行日报表》《国控平台运行月报告》。提前完成18家国控企业污染源基层数据库信息录入工作，数据传输有效率达到85%以上。完善行政应用系统。完善广安市环保局门户网站建设，实时更新网站内容，丰富网站内容，满足政民互动、在线申报、政务公开等核心需求，并达到部、省、市关于网站功能的相关要求；依照《广安市电子政务网络平台管理规定》，要求系统管理员熟悉国家有关网络安全保密的规章制度，提高网络安全的意识。

【污染物总量控制】 坚持以改善环境质量为目的、以优化产业结构为重点、以强化环境监管为抓手，强化工程减排、实化结构减排、细化管理减排。将总量减排工作纳入绩效考核和党政“一把手”目标考核，实行“一票否决”。充分调动各区市县人民政府和相关部门的积极性和主动性，为推动全市总量减排工作提供有力的组织保障。落实总量减排计划，确定年度减排项目67个，逐级分解减排任务，将减排任务落实到具体项目，把减排进度落实到具体时间，把减排责任落实到具体企业，为完成全年总量减排任务体制机制保障。加强重点减排项目管理，强化对其运行监管，定期深入企业开展总量减排日常督促检查，对全市18家国控企业实行月报和季度报制度，严防企业超总量排污。全面完成纳入国家目标责任书的7个项目、省级目标责任书6个结构关停项目，完成纳入省政府目标责任书的项目14个。全市化学需氧量削减107.56吨；氨氮排放量削减44.13吨；二氧化硫排放量削减3822吨；氮氧化合物排放量消减3794吨，完成总量减排任务。

【工业污染源整治】 深入实施流域水污染治理。全面落实环保部《重点流域水污染防治规划（2011—2015年）》工作要求，完成邻水县垃圾处理厂渗漏液处理站、川东麻纺12000吨苎麻脱胶废水深度治理及循环回收工程、邻水县村庄环境连片整治示范工程、武胜县出川水质断面综合整治项目、岳池县出川水质断面综合整治项目。对13个监管项目加强日常监管、例行巡查、风险排查，确保稳定达标排放。

深入推进大气污染防治。认真贯彻落实《大气污染防治行动计划》工作部署，加快淘汰落后产能、设备和工艺，淘汰落后产能企业12家。大力推进重点行业企业废气排放污染治理，完成凯特医药、春瑞医药挥发性有机物治理，完成广安火电厂31号、32号机组脱硫脱硝治理及4家水泥企业脱硝治理，完成9个加油站油气回收治理。制定出台《广安市城区高污染燃料禁燃区管理办法》，加速推进燃煤锅炉淘汰，全市淘汰燃煤锅炉26台106蒸吨。加大新注册车辆环保标志发放力度，年内发放新注册车辆环保标志19500份，岳池县、邻水县2个机动车尾气检测中心年底前建成并投入使用。加强与重庆环保部门沟通协调，共同研究落实区域大气污染防治工作任务。完成川渝合作大气污染联防控示范项目建设。

危险废物管理得到加强。发布广安市2013年固体废物污染防治信息，完成102家企业的危险废物申报登记工作，规范审批跨市转移危险废物13起。加强重金属污染防治。制定《广安市2015年度重金属污染综合防治实施方案》，明确目标任务、防控重点及主要工作任务，全市铅年排放总量控制在0.153吨以内，铬年排放总量控制在0.09吨以内。

【项目环评管理】 落实上级重大决策部署，优化重大项目环保服务，加大向上衔接力度，宏威高新电子信息材料及制品项目（一期）、仁安药业新建原料药生产项目、雪花啤酒广安20万千升/年搬迁扩建项目以及100万吨联碱配套30万吨合成氨技改搬迁项目和碳一化工系列项目的补充环评等获得省上批复。对符合扩大内需政策、有利于发展方式转变和经济结构调整、满足环保准入要求的项目加快审批进度，拓宽审批“绿色通道”，对不符合国家产业政策的“高污染、高能耗”和产能过剩建设项目坚决不予审批，2014年共审批建设项目30个，批复试生产项目14个，完成建设项目工程环保验收20个，大中型建设项目环评率、“三同时”执行率达100%。所有行政审批项目全部进入政务中心受理，实现“一站式”办理，审批时限大幅缩短，服务效率显著提升。

【核与辐射环境管理】 加强核与辐射环境监管，出动120余人次开展核与辐射安全检查专项行动，全年对放射源和重点射线装置使用单位开展例行巡查5次，确保全市辐射环境安全。为射线装置使用单位核发“辐射安全许可证”，对许可证到期的单位，按照省厅关于辐射许可延续的要求和条件，及时办理邻水县人民医院等21家单位的许可延续，全市涉源单位和射线装置使用单位许可证发证率均为100%。督促华蓥山龙潭煤电公司及时收贮报废放射源2枚，消除辐射安全隐患。对放射源和射线装置使用单位实行规范管理，强化辐射安全防护自查评估制度，落实辐射单位的责任主体责任，对未开展自查评估的岳池县九龙中心卫生院等3家单位，要求限期整改。对每个新增的发证单位的基本情况、管理制度、应急预案、签订的目标责任书、监测报告、环评文件、现场检查记录等建立一企一档，做到规范管理，同时制作放射源使用单位信息台账和发证单位信息台账。组织放射源使用单位和射线装置使用单位200多人次参加国家、省、市、县的辐射安全防护业务知识培训，提高管理水平，确保辐射环境安全。

【生态保护】 巩固省级模范城市创建成果，深入推进生态市和生态乡（镇）创建活动，岳池县乔家镇、武胜县清平镇和邻水县九龙镇等15个乡（镇）通过省级生态乡（镇）验收命名；广安区花桥镇、华蓥市禄市镇、岳池县花园镇、武胜县中心镇和邻水县兴仁镇等66个乡（镇）通过省级生态乡（镇）技术核查；广安市经开区生态工业园区通过规划评审；华蓥市生态工业园区规划通过省厅核查。

【环境监测】 扎实开展环境例行监测，对城区5个空气监测点位、3个酸雨监测点位、9个主要流域和重点小流域断面、城市集中式饮用水源地、112个区域环境噪声及4个功能区环境噪声、11个交通干线噪声进行例行监测，及时发布监测数据。扎实开展重点污染源监督性监测，对19家国控、3家省控重点污染源企业和广安市生活垃圾处理中心进行监督性监测，对21家已安装在线监测系统的重点污染源开展比对监测及有效性审核，对10家单位开展排污申报监测，全市重点污染源排放达标率为100%。扎实开展农村“三下乡”监测、辖区饮用水源水质监测、西溪河专项整治月报监测、出川断面水体富营养调查监测及创建活动专项监测等各类专项监测。开展五四水库污染投诉环境应急监测，新桥乡母猪河鸭子死亡事件环境应急监测，代市镇指路村水稻污染投诉环境应急监测，为查找污染源头和事件处置决策及时提供科学依据。在小平故居、武胜县嘉陵江清平断面两个国控点位开展例行辐射监测，对涉源单位进行例行巡查，对广安市区60多家医院的辐射开展委托监测。

【环境执法】 扎实开展环保专项行动开展。重点对大气、水、噪音等环境专项整治和水泥、煤电、畜禽养殖、涉危化品等重点行业专项执法检查，开展专项执法检查11次，环境安全隐患联合排查6次，出动执法人员3300余人次，检查企业220余家，立案查处环境违法企业29家，处罚款181.94万元，其中市本级立案查处15家企业，处罚金额132.04万元。强化重点污染源监管，及时更新污染源档案内容，对污染企业实施动态监管，全市19家国控、3家省控重点污染源企业均已完成监控数据联网传输，实现省、市联网监控。强化饮用水水源安全监管，集中开展养殖污染综合整治，关停、搬迁、拆除16个。加大城市污染控制及监督管理力度，把中心城区餐饮、娱乐、房地产开发以及其他服务性项目纳入环境保护管理范围，开展中心城区中、高考禁噪专项行动，及时查处噪声扰民行为。强化环境应急管理，争取省厅专项资金78万元投入应急能力建设，加强突发环境事件应急演练，对突发环境事件应急预案和储备物资进行备案登记，实行领导带班和24小时值班制度。

【排污费征收管理】 深入贯彻执行《排污费征收使用管理条例》及相关规章和规范性文件，认真开展排污申报、排污费征收和排污费稽查工作，全面推进排污费“依法、全面、足额”规范征收。全市申报331户企业，征收排污费2085.51万元（市本级806.57万元），其中工业企业1166万元、建噪费924.5万元。强化排污费征收稽查，对前锋区40家企业2013年排污费征收情况开展稽查，稽查金额57.79万元。排污费开征率和征收率均达到100%。严格执行“收支两条线”，确保排污费专款专用，没有出现挪用、挤占、乱支排污费现象。

【环境统计】 加强环境统计机构和队伍建设，明确环境统计机构和专兼职人员，加强队伍建设，为环境统计工作提供坚实保障。加强环境统计硬件能力建设，从统计数据的采集与核查、数据录入处理与传输、数据存储与备份、数据分析应用与发布全过程考虑，统筹兼顾，突出重点，改进基础能力，推进统计信息化建设。加强环保部门统计人员和重点企业的环境统计业务培训，制度《广安市环境统计工作绩效评估办法（试行）》，从组织制度建设、统计调查、统计报表、统计监督四个指标进行环境统计工作的考核，组织完成2014年统计年报工作，顺利通过中央、省审查，为推动“十二五”环境管理和各级领导决策提供准确的数据支撑。

【项目资金】 全市上下主动作为，积极到省环保厅汇报，争取项目支持。全市争取中省环保项目资金6050.5万元，位居全省前列；其中，农村环境连片整治项目资金1788万元，总量减排“以奖代补”项目资金1577万元，能力建设项目资金1465.5万元，灾后重建应急项目资金270万元，其他环保项目资金950万元。

【信访维稳】 充分发挥“12369”环保热线举报系统和官方微博作用，坚持“12369”热线24小时值守，定期抽查各区市县“12369”畅通情况，积极鼓励群众举报环境违法问题，及时有效调处各类信访案件。对人大、政协提案议案进行专案办理，大幅度降低信访投诉重访多访率。全市共受理各类环境信访335件，其中12369举报热线受理318件，群众来信来访17件，微博网络受理16件，已办结回复351件，办结率100%。

【领导人】 党组书记、局长：张晓峰，党组成员、副局长：王勇，副局长：袁奇，党组成员、纪检组组长：谢曦，党组成员、总工程师：邓岗。

（环保局）

交通运输

【规划编制】 2014年，《广安构建区域综合交通枢纽发展规划》和《广安市国省干线公路建设十年规划》通过市政府审定并印发实施。川东北经济区交通互联互通规划取得阶段性进展；国省干线公路改造项目前期工作计划启动实施；农村公路提升完善工程方案即将印发；《广安市主城区公共交通发展规划》通过市政府常务会审定。

【项目争取】 广安市过境高速东环线及渝广高速支线成功纳入川渝两省市高速公路路网规划，相关前期工作加快推进；广安至镇巴高速公路成功纳入四川省高速公路路网调整规划，项目方案研究基本完成。成功争取广高路、石溪路等8条县道升级为省道，全市普通国省干线公路达13条、总里程达960千米，新增里程数560千米，增幅达140%。积极跟踪协调、汇报争取，促成市政府与省交通运输厅签订《共建广安区域综合交通枢纽战略合作协议》。

【工程建设】 2014年，广安市完成交通建设投资92.59亿元，同比增长62.5%。巴广渝、遂广高速公路广安段全面推进，分别完成投资15.9亿元、16亿元。渠江广安（四九滩—溪口）航运工程加快建设，广安港新东门作业区正式营运；富流滩二线船闸、渠江航道整治工程全面推进，达到既定形象进度。广岳大道、港前大道经开区奎阁段、沪蓉高速公路枣山收费站和红土地枢纽互通广安至南充方向匝道改扩建工程、渠江流杯滩大桥建成通车；广华大道华蓥境内段全线开工建设；渠江官盛大桥完成招标并启动建设。华蓥山游击队遗址（小山坝景区）红色旅游公路、沪蓉高速公路华蓥西互通、国道350线武胜过境段（含嘉陵江二桥）、省道204线华蓥境内段加快建设。武胜嘉陵江大桥、会仙桥等7座病危桥改造（加固）工程全面完成；2014年，已完成国省干线大中修工程105千米。

【交通民生】 2014年，广安市完成农村公路建设1221.8千米，其中，通乡油路和农村公路改善工程267.8千米、通村公路973千米，完成公路安保设施600千米，开工建设渡改公路桥11座、完工3座；渡改人行桥8座、完工7座；11座道班房标准化改造有序推进。建成安保工程（路侧护栏）613.63千米，完成投资1.47亿元。

【联网畅通】 前锋货运场站至枣山操场坝、岳池九龙至华蓥阳和干线联网畅通工程已获省发改委立项批复和省交通运输厅初设批复，同时已完成收费公路立项申报工作。前锋货运场站至枣山操场坝部分路段、岳池九龙至华蓥阳和干线公路全线开工建设；沪蓉高速公路邻水收费站西迁及连接线工程建成通车；达渝高速公路邻水南互通连接线前期工作有序推进。

【城乡运输】 2014年，更新投放出租车447辆、新增投放157辆，新投放和改造省、市际客运线路23条。新发展农村客运片区22个、新增和更新农村客运车辆175台。站点建设完成投资2.43亿元，广安枣山客运枢纽站、岳池汽车客运站等6个客运站场建设均完成项目立项、选址，项目用地基本落实；广安枣山物流中心建设前期工作有序推进。首艘千吨级船舶抵达广安港，广安航运能力迈上新台阶。

【行业监管】 2014年，投入316万元完成统一执法证件、执法标志、执法服装等工作，基层站所规范化建设有序推进。“双超”治理成效突出，狠抓货车非法改（拼）装整治、货运源头综合治理等工作，货运车辆超限率基本控制在4%以内。路政执法力度加大，查处率、结案率均达100%，巡查率达98%。21个重点工程建设项目施工质量总体受控，未出现质量事故和施工安全事故。完成彭枣路等12个项目交竣工验收质量检测，质量抽检合格率达90%以上。完成小平故里路二段一期工程等7个项目审查，审减率达8.6%。积极参与支持全国文明城市创建工作，文明车站、公交、出租车、码头等文明细胞扎实有力。

【安全管控】 “百安”“打非治违”、汛期安全督查等专项整治扎实有效开展，整改安全隐患30余处，全年未发生道路运输源头责任事故，水路交通运输安全实现“零事故”。重大项目建设、出租车投放等严格落实重大项目社会稳定风险评估制度，没有出现一起上访事件；强化信访矛盾排查化解，信访形势总体稳定。

【改革创新】 拟定《交通运输行政管理体制改革方案》，各项改革任务有序推进。全面整合交通运输系统国有资产，支持市政府成功组建广安交投集团。出台《广安市普通国省干线公路大中修管理办法（试行）》《广安市农村公路建设养护管理办法》《关于进一步加强公路路政管理工作的通知》《广安市农村公路建设“七公开”制度实施细则》等，进一步明确和规范各级责任。

【灾后重建】 广安“9·13”特大暴雨灾情发生后，按照“保通保畅保安全”要求，全系统干部职工奋起抗灾，在最短时间保障受灾地区群众、抢险救灾人员、车辆的顺利通行和救灾物资的及时运送。同时，第一时间向省厅汇报灾情及恢复重建工作打算，成功争取到位水毁省补资金700万元。在抢通保通的基础上，各地结合受灾实际，相继制定恢复重建实施方案上报，加快重点受灾路段建设，已累计投入资金5800余万元。

【廉政建设】　建设廉洁班子，强化“两个责任”落实，大力支持纪检组开展工作，实行党组会议会前说纪讲法制度，班子成员法纪意识、风险意识、责任意识不断增强。建设廉洁队伍，组织召开3次集中廉政教育大会，及时调整充实党务、政务、财务公开领导小组和监督小组，“三公”经费每季度严格按规定公示公开。案件查办力度加大，全年共办理各类举报18件，给予组织处理16人。

【领导人】　党组书记、局长：王晓明，党组成员、调研员：张德坤（2月起），党组成员、副局长：曾祖军，党组成员、机关党委书记：李兴华，党组成员、副局长（兼）、市邮政管理局局长：陈武林，党组成员、副局长：刘伟（8月止）、郑永锋、蒋宇峰（9月起），党组成员、纪检组组长：柳维波（8月止）、王伟（9月起），党组成员、市公路处处长：姚建国（8月止）、刘伟（9月起），党组成员、市运管处处长：张德坤（1月止）、柳维波（9月起），党组成员、市航务（海事）局局长：周进才。

（李胜勇、江　杨）

公路管理

【概况】　2014年，全市公路系统以提高路网服务水平为目标，主动作为，扎实工作，完成全年目标任务。通过抓责任落实、抓沟通对接，全力推进项目建设，完成小平故里路改建工程二段、三段的业主管理目标任务，确保改造工程按时完工。大力推进大中修工程建设，争取市政府和市交通运输局出台《广安市普通国省干线公路大中修管理办法（试行）》，进一步规范大中修工程管理。2014年度完成大中修工程102.23千米，其中大修92.23千米，中修10千米，完成项目投资3.6亿元。

【日常养护】　全面落实国省干线公路管养责任，加大监督指导和检查考核力度，强化日常养护和路面小修保养，普通国省干线公路路面使用性能指数（PQI）达80.2，路况水平稳步提升。坚持日常养护与预防性养护相结合，落实“三级查路制度”，加强对各养护段公路养护工作的督导力度，对国省干线公路坚持月度、季度巡查，督促各养护段增加路面养护的投入，及时修补路面病害，特别对病害较为严重的S304线渠江大桥至植物油厂段、植物油厂至代市段，广花路、广高路、三桂路等进行路面挖补维修，提升路面使月性能、改善行车环境。

【路政执法】　严格依法行政。优化办事程序，按照市政府要求对行政权力公开运行平台进行数据的录入和使用，完成平台数据的录入以及风险点、监察点的配置。完成执法评议考核工作，路政支队于7月10日至16日对各路政大队进行执法评议考核。开展行政突出问题专项整改活动，在6月至9月对路政行业存在的两个行政突出问题（公路建筑控制区的修建违法建筑物构筑物问题和治超过程中产生的问题）开展专项整改活动，进一步加强行业指导和监督，全面提高执法人员的综合素质和执法水平，有效推动依法治市、依法行政工作的开展。

加强路政管理。加大巡查力度，继续加强路政管理工作，不断强化公路环境综合治理，重点开展规范涉路施工行为、违章占路设施、非交通标志设置、平交道口搭接、控制区内违章建房、设置广告标牌等专项活动，维护路产路权，保障公路的安全畅通。共查处损坏公路及其设施案件54件，查处率100%；查处在公路建筑控制区内修建建筑物案件35件，结案率100%；查处占用公路及其留地226件，结案率为100%；清障排障2330处。

强化超限治理。严格执法程序，坚决打击货运车辆超限超载违法行为，与公安交警等部门联合路面执法，认真实施货运车辆“双超”治理工作，有效遏制广安市货运车辆“双超”违法行为。共查处超限运输181725车次，货运车辆超限率基本控制在4%以内。

【安全管理】　按照“一岗双责”原则，强化目标责任监管措施，狠抓落实，全年未发生因公路管理不到位而引发的安全生产责任事故，安全生产四项指标控制在规定范围内。同时，扎实开展道路交通安全综合整治攻坚年行动，加快推进全市公路安保工程（路侧护栏）建设。完成安保工程（路侧护栏）29.308千米（G318线2.424千米、三桂路0.12千米、老天路0.364千米、广高路0.504千米、S304线6.988千米、广花路11.286千米、石溪路7.598千米），设计预算748.3万元，其中省补资金322.1万元，全部项目已于10月中旬完工。

【桥梁管养】　组织对全市国省干线公路四五类桥梁进行一次现场核查，编报2014年度桥梁养护管理年度报告；推进危病桥改造工程，整治危（病）桥8座，累计投入资金3000余万元。S203线鲤鱼桥、801号桥、802号桥、S304线毛沟桥、朱家河桥及武胜嘉陵江大桥、广武四桥、会仙桥维修加固工程全部顺利完成并恢复通车。

【养护站标准化建设】　组织对全市国省干线公路养护站

进行摸底调查，掌握现有国省干线公路、重要县道公路51座养护站的基本情况，采取“三个一点”的办法，即市交通运输局补助一点、市公路处补助一点、各养护段筹集一点，对其中10座养护站进行升级改造，不断完善公路养护基础设施，推进公路养护向正规化、规范化、机械化方向发展。

【应急管理】 督导各养护段完善公路突发事件应急预案，进一步提高全市公路系统应对突发事件的应急反应能力，最大限度预防和减少突发事件造成的损害。2月中旬，督导直属段、华蓥段、邻水一段、邻水二段及时启动应急预案，成功应对冰雪天气，确保道路运行安全。对6月以来汛期造成的水毁地段做到及时抢排和疏通，对G318线蒲莲段、S203线华蓥溪口段因暴雨造成的塌方进行及时抢险排障和疏通工作。9月12日至9月16日，广安市普降大暴雨，全市国省道公路灾毁里程高达89.4千米，灾毁资金1.6亿元，桥梁局毁（河水浸泡、泥石流冲击等）6座，涵洞灾毁29道，在接到灾情报告后，迅速启动应急预案，指导应急抢险。

【公路绿化】 2014年3月后，各养护段对宜林路段（直属养护段管养的G318线、S304线、石溪路、广花路、广高路等，邻水二段管养的达一旅游公路，前锋区段管养的渠华路）进行补植，同时落实专人进行管护，确保补植树木存活率。公路绿化栽、补植1万余株，新增公路绿化面积200亩。

【获得荣誉】 2014年，市公路处荣获市委表彰的安全生产工作先进单位，胡学春获安全生产工作先进个人；任晓斌获市委表彰的邓小平故里旅游景区创建国家AAAAA级旅游景区先进个人。

【领导人】 处长：姚建国（8月止）、刘伟（9月起）。

（杨汉德、杨　岚）

公路运输管理

【概况】 2014年，全市累计完成道路运输行业客运量7369.43万人，旅客周转量154672.7万人千米，货运量3451.9万吨，货物周转量272296.37万吨千米。春运40天，全市道路班线客运日均投放客运班车1312辆，开行客运班车总车次193741次，疏运旅客448.9131万人次，完成客运周转量11065.94万人千米，组织春运加班（包车）2886班。全面实现“安全、有序、及时、畅通”的春运目标。国庆长假7天，全市日均投放道路客运班车1326辆（不含城市公交车和出租车），共疏运旅客67.21万人次，完成客运周转量2890.03万人公里，加班（包车）143班，全市道路旅客运输未发生一起死亡安全责任事故。

【道路客运网络】 2014年，以优化运输网络布局、优化运输结构、提升运输装备质量为重点，完善道路客运网络，重点推进广安与省内地级城市之间、与周边省市重要城市之间的班线连接。全年发展客运班线23条，更新新增客运车辆48辆，较好地满足客运市场不断增长的运输需求。

【农村客运】 市政府印发《关于进一步加快农村客运发展指导意见》，明确政府主导、政策扶持，企业主体、市场运作，以人为本、方便安全，科学规划、分步实施，疏堵结合、以疏为主工作原则，强化对全市农村片区客运工作发展的指导，财政资金和保险资金的补助，激励农村片区客运的发展，提升农村客运的质量。2014年，全面完成农村客运片区20个目标任务，新增和更新农村客运车辆175辆，完成目标任务165%。

【公交与城市客运】 坚持城市客运以政府指导为主的原则，努力做好城市客运发展工作，不断提升保障能力，推动城市出租汽车的投放和更新改造，全年广安城区更新出租汽车359辆，新增100辆；前锋区新增20辆；岳池县更新25辆，武胜县更新63辆，新增37辆。出租车行业的更新和新增工作，平稳扎实，有序推进，无一起上访信访以不稳定事件发生。

坚持“政府主导、企业主体，统一规划、逐步推进；以人为本，优先发展、方便群众、凸显公益”的基本原则，不断优化城乡公交一体化。广安区突出地域经济特点，扩大覆盖范围，以广安现有环线为基础，建立东环片区城乡客运一体化，范围扩展至苏溪、大安、崇望、悦来、协兴农业经济园区，开行城乡公交线路1条。

【货运物流】 不断优化物流货运运力结构，引导专用运输发展，采取措施引导货运企业实行经营机制转轨，促进传统货运业向现代物流运输的转型。2014年，新发展普通货运企业（罐式运输）22家，其中罐式运输企业8家，货运车辆1255辆，目标任务完成率达156%。

【站场建设】 不断加大站场建设力度，全年完成站点建设总投资20252万元，完成投资占目标任务126.58%。广安枣山客运枢纽站项目完成工程进度8000万元；武胜长途汽车站完成工程进度427万元；邻水新世纪运业（南站）完成工程进度727万元；广安城北汽车总站完成工程进度198万元；前锋汽车客运站完成工程进度10200万元。客运站场建设推进有序，在“十二五”期间能顺利完成。广安枣山物流中心完成工作进度700万元。该项目因年初公司业主涉及经济案件，已报停工及转让申请。

【汽车维修服务】　2014年，引进奔驰、宝马、别克3家4S店维修企业入驻枣山园区；前锋工业集中区1家一类维修企业增加危险品运输车辆维修资质取得许可；经开区进驻一家天然气汽车改装厂，较好地满足汽车维修的市场需求，提升汽车维修企业的整体形象。2014年11月，市运管处指导市汽车维修协会组织专人对全市从事营运货车的一类维修企业11家，二类维修企业16家，督促安装汽车二级维护信息化监管系统终端，有效地防止买卖维修合格证的行为，提高监管力度，从源头上消除安全隐患，确保道路运输安全。

【节能减排】　按照国家对汽车排放标准的新要求，积极推进新型运输车辆发展和清洁能源汽车发展，客运车辆主导国Ⅳ以上排放标准。充分发挥广安市“巨型LNG基地”优势，加快推进LNG汽车发展，特别是城市公交车和城际班线客车，广安城区、武胜县城公交车全部使用的LNG清洁燃料，实现节能减排和低碳运输。2014年年底，全市发展新能源汽车159辆，其中CNG117辆，LN42辆。

【运政执法】　坚持依法行政，恢复成立运政稽查支队，加大对执法人员的岗前培训和岗位培训，执法培训合格率达98%以上。加大对非法客运的整治力度，加强客运市场的监督，多次与公安交警等部门通力合作，联合执法，共同进行整治。重点对汽车站、加气（油）站、旅游景点、居民小区等职业“黑车”的整治，并加强对城镇人员私家车、农村人员长安面包车等拉客赚取“油钱”的行为治理。全市累计出动执法车辆2525台次，出动执法人员5106人次，取缔非法营运车辆1050台次。4月20日，广安城区人力客运三轮车296经营到期，全部平稳地退出运输市场。6月21日，武胜县完成县城人力客运三轮车96辆的取缔工作。

【危货运输管理】　根据危险货物运输企业安全生产标准化达标考评工作任务，落实各项考评后期整改工作措施。已经对9家危险货运企业开展安全生产标准化考评，到10月13日，9家企业均通过三级达标要求（3家整改后达标）。对两家达不到要求的危险货运企业，将其从危险货运经营资格降为普通货运经营。同时按省厅局要求，暂停10辆车以下的道路危险品运输企业新增许可；督促危险货运企业做好液体危险货物罐车加装紧急切断装置工作。处、所通过上门检查督促，各企业现已对全市169辆危货车中的105辆需要安装紧急切断装置的车辆进行安装，提前2个月完成此项工作任务。

【市场整治】　7月1日至9月30日，市运管处对全市机动车维修市场开展为期3个月的专项整治活动。对三类以上维修企业安全生产“大检查、大排查、大整治”专项行动和机动车维修企业非法改装、拼装、加装专项整治等行动。对全市一类维修企业开展集中检查，重点抓住安全生产、经营管理、教育培训、岗位责任落实、车辆维护台账以及维修档案建立健全等方面进行检查，对查出的问题予以整顿，通过检查一类带动二、三类，有效地提升全市维修业行业的服务水平。

强化驾培行业整治。把开展教练员专项整治活动与驾培行业“双优”活动结合起来，从6月23日至12月31日分四个阶段，即宣传动员阶段、全面整治阶段、建章立制阶段、总结验收阶段，集中开展机动车驾驶培训教练员“吃拿卡要”专项整治活动。在整治过程中组织专门人员开展明查暗访3次，共查处处理各类投诉、舆情等5起，通过整治进一步规范驾校经营行为，不断提升教练员的道德水平和执教水平。完成对全市驾培行业的调查研究，形成《关于广安市驾培行业的调研报告》，经市交通运输局审查已上报市政府。完成对全市驾培行业的调查研究和周边兄弟处的学习考察，形成专题调研报告，经市交通运输局上报，受到市政府领导的充分肯定。全年共完成经营性道路客货运输驾驶员从业资格考试合格3800人，换发到期道路运输从业资格10472人，驾驶员继续教育培训考试合格结业14569人。

强化质量信誉考核。组织开展好对客运企业和危险货运企业2013年度的质量信誉考评工作。完成全市客运企业10家、汽车客运站7家、危货运输企业5家的年度质量信誉考核工作，指导和督促各所完成四级以下客运企业的质量信誉考核工作。对全市12家一类维修企业进行2013年度质量信誉考核。经考核2家维修企业达到AAA，8家企业达AA，2家企业达A。完成全市12所一、二、三级机动车驾驶员培训机构，2013年度的质量信誉考核工作。该处成立专门的考核机构，分成三个小组，分别同时进行考核工作。各小组严格对照《驾校质量信誉考核记分表》中质量信誉反馈指标、质量信誉保障指标、质量信誉监控指标、加分项目等四个大类，经过查看现场、查阅资料、对照评分、通报情况等环节，进行细致考核。

【火车南站秩序维护】　从8月8日起，由市运管处和广安区、前锋区运管所的运政执法人员，分时段分班次，坚持每日2班值守，加强对火车广安南站道路客运秩序的整治和维护工作，印发温馨提示的告知书2万多份，严厉整治出租车揽客、宰客和乱收票价的现象，治理公交车不按时按点停放的行为，克服盛夏酷暑的困难，促使广安南站开初客运秩序的乱象彻底好转。

【领导人】　处长：张德坤（1月止）、柳维波（9月起）。

（郭晓林）

高速公路管理

【收费管理】　2014年，川东片区公司努力消化全省道路交通安全综合整治和与之配套的货车计重优惠政策性因素带来的不利影响，客观分析片区路网结构的新变化，以"夯基础、抓设施、攻专项"为突破口，三管齐下推动收费管理上台阶。全年累计完成通行费收入99292.5万元；累计放行政策性免费车辆478371辆，免费让利于民13205.3万元；累计查处逃费车36976辆，专项合计增收通行费433.43万元。强夯收费基础管理。采取"领导和管理人员24小时收费现场驻站带班、规范授权卡、预刷卡、应急机及应急纸券等收费环节、理顺特情车处理流程"等多种举措，全面整改收费、稽查、监控、机电等方面存在的问题，积极备战川高系统收费管理质量考核检查，不遗余力地完成年度通行费收入目标；完善收费检验设施。针对人工抽查鲜活运输车辆"速度慢、强度大、准确性差"等问题，加大投入在邻垫路毕家坝站和达渝路四川站两个主线收费站安装绿色通道自动检测设备，提高鲜活车查验能力，全年累计查验假鲜活车4831台次，追缴通行费147.31万元；开展油料运输和施工车辆偷逃费专项行动。不仅在全省高速公路系统内首个完成服务区油罐车逃费的追缴工作，成功侦破包括中国石油天然气运输公司四川分公司广安、邻水配送中心所属的共14辆油罐车及南大梁高速公路90辆施工车偷逃通行费专案，累计追缴通行费41.10万元，还与运油企业建立每月包干收取2万余元通行费的长效机制，为构建全路网源头打逃体系积累成功经验。

【经营管控】　坚持实施有效的财务管控，着力提升企业经营管理质量。通过彻底清查应收账款、预付账款和备用金借款，全年收回并调整往年呆账坏账457万元，转回坏账准备金187万元，资金风险得以有效控制；通过强化全员预算执行过程控制，随时调整预算执行偏差，杜绝年底突击花钱现象。全年实现利润总额20582.19万元，实现净利润18605.51万元。

【特情管控】　2014年，高度重视重点工程专项整治以及节假日和特殊天气道路保通保畅工作，坚持未雨绸缪，超前谋划，确保节假日和特殊天气道路安全畅通，全年未发生一起源头安全责任事故。专项整治及时到位。全年重点对垫邻路河道水毁、三类桥梁（构件）、华蓥山隧道涌突水、路面病害、风化引起的边坡滑坡、人行天桥防抛网锈蚀等20余项道路安全隐患实施专项工程整治，尤其是"9·13"暴雨洪灾后，及时完成达渝路K1436、K1484土石方开挖清运及河堤片石回填4.8万立方米、砼及圬工砌体5600立方米，在最短的时间内完成因洪灾造成的80余处小型塌方的清方工作，抢通全部受阻路段；特殊天气隐患治理措施得力。针对秋冬季雾霾多发路段，川东片区公司与高速交警、交通执法成立专项应急救援小组，及时完善雾霾天气应急救援机制，随时发布雾情、路况和交通管制信息，采取分流、限制通行、封道等措施，有效杜绝交通安全隐患；节假日保通保畅常抓不懈。凡遇重大节假日，重点加强超限超载车辆源头治理力度，及时监管危化品运输车辆安全状态，通力协作执法、交警做好商品车运输专用车整治，不断完善应急保通机制体系，有效实施疏通保畅措施，确保每个节假日道路安全畅通。

【安全管控】　把隐患排查治理和构建快速应急机制作为年度安全管理的重点，按照"安全投入到位、安全培训到位、基础管理到位、应急救援到位"的总体要求，先后完成明月山和铜锣山隧道火灾报警、应急照明、消防供水、监控系统故障的专项整治，全方位加强界牌大桥、老山梁子长下坡等特殊路段的安全管控。通过层层落实国家《隧道施工安全九条规定》，严处违章指挥、违章操作、违反劳动纪律的"三违"行为，特别是快速应对"9·13"特大暴雨洪灾导致沿线部分路段交通中断等突发性事件，最大限度地提升安全防范意识和应急救援水平，确保灾害零伤亡，年内未发生一起次生灾害和源头责任事故。

【保障工程】　全省道路交通安全综合整治工作有序开展。积极协调辖区治超办及上级主管部门，克服"时间紧、任务重、人手缺、协调难度大"等不利因素，在规定时限之内完成入口治超前期全线24台动态秤安装和后期整车式计重设备改造项目以及称重设备的检定工作，实现货车入口称重无人值守等标准化要求，确保全省道路交通安全综合整治工作的规范有序开展；纪念小平诞辰110周年系列献礼工程如期完成。按照广安市委市政府工作要求，公司集中人力，调整部署，抢抓工期，广安（枣山）收费站扩建工程、南广邻路面整治工程如期完工，全线道路MQI平均指数达到93.65分；ETC不停车收费车道顺利开通。经过前期的设备安装、系统软件测试及通车测试、标识站调试及员工系统操作培训工作，全线9个收费站18条ETC车道于10月8日顺利开通；大竹服务区星级评定工作扎实推进。以服务区星级评定工作为契机，持续加大服务区现场监管力度，坚持开展服务区内外学习交流和顾客满意度调查，并投入完善“母婴室、休闲茶吧、手机加油站、工艺品展示区”等服务设施，服务区基本功能日益完善，服务品质和群众满意度不断提升，在省高管局组织的服务区星级评定现场考评中获得558.67分的高分，位居全省前列。

【领导人】 总经理、党委书记：吴宗奇，党委副书记、纪委书记、监察专员：李永富，副总经理：秦小昆、王晓、李忠。

（黄 陶）

广安火车站

【概况】 广安站位于广安市前锋区，隶属成都铁路局重庆北车务段管辖。车站中心里程为襄渝线上行线693千米363米处，襄渝下行线695千米041米处，按业务性质为客货运站；按技术性质为中间站；按查等级为二等站。

车站于1975年11月20日18时建成，原名前锋站。1987年1月1日更名为广安站。1997年后铁路生产布局调整，站区部分单位外迁或合并，现站区单位仅设有重庆北车务段广安车站、重庆铁铁路公安处广安车站派出所、达州电务段广安信号工区、达州供电段广安供电车间、达州工务段广安线路车间和桥路车间、成都通信段广安通信工区、重庆西车辆段广安班组、重庆西机务段广安调车机班组，共有职工人约630人。

【基本建设】 广安火车站客运办理旅客乘降、行李、包裹托运业务，经停本站各方向旅客列车50趟；车站建有客运综合大楼1栋，内设候车厅2个，贵宾室1个，行包房1个，设施齐全，可同时容纳1200人候车。货物运输涵盖整车、零担、集装箱等多种运输形式；新建货场于2015年4月正始投入使用，内设货物线4条，货运仓库4栋5000余平方米，散堆装货场2万余平方米，装卸机械有汽车吊2台，移动门吊1台，叉车5台，皮带传输机2台；专业装卸队伍3个100余人。与国铁接轨专用线共计6条（含军、煤、粮、油、电等）。

【客货运输】 2014年，车站累计发送旅客129.8万人，发送货物105.5万吨，客运收入2.28亿元，货运收入0.77亿元，运输收入合计为3.05亿元，同比增长11%。

【队伍建设】 加强队伍培训，2014年，车站派遣职工到路局各大职培基地进行学习。每周定期组织职工进行政治业务学习；为提高职工应急处置能力，定期组织职工进行消防、反恐防暴、汛期防洪等应急培训演练。开展服务特色。践行“做小平家乡人、塑小平家乡行、传小平家乡情”的宗旨，车站特设立“小平家乡服务台”，确保旅客安全、方便、温馨三个出行常态化。春暑运期间开展“青年志愿者”活动，为出行旅客提供力所能及的帮助，得到旅客的广泛好评。

【领导人】 站长：胡晓明（12月止）、王君（12月起），党总支书记：颜渠（7月止）、黄晓冬（7月起），副站长：陈家贵（12月止）、舒奇章（12月起）。

（王 军、刘 顺）

广安南火车站

【概况】 广安南火车站是高（高兴）南（南充东）线上的一个中间站，规划为国家二等火车站，是兰渝铁路线上4个地级市车站之一（甘肃陇南市陇南站、四川广元市广元站、四川南充市南充北站），同时也是广安市第二个国家二等火车站（另一个是襄渝线广安站）。广安南站地处兰渝铁路高南线K25+853米处，站房建筑面积12000平方米，候车室面积5600平方米，客运站台5个，设计年到发旅客260万人次。站前配套设施有3万平方广场、公交站场、旅客巴士站场。

【开通运营】 广安南站于2014年8月8日正式开通运营，开通初期，由广安南站始发2趟动车至成都东站（D5175、D5177）。8月19日，增开2趟动车至成都东站（D5171、D5173），增开重庆北至南充的快车，途经广安南站。2014年，广安南站开通运营146天，到发旅客共609255人，其中：发送旅客312054人，日均发送2137人；到达旅客297201人，日均到达2035人。

（高仕新）

航务海事管理

【概况】　2014年，全市水路运输完成社会客运量135.94万人次，客运周转量1243.58万人千米，货运量571.9万吨，货运周转量32423.5万吨千米。正式开通广安至重庆的班轮，2014年11月6日，首艘1000吨级货船将18个集装箱的石膏粉顺利运抵广安港，标志着广安水运步入新的时期。全市600多艘营运船舶、500余千米航道，未发生水上交通安全事故，有力保证人民群众的生命财产安全和社会安定。加强精神文明单位创建工作，全系统3个市级最佳文明单位、4个市级文明单位、5个县级最佳文明单位，保持荣誉。

【航运建设】　2014年，全市水运建设完成投资2.97亿元，占全市交通建设总投资的3.2%。重点水运建设工程，渠江广安航运建设工程中广安港新东门作业区一期工程除装卸设备外码头、堆场、仓库、综合楼等全面完工，富流滩二线船闸改扩建工程土石方开挖完成80%、混凝土浇筑完成35%，渠江航道整治工程白塔以下航段炸礁及疏浚工程基本结束，全年完成投资2.82亿元。广安承平港务公司土地整理项目完成投资2.62亿元。渠江达州南门口至广安四九滩航运配套工程工可报告编制基本完成，嘉陵江川境段航运配套工程广安段施工图设计已获批准，即将开工。公益性渡口和渡改人行桥建设，按照《十二五渡口改造规划》和《2013—2017年农村渡口改桥建设方案》，积极推进公益性渡口和渡改人行桥建设，年内公益性渡口码头完工4座、在建1座；渡改人行桥完工6座、未开工1座；公益性渡船1艘和候船设施1个已完工。截至2014年年底，全市公益性渡口达到43个，公益性渡船达到51艘。搜救艇和海巡艇建造，完成市局搜救艇及岳池、武胜航务处2艘7.18米海事巡逻艇建造，完成投资330万元。航道养护专项工程，全面完成嘉陵江北门滩航道维护性工程、武胜航道处航政2号船维修和7.18米航政工作船采购、四九滩船闸办公楼维修、凉滩和四九滩船闸清淤等专项工程，共完成投资221万元。嘉陵江大校场维护性工程进入招标确定施工队伍阶段，完成武胜航道处航道养护工程船舶施工图设计与审查工作。

【船员管理】　2014年，全系统先后举办安全培训班17个，培训船员和船上服务人员1680多人次，培训项目包括持证技术船员知识更新培训，船员集中安全教育培训，客渡船员特殊培训并组织理论、实操考试，船员基本安全培训和考试，船员技术等级培训。组织《内河渡口渡船安全管理规定》宣贯周活动。通过这些工作，普及水上交通安全法规知识和自我保护知识，不断增强全社会各个相关方面、相关人群的水上交通安全意识。

【船舶管理】　以船舶标准化、大型化、专业化为方向，全年新建和技改船舶24艘，其中货船17艘、2555总吨、853千瓦，工程船7艘、1051总吨、1041.1千瓦，大功率救助艇1艘、106总吨、550千瓦。以安全和优质文明服务为重点，加强对水上运输经营行为的监督管理，对467艘客货运输船舶营运证进行年度检查。

【安全管理】　全年全市的水上交通安全工作，狠抓“春运”“百安活动”“安全生产月”和汛期、枯水雾季等季节性、专题性活动。全力推进县级规范化建设、水上交通安全应急救援能力建设和船舶自救互救机制建设。制定《2014年水上交通“安全生产年”活动实施方案》，严格执行县乡政府的乡（镇）船舶安全管理主体责任，相关部门的行业管理责任，海事部门的监督管理责任，船主自治、船员自律责任“四个责任体系”，实施局领导联县、处领导联片、海事人员联渡口码头航段的“三联”责任制。坚持利用视频监控对乡（镇）发航签单员进行点名考勤，及时发现和锁定船舶超载、冒险航行、不穿救生衣等违法行为。以手机短信方式及时发布天气信息和减载、禁航指令，进行安全警示教育，全年发送手机短信近21万人次。充分发挥渠江、嘉陵江141艘客渡船舶上安装的AIS自动识别系统，增强对船舶航行状态的掌控。同时在重点渡口、客渡船上安装LED电子显示屏46个，对群众进行灌输式安全宣传。全年成立临时检查组740个，参加检查人员3734人次，出动检查车1084辆次，出动巡航艇285艘次，检查各类船舶5368艘次，渡口码头680个次，查处并整改隐患、缺陷87起，配救生衣816件，灭火器182个。

【应急抢险】　汛期补充抢险搜救物资，重点部位24小时现场值守。2014年，渠江、嘉陵江分别发生5次中高洪水，御临河发生百年不遇的特大山洪水。特别是渠江的“9·13”洪水，涨水约20米，超警戒水位3.5米。因值守到位、减载禁航及时、移泊迅速、救助有力，确保所有船只特别是大型货船和餐饮船的安全度汛。同时对渠江流杯滩大桥、巴广渝高速公路大桥及嘉陵江武胜老桥维修、遂广高速公路大桥、渠江航运工程航道整治等施工水域，安排落实现场交通管制船艇和交通组织人员，提前发布航行通告等，确保重点部位安全通航不出差错。

枯水雾季加大夜查、早查的频次，严厉打击冒险冒雾航行，及时预告雾情信息。

【领导人】 局长：周进才。

（熊松涛）

四川广安承平港务有限公司

【项目建设】 新东门作业区一期工程土建全面完成；完成工作船船体打造；富流滩船闸改扩建工程施工Ⅰ标完成65%；航道整治工程施工Ⅰ标完成100%；综合配套服务区市政道路工程路基土石方工程65%，市政道路管网工程、路面结构层施工完成45%。

【港口生产经营】 渠江广安航运建设工程被确认为省重点物流项目，获得补助资金200万元；海尔公司川东北配送中心入驻港口；港区1号件杂仓库获批为川东北第一家“保税仓库”；实现重庆至广安港班轮首航；广安港1#泊位成品油油库获批为“四川省成品油十二五发展规划仓储点”；申报商砼站、加油站项目已获批准。

【质量管理】 对渠江广安航运建设工程项目分片区、分标段管理。每一标段设一名业主现场负责人，对现场质量进度及安全文明施工进行全面管理。对于隐蔽工程的施工，均有现场监理工程师同业主现场负责人或质量专职人员参与，对于重要结构部位的混凝土浇筑，均有现场监理工程师旁站监督。对现场发现的质量问题和不足，及时要求施工方采取措施进行整改，业主现场代表和监理方进行监督和跟踪。

【安全管理】 在工程安全管理过程中，2014年，开展“平安工地”考核评价工作、重点水运工程汛期安全检查及整改工作、“隐患排查与治理活动”“防坍塌，防坠落，反三违”“安全生产月”等安全专项活动，通过活动的开展，加强安全管理工作，提升安全管理水平。公司高度重视汛期安全生产工作，汛期每日派专人对渠江的水情情况进行定时收集整理传递，按照《渠江广安航运建设工程2014年汛期防洪度汛应急预案》要求，对不同程度的水情做出相应处理，并提前安排落实防汛安全投入和安全保障措施。9月13日，渠江迎来2014年汛期最大洪水，洪峰流量达到21000立方米/秒。船闸基坑被淹没，工程进度受到一定影响，但由于防汛准备工作落实到位，上下游围堰、岩埂和主体工程未受到洪水结构性破坏；航道整治工程施工船只提前按照预案规定的停靠点避洪；新东门作业区按照预案要求及时转移和清理相关设备及材料。汛期公司在建项目未发生设备损失和人员伤亡事故，实现渠江广安航运建设工程2014年的平稳度汛。

【企业管理】 广泛开展集中学习和党员教育加强党风廉洁建设；积极落实中央八项规定精神和省委、省政府十项规定，坚决反对“四风”；充分发挥群团组织的作用，结合小平诞辰110周年纪念活动，举办港口及企业相关的展览，净化港区，献花缅怀等活动，调动广大员工的积极性、创造性，增强企业的凝聚力。扎实推进信息化工作的开展，实现公文高效运行，充分利用内网为各部门提供服务，简化办事流程，提高办公效率，为领导的决策及时提供依据；按照港航公司的人力资源信息化建设需求，开展SAP系统化、自动化管理；完成公司办公楼及宿舍的搬迁，新食堂筹建等工作，为员工创造良好的生活、办公环境。

【领导人】 总经理：陈作强，副总经理：欧肇松。

（李 艳）

邮政通信

邮政管理

【概况】 2014年，坚持“安全为基、发展为要、服务为上”的总体思路，立足市情，把握行情，强化监管，强化指导，推动全市邮政业科学发展。3月22日，国家邮政局副局长赵晓光一行到广安调研邮政管理工作。8月14日，副市长刘和斌组织开展广安快递业发展情况专题调研。10月9日，在思源广场开展第45届世界邮政日宣传活动。

2014年，全市邮政业完成业务总量29341.67万元，同比增长16.93%；实现业务收入30160.73万元，同比增长11.85%；全年完成快递业务量240.68万件，同比增长72.87%，超过全省平均增速17个百分点；实现快递业务收入4594.73万元，同比增长73.56%，超过全省平均增速16个百分点，快递业务量和收入增幅分别居全省第5位、第6位。

【邮政普遍服务】 2014年是空白乡（镇）邮政局所补建工作的攻坚年。坚持与市发改委、市邮政公司及项目区市县政府、相关乡（镇）和县级部门加强协调，紧密跟踪，督促落实。确保全市69个空白乡（镇）邮政局所补建项目全面竣工，并实现全面运营。对全市邮政普遍服务基础设施及邮政局所普遍服务法定业务开展情况、邮政企业贯彻落实《邮政机要通信服务规范》、邮票发行、机要通信时限和用户满意度、城镇居民小区信报箱建设使用等情况进行核查，全年实地核查邮政普遍服务网点92处，至2014年8月底，全面完成全市147个邮政普遍服务网点的实地核查任务，核查率达到100%。对全市27个未开办汇兑业务的农村乡（镇）邮政局所进行专项督导，10月底全面开办汇兑业务。

【发行纪念邮票】 为纪念邓小平诞辰110周年，8月22日，四川省人民政府、中国邮政集团公司在广安思源广场举行《邓小平同志诞生110周年》纪念邮票首发仪式。《邓小平同志诞生110周年》纪念邮票一套共4枚，邮票内容分别为“领导百色起义”“出席联合国第六届特别会议”“在中国共产党第十二次全国代表大会上”“南方谈话”，全套邮票面值为5.40元。《邓小平同志诞生110周年》首日封、方连折、极限明信片和《人民的儿子——邓小平同志诞生110周年纪念》版票册等系列纪念邮品也同步发行。中国邮政集团公司邮票发行部总经理高山宣读关于发行《邓小平同志诞生110周年》纪念邮票的决定。市委副书记、市长罗增斌主持仪式，市委书记侯晓春致辞。中国邮政集团公司副总经理李丕征、省人民政府副省长王宁、中国集邮总公司党委书记李永明、《邓小平同志诞生一百一十周年》纪念邮票设计者李志宏、省委宣传部机关党委书记平志英、四川省邮政管理局局长戚兰州、省邮政公司总经理韩广岳、副总经理唐华建以及广安市领导杨利民、甘用德、刘和斌等出席首发式。

【邮政市场监管】 坚持将监管工作重心放在维护邮政快递业安全发展上，开展“学案例促规范”活动，编印《广安市邮政业应急工作预案》，强化对快递企业的安全指导。联合市公安局先后分三批对全市快递企业负责人及管理人员进行安全生产及规范管理专题培训。认真开展安全生产大检查，在6月全国安全生产月活动中，协调公安、国安等部门，对全市所有快递企业及营业网点进行全覆盖的拉网式大排查，督促企业承担主体责任，提高安全意识，杜绝责任盲区。与公安、国安、工商、安监、文广新局等部门开展反恐、禁毒、扫黄打非、危险化学品寄递以及关于落实收寄验视制度等方面的专项检查。针对检查中发现的部分分支机构管理混乱、基础设施薄弱、经营不规范等行为，与市公安局联合发文，成立邮路安全工作领导小组，建立联合执法工作机制。全年共出动534人车次，深入全市14家快递企业、54个分支机构、65个乡（镇）营业部（代办点）进行检查、核查。共查处快递企业12家，约谈安全管理薄弱的快递企业负责人27人次，使安全生产管理上一些突出问题和薄弱环节得以基本解决，有效防范和遏制各类重特大安全事故的发生。全年全市未发生一起安全责任事故，整个邮政快递业运行平稳，社会反应良好。全市邮政快递系统开展“扫黄打非”工作情况得到省检查组充分肯定。

【首届“十佳”评选】 为弘扬正气推进服务规范，2014年11月6日，广安市精神文明建设办公室、广安市邮政管理局联合组织开展首届十佳邮政网点、快递公司（网点）及十位最受欢迎投递（快递）员评选活动。2015年1月27日公布评选结果，首届十佳快递公司（网点）：邮政速递邻水分公司、邮政速递广安分公司揽投部、顺丰广安分公司广安营业部、速尔广安分公司广安营业部、韵达广安公司新南门分部、优速广安公司广安营业部、百世汇通广安公司岳池营业部、圆通广安公司城北分部、申通邻水公司、中通武胜公司，首届十佳快递员：邮政速递武胜尹红波、顺丰邻水营业部谢刚、申通广安公司高光华、申通华蓥公司谢军、中通广安分公司胡海军、优速广安公司刘磊、韵达广安公司张浩、百世汇通岳池赵开勇、圆通岳池公司杨俊、圆通广安公司陈林，特别表彰顺丰邻水营业部黄思铭。同时，配合广安市全国文明城市的创建活动，在系统内开展“文明快递、快递文明”主题活动，建立快递企业诚实守信“红黑榜”制度，通报不诚信现象3起。为加强行业自律，指导各快递企业于10月17日成立广安市快递协会，强化行业自律和自觉。

【领导人】 党组书记、局长：陈武林，党组成员、副局长、纪检组组长：向阳。

（市邮政管理局）

邮政经营

【概况】　经营态势持续向好。面对严峻复杂的经济形势，全市邮政发展稳中向好。全年实现业务收入25721万元，收入规模保持全省第7位，完成省公司预算目标98.49%。实现收入增加值1637万元，同比增长6.79%，高于全省平均增幅2.77个百分点。除代理金融专业外，电商、报刊、集邮三个专业收入逾千万元。5个区市县局新增收入超过1600万元，2个县局收入规模超过5000万元，其中30个支局（所）收入突破300万元。

企业效益不断提升。通过加强管控、开源节流、优化结构，全市邮政效益明显提高。实现有效收入19352万元，同比增长6.79%。实现利润5482万元，同比增长101.92%。全员人均有效劳动生产率17.07万元，同比增长7.66%。成本费用支出增幅低于收入增幅7.66个百分点，成本费用利润率、收入利润率分别提高13.45、6.32个百分点。

改革转型扎实推进。理顺经营与平台的关系，重新明确专业与平台的定位，实施专业机构重组，精简专业机构2个。推行双向选择和定编核员，盘活结构性冗员。加快营销体系建设，初步建立网格化营销机制，组建邮政网格化服务队伍和营销团队。加快推进代理金融网点转型，22个网点进入转型固化期。探索微平台营销，初步建成广安E邮局平台。

【业务经营】　中坚业务强势推进。高度重视代理金融发展，按照银行运作模式推动网点转型。先后制定代理金融网点转型三年发展规划和2014年转型实施细则，规划转型示范网点22个。组建金融数据分析队伍，为5个县局配置转型大使，组织金融专业营销技能培训33场次、金融从业资质考试574人次，金融营销队伍和专业力量得到增强。强化转型工作跟踪落实，借助转型工具、培训指导和转型大使持续督导带动，各层级经营理念、专业素质、市场拓展能力得到提升。初步建立专业管控体系，代理金融发展更加符合银行业要求。全年新增余额13.4亿元，新增保费6.3亿元，销售基金、国债等理财产品5亿元，新增金融总量23.7亿元。实现金融业务收入19326万元，同比增长10.19%。

标志业务亮点纷呈。把控经营节奏，创新经营举措，打造经营平台，加大专业团队建设，邮务类业务保持良好发展势头。函件集邮业务：强化资源配置和支撑服务，更加重视题材挖掘和热点打造，开发项目成效明显。“5·19”全国旅游日、“8·22”邓小平诞生110周年纪念日文化项目创收逾330万元。邮政便民服务牌项目落地运作，创收57万元。函件集邮实现收入1843.5万元。国内小包：把握机遇，掌控时间节点，注重经营规范，抢抓“双11”和圣诞元旦网购高峰，培育国内小包市场，国内小包实现收入23.6万元。报刊业务：持续推进“一所一校”工程，加快“进社区”“进校园”渠道建设，提升渠道营销能力。报刊专业实现收入1513.5万元，同比增长10.32%。跨年度报刊大收订完成流转额7300万元，系统内完成进度排全省第2位，增幅排全省第11位。

新型业务持续壮大。电商业务初步形成票务、代收付（代办）、邮政业务电子商务化、储蓄短信齐步发展的格局。代销火车票、机票初具规模，全年出票总量达42.4万张，2014年12月启动代售汽车票业务。推动代收付（代办）业务新项目运作，开办代收电费和代办车险，全年代收电费666万元，代办车险353笔。探索邮政业务电子商务化，推广惠民优选、邮乐购业务，着力培育邮政电商市场。储蓄短信发展迅猛，全年新增成功扣款短信15.8万户，储蓄短信在网用户总量达到43.8万户，加办率提升至25.9%。推进分销业务零售向批销转型，推行现款订货，缓解企业资金压力，释放零售终端经营活力。以打造邮政健康农产品为突破口，先后运作石棉黄果柑、汉源车厘子、攀枝花芒果、汉源花椒、盐源苹果等特色农产品，全年销售农特产品2.5万件，同比增长108%。借助蜗牛洗澡机销售模式，发展村代表50余人，进一步拓展邮政分销渠道。

【体制机制完善】　重构专业体系，转变角色定位。制定专业机构调整方案，重新梳理专业部门经营管理职责，进一步明确角色定位。重构专业体系后，专业部门不再担任“运动员”，有效解决争抢客户资源现状，避免资源内耗。

完善分配机制，激发内生动力。完善经营管理者绩效考核体系，全面推行KPI考核，加大部门履职考核，引导经营单位量质并重发展。推行网点分类、员工分等分级考核，打破“吃大锅饭”现状。尝试全员营销积分薪酬，鼓励员工主动参与营销，“营销有酬劳”的导向更加明确。创新投递考评机制，建立质、效、量挂钩分配模式，鼓励多劳多得，促进业务揽收，推动投递员向客户经理转型。指导基层网点建立二级分配办法。

优化资源配置，提升管理质效。整合人力资源，推行双向选择、竞聘上岗，辅以兼岗兼职，着力盘活富裕人员，缓解网点缺员压力。优化财务资源，财务配套政策向预算增量收入、高效收入和新型业务倾斜，避免高成本拉动。统筹协调专业发展，制定业务发展费预算规划。试点推行网点损益核算，引导经营单位创新经营模式，全市6个非金融营业网点改为委代办。

【邮政平台建设】 基础平台建设加快。通过优化自营渠道、拓展社会渠道、创新投递渠道等措施，加快便民服务站、报刊亭、三农服务站、邮件代收接转点等实体渠道建设。累计建成48个空白乡（镇）局所。新建便民服务站500个。改造报刊亭点103个。建成自提点198个。枣山邮件处理中心落实项目用地并争取到园区土地优惠政策。加快网点硬件建设，完成25个网点转型改造、11个网点局部改造。小平故居景区开设主题邮局。

平台运营逐步扩展。48个空白乡（镇）邮政局所投入运营。374个便民服务站实现线上交易，交易金额12.72万元。已建便民服务站有80%叠加包括分销在内的邮政业务。新开办27个网点汇兑业务，网点汇兑业务覆盖全市所有乡（镇）。

网运投递能力增强。加大网运管控，应用GPS系统动态监控邮运车辆。加大投递能力投入，配备投递智能手持终端56台，新增投递信息处理图形终端6台。优化投递网路，普商邮件分网投递作业，国内小包、银企账单、约投挂号纳入商投段道。加快邮件自提服务网点建设，新建天猫京东社会自提网点5个、国内小包自提点10个，落实信包柜安装点9个，投递末端“最后一公里”破冰。

信息化建设逐步推进。完成广安区局可视会议系统建设和4个县局机房搬迁。62个网点LED显示屏实现联网，新增更新ATM/CRS设备25台、网银终端19台、辅助机具554台（套）。优化邮政信息网，启动代理金融网点线路改造扩容工程，提升网络可靠性和业务承载能力。完成邮政储蓄逻辑大集中工程上线，推广便民服务站上线和国内小包新系统上线，启动邮储银行个人客户营销系统上线。建成广安邮政微信公众服务平台。

【基础管理】 加强人力资源管理。强化用工管理，通过合理兼职、优化作业组织、业务外包等方式控制用工总量。注重人才储备，选派6名管理人员挂职锻炼，新招录大学生37名。调整用工结构，加大劳转聘力度，劳务用工占比由56%下降到46%。加强员工技能培训，选送培训70期，自办培训69期，参培率达到100%，生产人员职业资格持证率达到95%，大专及以上学历占比达到77.15%。

加强财务管理。转变财务视角，突出利润导向，摒弃“拼规模、比摊子”的传统观念。坚持零基预算，严格执行收入、支出预算管理。启动财务标杆管理，细化标杆体系指标，下达作风成本刚性指标，日常运行费同比下降6.27个百分点。创新绩效评价模式，注重效益考核，引导实体单位从关注业务规模向关注经营效益转变。上线库存管理系统和现金平台系统，规范库存材料和资金管理。加大成本管控，百元业务收入成本下降7.04个百分点。

加强质量管理和网运管理。强化基础管理，优化营投服务流程，健全基础表簿管理制度。狠抓邮件收寄、分发、运输、投递等关键环节规章制度落实，督促整改通信服务质量问题383个。加强“两岗”人员履职检查，定期召开通信服务质量和两岗履职联席会。严格执行邮政服务“首问责任制”，推行有理由投诉下岗制。狠抓邮件全程时限管理，强化作业计划执行力，实施邮件传递时限监控管理，落实“RFID普通邮件测试计划”工作。

加强内控管理。完善安全工作领导责任制，逐级签订安全生产责任书，强化安全工作“四落实”，实现企业整体平安。开展“资金案件风险排查”“合规大行动”“风险等级自评”等活动，着力整改安全隐患，做到防患未然。加强邮银协作，按月召开金融工作协调会，共商案件防控整治举措，共建金融风险防控体系，案件防范能力不断增强。加快安防能力建设，改造110联网报警设施，增扩ATM外环境监控和营业室监控盲点摄像头，扩容监控设施硬盘，全年安防投入逾500万元。

【队伍建设】 转变工作作风。管理层执行能力不断增强，领导水平明显提高。通过开展群众路线教育实践活动和“下转促”活动，广大干部进一步转变观念、锤炼作风，增强拼搏进取、克难攻坚的勇气和信心。进一步强化市场意识和创新意识，提升产品研发能力和市场开拓能力。进一步转变领导方式，提升运作能力和统筹水平，为广安邮政推进转型升级提供思想上、作风上和组织上的保障。

树立品牌形象。主动挖掘文化民生市场，借助“世纪伟人——邓小平”名片宣传广安旅游文化，成功举办“邓小平诞生110周年纪念邮票”首发式活动，受到市委市政府高度评价。积极传承书信文化，与教育局联合举办广安市第十届“青少年书信大赛”，深受学校、学生家长和社会欢迎。持续拓展民生服务项目，依托邮政网点资源优势，“健康e家”探索运营，为市民提供一站式便利服务，受到社会各界一致好评。

注重职工利益。公开、公平、公正开展劳转聘工作，稳定和激励员工队伍。多渠道、分层级开展教育培训，持续提升员工专业能力和管理水平，帮助员工实现自我价值。组织员工参与劳动竞赛，调动员工发展业务积极性。深化司务公开，按月通报业务收入、财务收支和绩效考核情况。完善投递员之家、职工之家和职工小家建设，改善基层工作条件和生活条件。狠抓为职工办实事工程，发放女职工特殊劳保费19.63万元，组织170余名员工外出疗休，1100余名员工参加体检。开展送温暖活动，慰问集体135个、个人269名，慰问资金达42.47万元。发动员工爱心捐赠2次，1500人次参与捐款，共计捐款12.36万元。

【领导人】　党组书记、总经理：余琦梅，党组成员、副总经理、纪检组组长：李洪，党组成员、副总经理、工会主席：陈健康。

（王翔龙）

电　信

【概况】　2014年，中国电信广安分公司克服“营改增”“9·13”特大暴雨洪灾袭击等困难，围绕发展与服务两条主线，深化改革、加快转型，在逆势中奋进，在创新中转型，企业发展趋势良好，全年完成省公司和市委市府的各项目标任务。全年完成收入同比增幅6.25%，实现净利润6878万元，上缴地方财税1256万元，同比增长9.8%。

【机构改革】　通过探索实施划小经营、承包认领等举措，锐意推进市场化改革，有效激发基层一线员工活力。全年县级经营单位从原来的9个增加至13个，城市分局从原来的15个增加至22个，农村支局从原来的50个增加到54个，形成内部PK格局；取消县级经营组织内设部门，领导班子成员直接管理到班组和岗位，通过改革，增强基层经营单元活力。

【网络维护】　对网络接入设备现场维护、网络资源、网络操作维护三个团队及县公司综合维护分别实施自维承包，全市维护人员从原来的58人减少至37人，员工工资普遍增长。网络资源组盘活643万元，6—8月KPI指标连续3个月名列全省第一；通过公开竞聘，分别对流量、开渠、网络维护、天翼信息村等业务领域实行承包认领制；在华蓥分公司启动市场前端、运维组织体系划小承包经营试点工作。

【营运能力建设】　为进一步增强和提升服务质量，巩固网络运营王者地位，通过大力实施新光网时代网络运营体系建设，主动转型，网络服务能力得到进一步增强。在2013年4G网络建设的基础上，2014年进一步加大建设资金，对全市景区、农村4G网络实施补点建设，全市农村覆盖率提升24%；城域网骨干出口带宽扩容到120G，全H端口达到数32万户，华蓥、武胜县城、118个乡（镇）实现全光纤；完成全省C网维护化小广安试点工作，建立市场部门对运营分局的支撑评价体系，对市县、承包团队实施综合评价考核。全市干线光缆维护工作年底专业检查获得全省第一。

【客户服务】　加强服务风险管控，建立服务质量提升工作机制，创新服务管理方法，提升客户感知。全年越级投诉率控制在百万分之八以内，未发生“三强”有责越级投诉，年底客户综合满意率提升至83.11%；实施全生命周期的客户经营动作，中高端客户综合保有率为90.15%，坚持开展终端升级、流量及热门应用辅导活动，中高端客户户均流量使用达480M，“天翼客户”渗透率达16.9%。

【队伍建设】　推动作风转变，落实员工关爱。深入基层，开展农村支局“挂包帮”“火红盛夏有我更精彩”“周周行”等活动，全力支撑帮扶一线促发展。围绕企业追赶跨越目标，对中层干部实行“过程+结果”的量化考核评价，2014年，全市共调整交流中层干部52人次。

关爱员工，助力员工成长。2014年，全市校园招聘11名；建立内部人才市场，全市90名员工参与内部交流锻炼，98人竞聘上岗；完善多元化的员工职业发展通道，全年选拔C级人才2人、D级人才12人、E级人才12人、F级人才22人。组织经营单位总经理赴河北、农村支局长赴眉山住训等交流学习，专项培训90次；签订23对“师带徒”协议，帮助新入职和转岗员工快速胜任新岗位工作；基层一线员工人均工资收入同比增长9.74%；投入超过100万元专项资金，改造现业职工食堂，为全市所有支分局、3个县级营销中心的办公、生活环境和配套设施进行改善。

【领导人】　党组书记、总经理：杨载双，副总经理：贺艳斌、王代文、胡晓、刘永君（7月起）。

（袁利平）

移动通信

【概况】 2014年，广安移动以党的十八大、十八届三中、四中全会精神为指导，贯彻落实市委、市府和省移动公司2014年工作会精神，紧抓邓小平诞辰110周年机遇，坚持以发展为中心，以4G为抓手，把握移动互联网发展节奏，加速企业转型，持续提升五大能力，公司发展取得新突破。2014年，公司运营收入同比增幅7.38%，全省第4名，荣获省移动市场综合能力发展三等奖。

【网络建设】 2014年，广安移动按照“多快好省”的要求，提前完成4G一、二期工程建设任务。4G一、二期分别建设基站311个、542个，均提前一个月完成，分列全省第4名和全省第2名。全年新建4G基站1102个，总数达到1240个，相当于过去2G十年的建设量。广安移动还认真落实“以终为始”的全生命周期管理理念，深化“规—建—维—优”协同，加强规划设计和建设质量把控，加强网络优化，开展4G网络质量大会战和“固本、锻质、安心、护航”等网络质量提升专项行动，CSFB呼叫成功率达到100%，G/T全程呼叫成功率达到100%。

【综合管理】 2014年，广安移动坚持管理以财务为核心，建立健全增值税管控体系，全面推动“营改增”落地实施，综合税负率列全省第8名；持续强化服务管理，扎实开展“换位跨越”活动，优化和精简冗长的管理流程，公司文风、会风明显改善，流程效率明显提升，发文同比下降33.33%，业务通报同比下降18.49%，会议时长减少23.6%，报表减少21%；抓好中心组学习和群众路线教育实践活动，严格落实“八项规定”，反对“四风”，深入实践“三严三实”，严格坚持“三会一课”制度，标准化和规范化推动基层党建工作，提升基层党组织建设水平，持续做好队伍建设；全面落实“安全第一、预防为主、综合治理”的方针，全面深化企业安全标准化建设，深入开展安全文化落地，创新安全管理手段和措施，通过省级二级安全管理达标验收，为公司又好又快发展提供全方位的安全保障；通过“精准定位、精准推动、精准关爱、精准维权”，重视员工关爱，关心离退内员工，推动“奋进之家”“温暖之家”“和谐之家”“光荣之家”建设，努力营造良好、和谐的企业氛围。

【社会责任】 2014年，广安移动积极践行社会责任，做好邓小平诞辰110周年各项纪念活动和“9·13”特大暴雨灾害通信保障工作，获得地方党委、政府及社会大众的一致认可和好评，营造公司发展内顺外和的良好环境。

2014来，面临复杂的竞争环境，广安移动全力以赴、智慧应对，取得较好的经营业绩，公司被省公司评为“2011—2014年度先进基层党组织”“2014年度先进集体”，公司两个部门被评为省级“卓越团队”，两个区市县分公司被评为省级“模范区县分公司”，一个营业厅评为省级“优质服务窗口”，3名员工被评为省级标兵称号。公司还被广安市委、市政府评为支持重大项目建设先进集体、邓小平诞辰110周年纪念工作先进单位、市直机关先进基层党组织等。

【领导人】 总经理：陈健全，党委书记：魏建民，副总经理：林成安、李庆国（11月起）。

（中国移动广安公司）

联合通信

【概况】 2014年年末，广安市分公司全体员工共计330人。市分本部设市场营销部、集团客户事业部、固网与融合业务部、客户服务部、信息化支撑中心、财务部、综合人力部、党群办（兼纪检、工会）、网络分公司共计9个部门。四县两区设立7家区县分公司，其中岳池分公司为全省60强县。区县分公司设置有综合支撑中心、综合网格、片区建维中心。

【经营管理】 2014年，广安累计完成固定资产投资超过5亿元，建成通信基站900多个，建成本地传输网络3000余里，自办营业厅7个，合作营业厅和专营店、普通代销点、缴费站2000余个，为社会提供就业岗位3000多个。同时加强以用户为中心的服务理念，广安联通公司全体干部职工面对市场压力，创新经营，努力加强网络建设，提升网络服务质量，各项工作均有序开展。截至2014年12月底，广安联通收入达到2亿余元，完成序时目标任务的94.94%，收入完成率全省排名第二。高于全省均值3.14PP，累计同比增幅7.73%，全省排名第1位。

【网络建设】 广安联通公司通过强化网络运维建设线的专业化管理水平，提高网络支撑能力，提高市场反应速度，提高网络管理能力，提高资源使用效能，全力推进网建运维工作面向市场、面向企业、面向网络的支撑保障能力，助力公司经营发展，打造精品网络。2014年，通信网络工程总投资超过8000余万元，其中无线网络投资超过5000余万元，新建45个市区、县城、工业园区基站，273个乡（镇）站，共计318个站点，网络覆盖率城区达到95%，乡（镇）达到98%。2014年，传输配套工程总投资超过3000余万元，新安装分组传输设备164套，新建各类型光缆4700余公里。宽带接入工程投资超过百万余万元打造3个公众宽带项目。深化运维体制改革，实施转型，整合资源，建立集中化、一体化、标准化的体系，提升支撑效率，提升资源效能。

【项目进展】 大力推行“信息强政、信息兴业、信息惠民”三个领域开展智慧、智慧交通等典型应用。在信息强政方面，广安联通围绕政府需求，主动承担一系列政务信息化工程，推出政府执法、智慧驾考、平安校园、城市监控等一系列政府实施重点项目，武胜卡口项目、海事局项目等促进行政效能、执法质量、服务水平的提升。在信息兴业方面，凭借3G网络优势，在办公智能化、智能金融、智能交通等领域树立一系列应用标杆，广安出租车监控平台、银行营业点WIFI认证管理技术助理行业企业提升信息化水平、管理效能及生产效率，推动产业升级转型。在信息惠民方面，广安联通针对消费者对周到、方便、安全、贴心的信息服务诉求，与市政府一起助力打造智慧校园项目。

【电商发展】 公司电子渠道建设取得重大进步，足不出户就可查询消费，办理业务。利用3G业务领先优势，提升品牌形象与核心竞争力；发挥全业务经营优势，推动产品创新和市场拓展；大力发展宽带多媒体业务，加快企业的转型步伐。同时，公司将充分运用全业务经营优势，积极开拓市场，实行规模经营，利用先进的通信技术和管理设备，竭诚为人民提供个性化、差异化、亲情化的优质服务。

【企业文化】 广安市分公司成立以马严釜总经理为组长的企业文化领导小组，建立企业文化长效机制、责任机制、传播机制、考核评价激励机制、财务保障机制，确保企业文化持久、深入、富于成效的开展。建立“三个一”的企业文化，把制度、荣誉、最美一线员工、公司领导指示、争优创先等上墙展示，内聚合力，外放能力实现企业价值与员工价值双提升。

【客户服务】 2014年，广安联通坚持以“全”满意度提升工程为载体，让服务意识和行为贯穿全公司、全生产环节、全营销过程，通过服务大协同，夯实服务基础，优化服务流程，强化管理办结，提升服务满意度质量，聚集用户市场，通过打造三大特色俱乐部：影迷、车友、亲子，积极创新客户服务模式，提升用户感知，客户满意度上升至95%，实现精品服务。

【领导人】 总经理：马严釜，党委书记：高耕牧，副总经理：席刚、任乐、郭杰。

（叶丹丹）

商贸旅游

商务管理

【概况】 全年实现社会消费品零售总额330.4亿元，同比增长13.1%，较全国、全省平均水平分别高1.1个百分点、0.4个百分点，增速居全省第8位。全年实现服务业增加值281亿元，同比增长11.7%，超目标任务1.2个百分点，增幅居全省第1位。服务业固定资产投资完成638.7亿元，增长57.7%，占全社会投资总量的69.5%。实现税收37亿元，同比增长23.2%，占全市税收总额的59.3%，税收占比较去年同期提高0.6个百分点。服务业在三次产业中占比达30.6%，较上年上升0.9个百分点。全市实现外贸出口10.7亿美元，同比增长9.6%，总量居全省第4位；全年实际利用外资4193.7万美元。

【城乡市场体系建设】 加快推进商业基础设施、骨干卖场、专业市场建设，广安主城区中天国际、国际商业中心竣工，摩尔春天百货、华润万家、肯德基、欧丹百货、新华文轩、太平洋院线等正式投入营运。岳池东湖商业综合体、岳池输变电大厦、武胜泰合国际商贸城、邻水宏帆商业广场、枣山国际商贸城、万贯法国风情街等加快建设。岳池亿联家居城、枣山川渝家居建材城（一期）

建成营运，广安国际轻工博览城建设迅速，枣山品信别克汽车4S、雪佛兰汽车4S店、宗申宝泰宝马汽车4S店等正式投入运营，经开区护安汽博城已初具规模，振兴车业、新交安、平安汽车、天和车业等一批新建4S项目加紧建设，品牌汽车4S店在广安基本完成布点。加快农产品市场建设，枣山临港大市场一期建成营运，武胜、邻水农产品批发市场建设加速推进。新（改）建农贸市场36个，武胜县万善镇、协兴园区协兴镇纳入全省商贸示范镇建设，农村市场日趋规范完善。

【服务业综合改革试点】 加快推进省级现代服务业综合改革试点示范市建设，枣山物流商贸园区被列为省级现代服务业集聚区，在建重大服务业项目21个，总投资达到327亿元。协兴园区大力发展文化旅游业聚集区，小平故里已成功申报为国家AAAAA级景区，游客中心、玛瑙城大酒店、红色文化影视城已投入营运；葫芦岛旅游度假区、广安协兴历史文化街区等重大服务业项目推进迅速。全市新培育规模以上服务业企业74户，1户企业、5个项目分别列入全省100户服务业重点企业和100个服务业重大项目，2个项目被列为全省50个服务业重大项目。加快推进现代物流业试点示范市建设，枣山、前锋、高兴、万善物流园区建设有序推进。渠江广安航运建设工程、高兴镇大型农产品集散中心等三个项目被列为省级重点物流项目，全市新培育A级物流企业2户，新培育省物流重点联系企业2户，实现第三方物流营业额7.7亿元，增长19.6%。

【居民消费】 摩尔春天、欧丹百货、华润万家、太平洋院线的营运，丰富广安的消费品市场，为消费者提供多样化的购物休闲选择。积极参加省上“三大活动”，组织111户次企业参加“川货全国行”活动9场，现场成交和协议成交金额5.2亿元。组织79户次企业参加“万企出国门”展会和经贸促进活动14次，正式签约2570万美元，意向协议670万美元。组织企业参加渝洽会、西博会等重要展会，引导、督促企业在“迎春购物月”“五一”“十一”等节假日及商家自身店庆等时期，开展丰富多彩的促销活动，全年共参加和举办展会和促销活动150场次，实现销售额9亿元。同时狠抓企业培育，摩尔春天、欧丹百货、龙泰百货等一批知名企业正式营业，新培育限上商贸企业65户。

【电子商务】 着力引进知名电商企业入驻广安，江苏众瀛公司与广安共建E消费项目省级结算中心、深圳大丰收电子商务公司建设广安诚信消费系统、福建优传公司到广安建设跨境电子商务项目均已正式签约。加快本土电商平台培育，2014年新增西部牛仔服饰网、家融合等电子商务平台8个，新培育电子商务企业14户，农特产电子商务平台“逛特产网”已有全国各地近500个品牌入驻，广安盐皮蛋已通过该网络远销韩国、朝鲜、香港、台湾等地。广安区新天地电子商务集聚区加快建设，已入驻企业3户。天虎云商入驻企业321户，邮乐网、和聚蜀商等平台企业入驻良好，电子商务应用普及率进一步提高。全年实现电子商务交易额171.6亿元，增长30%，实现网络零售额29.6亿元，增长35%。

【对外开放】 加大生产型企业培育力度，新培育高科龙、高科德、兄弟时代等6户生产型外贸企业，华蓥省级外贸出口示范基地园区内电子产业链条日臻完善；前锋轻工产业、邻水汽摩产业逐步发展壮大，四川利爵、嘉逸皇冠、福辉鞋业等生产型企业出口额节节攀升。调整外贸扶持政策、下放外资项目审批权限，强化服务、指导，新审批前锋区联合水务、泓鑫农牧、经开区玖源化工新材料、武胜宝箴寨农业种植等4个外资项目，完成合同外资2840万美元。规范外派劳务，华蓥市南方送变电有限公司外派劳务经营资格获批。

【市场监管】 重视特殊行业监管，进一步强化和规范二手车交易、典当、拍卖、废旧回收、商业预付卡等行业管理。加强元旦、五一、端午、国庆等节假日和“9·13”洪涝灾害期间商品调控，保障全市生活必需品的物质供应。大力推进商贸流通系统安全生产检查，对商场、超市、社会宾馆等重点领域和人口密集场所实行常规检查和节前检查，确保行业安全。

【商贸活动】 2014年，广安市积极参与全省“惠民购物全川行动”“川货全国行”和“万企出国门”活动（以下简称“三大活动”），企业市场竞争意识空前增强，居民消费便利化程度日益提升，广安品牌影响力在国内外市场逐步显现。2014年，全市“三大活动”促成交易额超16亿元。其中：举办、参加“惠民购物全川行动”展会和促销活动150场次，实现销售金额9亿元。参加“川货全国行活动”9个，现场成交和协议成交金额5.2亿元。参加“万企出国门”国际经贸促进活动16项，实现订单金额3240万美元。

“惠民购物全川行动”繁荣本地消费市场。全市以“惠民购物·欢乐消费”为主题，重点开展邓小平故里“五特”展示展销活动、车市巡展、第四届家装暨车展文化节、迎国庆名标商品展销会、2014年中国旅游日主会场活动等5个全市性大型展会，实现销售金额2.2亿元。县域展销活动好戏连台，武胜县龙舟节商品博览会暨美食节、前锋区巴蜀奇缘乡村旅游文化节、邻水县2014青岛啤酒饮食音乐博览会深受老百姓喜爱。摩尔春天百货商场、华润万家、欧丹百货、美好家园、重百商场等大型商场超市利用节假日开展一系列让利促销活动，掀起惠民购物热潮。深入推进“全企入网”，组织321户企业入驻“天虎云商”，其中121户建站上线；“逛特产网”已上线运营，广安盐皮蛋已通过该网络远销韩国、朝鲜、香港、台湾等地；岳池银丰食品公司自建企业网站并打造银丰商城平台，实现线上线下交易。

“川货全国行活动”扩大国内市场份额。全市以“广安商品·走向全国”为主题，组织111户次企业参加北京、广州、重庆、呼和浩特、杭州、上海、武汉等7个省外知名品牌展会和成都、泸州等2个省内区域性重大展会，共获得标准展位121个，展出商品品种达500个，实现现场销售金额5700余万元，合同成交额近6652万元，意向协议额4亿元。广安市参加全省川货全国行活动参与率达100%，尤其在北京站、成都站、武汉站等综合性展会上，广安市参加企业数和获得展位数居全省前三位，得到省上在展位位置安排、对接洽谈等方面的大力支持帮助，广安商品在华北、华东、华南、华中等地深受当地人们喜爱，市场占有率显著提高，企业拓展国内销售市场信心十足。

“万企出国门活动”助推企业“走出去”。全市以“增强广安造产品开拓国际市场能力”为主题，组织鼓励企业“走出去”，参加企业79户次，正式签约2570万美元，意向成交670万美元，新培育生产型进出口企业6户，有进出口实绩企业达25户，在调整出口结构、稳定进出口总量方面起到重要作用。第115届、116届“广交会”上，共获得45个展位，展出6个大类、210多个品种的出口产品。四川万豪电子科技有限公司特装参加“广交会”，与国外客商签订620万美元的电壁炉、实木门、LED灯等商品订单。已有四川万豪、科塔金属等3户企业在越南、坦桑尼亚、南非建立营销网点。

全市“三大活动”存在一些问题：各区市县、园区组织开展情况参差不齐，服务企业意识不强，工作研究不够，“惠民购物全川行动”缺乏新举措和数据统计范围模糊；“川货全国行”“万企出国门”多数处于应付被动状态，帮助企业开展对接洽谈和会后跟踪合同落实的较少。企业参展主动性有待提高，对有偿提供展位的展会不愿参加，商品包装水平和质量还有待进一步提升。参展商品品种较多，但优势品种较少，营销手段单一，注重现场销售而轻视对接洽谈。

【大数据平台建设】　建设广安大数据智慧城市公共信息云平台及E消费项目是2014年年底广安市委、市政府大力推进的重大项目。市委、市政府主要领导先后带队赴江苏考察，市委主要领导、商务工作分管领导分别赴中省商务部门专题汇报。12月22日，广安市举行建设广安大数据智慧城市公共信息云平台及E消费项目签约仪式，该项目由江苏众瀛联合数据科技有限公司运用自主研发的公共信息云服务技术支撑平台系列智慧即时应用系统软件，打造广安大数据智慧城市公共信息云服务平台。项目建成后，对广安市推进智慧城市建设及电子商务发展具有重要意义。

E消费商业模式是江苏众瀛联合数据科技有限公司独创的商业模式，是将物联网、云计算、电子商务等互联网信息技术整合应用，搭建“众瀛全球公共信息服务平台”，对消费者消费需求信息进行科学采集、整理、分析和分类，并将具有价值的贸易、服务相关信息及时传递给合作生产商、销售商和服务商，从而将生产商、销售商、服务商和消费者有效链接，构成一个庞大的商众联盟和利益共同体，最大限度地实现按需供给、按需消费，达成供需平衡的一种商业模式。根据协议，江苏众瀛联合数据科技有限公司将在广安市建设E消费项目省级结算中心和广安大数据智慧消费公共信息云服务平台、广安大数据智慧商贸公共信息云服务平台、广安大数据智慧流通公共信息云服务平台、广安大数据智慧服务公共信息云服务平台、广安大数据智慧金融公共信息云服务平台、广安大数据智慧信用公共信息云服务平台、广安大数据智慧政务公共信息云服务平台、广安大数据智慧生产公共信息云服务平台、广安大数据智慧农业公共信息云服务平台。

【领导人】　局长：刘代忠，副局长：石高军、李洪，纪检组组长：刘银成。

（黄　琴）

投资促进

【概述】　2014年，围绕纪念小平诞辰110周年纪念活动，全面拓展思路，强化工作举措，狠抓工作落实，通过大力宣传投资环境，积极开展招商推介，精心筹备招商活动，引进项目质量好，产业结构优，全市招商引资成效显著。全市签约引进项目950个，履约项目1721个（含续建771个），到位资金815.6亿元，同比增长

16.2%，完成全年目标任务800亿元的101.95%。其中：引进工业项目421个，履约项目761个，到位资金505.6亿元，同比增长21.5%，完成全年目标任务500亿元的101.12%；引进省外项目588个，履约项目935个，到位资金508.8亿元，同比增长6.42%，完成全年目标任务450亿元的127.2%。

【产业分布】 引进第一产业项目122个，协议资金110亿元，到位资金47.6亿元，同比增长44.29%；引进二产业项目421个，协议1874亿元，到位505.6亿元，同比增长21.5%；引进三产业项目407个，协议资金1824亿元，到位262.40亿元，同比增长21.42%。

【区域分布】 引进重庆方向项目445个，同比（299个）增长48.8%，到位资金330.3亿元，同比（301.6亿元）增长9.5%，到位占2014年总到位的40.5%，占省外到位的64.9%。引进泛珠三角区域项目53个，到位资金63.8亿，同比增长36.5%，增速加快。到位占2014年总到位的7.8%，占省外到位的12.5%。引进长三角地区项目21个，到位资金54亿元，同比增长1.3%，增速较2013年大幅减缓。到位占2014年总到位的6.62%，占省外到位的10.6%。引进环渤海地区项目8个，该区域招商取得实质性突破。全年到位22.1亿元，同比增长20.3%。到位占2014年总到位的2.7%，占省外到位的4.34%。

【招商特点】 从产业分布情况看，以工业为主的第二产业吸引投资能力保持强劲增长势头，充分体现广安市工业强市的发展战略。从引进的项目中，第二产业仍占主体，第三产业项目紧随其后，第一产业增速迅猛。三次产业到位资金所占比例分别6：62：32，同比一产业增长1.16个百分点、二产业下降2.7个百分点、三产业增长1.54个百分点。三次产业引进个数比为：13：44：43，同比一产业增长1.83个百分点、二产业下降18.91个百分点、三产业增长17.08个百分点。从产业到位上看比例越趋合理。从产业项目个数上看，二产业引进大项目增多，三产业引进个数增幅较大，一产业略有增长。

按投资规模分析，引进项目质量高、规模大。新签约5亿元以上项目168个。其中5亿—10亿元100个，10亿—30亿元49个，30亿—50亿元以上10个，50亿—100亿元两个，100亿元以上项目7个。2014年新签约引进世界500强企业：中国建筑材料集团有限公司、华润集团、中国医药集团、中石油、中石化投资5个项目。发展院士经济，加强与高端决策咨询暨投资促进专家对接，引进李长明团队打造长明高新技术产业园，引进尤政团队建设清华大学广安新能源研究院。岳池县引进侯曙光建气雾剂项目，经开区引进玖源化工专家建世界最先进的窑法磷酸生产项目等。

按投资来源地域分，重庆和长三角、珠三角等地仍为广安市引资的主要来源地，环渤海区域招商取得实际突破，但重庆、长三角增速减慢。引进省外项目588个，履约项目935个，到位资金508.8亿元，同比增长6.42%，完成全年目标任务450亿元的127.2%，到位资金占总额的62.38%。

引进省外项目中排名前十名的区域分别是，重庆市、广东省、浙江省、江苏省、湖北省、北京市、河北省、山西省、广西壮族自治区、江西省。重庆方向仍然是投资中的重点区域。全市新签约引进重庆坤联（广安）长明高新技术产业园项目、重庆海丰（广安）绿色节能科技园项目、重庆融恒（广安）城市综合体项目、重庆思源（广安）渝前合作产业园项目、重庆客商（广安）川渝合作武胜农产品食品商贸城建设项目等重庆方向项目445个，同比（299个）增长48.8%，引进个数占2014年新签约个数的46.8%。到位资金330.3亿元，同比（301.6亿元）增长9.5%，到位占2014年总到位的40.5%，占省外到位的64.9%。但重庆方向项目较2013年重庆到位资金增速14%下降4.5个百分点。

泛珠三角区域项目53个，履约项目126个，到位资金63.8亿元，同比增长36.5%，增速加快。到位占2014年总到位的7.8%，占省外到位的12.5%。广东尚善投资（广安）垂直流湿地公园项目10亿元；广东翼德（广安）纺织服装加工项目6.8亿元；深圳兄弟时代电子科技有限公司手机整机项目20亿元等。

引进长三角地区项目21个，履约项目73个，到位资金54亿元，同比增长1.3%，增速较2013年大幅减缓。到位占2014年总到位的6.62%，占省外到位的10.6%。江苏华建（广安）官盛基础设施及美好家园建设项目30亿元；浙江致宇实业（广安）医药产业专业污水处理厂建设项目12亿元；浙江华科为投资（广安）现代农业生态观光旅游带项目；浙江正梁机械（广安）千吨压力机汽车覆盖生产线项目；江苏客商沙似东在华蓥市投资国际财富中心项目5亿元。

环渤海8个，履约项目22个，该区域招商取得实质性突破。全年到位22.1亿元，同比增长20.3%。到位占2014年总到位的2.7%，占省外到位的4.34%。引进通用航空100亿元项目、中信集团洁净水100亿元项目、北京师范大学广安附属实验学校项目35亿元、北京赛福哈博（广安）健康综合体项目15亿元、北京恒天（广安）滨江路防洪综合改造工程项目20亿元，均已开工建设；北京华源世纪（广安）汽车玻璃升降器、电子控制器及微电机二期生产项目0.85亿元已经投产。北京百悦（广安）居然之家项目20亿元正在做开工前期工作。

招商引资项目固定资产投入大，所占比例高。全年，招商引资项目固定资产投入470.1亿元，占到位资金总额的57.64%。招商引资项目固定资产的投入为广安市工业、基础设施、商贸物流、旅游等行业注入大量资金。

【落实督办项目】 第十四届西博会签约项目落实情况。全市列入省上督办的签约项目共17个，协议投资额220.5亿元。截至12月底，已履约15个，履约率88.24%；开工15个，开工率88.24%；资金到位88.83亿元，资金到位率40.29%。项目履约率、开工率、资金到位率分别位居全省第1位、第6位、第13位。

广安市在省委、省政府组织的民企入川、央企入川及港澳“感恩致谢、深化合作”三大投资促进活动中，共签约项目55个，协议投资额617.35亿元。截至12月底，该批项目已全部履约；已开工项目47个，开工率85.45%；资金到位250.34亿元，资金到位率40.55%。项目履约率、开工率、资金到位率分别位居全省第1位、第11位、第12位。

中外知名企业四川行活动签约项目落实情况。在2014年4月举办的“四川行”活动中，全市列入省上督办的签约项目共67个，全省第4位；协议投资额536.2亿元，全省第6位。已履约36个，履约率53.73%；开工33个，开工率49.25%；资金到位66.04亿元，资金到位率12.32%。项目履约率、开工率、资金到位率分别位居全省第18位、第14位、第12位。

【实施感恩招商】 抢抓纪念邓小平诞辰110周年机遇，深度挖掘感恩内涵，在全社会倡导开展“感恩小平·我为小平家乡发展作贡献”活动，积极引导社会各界人士感恩小平，关注广安，把对邓小平的崇敬之情转化为支持广安建设发展的强大动力。用好高端人才库，借力专家招商。充分借智于全市高端决策咨询暨投资促进专家团队。加强与厉以宁、尤政、李长明、徐殿龙等专家对接。邀请著名经济学家厉以宁教授在市委中心组理论学习会上作专题辅导报告，为广安树立全新经济思维传经送宝，为广安提升经济发展质量、转变经济发展方式把脉问诊。举办“感恩小平·高端专家广安行”活动，清华大学机械工程学院院长尤政结合自身研究，与广安市30余家企业深入交流对接，为广安企业发展提供坚强支持。拓展中介资源网，依托人脉招商。主动争取国家部委、省级部门支持。与国务院国资委、国家发改委、工信部等部委对接，获取央企国企战略投资信息。与商务部、省商务厅等部局联系，获取电子商务、现代物流等产业信息。与省投资促进局建立战略合作关系，在项目引进、平台搭建、人才支撑等方面倾斜支持；积极筹建异地广安商会，搭建友情招商平台，拓宽资源网络；挖掘中介招商潜力，加强与世界杰出华商协会、中国医药协会、四川省异地商会、成都外商投资企业协会等商协会沟通合作。

【创新合作招商】 市委、市政府主动适应新常态，积极推进产业转型，高度关注国际国内产业发展趋势，精准把握国家发展重点，提出打造精细化工、生物医药、电子信息、节能环保及新材料、新型住宅、先进装备制造等六大高端及百亿产业，重点培育电子商务业、现代物流业、现代金融业、科技服务业、养老健康服务业、通信产业等六大新兴先导型服务业，明确把相关产业项目作为发展重点，实施专业化、精准化招商；对新型业态、新型合作方式招商，市委、市政府领导多次考察、研究，统一思想，形成共识，推进项目进程；改革以往直接由政府提供优惠政策，企业出资建设项目的单一形式，在全省率先引入“PPP”模式，成功与中信集团签约“PPP”模式合作建设广安“洁净水”项目，并明确把前锋、枣山等地公共卫生事业一并纳入与中信集团的合作项目规划方案，采取市场化与事业化相结合的模式，全方位推进医疗服务领域的合作

【重大项目招商】 新签约5亿元以上项目168个，协议投资额2748.98亿元。其中5亿—10亿元100个，协议投资额604.86亿元；10亿—30亿元49个，协议投资额676.12亿元；30亿—50亿元以上10个，协议投资额338亿元；50亿—100亿元两个，协议投资额100亿元；100亿元以上项目7个，协议投资额1030亿元。

【招商引资奖励】 市委办、市政府办出台关于印发《2014年全市投资促进工作安排》的通知，广安市投资促进领导小组出台关于印发《广安市2014年投资促进工作目标考核奖励办法》的通知严格考核奖惩。完善招商引资工作考核机制，对区市县、园区设立综合目标奖（含先进集体、先进个人）、重大项目奖、特别贡献奖，对市级部门设立引进重大项目奖、先进集体、先进个人、特别贡献奖。

【招商队伍】 通过外派、上挂、选送学习、开展人员交流等方式，提高招商人员知识水平和业务能力。加大对高端管理、技术人才的引进，着力引进一大批专业技术

人才和经营管理人才，打造一支素质精良的干部队伍。大力开展惠民行动，2014年，广安市投资促进委员会为协兴镇天星村捐资12500元，为浓洄街道水塘堡社区捐资2000元，并为前锋区观塘镇白鹤村14名贫困人员，每人资助300元。

【领导人】　市委副秘书长、市投促委主任：罗海波，党组成员、副主任：何继军、舒祖文、唐毅、李光辉，党组组成员、纪检组组长：谭平。

（孙大才）

粮油管理

【粮食购销】　坚持把贯彻落实国家粮食收购政策，促进农民增产增收作为头等大事来抓，强化粮食收购，倾心服务三农，维护农民利益。指导全市粮食企业采取上门收购、预约收购、订单收购、委托代购、代储收购等多种市场化形式，引导国有、民营粮企主动入市收购。市（县）两级粮食行政机关工作人员深入收购一线，帮助企业协调解决收购中遇到的矛盾和困难，做到领导督查、政策宣传、资金落实、服务措施、安全管理“五到位”，确保粮食收购收购工作有序推进。全市粮食企业在市场价格疲软，各种不利因素增多的情况下，努力拓展销售渠道，主动外销优势农产品，帮助农民增收；在巩固和拓展同外地销售关系的同时，坚持与本市粮食加工龙头企业开展协作，实现互利双赢。截至12月底，全年收购托市稻谷12万吨，未出现打“白条”、转圈粮和不符合品质的粮食入库。

【军粮供应】　全市军粮供应单位牢固树立“以兵为本”的服务宗旨，严把粮油质量标准，全面提高服务水平，坚持送粮到军营，送粮到训练基地，做到靠前保障及时保障，确保军粮供应工作万无一失。同时，在元旦、春节、“八一”和国庆期间，走访慰问部队，为广安驻地部队送去慰问品、慰问金总价值2.2万余元；为确保节日期间方便子弟兵购粮，军粮供应站从小事做起，做到位，延长工作时间，确保部队随到随供，不断改进工作方式方法，竭力做好驻军后勤保障工作。广安市粮食局军粮供应站被授予全国“放心粮油销售示范店”称号。

【储备粮油管理】　对承储企业代储的各级储备粮，分别按照《中央储备粮管理条例》《省级储备粮管理办法》以及《市级储备粮管理办法》规定，对数量、质量、账目进行规范管理，做到质量良好、数量真实。对粮食经营者最高（低）存量标准进行监督实施，努力增加企业和社会储粮规模。强化安全教育培训，积极开展“安全生产月”和“打非治违”等活动，全系统粮食安全生产无事故。

【粮食市场监管】　以市场粮油库存、质量及收购行为监管为重点，进一步加大对粮食市场的监督检查力度，积极配合工商、物价、质监等部门加强对大型批发市场、重点超市、农村集贸市场等重点环节的监管，特别是加强对节假日期间粮食市场的监督检查力度，全年开展粮油市场检查91次，对各类违法行为分别不同情况给予相应的处罚，其中责令整改49件，警告17件，罚款10件，规范粮食收购市场秩序，有效地维护粮食生产者、经营者和消费者的权益。在元旦、春节、“五一”期间组织人力，对辖区内大型超市的粮油专柜、粮油超市、粮油销售网点进行质量、市场供应、价格情况的专项检查，有效地维护节日期间粮油市场秩序和价格稳定。

【粮食应急措施】　在认真落实《市粮食应急预案》和《粮食应急保障实施方案》的基础上，市、县（区）粮食局结合实际，不断完善粮食应急预案和落实粮食安全的各项保障措施，全市确定13个储运应急点、10个应急加工企业、7个应急配送中心和219个应急供应网点，按要求落实采购、加工、供应、储备的各项任务，形成布局合理、运转高效的应急网络，应急保障能力得到进一步增强。

【依法管粮】　围绕完善粮食执法体系建设，落实政策法规，推进依法管粮等工作重点，加大粮食流通监督检查力度，努力维护市场秩序，营造良好的粮食市场环境。在《粮食流通管理条例》颁布实施10周年之际，以“提高依法行政能力，保障国家粮食安全”为主题，全市粮食部门采取媒体报道、设点宣传、发放宣传材料等方式，开展多渠道、多层次的宣传活动。在10月16日“世界粮食日”和“全国爱粮节粮宣传周”期间，向城乡居民宣传国家粮食流通政策和有关粮食工作的法律法规，对居民购粮、家庭储粮和爱粮节粮等方面的知识进行现场宣传和讲解。散发各种宣传材料2.15万份，悬挂过街横幅30多条，达到宣传《条例》、讲解政策、解疑释惑的目的。岳池县粮食局成功创建为“全国粮食流通监督检查示范单位”。

【粮油信息】　充分利用信息价格优势，通过行业协会积极开展行业指导、信息服务、人员培训、关系协调等工作，规范全行业粮食经营行为，引导广大粮食经纪人守法经营，诚信经营，提高他们为农服务的意识，并定期对他们进行短期培训。通过定期不定期的检查指导和发送各种信息，提供政策咨询，粮食经纪人充分发挥经营灵活、信息沟通、方便群众、助农增收的作用，深受广大农户的欢迎。

【价格监测】 认真组织进行粮油价格监测和粮油供求信息发布工作，为政府和社会提供信息服务。重点监测小麦、玉米、特一粉、粳米和菜籽油的收购价、出库价、批发价和零售价，适时掌握市场动态。加强粮食统计和粮油价格监测与分析，准确掌握全社会粮食流通统计数据，适时做好市场粮油价格监测数据采集和上报，及时发布市场价格信息与分析，全年共发布各类信息 12 期，不仅为农民提供产前、产中、产后全方位的信息服务，也为市委、市政府对粮食工作的决策提供依据。

【“放心粮油工程”建设】 进一步加快“放心粮油工程”建设，将其纳入责任书进行考核。在创建“放心粮店”的基础上，上半年积极培育城镇“放心粮店”示范店，以广安良信电子商务公司为平台开展示范活动，在广安城南片区建立川粮便民连锁超市，为进一步开展粮食行业诚信体系建设，大力实施“放心粮油”工程，完善配送中心配套设施设备，逐步推进粮食经营者诚信经营承诺制度。截至 10 月底，全市已在主城区建立粮油配送中心 7 个，川粮便民连锁店 10 个。新增配送专车 3 辆，扎实推进“放心粮油”标准化示范门店建设。

【粮油项目建设】 重点工程建设如期完成。作为邓小平 110 周年诞辰献礼工程之一的广安现代粮食物流园区建设项目，一期主体仓储设施建设及其附属设施工程于年末竣工，5100 吨的食用油油罐已先期建成并通过专家验收，现已投入使用。同时，园区二期工程及武胜、岳池、华蓥和邻水的园区建设项目也正在有条不紊地扎实推进。

“粮安”工程项目建设扎实推进。以开展党的群众路线教育实践活动为契机，激发粮食干部职工“感恩小平，我为小平家乡发展作贡献”工作热情。进省赴京积极争取国家对广安粮食产业园区建设、“引粮入川”工程建设、放心粮油工程建设、粮油监测站建设项目支持，已争取到国家项目资金 6000 万余元，创历史之最。完成危仓老库改造项目的申报，全市共筹集资金 4714 万元，其中获得省级财政补助资金 1796 万元，地方财政和企业配套资金 2918 万元，用于 11 户国有粮食企业的 53 个库点、519 个仓间的维修改造，全市新增有效仓容 33 万吨。

【“小粮仓”建设】 在全省省级及以上文明单位、粮食行政主管部门和国有粮食企事业单位及相关涉农部门，率先在广安开展“感恩小平作贡献，文明共建小粮仓”活动，重点为广安市文明村镇种粮农户和星级文明户捐建一个小粮仓（420 元/个），逐步在全社会形成爱粮节粮的文明新风，动员社会各界人士重视粮食安全。该活动得到省粮食局、省文明办的大力支持，获得社会各界 246 个单位或个人的捐赠资金 100 余万元，推动广安幸福美丽乡村建设。

【国有粮食企业管理】 加强经营管理。按照“一县一企，一企多点”的原则，认真总结粮改后的各项工作，总结经验，寻找差距，完善制度，搞活机制，加快发展。指导国有粮食企业进一步创新和完善内部运行机制和管理体制，提高经营管理水平。市局直属企业借鉴市内外国有粮食企业搞活经营，提高效益的经验和做法，充分调动广大干部职工参与经营管理的积极性，制定和完善公司“两会一层”工作制度和公司经营活动议事规则以及经营性利润分配等制度，进一步健全完善经营激励机制和收入分配的办法，充分调动干部职工参与经营的积极性。

完善考核体系。进一步完善国有粮食企业经营目标考核体系，指导企业加强管理，为建立新的企业管理体制和经营机制打下良好基础，搞活经营，降低费用，提高效益。2014 年初，市局同局属企业签订目标责任书，把购销经营、扭亏增盈、费用开支、职工收入、职工权益保护及企业国有资产保值增值等指标落到实处，进一步健全和完善激励机制，为推进企业改革后的转机建制奠定良好的基础。

推进机制体制创新。在做强做大粮食产业的同时，有序推进国有粮食企业资源整合和体制机制创新，形成能者上、平者让、庸者下的用人导向；规范企业用工制度，实行全员合同聘用制；加强薪酬管理，实行“以岗定酬、以效计酬”制度，干部职工积极性得到充分发挥；创新企业发展模式探索多元化发展模式取得突破。市粮食局储备库与市粮食局军供站共同出资组建广安良信电子商务公司，开展粮油电子商务合作项目，开辟新的服务领域，拓展业务空间；良信电子商务公司与湖北国宝桥米、摩尔春天百货超市等靠大联大，拓展发展空间等等。坚持“一业为主、多业并举”的经营理念逐渐成熟，根据企业实际开展业态转型，多种经营取得明显成效。

【储粮安全防范】 各储粮单位，认真落实各项保粮责任制，重点抓好储粮药剂管理、防火、防汛、防盗及售粮群众人身安全工作，严格执行储粮设施技术操作规程，做到安全有效。市、县（区）粮食局把指导、监管的重点放在国有粮食仓储企业上，放在各级储备粮管理上，做到各级储备粮数量真实、质量良好、储存安全。

【推广保粮技术】 积极推广和应用微机控制、机械通风、环流熏蒸、双低储粮、绿色储粮等先进仓储管理技术，全市国有粮食企业大多数安装机械通风、环境熏蒸以及粮情监测系统，为确保粮食储藏品质提供技术保障。全市科学保粮率达到85%，准低温绿色储粮达5.3万吨，储存粮油“一符四无”比例达100%。积极争取中、省支持，全市新增农户科学储粮小粮仓7000个，推动农户科学储粮上台阶。

【粮油普查】 各储粮单位因地制宜，开展春季粮油普查，市、县（区）粮食局注重实效，突出安全性的检查，推动安全保粮。全市共普查16户国有粮食企业，76个储粮库点。普查各类粮食337750吨，普查食用油8025吨，占应普查点和粮油数量的100%，安全规范储粮达到总库存量的100%。

【建立邓小平图书馆粮食阵地】 为牢记邓小平有关粮食安全的嘱托，深入学习研究邓小平的粮食思想，在邓小平图书馆设立邓小平粮食图书馆，搭建研究邓小平粮食思想暨粮食安全理论研讨平台。通过邓小平图书馆、四川省粮食行业协会，向全国各省、市、区粮食协会及社会各界征集到综合文献图书资料，以及独具地方和行业特色的图书、期刊（期刊合订本），并建立长期联系，获得逐期赠阅2014年粮食期刊。现已征集到各类文献资料2000余册。

【爱粮节粮教育实践基地】 在广安现代粮食物流园策划建设“世界粮食日”主题纪念塔和“粮食文化长廊”，以文字、图片、实物为载体努力打造有川东文化底蕴的粮食文化景观，理清粮食发展脉络，研究粮食流通规律，探讨粮食企业改革路径，搞好粮食文化宣传，为保障粮食安全、稳定市场供应提供催化剂作用。指导在武胜粮油产业基地建设“粮食文化大院”，展现中国粮食文化蕴涵的以农耕著称的中华民族的生活方式、精神境界、根本观念和粮食生产培养的中华民族吃苦耐劳、敦厚纯朴、热爱故土的品格。

【惠民助农】 以广安良信电子商务公司为平台，开展放心粮油配送、现场政策和粮油质量宣传咨询活动，在市区建立川粮便民“放心粮油”连锁超市7家。组织机关党员干部利用周末休息时间，开展志愿服务活动，为广安市协兴生态旅游园区浓溪镇各村，广安区白马乡石梯村、杨平乡平阳村，岳池县粽粑乡蒋家院村等免费义务送去小粮仓2000余个，推动农户科学储粮。为帮助联系贫困村民太村脱贫致富，为该村争取到扶贫项目资金30万元，新修唐家院子至马家梁子泥结石公路1.5千米，受益2个组，受益群众970人；硬化小桥至林家河水3千米，受益3个组，受益群众1268人。同时，还为该村10名贫困学生、10户困难群众、5名贫困党员分别送上大米、食用油和现金进行慰问，捐助资金0.86万元。指导和帮助全市国有粮食企业的托市粮收购库点，主动上门服务，延长收购服务时间，备足医药茶水，全力做好国家最低价稻谷收购，确保不出现打“白条”，为种粮农民增加收入近4000万元。

【领导人】 党组书记、局长：任峰（1月起），党组成员、副局长：张光平，党组成员、副局长、机关支部书记：刘波，党组成员、纪检组组长：杜玫。

（李　旭）

供销合作

【概况】 2014年，全市供销社系统认真贯彻市政府《关于推进供销合作社改革发展的意见》精神，以为农服务为宗旨，加强基层组织建设，创新服务方式，拓展经营服务市场，加快供销合作经济发展。全年全市供销社系统完成经营服务总额38亿元，完成市委市政府下达全年目标任务的172.72%，同比增长21.3%；完成农副产品购进总额5亿元，占目标任务的227.2%，同比增长37.8%；社有企业汇总实现利润889.6万元，占目标任务的4.9倍，同比增长42.3%；规范发展专业合作社80个，占目标任务的107%；建设庄稼医院45个，占目标任务的113%。

2014年，对联系的广安区、武胜县的基层党支部、贫困村、贫困户、社区进行结对帮扶，落实机关干部、职工结对帮扶贫困户50户，帮扶计划生育三结合户30户，全年捐赠帮扶资金物资达4万余元。2014年，欧爱平荣获邓小平诞辰110周年纪念活动先进个人。

【农村合作经济组织建设】 全市供销合作社系统围绕主导产业、优势产业和地方性特色农副产品生产，狠抓农民专业合作社发展，培育龙头企业，特色产业，着力推进专业合作社标准化建设，规模化生产，品牌化经营，规范化管理，将服务链条延伸至生产经营全过程，为入社农户提供从生产到销售的全程指导服务，增强带动力和辐射力，调整农业产业结构，助农增收。至2014年年底，全市供销合作社系统累计发展各类专业合作社172个，入社农民社员24321人；建立商品基地190个，帮助农民实现收入 388.08 万元。岳池县金鑫农业专业合作社、广安区正红柚业联合合作社、邻水县罐子果蔬菜种植专业合作社、岳池县鸿运猪业养殖专业合作社、广安市泰畅农业发展合作社、武胜县青岩甜橙专业合作社被省农业厅、省供销社等单位命名为第六批农民合作社省级示范社。岳池县供销社所属菌业公司被市农委公布为第五批农业产业化经营市级重点龙头企业。

【农村社会化服务体系建设】 2014 年，全市供销社争取到中央、省财政农村社会化服务工程建设项目 2 个，分 3 年实施，每个项目每年建设资金 100 万元，是历史上比较好的水平，用于培育龙头企业，建设农副产品生产基地，冷藏仓储等物流配送基础设施，进一步完善为农服务体系。建设农村社区综合服务社。各区市县供销合作社积极联合村、支“两委”，采取多元化投入方式打造农村社区综合服务社（中心），拓展服务内容，拓宽服务领域，完善服务功能，提高服务水平，成为集村务、商务、服务为一体的农村综合服务平台。至 2014 年年底，全市供销社系统累计发展农村综合服务社（站）617 个，庄稼医院 247 个，农机队 1 个，开展技术培训、咨询服务 4.54 万人次，发放各种科技资料 11.95 万份。武胜县供销社在该县白坪乡高洞村农民新村建商贸服务中心，集中展示销售当地特色农副产品，提升乡村旅游档次。

【农副产品产销市场对接】 为解决农民农副产品销售难的问题，全市供销合作社系统把加强鲜活农副产品流通体系建设，拓宽农副产品销售渠道作为供销社为“三农”服务的重要工作来抓，采取运用现有经营场地开设农副产品销售专区、新建专销门店等多种措施建设鲜活农产品产销对接市场网络体系，产销直接见面，减少中间环节、降低营运成本，解决农副产品卖难、农民增收难，丰富市民“菜篮子”。岳池县供销合作社积极组织 25 家农民专业合作社、种养殖业大户与供销社九龙超市紧密联合，签下鸡、鸭、蛋、米、面、猪肉、水果、四季蔬菜、水产等鲜活农产品常年产销对接协议，金额达 2180 万元。

【农资销售服务体系建设】 全市供销合作社系统进一步加强农业生产资料销售和服务工作，充分发挥供销合作社在农资市场中的主力军作用，保障供应，平衡市场物价，维护农民利益。全年，全市供销合作社系统销售各种化肥 21.91 万吨、农药 458 吨、农地膜 481 吨，供销社市场占有率达 70%，保证全市农业生产对农资的需要。加强农资销售网点建设，年末农资销售服务网点达到 1232 个。开展便民服务，庄稼医院积极开展科技咨询，测土配方施，农资经营网点开通化肥、农药、农膜销售直通车，送肥、送医、送药到田间地头。积极配合工商等有关部门，加强农资市场监管，杜绝假、冒、伪、劣农资产品流入市场，让农民买到安全放心的农资商品。前锋区供销社抓住新区组建机遇，争取政府支持，完善供销社班子，新组建农业生产资料公司，积极谋划基层网点建设布局，发展动力强劲。华蓥市供销合作社被省供销社、邮政局确定为开展战略合作定点单位。

【再生资源回收体系建设】 全市供销社系统继续推进农村生活垃圾“村收集、乡（镇）运输、县处理”市场体系建设，按照户保洁、社清收、村联络、乡（镇）收购、县处理的程序，新建或改造乡（镇）回收站，促进农村循环经济发展，幸福美丽新村建设。2014 年，全市供销社系统争取到省供销社再生资源回收网络体系建设补助资金 10 万元。至 2014 年年底，全市已建县级集散中心（市场）3 个，乡（镇）回收站 130 个，村级回收点 650 个。

【新农村现代流通网络建设】 实施新农村现代流通服务网络建设，大力发展电子商务等现代新型流通业务，改造农村传统流通服务网络，大力构建农资经营、农副产品购销、日用消费品经营和再生资源回收利用“四大网络”，提高流通效率，降低流通成本，提升农村流通现代化水平。落实四川省供销社与四川省邮政公司签订的《战略合作框架协议》，在农资、农副产品、日用消费品、电商等领域开展合作，共同拓展市场。至 2014 年年底，全市供销社系经累计发展农村现代流通网点 2513 个。岳池县供销社九龙超市年销售额超亿元，成为全市品牌商贸流通企业。

【领导人】 党组书记、主任：欧爱平，党组成员、纪检组组长：刘友德，副主任：雷晓琴。

（曾宪全）

烟草专卖管理

【概况】 广安市烟草专卖局、四川省烟草公司广安市公司下辖 6 个区市县烟草专卖局（分公司）和一个物流中心，分别为广安区烟草专卖局（分公司）、岳池县烟草专卖局（分公司）、武胜县烟草专卖局（分公司），邻水县烟草专卖局（分公司）、华蓥市烟草专卖局（分公司）、前锋区烟草专卖局（分公司）和四川省烟草公司广安市公司物流中心。市局（公司）设有办公室、思政科、人劳科、法规科、企管科、专卖科、财务科、监察科、派驻审计办、安保科、派驻内管办、营销中心、信心中心、稽查支队14个职能部门。截至2014年年底，广安烟草企业资产总额为56465.80万元，其中流动资产47019.37万元，占资产总额的83.27%；固定资产净额6770.08万元，占资产总额的11.99%；无形资产2672.79万元，占资产总额的4.73%；其他资产3.56万元。

【卷烟销售】 主动适应市场和消费需求，积极探索市场化取向的货源分配新机制。探索要客服务模式，建立内部消费引导制度，积极开展主题营销活动，娇子品牌培育效果良好。扎实推进现代零售终端建设，推广“烟草易付”“扫码枪”以及零售终端形象店建设等专项工作。2014年累计销售卷烟9.24万箱，完成年计划的101.10%；单箱销售收入达到22819元，同比增长10.19%；销售重点品牌5.12万箱，同比增长7.48%，市场份额同比提高4.3个百分点，达到55.67%；销售娇子品牌1.81万箱，同比增长8.42%。全年实现销售金额21.09亿元，同比增长9.39%；实现税利4.05亿元，同比增长13.61%，其中实现利润2.23亿元，同比增长14.27%，为国家和地方经济建设做出积极贡献。

【专卖管理】 成立专卖稽查支队，锻造监管尖刀利剑。创建“打管疏服”专卖管理模式和“1335”柔性执法体系，卷烟零售户对专卖执法满意度达到95%以上。加强执法主体建设，截至2014年年底，3个基层单位创建为省级标兵县级局；3个农网中队成功创建标准化中队。严格规范许可证管理，零售客户持证、亮证率达到98%，市场净化率达到96.1%。内管工作持续深化，规范经营自律意识不断加强。狠抓法律法规教育培训、监督服务，“法治烟草”建设扎实推进。全年查处违法案件2702起，同比增长30.28%，查获违法卷烟386.21万支，处罚没款44.13万元。查获5万元以上案件25起，同比增长25%，超年度任务13.63%；破获网络案件4起，其中百万网络案件3起，拘留26人，逮捕8人，判刑7人，市场净化率排全省第6位，市局连续三年获全省卷烟打假特等奖。

【企业管理】 2014年，广安烟草确立“1122”发展思路和“稳量提质、创新突破”的年度工作基调。在企业基础管理中，优化目标管理体系，强化预算管控，完善成本定额管理体系建设，招待费、会议费分别同比下降36.14%、50.02%。加强资产管理，全年总资产贡献率达171.18%。开展精益管理，强化审计监督，优化信息支撑，加强安全保障，市局（公司）连续9年被省局（公司）评为“安全生产先进单位”，连续8年荣获市政府“安全生产先进企业”荣誉称号，顺利通过省局（公司）组织的优秀市局（公司）验收。扎实开展党的群众路线教育实践活动，行业党风政风进一步好转。加强员工教育培训，全年参训达到1300余人次。市局（公司）荣获市总工会表彰的“五一劳动奖”，1名职工荣获“四川好人”称号。捐资508万元助力地方扶贫帮困和红色教育基地建设，展现责任烟草良好形象。

【领导人】 局长（经理）：刘丹云，党组书记：杜兴华，副局长：彭洪，副经理：杨旭，纪检组组长：杜勇。

（市烟草专卖局）

盐政管理

【概况】 2014年，四川省盐业总公司广安分公司实现营业收入6204万元，占下达计划的113.6%。盐产品销售18893吨（食盐销售18046吨，占年计划107.5%。其中：小袋盐13960吨，占年计划103.4%。工业盐847吨）；多种经营销售收入2265万元，占下达计划的113.3%，毛利额155万元，占下达计划的194%；置业租赁收入385.4万元，占下达计划的296%，同比增长155%；利润实现533万元，占年计划121%，同比增长15%，连续5年创新高。

【食盐经营】 根据全年销售计划，合理调整商品调运流向，满足销售需要。为丰富品种结构，稳定重庆边界市场，全年从南充、自贡、乐山等地调运多品种盐6000余吨，满足市场需求；在一季度实现“开门红”的基础上，分月倒排销售进度，按月考核通报，督促食盐销售量质同增；按经济流向，将市场优化整合为12个营销片区并分解任务，由片区客户经理和营销人员亲自驾车进行访销配送，卸货到店，积极开展直达终端销售业务；以食盐为依托，把食用油、米、调味品等厨房关联用品，面向餐馆、食堂、商超直接配送，销售势头稳中有升。

国家发改委宣布废止《食盐专营许可证管理办法》后，市场呈现不同程度波动，公司一方面与当地媒体沟通并印发资料深入零售市场正面宣传，另一方面组织召开特约经销商、大客户座谈会，加强信息沟通，打消食盐经营户顾虑，确保食盐市场稳定。

继续开展“健康用盐、科学用盐、安全用盐”宣传活动。坚持每月开展“健康用盐、科学用盐、安全用盐”进乡（镇）、进社区宣传活动，大力宣扬“国企经营、品质保证”社会承诺，积极引导多品种食盐、高品质食盐、非食用盐产品消费。全年绿标小袋盐比上年同期增销148%，非食用盐产品销售12万余元。

积极与全市大中型商超合作，设立盐产品专柜，开展“四川盐业”品牌建设。以统一形象标识、货位摆放方式，在6个区市县城区17家大中型商超建立盐产品专柜，并安排专人负责品牌服务和商品整理，极大地提升公司形象。

【多种经营】　公司结合经营特点，继续强化快销品（饮料）经营，进一步优化品种结构，以餐馆、食堂、食品加工企业为重点，强化调味品、食用油、白糖等产品营销业务，增大销售规模。同时，以订货会、随车销售、逐店推销、团购等方式加大零售及终端客户的开发和建立，提升销售质量。2014年，多种经营销售收入同比增长5%，实现毛利额155万元。

公司以“调结构、压库存，促销售，降风险”为基本原则，组织市场部、财务科等人员对多种经营库存、销售货款回笼等情况进行专项检查，核实清理商品库存，核对应收货款等基本情况。对管理欠佳的支公司进行通报批评，限期整改。针对存在的问题，制定《关于强化资金管理的通知》《关于强化多种经营应收货款管理的通知》等制度，同时指派联系领导带队督导支公司规范管理，催收货款，强化风险预警。根据省公司统一安排，对库存滞销品、临期产品进行促销清库，将多种经营商品资金占用控制在省公司规定范围内，降低经营风险。

【项目建设】　2014年末，“川盐连锁广安物流配送中心”项目建设一、二期工程及附属设施已全面竣工，分项验收全面合格，现已投入使用。项目建设资金在增加综合楼建筑面积1200平方米、院坝硬化5000平方米、储备库由彩钢结构变更为框架结构以及附属设施漏项等情况下，将比计划投资减少近400万元。

【企业管理】　以适应经营发展要求和可操作性为前提，先后对业务操作、财务管理、车辆运营、工作过错追究、休息休假、商品采购、应收账款管理、资金管理、接待、差旅、会议、团购、奖惩考核等制度等进行更新和完善，每一项工作的操作流程、考核奖惩都有据可查、有章可循。对规范、细化公司经营管理起到重要作用。

采取专项检查和不定期抽查等形式，加强制度执行的督导检查，对执行好的单位（个人）进行表彰奖励，对执行差的单位（个人）限期整改并予以通报。在7月份的专项检查和抽查中发现未按业务流程办理业务的直接责任人和连带责任人按规定进行扣奖金、通报处理，同时对应收账款管理差的两个支公司领导班子进行诫勉谈话。公司业务流程规范，经营管理水平再上新台阶。

深入开展增收节支工作，严格按照财经制度和有关规定，加强对在建项目投资、费用支出、财务核算等管理，开展支公司负责人离任审计和专项审计工作，提出切实可行的开源节流措施，大力开展节支增效活动。2014年，六项费用同比降低33万元，实现利润533万元，再创历史新高。

以物质奖励和精神激励相结合的方式，搭建创先争优活动平台，充分激发干事创业激情。年初，拿出部分工资基金专项用于创先激励，用于绩效挂钩、季度排名前3名单位、团购前5名个人以及年度先进单位（个人）、优秀营销人员、团购明星等专项奖励，极大地提高广大员工的积极性，得到广大干部职工的肯定。

【盐政执法】　集中开展“3·15”“5·15”（消除碘缺乏病宣传日）、“12·4”“健康用盐、科学用盐、安全用盐”主题宣传活动60余次，散发宣传资料15000余份；以专项检查行动与日常巡查相结合，开展专项市场检查6次，查处盐业违法案件2起，查获盐产品20.5吨，收缴罚没款5172.33元。在对全市食盐零售商、食品加工用盐户、工业盐用盐户检查中，未发现仿冒盐、劣质盐冲销食盐市场。全市“碘盐合格率”“碘盐覆盖率”“合格碘盐食用率”分别达100%、98.13%、98.13%，持续巩固消除碘缺乏病危害成果。

完成省盐务管理局统一安排的外派驻厂及对广安盐化厂监控任务。加强广安新桥化工、岳池宙龙化工的工业废渣盐监管，全程监督广安新桥化工外运废渣盐8600吨，有效防止流入食盐市场，确保食盐消费安全；在履行监管职能同时，还强化为企业服务解难，积极协助新桥化工企业外销工业废渣盐。

【领导人】　党委书记、处长（经理）：杨和平，副处长（副经理）：席建华，纪委书记、副经理：刘毅。

（盐政处）

石油天然气销售

【概况】　中国石油天然气股份有限公司四川广安销售分公司（以下简称公司）是中国石油天然气股份有限公司设立的地区级销售分公司，主要从事成品油批发、零售，同时开展润滑油、非油商品等经营业务。2014年年底，公司现设8个职能科室，下辖5个销售片区，2个直属部门，员工466人。拥有在用油库1座，总库容1.6万立方米，营运资产型加油站43座；资产总额1.6亿元，固定资产4570.28万元，资产负债率29.99%。

2014年，公司销售汽柴油23.43万吨、同比增长8.02%；零售汽柴油17.06万吨、同比增长7.38%；单站日销量10.7吨，同比增加0.84吨，增幅8.5%；实现销售收入17.89亿元、同比增长7.3%，上缴税收1981.98万元。

【市场营销】 2014年，公司提出“将竞争对手的销量作为我们的增量”的营销理念，在全市范围内开展市场表观需求量、竞争对手及客户信息的大摸排、大调查，确保市场研判科学、反应迅速。充分利用邓小平诞辰110周年市政大建设的有利时机，制定差异化、订单式营销策略，抢抓机遇效益。出台促销奖励办法、纯枪月度奖励办法等激励政策，调动全员销售热情。开展业务专题研讨会，找症结，明思路，畅通零售、直销、批发三条增量通道。2014年，纯枪销量同比增长7.38%，发卡22600张，沉淀资金5678.5万元。

【抗洪救灾】 2014年9月13日，广安地区遭遇特大暴雨袭击，出现区域性大暴雨，并持续强降水，各区市县发生内涝、泥石流等自然灾害，受灾严重。广安公司不仅自身遭受严重损失，更承担着为抗洪抢险供应油料的政治责任。公司启动紧急应急预案，深入灾情最重的邻水县指挥抢险，激励干部员工在最短的时间内恢复营业，保证其他单位的救灾车辆顺利开赴灾区，全力做好抗洪抢险工作。

【加油站管理】 2014年，公司通过深化“双低站”治理、开展全流程诊断与优化、大力推广自助加油等手段不断提升零售运营能力。新增7千吨站3座，5千吨站1座。在邻水片区试点实行坛同、长胜、九龙三座站联站承包经营，推行“三合并一统一”管理模式，全面激发竞争合力，被省公司作为先进经验推广。公司还加强反舞弊工作，加大刷卡套现处理力度，出台《加油站百日优质服务方案》，全面开展加油站百日优质服务工作。

【非油业务】 高度重视非油品销售工作，从资金、政策、培训上向非油业务倾斜。加大对非油市场调研力度，开展非油产品“一站一策”，在旅游沿线加油站，配置土特产，吸引各地游客，促进特色产品销售力度。大力开展非油自主经营，进一步丰富产品种类，做活卖场，增加员工收入。修订《绩效考核暂行办法》，提升非油销量、利润额考核权重。积极向上争取资金着力打造4座样板便利店。2014年，实现非油业务总收入3230.5万元，完成实现利润325.87万元。

【网络建设】 坚持“置换为主，新建为辅；技改为重点，合资合作为储备”的网络发展原则，发挥闲置资产优势，多点多极，全力构筑网络，不断提升企业可持续发展能力。2014年，新建翔凤加油站顺利竣工，迁建东湖站稳步推进，完成长乐加油站技改和万盛加油站灾后重建，洗马、石桥等站的达标改造。与广安交投集团成功签订战略合作协议，将其规划的3条新增干道上的站点纳入合作范围。

【安全环保】 深入推进“党政同责”“一岗双责”，进一步落实有感领导、直线责任和属地管理，保持安全平稳态势，公司被评为“安全生产标准化二级企业”。组织学习新《安全生产法》和《环境保护法》，对库站环保排污设施、相关证照进行全面清理，制定环保整改方案，突出依法治企，合规管理。加大安全检查力度，共检查库站车非工1259次，检查出问题2035条，整改率达80%以上。狠抓重点时期，特别是小平诞辰110周年纪念活动期间的安保防恐工作。全力应对“9·13”特大暴雨山洪自然灾害，第一时间启动应急预案，领导靠前指挥，积极协调武警支队解救被困人员，员工奋力抢险自救，确保员工和库站安全。

【企业管理】 公司出台《干部管理办法（试行）》及基层上挂、机关下派挂职考核办法，搭建机关基层的双向交流平台。4名副科级干部下派担任站经理，3名年轻大学生下站任综合管理员，4名站经理和优秀员工上挂机关科室，取得锻炼人才，拓展成长通道的良好效果。采取“走出去、请进来”方式，组织10名站经理到龙马加油站跟班学习，聘请系统内资深培训师现场指导。全年共组织各类培训46期次，培训员工753人次。在省公司第五届操作人员技能竞赛中，公司荣获“优秀组织奖”和“营销风采奖”，加油站经理岗位个人二等奖1个，加油员岗位个人三等奖1个。在办公室系统岗位练兵中，获得团体三等奖和个人一等奖。在管理创新中，2篇论文均获2014年度行业（部）级三等奖、2项成果分别荣获管理创新优秀成果一等奖和三等奖、1篇论文荣获管理创新优秀论文二等奖。公司还荣获省公司2014年度“物流管理工作先进单位”“股权管理先进集体”等荣誉称号。

【领导人】 总经理：谭宏，党委书记：康泽，总会计师：黎仁周，副总经理、安全总监：李良彬，副总经理：王琦。

（黄茂原）

旅 游

【概况】 2014年，广安抢抓“5·19”中国旅游日主会场活动、邓小平诞辰110周年纪念活动、川渝合作示范区建设等机遇，以“感恩、献礼、创新、发展”为基调，团结奋进、务实开拓，大力推进旅游产业发展。全市景区创建取得重大进展，宝箴塞、白坪—飞龙旅游区、华蓥山天意谷景区、神龙山巴人石头城成功创建为AAAA级景区，翠屏公园成功创建为AAA级旅游景区，全市AAAA级及以上旅游景区达到6家，较2013年增加4家。华蓥市创建成为全省旅游强县；武胜县创建成为全省唯一的全国休闲农业与乡村旅游示范县、省级乡村旅游示范县、全省旅游标准化示范县；白坪—飞龙旅游区创建为省级旅游度假区，并通过省检。成功举办“5·19”中国旅游日主会场，国家旅游局评价活动“平安、顺利、满意”。组建华蓥山旅游文化景区和大熊猫自然保护区管委会筹建组，对市境内华蓥山旅游资源统一保护、统一开发、统一管理。全年实现旅游总收入194亿元，同比增长43.4%，旅游行业实现“安全、健康、秩序、效益”四统一目标。

【中国旅游日主会场活动】 5月18—22日，中国旅游日主会场活动在广安举行，国家旅游局原局长邵琪伟，省委副书记、省长魏宏等领导和法国桑尼斯市（senlis）旅游局局长雅克·巴希尔（Jaque Bacherey）等海内外嘉宾参加活动。其间，策划开展广安红色文化影视旅游城实景展演、旅游公众咨询暨大酬宾、国际旅游形象大使花车巡游、广安城市公共自行车服务系统启动暨骑游活动，“感恩小平·共建广安”重大文化旅游项目推介暨集中签约、重大旅游项目集中开工、“邓小平旅游经济思想与中国旅游”座谈会、第九届中国四川华蓥山旅游文化节、小平故里行·露营休闲游、中国·四川嘉陵江龙舟旅游文化节等十大系列活动，集中签约重大文化旅游项目23个，签约金额417亿元。国家旅游局评价活动“平安、顺利、满意”。

【全域旅游建设】 2014年，把旅游业作为多点多极发展战略的主战场，落实区市县、园区主体责任，推动全域旅游建设，打造旅游产业集群。全市规划协兴生态文化旅游园区、华蓥山旅游文化景区等旅游产业园区，旅游多点多极发展格局基本形成。协兴生态文化旅游园区以AAAAA级邓小平故里旅游景区为核心，涵盖广安区协兴镇、浓溪镇70平方千米，构建发展旅游产业的平台，打造世界旅游目的地。正实施总投资309亿元的20余个重点旅游项目，成功打造出神龙山巴人石头城、果山新村、红色文化影视旅游城、广安资阳骑游道、翰林院子等自然人文旅游景观。组建华蓥山旅游文化景区和大熊猫自然保护区管委会筹建组，对市境内华蓥山旅游资源统一保护、统一开发、统一管理，打造华蓥山旅游经济特区和广安经济新的增长极，已启动《华蓥山旅游文化景区总体规划》编制，建成华蓥山大熊猫野化放归培训基地，大熊猫“阳花”“云涛”正式安家华蓥山。武胜县精心打造橙海阳光、四季花海等六大景点，加快白坪—飞龙乡村旅游度假区50平方千米建设，以段家大院和古碉楼群为支撑，推进宝箴塞旅游区基础设施提档升级，两个景区成功创建为国家AAAA级景区，成为全市唯一拥有2个AAAA级景区的区市县。

【重大旅游项目建设】 建立重大旅游项目领导联系、目标考核、定期通报制度，动态管理，月月通报，确保达到投资进度，促进项目建设加快推进。全市32个重点旅游项目完成投资46.6亿元，同比增长81%。邓小平故里景区新建成邓小平缅怀馆，完成邓小平故居陈列馆改陈，神龙山巴人石头城、宝箴塞、华蓥山天意谷、白坪—飞龙旅游区成功创建国家AAAA级景区，红色文化影视旅游城、白龙峡漂流旅游区、玛霖岩景区对外开放并成为旅游新热点，协兴历史文化街区、翰林旅游小镇、欢乐王国、葫芦岛旅游度假区等项目加速推进，全市AAAA级以上景区达到6个，其中AAAAA级景区1个。按照高星级酒店标准打造的泽达酒店、玛瑙城国际酒店建成营业，引进如家、7天等连锁酒店，培育一大批经济型酒店。乡村旅游快速发展，武胜县创建成为全省唯一的全国休闲农业与乡村旅游示范县、省级乡村旅游示范县，新评定省级乡村旅游示范乡（镇）3个、省级乡村旅游示范村5个、星级农家乐7家，全市省级乡村旅游示范乡（镇）达16个、示范村达30个、星级农家乐数量达88家。

【旅游宣传营销】 深化区域合作。深化渝广合作，借势营销广安旅游。与成都市旅游局合作开展区域旅游产品联合营销。联手南充、达州、广元、巴中四市，统一规划建设旅游精品，打造与大九寨、大峨眉、大香格里拉齐名的大川东北旅游区。依托“中国20世纪三大伟人故里旅游联盟”，共推“伟人故里”红色旅游精品。携手重庆、贵阳、遵义推广三省市四城市红色之路。抱团井冈山、延安、西柏坡等10个红色旅游城市打造红色旅游

“圣地”。签署协议，依托“重庆经济协作区旅游联盟”，联手川渝滇黔16市（区）打造大旅游经济圈。强化形象宣传。征集广安旅游主题形象，确定“小平故里行·广安欢乐游”为新的旅游宣传主题。赴贵阳、武汉、重庆、成都、巴中、遂宁、南充等地开展旅游推介。制作旅游地图、旅游全攻略、明信片、20世纪三大伟人故里护照、《四川旅游第三极》《成遂南广旅游指南》和《中国国家旅游》《中国城知旅》广安专刊等宣传资料12种。在高速公路等交通干道设置旅游形象广告，在《中国旅游报》《成都商报》等媒体宣传广安旅游。创新宣传方式。与深圳、成都、重庆、西安等地签订旅游线路产品合作协议，开通重庆—广安旅游直通车。中央电视台、人民网、新华社、《光明日报》等70余家主流媒体聚焦广安、宣传广安，央视《新闻频道》《北纬30度》《江河万里行》《国宝档案》《乡村大世界》《谁不说俺家乡美》《心连心艺术团》、四川电视台《联播四川》、四川卫视《欢乐天府行》和《2天1夜——明星家族》、台湾中视媒体《大陆寻奇》等栏目宣传广安旅游，香港有线、重庆卫视、人民网、新华网、央视网、凤凰网等媒体到广安采风。借助微信、微博、彩信等新兴媒体推介广安旅游。

【旅游服务质量】 常态化开展游客满意度工作。突出住宿、餐饮、娱乐、景区（点）等重点，加大旅游网络舆情监测力度，强化问题整改，游客满意水平不断提升，在全国60个样本城市、全省21个市州名列前茅。强化旅游市场监管。深入宣传《中华人民共和国旅游法》，开展旅游市场综合整治、旅游安全和市场秩序检查，规范旅游市场经营行为。推广使用全国旅游团队服务管理系统，将旅游团队运行纳入日常监管。深化旅游标准化建设。武胜县、宝箴塞、思源酒店、金山旅行社创建成为第三批旅游标准化示范单位，华蓥市创建成为四川旅游强县。深入推进旅游诚信体系建设。全市旅游企业加入全省旅游诚信企业联盟，创新建立旅游企业“红黑榜”制度，践行诚信公约，打造诚信旅游。扎实开展“文明旅游”工作。利用创建全国文明城市总评年契机，组建“文明旅游”志愿服务者队伍，发放“文明旅游”宣传资料、制作“文明旅游”十大提醒语、开展“文明旅游”宣传劝导，倡导文明旅游、文明出行。启动智慧旅游建设。争取纳入全省智慧旅游试点，开通旅游公众微信，电信、移动公司广安旅游手机APP推广使用，主要游客聚集区WIFI覆盖能力显著增强，邓小平故里旅游景区建成智能监控系统。提升旅游行业服务水平。举办全国导游资格考试，培养导游21名。组织导游赴广安景区景点踩线。开办广安旅游网络学校。举办旅游师资人员、旅游行业中高层管理人员培训，督促指导区市县、园区和旅游企业自主开展旅游业务培训，共举办旅游培训30期次，受训人员3700余人次。

【领导人】 党组书记、局长：杨顺平（9月止）、黄永鸿（10月起），党组成员、副局长：李春风、贺中福，党组成员、副调研员：潘小平，党组成员、纪检组组长：李英姿。

（周小波）

财税金融

财　政

【增收节支】 财政收入较快增长。强化重点税种、重点行业和重点企业的税收征管，规范非税收入管理，确保应收尽收。据快报统计，全市地方一般公共预算收入完成46亿元，增长17.4%，增幅居全省第5位。其中，税收收入完成29.2亿元，占比达63.6%，增长20.8%，比上年提高1.8个百分点，收入质量进一步提升。市本级一般公共预算收入完成12.2亿元，增长15.5%。

财政支出快速扩张。按照“保基本、保民生、促发展”的保障序列，科学统筹安排财政支出，保障市委市政府重大决策部署有效实施。全市一般公共预算支出实现187亿元，增长15%。其中，市本级一般公共预算支出完成31.5亿元，增长42.4%。

向上争取成效明显。全年到位上级财政补助资金142亿元，增长11.8%。其中：均衡性转移支付补助资金22.8亿元、川渝合作示范区建设补助资金2亿元、邓小平缅怀馆和陈列馆改陈补助资金8400万元、“9·13”灾后重建补助资金9300万元，极大缓解收支矛盾，确保重点支出需要。同时，加强捐赠资金管理，与市纪念办联合制定《纪念邓小平同志诞辰110周年捐赠资金管理办法》，捐赠专户接收各地及社会各界捐赠资金2亿多元。

【服务经济发展】 支持产业结构调整。认真落实稳增长财税措施，千方百计筹措资金，统筹施策，精准发力，促进经济平稳较快发展。预算安排工业、农业、商贸、金融、旅游等专项资金1.4亿元，采取贷款贴息、以奖代补等方式，引导社会资金、金融资本投入实体经济，支持传统产业转型升级。其中，落实支持中小企业、民营经济发展的财税政策，争取工业发展类项目资金近亿元（鼓励企业创新驱动发展资金3277万元，引导园区产业发展资金3400万元，战略性新兴产业资金2000万元，中小企业发展专项资金215万元，重大技术装备创新资金300多万元）。争取筹集各类商贸资金2900万元，促进商贸流通、现代物流业、服务业加快发展。向上争取整顿关闭煤矿补助资金1680万元，加快淘汰落后产能。

持续加大“三农”投入。拓宽支农投入渠道，市县财政安排支农资金5.5亿元，争取项目资金10.2亿元；通过民办公助、一事一议、先建后补、以奖代补的支农投入新模式，撬动社会资本投入21.8亿元，引导农民筹资筹劳6.1亿元，促进重大支农项目和优势特色产业加快发展。加大涉农资金整合力度，突出支持重点，投入资金3.25亿元，推进小农水、现代农业生产发展等农业基础设施建设；投入资金1.18亿元，支持农业技术推广、劳务培训、农民专业合作社等农业服务体系建设；投入1.38亿元，成片推进新农村建设，加快建设幸福美丽新村。加大农业综合开发力度，实施土地治理、高标准农田建设、渠系配套、循环经济等项目，争取农业综合开发项目21个，到位中省资金1.14亿元。推进农村综合改革，在全省率先试点开展农村社会综合服务，探索构建农村社会综合服务运行机制和财政投入机制，筹集1.2亿元在全市2410个行政村开展农村公共服务运行维护试点，筹集4.4亿元实施农村公益事业“一事一议”建设项目981个。

全面推进新型城镇化。完善财政对新型城镇化建设的投入增长机制，全市通过土地出让收益、城市维护建设税、城市公用事业附加、城市基础设施配套费等安排新型城镇建设支出17.1亿元，通过BT、BOT、直接融资等方式投入新型城镇化建设19.3亿元。其中：市财政直接拨付城市建设资金2.5亿元，保障城市环境综合治理工程等重点城建项目顺利实施；通过预拨、借款、财政安排等方式拨付建设拆迁资金2.1亿元，保障小平大道东南片区段、官盛大桥等项目高效推进；筹集、审核、拨付重点工程项目建设资金5 9亿元，确保保障房、医院、学校、土地整理等重点项目顺利推进。强力推进棚户区改造，密切配合相关部门，争取省开行棚户区改造专项贷款15亿元，超额完成省上下达的棚户区改造任务。加强保障性安居工程建设，筹集3.78亿元用于廉租房、公租房建设。加快特色集镇建设，制定《广安市推进特色城镇建设专项资金分配管理办法》，安排资金1000万元，通过以奖代补促进全市50个特色集镇建设。

全力保障纪念项目建设。围绕筹办邓小平诞辰110周年纪念活动，细化分解36项重大纪念项目资金，明确责任领导和责任科室，足额、及时拨付项目资金，保障邓小平缅怀馆、枣彭公路、邓小平故里景区道路改造、市民广场等重点工程有序推进。加强投资评审管理，优先、限时评审涉及纪念活动的项目，确保项目快速推进。主动参与重点工程的询价、谈判，派驻财务监管员对市民广场等重点工程进行现场监管，加强工程变更审核，有效控制投资规模。

【改善民生】 坚持民生财政的价值取向，调整优化财力投向，重点倾斜民生领域。全市民生支出131.1亿元，占地方一般公共预算支出的70%，高于全省近5个百分点。

支持教育科技文化事业。全面落实中央、省财政教育投入政策，全市教育投入39亿元，增长9.87%。市财政全额预算教育单位的人员经费及正常支出经费，同时根据教育发展需要，及时下达农村义务教育经费保障、城市义务教育“三免一补”、营养餐、农村义务教育薄弱学校建设、普通高中困难学生国家资助政策、职业教育、学前教育等专项资金2.84亿元，促进教育均衡发展。支持文化事业发展，市财政下达公共文化体系建设专项资金1520万元，安排文化产业发展专项资金500万元，加快公共文化服务体系建设。投入城市文化发展、农村文化建设及纪念馆等文化场馆免费开放等专项资金1.1亿元，促进公共文化资源共享。支持科技创新，全市争取各类科技项目资金2390万元，市财政预算安排650万元，支持科技创新、专利申请及专利成果转化、科技成果转化、应用技术研究与开发项目，大力实施科技惠民工程。支持人口和计划生育事业发展，实施农村计划生育家庭奖励扶助制度。加大体育投入，广安市竞技体育取得历史性突破，群众性体育活动广泛开展。

支持社会保障体系建设。全市筹集社会保障资金36.9亿元，支持完善覆盖城乡的社会保障体系。加大医疗卫生投入。筹集资金14.45亿元，落实各类疾病预防控制、重大公共卫生投入，支持医疗卫生机构开展能力建设，落实城乡居民医疗保险政府补贴提标政策；筹集资金1.13亿元，保障辖区常住城乡居民免费享受11项基本公共卫生服务。加大重大传染病防治、农村孕产妇住院分娩、农村无害化卫生厕所改造、职业病防治、国家计划免疫等卫生专项投入。全面深化医药卫生体制改革，落实县级公立医院取消药品加成改革财政补助政策。推进城乡居民基本医疗保险统筹实施，实行企业职工基本医疗保险、生育保险、城镇居民基本医疗保险市级统筹，筹集企业职工养老保险调剂金7.7亿元，增强保障能力。落实就业促进政策。兑现岗位补贴、社保补贴、培训补贴、职介补贴、技能鉴定补贴和见习补贴等各项资金共计1.37亿元，促进就业、创业。加大城乡社会养老保险投入，到位城乡居民养老保险政府补贴4.87亿元，城镇居民养老保险、新型农村养老保险制度实现全覆盖。加大社会救助投入。落实城乡居民最低生活保障提标、自主就业退役士兵地方经济补助、困难群众救助等政府补贴资金2.86亿元，社会救助、社会福利、优待抚恤政策进一步落实。加大食品安全监管投入，市财政投入778万元支持开展食品药品等专项检查。

认真落实惠民政策。支持实施民生工程，财政拨付省十项民生工程及19件民生实事资金71.2亿元，市自办民生工程投入资金3.8亿元。按政策拨付惠民补贴，及时兑现粮食直补资金3503万元、农资综合补贴资金3.3亿元、退耕还林补贴1.3亿元、农机购置补贴2400万元、生猪无害化处理补助资金291万元、农作物良种补贴4908万元，增加农民转移性收入。扎实做好政策性农业保险，降低农民种养殖业风险。筹集财政专项资金2.2亿元，支持实施整村推进扶贫、连片开发扶贫等项目。筹集5134万元，整村推进移民后扶。

【财政改革】 推动财税体制改革。理顺园区分税制财政管理体制，帮助三个园区正式设立金库，发挥一级财政的作用。推进分税制财政体制改革，完善市区财政体制，广安区、前锋区所属企业缴纳的企业所得税地方部分省与区按35：65分享，印花税和契税全部留归区级，市级不参与分享，促进财力向基层倾斜。全面推进“营改增”改革试点，交通运输业、部分现代服务业、邮政服务业、电信业纳入营业税改征增值税范围。深化预算管理改革。推进全口径预算体系改革，科学编制“四本预算”，2014年，市级国有资本经营预算、社保基金预算已经报市人大常委会备案。积极推进绩效预算改革，在全省财政工作座谈会上作经验交流发言。深化国库管理改革。完善预算执行动态监控机制，对市级财政预算执行实行动态监控管理。深化公务卡改革，定期通报公务卡使用情况，全市公务卡使率大幅提高。启动市本级权责发生制政府综合报告试编工作，全面反映政府财务状况、运营情况和履行受托责任情况。推进PPP模式的广安实践。着力转变财政支持发展方式，创新政府与社会资本合作模式，牵头做好广安PPP项目的筛选申报争取工作，广安市“洁净水”环境综合整治项目作为全省最大示范项目在成都签约，可望列入全国示范项目并得到中省支持。启动综合治税平台建设。完成项目前期评审和招标文件发布，为实现信息化管税奠定基础。深化支出绩效评价。进一步完善绩效评价制度框架，扩大绩效评价范围，对全市17个项目和6个市级预算单位开展财政支出绩效评价，评价资金近2亿元，绩效约束力显著增强。深化财政机构改革。按照市委统一部署，11月，稳妥完成财政局与原国资委的机构整合，国资委全部合并到财政局，加快职能整合转变，理顺职责关系，提高行政效能。

【财政管理】 加强财政间歇性资金管理。在确保资金安全和支付需要的前提下，实行财政间歇性资金存款协议管理，全年市本级财政专户利息收入较上年增加3200万元，增长450%。加强“三公”经费管理。及时制定出台相关管理办法，按规定向社会公开“三公”经费预决算，实行“三公”经费月报制，大力压缩“三公”经费，努力降低行政成本。

推进国库集中支付。市级国库集中支付共发生支付业务58423笔，支付金额66.7亿元，预算内资金直接支付比率达97.4%，取现金额同比下降61.6%。强化财政投资评审。市财政评审中心评审各类项目236个，评审金额13.6亿元，审减率24%，节约财政资金3.3亿元。

完善政府采购管理。代市政府起草出台《关于进一步规范政府采购监督管理工作的意见》《广安市医疗设备采购管理办法》等规范性文件，切实加强政府采购监管。市本级政府集中采购预算2亿元，实际采购1.6亿元，节约财政资金4000万元，节约率20.2%。

深化政府债务管理。牵头对政府存量债务进行清理核实、审核汇总、甄别确认，及时锁定政府一般债务和专项债务余额，为下步将政府债务分类纳入预算管理奠定基础。

强化基础管理。提升会计信息质量，对200余名市级行政事业单位财会人员进行业务培训，提高财务人员素质；扎实推进财政“两依”工作，面向全市600余名财政干部和财务人员开展以新《预算法》、财政管理约法十章为重点的法制培训和宣传教育，依法理财、依法行政的思想深入人心；加强票据管理，规范财政票据的购领、发放、保管和核销，确保财政票据规范使用。

强化财政监督检查。围绕贯彻执行中央八项规定，严肃财经纪律，积极开展会计监督、非税收入、中省支农专项资金、“小金库”治理等专项检查，查出违纪违规金额4073.5万元，已纠正违纪违规金额1203.5万元，查补财政收入176.9万元，收缴违规所得69万元；对国库科等6个科室进行内审，内部管理更加规范。

深化国有资产管理。加强国资监管，注重资本运作，帮助广安发展建设集团、交投集团等企业做优做强，支持组建广安金财公司。2014年，市属国有企业国有资本达70.2亿元，经营收入1.1亿元，实现利税4141万元，同比分别增长5.8%、26.9%、19.6%。加强机关事业单位资产管理，严把公务用车、办公用房等国有资产购置、使用、调剂、处置、报废等关口，提高资产使用效益。

【获得荣誉】 2014年1月，市财政局被省财政厅表彰为“2013年度全省财政支出绩效评价考核优秀单位”；2月，被市委、市政府表彰为“2013年度先进生产单位”“2013年度绩效考核先进单位”；被市委表彰为“2013年度人大代表建议、批评、意见和政协提案办理工作先进集体”；4月，被省财政厅表彰为“2013年度重大支农项目资金绩效管理先进单位”；7月，被市委市府表彰为“广安市创建国家森林城市先进集体”；11月，在邓小平诞辰110周年纪念活动中，市财政局被市委市政府表彰为“支持重大项目建设先进集体”，局党组书记、局长王宏荣记个人三等功，投资科科长缪羽被表彰为先进个人。

【领导人】 党组书记、局长：王宏，党组成员、副局长：邓本森、王启平、蒋德澍、肖建华（11月起）、颜雪峰、蔡松林（11月起），党组成员、纪检组组长：张清（10月起），党组成员、总会计师：邓建军，党组成员、机关党委书记：唐术原，党组成员、国库支付中心主任：唐国阳，党组成员、财政监督局长：符荣华，党组成员、农发办主任：章锋，党组成员、评审中心主任：周剑。

（蒋朝钦）

国家税务

【国税收入】 全年累计完成税收收入207934万元，为年计划的111.2%，同比增长19.8%，增收34417万元。完成中央级收入155484万元，为年计划的100.3%，同比增长15.9%；完成地方级收入52450万元，同比增长33.1%。其中，完成市本级地方公共财政预算收入10102万元，为年计划的111%，超收1005万元。

【依法治税】 全面清理行政权力事项，落实专人对行政审批（许可）、行政处罚、行政征收、行政强制、行政确认、行政裁决、行政给付及其他行政权力等八大类行政权力事项开展全面清理，共取消和下放行政审批（许可）事项8项，取消和下放比例达88.9%。认真落实中央、省市促进经济稳增长的各项政策措施，对小微企业税收优惠政策、支持困难群体就业再就业、促进出口退税支持外贸增长等政策规定落实情况开展专项检查，确保落到实处，惠及民生。全年共办理减免税收4.97亿元，惠及纳税人31805户次；办理出口退税（含免抵调库）9403万元；兑现小微企业所得税优惠253.74万元。加强政务公开和行政权力公开透明运行平台建设，通过门户网站及市政务服务平台对纳税人的权利与义务、举报投诉监督、税务机构职责、执法权力清单等12项进行公开。全年主动公开信息377条，全文电子化率100%。抓好税收信用体系建设，通过门户网站公布A级纳税人53户、“黑名单”企业1户。

【改革创新】 深化完善“五个集中”工作，出台《关于进一步深化税收征管服务“五个集中”工作的意见》和征管服务专业化团队管理工作实施方案、纳税人分类管理划分的意见等配套措施，将“五个集中”征管服务创新转型工作推上新的台阶。征管服务、风险管理、评估稽查的力量进一步增加，纳入市局管理服务的大税源大企业达210户，比上年（83户）增加127户。扎实推进“营改增”工作，截至2014年12月底，共有“营改增”业户1275户，入库税款6538万元。统筹抓好税收风险管理。加强征管信息采集应用，全年共采集录入纳税人生产经营信息336户次、综合征管信息3060户次；通过市政府第三方信息交换平台，共采集10个职能部门提供的涉税信息383户次；加强风险分析及纳税评估，仅商品混凝土行业就评估补税2200余万元，加收滞纳金206万元；抓好风险分析应对，全年接收省局下发风险任务

78户次，市局发起风险应对任务112户次，共完成风险评估核查185户次，查补入库税款752万元，加收滞纳金95.5万元，查减留抵143.9万元，查减亏损3544.8万元，移送稽查21户。创新推进税务稽查工作。创新推出稽查岗位人员积分制管理，全年共检查118户，实现稽查收入3425万元，比上年增长1.08倍。稽查选案准确率、协查选票准确率、协查信息完整率、协查回复率均达到100%。其中，对出口退（免）税企业、高污染、高能耗及产能过剩企业、印刷和记录媒介复制业、低税负高风险企业等实施专项检查和专项整治工作，共查补入库1882万元，同比增长44%。在完成省局下达任务的同时，将商品混凝土行业、成品油购销企业、虚开发票企业纳入专项整治，共立案检查4户，移交公安1户，查补入库153.5万元。严厉打击发票违法犯罪活动，对建筑安装、石油石化、商业批发与零售、餐饮娱乐、营利性教育机构、中介机构、印刷业、高污染高能耗企业等实施检查，共查处发票违法企业77户，涉及发票718份，涉案金额1763万元，查补入库税款及滞纳金、罚款490万元，移送公安机关2件。

【纳税服务】 扎实开展便民办税春风行动，切实减轻纳税人负担。在2014年度纳税人满意度第三方调查中，列全省第8位，比2013年上升7位，得分增幅和绝对值均列全省第4名。

深化办税服务厅建设。根据纳税人需求，专设表证单书填写区，添置文书范本，极大方便纳税人。制定免填单服务工作方案，确定6个涉税免填单服务事项，扎实推行免填单服务。坚持领导值班制度。各县市区局班子成员轮流到办税服务厅值班，帮助纳税人解决涉税问题。推行导税服务制、首问责任制、一次性告知制度，让纳税人一次上门即能得到满意服务，避免多次跑、来回找。制定同城通办方案，在广安市主城区实行六项涉税业务通办。

认真实施走访纳税人活动。共走访纳税人8765户次，为规定户数（4836户）的1.81倍。对梳理出的6个方面126条问题和建议，采取现场解答、集中研究后回复、请示上级后回复等方式，及时回应纳税人诉求。

全面落实减负工作措施。全年共落实9项取消类事项、6项简并类事项、2项完善调整类事项，取消20项进户执法项目。落实简并征期规定，全市31657户增值税纳税人中，除1793户一般纳税人外，均实行按季申报。减轻资料报送负担。共取消和简并纳税人办理税务登记、代开普通发票、增值税专用发票最高开票限额审批、白酒消费税申报、企业所得税纳税申报等20余项涉税资料。严格下户执法。制定《关于进一步加强税收风险管理工作统筹意见的实施方案》，建立起税务工作人员下户执法表单同行回馈制度。

开展多样化宣传培训。在《广安日报》开设专栏，共组织专题报道43篇，被省局便民办税春风行动工作动态采用10篇。通过纳税人学校举办8期专题培训班，共培训纳税人800余人次。华蓥市局成立的“挎包”办税服务厅，主动为纳税人提供预约服务和上门服务，化解服务纳税人最后一公里难题，被中央电视台一套《晚间新闻》栏目报道，受到《人民日报》、新华社、《中国税务报》《四川日报》等中央、省媒体关注。

积极推动纳税服务规范落实落地。坚持最大程度规范税务人，组织两期办税服务厅人员专门培训，到各县市区局纳税人学校（分校）巡回宣讲纳税服务规范，培训纳税人和基层税务干部职工500余名。

【队伍建设】 抓好党组中心组学习，坚持党组成员领学制度，提高市县两级局班子和班子成员的领导水平和执政能力。选派1名干部到省局挂职锻炼，安排2名干部到基层任职锻炼，3名干部到企业锻炼，3名干部到党政机关锻炼，1名干部到对口帮扶村委任书记。充实市局人才梯队，公开遴选12名优秀年轻干部到市局大企业管理、风险分析、纳税评估等工作岗位。

创新人才培养平台。针对青年干部的思想、工作、生活和作风现状，组织新录用公务员分期分批到田间当农民、到工厂当工人、进商店当纳税人，体验劳动的艰辛，培养吃苦耐劳的精神，增强对国家、社会、群众的责任感、使命感。武胜县局的体验式教育被《人民日报》以《上岗前先学学换位思考——四川广安国税探索体验式教育》为题在要闻版作报道。实施“青年干部家园培养计划”，让新进人员在三年内经历办税大厅、征管一线、办公室三个岗位，使他们尽快成长成才。

着力培养骨干人才。先后两次委托南充财贸学校，以注册会计师考试、会计从业资格考试为目标，围绕财务管理与会计知识，对102名年轻干部进行系统培训，进一步提升他们的综合素质和岗位技能。在2014年6月进行的全国注册税务师执业资格考试中，有2人全科通过。

务实开展税务文化建设。持续抓好“道德讲堂”“文化讲堂”“业务讲堂”“税法讲堂”等税务文化建设项目，为系统注入风清气正的正能量。在省局第三届税务文化建设优秀活动项目评选中，市局的《放歌正能量，讲述润心田》被评为二等奖。按照寻灯、点火、加油、亮灯4个步骤，创新开展“亮灯行动”，评选出10名先进个人，在全系统掀起学风尚的“悠悠国税风·诗意小平情”文化作品征集活动，共评选出40件获奖作品，并在此基础上建立职工文化作品展览室。组织开展第八届职工运动会，使干部职工在欢声笑语中增强体质，陶冶情操，和谐关系。

【党风廉政建设】 层层签订党风廉政建设目标责任书，形成领导、部门、个人“三位一体”的责任体系。以建立健全制度机制为重点，全面推行落实两个责任“明、询、查、考、述、评”六步工作法，推动党风廉政建设和反腐败工作深入开展。出台《纪检组长（专职纪检员）考核办法》，建立落实“三报告”“三述”制度。开展“廉洁从税、规范执法、优质服务”主题教育活动，组织全体干部职工赴嘉陵监狱接受警示教育。组织70余名党员干部到廉政文化教育“改革开放”辅基地重温入党誓词，接受廉洁教育；组织基层税务分局长、稽查局长、税源管理科长和近三年参加工作的大学生代表到辅基地开展廉政承诺。邀请市检察院检察长、市纪委常委为干部职工作廉政专题讲座。坚持每周和重要时间节点给全系统干部职工发一条廉政短信，提醒大家遵规守纪、廉洁从税。开展“双问促双升”活动，共走访纳税人54户，收集整理3方面17个问题，并提出整改意见建议。聘任16名特邀监察员，邀请他们考察国税工作，积极谏言献策。开展多次作风纪律明察暗访活动，及时整改发现的问题并强化问责追究。在市纪委2014年组织的群教活动正风肃纪群众满意度测评中列第4名。

【领导人】 党组书记、局长：刘延俊，党组成员、副局长：罗成、袁武光、李保钢、朱四新，党组成员、纪检组组长：魏小明，党组成员、总经济师：程蛟斌。

（尹安明）

地方税务

【地税收入】 2014年，全市地税系统共组织地税收入436276万元，完成年计划的110.23%，同比增长22.92%，剔除“营改增”收入基数增幅达27.08%。其中税收收入415335万元，完成年计划的109.79%，同比增长22.96%，剔除“营改增”基数同比增长26.49%；省级税收90759万元，完成年计划的116.36%，同比增长15.28%；市本级公共财政收入71917万元，同比增长27.35%；基金收入20938万元，同比增长22.07%。全市公共财政收入增长总额中，75.62%来源于地税；全市公共财政税收收入总额中，88.34%来源于地税。地税收入增幅在连续4年保持全省第一方阵的基础上，2014年更上层楼，超全省平均增幅15.24个百分点，居全省第一位。地税收入总量继2012年超过广元之后，2014年又赶超遂宁，升至全省第15位。税收增速超全市经济增速近13个百分点，既体现市委、市政府审时度势精准发力、实施“6+4+3”多点多极支撑发展战略的积极成效（特别是三个园区发展快、质量好，培育税源丰富，实现地税收入21605万元，同比增长131%。），又说明地税部门在稳增长、促改革、调结构、惠民生的重大进程中，充分发挥职能作用，展示地税干部勇挑重担、勇于担当的精神风貌。《广安日报》《广安手机报》《天府地税》等媒体相继进行宣传报道。

【依法治税】 执法能力快速提升。积极开展依法行政示范单位、学法用法示范单位创建工作。认真落实法制培训教育制度，完善领导干部学法用法制度，组织中心组学法10余次，建立法治兴趣小组，组织法制培训12期，参训400余人次。深入开展第23个全国税收宣传月活动，开展“走基层、送服务”、法律“七进”等税收法治宣传活动。严格执行困难群体税收优惠政策，认真落实好扶持西部大开发企业、高新企业、小微企业发展等税收优惠政策，全年减免税款16234万元。

依法行政不断规范。全面清理行政权力，明确行政权力名称、编码等信息，将56项行政权力录入公开透明运行平台，分别确定法律依据，编制涵盖行政处罚、行政强制、行政确认和其他行政权力等4大类8个流程图，明确廉政风险点549个、监察点998个，同步录入案件8宗。认真清理行政审批事项，取消“对办理税务登记（开业、变更、验证和换证）核准”等8项涉税行政审批事项。全系统保持行政许可类3项、市级非许可类行政审批116项、县级非许可类行政审批126项。加强对制订税收规范性文件的研究论证，全面推进税收规范性文件办公自动化管理，开展规范性文件评估，加强对各区市县局规范性文件出台的审查备案管理。对本系统、地方各级党委、人大、政府及其他党政部门制定的、违反国家税收法律法规的区域性优惠政策进行全面清理，未发现违规出台税收优惠政策的情况。

内控机制逐步深化。开展为期1个月的税收执法督察，对各执法单位2011—2014年度所有税务行政执法行为进行督察，向被查单位发出《税收执法督察处理决定书》《税收执法督察处理意见书》，追究有关执法人员的过错责任。对全市地税系统2013年实施并已办结的所有税务行政执法案卷开展评查，对3个单位开展重点抽查，评查案卷28个，评出优秀案卷18个、良好案卷7个，对存在的问题进行全面整改和责任追究。认真开展对符合标准的税务稽查案件的审理，形成审理纪要交稽查局作执行参考。全年共审理重大税务案件8件。

稽查职能充分发挥。参与起草出台《广安市公安、税务机关工作协作暂行规定》，强化税警协作，共同打击涉税违法犯罪活动。编印《广安市地方税务局稽查工作手册》，确保稽查工作有章可循、操作有据、执行有规、监督有序。全年共检查纳税户149户，查补收入8855万元。其中，组织企业自查补税7523万元，查补税款763万元、滞纳金55万元、处罚款514万元，处罚率为67.37%。对房地产及建筑安装等行业63户企业开展税收专项检查，查补收入5999.59万元。严厉打击涉税发票违法犯罪活动，查处违法企业45户、非法使用取得发票1624份，涉及金额334.77万元，查补收入124.34万元。对2户大企业开展税收重点检查，查补收入51万元。

【纳税服务】 服务平台不断拓展。城区办税服务厅实现视频全监控，配备自助办税系统、评价系统和排队叫号机等服务设备，购置休息等候椅、饮水机、资料填写台，配备导税台和专职导税人员，为纳税人提供温馨、暖心服务。市局被评为“全省办税服务厅规范化建设先进单位”“市级部门窗口先进单位”。“12366”呼叫中心服务平台采用人工与自动语音相结合的服务方式，全天候、多功能为纳税人提供纳税咨询、办税指南、涉税举报、投诉监督等服务，全年总接听量2142个，群众满意率100%。通过“12366”专用电话向纳税人进行热线回访，全年共回访纳税人100余人次，收集意见和建议20余条。探索门户网站与“12366”热线服务平台、《四川省地税局网上申报系统》的功能对接。做好市政府网站“在线咨询”管理，及时为网民提供在线解答13人次，网民均表示满意。成功开办纳税人学堂。出台《广安市地方税务局纳税人学堂管理办法（试行）》等5项制度，对纳税人开展常态化培训服务，实现对纳税人培训的标准化、规范化，全年共开展培训3期。

服务机制不断完善。出台《广安市地税系统首问责任制实施办法》，在办税服务厅和“12366”纳税服务热线等窗口单位全面推行。定期对纳税人进行直接回访，了解纳税人对纳税咨询、投诉等处理结果的满意程度，征询纳税人的意见和建议，切实改进和优化纳税服务。开展“局长进大厅”活动，各单位“一把手”直接面对面服务纳税人。制定《办税服务厅窗口工作人员考核管理办法》和《12366热线工作人员工作绩效考核制度》，细化考核指标，逗硬实施考核。出台《广安市地税局纳税服务明察暗访实施办法》，明确明察暗访的范围和具体内容，全年开展明察暗访10余次，对纳税服务工作不到位的单位和个人进行通报批评。

服务举措不断创新。在各区市县局全面实施《全国县级税务机关纳税服务规范（1.0版）》，全部实现“同城通办”。不断扩大通办范围、增加通办内容，全市有奖发票均可在区市县各级办税服务厅兑奖，华蓥市地税局将“同城通办”业务从4项增加到18项。开发推行“广安市地税系统免填单服务”软件系统，明确“免填”4类16项，“简化填单”3类7项，提速涉税办理时限为当场办结事项8项，纳税人在办理涉税事项时不再填写或可简化填写表证单书。严格执行“前台受理、内部流转、限时办结、窗口出件”的运行模式，办税环节、办税次数、办税时间等减少30%以上，当场办结事项增加50%以上。下调“双定户”纳税定额，对受环境综合整治施工影响较大的个体双定户给予定额调减。简化外管证办理，外管证办理由3个环节缩短为2个环节。涉税资料实行“一次报送、多次使用”，纳税人报送资料减少40%以上。取消代开发票审批规定，对代开大额普通发票实行由“事前审核”改为“事后监督”。

【税收管理】 税源专业化管理不断深化。出台《税收风险管理工作规程》，规范开展风险防控工作，探索风险管理系统与行政执法岗责平台的数据共享和传递，全年推送风险纳税人1015户，应对风险纳税人978户，开展纳税服务提醒服务685次，实施纳税评估275户，自查补税516.34万元。出台《纳税评估工作规程（试行）》，完善餐饮、建筑业、房地产等行业纳税评估模型及相关指标，建立《旅店业纳税评估模型及案例》，推广应用总局“全国百佳纳税评估模型”，全年开展纳税评估户数219户，评估入库地方税收575万元。与住建部门联合建立以“双向双核双监督”为核心内容的存量房综合治税网络平台，实现市县两级存量房交易网络全覆盖，严格落实“先税后证”，全市存量房交易实现税收16119.64万元。完成土地增值税上线项目178个。对4户大企业开展全流程风险管理，企业自查补税117.92万元。对其中2户大企业开展现场审计，排查税收风险点50余个，查补收入19.17万元。

税收信息化建设逐步推进。出台《广安市地方税务局信息化建设及系统管理办法（暂行）》，明确信息化管理内容及发展方向。启用《税收管理和决策辅助系统》，完成领导视窗、一户式分析、税收管理等8大模块1365项指标设计，提供查询统计、报表分析等功能。推广使用网络申报系统，全市133户纳税人办理上线网上申报系统，网上申报税款6899.74万元。确定"市局集中为框架、武胜县局试点"的实施模式，在各基层税务所推行电子档案系统，实现信息共享，提高征管质量。扩大税库银横向联网覆盖面，全市三方签约户数达5461户，扣缴税款17.5万笔369077.65万元，扣款金额同比翻一番，扣款笔数占比居全省第二。大力推进个人所得税全员全额扣缴申报上线管理，全年BIMS个税系统上线纳税人新增2027户，个税扣缴申报面达75%。

税收征管基础牢固夯实。开具"外管证"5655份，依法征收外出经营企业所得税18482万元。清算土地增值税项目97个，补缴税款6794.37万元。对6个项目实行查账征收。检查劳务派遣行业正常纳税人122户、发票57794份，查补入库税款12.6万元。准确界定"营改增"政策范围，向国税部门移交电信业单位纳税人11户。加强建安房地产行业税收一体化管理，全市建安房地产业税收入库303007万元，同比增长29.67%，增收69335万元，增收贡献率达89.39%。加强主体税种管理，组织营业税收入152319万元，同比增长27.31%，增收32671万元；所得税收入110542万元，同比增长30.65%，增收25932万元。坚持"税费并举、服务民生"，完成各项代征基金征收工作，组织基金收入20938万元，同比增长22.07%。

【队伍建设】 教育实践活动扎实开展。通过发放学习手册、"一把手"上党课、邀请专家作专题辅导等方式，深入学习习近平总书记系列重要讲话和中央、省、市相关会议精神，撰写心得体会170余篇。围绕"群众观点怎么看"等内容，开展群众路线专题讨论12次。发放调查问卷1000余份，收集意见建议193条。对照"四风"突出表现，汇总梳理问题18个。深刻对照剖析，班子成员带头、全体党员撰写对照检查材料155份。组织开展交心谈心活动30余次。召开专题民主生活会，开展批评和自我批评，提出意见78条。召开专题组织生活会，开展民主评议党员工作，测评情况结果显示"好"的党员达98%。在全市教育实践活动正风肃纪群众满意度测评中，该局在市级政府部门中位居前列。认真落实整改方案，研究落实整改措施，切实解决联系服务群众"最后一公里"问题，整改问题16个。坚持问题导向，开展"四风"问题专项整治。开展"三清"活动，清理腾退办公用房33间1172平方米、公务用车缺编1辆，无新建办公用房和基本建设项目立项、开工审批等情况。推进"三察"整治，全年会议次数下降23.5%，发文数量下降12%，检查评比表彰项目减少42.8%。深化"三审"工作，"三公"经费减少29.38%。推进"三治"工作，没有领导干部在企业兼职（任职）等问题。加强制度建设，从学风、会风等7个方面落实制度建设，修改完善《市局党组中心组理论学习制度》等21项制度。

领导班子建设切实加强。开展"四好·五强"领导班子创建活动，市局连续5年保持"'四好·五强'领导班子"荣誉称号。协助省局完成2名市局班子成员的交流、1名副调研员的晋升和2名副处级干部试用期满转正工作。完成各区市县局和直属单位局长交流2人次、其他党组成员交流8人次，提拔2名干部补充到区市县局党组班子。对华蓥市局领导班子及领导干部开展巡视检查，向被巡视单位领导班子提出改进意见。

人才队伍建设稳步加强。协助省局推荐局级副职后备干部建议人选4名，提拔任命正科级干部2名、副科级干部4名，完成科级干部转正23名、轮岗交流科级干部15名，提拔交流基层所长（稽查局长）27人次。新招录公务员30名，接收安置军队转业干部1名。组织1人参加总局培训，66人参加省局培训。组织省外培训4期，培训干部205人次；省内培训5期，培训干部237人次。鼓励干部职工参加在职学历教育，4名干部硕士学位在读。稳妥推进人才库建设，入选总局人才库1人，市级人才库62人、县级人才库95人。发挥专业骨干作用，推荐10人次参与总局、省局专项工作，获总局通报表扬1人。组织51人参加执法资格考试，合格率95.7%。

精神文明建设不断深化。组织好纪念邓小平诞辰110周年和广安地税成立20周年活动，举行"青春·税月"主题演讲比赛、纪念地税20年有奖征文活动，编撰地税成立20周年论文集和纪念画册。扎实搞好扶贫帮困工作，深入开展"走基层、解难题、办实事、惠民生"活动，全系统为困难农户送去帮扶资金56.38万元、化肥825千克，向多所学校捐款17万元、送去书籍500本、体育用品50件。该局连续3年获评广安市"扶贫工作先进单位"。关爱困难职工、留守学生、孤寡老人、残疾儿童等特殊困难群体，开展"创建文明城市""学雷锋·我在行动"等志愿服务活动，切实履行好社会职责，树立地税部门良好形象。市局机关继续保持"全国文明单位"称号，华蓥市地税局被评为"省级最佳文明单位"，二分局荣获"广安市工人先锋号""广安市五四红旗团支部"荣誉称号。

【领导人】 党组书记、局长：龚勇兵，党组成员、副局长：向定祥，党组成员、总经济师：成硕业，党组成员、副局长：车力，党组成员、机关党委书记：陈开雄，党组成员、总会计师：陈林，党组成员、副局长：雷庆力，党组成员、纪检组组长：文清平。

（王黎娟）

中国人民银行广安市中心支行

【支持地方经济发展】 金融宏观调控政策得到有效落实。通过召开信贷调控会、现场走访指导等方式，加强对地方法人金融机构的窗口指导，确保地方法人金融机构信贷增长总量适度、节奏均衡、结构合理；积极主动向分行汇报沟通，争取新增合意贷款额度4.26亿元，总额达31.76亿元，并在机构间适时调剂合意贷款额度，支持武胜联社成功改制为农商行、华蓥和邻水联社进入第二批全省改制农商行名单。强化支农再贷款管理和运用，发放支农再贷款2.33亿元，建成支农再贷款支持现代农业省级示范基地1个。指导辖内法人金融机构进一步完善利率定价机制建设，开展合规审慎评估摸底工作和利率定价能力现场评估，有效降低小微企业融资成本。

金融支持地方发展力度明显增强。以贯彻落实《关于金融支持川渝合作示范区（广安片区）建设的指导意见》为契机，成功举办“感恩小平·共建广安”金融工作座谈暨金融对接大会，并跟踪督办；深入实施“中小微企业金融服务提升工程”“扶贫惠农工程”，制定《关于全面做好广安市扶贫开发金融服务工作贯彻意见》《广安市金融支持新型农业经营主体发展工作方案》，开展小微企业金融服务暨融资辅导活动10次。在人民银行的引导下，各金融机构共向上级部门争取倾斜政策43条，信贷投放再创历史新高。2014年，全市新增各项贷款90.29亿元，增长21.3%，增速位居全省第6位，有力支持地方发展。直接债务融资取得突破，广安爱众股份公司在全国银行间债券市场成功发行首单中期票据3.5亿元。广安中支作为金融监管部门唯一代表，被市委、市政府评为“支持邓小平诞辰110周年纪念活动先进集体”。

调查研究和信息宣传质量大幅提升。制定完善《金融运行情况分析工作制度》《中支政务信息工作管理实施办法》《中支政务信息选题协商制度》，调查研究和政务信息、新闻宣传等工作机制进一步健全。2014年，上报调研材料被总行司局采用9篇、分行采用11篇，被分行领导批示4篇、市领导批示3篇，对总、分行和地方党政的决策支持作用进一步发挥。《金融时报》《四川日报》等媒体对广安金融工作宣传报道11次，持续发出央行履职“好声音”。

【金融稳定工作】 建立完善行业风险监测、银保预警协调机制，完成跨市场理财业务及第三方支付业务风险排查，上报的典当行监测报告被总行有关司局采用。配合市政府开展北辰信用社改制重组工作，参与全市融资理财类公司风险排查与处置工作。指导金融机构妥善处置客户聚集和金库进水事件。开展《存款保险条例（草案）》意见征求相关工作。完成广安恒丰村镇银行稳健性现场评估工作，得到分行肯定。

【金融综合管理】 按照制度流程推动开业管理，累计辅导5家新设银行业机构加入人民银行和外汇管理体系。建立重大事项报告联络员档案，受理和及时处理重大事项83件。开展2013年度银行业机构综合评价工作，对评为C等的金融机构开展年度综合执法检查。梳理完善中支执法检查工作流程，对评为C等的金融机构进行综合执法检查，开展专项执法检查22项，依法对13个金融机构进行处理。在全市开通“12363”金融消费权益保护咨询投诉电话。完成普惠金融指标体系建设试点工作，得到总行、分行肯定。

【反洗钱工作】 完善与市纪委和公、检、法等司法机关的协调沟通机制，反洗钱工作在社会管理中的作用进一步发挥。2014年，共向公安机关移送可疑线索7条，与纪检、经侦、禁毒等部门进行案情分析8次，与司法、经侦、禁毒等部门信息交换6次，配合完成一起非法吸收公众存款案查处工作。

【征信管理】 参与起草《广安市推进诚信建设制度化的意见》，配合市委、市政府召开全市诚信制度化建设工作推进大会。拟定的《广安市信用信息管理中心建设方案》被市委主要领导批示，信用信息中心挂牌成立，“诚信广安网”顺利上线，走在全省前列。成功举办“邮储杯”征信知识电视大赛、“幸福美丽文明新广安·征信”征文活动，与广安职业技术学院签订“普惠金融研究教育”战略合作协议，取得良好社会反响。

【金融服务】 支付服务环境不断改善。顺利完成总行二代支付系统和ACS系统、四川支付结算综合服务系统上线工作。“迅通工程”升级版全面推进，成功打造“小平故里刷卡无障碍示范区”，创建助农取款精品服务点110个、农村金融综合服务站3个，完成23个金融服务空白乡 ATM 布放工作。开展 570 家金融机构信息年度验证工作。智慧广安方案被列入市政府 5 年规划，3 个县市实现公交刷卡多应用，院校一卡通成功实施。

国库服务效率明显提高。持续推进横向联网工作，全市电子缴税业务量占比位居全省前列，并被《金融时报》宣传报道。成功开办村委会、党支部补助等 3 项资金的直发业务。完成枣山园区、协兴园区新增金库设立工作。制定《财政资金账户核准管理办法》，建立国库参与财政预审核的工作机制被国库局肯定。

货币发行管理有效改进。持续开展人民币净化工程，利用冠字号码查询功能解决假币纠纷 13 件。完成“和”字书法（草书）纪念币发行兑换工作。武胜县反假网络站点实体化建设经验被《金融时报》和国务院反假办刊发，邻水县金融机构打击假币违法犯罪重点整治工作成效已达到国务院反假办“摘帽”标准。库务管理进一步规范。

外汇管理与跨境人民币结算持续推进。加强外汇监管，建立《广安市重点进出口企业监测制度》《资本项目监测分析工作制度》等 3 个，与相关部门签署《广安市外贸管理联合监管备忘录》，监管水平进一步提高。改进外汇管理与服务，支持辖区 2 户重点外商投资企业从境外举借外债 4815 万美元，大幅度降低融资成本，促进企业发展；探索开展外汇信用企业评定，对评定的企业在贷款利率、结售汇汇率上给予优惠。加快发展跨境人民币业务，跨境人民币结算业务同比增长 641%。

【融资体制改革】　2014 年，广安市推进融资体制改革实现新的突破，多层次资本市场得以加快发展，信用联社改制工作全面推进，推动产业基金等私募股权发展，新型金融业态得以积极培育，社会信用体系加快建设。2014 年，华蓥领创电子、捷能新能源等 2 家企业在成都（川藏）股权交易中心成功挂牌；全市 6 户企业进入上市辅导期，银钢凸轮新三版上市工作加快推进。广安经开区发行 10 亿元企业债券已获国家发展改革委批复。为全面推进信用联社改制工作，市政府于 4 月出台《关于支持信用联社改革的意见》，对各区市县信用联社改制工作提出明确要求，8 月，武胜县农商行正式挂牌营运，成为该市首家地方性农村商业银行。广安发展建设集团与四川发展、中城汇银等成功合作组建邓小平故里发展基金和基金管理公司，现正在筛选论证基金投资项目，广安发展建设集团 14 亿元企业债券发行申报资料已经省发展改革委审查通过，即将转报国家发展改革委。此外，该市鼓励支持第三方支付机构加快业务发展，参与市场竞争，现创有“市级刷卡无障碍示范区”1 条、“省级刷卡无障碍示范区”6 条，市创建全国文明城市指挥部办公室印发《广安市推进诚信建设制度化的意见》，对推进诚信建设制度化作了详细安排部署。到 11 月，人行广安市中心支行已为全市 15285 户企业建立信用档案，采集上报各类信用信息数据 51736 条，基本实现全市工商注册企业信用建档全覆盖。

【规范化管理】　按照纪检监察工作“转方式、转职能、转作风”的要求，制定《落实党委主体责任和纪委监督责任实施办法》，创新实施“明、询、查、述、考”五步工作法，确保“两个责任”落到实处；制定《中支行政监察方式创新实施方案》，探索开展行政监察工作机制和监察方式创新，提高监督检查效率。积极配合分行巡视组完成对广安的巡视工作，并按照巡视意见制定整改方案，明确责任部门和责任人、整改时限和具体要求。巡视反馈问题已整改 13 个，还有 1 个问题正在整改，整改率达 92.9%。

建立重要事项督办情况抄告制度，确保重要决策部署得到贯彻落实。制定《中支审计整改跟踪督查办法》《中支内审交流磋商制度》，开展审计项目 8 个，审计发现问题 70 个，提出整改措施 53 条。修改制定《会议费管理办法》《国内公务接待管理实施细则》等 7 个制度，财务管理进一步规范。积极完善党务、行务、政务公开工作机制，相关做法被《金融时报》宣传报道。妥善处置广安“9·13”特大暴雨灾情。完成固定资产全面清查工作。抓实文明单位创建工作，辖区现有分行级文明单位 1 个、中支级文明单位 2 个。建立系统职工代表大会制度，成功召开系统职代会。成立广安市金融系统青年联合会，组织各类活动 13 场次。

【领导人】　党委书记、行长：王浩，党委委员、副行长：黄华荣、张文斌，党委委员、工会主任：文良云，党委委员、副行长：陈大华，党委委员、纪委书记：张平。

（苑　平）

中国银行业监督管理委员会
广安银监分局

【概况】　2014 年，全市银行业运行保持平稳运行态势，抗风险能力持续提升。截至 2014 年年末，全市银行业金融机构各项存款余额 1256.63 亿元，比年初增加 157.52

亿元，增长14.33%；各项贷款余额514.97亿元，比年初增加90.29亿元，增长21.26%；不良贷款余额16.23亿元，比年初减少1.83亿元，占比3.15%，比年初降低1.10个百分点；拨备覆盖率108.94%，比年初上升29.92个百分点。

【融资平台贷款风险管控】 截至2014年年末，全市全口径融资平台19家，其中有贷款余额的融资平台17家，贷款余额15.45亿元（不含外地银行对辖内融资平台的贷款），比年初增加1.79亿元。

继续执行“总量控制、分类管理、区别对待、逐步化解”政策。按照《国务院关于加强地方政府性债务管理的意见》（国发〔2014〕43号）和《地方政府存量纳入预算管理清理甄别办法》文件及《四川省办公厅关于成立四川省政府性债务管理协调小组的通知》要求，监管部门负责存量债务和在建项目处置过程中银行信贷管理和金融风险防范控制，协助开展融资平台名录和贷款余额核实工作。持续开展监测，不定期与各银行业机构高管或风管部、信贷部等负责人进行沟通，了解银行业机构处理、防控平台贷款风险的方案以及整个风险处置等情况，平台贷款风险化解工作取得新成效。截至年12月末，广安市全辖全口径平台不良贷款共3户，比年初减少1户，不良贷款余额0.94亿元，比年初减少0.35亿元，不良率6.06%，比年初下降4.26个百分点。

【房地产贷款风险监管】 截至2014年年末，全市房地产行业贷款余额101.98亿元，比年初增加27.69亿元，增长37.26%，高于全市各项贷款平均增速16个百分点，其中不良贷款余额1471万元，比年初减少1216万元，不良率0.14%。

密切关注房地产宏观调控对银行业信贷投入的影响，督促银行业机构严格执行差别化房贷政策和强化名单制管理，加强对房地产开发企业项目开发、筹资行为的监测分析，关注资金链、项目建设和销售情况，加强对逾期按揭贷款的催收，督促银行业机构定期开展压力测试，对房地产领域风险的形成原因进行分析，并制定整改措施。

【案件专项治理】 2014年，广安银监分局对全市银行业机构案防管控坚持“标本兼治，重点突出，查防并举，注重预防”的工作思路，以非现场监测和现场督导为抓手，着力提高案防工作的针对性和有效性。

持续督促辖内银行业机构推进案防“十项机制”建设，夯实案防工作基础。针对案防工作的热点和重点，加大案防现场检查力度。对银行业员工参与民间借贷、非法集资、地下钱庄，充当资金掮客行为开展排查；分局派出8个工作组、投入474人次，对辖内邮政储蓄银行各区市县支行及农村信用联社10个县级金库，21个基层网点“五十个严禁”、金库管理、网点安全及金融许可证开展案防督查。对全市银行业机构127台自助设备，32家自助银行进行现场安全检查。

增强非现场监管异常指标与案防风险早期识别，提升案防主动性。扎实推进《银行业金融机构从业人员处罚信息登记制度》在辖内机构贯彻落实。以案情通报16期、短信提示800余条将全国案件情况向银行业机构及高管人员警示。

【小微企业金融服务】 截至2014年年末，全市小微企业贷款余额214.5亿元，比年初增加41.7亿元，同比多增2.8亿元；增速24.1%，高于全部贷款增速2.9个百分点，完成“两个不低于”监管目标。

创新服务平台。拓展小微企业金融服务平台，广安银监分局多次向市政府分管领导汇报，并与市政府电子政务管理部门进行技术沟通，组织辖内银行业机构创新开展“网动小企业·服务大平台”主题活动，在省内率先利用市级政府门户网站搭建“广安市小微银企对接服务平台”，下设“融资政策”“融资措施及成效”“银行产品”“我要融资”“银企交流”五大子版块。

继续完善对接机制。广安银监分局及时更新2064户小微企业名录库，并定期向辖内银行业机构发布。督促各机构强化对接服务，做实牵手工程，将2013年名录库中11户未达到条件的小微企业确定为培育对象，帮助其在2014年实现融资7896万元。

参与组织“感恩小平·共建广安”、邻水县银企对接会、“金融进园区”等银企对接活动，共达成融资协议42户、金额6.1亿元，各机构已向30家对接企业发放贷款4.3亿元。

【涉农贷款服务】 截至2014年年末，全市涉农贷款余额276.1亿元，比年初增加51.25亿元，同比多增3.54亿元，增速22.80%，高于全市贷款平均增速1.53个百分点。

把握建设川渝合作示范区（广安片区）之机，督导辖内分支机构积极向省分行、总行争取信贷规模，确保“三农”金融服务信贷资金充裕，2014年，辖内农村信用社合意贷款规模较年初提高4.08亿元，达25.56亿元。

引导辖内农村信用社牢固树立“立足广安，服务三农，服务中小”的意识，切实做好对“农民专业合作社+农户”、农村中小龙头企业、农业产业结构调整、农村消费信贷、“万村千乡”工程等信贷支持工作。截至2014年年末，全市农村信用社涉农贷款余额达141.42亿元，比年初增加23.03亿元，比去年同期多增5.28亿元，增长19.46%。比全部贷款平均增速高出3.17个百分点。

督导村镇银行坚守市场定位，坚决禁止垒大户。岳池和武胜中银富登村镇银行户均贷款余额分别为37.80万元和39.02万元，已发放的2.29亿元贷款中82.82%用于“三农”。

引导大型银行将促农与县域金融服务相结合，突出以农业产业化企业、县域大企业、县域商品流通市场、县域连锁商贸旅游业“美丽百县”为支持重点，大力支持龙头企业做大做强。

做实惠农卡功能，创新推广多种农村金融支付服务模式，主推银行卡助农取款服务、银讯通业务、“万村千乡”市场工程、无线POS助农取款服务，大力开展“转账电话进乡村”活动，2014年在912个行政村形成“惠农卡+惠农通工程服务点+电子机具”的多层次农村金融支付体系，累计达1797个。

【薄弱环节信贷支持】 截至2014年年末，全市银行业机构水利贷款余额3.48亿元，比年初减少0.25亿元；助学贷款余额0.88亿元，较年初增加0.2亿元；青年创业贷款余额5.84亿元，较年初增加0.16亿元。

广安银监分局多次通过专题座谈、定向调研等方式与银行业金融机构共同查找辖内金融服务薄弱环节、探讨和制定切合实际的改进措施并强力推进，有效提升广安民生薄弱环节金融服务的充分性。

严格执行《广安银行业支持十项民生工程的贯彻落实意见》，积极督促银行业机构加大创业支持力度，重点培养大学生群体、妇女群体、返乡农民工群体的创业热情，加大帮扶力度。

督导各行进一步清理信贷支持重点，深入各区县，与地方党政进行项目对接，共同筛选一批优质项目。

督导各行坚持“以客户为中心”的服务理念，全力开发新的代缴代付方式，在全辖推动ETC项目，大力发展代理社保基金归集与发放、金融社保卡业务，积极构建涵盖各类社保基金、企业年金、职业年金的养老资金综合金融服务体系。

【银行改革与市场准入监管】 农信社产权制度改革稳步推进。广安市政府将辖内四家联社的改制工作列入相关区市县政府的目标考核任务，并专门出台《关于支持农村信用社改革发展的意见》，就政府背景不良贷款清收、固定资产确权、税费减免等方面给予政策支持。截至12月末，武胜农村商业银行顺利挂牌开业，其余4家联社全部纳入改制农商行规划，其中华蓥联社清产核资工作已结束，广安区联社的股改方案已获市政府审议通过，岳池联社正进行相关财务重组工作，力争在2015年年初通过财务重组达到农商行监管准入要求。

北辰高风险信用社风险处置及重组工作取得突破进展。市政府拟文《关于广安区北辰信用社风险处置及并购重组方案的请示》专报省政府，请示获省政府批复并授权，市政府随即成立由市长任组长的风险处置工作领导小组。参与制定《北辰信用社风险处置和重组工作方案》上报省政府批准，并落实专人就省政府和四川银监局反馈意见，配合领导小组对《方案》进行修改完善。年末，北辰信用社原国债回购的14家债权人中，已有9家达成并签订债务清偿协议，主并购入2亿元的保证金已交领导小组托管。重组工作已进入农商行的行政许可程序。

对高级管理人员履职考核、评价等实施动态监管。做好金融许可证信息的录入、换领工作，定期编制季度机构统计表等市场准入事项统计表。对行政许可事项进一步清理，公开行政审批工作程序及办理流程，落实日常办事机构，坚持把好公开关、受理关、审查关及审批关，继续对高管人员任职资格审查实行“三考”及统一审批制度，确保行政审批公平、公正、透明。坚持以监管撬动金融创新，指导和督促银行业机构科学、合理进行网点布局。

【行政审批】 2014年，共审查批准设立网点7个，迁址（更名）24个，升格8个，核准高管人员128人（其中报告制33人）。新成立及增设机构：重庆银行广安分行成立、成都银行增设岳池支行、武胜中银富登村镇银行有限公司成立、邻水中银富登村镇银行有限公司成立。

【非现场监管】 加强对被监管机构非现场监管报表的收集和审核工作，按月、季、年收集被监管机构非现场监管报表，严格审核工作，及时处理迟报、漏报、错报情况。分局按月对生成报表中差异较大的数据进行核实和原因分析，编写《广安市金融监管统计数字提要》。通过收集的客户风险统计信息，发现各机构客户风险信息管理中存在的问题，及时向有关银行业机构反馈，推动银行提升自身客户信息管理水平。全年对错漏迟报数据进行通报2次，共督促辖内银行业机构修改大客户错误信息共70余次。做好被监管机构营运及主要业务状况的监测、分析、预警和风险提示工作，撰写季度、年度非现场监管报告。报告中对辖内银行业金融机构经营管理中出现的异常现象，如贷款集中度较高、行业风险突出等方面进行深入分析，揭示辖内银行业金融机构运行中各类风险。广安银监分局建立关停和兼并重组煤炭企业、水泥行业信贷风险的统计台账，动态跟踪重点企业风险变化情况，将风险精准锁定到具体银行和企业。按照规定对被监管机构进行风险评级。

【现场检查】 2014年，按照银监会和四川银监局安排，共开展现场检查项目7个，检查机构11个次，投入检查日1178人天，检查金额1105.41亿元，发现问题金额41.71亿元。对存在的问题已发出《现场检查意见书》9份，提出监管整改意见40条。

【获得荣誉】 广安银监分局被评为“2013年度四川银监局系统信息报送先进单位”“2013年度监管统计工作一等奖”“2013年度财务管理工作先进单位三等奖”；屠明东、胡海龙、杨华丽分别获四川银监局2014年EAST模型比赛二等奖、三等奖、优秀奖，屠明东、杨华丽被四川银监局评为2014年度EAST现场检查分析能手，屠明东被评为2014年银监会青年岗位能手、2014年银监会群众路线先锋模范，李彦锜被评为四川银监局系统优秀共青团员。

【领导人】 党委书记、局长：宋燎，党委委员、纪委书记：刘春琳，党委委员、副局长：姚凌刚。

（周　斌）

中国农业发展银行广安市分行

【概况】 2014年，累计发放各项贷款16.66亿元，比上年多放1.66亿元；年末各项贷款余额达到46.22亿元，比年初净增8.94亿元，增长24%。全年报经省分行审批项目3个，审批贷款4.5亿元；累计发放中长期贷款5.1亿元，同比增加2.53亿元，中长期贷款余额达到17.24亿元，比年初增加2.6亿元，积极支持地方经济发展。

2014年年末，存款余额达到7.9亿元，比年初增加1.6亿元，增长25.4%；日均存款余额6.09亿元，同比增加694万元，增长1.2%。实现中间业务收入86万元，同比下降60万元，降幅41.1%。全年实现经营利润7565万元，同比增加268万元，增长3.7%。

【业务经营】 深入实施“两轮驱动”发展战略，坚定发展信心，采取有力措施，加大客户营销和服务力度，支持粮食收储和新农村建设取得明显成效。积极支持粮食收储，切实保护农民利益，有力促进国家粮食安全。全年累计发放粮油收储贷款28324亿元，支持收购粮食8247万千克；从达州划转托市稻谷收购贷款63653万元，调入粮食23141万千克；年末粮油贷款余额达到256803万元，较年初增加66770万元，增长33.14%，保证国有粮食购销企业粮食收储的资金需要，确保支持收购没出问题。重点支持稻谷托市收购，一次性核批贷款2.76亿元，计划支持收购稻谷10万吨，全年实际发放贷款12123万元，收购稻谷51169吨，银政企良性沟通，工作相互协作，做到资金等收购，保证资金供应不断档不脱节。进一步深化银政企合作，突出支持政府平台公司实施的农业农村基础设施项目建设，大力促进新农村建设。四川省分行与市政府签订战略合作协议，协议贷款金额81亿元；广安市分行与武胜县政府签订战略合作协议，协议贷款金额10亿元，与广安建设集团签订项目融资合作协议，协议贷款额2.5亿元。

【精细化管理】 以深入推进精细化管理为切入点，以强化工作落实为突破口，内部管理水平不断提高。坚持以人为本推进精细化管理，通过深入细致的思想政治工作，增强干部员工的事业心、责任感，通过坚持开展形式多样的知识技能培训，增强干部员工履职尽责的本领，一抓思想、二抓技能，使干部员工整体素质得到新的提高，促进内部管理水平的持续提升。加大培训力度，提升队伍素质，继续开展“培训年”活动，按照“围绕业务抓队伍，抓好队伍促业务”的思路，以提高业务技能为重点，开展“三基”（基本知识、基本制度和基本技能）培训，努力培养各条线业务骨干。全年组织开展财会知识与技能、客户信贷业务、文秘写作、反洗钱、等培训教育达500多人次，队伍素质有新的提高。

【基本建设】 集中资金对机关和4个支行的营业办公用房进行集中维修改造，彻底改善营业办公条件，展示农发行全新的窗口形象。统筹集中零星固定资产指标和电子设备采购指标对办公设备设施进行改造换代，提高工作效率。对机关和支行计算机机房进行改造维护，改善安全稳定运营的环境，确保系统安全稳定运行。

【文化建设】 牢固树立“文化强行”意识，深入践行农发行价值体系和员工行为规范，增强文化软实力；以关心员工思想、工作和生活为重点，统一营业窗口视觉形象，加强文明礼仪教育培训，开创企业文化建设新局面。市分行团委荣获“全国金融五四红旗团委”荣誉称号；岳池县支行工会被总行授予“模范职工之家”。

组织全辖职工积极排练文艺节目庆祝农发行成立20周年职工文艺会演。加大对困难职工的帮扶力度。春节期间，分别走访慰问市分行机关和各行室8名生活困难党员（含退休）及生活困难职工，共计慰问现金13000元。建立帮扶困难职工、退休职工、职工生病住院、直系亲属病故等看望慰问制度，建立困难职工档案，为构建和谐农发行打下坚实的群众基础。

【领导人】　行长：陈家宇，副行长：袁西明、刘凤毅、宋昭映。

（市农发行）

中国农业银行股份有限公司广安分行

【概况】　中国农业银行广安分行设16个部门，下辖广安区、岳池县、武胜县、邻水县、华蓥市5个县级支行，56个对外营业机构，其中城区机构20个，乡（镇）机构36个。现有在岗员工992人，专科（含）以上文凭767人，占比77.4%，助理级以上职称共576人，占比58.12%。2014年12月末，全行各项存款余额241.24亿元，比年初增加22.51亿元，广安四大行存量占比第1；各项贷款余额76.65亿元，比年初净增13.18亿元，完成广安市政府工作目标的131.8%；存、贷款均创历史新高；分别实现拨备前利润、拨备后利润3.92亿元、3.78亿元；实现中间业务收入1.12亿元，稳居同业第1；委托类和自营类不良贷款分别清收2903万元、2145万元；不良贷款余额3058万元，占比0.4%，分别比年初减少470万元和下降0.01个百分点。全年无经济案件、无重大责任事故、无严重违纪违规行为、无“四类案件”，各项业务安全稳健营运。综合绩效考核、三农绩效考核分别居全省农行第3、第2，实现业务发展高于同期、优于同业的佳绩。全行巩固各级文明单位、文明行业、“青年文明号”和“女职工文明示范岗”创建成果，市分行继续积极规划创建全国文明单位。

【存款业务】　全行充分发挥网点、网络优势，狠抓一季度“春天行动”等业务发展旺季，围绕重点个人优质客户营销维护，有效整合营销资源，提升服务水平，巩固提升个人存款优势和市场竞争能力。截至12月末，全行个人存款余额196.66亿元，比年初净增13.36亿元，省农行任务完成率109%，排名靠前，存量和增量市场占比广安四大行第1。积极营销对公存款，继续在抓管理和抓账户上下功夫，采取抓源头、抓系统、抓开户、抓大户，对军队、烟草、电网、石油等10类重点客户进行专项营销，并切实把握社会养老保险、医疗体制改革、新农保、新农合等新政策带来的市场机遇，强化对行业性、系统性、集团性客户和账户的营销维护工作。重点把财政社保、交通、新能源、优质房地产、保险及融资担保、政府招商引资重点项目等六大类客户列为营销维护重点，逐一为单位日均存款在1000万元以上的优质客户量身定制综合金融服务方案，派出专业团队随时跟踪、定期维护。加强信贷企业账户资金管理，严格贷款企业尤其是大型企业、大型项目的资金使用、结算支付、保证金账户的监管，提高信贷企业货款归行率。充分利用对公业务管理系统平台，加强大客户管理，抓好上市公司资金募集专户的营销。到年末，对公存款余额44.58亿元，比年初净增9.15亿元，省农行任务完成率305%。

【贷款业务】　2014年，在宏观调控严、信贷计划紧的情况下，广安分行积极向省农行争取信贷计划，重点深入各支行开展调研，并根据成渝经济区、广安市政府“十二五”发展规划和全市经济发展态势，积极走访商务局、经贸委等有关部门，结合招商引资落地企业情况，优选项目，将煤、电、建、天然气等能源产业作为重点支持行业，并将涉及上述产业、符合广安分行信贷政策的重点企业列入“3125”工程项目储备库作为重点营销项目，加大对优良客户和优质信贷项目的资金支持力度。全年累计发放贷款55亿元，大力支持广安火电厂、爱众股份、广安宏威高新材料、巴广渝高速等全市重点项目建设和骨干支柱企业生产。通过建立个人贷款核心客户群，在信贷计划配置上优先倾斜，提升客户忠诚度。以个人住房贷款、个人助业贷款、个人消费贷款为重点产品，加快个人非购房贷款投放，调整优化信贷结构。市分行个贷集中经营中心正式运行，进一步完善运作流程，提高办贷效率和质量。个贷余额30.85亿元，比年初净增6.56亿元，余额占比较年初提高2.41个百分点。

【中间业务】　狠抓代理基金、贵金属、对私理财业务销售，大力发展分期付款、白金卡和新型收单三项重点业务，积极开展“春天行动”、零售业务营销竞赛、消息服务营销竞赛、电子银行质量提升竞赛、农行员工体验农行产品、网上银行及电子商务业务质量提升、基金定投营销竞赛等活动，积极拓展个金中间业务。到年末，全市信用卡客户数增12971户，有效商户新增222户，完成省农行计划的247%；信用卡中间业务收入2263万元，完成省农行计划的156%，任务完成率排全省第一位。信用卡的所有单项业务指标均为第一，信用卡综合考评全省农行第一。个人理财、基金、贵金属销售总量和计划完成率均位居全省农行前列。加快保险代理业务转型，保险代理业务高位求进，在同业及系统内均排名前列。大力拓展投行业务、对公理财产品、对公结算、国际业务等，广开中间业务收入渠道。

【服务“三农”】 围绕全市“三农”县域经济发展规划，根据《中国农业银行广安分行2010—2014年“三农”业务发展规划》，明确“三农”业务发展目标与服务路径，加大“三农”服务力度，“三农”业务取得有效突破。三农绩效考核列全省农行第2位。2014年年末，县域各项存款余额达156.84亿元，比年初净增11.28亿元，占全行存款净增额的50.26%，完成年度计划的100.69%。县域行各项贷款余额47.38亿元，比年初净增10.03亿元，同比多增0.48亿元，增幅26.87%，比全行贷款平均增幅高6.11个百分点。新营销省级农业产业化龙头企业4户，居全省二级分行第一位，累计对7户省级农业产业化龙头企业实现信贷投放2.94亿元。涉农贷款余额23.69亿元，比年初净增4.99亿元，增幅26.68%，比全行贷款平均增幅高5.92个百分点；县域小企业贷款余额9.32亿元，比年初净增1.65亿元，增幅21.3%。三农及小微企业信贷投放均达到银监局“两个不低于”要求，成为广安“四行”中唯一一家实现此要求的商业银行。县域行余额存贷比30.2%，比年初上升4.54个百分点，增量存贷比88.81%，比全市增量存贷比高30.26%，同比提高16.4个百分点。累计发放农户贷款9816万元，惠农卡32.22万张，“惠农通”工程共布点4262个，乡（镇）覆盖率达100%，行政村覆盖率61.49%，有效服务点占比较年初提升30.15个百分点，完成全年任务的162.11%；新营销涉农代理项目6个。2014年，在以“千百工程”为核心的中高端客户营销竞赛活动中，全行综合排名居全省第一位。岳池、邻水支行分别被省分行评为“一级支行业务经营评价先进单位”和“重点支行先进单位”。

【优质服务】 全面推进网点硬件设施转型升级，强化网点及渠道建设，累计装修改造50个物理网点，网均自助设备6.6台。新装修网点功能更完善，设施更齐备，环境更优美。已完成广安分行营业部和邻水、岳池支行营业部3个理财中心的升级改造，市分行财富中心通过精心打造，现已筹建成功，成为全市金融服务的“靓招牌”。加快网点软转型，加大网点标准化文明服务的指导和检查力度，着力把精品以上网点打造成文明标准服务的标杆网点，充分发挥示范作用，带动全行文明标准服务水平提高。在省农行网点暗访测评中，全行得分均高于全省农行平均成绩，且排名靠前；市分行营业部、华蓥支行营业部2个全省重点网点服务水平名列全省前茅。大力推广电子银行及自助银行服务，已完成多渠道、一体化的电子银行服务体系，涵盖企业网上银行、个人网上银行、电话银行、手机银行、自助银行、多媒体自助终端、自动柜员机等7大系列，进一步方便广大客户业务办理。电子渠道分流率达86.53%，比年初提高20.92个百分点，实现业务分流，有效缓解门柜压力，提高柜台资源利用率。

【内控管理】 全面风险管理理念与合规经营意识进一步增强，全年无案件事故发生。全年风险水平评价A+类行，全省排名第三位；各县域支行均为A+类行，岳池支行风险考核评价排名全省第一位。全行内控综合评价考核达一类行，排全省二级分行第一位，五个支行均达一类行。全年无大的风险舆情事件，全行行务信息和新闻宣传工作均排名全省二级分行第一位。全年党风廉政建设考评荣获全省一等奖。

【文明创建】 全行将深植企业文化核心理念和开展“道德讲堂”融入业务经营发展，做好市县行文明单位复查验收和精神文明建设、群团工作考核以及行风政风评议工作，市县行顺利通过省级文明单位复查验收。认真开展职工思想政治工作研究，组织课题组撰写的《浅议新时期下如何传播正能量激发欠发达地区基层行员工团结奋进的强大力量》荣获2014年四川分行思想政治工作专题调研三等奖。牢固树立宗旨意识和群众观念，将关心关爱员工落到实处。继续坚持员工生病住院、困难职工、发生灾情等看望慰问制度，全年共安排资金25.95万元慰问困难员工93户。全年共投入596万元，完成35家乡（镇）网点和3家县域支行“职工之家”“职工食堂”“党员活动室”的修建完善工作，解决所有城区营业网点的中午送餐问题。成为全省农行“职工之家”建设整体推进快、序时任务完成最好的二级分行之一。积极履行社会责任，广泛组织员工参与广安市城区创建全国文明城市、“挂、包、帮”定点扶贫、“千名党员干部进街道、共建文明社区”等各种社会公益活动，积极争取向小平故居捐款100万修建“农行感恩潭”，成为小平故居内既有“农行林”，又有“农行潭”的唯一一家金融机构。

通过省市文明办的验收，各级文明单位巩固率100%。倡导“快乐工作，开心生活”理念，与客户及市级有关部门举办游泳、乒乓球、篮球、象棋、围棋、羽毛球等比赛，发动全行员工积极参与员工讲堂、摄影展、道德讲堂、DV创意赛等活动。由广安分行自编、自导、自演的“漂亮妈妈卡有她就行”信用产品创意视频在农总行信用卡产品创意视频大赛中荣获三等奖，网络投票获得24万余票，在全国农行32个参赛作品中排名第四位，居全省第一位，展示出良好的品牌形象，进一步丰富员工生活、开阔视野、缓解压力，凝聚全行合力。市分行营业部被总行等额推选为全国妇联“巾帼文明岗”，2个网点支行获省分行第二届四川省分行文明单位、7个营业网点获第二届省分行精神文明建设工作先进单位，1人获全国金融五一劳动奖章、农总行五一劳动奖章，1人获总行运营工作先进个人，4人被评为四川省分行建功立业先进个人。

【领导人】 党委书记、行长：侯增宁，党委委员、副行长：陈方军、陈章杰、张德、冯凌。

（郑茗月）

中国建设银行股份有限公司广安分行

【概况】 2014年，建行广安分行下辖武胜、岳池、华蓥、邻水四个行政县支行，内设公司业务一部、公司业务二部、个人金融部、个人贷款中心、办公室、纪检监察部（安全保卫部）、风险管理部（法律合规部）、财务会计部、信息技术管理部九个部门 全辖22个对外营业网点，共有在岗员工331人。截至2014年年末，建行广安分行一般性存款余额183.91亿元，排名市州分行第五位，余额市场占比达27.44%，连续九年稳步提升，一般性存款日均较上年新增23.64亿元，排名市州分行第一位，时点较年初新增20.24亿元，排名市州分行第二位，其中企业存款时点新增10.8亿元、储蓄存款时点新增9.44亿元；各项贷款余额42.73亿元，较年初新增12.45亿元，增速为41.1%，新增额首次突破10亿元大关，其中个人类贷款新增5.94亿元，创历史新高，贷款获政府综合考核第一名，不良贷款率为零；2014年，实现中间业务净收入7830万元，在同业中名列第二，增速为14.01%；实现账面利润2.58亿元，增速为26.05%。

【存款业务】 契合当地经济发展结构，准确定位目标市场和目标客户；运用合适的产品吸引客户，如运用理财产品、财私卡等产品吸引个人高端客户，运用汽车卡等特色产品稳固大众富裕客户，运用代发工资、爱众水电气代扣等产品拓展基础客户；开展旺季营销活动和“拓展基础客户、提升市场竞争力”竞赛活动，进企业、进社区、进乡（镇），大力拓展客户群体；及时做出机构、人事调整，转变营销模式，应对市场变化。

【信贷业务】 积极做好大中型项目贷款工作，在建行四川省分行的支持下，建行广安分行公司客户的贷款需求得到较好满足，另外还储备较为优质的贷款项目；抓住重庆部分汽摩及机电产业向广安转移机遇，发展中小企业贷款，同时，坚持走访企业，深入园区，加强调研，实地了解企业生产经营情况和融资需求，及时把控风险，退出有风险隐患的企业；认真梳理市场现状，做好优质楼盘营销，防范“假个贷”等风险出现，保持信贷业务健康发展。

【中间业务】 加大考核力度，每季度评选各类产品营销能手，给予一定奖励，提高员工营销主动性和积极性；坚持做实结算及银行卡业务，大力拓展信用卡、结算通卡以及各类资金结算产品；开展竞赛活动，促进保险、理财产品、贵金属、基金等主动销售型产品增长；加大信用卡分期、电子银行等战略性业务发展力度；加大对公中间业务新产品的有效运用，改善中间业务收入结构，2014年，建行广安分行通过提供第三方融资服务实现中间业务收入100万元，中票承销实现中间业务收入120万元，全年实现造价咨询业务收入72万元。

【网点建设】 2014年，围绕“以客户为中心”的服务理念，致力于打造精品服务银行，除大力改善网点装修外，还采取网点转型、弹性排班、大堂经理引导、排队机优化设置、加大自助设备投放等方式，完善网点服务功能，致力于为客户提供更便捷、更优质的服务，对邻水古邻大道支行、城区思源储蓄所、武胜建南储蓄所和武胜东西关分理处4个网点进行迁址装修，进一步扩大建行网点的服务辐射范围，提升建行网点形象；城区广宁路储蓄所、金安大道储蓄所、岳池支行九龙储蓄所、华蓥市场储蓄所、武胜东西关分理处5个网点升格为网点型支行。12月23日，建行武胜振兴路储蓄所正式开业。全市网点齐，以增强网点综合服务能力和区域竞争力。同时，建行广安分行自助设备新增投放15台，全辖保有量共108台，自助服务能力得到极大提升，方便广大储户，减轻柜面压力。

【风险管理】 加强关键风险点监督检查，强化员工教育培训，增强员工合规操作意识，同时，坚持平行作业，加强风险管控，确保信贷资产质量稳定；邀请广安市检察院公诉处副处长为全行员工作“学案例、知法纪、明禁令”——反腐风暴下的银行业职务犯罪预防专题讲座，邀请中国人民银行广安市中心支行副行长为全行员工作反洗钱专题讲座，开展“讲形势、讲案例、讲违规成本”警示教育专项活动，开展非法集资风险专项排查活动和党风廉政建设及案件防控工作专项检查，召开全行青年员工座谈会，开办道德讲堂，通过系列主题教育、警示教育、党课教育等形式，以教为先、以防为重，抓队伍、抓排查、抓整改，实现“三无”目标；继续坚持衡量员工工作的三个标准，即“是否是从广安分行的大局出发去考虑问题，是否是严格遵守各项规章制度，是否是在团结协作的基础上勤奋工作”，统一员工思想，规范员工行为，构建团结、合规的企业文化。

【客户服务】 对个人全量客户重新分层定位，进行全员维护；开展“双创”知识大比拼、“学业务、练技能、比服务、防风险”“个人技能我来秀”“支付清算大赛”等知识竞赛，开立员工普通话培训班和礼仪培训班，开展“超长”治理、实施“四个一”工程等系列活动，提升服务技能，缩短客户等候时间，进一步提高服务效率；利用弹性排班、大堂经理引导、排队机优化设置、加大自助设备投放等方式，进一步优化服务流程，完善网点服务功能，为客户提供更便捷的服务，服务质量和服务水平得到广大客户认可。

【企业文化】 建行广安分行坚持行长接待日制度和谈心制度，设立行长信箱，开展“青年员工座谈会”，了解员工近况，听取员工意见；在重大节日慰问离退休老干部和生活困难人员，送去集体的温暖；组织员工体检，关爱员工身体健康；设立职工活动室，配备健身房、棋牌室、乒乓球室、舞蹈室，丰富员工业余生活；以创建文明单位、文明服务窗口、争做文明公民活动为契机，组织开展创建“青年文明号”“双文明示范岗”和争当“巾帼建功标兵”“青年岗位能手”活动，建行广安分行员工踊跃参与，展现良好的精神面貌；通过开展多种形式的主题活动加强对党员的党性教育，在基层党组织落实“三亮”“三创”“三评”活动，实施“四个一”工程，发挥党员先锋模范作用。

【社会责任】 建行广安分行员工走出银行，走进企业、社区、乡（镇）、学校开展服务活动，把金融知识传播到群众需要的地方；通过对互联网金融、移动金融、自助设备等新兴技术手段的介绍、演示，让客户深入解现代金融工具的先进性、安全性和便捷性；通过开展理财宣讲、反非法集资、防范金融诈骗等宣传活动，增强客户风险防范意识，引导客户树立正确的理财观；建行广安分行积极响应2014年建总行启动的新一轮“建设未来——中国建设银行资助贫困高中生成长计划”，资助贫困高中生60人次；通过建设银行“积分圆梦微公益”活动，建行广安分行全体员工踊跃捐赠信用卡积分，帮助贫困地区学生启智圆梦。

【获得荣誉】 2014年，建行广安分行被评为中国建设银行“平安建行”创建活动二级分行先进集体、中国建设银行公司及机构业务百佳客户经理、总行2014年旺季“重点业务、谁与争锋”个人客户新增优胜奖、总行2014年旺季“重点业务、谁与争锋”代理保险收入优胜奖；邻水古邻大道支行、武胜支行营业部专柜获省分行2014年旺季存款优胜奖，武胜支行营业部专柜、武胜支行东西关所、武胜支行东街分理处、武胜支行建设南路所、广安分行建安所、华蓥支行营业部专柜获省分行2014年旺季营销重点产品收入突出贡献奖。陈霁、王峰、罗云成、何志军、李斌、谭文光、文秘、周绪蓉获总行2014年一季度突出贡献个人奖，李斌、谭文光、尹珊、文秘、余英华、周绪蓉获省分行2014年旺季代理保险销售明星奖。

【领导人】 党委书记、行长：邓军，纪委书记：李滨源，副行长：杨宇、邹鹏。

（文　飞）

中国工商银行股份有限公司广安分行

【概况】 中国工商银行广安分行辖邻水、华蓥、岳池、武胜四个县（市）一级支行，内设综合管理部、人力资源部、资金财务部、内控合规中心、渠道管理部、运行管理部、法人客户营销中心、个人客户营销中心、结算与电子银行部、信贷与投资管理部、投资银行部、监察室和信息科技部等13个部门。下辖22个对外营业网点，共有从业人员444人。2014年，广安工行认真贯彻执行国家经济金融方针政策，主动应对日益复杂多变的内外部经营环境，围绕“转型发展、科学发展、加快发展”，运用商行、投行、租赁、信托等综合信用工具，全方位、多渠道支持企业发展壮大，充分发挥对地方经济社会的支持促进作用，充分体现国有大行的责任担当，连续三年实现高位求进。截至年末，全行各项存款余额203.45亿元，较年初净增24.08亿元，日均增量长期保持在全省系统内第1位；贷款表内净增10.06亿元，增长12.27%，表外新增5.33亿元，合计表内外净增15.39亿元；全年实现中间业务收入8896万元，同比增收304万元，实现拨备前利润 4.26 亿元，比上年增加 0.25 亿元，增长 6.11%；实现净利润 3.06 亿元，比上年增加 3439 万元，增长 19.40%。

【支持地方经济发展】　各项贷款投向精准。2014 年，在宏观经济下行，全社会资产业务市场面临民企违约率不断攀升的背景下，中国工商银行广安分行贷款投向上坚持服务地方经济发展的同时还保证贷款质量不恶化。全行全年新增贷款 15.39 亿元（含表外融资），增幅 18.77%，完成市委、市政府下达全任务的 118.38%。其中小微企业贷款余额 16.82 亿元，较年初净增 0.67 亿元，余额排名全省第 3 位，增量排名全省第 6 位；个人贷款较年初增加 10.30 亿元，排全省第 3 位，增量四行占比第 1 位。

小微贷款强力推进。2014 年，中国工商银行广安分行在总结历年小微企业信贷管理基础上，继续高度重视小微企业信贷业务推动工作，建立完善营销机制，深入挖掘小微企业信贷潜力。因受上级行准入条件提高、抵押物品限制等信贷政策变化影响，小微企业信贷业务一度发展疲软，中国工商银行广安分行通过积极沟通汇报，向上级行争取小微企业信贷业务政策，全方位为小微企业发展提供支持。截至年末，全行小微企业贷款余额 16.82 亿元，较年初增加 0.67 亿元，增幅 4.15%，高出全省平均增幅 10.64 个百分点，余额、增量在全省二级分行系统中分别排列第 2 位和第 6 位。

【金融服务】　2014 年大力拓展民生领域金融服务，助推社会经济发展和改善民生。认真贯彻落实国家惠民有关方针政策，利用全行有限的网点资源完成社保收费 2.5 万人次，金额 1.4 亿元，完成医保收费 3.4 万人次，金额 500 万元，启用社保、医保借记卡片 6 万余张；配合人行"迅通工程"的有关要求，全力推进农村支付服务环境改善，全年新发福农灵通卡近 2 万张，在华蓥市高兴镇、广安区代市镇等重点场镇新设自助银行 2 个，在县域新增投放自动存取款机 32 台，满足农村地区群众就近享受账户查询、小额取现等支付服务要求。

【金融创新】　充分针对广安经济及资源特点，积极创新融资业务产品，通过表内外等多种渠道加强和推进综合信用工具运用，不断满足客户融资需求，大力推进信贷业务发展。全年共向 XX 集团等企业办理贴现业务 4.54 亿元、签发银行承兑汇票 2.13 亿元；向 XX 学院、XX 中学等办理委托贷款 5859 万元；向 XX 学校投放信托理财业务 8500 万元，在实现自身表内外创新资产业务重大突破的同时，也有力地推动广安市教育改革发展实验区建设和高等教育事业发展。

【风险防范】　2014 年，全行在推进业务发展的同时，及时建立健全内控制度，确保在风险可控前提下开展业务营销。严防操作风险，推行导师制、约见谈话制、本人撰写案例制等行之有效的警示教育措施，强化全行操作风险管理，提高全员按章操作的自觉性；强化声誉风险防范，充分发挥舆情监测中心和消费者权益保护中心的作用，及时收集整理分析重要信息，及时妥善处理客户投诉事件，真正把消费者权益保护落到实处。

【队伍建设】　大力开展党的群众路线教育活动，巩固教育成果，落实反腐倡廉和案件防范责任制，加强员工职业道德教育，确保队伍稳定和人员安全。两年时间中国工商银行广安分行共引全日制本科大学生 70 余人，其中研究生学历从无到现在的 9 人，较好地改善广安分行人员结构。同时进一步发挥商学院的作用，通过组织中青年员工积极开展与业务经营管理相关的各项研究活动，多维度提高干部员工的金融理论素养，与西南财大合作开设金融 MBA 班，本行员工积极参与，还接纳党政部门和监管单位员工一道攻读，共同提升全社会文化素养，为广安金融业的发展储备大量后备人才。

【履行社会责任】　2014 年，全行积极践行社会责任，关心民间疾苦，运用关爱基金主动参与地方扶贫济困；关爱留守儿童，为乡（镇）留守儿童送去文具及节日问候；积极践行企业社会责任，帮助"挂、包、帮"贫困村修村道公路，解决村民交通不便、制约经济发展与群众脱贫难的问题；坚持为广安职业技术学院等高校学生提供实习锻炼岗位；主动参与文明城市创建，主动参与金融生态环境建设，严格执行国家有关利率管理规定，自觉抵制高息揽存，最大限度维护金融市场秩序；全力做好稳定工作，全年无协解人员上访，连续 21 年无案件，多次为地方警方破案提供线索。2014 年先后被评为第六届全国金融单位职工思想道德建设先进单位、省级最佳文明单位，并成功创建第四届全国文明单位。

【领导人】　党委书记、行长：齐君，副行长：贾志刚、周波、陈光英。

（李洮锋）

中国银行股份有限公司广安分行

【概况】　中国银行广安分行内设综合管理部、计划财会部、公司业务部、个人金融部、中小企业中心、风险管理部、监察部、营业部八个部门。下辖8个经营性支行，即邻水支行、华蓥支行、前锋支行、金安大道支行、建设路支行、政府大道支行、百业街支行和世贸支行。2014年，广安分行在全省中行系统机构年度绩效考核中以110.94分排名小组第二（共9家行）、全省第二（共39家行），考核等级喜获A等；获“广安银行业机构执行人民银行与外汇管理局政策和管理规定”综合评价第一名。

【存款业务】　本外币各项存款余额41.57亿元，较2013年净增4.57亿元，增幅12.35%，排名广安四大行（工行、建行、农行、中行）第二；四大行市场份额较2013年提升0.03%，排名四大行第三，其中：公司存款较2013年净增2.40亿元，增幅11.86%，排名四大行第四，四大行市场份额较2013年下降0.44%，排名四大行第三；储蓄存款较2013年净增2.17亿元，增幅12.93%，排名四大行第一，四大行市场份额较2013年提升0.17%，排名四大行第二。

【信贷业务】　本外币各项贷款余额22.72亿元，较2013年净增6.91亿元，增幅43.72%，排名小组第二、四大行第一；四大行市场份额较2013年提升1.45%，排名四大行第二。其中：公司贷款较2013年净增4.56亿元，增幅48.20%，排名四大行第一，四大行市场份额较2013年提升2.31%，排名四大行第二；零售贷款较2013年净增2.30亿元，增幅35.94%，排名四大行第二，四大行市场份额较2013年提升0.04%，排名四大行第二；余额贷存比达到54.66%、排名四大行第一，新增贷存比达到151.20%、排名四大行第一。

【基础客户拓展】　广安分行对公有效客户252户，较2013年增长28户，增幅12.5%；对公网银交易客户数完成663户，完成省分行任务的103.59%。新模式下中小企业授信客户32户，较2013年增长7户，增幅排名全省第七；中小企业业务达到银监“两个不低于”要求。结构化加权个人客户数月均新增6704户，月均增速13.38%，与标杆增速之比为173%，排名小组第一；个人电子银行交易客户数达10428户，完成时间进度的112.13%，排名全省第七。

【网点综合效能】　2014年，广安分行持续推进网点转型，加强网点人员配置，进一步完善网点等级管理机制，提升网点综合竞争能力。截至12月末，广安分行网均存款较2013年增长5076万元，增幅12.35%，排名四大行第二。广安分行不断加大渠道建设力度。2月，迁址新设的前锋支行正式对外营业；5月，营业部装修改造工作顺利完成；四季度，广安分行启动金安大道支行扩建装修工作，已获得相关条线部门同意批复；新设自助银行两家，均已对外营业。

【跨境人民币业务】　广安分行实现跨境人民币结算量1562万元，市场份额占比达55.13%；实现国际贸易结算量2693万美元，市场份额达31.79%，同比增长93.74%，增幅排名全省第三；实现国结中间业务收入46万元，同比增幅83.58%，排名全省第五。

【内控管理】　风险内控方面，深入推广风险量化工具应用，推进RAROC测算结果在部分行业中的刚性应用，针对重要客户授信方案提出优化建议，推动业务“算准了再做”；进一步加强征信管理工作，确保征信数据质量的有效提升。案防安保方面，全面做好人防、物防、技防的管理工作；扎实开展警示教育和应急演练等活动，提高员工突发事件应急处理能力；定期开展案件风险排查和人员排查，加强案件防控；按照省分行的统一部署，将反洗钱大额可疑交易的甄别由各基层网点上收至分行反洗钱中心集中甄别，有效提高反洗钱工作质量。2014年，广安分行在省分行年度安全保卫工作绩效考核中被评为A等。

【优质服务】　2014年，广安分行出台《中国银行广安分行2014年“百日”优质高效服务工作专项整治活动方案》，持续开展文明优质服务竞赛活动、大力开展业务技能练兵活动，文优水平显著提高。在省分行2014年营业网点优质高效服务检查工作中，广安分行位居榜首；营业部、金安大道支行被评为总行级优质高效服务网点；四星级柜员取得突破，共3人被评为四星级柜员；先后组织6次技能测评工作，年度技能测评合格率较2013年提高27.29%，能手率较2013年提高17.49%。

【企业文化】　广安分行充分发挥企业文化引领发展、凝聚人心、创造价值的作用，以丰富多彩的活动为发展注入活力。通过先进的文化激活灵魂。建立企业文化墙，以卓越目标鼓舞人心，以先进表彰激励人心，以名言警句警醒人心，以孝道文化感化人心。通过健康有益的活动凝聚人心。在“三八”“七一”期间开展主题活动；组织复转军人、离退休职工、新入行大学生座谈会；举行职工乒乓球比赛、辩论赛、歌咏比赛等活动。通过践行社会责任实现自身价值。组织开展“消费者权益保护”“金融知识进万家”“金融知识普及月”“特殊消费者群体金融服务”等主题实践活动；积极开展扶贫救助工作、抗震救灾活动、省分行2014年“扶贫日”募捐活动、“挂包帮”结对帮扶活动等。

【领导人】　党委书记、行长：贺斌，党委委员、副行长、纪委书记：李昊，党委委员、副行长：段强、陈光艳。

（李　雪）

中国邮政储蓄银行广安市分行

【概况】　中国邮政储蓄银行广安市分行下辖广安区支行、岳池县支行、邻水县支行、武胜县支行、华蓥市支行5个一级支行，前锋区支行、龙马广场支行2个特色支行。2014年，累计完成收入19270万元，完成省分行计划的114.16%，排全省第5位，同比增幅30.09%，排全省第5位。荣获省分行2014年度经营效益奖、绩效考核荣获A类。邮政金融个人储蓄存款185.81亿元，绝对值列全省第7位。贷款余额16.21亿元，净增4.79亿元，完成市委市政府全年4亿元计划的119.83%。

【普惠金融】　始终坚持“服务‘三农’、服务社区、服务中小微企业，打造大型现代零售商业银行”的战略定位，积极践行中央“一号文件”支农惠农精神，充分依托和发挥网络优势，全力支持地方经济发展。紧抓邓小平诞辰110周年之机遇，高举“普惠”大旗、升级“三农”服务，加大市场调研力度，加快支农惠农信贷产品创新，积极探索服务“三农”的新路径。5月27日，召开全市金融支持“三农”座谈会议，5月28日，与市政府签署战略合作协议，明确未来4年内为广安辖区内企业及“三农”领域提供意向性本外币综合信用支持额度100亿元。与武胜县政府签署战略合作协议，授信武胜县辖内企业信贷额度10.2亿元。依托省科协和省分行建立的“银会合作”平台，深入开展调研和总结，与广安市科协达成合作意向并签署合作协议，实现科协、邮储银行、农技协、会员等多方共赢。积极探索信贷担保形式，与人保财险合作在全省范围内率先推出小额贷款银保合作模式，通过引入保险公司担保，为借款人提供信用增级，与保险公司签订2亿元的合作协议。积极推进助农取款工程，大力推动社会保障卡的发行工作，全年发卡55170张。组织金融下乡服务队，充分发挥流动金融服务车的作用，定时定点为空白金融乡（镇）提供基础性金、流动金融服务。

【风险管控】　加大风险管控力度，扎实开展五类专项检查，全年共计检查网点354个次，出检838人次。做好电子稽查预警核销，对全行三级以上11.45万条风险预警信息进行集中实时监控、核销，核销率为100%。防范法律事务风险，共协助司法查询6032笔，审查合同202份，做好纵、横转授权工作。积极开展非法集资宣传和排查活动，有效提示非法集资风险和危害。扎实开展反洗钱工作，对20282笔可疑交易进行人工识别，强化信用风险监测机制，按季开展资产分类工作，扎实开展贷款偏离度检查工作。认真落实“合规经营无小事，底线思维莫闲谈”的指示精神和监管要求，扎实开展合规文化建设。组织“五十个严禁”考试，参考人员合格率达100%，组织相关人员参加执证考试，提升专业技能和综合素质，从源头上控制业务风险。扎实开展合规大行动活动，按规定动作在全市开展“找问题、抓整改、促合规”为主题的合规大行动，开展“一把手合规一堂课”讲座，组织宣讲团在全市巡回宣讲，组织全市邮政金融从业人员签订合规行为承诺书。12月15日，在全市开展邮政金融合规大行动知识竞赛活动，全面梳理各条线违规风险点并印制成册，出实招治顽疾，强执行。

【渠道建设】　加快自营网点软硬件环境改造，武胜祥升大道支行顺利营业，广安区思源大道支行财富中心打造完毕，全行网点无线网覆盖率达100%，为客户提供全方位多功能式体验区，有效改善电子银行体验环境。加强营销体系建设，以“能力培训+理论培训”为重点，通过内训和外聘师资相结合，提高营销队伍实战能力，加快从“以产品为中心”向“以客户为中心”转型，积极打造营销团队。提升科技管理精细化水平，深入推进计算机安全运行竞赛活动，确保计算机安全运行。开展“2014年邮政金融网点规范化服务”专项检查活动，按规范化服务标准进行督查，对“服务明星支行”“服务明星柜员”及“服务明星大堂经理”进行复查，提升营业网点规范化服务水平。

【企业文化】　扎实开展党的群众路线教育实践活动，积极构建和谐企业，打造对外宣传名片。3月20日，召开首届一次职工代表大会，建立健全职代会制度，增强员工参政议政意识。组织全行员工进行体检，开展夏季送清凉活动。组建男子篮球队、足球队、乒乓球、羽毛球、礼仪健身等体育活动小组。开展庆“三八”乒乓球、羽毛球等系列比赛活动，安装广播音乐，聘请专业人员为机关员工教授广播体操。召开“职工小家”建设推进工作座谈会，全行共建成职工小家8个。开展庆“七一”建党93周年系列庆祝活动，成功举办迎国庆“感恩奉献·共铸辉煌”文艺会演活动。

【社会责任】　落实邮储银行“最具民生、最接地气、最具责任”的担当精神，全年共缴纳税收1244.8万元。主动投身公益事业，全行积极响应抗震救灾号召，为云南省昭通市鲁甸县灾区共募捐资金 3.6 万元；9 月 16 日，成功承办广安“道德讲堂”总堂第三十三讲；积极抗击洪涝灾害，慰问职工及群众；认真落实市委、市政府帮扶工作和创建全国文明城市工作要求，主动投身公益事业，持续对口扶贫广安区肖和乡共和村、邻水县九龙镇观音村，共建广安区玉兔社区和广福街道周家巷社区，改善社区软硬环境。

【领导人】　党委书记、行长：邹青春，副行长：罗斌、蒋伟、杨玉彬。

（陈信桂）

成都银行广安分行

【概况】　2014 年，成都银行广安分行坚持以总行“速提短板、巩固优势、强化基础、稳中快进”为工作基调，以“发展及基础能力提升”为工作重心，积极开展“争做可爱员工，建设优秀银行”系列活动，探索工作方法，狠抓落实到位，切实做好经营管理。截至 2014 年 12 月 31 日，分行各项存款余额 285396 万元，比上年末增长 13.77%，全年日均总存款 268697 万元，比上年增长 41.07%。各项贷款余额 205402 万元。新开立对公存款账户 246 户，新增个人存款账户 14799 户，承兑汇票年末余额 23193.13 万元，国际结算业务达 3907 万美元，占广安全市国际结算量的 43.36%。电子银行各项指标全面超额完成。

【服务中小微企业】　探索中小微企业金融服务机制，针对中小微企业融资服务有“短、小、频、急”的特点，创新审批模式，创新信贷产品，出台中小微企业贷款营销激励政策，坚持“一企一策”原则。从生产加工制造业到养殖、林业再到批发零售业，分行把支持小微企业作为全年贷款投放对象，切实把发展小微企业信贷作为分行参与市场竞争的切入点。2014 年，小微企业贷款余额达 121791 万元（含个人生产经营性贷款），占全部贷款余额的 59.29%，银监考核的小微企业贷款投放两个不低于的任务全面完成。对广安金融市场进行认真分析和研判，针对当前广安对公优质客户较少，很难与国有银行抗衡，分行积极介入个金市场，拓展个金业务，提升议价能力，争取存款支持。同时鼓励介入有明确用途，前景较好并以商业地产做抵押的贷款投放，谨慎介入以住房做抵押的个人贷款，大力发放个人生产经营性贷款，全力支持广安个体工商户等微型企业。

【存贷款联营】　针对广安市场特征，继续深入推进“存贷联营，公私联动”战略措施实施，整合业务条线资源，把存款和贷款结合营销，对公业务和个金业务联合行动，要求每一位客户经理做对公业务的同时，积极营销代发工资、信用卡、转账电话、理财产品；做个金业务时，主动营销存量客户中有深度挖掘可以合作的存贷款业务机会，建立相应人脉资源关系。通过公司部和个金部分别交叉做对方业务，熟悉业务流程和相关规定，高效实现公私业务无缝对接。

【开拓园区市场】　重点围绕奎阁园区、枣山物流商贸园区、协兴生态文化旅游园区、邻水经开区、岳池工业园区、前锋工业园区等建设规划，扎实做好园区金融调查以及在建项目调查，认真分析产业园区的信贷特点、需求情况和发展趋势，找准支持产业园区发展的结合点，加大对全市重点产业园区发展的支持力度。合理确定贷款增长目标，建立完善适应产业园区企业发展的信贷管理机制，进一步提高审贷效率，有效满足符合贷款条件的重点园区企业的合理信贷资金需求，努力完成产业园区中长期贷款、园区中小微企业贷款等各项信贷目标。2014 年，分行投放重点园区各项贷款达 1.9 亿元，贷款企业共计 20 户。

【拓展国际业务】　广安分行作为总行的国际业务重点行，积极开展国际业务相关工作。主动顺应广安外向型经济快速发展趋势，依托总行本外币一体化经营优势，创新性地推出信贷与外汇结合的信贷产品，将人民币贷款与外汇业务有机结合。建立国际结算“绿色通道”和“快速审批”机制，满足企业资金“短、急、快”的要求，办理结售汇业务的时效远远高于广安市其他同业，分行办结一笔国际业务的时长一般在 1 天左右，而广安市其它同业办结一笔类似业务通常在 5—7 天时间，减少客户的资金占用时间，降低财务成本，同时规避汇率波动、商品价格波动等带来的对企业不利的影响。在深入调研的基础上，让嘉逸皇冠、万豪电子、铧强服装等众多广安中小外贸企业破解融资难、担保难的瓶颈，使企业发展赢得商机，拓宽外销市场。通过提供全方位、多角度的综合金融服务，确保国际业务客户请得进，留得住，可持续，促进国际业务向纵深发展。截至 12 月 31 日，国际结算业务达 3907 万美元，占广安市国际结算量份额并跻身广安市前三强的历史性跨越，其经验及做法被《广安日报》以“搭起融入世界的平台——成都银行广安分行全力助推外贸企业发展侧记”为题进行宣传报道，扩大广安分行的社会影响。

【合规管理】　坚持“三查”制度。在贷前调查方面，坚持现场调查、非现场调查、双人调查，多渠道、多方位掌握企业、企业管理者真实信息，做到调查有计划、有目的、有记录，努力提升贷前调查质量，从源头上把握贷款风险防控的第一道关口；在贷时审查上严格按照“三个办法一个指引”和贷款审批流程进行贷款审查，对需要上会的能够及时召开会议进行研究；在贷后检查方面，建立定期召开贷后跟踪管理例会制度，分析借款人风险因素，讨论确定应对措施，实时监测风险预警信号，做好信贷资产12级分类工作，不断提升信贷资产质量。

强化风险评估。分行在办理信贷业务的过程中陆续出现一些问题，不良资产加速上升，针对公司和个人业务出现的这些个别问题，分行要求信贷环节的各个岗位尽职履责，认真分析形成的原因，及时调整有关策略和措施，在审批对公信贷项目时必须审查评估结论是否偏离市场，对个人贷款抵押物评估审查更为严格。鉴于广安民间融资发展迅猛，信息不对称，风险不断聚集，腾飞集团破产、恒立非法集资事件牵涉当地个贷不良引起分行领导的高度重视。为加强风险评估，分行主要负责人随时跟踪了解本地房地产市场、相关统计数据，向房地产商交流最新房产情况，调查了解以园区企业的工业用地作抵押申请的贷款（包括招商引资企业）尽量避免不出新的问题，成功避开风险。

严控不良贷款。提出贷款不良率控制指标，凡月末不良率超过1%的，对业务单位负责人和责任人实行扣分处罚。每月25日左右，由风险部提供问题贷款清单，特别是对欠息或联系不上的客户抓紧联系，尽量减少问题贷款。同时，分行每季度召开风控案防安保分析例会，汇报上次风险例会提出问题整改情况，当期出现的问题并做出安排布置。用实际行动加强潜在风险贷款的处置力度，加大不良贷款清收处置力度，加快不良资产清收处置步伐，下决心杜绝类似问题再次发生，确保全行信贷资产质量得到持续改善。

【队伍建设】　主题活动。坚持以企业文化建设为引领，通过党总支牵头、工会和团支部共同参与的方式，2014年，组织员工赴敬老院、儿童福利院慰问，开展“感恩奉献，读书唱歌庆七一”活动、举办“成都银行广安分行成立五周年”征文并演讲比赛、巡护山林、季度员工集体生日会、岗位交流、中层干部述职测评和部门负责人组选员工会议、廉政警示教育、社会公德教育，以及文明营业室、文明员工、优质服务评选等形式多样的活动。组织新员工上华蓥山开展拓展训练，培养广大干部员工艰苦奋斗、乐观向上的精神和品质。2014年，开展“全员管理”活动，围绕“探索工作方法、狠抓落实到位”这条主线展开，将2014年确定为“方法落实年”，督促全行广大员工有效完成布置的工作、落实相关政策，增强其适岗能力。

能力建设。抓好全行员工教育培训工作。采取“走出去、请进来、上台”等形式，突出职业道德教育、岗位职责和操作流程培训，开展多种形式的教育培训活动。制定“每周一课”学习制度，先后邀请人行、总行相关部门对全行业务人员进行人民币管理知识、反洗钱知识、信贷业务培训讲座，不断提高员工综合素质和业务技能。此外，按照“3+X”学习考核办法，鼓励员工报考与本岗位相关的资格考试，取得相应的岗位资质，严格兑现奖惩，最大限度激发员工提升业务能力积极性。

转变作风。为彻底解决“底子薄、出差错、赶不上”的突出问题，按照“审慎、合规、持续、稳健”的经营原则，相继开展“岗位练兵汇报展示活动”“增强业务技能，确保合规守纪”教育活动，召开“稽核审计问题分析改进大会”，重在以问题说规范、以问题作教材，以此督促分行员工在提高业务合规操作，按章操作等方面的规范化意识，进一步夯实业务发展基础。

风险防控。先后印发《成都银行违规处罚文件汇编》《广安分行员工培训学习手册》《优质服务管理办法》《信贷业务办理纪律规定》《信贷项目工作质量测评管理规定》《广安分行员工业务学习管理办法》，定期组织考试测评，通过这些纪律规定的贯彻落实，不断提高业务技能。同时，全面提高风险防范意识，提升队伍廉洁自律能力，坚决防止“吃、拿、卡、要”等不良问题，树立成都银行良好的社会形象。

逗硬奖惩。针对部分员工业务出错呈易发多发的态势，并切实起到警示和教育全体干部员工的作用，在进行充分讨论分析的基础上对相关违规人员实施4万多元现金处罚，分行主要负责人主动承担责任，先后被罚款4000多元。针对工作完成较好、落实工作较快，给予一定的奖励，做到奖罚分明。专门制定有关纪律规定，把屡查屡犯与年度考核等次管理挂钩，用措施和办法扭转业务管理等方面的问题。

【领导人】　党总支书记、行长：李子前，副行长：张兰。

（李兴继）

重庆银行广安分行

【概况】 2014年11月19日重庆银行广安分行开业，它不仅是重庆银行历史上第一家异地二级分行，也是全国所有城市商业银行中的首家异地二级分行。内设风险管理部、业务部、运营部、综合部等4个部门，运营部下属网点1个即分行营业部。在岗从业人员27名，其中正式员工23名，派遣制员工4名。2014年运行共43天，新增存款11444万元，其中企业存款8652万元，储蓄存款2792万元；发放贷款共2笔，其中公司贷款1笔，金额6000万元，个人经营贷款1笔，金额430万元。

【服务实体经济】 秉承重庆银行“服务地方、服务市民、服务中小企业”的一贯宗旨，在明确自身定位和目标后，2014年，重点致力于扶持广安重点骨干企业和开发中小企业的小微贷款等业务，并建立一整套反应快速、执行便捷、服务到位的市场营销机制。成立以分管业务发展的行领导为组长的服务实体经济工作领导小组；加大小微投放力度，实现“两个不低于”目标，积极支持小微企业的成长；加强政银企沟通交流，支持广安重点项目建设；加大信贷结构调整力度，努力支持广安经济结构优化升级。

【业务品种】 个人业务方面：推出“幸福存”“聚财通”“乐惠存”“聚利宝”“DIY贷”“长江系列理财产品”、个人消费贷款、长江卡循环贷款、信用卡分期等适合不同人群需求的各种产品。公司业务方面：除传统的存贷款业务外，还推出“厂商银”“仓货质押”“应收账款质押”、小微企业“启动力”“经营性物业”以及“票证通”等切实能为企业排忧解难的系列信贷产品。

【渠道建设】 开业之初，设一个物理网点，一个在行式自助银行，有2台自动取款机，1台自动存取款机。除此之外，网上银行、手机银行、电话银行等电子银行渠道普及发展逐步成熟，实现24小时为客户服务。运行43天，共开立借记卡349张，收集信用卡资料22份。

【经营管理】 强化组织机构建设，确保职责明确；加快建章立制进程，确保有章可循；监控各项工作流程，确保按章操作；加大监督检查力度，确保执行有力。围绕“有梦想、有精神、有爱心、有原则、有担当”的“五有”重庆银行人核心价值观，不断充实企业文化内涵，倡导正能量，在全行上下营造积极向上、团结友爱、风清气正的良好氛围。

【领导人】 党支部书记、行长：李强，副行长：杨虎。

（唐红梅）

广安恒丰村镇银行

【概况】 截至2014年年末，全行资产总额达16.45亿元，各项存款余额116820.39万元，各项贷款余额134965.24万元，资本利润率16.96%，存贷款比例102.69%，到2014年年末累计实现利润总额1.5亿元，上缴税费5170万元，为促进广安城乡经济又好又快发展发挥新型农村金融机构的独特作用。广安恒丰村镇银行拥有一支以大专、本科学历为主体，拥有经济、会计、理财等专业职称的高素质人才队伍，从业人员共有45人。2014年年末，广安恒丰村镇银行设有营业部、财务部、业务管理部、业务发展一部、业务发展二部、综合部、合规部7个职能部门。

2014年3月18日，四川省委书记王东明一行在广安市委书记侯晓春的陪同下，对广安恒丰村镇银行进行调研。王东明给予“三个肯定”：肯定“支农支小”的发展方向，肯定小微企业特色信贷产品，肯定村镇银行发展成绩。

【存款业务】 2014年年初，行领导带头积极组织存款，实行全员营销，将任务分解落实到各部门、每位员工，围绕重点个人优质客户，提升服务水平，进一步扩大储蓄存款市场。加大宣传力度，强化优质服务，利用电视、户外广告牌、网络等媒介扩大宣传力度，与各单位、企业协调吸收对公存款，持续开展优质文明服务活动，积极挖掘潜在客户、培养优质客户，实现存款稳步增长。并利用贷款客户面广的特点，在贷款客户的人脉关系中寻找资金组织的契机，不断壮大自身资金实力。

【“三农”贷款】 “支持三农”工作。广安恒丰村镇银行相继支持观塘镇国家级农业园区、浓溪镇浓安柚基地、马坝乡、官盛乡、观阁镇、梭罗乡、彭家乡、禄市镇、苏溪乡等地的一批生猪、鸡鸭、肉兔等农畜养殖大户，在资金融通上开辟绿色通道，为农民达产、增收、增效起到雪中送炭的作用。四年来，累计发放农民专业合作社贷款8000余万元、发放菌业贷款1200余万元、现代农业生产基地贷款2.35亿元；累计发放返乡农民工、妇女创业贷款3800余万元、青年创业贷款3.95亿元、农家乐业主贷款1500万元。

创新贷款担保方式，整合贷款期限、贷款利率和还款方式等信贷要素，相继推出贷款业务与结算服务相结合、贷款业务与咨询业务相结合的新产品以及产业链条组合产品、循环授信特色产品等，最大限度地满足“三农”和小微企业的金融服务需求。对小企业客户推出林权抵押、应收账款质押、担保公司担保等多种担保方式，拓展农户联保，将农户之间的联保方式延伸到农户与中小企业、农户与专业化龙头企业、中小企业与中小企业之间，组成各种形式的联保体。

2014年，广安恒丰村镇银行向人行广安中心支行申请获批支农再贷款1.5亿元，在前锋区观塘国家级现代农业园区设立“支农再贷款惠农创业示范基地”，该基地也是广安市第一个支农再贷款惠农创业示范基地。

【产品创新】　广安恒丰村镇银行致力于信贷产品的开发和创新，相继推出“恒裕丰”个人循环贷、小微企业循环贷、个人足额贷、助学贷、农家乐贷款、白领贷近十款信贷产品，广安恒丰村镇银行推出的“恒裕丰”个人足额贷信贷产品被四川省银监局评为“四川银行业小微企业金融服务特色产品”称号，是四川省农村中小金融机构首款获此殊荣的信贷产品。

【风险防范】　加强内、外部风险防范，加强内控意识、完善法人治理结构，进一步完善贷款风险防范机制，坚持重要岗位轮换制度，不定期组织案防、安全保卫的学习、培训，加强合规教育，按季度进行员工行为排查，引导全体员工正确认识风险，增强风险防范的意识与能力，全行实现无案件事故。

【领导人】　行长：邢再林，副行长：刘陕川、伍黎明。

（刘昊辰、宋天宇）

四川省农村信用社联合社广安办事处

【概况】　四川省农村信用社联合社广安办事处（简称省联社广安办事处）是四川省农村信用社联合社（简称省联社）的派出机构，受权履行对全市农村信用社的管理、指导、协调、服务职能。内设综合、业务、稽核3个部门，兼管省联社科技信息中心广安分中心，在辖内广安区、邻水县、岳池县、武胜县、华蓥市设5家县级法人机构，其中武胜农村商业银行于2014年8月正式挂牌。2014年年末，全市共有230个营业网点、1984名在岗员工。其中，大专及以上文化程度1564人，助师以上职称456人，党员719人。全市农信社各项存款余额325.52亿元，比年初增加52.62亿元，增长额占全市金融机构的34.78%，高于全市平均增速5.7个百分点，市场份额和存款增量均居全市同业第一。全年累放各项贷款108.74亿元，贷款余额181.4亿元，贷款净增25.4亿元，完成人行合意贷款规模的99.39%，增幅16.29%，增长额占全市金融机构的28.14%，市场份额和贷款增量均居全市同业首位。11月，全市农信社存贷款规模首次突破500亿元，且广安区、岳池、武胜、邻水4家行社存贷款规模突破百亿。办事处被评为“邓小平诞辰110周年纪念活动先进集体”。

【存款组织】　坚持品牌推广战略。以2014年“四川农信杯”全民金融知识大奖赛活动为契机，办事处搭建与市金融办、人行、银监联动开展金融知识普及活动新机制，2—6月份举办路演53场，发放宣传资料14万份，现场参与活动超6万人。同时，加大报社、电视台、网络媒体、擎天柱、户外、网点LED及电视等平台宣传投放，赞助广安主城区主干道亮化工程宣传，扩大四川农信品牌知名度和影响力。

加强督导服务。对各行社实行领导挂片、部门包县督导，推广先进社经验做法，对后进单位实施高频率督导；组织各行社开展“开门红”劳动竞赛，实行专项激励攻关，通过营销代发工资、存贷结合、推广网上、手机和微信银行等储蓄关联新产品、特惠商户合作等途径，对务工、学校师生群体开展便民化的针对性综合营销；发行“金信富·丰登”保本型人民币理财产品，为广大市民提供综合金融服务。

优化网点服务。城区和大场镇全部实行综合柜员制管理，探索推行柜员等级评定，开展服务礼仪、大堂引导培训和职业技能竞赛活动，推动网点升级改造19个，有效提升网点硬件环境。

【支付结算】　截至12月末，手机银行注册数净增6.29万户，短信银行签约数净增7.45万户，自助银行设备新增完成152台，特惠商户新增295户，网上银行新增1.1万户，电子银行业务收入566万元，银行卡业务收入1120万元，卡存款净增8.06万元，电子银行业务发展良好；完成SC6000z新系统上线各项规定动作，10月20日全市230个网点全部正常对外营业；在助农取款POS机具“村村通”基础上，开通转账、缴费功能，机具投放量、交易额分别占到全市同业60%、90%，受到人民银行党校2014年秋季干部进修班调研组肯定；与社保部门建立分管领导负责协调沟通、业务部门上门服务机制，全年累计发行社保IC卡3万张，新增7万张已进入制卡程序；网上申贷、ATM跨行转账、助农取款POS机具联网通用、手机、微信银行（含蜀商惠）业务顺利开通，公务卡发行实现零突破。

【服务实体】 办事处加强汇报协调，争取人行政策倾斜，为各行社新增合意贷款规模4.08亿元，年度合意贷款规模达25.56亿元。邻水联社积极支持当地现代农业园创建“支农再贷款支持现代农业省级示范基地”，华蓥支持创建支农再贷款基地2个。其次，草拟印发优化“三农”金融服务、支持春耕生产和小微企业、金融支持川渝合作示范区（广安片区）建设4个意见，建立市级重点项目库，每季度编发各行社指导营销。年内，广安区联社完成小贷内部推广复制，建立小企业金融服务第二中心，其余4家行社也纳入第二批自主推广全部验收落地。12月末，全市小微贷专营机构贷款余额达到10.12亿元，较年初净增6.27亿元，武胜农商银行被评为全市小微企业金融服务先进单位。5月，省联社领导带队参加“感恩小平·共建广安”金融对接活动，与市政府签订战略合作协议，辖内各行社对接30户小微企业和13个项重点项目，向广安玛瑙城酒店、中太蛋鸡场饲养基地等40户对接企业发放贷款共计5.42亿元。同时，加大产品创新和运用。如邻水联社通过租金收益权质押方式发放贷款480万元，支持当地养猪专合社发展，岳池联社通过保证、设备组合担保，向道隧集团广安工程公司发放贷款1330万元；武胜农商银行办理投资信托产品3.2亿元，弥补全市农信系统在信托市场的空白；邻水联社受理4192万元承兑汇票转贴现和200万元承兑汇票贴现业务，实现全市票据业务零突破。

【支持民生】 2014年，发放春耕支农贷款2.65亿元、专合组织贷款4225万元、农业企业贷款19.08亿元，推行主办行（社）制度，对新型农业经营主体探索实行“一对一”的金融服务。12月末，涉农、小微贷款余额分别较年初增加23.04亿元、16.89亿元，高于各项贷款平均增速3.17、2.64个百分点，实现涉农贷款、小微企业贷款“两个不低于”目标，在全市金融机构占比分别为53.61%、49.47%。全年累放助学、青年创业、下岗失业、失地农民再创业、生猪种养殖等各类民生类贷款6619户15124.4万元。同时，开展形式多样的送金融知识下乡、普及金融知识万里行、金融知识进万家、金融知识普及月、服务宣传月、消费者权益保护等系列宣传活动，提升公众金融认知。

【推进改革】 4月，市政府印发《关于支持农村信用社改革发展的意见》，明确政府背景不良贷款化解、房屋确权税费减免等系列政策措施；武胜农商银行已于8月6日正式挂牌成立；华蓥联社成功收回1506万元政府背景贷款，10月13日已获省联社批复，正式启动改制；邻水联社已于12月下旬已获省联社批准启动改制；办事处与广安区联社整合，按“雅安模式”组建广安农商银行的工作，成立由陈捷副市长为组长的“广安农村商业银行筹备工作领导小组”，市政府在常务会讨论通过筹建工作方案的同时，于12月中旬已向省政府呈报；经省联社批准，广安区联社去年12月完成增资扩股1.473亿元，正在全面优化监管指标；广安区、岳池、邻水、华蓥4家联社通过流程梳理和优化再造、组织架构优化、人力资源配置、运行机制完善、企业文化打造等方面“规定动作”，通过省联社落地验收，各行社均进入持续优化阶段；在武胜召开网点转型专题会议，网点转型方案已获董事会通过，正加快推动实施；北辰社风险处置及并购重组方案获省政府同意，“广安思源农商银行”进入改制筹建阶段。

【风险管控】 完成柜面业务、现金及重空、非法集资、民间资金中介服务机构及员工参与融资行为、抵押贷款真实性检查、员工账户清理等专项工作；“9·13”特大洪灾期间，第一时间下发《内部传真电报》要求全力确保员工生命安全，并向市政府、银监和省联社报告，同时由领导带队深入一线指导抢险救灾；全年投入安防建设资金3772万元，新购营业用房5个、改造33个，优化配置业务库24个，实现100%安全达标；在全辖开展为期3个月的全员法治教育学习活动，与各行社签订反腐倡廉责任书，深化廉政文化“三进”；开展“六个专项整治”和“吃拿卡要借”“庸懒散浮拖”专项整治，在2013年8月，市纪委对116个单位正风肃纪群众满意度测评中，办事处在28个市级公共服务行业中排名第6位、在驻市金融机构中排名第2位；对小平诞辰110周年期间系统运行和稳定工作作周密安排，同时强化舆情监测和引导，梳理规范重大事项报告流程和标准。

【领导人】 党委书记、主任：黄跃；党委委员、副主任：张剑；党委委员、纪委书记：汤晓红。

（谢　毅、王盛谊）

华西证券有限责任公司广安营业部

【概况】 2014年，股票、基金、债券完成交易208.59亿元。营业收入6162万元，同比增长60%。实现利润4123万元，同比增长60%。2014年，收入市占率

0.35‰，完成基准目标123%，完成目标102%。2014年，营业部更名为华西证券股份有限公司广安兴安中街证券营业部。2014年，营业部合规经营，严格遵守国家法律、法规、规章制度、行业自律规则和公司内部管理制度，没有员工违反《证券从业人员执业行为准则》，未引发客户投诉，未发生群体性事件及其他安全事故。

【市场营销】　2014年，新开客户533户，客户资产新增6.53亿元。2014年，共计销售金融产品5816.26万元，较上年增长1.98倍，代销金融产品收入153.6万元，完成目标213.3%。2014年，新开机构户1户，实现大宗交易零突破。2014年，融资融券业务、投资顾问业务持续增长，融资融券日均负债保有余额8720万元，负债型交易收入1052万元，息费收入765万元。2014年，投资顾问团队增加至8人，服务客户2207户，服务资产1.93亿元。

【客户服务】　2014年，全面开展投资顾问业务，提升专业化服务。全年发送短信106万余条，内容涵盖投资简报、产品推介、风险揭示、打击非法集资活动宣传及反洗钱宣传等。2014年，进一步完善客户服务体系，做好投资者教育工作。不断丰富完善投资者园地，及时公布非法投资咨询机构名单，避免投资者受骗上当；提示炒作新股风险，引导投资者理性投资。继续发挥股民学校功能，强化新老客户培训，每周四晚固定举办客户培训会，培训内容涵盖新业务、证券投资知识、投资技巧等。

【经营管理】　2014年，以合规、创新、发展的思路指导内部管理工作。2014年，开展合规培训19次、一次员工执业行为知识测试。主要内容有证券法律法规、交易规则、公司及营业部制度、从业人员执业行为准则、客户适当性管理、新股发行相关知识、风险案例、港股通和个股期权相关知识、领导讲话及反洗钱规章制度等。2014年，修订和制定《华西证券有限责任公司广安兴安中街证券营业部洗钱和恐怖融资风险评估及客户分类管理实施细则》《华西证券股份有限公司广安兴安中街证券营业部涉及恐怖活动资产冻结实施细则》。2014年，在营业部设立《反洗钱知识专栏》，向客户发放反洗钱宣传资料和折页400余份，讲解反洗钱知识8次，发送反洗钱宣传2135条，滚动播放反洗钱标语4条，组织89人次反洗钱培训。配合人行开展反洗钱宣传，采取发短信、拉横幅、走入社区等方式向公众宣传反洗钱知识，培育全民反洗钱意识。

【领导人】　总经理：陈永健。

（柳　波）

山西证券股份有限公司广安思源大道证券营业部

【概况】　2014年，营业部取得非现场开户资格后，有效提高工作效率，营业部实现新增普通客户798户，融资融券信用账户84户，新增客户资产（含信用资产）总额为9600万元，（其中：客户资金600万元，证券托管市值9000万元）。股票、基金、债券完成交易总额为40.37亿元，营业部实现营业收入390.15万元，比2013年增涨62%。

【合规管理】　根据《证券公司监督管理条例》《证券公司合规管理试行规定》等法律法规的要求，营业部持续建立和完善合规管理体系及风险控制体系。营业部设有合规及风控岗，与公司风险管理部、稽核考核部相互协调，有效对营业部相关事项进行事前规范、准确预见、科学导向。2014年，营业部合规管理工作稳健运作，在防范内幕交易、管理利益冲突等方面作出努力；对内部管理制度、重大决策、新产品和新业务方案等进行合规管理，确保营业部依法合规运作。2014年，根据公司要求上报合规风控月报24次，合规季报4次，着重从工作难点出发主动反映和分析问题，报告严谨客观，无漏报迟报现象。进行合规自查共5次，涉及开户代理、证券经纪业务执业行为、广安营业部总经理强制休假期间内部稽核、证券营业部服务达标。营业部通过全员参与风险防控，效果明显，杜绝风险向社会外流现象的发生，充分发挥自身应承担的社会责任。

【反洗钱工作】　2014年，营业部切实加强和重视反洗钱工作，按照公司和人行的要求，全面落实和完善反洗钱工作的各项要求和规定。设立反洗钱工作联络专人，并设立"A、B"岗，营业部监理为反洗钱联络人A岗，交易运行部交易岗为B岗，由反洗钱联络人负责反洗钱合规管理工作和非现场监管报表的上报工作以及大额交易和可疑交易报告与分析。2014年，对人工监测的大额交易和可疑交易进行分析甄别，留存大额交易和可疑交易分析甄别报告10份，结合客户资料和对客户进行跟踪调查，从交易背景、交易目的、交易性质等方面进行分析判断，无须上报的可疑交易行为。2014年，反洗钱培训共8次，开展大型反洗钱主题宣传3次，即"3·15"投资者权益保护主题宣传活动；"预防洗钱维护金融安全"主题宣传活动；"弘扬宪法精神共建法制市场"为主题的法制宣传活动。与此同时，本年度向人民银行广安中心支行和公司总部报送反洗钱非现场监管报表及分析报告，分别报送4次，共计报表25份，报告4份。反洗钱工作复核公司及人民银行要求。

【客户服务】 营业部根据公司制度和社会各界监管要求不断的完善投资者保护机制，提升服务质量。2014年，累计举办股民培训班25场，参与培训的投资者180人。对投资者开办投资知识和风险教育讲座，做好新业务、新产品的知识普及和风险揭示及反洗钱等方面的知识，并搜集证券市场中的违规案例与投资者进行风险交流，帮助投资者树立正确的投资理念。每日通过公司恒生服务一体化平台飞信、营业部QQ群、微信等方式向客户发送每日资讯、新股申购中签情况提示，生日、节假日问候信息。截至2014年年末，营业部通过CRM系统及恒生一体化平台成功发送短消息数量12.24万条。通过晨间短信、电话问候等方式提供有效的实时金融资讯、行业动态、理财观点等方式，帮助投资者了解证券市场动态及投资方向。2014年，营业部组织开展投资者教育专项主题活动4次，组织“倡导企业诚信经营，维护消费者合法权益”的主题活动，让投资者从企业的责任和义务以及消费者权利和义务两方面了解企业守法合规是促进金融市场健康发展的前提，切实维护消费者合法权益。组织“我是股东投票”投票活动，通过这样近距离的互动方式，投资者更深入了解上市公司，深深体会到自己身为股东的权利，凸显“我是股东”活动沟通平台的重要作用。开展“认清本质，远离非法证券活动—保护投资者合法权益，打击非法证券活动宣传月”活动，通过短信、电话、现场咨询等方式增强投资者的风险意识和辨别能力。以“弘扬宪法精神，共建法制资本市场”为主题开展普法宣传活动，专门制做一期投资者教育专栏。在专栏中张贴法治宣传资料：《“12·4”法治宣传月》彩页、《整治非法证券及案例》和《防范非法集资案例》等，使得广大现场投资者对如何防范非法证券以及投资者保护工作有深刻了解。通过主题宣传活动，有效保护投资者合法权益，发挥证券公司投资者教育主渠道作用，提升公司及行业的诚信形象。

【领导人】 总经理：彭成，监理：冯枫。

（蔡双利）

中国人民财产保险股份有限公司广安市分公司

【概况】 2014年，人保财险广安市分公司以十八大精神和科学发展观为统领，围绕地方经济建设和社会发展的主旋律，以“人民保险服务人民”为宗旨，以“做人民满意的保险公司”为愿景，以发展为主线、以服务为生命线，以合规为底线，全面深化公司机制转型，切实抓好公司的“内生”机制建设，不断增强公司的生机和活力，充分发挥保险经济发展“助推器”和社会稳定“减震器”的作用，促进公司健康、可持续发展。2014年，公司实现保费收入4.2亿元，占财产保险市场份额的55.88%，为社会各界提供各种风险保障1480亿元，缴纳税收和代征代收车船税3200万元，代征车购税2970万元。

【业务经营】 机动车辆保险。2014年，公司承保各类机动车辆78567台，提供各类风险保障金额450.74亿元，年度保费收入达到2.54亿元，同比增长13.34%，市场份额49%。其中机动车辆交强险承保78567台，保险费收入0.55亿元，同比增长7.84%；商业机动车辆保险承保65170台，保险费收入1.99亿元，同比增长15.02%。开设的保险品种主要有：机动车交强险，机动车商业险（包括机动车辆损失险、三者险、附加险、盗抢险）等。

财产保险。2014年，公司承保业务2057笔，提供各类风险保障金额185.17亿元，年度保费收入达到0.11亿元，同比增长54.5%，市场份46.46%。开设的保险品种主要有：企业财产基本险（综合险）、家庭财产保险、工程险等。

责任信用保险。2014年，公司承保业务32297笔，提供各类风险保障金额690.6亿元，年度保费收入达到0.22亿元，同比增长16%，市场份额62.51%。开设的保险品种主要有：雇主责任险、道路客运承运人责任保险等。

意外健康保险。2014年，公司承保业务62309笔，提供各类风险保障金额151.97亿元，年度保费收入达到0.25亿元，同比增长13.5%，市场份额41.56%。开设的保险品种主要有：团体意外险、驾驶人员意外伤害保险、学生险等。

农业保险。2014年，承保各类政策性农业保险业务笔，提供各类风险保障金额32.85亿元，年度保费收入达到1.05亿元，同比下降2.52%，市场份额92.4%。开设的保险品种主要有：水稻、玉米、油菜、森林、马铃薯、能繁母猪、育肥猪、小家禽等政策性农业保险。

【理赔服务】　2014年，公司秉承“人民保险、服务人民”的宗旨，积极履行保险的经济补偿职能，快速、准确处理各类赔案63079万件，同比增长35.73%；支付赔款近3亿元（含未决），占行业赔款的56.15%。

加强理赔文化建设，推行“急心、暖心、热心、用心、省心、公心、耐心、安心”八心理赔服务；以“四度”（速度、准确度、便捷度、满意度）理赔为抓手，提供暖心理赔、极速理赔、简便理赔、速递理赔、人伤无忧理赔、限时理赔、全国通赔，促进理赔效率和服务品质持续提升。多措并举抓理赔速度。将内部环节工作时效纳入考核，增强工作积极性；扩大系统自动功能应用范围，减少人工干预；推行移动查勘定损；持续狠抓服务态度。深入推行理赔服务标准化工作；建立晨会制度；加强投诉管理，实行过错责任追究、零容忍；开展每月理赔服务检查，并予以通报处罚。提高索赔便捷度。大力推行小额案件查勘定损现场一次性收集齐全单证；推行7天轮班制度。包括单证收集、理算核赔，实现365天理赔服务，消除服务空白日。

推出微信理赔服务。凡家庭自用车辆损失1000元以下，出险报案后免现场查勘，由后台专门人员指导客户完成查勘、损失确定、资料收集，真正实现“车未修钱到账”。

推行“伤残预评定机制”。由公司具备司法鉴定资质的专业人员对伤员作出伤残预评，避免因复核意见与原鉴定意见的差异导致的赔付分歧，面简化理赔流程，节约鉴定费用，极大地提高客户满意度。

建立重大灾害和突发事件应急处理机制，开辟大灾理赔绿色通道。2014年，公司快速响应“9·13”大暴雨灾害理赔，第一时间启动大灾应急预案，统一部署，集中全市42台查勘车辆、126名理赔人员全面开展查勘理赔工作。通过1个月努力，共支付各项赔款3068万元，其中企财险17件，赔款1040万元，车辆保险210件，赔款560万元；养殖保险34个猪场，赔款420万元；家财险、意外险3847件，赔款568万元，实现大灾理赔无一投诉，收到11位客户送来以表达感谢之意的锦旗、牌匾。

【客户服务】　借零点机构培训的契机，按照《服务界面标准化操作手册》，开展服务品质提升驻点培训和转培训，重点对服务礼仪、服务标准及流程进行培训指导，以加快推进公司服务标准化进程，服务窗口规范化建设。

推出代征车购税服务，分公司客户在为新车办理保险的同时可缴纳车辆购置税，免去客户为缴纳购置税再去国税局排队缴费的奔波。人保财险广安市分公司是广安市唯一一家代征车购税的保险公司。全面推进客户俱乐部建设，公司在为客户做好基础服务的同时，做好全流程为客户办理车辆年检审事宜等增值服务。开展人保之友俱乐部“金秋十月光雾山赏红叶”自驾游活动，260余位公司保单有效期内的重要客户参加。公司为客户提供食宿、路线等安排，加深客户与公司之间的感情，让客户切实体验中国人保的关爱。开通并运营公司官方微信，对公司产品、理赔知识、承保优惠政策、增值服务、理赔服务等宣传。全面启动消费调查评议活动。从保险服务、价格收费公示、营销宣传等方面主动接受广大客户监督，并从社会各行业聘请20名行风义务监督员对公司行风建设、窗口服务进行监督。

【运营平台建设】　农网平台和农村队伍建设。加大对基层的硬件投入，对职场进行规范化的改造完善，推动营业网点升级转型，其中装修费用投入超过100万元，广安支公司职场装修项目已立项。为符合标准的支公司、三农保险服务部和服务站配置三农保险服务汽车10台、电动摩托车27台；进一步完善农村保险基层服务体系。出台《广安市分公司三农保险服务体系管理实施细则》，从网点建设、人员配置、岗位职责、承保理赔管理等多个方面进行细化和明确；2014年，新进人员21人，除组建农险理赔分部人员外，其余充实一线销售人员，为今后公司持续发展有力提供人员保障。强化对基层的服务支撑。主动提供与基层经营相关的数据、报表和分析工具等。提高集中平台运营效率，建立基层公司与上级公司出单、核保、理赔、财务、“95518”、IT等中后台的沟通反馈机制。

【内控合规管理】　规范劳动用工管理。为完善运营管理，增强公司员工队伍的生机与活力，全面实现用工管理依法合规，根据人社部《劳务派遣暂行规定》及总省公司规范用工管理工作安排，6月份，公司组织派遣员工参加转版考试，严格按照招录流程，通过笔试、面试，全市系统51名非理赔劳务派遣员工转为合同制员工。

强化依法合规经营。2014年，分公司认真落实保险监管部门和上级公司的各项监管要求，将依法合规经营意识贯穿于公司管理和业务经营的各个环节。对各支公司2013年农险工作开展合规检查，对发现的问题提出整改意见；4月开始每月对上月农险理赔案件进行不低于5%的回访；12月起开展金融保险机构“加强内部管控、加强外部监管、遏制违规经营、遏制违法犯罪”（即“两个加强、两个遏制”）专项检查工作，对公司2014年度业务经营和财务收支的合规性及违法犯罪等情况进行一次全面检查。对检查中发现的问题进行逐项整改落实并取得初步成效；开展反洗钱合规工作，加强反洗钱工作的宣传、培训，开展反洗钱的现场检查工作，配合人民银行和省公司开展反洗钱的各项工作，全年反洗钱工作开展情况良好，未发生一起涉嫌洗钱案件。反洗钱工作被市人民银行评为B级。

【公益事业】 2014年，分公司持续开展爱心助学活动，捐助广安籍品学兼优的大、中、小贫困学生14人，资助金额23422元。开展“送温暖”下乡扶贫及社区帮扶活动，向肖溪镇白沟村捐赠价值6000余元的两台抽水设备，帮助老百姓生产；看望白沟村贫困村民，前后两次为他们送去近万元的大米、食用油以及慰问金；帮扶岳池县黄龙乡滑石板村，帮扶广惠社区、岳池城南社区、溪口溪华社区、双河西街社区，共投入扶贫及帮扶资金3万余元。认真组织单位创文明城市工作，投入资金1万余元，制作共建小区文明宣传栏、印制各类文明宣传资料；投入人力20余人次，开展守街、文明劝导等活动。

【领导人】 党委书记、总经理：曾继强，党委委员、副总经理、工会主席：陈绍华，党委委员、总经理助理、纪委副书记：柏忠（11月止），党委委员、副总经理、纪委书记：柏忠（11月起），党委委员、总经理助理：任彬（11月止），党委委员、副总经理：任彬（11月起）。

（李晓华）

中华财产保险股份有限公司广安中心支公司

【机构】 中华财产保险股份有限公司广安中心支公司（简称中华财险广安中心支公司）于2014年新设立前锋区支公司，年末下设华蓥、邻水、岳池、武胜、前锋5家支公司，1家营销服务部（城南）、4个职能职能部门、3个渠道部门，员工共计80人，合作专业代理7家，兼业代理5家，销售人员100余名。

【业务经营】 2014年，实现保费收入9105万元，超计划任务570万元，利润835.08万元。其中，农业保险实现保费收入保费587万元，赔款301.91万元。险种结构得到明显改善，各项指标均实现历史新高。赔款支出4299万元，特别是在2014年“9·13”洪灾支付赔款共计560.95万元，缴纳营业税及附加473.42万元，代扣代缴车船税等433.5万元。

2014年，连续2次进入全国50家中支公司行列，2014年全省考核为优秀，并选为全省“优秀中心支公司”，城南营销部2014年荣获总公司先进支公司，华蓥、城南两家支公司荣获全省20强支公司，广安中心支公司荣获支持地方经济发展二等奖。中华财险华蓥市支公司被华蓥市政府表彰为二等奖。

【经营活动】 2014年，开展“新消费、新权益、新责任”“中华保险诚信为民，中华保险理赔不难”及“共同携手合作，防范洗钱风险”为主题的“3·15”宣传活动，并召开“中华行”车险品牌服务项目（2014版）启动大会，车险品牌服务项目的推动，进一步提高客户服务满意度，提升公司客户服务品牌。2014年3月27日，中华财险四川分公司总经理刘祖疆一行到广安中支公司调研。6月11日，总公司车商渠道部李扶坚、人力资源部罗涛及分公司总经理助理唐祯林一行人员到广安中支调研，对广安车商渠道及人均产能进行现场考察，要求要加快渠道建设，提高人均产能。7月8日，中华财险广安中支在广安思源广场开展保险公众宣传活动，向社会普及保险基础知识，提升民众的保险和风险管控意识，促进保险业健康发展，提升中华保险在当地的社会地位和知名度。7月30日上午，在广安中支举办安全知识讲座，聘请四川消防安全技术服务中心专家进行安全知识培训。

【领导人】 总经理：胡敏，副总经理：理熊伟。

（雍红梅）

中国太平洋财产保险股份有限公司广安中心支公司

【概况】 中国太平洋财产保险股份有限公司广安中心支公司成立于2004年，除广安前锋区外，其余县级地方均已设立分支机构，分别是华蓥支公司、邻水支公司、岳池支公司、武胜支公司四家县支机构，2014年年末，广安中支有从业人员155人，其中合同制员工53人，营销员97人，其他用工形式（返聘、劳务聘用）员工5人。中支业务经营主要涵盖机动车辆保险、企业财产险、家庭财产保险、工程险、意外险、健康险以及责任保险等方面，2014年，广安中支累计实现保费收入8593.52万元，较2013年同比增长19.29%，在当地市场份额11.42%；其中车险保费收入7269.31万元，同比增长

19.32%，当地市场份额占比13.94%；非车险业务实现保费收入1324.2万元，同比增长19.17%，市场份额5.74%。依法向国家缴纳营业税及附加、个人所得税、印花税等税金共计931.23万元。

【理赔服务】 广安中支一直秉承“诚信天下、稳健一生、追求卓越”的核心价值观，实施以客户需求为导向的战略转型，坚持推动和实现可持续的价值增长，开拓进取，锐意创新，积极为客户提供风险保障服务。广安中支积极、勇于承担社会责任，坚持把维护社会安定，保障客户权益放在首要位置，在理赔时做到应赔尽赔，不拖赔，不惜赔。在2014年广安中支累计支出赔款7362件，合计金额4473万元；公司在保险销售、承保、理赔、回访、投诉等环节，做出服务承诺30项，使客户获得更全面、更快捷、更优质的服务。在理赔查勘方面全面实现“3G”移动视频查勘，公司的服务水平、增值服务得以进一步提升。

【风险排查】 在2014年广安中支先后根据《四川省打击和处置非法集资工作领导小组办公室关于开展四川省非法集资风险专项排查活动的函》文件、《四川省人民政府金融办公室等7部门关于开展金融领域风险排查工作的通知》文件精神，在当地保险行业协会的指导下，对广安中支的保险中介代理机构、代理人、理财业务进行全面的风险排查；根据分公司文件精神，对反洗钱、大额可疑交易等方面进行风险排查等等，做好风险把控的第一步。

【内控管理】 加强财务管理，充分发挥财务管理在经营转型中的重要作用，严格执行分公司的分险种费用分摊办法；防止固定成本失控；坚持手续费据实列支，保证支付对象、支付方式合法、合规，严格把控过程，防止中间环节流失费用。在2014年公司完善内控制度，内控制度涵盖各个方面，通过规范缺陷管理、内控评估、风险自查、合规事项报告流程，提高内控管理电子化、自动化水平，提高工作效率和工作质量。在2014年公司进行内控评价、财务业务数据真实性自查自纠、合规自评等管控工作，积极配合中国人民银行开展金融宣传活动，合理评估洗钱和恐怖融资风险，合理确定客户洗钱等级，提升反洗钱和反融资工作的有效性，进一步建立起以预防反洗钱为目标的风险管理体系，体现以“风险为基础、客户为中心、流程控制为手段”的反洗钱工作要求，从而降低金融风险。

【领导人】 总经理：尹寒。

（舒 情）

安邦财产保险股份有限公司广安中心支公司

【概况】 安邦保险广安中心支公司下辖武胜、邻水、岳池3个营销服务部，在编员工21人，安邦保险广安中心支公司严格按照保监局、总公司的要求，加强内控制度建设，以制度管人，坚持合规经营，并大力挖掘潜力，发展优质业务。2014年，广安中支完成保费1433.71万元，赔款664.96万元，上交税费188.18万元，其中营业税及附加84.84万元，个人所得税5.04万元，代收车船税98.29万元。

【业务经营】 2014年，将电销作为主攻方向，挖掘公司及员工的客户资源，通过员工推荐，渠道推荐以及陌生拜访等多种方式，大力拓展电销市场。并在有条件的机构设置专职的电销专员，及时与续保客户联系，将续保工作落实到人，通过续保率作为考核标准，争取存量不流失。通过客户续保及开拓新的客户，广安中支的电销业务在安邦保险四川分公司2014年度单项排名第一。为控制风险，广安中支全面开展承保前风险评估，从紧限制高赔付、低产出的劣质业务，有效控制风险，业务承保质量明显提高，业务构成趋于合理，从而降低赔付率，为公司创造效益。

【特色产品】 2014年12月，安邦广安中心支公司推出“安邦共赢3号投资型综合保险”等特色产品，它的收益特点是在保险期内，产品年收益率随中国人民银行同期公布的一年期存款基准利率始终增加0.75%；保险期满后，分段计算满期收益。产品上市后，为保险消费者认可。

【理赔服务】 严格执行总公司各项理赔标准、抓好理赔服务质量，各个环节严格按照规定时限执行；强化关键环节管控，合理调配查勘定损力量，加强第一现场到位率；利用高效便捷的查勘工具和定位系统，提高理赔速度；抓好队伍建设，利用业余时间对理赔部全体员工进行业务培训、实践锻炼，全面提升理赔人员业务技能；加强理赔与各产品线之间的沟通，保持良性互动，共同提高承保理赔质量；加强未决赔案清理与管控，提高未决案件理赔质量。全年未发生派工受阻案件以及因服务态度差被客户投诉的案件。

【客户服务】 根据总公司的战略发展规划，从2014年1月开始，大众4S店正式试营业，公司以“上海大众—安邦理赔客服中心”为平台，充分发挥安邦保险与上海大众的各自优势，实现资源共享，做到客户服务全覆盖。根据上级公司安排，广安中支开始推行安邦理赔微信服务，通过微信扫描以及添加安邦理赔管家，用户可以自行进行现场自主勘查、拍照，并进行理赔申请，在最短的时间内得到赔付，极大地方便用户，使客户增强对安邦保险的信任和信心，为公司争取更多的客户，公司业务得到明显提升。为大力宣传公司的品牌，广安中支在2014年10月底举办安邦保险第二届“客服节”，并邀请媒体参加，在活动中，发放资料2000份，接待咨询人员100多人。

【领导人】 总经理：陈宇，副总经理：滕震。

（李志飞）

中国平安财产保险股份有限公司广安中心支公司

【概况】 中国平安财产保险股份有限公司广安中心支公司有在职职工61人。公司设总经理室，下设综合管理部、业务管理部和客服理赔部3个职能部门，按渠道业务划分，下设新渠道业务部、直销业务部、车商业务部、综拓业务部、银保业务部、代理业务部。同时先后分别于2011年、2012年和2014年成立岳池、邻水和武胜3家县级支公司。

【业务经营】 2014年，广安中支按照平安产险总分公司提出的“聪明经营、精细管理”和“双优目标”的要求，坚持依法合规经营，业务规模逐年攀升，业务健康快速发展。2014年，公司实现保费收入8712万元，增幅26.43%，承保利润750万元，为全市经济发展提供92.38亿元的经济保障，为广安市各类客户提供0.58亿元的经济补偿，累计缴纳税费1075万元。

【客户服务】 公司秉承“客户至上、服务至上”的服务理念，在“专业、价值”经营理念的引导下，车险“快、易、免”服务不断升级，在业内，首次改变传统理赔流程，推行“先赔付，再修车”“万元以下，报案到赔款，3天到账”“结案支付即时到账服务”等服务。2014年11月，公司客户服务再度升级，推出新高铁车险理赔项目，首次实现电话报案直接理赔，最大限度地提升客户体验和用户感受。

2014年，平安产险在广安市保险行业协会投诉为零。8月，广安市保险行业协会组织广安所有的产险公司进行车险理赔服务测评活动，公司荣获第一。在“9·13”特大洪灾中，公司紧急响应，第一时间赶赴现场为客户排忧解难，并在72小时内完成广安境内第一笔财产险大案赔付，本次洪灾，公司车险、财产险累计赔付近400万元，为地方经济灾后重建提供下有效的支持。

【合规经营】 公司一直秉持“合规经营，健康发展”的原则，依据法律法规的相关规定发展业务，定期地对员工进行反洗钱、非法集资和中介合规等相关知识培训，提高全员的合规意识，促进公司业务健康合规发展。

【队伍建设】 为提高员工业务技能和专业素质，中支公司内部、上级公司和平安大学不定期对员工进行专业技能培训，在内部实行“竞争激励淘汰”的管理机制。为更好的服务广安人民，为当地社会经济发展做贡献，后续公司将着手华蓥和前锋两地的网点铺设，争取逐步实现广安下辖三县两区一市的网点全覆盖。

【领导人】 总经理：邹晓林，副总经理：王田。

（平安财险）

华农财产保险股份有限公司广安中心支公司

【概况】 华农财产保险股份有限公司是经保监会批准成立的一家全国性财产保险公司，由中国农业发展集团总公司组织发起设立，总部设在北京。华农财产保险股份有限公司广安中心支公司成立于2012年4月。经营范围为财产保险业务，包括财产损失保险、责任保险、农业保险、信用保险等；经保监会核准的短期健康险和意外伤害险业务；以及上述业务的再保险业务。公司设总经理室、综合管理部、客服服务部、业务管理部等部门。2014年，保费收入664.98万元，同比增长6.01%，顺利完成全年目标任务。缴纳营业税及附加37.34万元，代收代缴车船税35.16万元，已决赔款327.82万元。

【客户服务】 秉承质量为先、效率为本的服务宗旨，全面贯彻首问负责制，结合多种通讯方式，给予客户贴心的服务和关怀。全国统一客服电话4000100000，全年365天×24小时受理报案、咨询、查询和投诉服务，电话人工接通率不低于90%。查勘员接受查勘任务后，10分钟内与客户联系，确认事故地点，约定到达现场时间，并在双方约定的时间内完成查勘服务。对责任明确、索赔材料齐全的机动车辆保险案件，赔款金额5000元以下，当天赔付；50000元以下，3个工作日内赔付。公司设立电话、传真、电子邮件、上门等多种受理投诉的渠道。一般性投诉案件，在2个工作日内给予答复，重大疑难投诉案件，在5个工作日内答复。根据客户需要，为客户办理事故认定、赔偿调解和诉讼等事宜的咨询和服务。

【业务管理】 2014年，继续围绕总公司转型发展统一部署推进各项工作，贯彻执行“机构运行轻型化、业务选择专业化、管理的集约化”，在业务选择上坚持效益为先，业务选择更加精细，严格控制风险、降低风险，实现业务资源的最优化；同时管理的集约化不断提高，大力优化后线费用结构。牢固树立“效益、创新、控制、可持续”经营意识，始终坚持“效益为先”的经营理念，努力将公司建成“特色明显、主业突出、业绩优良、队伍精干”的专业化财产保险公司。

华农财险广安中支公司根据自身特点，寻求适合自己的发展道路，公司已经与多家车行和企业建立长期稳定的合作关系，后期将继续加大业务渠道的拓展，改变业务渠道单一的弊病。2014年，广安中心支公司荣获总公司颁发的华农保险2014年度“优秀展业团队”的称号。

【内控管理】 公司管理体系完善，覆盖全面，各部门制度齐全，并且根据实际工作不断变化适时更新。财务管理制度、人事管理制度、业务管理制度、客户服务管理制度、风险内控制度等制度基本完善。根据业务需求和监管要求变化，不定期举行各类培训，让员工及时跟上发展进程。根据人行反洗钱监管要求，宣传反洗钱知识，开展反洗钱工作，维护保险业金融秩序。同时，重视诚信合规建设，在实际工作中注重合同信用、客服服务，加强合同管理和单证管理等。通过执行公司相关制度，严格履行各项服务承诺，合同履约率达到100%。2014年7月，华农保险广安中心支公司荣膺“市级守合同重信用企业”。

【领导人】 负责人：赵兵。

（杨 莉）

锦泰财产保险股份有限公司广安中心支公司

【概况】 锦泰财产保险股份有限公司广安中心支公司于2012年6月7日经中国保险会四川监管局批准成立。公司经营范围涵盖财产损失保险、责任保险、信用保险和保证保险、短期健康保险盒意外伤害保险、上述意外的再保险、政策性农险保险、国家法律法规允许的保险资金运用业务，以及经保监会批准的其他业务。公司设有总经理室、综合管理部、运营服务部、销售支持部、渠道管理部等5个部门，有员工22人。2014年，公司围绕“诚信、价值、创新、分享”的核心价值观，不断拓展车险、非车险、农险业务，公司共实现保费收入1544.74万元。缴纳营业税及附加70.35万元，代收代缴车船税50.13万元，个税13.19万元。

【业务经营】 机动车辆保险：2014年，公司承保各类机动车辆9230台，提供各类风险保障金额245788.31万元，年保费收入978.49万元，同比增长45.27%。其中机动车辆交强险承保9230台，保费收入252.93万元；商业机动车辆保险承保1491台，保费收入725.55万元；财产保险：2014年，公司承保业务8笔，提供各类风险保障金额55729.86万元，保费收入36.5万元，开设的保险品种主要有：企业财产基本险（综合险）、家庭财产保险、现金保险、工程险等；责任保险：2014年，公司承保业务86笔，提供各类风险保障金额45105.2万元，保费收入51.28万元，开设的保险品种主要有：雇主责任险、道路客运承运人责任保险、环境污染责任保险等。意外健康保险：2014年，公司承保业务12918笔，提供各类风险保障金额421442.7万元，保费收入244.37万元，开设的保险品种主要有：团体意外保险、交通工具意外险、建筑工程施工人员团体意外伤害保险等；农业保险：2014年，公司承保政策性农险保险126笔，提供各类风险保障金额10547.62万元，保费收入234.1万元，开设的保险品种主要有：水稻、玉米、油菜、马铃薯、能繁母猪、育肥猪等政策性农险保险。

【风险管控】 合规经营促发展，广安中心支公司始终把合规工作放在首位，始终坚持依法合规经营。公司在管理体系方面，不断完善各部门规章制度，结合实际工作不断进行更新，根据现有业务发展情况和监管要求的变化，举行定期、不定期的各类培训，让员工及时掌握各项制度的最新动态；反洗钱工作方面，在人行的指导下及总公司的大力支持下，公司顺利完成2014年5C评估工作，举行反洗钱培训7次，反洗钱宣传2次，内容覆盖反洗钱基础知识、反洗钱最新动态、反洗钱最新监管要求动态。2014年，总公司合规风险管理部门对公司中介、反洗钱工作进行常规审计等检查，未发现有违规经营现象。

【理赔服务】 锦泰保险秉承“客户至上”的经营理念，全心全意为客户提供“贴心、放心、安心”的保险服务。

全国统一客服电话“4008-666-555”提供全年365天×24小时的专业热线服务，实时接受理赔报案和各类咨询，服务周到。查勘人员在接到报案后，5分钟内与客户联系并告知理赔流程和后期理赔事宜，全程指引、协助客户理赔。为积极推进车险理赔工作标准化、流程规范化，公司推行“一站式”“小案快赔”服务。车险承保、理赔24小时专家在线咨询服务。精简索赔资料，提供查勘定损现场采集理赔资料服务。伤人案件全面推行全程管家式服务，从出险到调解结束，全程参与并提供咨询和支持服务。赔款金额在1万元以内资料齐备的案件，一个工作日内赔付。

【增值服务】 24小时非事故道路救援：提供全国范围内所有省、市、自治区（港澳台除外）7×24小时不限次数的非事故道路救援服务，包括泵电、换胎、送油、送水、拖车、现场抢修和困境救援服务；代收理赔资料：提供免费上门收资料服务，让客户足不出户办理赔，轻轻松松收赔款；积分兑换洗车服务：提供承保积分兑换洗车服务。

【领导人】 总经理：舒涛。

（刘　陈）

信达财产保险股份有限公司广安中心支公司

【概况】 信达财产保险股份有限公司广安中心支公司经营范围涵盖财产损失保险，责任保险，信用保险和保证保险，短期健康保险和意外伤害保险，上述业务的再保险业务，中国保监会批准并经总公司授权的其他业务等。公司设总经理室、综合管理部、客户服务部、业务管理部、销售管理部等5个部门。2014年，信达财产保险股份有限公司广安中心支公司实现保费收入656.49万元，其中车险业务601.76万元，占比91.66%；非车险业务保费收入54.73万元，占比0.83%。

【业务发展】 信达财险广安中支在业务发展方面，坚持“以规范求生存、以创新求发展”；坚持以市场为导向，实施差异化和专业化战略；坚持以人为本，追求员工与企业共同成长。2014年，在巩固原有渠道的基础上，加大对客运公司、行政企业等团体业务关系维护及拓展工作的力度，并不断深入与银行、教育单位的合作，不断调整业务结构和承保品质。

【理赔服务】 严格执行总公司各项理赔标准，抓好理赔服务质量，各个环节严格按照规定时限执行；强化关键环节管控，合理调配查勘定损力量，加强第一现场到位率；利用高效便捷的查勘工具和定位系统，提高理赔速度；抓好队伍建设，利用业务时间对理赔部全体员工进行业务培训、实践锻炼，全面提升理赔人员业务技能；加强理赔与产品条线之间的沟通，保持良性互动，共同提高承保理赔质量；加强未决赔案清理与管控，提高未决案件理赔质量。全年未发生派工受阻案件以及因服务态度差被客户投诉的案件。

【风险管控】 公司内控制度涵盖各个方面，包括业务管理、财务管理、销售管理、信息技术管理、反洗钱法规宣导以及其他管控制度，各项管理制度和规定体现公司对领域管理的原则性要求和部分操作性要求，各部门经营管理人员加以熟悉和掌握。宣传和配合人民银行多次培训，强化反洗钱工作，降低金融风险；配合税务部门对赔案发票等进行全面核查，防范税务风险，维护保险业金融秩序，按时足额缴纳各类税费。

【领导人】 销售总监：吴炬。

（信达财险广安支公司）

中国大地财产保险股份有限公司广安中心支公司

【业务经营】 2014年，大地保险广安中支坚持以“不断创新思维、创新发展、创新管理、创新服务”为发展思想，不断强化管控、防范风险，全力打造和提升公司核心竞争力，进一步适应形势，更新观念，狠抓管理，加快发展，以“突出车险业务求发展、加大非车险业务增效益”为目标的工作思路，坚持内强素质，外塑形象，细化考核，强化管理，求实创新，兴司富员为具体措施，完成本年度各项工作任务，公司各个部门平稳运转。2014年，公司实收保费2130万元（其中车险1865万元，非车险264.9万元；统计口径2075万元，全年统计口径预算保费达成率120.3%；岳池支公司2014年实收保费360.8万元，预算达成率104.5%），市场占比为2.83%，居全市产险公司第五位，保费达成率123.1%，高于行业平均21.2个百分点。

【理赔服务】 2014年，公司继续推行“顺心、贴心、开心、省心、放心、安心”“六心”服务，做好客户服务工作。2014年，公司索赔登记件数1847件，结案1843件，已决赔款750.41万元，未决赔款283.49万元，占近12

月满期保费 17.02%；全年全险种精算赔付率 51.7%。

【公益活动】　2014 年，总公司将广安区列蜂小学作为在四川选定的唯一一所定点捐助小学，捐助篮球架（篮球）、乒乓球台（乒乓球）、羽毛球拍（羽毛球）、象棋、跳绳等一套符合国家标准的体育器材和设备（体育器材设施共计 2 万余元），改善列蜂小学的体育设施建设。

【领导人】　总经理：陈小岗，副总经理：罗朝宁。

（熊　攀）

中国人寿保险股份有限公司广安市分公司

【概况】　中国人寿保险股份有限公司实行一级法人体制，主要经营人寿保险、人身意外伤害保险和健康保险三大类业务。中国人寿保险股份有限公司广安市分公司是中国人寿保险股份有限公司的地市级分公司，辖广安区支公司、前锋区支公司、岳池县支公司、武胜县支公司、华蓥市支公司、邻水县支公司 6 家分支机构；有营销服务部 82 个，个人代理人 2047 人、中介代理网点 73 个，网点遍布全市主要乡（镇）。

【业务经营】　2014 年，在“转型升级、创新跨越、稳中快进、做强基层”的工作思路下，实现业务的规模稳步增长，在复杂多变的经营形势下，确保业务规模的市场领先地位。全市系统实现总保费收入 46767 万元，占广安寿险市场份额的 21.22%，其中，个人业务市场份额 42%，团体业务市场份额 76%，继续保持广安寿险行业的领头羊地位。

【增值服务】　2014 年，公司继续深入开展以国寿鹤卡为载体的“国寿 1+N”增值服务活动，在巩固、加深与现有签约商家合作的基础上，继续签约特约商家或合作伙伴，从“医、食、住、行、玩、用”六大方面不断完善附加值服务内容，共签约 31 家特约商家。同时，在保证商家品质及折扣优惠的基础上分别为 VIP 客户提供特惠超值的满意服务；以“服务伴你行”为主线，开展一系列客户活动，“国寿客户节”及“牵手”相关活动客户联谊会、健康义诊、专题讲座、“牵手国寿，运动快乐”少年儿童绘画作品展活动，为客户提供内容丰富的增值服务，深受广大客户好评。

【理赔服务】　2014 年，继续深入创建“中国人寿、为你方便赔付”的理赔给付服务品牌，进一步改善服务态度，提高理赔给付时效，加强理赔给付考核，完成各类理赔及满期给付 165376 件，理赔及满期给付金额 17910 万元。

【风险防范】　2014 年，公司开展系统反腐倡廉主题教育、内控合规和群众路线主题教育，深入开展“诚信我为先”活动，进一步强化相关人员的合规意识和风险防范意识。以“404”条款遵循为核心的内控管理、合规管理、风险管理、法律事务、反洗钱等工作扎实推进，不断提高公司的风险防范能力。重点抓好党群印章上收、单证管理自查自纠和废旧单证销毁工作、零现金收付管理、关键岗位检查、销售预警等工作，有效防范经营管理风险。

【社会责任】　2014 年，公司继续秉承“成己为人，成人达己”的企业文化理念，积极投入地方公益事业，切实履行社会责任，支持地方经济建设，筹办或参与各类公益活动 10 余次。组织为纪念邓小平诞辰 110 周年纪念活动捐款 150 余元；先后赴前锋区龙潭乡许家村、岳池县西溪镇刘家塘村等贫困村开展“挂包帮”扶贫帮扶工作；公司员工持续开展“中国人寿助养地震孤儿爱心行动”中一对一结对帮扶的地震孤儿，向教育局捐款扶持贫困学生入学；提供大量就业机会，吸纳下岗职工、大学毕业生就业，切实缓解就业压力；积极托管新农合保险，扩大农村小额保险试点工作，为全市 66.6 万农民群众的保险保障有坚实的基础，农村小额保险理赔金额达 1336.2 万元，有力的支持社会主义新农村建设；广泛参与和支持地方经济发展，积极参与创建工作，先后被授予“重合同守信用单位”“广安市 2014 年度支出地方经济社会发展保险业金融机构先进单位一等奖”等荣誉称号。

【领导人】　党委书记、总经理：王建明，党委委员、副总经理、工会主任：聂兴国，党委委员、纪委书记、副总经理：唐辉。

（郑　晨）

新华人寿保险股份有限公司广安中心支公司

【概况】　2014 年，新华保险广安中心支公司以“内重风控、外防风险”为合规经营导向，按照省保监局和行业协会统一监管要求，防范化解经营风险，提升整体服务品质，保持健康发展态势，截至 2014 年年底，全年累计实现保费收入 2.9 亿元，同比正增长 42%；承保客户

6097 户；缴纳税收 1163.22 万元，促进 200 余人就业。

2014 年，新华保险广安中心支公司成立 10 周年，公司以此为契机，加强媒体宣传提升公司形象；通过举办大型交响音乐晚会，组织开展全民健步走，少儿书法大赛等活动提升公司和行业形象。开展保单复效，客户联谊等活动增进与客户的互动交流；

【理赔服务】 规避理赔风险，提高理赔的时效性，“3·15”期间，总公司面向社会发布《新华保险十大服务承诺》，在理赔方面明确公司在接到客户出险报案后，公司保单服务人员 5 日内上门协助办理理赔服务。在发生重大突发事件时 4 小时内启动重大应急响应，主动寻访出险客户和帮助办理理赔手续，对于需要紧急救助的客户提供预先支付部分医疗保险金的服务，帮助客户得到及时的医疗救治。凡责任清晰、单证齐全、3000 元以下的小额赔案 1 小时内处理完毕，标准赔案 2 日内处理完毕，复杂疑难的赔案在 30 日内处理妥当。所有赔案在 30 日内做出理赔结论核定，如延时未做出理赔结论的，自 31 日起公司将按延期天数补偿受益人因此受到的利息损失。利息以当期银行公布的活期利率为准。2014 年度共计受理理赔案件 628 件，赔付金额 858.12 万元，其中赔付 10 万元以上 24 件，60 万元 1 件，40 万元 1 件。开展现场理赔 10 余场次。

【风险防范】 加强经营合规性的检查，严防销售误导；通过新单抽查、电话回访等，及时解保单品质情况，并通过抽查发现的问题，及时与业务部门沟通进行整改，确保提升保单品质，自查自纠。根据监管要求，对“非法集资”“第三方理财”“中介市场清理”等方面进行自查自纠工作，并大力推进两个加强、两个遏制的自查工作。通过大力宣导结合考试等方式，要求每位管理干部掌握两个加强两个遏制包含的内容，并要求各部门针对工作职责涉及检查要点进行全方位的自查，不留死角。

【领导人】 总经理：陈渝。

（周青松）

泰康人寿保险股份有限公司广安中心支公司

【概况】 泰康人寿广安中心支公司以个人营销、银行代理、团体保险、保费续收为主营业务，以“求实创新，稳健进取，专业规范，亲和诚信，铸造团队，成就自我，分享成功，奉献社会”为司训，树立全员服务意识，坚持求新务实，用诚信赢得客户的信赖。广安中心支公司设有客服中心、财务、综合行政、营销、培训、银保、保费、县域、团险 9 个职能部门，武胜、岳池、华蓥、邻水 4 个分支机构，17 个乡（镇）营销服务部，业务涵盖整个广安，公司有专业的服务团队，为广安 64615 名客户提供专业的咨询服务。2014 年，全年保费收入 42029.85 万元：个险业务收入 24242.76 万元；银行保险业务收入 17589.18 万元；团险业务收入 197.91 万元，总保费市场名居前列。

【客户服务】 自 2011 年 8 月起公司“e”心为客户，服务链全程开展电子化，在投保、保全和理赔全程开展电子化。随着“e”服务的创新，在 2013 年公司推出“微服务”，通过微信办理投保、保全、理赔等相关业务；2014 年微信平台通过自主投保，选择服务项目，查看保单状态，进一步扩大消费者的合法权益。2014 年，公司理赔个险赔付 381 件，赔付金额 4647778.72 元；银保赔付 83 件，赔付金额 1903530.81 元；团险赔付 138 件，赔付金额 1227032.09 元；公司全年累计赔付 602 件，累计赔付金额 7778341.62 元。2014 年，免费赠险一年期“飞常保”“铁定保”活动中为客户的航空、高铁百万护驾。4 月、6 月、9 月、11 月在乡（镇）网点免费为广大农民朋友进行电子血压测量，得到广大农民群众的支持。

【风险管控】 始终坚持诚信经营，稳健发展，加强内部管控，加强外部监管，遏制违规经营，遏制违法犯罪。2014 年，公司更是全方位、全覆盖加强风险防范，坚决抵制非法集资、销售误导等行为，通过问卷调查，暗访、现场检查等方式对公司内部各业务条线及板块进行核查，同时各条线分别通过自查的方式自我督检；同时在反洗钱工作方面，加强反洗钱的宣传力度，加大培训的强度，定时向人行报送工作开展情况，配合人民银行的全面检查。做到降低风险，提高合规管控意识，促进和谐金融，和谐发展。

【领导人】 总经理：罗杰。

（余巧林）

农银人寿保险股份有限公司广安中心支公司

【概况】 2014 年，农银人寿广安中心支公司围绕总公司提出的“以市场化改革为先导，创新管理手段，深化行司联动，努力推进农银人寿再上新台阶”的总要求，一手抓经营，一手抓管理，较好地完成全年计划任务目标，基础管理规范化程度得以提升，公司实现健康、平稳发展。2014年年末，有内勤员工23人，银保客户经理12人，保险销售从业人员107人。

【业务经营】 银保业务：全年实现规模保费10275.90万元，完成计划任务120%。个险业务：全年实现规模保费283.40万元，完成计划109%。团险业务：全年完成保费8.80万元。续期业务：个险、银保续期总保费全年实收1350.50万元，完成计划130%。

【客户服务】 公司秉承“终生对客户负责，时刻为客户服务”的服务理念，做好客户服务工作。2014年，受理个险新单536份，受理银保新单3151份；处理保全单6984件，其中给付类4335件，占比62.07%；信息变更类2167件，占比31.03%；其他类482件，占比6.9%；保全二日结案率97.61%。2014年，受理理赔报案59件，结案63件，赔付金额共计272.71万元；

【内部管理】 2014年，坚持依法合规经营主线，加强内部管理，强化合规与风险管控，进一步完善公司各类管理制度。开展“金融机构跨市场理财业务风险排查、整顿工作”“防范和打击非法集资宣传教育、风险排查活动”“两个加强，两个遏制”专项检查等活动。

【反洗钱工作】 公司把反洗钱工作贯穿于经营活动之中，坚持日常学习与专题培训相结合，增强员工对反洗钱工作重要性的认识，提高全员对反洗钱法律、法规和监管要求的熟知能力和工作技能，围绕“预防洗钱，维护金融安全”主题开展反洗钱工作和宣传活动，全年共组织内勤员工、银保客户经理“反洗钱专题”培训4次，参训124人次。组织开展户外反洗钱宣传2次，发放宣传资料、宣传折页400份，受众人数400余人。

【领导人】 总经理：谭建平。

（熊耀华）

中国人民人寿保险股份有限公司广安中心支公司

【机构】 中国人民人寿保险股份有限公司广安中心支公司（简称中国人民保险寿险广安中支）位于广安市滨河路一段88号摩尔春天百货大楼6楼 有员工761人，下辖武胜县支公司、邻水县支公司、岳池县支公司、华蓥市支公司及城区本部。主营业务有人寿保险、健康保险和意外伤害保险等保险业务。

【业务发展】 中国人民保险寿险广安中支坚持总公司的“稳增长、重价值、强基础”方针政策，提升各项业务水平。2014年，中支总保费收入5.13亿元，同比增长111%，市场份额占比21%，广安寿险公司排名第一，荣获四川省分公司“保费贡献先进机构”荣誉称号。

【合规经营】 强化依法合规经营，提升风险管控能力，对《内控制度汇编》进行修改补充，及时组织员工对《人身保险基本服务规范》《保险机构案件责任追究指导意见》等监管新规的学习和宣导，认真执行反洗钱法和保险业反洗钱规定，履行反洗钱义务。按照人民银行非现场监管要求，完善反洗钱内控制度、反洗钱工作机构和职责，加强反洗钱宣传和培训工作，认真进行客户身份识别，及时报告大额交易和可疑交易，强化与人民银行的工作联系和汇报制度，及时向人民银行上报反洗钱工作报告和报表。2014年反销售误导、保护消费者权益、反洗钱、内控管理、财务数据真实性、客户信息真实性清理和保险业务中介清理检查等合规检查真实、有效地开展，保障公司的合规经营，也保障公司客户的权益和利益。

【客户服务】 公司坚持“以人为本、客户至上”的服务理念，积极践行社会责任，2014年，为广安市民提供超过百亿元的风险保额，为保险客户提供优质的理赔服务，理赔金额累计超过千万元。2014年“3·15”消费者权益保护日和“7·8”全国保险公众宣传日，公司结合市政府、市工商局和行业协会的活动，对广大市民及公司客户发放宣传资料，普及保险知识。2014年，广安中心支公司荣获广安市金融办“广安市支持地方经济社会发展保险业金融机构”第二名。2014年，客服服务节主题“倾听你的声音，服务你的需求”请客户到公司和走到客户身边做服务，细致的服务让客户感受公司的专业、诚信。公司慎重承诺：理赔服务手续便捷，赔付无忧；温馨回访，持续服务；诚信销售，明白投保。

【领导人】 总经理：李文波，副总经理：李强。

（吴兴辉）

合众人寿保险股份有限公司广安中心支公司

【概况】 2014年，合众人寿保险股份有限公司广安中心支公司设有个险、续期、银保三大系列。下辖城区管理本部、岳池支公司、华蓥支公司及邻水营销服务部。现有在编人员内勤24人、银保经理15人、个险代理人273人、团险4人。坚持总公司的“规模效益化”的方针，强化依法合规和风险管控，切实改进内部管理，提升综合管理能力，确保费差损为零的经营目标。2014年，达成总保费30340万元。

【业务发展】 银保系列。2014年，实现保费收入2.98亿元。其中趸交保费2.97亿元，期缴保费10万元。合作渠道包括邮政储蓄、农行、建行，其中：邮政行、建行是合作的重要单位，保费占总保费的80%。广安中支银保在全国中支系统排在第一位，在当地市场排名第一。

个险系列。2014年，实现保费收入504万元，列全省中支公司排名第2名；在广安个险市场排名第5位。

续期系列。2014年，广安中支续期全面发展，保费计划达成3120万元，人员5人，13个月继续率88%，25个月继续率94.5%。

【理赔服务】 广安中心支公司奉行“合众保险、理赔不难”的服务宗旨，秉承“友善、便捷、专业”的服务理念，公司推出延滞付利息、简单案件即时结案、24小时受理电话报案和咨询、上门服务、预付赔款、结案通知及回访等合众理赔六大特色服务，在服务上创造多项业务纪录。2014年，理赔案件94件，理赔及给付金额共计251.77万元，结案率100%。

【风险管控】 强化依法合规经营，提升风险管控能力，每年对《内控制度汇编》进行修改补充，及时组织员工对《人身保险基本服务规范》《保险机构案件责任追究指导意见》等监管新规的学习和宣导，认真执行反洗钱法和保险业反洗钱规定，履行反洗钱义务。按照人民银行非现场监管要求，完善反洗钱内控制度、反洗钱工作机构和职责，加强反洗钱宣传和培训工作，认真进行客户身份识别，及时报告大额交易和可疑交易，强化与人民银行的工作联系和汇报制度，及时向人民银行上报反洗钱工作。

【经营管理】 2014年，公司做到工作前置，提前电话回访，提前上门拜访，提升当月指标达成，当月比2013年同期提升12.1%。加大退保劝阻力度，提高退保劝阻技巧，年累计13个月继续率比2013年提升5.2%。坚持每周一次外勤早会专题，提高外勤伙伴的服务意识和服务质量。开展客户服务活动，客户的售后服务工作比2013年有很大的进步，通过老客户答谢会、老客户庆生会的召开，客户对公司、对业务人员的满意度在逐渐提升。在资金管理方面，中支财务全年资金申请、上划、支付未出现差错，退费及时准确，很好的服务前线及客户。预算管理能够及时申请并清理各项预算，让中支各项开支使用合理，通过各种方式向分公司申请日常管理费用预算，能满足日常的开支需要。及时有效的处理公司发生的各项费用，尽量加快报销时速，加强资金流转，避免员工资金积压。

【产品体系】 逐步建立完善、规范的治理结构和决策机制，有效实现和所有权和经营权的分离，为公司高速发展，高效成长、科学民主决策奠定良好的基础。通过良好的企业文化和完善的管理制度，公司逐渐形成“民主、和谐、通畅、平等、开放、包容”的良好局面。公司开发一整套完备的产品体系，覆盖传统的长期寿险、分红保险、重大疾病保险和短期险产品等种类。公司拥有业内领先的集中后援运营系统，公司每一份保单可以在24小时内经总部核保，充分保障客户的权益。

【领导人】 总经理：陈欣（8月止）、周兴安（8月起）。

（唐　灿）

中国太平洋人寿保险股份有限公司广安中心支公司

【概况】 中国太平洋人寿保险股份有限公司广安中心支公司遵照中国保监会“抓服务、严监管、防风险、促发展”的行业总体要求，本着为政府分忧解难的原则，扎实做好在广安市场的保险业务销售和客户服务。2014年，共完成规模保费收入6545.5万元，市场占比2.95%。其中新保保费3695万元，续期业务2850.5万元。

【客户服务】 公司坚持“一切以客户满意为标准”的服务理念，营运管理以标准化作业为基础，构建矩阵式运作模式，着力打造营运服务保障体系。营运作业时效不断提升，柜面服务不断丰富升级，为业务发展提供积极、有力的支持，新技术平台功能得到广泛应用。强化维稳风险防范，全年未发生因公司引发的群众事件。2014年，开展形式多样、内容丰富的品牌宣传活动、客户服务活动和公益活动，取得良好成效。

【风险管控】 加强合规队伍建设，建立全面风险排查机制，持续完善内控风险管理体系，坚守不发生系统性风险的合规底线。2014年，顺利完成中介业务清理、客户数据真实性治理等专项工作，通过人行反洗钱专项检查、常规审计等内审外查。

【理赔服务】 中国太平洋人寿保险股份有限公司广安中

心支公司始终奉行“热情、周到、优质、高效”的服务宗旨，坚持“主动、迅速、准确、合理”的理赔原则，严格按照岗位职责和业务操作实务流程的规定做好退保、理赔等各项工作；广安中心支公司在2014年为6173名客户办理保单的满期及退保业务，给付金额14229万元；为232名出险客户提供保险理赔服务，理赔金额264.3万元。

【领导人】 总经理：蒋永忠。

（邱贤惠）

太平人寿保险有限公司广安中心支公司

【概况】 2014年，太平人寿保险有限公司广安中心支公司进一步注重品质与服务，提升公司经营实力和品牌竞争力，坚持依法合规经营，秉承“用心经营诚信服务”的经营理念，以“创造富裕的安宁生活”为使命，坚持“三高”精英团队发展路线，坚持“一个客户，一个太平”的服务承诺，努力为广大客户提供最周全的保险保障服务和金融理财服务。2014年，全年保费收入7965.17万元，同比增长93.11%，全年任务达成率为159.30%。

【业务发展】 2014年，太平人寿保险有限公司广安中心支公司重服务、守诚信、狠抓业务品质，勇担行业责任。太平人寿保险有限公司广安中心支公司进一步注重品质与服务，提升公司经营实力和品牌竞争力，创造提前半年超额完成全年目标任务的辉煌成绩。2014年，全年保费收入7965.17万元，同比增长93.11%，全年任务达成率为159.30%。其中银行保险高价值业务新单保费（期缴）收入464.13万元，在广安市银保期缴业务中名列前茅。续期保费工作方面，公司始终秉承“服务无止尽，细微见真情”的工作作风，工作效率和业绩指标节节攀升，以真诚的服务和专业的知识为客户解决实际问题，得到广大客户的认可。全年实现续期保费收入2020.53万元，超收49.3万元，继续率全面达成“四九”任务，达成“四星”团队。

【给付理赔】 2014年，全年共理赔给付支出3601件，共计1687.84万元，其中：死伤医疗赔付17件，共计45.52万元。在2014年给付理赔服务中，公司积极处理，认真审核赔付真实性，不断提高理赔服务质量，注重理赔服务时效。

【风险防控】 在2014年工作中，公司积极加强风险管控，制定一系列切实有效的内控措施，成立风险应急工作领导和工作职能小组，制定风险应急管理方案和应急处理流程，开展一系列风险防控宣传培训，开展一系列内部自查工作，发现问题，认真落实整改，防范风险，很好地做到风险的有效防控。持续开展销售误导治理；开展防范和打击非法集资宣传教育活动；开展保险中介市场清理整顿工作；“三类”违规问题清理排查；认真履行反洗钱职责与义务，通过采取一系列行之有效的举措，扎实有效地开展反洗钱工作，很好地完成2014年度反洗钱工作，有效地防范洗钱风险；在2014年内部常规稽核中，发现公司内控管理规范，业务开展合法合规，能有效防范风险，未有重大稽核发现和重大违规案件，被评为A等。

【宣传活动】 2014年度公司积极参加开展市行协、人行及分公司主办或协办的各种宣传活动，取得良好的效果。主要包括：“3·15”消费者权益维护活动；保险让生活更美好“7·8”全国保险宣传日活动；防范和打击非法集资宣传月活动；反洗钱宣传月活动；保险行业消费评议活动。通过系列宣传活动，很好的维护消费者合法权益，引导树立消费者正确的理财观念，树立保险行业形象及公司的品牌形象。

【品质服务】 2014年，公司秉承“用心经营诚信服务”的经营理念，坚持“一个客户，一个太平”的服务承诺，认真学习贯彻国务院《关于加快现代保险服务业的若干意见》，深化优质服务，不断创新服务理念，提升优质文明服务水平。11月14日，公司成立“广安中支优化客户服务功能小组”，下设立四个小组，实现内部岗位协同，提升服务效率、质量和客户满意度，加快发展现代保险服务业的目标。公司将致力打造最具特色、最具潜力和影响力的精品保险公司，真正做到为广大客户提供最周全的保险保障服务和金融理财服务。

【领导人】 总经理：唐建志。

（胡小勇）

长城人寿保险股份有限公司广安中心支公司

【概况】 长城人寿保险股份有限公司广安中心支公司以“打造服务最好的保险品牌”为目标，倡导“让服务成为我们的生活方式”，致力于为客户提供适合的保险产品和便捷的服务，为员工提供良好的工作环境和成长空间。

2014年，保费收入近469.24万元，为广安广大人民群众提供人寿保险、健康保险、意外伤害保险等保障，比2013年同比增长21.83%。12月22日，在广安市希望小学举行“萌芽100”图书捐赠仪式，现场捐赠图书4000余册。

【客户服务】 2014年7月8日，长城人寿客户服务节主题“乐在长城、畅游有礼”，长城人寿将保险公众宣传日活动与客户节活动有机结合，开展形式多样，内容丰富多彩，主要包括古长城文化之旅、长城模型拼装比赛、服务升级、“乐在长城”旅游季等主题活动。长城人寿广安中心支公司全体内外勤积极参与，不断加强与客户的沟通与交流，认真听取客户的意见和建议，并现场收集客户“吐槽”信息，“吐槽”有礼，为现场“吐槽”的客户送去长城人寿一个月的公共交通意外险。公司通过条幅、展板、发放客户服务手册等宣传资料宣传保险知识、宣传长城人寿的客户服务。长城人寿以“打造服务最好的保险品牌”为服务宗旨。同时，利用时下最流行的微信扫一扫方式，让客户加入到长城人寿这个大家庭，跟着“长城人寿家园”的微信公众号，一起畅游故长城。与客户更进一步的交流，了解客户的需求，解决客户的难题。

【领导人】 总经理：何琴梅。

（姚　婷）

文 化

邓小平故里

重要活动

【邓小平逝世 17 周年纪念活动】 2 月 19 日，中共广安市委书记侯晓春带领市委、市人大、市政府、市政协、广安军分区全体在家领导，在邓小平铜像广场举行献花仪式，并作重要讲话。邓小平故里管理局、广安区、华蓥市、岳池县、武胜县、邻水县、前锋区党政代表及部分市级部门、老干部、农民、教育工作者、学生代表等在邓小平铜像广场献花，表达对邓小平的无限怀念。献花仪式上，以“感恩小平·共建广安”为主题的低碳智慧城市发展论坛同时开幕，广安市委书记侯晓春现场致辞，著名经济学家厉无畏宣布论坛正式开幕。“人民之子——邓小平同志 110 幅经典图片展”在邓小平故里旅游景区开展。

【邓小平诞辰 110 周年纪念活动】 8 月 16 日，为纪念邓小平诞辰 110 周年，“春天的故事——全国版画艺术精品展”在中国美术馆开幕，共展出作品 93 件。

8 月 18 日上午，省委、省政府在广安举行向邓小平铜像敬献花篮仪式，纪念邓小平诞辰 110 周年，深切缅怀伟人丰功伟绩和崇高风范。省委书记王东明，成都军区政委朱福熙，省委副书记、省长魏宏，成都军区空军政委舒清友出席仪式。省委副书记柯尊平主持。中共四川省委、省人大常委会、省政府、省政协，解放军驻川部队和武警四川省总队，各民主党派省委、省工商联和无党派代表人士，邓小平亲属，广安市四大班子和各界群众敬献花篮，王东明、朱福熙和邓小平亲属代表邓楠、民建四川省委主委陈文华、广安市委书记侯晓春整理缎带。随后，全场肃立，向邓小平铜像三鞠躬。敬献花篮仪式后，王东明、朱福熙、魏宏等步行前往邓小平陈列馆和缅怀馆参观。沿着陈列馆“走出广安”“戎马生涯”“艰辛探索”“非常岁月”“开创伟业”五个单元，大家逐一参观，重温邓小平波澜壮阔的人生历程以及他为党和国家革命、建设、改革、发展做出的不朽功勋。在新建成正式对外开放的邓小平缅怀馆里，王东明、朱福熙、魏宏一行参观邓小平的相关文物、遗物、图片资料，瞻仰实物复原的邓小平生前工作和生活场景。省委常委李登菊、王怀臣、黄新初、陈光志、范锐平、李昌平、吴靖平、李亚洲，以及省人大常委会党组副书记，省政府副省长，省政协党组副书记，省法院院长，武警四川省总队政委，邓小平亲属及身边工作人员代表，省直有关部门负责人，各民主党派省委、省工商联负责人和无党派代表人士，中共广安市委副书记、市长罗增斌，市人大常委会主任余仪，市政协主席刘凤成，市委副书记袁险峰，以及肖友才、肖雷、黄秀川、唐雄兴、杨利民、蒋英胜、甘用德、刘光辉、王义杰等市委、市人大、市政府、市政协、广安军分区在家领导和干部群众代表参加献花仪式并参观展览。

8月18日，邓小平故居陈列馆经过半年闭馆改造陈列布展后，正式对外开放，省委书记王东明，成都军区政委朱福熙，省委副书记、省长魏宏，邓小平亲属代表、全国政协教科文卫体委副主任邓楠在邓小平故居陈列馆为邓小平雕像揭幕。

8月18日上午，由中央文献出版社、邓小平故居陈列馆、中国地图出版集团联合出版的《丰碑》和由中国地图出版集团出版的《邓小平光辉历程地图集》首发式，在邓小平铜像广场举行。邓小平妹妹、解放军总政治部原群工部部长邓先群，邓小平外甥、安远集团董事栗丁丁，中共中央文献研究室副主任卓松盛，中共中央文献研究室副秘书长、办公厅主任高屹，中央文献出版社社长刘敏，邓小平身边工作人员黄琳，中共中央文献研究室第三编研部副主任姜淑萍，中国地图出版集团总经理倪庆华等出席首发式。仪式由中共广安市委副书记袁险峰主持。

8月21日上午，由中共中央文献研究室、《香港文汇报社》、中共四川省委宣传部、广安市人民政府共同主办的“光辉历程——纪念邓小平诞辰110周年大型展览”在香港会展中心隆重开展。展览为期3天，至8月23日结束。共展出邓小平不同历史时期图片400余幅、文物8件、手稿25件，生动再现邓小平在中华民族百年图强的历史长河中不懈奋斗的经典画面，形象地展示邓小平独特的人格魅力和卓越风范。全国政协副主席董建华，中共中央文献研究室副主任卓松盛，中央人民政府驻香港特别行政区联络办公室副主任王志民，外交部驻港公署特派员宋哲，中国人民解放军驻港部队副政委储茂华，中共四川省委宣传部副部长傅思泉，中共广安市委副书记、市长罗增斌，中共广安市委副书记袁险峰，以及特区政府主要官员、行政会议成员、立法会议员及代表，全国人大代表和政协委员以及主要社团、商界领袖及媒体200余人出席开展仪式。

8月22日，广安市各界在邓小平铜像广场举行纪念邓小平诞辰110周年献花仪式。市委书记侯晓春，市委副书记、市长罗增斌，市人大常委会主任余仪，市政协主席刘凤成先后率市委、市人大、市政府、市政协方阵向邓小平铜像敬献花篮。市委副书记袁险峰，以及肖友才、肖雷、黄秀川、杨利民、蒋英胜、甘用德、刘光辉、王义杰等市领导参加市委党群系统献花仪式。广安军分区、市级部门、各区市县和园区等干部职工3000余人共30个方阵先后向邓小平铜像敬献花篮。诞辰日当天，邓小平故里旅游景区筹备、承办一系列丰富多彩的活动，包括铜像广场童子拜寿、感恩献花，陈列馆广场“万人同吃福寿桃”，当天生日的游客免费乘坐电瓶车，佛手山景区免费开放等。景区接待游客近10万人次。

12月21日，由香港文汇报和广安市委、市政府联合主办的“邓小平生平业绩暨‘一国两制’光耀濠江澳门回归15周年图片展”在澳门综艺馆开展。开幕式上，全国政协副主席何厚铧向邓小平塑像敬献花篮。展览期间，共展出400多幅图片及珍贵文物，并循环播放《史诗篇》《风采篇》和《情趣篇》3部邓小平专题片。

【中国旅游日广安主会场活动】 5月19日，由国家旅游局、四川省人民政府主办，四川省旅游局、广安市人民政府承办的2014年中国旅游日主会场活动启动仪式在邓小平故居陈列馆广场成功举行。国家旅游局副局长吴文学、国家旅游局红办主任罗迪辉与中共广安市委副书记、市长罗增斌在邓小平故居陈列馆共同拉下红绸为“红色旅游书屋”揭牌。《邓小平与中国当代旅游》开展，共展出相关图片100余幅。5月19日当天，邓小平故里旅游景区接待游客3万人次，其中，国际友人100人以上，并实现游客零投诉。

重要会议

【邓小平思想生平研究基地建设调研座谈会】 12月8日上午，邓小平思想生平研究基地建设调研座谈会在思源酒店深圳厅举行。会议由中央文献研究室副秘书长、邓小平思想生平研究会副会长龙平平主持。会上，市纪念办就纪念邓小平诞辰110周年过程中有关邓小平思想生平研究和宣传情况做了汇报，与会领导及相关部门负责人、邓小平生平理论研究者对广安市邓小平思想生平研究工作和在广安建立邓小平思想生平研究基地并开展工作提出意见和建议。市委书记侯晓春作重要讲话。全国政协常委、中共中央文献研究室原常务副主任、邓小平思想生平研究会会长杨胜群，中央文献研究室副秘书长高屹，中央文献研究室副秘书长、邓小平思想生平研究会副会长龙平平，中央文献研究室第三编研部副主任姜淑平，中央文献研究室第三编研部副主任张爱茹等出席会议，广安市领导侯晓春、袁险峰以及市级相关部门负责人参加会议。

【邓小平故居陈列馆建设布展工作专家座谈会】　12月8日下午，邓小平故居陈列馆（生平馆、缅怀馆，以下简称“两馆”）建设布展工作专家座谈会在思源酒店深圳厅举行，专题讨论邓小平缅怀馆建设布展和邓小平故居陈列馆改陈有关事宜。会议由市委常委、宣传部部长唐雄兴主持。与会领导和专家在“两馆”现场全面考察陈列布展的基础上，听取中共中央文献研究室第三编研部副主任姜淑平关于“两馆”布展设计工作的介绍，听取邓小平故里管理局局长钱奇关于“两馆”运行情况的汇报，并就陈列布展进行认真热烈的讨论，提出专业性的意见和建议。参加此次会议的领导和专家有全国政协常委、中共中央文献研究室原常务副主任、邓小平思想生平研究会会长杨胜群，中共中央文献研究室副秘书长高屹，中共中央文献研究室副秘书长、邓小平思想生平研究会副会长龙平平，中共中央文献研究室第三编研部副主任姜淑平，中共中央文献研究室第二编研部巡视员王双梅，中共中央文献研究室第三编研部副主任张爱茹，中共中央文献研究室第三编研部副巡视员赵士刚，中共中央文献研究室第三编研部副巡视员武市红，中共中央编译局中央文献翻译部副主任卿学民，故宫博物院原副院长、研究馆员李季，国家博物馆原副馆长、研究馆员马英民，国家博物馆陈列部原主任、研究馆员林国良，中国人民军事博物馆原副馆长、研究馆员余志宏，四川博物院院长盛建武，中国人民军事博物馆学术委员会办公室主任、研究馆员姜廷玉，中共四川省委宣传部副部长李酌等；中共广安市委副书记袁险峰，中共广安市委常委、宣传部部长唐雄兴，邓小平故里管理局局长钱奇，以及中共广安市委宣传部、邓小平故里管理局、北京清尚公司、美国RAA公司相关负责人。

故里建设与管理

【概况】　2014年，全年共接待游客275.8万人次，同比上升25.9%，实现总收入1.1亿元。全年未发生一起重大旅游安全责任事故，无一起重大生态环境破坏事故，游客有效投诉继续保持零纪录。完成8月18日中共四川省委纪念邓小平诞辰110周年活动、“8·22”全市纪念邓小平诞辰110周年活动、“光辉历程——纪念邓小平诞辰110周年大型展览”活动等重要活动的接待任务。

【邓小平缅怀馆建设】　项目由原设计邓小平故居陈列馆的上海现代设计集团邢同和总建筑师完成建筑规划设计，美国RAA设计公司与北京清尚建筑装饰工程有限公司进行二装及展陈设计，以“回家”为设计理念，以“小平，您好”为展览主题，集中表达“人民领袖人民爱”的情感，以真实遗物为主陈列，再现邓小平生前的工作和生活场景。

【邓小平故居陈列馆改陈】　通过改陈，陈列馆的雕塑采用汉白玉浮雕背景，特征更加突出；电影厅播放效果更佳，设备效果更好；基本陈列的布局更加合理，内容更显简洁，复原场景调整更为科学，展板效果和灯光展示技术等均有全面提升；消防系统、弱电系统及空调系统等也进行全面升级，设备条件和技术水平比过去变化显著，取得的成效显著，得到中央文献研究室和省委宣传部的充分肯定。

【翰林院子维修布展】　项目实施过程中，拆除屋面桷子，对桷子、檩子进行更换、维修；铺设屋面望瓦、找平层、防水层、盖瓦；改造室内地面石板及防潮处理；对室内外所有木构件进行防虫防腐、维修、加固等处理；完成供电系统改造。完成翰林院子梯步、房屋四周、庭院改造、石栏安装，复原祖堂、议事厅、家训、族谱、佛堂场景，对邓时敏的故事、翰林文化、私塾文化进行陈列布展，再现广安邓氏渊源、私塾文化和翰林文化。

【节能减排教育示范项目】　节能项目稳步推进五个方面的建设。交通节能改造，新购置LNG新能源公交车10辆，观光电动车50辆，自行车60辆。照明系统改造，室内照明更换为2532盏LED灯具，室外照明更换为3070盏LED灯具。地源热泵空调系统改造，采用2台345.7千瓦的地源热泵系统替代现有的风冷主机，室外水平地埋管2500平方米。围护结构节能改造，采用LOW—E中空玻璃改造外门窗面积741.28平方米。园区节水设施建设，建设雨水回收管道22千米，铺设微灌管道6000米，使总蓄水量达到315立方米，灌溉绿化面积达到30万平方米。

【重要设施建设】　借力“5·19”活动，智慧旅游景区建设六大子项目初见成效：合作开发具有导游功能的智能移动终端应用；建成智能门禁系统；推出景区二维码，重点区域wifi全覆盖；建成360°全景在线景区；建成电子商务系统；园区主游道设置户外触摸屏，旅游信息一应俱全。红色旅游书屋揭牌仪式顺利进行。《邓小平与中国当代旅游》开展。设施设备升级安装完毕。景区主游道120余盏节能环保灯改造完成；安装景区入口安检门安检；陈列馆广场 Led 屏、主游道 5 台外触摸屏、wifi、智能移动终端应用等设备安装测试完毕；宜高电瓶车全面检修、清洁，完成提档升级；陈列馆后广场护坡扩建、路面硬化、石材铺装工程完工；东环线休闲廊亭立面翻新工程完成；五星级厕所按期完工。景区绿化景观品质全面提升。实施完成邓小平铜像广场、陈列馆广场草坪改造工程，改造面积 5800 平方米；恢复五星级厕所周边区域绿化植被栽植工作，绿化面积约 4100 平方米；在重要景观节点和主游道路等区域摆放约 3.6 万盆时令鲜花。5 月 19 日当天，邓小平故里旅游景区文艺表演活动顺利举行，景区共接待游客 3 万人次，其中，国际友人 100 人以上，并实现游客零投诉。

【对外展览】 举办“光辉历程——纪念邓小平诞辰 110 周年大型展览”，展览大纲由市局与中央文献研究室共同完成，并与香港文汇报社签订协议联合举办。展览于 8 月 21 日至 23 日在香港展出，共展出图片 400 余幅，文物 8 件，手稿 25 件，2 万多观众参观展览。此外，还在北京举办“春天的故事——全国版画艺术精品展”、在苏州举办“我是中国人民的儿子——纪念邓小平诞辰诞辰 110 周年特别展”和在澳门举办“光辉历程——邓小平生平业绩暨‘一国两制’光耀濠江澳门回归 15 周年大型展览”。

【影视文化作品创作】 参与创作电视剧《历史转折中的邓小平》、纪录片《邓小平遗物的故事》，出版《邓小平光辉历程地图集》《丰碑》《邓小平故居陈列馆馆介》《情满故土——邓小平故里摄影集》等图书和画册，协助推出发行纪念邓小平诞辰 110 周年纪念邮票，创作推出一系列纪念产品。

【管理与服务】 园区环境提档升级。纪念园针对基础设施陈旧、部分设施设置不合理等问题，加大基础设施改造力度，先后实施园区四处三星级厕所改造工程；主游道三处电瓶车停靠站建设工程；更换四座移动环保厕所；改造部分无障碍通道；在景区南北门区域设置吸烟区；完成南门区域建筑物外墙立面翻新；完成景区塘堰水域安全护栏、垃圾桶、标识系统安装调整工作；完成景区南门、北门出入口集散场地拓宽工作；协调联系全民水库完成清水塘渗漏整治，上述项目累计共投入改造资金 520 余万元。佛手山景区对现有休闲座椅、标识标牌和办公用房及小卖部升级改造进行规划实施。将原景区农家厕所按星级厕所标准进行改造；新建员工厨房、饭厅，改善员工生活条件；对办公用房室内外重新进行粉刷，重新作吊顶，更换部分办公用具，硬化办公用房后的坝子，新安装景区路灯，重新更换景区标识标牌，增添休闲座椅，满足广大游客需求，使佛手山景区面貌焕然一新；新建小卖部用房，改善景区旅游品市场环境，提升景区档次。新建沼气池，改善景区排污条件，建设生态文明景区；安装景区数字监控设施，提升景区安保条件。

服务质量大幅提升。2014 年，为做好各项接待讲解工作，市局邀请金沙遗址博物馆专家前来指导“两馆”的讲解工作，并从 6 月 20 日开始，市局组织讲解员撰写缅怀馆讲解词。经过精心准备，市局高质量地完成 8 月 18 日省委纪念邓小平活动的讲解服务工作、“8·22”全市纪念小平诞辰活动 30 个方阵的引领、讲解等工作、“光辉历程——纪念邓小平诞辰 110 周年大型展览”和“光辉历程——邓小平生平业绩暨‘一国两制’光耀濠江澳门回归 15 周年大型展览”的讲解引领工作。三次重大活动中，共接待各界领导和游客 13 万多人次。

【安全保卫】 强化景区安防管理举措。对景区北门闸道进行改造，使其闸道开放与关闭更加便捷高效。配合供应商加班加点地安装 X 光射线行李安检仪，于 8 月 22 日正式运行。加强游客入园时的安检工作，防止反恐应急处置器材 130 具件（套），强化暴恐事件防范工作。严格执行门卫登记制度，对外来车辆、外来人员做好登记。组织人员在陈列馆、缅怀馆和邓小平故居加装安全隔离栏、安全警戒带，用于在高峰期组织游客参观及疏散，确保南北门、陈列馆、缅怀馆、邓小平故居等重点部位正常的参观秩序，有效防止拥挤踩踏事故的发生。

【获得荣誉】 2014 年，邓小平故里管理局被市委、市政府授予“邓小平诞辰 110 周年纪念活动先进集体”，钱奇被市委、市政府授予邓小平诞辰 110 周年纪念活动二等功，彭兴建、张良明、王成辉、周寅分别被授予三等功，王政斌被嘉奖，胡伟、于洋、周建华、杨勇、龙为羽、于海明、任非、李友胜、张妍分别被授予先进个人。

【领导人】 党组书记、局长：钱奇；党组副书记：刘潜；局党组成员、邓小平故居陈列馆馆长：彭备军；党组成员、副局长：范先锋、杨顺高，副局长王政斌，党组成员、纪检组组长：胡伟，党组成员、工会主席：彭兴建；党组成员、机关党委书记：周才军（5 月起）。

（杨　彪）

文化广电与新闻出版

文化事业

【艺术创作】 坚持文艺“二为”方向和“双百”方针，引导广大文化工作者创作一批反映广安人文风情的精品力作。其中，前锋区曲艺《宕渠双竹连响》获第四届全国新农村文化艺术展演和四川省首届农民艺术节暨民间艺术节活动举办的“群星奖”大赛二等奖，岳池曲艺《秋江》获全国曲艺大赛一等奖，赴法国巴黎演出，获得第七届巴黎中国曲艺节银奖，非遗电影剧本《卓筒井传奇》摘取全国戏剧文化银奖。

【文化活动】 举办元宵焰火晚会、广场文艺演出活动，开展送戏、送文化下乡演出180余场。组织开展“感恩小平，沸腾广安”迎新春美术书法作品展；成功开展“小平，您好—全国城市电视台群众感恩歌唱比赛”活动、“健康新语”大型交响音乐会、“感恩小平作贡献、同心共筑中国梦”梦圆东方文艺演出、“5·19”中国旅游日主会场活动启动仪式文艺演出、“川渝合作颂党恩”演出活动、“中国梦在广安——春天的故事”广安市纪念邓小平同志诞辰110周年群众文艺演出、中国文联志愿服务团赴广安慰问演出、“好山好水好四川”中央电视台“心连心”艺术团赴广安慰问演出等文化活动10余项。

【文化产业】 广安红色文化影视城一期工程基本完工，成功举办首场实境演出。降低歌舞娱乐、网吧、游艺娱乐市场准入门槛，引进社会资本兴办文化企业10个，总投资9458万元。截至12月底，全市文化产业增加值达8.4亿元，比2013年增长近8个百分点。

【文化市场管理】 组织开展“晒案双评”活动，全市3件执法案件入围全省优秀案卷。完成全国文化市场技术监管与服务平台上线应用工作，建立文化市场诚信经营红、黑榜制度，制定《网吧管理五条刚性措施》，组织开展网吧、演出市场、校园周边环境专项整治、净化社会环境“百日大行动”，大力打击违法违规经营行为，收缴盗版书、软件、音像制品，整顿“黑网吧”“黑电子游戏厅”，为“创建全国文明城市”营造良好的文化市场环境，全市共出动执法人员3200人次，检查文化经营场所8986家次，查办文化市场领域执法案件48起，收缴违法物品3855件，罚款30.5万元，停业整顿12家，取缔非法经营单位11家。

【文物事业】 广安市第一次可移动文物普查工作顺利开展，落实普查经费63.5万元，普查数据登录工作得到省文物局的通报表扬。协兴翰林院子、武胜宝箴塞、岳池文庙、华蓥“五星桥”维修工程全面完成，邓小平陈列馆改陈、邓小平缅怀馆建设工程顺利完工，第七批国保档案记录工作得以完成，重点文物保护专项补助资金项目储备全面启动。市博物馆免费开放工作得以深化，中心文物库房环境得到升级改造，工业遗产保护工作持续开展，征集到实物资料照片500余件。召开四川省博物馆学会工作遗产专委会2014年年会，举办“伟人故里古韵广安——广安市精品文物图片展”和“唤醒沉睡的记忆——广安三线工业遗产图片展”。

【非物质文化遗产保护】 以保护传承民族文化为己任，大力开展非遗的展示宣传和保护工作。增补武胜杨氏古榨油工艺为市级非物质文化遗产保护名录，全市市级名录增至43项。岳池曲艺入选省级非遗项目，邻水“手掌木偶”传习所被评为首批省级非遗传习基地，前锋连响、岳池曲艺、武胜剪纸、桂兴镇唢呐、苟角镇书法、坪滩镇民间杂技、飞龙镇竹丝画（绣）帘、太和乡民间歌舞、永兴镇茶馆艺术等项目成功创建“四川省民间文化艺术之乡”，其中武胜县尧借剪纸被文化部命名为“中国民间艺术之乡”。

【对外文化交流】 组织参加在法国开展的中法建交50周年文艺演出，举行“中国梦·翰墨情”——广安、德阳、内江三地书画精品展。与重庆市北碚区文化馆、重庆市两江艺术团、大渡口区文化馆联合举办2014年“川渝合作颂党恩”——纪念建党93周年暨群星奖优秀节目展演活动，与珠海市文化馆联合举办《墨舞中国梦》珠海广安两地青少年儿童书画展。参加川陕甘渝公共文化服务区域协作百馆大联动活动，广安市演出的节目获得专家好评。

【公共文化服务体系建设】　市民广场文化综合体、广安大剧院、邻水县博物馆及文化馆全面建成，广安市博物馆成功立项，并已获得中央1000万元项目资金支持。市、县两级共7个公共图书馆、7个公共文化馆、2个博物馆、172个乡镇综合文化站免费开放；新建社区书屋54个、城市阅报栏（屏）60个，新建特色文化院坝30个。广安区、邻水县顺利通过全国文化先进县复查验收。

【文化体制改革】　组织开展行政审批事项清理，新取消行政审批事项2项。实行简政放权，行政审批关口前移，新下放行政审批事项7项。建立行政权力依法规范公开运行平台，规范行政处罚自由裁量权。协调解决三大园区文化市场规划、发展、审批管理及执法等问题。建立健全内部管理职责，将行政审批与执法管理分离。并根据工作需要，对相关科室职责进行整合，将分散在各业务科室的行政审批职能、文化产业发展职能整合到一个部门，从而形成整合统一、富有活力、相互监督的运行管理机制。

【重要演出】　1月27日，应中国驻法国斯特拉斯堡总领事馆邀请，广安市文化交流艺术团，参加在法国斯特拉斯堡欧盟议会中心举行的纪念中法建交50周年文艺演出活动。广安市演出的舞蹈《宕渠双竹连响》、联唱《情深谊长》、民歌清唱《难相见》等节目，受到参加活动的欧洲各国外交官及法国社会各界的热烈欢迎，总领事张国斌亲切接见所有演职人员，并为他们颁发“中法友谊艺术使者”荣誉证书。

2014年3月，全省第十六届“群星奖”艺术节落下帷幕，广安市选送的《逛商场》荣获戏剧类节目一等奖，《中国步伐》荣获音乐类节目二等奖。

2014年6月10日晚，“中国梦在广安——春天的故事”广安市纪念邓小平同志诞辰110周年群众文艺演出在广安市体育馆隆重举行。市委书记侯晓春，市委副书记、市长罗增斌，市人大常委会主任余仪，市政协主席刘凤成等市领导与来自全市各地各行业的2700多名群众观看演出。演出分为《渠江潮音》《春天乐章》《小平，您好》《天下广安》《中国梦想》五个篇章。舞台演出与电视艺术、演员表演与观众互动融为一体，整个演出气势磅礴、一气呵成。演出现场“发展才是硬道理”“小平，您好”“为实现中华民族伟大复兴而努力奋斗，谱写中国梦广安篇章”“感恩小平·我为小平家乡发展作贡献”等标语，饱含激情，鼓舞士气。

2014年6月16日上午，中共中央委员、中国文联党组书记、副主席赵实率中国文联文艺志愿服务团60多位艺术家，专程赴邓小平同志故里广安开展“高山仰止——纪念邓小平同志诞辰110周年”大型文艺演出。本次演出分为“我是中国人民的儿子、欢乐送万家、追寻中国梦”三个篇章，由朱军、涂经纬主持，殷秀梅、杨洪基、戴玉强、谭晶、沈铁梅、“小平特型扮演者”卢奇等多名艺术家，以及来自成都、重庆的文艺工作者和广安职业技术学员近百名师生参与演出。艺术家们为广安人民奉献一场包含音乐、舞蹈、戏剧、小品、朗诵、戏曲等丰富多彩的文化艺术盛宴。

8月7日下午，中央电视台“心连心”艺术团在协兴镇牌坊村成功举行《好山好水好四川》的大型公益慰问演出活动。演出分为《好山好水好儿女》《绿水青山带笑颜》《巴山蜀水中国梦》三个篇章，著名歌唱家雷佳、祖海以及徐子巍、徐千雅、金波、杭天琪、王莉、金美儿、王旭、水晶乐坊、阿宝、于乃久、斯琴格日乐、刘和刚、扎西顿珠、德江、平安、萨顶顶、阿尔法、郭津彤、柏文、李菲菲等20多位歌星和笑星，轮番上台献演近20个精彩节目，全市近2000名干部群众观看演出，广安电视台进行现场直播。

【十大文化新闻】　1. 广安市开展纪念邓小平诞辰110周年系列文艺活动。2014年8月22日是敬爱的邓小平110周年诞辰纪念日。为缅怀邓小平的丰功伟绩、展示小平家乡的发展变化、讴歌广安人民的创业精神，全市各级各部门开展一系列文艺活动，以艺术的形式缅怀一代伟人，为纪念邓小平110周年诞辰营造浓厚的文化氛围。2月19日，广安市举办“思念如潮——纪念邓小平同志逝世17周年诗歌朗诵会”，一首首生动的诗歌，一声声真情的演绎，歌颂邓小平的丰功伟绩和崇高的人格魅力，展现广安日新月异的喜人变化，表达家乡人民对邓小平的无尽思念。6月10—16日，广安市举办“中国梦在广安——纪念邓小平同志诞辰110周年群众性文艺演出”，1300余名群众演员与2700多名观众齐聚一堂，通过文艺演出的形式表达家乡人民对邓小平的深切缅怀之情，全面呈现广安经济社会发展取得的新成就，获得现场观众的高度赞誉。为表达对邓小平的深切怀念，市内各文艺协会也相继开展相关纪念活动。市作协、市诗词学会开展“永远的小平”文学采风创作活动，举办“颂歌献小平，诗意赞广安”全国诗歌大赛；市电视台、市音协、市电视艺术家协会联合举办“賨州放歌——广安市原创作品音乐会”文艺演出，启动“小平您好——全国100家城市电视台群众感恩歌唱比赛”，制作并播出有关邓小平的系列专题纪录片；市书法家协会开展“邓小平同志110幅名言肖像篆刻艺术展”；市美术家协会开展“颂小平·画广安”系列采风活动，并举办广安市首届美术作品双年展；市摄协组织会员拍摄大量反映牌坊村及广安发展变迁的摄影作品，举办“感恩小平·沸腾广安”摄影作品展和“春天的故事”网络摄影大赛。

2.《历史转折中的邓小平》《邓小平遗物故事》在中央电视台热播。8月7日下午3时，48集电视连续剧《历史转折中的邓小平》在人民大会堂金色大厅举办座谈会暨首播仪式，市委书记侯晓春，市委常委、宣传部部长唐雄兴参加座谈会。8月8日晚8点，该剧在中央电视台一套黄金时段首播，东方卫视、深圳卫视和四川卫视跟播。该剧在全国引起收视热潮，尤其在广安，成为小平家乡人民争相观看的热播剧。该剧组曾先后到邓小平母校广安中学、邓小平故里及北山小学堂等与邓小平青少年时期息息相关的活动场所采风，获得最为真实的素材。《历史转折中的邓小平》由中共四川省委和中共中央文献研究室、中央电视台共同组织拍摄。全剧采用虚实结合的叙事方法，聚焦1976年至1984年那段难忘的岁月。全剧共分为“整顿科教，走向变革”“实事求是，拨乱反正”“发展经济，建设四化”“百废待兴，城乡共荣”“时代先锋，国际大潮”五个篇章，通过重现重大历史事件情景和大篇幅展现邓小平的家庭生活，全景式展现邓小平在党和国家面临严重困难的情况下，带领党和人民解放思想、实事求是，冲破重重阻力，开创中国特色社会主义伟大事业的波澜壮阔的历史进程。同时，也正面表现改革开放和改革开放初期共和国的风云变幻，侧面讲述改革开放对中国社会及普通民众的深刻影响。12月3日8时，二十集大型电视文献纪录片《邓小平遗物故事》正式在中央电视台第九频道开播。该片以一代伟人邓小平的遗物为载体，充分运用影视、照片、第一手档案和资料，特别是第一次公开披露的资料，以纪实手法深入发掘邓小平遗物背后鲜为人知的感人故事。通过100多位亲历者和见证人的深情回忆，用真实感人的讲述、生动珍贵的画面和独特的表现形式，全面真实地展现邓小平崇高的精神风范、鲜明的革命风格、高尚的品德情操和独特的人格魅力。该剧主创人员曾于1月8—10日来广安市采风，怀着对伟人的无限缅怀之情，先后参观小平故居、凉滩电站、萃屏公园、广安中学、佛手山等邓小平曾经学习、生活过的地方。

3.“光辉历程”纪念邓小平大型展览到香港和澳门开展。8月21—23日，由中共中央文献研究室、香港文汇报、中共四川省委宣传部、广安市人民政府联合主办的“光辉历程——纪念邓小平诞辰110周年”大型展览在香港会展中心举行。展览由《走出广安》《戎马生涯》《艰辛探索》《非常岁月》《开创伟业》《平民情怀》《情系香港》七个单元组成，除展出400余幅精彩图片外，也有从各处借调来的邓小平生前使用过的衣物，以及亲笔手迹。现场还循环播放《小平与香港》专题影片，向香港市民和海内外人士展现这位世纪伟人的光辉一生，展现他所倡导的改革开放、“一国两制”取得的伟大成就。12月21日，“光辉历程——邓小平生平业绩暨‘一国两制’光耀濠江澳门回归15周年图片展”在澳门综艺馆隆重开幕。此次展览由香港文汇报社、广安市委市政府联合主办。此次展览包括图文展示和音像展播两大部分。在持续3天的展览中，400余幅珍贵图片和一批珍贵文物首次来到澳门与市民见面。展览首次展出邓小平生前使用过的轮椅、“南巡”讲话时穿过的夹克衫等珍贵文物，三部邓小平专题片《史诗篇》《风采篇》和《情趣篇》在展览间循环播放。

4. 中国文联文艺志愿服务团赴广安慰问演出。6月15—16日，中国文联党组书记、副主席赵实率领数十名国内知名艺术家到广安，开展以纪念邓小平诞辰110周年为主题的系列文艺志愿服务活动。文艺志愿者们为广安送来精心创作的书法、美术、摄影作品，并在广安思源广场举办《高山仰止颂小平》慰问演出，为广安人民奉献一场精彩的文艺盛宴，深切表达全国广大艺术家对邓小平的深切缅怀之情，广大干部群众反响热烈。

5. 中央电视台“心连心”艺术团赴广安慰问演出。8月3日，中央电视台“心连心”艺术团赴广安慰问演出系列活动拉开序幕。3日至6日，“心连心”艺术团的三个特色小分队在武胜、岳池、华蓥等地拍摄短片，短片内容有新农村建设成果、剪纸文化艺术，还有对抗美援朝老英雄的访谈等。8月7日下午，“心连心”艺术团在邓小平的出生地——广安区协兴镇牌坊村演出。此次活动以“好山、好水、好四川”为主题，首次采取小分队模式，到百姓家门口为老百姓“种文化”，办成一次接地气、暖人心、鼓干劲、促和谐的活动。8月21日，演出节目在中央电视台综艺频道晚8点黄金档播出。

6. 岳池曲艺《秋江》赴法国演出获银奖。6月30日至7月2日，岳池曲艺节目——四川荷叶《秋江》被中国文联、中国曲艺家协会推选到法国，参加第七届巴黎中国曲艺节文化交流演出，荣获银奖，刷新过去仅获铜奖的记录，进一步展示岳池深厚的农家文化底蕴和丰富的曲艺文化内涵。四川荷叶起源于川剧清唱，为一演员左手执板和镲，右手执筷子打击节拍说唱故事，因镲状若荷茎托叶，故名“荷叶”。荷叶传唱者日渐减少，已处于濒危失传状态。岳池通过进一步挖掘、整理，改编川剧《秋江》片段，创作该节目。《秋江》在法国的演出展示岳池深厚的农家文化底蕴和丰富的曲艺文化内涵，获得好评。据悉，该县积极开展基层曲艺活动，于2009年被授予中国西部首个“曲艺之乡”称号，已成功举办两届全国曲艺之乡曲艺大赛。

7. 全国百家党报看广安。7月10日，在第三届中国报业党建工作座谈会暨邓小平群众路线观与新闻思想研讨会召开之际，“全国百家党报看广安”采风活动如期举行，中国报业协会副会长、新华社副社长路建平，中国报业协会驻会副会长石国雄，中国报业协会副秘书长胡怀福等与来自全国近100家报社的党委书记、总编辑和党务工作者及记者，先后到邓小平故里、华蓥山游击队活动遗址，广安工业、农业园区，基础设施和城市建设重点工程现场以及红色文化影视旅游城等地开展采访活动，感受伟人故里的独特魅力，宣传报道“中国梦广安篇章”的生动实践。之后采风人员在各自党报上刊发60多篇文章，介绍广安的发展情况及人文景观等，扩大广安的对外影响力。

8. 武胜举行第二十六届端午龙舟节。5月30日，中国·四川嘉陵江龙舟旅游文化节暨四川广安市武胜县第二十六届“龙女湖杯”端午龙舟赛在嘉陵江畔沿口码头隆重开赛。据悉，两年一届的龙舟赛是武胜县的一大地方特色文化体育活动。2014年，龙舟赛看点纷呈，除18艘龙舟在水上展开比拼，还有来自西昌圣地滑水水上运动俱乐部带来的激情水上节目，水上飞人展演和摩托艇展演给观众带来一场传统与现代完美结合的视觉盛宴。此外，与龙舟赛同时进行的还有非物质文化遗产展示、地方特色菜系展示、地方特色产品展销、啤酒消夏活动以及招商引资活动等，全面展示武胜的地域文化特色和经济社会建设成果。

9.《风雨杨开慧》在广安杀青，多部电影及电视综艺节目在广安市拍摄。随着广安旅游业的不断发展，加上美丽迷人的自然风景，吸引多部电影及电视综艺节目来广安市拍摄。去年11月在协兴生态文化旅游园区内的红色文化影视旅游城内开拍的第一部红色题材电影《风雨杨开慧》已于1月杀青，片中的场景除在红色文化影视旅游城拍摄外，还前往广安区官盛镇等地拍摄。该剧正在进行后期制作。之后，《少年邓小平》《湟龙峡客栈》《川杆子》等影视剧均在红色文化影视旅游城取景。9月21日，由重向教育投资集团、四川重向广告传媒有限公司、北京橙润影视文化有限公司和市委市政府联合拍摄的公益电影《舞动梦想》在广安市开机拍摄。《舞动梦想》讲述一名乡村支教志愿者，为保住即将被撤并的支教点而引发的一系列质朴而感人的故事。影片在广安市全程取景，主要取景点包括武胜白坪——飞龙乡村旅游度假区、邻水县白龙峡和泥汉坪等地，预计年底或明年初上映。近年来，随着武胜县旅游产业的发展，武胜对外知名度、美誉度不断提升，其优美的田园风光、独特的历史人文景观吸引越来越多的剧组到武胜拍摄。2月28日，中央电视台七套《美丽中国乡村行》“两会”特别节目《谁不说俺家乡美》美食美景推介会在武胜县宝箴塞段家大院开拍。节目上半部分主要是推介龙女湖、宝箴塞、白坪——飞龙三个景点，下半部分是推介武胜的美食，由该县民间厨师现场烹饪和制作翘壳鱼、锅盔凉粉、麻哥面等当地名食，请观察团和观众品尝。10月28日，大型明星户外真人秀《明星家族两天一夜》节目组走进武胜，深入沿口古镇、宝箴塞旅游区、白坪等地拍摄。节目于11下旬分上下集在四川卫视播出，向全国的观众展现出一个山清水秀、宜居和谐的新武胜。

10.“两江行”采风活动正式启动。4月11日，由广安市文学艺术界联合会、广安日报社联合策划的“两江行”大型采风活动在渠江东门口码头举行启动仪式。广安日报社组织专门的采编人员，并邀请广安市部分本土艺术家，组成采访团队，深入挖掘渠江、嘉陵江流域深厚的历史文化底蕴。渠江、嘉陵江纵贯广安市，千百年来，两江之水养育了无数广安儿女，是广安的母亲河。采访组通过对沿江乡镇的人文风情、历史古迹、历史人物、民间传说、社会经济发展等方面的挖掘、记录和宣传，全面展现广安本土特色，促进形成地方宣传品牌，推动广安文化大繁荣大发展。5月16日刊登肖溪镇特刊，一经推出，就受到广大读者的热切关注。采访组已完成广安区肖溪镇、前锋区广兴镇等10个乡镇的采访，并在《川东周末》重点推出。

【领导人】 市文广新局党组书记、局长：徐怀林，党组成员、副局长：曾宪忠，副局长：龙云，党组成员、纪检组组长：黄瀛，党组成员、副局长：王成平，党组成员、文化馆馆长：曹馨，党组成员、文管所所长：梁馨。

（唐正荣）

广播影视

【广播电视覆盖】　积极实施广播电视“村村通”系统工程，完成3344个20户以下自然村广播电视“村村通”工程建设任务。推进村级广播室建设，全市新（改）建村级广播室1712个。为切实解决边远地区群众“听广播看电视难”问题，大力推进直播卫星地面接收设施安装工程，完成1.25万套直播卫星电视安装任务。加快地面数字电视覆盖工程建设，南峰山、卧龙坡发射台，岳池、武胜、前锋区直放站相继建成开播，全年新发展地面电视3180户。各播出单位进一步完善应急预案和实战应急演练，加强技防人防，实现广播电视零插播、零停播、零事故的“三零”目标。

【数字电视发展】　满足群众“看电视个性化、信息化”的要求，按照“政府主导、部门实施、社会参与、群众认可、整体转换、市场运作”的原则，加快有线电视数字化、双向化改造，推进广播电视、互联网、电信网“三网融合”，全年新增有线电视用户3887户、标清用户32215台、高清用户12594台，发展互动点播业务5132个、爱家套餐业务228台、宽带业务5170户。

【宣传工作】　各播出机构围绕全面实施“三大”战略、奋力推进“两个”跨越的总体要求和市委、市政府工作大局，深入开展学习贯彻党的十八届四中全会和省委十届五次全会精神、纪念邓小平同志诞辰110周年系列纪念活动、党的群众路线教育实践活动、“感恩发展作贡献”主题活动等系列卓有成效的宣传活动，为扩大广安影响力，助推广安市“两化”互动，统筹城乡发展，争当川渝合作桥头堡，打造成渝经济区重要增长极营造良好的舆论氛围。广安广播电视台分别编播广播与电视《广安新闻联播》《早间新闻》各365期，采编新闻稿件18237条；《聚焦广安》75期，《广安新闻零距离》226期，《广安故事》48期，《悦读广安》36期，《法庭视线》53期，《早安广安》38期，《乐游广安》65期、《吃在广安》42期，《聚集广安》76期。

【农村公益电影放映】　加大农村公益电影监管力度，制定映前公示、映中抽查、映后报告的管理制度，确保农村公益电影放映场次落到实处。加强农村公益电影队伍建设，提高农村公益电影放映队伍综合整体素质。积极推进农村公益电影固定放映点规划建设，改善农村公益电影放映观影环境。及时更新和丰富影片内容，利用农村“寿丧嫁娶”的时机放映，增强电影可看性，提升观众积极性。全面完成全市3.32万场农村公益电影放映目标任务。

【城市数字电影院建设】　广安太平洋院线中天国际影城、广安国际商业中心影城、邻水嘉裕国际影城、岳池恒欣国际影城建成营业，全市县级城市影院达8家、银幕29张、座位数2583个。全年实现票房收入574万元。

（唐正荣）

新闻出版

【出版行业管理】　认真开展新闻出版行业年度核验工作。对全市73家印刷企业、5个报刊记者站、2个报刊出版单位、9个内资委印单位、219家图书教辅资料出版物零售发行企业、328个打字复印单位、182个邮政报刊亭等开展证照年度核验工作。严格样报样刊送审、审读制度，对每期样报样刊出版物进行认真审读，确保新闻出版导向正确。开展打击假媒体、假媒体机构、假记者的“三假”专项行动，进一步维护全市新闻采编工作秩序。深入开展印刷企业管理年活动，推进印刷企业认真落实“五项制度”建设，促进企业管理水平科学化、规范化。

【全民阅读】　印发《2014年全民阅读活动实施方案》，以“提倡全民阅读，共建书香广安”为主题，积极开展“新春送书下乡”活动、优秀图书推介活动、出版物“惠民展销周”活动、“书香广安”演讲比赛、“书香广安”经典诗文朗诵会活动、“农民读书月”活动、全民阅读“六进”活动、农村少年儿童“我的书屋我的梦”主题阅读活动等系列阅读活动，激励全民参与阅读热情。在全民阅读活动中，邻水县邹元模家庭获得国家新闻出版广电总局表彰。

【农家书屋建设管理】　全面完成全市2773个农家书屋的建设任务。进一步加强对农家书屋补充更新资金和农家书屋日常活动的监督管理，相继下发《2014年农家书屋出版物补充更新实施意见》《2014—2015年数字农家书屋建设规划》。加强对农家书屋出版物更新的督查检查，全市农家书屋共补充图书28.42万册、光碟1.55万张、订阅各类报纸杂志5.5万余份。

【扫黄打非】　组织召开广安市2014年“扫黄打非”工作会议，制定下发《广安市2014年“扫黄打非”工作安排》文件，开展“4·26”非法出版物集中销毁活动和绿书签宣传活动。深入开展查堵政治性有害出版物的“清源”行动、净化网络文化环境的“净网”行动、打击非法报刊专项治理的“秋风”行动和打击网络侵权盗版的“剑网”行动，全市共查缴非法出版物和删除有害信息4315件，其中淫秽色情出版物533件、盗版音像制品3718件、盗版图书564件、删除有害信息15条，出动执法人员3400多人次，检查出版物市场和摊点2587个次，检查印刷企业480家次，行政处罚案件16件。

（唐正荣）

文化馆

【群众文化活动】 组织开展为期6天共6场送文化下乡演出活动，表演由华蓥市文广新局编排的20余个不同类型、不同风格的文艺节目。

组织开展“感恩小平·沸腾广安”摄影作品展暨惠民志愿服务活动，为社区居民送春联拍摄全家福，共展出110幅以“感恩小平”为主题，反映广安经济和社会发展沸腾场面的摄影作品，3天的展览近2万群众前来参观。

组织开展“思念如潮”缅怀邓小平逝世17周年诗歌朗诵会活动，市文化馆女声合唱团编排表演怀念小平的经典曲目《小平回四川》。与市电视台等联合组织开展2014年“小平您好”全国城市电视台群众感恩歌唱比赛广安赛区启动仪式，仪式上，重庆市大渡口区文化馆，安徽省六安市、贵州省遵义市以及四川省遂宁、阿坝等市州电视台带来精彩节目献给现场的观众。

组织协办“感恩小平作贡献、同心共筑中国梦”梦圆东方文艺晚会。组织承办中国旅游日主会场活动启动仪式，表演《美丽广安》《春天的故事》《秋江》《川剧变脸》《情深谊长》等节目。组织协办“中国梦·在广安”系列文化活动中《小平您好》节目的外景录制工作。

参与组织承办“中国梦在广安——春天的故事”广安市纪念邓小平诞辰110周年群众文艺演出活动，本台演出分为《渠江潮音》《春天乐章》《小平，您好》《天下广安》《中国梦想》五个篇章。

组织协办“高山仰止——纪念邓小平同志诞辰110周年”大型文艺演出，中国文联送欢乐到广安慰问演出活动，本次演出分为“我是中国人民的儿子、欢乐送万家、追寻中国梦”三个篇章，由著名主持人朱军、涂经纬主持，殷秀梅、杨洪基、戴玉强、谭晶、沈铁梅、卢奇等众多表演艺术家参与演出。

组织开展“法治进社区·文明伴我行”践行中国梦暨群星奖优秀节目展演活动。组织协办中央电视台“心连心”艺术团赴广安慰问演出活动，活动在武胜县、华蓥市、岳池县分别进行特色小分队拍摄表演，中心小分队主会场设在协兴牌坊村，演出由朱军、朱迅、张泽群、管彤主持，刘和刚、陈思思、雷佳、祖海、扎西顿珠、纪敏佳、平安等众多明星为广安人民献上《好儿好女好江山》《幸福山歌》《春天的故事》《你鼓舞了我》等精彩节目；市文化馆和广安区还组织百人合唱团及百人广场舞参加主会场现场演出。

组织开展“缅怀小平——万人同吃寿桃系列活动”，包括110童男童女献寿桃、舞龙舞狮、打连响、打腰鼓等，本次活动近2万名游客和群众参与共计发放4万个寿桃。组织开展《颂歌献小平·诗意赞广安》广场音乐诗会，演出内容囊括音诗画、独唱、对唱、配乐诗朗诵、少儿合唱、女声合唱、混声合唱等。

组织承办2014年全省群众文学创作笔会，省文化馆、省各地市州相关领导、特邀专家、各地诗人、作家代表共100余人参加本次笔会。

【文艺评创】 推选广安市45件优秀美术书法摄影作品，参加省文化厅主办的“畅想中国梦展示新四川”全省群星璀璨美术书法摄影主题创作展。其中23件入围，并获得一等奖1名，三等奖3名，优秀奖1名。选送6名选手参加第八届香港国际青少年艺术节，其中选手曹释和杨际正获钻石奖即一等奖；选手张惟一、李卓获铂金奖即二等奖；选手罗琦珺、汪宇星获金奖即三等奖。推送馆长曹馨撰写的理论文章《建立以人民群众满意为终极目的的公共文化服务保障及评估机制》参加四川省文化馆、四川省群众文化学会主办的四川群文杯公共文化理论征文大赛获得一等奖。

组织开展“小平您好·全国城市电视台群众感恩歌唱比赛”广安赛区系列赛，比赛自4月启动，700多名参赛选手，经过初赛、复赛和决赛的层层竞技选拔，14名选手挺进总决赛，来自成都的歌手李浩仟、重庆西南大学的教师杜贤良、广安岳池的歌手滕冠宇分获冠、亚、季军。组织参加在宜宾市兴文县石海公园穹庐厅举行的2014年首届西南民歌邀请赛，广安市选手王璨获表演三等奖，市文化馆获优秀组织奖。组织开展“唱响中国梦·i唱好声音”四川第二届群众歌曲大家唱iTV展演广安赛区系列赛。本次活动从6月16日拉开海选的帷幕，经过两个多月、9个场次的海选，拍摄视频近300个，22名选手参加复赛，经过现场比分和网络投票，最终张丽代表广安市参加在成都西南信息中心举行的总决赛，获优胜奖。组织参加全省首届农民艺术节暨群星奖大赛，广安市选送的4个参赛节目全部荣获等级奖，其中曲艺《前锋明天更美好》获二等奖，少儿歌曲《三月的纸飞机》、歌伴舞《把平安带回家》、舞蹈《幺妹情》均获三等奖。

成功组织实施2014年社会艺术水平考级活动，全市共有60所艺术培训学校的艺术考生参加美术书法、音乐、舞蹈三大门类14个科目的社会艺术水平考级考试，参考人数再创历史新高。组织开展全市2014年社会艺术水平考级成果展演活动，展演节目包括拉丁舞、中国舞、踢踏舞、古筝、二胡、钢琴、小提琴、小合唱等；参演的100余选手都是从艺术考级各门类中选出来的优秀考生。

组织开展“金曲迎春舞动广安暨庆祝2015年元旦广安市广场舞大赛”，全市共计29个参赛代表队，经过激烈角逐，最终前锋区区级机关代表队、广安区文化馆代表队、岳池县文化馆代表队并列获得冠军。推送原创儿童歌曲《三月的纸飞机》获得四川省第十三届精神文明建设“五个一工程”优秀作品奖。与北碚区文化馆联合印制《川渝同源笔墨争妍》川渝合作——北碚、广安两地美术书法名家作品集。与珠海文化馆共同出版《墨舞中国梦》——纪念邓小平诞辰110周年青少年美术书法作品集。市文化馆专业技术人员贾海波出版合唱培训教材《群众合唱团节奏旋律练习》。

【非物质文化遗产保护】　市文化馆馆深入学习贯彻《中华人民共和国非物质文化遗产保护法》，大力加强非遗的展示宣传和保护工作。组织开展以“非遗保护与城镇化同行”为主题宣传活动，印发3000多份宣传资料，生动、直观、多形式宣传非物质文化遗产成果及知识。积极组织申报第四批省级非物质文化遗产保护项目，增补武胜杨氏古榨油工艺为市级非物质文化遗产保护名录，全市级非物质文化遗产保护名录增至43项。

【场馆免费开放】　贯彻落实文化部《关于进一步推进全国文化馆、美术馆、公共图书馆、文化馆（站）免费开放工作的实施意见》精神，强力推进免费开放工作，免费对外开放乒乓球室、舞蹈音乐厅、美术展览厅、美术室、多功能活动厅、音乐鉴赏室，免费开放场所面积达2000多平方米，免费使用达21300人次，前锋区文化馆、老体协、老年大学、五福社区、西溪社区舞蹈队等经常在广安文化馆免费排练。制定和实施免费开放公示制度、管理制度，每天免费活动时间达到6小时以上，并根据不同人群文化需求，分别开辟内容丰富的培训科目，面向青少年免费开办少儿舞蹈、少儿美术培训班、陶笛、小提琴，2014年，累计授课264节，培训总数6700人次，面向成年人免费开办成人声乐培训班，培训达1120人次，做到培训群体“各有所需，各有所为”，满足人民群众的文化需求，提高文化馆的公共服务水平。4月24日下午，部分国内知名摄影家赴广安市开展“行摄小平故里，印象美丽广安”活动，光明日报摄影部主任刘新武等专程莅临广安文化馆，拍摄王在排练的民族舞蹈免费开放培训项目。

【群众文化辅导】　2014年，市文化馆文化志愿者，多次到各群众艺术团指导排练，编创节目，并组织队伍落实场地为文艺爱好者搭建交流平台。馆长曹馨和业务干部詹璐嘉、朱蒂、贾海波、赵大国等深入区市县、市级相关部门指导辅导开展文艺演出活动近30场，并多次进学校、进社区开展文化辅导活动。举办市、县摄影爱好者摄影培训活动，邀请市摄影家协会副秘书长杨明军为广安市摄影爱好者进行指导培训。

【文化交流】　与重庆北碚区文化馆联合开展“川渝同源，笔墨争妍”名家书画展。应中国驻法国斯特拉斯堡总领事馆邀请，馆长曹馨带团参加在法国斯特拉斯堡欧盟议会中心举行的纪念中法建交50周年文艺演出活动，广安市代表团表演《宕渠双竹连响》《情深谊长》等节目，受到参加活动的欧洲各国外交官及法国社会各界的热烈欢迎。同北碚区文化馆、大渡口区文化馆组织开展2014年“川渝合作颂党恩”——纪念建党93周年暨群星奖优秀节目展演活动。本次展演的节目由北碚区文化馆、重庆两江艺术团、大渡口区文化馆带来的群星奖获奖节目及广安本地特色节目组成，本次展演旨在加强公共文化服务交流，推动川渝区域文化联动，提升文化影响力。与珠海市文化馆联合开展《墨舞中国梦》青少年书画联展活动。此次联展共展出138件作品，其中珠海市69件，广安市69件。组织参加情系嘉陵江·共筑中国梦群众文化演出季——2014年川陕甘渝公共文化服务区域协作大联动系列活动。本次活动由南充市文化馆执行承办，演出队伍来自陕西汉中市、甘肃陇南市、重庆北碚区、四川广安、遂宁、绵阳、巴中、广元、南充等四省、市九市州。广安市组织一台以戏剧、曲艺为主的精彩文艺节目参加本次活动。

【领导人】　馆长：曹馨。

（贾海波）

文物管理所

【文物保护经费】 2013年，市政府专门召开全市文物保护专题会议并下发文件，就文物保护经费保障问题提出具体要求。2014年，通过向市人大、市政府积极汇报，市人大开展文物保护专项经费调查，市政府抽调市政府督查室、市文广新局、财政局相关人员组成督查组，赴各区市县进行专项督查，经专项督查及各区市县的积极汇报、协调、沟通，六区市县政府为文物部门解决和追加到位文物保护专项经费达200万元，较以往年度有大幅度提升。

【地面文物保护】 全市文保单位全部落实文物专（兼）职保护员及其报酬，全部竖立文物保护标志，划定第七批国保和第八批省保单位的保护范围和建设控制地带。全面启动重点文物保护单位的保护规划编制工作，部分项目已通过国家文物局立项批复。完成第六批、第七批5处全国重点文物保护单位的建档备案工作。文物维修工程有序推进，国保单位邓小平故居翰林院子、武胜宝箴塞段家大院，省保单位华蓥五星廊桥、岳池文庙等维修工程全部竣工，并经省文物局验收为合格工程。

【博物馆建设】 博物馆免费开放得到深化。市三线工业遗产陈列馆本着“贴近群众、贴近实际、贴近生活”的原则，充分利用“四川省军工爱国主义教育基地”“四川省军工文化建设示范基地”“全国新时期党性教育特色基地广安基地现场教学点”优势，提升服务条件，优化服务质量，让博物馆更好地惠及广大群众。市三线工业遗产陈列馆在做好日常免费对外开放工作的同时，主动走出去宣传推介，先后向驻广安武警部队、消防支队及军分区发函，与市委党校和中小学校进行衔接，邀请部队官兵、党校学员、学校学生来馆参观。市武警部队分批次派官兵走进陈列馆开展“重温三线辉煌，再立时代军功”主题活动，市委党校主体班学员走进陈列馆开展“了解三线历史，传承三线精神”主题活动，中小学生走进陈列馆开展“了解三线历史，传承三线精神”主题活动，儿童节期间为少年儿童举办“欢乐六一，童心飞扬”绘画展示活动及“庆祝六一知识竞答”活动。全年陈列馆共接待观众1万余人次。此外，为加大宣传推介力度，市三线工业遗产陈列馆还精心编印宣传折页，用于对外宣传和发送给来馆参观的群众。

博物馆库房保存环境得到提升。完成中心文物库房环境升级改造工作。中心文物库房自2008年启用至今，由于每天24小时不间断的运转，许多设施需要更新。此次库房环境升级对计算机、恒温恒湿器、排水系统、SMS系统等硬件设备进行更换，对控制系统等软件进行升级，新增库房通排风系统。完成第一批馆藏文物囊匣制作，为257件馆藏文物量身定制美观、耐用、防震、防腐的外包装。

博物馆建设完成立项。按照省发改委的相关要求，组织编制《市博物馆建设项目节能评估报告表》并通过评审，成功办理项目节能批复。组织对《市博物馆建筑及场地景观方案设计》进行修改完善，通过省文物局的批复。组织对《市博物馆项目可行性研究报告（代项目建议书）》进行修改完善，通过省发改委的立项批复。国家发改委将市博物馆纳入社会事业专项2014年中央预算内投资储备项目计划，并下拨第一批建设资金1000万元。

【工业遗产保护】 2014年，先后深入省内三线军工企业西南自动化研究所（58所）、中核集团821厂开展工业遗产调研和实物征集，征集到遗产实物、资料、照片500余件。工业遗产专委会与省国防科工办、中核集团821厂在第38个“5·18”国际博物馆日之际，联合举办“唤醒沉睡的记忆”——三线建设工业遗产图片展走进企业大型宣传活动，展出图片展板20张，发放三线工业遗产保护倡议书1000余份，参观群众达2500余人次。由四川省国防科工办、四川省博物馆学会、广安市文广新局主办，省博物馆学会工业遗产专业委员会、广安市博物馆、广安市三线工业遗产陈列馆和梓潼县文广新旅局承办的四川省博物馆学会工业遗产专业委员会2014年年会在绵阳梓潼县中国两弹城召开，会议全面总结2014年专委会各项工作的开展情况，安排部署2015年专委会工作任务，分享会员代表在工业遗产、三线遗产保护领域的研究成果、方法和经验。398厂老三线人自发组织到工业遗产陈列馆开展组织活动，追忆三线情结，为陈列馆捐赠三线遗产实物。组织人员深入157厂、268厂等三线企业新厂对老三线人口述历史影像资料进行采集、整理。

【可移动文物普查】 2014年，按照省文物局和省普查办的统一部署，结合广安市实际，出台广安市第一次可移动文物普查工作计划，到位市本级普查经费15万元。派出10人次参加省普查办业务培训，开展部分重点国有单位文物收藏情况的回访调查，开展全市普查经费落实情况督查工作，督促区市县落实普查经费48.5万元。对部分文博系统外国有单位收藏的文物进行筛选、认定和文物信息采集；对文博系统内已完成数据库信息的部分文物数据进行修改完善，完成新增文物数据的采集和登录；审核通过各收藏单位已经上传平台的文物数据。

【文物安全】 2014年，广安市文物管理委员会出台《2013年全市文物安全事件的通报》，市文管所与各区市县文广新局签订广安市文物保护管理责任书，明确文物安全目标任务。此外，又专门下发《关于切实加强文物保护单位执法巡查工作的通知》，对全市文物安全检查和行政执法巡查工作提出较为明细的量化要求，并督促各县严格执行。同时局主要领导、分管领导先后多次对广安文庙、兴国寺、广安白塔、代市牌坊、褒先寺等重点文物保护单位安全及部分区县文物库房安全进行实地检查，及时发现和排除安全隐患。广安区将省级以上文物保护单位纳入110天网工程，岳池县对文物库房安防设施进行更新升级。前锋区出台文物巡查工作制度和文物安全工作应急预案。全年，全市开展文物安全检查382次，检查文物779处，发现隐患81处，整改69处，无行政违法案件，文物安全形势明显好转。

【重点文物保护专项补助】 根据中央、省财政、文物部门关于重点文物保护专项补助资金管理办法的相关规定和要求，2014年起，中央、省重点文物保护专项补助资金申报实行项目管理，项目储备成为向上申请补助资金的决定性要件。为此，下发《关于做好全国重点文物保护专项资金等项目储备工作的通知》，两次组织召开项目申报和储备工作会议，并协调联系省考古研究院集中为全市重点文物保护专项补助资金储备项目编制立项报告和技术方案。省考古研究院已对需编制规划的文物项目进行实地踏勘和前期调研，制定《广安文物保护工作计划》，已编制完成部分重点项目立项报告，广安区冲相寺摩崖造像的安防工程已经通过国家文物局立项批复，广安白塔、安丙家族墓地等多个项目立项报告已报国家文物局待批。

【文物保护宣传】 利用节日开展宣传。2014年，利用“5·18”国际博物馆日和中国文化遗产日，广安市各级文物部门开展形式多样的宣传活动。广安市博物馆（三线工业遗产陈列馆）除将宣传活动送到广元821厂，还通过中国移动、联通、电信以短信的方式对广大市民进行文物法和博物馆知识宣传，在广安市区悬挂“5·18”博物馆日宣传标语5幅，在广场等人员密集区发放三线工业遗产保护倡议书1000余份。各区市县文管所围绕“博物馆藏品架起沟通的桥梁”的主题，悬挂宣传标语14幅，展出馆藏文物图片和“三普”成果展板82张，发放《文物保护法》简要读本100本和博物馆日专题宣传资料37000余份，参观群众累计达到1.62万人次。

开展日常性宣传。为让广大群众共享广安文化遗产的保护成果，让广安人民、外来友人、观光游客认识广安，了解广安，热爱广安，2014年，推出“伟人故里·古韵广安——广安市精品文物图片展”，在广能广场、思源广场等城市中心地段作为日常性宣传项目长期展出，参观群众达3万余人次。

文物宣传进校园。为让广大学生了解广安本土文化，增强他们的民族自信心和自豪感，将“伟人故里·古韵广安——广安市精品文物图片展”和“唤醒沉睡的记忆——三线建设工业遗产图片展”送进广安中学、友谊中学、思源中学等校园，参观人数近2万人次。

编制文物宣传画册。为配合宣传活动，市文管所专门印制《记住乡愁——广安文物宣传册》，对广安重要文物和文物工作进行详细介绍，便于广大群众深度了解广安的悠久历史和灿烂文化。

【领导人】 馆长：梁馨。

（梁　馨）

图书馆

【阅读环境打造】 广安华美立家置业有限公司捐资500万元，对图书馆所有卫生间、休闲书吧进行全面改造，并安装观光电梯，在多功能报告厅圆弧上安装大型LED电子显示屏。向成都市争取内部改造升级专项资金1000万元。该馆利用该笔资金对图书馆正门大厅进行重新改造，新建盲文及盲人有声读物阅览室，重新安装中央空调，邀请专业公司对图书馆邓小平文献资料室、邓小平文献音像资料阅览室、儿童阅览室等进行精心规划、合理布局，拟定详细的改造升级方案。在民间收藏爱好者何人自愿捐赠该馆2000余件汉陶文物的情况下，该馆利用成都市所捐部分专项资金，在图书馆底楼开辟1000平方米场地，新设广安汉陶博物馆，并于8月22日对外开放。

【图书文献资料征集】 为争取国内新闻出版机构、图书馆、档案馆等单位，以及邓小平理论研究专家和学者、民间收藏家等社会各界的大力支持，该馆通过与市委宣传部、市委统战部、邓小平故里管理局、市旅游局、市纪念办等单位联合发放请求捐赠信函6000余封，组织专人发送电子邮件1000余条，并委派专人到国家新闻出版广电总局、中国版本图书馆、中国少年儿童新闻出版总社、四川省新闻出版广电局、重庆出版集团、重庆市图书馆等单位主动汇报争取支持。开展“踏着伟人足迹，搜寻小平史料”活动，组织专人到邓小平曾经生活、学习、战斗的地方广泛征集邓小平文献资料。2014年，该馆累计接受图书文献资料捐赠达4.2万余册，音像制品4508件，价值近300万码洋。其中中国版本图书馆为市馆捐赠近三年出版的样书18000余种20000册，总价值78万码洋；中国少年儿童新闻出版总社捐赠图书4000册，价值近10万码洋，捐赠书报刊及数字产品，价值近100万码洋；国家旅游局捐赠图书1338种6695册，价值约35万码洋；四川省新闻出版系统捐赠图书3000余册，价值15万码洋，光碟5000册，价值15万码洋，共计30万码洋；中宣部文艺局捐赠220种1578张音像制品，价值近3万码洋；解放军出版社捐赠《世界经典战例》《强军之路》等价值5万余码洋的军事题材图书1455册；中央文献出版社捐赠有关邓小平文献172种401册。尤其是国家新闻出版广电总局为市馆赠送一套极为珍贵的《中华大典》。该书是中国古代典籍的百科全书，是新中国成立以来最大的文化出版工程，共24个典，116部分典，约8亿字，首批捐赠3个典52册已入藏该馆。

【邓小平特色数据库建设】 该馆在征集图书文献的同时，就按照“邓小平文献资料研究中心”图书、报纸期刊、书画作品、音视频、图片资源构成体系，对现有馆藏邓小平文献资料进行分类清理统计和查重，邀请多家专业公司对邓小平文献资源电子全文数据库建设进行合理规划，并在四川省图书馆、四川省社会科学研究院等相关单位的技术指导下，制定邓小平特色文献资源数据库招投标方案。2014年6月，邓小平特色文献资源数据库招投标成功。7月，数据库建设中标单位北京世纪超星信息技术发展有限责任公司抽派专人到馆对原有的和新征集到的有关邓小平文献资料进行全面数字化，并合理安排数据库首页内容，将已数字化的邓小平文献资源按“横向以载体、纵向以内容”的方式全部存储分列于数据库中。同时对邓小平图书馆网站进行重新改版，新增设“邓小平特色文献资源数据库”查询入口，并对网站的防火墙等进行升级改造，初步建成一个开放、安全、特色鲜明的“邓小平特色文献资源数据库”，为广大读者尤其是研究邓小平的专家学者、专门机构提供最全面最权威的邓小平电子文献参考咨询服务。

【读者服务】 在继续坚持实施以“四个统一”（统一着装、统一讲普通话、统一文明言行、统一宣传口径）为主要内容的规范化服务的基础上，加强对RFID图书自助借还系统的维护，不断提升窗口服务工作的自动化水平。在公共场所增配“文明劝导员”，对在馆内高声喧哗、嬉戏打闹等不文明行为进行劝导。进一步增强主动服务意识，抽派员工主动为基层图书服务点更换图书；主动为读者推荐新书，全年推荐新书书目达800种。加强为读者办理读者证服务，全年新办读者证3500张。在窗口服务部门每季度开展评选“优质服务小组”“模范服务馆员”等活动，在全体职工中掀起创先争优热潮。精心组织开展“邓小平生平思想知识有奖竞答”“我向小平爷爷学写字”青少年书法大赛、“我心中的图书馆”儿童现场绘画比赛、“我绘我SHOW”创意手绘大赛、“图书馆数字资源知识讲座”“邓小平经典影片展播”活动、“我心中的图书馆”读者互动交流活动、“畅游书海、品味书香”为主题的新书展等主题活动10场次。协助开展“巴蜀讲坛进警营——纪念邓小平同志诞辰110周年讲座”“纪念邓小平同志诞辰110周年邓小平专题集报展”“抓党建、惠民生、促发展摄影大赛”“纪念邓小平同志诞辰110周年书画艺术展”等活动。全年，该馆全民阅读活动接待读者近20万人次，在伟人故里营造全民阅读的浓厚氛围。

【图书基础业务】 全年新购各类图书6072余种，电子文献6000余种，订购报纸、期刊730种，全年共完成2.2万册图书的分类、编目、审校、加工、交换和排架工作。积极参加各类业务培训，2014年，该馆组织人员参加“四川省公共图书馆少儿服务工作”“区域文化联动暨公共图书馆创建国家示范项目交流研讨会”“数字化图书馆建设”等业务培训，并派员参加2014年度中国图书馆学会年会。出台激励措施，鼓励职工加强学习，积极开展理论研究，2014年该馆共有5篇图书馆论文获中省图书馆学会等奖励。在中央文献研究室与四川省人民政府联合举办的第三届全国邓小平理论研讨会中，该馆有2篇邓小平理论文章入选大会论文集并于5月结集出版。

【数字图书馆推广】 参照国际上最先进的电子阅览室设计理念进行设计，利用四川省数字资源推广工程专项资金完成电子阅览室改造升级工程。该项目自2014年4月立项，6月公开招标，7月、8月施工建设，9月初建成并对外开放。该阅览室已成为一个拥有电脑67台、阅览座席100个，集少儿阅读平台、高速网络浏览、影音赏析、休闲上网于一体的综合性电子资源阅读平台和绿色电子信息中心。

【获得荣誉】 2014年11月，图书馆被人力资源社会保障部、文化部表彰为全国文化系统先进集体，被市委、市政府表彰为邓小平诞辰110周年纪念活动先进集体，张钧被表彰为邓小平诞辰110周年纪念活动先进个人、张达刚被市委表彰为优秀党务工作者。

【领导人】 馆长：邹来云（11月止）、彭赟（11月起），副馆长：杨永亮、龙丽华（6月起）。

（李培军）

四川新华发行集团公司广安市管理中心

【资产管理】 租金收入务求连续增长，在相较2013年资产总额减少9处的状况下一般租赁收入力争实现140万元，增幅力争达到20%。2014年租赁工作的重点是抓好中天国际还建资产接收工作，第一时间启动还建门市的招租工作，努力实现新增年租金90万元以上。强化强资产安全管理，做到房屋安全隐患零容忍，安全事故零发生。做好遗留问题处理工作。年内解决好武胜房屋产权取证、岳池征地权益侵占求偿等遗留难题。配合做好闲置老旧资产处置。对需要处置的，及时搞好报批。

【经营管理】 竭尽所能搞好退离休服务工作，配合做好社保转移后续工作和其他管理工作。及时申报发放相关资金；及时完善离退休人员养老金台账，及时跟进离休待遇调整。及时进行住院探视、死亡慰问、费用核减、遗属定补调整等活动及费用申报。严格执行劳动保险政策，做到申报和解缴不出错。同时认真做好社保转移的后续工作。积极开展维稳协防联动工作，确保全年良好维稳态势。认实施实安全责任制，安全工作落实到位。确保全年资产安全、办公场所安全、行车安全全面加强无事故。进一步加强中心内部费用管理，内部管控工作力争取得新成效，费用预算控制率≤100%。

【领导人】 四川新华发行集团广安市管理中心主任：罗亚雄（4月止），主任助理（主持工作）：陈波（5月起）。

（新华发行广安管理中心）

广安市广播电视台

【新闻报道】 2014年，市广播电视台围绕市委、市政府中心工作和百姓生活，抓住重点，突出主题，以贯彻十八届三中、四中全会精神，庆祝邓小平诞辰110周年和党的群众路线教育实践活动三大主题为新闻宣传主线，突出邓小平110周年诞辰、依法治市、创建全国文明城市、洁净水工程等重点工作，创新报道形式，形成强大声势，刊播一系列有质量、有分量的报道，为广安市的各项重点工作提供强有力的舆论支持。各媒体栏目共开辟“党的群众路线教育实践活动”“感恩邓小平·同圆中国梦”“依法治市”、贯彻落实省委十届五次全会精神、市委四届七次全会精神、“践行社会主义核心价值观”、创建全国文明城市等60余个专栏，制播新闻4000余条（篇）；制播社教专题73期，完成“5·19”中国旅游日主会场、邓小平诞辰110周年纪念晚会等活动的录播40余场；制作《裂变》《磨盘青松》《违纪者下课》等专题片31部；形象片2部、纪录片1部。这些节目的推出有力地把握正确的舆论导向，提振发展士气，为广安市实现“三大战略”，实现“两个跨越”汇聚起强大正能量。

【纪念邓小平诞辰110周年宣传】 在纪念邓小平诞辰110周年宣传中，市广播电视台发起“感恩邓小平·同圆中国梦”大型采访活动，由两位副台长带领两个采访组，沿着邓小平足迹，跨越10余个省市，采制的35期系列报道和广电报策划的《深情的缅怀永远的小平》——纪念邓小平诞辰110周年特刊，一经推出，引起广大观众强烈反响；由市广播电视台摄制的反映广安市以纪念邓小平诞辰110周年活动为统揽，坚持一手抓纪念活动筹备，加快民生改善。一手抓经济社会发展，推动邓小平理论在广安创新实践的专题片《感恩小平共筑梦想》多次得到市委主要领导充分肯定，成为对外宣传精品。

【外宣工作】 2014年，广播电视新闻共被上级媒体采用1129篇，其中，广播580条（中央台30条，省台553条）；电视549条（中央台18条，省台532条，中国教育频道9条），由市广播电视台采制的电视新闻《罗兴毅：义务护林17载》等多条稿件在中央电视台《新闻联播》中单条播出；在中省电视媒体播发电视专题5部，其中中央电视台1部，四川卫视4部。突出对小平诞辰110周年纪念活动和党的群众路线教育实践活动的宣传报道，共被上级媒体采用100余篇，为广安市纪念邓小平诞辰110周年，深入开展群众路线教育活动营造良好的舆论氛围。

【节目（栏目）改版】 各媒体加强节目策划，关注受众视角，发挥媒体监督作用，重点改革民生新闻报道，提高节目收视率，增加媒体公信力。FM101.2广安交通旅游频率加强与市交警支队、市商务局餐饮协会的合作，开办《交广直播间》，完善《吃在广安》栏目，扩大广播节目影响力。全面改版电视《新闻零距离》《聚焦广安》

《法庭视线》《经济生活》等栏目，积极筹备《新闻零距离》实现日播。截至12月底，《新闻零距离》制播《关注乡镇河流污染》《伟人故里看新景》《美丽新农村》等民生新闻1810篇，自采率99.57%。推出“我们的节日”“最美广安人”“賨州探宝”等10多个专栏。开展“记者走基层”“72行”等系列报道，深入基层，反映民情，服务群众；《广安广播电视报》编排1872个版面，刊发自采稿件1000余条，自采率较2013年翻一番，从民生角度推出“广安印象”“寻找消逝的记忆”等独家深度系列报道。它们贴近群众，贴近实际，贴近生活，集中体现市台的核心竞争力，在推进广安市社会主义核心价值体系建设、弘扬主旋律、服务群众方面发挥重要作用。

【经营创收】 开拓思路，灵活手段。2014年，结合邓小平诞辰110周年纪念推出的“感恩·小平”群众感恩歌唱比赛，不但丰富广大市民的精神文化生活，实现社会效益和经济效益“双丰收”；坚持公益广告和商业广告相结合，主动对接，全年共播出公益广告12000余条，占总广告数21.5%，为广安市各项工作的顺利开展营造良好舆论氛围；坚持广告营销和节目营销相结合，充分发挥自身优势，制定整体广告营销方案，拓宽合作对象，开设《广安金盾》《法庭视线》《廉政聚焦》等联办节目，实现资源充分整合和有效利用。坚持多元创收，公交车车身广告、房地产分账式营销等新的业务的开展，拓宽市台经营创收渠道。

深化改革，竞争上岗。市广播电视台借鉴周边兄弟广播电视台经营创收的成功经验，变行业管理为媒体管理，成立电视台广告部、电台广告部、广播电视报广告部、经济宣传部，并于2014年12月开展2015年经营中心5个下属部门竞争上岗工作。

统合优势，融合发展。为进一步增强市广播电视台的市场竞争力，市广播电视台于2014年12月10日向市委宣传部报送《广安市广播电视台关于成立影视传媒公司的请示》，并获得批准，这为市广播电视台进一步提升管理效率、提高整体竞争力、拓宽发展空间提供更加广阔的发展舞台。

强化管理，提高水平。市广播电视台对广播电视频率频道各类违规医疗广告进行全面清查，积极净化荧屏声频，树立主流媒体的正面形象。健全经营管理制度，规范广告播出审核制度、节目播出全面检查制度，加大经营人员培训力度，经营创收人员素质得到进一步提升。

【队伍建设】 深入开展“走基层、解难题、办实事、惠民生”活动，丰富品牌内涵。2014年，台领导带队深入基层，对乡（镇）河流污染进行关注，播出《关注乡镇河流污染》系列报道，引起市上领导及相关部门的高度重视。2014年共上送《西溪水困》《“黑三轮”避峰错时搞游击》《政策“打架”勿伤民心》等电视内参三期，涉及居民用水困难、交通安全等方面，为市委市政府起好参谋作用，做到“帮忙不添乱”。新推出的《播洒阳光》栏目，捐资20万元修建一条3千米的水泥路，帮助36名失学儿童重返校园，对3个因病致贫的困难家庭进行帮扶，累计支出慈善款29.6万元。

深化专业人才培训和内部规范化管理，提升队伍整体素质。对业务生产部门实行人员定编，业务量化。经过深入调研，并征求相关部门意见，出台《关于业务生产部门实行人员定编业务量化的实施意见》。细化培训科目，提升岗位练兵实效性。市广播电视台以党的群众路线教育实践活动为契机，开展为期半年的岗位练兵活动，邀请康庆良、李玲等省内外知名专家、教授及本台的业务骨干为全台不同岗位人员进行专业授课，对本台自办节目进行自查自纠，进一步提高全台采编播人才业务素质。此外，市广播电视台还修改职工工资晋升办法，将职工的工资与专业技术职称挂钩，积极鼓励职工通过自学，在提升自己的业务素质的同时，获得相应的经济待遇。加强对外交流学习，取长补短。继续实行“走出去、请进来”的方式，2014年，市广播电视台共组织和派出人员50余人次到国家广电总局参加培训和到杭州萧山、成都、乐山、绵阳、宜宾等兄弟市州台学习新媒体融合发展经验，为本台传统媒体与新媒体融合发展奠定良好的基础。

【事业发展】 加快数字化改造步伐。2014年，在全台资金紧张的情况下，仍积极筹集资金，购买部分数字化采编设备，提升广播电视节目采编质量。同时，积极争取资金，完成媒资系统建设，实现对各种媒体资源的统一控制和管理。完成摄录编播、非编网等设备的招投标工作，合理配置资源，推进数字化系统改造。

完善LED城市公共应急平台网络布局。针对因广安火车南站的投入使用，形成的新的人潮集散地，市广播电视台积极向市委宣传部汇报，争取在广安火车南站新增4块LED显示屏，以完善LED城市公共应急平台布局，此项工作已获市委宣传部批准。

【安全播出】 2014年，市广播电视台加大安全监管力度，加强安全运行管理，继续完善节目“三审制”、机房24小时值班制及零事故报告制，梳理完善安全管理相关制度，严格落实，防患于未然，确保十八届四中全会、省委十届五次全会、邓小平诞辰110周年、“5·19”中国旅游日、各级“两会”、重大节假日的安全播出工作。

【获得荣誉】　2014年1月，市广播电视台被市政府表彰为邓小平故里旅游景区创建国家AAAAA级景区工作先进集体，11月，被市委、市政府表彰为邓小平诞辰110周年纪念活动先进集体；1月，谢宪章被市政府表彰为邓小平故里旅游景区创建国家AAAAA级景区工作先进个人，11月，唐宗林、伍川被市委、市政府表彰为邓小平诞辰110周年纪念活动先进个人。

【领导人】　台长：唐宗林，副台长：杨子会、袁四海、张山。

（李嘉晟、罗又川）

四川省有线广播电视网络股份有限公司

【概况】　2014年，广安分公司按照“抓住两转契机，立足变观念，苦练内功，全面建立现代企业管理制度”的工作思路，在抓市场、优服务、强管理、优环境等方面，更新思路，转变观念，全面突破。全面深化企业内部改革，着力建立健全导向明确，绩效优先，兼顾公平的考核机制，逐步完善竞争机制，建立能上能下、能进能出的人才流动机制，增强企业活力和核心竞争力，服务水平和经营管理能力得到提高，公司业绩得到提升。

截至12月31日，广安全域完成总收入13600万元，其中市本级完成总收入3740.7万元，实现现金收入3720万元。全域实现利润1086万元，其中市本级实现利润624.13万元。广安地区新增有线电视注册用户数22764户，其中市本级新增有线电视注册用户数6576户。新增机顶盒主终端数41043户，其中市本级新增机顶盒主终端数3949户。新增机顶盒副终端数8059户，其中市本级新增机顶盒副终端数1918户。年末综合业务数33718户，其中市本级年末综合业务数10498户。个人综合业务收入1282.57万元，其中市本级个人综合业务收入383.56万元。区集团业务收入125.043万元，其中市本级集团业务收入87.40万元。

【工程建设】　全市总投资4000余万元，双改覆盖总用户数20万余户。主干光缆扩容、新机房建设、传输平台建设等省管16个重点项目建设严格按照省公司立项批复施工建设，其中市本级城域网扩容、华蓥城域网县城到乡（镇）主干光缆扩容等2个工程建设项目已竣工验收投入使用，市县城区HFC双向网改造、新机房建设等14个工程建设项目已完成建设，等待省公司统一竣工验收。

【重点工作】　物价政策。多次召开区域专题会，研讨应对措施和策略。主动向各级党委政府汇报物价政策实施方案，争取财政补贴；采取座谈会、张贴发放宣传资料、现场解答等形式大力宣传物价政策，争取社会各界理解和支持；制定应急预案，有针对性地解决特殊用户诉求，如伤残退伍军人等，做到“外松内紧”，保证数字电视物价政策平稳落地和顺利实施。

行政事业人员转制。协调各级党委政府和上级主管部门，全域行政事业人员转制顺利完成，做好各类保险转接转移工作。

资源清理。公司成立以总经理为组长，副总经理、财务总监、县级分公司总经理为副组长的资源清理工作组，先后深入到社区、乡（镇），查勘网络资源状况和采集原始资料，并按要求认真填写，及时汇总成册上报，按时完成资源清理工作。

资产清理。结合公司生产经营实际，在资产清理工作组的安排和布置下，及时对机房设施设备、办公用具用品等资产进行逐一清理造册，对照表册核实，确保整个资产清理工作有序进行。

项目清理。时组织对广安地区所有立项项目和非立项项目的各个环节进行清理，对材料领用、借用等情况进行逐一核查，加快工程验收结算，填报《工程项目进度与管理调查表》等表册。

灾后重建。2014年9月13日洪灾，给邻水、华蓥分公司造成巨大经济损失，有线广播电视网络损坏严重，造成大面积停断信号。为抢通有线电视信号，分公司班子带领全体干部员工积极开展灾后恢复重建工作，各项工作按时完成。

【机制创新】　建立楼盘入网研讨例会机制。针对广安地区新建楼盘入网收入在公司总收入中占有较大比重，除广安区分公司、岳池分公司外，其他分公司新建楼盘入网情况均不理想等情况。从2014年5月起，广安分公司建立每月楼盘入网研讨例会，一盘一策略、一盘一挂牌，同时在市场营销部成立楼盘直销组，主攻新建楼盘入网工作，2014年市本级实现新建楼盘入网收入570多万元。

建立市场策略研讨例会机制。每两月定期针对分公司经营发展出现的问题和困难进行专题研讨，群策群力，交流探讨，达成共识，形成会议成果，会后各分公司结合实际情况，具体实践。

建立技术研讨例会机制。每季度一次，全域参加，共同研讨数据业务、综合业务在安装维护方面的技术难点、问题分析、创新经验等，形成成功共享，并用于技术指导，少走弯路，达到共同提高的目的。

建立以提升业绩为导向的工作机制。及时对市场营销部和营业部等一线生产部门职能职责进行梳理。市场营销部成立楼盘直销组、专网组、政企组、市场组，主攻楼盘、专网和政企集团用户；营业部新增营业人员和装维人员业务营销职能。提升服务水平和服务质量，提高客户人均消费值。通过充实装维力量，借助省公司和厂家力量，开展轮训，特别是2014年年底聘请成都倍垒公司对市场营销部、客户服务部和营业部等一线工作人员，进行为期五天五夜服务礼仪和营销技能专题培训，公司整体服务水平和服务质量得到很大提供，业绩得到大幅攀升。

【市场拓展】 面对激烈的竞争态势，广安分公司及时做出“六项”决定，加强与移动、联通合作的决定，实现优势资源互补，共同应对电信公司的恶意竞争；积极参与无线地面数字电视发展的决定，主动掌握有线数字电视和无线地面数字电视未来发展方向，抢先占领用户市场，提高数字电视节目覆盖面，巩固和扩大党和政府的宣传阵地，让人民群众充分享受到公共文化服务，同时确保无线地面数字电视的发展在公司可管可控范围内；积极参与“智慧城市”各项目建设的决定，实现宽带中国也要有广电网络公司的参与；借助社区力量，建立兼职片区市场专员的决定，将公司产品营销和服务延伸到社区、小区，动员社区力量，建立兼职片区市场专员；市公司部门开展帮扶营业部的决定，切实提高数字电视续费率和新用户发展工作；公司内部加强生产部门建设、营业厅建设、要客服务的决定，提升生产能力和服务能力。通过这些新举措，确保全域完成省公司年初下达的目标任务。

【企业管理】 进一步修订完善各项管理规章制度，明确工作责任人，根据工作岗位变化，及时调整领导班子分工。加大员工队伍培训，增强装维和营销力量，提升队伍综合能力。坚持导向明确的绩效考核机制，严格实施月、季度、年度相结合考核模式，强化内控管理，全面建立现代企业制度，有效激发员工工作热情。安全生产和安全播出常抓不懈。始终把安全播出当生命线放在首位，严格按照广播电视节目传输的相关规定，规范管理和使用频率频道和播出时段，没有违规发射、转播、传输节目和插播广告；全面落实经营业务审批许可制度，依法开展广播电视增值业务。完成元旦、春节、两会、APEC会议等重要保障期安全播出工作，安全播出工作实现“三零”目标。

【领导人】 党委书记、总经理：胡克勤（5月止）、敬成东（5月起），党委副书记、副总经理：蒋虹，纪委书记、副总经理：罗光华，副总经理、工会主席：李勇胜，财务总监：朱蜀云。

（袁　静）

广安日报社

【概况】 2014年，《广安日报》及其所属媒体广安在线新闻网、广安手机报、广安日报微信、川东周末等认真宣传贯彻落实党的十八大及十八届三中、四中全会精神，省委十届五次全会精神，紧扣市委“感恩小平·我为小平家乡发展作贡献”和党的群众路线教育实践活动的工作主题，认真按照市委书记侯晓春“弘扬主旋律，传播正能量，反映人民愿望，讲述百姓故事”的题词要求，努力提高新闻宣传水平和质量，为广安奋力迈进全省经济发展第一方阵营造良好的舆论环境。全年正常出版《广安日报》365期，发行《广安日报》14.2万份。全年在《人民日报》、新华社、人民网、新华网等中央级媒体上共刊用稿件23篇，在《四川日报》等省级媒体上共刊用宣传广安稿件107篇。

【纪念邓小平诞辰110周年系列宣传】 “感恩发展作贡献”主题宣传激发热情。继续深化“感恩发展作贡献”主题宣传，将“感恩”主题与纪念活动的筹办、经济发展、捐资共建等相结合，开辟“走进36个重大民生项目”专栏，对两个纪念项目和36个重大民生项目进行动态跟踪，随时让读者了解项目的进展情况。开辟“感恩发展作贡献·经济发展看产业”“热词看发展”“焕然一新看广安”专栏，推出三组深度报道，通过对广安市经济社会发展中的热词和“6+4+2”各典型产业发展，城乡各地焕然一新的面貌的展示，多角度，纵深地反映“感恩发展作贡献”活动取得的成效。开辟“感恩小平·共建广安”专栏，全面反映广安市汇聚各方力量捐资共建、智力支持、建设广安的情况。报道世界杰出华商协会会长卢俊卿带队到广安捐资助建、厉以宁等高端决策咨询暨投资促进专家多次到广安把脉发展、苏俊杰建立小平种子基金、全省各市州支持建设广安等情况。

纪念活动新闻宣传五彩纷呈。对“5·19全国旅游日”广安主会场活动、中国文联送欢乐到广安活动、“心连心”艺术团赴广安慰问演出、中国报业协会邓小平群众路线观与新闻思想研讨会、全国百家党报看广安、广安进入动车时代、“8·22”系列纪念活动等事件及活动的报道，以其丰富的内涵，活泼的形式，强烈的新闻性、服务性，产生很好的宣传效果，被中央、省、市各大媒体、网站转载。在各个主题活动的报道中，除对活动本身进行程序性报道外，还通过对活动参与者的访问，从他们讲述的与邓小平相关的故事，表达的对伟人的情怀中反映伟人的崇高风范，营造出一种浓浓的纪念情怀。广安在线网站利用头条、图片、要闻、热点等栏目，以转载《广安日报》稿件为主，也从各新闻媒体转载相关纪念小平110周年诞辰的稿件，形成宣传声势。活动期间，共上线纪念活动相关稿件500条（幅），日点击量达到5万人次，吸引60多个国家和地区的网友关注。广安手机报每天开设“小平在历史上的今天”“追寻小平足迹”“小平经典”“小平故事”“感恩小平·我为小平家乡发展作贡献”栏目，2014年，共刊发小平主题宣传类稿件492条幅，营造浓厚的宣传氛围。

“追寻小平足迹”产生广泛影响。2013年8月至2014年8月，广安日报社特派4个采访组共计28人次，分赴全国14个省市区，历时一年，行程近10万千米，在邓小平曾经战斗、工作、生活过的地方开展“追寻”活动，密集推出“追寻小平足迹”大型采访系列报道，发表文图稿件300多篇（幅）。2014年，“追寻小平足迹”推出“南巡之路”的报道，增加“追寻日记”“小平遗物故事”两个栏目，新转载邓榕的长篇人物纪实作品《我的父亲邓小平》。新华网、人民网等100多家媒体高度关注这项活动，许多媒体对《广安日报》采发的系列稿件进行转载；宣传邓小平理论，弘扬伟人风范。“追寻小平足迹”采访报道抓住一个个点位上邓小平战斗、工作、生活特点，从一个小角度引出一个大主题，反映一个大事件，被党史界誉为“《广安日报》开展的追寻采访已超越活动本身的意义，这是从另外一个视角看小平”；追寻采访报道成“宣传机”。在邓小平110周年诞辰之机，不仅起到缅怀小平的情感寄托，也让全国更多的干部群众进一步了解小平家乡广安，展示小平家乡的巨大变化和小平家乡奋力走在改革开放前列的风采；“追寻”活动在新闻宣传战线影响大。中宣部、中央外宣办、国家新闻出版广电总局、中国记协联办的《三项学习教育活动通讯》，2014年第10期专门刊发《感恩逐梦汇力量——广安日报社开展“感恩小平·中国梦在广安”系列报道》稿件对此次活动给予充分肯定。《中国新闻出版报》用半个版的版面，从专业的角度，浓墨重彩地报道本报的追寻活动和其影响。《中国报业》杂志将“追寻小平足迹”作为优秀栏目，品牌推介。四川省委宣传部“三教办”也发专报，充分肯定本报开展的“追寻”活动。

纪念特刊发行。2月19日，邓小平逝世17周年纪念日，本报推出“永远的小平——缅怀纪念特刊”，以“告慰、感恩、怀念”三个篇章，将广安市“感恩发展作贡献”“感恩小平·共建广安”活动取得的成绩，广安翻天覆地的变化等进行生动的反映；通过小平题名的凉滩电站、萃屏公园的变化，本土“邓研”专家致力于将广安打造成弘扬邓小平理论基地，小平家乡牌坊村富裕起来的乡亲们生活的变化，以及本报记者在追寻小平足迹的路上，通过被采访对象对邓小平的回忆、感念及深深的小平情结等，多角度，多视野地反映邓小平的故土深情以及家乡人民、全国人民对伟人的无限热爱和怀念之情。2月20日的报纸用两个版面，全景式地反映广安开展的“小平同志逝世17周年纪念活动”8月22日，采编出版的110个版的大型纪念特刊《永远的小平——献给邓小平同志诞辰110周年》，整个特刊分“告慰、追寻、乡情、缅怀、感恩、颂歌”六个篇章，浓缩小平在各个重大历史时期的主要贡献，崇高的精神风范，浓厚的故土乡情；反映全国人民，尤其是家乡人民对小平的崇敬、爱戴、思念、缅怀之情；通过对“感恩小平·共建广安”活动的总结及典型人物的报道。《广安手机报》策划推出纪念特刊上午版、下午版，报道全国纪念邓小平诞辰110周年学术研讨会、市委书记侯晓春在京出席活动等栏目。

承办中国报业第三届党建工作暨纪念邓小平诞辰110周年邓小平群众路线观与新闻思想研讨会。2014年7月8—10日，由中国报业协会、中共广安市委主办，中共广安市委宣传部协办，中国报业党建工作研究会、中国报协对外联络部、广安日报社具体承办的“中国报业第三届党建工作暨纪念邓小平同志诞辰110周年邓小平群众路线观与新闻思想研讨会”在广安召开。来自全国各地近百家党报社的领导和记者100余人出席会议进行交流并开展“全国百家党报看广安”采风活动。

【重大主题宣传】 中央、省委重要会议宣传。2014年，本报相继开设“学习贯彻十八大精神”“学习贯彻三中全会精神”“学习贯彻省委十届五次全会精神”“四中全会精神在基层”“全面深化改革进行时”“推进依法治市建设法治广安”“法治进校园”等专栏，转发新华社对“十八大”“十八届三中、四中全会”精神的解读。对广安市创新体制机制，实施“6+4+2”多点多极支撑战略，推动广安加速跨越发展，给予浓墨重彩的报道。广安在线网站第一时间转载新华社及各大网站有关十八届四中全会的宣传报道，及时转载有关“四中”全会的评论、解读、图解及相关报道，全方位上线“四中”全会的新闻资讯。及时上线广安市学习贯彻“四中”全会精神稿件，让网友深入解广安干部群众学习贯彻“四中”全会精神的精神面貌。

群众路线教育实践活动宣传。开辟“为民务实清廉”“践行群众路线推进两个跨越”“正风肃纪反对四风”“整改进行时”等专栏，根据不同阶段的特点，采取不同的报道形式，策划推出12篇各地极具特色的典型报道，策划推出6篇反映全市学习实践活动经验的深度报道。尤其是对邓德勤、杨淑芹、黄明科、沈乾文、杨宏林等典型人物的报道，起到积极的舆论引导作用。开展教育实践活动以来，本报保持每月刊发相关稿件100余篇的数量，充分反映广安市群众路线教育实践活动的广度、深度及特色、效果，形成强大的舆论声势，推动活动的开展。

创建全国文明城市宣传。每天在一版有“整改通报”，在二版开设有“广安好人”等典型人物宣传专栏、有创文动态及文明测评体系覆盖的各方面内容，在四版或八版有创文公益广告。每周有“与文明同行”周刊。每月公益广告保证10个整版。2014年，以“我们身边的雷锋”“中国好人广安候选人事迹展播”“广安好人”“2013年度广安最美人物”“好人365”“寻找最美建设者”“未成年人思想道德建设”等专栏宣传的典型人物的报道和“社会主义核心价值观”的宣传是本报报道的亮点。经本报宣传的许多“广安好人”“年度广安最美人物”，尤其是“最美建设者”成为全国行业、全省群众路线教育实践活动中推出的典型，更多的成为全市具有很大影响力的先进典型，成为践行社会主义核心价值观的榜样。除刊发绵竹年画等“24字社会主义核心价值观”广告外，还以“广安好人”“最美建设者”等为题材，制作有本地特色的反映社会主义核心价值观的剪纸公益广告10余幅。网站及时上线创建活动各类新闻稿件，链接中央文明网、省文明网和广安文明网，在首页推出“争创全国文明城市”“未成年人思想道德建设”专题，开设创建全国文明城市公益广告专栏，为广安市创建全国城市文明城市，营造良好的舆论氛围。

“洁净水”行动宣传。先后推出两组全市全面开展“洁净水”深度报道，对该项活动开展的意义、作用进行诠释，聚焦典型。2014年10月更是策划“洁净水行动浙黔行”大型采访活动，派出报道组，千里奔赴治水先进地区浙江省杭州市桐庐县、临安市，湖州市安吉县、德清县，贵州省贵阳市，实地挖掘并全景式展现两省在治水方面的先进经验、得力举措，这组稿子为广安市开展“洁净水”行动提供可资借鉴的范本。《手机报》连载推出《为了水清天蓝广安美——广安市深入开展“洁净水”行动纪实》专题报道，反映广安市深入开展“洁净水”行动所做的努力及取得的成效。西溪河水环境治理的报道每周推出1至2条稿件。

【对外宣传】 2014年7月10日，由报社承办的“全国百家党报看广安”采风活动在广安举行。市委市政府高度重视，先后多次召开协调会议，市委宣传部、广安日报社领导现场指挥，组织协调，参与采访活动的记者们先后到邓小平故里、华蓥山游击队活动遗址，广安市工业、农业园区，基础设施和城市建设重点工程现场以及红色文化影视旅游城等开展采访活动，感受伟人故里的独特魅力和“感恩小平，中国梦在广安”的生动实践，并不惜笔墨和版面突出报道。作品不仅层次高、数量多，而且覆盖广、影响好，提升全国报业对小平家乡的关注度。8月22日，《人民日报》刊发市委书记侯晓春的署名文章《努力为人民创造更加美好的生活》，这是广安建市以来市委书记首次在中央机关党报上刊发署名文章。

2014年全国“两会”期间，中央、省主流媒体对全国人大代表、广安市委书记侯晓春给予高度关注，密集推出100余篇（条）稿件，对外展示广安良好形象，创造历届全国“两会”宣传的新高度。中央媒体高度集结。《人民日报》、新华社、《光明日报》《经济日报》、中央电视台、新华每日电讯、《中国改革报》《中国经济导报》等中央媒体分别刊播全国人大代表、市委书记侯晓春的精彩言论和专访报道。媒体涵盖范围广。全国“两会”期间，中央、地方、境外、报纸、杂志、电视、广播、网络、时政、经济、文化等各类媒体竞相追逐报道全国人大代表、市委书记侯晓春风采。新媒体优势凸显。人民网邀请市委书记侯晓春做客访谈，全程进行视频、图片和文字直播报道，侯晓春被评为人民网“2013年度最受关注地方领导”；腾讯网“高官访谈”2014全国“两会”特别报道栏目刊发对侯晓春的专访报道并在腾讯QQ页面进行弹窗；四川在线首页推出《密集受访广安市委书记侯晓春2014全国“两会”言论集》；邓小平纪念网、人民网“魅力广安”、四川在线“小平故里美丽广安”策划推出侯晓春的专题报道；凤凰网、香港文汇网、香港大公网、中国经济网、央视网、新浪网、搜狐网、中国网、新民网、和讯网、网易、四川新闻网等近百家境内外知名网站转载（播）相关稿件。

【媒体融合】　树立一体化发展观念，努力打破《广安日报》、广安在线新闻网、《广安手机报》并行独立的现状，实现各种媒介资源、生产要素的有效整合，实现信息内容、技术应用、平台终端、人才队伍的共享融通。

广安在线于2014年年初全新改版，将首页进行大规模的改变，设置头条、图片新闻、热点、时政要闻、社会民生、观点、话题等主要新闻栏目，用清新、明快浏览页面吸引用户，网站点击量已达到156107次。2014年12月18日，天下广安新闻客户端已开始试运行。利用微博、微信、微视等技术拓宽社会化传播渠道，加大对广安日报微信、广安在线微信用户的宣传，不断提升质量，吸引粉丝关注。广安手机报微信、川东周末微信正积极推广中。

【经营管理】　2014年度报纸发行量达到14.2万份，发行收入达到3480万元。比上年2510万元增加970万元，增幅39%。加大广告经营工作力度，全面禁止刊登违法违规广告，着力开辟商业广告市场，广告纯利润达450万元。对到期的经营门市灵活招租形式，单个门市租金最高达4万元。同时，加强财务管理，严格执行《中央八项规定》，规范报账程序。进一步完善《车辆维修管理办法》《物资采购规定》和《广安日报社公务接待管理制度》等规章制度。大宗物资采购全部纳入政府采购范围，避免物资采购方面出现漏洞。完善财务管理制度，加强财务运行的分析和监督，确保资金运行的安全性，确保资金使用的合理性和合规性。积极争取财政、税务支持力度。上半年争取到省级专项资金60万元。

【领导人】　党组书记、总编辑：唐云峰；党组成员、副总编辑：罗正远、邱夏、苏明朗；党组成员、纪检组组长：董志刚。

（唐云峰、何佳忆）

教育科技

教育体育

【教育改革发展试验区建设】　2月，试验区建设领导小组办公室印发《关于下达广安市教育改革发展试验区建设2014年度目标任务的通知》对年度目标任务进行分解。3—10月，市委或市政府先后出台《关于全面深化改革加快县域经济跨越发展的决定》《关于深入推进义务教育均衡发展的实施意见》《关于进一步加强职业教育校企合作工作提高技能型人才培养质量的意见》《关于建立健全中小学校舍安全保障长效机制的通知》《关于进一步做好全市义务教育阶段学校招生入学工作的实施意见》等政策文件，为试验区建设提供有力的政策支撑。从中小学招生、中小学办学体制、中小学人事制度、教育质量评价办法等多个方面推进改革。下拨试点示范学校奖励资金450万元。5月29日，在邻水实验学校召开广安市教育改革发展试验区试点示范学校工作会。

【学前教育】　实施第二期学前教育三年行动计划，全年建成公办幼儿园21所。创建省级示范幼儿园2所、市级示范性幼儿园5所。推进“名园+弱园”“名园+农村幼儿园”结对帮扶工作，全市12所省、市示范性幼儿园均结对帮扶一所及以上的薄弱或农村幼儿园。推广幼儿园“智慧树”信息化建设工作，推进幼儿学籍管理全国联网。全市3—6岁幼儿毛入园率达到80.6%，比2013年提升3.5个百分点。

【义务教育】　3月，市政府出台《关于深入推进义务教育均衡发展的实施意见》，对各区市县人民政府推进义务教育均衡发展的主体责任和工作措施予以明确，从组织领导、经费投入、师资队伍、制度建设等方面强化保障机制。做好义务教育“控辍保学”工作。全市小学、普通初中辍学率分别控制为0.01%、0.04%。义务教育学校大班额化解效果明显。全市小学、初中56人以上大班比上年减少52个。8—12月，市教育体育局、市政府教育督导团对各区市县义务教育均衡发展工作进行阶段性调研和模拟评估。12月，华蓥市县域义务教育均衡发展工作通过省政府教育督导团评估验收。

【普通高中教育】　改革普通高中招生录取办法。推行省级以上示范性普通高中平行志愿填报和录取办法，将省级以上示范性普通高中统招生的50%分配到服务区域内的各初中学校，实行切块录取。规范择校生、艺体生录取办法，确保录取规范、公平。邻水金鼎实验学校创建省二级示范性普通高中学校通过市级初评。全面推进普通高中课程改革，着力提高课堂教学质量。全市高考本科上线人数11381人，参考本科上线率达到35.4%。

【中等职业教育】　推进人才培养模式改革，实行“工学结合、校企合一”的人才培养模式，深入推进委托培养、定向培养、订单式培养，鼓励探索弹性学制、模块化教学、现代学徒制等培养形式，促进专业课程内容与职业标准相衔接。4月9—11日，举行广安市中等职业学校第三届教师专业技能竞赛和第五届学生专业技能竞赛。全市700余名师生参加计算机应用、电子、机械、汽修、服装等12个竞赛项目。整合中职专业6个，停办2个，新批2个适应市场经济社会发展形式的新兴专业，创建市级重点专业2个，中职招生22723人，是省上下达目标的105.69%，较2013年提高3个百分点。中职毕业学生就业率达到98.5%，对口就业率达到89%。武胜职专成为“9+3”内地中职学校开始招生，“9+3”毕业生就业率连续三年保持100%。

【民办教育】　出台《广安市市级民办教育发展专项资金管理办法》《广安市选派公办教师到民办学校支教及管理办法（暂行）》等相关文件，明确设立民办教育发展专项资金、选派公办教师支教等扶持政策。民间资金投资教育的积极性显著增强，全年共吸引民间资金5.8亿元。民办学校办学规模进一步扩大。开展民办教育机构专项整治行动，规范民办学校招生行为，举办全市民办教育机构规范办学行为培训班。对市教育局审批的民办学校办学情况开展2014年度审查工作。全市有民办学校（园）387所，在校（园）学生（幼儿）14.2万人，分别占学校（园）总数和在校（园）学生（幼儿）总数的30.8%和21.1%。

【语言文字工作】　组织6000余名教师、学生及社会人员的普通话培训和测试。开展“走复兴路、圆中国梦”爱国主义读书活动征文，收集作品600余件，选送省级作品20余件。邻水实验学校、邻水鼎屏二小、邻水机关幼儿园、邻水第二幼儿园4所学校创建为市级语言文字规范化示范学校工作。国家二类城市语言文字规范化创建工作全面启动。

【对外交流合作】　全市26所中小学与重庆市优质中小学开展对口交流合作，与重庆互派中小学教师跟岗挂职400余人次，两地合作研究省级教育科研课题2项，共建教育基地4个。广安中学、友谊中学与韩国龟尾市上毛高中等学校开展师生互访活动。10名德国青年志愿者到广安中学等5所学校开展为期10个月的教育交流活动。组织41名教师到马尔康县开展支教活动，接受马尔康县50名学生、60名教师到广安学习交流工作。

【红军小学建设】　广安希贤学校、武胜县白坪小学分别被全国红军小学建设工程理事会确定为“中国工农红军广安红军小学”“全国红军小学建设工程爱国主义军事体验基地”，2月19日、2月20日，先后在两校举行授旗授牌仪式，海军原参谋长、副司令员，全国红军小学建设工程理事会理事长赵兴发中将，中国人民对外友好协会原会长、全国红军小学建设工程理事会副理事长陈昊苏，中共广安市委书记侯晓春等出席两校授旗授牌仪式。

【政风行风建设】　全系统签订治理教育乱收费责任书1000余份、党风廉政建设责任书30000余份。举办大型廉洁知识专题培训、师德师风诵读比赛100余场次。开展治理“庸懒散浮拖”“个人会员卡零持有报告”专项行动。暑假期间，在全市各级各类学校开展为期10天的以“强师德、树师表、正行风、作奉献”为主题的师德师风建设集中学习教育活动，邀请315名市、县“两代表一委员”和4895名学生家长对89所学校的校风教风和师德师风进行民主评议，评议结果首次在《广安日报》和广安教育网公布。出台《关于进一步做好全市义务教育阶段学校招生入学工作的实施意见》《广安市中小学校务公开工作规范（试行）》《广安市教育局关于进一步加强干部作风建设的十条规定》《中共广安市教育局党组关于落实党风廉政建设主体责任的意见》等文件，形成推动政风行风建设的制度体系。在政风行风群众满意度测评中，市教育局从上年度的第48名升至第17名。

【教育科研】　评选推荐校本研修示范校13所，创建创新课程实验室课题学校4所，完成研究任务省市课题40项。5项课题获省资助金项目立项。立项研究市级普教科研课题60项、校本课题120项。评选出校本研究优秀成果评选活动，经学校申报，各区市县（园区）教研室初审、教育主管部门推荐成果98项，3项科研成果获四川省第十六次优秀教育科研成果奖。组织评选市级优秀教育教学成果、案例、论文、教学设计979项，组织教师参加省学科教学成果、案例、论文、教学设计评选，省一等奖8篇，省二等奖28篇，省三等奖53篇。其中小学数学参加全国西师版教材论文评选获国家一等奖4篇，二等奖23篇，三等奖47篇。

【招生考试】 6月7—8日，广安市举行全国普通高校招生统一考试，全市共有33128人报名参考，25378名考生被各类普通高等学校录取，其中清华大学4人、中国人民大学4人。6月20日上午，在友谊中学高中部举办四川省普通本科院校联合招生咨询会。包括西南财经大学、西南石油大学、成都中医药大学在内的40余所川内普通本科院校在现场设置招生政策咨询处。广安市年度招生考试目标考核获省一等奖。

【学生资助】 建立完善从学前教育到高等教育全覆盖的家庭贫困学生资助体系，在全面落实“两免一补”的基础上，认真落实免除义务教育阶段学生作业本费用等政策，做到应免尽免、应补尽补。全市通过中省补助、市县财政安排专项资金、单位及干部职工捐助、社会捐赠等方式筹集发放各类助学金2.64亿元，惠及学生48万余人。为5219名大学新生办理财政全额贴息的生源地助学贷款2989.52万元，确保广安市家庭经济困难学生不因贫困而失学。

【教育督导】 开展初中、小学实施素质教育工作的督导评估，共评估学校107所。各区市县全面启动县域义务教育均衡发展迎检工作，确定时间表和路线图，华蓥市义务教育均衡发展工作通过省政府教育督导团评估验收。对全市农村义务教育学校基本办学条件情况开展专项督查。对区市县部分义务教育学校的课程计划执行情况、学生在校活动时间和课业负担、招生行为、教师从教行为、考试行为、收费行为、接受社会监督等七个方面进行专项督导调研。

【教师队伍建设】 全市共考聘新教师1126名（其中音体美教师205名），招聘特岗教师102人，签约免费师范生27人。市直属学校公开引进遴选优秀教师33名。组织2644名中小学、幼儿园教师开展“国培计划”“省培计划”各项目培训工作；组织2482名第二批市级骨干教师开展第三轮研修培训；组织240名中小学骨干班主任开展班主任管理工作专业能力培训；组织71名中、小学新任校长开展130学时的任职资格培训。完成全市评审中小学高级职称198名推荐，中小学中级职称778名评审。19名教师被省政府确定为“四川省特级教师”。在县城中小学、幼儿园共择优选派90名中级职称以上优秀中青年骨干教师到农村学校支教。黄义强、黄开贵被表彰为“全国模范教师”，彭世健等4人被表彰为“全国优秀教师”，任继雄被表彰为“全国优秀教育工作者”。游顺利等20名教师被市委市政府表彰为“教书育人楷模”。

【道德教育】 发挥课堂教学主渠道作用，引导广大中小学生做社会主义核心价值观的传播者、弘扬者和践行者，开展社会主义核心价值观教育典型案例评选活动。评选表彰“小平故里五星级美德少年”123名、“五好小公民”50名、市级“三好学生”282名、优秀学生干部189名、先进班集体66个。开展“我们的节日”手抄报、“网上祭英烈”等活动。深入推进中华经典诵读大赛、优秀艺术人才朗读比赛等经典文化进校园活动。

【重要活动】 第九届中国中学生作文大赛总决赛暨颁奖典礼。4月10—13日，第九届中国中学生作文大赛总决赛暨颁奖典礼系列活动在广安市举办，这是该项赛事首次在地级城市举办，也是首次由地方政府承办。来自新疆、黑龙江、香港、澳门等22个赛区的150名选手参加初中、高中两个组别的总决赛，通过笔试、口试和电视演讲三轮角逐，决出初、高中组“恒源祥文学之星”各10名、“恒源祥文学之星提名奖”各10名，以及“最佳思辨奖”“最佳综合素质奖”“最佳人气奖”“最具感染力奖”“最具表现力奖”等奖项。国务院关工委副秘书长李启民、全国妇联中国儿童中心主任丛中笑、广安市人民政府副市长陈全禄等领导出席颁奖典礼。

中国百幅经典书画进校园巡展。10月30日，由省教育厅、省语委、省文明办主办，省校园文学艺术发展促进会和成都文理学院承办的“中国百幅经典书画进校园巡展”活动在广安友谊中学实验学校启动。活动展出从全国各大博物馆院的藏品中精心遴选的中国古代及现代100幅具代表性经典书画作品的高仿真复制品，作品年代跨越晋、唐、五代、宋、元、明、清及现代等中国各主要历史时期，作者包括王羲之、王献之、欧阳询、颜真卿、米芾等书法大家和郑板桥、唐寅、文徵明、八大山人、徐悲鸿、张大千、齐白石等国画巨匠，作品涵盖《兰亭序》《三希堂之中秋帖》《赤壁赋》《清明上河图》《韩熙载夜宴图卷》《五牛图》等。

【重要政策】 农村义务教育阶段学校营养改善计划。各区市县核定编制，设立营养改善计划专门机构，配备专门人员，建立营养改善计划联席会议制度。全年，除按时、足额拨付营养餐膳食补助资金896.43万元外，各地还为养餐食堂划拨设施设备资金1547.06万元，拨付503名食堂工勤人员工资654.66万余元。至年底，全市有145所学校实施食堂供营养餐，覆盖学生4万余人。

贫困地区义务教育阶段学校教师生活补助政策。认真落实《四川省人民政府办公厅关于实施集中连片特殊困难地区和国家扶贫开发工作重点县农村教师生活补助政策的通知》要求，对广安区（含枣山园区、协兴园区）、前锋区（含广安经开区）农村义务教育阶段学校教师落实生活补助政策，共涉及169所学校教师5280人，补助标准为每人每月最低400元，其中，省级财政按每人每月定额补助220元，市级财政按每人每月定额补助40元，其余资金由区级财政承担。年底前，全年补助资金全部发放到位，其中省级承担资金1323万元，市级承担资金241万元，实施区财政承担资金889.55万元。

【艺体教育】 举办广安市第二届中学生运动会，设置田径、排球和篮球三个阶段的比赛，222支代表队2199名运动员，分别参加8个组别129个项目的比赛，共产生团体奖169个、道德风尚奖56个，两队16名运动员打破9项市中学生田径运动会纪录，19名运动员达到国家二级运动员水平。抓好学生体质健康数据测试上报工作，实现全市各级各类学校体质健康数据测试上报率100%。邻水实验学校、邻水二中、代市中学、岳池一中、华蓥中学、邻水金鼎实验学校等6所学校成功创建为省级“阳光体育示范学校”。创建市级“阳光体育示范学校”25所。成功承办“四川省第十届中小学生优秀艺术人才大赛广安赛区”比赛。广安市参赛学生2000余人，获奖比率超过85%，市教育局被评为全省第十届中小学生优秀艺术人才大赛先进集体。成功举办广安市第二届中小学艺术节。市、县、校三级联动，共1062件作品参赛，333件作品获奖。

【省第十二届运动会】 7—8月，四川省第十届运动会在遂宁市举行，广安市组织由300名运动员、56名教练、近100名工作人员参加的体育代表团，参赛规模历届最大；参加15个大项、近100个小项的比赛，参赛项目历届最多；取得16金、16银、13铜、团体总分998分的历史最好成绩，金牌数是上届的8倍。12月8日，市委、市政府举行总结表彰大会，对先进单位、先进个人进行表彰，广安中学校长王锡元因成绩突出被市委市政府记二等功。

【群众体育】 全年免费开放体育场馆60余万人次，建成乡（镇）文体广场20个建设任务、“农民体育健身工程”200个，培训基层社会体育指导员100名。组织开展“第六次全国体育场地普查”“第四次国民体质监测”活动。先后组织开展“忆伟人·庆新春”竞速长跑个人赛和万众健身跑活动、“纪念邓小平诞辰110周年”万众健身跑活动、“邓府酒业杯”全市男子篮球赛、“2014年广安市中老年羽毛球赛”“巴广渝篮球赛”“围棋俱乐部比赛”“体彩杯”中年组男子篮球赛、“广安市2014年全民健身职工体育比赛”，承办“2014年中国·广安中老年气排球邀请赛”，组队参加“四川省五粮液杯”篮球公开赛总决赛、“四川省第九届残运会暨第四届特奥会”“四川省第十四届少数民族运动会”。

【依法治教】 成立以局长为组长的推进依法治教工作领导小组，领导小组下设办公室于政策法规科。市依法治市领导小组印发《关于深入推进“法律进学校”的实施意见（2014—2016年）》和法律进小学、中学、高校3个实施方案，市教育体育局印发《关于全面推进依法治教工作的意见》《2014年度推进依法治教工作要点》，会同市司法局印发《关于开展“法治教育进校园”活动的实施意见》。11月4日，在华蓥市双河小学召开“法律进学校”工作现场推进会，市委常委、宣传部部长唐雄兴出席会议并作重要讲话。

2014年10月，根据市委、市政府关于全市政府职能转变和机构改革实施意见，将市体育局与市教育局合并，设立广安市教育体育局，11月人员全部合署办公。

【领导人】 市体育局领导（11月止）：党组书记、局长：黄勇，党组成员、副局长：王江宁、黄光军，党组成员、纪检组组长：张建春。

市教育局领导（11月止）：党组书记、局长：曾长东，党组成员、副局长：徐祖廷、刘中平，副局长：谢文锦，党组成员、纪检组组长：伍平，党组成员、机关党委书记：刘俊，市政府教育督导团总督学：赵昌帆。

市教育体育局（11月起）：党组书记、局长：曾长东，党组成员、副局长：王江宁、徐祖廷、刘中平、黄光军，副局长：谢文锦，党组成员、市招办主任：刘炳南，党组成员、教育工会主席：申江，党组成员、纪检组组长：伍平，党组成员、机关党委书记：刘俊，市政府教育督导团总督学：赵昌帆。

2014年广安市教育事业发展情况统计表

表6

学校类别	学校数（所）	毕业人数（人）	招生数（人）	在校生数（人）	教职工总数（人）	
					合计	其中：专任教师
一、基础教育						
1. 普通中学	276	84647	77592	239656	20499	18651
其中：民办	13	6569	9482	23761	2151	1449
高中	35	29692	31313	91990	7916	6720
其中：完全中学	23	24705	23748	72465	5548	5013
其中：十二年一贯制	8	2189	4846	10923	1831	1243
初中（含一贯制）	241	54955	46279	147666	12583	11931
其中：民办	3	3190	3365	9814		
2. 小学	228	46601	39518	248239	10305	9852
其中：民办	52	2151	1634	10631	267	230
3. 幼儿园	720	49871	73741	110850	5230	3303
其中：民办	663	30023	48929	76300	4608	2880
4. 特殊教育学校	5	61	81	485	110	104
5. 工读学校	1	18	27	65	33	23
二、中等职业教育						
1. 职业高中	8	3660	3746	11734	663	588
2. 普通中等专业学校	3	390	373	1552	117	87
3. 调整后的中职学校	12	13387	13564	33199	784	605
其他机构	0	0	0	0	0	0
合计	23	22607	21928	51902	1564	1280

（伍　平、周永宏）

广安职业技术学院

【概况】 广安职业技术学院（简称广职院）是经四川省人民政府批准、广安市人民政府主办的全日制普通高等院校。教育部、四川省重点支持建设院校和四川省第一所部省市共建高职院校。现为四川省示范性高职院校建设单位。位于广安市城南经济技术开发区，规控土地726亩，实际占地606亩。学院定位为多科性高等职业技术学院，主要面向生产、建设、管理、服务、教育第一线，培养为地方经济建设和社会发展服务的应用型高级职业技术人才，面向四川省招生（2006年面向中国招生），已开设计算机应用技术、软件技术、汽车运用技术、机电一体化、初等教育、学前教育、会计电算化、园林技术、旅游管理、物业管理、建筑工程技术、英语教育、美术教育、计算机网络技术等高职专业，建设有汽车运用技术、建筑工程技术、学前教育和旅游管理四个品牌专业。2014年，全日制在校学生8940人，有专兼职教师500余人，全国教育系统劳动模范1人、省级劳动模范1人、国家级优秀教师3人、省级优秀教师5人，市级教学名师8人，各种技能鉴定考评员80人。

【创建省级示范性高职院校】 4月初，学院确立“机电一体化技术专业、应用化工技术专业、广告设计与制作专业、语文教育专业”4个示范建设专业，启动“教学质量监控体系建设、少数民族学生复合式管理、高职院校教师资源管理与绩效评价系统的研究与实践、专业教学质量评价系统的研究与实践”4个示范建设综合项目，共计示范建设资金439万元。邀请深圳职业技术学院刘红燕教授、汪治教授、著名职教专家姜大、职教专家杨跃教授等专家就学院专业人才培养方案顶层设计改革、精品资源共享课程建设、实验实训设计与布局等省级示范建设项目进行“一对一”指导，5月30日，成功组建以广安职业技术学院为龙头，政府有关部门、行业、企业、中职学校共同参与的广安职业教育集团，并于9月16日，顺利完成省级示范建设中期检查工作。

【部省（省市）共建】 学院利用部省共建、省市共建平台，向教育部、省教育厅、省卫计委、省财政厅、省人社厅争取政策和资金的倾斜，支持学院的建设与发展。在高职示范院校建设、重点专业建设、招生计划安排和中央专项资金支持学校实训基地建设等方面给予特殊帮助。2014年，学院成功申办康复治疗技术、护理两个中职专业，填补广安无专门医药卫生人才学历教育机构的空白，成功挂牌广安技师学院和国家高技能人才培训基地，并获国家高技能人才培训基地建设专项资金500万元。

【专业建设】 坚持“培育优势特色专业”的思路，学院大力发展工科、医卫类专业，调整优化专业结构。实施专业结构调整优惠政策，重点扶持符合广安产业结构调整和技术升级的紧缺专业，加快紧缺专业的实验实训条件建设，改善办学环境。在市政府的支持下，广安中等卫生职业技术学校整体并入学院，成功组建医药卫生系。

【素质教育】 推进学生综合素质全面提升，打造大学生素质教育平台，结合学院少数民族学生较多的实际情况，开展具有民族特色的社团活动、民族文化节等。以学院学生为基础组建广安代表队参加四川省第十四届少数民族传统体育运动会，获得13个二等奖、24个三等奖。学生参加“海外桃李杯”大赛获得国家一等奖3个，省级一等奖1个；参加“李斯特纪念奖”香港国际钢琴公开赛获得国家级三等奖1个；参加“鲁班杯”2014年全国高职院校识图制图大赛活动获一等奖1个、二等奖2个，团体组二等奖；参加四川高职院校“工程造价基本技能”大赛活动获二等奖2个、三等奖3个，团体组三等奖；参加四川高职院校“汽车检测与维修”大赛获得2个三等奖。

【科研工作】 主研参与国家级课题2项，成功申报省级课题27项，市级课题12项；科研成果奖：国家级3项，省级1项，市级2项；成功结题省级科研项目9项、市级科研项目10项；院级教改课题已结题14项。教职工公开发表论文118篇，其中核心期刊20篇；编辑出版《广安职业技术学院学报》4期。

【合作办学】 强化服务发展理念，瞄准地方产业结构调整、技术升级和社会公共服务需要，发挥政、行、企、校四方联动作用和广安职业教育集团功能，实现与企业互利、共赢、共同发展。学院与建国汽车、内江经开区管委会、中国人民银行达成全面合作协议，与江苏华建股份有限公司、香港希施凯集团、华油天然气广安有限公司、广安德力玻璃制品有限公司达成校企合作协议。借助部省市共建平台，加强与国内高等院校合作。根据对口帮扶协议，派遣教师分别赴山东商业职业技术学院、浙江金融职业学院进修学习。聘请四川中医药高等专科学校、四川职业技术学院专家到学院任职，帮助建设康复治疗技术和护理、建筑工程技术等专业。

【师资建设】 优先从高校、企业引进紧缺专业教师，充实师资队伍，2014年，共计引进紧缺专业专任教师19名，其中，博士后1名，硕士研究生4名。组织教师参加各级各类培训和各种竞赛，提高业务能力。2014年，组织专任教师和业务骨干20人赴新加坡南洋理工学院进修学习，参加高校师资岗前培训28人次，国家级骨干教师培训39人次，省级骨干教师培训39人次，其他专项培训20余人次，学院教师在第十届全国校本研究促进教师专业化发展教育教学优秀科研成果中获得国家级二等奖9个。

【学校建设】 2014年，学院启动第九幢学生公寓、致远广场等基本建设项目和学院剩余规控土地规划工作，培训中心和图书信息大楼已建成投入使用，学院办学条件得到极大的改善。利用中央、省、市及学院自筹资金3437.45万元，建成专业实训室43个。

【招生与就业】 建设高效招生工作队伍，积极争取招生计划，2014年，学院录取三年制大专生2613人，录取五年制大专生192人，录取中专生383人。积极开展大学生就业工作，建立、健全就业信息网络，鼓励毕业生灵活就业、自主创业。联合举办第二届广安市技能型人才暨广安职业技术院校2015届毕业生双选会，有800名毕业生达成就业意向。学院2014届毕业生总人数2155人，实现就业2073人，广安地区就业283人。3个示范重点专业：旅游管理、建筑工程技术、学前教育就业率分别达到100%、96.7%、95.56%，相较2013年，就业率得到明显提升。

【成人与职业教育】 向市人社局争取中央、四川省的劳动技能培训项目，支持学院发展，努力增强学院社会服务能力。2014年，电大、网教招生1139人，自考专业招生1278人，农民工培训110人，普通话培训2219人，大学生创业培训60人，机关事业单位技师培训24人，应届毕业生教师资格证办理1560人，秘书资格证鉴定105人次，企业人力资源管理师40人次，协助市人力资源和社会保障局，参与全市公务员考试及机关事业单位技术工人技术等级考核和技师职务考评考务工作。

【安全工作】 认真贯彻“安全第一、预防为主、综合治理”的方针，采取强有力的措施，确保学院的安全与稳定。学院共组织检查20次，排查出学生在寝室私拉乱接电源和人走不断电源共102个寝室；协助公安机关查处治安案件15起，处置突发打架斗殴事件16起，收缴菜刀6把和5把管制刀具，成功调解和处理突发事件37起，配合公安机关到宁夏银川解救陷入传销组织学生1人；更换到期的灭火器200具，消防水袋30根；举办消防专题讲座2场，发放消防宣传资料6000份；举办安全、法制讲座4场，防公共卫生突发事件演练1次，防暴力袭击应急处置演练1次，地震疏散逃生演练1次，火灾逃生演练1次，灭火体验1场；在“11·9”消防宣传日和市消防支队联合举办学院首届消防运动会，组织4000余名师生开展消防宣传系列活动。

【领导人】 党委书记：王建平，党委副书记、院长：陈永龙，党委副书记、纪委书记：沈邦兵，党委副书记：赵军，党委委员、副院长：王甫茂、邓廷奎、袁祖洪。

（杨　鹏、龙治勇）

四川省广安友谊中学

【教育教学】 学校坚持“以人的发展为本，以教师的发展促进学生的自主发展”的理念，全面贯彻实施新课程改革，深化教学方法和学习方式的改革，推进课堂教学改革，促进教师的专业成长，培养学生自主学习和探究、创新精神，加强教学过程管理，完善教学常规管理制度，落实教学常规，做到“常规抓好，细节抓严，过程抓实”，保障学校教育教学顺利开展。

常规管理规范。根据《教师常规工作具体要求》和《教师个人教学教研考评细则》，把教师个人平时各种常规工作的每一个环节一点一滴地记录下来，加以量化；加强常规检查，落实教学“六认真”。教研组长每期检查教案4次，教务处检查4次并做好记录，不定期抽查作业批改情况和不定期地对教师的上课情况进行检查（包括随堂听课、查教案）。对检查结果进行记载，纳入教师的年度考核之中。秋季，学校拟定《广安友谊中学教师师德量化考核细则》，加强对教师师德的量化管理。每学期组织全体学生对科任教师、班主任、学校进行评价打分，提出意见或建议。对评分纳入绩效考核；对意见或建议，由教务处收集并整理好意见报请学校相关人员和处室调查，对问题进行落实整改。

功能室管理规范。对实验室、音美教室、体育器材室和活动室、语音室及微机房、图书馆都制定一系列的制度，规范化管理。加强智慧校园建设，每间教室都装备多媒体一体机，实现“班班通”，每位教师都配有笔记本电脑，现代化教学辅助手段已装备到位，为打造高效课堂奠定坚实的基础。

课程管理规范。科学执行国家课程计划，开足开齐各项规定的各项课程，加强综合实践活动等校本课程的研究与实践；加强体育活动场所的管理及器材的配套，保证课外活动的规范管理，抓好作息时间表、教学活动计划表和课程表等三表的制定和管理，维护课表的严肃性、权威性，禁止私自调课。同时，加强对音、体、美、信息技术、体育健康、综合等课程的监督管理。

认真贯彻《四川省普通高中学生综合素质评价方案（试行）》，定期通过“学生学业素养评价表”对学生的综合素养给予评价，做好学生电子档案建设工作，学生电子档案记录详细、全面，按时上传学生学分、综合素质评价和体质健康测试成绩。

教师始终注意以学生为中心，智慧点燃学习激情，深度参与学习过程，注重培养学生自主学习、合作探究能力，克服应试教育的倾向。课堂“精、活、实兼容，知、能、情并进”，高度契合新课改理念中“知识与技能、过程与方法、情感态度与价值观”三维目标，构建高效课堂、有效课堂，彰显友中教学特色。

学校多项教育教学改革科研项目取得成果，新课程改革走在全省前列。学生遵纪守法，品行端正，世界观、人生观、价值观正确，学习求知欲旺盛，学习能力强，身体素质主要指标达标，心理素质良好，积极进取，包容理解，尊敬师长，具有良好的合作、竞争意识，具有美的感受、鉴别、创造能力，参加社团、艺术等活动成绩良好。

【招生录取】 严格执行市招委招生政策，2014年计划招生1320人，实际招收1223人，其中择校生120人，严格执行择校生“三限”政策，采取切实措施化解大班额。初中辍学率控制在1%以内。

2014年高考结果，全校600分以上特优生54人，上重点线419人（不含艺体），上二本线1153人（不含艺体），上三本线1369人（不含艺体），全年级统招应届学生1050人，上一本线344人，上线率33%，上二本线817人，上线率78%，上三本线980人，上线率93%。

2014年中考结果，上广安友谊中学高中人数为340人，600分以上特优生352人，上城区省级以上示范高中线578人，上全市省级以上示范高中线847人，上线率近70%。

【素质教育】 根据邓小平“三个面向”的教育思想，坚持立德树人，大力加强未成年人思想道德建设，整体构建“三级管理”（以校长为组长的德育领导小组，政教处二级管理，以年级组长牵头、班主任为主要力量、学科教师相互配合的基层育人单位）立体德育工作体系。坚持以德育基地为载体，灵活多样、全方位对学生进行爱国主义、革命传统、社会主义核心价值观、文明礼仪、法治禁毒等教育。开展社会主义核心价值观进课堂、“胸怀祖国践行社会主义核心价值观”历史知识竞赛等社会主义核心价值观宣传教育活动；“美丽中国我的中国梦”主题教育实践系列活动；“纪念五四运动95周年”大型文娱会演；“唱响爱国旋律激扬青春风采”歌咏比赛；纪念中国人民抗日战争和世界反法西斯战争胜利69周年报告会；“勿忘国耻　振兴中华”为主题的报告会；“向国旗敬礼、做一个有道德的人”网上签名寄语活动；参观广安市首届“中国力量锦绣山河”国防兵器展；“青少年奋发向上崇德向善”爱国主义读书教育活动；“缅怀伟人·纪念先烈·报效祖国·圆梦中华”主题实践活动；五好小公民主题教育“美丽中国我的中国梦”读书征文演讲活动，“童心向党”暨纪念“12·9”爱国运动79周年合唱比赛；“阳光假期　快乐成长”体验教育活动；“学习雷锋，做美德少年”网上签名寄语活动；“我身边的诚信故事”演讲比赛；“网上祭英烈文明寄哀思”签名寄语活动和手抄报展评活动、“我们的节日——中秋”主题教育系列活动；“美丽家乡行共筑中国梦——我是中华小导游”评选活动和“美丽中国梦文明我先行”志愿服务活动之文明出行梦——“礼让斑马线，文明过马路”活动；“清洁西溪河，美化城市环境”志愿清扫活动；方坪敬老院“学雷锋·爱老敬老”志愿服务活动；“小手牵大手共建美丽广安”志愿清扫、文明劝导服务活动；“我为广安创建全国文明城市作贡献”为主题的志愿服务活动；到教育苑小区、友谊小区、天赋苑小区、郡都大厦和街道开展以打扫卫生死角为主要内容的志愿服务活动等；“四川志愿·携手圆梦”主题志愿服务活动；“用志愿服务探寻最美中国梦”主题活动；“相约中国梦，共筑和谐城”主题教育活动；“青春献广安、共筑中国梦”主题教育活动；创全国文明城市的各种专题教育实践活动等。开展“珍爱生命远离毒品”禁毒宣传教育主题活动等对学生进行法制教育、禁毒教育。亲近学困生、扶助贫困生、关爱留守学生，重视对“留守儿童”、单亲家教子女等特殊群体学生的教育引导工作，重视学生心理健康教育。

确立以“三贤”（贤德、贤能、贤达）教育为特色的校园文化建设总体思路。在教学楼悬挂、张贴社会主义核心价值观“24字”和名言警句条幅，统一制作班级宣传牌。充分利用升旗仪式、国旗下的讲话、广播、电视、电子屏幕、展板、黑板报、宣传橱窗、《友中校报》《昕潮》等，宣传社会主义核心价值观、文明礼仪知识、创文明城市工作、法律知识、健康知识、学校开展的重大活动情况以及师生取得的成绩等内容，营造校园文化氛围，发挥校园文化宣传阵地作用。组建20多个社团并自主开展活动。

深入实施阳光体育活动。严格按照新课改要求开齐开足体育课，初中各年级每周3课时，高中各年级每周2课时。按体育教学基本要求规范上好体育课。分年级开设健康教育课，让学生了解健康知识，养成良好的生活习惯、锻炼习惯。

落实每天一小时校园体育活动。学校因地制宜，充分利用好学校场地，每天上午10：10—10：40安排30分钟的大课间特色体育活动。活动内容包括第九套广播体操、跑操、眼保健操等。在没有体育课的当天下午，组织学生开展田径、篮球、排球、足球、乒乓球、健美操课外体育活动，每项活动有教师进行指导，科学系统训练。每年坚持开展学生阳光体育冬季长跑活动，开展多层次多形式的师生体育运动会：广播体操比赛，秋季田径运动会，春季球类运动会，乒乓球、羽毛球比赛，师生篮、足球比赛等。

促进艺术教育的开展。学校按部颁标准安排艺术课，教师认真上好每一节课；艺术教师充分利用课余时间，加强对学生的艺术教育，每周二、周四下午三四节课，免费开展艺术培训：声乐、器乐、绘画；课余组织开展艺术活动，如：歌手赛、艺术才能展示、文艺会演等。

【教育科研】 2014年，全校教师参加教学评比活动4人获省二等奖、14人获市级一等奖。

建立三级教研体系，成立20余个校级课题组，去年成功申报的11项市级课题（其中初中部4个，高中部7个）和一个省级课题进入第二个阶段的研究，即进行实际调查、数据分析、部署措施。各课题组的研究人员积极进行校本教材的开发和课题论文的撰写，本年度研究开发20余本校本教材，并付诸运用，《抵达意义的源处》获得省校长协会27次学术年会校本教材评比一等奖。5人撰写的论文获得四川省论文评比一、二、三等奖。本年度，申报两项市级校本课题和一项市级普教科研课题。2014年被省教厅授牌为“省创新实验室实验学校”，并参与省级课题《基于创新课程实验室的中学创新教育研究》的子课题研究。谢德文、程雪峰等主研的《历史学科主题学习网站的开发与应用研究》获得广安市科学技术进步三等奖。

严格执行教学常规。修改并完善《广安友谊中学教学常规管理制度》，明确教师备、讲、批、辅、考、评等各个教学环节的具体内容；建立《教师业务档案》，将每位教师各个教学环节的具体操作情况及效果记录在案；组织学生对教师的评价工作，让教师通过学生评教全面认识自己的优点与不足。

创新课堂教学模式。开展联合教研，推行集体备课，创新教学模式，数学组的“25+10+5”教学模式，生物组的“五步教学法”等，聚焦高效课堂，打造精品课堂，强化学法指导，创新策略研究，加强个性化指导。

参与各级教研部门组织的各种形式教研活动。派遣多名教师参与研讨、培训、发言、编撰地方教材等，并担任重要组织、主讲、主编角色，本年度共派100余人次参加国培、竞教、课改培训、课题研究、课题研讨等。

【试验区建设】 以环境建设为依托，打造“三贤”教育物质文化。学校成立重点工程办公室，专人负责，加快新校区的建设步伐，扩建项目土石方工程正在施工。新校区的规划和建设，要凸显“三贤”（贤德、贤能、贤达）教育特色的总体思路。高中部足球场、篮球场地进行整改，初中部运动场地铺设草坪；高初中校园道路进行黑化，进一步美化校园、绿化校园、亮化校园，努力创造良好的工作和育人环境。在办公楼、教学楼、运动场张贴、悬挂社会主义核心价值观“24字”，历史文化名人、名言警句条幅等，制作班级名片，充分利用广播、电子屏幕、展板、宣传橱窗等，宣传“三贤”，营造校园文化氛围，让“三贤”入眼、入耳、入脑、入心，内化为行。

以活动为载体，打造“三贤教育”精神文化。引导教师认真学习中华传统文化精髓，认真整理和挖掘学校光荣传统和人文教育资源，发挥课堂教学主渠道作用，在教学中实践“三贤”。以丰富多彩的中华经典诵读大赛、社会主义核心价值观主题活动、军训入学教育等丰富多彩的实践活动为载体，着力提高学生的思想品质、道德水平、人文情怀和能力素质，使学生在品格、智力、能力和身心诸方面得到充分发展，促进学生主动适应社会，开创美好未来。

创新办学行为，打造“三贤”教育行为文化。打造红色德育。以得天独厚的红色教育资源邓小平故居为爱国主义教育基地，组织学生到小平故居参加纪念小平110周年诞辰活动、参加志愿者服务活动等。举行高一军训，提升学生的国防观念，激发学生报效祖国的热情。立德树人，加强社会主义核心价值观教育。2014届50余名品学兼优的学生考入军队院校和国防生，为部队输送高素质人才。梅丽被广安市精神文明办公室评选为“诚实守信广安好人”。闫坤和蒋伟伟勇擒抢劫犯的见义勇为事迹被《广安日报》、广安电视台宣传报道，并被广安市精神文明办公室评选为“见义勇为广安好人”，被广安区人民政府授予“见义勇为”公民的荣誉称号等。打造金色艺体。学校开齐开足体育、音乐、美术、健康等课程，切实开展“阳光体育”活动，和丰富多彩的艺体活动。40余名学生考入全国高等艺术院校。参加四川省中学生篮球联赛，荣获超级组第八名。参加四川省中学生田径联赛，荣获中超组A组第五名。参加省青少年足球联赛，男子获二等奖，女子获得三等奖。参加广安市第二届中学生运动会田径比赛，获高中超级组女子第一名、男子第三名，团体总分第一名，初中女子甲组第四名。加市第二届中学生运动会排球比赛，获高中女子甲组、初中男女子甲组第5名。参加四川省中小学生优秀艺术人才大赛，获得省一等奖13人次，二等奖21人次，三等奖63人次。组织学生参加广安市第二届艺术节，获得器乐类、舞蹈类比赛等级奖。促进多彩创新。注重培养学生的学习兴趣，自主学习能力，学科知识运用，综合实践能力与创新能力，组建学科竞赛兴趣班、机器人科技创新兴趣班、艺术创意兴趣班、体育拔尖人才培训班、文学社团等，建立国防教育基地、科普教育基地、农业生态教育实践基地、优质生源基地等加强拔尖创新人才的培养。

【信息化建设】 学校加大投入，加快教育信息化建设，打造智慧校园，每间教室都安装教学一体机，优化网络平台，建成2个远程多媒体教室，4间通用技术实验室、准备室，1个电子阅览室，配备10万册电子图书，大力推进“班班通”建设，加强校园网建设，及时发布校园新闻以及学校在德育、教学、科研等方面的成果，及时更新网站资源，加强优质教育资源开发应用与共享，增强学校的影响力和辐射力。

【安全工作】 成立以校长为组长的安全工作领导小组，落实学校、年级、班级安全目标三级分解执行制度。健全学校各处室、年级、班的安全管理制度和责任，完善各种安全防范措施。加强全校教职工安全管理培训，学习安全管理常识。层层签订责任书。落实“人防、物防、技防、制度防”四防措施，加强24小时校园巡查机制、门卫昼夜工作制、楼道教师值班制、派出所社区联防制等，高标准、严要求，层层设防，环环相扣，打造安全的天罗地网，构建平安和谐校园。按要求对学生开设安全教育课，组织开展各种安全教育活动，做到人人管安全，人人讲安全，人人督安全。建立和完善学校突发事件应急预案。

开展“安全生产大检查回头看”“百日安全活动”“安全教育日活动”“防灾减灾知识宣传教育月活动”“道路交通安全专项整治”“防灾减灾演练”“防暴恐袭击应急演练”“打非治违”“重大火灾隐患专项整治”“11·9”消防日、“12·2”交通安全宣传日、“我当一天人民警察”“赛斯特杯第二届防震减灾知识暨四川省第四届中小学校安全知识网络竞赛”“查找隐患关注家庭消防安全中小学生家庭火灾逃生计划制作竞赛活动”等活动，初高中两部于5月、9月分别举行教室、学生宿舍防震减灾紧急疏散演练。3月与公安局联手，举行的防暴恐应急演练。坚持每日安全例行检查与安全突查相结合。加强消防安全管理，坚持消防安全每日巡查制，并定期对消防设备设施进行维护保养。加强楼道安全管理，楼道、校门等重点部位坚持安排教师在放学或集会时值班。联系公安、交警、社区等，建立健全学校及周边环境治理机制，定期进行校园及周边环境排查治理。

参加“赛斯特杯”第二届防震减灾知识暨四川省第四届中小学校安全知识网络竞赛，谢德文获“优秀校长奖”。参加“查找隐患关注家庭消防安全中小学生家庭火灾逃生计划制作竞赛活动”，7名学生分获一、三等奖等。

【领导人】 校长：谢德文，副校长：黄万源、唐昌礼、田秀敏，工会主席：蒋祖权。

（广安友谊中学）

四川省广安中学

【教学改革】 持续推进学校课堂教学改革，已进入成型阶段，力争80%以上的教师在课堂教学中体现新课改理念。2014年4月和2015年1月，学校举行生本课堂展示会，各教研组推荐的教师集中展示前期课改成果，以带动更多教师加入课改行列。此次共展示54堂示范课，每堂课都要求落实新课改精神，突出学生主体地位。学校邀请市区教育行政主管部门的相关领导和专家前来评课、指导，最后评出一等奖8名，二等奖11名，三等奖15名，课改积极分子20名，激励老师们积极投身课堂教学改革，努力提升教育质量。

【考试招生】 学校成立高考、中考领导小组，各教研组和有关年级深入研究考纲，加强复习的针对性和实效性，注意吸收外地信息，组织毕业班科任教师参加各种研讨会议，把握命题及变化趋势，强化毕业班意识，提高复习效率。积极做好高、中考动员和政策宣传；认真组织考生高考、中考报名、体检、资格审查等工作；对毕业班学生进行学法指导和心理调适，确保学生以良好的心态进入考场。2014年，各个年级教学质量稳步提升，高考应届一本上线195人，应届本科上线854人；中考600分以上240人，上学校录取线435人，总平分488.2分，学校荣获广安区2014年中考质量一等奖。

科学组织各类考试报名工作，完成空军招飞和民航招飞宣传动员、资格审查、初检工作，2014年，学校有3位同学顺利考入民航飞行学院，2014年高三6名同学参加空军招飞复选合格（全市共12名）。高度重视中考志愿填报工作，抢时间、抓落实，2014年校内所有优生全部报考学校，校外片区内的优生悉数报考学校，确保生源质量。

【教研工作】 2014年度组织教师参加国家级培训达38人次，参加省市区骨干培训达86人次，全员培训达560余人次。学校鼓励撰写经验文章和论文，本年度学校教师在国家级、省级、市级刊物上共发表文章31篇，在区级及以上论文评比中获一、二、三等奖的论文共计33篇，校级青年教师论文、读书心得评比共评出一、二、三等奖72篇；坚持以研促教，本年度学校申报获批省级课题1项、市级3项，市级课题结题1项，课题获市级三等奖1项、区级三等奖以上2项，校本教材编写8本，其中《广安旅游地理》获区级一等奖。学校注重青年教师培养，本年度学校青年教师参加各级竞教活动获省一等奖 1 人次，市一等奖 1 人次，市二等奖 6 人次。在老师们的悉心辅导下，学生参加各级学科竞赛国家级获奖 3 人次，省级 7 人次，市级 12 人次。2014 年教研工作保持良好态势，学校荣获四川省科技创新二等奖。

【部省共建】 2014 年，在“部省共建”政策的支持下，山东杜郎口中学校长崔其升，香港汤恩佳孔子思想宣讲团李亚军教授等到学校讲学，学校与中国联通公司广安分公司达成战略合作协议，共建“智慧校园”，由联通公司出资 800 余万元建设“三通”“两平台”，学校广泛集聚起社会资源，大力提升发展内涵。同时，学校加快对外合作与交流，加速开放式办学的步伐。2014 年 2 月，韩国龟尾市投资通商课申贤淑女士率龟尾市 2 名教师、16 名高中学生到学校开展为期 3 天的文化交流活动，双方互访交流将成为常态。2014 年 4 月，在中国关心下一代教育基金会的支持下，由中华英才培养专项基金、清华大学附属中学和汉能控股集团共同发起的教育扶贫公益项目——“寒门英才培养计划—汉能助梦行动”第二期活动启动，学校 5 名学生成功入选。2014 年 11—12 月，学校代表广安市荣登 2014 年亚洲教育论坛和全国优秀传统文化建设高峰论坛，作题为《继承学校善行传统文化 创新驱动跨越发展》的典型发言，获得与会代表一致好评，也将小平母校善行教育实践成果推广到全国，推向亚洲。

【办学特色】 2014 年，全市上下掀起“感恩小平 · 我为小平家乡发展作贡献”活动的热潮，作为伟人母校，学校以邓小平诞辰 110 周年为契机，打造特色，彰显品牌，始终坚持把艺术体育作为学校教育不可或缺的重要组成部分，始终坚持把艺术体育作为促进人的智力多元、培养多样化人才的必要途径，始终坚持把艺术体育作为实现素质教育目标的突破口和特色办学方向，提升学校的整体办学水平。

学校立足于课堂，延伸到课外，广泛开展大课间体育活动，着力发展特色艺体项目，积极承办大型艺体活动，深入推进阳光体育俱乐部活动，2014 年学校阳光体育活动还形成另一大特色——阳光体育社团活动，活动共开设 84 个社团，发展 7500 余名会员，俱乐部聘请校内外有艺体特长的老师担任各个社团的指导教师，提高师生整体素质。

体育方面，在 2014 年省十二运会上，广安中学代表队在举重、摔跤、武术、跆拳道、拳击等比赛中取得 11 金 6 银 6 铜的成绩。2014 年 12 月，在“体彩杯”2014 年全国高水平后备人才基地举重锦标赛上，学校运动健儿为学校再添 3 金 4 银。三年来学校举重队、摔跤队、田径队参加国家级比赛摘得金牌 5 枚，奖牌 17 枚；参加省级比赛摘得金牌 36 枚，奖牌 76 枚。其中达到国家一级、二级运动员标准 31 人，入选国家队、省队 16 人。在 2014 年市第二届中学生运动会田径比赛中，学校获高中、初中男子甲组团体总分第二名，高、初中女子甲组团体总分第三名。在 2014 年区第二届中小学运动会田径比赛中，学校获得团体总分第一名，其中初中组破 2 项市记录、2 项区记录。在 2014 年区第二届中小学生运动会篮球比赛中，学校获得团体总分第二名。

艺术方面，开展兴趣班活动，组织开展学校校园文化艺术节，在各级比赛中也取得突出成绩。学生管乐队获市一等奖 1 次，声乐队获市二等奖 1 次、三等奖 1 次，舞蹈队获区一等奖 1 次。绘画作品获市二等奖 2 人次，区二等奖 2 人次、三等奖 2 人次。同时，教师器乐队获市一等奖 1 次、二等奖 1 次，论文获省一等奖 1 篇、市二等奖 1 篇，绘画作品入选省级展览 3 幅、获市二等奖 2 幅。

2014 年，学校荣获中国教育学会全国学校文化研究分会常务理事单位、广安市参加四川省第十二届运动会“特别贡献奖”、市三八红旗集体、市普通高中教育教学工作先进集体、市级示范学生宿舍（公寓）、区参加四川省第十二届运动会“先进单位”、区教育工作先进集体、区未成年人思想道德建设工作先进集体、区学校安全工作先进集体、西南大学优质生源基地等荣誉称号，并获区 2013—2014 年度学校工作一等奖、区 2014 年度教育创新发展二等奖。学校代表广安市荣登 2014 亚洲教育论坛和全国优秀传统文化建设高峰论坛；在全市特色学校评估工作总结暨经验交流会上作题为《立足善行教育构建特色德育》的典型发言；在市教师节座谈会上作题为《培养更多体育人才办好人民满意教育》的典型发言；在广安市、区参加四川省第十二届运动会总结表彰会上作典型发言；在全市普通高中教学工作会上作题为《他山之石促发展特色办学铸品牌》的典型发言；在全区 2013 年中考经验交流会上作题为《重激励促动力强管理出效益》的典型发言；在全区中小学校长研修会上作报告《校长的职责和管理艺术》；在全区教育教学暨学校艺体工作会上作题为《艺体并举提素质特色发展铸品牌》的典型发言。同时，学校成功通过“四川省实验教学示范校”复查评估验收。

【德善教育】 以德善教育为核心育人手段加强未成年人思想道德建设工作，突出“以德铸魂，以善育人”的德育特色，设立“广安中学好人榜”暨“善行义举榜”，学校微善社总社获区“优秀志愿服务组织”称号。2014 年高考期间，学校组织各班微善社主要成员到全区各个高考考点开展“为高考送清凉”活动，为高考考生和家长送饮用水、纸扇、遮阳伞、遮阳帽等，活动得到各考点学校和一些企业的支持，学生们的微善行动更感动广大考生和家长。9 月，学校举行“捐一缕书香　献一片真情”爱心捐书活动，共募集图书 800 余册。10 月，学校组织师生为患颅咽管瘤的叶杨同学捐款 47000 多元。在这样的善行实践中，学生们帮助别人，也提升自己，可谓“送人玫瑰，手留余香”。

把挖掘校本文化与宣传善行教育内容相结合，开展善行教育与培养学生向善的情感认知相结合，开展善行教育与学生行善习惯养成相结合，构建“善文化”教师队伍与善行示范相结合，在小平诞辰 110 周年之际开展“感恩小平”系列德育活动，通过入学教育、班会活动、团日活动、课堂德育渗透、模范典型示范等方式，对学生进行知善、扬善、行善的教育，把善行教育寓于养成教育之中，让学生学会做人、学会做事、学会生活、学会学习，促进学生全面发展。

开展“社会主义核心价值观进校园”活动。加大宣传力度，营造深厚氛围，让社会主义核心价值观渗透到学校教育的各个环节，开展“邓小平爷爷与他的同志们”故事会系列活动、“走复兴路　圆中国梦”演讲比赛、“节约光荣、浪费可耻”主题教育活动、“学雷锋爱国报国”演讲比赛、“孝老爱亲”实践活动、“国旗下讲话”活动、“手拉手，一帮一”文明礼仪教育活动、感恩亲情体念活动、以“欢庆六一　童心向党”为主题的初一歌咏比赛、以“红歌颂祖国青春展风采”为主题的初二文艺汇演、以“弘扬主旋律　颂歌献祖国”为主题的高一合唱比赛、以“诵读经典诗文，传承中华文明”为主题的高一经典诗文朗诵比赛、以“五四情　民族魂”为主题的高二文艺会演等，通过各式各样的德育活动陶冶、教育学生。同时，学校把网络作为传递社会主义核心价值观的有效载体，利用微机课、少年宫活动组织广大学生通过中国文明网、中国未成年人网、广安文明网等平台进行网络学习和互动，拓展德育途径，增强德育实效。

【助学关爱】　积极落实国家贫困生资助政策，并多方争取资金关爱贫困学生。2014 年，学校共发放各类资助资金 506.27 万元，共资助贫困学生 8326 人次。其中，义务教育贫困寄宿生生活补助费 6.75 万元，资助学生 108 人次；普通高中家庭经济困难学生资助费 290.52 万元，资助学生 4320 人次；普通高中家庭经济困难学生学费减免 153.12 万元，资助学生 3480 人次；贫困大学新生资助 15.35 万元，资助学生 82 人次；中央专项彩票公益金 13 万元，资助学生 65 人次；贫困中小学对口资助款 0.63 万元，资助学生 21 人次；厦门群鑫爱心资金 24 万元，资助学生 240 人次；华南校友会助学款 2.9 万元，资助学生 10 人次。

【共青团工作】　2014 年，校团委发展新团员 683 名，学生个人获市级荣誉称号 2 人，区级荣誉称号 10 人，学校团委获广安区“五四”红旗团委称号，团组织的凝聚力和战斗力显著增强：举办道德讲堂 14 期，其中承办市、区道德讲堂总堂活动各 1 期；开展“三电”设施宣传活动、“我是中华小导游”活动、“我要上大学”公益活动、暑假体验教育活动、“感恩老师，让心灵飘香”团日活动、“向国旗敬礼”网上签名寄语活动、“中国梦·在广安”青少年儿童书信文化活动、纪念抗战胜利 69 周年暨“9·18”事件 83 周年主题日活动等；举办第一届校园蛋糕节、法治书画比赛、主题手抄报比赛、学生乒乓球比赛等；协助四川大学自强社开展“携手广安跑完全程”小平故里励志行活动；组织参加四川省中小学生“三爱”教育征文活动，初选环节学校 5 名同学获省一等奖，4 名同学获省二等奖，6 名同学获省三等奖，现场考试复选环节学校 1 名同学获省二等奖，1 名同学获省三等奖；组织开展志愿服务活动 40 余次，并启动志愿者注册、服务管理网络化工作，规范志愿服务活动；组织参加第二十届全国青少年爱国主义读书教育活动，代红霞同学荣获二等奖。

【队伍建设】　全面开展党的群众路线教育实践活动、师德师风警示教育活动，扎实推进“社会主义核心价值观进校园”活动和庸懒散浮拖奢问题专项整治活动，要求每位教师撰写师德师风自查自纠剖析材料，要求每位党员撰写党的群众路线教育实践活动“四风”对照检查材料，要求每位党员干部列出个人庸懒散浮拖奢问题整改清单；组织学习岳池县天台小学教师魏裔全、广安区化龙小学教师段成万的先进事迹，组织学习校内先进典型王美珂、蒋锟的先进事迹；征求意见 500 多人次，收集意见 700 多条，建立作风整改台账 56 个。积极做好党员发展工作，2014 年发展学生党员 2 名，教师预备党员转正 3 名。同时，学校大力加强人才队伍建设，积极培养和引进业务骨干。

2014 年，学校新进教师 5 名，其中硕士研究生 2 名，并已签约 13 名硕士研究生和 3 名免费师范生，壮大和充实师资队伍。9月，王锡元、邓树江被评为“四川省特级教师”，游顺利被评为广安市教书育人楷模，2月，学校荣获广安市“三八红旗集体”，7月，被列为西南大学优质生源基地，10月，学校获得广安市政府表彰的参加四川省第十二届运动会特别贡献奖。

【安全工作】 2014年学校教育教学秩序良好，学校对师生加强安全教育，特别是女生防性侵教育，开展安全、法治方面的讲座、知识竞赛、书画比赛、手抄报比赛、主题班会等活动，发放安全工作手册和告家长书，规范学生出入校门管理，加强校园巡逻和守护，规范校园车辆停放，进行安全隐患排查、应急疏散演练和管制刀具、管制物品收缴，调解矛盾纠纷15起，协调处理学生离家出走事件5起，配备校园警务监控观察员，组建青少年模拟法庭、调解室和法治室，并开展模拟法庭活动，通过四川省联合检查组“法律进学校”工作的检查验收。

【领导人】 党委书记、校长：王锡元；党委委员、副校长：游顺利、贾登荣、余孝成，党委委员、副书记：伍孝龙。

（李海军）

科学技术和知识产权

【科技项目】 2014年，全市共申报各类科技计划项目127项，争取各类科技计划项目60项，争取到位项目资金2890万元，较2013年增长23.66%，科技项目争取资金连续两年保持在2000万元以上。

【政策环境】 联合市财政局、市经信委出台《广安市创新驱动发展专项资金管理办法》，专项资金主要用于支持奖励企业研发平台建设、科技成果鉴定和配套奖励、高新技术产业发展、知识产权试点示范和质押贷款贴息、创新型工程建设等，鼓励企业加大科技创新研发投入。5月18日，在广安召开市人民政府与省科技厅第二次厅市会商工作会议，双方商议共同推进广安高新技术产业发展、特色优势农业发展、科技人才培养和可持续发展实验区及创新体系建设，切实提升广安区域自主创新能力。开展科研成果推荐、评比等工作，并借助筹备召开两年一次的科技进步奖励大会，争取市委市政府更加重视科技工作、各级各部门更加支持科技工作，进一步夯实科技事业发展基础。

【创新工程】 推动技术创新工程示范市（县、区）建设，武胜县、华蓥市、邻水县创建四川省技术创新工程示范县工作列入省科技厅议事日程，有望近期创建成功。广安区创建国家可持续发展实验区完成项目预算申报书编制工作，11月底，科技部会同国家相关部委组织专家对广安区进行实地考察验收。

【农业科技】 引进推广新品种100个、新技术72项，争取国、省立项支持国家“星火计划”项目、四川省科技富民强县试点县科技项目、农业领域科技支撑项目5个，区防洪减灾监测预警科技惠民工程通过科技部组织的专家评审。推进“科技特派员”制度，派出自然人科技特派员162人，法人科技特派员1个，培训技术骨干300人，培训农民、业主620人。重点支持培育欧阳、德嘉、鲲鹏农业等龙头企业，园区吸纳1300余名劳动力常年就业，带动10余万户农民增收致富。联合相关部门先后开展送科技下乡、科技之春、科技活动周三次大型的科普宣传活动，承办“四川省2014年科技活动周·四川省青少年科普文化节”启动仪式，获得首届“四川省青少年科普文化节竞赛活动组织工作先进单位”称号，被省委宣传部、省科技厅、省科协表彰为“科普工作先进集体”。

【工业科技】 引导企业加大技术研发投入，采取自建技术研发中心、合作共建实验室等方式，加速技术创新，提升科技创新能力。2014年，新培育“国家高新技术企业”9家、省级科技企业孵化器1家、市级产业技术研究院3个，申报“省级创新型企业”12家、省级科技进步奖10项，获得省政府科技进步奖3项，通过省级科技成果鉴定、登记8项，市级科技成果鉴定、登记36项，全市高新技术产业产值达到399.9873亿元。

【知识产权】 1—12月，全市共申请专利744件，其中发明专利215件；向上争取专利实施转化项目6项，到位资金120万元；争取市本级专利申请资助资金36万，资助专利申请175项；引导全市77项专利用于实施转化，实现专利转化产值10.47亿元，左军机械获得省政府专利奖。培育武胜锦雄、邻水勇刚机械等5家企业为四川省知识产权试点和优势培育企业，发展22家企业为广安市企业知识产权试点企业，支持广安经开区和邻水经开区成功创建为四川省第四批知识产权试点园区，支持华蓥市成功创建为国家知识产权试点城市。联合工商等部门开展集中执法检查15次，办理假冒专利案件2件，社会知识产权保护意识显著提高。

【决策咨询】 1月13日，市委、市政府在北京组织全国人大常委、北京大学原校长、中科院院士周其凤，全国政协常委、北京大学光华管理学院名誉院长、著名经济学家厉以宁等8名高端专家召开座谈会。11月6—3日，邀请厉以宁、尤政等8名高端专家开展“感恩小平·高端专家广安行”活动，新聘美国医学与生物工程院院士、英国皇家化学学会会士、西南大学洁净能源与先进材料研究院院长李长明，中国物流学会会员、重庆市物流协会副会长、成都铁路局多元集团重庆重铁物流有限公司原总经理魏鹏等2人为高端咨询团队成员，高端专家、顾问共发展壮大为9人。充分发挥专家团队创新引领和横向经济联系的重大作用，探索出依靠高级专家引领创新驱动发展的新路径。在北师大校长董奇的支持和促进下，由北师大和广安市联合建设邓小平城乡发展学院，有望成为国内最专业和最权威的城乡干部培训机构以及城乡工作人员培训基地。依托中国工程院院士尤政的技术优势和广泛影响，推进广安超级电容、微机电传感器、重大产业集聚发展。依托李长明的专家团队，着力发展钠离子电池等新能源、生物芯片和防锈环保漆等新材料、3D芯片和医疗器械等新医药、电子和微流控与云计算新技术等“四新”技术及其产业。利用高端专家团队牵线搭桥，与中国国储能源化工集团、中国交通集团、中国中铁股份等10余户著名央企深入对接，正威国际集团投资200亿元的高新电子信息材料、中国低碳产业投资中心投资600亿元建设“中国低碳产业示范基地”、重庆众采电动车科技有限公司投资225亿元建设川渝合作低碳智慧产城等高新技术产业项目相继入驻广安并开工建设，实现大招商、招大商的重大突破，切实提升广安经济社会发展水平和城市知名度。

【交流合作】　成功申报华蓥德嘉农业科技有限公司与法国洛克沃德汉纳斯酒业有限公司合作的《葡萄酒酿造技术与运用》国合项目，获得资金100万元，“种猪遗传评估关键技术研发与共享育种平台建设”项目获省厅立项支持，重庆市科委对广安莱根农业科技有限责任公司申报的《蔬菜嫁接栽培技术引进运用》、四川左军机械制造有限公司申报的《通用汽油机新型环保油箱的产业化》等5个项目给予资金150万元。推动市校、企校合作，广安市与重庆理工大学成功签订合作协议，四川艾玛仕科技有限公司与西南大学，四川新动脉汽车零部件制造有限公司与重庆理工大学、西华大学分别签订共建研发中心的合作协议。正式开展蓉广科技合作，双方将在科技资源开放与共享、联合举办科技项目推介会以及科技人才交流与培训等方面进行合作，成都还将对广安开放重点实验室，帮助广安市提升科技研发能力，推动科技成果加速向现实生产力转化。

【科技服务】　发挥市科技开发培训中心（市生产力促进中心）科技公益性服务职能，充分整合科技资源，采取省、市、县三级中心联动，将广安科技成果转化区域联动服务平台打造成为省级示范平台。全年服务企业100余家，提供专利梳理、高企认定、项目申报、政策咨询等各类服务160余次，帮助企业获得科技计划项目立项30余项，培育高新技术企业9家。联合邻水分平台组建的科技企业孵化公司——四川邻渝科技服务有限公司被省科技厅认定为省级科技企业孵化器，并帮助组建“广安市汽摩产业技术研究院”，推动曼彻斯特大学过程集成中心与华油天然气广安分公司、北新建材与攀枝花钒钛产业园开展合作，促进技术集群创新和成果转化，带动光前集团、劲德兴、嘉逸皇冠等汽摩零部件制造企业实现新增产值60余亿元。大力实施“渝京川‘信服通’现代农业科技资源对接服务体系广安市示范工程”项目，新建50个服务站点子平台和1个服务总平台。优化升级网络平台功能，丰富服务内容，打造“广安科技网”电子名片。10月16—18日，组织20多家重点骨干企业共100多人参加在绵阳举办的2014年中国科技城国际科技博览会，搭建企业对外交流合作平台。

【获得荣誉】　2014年2月，广安市知识产权局获省知识产权局表彰为“2013年度工作目标完成先进单位”，4月，获省知识产权局授予2013年度四川省专利奖评选工作优秀组织奖，9月，被省委宣传部、省科技厅、省科协表彰为“科普工作先进集体”，12月，被表彰为“四川省青少年科普文化节竞赛活动组织工作先进单位”；12月，广安市生产力促进中心获省生产力促进中心协会表彰为“2014年度生产力促进中心先进集体”。11月，王志华获广安市委市政府表彰为邓小平诞辰110周年纪念活动先进个人，12月，郑丹、王永华获省生产力促进中心协会表彰为2014年度生产力促进中心先进个人。

【领导人】　党组书记、局长：汤文辉（7月止），何君（11月起），党组成员、副局长：易佑文、兰先文，党组成员、纪检组组长：向锋华，市科技开发培训中心主任：郑丹。

（周建春）

社 会

社会保障

人力资源和社会保障

【就业促进】 坚持把稳定就业作为经济社会发展的优先目标，按照市场导向、政府促进、城乡统筹和公平就业的要求，不断完善就业创业政策，提升就业公共服务水平，就业形势总体稳定。全市城镇新增就业 5.01 万人，城镇失业人员再就业 1.56 万人，其中就业困难对象实现再就业 0.59 万人，城镇登记失业率稳定在 3.58%；确定高校毕业生就业见习基地 73 个。

【创新创业】 积极发挥创业对就业的倍增效应，建立完善创业培训、项目推荐、资金扶持、专家服务为一体的创业扶持机制，创业带动就业稳步提高。全市共发放创业补贴资金 180 万元，发放小额担保贷款 1809 万元，直接扶持成功创业 365 人，吸纳带动就业 466 人；申报创业培训定点机构 2 个、培养创业培训师 8 人，举办创业培训班 89 期，培训学员 2606 人，成功创业 1589 人，其中，促进 215 名高校毕业生实现创业。

【高校毕业生就业】 坚持把高校毕业生就业摆在突出位置，建立完善高校毕业生就业创业“一站式”服务机制和困难家庭高校毕业生就业援助机制，大力开展“高校毕业生招聘周”“高校毕业生就业服务月”“高校毕业生网络招聘月”等就业专项服务活动，鼓励引导高校毕业生面向城乡基层和艰苦边远地区就业，积极支持高校毕业生自主创业，促进高校毕业生充分就业。2014 年，全市共 399 名高校毕业生参与就业见习，197 人见习结束后被留用；组织 2 名 2009 年后毕业的高校毕业生和 4 名服务基层大学生参加全省第四届高校毕业生“阳光导航”创业培训，组织 15 名创业成功的高校毕业生参加全省第五届“我能飞”大学生成功创业者提升培训；3 个省级大学生创业园区（孵化基地）直接扶持高校毕业生创业 82 人；“三支一扶”“一村一大”等服务基层项目吸纳高校毕业生 245 人，2014 年返乡报到高校毕业生就业率达到 95%以上。

【重点群体就业】 坚持把促进“零就业”家庭、被征地农民和城镇低收入家庭成员和 2011 级“9+3”藏区学生就业作为就业促进工作的重点，通过完善就业失业登记、实施就业援助、落实各项补贴、举办专场招聘会等措施，确保困难群体稳定就业。2014 年，全市共登记就业、失业人数分别达到 50100 人、11491 人，办理就业失业登记证 44431 人，认定就业困难人员 4845 人，开发公益性岗位 3965 个；兑现岗位补贴、社保补贴、培训补贴、职介补贴、技能鉴定补贴和见习补贴等各项资金共计 13717 万元，惠及 7.29 万人次、为 307 名城乡低保家庭及残疾高校毕业生发放求职补贴 24.56 万元；8 名 2011 级“9+3”

藏区学生成功就业7人、升入高职院校1名，完成目标任务的100%；为新疆建设兵团农七师13个单位达成用人意向46人；帮助零就业家庭5户9人实现就业，动态消除“零就业”家庭。

【职业技能培训】 始终以就业需求为导向，大力实施人力资源素质提升计划。启动实施农民工职业技能提升计划、青年劳动者技能培训行动，扎实开展职业培训进园区、进社区（乡镇）、进校园活动，全面落实职业培训补贴政策，促进培训与就业、培训与岗位要求紧密结合，有效提升职业技能培训的质量。全年完成“春潮行动”培训2.73万人（含劳务品牌培训0.19万人），青年劳动者技能培训9940人。

【公共就业服务】 将182个乡（镇、街道）基层劳动就业社会保障公共服务平台标准化、规范化建设纳入2014年度市委市政府自办民生工程项目，加大财政支持力度，实现市、区市县、乡（镇、街道）、村（社区）四级服务平台“同频共振”；加快推进全市人力资源市场整合，人力资源市场规范化、标准化、信息化水平不断提升；依托统一的广安公共招聘网，定期发布招聘信息、人力资源和人才供求状况报告，公共就业服务实现城乡全覆盖。截至2014年年底，全市共举办“就业援助月”“春风行动”“民营企业招聘周”等就业专项服务活动41场次，入场企业230余家，达成对接意向6740余人；广安公共招聘网共发布1530多个岗位招聘信息；成功组织广安市2014年高校毕业生现场招聘周暨广安职业技术学院2015年届毕业生双选会活动，137家本地企业入场招聘，提供招聘岗位361种、2107个，入场求职达2949人，达成意向性协议约931人。

【农民工工作】 坚持完善和落实促进农民工就业创业政策，通过实行城乡统一的就业失业登记制度，将农民工全面纳入城镇就业登记范畴，将在城镇稳定就业6个月以上失业后的农民工纳入失业登记范畴，平等享受职业介绍、职业技能鉴定、职业培训等公共就业服务，并按规定享受就业援助政策；依法将农民工纳入创业政策扶持范围，积极落实相关税收优惠政策、发放小额贷款，鼓励具备条件的农民工进城创业；大力支持县域经济发展，积极支持农产品产地初加工、休闲农业和农村小微企业发展，促进农民工就地就近转移就业；不断完善城乡均等的公共就业服务体系建设，扎实推进农村转移就业劳动力数据入库，举办“就业援助月”“春风行动”“民营企业招聘周”等专项招聘活动，深化跨区域劳务合作，开展返乡农民工法治宣传月活动、农民工工资清欠等专项行动，切实推进劳动力有序转移就业、就地就近就业和返乡创业。全市转移输出农村劳动力154.7万人（其中省内转移58.47万人，省外输出96.23万人），实现劳务总收入193.36亿元，农民人均劳务收入5091元，人均增收686元；农村劳动力登记入库194.05万人，其中转移劳动力入库160.58万人。

【社会保险制度建设】 制定并下发《关于建立统一的城乡居民基本养老保险制度的实施意见》，将新型农村社会养老保险制度和城镇居民社会养老保险制度整合为统一的城乡居民养老保险制度，实现统筹城乡养老保险制度与城乡居民基本养老保险制度的有机统一；在巩固职工工伤、生育、失业保险市级统筹的基础上，稳步推进城镇居民基本医疗、企业职工基本养老保险市级统筹；建立健全基金统一管理、分级征收、目标考核、风险共担的市级统收统支制度；认真落实鼓励灵活就业人员参加职工基本医疗保险制度，建立并完善基本医疗保险转移接续制度，推动实施城乡居民大病保险工作；出台《关于办理个体续保人员养老保险关系的实施方案》。

【社会保险扩面征缴】 出台《广安市社会保险费征缴管理办法》，扎实开展园区扩面、乡（镇）扩面两个专项行动，探索实行“五险合一”征缴改革，创新社会保险经办机构与就业、劳动监察、金融机构、人民法院等部门联合稽核、清欠新机制，稳步推进扩面征缴工作，确保社会保险“应保尽保”“应收尽收”。全市参加城乡基本养老、城镇基本医疗、失业、工伤、生育保险参保人数分别达到178.28万人、82.57万人、10.94万人、9.66万人、5.71万人，累计征收社会保险费37.76亿元，社会保障卡持卡人数达30万人；将13308名被辞退民办代课教师纳入养老保险范围，妥善解决被辞退民办代课教师老有所养问题，维护社会稳定。

【社会保险基金监督】 建立以实名制管理为基础的领取养老金资格异地论证系统，开展系统数据管理专项核查，全面推进社保基金非现场监督软件应用，拓宽信息披露渠道，推进政务公开，主动接受人大、政协和人民群众对社会保险基金的监督，确保社会保险基金安全完整。截至2014年年底，全市共对212户企业进行社会保险实地稽核，累计稽核29111人次，追缴社会保险基金1156.38万元。

【专业技术人才队伍建设】 围绕全市经济转型升级和产业结构调整，大力开展急需紧缺高层次人才引进工作，成功为全市机关事业单位引进急需紧缺高层次人才110名，帮助企业引进人才264名。深入实施专业技术人才知识更新工程，加强以公共实训基地和各类培训机构为载体的专业技术人才服务平台建设；加快职称制度改革步伐，推进专业技术执业资格与专业技术职务互认互通制度，在符合条件的产业和行业领域新增中（初）级专业评审委员会；探索非公有制专业技术人才队伍建设的管理运行机制，出台鼓励企业引进急需紧缺高层次专业技术人才招聘考核政策，引导人才向重点产业、重点企业和重大项目聚集。完成2013年度中级职称评审工作。评审中级职称1211人，其中：教育机构792人，农业77人，工程系列232人，新闻、图书、艺体24人，水电农机工程86人；共审查推荐农业、工程、文体、教育等相关系列人员参加高级职称评审，共11类达330余人次；报送引进国外智力项目6项，完成广安市育才学校引进外国专家资格审查，按程序完成外国专家证的新办、注销、延期等共5人。

【高技能人才队伍建设】　坚持围绕广安市产业发展和结构调整，大力加强高技能人才培养体系建设，广安职业技术学院被成功认定为“国家级高技能人才培训基地”，依托广安职业技术学院举办技师学院获得省政府批准，推荐四川省蒙媛技能大师工作室和四川省邬家华技能大师工作室为第三批四川省技能大师工作室，严格职业技能培训和技能鉴定管理，技能人才素质不断提高。全市共培训各类技能人才3.81万人次，培养高级工以上技能人才1307人，新增高级工以上技能人才195人。

【公务员队伍建设】　积极探索从优秀工人农民和村（社区）党组织书记中考试录用乡（镇）机关公务员工作办法，配合市委组织部完成从优秀村干部和服务基层项目人员中考试录用52名乡（镇）机关公务员的笔试、面试工作；不断完善竞争性选拔干部机制，推进公务员竞争上岗和公开遴选工作，全市政府机关中层干部竞争上岗比例达到95%，会同市委组织部完成从工作两年以上的高层次人才中竞争性选拔25名副科级领导干部工作。严密组织公务员考录。秉持“凡进必考”和“依法科学公平”的考录原则，全年共协调、组织、实施6次公务员招录考试，顺利完成2013年下半年招录144名公务员的面试、体检、考察、录用和2014年招录270名公务员、2014年度政法体制改革试点招录5名司法助理员的公告发布、笔试、面试、体检、考察、录用工作；与市委组织部共同做好2014年从优秀工人农民和村（社区）党组织书记中考试录用52名乡（镇、街道）机关公务员的笔试、面试工作，完成全年公务员招录目标任务的116.78%。深入推进大规模培训公务员工作。共举办各类公务员培训班8期，培训各类人员768人；广泛开展“培育社会主义核心价值观、做人民满意公务员”主题培训，全市共培训公务员5600余名；积极拓展培训内容和方式，协调省公务员局为广安市免费举办1期基层公务员示范培训班，培训学员50人，重庆市公务员局为广安市免费举办1期科级公务员任职培训班，培训学员40人；成功创建省级公务员特色实践教育基地，配合省公务员局开展省级机关新录用公务员培训班2期，重庆市公务员局干部培训3期。精心组织实施政府部门公务员及参公管理单位工作人员年度考核工作。2013年，全市参加考核的人员共有9067人，考核等次确定为优秀的1624人、称职的6977人、基本称职1人，不称职的20人，试用期不确定考核等次的350人，受党纪处分不确定考核等次的2人。深入开展做人民满意公务员活动。2014年，向中央、省推荐上报先进集体58个、先进个人96个，完成四川省第五届“人民满意的公务员”候选人和“人民满意的公务员集体”候选单位的推荐上报工作。按照市群教办《关于〈广安市党的群众路线教育实践活动“四风”突出问题专项整治实施方案〉的通知》精神，牵头开展清理规范评比达标表彰活动工作，代市委、市政府起草《关于进一步规范评比达标表彰活动的通知》，强化对评比达标表彰活动的综合管理。

【事业单位人员管理】　全市事业单位岗位设置方案核准备案全面完成，调整和核准265个事业单位岗位设置方案；人员聘用制度全面入轨，全市已推行岗位人员聘用管理制度的事业单位2237个，占全部事业单位的97.6%；事业单位公开考试招聘工作人员进一步规范，2013年全市组织事业单位招聘考试5次，招聘工作人员1254名，通过考核招聘事业单位工作人员17名；扎实推进事业单位分类改革。事业单位岗位设置管理进一步加强。2014年，全市调整和核准776个事业单位岗位设置方案，共调整岗位22920个，全市已推行岗位人员聘用管理制度的事业单位3372个，占全部事业单位总数的98.7%。事业单位工作人员公开招聘制度进一步落实。制定《广安市事业单位公开考聘工作人员工作规则》，采取统一公告、统一报名时间、统一组织笔试，分级实施面试、体检、考核等工作的方式，为全市招聘事业单位工作人员1294名。事业单位工作人员管理进一步规范。认真落实《事业单位工作人员管理条例》，扎实开展整治事业单位公开招聘突出问题专项行动，会同市纪委（监察局）、市委组织部等六部门对全市机关事业单位财政供养人员情况进行调查摸底并且对各类事业单位深入开展整治“吃空饷”行动，整治涉及机关事业单位3441个，累计清理出在编不在岗人员626人，处理549人。

【收入分配制度改革】 扎实开展推进集体合同制度攻坚计划，引导企业通过工资集体协商合理确定工资水平，稳慎把握最低工资标准调整时机和幅度；发布实施最低工资标准，从2014年7月1日起，全市最低工资标准从每月1070元统一调整为1250元，上调幅度达16.8%；下发《关于做好2012—2013年国有企业工资内外收入监督检查工作的通知》，对市属11户国有及国有控股企业开展督查工作。巩固事业单位实施绩效工资的成果，认真做好事业单位绩效工资总量的核定工作，完成市属政府系统107个事业单位绩效工资总量的核定工作，涉及1695名在职职工，共核定4948.36万元。严格按照机关事业单位职工正常晋升工资的相关政策，组织各区市县、市级各部门完成2014年2054名机关工作人员晋升级别工资、12326名晋升级别（岗位）工资档次工作（其中：市属政府系统机关372名工作人员按年度考核结果晋升工资、1792名工作人员晋升级别工资档次）；完成48357名事业单位职工晋升薪级工作工作（其中：市属事业单位3156名事业单位工作人员按年度考核结果晋升薪级工资的审批工作）。结合广安市对城乡居民最低生活保障标准的调整，及时为机关事业单位死亡职工的遗属4970人重新核发每月生活困难补助；按政策为机关事业单位483名死亡职工核定一次性抚恤金和丧葬费。

【军转安置】 军转干部管理工作平稳推进。强化措施，落实责任，认真贯彻落实军转安置政策。全市共接收计划安置军转干部34名、自主择业军转干部4名，随调家属3名，完成军转安置任务；建立和完善自主择业军转干部信息库，帮助8名自主择业军转干部成功创业；注重以人为本，不断提升服务水平，扎实抓好企业军转干部解困维稳工作。全年共发放生活困难补贴650余万元，缴纳下岗失业企业军转干部养老金60余万元，发放节日慰问金280余万元，开展个案救助100余人次，解决资金28万元，协调公益性岗位9个，解决部分下岗失业企业军转干部的再就业，确保企业军转干部总体稳定。

【人事考试工作】 坚持以考试安全为核心，进一步严肃考风考纪，不断规范考试操作流程，积极推进诚信考试人员信息库建设，努力提升人事考试组织监督水平，确保所有考试无一例安全事故。全年共成功组织公务员考录、事业单位招聘、职称资格（执业资格）、社会化考试61102人次。

【构建和谐劳动关系】 劳动关系协调机制建设不断加强。大力实施“春暖行动”和“集体合同制度攻关计划”，将劳动合同签订率和构建和谐园区（乡镇）纳入民生工作目标考核，全面开展规范劳务派遣用工专项执法检查行动，劳动关系“三方四家”协调机制基本建立。全市企业劳动合同签订率达到90%，已建工会企业集体合同签订率达89.5%，已建工会企业工资集体合同签订998份，签订率达96.8%，超额完成目标任务。劳动争议调解仲裁效能持续提升。大力加强基层和企业劳动争议调解组织建设，不断完善重大劳动人事争议应急调解协调机制，努力提高劳动争议调处能力；继续推行劳动人事争议仲裁“绿色通道”，及时妥善处置突发性集体劳动人事争议案件。2014年，全市两级劳动人事争议仲裁机构共立案受理劳动人事争议案件406件，案件办结406件，结案率为100%。其中，裁决结案208件，调解结案173件，其他方式结案25件。市本级立案46件，结案46件，到期结案率为100%；与市中级人民法院成功召开首次裁审衔接工作座谈会，双方就103个劳动争议问题达成仲裁和司法审判一致意见。劳动保障监察执法水平稳步提高。坚持日常巡视检查与专项检查相结合，大力开展清理整顿人力资源市场秩序、农民工工资支付等专项行动，加大对用人单位拖欠工资、不签订劳动合同、非法用工等突出违法行为的打击力度；出台《关于建立欠薪处理责任制进一步做好农民工工资支付保障工作的意见》，促进拖欠农民工工资问题源头治理，劳动保障监察效能持续提升。全市劳动保障监察部门主动监察用人单位995户，受理举报投诉1968件，其中调解处理1850件，调解成功率达97.4%，立案案件82件，结案82件，结案率达100%；企业劳动用工年检主动监察用人单位户数366户，完成目标任务的121.8%；责令158户用工单位据实支付4290余名农民工工资1930余万元。

【依法行政】 建立健全依法行政、依法治市工作制度，扎实开展普法宣传和法治教育，积极承接省政府行政审批下放事项，平稳推进行政权力依法规范公开运行平台，认真开展行政复议和行政应诉工作。全年共开展返乡农民工法治宣传月、人力资源社会保障专项法治宣传月、工伤保险条例宣传月、“12·4”全国法治宣传和国家宪法日宣传活动18次，接受群众咨询达5.3万人次，实施行政审批305件，受理工伤认定申请1046件，其中认定为工伤和视同工伤1042件，认定不属于工伤的4件；处理行政复议29次，行政诉讼25次。

【川渝合作】 认真落实《渝广共同推进人力资源和社会保障事业发展合作备忘录》，稳步推进渝广人才培训、劳动保障监察、医疗保险异地即时结算合作，全面推动川东北经济区、蓉广人力资源社会保障合作，积极争取中央、省对广安人力资源社会保障政策和资金铁支持，区域合作助推经济发展作用发挥明显。2014年向上争取到位资金87109万元，其中：中央转移养老金76925万元、就业专项资金10184万元；广安与重庆西南医院、大坪医院、新桥医院等6家定点医院签订医保服务协议；与全省42家医疗机构医疗保险即时结算正式实施。

【社会保障改革】　坚持以保障和改善民生为改革方向，以推动就业体制机制创新、深化社会保障体制改革为着力点，积极推进人力资源和社会保障领域改革。印发《贯彻落实〈中共广安市委关于全面深化改革加快县域经济跨越发展的决定〉实施方案》，明确全面深化改革的目标任务、重点内容、责任分工。截至2014年年末，已将土地（林地）被依法征用或流转的农村劳动者全部纳入就业创业和就业援助的范围制度基本建立，农村劳动力特别是转移农村劳动力纳入就业失业登记和监测统计顺利开展，城乡统筹的人力资源数据库加快建立，市、县人力资源市场整合基本完成，覆盖城乡的基层劳动就业和社会保障服务平台建设有序推进，在校大学生、高校毕业生开展“以创新带动创业、以创业带动就业”享受培训补贴、创业补贴、社会保险补贴、小额担保贷款和贴息等资金支持政策全面落实，新型农村社会养老保险和城镇居民社会养老保险制度整合全面完成，医疗保险省内异地即时结算10月1日起已经开始实施，工伤保险、失业保险、生育保险市级统筹全面实现，鼓励灵活就业人员以个人身份参加职工医疗保险和居民医疗保险市级统筹任务基本完成。

【惠民行动】　创新工作思路，推行“单位包村组、干部包农户”的帮扶工作机制，各责任单位结合职能职责和行业特点，帮助联系村组制定可行的脱贫计划，落实具体的帮扶措施，解决生产、生活中的实际困难。为帮助贫困村群众提高健康水平，组织市、县医疗机构20余名医疗专家到联系村开展义诊活动。共开展抽血、量血压、测血糖、B超、心电图、眼部检查等10余项症疗项目，共免费体检困难群众近300人（标准约300元/人），共诊治患病群众400余人，免费发放价值近2000元的感冒、高血压、糖尿病等药品。广大干部职工按照密切联系群众的有关要求，与联系村的贫困对象结成帮扶对子，积极捐款捐物，解决他们燃眉之急。全年，市局共资助岳池县黄龙乡滑石板村帮扶慰问资金36500元。结合“挂包帮”和“三联五帮”工作，广泛开展结对帮扶活动，资助广安区穿石乡穿石村帮扶慰问资金10000元，资助村级组织建设3000元；资助前锋区中城居委会、集建村、双寨村等11联系村（“三联五帮”联系村）帮扶慰问资金44000元。

【获得荣誉】　2014年，广安市人社局先后荣获多项荣誉，2月，获省就业局表彰的2013年度就业服务工作成绩突出单位、2013年度创业服务成绩突出单位，2月，获市委、市政府表彰的2013年度绩效考核先进单位、2013年度信访工作先进单位、2013年度农业农村工作及支农工作先进单位、2013年度支持工业发展先进单位、2013年度安全生产工作先进单位、2013年度民生工作先进集体、2013年度支持招商引资开放奖、2013年度社会治安综合治理先进单位、2013年度维稳工作先进单位，4月，获省医保局表彰的2013年度全省统计报表一等奖、2013年度全省会计报表二等奖，5月，获市委表彰的2013年度信息工作先进单位，6月，获省医保局表彰的2013年度以来保险经办管理工作优秀单位，7月，获人社部办公厅、公安部办公厅、工商总局办公厅表彰的2014年清理整顿人力资源市场秩序专项行动取得突出成绩单位，12月，获省委组织部、省人社厅、省公务员局表彰的2013年公务员统计全优报表单位。5月，张永成获四川省信访工作先进个人，11月，张方斌获邓小平诞辰110周年纪念活动先进个人

【领导人】　市委组织部副部长，市人社局党组书记、局长，市公务员局局长：郭建平，党组成员、副局长：廖杰、吴天兵、蒲冬梅、陈国华，党组成员、纪检组组长：蒋杰，党组成员、市医保局局长：付萍，党组成员、机关党委书记：陈官森，党组成员、市就业局局长：张茂平，党组成员、市机关保险局局长：邹玘玲，党组成员、市社保局局长：杨远鹏，市军转办主任：杨雪梅，市考试指导（公务员培训）中心主任：黄学军，市职改办主任：刘全洪，市劳动人事争议仲裁院院长：姜兴良，市农劳办主任：曹斌，市人力资源服务中心主任：肖芳（12月起）。

（张方斌）

就业服务

【重点群体就业】　全年城镇新增就业5.01万人，完成年度目标147.35%；下岗失业人员再就业1.56万人，完成年度目标173.33%；其中就业困难对象实现再就业

0.59万人，完成年度目标196.67%；城镇登记失业率稳定在3.58%，控制在省下达的4.0%以内。开展就业失业登记。共登记就业人数56456人，登记失业人数12137人，办理就业失业登记证45720人，提供职业指导10630人次。实施就业援助。认定就业困难人员5235人，开发公益性岗位4165个，帮助“零就业”家庭7户8人实现就业，做到动态消除“零就业”家庭。落实各项补贴。全市兑现各项补贴资金共计13717万元。举办专项服务活动。开展“就业援助月”“春风行动”“民营企业招聘周”“高校毕业生招聘周”“高校毕业生就业服务月”和“高校毕业生网络招聘月”等就业专项服务活动，积极帮助重点群体就业，累计举办大型双选活动41场次，入场企业630余家，达成对接意向6740余人。促进藏区“9+3”学生就业。所有学生6月底前全部升学或实现初次就业。与新疆兵团农七师进行劳务对接。为农七师13个用人单位共组织117名劳动者入场应聘，双向选择达成意向46人。

【高校未就业毕业生就业】 加强政策宣传，营造就业创业氛围。充分利用网络、电视、报刊等媒介对涉及高校毕业生见习、培训、就业、创业等方面政策进行立体式宣传。全年促进215名高校毕业生实现创业，完成年度目标215%。发布招聘信息，拓展就业渠道。广安公共招聘网、广安人才网等网站共发布138家企事业单位1530余个岗位招聘信息，供高校毕业生等群体选择。鼓励离校未就业高校毕业生参加见习。确定高校毕业生就业见习基地74个，完成年度目标148%。399名见习生与就业见习基地签订见习合同，领取生活补助，参加人身意外伤害保险，197人见习结束后被留用；搭建双选对接服务平台。针对高校毕业生求职需求，举办中小型双选会，有效促成人岗对接。省上按户籍、生源地分解的3029名高校毕业生，已有95%以上的学生已经处于就业（创业）或就业准备状态（见习或培训）之中。

【城乡就业一体化】 建立统筹城乡就业的市场管理体系。将人才交流中心、职业介绍中心、职业技能鉴定中心、劳动事务代理中心“四合一”合并为新的“人力资源服务中心”，新中心的运行进一步发挥人力资源市场促进就业的功能。探索建立覆盖城乡就业的政策体系。在就业失业登记、求职登记、小贷申请、公益性岗位设置、退役军人安置、失保待遇发放等方面都同等对待，将所有城乡劳动者纳入工作统筹之中。打造起覆盖城乡就业的培训体系。将职业技能培训、创业培训等培训项目全面覆盖到城乡劳动者，及时为市内各大工业园区输送员工，并发放职介补贴和岗前培训补贴，通过培训切实增强城乡劳动者特别是农村劳动者的就业竞争力。完善城乡就业的服务体系。公共就业服务着力向农村延伸，努力建成市、区市县、乡（镇、街道）、村（社区）四级服务平台，均配备专职劳动保障工作人员，同步发布求职招聘信息，实现公共就业服务城乡全覆盖。

【农村劳动力管理】 强力推进农村转移就业劳动力数据入库工作，把好一个统揽——统一思想加强领导。抓好两个指导——登记入库政策指导与系统运用技能指导。做好三大保障。在人力保障上，乡（镇、街道）适当开发公益性岗位或设置人力资源协理岗位，行政村（社区）配备劳动保障协理员（原则上由村干部兼任）；在经费保障上，对劳动保障协理员按150元/人/月的标准给予公益性岗位补贴；对信息的采集、录入原则上按不低于1元/条补助到乡（镇、街道），补助费主要用于行政村（社区）信息采集和乡（镇、街道）信息录入的劳务开支，财政追加预算助力，市本级增加专项经费10万元；在物力保障上，乡（镇、街道）就业服务平台普遍增配桌椅、电话、电脑、打印机等设备。突出六个重点。实行目标管理。将全市目标任务层层分解到区市县（园区），乡（镇、街道）、行政村（社区），对完成情况纳入年度综合目标考核；建立激励机制。对该项工作设立单项奖，对先进区市县（园区）进行表彰并增加专项经费；深入现场督导。由主要领导率队到6个区市县和3个园区督导，抽查28个乡（镇、街道）和4个行政村（社区），实施进度与质量“双促”；实行“日通报”制度。在广安市就业网和QQ工作群进行逐日通报，对区市县入库完成率和电话采集率最后1名、乡（镇、街道）后10名予以点名通报，促进数据的日日更新与完善；狠抓系统提速。针对系统运行缓慢问题，指导各地进行规范操作，并联系软件开发公司对系统进行扩容提速；进行就业服务链接。在入村采集时，及时告知村民近期的企业招聘信息和招聘会信息，促进有意愿的村民转移就业。全市农村劳动力登记入库已达194.05万人，其中转移劳动力入库160.55万人，完成年度目标131.60%。

【公共创业服务】 组建创业专家志愿团。出台《广安市创业指导专家志愿团工作章程（试行）》，动员和招募19名市内外知名企业家和专业人士组建广安市创业指导服务专家志愿团，发挥社会力量在推动创业促就业工作中的作用。狠抓高校毕业生创业园区建设。完善园区的基础配套设施，加强园区的管理服务，提升孵化能力，积极发挥园区在高校毕业生创业中的带动作用。强化创业培训，帮助学员提升创业能力，降低创业风险，提高创业成功率。全市共举办创业培训班92期，培训学员2606人，其中即将离校大学生和高校毕业生146人，培训合格率达95%以上，成功创业1667人。积极组织申报创业培训定点机构和创业培训师。组织培训教师参加省创业培训师资班和提高班学习，提升全市创业培训能力。放宽政策扶持。将创业补贴范围扩大到在校大学生，并按1万元每人的补贴标准及时发放，全年发放创业补贴资金180万元；持续开展小贷工作。全市发放小额担保贷款1809万元，直接扶持成功创业365人，吸纳带动就业466人。塑造创业成功典型。持续宣传高校毕业生就业创业相关扶持政策和创业典型故事，并印制《高校毕业生就业创业政策问答》5000册进校园和社区发放。在各级政府政务服务中心和人力资源市场开设高校毕业生创业服务窗口，开展政策咨询、培训登记、创业引导等业务，为创业大学生提供一站式便捷服务。

【失业保险金管理】　实行市级统筹。实行失业保险市级统收直支后，取消区市县收入过渡户和支出过渡户，减少基金运行中间环节，确保基金安全高效运行和保值增值。全市失业保险参保人数达10.94万人，完成年度目标的119.82%。征缴失业保险金7714.68万元，完成年度目标的148.36%，基金结余超2亿元（不含失地农民）。失业保险稽核面达参保职工人数的30%，资金到账率达80%以上，无违规违纪、挤占挪用失业保险基金行为。落实农民工参保新政策。加强政策宣传，建立健全基础台账，准确掌握农民工参保情况，保障11719名参保农民工与城镇失业人员同等享受失业保险待遇。联合稽核参保单位。联合市社保局、医保局、监察支队等单位，对12个单位近2年的缴费情况进行实地稽核。对欠缴、少缴的单位追缴金额204.62万元。及时提高待遇。将广安市失业人员失业保险待遇提高到875元/月，全年累计支出1750.16万元。

【领导人】　局长：张茂平。

（黄　刚）

社会保险

【参保扩面】　全市企业职工基本养老保险参保人数达到43.54万人，完成年度目标39.58万人的110%，其中参保职工26.68万人，完成年度目标任务的110%；工伤保险参保人数达9.3万人，完成年度目标任务9.3万人的100%；生育保险参保人数达5.6万人，完成年度目标4.5万人的147%；城乡居民社会养老保险覆盖人数达128.1万人，完成年度目标任务113万人的113.36%，其中缴费人数达54.88万人，完成年度目标任务52万人的108.37%。

【基金征缴】　企业职工基本养老保险费征缴216861万元，完成年度目标124800万元的152.87%，其中清欠58万元，完成年度目标50万元的116%；工伤保险费征缴7220万元，完成年度目标7220万元的100%；生育保险费征缴2084万元，完成年度目标1300万元的160.3%；城乡居民社会养老保险全年征缴基金11481万元。

【养老金发放】　全市现有离退休人员157472人，累计发放养老金20.6亿元，为142393名企业退休人员进行待遇调整，月人均增加155.6元，每月增发养老金2215.6万元，有效提高退休人员的生活水平；同时，积极做好代管森工退休人员养老金发放工作，共为936名森工人员发放养老金2362万元，全市企业职工和城乡居民社会养老保险养老金按时足额发放率达到100%，没有发生拖欠养老金的现象发生。

【保费征缴管理】　2014年，在广泛调研、认真梳理全市各类社会保险制度的执行、经办管理、基金运行分析的基础上，出台《广安市社会保险费征缴管理办法》，进一步规范企业参保行为和社会保险费征缴管理工作，强化重点大户的稽核和对欠费企业催缴工作力度。开展“五险合一”征缴工作试点。前锋区2013年建区之初，就建立“五险合一”征缴中心，实行统一征缴、分账管理，有效遏制企业选择性参保，为全市全面推行“五险合一”征缴管理探索经验。

【城乡居民社会养老保险制度】　切实巩固和拓宽个人缴费、集体补助、政府补贴相结合的资金筹集渠道，完善基础养老金和个人账户养老金相结合的待遇支付政策，强化长缴多得、多缴多得激励机制，建立基础养老金正常调整机制，健全服务网络，提高管理水平，为参保居民提供方便快捷的服务。市政府出台《广安市人民政府关于建立统一城乡居民基本养老保险制度的实施意见》，对全面推进和不断完善覆盖全体城乡居民的基本养老保险制度，充分发挥社会保险对保障人民基本生活、调节社会收入分配、促进城乡经济协调发展起到重要作用。

【信息化建设】　市本级对历年的养老、工伤、生育保险数据进一步加大清理入库和补录力度，对应入库而未入库的单位、人员进行清理核实、数据整合，基本实现“同城、同人、同库”要求。“金保工程”社保信息管理系统已开发完成并已向全市推广。各区市县养老、工伤、生育相关参保数据已全部入库，基本实现“金保工程”网络办理社会保险相关业务。在省、市以及各区市县城乡居保信息管理专网实现互通互联基础上，逐步将“金保工程”系统向乡（镇）和有条件的社区延伸，为业务经办下延工作奠定基础。按时上报养老、工伤、生育保险全省联网交换数据。

【审计稽核及资格认证】 全市共对212户企业进行社会保险实地稽核，累计稽核29111人次，全年查出违规企业24户，违规基数达625.86万元，少缴社会保险费195.38万元。已经追回195.38万元，稽核资金到账率达100%；开展养老金领取资格认证人数达到140969人，调查面达99%，查出冒领养老金50人，冒领金额49.79万元，已全额追回到账。在武胜县指静脉待遇领取资格认证系统延伸到各乡（镇、街道）。同时，在邻水县各乡（镇、街道）建立掌静脉待遇领取资格认证系统，有效杜绝冒领养老金现象的发生，确保离退休人员养老金按时足额发放和基金安全完整。

【基金管理】 充分发挥审计稽核的监督职能作用。将稽核工作切入到业务流程的主要环节，实现自参保缴费到待遇发放的社保经办工作“全过程”监控，同时注重跟踪督促，确保存在的问题第一时间得到整改落实。不断完善社保基金预算管理机制，增强基金预算的计划性和约束力，做到应收尽收、科学管理、监管有力，没有挤占、挪用和违规违纪情况发生。

【领导人】 局长：杨远鹏。

（李 红）

医疗保险

【概况】 2014年，以工业园区、小微企业以及农民工、灵活就业、流动就业人口、成年居民为重点，努力扩大参保覆盖面。截至2014年12月底，全市城镇基本医疗保险参保人数达82.57万人，完成省、市人社厅（局）、省医保局下达年度目标任务78万人的105.7%，其中：职工参保20万人，居民参保62.57万人（含农村户籍学生），完成省定民生工程目标任务57万人的109.7%，基本实现参保人群的全覆盖。

市人社局组织市医保局、区市县人社局、医保局按照总额控制办法，对市内29家定点医疗机构进行考核，对超标额不予支付。

截至2014年12月底，全市共办理医保关系转移接续1202人，其中：转出人员563人，转入人员639人，转入个人账户13万元，转出个人账户5万元。

各区市县医保经办机构对群众来信来访和来电及时处理，截至2014年12月底，全市医保系统共接待信访人员760余人次，回复信访件、市长信箱37件，回复率达100%。

【基金稽核】 2014年，通过建立医保经办机构与劳动监察、社保、就业联动稽核机制，对参保企事业单位的缴费工资基数、参保人数、缴费情况进行联动实地稽核。市本级对成都银行广安分行，邮政储蓄银行广安分行，友谊中学等10个单位2012—2013年的医保缴费情况进行实地稽核。截至2014年12月底，全市医保经办机构核查享受城镇职工医保待遇人数33438人，实地稽核1129个单位涉及人数61252人；稽核定点医疗机构、药店149个；稽核收回少缴欠缴基金60余万元。

2014年，全市征收基本医疗保险基金9.67亿元，比2013年增长38%，其中征收城镇职工基本医疗保险基金6.65亿元，比2013年增长40%（征收险费6.47亿元，利息收入0.18亿元），完成年度目标任务4.2亿元的158%，征收城镇居民基本医疗保险基金3.02亿元（个人缴费0.93亿元、各区市县财政补助2.01亿元、利息收入0.08亿元），比2013年增长32%。

2014年，全市城镇职工基本医疗保险基金支出4.86亿元（统筹基金报销3.16亿元、个人账户支出1.52亿元、单建统筹支出0.18亿元），较2013年增加0.44亿元，增幅为9%，比2013年增幅下降1%。2014年城镇居民基本医疗保险基金支出2.36亿元，比2013年增长45%。

截至2014年12月底，广安市城镇职工基本医疗保险基金累计结余6.95亿元，城镇居民基本医疗保险累计结余3.7亿元。总体来看，医保基金收支平衡。

【省内异地就医结算】 清理数据。各区市县医疗保险经办机构与人社部门信息机构密切配合，对已登记备案的异地城镇职工、城镇居民相关数据进行清理、规范，对有异地就医意愿的潜在人员的信息进行采集、分类管理和备案；已对异地居住和长期在市外工作的1810人制发社保卡；对码目录。建立广安市基本医疗保险药品、诊疗项目、医用材料、疾病信息等医保报销目录库8个，对药品、医用材料和疾病信息库220703条采取换码，对诊疗项目和医疗服务设施、医用材料等18955条采取对码、扩码。确定首批医院。通过对全市申报省内异地就医即时结算19家医院的评估，确定市人民医院、广安区中医院、邻水县中医院和华蓥市人民医院为广安市省内异地就医即时结算的首批定点医疗机构。市医保局召开培训会、座谈会，对相关工作进行培训安排。实现持卡即时结算。2014年10月13日，广安市第一例城镇职工参保人员在四川省肿瘤医院持社会保障卡刷卡住院，截至3月16日，广安参保人员在异地持社保卡住院16人次，出院结算14人次，住院总费用22.79万元，报销16.29万元；异地参保人员在广安市人民医院持社保卡住院2人次，出院结算2人次，住院总费用52059.67元，报销31548元。承办省医保局异地就医业务培训会（川东北片区）。2014年12月1日至12月3日，医院接入异地就医省级平台业务培训会（川东北片区）在广安市召开。省医保局、达州、遂宁、巴中、南充、广安5个市及所辖区市县医保局异地即时结算与信息管理共100余人参加会议。市医保局承办整个会议的组织、联络、会务、后勤的安排实施等工作，得到省医保局的好评。

【城镇居民大病保险】 通过对广安市近三年城镇居民医保费用的反复测算、研讨，并借鉴试点市州城镇居民大病工作好的作法，报请市政府于2014年11月颁布《广安市开展城乡居民大病保险工作实施方案的通知》。城乡居民大病保险承办项目通过3次公开招标均未成功，市政府已同意由人社和卫计委医保经办机构按全市统一的大病保险政策，分别承办城镇居民和新农合大病保险业务。

【个人权益记录】 协调沟通，密切配合。市医保局与广安邮政公司、广安农业银行签订三方邮寄服务协议。核实信息，确保准确。反复对“金保”系统中采集的信息进行修改、核实、比对，确保参保人员数据完整、准确。服务到位，准确送达。市医保局对参保单位及参保人员的来电来人咨询，耐心答疑解惑，送达个人权益记录单22760份，受到参保人员好评。

【医保基金管理】 强化基金的预算编制工作。各区市县医保经办机构在统计汇总、核实数据、论证测算、收支编制等方面做大量工作，较好地完成编制任务。广安市获得省医保局表彰的医疗保险统计报表一等奖、会计报表二等奖。加强医保经办机构内部基金财务管理，健全制度，不断提高医保基金的安全度。加强与财政部门的沟通，完成医保基金活期转存定期存款。市本级、区市县均按要求转存定期存款，确保基金保值增值。开展职工医保市级调剂金的上解工作。2014年，各区市县均按市级统筹政策上缴调剂金2380余万元。完成全省异地就医即时结算周转金的上缴工作。积极与财政部门、银行机构沟通衔接开设异地就医市级账户，全市向省级周转金结算账户划入周转金1068.26万元。强化财务信息化系统建设。积极向省上争取专项资金支持，启动全市财务平台建设，购置专门的服务器和财务软件，组织全市操作培训，确保去年底前正常投入使用，形成“省—市—县”三级统一运行的管理模式。加大巡查力度。在“两定”监管中，各区市县医保经办机构通过核查病历、抽查处方，查看病房、突击检查等方式进行检查。截至2014年12月，市本级抽派检查人员360多人次，定期或不定期巡查18家定点医院，病历抽查达到10%，实地查访住院病人648人，查处违规医院4家，违规案例2件，不属于医疗保险报销范畴5例，查处违规定点零售药店4家。医保基金支付程序逐步规范。住院医疗费用、特殊门诊医疗费用、个人账户支付严格执行三个目录。

【付费方式改革】 各地积极推进付费方式改革，促进医疗机构控制医疗费用不合理增长。结合基金预算管理，制定总额控制办法。结合门诊统筹的开展，推行按人头付费的方法。积极开展按病种付费工作。各经办机构结合实际情况，制定出13个单病种付费，较好地控制费用的不合理增长。

【信息建设】 各医保经办机构对城镇参保人员信息进行清理上传。市金保系统中已导入78.57万条医保数据，入库率为95.1%，其中职工数据20.2万条，居民数据58.37万条。做好社会保障卡在医疗保险经办服务中的信息采集、数据比对、应用、集中等工作，为社会保障卡的发行奠定基础。继续开展与定点医疗机构、定点零售药店的联网结算工作。已开通定点医疗机构联网结算13家，其中可门诊住院刷卡9家；定点刷卡零售药店105家。

【应急救助基金筹集】 2014年4月，市人社局会同财政、卫生、民政、公安、残联等六部门出台《广安市疾病应急救助基金管理实施细则》，2014年，全市疾病应急救助基金已筹集到位430.38余万元，有效避免“等钱救命”现象的发生，解除医疗机构的后顾之忧。

【领导人】 局长：付萍。

（胡 俊）

民 政

【防灾减灾】 2014年，出台《广安市自然灾害生活救助资金管理暂行办法》实施细则，探索制定自然灾害评估暂行办法，启动自然灾害风险图编制工作。做好受灾群众紧急救助、过渡性生活救助、冬春救助、倒损住房恢复重建等工作，确保灾害发生后12小时内受灾群众得到初步救助。积极做好综合减灾示范社区创建工作，岳池县九龙镇麻柳桥社区、武胜县沿口镇城北社区成功创建为全国综合减灾示范社区。5月26日，在华蓥市溪口镇开展全市防灾减灾应急演练，民政部门组织参加应急撤离避难安置科目演练。加强灾情管理工作，培训基层（县、乡、村）灾害信息员803名。

【灾害救助】 2014年，广安市先后遭受“7·11”“9·13”暴雨洪涝和泥石流、山体滑坡、风雹等自然灾害。灾情发生后，市民政局立即启动应急预案，深入受灾严重的地区，积极做好核灾救灾和灾民安置工作。在“9·13”洪涝灾害中，全市紧急转移群众10.45万人，设临时安置点45个；共争取救灾资金6074万元（其中，中、省3517万元、市级1000万元），帐篷797顶、棉被6543床、棉衣裤2000套、毛毯472床、折叠床74张、多功能应急灯55个及其他生活类物品（折资300万余元）。在2014年冬春救济中，市民政局积极争取筹措棉被6500床、棉衣裤1000套，棉大衣1000件、棉鞋500双等御寒物资，并及时分发至各区市县、园区，全力确保受灾困难群众安全温暖越冬。

【城乡最低生活保障】 及时将28.1万名困难群众纳入保障范围，切实做到审批过程公开透明，审批结果公平公正。3—9月，集中开展低保经办人员和村（居）委会干部近亲属享受低保备案专项清查行动、低保专项治理行动、社会救助专项整治3大行动，全市累计清退不符合条件的低保对象3.68万人，新增低保对象2.56万人，8名干部因违规被处理。市人大开展专题调研，低保专项治理得到省民政厅领导的充分肯定和群众的认可。城乡低保保障标准由320元/人月和1920元/人年调整到370元/人月和2280元/人年。城乡低保月人均补差水平分别由195元和85元提高到202元和97元。成立广安市低收入家庭经济状况核对中心，核定人员编制2名，在全省率先制定低保近亲属备案管理办法、低保公示暂行办法、低保家庭经济状况核算与评估实施办法，建立健全核对工作机制和监督检查长效机制信息平台。

【城乡医疗救助】 出台《广安市开展城乡居民大病保险工作实施方案》《关于建立疾病应急救助制度的实施意见》，加快推进门诊救助和“一站式”服务，加强困难群众住院救助管理。资助低保和五保对象参合参保率达100%，开展“一站式”服务的比例达100%，政策范围内住院自负费用救助比例达56%，累计救助35.44万人次。救治先心病儿童59名。出台《广安市重性精神病人救治救助办法》，全市共救助640名重性精神病人。

【五保供养】 坚持公开、公平、公正原则，把符合五保供养条件的2.48万名对象全部纳入保障范围，按时足额社会化发放五保供养金，及时兑现电费补贴和免收有线数字电视基本收视费。敬老院事业单位法人登记率达100%，五保集中供养率达49%，床位使用率达98%。认真做好敬老院养老机构设立许可证发证工作。

【临时生活救助】 根据救助对象家庭实际生活状况、困难程度、救助需求等多种因素，实施分类分档救助，共救助6972户困难群众。全市确定12个试点乡（镇）开展救急难试点，依托乡（镇）人民政府便民服务大厅，设立统一的社会救助申请受理窗口，真正做到让困难群众“求助有门、受助及时”。

【优抚安置】 2014年共接收的退役士兵、军休人员全部得到妥善安置。各类优抚对象抚恤补助资金按时、足额兑现，并建立和完善优抚对象抚恤补助自然增长机制，义务兵家庭优待金大幅提升，由去年的3000元提高到8492元。大力推进零散烈士纪念设施抢救保护工作，对全市163座散葬墓、3处零散烈士纪念设施进行维修改造。

【双拥创建】 认真抓好第十届省级双拥模范（先进）城（县、区）创建督促指导和考评相关工作，已通过省上检查验收。积极做好全国双拥模范城“四连冠”各项基础工作。大力推进双拥文化建设和社会化拥军，开展重要节日拥军优属慰问。以电视（台）、广播、报刊、网络等形式进行双拥宣传2100多次，播发双拥新闻信息620篇，举办军警民双拥文艺联欢演出36场，举办教育讲座、报告会、演讲会、座谈会、知识竞赛等200余场。制定出台双拥工作进企业、进学校、进车站、进医院、进连队、进社区、进乡村、进“两新组织”实施细则，营造出全社会关心、尊重军人的浓厚氛围。

【社会福利】 积极开展养老服务示范社区创建工作，在前锋区确定1个社区开展创建工作。继续实施“社会养老服务体系建设推进年”活动暨“敬老爱老助老工程”，在全市启动建设128个农村互助幸福院工作。出台《关于进一步加快发展养老服务业的实施意见》，市政府办转发民政局等部门《关于2014年养老服务体系建设重点任务安排意见的通知》。组织120名养老服务从业人员开展培训及养老护理员职业技能鉴定。完成养老机构（除农村敬老院外）的清理及换证工作。完成新增改造养老床位5305张。为困难家庭失能老人和80周岁以上老人提供居家养老服务4.892万人。探索建立困境儿童分类保障制度，加强孤儿和艾滋病病毒感染儿童保障工作，督促儿童福利服务指导中心履行散居孤儿权益维护的职责。2014年，累计新核准孤儿108名，核减孤儿288名。11月，组织人员对各区市县孤儿、弃婴政策落实情况进行专项督查，确保孤儿、弃婴各项政策落到实处。实施孤残儿童手术康复“明天计划”、西部贫困家庭疝气儿童手术康复计划，为7名贫困儿童免费做疝气手术。做好孤残儿童初级护理员培训工作。继续大力实施“晚情行动”，累计为城镇“三无”、农村“五保”老人安装助听器39个，配置拐杖312付、助行器53具、手杖1480支、弹力腰围192条，受益人数达1851名。规范民办养老服务机构管理工作，并按照属地管理原则，签订责任书。积极开展慈善助学活动，累计扶助贫困大、中学生528名，发放慈善助学金108万元。2014年，全市销售福利彩票1.7亿元。

【基层政权和社区建设】　深入推进城乡社区工作用房和居民公益性服务设施建设，加快社区服务站建设，提高社区综合服务设施覆盖率。争取街道社区服务中心项目1个和社区服务站项目1个，社区建设补助资金100余万元。积极开展村民自治模范单位、和谐社区建设示范单位创建活动。推进基层党风廉政建设，探索通过政府购买社会组织服务，开展社区党风廉政建设和廉政文化进社区活动。全面完成广安市第九届村（居）委会换届选举工作，市、县两级积极组织对村（社区）干部进行业务培训，培训3500余人。全市新增社区服务站15个，社区“一站式”服务平台21个，58个社区办公服务阵地面积达到300平方米以上，社区服务设施综合覆盖率达到90%以上。成立广安市社区治理工作领导小组，协调解决社区建设工作中的重大问题，指导各地推进社区治理和村（居）务公开。积极推进制定完善村规民约（居民公约）工作，并于10月20日召开现场会，市四大班子主要领导全部出席。全市2763个村、221个社区全部完成制定完善村规民约（居民公约）工作。

【民间组织管理】　坚持培育发展与监督管理并重，切实做好民间组织的登记、管理和监督检查等工作，促进民间组织规范健康发展。2014年，市本级新登记社会组织15个，其中社团12个，民办非企业单位3个。认真实施民间组织年检，年检率达到97%，对违法社会组织查处率达100%、非法社会组织取缔率达100%。依法开展行业协会商会类、科技类、公益慈善类、城乡社区服务类社会组织直接向民政部门申请登记工作。积极推动政府部门向社会组织转移职能，向社会组织购买服务。进一步健全社会组织行为失信惩戒机制，组织开展行业协会自律与诚信创建及失信惩戒活动。按照中央、省、市统一部署，出台《广安市社会组织开展党的群众路线教育实践活动实施方案》，加强对社会组织开展党的群众路线教育实践活动的督促指导，市级社会组织完成第二批群教活动各项任务。

【婚姻收养登记】　继续扎实推进婚姻登记机关管理标准化建设，武胜县民政局婚姻登记处成功创建为国家AAA级婚姻登记机关。规范国内公民收养子女行为，进一步完善孤残儿童涉外送养程序，积极推进大龄儿童、病残儿童回归家庭。2014年，全市共办理结婚登记34224对，补办婚姻证书1389个，办理离婚登记9187对，补领婚姻证书18477个，出具婚姻登记证明24715个，婚姻登记合格率达到100%；办理收养登记37件，收养合格率100%；积极组织儿童福利机构开展涉外送养，市儿童福利院涉外送养儿童8名，严把资料审核关，涉外送养材料上报合格率达100%。

【殡葬管理】　认真做好春节、清明节期间文明祭扫服务管理工作，全市共向社会免费提供250个生态墓位。继续推行惠民殡葬政策，全年共减免特殊困难群众殡葬费用35万余元。广安凤凰山公墓及烈士陵园开工建设。大力宣传殡葬政策法规和环保殡葬理念，营造良好的殡改氛围。岳池县公墓龙凤山墓区申报工作有序推进。

【流浪救助】　健全救助体系，积极开展主动救助，实现救助服务网络“四级联动”。积极开展“寒冬送温暖”“夏日送清凉”活动，高度关注灾害性天气条件下和元旦、春节等重大节假日期间的流浪乞讨人员的安全和生活，积极配合广安创建全国文明城市行动，加大上街巡查力度，救助热线电话24小时开通，确保求助对象得到及时救助。2014年，市县两级救助管理机构累计救助流浪乞讨人员6345人次。市救助站成功创建为“四川省救助管理文明单位”。

【区划地名】　推动广安城镇化建设，积极稳妥地做好乡改镇、镇改办事处的指导和审核报批工作。省政府批准武胜县宝箴塞乡、邻水县三古乡和石滓乡3个乡改镇。牵头完成省内市间界“岳池与南充市嘉陵区”的县级行政区域界线联检任务，积极开展平安边界线创建活动。配合完成省内市间武胜与南充市嘉陵区的县级行政区域界线联检任务。完善地名公共服务体系，规范地名命名更名管理，更新地名和区划数据库数据。出台《广安市地名管理实施办法》，加强街门楼牌设置，新设立街门楼牌42623块，更新地名和区划数据库数据6530条。新出版《广安市行政区划图》《广安地图》《广安城市经贸旅游图》和《广安市城市地图》。积极做好第二次全国地名普查相关工作。积极争创全国地名公共服务示范市（县、区），11月17日至11月19日承办全国地名公共服务示范测评验收会议。

【依法行政】 全面完成行政权力清理规范工作，积极推进行政权力依法规范公开运行，市民政局共涉及行政权力56项，上网运行160件；制定行政审批和其他行政权力自由裁量权标准。对行政审批项目进行全面清理，市民政局涉及列为初审报省审批的行政审批项目3项，日常行政管理行政审批4项，暂停审批1项，下放行政审批1项。出台规范性文件6个。建立党组会前学纪学法制度。按照“谁执法、谁普法”要求，加强民政法律法规宣传，积极参加“5·12”全国防灾减灾日、“6·26”国际戒毒日、“12·4”法制宣传日等全市集中宣传活动，收到良好的宣传效果。8月，承办市纪委《安辑廉线》“在线访谈”栏目，围绕“公平、公正、公开，阳光低保惠民生”主题，介绍全市城乡低保工作开展情况，就当前网友关心、关注的热点、难点和焦点问题，与网友进行在线交流。10月，承办市政府网络理政平台《在线访谈》栏目，给网友解读《社会救助暂行办法》特色亮点，讲解全市社会救助相关政策，回答群众关心的提问。11月，广安市负责值守全省“阳光政务”热线，副市长钟志荣带队、市民政局牵头上线直播，省人大代表、省政协委员现场监督，围绕“阳光低保”主题，连线宣传政策法规、接受并限期办理群众咨询诉求，接听热线电话和接收微信诉求共18个，得到省纪委监察厅、省热线节目组和市政府领导的充分肯定，赢得群众的认可和支持。

【信访维稳】 按照“属地管理、分级负责”“谁主管、谁负责”和“全员一岗双责”的原则，层层落实责任，切实做好信访维稳工作。全年未发生10人以上的到省集体上访，社会矛盾纠纷排查率为100%、化解率达98%，其中复退军人矛盾纠纷化解率达98%；到厅、部上访总量较上年同期减少，到厅重复上访量控制在总量的10%以内，到民政部重复上访量控制在总量的5%以内；省厅的督办件及时回复率100%。

【领导人】 党组书记、局长：何良涛，党组成员、老龄办主任：何键，党组成员、副局长：蒋智、侯立新，党组成员、老龄办副主任：覃兴隆，党组成员、纪检组组长：李应春，党组成员、机关党委书记：黄传东。

（唐建军）

老龄工作

【概况】 2014年年底，全市60岁以上老年人75.5万人，占总人口的16.1%；其中65岁以上老年人口52.6万人，占总人口11.2%；80岁以上高龄老年人口8.6万人，纯老年人家庭人口14.7万人；100岁以上长寿老人133名，10万人口占比2.83人。

【养老保障】 积极协调人社、民政、卫计等相关部门，扎实推进“老有所养、老有所医”政策落实，努力满足老年人基本生活需求。基本养老和医疗保障充分落实。2014年，全市共有10万余人参加机关事业养老保险（其中退休人员占2.6万人），35.8万人参加企业职工养老保险（其中退休人员占13.9万人），退休人员养老金的发放做到按时、足额、不拖、不欠。全市共有77.5万余人参加基本医疗保险（其中退休人员占7万人），老年人的预防、治疗、康复全部纳入城乡三级医疗卫生网络。特困老年人生活问题得到妥善解决。全市城市低保在保老年人家庭1.84万人，累计月人均补差202元，全年向老年人发放城市低保金4500余万元。农村低保在保老年人10.7万人，累计月人均补差97元，全年向老年人发放农村低保金12400余万元。城乡医疗救助老年人3.2万人次，资助参加农村新型合作医疗老年人21.6万人，资助参加城镇居民医疗保险8.3万人。农村五保供养2.48万人，其中集中供养1.2万人，集中供养率达48.4%，年集中供养标准4680元/人年以上，分散供养标准3120元/人年。新建、改扩建敬老院28所，新增床位2148张。

【老年维权】 各级老龄工作机构协调各类法律服务网点，积极为老年人提供法律咨询、援助等服务，保证老年人能够就近及时得到有效的法律救助。全年各级老龄办收到来信30余件、接待来访352余人次，实地调处涉老案件（纠纷）45次，帮助解决各类侵权问题55件次。人社、民政、卫计、教体、司法等老龄委成员单位依法行政，完善工作手段和措施，做好老年维权工作，保障老年人合法权益。

【老年优待】 逐步建立高龄补贴制度，按时足额发放百岁老人200元/人月的长寿补贴金（邻水县为100元/人月），90—99岁老人高龄津贴标准武胜县、岳池县、邻水县200元/人年、广安区600元/人年、前锋区、华蓥市1200元/人年，前锋区、岳池县率先落实80—90岁高龄津贴。实现全市老年人优待证电脑制证，为各区市县老龄办配备老年人优待证办理设备（电脑及打印机），全年免费办理“老年人优待证”1.7万余本。大力开展健康管理服务，为辖区内65周岁以上常住老年人免费建立健康档案，每年至少提供1次免费体格检查和健康指导；城市公共交通工具对老年人提供票价优惠，65周岁及以上老年人免费乘坐城市公交车；水、电、燃气、通讯、电信、邮政等服务行业和网点，为老年人提供优先、便利和优惠服务等；公园、旅游景点对60—69周岁老年人实行半价优惠，对70周岁以上老年人实行门票全免，“老年节”（重阳节）当日对老年人实行免费开放等。

【养老服务体系建设】 2014年，养老服务体系建设纳入市委、市政府民生实事目标任务。中央、省、市投入养老服务体系建设资金总计6039.73万元。其中，中央、省投入4979.85万元，市级投入1059.88万元。新增公办养老机构床位1390张，新增民办养老机构床位2630张，维修改造公办养老机构床位1285张，探索建立经济困难老年人养老服务补贴制度和经济困难失能老人护理补贴制度，已对4.892万人实施补贴，新建66个城乡社区日间照料中心，新（改扩）建农村敬老院15所，全市新建农村幸福院122个（其中新建示范性农村幸福院10所）。引进四川为颐养老服务企业在广安设立广安市为颐居家养老服务中心，通过整合“12349”居家养老服务专线和社会服务资源，实现城市“一键通”虚拟化、智能化、个性化养老服务。

【老年教育】 认真贯彻落实《国家中长期教育改革发展规划纲要》（2010—2020）和《四川省老年教育发展“十二五”规划》，积极协调相关部门，帮助各级老年大学（学校）改善教学条件，充实师资队伍，丰富教学内容，提高办学质量，促使老年大学（学校）朝着制度化、规范化方向发展。2014年，武胜县老年大学正式复课，前锋区老年大学正式挂牌。按照省老龄办、省委老干部局、教育厅、文化厅、省老年大学协会《关于开展四川省老年大学（学校）评估定级有关事项的通知》要求，积极组织市内老年大学（学校）开展全省第三轮等级评估定级工作。

【老龄宣传】 充分利用报刊、广播电台、电视台、网络等媒体，大力宣传人口老龄化的紧迫形势，宣传老龄工作方针政策，宣传老龄事业的发展成就，宣传敬老爱老助老典型人物，宣传开展老龄工作和发展老龄事业的好经验好做法，树立尊老爱老敬老的社会风气，为广安市各项惠老政策的落实，营造良好的舆论氛围，推进广安市老龄事业的发展。借助“广安在线”网络媒体平台，开办老龄工作宣传专栏，全年共编印《广安老龄》简报13期，编发工作信息50余条，各区市县分级召开老龄工作会议30余次，编印简报120余期，刊登工作信息230余条，散发宣传单（册）2万余份。在全市范围内开展孝亲敬老之星、敬老模范单位、“老有所为”先进典型人物评选活动。广安市冉国元、胡中文等6人被授予“全国孝亲敬老之星”荣誉称号，谢吉钊、范家立等6人获得广安市“老有所为”先进典型人物表彰。武胜县老龄委通报表彰22名老龄工作先进个人和19名“武胜县第二届孝子”。华蓥市古桥街道举办“庆国庆、迎重阳”杰出人物评选大会，400余名空巢老人参加，集中表彰奖励先进村（居委会）老年协会和老龄工作先进个人。

【老年文体及慰问活动】 注重与涉老组织联动，充分利用元旦、春节、“三八”“五一”“七一”、中秋、国庆、重阳等传统节日，结合“纪念邓小平诞辰110周年”，扎实开展文艺表演、体育健身、书画展览等活动，不断丰富老年人精神文化生活。全年举办乒乓球运动会、门球运动会、文艺表演、书画展览等各种展示活动100余次，各级比赛活动10余次，参与者达10多万人次。市老龄办、市门球运动协会联合成功举办广安市首届老年门球单、双打比赛，各区市县门球协会、广能集团和市直机关等7个代表队40名运动员，26名裁判员参加比赛。市老体协承办“2014年中国·广安中老年气排球邀请赛”，来自云、贵、川、渝、湘、鄂等地44支男女运动队400余名运动员参加邀请赛，比赛取得成功，同时还开展创建广安市“健身操之乡”和“庆国庆·迎重阳”千人太极拳展示活动。广安区组织“纪念邓小平诞辰110周年”文体展示活动，与中央电视台心连心艺术团在广安协兴同台文体表演。武胜县组织中央电视台《魅力乡村》栏目在白坪录制现场文体演出。邻水县组织庆县人大、政协会议召开，宣传‘腾飞经开区”的文艺演出及近百家企业产品介绍的展板展示活动，受到出席“两会”人大代表政协委员的好评。华蓥市老年大学代表广安参加四川省中老年集体舞比赛活动，召开首届老运会，800多名老年运动员参加8个项目的比赛。前锋区老体协联合民政、人社、体育局举办中老年人健身表演赛。广安、前锋区、岳池县以及部分乡（镇、街道）结合党政中心工作开展有益宣传活动，如庆祝党的十八届四中全会召开、践行群众路线教育活动、创建文明卫生城市、禁毒、反邪教、实现伟大中国梦主题教育活动、纪念邓小平诞辰110周年等。

"敬老月"活动期间，各级除积极组织开展各种文体活动外还组织开展为老志愿服务和走访慰问送温暖活动，各地党政主要领导亲力亲为，带头走访慰问，帮助老人解决实际困难，营造敬老爱老助老的浓厚氛围。9月29日，市委书记侯晓春、市人大常委会主任余仪、市长罗增斌、市政协主席刘凤成分别带领有关部门负责人，赴各区市县、园区看望慰问百岁老人、贫困老人代表，敬老院集中供养的五保老人，同时还慰问新中国成立前参加革命工作的老战士、老同志，烈士遗属、伤残军人等优抚对象，全国、全省劳动模范，中国好人及道德模范等先进人物。

【老龄专项工作】 深入开展第四轮敬老模范区市县创建工作。各区市县按照要求，扎实开展创建工作，形成区市县、乡（镇、街道）和村（社区）三级联动的创建工作格局。武胜县经充分准备，迎接省老龄委组织的敬老模范县交叉检查工作，受到检查组的一致好评。

启动第二轮"敬老文明号"创建工作。制定下发广安市老龄工作委员会办公室《关于开展第二届"敬老文明号"创建活动的实施方案》，各创建单位按照要求，以制定服务标准，完善服务制度，拓展服务内容，公示服务承诺为主要方式，充分发挥行业优势，深入开展为老服务工作，使惠老政策进一步得到全面落实。

扎实开展基层老年协会参与农村空巢老人居家养老服务试点工作和示范性基层老年协会创建活动，不断培育、发展、壮大老年人协会组织，使之成为老年人开展各类活动的重要载体。广安市广安区浓洄街道柑子园社区老年协会等4个基层老年协会认定为"四川省示范性基层老年协会"。截至2014年12月底，广安市有老年活动站（中心、室）2570个，老年人协会2490个，其中村（社区）老年人协会2319个，覆盖率达80%；乡（镇、街道）老年人协会155个，覆盖率达85.6%；县级老年人协会16个。华蓥市实现市、乡（镇、街道）、行政村（社区）协会组织全覆盖。

（市老龄办）

扶贫和移民工作

【扶贫移民成效】 2014年，全市9.248万名贫困人口实现脱贫，完成目标任务的114%。开展三峡移民"一帮一"活动，三峡移民实现年人均增收330元。9.248万名贫困人口实现脱贫，完成目标任务的114%。完成田土调型4500亩，开挖田主沟78千米；硬化公路72千米，修建便民路89千米；建设山平塘17口、蓄水池51口、渠系19.5千米。

【资金投入】 2014年，争取到位中央、省扶贫移民项目资金48498.35万元，同比增长56.78%；其中专项扶贫资金20746万元，同比增长42%；移民后扶资金27752.35万元，同比增长69.87%。

【项目建设】 2014年，以解决贫困人口"两不愁、三保障"为核心，以增加贫困人口收入为重点，以改善贫困人口基本生产生活条件、提高基本素质、拓宽基本增收门路的"三个基本"为目标，为每一户贫困群众"量身"定制具体的帮扶措施和帮扶计划，将具体帮扶情况建档立卡，做到不脱贫不脱钩，瞄准贫困人口进行定向扶持，推动扶贫解困工程顺利实施。实施各类扶贫移民项目407个、6个特殊困难地区连片开发示范片、152个整村推进扶贫村、4个移民后扶整村推进示范片、移民后扶项目扶持等项目年度建设任务全面完成。

【产业发展】 2014年，以机制创新为突破，全力保障贫困群众、移民群众受益。创新规划引领机制。坚持"资金跟着项目走、项目跟着规划走、规划跟着贫困群众走"的原则，突出产业扶贫规划的"扶贫"定位，做到规划一片、建设一片、脱贫一片、致富一片。创新产业发展机制。实行产业化经营，提高贫困农户的组织化程度。大力推行"龙头企业+合作社+农户""基地+合作社+农户"等农业合作机制，着力探索股份合作型、联合营销型等专合组织发展新形式，引进龙头企业、建立专合组织，带动农户发展特色扶贫产业。推行保底分红、劳务托管等农民增收新机制，带动农户有序流转土地参与特色农业发展，提高农民流转土地的积极性。创新利益联结机制。坚持贫困群众、移民群众利益至上，正确处理贫困群众、移民群众与农业企业的利益分配关系，积极组建农民专合组织，探索建立"承租倒包、二次返利、利润分成、保底计薪"等新型利益联结机制，鼓励贫困群众、移民群众参与扶贫产业基地建设、日常管理和合作经营，获取土地、劳动力和经营性收益。以脐橙、蔬菜、生猪等特色产业为重点发展助农增收产业，共种植脐橙5400亩、间作蔬菜3000余亩，药材560亩，建成万头规模生猪养殖场1个，带动贫困群众和移民饲养生猪1.2万头，发展林下养殖家禽27.3万只，直接经济效益达6500余万元，扶贫移民项目区基础设施条件得到有效改善。

【移民工作】 移民后扶项目持续推进。扎实做好移民人口动态管理，足额发放移民直补资金3444.42万元，共核减移民自动减员368人。认真做好邻水县、广安区、岳池县、武胜县4个移民后扶整村推进示范片建设2014年度计划和实施方案，4个示范片年度建设工程任务已全面完成。6月，经省扶贫移民局、省财政厅进行移民后扶整村推进示范片建设绩效考核，广安市广安区、岳池县、武胜县列为全省31个示范片的一、二、三名，并争取到移民后扶整村推进示范片专项资金4500万元。指导各区市县按照库区发展规划，及时编制移民后扶2014年年度计划和库区基金项目规划，启动建设库区基金项目78个，规划投入5524万元项目资金已全部到位，工程已经全面完成。

在建工程移民安置工作有序开展。七一水库改扩建及渠系配套移民安置工作有序开展，已完成年度安置任务，发放征地补偿和移民安置资金4700万元，库区复建工程库周公路已启动建设，投资2092万元。升钟水库二期工程武胜县应家沟和岳池县回龙寺、华蓥市猫儿沟、前锋区龙滩、邻水向阳桥等5座新建水库开工建设移民安置各项工作顺利推进，已完成升钟水库二期工程武胜应家沟水库、岳池县回龙寺水库在建工程移民安置前的移民干部培训工作，对应家沟水库、回龙寺水库库区移民人口进行核实对接工作；签订升钟水库二期工程武胜县应家沟水库及渠系配套工程和岳池县回龙寺水库建设工程征地补偿和移民安置的协议；指导编制完成回龙寺水库征地补偿和移民安置工作实施意见。

【社会扶贫】　建立健全对口帮扶机制，大力完善领导干部和党政机关定点帮扶贫困村制度，实行市县党政领导、市县部门联系贫困村，科级以上领导干部对口联系帮扶贫困户，贫困群众脱贫效果明显增强。全面开展驻村帮扶工作，2014年参与定点扶贫单位631个，市、县两级选派驻村工作队员3000余名，组建驻村工作队820个，对全市全部贫困村实行全覆盖帮扶。积极动员社会力量参与扶贫，广泛动员和组织企业、社会团体、乡友及社会各界参与扶贫济困，积极调动社会力量参与扶贫开发，“村企共建”等活动持续开展。建立“结对认亲、爱心帮扶”活动平台，引导更多社会爱心向贫困农户汇聚。2014年，广安市社会帮扶共投入并引进各类资金32625万元，其中中央国家机关直接投入帮扶资金400万元；省级部门（单位）直接投入63万元，帮助引进各类资金1400万元；市直部门（单位）直接投入701万元，帮助引进各类资金1360万元；县直部门（单位）直接投入13277万元，帮助引进各类资金4749万元。

【资金管理】　2014年，出台和修订《广安市扶贫项目与资金管理办法》《关于进一步加强扶贫项目资金监督管理的意见》等10多项专项管理办法，整理印发《扶贫资金项目监督管理政策法规资料汇编》，汇编文件37个，从项目的申报、规划、实施、验收、报账等各环节进行全过程、全方位的制度规范。强化群众参与。大力推行群众参与式扶贫方法，在扶贫项目实施中支持群众全程参与，明确项目村要组建项目实施小组、民主理财小组和质量监督小组，每个小组不少于3名群众代表，负责项目的实施和资金的使用、管理和监督。坚持投资概算标准，重点对工程造价进行严格审核，实行最高限价，有效提高资金使用效益。强化监督检查。坚持把扶贫资金项目管理工作监督检查纳入惩防体系建设重要内容，建立完善扶贫资金项目规划实施片组巡查制度，定期不定期对项目实施情况进行督查，确保项目资金规范运行。同时，将全市扶贫资金项目规划实施情况在《广安市人民政府网》等公共媒体上进行公示，主动接受群众监督，有效提高项目资金使用的透明性。

【精准扶贫】　制定扶贫改革实施方案。下发《创新机制扎实推进农村扶贫开发工作的实施方案》，创造性地提出扶贫“七个精准”扶贫工作新机制（即精准树立扶贫理念、精准识别扶贫对象、精准规划扶贫项目、精准扶持扶贫项目、精准实施扶贫项目、精准调整扶贫对象、精准监管扶贫项目），还在全国首次提出扶贫规划的三个层级指导原则，即按照解决生存问题、解决发展条件问题、解决发展途径问题三个层级和优先顺序来规划、安排扶贫项目，切实解决扶贫资金投入不准、效益不高问题；提出只有贫困村和建档立卡的贫困户才能享受扶贫资金的扶持，切实解决扶贫对象不准的问题。完成扶贫开发建档立卡工作。2014年5月以来，按照中省安排，广安市开展建档立卡工作，进行一次贫困村、贫困户的普查识别。共识别出820个贫困村，占全市行政村的29.68%；识别出34.4万人贫困人口，贫困发生率8.7%。落实扶贫开发“四到县”政策。2014年，所有扶贫开发项目审批权全部下放到县，实行责任、权力、资金、任务“四到县”制度。改革贫困县考核制度。积极调整考核方式，由以往考核对象为市（州）变考核对象为区市县，认真落实考核结果实行“四挂钩”，与领导班子考核挂钩，与领导干部考核结果挂钩，与扶贫资金分配挂钩，与重点县退出挂钩。

【信访维稳】　落实领导责任制。市县扶贫移民局（办）局长（主任）为第一责任人负总责，分管领导为第二责任人具体负责。主要领导和分管领导以身作则，坚持经常深入扶贫项目实施区、库区和移民安置区，面对面地研究解决贫困群众、移民群众问题，面对面地指导督促基层移民干部调处信访维稳工作。落实调处责任制。市县扶贫移民局（办）局长（主任）定期召开扶贫移民信访维稳专题研讨会议，专题听取各地扶贫移民信访维稳调查排查情况，对出现有贫困群众、移民群众信访上访问题，采取“五个一”（即一个问题、一名领导、一个调处班子、一套调处方案、一个调处时限）负责制，确保信访维稳工作有领导负责、有维稳预案、有专人处理、有绩效反馈。落实工作责任制。在扶贫项目实施区、库区和移民安置区的重点乡（镇）设立扶贫移民政策法规咨询点96个，选聘思想觉悟高、在群众中威性较高的移民群众183人作为信息员，在节假日、国家和省重大政治经济活动前夕，都要组织全市扶贫移民干部深入扶贫项目实施区、库区和移民安置区对信访上访和不稳定因素进行拉网式大排查，对排查出的问题和不稳定苗头，及时进行专题研究并妥善处理，把矛盾化解在萌芽状态、将问题解决在基层，连续12年没有移民到省进京上访。

【领导人】 党组书记、局长：王建玲，党组成员、副局长：王洪波、冯永斌（9月止）、罗星瀚，党组成员、纪检组组长：周勇（5月止）、何晴（10月起），党组成员、总工程师：唐广生。

（王　丹）

残疾人事业

【关爱残疾人】 2014年，市委、市政府先后4次专题研究残疾人事业发展重大事项，市委书记侯晓春专门到市特殊教育学校慰问残疾学生。市委常委、市总工会主席甘用德，市政府副市长钟志荣到市残疾儿童康复中心看望脑瘫康复的残疾儿童。市国资委将劳动街47号原市劳动局办公楼二、三层办公用房建筑面积约1600平方米，划给市残联作残疾人康复中心使用。

【残疾人项目资金】 在全国助残日期间，争取广东狮子会同德服务队为广安贫困残疾人捐赠价值12万元的100辆轮椅和10台电视机。在邓小平诞辰110周年之际，市残联到深圳市工商联争取捐赠助残资金200万元。全市残联共争取中省残疾人危房改造、阳光家园计划、扶助残疾儿童入学、智力残疾儿童康复训练、百万复明工程、0—6岁儿童抢救性康复、无障碍改造等项目资金1000余万元。

【残疾人“量服”】 先后五次召开“量服”工作动员会、部署会、培训会和推进会。市和各区市县均以政府办名义印发《关于为残疾人提供“量体裁衣”式个性化服务的实施方案》。全市有效为15万余残疾人提供164万余项次的康复、教育、就业、扶贫、社会保障和维权服务，人均服务13.41项次，超省定任务300%。在2013年全省残联183个区市县“量服”工作考核中，广安市排名第3名，其中前锋区、华蓥市进入前30名，武胜、邻水进入全省前50名，广安区、岳池县进入前85名。

【残疾人民生】 全市累计投入民生工程资金4000余万元，扶持城乡居家灵活就业残疾人29480人，帮助农村贫困残疾人发展生产、增加收入5100人，实施居家托养智力、精神和重度残疾人5100人，帮助501名有需求的残疾人家庭实施无障碍改造，救助贫困家庭脑瘫儿童260人，救助贫困家庭重度听力残疾儿童50人，为2500余名贫困残疾人适配亟须的基本辅助器具。

【残疾人文体】 在四川省第八届残疾人运动会和第三届全省特奥会比赛中，广安市取得21枚金牌20枚银牌20枚铜牌和2个第四名、6个第五名，荣获16条绶带，总分184分的佳绩。特奥会名列全省金牌榜第三名，实现历史性飞跃。在四川省第四届残疾人职业技能竞赛中，广安市参赛残疾人在封面摄影项目中取得第一名，在计算机组装项目中取得第二名，在CAD制图、男服制作两个项目中取得第三名，荣获“团体总分三等奖”位居全省第五名的好成绩，被大赛组委会授予“道德风尚奖”。

【领导人】 理事长：邓程高，副理事长：邓型惠。

（晏　伟）

住房公积金管理

【概况】 广安市住房公积金管理中心市本级内设机构四个科，即综合科、归集信息科、委贷支付科和稽核科四科，下设广安、武胜、岳池、华蓥、邻水、前锋六个管理部。2014年全市新增开户单位161家，截至2014年年底，全市共有2197家单位，97112人建立住房公积金制度。

【公积金缴存】 2014年，全市住房公积金归集覆盖率为81.45%，新增住房公积金缴存额79990.73万元，比去年同期增长19.73%。全市住房公积金累计归集总额达386896.98万元，比去年同期增长26.06%。累计归集余额244511.95万元，比去年同期增长20.28%。

【公积金提取】 2014年，因职工退休、购房和还住房贷款等原因提取住房公积金38758.79万元，比去年同期增长53.93%。新增提取职工人数为16072人次，全市住房公积金累计提取职工人数为76604人次。累计提取总额达142385.03万元，比去年同期增长37.40%。

【公积金贷款】 2014年，全市新增住房公积金贷款1754户，比去年同期增长36.18%，累计发放6797户，比去年同期增长34.78%，新增贷款金额38621万元，比去年同期增长35.58%。贷款累计总额达117351.75万元，比去年同期增长50.01%。贷款累计余额达86812.10万元，比去年同期增长58.19%。

【公积金核算】 按照"统一决策、统一管理、统一制度、统一核算"的要求，加强会计核算工作，明确财务管理规定，在确保资金安全的同时，合理运作资金，在保证贷款、提取使用资金的前提下，实现增值收益的最大化，2014年实现增值收益3632.35万元，比上年增长22.55%，计提贷款风险准备金958.07万元，划转城市廉租住房建设补充资金2328.87万元。

【公积金宣传】 中心认真宣传《住房公积金管理条例》《四川省住房公积金缴存管理办法》《四川省住房公积金提取管理办法》和《四川省住房公积金贷款管理办法》，严格按照"三个办法"的规定办理住房公积金缴存、提取和贷款业务。认真落实网民留言回复工作，2014年回复公众网网民留言192条，回复市长信箱网民留言5条。

【专项审计】 2014年3月，市财政局委托成都中财国政会计师事务所对中心2013年度住房公积金业务和经费财务进行审计，中心积极配合完成审计工作。通过开展住房公积金管理专项审计工作，促进全市住房公积金制度的健康有序的发展。

【领导人】 主任：刘开红。

（全 斌）

消费者权益保护

【宣传教育】 强化宣传教育。市消委会联合理事单位，以"3·15"国际消费者权益日宣传纪念活动为平台，开展系列宣传纪念活动，公布年度消费投诉分析，曝光年度十大消费维权典型案例，通过假冒伪劣商品展示台、宣传咨询服务台和名特优产品展销区，宣传讲解新《消费者权益保护法》新内容新亮点，传授识假辨劣等消费维权知识。全市共开展宣传活动10余次，印发宣传资料6.5万份。强化消费预警。着重对涉及消费者人身、财产安全的重点商品进行质量跟踪，制发简报11期，发布消费警示和消费提示20余条，先后重点对农村净水器等商品误导宣传、观光电瓶车销售等发布消费警示。强化培训引导。对全系统消费维权工作人员、各界经营者代表共500余人进行新《消费者权益保护法》培训，有力提升适用新《消费者权益保护法》调解纠纷的能力。如岳池县消委在新《消费者权益保护法》施行第二个月，即运用"举证责任倒置"成功调解一起电动车消费纠纷，案例被中消协引用，并被省消委会评为十大典型案例。

【投诉调解】 积极打造消费维权示范站。大力推进消费维权示范站精品工程建设，按照"八个一"规范化建设标准，重点打造45个消费维权示范站，为提高消费纠纷化解能力提供保障。积极搭建信息互动新平台。市消委会开通微博平台，及时发布投诉分析和消费提示警示；邻水县开通微博、微信，成功受理投诉16起；武胜县与部分大型企业、超市、商场建立QQ视频连线，实现在线处理消费纠纷。积极推进消费维权社会化。广泛吸纳社会各界精英，建立一支稳定的消费咨询专家、义务监督员、志愿者队伍，直接参与消费咨询和纠纷调解。建立消费纠纷协商和解机制。推动各地在商场、超市、市场、景区设立消费维权服务站，实现消费纠纷不出门、不出店，就地化解。市消委联合市保险协会建立全市首个保险行业消费维权站。2014年，全市消委系统共受理消费者投诉、咨询、举报5755件，其中受理投诉1364件，成功调解1351件，为消费者挽回经济损失达56.7万余元。

【社会监督】 协助净化消费环境。积极协助行政执法部门牵头组织的服装质量、民用电线电缆、餐饮具集中消毒、农村食品市场以及节假日、校园及周边等重要节点、重点场所的集中检查整治。扎实开展消费调查评议。市消委会、市工商局联合市文明办、市保险行业协会，对全市保险行业开展消费调查评议活动，针对六大重点内容，通过20000份邮政调查函、互联网、"12315"投诉举报系统、评议座谈、明察暗访等多种形式，广泛征求社会各界人士及广大消费者的意见和建议，并指导相关企业提升服务水平，取得良好的社会效果。

【组织建设】 维权网络体系进一步健全。全市初步形成以市消委会为枢纽，以县级消委会为依托，以49个消委分会为基础，以2100个基层维权站为支撑的"四级红盾执法维权网络"，形成覆盖全社会的法律服务、消费投诉、案件举报网络。维权组织进一步完善。市、县两级消委会建立人民调解委员会，将人民调解制度引入消费纠纷调解；积极开展党支部建设，有力提升消委组织的凝聚力和战斗力；引入消费调解与司法“诉调对接”工作机制，有力推动消费矛盾的及时、有效解决，维护社会和谐稳定。

【十大消费维权案例】 1. 广安某水业有限公司使用与知名商品近似的包装、装潢案。2014年1月14日，工商执法人员对前锋区某水业有限公司进行检查时，发现仓库堆放“印天山泉”“美多康”饮用纯净水3400件，其外包装、装潢分别与知名商品“农夫山泉”“康师傅”相似，当事人涉嫌不正当竞争。当事人的行为违反《反不正当竞争法》第五条关于经营者不得使用与知名商品近似的名称、包装、装潢，造成和他人的知名商品相混淆，使购买者误认为是该知名商品的相关规定。依据《反不正当竞争法》第二十一条和《行政处罚法》第二十三条的规定，市工商局对当事人作出立即停止上述违法行为，对仿冒商品的外包装予以监督销毁，并对当事人作出没收违法所得并处罚款的行政处罚。经营者在市场交易中，应当遵循自愿、平等、公平、诚实信用的原则，遵守公认的商业道德，不得采用不正当手段从事市场交易，损害竞争对手。本案入选四川省2014年十大“傍名牌”典型案例，产生良好的社会影响。

2. 电动自行车出故障，“举证责任倒置”成功维权。2014年4月，岳池县消委会接到消费者林先生的投诉，称其在岳池县某品牌专卖店购买一辆价值3000元的电动自行车，刚用了三天就频繁出现间断性断电故障，并多次找经营者维修。于是，林先生质疑电动自行车存在质量问题，向经营者提出退货要求。经营者却以电动自行车已维修过多次，况且没有经过有关部门鉴定无法证明属于质量问题为由，坚决不同意退货。林先生向消委会提出投诉后，工作人员立即赶到现场，对投诉事项进行当面核实。但在调解中，争议的焦点仍然在电动自行车质量问题的认定上，双方各执一词，调解陷入僵局。消费者根据《消费者权益保护法》第二十三条第三款关于耐用商品六个月内发现瑕疵，由经营者承担有关瑕疵的举证责任的规定，要求经营者承担举证责任。由于经营者一时难以接受，调解人员向经营者反复宣传讲解《消费者权益保护法》关于举证责任倒置的相关规定，最终达成退车并退还3000元购车款的调解协议。六个月内耐用商品的举证责任应当由经营者承担，是《消费者权益保护法》新增的维权利器。在本案中，经营者要证明无责任，应当证明商品本身符合质量要求，或该瑕疵是由消费者使用不当或者外部因素所造成的，但由于经营者拿不出有力证据，因此理应担责。因案件发生在《消费者权益保护法》修订实施后不久，案例得到中国消费者协会高度重视并引用宣传，还入选2014年全省十大消费维权典型案例。

3. 华蓥公安查处生产毒豆芽案。2014年5月14日，华蓥市食品药品监督局在对华蓥市双河街道办事处民太村1组王某、邓某等人用于加工生产豆芽的作坊进行检查时，在该作坊发现“无根剂”空管38支。随机抽样送专门检验机构检测得知，该批送检浸泡黄豆中含有6-苄基腺嘌呤。6月16日，华蓥市食品药品监督局将王某、邓某等人涉嫌生产、销售有毒、有害食品案移交华蓥市公安局治安大队处理。接到案件线索后，华蓥市公安局治安大队没有立即对王某、邓某等人经营摊点进行检查，而是派出精干力量进行秘密跟踪侦查，最终确定王某、邓某生产“毒豆芽”的窝点，了解“毒豆芽”的日生产量及销售渠道，并秘密对生产作坊进行取证，全面掌握其违法犯罪证据。6月30日，华蓥市公安局组织10余名警力，在华蓥山农贸市场将王某、邓某等人抓获，当场收缴“无根剂”3支、“毒豆芽”半成品及生产设备一批，并对其生产作坊予以查封。该案的成功侦破，给了三点启示：加大宣传力度，提高群众的食品安全意识；向食品生产销售业主宣讲食品安全相关法律法规，普及诚信经营观念，努力从源头上遏制违法犯罪行为；公安、工商、卫生、质监、食药监等行政执法部门要密切配合，完善日常联络制度及打防长效机制，对涉及食品领域的违法犯罪行为，坚决做到发现一起，打击一起。

4. 网络购物名不符实，消委调解退还货款。2014年5月26日，达州万源市消费者袁某在某淘宝店购买价值1500元的羊肚菌种和种植配备设施，虽然按包装上的说明进行种植，却发现长出的菌包与网上所发的图片不一样，便立即电话联系网店店主蒋某。过了几天也没有得到明确答复，又多次电话网络联系，蒋某先是有所反应，然后推诿、拖延，最后干脆不理。消费者袁某又通过淘宝平台申请维权，淘宝客服、消费者、网店店主三方也多次电话、网络协商，均无结果。最后消费者只好向网店店主所在地消委会进行投诉。接到投诉后，武胜县消委会根据消费者提供的线索进行摸排。立即驱车50余公里，在某个偏僻的小山村找到店主。店主蒋某对消费者反映的情况没有异议，但对退还货款的要求却不予接受，称出问题的产品是从其他经销商处拿的货，责任不能由自己承担。工作人员耐心地向店主反复宣传关于广告宣传和商品质量等相关法律法规规定，最终现场督促店主通过网络转账，向消费者退还1500元购货款。同时，消委会将本案移交有关农业行政管理部门进一步处理。本案主要涉及网络消费维权的问题。根据《消费者权益保护法》第四十五条第一款“消费者因经营者利用虚假广告或者其他虚假宣传方式提供商品或者服务，其合法权益受到损害的，可以向经营者要求赔偿”之规定，消费者要求店主退还货款的请求有理有据。同时，消费者先后运用与经营者协商、寻求网络平台帮助、向消委会投诉等多种渠道，锲而不舍维权的行为值得肯定。

5. 托运货物受损，承运担责赔偿。2014年8月10日，刘某委托重庆海洪货运公司将其购买的礼炮、泡泡油等货物托运回九龙，当场缴纳托运费用85元。8月13日，刘某在九龙收取货物时发现货物中有41根礼炮被水浸湿损坏，2桶泡泡油一桶漏完、一桶损坏，共计损失204元。刘某找货运公司九龙经营部负责人熊某赔偿损失，对方不理，双方僵持10多天。无奈之下，8月25日刘某到邻水县消委会进行投诉。调解过程中，工作人员耐心地向熊某讲解消费者所享有的权利与经营者应该履行的义务，熊某明白作为承运方负有保障承运货物安全的义务，最终双方达成协议：承运方赔偿刘某货物损失185元。依据《中华人民共和国合同法》第三百一十一条：“承运人对运输过程中货物的毁损、灭失承担损害赔偿责任……”之规定，在货物运输过程中没有不可抗力、货物本身的自然性质等原因造成的货物损坏，应算货运公司没有按合同约定履行责任，应当承担违约损害赔偿责任。

6. 消费者个人信息受保护，侵权必受处罚。2014年9月28日，武胜县工商局执法人员依法对位于武胜县沿口镇一护眼配镜中心进行检查，发现当事人刘某某将患者案例信息及照片张贴于墙上，内容包括有患者姓名、性别、年龄、初查日期、初查情况、复查日期、复查情况、降度周期、提升情况、家长姓名、联系电话等。经查：当事人刘某某未经消费者同意，将在该中心消费的14名消费者的个人信息及照片制作成“裸眼视力快速提升案例”，张贴在经营场所大厅右墙上对外发布。当事人未经消费者同意擅自发布消费者个人信息的行为违反《消费者权益保护法》第十四条关于消费者享有个人信息依法得到保护的权利，以及第二十九条第一款经营者收集、使用消费者个人信息的有关规定。依据《消费者权益保护法》第五十六条的规定，工商机关决定责令当事人立即停止侵犯消费者个人信息依法得到保护的权利的行为，并处罚款3000元。修订后的《消费者权益保护法》新增对消费者个人信息权利的保护。要求收集、使用消费者个人信息，应当遵循合法、正当、必要的原则，明示收集、使用信息的目的、方式和范围，并经消费者同意；收集、使用消费者个人信息，应当公开其收集、使用规则，不得违反法律、法规的规定和双方的约定收集、使用信息；对收集的消费者个人信息必须严格保密，不得泄露、出售或者非法向他人提供。

7. 虚增注射器数量，严查侵权收费。2014年9月，邻水县工商局接群众举报：邻水县某私立医院销售给患者的一次性注射器和实际使用在患者身上的注射器数量有出入。经查证核实，2013年11月至2014年8月期间，该医院实际给患者使用一次性注射器28900支，每支销售单价2元，合计应向患者收取费用57800元。但在同一期间，该医院实际向患者多记一次性注射器56172支，多收取患者费用112344元。该私立医院行为违反《四川省消费者权益保护条例》第四十一条关于医疗机构不得收取未提供服务或者药品的费用的规定，构成了侵害消费者合法权益的行为。根据《四川省消费者权益保护条例》第六十八条之规定，邻水县工商局责令当事人改正违法行为，并处罚款15万元。该私立医院在为患者提供医疗服务过程中，按规定应对患者实行一人一药一支一次使用一次性注射器，但实际治疗中用同一支一次性注射器为不同患者稀释相同药品，却分别为每个患者记账使用了一次性注射器。利用该方式，该医院虚增注射器使用数量、多收费用的行为，严重侵害了消费者的合法权益。

8. 超市标价欺诈0.5元，消费者获加倍赔偿500元。2014年11月3日，广安区消委会接到消费者林女士的投诉，称其在广福某超市购买了1瓶标价2.50元的饮料，结账时发现该超市收款购货小票标价3.00元，多收0.5元。调解人员前往超市调查发现消费者投诉属实。超市负责人称，货架所标2.50元/瓶为此前促销活动的价格，活动结束后收银系统恢复到正常销售价格，工作人员却未及时更改货架标签。调解人员向超市经营者宣传相关法律法规，最终经营者认识到自己的错误，按《消费者权益保护法》价格欺诈有关规定，加倍赔偿了林女士500元。同时，消委会将此案移交工商机关进一步处理。新修订实施的《消费者权益保护法》提高经营欺诈加倍赔偿力度。依据国家发改委《禁止价格欺诈行为的规定》第六条的规定，超市属于价格与实际不符，并以此为手段诱骗消费者购买的价格欺诈行为。依据《消费者权益保护法》第五十五条“经营者提供商品或者服务有欺诈行为的，应当按照消费者的要求增加赔偿其受到的损失，增加赔偿的金额为消费者购买商品的价款或者接受服务的费用的三倍；增加赔偿的金额不足五百元的，为五百元”之规定，超市赔偿消费者500元合理合法。

9. 利用格式条款合同侵害消费者权益。2013年11月14日，岳池县工商局执法人员依法对某农村信用合作联社进行检查时，发现其在从事房屋抵押贷款业务时，与某借款人签订的《抵押合同》中第六条第一款“法律法规规定或双方约定应当办理抵押登记的，甲乙双方应在本合同签订后15日内到当地有关抵押登记机关办理抵押登记手续，相关费用由甲方承担”。与国家发改委、财政部《关于规范房屋登记费计费方式和收费标准等有关问题的通知》第五条“房屋登记费向申请人收取。但按规定需由双方共同申请的，只能向登记为房屋权利人一方收取”之规定相抵触。当事人的上述行为违反《四川省消费者权益保护条例》第十七条第（六）项关于经营者不得以格式合同减轻或者免除自身责任之规定。依据《四川省消费者权益保护条例》第六十八条之规定，工商机关对当事人作出责令当事人改正其违法行为，没收违法所得的处罚。某农村信用合作联社作为房屋抵押权利人，应当向岳池县房地产交易所缴纳房屋登记费。而其利用《抵押合同》不合理格式条款，将房屋登记费用转嫁于抵押人（即贷款购房人），已构成以格式合同侵犯消费者权益的违法行为。

10. 热水器内胆自爆，财产遭殃诉赔偿 2012年12月，邻水县牟家镇何女士花3200元在吴某店里购买了一台电热水器。2014年12月，电热水器内胆突然自爆，热水器旁的铁盘被炸得粉碎，好在没有造成人员伤亡。何女士立即打电话找经营者吴某协商换货。几次电话协商无果后，何女士向邻水县消委会投诉请求帮助。接到投诉后，邻水县合流消委分会工作人员立即与经营者吴某取得联系，然后一同前往何女士家查看爆炸现场。查看后，吴某称爆炸原因在于用户对电热水器线路没经常检查，致使气压控制线路短路，气压过高时没能及时开启保护电路才导致爆炸。而何女士认为肉眼根本无法发现线路问题，电热器自爆是设计或者质量问题所致。在进一步调查中发现，经营者吴某在销售电热水器的过程中，没有向消费者做好电路短路危险等警示提示和使用说明，应当承担相应责任。最终，经营者吴某同意为消费者何女士免费更换一台电热水器。依据《消费者权益保护法》第十八条“经营者应当保证其提供的商品或者服务符合保障人身、财产安全的要求。对可能危及人身、财产安全的商品和服务，应当向消费者作出真实的说明和明确的警示，并说明和标明正确使用商品或者接受服务的方法以及防止危害发生的方法”之规定，经营者提供可能危及财产安全的商品，未向消费者作出相关警示和说明的，应该承担赔偿责任。

2014年消费基本维权情况统计表

表7

项　目	受理申诉件数（件）	其中：已处理申诉案件（件，万元）			
		小计	调解成功件数	争议金额	挽回经济损失
合　计	1364	1364	1351	26.4	79.6
商品消费申诉	976	976	968	23	69.8
服务消费申诉	388	388	383	3.4	9.8

【领导人】 市消委会会长：余万祥，常务副会长：粟红。

（戚年升）

民族宗教工作

【民族工作】 广泛开展民族团结进步宣传教育活动。做好国务院第六次全国民族团结进步表彰大会模范集体和模范个人推荐评选工作，经过层层筛选共推荐上报模范个人1人，并于2014年9月下旬在北京出席中央民族工作会暨国务院的表彰大会；围绕广安市争创全国文明城市工作大局，积极落实全国文明城市相关创建指标，将民族政策法规宣传活动和“六五”普法工作相结合，扎实开展民族团结宣传“六进”活动，订购《中国民族》《民族》等杂志近200份，汇编印制《民族基本知识》《民族成分更改明白纸》等宣传资料，在广大干部群众中发放，宣传党和国家的民族政策、法规。并在全市少数民族群众中发起“民族团结进步文明共建”倡议活动，号召少数民族群众，特别是外来少数民族群众共同参与全国文明城市创建，共享文明发展成果。

做好民族项目申报实施工作。通过积极筛选申报，全市共争取落实少数民族项目10个、补助资金210万元，通过组织实施，有效地改善少数民族群众的生产生活条件。同时，对2010—2013年度的两资项目和少数民族发展资金项目进行督查，严格按照民族专项资金的管理使用规定，督促整改并进一步落实项目建成后的管护措施。

维护少数民族群众的合法权益。认真做好少数民族群众民族成分更改工作，按国家相关规定，认真周到地为28名符合更改条件的少数民族群众办理变更民族成分的审批手续；配合有关部门妥善处理4起涉及少数民族群众的纠纷，帮助阿坝州壤塘县17名藏族民工向广安市建新建筑有限责任公司讨回工程欠款240万元，维护少数民族群众的切身利益。

丰富少数民族文化生活。扎实做好首次组团参加“四川省第十四届少数民族传统体育运动会”的各项准备工作，组织38名少数民族运动员参加押加、板鞋竞速、摔跤等5个项目的比赛，取得良好成绩，广安代表团荣获体育道德风尚奖。

【宗教事务管理】 落实宗教场所安全工作。印发《关于切实加强宗教活动场所安全工作的紧急通知》《关于开展重大火灾隐患集中整治专项行动的通知》等文件，督促各区市县民宗局与各宗教团体及宗教活动场所签订安全责任书，并组织开展宗教领域重大火灾隐患集中整治和危旧房屋安全排查专项行动，排查整改安全隐患40多个，进一步完善安全设施，增强教职人员和信教群众的安全意识，有效遏制各类事故发生。

开展宗教政策法规学习月活动。开展以“发挥正能量，共筑中国梦”为主题的“学习月”活动。学习月期间，市、县民宗局进驻70余个宗教活动场所开展社会主义核心价值观、民族宗教政策法规宣传教育和反邪教知识普及，组织召开“依法治市法律进寺观教堂”动员暨培训会议，向宗教团体和宗教活动场所赠送宗教政策法规学习资料150余册，发放“明白纸”400余份，指导寺观教堂通过悬挂宣传横幅、开办展板、发放宣传资料、播放广播电视等形式，积极向信教群众宣传政策法规，并鼓励宗教教职人员在讲经讲道中用宗教的语言宣教宗教政策法规，提高宣教效果。

开展重要敏感时期维稳工作。每月开展宗教领域不稳定因素排查，严格落实24小时值班制度和“零报告”制度，2014年，与公安国保、维稳办及各区市县协调配合，确保宗教界无人参加香港“华安会”培训及赴韩国参加亚洲青年节活动。针对武胜县永寿寺信访积案问题，市、县民宗局积极协调处理，制定切实可行的矛盾化解措施，取得信教群众的支持和理解，确保全市民族宗教领域和谐稳定。

做好宗教基本情况统计调研。开展《宗教事务条例》贯彻实施、农村宗教事务管理工作、宗教活动场所管理、治理基督教非法活动及藏传佛教在内地传播等情况调研，形成高质量的调研报告。进一步对已采集的宗教基础数据进行审核，确保信息采集准确完整，其中，宗教教职人员信息42条，宗教活动场所信息72条，宗教团体信息10条，宗教工作机构信息7条。

【领导人】 局长：文杰。

（陈 武）

医疗卫生

卫 生

【概况】 2014年，全市出生人口4.23万人，人口自然增长率2.36‰，符合政策生育率81.82%。全市卫生机构总数为3561个，其中，医院51个，社区卫生服务中心（站）22个，乡（镇）卫生院172个，诊所、卫生所、医务室364个，采供血机构2个，妇幼保健院6个，疾病预防控制中心7个，卫生监督机构7个，医学在职培训机构

1个，其他卫生机构146个（含计生服务机构），村卫生室2782所。卫生人员共18917人，同比2014年增加6.92%，其中卫生技术人员12148人，其他技术人员410人，管理人员1157人，工勤技能人员1741人，乡村医生和卫生员共4058人。卫生技术人员中，有执业医师3853人，执业助理医师942人，注册护士4196人。

全市医疗机构门诊和住院诊疗1288.68万人次，医疗机构入院人数为52.31万人。全市医疗机构实有床位13213张，同比增加9.38%。其中：医院8041张，社区卫生服务中心（站）415张，卫生院4508张，妇幼保健院249张，同比增加分别达7.56%、0.05%、14.27%、2.9%。全市万元以上设备台数为6744台，总价值7.17亿元，同比增加16.36%。全市卫生机构房屋建筑面积达1152074平方米，同比增加5.56%，其中业务用房面积为717064平方米。

【疾病预防控制】 2014年，全市接种乙肝疫苗120770人次，接种率为99.64%；卡介苗39554人次，接种率为99.60%；脊灰疫苗152653人次，接种率为99.58%；百白破疫苗152833人次，接种率为99.64%；白破疫苗25608人次，接种率为99.57%；麻疹（麻风、麻腮、麻腮风）85300人次，接种率为99.65%；A群流脑疫苗65980人次，接种率为99.43%；A+C流脑疫苗61180人次，接种率为99.40%；乙脑减毒活疫苗71041人次，接种率为99.52%；甲肝减毒活疫苗33685人次，接种率为99.56%。4月开始，全市除武胜县外其余区市县均出现麻疹暴发疫情，疫情发生后，市政府迅速组织召开会议，发布通知，市重点传染病委员会、市卫生和计生委员会等部门立即落实相应举措，对麻疹暴发疫情的防控工作进行安排部署，并多次组织督导组赴各区市县督促指导开展麻疹疫情的处置工作。5月20日、7月1日，省卫计委分别组织省疾控中心专家组对本市邻水县、广安区的麻疹暴发疫情进行专项督导。各区市县政府组织召开麻疹疫情防控工作专题会，明确各相关单位的职责，严肃工作纪律，加大责任追究力度。各区市县均及时安排财政资金，全市共投入麻疹防控工作经费196.67万元。各地深入社区、幼儿园、学校对15岁以下儿童开展含麻疹制剂疫苗的查漏补种和应急接种工作。全市累计应急接种和查漏补种含麻疹制剂疫苗164261剂次，其中邻水县52780剂次，广安区34554剂次，华蓥市21271剂次，前锋区13716剂次，岳池县41940剂次，各区市县的麻疹疫情得到有效控制。

2014年，全市重性精神疾病登记在册患者12611人，患者检出率3.91‰，在管患者8513人，检出患者管理率67.50%，规范化管理6753人，规范管理率53.55%，最近一次随访分类为病情稳定的患者4304人，病情稳定率50.56%。2014年，市本级组织开展“3·24”结核病防治宣传日、“4·25”预防接种宣传周、“5·12”防灾减灾宣传日、“5·15”碘缺乏病防治宣传日、“12·1”世界艾滋病日等活动13次，发放宣传资料5.5万余份，接受群众咨询3800余人次。全年举办各类健康教育专栏6600余期、举办健康教育讲座2500余期、发放健康知识宣传资料80余万份。利用“5·12”防灾减灾日宣传活动，开展内容丰富、形式多样的防震减灾宣传活动，宣传活动共出动500余人次、车辆80余台次，设置宣传专栏243期、宣传展板40个，发放宣传资料1.6万余份。

【卫生应急】 2014年，市县两级共组织各类卫生应急培训37期，培训人员1400余人次。按照平战结合的原则，各单位根据工作实际，组织开展应急演练，提高队伍实战水平，全市共组织卫生应急演练103场次。2014年，市卫计委组织市县两级卫生应急队伍参加广安市抵御特大地质灾害应急演练，完成演练任务，原市卫生局荣获“广安市2014年防灾救灾大演练先进集体”。在广安市“9·13”洪灾事件中，市卫计委迅速启动应急预案，积极开展灾区医疗救护、卫生防疫、卫生监督、健康教育等工作，全市共设立临时医疗点5个，巡回医疗队107支，救治灾区群众463人次，免费发放药品1.1万元；出动卫生防疫人员988人次，车辆152台次，使用消杀制剂8450kg、发放灭菌片6400瓶、消杀面积539.46万平方米；出动卫生执法人员139人次，出动车辆55台次，检查灾区供水单位20家，学校47家，公共场所113家，发放宣传资料5750份，增强灾区群众自我防病意识和防病能力，确保伤病员得到及时救治，确保受灾医疗卫生机构灾后尽快恢复正常工作秩序，实现大灾之后无大疫发生。

【卫生执法监督】 2014年，举办广安市卫生应急执法演练暨岗位大练兵技能大比武活动，模拟接到群众举报某药店正在开展输液的诊疗活动后，卫生监督员现场制作卫生执法文书情况。对全市9家消毒餐企进行抽检，合格2家，不合格7家，对不合格消毒餐企全部实施处罚，共罚款2.1万元。组织全市抽检15个宾馆等住宿场所，19家游泳池，10家集中式空调通风系统，106家200平方米以上的商场的相关指标。对全市二级以上医疗机构抽检使用中的消毒液，并对检测结果公开通报，对抽检不合格的1个单位进行立案查处，罚款2000元。检查医疗机构597家（不含村卫生室、站），其中三级医疗机构2家，二级医疗机构15家，一级医疗机构129家，其他451家，立案查处各类违法行为案件27件，没收违法所得860元，罚款6.64万元。开展临床用血专项检查，共检查各级各类医疗机构88家。开展医疗机构传染病防治专项检查2次，共检查三级医院2家，二级医院14家，采供血机构2家，其他医疗机构241家，疾控中心7家，立案查处医疗废物案件6件，罚款1.8万元。开展医疗广告专项整治，拆除不规范户外广告25条次，对其中4家医疗机构给予警告，并责令整改。开展医疗美容机构和生活美容机构专项监督检查，拆除违法广告9次，发出卫生监督意见书9份，检查医疗美容机构3家，未发现违法行为；检查生活美容机构52家，立案查处1家未取得“医疗机构执业许可证”开展医疗美容活动，罚款2000元。开展三次打击非法行医专项整治，检查农村集市158个次，检查社区、街道115个，检查医疗机构938家次，取缔黑诊所、游医、假医摊点及非法医疗广告11户，查处案件76件，处罚金额21.54万元，没收违法所得1.01万元。

2014年全市共办理案件115件，结案106件，罚款31.01万元。其中医疗卫生83件，罚款22.68万元；传染病卫生4件，罚款1.3万元；放射卫生2件，罚款0.6万元；公共场所卫生7件，罚款1.25万元；生活饮用水卫生案件12件，罚款3.08万元；消毒产品卫生7件，罚款2.1万元。

【农村卫生】　2014年，全市6个区市县参加合作医疗农民达3585705人，参合率为99.20%，共筹集资金141508.62万元，支出135968.26万元，基金使用率为96.08%，受益农民达1234.02万人次，其中住院补偿46.67万人次，政策范围内补偿比达76.11%，实际住院补偿比达64.69%（含二次补偿）。全市累计共评审乡（镇）卫生院171所，评审率100%，其中甲等中心卫生院28所、乙等中心卫生院8所、甲等一般乡（镇）卫生院26所、乙等一般乡（镇）卫生院76所、丙等一般乡（镇）卫生院33所；评审达标村卫生室2760个，其中甲级村卫生室921个、乙级村卫生室1810个、不达标卫生室29个。探索推进乡村医生签约服务。确定岳池县、华蓥市、邻水县为广安市社区（乡村）医生签约服务试点县，共组建社区（乡村）医生签约服务团队1717个，签约户数达446828户，签约率为69.12%。全年共完成乡村医生培训2929人次，乡（镇）卫生院医生、药剂及管理人员培训528人次。

【妇幼保健】　全年共向29068名农村户籍孕产妇发放住院分娩补助1500余万元，享受国家政策免费领取并补服叶酸的农村待孕妇达38397名，全市孕产妇HIV、梅毒和乙肝项目年度检测咨询率达到90%以上，武胜县完成0.15万名农村妇女乳腺癌免费筛查任务，完成1.7万名农村妇女宫颈癌免费筛查任务。推进规范化建设，武胜县妇幼保健院成功创建国家二级乙等妇幼保健院，规范13家新生儿筛查机构，复查18家爱婴医院，开展妇幼健康技能竞赛。稳步推进新生儿出生缺陷防治工作，新生儿听力筛查7764例，新生儿先天性甲状腺功能减低症、苯丙酮尿症等遗传代谢性疾病的筛查率持续上升，辖区医疗机构筛查率达94.47%。规范实施妇幼健康民生工程，继续推行免费婚前医学检查，婚检人数达48690人，婚检率达81.06%，继续推进免费孕前医学检查，孕检人数全年37891人，完成目标人群的109.9%。主要妇幼指标明显改善，全市孕产妇住院分娩率达99%以上，孕产妇死亡率为14.88/10万，婴儿死亡率控制在4.02‰以下。

【医政管理】　继续深入推进临床路径管理工作，不断巩固抗菌药物临床应用专项整治成果；大力推动“平安医院”创建、优质护理服务和“三好一满意”等活动；成立由司法部门牵头的广安市医疗纠纷人民调解委员会，下辖的6个区市县均全部成立医疗纠纷第三调解组织；2014年10月27日，以市人民医院为中心、各县级人民医院为分中心的“120”统一指挥平台正式运行，月接警量达14000余次，出警量达1800余次。推进预约诊疗和分级诊疗工作，广安市人民医院添置8台自动挂号机，有效缩短患者挂号排队时间。2014年，全市签订双向转诊协议的基层医疗机构162家，二级及以上医疗机构16家，累计上转病人4256人，累计接收下级医疗机构患者2142人。稳步开展城乡医疗对口支援工作，全力推进医疗质量控制体系建设，建立市级质控中心11个。在各区市县设立固定献血屋，无偿献血达15785人次，采集血液5.6吨，继续保持临床用血100%来自自愿无偿献血和血液质量安全零事故的目标。

【教育与科研】　积极申报科研课题，共组织申报四川省医学科研青年创新课题3项；省卫生厅科研课题5项；市级科研课题7项，均已立项；组织申报市级科技成果鉴定9项，成果登记9项；市级科技进步奖9项，广安市人民医院肿瘤科、麻醉科申报省级重点专科，并通过评审验收。申报省级继教项目9项、市级继教项目50项，参加人数达5000余人次，各区市县开展继续教育覆盖率达95%以上。组织559名医务人员参加省卫生厅、省中医药管理局举办的各类培训班。全市现有住院医师规范化培训基地达到15个，完成2011年招收的22名规培生培训任务，经省卫生计生统一组织考核，合格率达95.45%。

【爱国卫生】 全面加强病媒生物防制工作，升级改造市病媒生物实验室，积极开展病媒生物抗药性监测。结合创建全国文明城市工作，国家卫生城市长效管理机制不断完善，修订出台《广安市爱国卫生管理实施细则》，完善卫生清洁评比公示制度。认真组织开展第26个爱国卫生月活动，活动月期间，共发放健康教育资料80000余份，出动巡回宣传车辆20余台次，举办宣传专栏80余期，悬挂标语60余条；电视宣传16次，办板报156期。深入开展卫生创建工作。岳池县、邻水县顺利通过省级卫生县城复审；新创建省级卫生乡（镇）7个，省级卫生村82个。普及健康素养基本知识，组织开展城市居民健康素养干预与监测工作。控烟工作深入开展，全市医疗卫生机构全部建成无烟医疗卫生机构，室内外公共场所控烟工作成效明显。实施农村环境卫生项目，科学掌握农村环境卫生现状。

【中医药事业】 进一步落实好“县级公立医院取消药品加成”改革中对中医药价格支持政策和中医医保目录及补偿政策，支撑中医药的惠民服务和自身发展。市卫计委、市中医管理局牵头以市政府办名义出台《促进健康服务业发展实施方案》，提出加快发展健康养老和中医药保健服务。鼓励社会资本投资创办中医类别医疗机构，积极开展治未病和老年病研究，推动中医医疗机构提供中医体质辨识、亚健康调理、季节养生和预防保健服务。全市5家中医医院全都设立治未病科，提供治未病服务。借助市中医医院预防保健服务项目对275家社会养生保健机构进行调查摸底，并对其中规模较大的23家从业人员进行为期一周的中医预防保健知识和技能培训。将65岁以上老年人中医体质辨识和儿童中医调养纳入基本公共卫生服务中医药服务项目，目标人群覆盖率达到30%以上。武胜县迎接全国基层中医药工作先进单位复审，并顺利通过。加快中医医院建设步伐。2014年2月、10月，副市长陈全禄先后两次召开专题会研究市人民医院管理运行市中医医院有关问题，强调实行“一个医院，不同病区，资源共享；两块牌子，一套人员，专人负责”一体化管理；广安区中医院于10月完成搬迁并运营，业务量有较大幅度提升；邻水县中医医院已经完成新院规划设计，邻水县中医医院脑病科和骨伤科经验收为市级重点专科；岳池县中医医院康复科、武胜县中医医院推拿科纳入2014年农村医疗机构中医特色优势重点专科建设。2014年，邻水县、广安区中医医院获得建设资金为100万元的中医数字化诊疗平台项目，市中医医院作为中医预防保健服务能力项目建设培优单位获得中央项目资金100万元。组织实施国家基本药物所需中药材种子种苗繁育基地建设工作，已开展虎杖、黄精、丹参等中药材种苗育苗100余亩，完成温室大棚及办公场所、库房、炒料房搭建，基地建设稳步推进。

【队伍建设】 11月，根据市政府机构改革方案，市卫生局与市人口计生委合并为卫生和计生委员会，重新核定三定方案和领导任职分工。2014年，为市人民医院考核聘用硕士研究生6名，为全市各级医疗卫生单位公开考聘工作人员167名，招收定向免费医学生15名。制定出台《广安市深化医药卫生体制改革领导小组关于推进县乡村医疗卫生服务一体化管理改革的指导意见》，积极开展县乡村卫生一体化管理改革试点。认真组织开展基层医疗卫生机构在岗人员全科医生转岗培训和基层医疗卫生人员在岗培训，全科医生转岗培训50名，住院医师规范化培训42人，培训乡（镇）卫生人员196人次、村卫生室卫生人员2747人次，培训社区卫生服务人员90人。成功举办川东片区全省卫生专业职称政策调整优化座谈会。全面完成卫生事业单位岗位设置，新增正高级职称岗位数107个、副高级438个。开展第二批广安市卫生学术技术带头人评选活动，杨宁等11人被评选为第二批广安市卫生学术技术带头，李铁墙等15人被评选为第二批广安市卫生学术技术带头人后备人选。积极开展对口援藏工作，原广安市卫生局、原广安市卫生局财务科科长刘建华、前锋区阁中心卫生院院长彭明、华蓥市疾病预防控制中心主任杨珂分别被省委组织部、省委统战部、省人社厅表彰为第二批对口援藏工作先进集体和先进个人，选派广安区悦来中心卫生院副院长胡小钟、华蓥市疾病预防控制中心卫生监测科科长滕彩俊等6人参加第三批对口援藏工作。

【项目建设】 2014年争取到卫生计生建设项目334个，其中：市级医院1个，县级医院1个，县级妇幼保健院1个，乡（镇）卫生院20个，村卫生室311个，项目总投资1.37亿元。2014年全市医疗机构新增固定资产投资0.8亿元，新增建筑面积达3.27万平方米。

【交流合作】 2014年，先后争取市委、市政府召开7次专题会议，研究解决卫生计生发展过程中存在的突出问题。顺利争取中华医学会、四川医学会在广安开展“感恩小平，名医伟人故里行”大型公益性纪念活动，签订《四川医学会定点帮扶广安市医学事业发展协议》；争取深圳市工商联捐赠现金100万元，用于广安购买急救车辆和设备以及四川医学会为广安捐赠10辆急救车辆及设备，价值300余万元；四川大学华西医院与广安就医疗卫生事业达成战略合作意向，探索四川大学华西医院全面经营托管广安市人民医院。大力推进重庆市、上海徐汇区、江苏泰州市、成都市辖区医疗机构技术帮带广安，先后派遣80名医务人员赴三甲医疗机构接受免费培训，派遣10名医务人员赴成都市急救中心接受急救知识培训。

【领导人】　市卫生局领导（11月止）：党组书记、局长：郑建军，党组成员、市疾控中心主任：高山，党组成员、副局长：代联波、姚昕，党组成员、纪检组组长：彭俊才（3月止），副主任：张君，党组成员、机关党委书记：唐晓学。

市卫生计生委领导（11月起）：党组书记、主任：郑建军，党组成员、市疾控中心主任：高山，党组成员、副主任：代联波、姚昕、罗荣洪，党组成员、纪检组组长：罗卫国，副主任张君，党组成员、机关党委书记：唐晓学。

（陈银全、严　敏）

人口和计划生育

【计生基层指导】　开展社会抚养费征收审批工作，对所有征收的案例，严格审核、审批后进行征收。严厉打击非法鉴定胎儿性别和选择性别人工终止妊娠以及弃、溺、虐待女婴等违法行为。自2014年3月20日四川省正式实施“单独两孩”政策后，全市各地各单位在政策执行上宽严有度、程序规范到位，积极稳妥有序地推进“单独两孩”政策落地生效，受到社会的高度关注和肯定。全年，全市网上预约1875例，待处理1例，已处理1874例，处理率99.95%；已批准制证1140例。2014年，在区市县复核自查的基础上，共对全市22个乡（镇），88个村的568名奖特扶对象进行质量检查。2014年，全市累计享受奖励扶助对象达47257人，特别扶助对象1691人。计划生育“三结合”帮扶户4770户，其中：新增户1590户，帮带户3180户。2014年，全市实际帮扶4780户，其中：新增户1578户，帮带户3120户，超额完成省下达目标。全市建帮扶基地240个，投入帮扶资金520万元，其中财政投入126万元，项目资金374万元，其他投入资金20万元。2014年，全市应发放独生子女父母奖励金户数148357户，应发资金1780.284万元。

【优质服务】　全面落实国家免费孕前优生健康检查项目，落实优生健康教育、病史询问、体格检查、临床实验室检查、影像学检查、风险评估、咨询指导和早孕及妊娠结局追踪寻访八个步骤，严把信息采集、临床检查、质量分析、跟踪随访、资料管理等关键环节，做好重点人群筛查，对高风险对象进行面对面优生指导，严格落实妊娠结局随访工作。全年共完成37891人，占任务数的109.9%，其中城市人口962人。完成2014年年底手术并发症鉴定工作，累计1093人享受特扶政策。指导6区市县计划生育技术服务中心开展国家免费孕前优生实验室室间质评工作。

【流动人口】　扎实开展全员流动人口信息统计工作。着力提高流动人口信息平台数据质量。加强对流动人口信息的实时动态采集、跟踪管理。强化流动人口计生服务管理。按照“属地化管理、市民化服务”的要求，建立齐抓共管、综合治理的格局，为流动人口提供与户籍人口同等的优质服务。

【计生协会】　开展“五访五问”活动。访计划生育特殊困难家庭，问生产生活情况。访留守儿童家庭，问衣食冷暖；访基层计生协会“五老”会员，问发展良策；访有经验的基层计生协工作者，问工作方法；通过入户走访、座谈交流等方式，充分听取基层计生协工作者对计划生育工作的意见和建议，并了解计生干部在“四风”方面存在的问题；访返乡流动人口，问服务情况。全市计生协系统“五访五问”活动共走访留守儿童家庭624户，解决留守儿童学习、生活困难65项，送去学习和生活用品达6.3万元。记录基层计生协工作意见和建议320余条，四风方面问题120多个。积极认真开展第五批全国人口计生基层群众自治示范村（居）的创建工作，2014年11月，广安市岳池县朝阳乡天王庙村、武胜县中心镇大中坝村、广安区广福街道办西溪社区、华蓥市明月刘家庙村、前锋区小井乡长胜村和平代市镇岳庙村共6个村（居）获得“第五批全国人口计生基层群众自治示范村（居）”的光荣称号。开展生育关怀——微笑行动，2014年7月16日，组织全市8名唇腭裂患者到达州市第二人民医院参加筛查，有5名患者符合条件，于7月17日至19日进行手术。通过免费手术，从精神和经济上减轻唇腭裂患者家庭的负担。

【计生宣传】　2014年，共开展大型计生宣传活动8场，发放各类宣传品、宣传画30000多份。打造5个人口文化新村和5个人口文化广场，投入10万元制作印有“优生优育，幸福美满”等内容的环保袋1万条，免费发放给广大育龄群众。2014年，全市各级在各媒体、报纸、网站刊载各类计生信息共计430条，其中国家级58条，省级101条，市级271条。

【领导人】 市人口计生委领导（11月止）：党组书记、主任：何君，党组成员、副主任：罗荣洪，党组成员、纪检组组长：罗卫国，党组成员、副主任：袁东平（8月被双开）。

（陈银全、严 敏）

广安市疾病预防控制中心

【传染病管理】 狠抓技能培训和督导，严格传染病诊断标准，加强外地报告病例筛查管理。2014年1月1日至12月14日，全市无甲类传染病发生，共报告乙、丙类法定管理传染病28种10399例，死亡68人，发病率、死亡率、病死率分别为323.95/10万、2.11/10万、0.65%。发病率同比上升14.65%，死亡率与2013年同期比上升33.33%。2014年1月1日至12月14日广安市甲乙丙类传染病发病率低于全省平均水平。全市无重大突发公共卫生事件发生。

【重点传染病防治】 艾滋病防治工作。广安市报告现存活HIV/AIDS1323例，报告死亡508例。现存活艾滋病病毒感染者774例，艾滋病病人549例。本年新发现HIV/AIDS430例，其中新发现艾滋病病毒感染者320例，新发现艾滋病病人110例。艾滋病疫情报告质量为91.83分，已达到国家80分（100分计算）的考核标准，艾滋病病毒感染者/病人随访检测比例为69.86%，艾滋病病毒感染者/病人的配偶/固定性伴HIV抗体检测率为80.93%，广安区美沙酮门诊11月在治疗人数为393人，广安区美沙酮门诊6月在治疗人数保持率为77.2%，抗病毒治疗比例为82.2%。暗娼月均干预覆盖率91.37%；男男性行为人群月干预覆盖率82.89%；正在接受抗病毒治疗病人完成病毒载量检测的比例70.44%；广安区美沙酮维持治疗受治者实验室检测结果上报率为74.37%。2014年1—11月全市VCT（自愿咨询）信息共报告6215份，完成全年任务的137.56%。2014年1—11月，共接收各县区HIV抗体确认检测血样410份，其中阳性387例、阴性9例、不确定14例；CD4检测801份。完成暗娼、吸毒者、性病门诊男性就诊者、孕产妇各400人的艾滋病哨点监测工作。完成艾滋病数据质量评估工作。

结核病防治工作。全市登记活动性结核病人2832例，非结防机构网络直报肺结核1520例，死亡20例，报告发病率较2013年同期下降3.67%；报告发病率和死亡率分别为88.22/10万、0.62/10万。其中涂（+）病例659例、涂（—）1953例、未痰检214例，报告发病率分别为20.53/10万、60.84/10万、6.67/10万。到位1314例，总体到位率92.02%。前3季度可疑肺结核病人初诊7109例，初诊查痰7016例，查痰率为98.69%；新涂阳患者密切接触者1543例，筛查1533例，筛查率为99.35%；登记新涂阳患者683例，经规范治疗，治愈633例，治愈率为92.68%；共登记肺结核患者2921例，其中进行系统管理的患者2892例，系统管理率为99.01%；全市共转入结核病患者17例，其中到位15例，转入患者信息反馈率为88.24%。3月24日，市疾控中心在结核病防治宣传日开展以“你我共同参与，依法防控结核”为主题的结核病宣传活动，并通过各区市县、各乡（镇）卫生院及街道社区卫生服务中心分别在城区、乡（镇、街道）和学校开展结核病防治宣传活动，全市共播放宣传公益片7场，悬挂标语或横幅74幅，摆放宣传展板31张，制作宣传专栏31期，宣传小礼品2.26万份，共发放宣传资料10万余份，咨询义诊群众6.2万余人。前锋区疾控中心还走访特别困难患者家庭，分别给4名患者发放500元的慰问金。武胜县结合群众路线教育实践活动，将结核病防控纳入以“坚持卫生为民，服务百姓健康”为主题的“健康巡讲”活动。全市各级结防机构结合群众教育实践活动，开展结核病防治知识进千村万户活动。

流感防控。2014年，广安市流感监测实验室继续按照国家、省级方案每月采样送检，1—11月，广安市人民医院采集流感感监测标本263份，全部进行检测，监测到季H3型1例，并将甲流感标本信息录入国家流感监测信息系统。

手足口病防控。1—11月，全市报告手足口病1573例，较2013年同期上升2.1%，死亡2例，重症5例，下发《关于加强霍乱手足口病等肠道传染病防控工作的通知》、召开手足口病防控工作会。实验室收到检测样品124份，其中EV71为21份、CoxA16为26份、其他肠道病毒12份。

霍乱监测。根据省上2014年霍乱监测方案，监测期内，全市共监测各类标本1663份，监测采集腹泻病人样本621份，重点人群428份，自来水96份，江河水81份，井水51份，塘水18份，城镇污水72份，海水产品296份，经实验室检测结果均为阴性。

病媒生物监测任务基本完成。2014年按照省疾控中心下达的工作任务，与广安区疾控中心联合开展广安市城区和城郊农村的病媒生物监测工作。在市城区及近郊的蝇密度监测点共布放诱蝇笼 135 个，诱集成蝇 794 只，成蝇密度为 5.88 只/笼。在蚊密度监测点共布诱蚊灯 160 盏，诱集成蚊 19451 只，平均成蚊密度为 10.13 只/小时。进一步完善病媒生物实验室，对监测采集的蚊、蝇进行分类鉴定，并将采集的蝇制作成标本，以利于建立和完善广安市的蚊、蝇类种群。

新发传染病防控。根据 2014 年埃博拉出血热疫情、广东登革热疫情形势，围绕埃博拉出血热、登革热等重点传染病的防治工作，在全市范围内举办 2 期共计 110 余名专业技术人员卫生应急及传染病防治知识技术培训。强化业务技术人员的卫生应急意识，提高专业人员的应急处置能力。同时积极储备应急物资，在保证日常防护用品、消杀药械、诊断试剂及耗材、季节性疫苗、检测设备等外，更新和添置医用防护服、防护眼罩、N95 医用口罩及消毒药品，建立和完善突发公共卫生事件监测、评估、预警、反应机制。

【地方病防治】 全市碘盐监测共监测居民户食盐 1800 份，其中合格碘盐 1761 份，不合格碘盐 39 份，无非碘盐。按各地人口数加权后统计，全市合格碘盐食用率 98.31%，碘盐覆盖率 100%，碘盐合格率 98.31%；各区市县合格碘盐食用率和碘盐合格率均大于 95%。邻水县完成消除克山病县级自查工作。岳池县按目标要求完成 8—10 岁儿童甲状腺检查 400 人，校正甲状腺肿大率 1.14%；8—10 岁儿童、育龄妇女、孕妇、哺乳期妇女、婴幼儿尿碘监测 250 份，尿碘水平适宜；水碘监测 10 份，水碘中位数 12.35μg/L；8—10 岁儿童、育龄妇女、孕妇、哺乳期妇女家庭盐碘监测 200 份，合格 198 份，合格率 99%；盐库盐碘监测 18 份，合格 18 份，合格率 100%。武胜按目标要求完成金牛小学 8—10 岁儿童检查 51 人，甲状腺肿大 3 人，肿大率 5.88%。8—10 岁儿童、孕妇尿碘检测 71 份，8—10 岁儿童尿碘中位数为 292.9μg/L，尿碘水平大于适宜量；孕妇尿碘中位数为 164.25μg/L，尿碘水平适宜。8—10 岁儿童盐碘监测 51 份，合格 48 份，碘盐合格率 94.12%。

【慢性非传染性疾病防治】 居民健康档案建立。全市常住人口 3224300 人，建立居民健康档案 3155776 份，居民建档率 97.9%，建立电子档案 3120991 人，电子建档率 96.8%，规范化电子档案建立 3083169 人，规范化电子建档率 95.6%。高血压管理。全市统计高血压患者 472811 人，管理 284205 人，健康管理率 60.1%；规范化管理 250864 人，规范化管理率 88.3%。糖尿病管理。全市估算糖尿病患者 243951 人，管理 117726 人，健康管理率 48.3%；规范化管理 93525 人，规范化管理率 79.4%。重性精神疾病管理。全市登记在册的确诊患者数 11526 人，患者检出率 3.57‰；在管患者 9192 人，检出患者管理率 79.7%；规范化管理 8574 人，规范化管理率 93.3%。人口死亡信息登记。全市报告死亡病例 16103 例，粗死亡率 3.42‰，与报告质量粗死亡率 6‰的要求差距较大。

【突发事件卫生应急】 贯彻落实“预防为主”的方针，树立“常备不懈”的理念，经常性地做好应对突发公共卫生及其他事件的思想准备、预案准备、机制准备、物资准备和工作准备，对应急库房进行分区，按传染病分类并结合当前形势，对应急物质进行补充。成立“突发公共卫生事件应急处置领导小组”，由中心主任任组长，下设综合协调组、后勤保障组、疫情技术指导组、信息收集组、应急处置组等 5 个工作组。建立 24 小时疫情卫生应急战值班制度和双休日值班制度。向社会公布 24 小时疫情电话、举报投诉电话，要求领导小组成员、中层干部和司机 24 小时保持通讯畅通，确保突发公共卫生事件发生时第一时间到达现场。根据全市统一部署的“5·11”防灾救灾应急大演练，选派 10 名业务骨干，1 辆应急防疫车，参加“5·11”应急演练，完成应急大演练任务，得到领导的好评。提高传染病等突发公共卫生事件应急处理的快速反应能力。

【免疫接种】 扩大免疫规划工作扎实开展。按照《广安市卫生局关于开展 2014 年麻疹疫苗补充免疫和脊灰疫苗查漏补种活动的通知》和《广安市 2014 年麻疹疫苗补充免疫和脊灰疫苗查漏补种活动实施方案》要求，广安市于 2014 年 3—4 月在全市范围内开展麻疹疫苗补充免疫及脊灰疫苗的集中查漏补种工作。全市麻疹疫苗补充免疫共摸底 140862 人，应种 124933 人，实际接种 120614 人，接种率为 96.54%；脊灰疫苗查漏补种共摸底 145234 人，需补种儿童数 35919 人，实际补种 34784 人，补种率为 96.84%。截至 10 月 31 日，全市通过中国免疫规划信息管理系统报告常规免疫接种情况：全市接种乙肝疫苗 85347 人次，接种率为 99.52%；卡介苗 26302 人次，接种率为 99.52%；脊灰疫苗 113285 人次，接种率为 99.34%；百白破疫苗 114025 人次，接种率为 99.38%；白破疫苗 16526 人次，接种率为 98.33%；麻疹（麻风，麻腮，麻腮风）66460 人次，接种率为 99.51%；A 群流脑疫苗 46537 人次，接种率为 99.18%；A+C 流脑疫苗 41337 人次，接种率为 98.89%；乙脑减毒活疫苗 53567

人次，接种率为99.2%；甲肝减毒活疫苗27331人次，接种率为99.46%。完成2014年基础疫苗配送工作。全市共分发麻风二联疫苗36800支，麻腮风三联疫苗23000支，甲肝疫苗21300支，乙脑疫苗53100支，卡介苗10400支，百白破精三联疫苗110000支，A+C群流脑疫苗50000支，A群流脑疫苗14000支，白破疫苗13000支，糖丸100000粒，乙肝疫苗30000支。

根据中国疾病预防控制信息系统按照现住址、审核日期统计，全市共报告麻疹病例259例，发病率为8.07/10万，2013年同期仅6例。按报告地区统计，全市共报告麻疹疑似病例263例，其中160例为麻疹病例，排除病例103例。排除病例报告发病率为3.18/10万，48小时完整调查率为99.24%。1—11月，全市通过AFP病例监测系统共报告AFP病例18例。全市AFP病例15岁以下儿童非脊灰病例报告发病率为2.99/10万，48小时内调查率为100%；双份合格粪便采集率为83.33%；病例随访表75天内送达率为81.82%。月全市通过AEFI病例监测系统共报告AEFI46例，其中一般反应37例，异常反应6例，偶合症1例，待定2例。

二类疫苗稳步推进。二类疫苗是一类疫苗的有效补充，在疫苗针对传染病防控工作中起到非常大的作用。结合广安市流行性腮腺炎疫情情况，为进一步消除流行性腮腺炎免疫空白人群，有效地预防控制流行性腮腺炎的发生和流行，减少因流行性腮腺炎导致的突发公共卫生事件，按照《广安市人民政府办公室关于加强流行性腮腺炎防控工作的通知》和《广安市卫生局关于印发〈广安市2013年流行性腮腺炎疫苗接种方案〉的通知》文件精神，在全市范围内开展流行性腮腺炎疫苗补充免疫工作。接种流行性腮腺炎疫苗24900剂次，同时接种狂犬病疫苗40346剂次，Hib疫苗29508剂次，伤寒疫苗26117剂次，水痘疫苗13690剂次，口服轮状病毒11606剂次，四价流脑疫苗8439剂次，流感疫苗5977剂次，23价肺炎5907剂次，乙肝疫苗5818剂次，A+C结合疫苗5748剂次，狂犬病免疫球蛋白4587剂次，IPV4288剂次，甲肝灭活疫苗3114剂次。有效提高人群免疫力，降低相应传染病流行和突发公共卫生事件发生的风险。

麻疹防控工作得到加强。自4月以来，全市除武胜县外其余区市县均发生麻疹暴发疫情，领导高度重视，及时召开“全市麻疹等重点传染病防控工作紧急会议”，同时市政府办公室下发《关于加强麻疹、流行性腮腺炎等重点传染病防控工作的紧急通知》，市卫生局、市教育局联合下发《关于加强麻疹疫情防控工作的紧急通知》，市疾控中心下发《关于进一步加强麻疹疫情防控工作的通知》，对麻疹暴发疫情的防控工作进行安排部署。省卫计委于5月20日组织省疾控中心专家组对广安市邻水县的麻疹暴发疫情进行专项督导。市疾控中心领导高度重视，成立麻疹暴发疫情处置领导小组，负责研究部署、统筹指导各地麻疹暴发疫情防控工作。市卫生局和市疾控中心派出专家多次赴各区市县督促指导开展麻疹疫情的处置工作。全市共投入防控经费147.25万元。共报告麻疹病例259例。对麻疹病例密切接触者进行调查和医学观察。针对麻疹暴发疫情，现累计应急接种和查漏补种含麻疹制剂疫苗72933剂次，其中邻水县32309剂次，广安区11832剂次，华蓥市5133剂次，前锋区1059剂次，岳池县22600剂次。

儿童预防接种信息化系统平台初步建立。根据市政府办公室《关于印发广安市儿童预防接种信息化建设实施方案的通知》的文件精神，市疾控中心印发《广安市儿童预防接种信息化系统建设技术方案》，各区市县建立儿童预防接种信息管理平台，实现全市儿童预防接种信息共享与管理。

加强督导，综合防控。根据《广安市疾病预防控制中心关于开展广安市2014年免疫规划接种率抽样调查的通知》文件精神，在全市范围内开展免疫规划接种率抽样调查。对岳池县疾控中心等7个AAA门诊进行预评审，存在的问题以书面的形式已报市卫生局。检查督导是促动免疫规划工作的一项行之有效的措施。全市形成以疾病预防控制中心负责督导检查，乡（镇）卫生院和村卫生人员具体负责实施的工作机制。

【卫生监测】 职业卫生工作稳步前进。对四川省华蓥山股份有限公司2457人进行在岗期间、离岗体检作出体检结果、发放体检报告，对体检中发现有疑似职业病的及时告知企业并要求申请职业病诊断；对从业人员1080人进行甲肝、戊肝及肝功能检测；对职业健康1144人进行血常规检验、肝功能、肾功能、血糖检测；对申请职业病诊断的1022人进行受理，现在已诊断1206人（2013年受理未诊断520人），新增和晋期尘肺病例295例，其中Ⅰ期69例；Ⅱ期42例（晋期5例）；Ⅲ期20例（晋期1例）。还有316人已体检未诊断。共报告尘肺病报告卡295张；农药中毒报告卡14张，由外地报入的有10张；有毒有害作业工人健康监护卡12张。疑似职业病报告为零。

放射卫生扎实开展。完成武胜县人民医院、广安世纪医院有限公司2个医疗机构3台医用诊断X射线机的建设项目放射防护预评价和控制效果评价工作，对武胜县人民医院、邻水县人民医院22台医用诊断X射线机房进行防护检测评价，完全符合防护要求；对邻水县人民医院、广安福源医院、广安世纪医院有限公司的5台医用诊断X射线机进行性能检测，所检性能指标符合国家标准要求。

完成食品安全风险监测、食（饮）具监测、学校卫生和生活饮用水工作，其中根据国家疾控中心和省疾控中心下达的食品风险监测任务，组织采集各类食品风险监测样品340个，进行233个理化项目及107个微生物致病菌的检测工作。对9家消毒企业和大中小学食堂的食（饮）具150份样本进行抽样检测和评价工作。对城市150个监测点的饮用水300份样本进行检测，同时对86个乡（镇）344个监测点，学校10所的供水单位进行监测水样708份，水样检测完成率为100%，所检指标完全合格480份，合格率67.80%。同时组织召开全市食品风险监测等工作会议，传达全省会议精神，部署食品风险监测工任务。对各区市县生活饮用水监测工作进行督促和检查，完成网络填报及审核等工作。

完成国家CDC组织的艾滋病确证实验室8个项目40份样本的质控考核；完成国家碘缺乏病参比实验室和世界儿童基金会组织的“尿碘、盐碘的质控考核工作”；完成省CDC组织的麻疹、风疹血清样本10份的考核以及5份核酸盲样考核；完成国家、省级流感核酸盲样考核8份、乙脑血清抗体盲样考5份、手足口病毒核酸检测考核8份；完成尿碘、盐碘373份监测工作；完成麻疹、风疹监测198人份；艾滋病确证418份，CD4检测385份；完成流感哨点监测264份，完成对全市14家艾滋病筛查实验室，43家检测点的年度质量考评及现场督导工作。

【健康教育】　印发2014年全市健康教育工作要点，要求各区市县认真组织实施；编发《疾控信息》5期，采用稿件112篇，与广安区疾控中心联合在广安城北爱众广场开展“3·24”结核病防治宣传活动，与前锋区疾控中心开展以“接种疫苗，保障健康”为主题的“4·25”预防接种宣传活动，“5·15”防治碘缺乏病和安全月宣传等活动进行宣传，多次在《广安日报》、广安电视台、电台等刊登、播放、解答有关疾病预防控制相关政策和知识，创建国家文明城市宣传等咨询活动10次，全市共悬挂宣传横幅30条，张贴宣传画1000余张，举办宣传专栏11期，展示宣传板50块，共发放宣传资料3万余份，接受市民咨询2400余人次。大力宣传疾病预防控制相关政策和保护人民群众健康的重要意义，提高广大群众对疾控工作的认识和理解。

【预防医学门诊】　确保安全注射。进一步完善各项规章制度、工作流程；强化为民服务意识，提高服务质量，确保疫苗安全接种。1月至今安全接种11892针次，其中一类疫苗2528针次、二类疫苗9364针次（狂苗狂免3702针次），没有出现一例接种事故。

加强体检工作。1—12月从业人员体检1138人，办健康证1135个，3名不合格者是甲肝阳性。体检接触有毒有害作业人员1150人、共发现疑似职业病24人。

积极开展创文明窗口服务工作。按时按要求清运处理门诊垃圾，始终保持良好的卫生状态；进一步提高礼貌、热情、周到服务，把卫生服务行业创先争优工作进一步推向深入。

【疾控机构创建】　市疾控中心高度重视创建工作，成立三级乙等疾病预防控制机构创建工作领导小组，制发《三级乙等疾控机构创建工作实施方案》，先后召开启动会、推进会，对创建工作进行具体安排。提出创建工作指导思想、创建进度和创建要求，并对165项指标进行逐项分解，落实责任领导、责任科室及责任人员，各项工作正在有序推进。对岳池县疾控中心和武胜县疾控中心的疾控机构等级创建工作进行业务指导。省卫计委于2014年10月和11月省卫计委组织专家组对市疾控中心、岳池县疾控中心和武胜县疾控中心的等级创建工作进行考核验收，考核情况经现场封存，结果待省卫计委公布。岳池县疾控中心和武胜县疾控中心分别接受等级创建考核验收。

【领导人】　市卫计委党组成员、市疾控中心主任：高山，市疾控中心副主任：邓琳、胡元会。

（李依健）

广安市妇幼保健院

【重点督办】　2014年，广安妇幼保健院按照创建全国文明城市和城乡环境综合治理工作的总体要求，加大人力、物力、财力各方面的投入，进一步跟进“千名党员干部进街道、共建文明社区”和“部门包街”工作，并及时收集整理软件资料，上报相关信息。全年开展社区健康宣教义诊活动9次，制作发放健康处方、共建文明社区党员联系卡等各类资料32500余份。积极配合广渝合作，按照市卫生局要求，派遣广安妇幼保健院医护人员前往重庆进修学习，加强两地之间的交流与合作。按卫生局要求签订“计划生育‘三结合’帮扶协议书”，定点帮扶该村村民搞好计划生育工作。

【廉洁医院建设】 广安妇幼保健院将“广土工程”活动与“廉洁医院”活动结合起来，进一步规范和完善医院各项规章制度，定期与不定期地开展政治学习、职业道德学习活动，做到医德医风、职业道德教育制度化，规范化，经常化。将药品及医疗服务价格公示，让患者明明白白消费；实施“设备政府招标采购、药品集中招标采购”制度，降低成本，减轻患者负担，让医患用药双放心；积极开展优质服务活动，深入推进“广土工程”与“廉洁医院”活动开展。按照要求院领导与科室负责人、科室负责人与职工都签订党风廉政责任书。

【妇幼健康评审】 广安妇幼保健院借助农村孕产妇住院分娩补助等惠民政策，提高住院分娩率。加强对基层妇幼卫生工作人员的培训及对基层的业务指导，提高产儿科从业人员素质。坚持做好孕产妇死亡评审工作和新生儿死亡评审工作。通过评审，分析导致孕产妇和新生儿死亡的主要致死原因和主要影响因素，对诊疗过程中存在的问题、经验教训等进行认真的分析总结，并根据评审结论制定切实可行的干预措施。2014 年，孕产妇死亡率 17.29/10 万；婴儿死亡率 4.29‰；5 岁以下儿童死亡率 6.49‰，无新生儿破伤风发生。“两率”均低于全省平均水平。

【妇幼保健项目】 2014 年，广安妇幼保健院以落实农村孕产妇住院分娩补助、农村妇女增补叶酸、降低剖宫产率等惠民工作的基础之上，继续扎实开展预防艾滋病、梅毒及乙肝母婴传播项目工作，从项目工作启动、培训到落实进行全程跟踪和督导，以省保健院领导带队的专家组对广安市预防艾滋病、梅毒及乙肝母婴传播项目工作进行督查，对广安市项目工作的开展情况给予高度评价。2014 广安市住院分娩率达到 100%。多次对全市社区卫生服务中心孕产期保健工作和儿童保健工作进行指导和培训，全市孕产妇系统管理率、儿童系统管理率达到目标要求。

【预防出生缺陷】 广安妇幼保健院在提高出生人口素质，减少出生缺陷和残疾行动计划、落实降低新生儿出生缺陷的三级预防措施工作中，进一步完善新生儿疾病筛查工作，努力提高新生儿疾病筛查率，规范阳性患儿管理，积极推动在全市开展免费婚前医学检查工作。2014 年全市婚检率 76.14%，全市新生儿疾病筛查率达到 94.47%，院内新生儿疾病筛查达 100%。

【业务管理】 2014 年，举办爱婴医院、网络质保信息培训等各类培训班 10 余次，累计培训人次达 450 余人。全年下基层指导业务工作累计 56 人次，累计工作天数达 92 天。在继续对区市县农村妇女叶酸增补等工作进行督查的同时，还特别重视预防艾滋病、梅毒和乙肝母婴传播项目工作。根据项目工作要求，广安妇幼保健院对全市妇幼保健机构分管院长、产科工作人员、保健科长及信息科长举办培训会，成立以院长为组长的项目工作领导小组和项目管理办公室，狠抓项目落实。定期对区市县妇幼公共卫生进行督导和评估。

【健康教育】 广安妇幼保健院在开展千名党员进社区、创建全国文明城市街道宣传活动、保健资料进社区、健康体检进校园等 4 次主题宣传活动，继续开办孕妇学校的同时，不断寻找更合适的模式、方法做好健康教育工作。加强在职医务人员进修和短期培训工作，定期选派卫生专业技术人员服务基层和进修学习，累计进修和短期培训达 30 人次以上，继续教育天数超过 100 天。年内选派 5 名卫生专业技术人员到上级单位进修学习，以增强广安妇幼保健院实力。继续医学教育工作覆盖率达 100%，继续医学教育对象获取继教学分的达标率达 95%以上。

院内全面开展禁烟活动。制定相关制度和奖惩机制，由领导牵头，落实到人，开展“吸烟有害健康”“远离烟草、享乐人生”等戒烟宣传，在院内各科室设置戒烟督导员，禁言效果显著，现全院职工无一人在公共场所吸烟。

积极创建爱婴医院，同时加强医疗环节质量管理，严格控制剖宫产率，确保医疗安全。坚决杜绝夜间择时剖宫产，避免发生紧急情况时因人手少而出现意外。此外还认真做好城镇居民医保、新型农村合作医疗、农村孕产妇住院分娩补助工作。广安妇幼保健院成立领导小组、出台管理文件、配备相关设施，并组织相关科室人员进行学习，明确组织纪律、规范工作流程。通过不懈的努力，2014 年，广安妇幼保健院门诊医疗保健人次达 28389 人次，住院 1272 人次，业务收入达到 786.85 万元。广安妇幼保健院全年没有一例严重医患纠纷事件的发生。

【领导人】 院长：杨宗海。

（杨欣瑜）

广安市中心血站

【概况】 全站设办公室、献血管理科、供血供应科、成分制备科、检验科、质量管理科 5 科 1 室。现有职工 46

人（其中编内工作人员 44 人，临时聘用人员 2 人）。其中，高级职称 4 名，中级职称 17 名，初级职称 19 名。岳池县、武胜县、邻水县和华蓥市各设置 1 个固定献血房车，广安区和广安城南各停靠 1 辆流动献血车，方便市民献血。广安市、广安区、岳池县、武胜县、邻水县、华蓥市人民（中）医院设置 6 个储血点，负责本辖区内医疗机构的血液供应和输血技术指导工作。广泛应用滤白技术，大大降低临床输血反应的发生率，进一步增强血液的安全性。2014 年，新增全自动酶联免疫分析仪和血型分析仪、低温离心机等一批近 500 万元的关键设备，提高血液质量安全水平。

2014 年，共采集无偿献血 15785 人次，采集无偿献血量 5630103 毫升；供应临床全血 3u、红细胞类 26096.75u、血小板类 4226.5u、冷沉淀 965.25u、血浆类 9227.65u，成分血供应率达 99.99%，继续保持临床用血 100%来自无偿献血，无偿献血 100%来自街头自愿无偿献血的“双百”和血液质量安全零事故的目标。

【无偿献血宣传】　针对无偿献血宣传新的需要，对宣传工作采取“两手抓”。一手抓流动采血点和采血房车现场宣传发动工作，不论酷暑严寒均向路人发放资料、咨询解释，搞好优质服务，让献血者明白和切身感受无偿献血的好处和奉献爱心的欣慰，在广大市民中形成良好的口碑，影响、带动、鼓励市民积极献血；一手抓非采血现场的宣传工作，充分利用广安日报社、广安电视台和《广安手机报》等主流媒体进行广泛宣传。继续推进“无偿献血进校园”活动，加强对广安职业技术学院在校大学生的“无偿献血志愿者服务队”的培育，全年已有近百名志愿者队员，进行无偿献血宣传、招募和引导。在城南城北的主要街道设置数块无偿献血户外广告牌。流动献血车深入乡（镇）农村开展献血宣传和献血工作。以向献血者反馈检测结果、发放满意度调查问卷、赠送纪念品、电话或短信给予献血提醒等形式，号召广大市民积极参与到无偿献血事业中来，拓展稳定献血队伍。申报全国无偿献血先进城市，对达到国家无偿献血奉献奖的献血者进行表彰申报。通过各种内容丰富，形式多样，群众喜爱的宣传活动，营造“我献血、我健康，我献血、我快乐”良好氛围，为广安市街头自愿无偿献血比例连续 7 年达到 100%起到很好的作用。

【临床合理用血指导】　规范全市临床用血工作，对全市部分用血医院的临床用血情况进行检查和督导。广安市医疗机构临床用血制度比较完善，管理规范，运行良好，临床合理用血得到大幅提高。对医院临床用血工作中存在的独立输血科建设、临床输血工作管理、输血文书记录等方面存在的问题提出具体整改意见。

【优化采供血环境】　继续优化改善献血房车和采血车等采供血工作环境，坚持以人为本，更加符合血液采集现场的安全卫生要求，增加采血点和出车次数，特别增加到各偏远乡（镇）的宣传流动采血工作，延长采血时间，采供血能力得到提高，广安市采供血长效机制基本建立。继续开展转氨酶（ALT）现场筛查仪，试剂冷库和血液标本冷库的良好运行使用，采供血效率得到明显提高，保留血源，节约成本，更好地满足血液检测标准化、规范化的要求，保障血液质量安全。

【省输血协会年会在广安召开】　10 月 9—11 日，四川省输血协会采供血工作委员会工作经验交流暨学术年会在广安召开，四川省输血办会理事长陈杰、广安市副市长陈全禄、市政协副主席黄德齐、市卫生局长郑建军出席会议，采供血工作委员会各位委员及来自全省 21 个市（州）血液中心、中心血站及解放军成都血站近 110 名代表参加会议。

【领导人】　主任：张勇。

（尹吕文）

广安市人民医院

【概况】　2014 年，广安市人民医院继续坚持“以人为本、服务社会”的办院宗旨和“爱心、质量、人才、品牌”的核心理念，以病人为中心，抓服务质量的改进，以质量为核心，抓医疗安全的防范，以改革为契机，抓管理能力的提升，按照《广安市卫生局 2014 年度绩效考核目标》和《广安市人民医院 2014 年工作计划》认真开展工作，以新思路、新观念、新举措增强医院工作的生机与活力，促进医院稳步发展，较好地完成各项目标任务。院党委被市直机关工委表彰为市直机关先进基层党组织；神经内科护理组被先后被表彰为广安市巾帼文明岗、四川省五一巾帼标兵岗；陈华被市委表彰为优秀共产党员、陈红梅被市直机关工委表彰为优秀共产党员；王君获纪念邓小平诞辰 110 周年活动先进个人。全年服务门急诊患者 60 万人次，同比增长 10.5%；服务住院患者 5.4 万人次，同比增长 9%；服务手术患者 2.2 万台次，同比增长 28.8%。

【医疗质量管理】　重视医疗基础质量管理。为适应临床工作需要，按照《四川省医院复查及管理评价标准（试行）》，结合医院实际情况制定下发 11 项医疗规章制度，进一步完善医疗质量管控体系和考核标准。制定《广安市人民医院 2014 年“三基”培训及考核方案》，对医院 246 名医生实施培训及现场考核，以提高其临床技能，为提高医疗质量夯实基础。强化医疗环节质量管控。坚持日常检查监管与不定期对重点部门、关键环节实行抽查相结合的方式，以病历书写与管理、三级医师查房、医患沟通知情同意、危重患者抢救、疑难和死亡病例讨论等规范化记录及相关核心制度落实情况作为重点，做到每周有检查、检查必通报、月月有简报，有效把控环节质量。实施医疗终末质量评价。每月上旬完成前一个月全院终末指标、医疗质量监测资料的收集整理，为质量控制建立基础数据库；开展终末病历评比、处方点评、兑现奖惩，以此促进基础质量、环节质量的不断改善。加强病案质量管理。着重病案首页规范化填写与疾病编码培训，对出院终末病历的完整性及内涵质量逐份进行认真审阅、评分评级，及时录入病案质量控制系统，返修率较去年有所下降。发挥医疗质量分中心职能。广安市医疗质量 11 个分中心挂靠医院，作为全市医疗单位龙头，各分中心采取请进来、走出去的方式，邀请到省病案质量控制中心主任来院授课，同时对全市 10 余家二级及以上医院医疗质量分别进行督导检查，不仅开阔视野，也借鉴别家长处，促进医院医疗质量不断改进和提高。

【医疗安全管理】 积极开展医疗安全隐患排查和不良事件强制上报工作。全年排查安全隐患、不良事件 65 例，及时分析、讨论、总结和改进，从源头防范医疗隐患。继续加强技术准入和分级授权管理，全年受理 22 个临床医技科室 67 项新技术项目的申报。组织召开临床医技沟通协调会 2 次，进一步优化服务流程，发现和整治医疗管理缺陷。强化急危重症患者的管理工作。组织院内多科会诊 77 次，邀请上级医院专家会诊 49 次。对发生的医疗纠纷案例规范受理，定期进行医疗事件评鉴，为医疗安全管理提供可靠的保证。

【临床路径管理】 将临床路径工作作为重点工作狠抓落实，取得突破性进展。医院 20 个实施临床路径的科室的 56 个病种均已纳入信息化管理，其中有 40 余个病种有入径病人，医院总体的入径率和完成率均已达标。为顺利推动此项工作，按照重点推进、总结推广、全面实施的思路，主要采取“三步走”计划。4—6 月份为第一阶段，以一个科室的一个病种作为重点来抓；第一阶段在达到预期效果后，7—8 月份选择 6 个科室的 6 个病种作为第二阶段的重点加强推进；9 月份以后为第三阶段实行全院推进，先是各实施科室选择一个病种进行试点，在能顺利完成后再接着推进剩余病种。在各个阶段，根据推进情况适时组织召开临床路径管理委员会扩大会议，对推进工作进行阶段性小结，协调解决相应问题；同时做好对个案管理员及各临床实施科室的分步培训、表单维护、定期跟进等工作。为加强管理与考核，先后制定《广安市人民医院住院病历临床路径管理评分标准》《广安市人民医院 2014 年深入开展临床路径管理工作方案》，将路径执行情况纳入 PC 考核，有效促进临床路径信息化管理的顺利推进。

【护理质量管理】 健全护理质量管理组织体系，修订和完善护理质量全程控制及持续改进方案和考核标准，规范各种护理记录。运用 PDCA 方法，以全面检查、专项检查、抽查、护士长夜查房和节日巡查等方式，全年开展护理质量检查 100 余次，及时分析、总结发现的问题，提出整改措施，使护理质量得到持续改进。实施护理技能培训，全年组织业务讲座 13 次、“三基”技能培训 4 次，参加学习和培训共 2650 余人次，参训率 100%，考核合格率 100%。实施 APN 排班模式，保证重点时段护士人力需要；成立 RCA（根本原因分析）小组、“点滴圈”，加强住院病人动态管理，规范静脉输液管理，强化护士的质量、安全与服务意识。加强特殊科室、重点部门及危重和大手术病人管理，规范抢救车、抢救物资存放，统一仪器设备标识及操作流程，强化高危及备用药品管理，有效防范和降低护理不良事件发生，保证护理安全。

【院内感染防控】 认真开展院感知识教育和培训。共组织知识讲座 2 次，新上岗人员培训考核 7 次，保洁人员培训 1 次；开展手卫生、职业暴露等专项培训。强化院感监测及传染病报告制度。每月不定期对全院各相关科室进行消毒灭菌效果及环境卫生学监测、感染综合监测、多重耐药菌监测、流感样病例监测、消毒隔离质量检查，特别加强重点科室、重点环节、重点人群的监测检查力度，将结果纳入科室负责人绩效考核中，促进科室管理。同时，加强对发热门诊、腹泻门诊、感染性疾病科的管理，落实门、急诊预检分诊制度，做好传染病疫情和突发公共卫生事件的报告工作，保证法定传染病及突发公共卫生事件报告率 100%。在上级部门的指导下设立埃博拉出血热定点收治病区，按照防控要求准备充足的消毒隔离应急物资。

【科研教学】 科研能力提升。申报省医学科研青年创新课题 3 项、省卫计委科研课题 5 项，市级科研课题立项 7 项；科技成果登记 9 项；申报市级科技进步奖 9 项，获奖

5项；完成科研查新22项；在省级以上刊物发表学术论文54篇（统计源及以上期刊49篇、一般性期刊5篇）。学科建设稳步推进。肿瘤科、麻醉科申报为省级重点专科，肿瘤科已通过初评；建立医院副高及医师人员学术技术档案。规培能力不断增强。在已建成10个规培基地的基础上，建成住院医师（专科医师）规培基地5个（神经外科方向、胸心外科方向、泌尿外科方向、整形外科方向及骨科），全年招收接收规培生43人，全科医生转岗培训50人，接收实习生154人、见习生38人；规培生参加四川省住院医师规范化培训技能竞赛手术组获二等奖，实习生参加泸州医学院举办的技能大赛获二等奖，2011级规培生顺利结业21人。加强继续医学教育。制定《广安市人民医院关于进修、参观学习暂行管理办法》，成功实施首次春秋两季招生，共接收54人次基层医生进修学习，包括马尔康中藏医院2名藏族医生。申报省级继教立项8项、市级继教项目36项，组织继续医学教育34次，参加学习人员达3600余人次；邀请华西医院、西南医院、省人民医院、省肿瘤医院的专家教授39人次来院进行学术讲座17次。

【药品监管】 严格执行药品阳光采购规定，药品网上阳光采供管理总体优良。网上药品采购金额比例、基本药物采购品规达到省卫计委标准要求；中国造药品、三类药品（原研、专利、单独定价药）采购指标在省内三甲医院中名列前茅。针对合理用药方面存在的不足，重点抓中草药注射剂、辅助用药的规范及抗菌药物临床应用管理，重新调整各临床科室的考核指标，并与各科室负责人签订合理用药责任书，强化科室负责人的职责。同时定期开展处方点评，加强考核力度，门诊、住院患者抗菌药物使用率等部分指标有所下降，合理用药取得初步成效。强化护理人员对住院病人用药指导，做到用药前向病人介绍药物作用及注意事项，用药后观察病人用药反应，用药过程中出现不良反应按规定及时上报。

【对口支援工作】 与广安区中医院、武胜县医院及邻水县人民医院签订2014年对口帮扶协议，根据受援医院需求，共派驻医护人员33名，其中高级职称5名、中级职称28名，下派人员在受援医院开展业务讲课30余次，并协助受援医院开展适宜新技术。同时，接收受援医院进修生18名，接受广安区中医院、市精神病院、福源医院等多个医院的会诊邀请40余次；与广安区、前锋区10余个基层医院签订“双向转诊协议”，推动医改的稳步实施。选派向飞、罗华福参加东帝汶国际援助医疗队。

【应急处突救援】 先后制定《2014年元宵节焰火晚会应急预案》《中国旅游日广安主会场活动医疗保障应急预案》《2014汛期安全生产应急预案》《反恐防暴应急预案》《埃博拉出血热应急预案》《2014年卫生应急救护演练方案》等10余项预案。外派40余批次、226人次，出色完成邓小平诞辰110周年纪念活动及各种会议医疗保障服务任务及各种应急演练。参与处置“1·16”煤气中毒事件、“1·23”“2·14”重大车祸事件及“8·13”安置房倒塌事件等重大突发事件7起，开通绿色通道救治急危重患者、收治“三无”病人共120余人次，累计欠费达86.5万元，突出医院公益性质，较好完成各种突发公共卫生事件紧急救援任务。

【信息化建设】 按照统筹规划，全面优化升级医院信息系统。建设完成门诊自助交费及银行接入工作、PACS系统与HIS系统的融合；肿瘤标靶系统与HIS、PACS的融合、全省医保联网结算、临床路径电子化、护理电子病历上线等。保障医院信息系统安全稳定，提升医院数字化水平。建成全市120急救指挥调度平台系统。

【平安医院建设】 多渠道、多途径、多形式进行普法宣传教育，组织13场800余名员工参加的法律法规培训，向市级部门报送37条普法、依法治市宣传工作信息。进一步完善医院各类证书的管理，及时年检、申报、变更、换发相应资质证书，以促进依法执业、规范行医、持证上岗。建立警医联动机制，组织安全巡查检查和专项治安整治，排除安全隐患，排查纠纷矛盾，主动协助参与医患纠纷处理。投入20余万元对消防设施和监控设备进行维修维护，外聘28名保安人员，进一步加强医院的安保力量。全年共接处警194次，妥善处理各种矛盾纠纷，努力构建合理的安全生产管理网络，确保医院平安和谐。

【城北分院建设】 遵照市政府要求，医院对城北分院实行“一个医院、不同病区、资源共享，两块牌子、一套人马、专人负责”的一体化管理，形成有效合力。完善管理制度。结合分院实际，完善、修订《城北分院管理运行方案》《城北分院绩效考核分配方案》《城北分院病人需送院本部进行医技检查的流程》《城北分院住院病人提请院本部相关科室会诊的流程》《城北分院住院患者转诊至院本部的流程》《城北分院病案管理流程》《城北分院住院医技检查费用优惠实施办法》等，切实规范城北分院业务流程和管理。调整科室设置。分院设置业务综合办公室、行政后勤综合办公室、门诊部、中医康复病区、治未病中心；在原内科病区、外科病区的基础上重新整合组建呼吸三病区、骨科二病区城北病区；从本部整体下迁肛肠病区，以逐渐突出专业特色。加强项目建设。中医药制剂能力建设项目一期工程完成，基本的中药制剂设备、层流净化设施设备安装调试完毕，准备申报中药制剂许可证和中药制剂品种。完成中医康复与保健服务能力建设项目，对“治未病”中心重新进行科学设置和人员配置，增添先进的中医诊疗设施设备。常态化深入基层开展现场咨询、健康讲座、发放中医预防保健知识手册、进社区宣传养生保健操等健康教育活动。

【精神文明建设】 抓好争先创优、精神文明建设、党风廉政建设、为民办实事、社会治安综合治理、拥军优属、院（党）务公开、计划生育、工会共青团、保密、普法、控烟等各项工作。扎实开展创建全国文明城市工作，确保取得成功。在完成医院作为“窗口”行业的创建目标任务的同时，认真开展“千名党员干部进街道，共建文明社区”和“包街”活动，资助联系社区创建资金1万元，组织开展志愿服务活动20余次。做好为民办实事工作，深入“挂包帮”村开展慰问活动。组织130多名党员医务人员到城乡开展送医送药送健康义诊志愿服务活动，为3000多名群众义诊，免费送药价值9000多元，发放健康宣传资料80000多份。做好党风廉政建设工作，从院领导到职工，层层签订党风廉政建设责任书1200余份，有4名院领导参加省卫生厅组织的反腐倡廉培训班。做好党务公开工作。发展党员2名，6名预备党员转正，表彰2个先进党支部、14名优秀党员、5名优秀党务工作者，慰问困难党员、老党员2名，增强党组织的向心力和凝聚力。做好宣传工作。继续加强与新闻媒体的合作，先后在省、市多家新闻媒体正面宣传报道医院100余篇。开展“树三甲医院核心观念、做三甲医院合格员工”主题讨论活动，提升职工的综合素质和能力；举办“健康家园·杏林欢歌”大型歌唱晚会，丰富职工文化生活，传递正能量。做好社会治安综合治理、拥军优属、计划生育、工会共青团、保密、普法、控烟等各项工作。

【领导人】 院长、党委副书记：唐培金，党委书记、副院长：付茂军，党委委员、副院长：黄义明、唐开斌，党委委员、纪委书记：游文茂，党委副书记：李运革，副院长：杨宁。

（何　卫）

区市县概述

广安区

【概况】 广安区位于四川省东部，华蓥山中段西侧，长江二级支流渠江下游，北纬30°18′-30°50′、东经106°32′-107°03′之间。毗邻达州市渠县、南充市蓬安县、前锋区、岳池县以及华蓥市，南至重庆市区130千米，西距成都市380千米，是广安市政府所在地，是全市经济、政治、文化中心，辖5个街道、14个镇、17个乡。2014年，全区经济运行稳中向好，地区生产总值达到111.4亿元（不含协兴、枣山园区，下同），同比增长（下同）9.5%，快于全国、全省平均速度。实现社会消费品零售总额75.3亿元、增长13.1%，服务业增加值达60.5亿元、增长12.3%，增幅居全市前列。一般公共预算收入完成4.57亿元、增长17.2%，其中税收收入占比57.9%，收入结构更趋优化。全社会固定资产投资突破百亿大关，达到103.9亿元、增长28.9%，对经济的贡献率达43%。投入民生资金19.23亿元，占一般公共预算支出的76.7%，全面完成138项省市区定民生工程。实现城镇居民人均可支配收入26558元、增长10.3%，农民人均纯收入8729元、增长12.1%。

【纪念活动】 筹办邓小平诞辰110周年纪念活动。全区上下深入开展“感恩小平·我为小平家乡发展作贡献”“感恩小平·中国梦在广安”等纪念活动，全力配合市委市政府成功开展“5·19”旅游日、“中国梦在广安”大型文艺演出、“8·22”诞辰纪念等活动，高效完成市定35项感恩惠民工程基础工作，全面做好活动期间的各项保障服务工作。开展“感恩小平·放飞梦想”“行改革路·圆广安梦”等系列纪念活动，举办“与文明同行”欢乐市民大赛、全民健身跑等群众活动，编辑出版《怀念您——永远的小平》《我们的好老乡——邓小平》、诗词专辑《牌坊情》等文艺作品，掀起缅怀小平、怀念伟人的热潮。通过形式多样的感恩做贡献活动，凝聚起社会各界感恩小平、缅怀小平的广泛共识，全区上下积极感恩做贡献，争取捐建项目13个、捐赠资金1850万元，社会各界的感恩之情转化成支持小平家乡发展的具体行动。把筹办纪念活动与改善民生相结合，全面完成总投资80.1亿元的16个区定感恩惠民工程和349个乡镇（街道）及区级部门惠民项目，促进经济大发展、民生大改善。

【农村经济】 国家现代农业示范区在转变发展方式中巩固提升。产村相融推进新农村建设，大力发展现代农业。主导产业育大做强。实施粮食高产创建工程，粮食总产32.77万吨，实现“八连增”；高标准建设龙安柚主题产业园，新改建龙安柚基地2.2万亩；发展沿江万亩蔬菜示范片，新建优质蔬菜基地1.3万亩；推进德康10万头生猪养殖、正大种猪育成场项目建设，新改扩建规模养殖场17个，出栏生猪66.3万头。农业良种覆盖率和新技术普及率分别达99%和100%，科技对农业的贡献率达50%。产村相融建设新村。推进省级新农村示范片建设，整村建设幸福美丽新村6个，全面建成光明新村新型建材房屋。大力推进“111”工程，高标准建成产业基地5.1万亩，形成“一区、两线、三节点”发展格局，成为全省新农村建设示范县，大龙乡果坝村被国家农业部评为美丽乡村。经营主体加快培育。农业招商取得新突破，引进“故里印象”生态农业园、富康农业等15个现代农业项目落户，培育新型农业经营主体108个，有效壮大农村集体经济，消除集体经济“空壳村”245个。

【工业经济】 坚持走新型工业化发展道路，大力发展新能源、新材料、电子信息等战略性新兴产业，新型工业体系加快构建。加大对中小企业的扶持力度，积极实施大企业大集团培育计划，新增规上工业企业2户，新发展小微企业302户，实现工业总产值26.7亿元。

【商贸旅游】 推进省级服务业综合改革试点，引进投资5亿元的城北市场商业综合体项目，永辉超市等大型卖场顺利入驻。建立“广安电子商务集聚区”，引进投资10亿元的优传集团广安今日生活电子商务项目，发展苏宁易购等电商企业48户，占全市总量50%以上，年市场交易额突破5亿元。龙安柚、广安盐皮蛋等农副产品通过电商平台销往韩国、香港等地。全年外贸出口2.06亿美元，总量居6区市县第一。新增限上商贸企业9户，服务业增加值实现60.5亿元，同比增长12.3%。坚持农旅结合发展旅游业，投资2.5亿元的富康龙安柚生态旅游产业园完成旅游商品生产中心主体工程，悦来镇、龙安乡勇敢村、大龙乡光明村、苏溪乡山泉村创建为四川省乡村旅游示范镇、村。萃屏公园创建国家AAA级旅游景区顺利通过省检。全区全年接待游客592.33万人次，实现旅游收入48.36亿元，成功创建为“四川省首批旅游十强县”。

【城乡建设】 提升主城区、做特小城镇、打造新环境，大力推进新型城镇化建设。主城区改造提升步伐加快，坚持城市经营理念，完成红星楼、新天地二期等房产项目投资10亿元，新建房屋30万平方米。棚户区改造快速推进，实施果丰、岔路等片区棚户区改造7046户，新建安置房1817套。启动滨江路综合改造，完善市政设施，整治67条街道8500平方米人行道，投资1700万元完成城区便民服务设施建设。提档升级小城镇，肖溪、龙台等8个乡镇列为全市50个特色集镇，花桥、恒升镇被确定为全国重点镇和全省“百镇试点城镇”，井河、龙台等小城镇开发有序推进，新建房屋40万平方米。全年新拓展城镇面积4.48平方千米，城镇化率提高3.5个百分点。

【交通建设】 岳广华快速通道区境段开工建设，流杯滩大桥竣工通车，新建通村（通畅）公路128千米，通村公路全域砼化。成功争取将化龙—穿石—广罗、肖溪—石笋—悦来、广安—花桥公路纳入省道规划，规划建设总长48千米的广安—恒升—龙台—肖溪快速通道。城乡交通一体化示范试点稳步实施，投入运行3个农村片区客运站，开行8条客运线路。

【生态建设】 开展“洁净水”行动，整治西溪河沿岸14个畜禽养殖场，取缔辖区内江河湖库网箱网栏养鱼和七一水库给食养鱼，关停小水电站5个，新改建乡镇污水处理站17个，新增污水处理能力4300吨/日，完善乡镇供水站6个，解决农村安全饮水2.16万人。以省级生态区创建为重点，强力整治大气污染，大力实施绿化造林，营造林6.8万亩，全区森林覆盖率达36.7%，白市等3个乡镇被命名为省级生态乡镇。实施小农水项目建设，加固病险水库24座，整治山坪塘、蓄水池385口，兴建小微水利工程400处，新增有效灌面1.83万亩。大力实施土地整理，新增耕地1550亩。

【改革开放】 深化改革创新，区域经济发展活力充分激发。政府机构改革基本完成，组建区教育科技体育局；承接工商、质监部门行政管理体制调整；完成区商务局、区畜牧食品局、区水务局相关职能整合。推进行政审批制度改革，取消、新增和转变管理方式、暂停、调整行政审批项目35项，承接省市下放行政审批项目16项，完成工商登记制度改革。推进教育领域综合改革，深入推进“一校一品”特色示范学校创建，广安中学善行教育、希望小学国防科技教育、杨坪小学感恩教育等成为全市教育名片，东方小学创建为全国百强特色学校。深化财税金融改革，省级金融生态示范区加快创建，“营改增”试点工作顺利实施，区信用联社改制农商行全面推进。推进投融资体制改革，直接融资总额达7.66亿元。深化农业农村改革，稳步推进农村土地确权登记颁证，试点开展农村产权“多权同确”工作，完成各类产权确权颁证9.8万户，流转土地11.72万亩。积极实施土地增减挂钩、工矿废弃地复垦利用等土地整理项目，全年新增耕地面积1446亩。

扩大开放合作。渝广合作纵深推进，加快川渝合作示范区核心区建设，成立重庆江北区广安区商会，开展商企专项对接，全年销往重庆农副产品50多万吨。选派优秀中小学校长和学科带头人赴重庆名校跟岗研修，聘请重庆专家团队进行教师全员培训。院地合作深度对接，与西南大学开展院地战略合作，聘请西南大学洁净能源与先进材料研究院院长李长明为经济建设发展顾问，并组建政策咨询委员会。特聘重庆交大沈其明等知名教授为官盛新区、临港都市产业园区规划设计建设顾问。西南大学、四川农业大学帮助培训实用技术人才1100余人次，引进推广先进实用生产技术、生物新品种30多项。招商引资成效明显，广泛开展“寻小平足迹·助改革开放”等投资促进活动，通过渝洽会、西博会等平台新签约项目48个，到位资金121亿元。

【民生工程】 把保障和改善民生放在突出位置，全年累计投入民生资金19.23亿元，占公共财政总支出的76.7%，高于全市平均水平6.7个百分点。提前完成农村学校进校路硬化等138项省市区定民生工程，一大批群众关心的热点难点问题及时有效解决。大力实行精准扶贫，建档立卡扶贫对象1.97万户5.2万人。深入实施扶贫开发整村推进、连片特殊困难地区扶贫开发项目，越温脱贫3.12万人。

【社会事业】 优化公共服务。实施创新驱动战略，积极创建国家可持续发展实验区。顺利推进部省共建教育改革试验区建设，改扩建中小学校11所，建成投用公办幼儿园13所，建成教师周转房、公租房236套；新建学校食堂22所，改进农村义务教育阶段学生营养餐供餐方式，正餐供餐比例达50%，居全市首位。不断健全卫生计生体系，新的区人民医院建成运行，区妇幼保健院、计生服务中心等项目建设加快推进，改扩建乡镇卫生院6所。加快发展文体广电事业，区广播电视台组建运行，文化馆、图书馆和乡镇文化站全部免费开放，群众性文化活动蓬勃开展；竞技体育创历史新高，参加省十二运会取得6金5银5铜的优异成绩。科技、文体、卫生事业加快发展，获专利授权42件，区档案馆创建为国家二级综合档案馆。

健全完善保障体系。城乡养老保险统筹全面推进，覆盖人数达28.56万人，新农合参合率达99.23%。大力实施就业促进工程，新增城镇就业8674人，城镇登记失业率控制在3.57%；社会保障扩面提标，各类保险参保人数达60.33万人，兑现待遇9.93亿元。加快养老服务体系建设，改扩建敬老院4所，建成日间照料中心10个、农村互助幸福院17个。大力实施精准扶贫，建档立卡扶贫对象1.97万户5.2万人，46个贫困村的整村推进、连片扶贫开发等项目全面实施，生产生活条件不断改善。

【社会管理】 积极落实安全生产责任，道路交通、食品药品等专项整治行动扎实开展，加强应急管理，修编应急预案12件。全面推进依法治区，城乡网格化体系、一乡一村一法律顾问实现全域覆盖，矛盾纠纷调处成功率达98.7%。深入推进“平安广安”建设，严厉打击违法犯罪行为，创成全国和谐社区建设示范单位2个，社会治安综合指数测评排名全省第7名，群众安全感测评排名全省第9名。

【党建工作】 全面加强学习型党组织建设，深入学习中省市重要会议和习近平总书记系列重要讲话精神，干部理想信念、党性修养、宗旨意识明显增强。教育实践活动取得明显成效。创新开展集中大走访、信访积案化解等“八大行动”，整改突出问题2365个。全区所有党组织以整风精神召开高质量专题民主生活会和组织生活会，认真开展批评与自我批评，达到“排毒治病”的效果，区委常委班子民主生活会工作在全市推进会上交流发言。强力正风肃纪，突出“9+3+2”专项问题治理，查纠庸懒散浮拖问题37个，严肃查处“四风”典型案件34起34人。突出城乡低保、工程招投标、项目资金使用三大专项整治，清退不符合低保办理条件对象6494户、13610人。建立完善作风建设长效机制，在全市率先开展乡镇工作“去机关化”试点，对全区853件规范性文件开展集中大清理，列出废改立清单，提出制度建设计划1050项，不断巩固拓展教育实践活动成果，得到甘霖副省长等领导充分肯定。

强化基层服务型党组织建设，创新“三位一体”农村党建工作模式，打造农村基层党组织服务走廊。深化“四位一体”城镇区域化党建新模式，建立社区网格党支部138个，实现网格化管理、精细化服务。选派“第一书记”分类指导53个后进基层党组织实现全部转化升级。深化“两新”组织建党和党建追踪机制，优化调整“两新”党组织58个，覆盖率达81.3%。加强基层党组织阵地建设，新建、维修村（社区）活动阵地217个，大幅提高村、社区办公经费，基层基础进一步夯实。

开展非定向推荐科级领导干部人选、领导班子和领导干部综合考核评价、领导班子功能结构模型化管理试点，鲜明“信念坚定、为民服务、勤政务实、敢于担当、清正廉洁”20字用人导向，选拔任用优秀干部128名，乡镇（街道）、部门领导班子进一步选优配强，领导干部年龄结构和学历结构进一步优化，干事创业活力充分激发。强化党员发展管理，新发展党员361名，党员发展质量稳步提升。实施“优秀年轻干部人才递进培养计划”，公开遴选优秀干部172名，引进急需紧缺高层次人才13名，人才支撑得到强化。集中培训基层党组织书记和副书记、村（社区）常职干部等4300人次，队伍建设有效加强。

强化党风廉政教育，组织全区党员干部参观邓小平廉政思想与实践专题展，邀请市委常委、纪委书记刘光辉开展廉政讲座，以汪智勇案件肃纪说法，筑牢党员干部拒腐防变思想防线。扎实推进预防腐败“广土”工程，创新培育“廉洁基石”示范点，营造浓厚崇廉尚洁氛围。深化廉政风险防控机制建设，推行权力清单制度，清理行政权力4631项。各级党组织严格落实党风廉政建设主体责任，推动纪检监察系统“三转”落实监督责任，强化干部监管，试点开展新提拔科级领导干部家庭财产申报工作，各级党员干部对不收送红包礼金等作出公开承诺，消除滋生“灰色收入”的土壤。全面落实党风廉政建设“一岗双责”制，切实加强审计监督，政风行风不断好转，全省党风廉政建设满意度测评比 2013 年上升 32 位。

【民主法制】 推进协商民主广泛多层制度化发展，充分发挥人民政协重要渠道作用。以党内民主示范带动基层民主，创新基层民主选举、决策、管理、监督机制。坚持党管武装，省级双拥模范区顺利通过检查验收。以法律“七进”活动为载体，深入开展“六五”普法教育，公民法律意识不断提高。主动接受区人大的法律监督和工作监督、区政协的民主监督；积极接受区人大、区政协组织的执法检查、调研、视察活动，认真落实区人大常委会专项工作报告审议意见；全年办理人大代表建议 24 件、政协委员提案 102 件，满意率达 100%。修订完善《政府工作规则》，不断健全政府决策、政务公开、行政效能、权力监督等工作制度，政府工作步入法制化、规范化、制度化轨道。加快政府职能转变，推进政府简政放权，取消、暂停行政审批事项 21 项，向国省试点小城镇恒升镇、花桥镇下放行政权力 56 项；出台《政府投资工程建设项目监督管理办法》，简化办事程序，优化办事流程，提高行政效率。

【精神文明建设】 深入开展精神文明创建活动，城市公共文明指数位居全省第 1 位。广泛开展社会主义核心价值观宣传教育，全国首创“家庭道德讲堂”，为居民搭建学习交流平台，这种道德讲堂与家庭的无缝衔接模式引起中省文明办领导的关注。推进志愿服务制度化、规范化、常态化，打造品牌志愿服务队伍 5 支，招募注册各类志愿者 3 万余人；及时发布志愿服务需求信息，实现供需对接，结合“千名党员干部进街道，共建文明社区”等活动开展“讲文明树新风”“学雷锋”“三关爱”等志愿服务活动 1300 余次，以实际行动践行社会主义核心价值观。设立善行义举榜 1000 余个，举办道德讲堂活动 800 余次来学习宣传道德模范，受众达 5 万余人。创新开展广安区首届“童谣节”活动，建立每两年一届的机制，建成 10 个“广安区童谣创作基地”，收录编辑 2011 年以来的优秀童谣作品集《童声嘹亮》，选送一批优秀童谣参加四川省第三届优秀童谣评选表彰和广安市第三届优秀童谣评选表彰，其中 59 首作品获广安市第三届优秀童谣奖，获奖数量超过全市总量三分之一；获四川省第三届优秀童谣一等奖 1 名，三等奖 3 名，是全市唯一获奖单位。新建成中央项目乡村学校少年宫 4 所，加大对 8 所项目学校少年宫建设指导力度，强化对街道、社区文化活动阵地、“绿色网吧”的管理，切实拓宽未成年人课外活动场所。区文明办被市委、市政府授予“2013 年度未成年人思想道德建设工作先进集体”称号；被市委宣传部表彰为“2013 年度未成年人思想道德建设先进集体”。

创建全国文明城市。2014 年作为创建全国文明城市总评年，在创建全国文明城市领导小组的统筹部署下，在创建全国文明城市指挥部的协调指挥下，全区创建全国文明城市工作全面推进，稳步提升。坚持领导机制，落实责任机制，强化督查督办机制，创新交叉互评机制，坚持例会与专题会结合制度，推行工作日报月报制度，实施年终考评制度，为创建全国文明城市工作构建完善的机制体制保障。通过制作宣传栏 1500 余块、开展欢乐市民大赛 400 余场次，营造创建浓厚氛围。实施便民服务设施改造工程、小区消防设施整治工程、小区停车位整治工程和小广告、环境卫生、农贸市场、校园周边环境等专项治理行动，成功取缔非法营运人力三轮车，完善城市硬件设施，提升城市市容市貌；常态化开展“文明交通、文明旅游、文明餐桌、网络文明传播”四大文明行动，全面提升市民文明素质和城市文明水平，成功通过中央文明办第四届全国文明城市总测评验收，总评成绩名列全国同类城市第三。

【领导人】 区委领导：书记：文建平，副书记：吴荣胜、尹才宏、陶钢（10 月起，下派），常委：林帆、刘昌杰、侯仁禄、何丽华、严晓霞（10 月止，下派）、陈松柏、李荣盛、万良政、陈茂全。

区人大常委会领导：主任：蒋成文，副主任：李建明、唐亚玲、吴辉、段智蓉。

区政府领导：区长：吴荣胜，副区长：林帆、侯仁禄、严晓霞（11 月止，下派）、蒋晓明、谭福川（3 月止）、曾凡荣（11 月止，下派）、杜建琼、何晓波、尹涛（7 月起，下派）、蒋西南（9 月起，下派）、刘怡（11 月起，下派）。

区政协领导：主席：王冬霞，副主席：张齐游、雷刚、李朝云、王家志。

2014年广安市广安区经济社会发展主要指标

表8

项　目	单位	实绩	比2013年增长	备注
地区生产总值	亿元	131.4	9.6	含协兴、枣山园区
第一产业增加值	亿元	23.3	4.0	含协兴、枣山园区
第二产业增加值	亿元	38.3	8.0	含协兴、枣山园区
第三产业增加值	亿元	69.8	12.3	含协兴、枣山园区
规模以上工业增加值	亿元	8.7	-19.5	含协兴、枣山园区
民营经济增加值	亿元	71.3	10.9	含协兴、枣山园区
粮食总产量	万吨	32.77	2.4	含协兴、枣山园区
肉类总产量	万吨	5.7	4.0	含协兴、枣山园区
社会消费品零售总额	亿元	86.3	13.1	含协兴、枣山园区
全社会固定资产完成投资	亿元	207.6	74.6	含协兴、枣山园区
地方公共财政收入	亿元	4.6	—	2013年基数含前锋，无增速
公共财政支出	亿元	25.1	—	2013年基数含前锋，无增速
旅游总收入	亿元	48.36	—	2013年基数含前锋，无增速
年末金融机构存款余额	亿元	492.1	16.4	增速为比年初增长，包含前锋
年末金融机构贷款余额	亿元	219.6	20.7	增速为比年初增长，包含前锋
保费收入	亿元	26.3	—	含新农保及居民保险
城镇居民人均可支配收入	元	26558	10.3	
农民人均纯收入	元	8729	12.1	
普通高等学校在校学生数	人	63588	—	
中小学在校学生数	人	108823	—	2013年基数含前锋，无增速
新型农村合作医疗制度参合率	%	99.23	—	
城镇登记失业率	%	3.56	—	
人口自然增长率	‰	2.60	—	

（广安区史志办）

前锋区

【概况】　前锋区位于四川东部、长江二级干流渠江东岸，华蓥山脉中段西麓，襄渝铁路纵贯南北，设有二编组站广安火车站，是川东北地区重要的交通枢纽和客货集散地；地处重庆、成都、西安三大都市交汇的黄金节点，交通便捷，物流通畅，1小时达重庆，3小时至成都；广安港通航能力达千吨级，顺流直抵重庆两路寸滩保税港区，具有通达快捷的公路、铁路、水路交通网络。

气候温和，雨量充沛，土质肥沃，盛产水稻、玉米等粮食作物和鲜果、蔬菜等经济作物，农产品深加工原料质优价廉，松针茶叶等绿色食品远销全国各地。矿产资源得天独厚，储量大、种类多、品位高、易开采，已探明和开发的矿藏30余种，其中储煤10亿吨，天然气1400亿立方米，石灰石45亿吨。装机240万千瓦，年发电150亿千瓦时的广安火电厂已成为中国西部重要的电力调峰基地。

前锋区辖7镇（前锋镇、代市镇、观塘镇、护安镇、广兴镇、观阁镇、桂兴镇）5乡（光辉乡、龙滩乡、小井乡、新桥乡、虎城乡）1街道（奎阁街道），254个行政村、32个居委会，2229个村民小组、213个居民小组，辖区面积505.6平方千米，户籍人口37万人，常住人口25.24万人。

2014年，全区实现区属（下同）地区生产总值111.3亿元、同比（下同）增长10.8%，全社会固定资产投资79.8亿元、增长27.7%，社会消费品零售总额9.8亿元、增长12.8%，城镇居民人均可支配收入26606元、增长10.5%，农民人均纯收入8913元、增长11.6%。

【基础设施建设】　城市建设。城市总规、控规通过市规委会审定，城市防洪排涝等5个专项规划、芦溪河公园等22个重点项目规划编制完成，城市综合体规划设计方案荣获全国人居经典方案竞赛金奖。城市道路骨架基本形成，拓展城镇面积3平方千米，提高城镇化率3.5个百分点。永前大道、广前大道延伸段2条城市主干道建成通车，大佛路、双狮路等4条城市次干道完成路基。芦溪河堤防工程加快建设，弘前大道道路及景观改造工程竣工，滨河西路等17个道路、广场黑化、绿化、亮化工程加快推进，城市垃圾中转站建成投入运行。幸福花园等22个房产项目加快建设，新建商品房43万平方米，棚改、安置等保障性住房开工3829套、竣工2306套。“双违”“五乱”专项治理扎实开展，拆除违章建筑200处。城市扬尘治理工作受到市委市政府高度肯定，工作经验全市推广。

镇村建设。以打造特色集镇和美丽乡村为抓手，引领带动镇村发展，加速推进城乡一体化。乡镇总规、控规编制全域覆盖。场镇基础设施建设大力实施，新建特色街区4条、休闲广场7处、标准化公厕6座、垃圾处理站1座，龙滩、光辉2个场镇完成道路、雨污管网改造，代市镇成功跻身全国重点镇，观阁镇成功纳入全省第三批“百镇建设行动”试点镇，代市岳庙成功纳入国家级宜居村镇。广兴劳动等44个农民新村基本建成，观塘碧峰、龙滩伍山等4个幸福美丽乡村通过市上验收，3770户农村安居工程、1400户危旧房改造和102户地质灾害避险搬迁全面完成。

交通建设。着力对外打通出口、对内联网闭环，便捷交通体系加速构建。广安主城区过境高速完成工程可行性行业论证，陕西镇巴至广安高速前锋段规划走向基本确定，渠江流杯滩大桥、芦溪河前红桥建成通车，广前路、代观路、桂天路改造全面完成，港前大道末段改线即将完成。前锋客运站启动建设，发展农村客运片区2个，实施通村联网闭环公路35千米、通畅公路150千米、通乡油路46.3千米、烂路整治25千米，建成县乡道波形护栏103千米。

【农村工作】　坚持产村相融、农旅结合、标准建设、成片推进，促进粮增产、钱增收，实现粮食总产13.3万吨，出栏生猪29.6万头、家禽150.4万只。农业基础不断改善，建成高标准农田3.2万亩、农建示范区1万亩，新增有效灌面5500亩。产业基地连片拓展，“111”工程加快建设，现代农业园区、逸国花乡深化设计，20余千米乡村旅游环线全面贯通；建成现代农业园区技术领先智能温室，发展优质蔬菜、柠檬、花椒等特色产业基地3.8万亩，巩固提升优质粮油基地7万亩、柚菜基地3万亩；凉水井水库被评为省级水利风景区。新型农业经营主体加快发展，鲲鹏科技创建为国家级专业合作组织，培育惠民农机等市级龙头企业2家，发展农业专合组织21个，流转土地4.7万亩、林权1.5万亩。重视品牌创建，培育无公害农产品4个、绿色食品2个。

【工业经济】　实现规上工业总产值280.4亿元，规上工业增加值增长9.6%，工业税收贡献首次突破亿元大关、增幅高达53.6%。广安市经济技术开发区前锋园区平台加快拓展，新增面积8.4平方千米，新建标准厂房28万平方米，配套服务体系不断健全。重点项目快速建设，佐源精制糖等18个项目开工建设，军慧二期等18个项目加快建设，依赛特机械等13个项目建成投产，完成工业投资29.7亿元。主导产业加速壮大，轻纺、装备制造两大产业实现产值128.3亿元，占比提高5个百分点，西部牛仔产业园成功列为全国纺织产业转移试点园区和全省前100个重点支持产业项目。强化创新驱动引领，改造提升传统产业，实施技术创新项目5个，完成技改扩能投入17.2亿元，创建省级企业技术中心3个，高新技术产业产值达36.5亿元、增长81.6%。企业培育成效明显，出台企业用工扶持政策，建立困难企业帮扶机制，帮助恒盛建材等5户企业恢复生产、扭亏为盈，新增金侑达等产值过5亿元企业7户、耀业机械等产值过亿元企业10户，培育规上工业企业13户、小微企业218户。6户煤矿企业加快兼并重组。

【第三产业】　突出抓好市场主体培育、市场体系建设和现代服务业发展，实现服务业增加值17.1亿元、增长11.4%。物流园区10平方千米总规、5平方千米控规及产业规划基本完成，物流大道规划设计加紧完善，渠华路园区段改造及配套设施启动规划设计，1.5平方千米核心区启动建设，铁路货场扩建项目竣工投用，汽车综合服务中心等3个项目快速推进，锦诚物流培育为A级物流企业。城区农贸市场启动建设，观阁、桂兴等乡镇农贸市场加快改造。引进天悦酒店等企业30家，发展商贸实体1706户，培育限上商贸企业10户、规上服务企业6户。全市首家本土电商平台“中国牛仔服饰网”组建运营。成功创建省著名商标3件、市知名商标5件。市场监管不断加强，商品供应充足，物价保持基本稳定，市场秩序良好。成功举办“巴蜀奇源”乡村旅游文化节，配合市上做好“5·19”中国旅游日活动，实现旅游收入6.3亿元。

【改革创新】　统筹推进重点领域改革，政府职能转变和机构改革顺利启动，优化设置政府组成部门23个、撤销政府挂牌机构7个、政府另设机构3个；投融资体制改革等9大类41项经济体制改革重点任务有序实施，承接省市下放行政审批项目19项；商事登记制度改革、工商登记注册资本认缴、“一址多照”和食品药品片区监管制度全面推行；农村土地承包经营权确权颁证工作全市领先，多权同确工作有序进行。学校布局调整全面完成，前锋、虎城、龙滩3个乡镇及观音阁等12个村行政区划调整稳妥推进。公共资源交易实现管办分离、平台整合、立体监督，工程建设、政府采购、土地矿产出让、国有产权交易四大类150项交易事项全部入驻公共资源交易中心集中交易。代市等3个城乡建设用地增减挂钩试点项目通过终验，获得周转指标670亩；桂兴等2个工矿废弃地复垦利用试点项目通过市级初验，可获周转指标1100亩。

【项目工作】　积极争取重大政策、重大项目和重大资金，成功列为全国农业科技试点示范基地县、国家农业标准化示范区，纳入省级秦巴山区扶贫开发片区县，同等享受国家扶贫开发工作重点县政策。4000万美元世界银行贷款项目基本通过世行评估。成功争取华蓥山石漠化综合治理、国有工矿棚户区改造等项目202个，到位资金5.8亿元、增长56.8%。广泛开展纪念邓小平诞辰110周年系列活动，重点实施一批夯基础、补短板、增后劲、惠民生的重大项目，龙滩水库启动移民搬迁，纳入省市考核的48个重点项目完成投资61.5亿元，超额完成年度目标4个百分点。服务市上钾盐中试、玖源二期等重点项目建设成效明显。

【开放合作】　区域合作、友城合作、校地合作全面深化，面向重庆引进企业35户。前锋区与广州增城市在经济、技术、商贸、人才等方面建立对接机制，四川农业大学、成都纺织高等专科学校定点指导帮扶前锋区现代农业、轻纺产业发展。招商引资成效明显，引进佐源精制糖等项目55个，其中5亿元以上项目14个、30亿元以上项目2个，总投资233亿元。外经外贸取得突破，实现外贸出口1.2亿美元，引进利用外资836万美元、居全市第一。

【民生工作】　坚持问需于民，大办实事。累计投入民生资金9.7亿元、占财政一般公共预算支出的72%，省市区定143项民生工程高效实施，惠民帮扶群众2.3万人次。及时兑现粮食直补、退耕还林补贴等资金3052万元。完成技能培训3416人，新增城镇就业3805人，城镇登记失业率控制在3.6%；社会保险新增参保1.9万人次；建立县级儿童福利指导中心1个，新改扩建敬老院5所，新增床位350张，敬老院集中供养率达50%；城乡低保、农村五保实现应保尽保、规范施保，两次提高城乡低保标准，大病医疗、自然灾害实现应助全助、规范救助，累计发放救灾和救助资金4841.5万元。扶贫攻坚成效明显，连片特困地区扶贫开发项目全面完成，27个重点贫困村、12250人实现脱贫解困。2014年民生工作名列全市第一。

【社会事业】　教科事业加快发展，前锋中学开工建设，前锋初中、代市初中扩建加快实施，代市小学扩建竣工投用，建成公办幼儿园3所、学校食堂13个；新建高考标准化考场并圆满完成首次办考，高考本科上线创历史新高；成功举办首届中小学艺术节；代市中学创建为“省二级示范性高中”“省级阳光体育示范学校”。申报科技项目25项，引进转化运用科技成果31项。卫计事业健康发展，区疾控中心、计生服务中心开工建设，观阁等3所乡镇卫生院、小井双流等10个村卫生室建设全面竣工；分级诊疗改革试点启动实施，新农合参合率达99.4%，兑付医疗补偿资金1亿元；麻疹疫情有效防控。单独二孩生育政策全面落实，人口自然增长率为2.07‰。文体事业协调发展，建成广兴、龙滩乡镇文体广场2个；“连响”等民间文化艺术传承发展，文物保护全面加强；全民健身活动蓬勃开展。

【生态环境】　“洁净水”工程八大专项行动扎实开展，投入资金1950万元，关闭搬迁、工程治理龙滩河、芦溪河流域两岸300米内规模养殖场26户，取缔网箱肥水养鱼水库24座，该项工作走在全省全市前列，得到省环保厅和市委市政府充分肯定。城市污水处理厂启动建设，建成乡镇污水处理站7座、新村污水处理系统3个。城乡环境综合治理深入推进，矿山、建筑工地湿法作业和密闭运输启动实施，设立高污染燃料禁燃区，淘汰燃煤小锅炉2座、重污染砖厂3家，完成火电厂所有机组脱硝升级改造，31、32号机组完成除尘改造，节能减排目标全面完成。水土流失综合防治、华蓥山区生态修复工程统筹实施，新增造林2万亩，营林改造1.2万亩，全区森林覆盖率达 51.6%。创建省级生态区和 6 个省级生态乡镇通过技术核查，代市、观塘等 2 个乡镇通过省级生态乡镇命名。

【社会治理】 着力构建“四位一体”诉求渠道，严格落实领导包案、定期接访下访制度，妥善处置小城镇开发等疑难问题 88 件。完善“四级联动”矛盾纠纷排查调处机制，排查疑难矛盾纠纷 3865 件。网格化服务体系实现全覆盖并规范运行，重点高危人群分步分类分级管理制度有力推行。严打整治、破案攻坚、飓风扫毒、破案会战、防暴反恐等专项行动深入推进，查处治安案件 700 余起，打掉犯罪团伙 11 个。群众安全感、满意度不断提升，区公安分局政风行风测评居全省前列、全市第一。

【安全生产】 全面落实“党政同责、一岗双责”，企业安全生产标准化建设加快推进，道路交通安全综合整治行动扎实开展，“双超”治理成效明显，煤矿、食品药品、森林防火等重点领域安全监管全面加强，前锋镇成功创建为省级安全社区，安全生产形势总体平稳。防灾减灾应急演练成功开展，“9·13”洪灾等自然灾害有效抵御，灾后重建有力有序开展。

【法治政府建设】 主动接受区人大、政协及社会各界监督，认真办理人大代表议案、建议、批评、意见 56 件，政协委员提案 57 件，满意和基本满意率达 100%。“四风”突出问题整治卓有成效，政风行风明显转变。坚持区政府常务会学法制度，区政府法律顾问团组建运行，行政决策合法性审查切实加强，依法行政水平不断提高。“法律七进”活动扎实开展，办理法律援助案件 88 件。行政权力依法规范公开运行平台实现四级联网，公开行政权力事项 5233 项，办理行政权力案件 1657 件。政府微博、微信、区长信箱开通运行，政务公开力度不断加强。反腐倡廉工作纵深推进，财政监管、审计监督和行政监察力度持续加大，政府运行规范有序。

【党建工作】 全面贯彻落实中央、省、市重大决策部署。组织学习习近平总书记关于“三严三实”、从严治党管党等系列讲话精神。制定《关于坚持思想建党与制度建党紧密结合全面推进党的建设的决定》和党员干部监督管理、作风建设“两个意见”的实施方案等配套文件，3 次召开全区性领导干部大会对严格落实“三严三实”、从严治党管党和深化干部作风建设等工作进行安排部署。先后 12 次召开区委常委会、党建工作领导小组会研究部署教育实践活动、党风廉政“广土工程”建设、软弱涣散基层党组织整顿等党建重点工作，研究提出切实有效推进措施 20 余项。建立区级党员领导干部党建工作联系点 56 个，班子成员多次深入基层一线现场办公，研究解决党建工作存在的具体困难和问题。把党建和党风廉政考核纳入全区目标考核的重要内容，督促各级党组织书记层层签订责任书，对党建工作进行专项考核奖惩，完善“三联考评”责任考核制度，开展区、乡、村“三级联动”专项述职述廉工作，初步形成齐抓共管的党建工作格局。

推进干部人事制度改革。研究制定《前锋区领导班子和干部队伍建设综合配套改革试点》工作方案，创新探索“两推三谈四分析”、非定向推荐科级领导干部拟提拔使用人选办法和干部提拔全程纪实制度。进一步优化班子结构，2014 年全年共研究科级领导干部配备四批次 101 人，其中提拔党外干部 26 人。注重培养引进优秀干部人才。全年举办各类培训班 56 期次，培训干部 5800 余人次。紧贴新区人才队伍现实需求，引进高层次急需紧缺人才 12 名，定向考聘特殊专业技术人才 8 名，挂职引进专家型人才 12 名。大力支持实施年轻干部递进培养计划，遴选 140 名优秀年轻干部人才递进培养，其中 16 名已得到提拔重用。

进一步完善基层服务型党组织建设。注重基层党组织建设平衡发展，制定《前锋区基层软弱涣散党组织升级转化实施方案》，下派 22 名“第一书记”，安排 28 名区级领导和 46 个区级部门结对帮扶，促进 32 个后进基层党组织全部升级转化。研究推广新农村党建“三围绕”模式，高标准建设“1+N”村级公共服务中心 13 个。与企业共同探讨，研究破解非公党建难题，园区投产企业党组织覆盖率达 90%，规模以上企业单独建党率达 100%。探索推广社区党建联席会制度、组团式服务和社区大党委运行机制。开展基层党组织书记全覆盖集中培训，带头人队伍年龄结构、文化结构持续优化，村党组织书记平均年龄 48.5 岁，35 岁以下 87 人，大专学历 14 人。加强党员发展和教育管理，研究出台《前锋区农村发展党员预警机制实施办法》，对 112 个农村发展党员薄弱村进行预警整改，全年新发展党员 230 名，党员队伍年龄结构、知识结构不断优化。

扎实开展“走基层”、强化基层基础保障工作。践行党的群众路线，深入到观塘仙鹤村等地开展“走基层”活动，充分听取群众意见，探讨研究破解村级集体经济“空壳化”等问题，新增村级集体经济项目 136 个，消除集体经济空壳村 66 个。创新开展“四在农家”活动，建立健全“双联”“双报到”等制度，并把每年 5 月和 8 月确定为“助农抢种抢收集中服务月”，有效防止干部走基层"一阵风"。在新区财政十分紧张的情况下，安排财政专项资金676万元，新建和改扩建村级组织活动阵地26个、维修71个、调整使用闲置校舍15个，更换远程教育电脑222台，结合"宽带乡村"项目积极推进村级组织远程教育互联网建设。解决基层无钱办事问题，将村级组织办公经费由以前每年1万元增加至2万元，每个村（社区）落实服务群众专项经费5万元，机关事业单位党组织活动经费按职工工资总额的2%列入部门综合预算。将村"三职"干部报酬分别提高到每月1000元、900元和800元，将社区党组织书记报酬提高到每月2400元、居委会主任每月2200元、其他社区专职工作者2000元，完善在职村干部养老和医疗保险、村干部离职补助等财政补助补贴制度，切实解决他们的后顾之忧。

从严从实抓好正风肃纪整改落实工作。扎实开展教育实践活动，围绕为民务实清廉主题，创新开展"双述四问"学习教育、"五照五查"查摆剖析、"三本台账"整改落实工作，整改个人清单所列问题12项，跟踪督办常委班子整改"四风"问题87项，督促全区各级党组织整改"四风"问题2812个，处置信访积案97件，结对帮扶贫困户1189户，建设制度84项。高度重视中省巡视反馈意见的整改落实，先后4次召开常委会、专题办公会研究部署，出重拳整治滥发奖金补贴、公务用车、庸懒散浮拖等中省巡视反馈问题，下猛药整治超职数配备领导干部等9项选人用人不正之风，清查在编不在岗243人，消化超职数配备干部5人，整理规范干部档案621卷，查核认定干部"三龄两历"27人次，清理挂牌机构不规范设置12个。深入推动"9+3+2"专项整治，在落实省委市委"9+3"问题专项整治基础上，围绕社会关注度高、群众反映强烈问题，牵头研究确定、下大力气开展办事不公开问题和解决干部工作状态不佳问题两项专项整治，查处机关干部违纪违规9人，查纠漏保错保6248人，查处优亲厚友、吃拿卡要等违纪违法行为3人。

深入推进党风廉政建设。开通"前锋廉政网"、纪委官方微博，创新开展"'廉'接你我他、共建靠大家"等廉政文艺演出活动，请市纪委、市检察院专家对全区副科级以上领导干部进行专题廉政讲座，组织区委中心组成员赴重庆铁山坪廉政建设基地接受警示教育，进一步增强各级领导干部廉洁从政意识。定期不定期约谈提醒班子成员，督促严格履行党风廉政建设责任，切实加强廉政责任对象的监督管理，杜绝违纪违规问题的发生。2014年，全区党纪政纪立案46件，结案49件（含2013年末结案5件），给予党纪政纪处分49人，移送司法机关4人。完善和坚持"三重一大"决策制度和涉及群众切身利益的重大决策社会公开制度，结合中省巡视反馈问题整改，建立资金预算管理、公务用车管理、"三公经费"审计监督、干部选任管理等制度规范，推动党风廉政建设落地见效。

【精神文明建设】 加强市民的思想道德建设。以社会主义核心价值体系建设为主线，大力推进道德育人工程。扎实开展"道德讲堂"建设工作，在慧博玻璃有限公司建立前锋区"道德讲堂总堂"，在社区、企业、学校等行业单位建立"道德讲堂示范点"10个，开展道德教育活动73场次，有效搭建思想道德建设新平台。选树一批群众身边的平民典型，黄义强被评选为"广安十大最美人物"，郑绍虎、孙和涛等12人入选"广安好人"。广泛组织开展党员周日义工、"三关爱"、文明劝导等志愿服务活动，在火车站及广场、城区主要交通路口，集中开展文明劝导300余次，配合交警、城管规范车辆停放100余起，清理卫生死角和牛皮癣110处。

开展道德实践活动。围绕"做一个有道德的人"主题，开展评选"小平故里美德少年""小手牵大手，共创文明城""童心向党"、创评节日小报等教育实践活动；荣获广安市第二届中华经典诵读大赛第二名，冷静、文松等12人被评选表彰为市级"小平故里美德少年"。选送一批优秀童谣参加广安市优秀童谣评选表彰，通过活动开展引领和激励社会各界参与未成年人思想道德建设工作。加大对4所项目学校少年宫建设指导力度，强化对社区文化活动阵地的管理，切实拓宽未成年人课外活动场所。开展专项集中整治违规经营网吧、"黑网吧"、非法出版物行动16次，查处5家网吧，收缴销毁非法出版书刊（光碟）6000余册（张），净化和规范未成年人的成长环境。

拓展群众性精神文明创建活动。充分利用宣传栏、明白纸、手机短信、建筑围挡、LED电子显示屏、网络微博等方式，刊播展示"讲文明树新风"公益广告，深入宣传创建知识、倡导文明礼仪。集中整治城中村、背街小巷、城乡结合部、下水道堵塞、"牛皮癣""五小"行业、"六乱"等现象。集中开展车辆乱停乱放、非法营运等专项整治活动，有效规范城区交通秩序。做好火车站现场点打造，指导火车站在火车站广场、售票大厅、候车大厅等地方设置公共文明引导志愿服务人员，引导广大旅客排队购票，纠正随地吐痰、乱扔杂物等不文明行为；完善火车站基础设施，积极协调火车站针对厕所、绿化带、垃圾箱、人行地砖、天花板等基础设施进行整改。

加快新区乡村精神文明建设。以“科学生产、文明生活”为主题，建立各级文明单位与试点村结对共建新机制，使全区农村在环境卫生、社会秩序、文化服务、文明程度等方面有较大改善和提升。同时开展“文明村镇”“十星文明户”“清洁卫生户”等文明细胞创建活动，打造农村精神文明示范点，辐射并带动农村精神文明建设。深入开展群众歌咏比赛、体育比赛、“三下乡”、诵经典、唱红歌等文体活动，丰富农民文化生活内涵。

【领导人】 区委领导：书记：尹黎明，副书记：陈章友（5月止）、米亮（6月起）、罗金林，常委：陈华、何敏、祝松林、李俊霏、胡万源（11月止）、刘勇、马健茗、邓廷奎（9月止）、李奉智、罗文钦（3月起）、刘佳国（11月起）。

区人大常委会领导：主任：姚余云，副主任：张大林、唐丽、余立万。

区政府领导：区长：陈章友（6月止）、米亮（8月起），副区长：陈华、胡万源、刘佳国（9月起）、彭建军（5月止）、沈波、何跃斌、杨江华、张爱武（6月起）。

区政协领导：主席：帅晓东，副主席：杨德金、李隆清、彭朝林、刘世明。

2014年广安市前锋区经济社会发展主要指标（含经开区）

表9

项　目	单位	实绩	比2013年增长
地区生产总值	亿元	138.9	11.3
第一产业增加值	亿元	13.4	3.8
第二产业增加值	亿元	106.2	12.1
第三产业增加值	亿元	19.4	11.4
规模以上工业增加值	亿元	11.7	—
民营经济增加值	亿元	83.9	9.9
粮食总产量	万吨	13.3	-0.22
肉类总产量	万吨	2.2	8.1
社会消费品零售总额	亿元	13.0	12.7
全社会固定资产完成投资	亿元	160.0	28.7
地方公共财政收入	亿元	3.0	—
公共财政支出	亿元	13.5	—
旅游总收入	亿元	6.3	—
城镇居民人均可支配收入	元	26606	10.5
农民人均纯收入	元	8913	11.6
中小学在校学生数	人	33560	-3.6
新型农村合作医疗制度参合率	%	99.4	—
城镇登记失业率	%	3.6	—
人口自然增长率	‰	2.2	—

（前锋区史志办）

华蓥市

【概况】 华蓥市位于四川东部华蓥山中段西麓，辖区面积466平方千米。耕地面积8759公顷，森林覆盖率47.6%。主要矿藏有煤、石灰石、硫铁矿、耐火黏土等20余种，其中原煤蕴藏量5亿余吨，石灰石蕴藏量10亿余吨，是川、渝两地重要的能源和建材基地。市域有华蓥山石林、华蓥山佛教圣地、华蓥山国家地质公园、天池湖、宝鼎、南宋宣抚史安丙家族墓地及生祠褒先寺、华蓥山游击队革命斗争遗址等丰富的生态旅游资源和红色旅游资源。2014年，辖9镇（天池、禄市、永兴、明月、阳和、高兴、观音溪、溪口、庆华）1乡（红岩）、3个街道办事处（双河、古桥、华龙），108个行政村、27个居委会。总人口363779人，其中非农业人口115347人，人口自然增长率为2.18‰。全年实现地区生产总值122.56亿元，同比增长10.9%，地方财政一般预算收入4.47亿元，增长19.4%。

【农村经济】 坚持“农业特市”战略，着力深化农村综合改革，扎实推进“111”工程，促进农业增效、农民增收、农村变美。农村综合改革有序推进。在广安市率先推进“四权同确”，组建农投公司，有效破解农业投入瓶颈，培育新兴农业经营主体20个。农业园区建设拓面提质。改造升级葡萄3300亩、梨2500亩，新拓展优质梨3800亩，广安蜜梨荣获国家地理标志保护产品称号、第十五届西博会金奖。新引进种植兰花、海棠、红枫等花卉2000亩。规划建设“东方花博园”和“葡萄主题文化产业园”，启动建设君兰天下、海棠博览园等7个重点乡村旅游项目。幸福美丽新村成效明显。坚持“产村相融”建新村，新建成禄市梨园新村等产业新村6个，偏岩子、林家新村等旅游新村成为全省幸福美丽新村典范。农业发展基础得到夯实。整体推进农田水利基本建设，猫儿沟水库开工建设，建成机电提灌站5座、高标准农田1万亩，耕地保有量22万亩、基本农田保护面积14万亩，巩固退耕还林10.5万亩。

【工业经济】 坚持“工业立市”战略，全力培育电子信息主导产业，全年新增规上企业14户，规上工业实现总产值260亿元、增长20%，工业增加值增速达10.7%。工业园区建设加速推进。坚持“产城一体”建园区，“一城一区”新拓展面积8.5平方千米，吸纳民间资金5亿元新建标准厂房30万平方米，金融物流、餐饮娱乐等12户配套服务企业落户工业新城，渝广共建电子信息产业示范园跻身全省重点项目前100强。新兴主导产业加速培育。确定“经略产业发展高地，打造华蓥数字硅谷”战略目标，出台《电子信息产业发展促进办法》《工业园区企业用工促进办法》，倾力打造电子信息产业“三基地两中心”，引进总投资超过50亿元的华之润、兄弟时代等整机研发制造项目6个，延链配套项目86个。传统资源产业加速升级。关闭小煤矿3户，淘汰煤炭落后产能20万吨，完成广建水泥100万吨技改。创新创造能力加速提升。新增国家高新技术企业3家、省级创新型企业4户，工业园区企业新授权专利29项，新申请产品专利126项，2项科技创新荣获省政府科技进步二等奖、1项荣获三等奖、6项分获广安市二、三等奖。

【商贸旅游】 旅游开发稳步推进。遴选六家顶尖设计团队高水平完成华蓥山旅游创意策划，在广安率先完成县域旅游规划编制。成功举办“5·19”中国旅游日、第九届华蓥山旅游文化节活动，天石旅游廊道全面建成，石林景区代表广安AAAA级景区接受省级复核验收，华蓥旅游知名度进一步提升，接待游客550.2万人次，实现旅游收入39.1亿元，分别增长23.9%、22%。物流园区蓄势待发。组建物流园区管委会，编制完成高兴综合物流园、高兴火车站站前广场等控制性详规，高兴物流园区成功纳入全省重点物流园区发展规划，高兴客运站I类变更成功获批，与四川亿鑫签订建设川渝最大煤炭加工转运基地意向性协议。新型业态蓬勃发展。组织70家企业与“天虎云商”达成合作协议，200余家企业入网“华蓥在线”。市场体系日臻完善。新（改）扩建永兴、高兴、溪口3个农贸市场，启动建设观音溪农贸市场、高兴大型农产品集散中心。新培育外贸出口企业5户，外贸出口1.5亿美元，再创历史新高，生产型外贸出口占据广安半壁江山。

【城建交通】 高起点规划，蓥城蓝图基本绘就。坚定组团发展方向，聘请国内一流团队，编制完成五星片区、城北片区、合力片区修建性详规，城市总规范围内的控规实现全覆盖，涵盖蓥西新城、产业新城、特色集镇的新型城乡规划体系全面形成。大马力建设，城镇规模迅速拓展。骨架路网加快建设。广华大道升级改造全面完成，章广大道、红星六路延伸段等13条城市主骨架加快推进，新增城镇面积1.04平方千米，城镇化率提高2.1个百分点。配套功能不断完善。双河二中、红军小学等配套项目启动建设，工商总部大厦、五星级酒店等重点项目加快推进，城区两河两岸整治等城市提升工程有序实施，清溪西桥、城北转盘等重要节点工程和代双电力线路搬迁、章广电力走廊架设等城市建设控制工程全面建成。房地产业逆势发展。豪情骏座、华府国际等7个精品小区加快建设，新开工48.5万平方米、竣工28.5万平方米。特色集镇统筹推进。高兴命名为全国重点镇，禄市纳入省百强镇建设试点，特色街区、市民广场等“七个一”工程建设有序推进，启动建设天池污水处理厂，建成庆华、禄市月亮坡污水处理站，在广安率先实现乡镇污水处理站全覆盖。出重拳治理，建管秩序明显改善。依法强力推进“双违”治理，拆除违法建筑9.46万平方米，征地拆迁成为近几年来成效最大、进展最为顺利的一年，规范城乡建设秩序。启动数字城管建设，升级环卫作业设施，在老邮局、清溪西桥、城北转盘等人员密集场所安置移动公厕4处，开展大气污染防治行动，群众生活环境持续改善。

交通战略规划全面形成。高起点编制完成华蓥未来15年综合交通发展规划，成功争取4条县道纳入省道规划、陕西镇巴—重庆合川高速途经华蓥市与巴广渝高速公路在重庆三汇互通，华蓥乃至整个川东北地区又将增加一条出川入渝的大通道，交通战略布局全面形成。交通主干道加速建设。G244华蓥段全线建设，S204华蓥段、双老路改造、广华快速通道蓥城连接线等重点交通项目全面开工，城市东环线即将建成通车，广邻高速华蓥西站互通式匝道改造春节前竣工，新开工及续建公路总里程达到120千米，总投资达20亿元，建设工程量为华蓥建制以来年度之最，逐步构建起“一环三纵五横”，国省干道、县乡公路与高速公路、铁路纵横交错的综合路网体系，极大地改变着华蓥的区位劣势。行业管理不断加强。理顺乡镇交通安全管理体制，建成公路安全护栏47.6千米。超限超载治理纵深推进，路产路权有效保护。完善农村道路客运发展规划，发展农村片区客运3个，新发展客运车辆21辆。道路交通管理水平全面提升，全年实现水陆交通安全零事故。

【招商引资】 全年国内省外到位资金72.25亿元，超全年目标任务9.25亿元，完成全年目标任务的114.68%，居广安市第二名。全年新引进项目183个，总到位资金110.67亿元（含续建，下同），完成全年目标任务的100.61%。招大引强实现历史突破。以电子信息产业为主导，以珠三角为主攻方向，先后成功引进投资30亿元的香港希施凯电子、投资20亿元的深圳兄弟时代电子、投资10亿元的深圳中雷电子三个手机整机生产项目和投资5亿元的深圳信利来电子平板电脑及触摸屏生产项目。主导产业链条日臻完善。2014年新引进电子企业17户，全市已累计引进电子信息企业40余家，规模以上企业16户。电子信息产业实现从无到有，从低端向高端，由配套向制造的历史性跨越，华蓥数字硅谷已初具规模。既有手机整机、平板电脑、液晶电视、多媒体电子自助终端、电子壁炉等电子终端产品，又有手机摄像头、手机振动器、耳机、高清电子线材、电子支架、高低频变压器、电容电阻、电源适配器等配件产品。

【社会事业】 社会事业整体推进。建成华龙、高兴等公办幼儿园4所，新建教学楼1.7万平方米，新（改）建学生食堂0.88万平方米，义务教育均衡发展在广安率先通过省级评估验收。建成人民医院120急救分中心及广能、高兴等5个网络急救医院和济康精神病专科医院，3个乡镇卫生院辅助设施和10个村卫生室投用，创建省级卫生村13个，开展乡村医生签约服务试点。成功发行首部本土长篇小说《华蓥山游击队传奇》，建成社区书屋27个，滑竿抬幺妹省级非遗文化在《人民日报》、中央电视台、港澳台等媒体广泛刊播展示。建成广安首个全国青少年户外运动训练拓展中心，在省十二运会上获得2金1银3铜佳绩。人口信息监测点数据质量获得全省第一名，人口自然增长率控制在2.18‰以内。建成红岩乡邮政所，实现乡镇网点全覆盖。志愿者服务蔚然成风，关心下一代工作卓有成效，老龄事业健康发展。

【民生工程】 集中财力保障民生建设，全年投入资金19.61亿元，实施各类民生工程131项，惠及群众33万人次。扎实开展就业促进行动，新增城镇就业6458人。加快保障性住房建设，建设7920套保障性住房、建成6096套，解决6000余户群众住房问题。加大社会保障和救助力度，养老、医疗、失业、工伤、生育等五项社会保险覆盖24.3万人。探索精准扶贫八大机制，2293户贫困家庭越温脱贫。统筹开展“洁净水”行动，城镇污水处理等八大专项行动有序推进，渠江陈家湾饮用水源搬迁有序开展，节能减排全面完成。投入资金1.76亿元，开展“9·13”特大洪涝灾害灾后重建，6.8万群众生产生活有效保障。

【社会管理】 扎实开展安全生产专项行动，政府挂牌重大安全隐患整治率达100%，成功承办广安市2014年抗御特大地质灾害综合实战演练，永兴、红岩成功创建省级安全社区，全年无重大特大安全事故，安全生产形势持续好转。建立健全食品药品监管体系，群众食品药品安全有效保障。加强社会面管控，提升处突能力，城区可防性案件同比下降18个百分点。网格化管理体系实现城乡全覆盖。积极引导涉法涉诉信访纳入法治制轨道，妥善化解信访积案，群众认同感、安全感、幸福感进一步提升。

【政府法治】 自觉接受人大法律监督、工作监督和政协民主监督，办结人大代表建议、批评和意见94件，政协委员提案70件，满意、基本满意达100%。组建政府法律顾问团，定期组织集中学法活动，政府常务会会前学法15次；严格依法履行职责，办理行政复议案件12件；深入推进“六五”普法，实施法律援助1170人次。政务服务效率提高。深化行政审批改革，坚持“两集中两到位”，全面落实预约服务、延时服务、绿色通道、并联审批等便民措施，承接广安行政审批项目4项，按时办结率100%。行政审批事项在广安数量最少、办理时间最短。推进工商登记制度改革，最大限度为市场主体松绑。廉政制度落实从严。扎实开展党的群众路线教育实践活动，严格落实中央八项规定和厉行节约反对浪费条例，严厉整治公务用车违规行为，严格规范公务接待，严肃清理乱发钱物，“三公”经费得到有效控制。履行党风廉政建设责任制，强化行政监察和审计监督，排查政府采购、工程招投标等领域1.3万个风险点，制定落实防控措施，廉政建设得到进一步加强。

【党建工作】 牢固树立“抓好党建是最大政绩”的工作理念，以党建“第一工程”推动发展“第一要务”。坚持书记抓、抓书记，各级党组织书记层层签订基层党建工作目标责任书，层层开展党建工作述职测评，按照教育实践活动对照检查材料审核模式，高标准、严要求反复审改各级党组织书记《党建工作述职报告》，党建工作责任进一步明确。完善党建工作绩效考核制度，对抓基层党建工作成绩突出的6个乡（镇、街道）、19个部门党组织进行表彰奖励。优化基层组织设置，撤销“两新”组织党组织42个，调整设置和新建党组织53个，全市非公有制企业和新社会组织建党覆盖率分别达87%和100%；加强新形势下发展党员和党员管理工作，严格工作程序，严把入党关口，全年发展党员224名，改善党员队伍结构；认真处置不合格党员，对在民主评议中被评为“差”的113名党员进行专题教育，对51名不合格党员进行限期整改、劝退、开除党籍等严肃处理，纯洁党员队伍；强化党员教育实体培训，推进远程教育进机关、进社区、进学校、进企业、进流动党员服务站“五进”工作，开展示范培训党员8次，提升党员队伍素质；2014年，双河街道迎宾路社区文秀英被省委表彰为“优秀村（社区）党组织书记”，13名党员受到广安市委表彰，137名党员受到华蓥市委表彰。扎实开展党的群众路线教育实践教育活动，按照中央、省委和广安市委的统一部署，贯彻“照镜子、正衣冠、洗洗澡、治治病”总要求，围绕“为民务实清廉”主题，以“传承红岩精神，纯洁党风政风，推动科学发展”为载体，以解决形式主义、官僚主义、享乐主义、奢靡之风等“四风”问题、关系群众切身利益问题、联系服务群众“最后一公里”问题为重点，广泛深入开展党的群众路线教育实践活动。活动中，制定“1+9”分类实施方案，建立51个县级党员领导干部联系点，组建13个由“四大家”副县级党员领导干部任组长的督导组，分三批次压茬推进全市的教育实践活动。活动分“学习教育、听取意见”，“查摆问题、开展批评”，“整改落实、建章立制”三个阶段有序推进，全市598个党组织、1.4万名党员干部参加活动，群众满意率为99.86%。

【精神文明建设】 切实抓好四川省文明城市创建成果巩固工作。编制主题为便民、利民、服务于民的《华蓥市民手册》，将社会主义核心价值观、公民道德行为规范、市民公约、文明礼仪、文明旅游等内容纳入其中，即将面向市民免费发放；充分利用城区宣传栏、电子显示屏、市电视台、政务网、部门行业网站，及时宣传、报道全市及市级各部门、乡镇（街道）精神文明建设工作信息；广泛组织社会志愿者参加植树造林、文明劝导、扶贫济困、关爱留守儿童、关心空巢老人等志愿服务活动；在全市持续开展文明餐桌、文明交通等公益活动；在全市机关、社区、企业、学校、家庭积极推进经典诵读活动。做好各级文明单位、文明村、文明小城镇的创建指导、检查考评、推荐上报和规范管理工作。全市共申报文明单位32个、文明村27个、文明社区6个。向广安市文明委推荐市级文明单位2个、文明村1个、文明社区1个。开展“第十三个公民道德建设宣传月”和“十二个全国公民道德宣传日”活动。扎实抓好社会主义核心价值体系主题教育活动，“3·12”义务植树、“3·15”消费者权益保障等17个主题宣传教育实践活动。各项宣传活动设立固定宣传点27个，散发宣传资料63000余份，悬挂标语350余条，先后制作“讲文明树新风”大型公益广告100余幅，开展文明劝导3000余次，服务群众5000余次，广大市民的道德素养进一步提高，市容环境进一步改善、公共秩序进一步规范。开展华蓥市十佳最美人物评选表彰活动，并向广安市文明办推荐报送19名广安市最美人物候选人，其中，张建、何昌芳、刘小平获得广安市2013年度“最美人物”称号。大力开展道德模范事迹宣传，高质量承办广安市道德模范和身边好人巡演巡讲进社区很多。开展道德模范和“身边好人”基层巡演巡讲很多10余场次；市广播电视台开设“身边的模范”专题，对近年涌现的黄富彬、赵玉春、王洪芬、王光兰、王相树、许前政等道德模范的先进事迹进行连续播放，并积极开展道德模范帮扶活动。

【领导人】 市委领导：书记：欧太元（5月止）、肖伟华（5月起），副书记：肖伟华（5月止）、米亮（5月止）谭焰（5月起）、谢洋波（6月起），常委：魏全元、唐一春、陈云栋（9月止）、蒋侠、徐文德、黄运江、李晓瑜、罗志强（6月止，挂职）、魏瑞茹、陈代文、张伟（9月起）。

市人大常委会领导：主任：刘光文，副主任：王健、付一翠、唐敦文、黄义林。

市政府领导：市长：肖伟华（5月止）、谭焰（8月起，6—8月为代市长），副市长：魏全元、李晓瑜、罗志强（8月止，挂职）、杨明、王治伟、张伟（10月提名、12月任命）、王晓梅、王志强（8月起，挂职）、张永盛（10月起，挂职）。

市政协领导名：主席：王守秩（11月止）、陈云栋（11月起），副主席：杨彪、李现华、胡道均、廖中元。

2014年华蓥市经济社会发展主要指标

表10

项　目	单位	实绩	比2013年增长（%）
地区生产总值	亿元	122.56	10.9
第一产业增加值	亿元	10.95	3.9
第二产业增加值	亿元	80.82	11.5
#规模以上工业增加值	亿元	—	10.7
第三产业增加值	亿元	30.79	11.6
民营经济增加值	亿元	74.14	11.7
粮食总产量	万吨	10.08	-0.3
肉类总产量	万吨	3.38	4.3
社会消费品零售总额	亿元	26.02	12.9
全社会固定资产完成投资	亿元	128.99	28.8
地方财政一般预算收入	亿元	4.47	19.4
地方财政一般预算支出	亿元	18.86	11.0
年末金融机构存款余额	亿元	128.93	7.1
年末金融机构贷款余额	亿元	61.11	16.8
保费收入	亿元	0.68	3.0
城镇居民人均可支配收入	元	24086	10.2
农民人均纯收入	元	10738	12.0
城市污水处理率	%	97.1	12.8个百分点
城市垃圾处理率	%	98.0	—
中小学在校生数	人	41809	2.83
广播综合覆盖率	%	100	—
电视综合覆盖率	%	100	—
新型农村合作医疗制度参合率	%	98.97	0.47个百分点
人口自然增长率	‰	2.18	—

（华蓥市史志办）

岳池县

【概况】 岳池县辖43个乡镇，1个翠湖景区管理委员会，827个村民委员会，6216个村民小组，52个社区居民委员会，207个居民小组；全县总人口119.2万人，其中农业人口101.1万人、非农业人口18.1万人，人口密度为805.7人/平方千米；辖区面积1479平方千米，耕地面积72.46万亩，其中水田58.93万亩、旱地13.53万亩。2014年，按照“工业主导、三化联动、弘文兴教、富民强县”发展思路，保持专注发展定力，全面深化各项改革，认真开展党的群众路线教育实践活动，“零容忍”惩治腐败，全县呈现出经济社会科学发展、党风政风持续改善、人民幸福指数不断提升的良好局面。全年全县实现地区生产总值172.8亿元，同比增长9.7%；规模以上工业增加值增长9.3%；完成全社会固定资产投资134.6亿元，同比增长29.6%；实现地方公共财政收入7.5亿元，同比增长17.9%；社会消费品零售总额75.5亿元，同比增长13%；城镇居民人均可支配收入23232元，同比增长10%；农民人均纯收入9747元，同比增长12.1%。

【农村经济】 2014年，全县粮食总产实现稳量提质，岳池县被评为全国粮食生产先进县。精心打造核心示范区，全面启动“111”工程建设，新建“千万工程”粮经复合型产业基地2.5万亩，15万亩现代农业示范园区实现无缝衔接。加速拓展特色示范区，在北部山区发展干果3万亩，形成连片经果林基地13万亩，兴隆核桃、长田藤椒、粽粑花椒成为全市特色效益农业典范。规范发展标准示范园，提质改造葡萄、猕猴桃、西瓜等示范园区5个6.3万亩。创新农业经营体系，新培育龙头企业2户、家庭农场25个、专合组织31个，三安农业专业合作社联合社、兴达养殖专业合作社创建为国家级示范合作社，合作社联合社模式得到省委书记王东明的充分肯定。岳池县被评为全国农村集体“三资”管理工作先进县。发展劳务经济，全年全县实现劳务收入54.47亿元，同比增长37.7%；实现农林牧渔业增加值37.5亿元，同比增长4.2%。

【工业经济】 2014年，以工业园区为支撑，加速新型工业发展。坚持政策向园区倾斜、资源向园区聚集、项目向园区集中，大力推进经开区、罗渡高新区建设，医药污水处理厂、分布式能源项目加快推进，园区展示厅、省级小微企业孵化中心投入使用，新建标准化厂房61.29万平方米，新拓展园区面积7.9平方千米。宏益制药、一新化工等9户医药企业落户园区，入园医药企业30户，康发中药饮片、福鼎中药饮片项目通过GMP认证，仁安药业一期、圣上大健康项目获得药品生产许可证，医药产业综合实力排名全省前列。科伦药业实现产值12亿元，税收1.2亿元，成为全市工业企业的标杆。6户规模医药企业实现产值20.9亿元、税收1.54亿元。机械制造、食品酒类工业保持稳步发展。全年全县72户规模以上工业企业实现总产值182.6亿元，增长14.7%，工业税收达2.48亿元。支持企业创新，投入技改资金19亿元，实施技改项目35个；强化科技成果转化应用，申请专利122个，转化运用科技成果5项，高新技术产业总产值达11.6亿元、增长22%。

【商贸旅游】 市场体系不断健全，亿联建材家居五金城正式营业，东湖城市综合体天羿大酒店完成装修，环东湖城市商圈初步形成；新改建场镇特色街区4条，建成农贸市场7个，发展大中小型农家超市812家，商贸服务更加便民。全年新培育限额以上商务企业11户，新发展物流企业3家。积极发展电子商务，49户企业成功入驻“天虎云商”。金融工作成效显著，新增存款额、新增贷款额、金融机构引进个数均位居全市第一。旅游业加快发展，玉屏湖景区成为“5·19”中国旅游日推介景点。全年全县累计接待游客220万人次，实现旅游收入15.9亿元。

【基础设施建设】 加快“城市东扩”步伐，城东道路骨架基本成形，余家河景观带启动建设，县城新拓展2平方千米，城镇化率达32.9%。洗马河片区环境整治有序推进，北街、大西街危房和棚户区改造顺利实施，新建棚户区改造住房2620套、公租房900套。县医院住院综合楼投入使用，群众就医更加方便。火车站及站前广场提前完工，2014年8月8日通车，4组动车经停岳池站，岳池迈入“动车时代”；广岳大道建成通车，同城发展迈出坚实步伐。

全面推进顾县、罗渡、西溪等10个特色集镇“七个一”工程建设。集中开展“双违”治理专项行动，立案查处“双违”建设项目23个，场镇建设秩序更加规范。新增天然气调剂指标1.2亿立方米，秦溪、团结等10个乡镇开通天然气。全年新（改、扩）建新村122个、幸福美丽新村6个，在全市率先完成新型材料房屋新村建设。加快完善城乡路网，新建通村水泥路120千米，改造县乡道73千米，安装公路波形防护栏143千米。加强公共生活设施建设，建成乡镇标准化公厕22座、乡镇污水处理站15座、压缩式垃圾中转站1座。加强农田水利基础设施建设，建成高标准农田1.5万亩，治理水土流失面积5.4平方千米。深入开展“五乱”治理，成功创建省级环境优美示范县城。

【改革开放】 完成工商、食品药监、卫生等部门职能调整，精简县本级行政审批项目21项。县级公立医院综合改革稳步推进，对取消药品加成进行巩固实施。加快土地承包经营权确权颁证，完成长田乡试点，并在全县全面铺开。深化财税制度改革，完善结构性减税政策，全年实现“营改增”收入800万元。理顺园区管理体制，组建罗渡高新区管委会；推进行政审批制度改革、工商登记制度改革、财税体制改革、投融资体制改革，民间投资活力加快释放；农村综合配套改革全面铺开，社会事业领域改革统筹推进。

围绕基础设施、民生工程等重点领域，包装储备项目350个。加大向上汇报衔接力度，争取中省项目294个，到位资金18亿元。加快重点项目建设，实施重点项目60个，完成投资59.2亿元。

【招商引资】 主动借力广渝、广深合作，全面融入川渝合作示范区、承接产业转移示范区、川东北经济区建设，持续深化与全国工商联医药业商会、省工商联、省食品药品监管局的合作，借助西部汽车产业发展四川峰会、中外知名企业广安行等平台，组织投资促进活动20余场，全年引进重大项目55个、到位资金117亿元。

【社会事业】 推进部省共建教育改革发展试验区建设和教育综合改革，新建公办幼儿园6所，东湖学校开班行课，成功引进北京师范大学广安附属实验学校、四川师范大学附属第七实验中学。县级医疗卫生机构全面升级达标。岳池健儿在省十二运会、省八届残运会上分别夺得2金3银、4金2银，创造历史最好成绩。

按照“隆重热烈、务实简朴”的要求，组织开展丰富多彩的主题纪念活动，成功举办“第二届‘岳池杯’中国曲艺之乡曲艺大赛”“四川曲艺伟人故里行巡演”“县外媒体看岳池”等10余项纪念活动，车灯《岳池米粉》荣获第六届全国少儿曲艺大赛二等奖，荷叶《秋江》获得第七届巴黎中国曲艺节银奖；“岳池曲剧”列入省级非物质文化遗产名录，岳池被命名为四川省民间文化艺术之乡。

【惠民行动】 高质量实施民生工程，完成148项省、市、县民生工程任务，全年投入26.5亿元用于民生支出。社会保障更加健全，积极落实就业政策，全年新增城镇就业1.1万人，城镇登记失业率控制在3.7%以内。6.9万人纳入城乡低保，近万名重度残疾人获得国家护理补助，应急救助5899人次，济困帮扶8229人次，惠民医疗5.3万人次，安居解困1462户，五项社会保险覆盖58.03万人，新农合参合率达99.7%，五保集中供养率达49%。实施连片扶贫开发、整村推进扶贫等项目，帮助1.6万人实现脱贫。开展“洁净水”行动，完成江河湖库船网取缔工作，建成张口楼、玉屏湖新村生态污水处理系统。

【社会维稳】 贯彻依法治国方略，推进法律“七进”活动，启动东湖法治文化主题公园、麻柳河法治文化长廊和玉屏湖法治文化示范村建设，开播《法治聚焦》电视栏目。县人大及其常委会依法行使监督、决定、任免等职权，围绕中心、服务大局卓有成效。县政协认真履行政治协商、民主监督、参政议政职能，增进共识、助推发展。基层民主不断扩大，民主党派、工商联和群团组织联系群众的桥梁纽带作用充分发挥。

开展“无信访乡镇、无信访村（社区）”创建活动，深化网格化服务管理，成功化解一大批信访突出问题，矛盾纠纷化解率达98.8%。深入推进平安建设，现行命案破案率连续八年达100%，群众安全感持续增强。加强食品药品安全监管，群众满意度大幅提升。强化安全生产监管，安全生产形势持续好转，全年未发生较大及以上安全生产责任事故。

【党建工作】 坚持“为民、务实、清廉”主题，扎实开展群众路线教实践活动。按照“照镜子、正衣冠、洗洗澡、治治病”总要求，带头开好专题民主生活会，查找县委常委班子问题11条，研究提出整改措施17条，已完成整改任务17项。深入推进正风肃纪“9+3+2”问题专项整治，对省委第三巡视组、市委督导组反馈和交办的问题，逐一整改落实，查处“四风”典型案例38起，全县会议和文件数量分别下降18%、7%，“三公”经费大幅下降，正风肃纪群众满意度居全市第一。创新推行“一线工作法”，深入开展“三进三同三促”“走基层”等活动，打通联系服务群众“最后一千米”，涌现出沈乾文、杨淑芹等先进典型。

党的建设全面加强。切实履行党建工作主体责任，定期研究党建工作。新建村级活动阵地32个，整顿软弱涣散基层党组织119个。选优配强干部队伍，建立科级领导班子结构模型，实施年轻干部递进培养计划，选人用人工作受到中组部检查组高度评价。引进急需紧缺高层次人才15名，以李英富等7名博士为核心的高层次创新创业团队落户岳池。

廉政建设纵深推进。落实“两个责任”，开展反腐败和惩防体系建设，排查廉政风险点3500余个；推进“广土工程”，精心打造“八大廉洁基石”示范点25个，党风廉政建设社会满意度评价排名全省第35位，政风肃纪群众满意度测评全市排名第一名。逗硬案件查办，党纪处分163人，其中科级干部22人，党风政风更加优良。

【精神文明建设】 石垭镇玉屏湖新村、普安镇干堰塘村、乔家镇南山村被列为首批“幸福美丽新村”，将乔家镇南山村作为全国文明村进行推荐；在做好基础设施和队伍建设的基础上，开展群众性精神文明创建活动，广泛开展十星文明户、五星文明户、新“三户”、好婆婆、好媳妇、好孝子等创评工作，举行“欢乐农家”大赛；深入开展“我推荐，我评议身边好人”等活动，敬业奉献好人沈乾文荣登“中国好人榜”。出台《岳池县志愿者服务组织管理办法》《关于做好志愿服务需求信息发布和对接工作的通知》等文件，组建10支行业志愿者和26支专业志愿服务队，广泛开展邻里守望、“寻找身边的活雷锋”“学雷锋，树新风”“‘码上’学雷锋”“‘码上’圆梦”“12·5”国际志愿者日等系列活动，余玲同志获2013年度广安市“最美志愿者”称号。2014年2月，岳池县成功创建为第三届四川省文明城市。

【领导人】 县委领导：书记：李永平（11月止）、郑鹏程（12月起），副书记：汤才勇、张艳萍（10月起）、李国生，常委：欧彦、谢帮勇、李廷远、廖和民、陈莉、张学谦、唐协民（7月止）、付全林、钟爱平。

县人大常委会领导：主任：张永辉，副主任：秦宴菊、黄褐、李桂新、黄雪兰。

县政府领导：县长：汤才勇，副县长：欧彦、张学谦、唐协民（7月止）、任仕金、姚长琼、汪勇、胡成毅、杜宇（7月起）、王雪飞（9月起）。

县政协领导：主席：曾邦才，副主席：胡安贵、伍艳、徐天翠、冯雏。

2014年岳池县经济社会发展主要指标

表11

项　目	单位	实绩	比2013年增长（%）
地区生产总值	亿元	172.8	9.7
第一产业增加值	亿元	37.5	4.2
第二产业增加值	亿元	79.9	11.0
#规模以上工业增加值	亿元	—	9.3
第三产业增加值	亿元	55.4	11.2
民营经济增加值	亿元	93.7	11.1
粮食总产量	万吨	51.65	-0.5
肉类总产量	万吨	8.05	2.0
社会消费品零售总额	亿元	75.5	13.0
全社会固定资产完成投资	亿元	134.6	29.6
地方公共财政收入	亿元	7.5	17.9
公共财政支出	亿元	35.2	12.7
年末金融机构存款余额	亿元	252.3	12.4
年末金融机构贷款余额	亿元	83.97	23.7
城镇居民人均可支配收入	元	23232	10.0
农民人均纯收入	元	9747	12.1
城市污水处理率	%	90.7	0.1
城市垃圾处理率	%	92.0	-0.5

续表11

项　目	单位	实绩	比 2013 年增长（%）
中小学在校生数	人	111044	-4.2
广播综合覆盖率	%	100	0
电视综合覆盖率	%	96.6	0.1 个百分点
新型农村合作医疗制度参合率	%	99.71	0.11 个百分点
人口自然增长率	‰	2.72	—

（刘明富、田　华）

武胜县

【概况】　武胜县地处四川东部嘉陵江中游，北纬 30°10′46″—30°32′36″，东经 105°56′39″—106°26′50″。2014 年，武胜县辖区面积 956 平方千米，辖 31 个乡（镇）、515 个村、31 个社区，户籍总人口 84.56 万人。全年实现地区生产总值 173.3 亿元、增长 10.3%，总量居全市第 2 位；地方公共财政收入 7.43 亿元、增长 20.5%；城镇居民可支配收入 23856 元、增长 10.1%；农民人均纯收入 10032 元、增长 12.7%，增速居全省丘区县第 5 位。

【农业经济】　大力实施现代农业和产村相融“111”工程，建成甜橙、蔬菜、花卉等特色产业基地 7 万亩、畜禽标准化养殖场 25 个。新培育龙头企业 2 户、专合组织 35 个，新发展无公害、绿色、有机农产品品牌 41 个，全年出栏生猪 107 万头，粮食产量达 34 万吨、实现“八连增”，荣获“全省三农工作先进县”“全省农民增收工作先进县”称号。

【工业经济】　快速推进街子“厅市共建节能环保产业园”和中滩“川渝合作农副产品加工园”建设，集聚发展节能环保、农副产品加工主导产业，建成街子园区 10 平方千米骨架道路，新拓展园区面积 10.2 平方千米，新建标准厂房 24.4 万平方米，新入住企业 17 户，鸿岱科技纳入全省 50 个重大产业项目。实施技改项目 67 个，完成技改投资 20.8 亿元。全年新发展小微企业 200 户，新培育规上工业企业 11 户，实现规上工业总产值 282.2 亿元、增长 18.8%，规上工业增加值增长 9.8%。

【第三产业】　快速发展旅游业，宝箴塞旅游区、白坪—飞龙乡村旅游度假区创建为国家 AAAA 级景区，太极湖旅游区被命名为国家级水利风景区，成功创建为全国休闲农业与乡村旅游示范县、四川省旅游标准化示范县、四川省乡村旅游示范县，实现旅游收入 29.4 亿元、增长 67.8%。大力培育市场主体，完善城乡市场体系，乐善、万善、烈面商贸服务中心投入运营，泰合国际商贸城、川渝国际（武胜）农贸城建设有序推进，新培育限上商贸企业 7 户，街子园区创建为四川省生产性服务业功能示范区，万善物流园区纳入全省物流产业发展规划，实现社会消费品零售总额 57 亿元、增长 13.4%。加快发展电子商务，35 家企业入驻“天虎云商”。全年实现服务业增加值 49.2 亿元、增长 12.1%。

【城乡建设】　提升城镇品质。县城总规获省政府批复，城东商贸新区、城市综合体、龙女湖旅游区加快建设，城市自来水二厂、中滩生态湿地公园、仁和片区旧城改造等项目快速推进，500 套公共租赁住房完成主体工程。飞龙镇、白坪乡等特色集镇加快建设，沿口镇、街子镇纳入全国重点镇，万善镇、街子镇纳入“全省百镇建设行动”试点，宝箴塞镇获全省环境优美示范镇称号。“双违”治理全面启动，城市慢行系统投入使用，城镇管理水平不断提高。全县新增城镇建成区面积 1.5 平方千米，城镇化率提高 3.5 个百分点。

改善城乡基础。迎宾大道全线通车，嘉陵江大桥完成整治，“一环二横三纵”城市交通体系基本成型。国道 350 线县城过境段、遂广高速武胜段等项目加快建设，改建通乡公路 69 千米，新建通村水泥路 210 千米、公路安保设施 181 千米，新发展农村客运片区 5 个。应家沟水库、河东供水工程加快建设，整治病险水库 34 座，新增有效灌面 1.6 万亩。新建乡镇污水处理站 8 座、乡镇公厕 20 座、乡镇文体广场 3 个。“宽带乡村”建设全面启动。

加快新村建设。完成新型房屋试点建设，新改扩建农民新村 101 个，建成幸福美丽新村 10 个。白坪乡高洞村被央视评为“中国十大最美乡村”，申报为“全国宜居村庄”；飞龙镇卢山村被评为“中国最美休闲乡村”；宝箴塞镇方家沟村入选第三批中国传统村落。

滨河湿地公园建设。为进一步拓展城市空间，提升城市形象，打造舒适宜居的城市休闲环境，2014 年，武胜县立足让市民“望得见山，看得见水，记得住乡愁”这一建设理念，启动实施长滩寺河中滩滨河湿地公园建设。长滩寺河中滩滨河湿地公园位于县城东部，长滩寺河两侧，项目总占地面积约633亩，其中滨河道路113亩，滨河湿地公园520亩，计划总投资1.2亿元，整个项目将建设包括滨河路道路工程、桥梁工程和景观工程，并将木栈道、人行桥、游步道、绿道、景观及人文小品有机融入其中，形成长滩寺河的一条风景长廊，建成后成为武胜市民休闲娱乐之地。

【项目工作】 大力实施“双百”投资计划，华润雪花扩能搬迁、长途客运中心等项目开工建设，兰渝铁路武胜段、总部经济等项目完成主体工程，美华光电一期、伊索科技、220千伏输变电工程等项目竣工投产，46个纪念项目完成投资83.8亿元，100个县级重点项目完成投资121.3亿元，完成全社会固定资产投资125.8亿元、增长29.3%。

【改革创新】 启动实施农业农村、投融资、支持乡镇发展等18个方面改革。深化行政审批制度改革，调整取消行政审批项目7项，保留县本级行政审批项目70项；改革商事登记制度，新登记企业211户、增长14%。加快政府机构改革，完成食品药监、工商质检、卫生计生、教育科技、农业等大部门改革，宝箴塞撤乡设镇。深化财税体制改革，推进“营改增”改革试点，深化绩效预决算和国库集中支付改革，税收占财政收入比重提高到56.4%。推进投融资体制和金融改革，探索实施PPP模式治理水环境，农村商业银行、中银富登村镇银行正式挂牌营业。推进农村综合配套改革，农村土地承包经营权确权登记工作全面铺开，创新筹资机制推进新农村建设工作经验在全省深化农村改革推进会上交流发言。启动四川省技术创新工程示范县申报工作，培育企业创新主体，2户企业成功创建省级企业技术中心，8户企业被确定为四川省创新型企业，6户企业被评定为高新技术企业，申报国家高新技术企业2户、国家专利78件，实现高新技术产业产值68亿元。

【开放合作】 大力开展“开放合作年”活动，实施“八大促进、八大合作”战略，与市投促委密切合作，建立“委县共建”机制；积极开展流域合作，成功加入“嘉陵江之旅”旅游联盟；积极向上对接，争取污水处理二厂、棚户区改造等中省项目345个，到位资金18.21亿元；借力西博会、渝洽会、科博会等活动平台，引进绿色建筑产业园、城市商业综合体等项目232个，到位资金125.6亿元。调整外贸出口扶持政策，培育生产性进出口企业5户，发展贸易性出口企业9户，实现外贸出口1.27亿美元、增长18%。

【社会事业】 城区“六个教育项目”有序推进，外国语实验学校正式招生，中小学生综合实践基地成功创建全国红军小学建设工程爱国主义军事体验基地。县医院急诊医技综合楼完成主体工程，县级公立医院全部取消药品加成，全国农村中医先进县通过复审，县妇幼保健院成功创建二级乙等保健院。“单独两孩”政策得到落实，人口自然增长率2.27‰。体育馆加紧建设，省运会取得1金2银3铜的历史性突破。文化遗产得到有效保护，被命名为“中国民间文化艺术之乡”。

【民生工程】 全面完成省市县123项民生工程，认真办好10件民生实事。大力开展扶贫攻坚，实施精准扶贫，完成7个整村推进和连片扶贫开发项目，脱贫解困1.12万人。实施就业促进工程，新增城镇就业9098人，城镇登记失业率3.5%。强化社会保障工作，建立统一的城乡居民基本养老保险制度，城镇居民医疗保险参保率达96.1%，新农合参合率达98.27%。

【生态环保】 深入实施“洁净水”行动，五排水库和长滩寺河水环境治理基本完成。严格落实耕地保护责任，耕地保有量5.8万公顷、基本农田保护面积5.1万公顷。推进长江中上游生态屏障区建设，治理水土流失面积9平方千米，巩固退耕还林成果8.7万亩，森林覆盖率达38.5%。着力强化环境监管能力建设，建成PM2.5大气自动监测站，超额完成上级下达节能减排任务。省级生态县创建有序推进，已成功创建省级生态乡镇17个、市级生态村192个，嘉陵江生态经济示范带规划获省发改委批复。

【社会稳定】 深入开展“法律七进”活动，荣获全国“六五”普法中期先进县称号。集中开展“道路交通安全综合整治攻坚年行动”，实施十项市县挂牌重大安全隐患整治，万善镇成功创建省级安全社区，全年未发生较大以上安全事故。加强食品药品和市场监管，促进市场依法公平有序竞争。升级“天网工程”，建成电子警察系统28处，高清视频点位357个。加强社会综合治理，强化“一标三实”基础信息采集、流动人口管理，被确定为全省网格化服务管理示范县。依法打击各类违法犯罪活动，有效防控暴力恐怖犯罪，刑事案件和“两抢一盗”案件分别同比下降4.87%、4.15%。积极预防化解矛盾纠纷，化解省市县挂牌信访积案难案32件。

【依法行政】 加强政府决策风险评估，强化行政决策合法性审查，推进行政权力依法公开运行。自觉接受人大法律监督、工作监督和政协民主监督，办理人大代表建议73件、政协提案78件。扎实开展党的群众路线教育实践活动，深化正风肃纪专项治理，持之以恒纠正“四风”，整改突出问题50个，查处“四风”典型案例12起，党纪政纪处分90人。全面落实“两个责任”，大力实施“廉洁土壤”工程，扎实推进廉政风险排查防控；强化行政监察和审计监督，严格BT、BOT项目审批和跟踪审计，政府廉政建设进一步加强。

【党建工作】 扎实开展群教活动。扎实有序开展党的群众路线教育实践活动，取得干部受教育、群众得实惠的效果，党群干群关系更加密切。把开展教育实践活动与深化改革、依法治县等工作有机结合，实现两手抓、两促进。思想建设更加有效。坚持用中国特色社会主义理论体系武装党员干部头脑，深入学习贯彻党的十八大和习近平总书记系列重要讲话精神，各级干部理想信念、群众观念、宗旨意识、创新意识不断提升。强化新闻宣传，对外树形象，对内树信心，凝聚强大合力。

加强干部队伍建设。开展干部选任综合配套改革试点，班子结构更加优化。结合“一带两城六区”建设所需，培训锻炼干部3000余人次。实施“优秀年轻干部人才递进培养计划”，遴选培养对象100名，提拔重用22名。坚持开放引才，引进急需紧缺高层次人才7名，争取7名民主党派干部来县挂职。

加强基层组织建设。逗硬整顿软弱涣散党组织，转化升级后进村（社区）党组织55个，转化率100%。加强服务型党组织建设，建设北路社区被表彰为“全省服务型党组织示范社区”。按每村5万元标准在15个基础条件较差的村（社区）率先落实村级公共事务服务经费。加快村级集体经济发展，培育村级集体经济发展示范村5个，消除空壳村66个。

深入推进党风廉政建设。扎实开展“9+3+2”突出问题治理及“五个专项整治”，查处“四风”问题案件45件，党纪政纪处分54人。创新开展“一亮三诺”“广场问症”活动，实施预防腐败“廉洁土壤”工程和纪检监察系统“末梢工程”，坚持以“零容忍”态度惩治腐败，全县纪检监察机关共查处各类违法违纪案件119件，给予党纪政纪处分128人。

公民思想道德建设。以3月份“第十三个公民道德建设宣传教育月”、9月“第十二个公民道德宣传日”、学雷锋活动月为契机，举办“第十三个公民道德建设宣传教育月”启动仪式，第十二个公民道德集中宣传活动，深入开展社会主义核心价值观宣传教育活动，开展中国梦、诚信宣传教育活动。推进学雷锋活动常态化系列活动，组织各级各类学校，开展班、队、团活动，举办主题演讲、报告座谈、读书征文、诗歌朗诵、辩论竞赛、展览展示、文艺演出、小报贺卡等活动方式，开展学雷锋校园及社会实践活动。开展“我推荐我评议身边好人”和投票活动。全县各单位、乡镇、社区、行政村均设立“好人榜”暨“善行义举榜”，做到每月一榜、全覆盖。成功承办广安市“道德模范”和“身边好人”进机关巡讲巡演活动；举办“基层模范、先进典型、最美家庭事迹报告会”7场次。全年推出48名先进人物，邓君、舒占刚等8人先后荣获“四川好人”并荣登“中国好人榜”，刘应刚、梁芳梅等15人被评为“广安好人”，汤开杰被评为全国见义勇为先进个人，王松鹤被评为广安市2013年度十大最美人物，汤开杰、张云、郑伦英等5人被评为武胜县第三届道德模范，符云明、周敏、童卫东等4人被评为武胜县第三届道德模范提名奖，胡海龙、曹继强等14人荣登武胜“好人榜”暨“善行义举榜”“武胜好人”正能量影响力不断增强。

群众性精神文明创建活动。以建设“诚信武胜”为载体，继续深化“建文明城市，做文明市民”活动。广泛开展“诚信兴业、文明服务”宣传教育活动；开展“诚信机关”“诚信市场”“诚信做产品”“诚信经营户”“诚信服务窗口”等创评活动；认真落实诚信“红黑榜”发布制度，每月汇总并上报守信“红名单”和失信“黑名单”，共发布“红名单”32名、失信“黑名单”213名，推进“诚信武胜”建设。深化文明行业创建、文明单位创建，拟推荐县消防大队为市级最佳文明单位；中国农业银行股份有限公司烈面分理处、中国农业银行股份有限公司飞龙分理处、真静学校为市级文明单位（文明校园）。推进农村精神文明建设，建成白坪乡高洞和水磨村（市级）、飞龙镇张家院子和李家院子等“幸福美丽新村”文化院坝示范点，坚持免费开放，白坪乡高洞村获全国十大最美乡村殊荣，白坪—飞龙乡村旅游示范区已建成国家AAAA级景区。开展“欢乐农家大赛”活动，每个乡镇开展活动2场以上。加强文明单位创建管理，消防大队、白坪乡白坪村等文明单位（村）成功创建升级。

未成年人思想道德建设。以培育和践行社会主义核心价值观为载体，以“学雷锋”“我的中国梦”为主要活动内容，在丰富活动、建设阵地、整治环境等方面强力推进，全面提高未成年人思想道德建设水平。开展“我们的节日”为载体的教育实践活动，利用革命烈士墓、邓小平故里，开展红色传统教育；开展清明节期间“网上祭英烈”“七一”期间童心向党歌咏活动、“十一”期间网上向国旗敬礼等集中活动。全县共4000名师生参加“万名学子瞻仰、缅怀世纪伟人”活动；“10万名中小学生在党的阳光下健康成长”。开展以“我的中国梦”为主题的教育实践活动、以弘扬雷锋精神为主题的教育实践活动、以“学习雷锋 做一个有道德的人”为主题的教育实践活动等，深入开展关爱帮扶活动，先后向550个村（社区）留守儿童关爱中心捐赠书籍，建立550个留守儿童关爱中心。

加快新建乡村学校少年宫建设，完成场馆建设、设备安装，并陆续开展活动；投入380万元县级财政资金推进县级少年宫建设，建成76所县级乡村学校少年宫，实现全县乡镇全覆盖。

加强志愿服务制度化建设。结合“建文明城市，做文明市民”活动，组织各级志愿服务队伍利用星期日、节假日，广泛开展“学习雷锋·邻里守望”“星期六学雷锋志愿服务日”“讲文明树新风”“保护山川河流”“社区志愿服务”“家庭志愿服务”、文化体育活动进社区、“讲文明、树新风”“三关爱”“小手牵大手、文明行为伴我行”志愿服务实践活动30余次；组织100余名离退休老同志开展“争当文明城市宣传员”“争当文明社区监督员”“关心下一代成长”等主题志愿服务活动；组织各行业系统群众开展“医疗卫生进社区”“应急救援志愿服务”等活动。着力打造保护山川河流、“爱心出租车”、武胜义工联合会等一批有特色、有实效、有影响的志愿服务项目品牌；“县级退休干部关心下一代”志愿服务组织、武胜县义工协会分获省、市表彰。

【领导人】 县委领导：书记：毛加庆，副书记：郑鹏程、包永红，常委：李应贵、杨永福、杨承林、段德福、李良全、蒋吉利、郑机智、陈敦林、曹德才（9月起）。

县人大常委会领导：主任：张洋华，副主任：侯德礼、李宗萍、罗鸿、陈先英。

县政府领导：县长：郑鹏程，副县长：李应贵、杨永福、刘文涛、雷树全、罗林全、谢洋波（7月止）、杨一、牟光平（10月止）、陈欣（9月起）、王联勋（10月起）。

县政协领导：党组书记、主席：张利纯，副书记、副主席：陈晓林，党组成员、副主席：罗建清、段治明，副主席、县工商联主席：屈良斌，党组成员、秘书长：孙亮。

2014年武胜县经济社会发展主要指标

表12

项　目	单　位	实　绩	比2013年增长（%）
地区生产总值	亿元	173.3	10.3
第一产业增加值	亿元	35	4.1
第二产业增加值	亿元	89.1	11.5
第三产业增加值	亿元	49.2	12.1
民营经济增加值	亿元	103	11.6
粮食总产量	万吨	34	0.4
肉类总产量	万吨	9	3.9
社会消费品零售总额	亿元	57	13.4
全社会固定资产完成投资	亿元	125.8	29.3
地方财政一般预算收入	亿元	7.4	20.5
地方财政一般预算支出	亿元	27.8	11.5
年末金融机构存款余额	亿元	201.5	11.5
年末金融机构贷款余额	亿元	72.8	20.7
保费收入	亿元	2.7	68.8
城镇居民人均可支配收入	元	23856	10.1

续表12

项　目	单　位	实　绩	比2013年增长（%）
农民人均纯收入	元	10032	12.7
城市污水处理率	%	85.6	—
城市垃圾处理率	%	99	—
中小学在校生数	人	71899	—
广播综合覆盖率	%	100	—
电视综合覆盖率	%	100	—
新型农村合作医疗制度参合率	%	98.3	—

（武胜县史志办）

邻水县

【概况】　邻水县位于四川省东部边沿，辖区面积1919平方千米，辖18个镇，27个乡。2014年，全县总人口1038426人。2014年，始终坚持发展第一要务，及时研究出台稳增长措施30条、工农业改革措施21条、加快“五大百亿级”产业集群发展措施15条，全力以赴稳增长、调结构，地区生产总值全市第一。二、三产业比重分别提升0.3个百分点、0.8个百分点，一产业比重下降到20%以内。

2014年，全县实现地区生产总值180.7亿元、增长10.2%，规上工业增加值增长11.1%，固定资产投资162.2亿元、增长26.8%，社会消费品零售总额72.6亿元、增长13.3%，农民人均纯收入9365元、增长11.5%，城镇居民人均可支配收入23703元、增长10.4%，地方公共财政收入6.8亿元、增长15.5%。城镇登记失业率3.5%，人口自然增长率2.6‰。

【工业经济】　围绕“园区扩规模、产业提质量、企业增效益”目标，加快推进工业发展。七大园区完成场平3400余亩，新增道路管网骨架10.2平方千米，新建标准厂房22.9万平方米、安置房10万平方米，新增绿化面积7.6万平方米。经开区创建为省生产性服务业功能示范区、省级知识产权试点园区，建设发展成效得到省委东明书记的高度评价。产业转型成效显著，着力打造“五大百亿级”产业集群，机电、建材等五大支柱产业产值198.7亿元，占规上工业总产值的91.4%，以汽摩配为主的机电产业成为首个百亿级产业集群；改造提升传统产业，完成技改投入39.4亿元、增长28.1%，关闭煤矿4户、淘汰落后产能36万吨，战略性新兴产业工业总产值实现22亿元、增长24.3%。大力实施创新驱动战略，园区80%的企业成立技术研发中心，拥有高新技术企业5户、省级科技企业孵化器1个，获得国家发明专利25项，广安市首家汽摩产业技术研究院落户邻水。发展后劲持续增强，新引进企业32户、累计165户，新建成投产18户、累计102户；新培育规上工业企业18户、小微企业702户，连续三年均为全市第一。

【现代农业】　大力实施现代农业和产村相融“111”工程邻水单元建设，新建柳塘、复盛、丰禾粮经复合高产示范基地3.5万亩，建成脐橙标准化管理示范园6个、标准化规模养殖场18个，新建幸福美丽新村6个，新改扩建农民新村101个，袁市天缘花谷等3个乡村旅游示范区加快建设，缪氏庄园等3个乡村旅游区正式营业。粮食总产44.3万吨、出栏生猪86.9万头，复种蔬菜45万亩，脐橙产量14万吨，西南一流的脐橙商品化处理厂建成投产。狠抓农产品品牌创建，新注册农产品商标56件，累计申创著名商标5件、知名商标22件。农田水利设施不断完善，丰禾、石滓、城区堤防工程、小农水等一批涉农项目全面完工，整治病险水库32座、山坪塘186口、渠道45.6千米，解决3.7万人饮水安全问题。

【第三产业】　重百新世纪、嘉裕影院等12个商业旗舰集中入驻宏帆广场，仿古商业街建成营业，龙腾新世纪、富全美食天街等特色商业项目推进顺利，恒源美食街完成升级改造，渝邻物流园完成总体规划，启动征地拆迁工作。全年新培育规上服务业企业15户、全市第一，新培育限上商贸流通企业8户，左军机械等3户企业获得国家级“守合同重信用企业”称号。外贸出口1.1亿美元、同比增长38%。旅游业快速发展，天意谷成功创建国家AAAA级景区，泥汉坪、铜板沟等四大旅游项目签订合作框架协议，全年接待游客402.2万人次，实现收入28亿元，分别增长36.6%、45.9%。

【城乡统筹】 城镇建设推进有力。修改完善东部片区控规、县城景观风貌、给排水等专项规划。完成宏帆广场商业圈主体工程建设，黄桷树公园全面建成，规划馆建成开馆，东方明珠、泽达国际等8个高端商住精品小区相继建成，银鼎山公园升级改造取得突破进展，护城河综合整治稳步推进。特色小城镇竞相发展，鼎屏、丰禾、九龙列入全国重点镇，九龙纳入全省"百镇建设试点行动"，高滩、牟家等6个乡镇纳入全市特色集镇建设。城市管理不断加强，"双违"建筑有效控制。全年新增城镇面积3.2平方千米，城镇化率提高3个百分点。

交通建设成绩斐然。充分利用"十二五"中期评估项目调整机会，争取新建一级公路、危桥加固改造等一批交通项目，202、208、406、407等四条省道获得省政府批准建设。重点项目扎实推进，西出口及连接线建成通车，县城环城路升级改造全面完成，国道210线大中修改造、国道350线石滓至重庆段改造加快推进，南出口连接线启动建设，西环线即将启动建设。农村公路建管养运一体化有序推进，全年新（改）建农村公路295千米；新建安保工程151千米；强化农村公路养护考核，128千米失养乡道纳入县上养护；新增农村客运片区4个、客运车辆21台。

城乡环境持续改善。全面开展"洁净水"行动，持续三年接力，坚持不懈推进水环境综合治理，大洪河网箱网栏养鱼和水库肥水养鱼全面取缔，大洪河、御临河出境断面水质达标。新建乡镇污水处理站13座、压缩式垃圾中转站4座，与中信集团采取PPP模式合作建设县城第二污水处理厂、26个乡镇污水处理站和14个乡镇污水管网，城区及乡镇饮用水水质均达到Ⅲ类标准。出台《城镇二次供水管理办法》，强化城镇用水供给保障。加强大气污染防治，大气自动监测站、机动车尾气检测中心建成投运。成功创建为省级园林县城。

【深化改革】 深化改革强力推进。按照县委决定的改革"时间表"和"路线图"，积极作为，启动实施21项重点领域改革。在简政放权上，县本级行政审批项目减至83项，承接市上行政审批项目21项，平均办结时间提速86.6%。在机构改革上，农业与农机畜牧、卫生与人口计生、教育与科技体育、工商与质监等职能整合全面完成，事业单位分类改革稳步推进。在投融资体制改革上，推出鼓励社会投资重大项目，扩大民间投资领域。在财税体制改革上，推进"营改增"改革试点，深化绩效预算管理和国库管理改革。在农村综合配套改革上，围绕放活农村土地承包经营权，全面铺开农村集体土地确权登记工作。

开放合作成效显著。坚持"抓大项目促进加快发展、抓好项目促进科学发展、抓项目集群促进跨越发展"理念，抓牢抓实项目工作，成功争取高滩川渝合作示范园一期基础设施、棚户区改造等重大项目271个、总投资71.4亿元，实施1000万元以上重大项目52个、总投资361.5亿元，固定资产投资总量、增量继续保持全市第一。推行"5+n"招商模式，成功引进柳州方鑫汽车饰件、中航国际新能源电动车等项目126个，到位资金166.5亿元、连续八年全市第一。邻渝合作取得实效，与重庆渝北区缔结友好城市，与重庆两江新区、空港工业园结成战略发展协作同盟，高滩川渝合作示范园成为重庆空港工业园配套园。积极参加西博会、渝洽会等会展活动，签订协议总额3.5亿元。

发展保障坚强有力。全年公共财政支出35亿元、增长5.6%。中银富登村镇银行开业营运，农村信用联社改制农村商业银行全面完成，金融机构扶持小微企业140户、贷款余额25亿元，全年新增贷款15.2亿元、比年初增长24.4%。城乡建设用地增减挂钩、工矿废弃地复垦试点工作扎实开展，启动农村集体土地大比例尺图实测和确权登记工作，全年报征土地2951亩。完成自来水厂改扩建和配气站升级改造工程，幺滩110千伏变电站建成投运，新改建水、电、气管网36千米、446.66千米、58.1千米。

【社会事业】 2014年，始终坚持民生为本理念，高度关注民生，不断加大投入，努力增进群众福祉。全年投入民生资金24.3亿元，占公共财政支出71.7%，高于全省、全市6.7个百分点、1.7个百分点。

民生工程扎实推进。完成省市县民生项目123项，解决一批群众关心的上学难、就医难、出行难、饮水难等问题。实施精准扶贫，完成26个贫困村扶贫项目，减少贫困人口16722人；发放资助金和助学贷款7700余万元；住院医疗救助12.5万人次，报销费用3.1亿元。扎实推进"百万安居工程"，建设保障房8259套，3979户群众乔迁新居。加强就业和社会保障工作，城镇新增就业1.4万人，新（改、扩）建敬老院6所，"五险"覆盖人数52.6万人，发放失业保险金4874万元、养老保险金7.5亿元、城乡低保金7966.4万元、城乡医疗救助金2057万元，支付职工居民医疗费1.5亿元，新农合参合率连续6年全市第一。

社会事业齐头并进。“全国义务教育发展基本均衡县”“国家级农村职业教育和成人教育示范县”“部省共建广安教育改革发展试验区”工作深入推进，新（改、扩）建10所公办幼儿园，县职中教学综合楼、合流职中中职能力建设、邻水中学综合教学楼和女生宿舍楼等项目全面建成；中考连续7年、高考连续21年保持全市第一。新发展千万元以上文化企业4户，乡镇文体广场等一批农村文体设施建成投用，太和乡被命名为首批“四川省特色文化之乡”。申报科技专利189件，占全市总量的1/3，独揽全市5项通过省部级科技成果鉴定项目。县精神病医院建成运行，兴仁等3个乡镇卫生院、10个村卫生室改扩建全面完成，县中医医院整体迁建和县人民医院安置房项目加快推进，县人民医院“二级甲等综合医院”通过复审，顺利通过省级卫生县城复查验收。

社会大局和谐稳定。扎实开展安全生产大检查、“六打六治”打非治违、道路交通安全综合整治攻坚年、遏制煤矿重特大事故攻坚战、社会投融资秩序整顿等专项行动，安全生产事故起数、伤亡人数分别下降42.9%、12.5%，观音桥镇成功创建省级安全社区。健全县乡村三级食品药品安全监管体系，食品药品监管得到加强。深入开展“走基层”活动，带着责任和感情化解矛盾纠纷，53件省、市挂牌信访积案按时办结，进京上访批次、人次分别下降59%、52%。扎实开展“一标三实”和流动人口登记，加强治安防控体系建设，依法打击各类刑事犯罪活动，刑事案件发案率连续三年保持下降趋势，成功破获广安建市以来最大的运输贩毒目标案件，外流贩毒人数同期下降67.8%。尤其是面对百年一遇的“9·13”特大洪灾，全县上下众志成城、全力以赴，解救被困群众762人，紧急转移受灾群众2.4万人、物资267吨，并实现大灾之后无大疫。县本级调度资金5000余万元、争取上级补助资金7269万元、发动社会捐款207万元，迅速启动住房重建、基础设施重建、产业重建，夺取灾后重建的阶段性胜利。

【党建工作】 2014年，邻水县认真贯彻省委“两个意见”，全面落实党风廉政建设“两个责任”，持续深化正风肃纪。强力整治“四风”突出问题，扎实开展“庸懒散浮拖”等专项整治工作，查处“四风”案件44件，清退、封存违规车辆43台，腾退超标办公用房3000余平方米，查处“不为”之将71人。扎紧制度笼子，出台财政资金管理、政府投资项目跟踪审计等规范性文件22个。

强化干部选任监督，大力推行干部选拔任用预审制，创新“一图一表”“一人一表”审核方式，对干部选拔任用工作进行覆盖式全程记录，严把干部提名、推荐、考察、决议、任用等关口。试点开展拟提拔科级领导干部家庭财产申报公示制，40名拟提拔干部均对家庭财产进行申报公示，4名申报家庭财产不实的干部被组织约谈。加强干部日常监督，严格执行领导干部报告个人重大事项、函询、约谈、诫勉谈话等制度，全年对20名领导干部进行经济责任审计，对调整职务的260余名干部进行全覆盖谈心谈话。抓好“一把手”权力运行和干部“8小时”外监督。创新出台《乡镇工作“去机关化”十项规定》，大力开展“庸懒散浮拖”问题集中整治活动，切实加强干部作风监督。

扎实开展“四个专项整治”，清理在编不在岗人员105人、违规经商办企业6人、违规任用中层干部40人、违规借用上挂干部239人。大力开展专项整治，将干部档案管理不规范、干部混岗混编2个问题纳入整治范围，确立10个重点整治任务，做到有的放矢。稳步推进中央巡视组、中组部检查组反馈问题整治，整改消化违规享受待遇干部22名，全面废止县本级出台的有关干部职级待遇的政策规定3条，完成法、检两院内设机构超设问题整改。

建强基层服务队伍，选优配强7名村党支部书记，新招录2名重点院校毕业生到村任职。大力推进村党组织书记“素质提升”工程，对全县522名村（社区）党组织书记进行全覆盖集中培训，择优选派2名优秀村（社区）党组织书记和40余名大学生村干部赴省、市参加示范培训，带头人队伍综合素质不断提升。夯实基层服务基础，建立健全村干部轮流值班坐班制度，推动村干部联系服务群众制度化、常态化。扎实开展后进基层党组织整顿转化工作，52个后进村全部完成整顿转化目标。

【精神文明建设】 2014年，文化战线坚持“群众演、演群众，群众看、乐群众”的方式广泛开展文化实践活动，努力创作优秀文艺作品，文化软实力进一步增强。围绕“感恩小平·我为小平家乡发展作贡献”主题纪念活动，举办“感恩小平作贡献·服务群众到身边”文艺巡演60场。利用节庆日举办书法美术摄影作品展、广场音乐会等群众性文化活动100余场次，创编《横扫四风》《奉献中的生命》等文艺作品5个。成功举办邻水首届广场舞大赛、“庆七一颂伟人”暨广场舞颁奖晚会、第二届青年歌手电视大奖赛，纪念邓小平同志诞辰110周年广场文艺晚会等大型文艺宣传活动。印制出版《邻州歌谣》《邻州梦痕》《邻州古风》等3套本土文化丛书，中国第一部李准研究文学《李准故事》成功发行。自创自导微电影《信不信由你》代表广安市参加全省“美丽四川”微电影大赛。“手掌木偶”传习所被评为全市唯一的省级首批非物质文化遗产传习基地，太和乡获评“四川省文化艺术之乡”，邻水“全国文化先进县”荣誉继续保持。

深入龙安、长滩等乡镇开展“四下乡”活动7次，为群众免费书写春联3000余幅，义诊2万余人。纪念小平诞辰110周年社会宣传、“双违”治理集中宣传、图说社会主义核心价值观宣传入眼入心，在高速路沿线、人行天桥和城区等安装大型户外公益广告120余幅，在城区所有在建工地外墙设置“感恩小平”标语、社会主义核心价值观公益广告2万余平方米，利用城区公共场所LED滚动显示宣传标语和播放公益广告。

举办先进典型事迹巡回宣讲活动9场次，培树宣传践行党的群众路线、社会主义核心价值观等先进典型60余名，其中，黄明科同志被省委宣传部确定为全省践行社会主义核心价值观先进典型向中宣部推介表彰。成功举办“书韵邻州”第二届全民读书节，通过举办启动仪式，开展精品图书推荐、图书优惠展、农民读书活动等系列活动，使读书活动真正做到进机关、进学校、进社区、进企业、进农村。组织全县领导干部集中观看红色经典和先进典型人物专题片影视片6次。扎实开展机关、学校祭革命先烈、讲英烈故事等爱国主义教育活动。推荐上报优秀思想政治课题研究成果7篇。

举办邻水县第三届道德模范评选、表彰活动，18名群众公认、事迹感人的道德典型受到隆重表彰和广泛宣传。扎实开展“身边好人”评选、推荐工作，全年推出“广安好人”13名、“四川好人”7名和“中国好人”2名，2人获“广安市2013年度时代楷模”称号，2人被评为2013年度广安市“十大最美人物”，各级好人数量居各区市县首位。主题实践活动丰富多彩。组织开展公民道德建设宣传教育、志愿者服务日、星期六学雷锋志愿服务日等10余项主题实践活动，组织近千名机关干部深入社区开展文明劝导、街面保洁、慰问帮扶。免费发放《邻水县文明手册》5万余册。特别是遭遇“9·13”特大洪灾后，组织文明单位全力抗洪救灾、重建家园，号召动员广大党员为“9·13”灾区群众募捐资金207万元，用实际行动展现全县人民“与善为邻·自强自胜”的邻水精神和友善互助的传统美德。未成年人思想道德建设工作亮点频显。组队参加省市中华经典诵读大赛，获市特等奖、省一等奖。常态化开展校园周边环境、网吧以及文化市场的专项整治、净化和巡查，为未成年人营造良好的社会文化环境。新建校园心理辅导站（点）4个，切实加强未成年人特殊群体的教育管理。

【领导人】 县委领导：书记：李隆席，副书记：赵璞、黎均平（9月止）、冯永斌（9月起）、王勇（9月起）常委：吴奇雷（9月起）、唐兴文（9月止）、蔡丽华、王德明、艾宪雷、唐存海、张文、万爱明、何晓波（6月止）、刘永明（12月止）、谭焰（6月止）。

县人大常委会领导：主任：梅可明，副主任：熊兴元、熊良平（3月起）、王习全（3月起）、钟兰（9月止）。

县政府领导：县长：赵璞，副县长：谭焰（6月止）、吴奇雷（9月起）、王德明、何晓波（6月止）、成华明、秦玮远（6月止）、罗中锐、陈禾、杜彬、熊辉（8月起）。

县政协领导：主席：刘朴（9月止）、黎均平（9月起），副主席：李晓燕、张敬之、朱炳烈、郭中文。

2014年邻水县经济社会发展主要指标

表13

项　目	单位	实绩	比2013年增长%
地区生产总值	亿元	180.7	10.2
第一产业增加值	亿元	35.6	44
第二产业增加值	亿元	88.7	11.5
第三产业增加值	亿元	56.4	11.3
规模以上工业增加值	亿元	—	17.1
粮食总产量	万吨	44.4	-0.7
肉类总产量	万吨	7.7	2.1

续表13

项　目	单位	实绩	比2013年增长%
社会消费品零售总额	亿元	72.3	13.3
全社会固定资产完成投资	亿元	162.2	26.8
地方公共财政收入	亿元	6.8	15.5
公共财政支出	亿元	35.0	5.6
旅游总收入	亿元	28.0	45.9
年末金额机构存款余额	亿元	190.4	14.9
年末金额机构贷款余额	亿元	77.5	24.4
城镇居民人均可支配收入	元	23703	10.4
农民人均纯收入	元	9365	11.5

（邻水县史志办）

附　录

统计公报

2014年广安市国民经济和社会发展统计公报

广安市统计局　国家统计局广安调查队

2015年4月

2014年，面对复杂多变的国内外形势，市委、市政府带领全市人民，以邓小平诞辰110周年纪念活动为契机，全面实施多点多极战略，科学统筹稳增长、促改革、调结构、惠民生，国民经济在新常态下平稳运行，结构调整出现积极变化，发展质量不断提高，民生事业持续改善。

一、综　合

经省统计局审定，全市完成地区生产总值（GDP）919.6亿元，同比增长10.2%。其中，一二三产业分别实现增加值155.7亿元、482.9亿元和281.0亿元，分别增长4.1%、11.1%和11.7%，对经济增长的贡献率分别为6.4%、59.7%、33.9%，拉动GDP分别增长0.6个百分点、6.1个百分点、3.5个百分点。人均GDP为28489元，增长9.9%。三次产业结构由上年的17.9∶52.4∶29.7调整为16.9∶52.5∶30.6，其中第三产业比上年提高0.9个百分点。

全市非公有制经济增加值为529.7亿元，增长11.3%，占GDP的57.6%，对GDP的贡献率为65.3%，拉动GDP增长6.7个百分点。其中，一二三产业非公有制经济增加值分别为38.0亿元、313.5亿元和178.1亿元，分别增长4.4%、12.1%和11.6%。

全年居民消费价格总水平（CPI）比上年上涨2.3%，其中食品类价格上涨1.8%。商品零售价格上涨1.2%。工业生产者出厂价格（PPI）下降1.4%，其中生产资料价格下降1.3%，生活资料价格下降1.7%。工业生产者购进价格（IPI）下降1.5%。

2014年广安市居民消费价格指数

表14　　单位:%

指　标	指 数（上年=100）
居民消费价格指数	102.3
食 品	101.8
烟 酒	97.4
衣 着	104.2
家庭设备用品及维修服务	102.5

续表14

指　标	指 数（上年=100）
医疗保健和个人用品	102.5
交通和通信	99.6
娱乐教育文化用品及服务	104.6
居 住	103.4

二、农　业

全年完成农业总产值265.3亿元，同比增长4.2%。

全市粮食播种面积为34万公顷，粮食总产量185.7万吨，比上年减少0.8万吨，下降0.5%。其中，水稻产量100.4万吨，下降1.7%；玉米产量29.3万吨，下降0.4%；小麦产量14.4万吨，下降0.8%。油料种植面积6.4万公顷，产量为13.4万吨，增长2.3%。蔬菜（含菜用瓜）种植面积为6.7万公顷，产量241.0万吨，增长2.4%。全年肉类总产量35.8万吨，增长2.1%；禽蛋产量6.8万吨，增长1.3%；牛奶产量2843吨，增长0.7%；蚕茧产量3260吨，增长0.8%。全年生猪出栏425.8万头，增长2.0%；牛出栏4.7万头，增长4.2%；羊出栏35.7万只，增长3.4%；家禽出栏2887.5万只，增长2.0%；兔出栏506.8万只，增长3.3%。

全市水产品产量为6.1万吨。

全市共完成营造林面积2.1万公顷，其中人工造林0.9万公顷、封山育林0.1万公顷、森林抚育0.5万公顷、低产低效林改造0.7万公顷。全市森林总面积为25.4万公顷，森林覆盖率为38.9%。

实施现代农业和产村相融“111”工程，建成万亩以上现代农业园区83个87万亩、畜禽标准化规模养殖场（小区）5227个；新发展无公害、绿色、有机农产品和地理标志农产品47个，成功推出“邓小平故里华蓥山优质农产品”公用品牌。

全市病险水库除险加固45座，启动实施中小河流治理项目6个，渠系配套防渗220千米，新增农田有效灌溉面积3030公顷。解决22.1万农村人口饮水安全问题。

三、工业和建筑业

全部工业增加值为375.4亿元，增长9.4%，对经济贡献率为41.1%，拉动经济增长4.2个百分点。全年新增规模以上工业企业71户，年末规模以上工业企业总户数为517户。实现工业总产值1330.4亿元，增长16.2%，其中，轻工业551.5亿元，增长10.0%，重工业778.9亿元，增长21.0%；煤炭、电力、建材、装备制造和农产品加工五大支柱产业完成总产值851.9亿元，增长16.1%。规模以上工业增加值增长10.2%。从主要工业产品产量看，食用植物油15.2万吨，增长2.7%；矿山专用设备14.1万台，增长5.2%；大米39.5万吨，增长10.6%；蚕丝5286.4吨，增长27.6%；小麦粉28.5万吨，增长6.3%；精炼铜20359吨，增长140.2%；瓷质砖5268.4万平方米，增长47.8%；鲜、冷藏肉10.3万吨，增长3.0%；发电量108.0亿千瓦时，增长2.0%；家用洗衣机61.5万台，下降14.3%；饮料酒12.1万千升，下降7.6%；水泥1175.9万吨，下降0.2%；液化天然气15.0万吨。

全年规模以上工业企业实现主营业务收入1264.1亿元，增长11.3%。实现利润65.4亿元，下降10.9%；利税总额为94.7亿元，下降1.6%。产销率为98.5%。

全市产业园区新拓展面积56.6平方千米，累计拓展面积171.7平方千米，新入驻企业58户，其中投资亿元以上企业42户，累计入驻企业达705户。完成基础设施投入85.9亿元，增长31.9%，新建标准厂房199万平方米，新建道路93千米，铺设管网205千米，新建污水处理厂2座，新建220千伏变电站2座，110千伏变电站2座，建成供水厂2座、供气站1座。邻水经开区、武胜经开区创建为全省生产性服务业功能示范区，四川得丰电气成功创建为全省生产性服务业功能企业。

全年建筑业增加值为107.4亿元，增长16.5%，对经济的贡献率为18.6%，拉动GDP增长1.9个百分点。四级以上资质等级建筑企业纳入统计共105户（不包括劳务分包企业），完成建筑业总产值331.6亿元，增长23.5%。房屋建筑施工面积1640.9万平方米，增长19.4%；房屋建筑竣工面积848.6万平方米，增长15.1%。

四、固定资产投资

全年完成全社会固定资产投资919.2亿元，增长36.7%。其中，项目投资完成796.6亿元，增长33.1%。其中，一二三产业投资分别为24.3亿元、256.2亿元和638.7亿元，分别增长36.3%、2.7%和57.7%。

全年172个重大产业项目完成投资292.9亿元。其中，前锋区国美汽配生产建设、岳池县药用辅料药用包材生产项目等28个重大产业项目陆续投产，西部牛仔纺织服装商贸科技产业项目、华蓥山旅游园区基础设施建设项目、岳池医药产业化项目等89个项目加快建设，长明高新技术产业项目、广安市手机整机及手机配件生产线项目等55个重大产业项目相继开工。

全年168个重大基础设施项目完成投资248.8亿元。其中，市民广场（文化综合体）共建项目、站前广场等38个重大基础设施项目基本完工，兰渝铁路广安段、渝广巴高速公路广安段、遂广高速公路广安段、渠江广安（四九滩—丹溪口）航运建设工程等53个重大基础设施项目加快建设，中国低碳智慧新城项目、港前大道等77个重大基础设施项目相继开工。

全年70个重大民生及社会事业项目完成投资30.7亿元。其中，广安市公安局业务技术用房暨市应急联动指挥中心、广安市全科医生培养基地建设等24个重大民生及社会事业项目基本完工，华蓥山矿区煤矿棚户区改造工程、岳池县2013年移民后扶整村推进示范片建设等18个重大民生和社会事业项目加快实施，广安区城北打靶场棚户区改造、前锋实验学校等28个重大民生和社会事业项目开工建设。

全年7个重大生态环保项目完成投资3.4亿元。其中，绿色文化长廊改造项目、邓小平故里景区节能改造教育示范项目等3个重大生态环保项目基本完工，退耕还林成果专项建设、天保工程二期2个重大生态环保项目加快实施，华蓥市资源枯竭型城市矿山地质环境治理重点工程、全民水库综合治理2个重大生态环保项目开工建设。

全年完成房地产开发投资122.1亿元，增长87.1%。商品房施工面积1045.5万平方米，增长37.2%；商品房竣工面积230.3万平方米，增长2.4倍；商品房销售面积305.9万平方米，增长28.6%。

五、国内贸易和旅游

全社会消费品零售总额为330.4亿元，增长13.1%，分行业看，批发业、零售业、住宿业和餐饮业零售额分别为47.1亿元、233.3亿元、5.0亿元和45.0亿元，增速分别为12.0%、13.3%、15.0%和13.1%。其中，城镇、乡村零售额分别为253.4亿元、77.0亿元，分别增长13.0%、13.4%。限上商贸单位实现零售额178.9亿元，增长15.0%。

成功举办“5·19”中国旅游日主会场系列活动，编制完成华蓥山旅游产业园区总规，游客中心、红色文化影视城等项目建成营运，协兴历史文化街区、翰林旅游小镇等项目加快建设，武胜白坪—飞龙、华蓥高兴—阳和等6条乡村旅游带成功打造，宝箴塞、华蓥山天意谷、神龙山巴人石头城等4个旅游区成功创建国家AAAA级景区，华蓥市成功创建四川旅游强县，武胜县成功创建全国休闲农业与乡村旅游示范县。全年实现旅游收入194.6亿元，增长43.8%，接待旅游人数2768.2万人次，增长38.6%。

六、对外经济和招商引资

全年新批外商投资企业5家、增资扩能项目1个，实际利用外资4194万美元，增长2.2%；外贸进出口总额11.1亿美元，增长12.0%，其中出口10.8亿美元，增长9.6%；岳池县成功创建国家级外派劳务公共服务平台，新获省厅批准境外投资企业1家，四川省华蓥市南方送变电有限公司获批对外劳务经营资格，实现我市对外劳务经营资格“零”的突破。

全年引进项目950个、到位资金815.6亿元。

七、交通、通信和邮电

巴广渝、遂广高速公路广安境内段进度有序推进，质量、安全均可控。岳池（九龙）至华蓥（阳和）干线联网畅通工程岳池段、枣山园区段建成通车，广安区、华蓥境内段全面开工建设。全市公路通车总里程为10782.2千米，等级公路9831.1千米。其中，高速公路206.2千米，一级公路98.2千米，二级公路358.6千米，三级公路447.8千米，四级公路8720.3千米，等外级公路951.1千米。水路客运量135.9万人次、旅客周转量1243.6万人千米、货运量571.9万吨、货物周转量32423.5万吨千米。

全年邮电业务总量为16.8亿元。其中，邮政业务总量2.6亿元；电信业务总量14.2亿元。年末固定电话用户31.4万户，下降4.7%；移动电话用户233.4万户，增长11.5%；宽带用户29.6万户，增长30.8%。

八、财政、金融和保险

全市地方公共财政收入46.0亿元，增长17.4%。其中税收性收入29.2亿元，增长20.7%，占地方公共财政收入的63.6%。公共财政收入支出186.6亿元，增长14.8%。国税收入20.8亿元，增长19.8%；地税收入43.6亿元，增长26.3%。

年末，全市金融机构各项存款余额1265.2亿元，比年初增加151.2亿元，增长13.6%；住户存款902.5亿元，比年初增加106.3亿元，增长13.4%。金融机构贷款余额515.0亿元，比年初净增90.3亿元，增长21.3%。

全市现有驻市保险机构21家，其中，财险公司10家，寿险公司11家。全年共收保费32.5亿元。其中，财险收入保费7.5亿元，寿险收入保费25.0亿元，全年各项赔款给付11.7亿元。

九、教育和科学技术

全市幼儿园720所，在园幼儿11.1万人，省级示范性幼儿园9所、市级示范性幼儿园19所，学前3—5岁幼儿毛入园率为80.6%。全市义务教育学校469所，其中，小学228所，初中241所，特殊教育学校5所；在校学生65.2万人；城镇学校“大班额”问题有效化解，2014年秋季小学、初中一年级56人以上大班额所占比例为32.0%、38.1%，分别比上年下降了2.0、7.0个百分点。全市普通高中学校35所、在校学生9.2万人。2014年高考本科上线11677人，重点上线1734人。全市中职学校23所，在校学生5.2万人。广安职业技术学院和广安电大整合。

全市共争取各类科技计划项目60项，到位项目资金2890万元。实施中省重点科技项目55项，取得科技成果48项。专利申请量744件，其中发明专利申请量215件，专利授权量368件。新培育国家级高新技术企业9家、省级创新型企业12家，成功创建省级企业技术中心4家。

十、文化、体育和卫生

全市广播电视台5个，广播电视站2个。广播覆盖率97.7%，电视覆盖率96.2%。

全市公共图书馆7个，剧场影剧院9个，博物馆、展览馆2个，文化馆、美术馆7个，乡镇综合文化站172个。

全市组织参加2014年省十二届运动会。运动员在全省各类项目锦标赛中获得了金牌16枚、银牌16枚、铜牌13枚。全市建成20个乡镇文体广场，免费开放体育场馆50多万人次。

全市档案馆7个，馆藏全宗1056个，以卷为保管单位59.7万卷、件为保管单位的30.5万件，录音磁带档案632盘，照片7426张，实物档案7318件，馆藏资料38058册，其中市档案馆保存全宗102个，以卷为保管单位71943卷、件为保管单位的54302件，录音磁带档案117盘，照片1856张，实物档案74件，馆藏资料1252册。

全年未发生一起重大食品安全事故，无重大传染病暴发流行。全市卫生机构共3561个，其中医院51个，卫生院172个，社区卫生服务中心（站）22个，诊所、卫生所、医务室364个，采供血机构2个，妇幼保健院6个，疾病预防控制中心7个，卫生监督机构7个，医学在职培训机构1个，其他卫生机构146个（含计生服务机构），村卫生室2782个。全市医疗卫生人员共18917人，其中，卫生技术人员12148人，有执业医师3853人，执业助理医师942人，注册护士4196人。全市医疗机构实有床位13213张、编制床位11470张。其中，医院实有床位8041张、编制床位6934张；卫生院实有床位4508张，编制床位3937张；妇幼保健院实有床位249张，编制床位234张。全市医疗机构总诊疗1288万人次，医疗机构入院人数52.31万人。全市万元以上设备台数6744台，总价值7.17亿元。全年免费婚检4.87万人，孕产妇死亡率14.88/10万，婴儿死亡率为4.02‰。全市358.57万农民参加了新农合，参合率为99.2%；共筹集基金14.2亿元，政策范围内住院费用补偿比例为76.1%，新农合政策范围内统筹基金最高支付限额为12万元。

十一、环境保护和安全生产

全年关停不符合环保产业政策企业3户，批准27个项目环评手续，完成20个建设项目环保验收，大中型建设项目环评率为100%。联网监控企业22户，新增3户射线装置使用单位核发“辐射安全许可证”，办理21家单位的许可延续，全市放射源和射线装置使用单位“辐射安全许可证”办理率达100%。

全市城区升级改造大气自动监测站5个，对城市环境空气质量进行24小时连续监测。全年广安城区空气质量监测天数365天，336天达到国家环境空气质量二级标准，达标率92.1%。对3个点位开展降水监测，酸雨频率32.0%。在主要流域嘉陵江、渠江、大洪湖、御临河广安境内和重点小流域清溪河设置了出入境断面、控制断面共9个，对水质开展月报监测，在主要流域建设有6个水质自动监测站、1个饮用水源水质预警自动站，24小时对嘉陵江、渠江、大洪湖、御临河水质进行预警监测监控，全年主要流域嘉陵江、渠江广安段水质均达到Ⅲ类标准，各区市县城区饮用水水源地水质达标率100%，114个建制乡镇集中式饮用水水源保护区水质达标率94.7%。广安城区设置112个区域环境噪声监测点位、4个功能区噪声监测点位、11条道路交通噪声监测点位，噪声达标率100%。对19户国控、3户省控重点污染源企业和广安市垃圾处理中心按季进行监督性监测和在线比对监测，排放达标率为100%，全市城区生活污水处理达标率100%。

全年发生生产经营性事故28起、死亡26人、受伤11人、直接经济损失976.5万元。与去年同期相比，分别下降24.3%、10.4%、26.7%、23.6%。发生较大事故1起，死亡4人，杜绝了重特大安全生产事故。

十二、人口、人民生活和社会保障

年末全市户籍总人口为471.7万人，其中，农业人口377.6万人，非农业人口94.1万人；年末全市常住人口323.16万人，其中，城镇人口115.72万人，乡村人口

207.44万人，城镇化率35.81%，比上年提高1.52个百分点。

全市城镇居民人均家庭总收入为26238元，增长12.4%。其中，工薪收入16675元，增长7.9%；经营净收入3734元，增长26.6%；财产性收入458元，增长44.9%；转移性收入5371元，增长16.0%。城镇居民人均可支配收入为24475元，人均增加2265元，增长10.2%。人均消费性支出15985元，增长16.9%。其中，食品消费支出6814元，增长12.9%；衣着消费支出1689元，下降4.1%；居住消费支出1278元，增长10.1%；家庭设备用品及服务消费支出1560元，增长57.1%；医疗保健消费支出920元，下降0.4%；交通和通讯消费支出1675元，增长42.3%；教育文化娱乐服务消费支出1647元，增长25.0%；其他商品和服务消费支出402元，增长28.1%。

全市农民人均纯收入为9514元，人均增加1023元，增长12.0%。其中，工资性收入4750元，增长16.3%；家庭经营收入3383元，增长3.8%。农民人均生活消费支出6003元，增长26.3%。其中，人均食品支出2791元，增长12.2%；人均衣着支出359元，增长34.3%；人均居住支出658元，增长4.4%；人均家庭设备用品及服务支出511元，增长38.0%；人均交通和通讯支出509元，增长60.8%；人均医疗保健支出659元，增长89.2%；人均文化娱乐教育服务费支出372元，增长44.1%；其他商品和服务支出144元，增长97.7%。

全市实现城镇新增就业5.0万人，失业人员再就业1.56万人，就业困难对象就业0.6万人，转移输出农村劳动力160.6万人，实现劳务收入192.9亿元，开展各类就业培训4.1万人次，城镇登记失业率为3.58%。

全市城镇职工（含机关事业单位）养老、失业、医疗、工伤、生育保险参保人数累计96.5万人，城乡居民社会养老保险覆盖人数128.1万人，城镇居民基本医疗保险参保人数62.56万人。全市城镇职工（含机关事业单位）社会保险基金总收入19.2亿元，社会保障卡持卡人数达到30万人。

全年成功引进急需、紧缺高层次专业技术人才110人，开展专业技术人员继续教育培训3.6万人，职业技能培训1.01万人次，职业技能鉴定450人次，新培育技能人才3.83万人，其中培养高级工1413人、技师79人。

全年组织各类人事考试20次，参考人数达到6.1万人次，招录公务员289人，开展公务员培训10期，培训6400人，安置军队转业干部38人。

全市最低工资标准达到1250元，增长16.8%。

全年处理各类劳动人事争议案件498件，仲裁结案率达到100%。查处各类劳动保障违法案件133件，追讨工资等待遇3200万元。

注：

1. 公报中各项数据为初步统计数，正式数据以《广安统计年鉴2015》为准。

2. 公报中生产总值及增加值指标绝对数按当年价格计算，增长速度按可比价格计算。

3. 公报中部分数据因四舍五入的原因，可能存在与分项合计不等的情况。由于统计方法制度、统计口径调整，部分数据有修正。

4. 公报中林业、渔业、农机、交通运输、邮政、电信、金融、旅游、项目投资、科技、对外贸易、招商引资、财政、税收、保险、证券、教育、体育、户籍人口、文化事业和广播电视、档案、卫生、环境保护、安全生产和社会保障等数据分别来源于市林业局、市水务局、市农业局、市交通局、市邮政局、人民银行广安中心人行、市旅游局、市发改委、市科技局、市商务局、市招商局、市财政局、市国税局、市地税局、市保险协会、市教体局、市公安局、市文广新局、市档案局、市卫计局、市环保局、市安監局、市民政局、市人社局、市住建局、电信广安分公司、移动广安分公司、联通广安分公司等部门和单位，其余数据均来自市统计局和国家统计局广安调查队。

2014年广安市人力资源和社会保障事业发展统计公报

广安市人力资源和社会保障局

2014年9月

2014年，全市各级人力资源社会保障部门认真贯彻落实党的十八大及十八届三中、四中全会精神，牢牢把握“民生为本、人才优先”工作主线，大力实施就业创业和人才强市战略，加快建立覆盖城乡居民的社会保障体系，进一步深化人事制度改革，积极构建和谐劳动关系，为保障和改善民生、维护改革发展稳定大局做出了重要贡献。

一、劳动就业

全年城镇新增就业5.01万人，帮助下岗失业人员再就业1.4万人，其中就业困难人员再就业0.59万人。年末城镇登记失业人数1.12万人，城镇登记失业率控制在3.58%。

全面落实促进就业创业的政策措施，积极发挥创业对就业的倍增效应，建立完善了创业培训、项目推荐、资金扶持、专家服务为一体的创业扶持机制，创业带动就业稳步提高。全市认定高校毕业生就业见习基地74个，招聘“三支一扶”高校毕业生58名。发放创业补贴资金138万元，发放小额担保贷款1807万元，直接扶持成功创业343人，吸纳带动就业413人；申报创业培训定点机构2个，培养创业培训师8人，举办创业培训班89期，培训学员2606人，成功创业1589人。

积极推进农村劳动力转移就业，加强对进城务工人员的职业培训、就业服务、信息引导和权益维护，深化跨区域劳务合作，推进劳动力有序转移就业、就地就近就业和返乡创业。全市转移输出农村劳动力达154.7万人，实现劳务总收入193.36亿元。

启动实施农民工职业技能提升计划、青年劳动者技能培训行动，扎实开展职业培训进园区、进社区（乡镇）、进校园活动，全年完成“春潮行动”培训2.73万人（含劳务品牌培训0.19万人），青年劳动者技能培训1.01万人。

二、社会保险

社会保障体系加快完善，覆盖面持续扩大，待遇水平稳步提高。

（一）养老保险

年末，全市城镇职工基本养老保险覆盖人数40.94万人，比上年末增加3.38万人，其中参保职工24.74万人，增加1.19万人；参保离退休人数16.2万人，增加2.19万人。基本养老金待遇得到提高，且全部按时足额发放。年末参加机关事业单位养老保险9.26万人，比上年末增加0.37万人，其中离退休人员2.73万人，增加0.51万人。年末企业退休人员社区管理覆盖面99%，比上年提高1个百分点。

年末参加城乡居民养老保险人数128.08万人，比上年末增加3.07万人，其中，享受城乡居民养老保险待遇62.58万人，比上年末增加3.1万人，增长4.9%。

（二）医疗保险

年末全市参加城镇基本医疗保险人数82.65万人，比上年末增加4.11万人。其中参加城镇职工基本医疗保险20.09万人，增加0.31万人；参加城镇居民医疗保险62.56万人，增加3.8万人。参加职工医保中，女性7.26万人，增加0.1万人；退休人员6.38万人，增加0.14万人；私营企业2.59万人，增加0.35万人。

全年城镇职工基本医疗保险最高支付限额达到17万元，城镇居民基本医疗保险最高支付

限额达到11万元。享受城镇职工基本医疗保险待遇13.42万人次，比上年增加0.56万人次；享受城镇居民医疗保险待遇14.23万人次，比上年增加0.37万人次。

（三）失业保险

年末全市参加城镇职工失业保险人数10.86万人，比上年末增加1.16万人。为4.01万失地农民按时足额支付了失业保险待遇。

（四）工伤保险

年末全市参加工伤保险人数9.6万人，比上年末增加0.4万人，其中：一类企业3.6万人，二类企业2.4万人，三类企业3.6万人。全年有0.15万人享受工伤保险

待遇。

（五）生育保险

年末全市参加生育保险人数5.7万人，比上年末增加0.7万人，其中女性2.8万人，增加0.4万人。全年有0.13万人次享受生育保险待遇。

（六）社会保险基金监管

全年社保基金现场监督覆盖面达到67%，对社会保险经办机构开展了内控评价，稽核参保单位212户，补缴社会保险费1156.38万元。对区市县开展了社会保险财政补助资金专项检查和社会保险基金征缴管理情况专项检查。

三、人才队伍建设

人才队伍建设扎实推进，深入实施专业技术人才知识更新工程，技能人才培训评价体系进一步完善，人才工作力度不断加强。全年评审中级职称1211人，参加高级职称评审330人；引进高层次和紧缺人才374名；取得专业技术人员执业资格证书0.58万人；培养高级工以上技能人才1307人。

四、人事管理

圆满完成2014年公务员考试录用任务，全市面向社会公开考录公务员340名。深入推进大规模培训公务员工作，培训各类公务员6368人。参加全省人民满意的公务员评选表彰活动，全市有2人被授予“四川省人民满意公务员”称号。事业单位人员聘用制度、岗位管理制度和公开招聘制度进一步规范，全市调整和核准265个事业单位岗位设置方案；推行岗位人员聘用管理制度的事业单位3246个，合同签订率100%；组织事业单位新进人员公开招聘工作，全市共招聘工作人员1254名。

军转安置工作有序推进。认真落实军转安置政策，安置军转干部34名。扎实抓好企业军转干部解困维稳工作，解决军转干部再就业，确保了企业军转干部总体稳定。

各类人事考试任务安全顺利完成。全年共成功组织公务员考录，事业单位招聘，职称资格（执业资格）、社会化考试61102人次。

五、工资分配

工资收入分配制度改革稳慎推进，收入水平稳步提升。全市最低工资标准从每月1070元调整到1250元，上调幅度达16.8%。对市属11户国有及国有控股企业开展了督查工作。

六、劳动关系

积极开展“春暖行动”，企业劳动合同签订率达到90%，企业（已建工会）集体合同签订率达到89.5%。深入开展和谐劳动关系创建活动，创建和谐劳动关系工业园区、街道、乡镇5个。建立健全停工停薪监测预警机制、劳动保障监察举报投诉机制，有力维护劳动者合法权益。2014年，全市两级劳动人事争议仲裁机构共立案受理劳动人事争议案件498件，案件办结498件，结案率为100%。全市劳动保障监察部门主动监察用人单位827户，受理举报投诉1968件，其中调解处理1850件，调解成功率达97.4%。企业劳动用工年检主动监察用人单位户数366户。严格落实信访维稳工作责任制，健全完善信访维稳应急处理机制和风险防控机制，加强群体性事件苗头和隐患的排查化解工作，做好重大活动和重要敏感时期的信访维稳工作，维护了社会稳定。全市人社系统共收到群众来信675件1362人次；接待群众来访788件2291人次。

七、人力资源社会保障法治建设

建立健全依法行政、依法治市工作制度，扎实开展普法宣传和法治教育，认真开展行政复议和行政应诉工作。全年共处理行政复议29次，行政诉讼25次。

八、人力资源社会保障能力建设

基层劳动就业和社会保障服务设施（1+4）建设项目加快推进，标准化、规范化工作取得新进展。人力资源社会保障信息网络实现省、市、县、乡四级联通，实现省内异地就医联网即时结算，信息化公共服务能力进一步提升。全年发行社会保障卡41万张。

重要资料

更高举起改革开放伟大旗帜

——写在邓小平同志诞辰110周年之际

深圳仙湖植物园，邓小平同志22年前考察南方时栽下的高山榕，早已郁郁葱葱、华盖亭亭。

莲花山公园，习近平总书记一年多前种下的高山榕，挺拔茂盛、生机盎然……

历史在这里交汇，迸发出一个穿越时空的最强音——改革，只有进行时，没有完成时。

8月22日，是邓小平同志诞辰110周年纪念日。

今年，也恰逢中国全面深化改革元年。新华社记者分赴广安、武汉、深圳、上海等地采访，回首过去，展望未来，人们对这位世纪伟人的缅怀更加浓烈，对改革开放的信念更加坚定。

扎根大地，繁茂成林。党的十八大以来，以习近平同志为总书记的党中央秉承解放思想、实事求是的思想路线，更高地举起改革开放伟大旗帜，团结带领13亿人民，沿着小平同志开辟的中国特色社会主义道路，朝着中国梦的宏伟目标，坚定不移，勇往直前……

坚定改革信念　肩负历史担当

——邓小平："中央没有钱，你们自己搞，要杀出一条血路来。"

——习近平："敢于啃硬骨头，敢于涉险滩，就没有过不去的火焰山。"

莲花山，深圳中心区中轴线北端最高峰——这里是俯瞰深圳全貌的制高点，也是中国改革开放的新起点。

2012年12月7日，当选中共中央总书记的习近平第一次离京考察，就来到这里，向邓小平铜像敬献花篮。

此时，全世界听到了新一届中央领导集体作出的郑重宣示：

"改革开放是我们党的历史上一次伟大觉醒，正是这个伟大觉醒孕育了新时期从理论到实践的伟大创造。"

"改革开放是决定当代中国命运的关键一招，也是决定实现'两个100年'奋斗目标、实现中华民族伟大复兴的关键一招。"

"邓小平同志不愧为中国改革开放的总设计师，不愧为中国特色社会主义道路的开创者。今后，我们要坚持走这条正确道路，这是强国之路、富民之路。我们不仅要坚定不移走下去，而且要有新举措、上新水平。"

深圳市一间办公室，88岁的深圳市委老领导李灏向记者打开话匣子："没有改革开放，就没有深圳的今天，中国人的命运也就不会发生这么大的变化。"

这位曾在特区主政7年的老人，至今忘不了20多年前陪同小平同志考察的日子："年年请他他没来，到1992年他不请而来。实地一看，他对特区放心了。"

老人，还见证了一年多前习近平总书记到访的特殊时刻。

"总书记的讲话向全世界发出了强烈信号，中国要走邓小平开辟的道路，把改革开放深入下去。"他说。

莲花山上，小平铜像前，历史与未来在这里辉映。习近平总书记铿锵有力的话语，是改革的宣言，是时代的强音，是梦想的出发，更是一种接力传递的历史担当。

改革开放的伟大旗帜，在新一届中央领导集体手中，被更高地举起。

人们不会忘记，30多年前，经济濒临崩溃，人们思想迷茫，国家百业待兴，刚摆脱十年浩劫的中国，徘徊在"向何处去"的十字路口。

解放思想、开动脑筋、实事求是、团结一致向前看——

重要历史关头，邓小平同志和其他老一辈革命家一起，以改革开放的雷霆之力，以敢为天下先的胆识和智慧，拨正了"中国号"巨轮前进的航向。

坚冰打破，闸门洞开。从此，改革如一江春水，浩荡东去，奔流不息，势不可挡。

人们不会忘记，从江泽民到胡锦涛，面对纷繁复杂的形势和艰巨繁重的任务，中央领导集体排除一切干扰和困难，承前启后，继往开来，坚定不移地将改革开放伟大事业向前推进。

——从党的十三届四中全会到党的十六大，13年中，以江泽民同志为核心的党的第三代中央领导集体，在世界社会主义出现严重曲折的背景下，确立了社会主义市场经济体制的改革目标，制定和实施了促进改革发展稳定的一系列方针政策和重大战略，成功把中国特色社会主义推向21世纪。

——从党的十六大到党的十八大，10年里，以胡锦涛同志为总书记的党中央，经受非典、汶川特大地震、国际金融危机等一系列重大考验，同时加快重要领域和关键环节改革步伐，坚持不懈把改革创新精神贯彻到科学发展和治国理政各个环节，成功地在新的历史起点上坚持和发展了中国特色社会主义。

日月穿梭，斗转星移。

短短30多年间，蕴藏在亿万人民中间的活力充分释放，神州大地发生翻天覆地的变化——世界第二大经济体、世界第一货物贸易大国……中国国际影响力与日俱增，小平同志开辟的中国特色社会主义道路，愈加广阔，前景光明。

立足当下，改革进入攻坚期和深水区。利益格局盘根错节，“黄金发展期”与“矛盾凸显期”相互交织，发展中不平衡、不协调、不可持续问题依然突出，科技创新能力不强，产业结构不合理，发展方式依然粗放，社会矛盾明显增多……改革之敏感、复杂、艰巨程度前所未有。

“现在看，发展起来以后的问题不比不发展时少”——20多年前，邓小平作出这样的重要判断。

党的十八大之后，以习近平同志为总书记的中央领导集体接过历史的接力棒。

中国向何处去？世界瞩目。

——“我们的改革是在中国特色社会主义道路上不断前进的改革，既不走封闭僵化的老路，也不走改旗易帜的邪路。”

——“我们必须以更大的政治勇气和智慧，不失时机深化重要领域改革。”

——“我们要坚持改革开放正确方向，敢于啃硬骨头，敢于涉险滩，既勇于冲破思想观念的障碍，又勇于突破利益固化的藩篱。”

深圳、珠海、佛山、广州……一路走来，习近平总书记的话语振聋发聩！

这是一种勇于担当的政治品格——

“改革是一场革命。”中央文献研究室第三编研部主任龙平平说，“改革开放初期是以破为主，现在的改革是又破又立，难度更大，这考验着新一届领导人的智慧和魄力。”

从2012年年底广东考察宣示改革决心，到2013年年中在湖北就全面深化改革进行调研，再到去年底召开十八届三中全会对全面深化改革作出战略部署——

梳理十八大以来的治国理政历程，以习近平同志为总书记的新一届中央领导集体，将全面深化改革的蓝图从容展开。

从成立中央全面深化改革领导小组到出台落实专项改革方案，改革步伐向纵深迈进。

行政改革引领、财税改革问世、司法改革试水、户籍改革破冰、公车改革稳步推行……许多多年想改而难啃的“硬骨头”，在短短一年多时间里有了突破性进展。

把权力关进制度的“笼子”，让法律制度刚性运行——十八大以来，40多名省部级以上官员落马，中国反腐行动力度空前。

“与改革开放之初相比，改革的环境、任务、重点已大不相同，但那一股子气、那一种豁出去的劲头是必不可少的。”江苏昆山经济技术开发区原管委会主任宣炳龙说。

深圳渔民村，30年前邓小平造访之地，也是习近平总书记第一次离京考察特地到访的地方……

“小平在村里停留了30分钟，临走时，叮嘱我们不要怕，大胆地干。”

回忆起那一幕，73岁的深圳渔民村老“村长”邓志标话语不多，眼眶湿润。

办公室墙上，悬挂着邓小平和村民促膝交谈的照片，悬挂着习近平考察渔民村的照片，总书记的话语回响在他耳畔：“实践发展永无止境，解放思想永无止境，改革开放也永无止境，停顿和倒退没有出路……”

20世纪80年代至今，渔民村房子翻新了4次，两层楼房变成了高层公寓。这个四季花开的渔民村社区，成为中国改革进程的缩影。

“深化改革要挖潜力，不挖潜力改什么？不能原地踏步啊，不进步就是后退。”邓志标对改革充满紧迫感。

梦想在召唤——

深圳河畔，渔民村，再次出发，风雨无阻。

太平洋西岸，中国，再次出发，风正帆悬。

不断解放思想　全面推进改革

——邓小平：“改革开放胆子要大一些，敢于试验，不能像小脚女人一样。”

——习近平：“全党必须保持强烈的进取意识，打好全面深化改革这场攻坚战。”

“抓紧浦东开发，不要动摇，一直到建成。”

上海浦东，因邓小平的关注成为中国改革开放的新高地。

2013年9月29日，中国（上海）自由贸易试验区正式挂牌成立。

变革，在浦江两岸再次风云激荡。

这是100多条针对性极强的改革举措——先照后证、事中事后监管……

这是一系列以开放促改革的新规——金融、航运、商贸、文化等服务领域扩大开放，构建离岸金融中心……

这是一组令人印象深刻的数字——截至2014年7月底，自贸区内新设企业9585家，外资企业1032家，相当于前20年新设企业数量的总和。

上海自贸区，新一轮改革开放的先声。

“自贸区这张‘牌’一打，在全国就形成一种开放倒逼改革的氛围。”立足上海，放眼全国，上海社科院院长王战说，“尽管现在和过去形势不同，但是小平同志的思想精髓是一脉相承的。今天，解决问题关键靠改革，重点仍是要坚持解放思想、实事求是的思想路线。”

“我是实事求是派”——小平同志的话言犹在耳。

30多年来，解放思想、实事求是，犹如一条红线始终贯穿改革开放全过程。

改革由问题倒逼而生，又在不断解决问题中得以深化——

党的十八大以来，以习近平同志为总书记的党中央一切从实际出发，勇于直面问题。

带着问题，带着思考——从党的十八大到十八届三中全会召开前，习近平总书记和中央政治局其他常委调研的足迹遍及大江南北，遍及社区、乡村、企业、学校。

中国中部重镇——武汉。

这是一座和伟人有着特殊渊源的城市——1927年，23岁的邓希贤在这里改名为“邓小平”。从那以后，这个名字影响中国至今。

这是一座和伟大变革有着密切联系的城市——1992年，小平同志考察南方时曾在武昌火车站站台停留。这是他南方之行的第一站，短短29分钟，一番叮嘱，几多期望，吹起了浩荡的改革春风……

21年后，春潮又起。习近平总书记来到武汉，就全面深化改革问题进行调研，提出了全面深化改革必须高度重视的五大关系、六大问题，从战略高度为改革“谋篇布局”。

经济、政治、文化、社会、生态文明和党的建设……六大方面、15个领域、330多项改革举措，3个多月后，十八届三中全会描绘了一幅全面深化改革的宏伟蓝图。

回顾历史，改革开放以来，党的历次三中全会都聚焦改革，而以往改革大多侧重于某个领域或者某个方面。

“正因为这样，全面深化改革，就成为党的十八届三中全会的重大历史特点。”中央党校原常务副校长、国家创新与发展战略研究会会长郑必坚说。

一项项实施方案、一张张路线图、一个个时间表……伴随关联性和互动性的增强，各项改革在协同配合中深化。

改革的力度、发展的速度、社会可承受的程度……从研究制定政策，到解决突出矛盾和问题，共识进一步形成，力量进一步凝聚。

这是全面深化改革的总目标——完善和发展中国特色社会主义制度，推进国家治理体系和治理能力现代化。

一路采访，人们最为关切的是制度创新。

高楼鳞次栉比、湖水清澈透亮……

20年前，苏州金鸡湖畔是一片沼泽地和水稻田。在邓小平的直接推动下，中国和新加坡在这里合作创办的苏州工业园区成为改革开放的试验田、示范区。

“改革开放之初，可能需要的是一种敢闯敢试的勇气和精神，今天的改革不但需要勇气与担当，更要有一种制度。”苏州工业园区工委书记王翔说，“除实现工业、农业、国防科学技术现代化以外，我们面临着制度现代化的重要任务。”

——“恐怕再有三十年的时间，我们才会在各方面形成一套更加成熟、更加定型的制度。在这个制度下的方针、政策，也将更加定型化。”今天回想邓小平的论断，更觉意味深长。

——“到2020年，在重要领域和关键环节改革上取得决定性成果，形成系统完备、科学规范、运行有效的制度体系，使各方面制度更加成熟更加定型。”以习近平同志为总书记的党中央对此更加清醒、自觉。

这是全面深化改革的重点任务——坚持社会主义市

场经济改革方向，紧紧围绕使市场在资源配置中起决定性作用深化经济体制改革。

深圳，这个中国市场化程度最高的城市，却始终保持着危机感，不断警醒自己增强加快改革的紧迫感。

“对照十八届三中全会提出的目标要求，我们还存在很多不足，尤其在政府和市场的关系上。”广东省委常委、深圳市委书记王荣说，“政府管市场的方法要从过去单一的事前审批转向事前进一步放开、更多依靠事中和事后监管，让市场起决定性作用。”

深化商事登记制度改革、建立负面清单管理模式、建设国家自主创新示范区……党的十八届三中全会以来，一系列改革举措在深圳密集出台。

这是全面深化改革的出发点和落脚点——促进社会公平正义、增进人民福祉。

“社会主义的目的就是要全国人民共同富裕。”公平正义，是小平生前一直关注的重大问题。

龙平平对此感触良多：“核心问题是改革成果能不能由大家共享，就是共同富裕的问题。从小平提出这个论断到现在，这些问题已成为改革要破解的重要问题。”

“没有农村的小康，特别是没有贫困地区的小康，就没有全面建成小康社会”……

党的十八大以来，习近平总书记数度深入集中连片贫困地区考察，和基层干部群众共商脱贫致富奔小康的大计。

这是全面深化改革的根本保证——必须紧紧依靠人民推进改革。

“我个人体会，邓小平开启的改革开放，之所以取得巨大的成就，概括起来就是6个字——开放、放权、让利，释放了蕴藏在亿万人民身上的无限活力。”回忆往事，娃哈哈集团董事长宗庆后感慨万千。

历史已经证明，30多年前开启的改革，为中国带来了翻天覆地的变化。

历史还将证明，30多年后开启的全面深化改革，必将为中国开辟更加美好的前景。

执着追求梦想　脚踏实地奋斗

——邓小平：“把贫困的中国变成小康的中国。”

——习近平：“努力实现中华民族伟大复兴的中国梦。”

2014年春，法国，里昂。国家主席习近平专门将访法第一站选在这里，前往中国共产党老一辈领导人生活、工作过的里昂中法大学旧址瞻仰。

近一个世纪前，一批胸怀救国梦的中国青年远赴重洋。这些留学生中，就有邓小平。其时，年仅16岁的他一边勤工俭学，一边接受先进思想，随后加入旅欧少年共产党，开始了改变自己和中国命运的人生旅程。

从那时起，梦想的种子破土而生。

“你是一棵树啊，春夏秋冬总是神采飞扬，满怀绿叶对阳光的思念；日为百姓忙，夜为百姓想……”

邓小平诞辰110周年之际，抚今追昔，人们更加深切怀念这位中国特色社会主义事业的开创者：

亲人没有忘记——邓小平用过的中国共产党第十三次全国代表大会代表证、家人为他手织的毛裤……邓小平亲属以向邓小平故居陈列馆和缅怀馆捐赠441件文物和遗物的特殊方式表达对他的思念。

人民没有忘记——四川广安，邓家小院。络绎不绝的人们来自祖国四面八方，来自世界各地。人们手捧鲜花，在小平铜像前深深鞠躬。

“很多上了年纪的游客，特别是经历过‘文化大革命’、恢复高考和十一届三中全会的人，拖家带口来这里，就是为了表达一份感恩之情。”邓小平故里管理局局长钱奇说。

无数网民在怀念——“吃得饱穿得好——幸福生活谢邓老!”“人民永远怀念你!”……互联网上，人们以质朴的语言传递亿万人的共同心声。

网上网下，思念涌动。国内海外，追忆缅怀。

外国友人表达纪念——报纸、杂志……不少境外媒体刊登回忆和评价文章。俄罗斯画家瓦西里·涅斯捷连科更是将邓小平肖像画《大变革时代引领者》捐赠给中国。

伟人千古，千古伟人。

对一代伟人最真诚的缅怀、最深情的告慰，就是完成他未竟的事业，就是实现他未圆的梦想。

白墙青瓦，一排排房子错落有致，分布在田间路旁……

湖北鄂州峒山新社区，是城乡一体化试点，近年来全村大部分土地流转，实现规模经营。

“我家的地都流转了，除了口粮、社保等，每个月有2000多块钱收入，加上每年1000多块钱的退休补贴，日子过得挺好。”67岁的黄明山，忘不了去年7月和习近平总书记的座谈，“到2020年实现全面小康，是一个民族的梦想，也是我们每个老百姓的梦想。总书记说‘全面建成小康社会，难点在农村’，我们仍然需要努力。”

小康，千百年来中国人朴素美好而又难以企及的深切愿望。

小康梦，以邓小平同志为代表的中国共产党人绘就的美好篇章。

——这梦想的源头，也许就在广安的邓家小院，也许就在他探寻救国救民道路的艰难历程中。

30多年后，习近平总书记在国家博物馆观看《复兴之路》展览时面对世界宣示“中国梦”：实现中华民族伟大复兴。

——这梦想的源头，也许就在他插队的陕北农村，也许就在他投身改革开放的实践探索中。

放眼21世纪中叶——距小平同志提出人均国民生产总值达到中等发达国家水平的“三步走”战略目标实现时间，即“第二个100年”的时间，还有36年。

历史是如此的巧合。2014年，改革开放已历36年。

圆梦之旅，已至中途。一脉相承，接力奋进。

回望过去，伟人的叮嘱富有预见：“改革不只是看三年五年，而是要看二十年，要看下世纪的前五十年。这件事必须坚决干下去。”

展望未来，新一届中央领导集体使命在肩：“没有比人更高的山，没有比脚更长的路。再高的山、再长的路，只要我们锲而不舍前进，就有达到目的的那一天。”

这是实现更高发展质量的梦想——

“再也不能简单以国内生产总值增长率来论英雄了。”

雾霾频发、产能过剩、资源约束……前进道路上，我们正在着力破解发展与转型的难题，更加自觉地推进绿色发展、循环发展、低碳发展。

这是造福亿万人民的梦想——

“要把促进社会公平正义、增进人民福祉作为一面镜子。”

就业、教育、医疗、住房、社保……针对关系人民群众切身利益领域实现公平的需求，一项项政策措施相继出台，着眼于创造公平正义的社会环境，让全体中国人共同享有人生出彩的机会，共同享有梦想成真的机会。

这是与世界互利共赢的梦想——

“各国经济，相通则共进，相闭则各退。”

新一届中央领导集体运筹帷幄，实行更加积极主动的开放战略。“一路一带”的战略构想，为中国这只“大鹏”插上两扇翅膀，不仅将把世界的机遇转变为中国的机遇，也将把中国的机遇转变为世界的机遇。

圆梦之旅，需要涉险滩的勇气，更需找准有效的改革路径——

“社会各界、海内外都高度关注我们的改革。我们要坚定信心、凝聚共识、统筹谋划、协同推进，坚持社会主义市场经济的改革方向不动摇，增强改革的系统性、整体性、协同性。”

“要尊重人民首创精神，尊重实践、尊重创造，坚持全局和局部相配套、治本和治标相结合、渐进和突破相促进，鼓励大胆探索、勇于开拓。”

习近平总书记的话，回响在人们心头。

圆梦之旅，更需实干、实干、再实干——

“空谈误国，实干兴邦。”新一届中央领导集体上任伊始，就重提20多年前邓小平在南方考察途中提出来的响亮口号。

这是一个不需要证明的简单道理——面向未来，全面建成小康社会要靠实干，基本实现现代化要靠实干，实现中华民族伟大复兴要靠实干。

金秋10月，中国即将迎来又一个富有历史意义的重要节点——党的十八届四中全会将在北京举行，研究全面推进依法治国重大问题。

依法治国，将使改革开放的步伐更加坚定有力，制度更加成熟定型。

……

此时，缅怀伟人，思考当下，面向未来，倍觉心潮激荡。

华蓥山下，渠江边上，东门码头。95年前，少年邓小平从故乡登船，漂洋过海，寻找救国之路。

95年后，距东门码头不到10千米处，一个3000吨级的集装箱港口开始投入运行。从这里，南来北往的货船通过长江，奔向大海，驶向世界。

恰如中国改革开放之势，大江浩荡，奔腾不息……

《人民日报》（2014年8月20日6版，新华社记者：张宿堂、秦杰、赵承、李斌、霍小光、陈二厚、顾瑞珍、王敏、罗宇凡采写）

创新广安：转动科技“魔方”

——实施科技招商，激发企业内力，营造良好环境

1月9日，广安市广安区方坪乡官坝村的长明高新技术产业园建设工地，十几台挖掘机正在忙碌着。站在高地向下俯瞰，美国医学与生物工程院院士、西南大学洁净能源与先进材料研究院院长李长明看到的是一幅令人向往的画面：“广安很像美国的凤凰城和硅谷，我们要在这里从事世界一流的技术和产品研发，力争将广安打造成成渝经济区的创新创业高地。”“科学技术是第一生产力。”提出这个论断的伟人邓小平的家乡广安，正通过转动科技招商、企业内力以及环境营造三大“魔方”，迸发出强劲的创新动力。

发挥外力 科技招商带来院士经济

这个月，李长明忙着将中船重工等实力央企引进广安，还筹划将西南大学广安高新产业技术研究院以及制造纳米涂料的工厂带到广安。

“我们是一边建设一边生产，目前，长明高新技术产业园已与长虹手机签订价值两亿元的生物智能芯片合同，即将投入生产。”李长明介绍，产业园一期在今年6月建成投产后，院士专家团队的科技成果和专利产品可直接转化为现实生产力。

中国工程院院士、清华大学机械工程学院院长尤政领衔的专家团队，也来到广安，在经开区建设新能源研究院，并投资10亿元建设超级电容项目。该团队引领的新能源汽车生产、生物医学应用技术、健康监护技术等领域的高新技术成果，正在加紧洽谈转化为产业项目。

以广安国家级经开区、官盛新区等产业园区投资洼地为载体支撑，同时充分发掘专家团队创新引领和横向经济联系的潜力，2014年，广安科技招商全面推进，院士经济项目化、高端产业集群化的新局面正加速形成。

专家“红娘”展示出科技招商的独特“魅力”：中国建材集团规划打造千亿级住宅产业，中国恒天集团、新希望集团等大型企业在广安布点项目；总投资260亿元的中国西部通用航空城（广安）项目、投资200亿元的宏威高新电子信息材料、投资120亿元的金山科技新城等一大批高端产业和产业高端项目相继落户广安。2014年，广安引进项目900个，到位资金805亿元，增长13.9%。

“我们要继续充分发挥专家团队优势，引进集聚更多领军型人才，激发创新人才活力，确保形成引进一个人才、打造一个企业、带动一个产业的良性发展格局。”广安市委书记侯晓春说。

激发内力 企业为主扛起创新大旗

在广安下属县区的中小企业中，创新的动力也很足。

走进位于武胜县的广安市超颖电子科技有限公司，公司总经理邓自军拿着一个绿豆大小的微型电机，指着电机一端头发丝一般细的线头介绍，“得益于微型电机线圈线头自动吹直装置这一创新研发成果，我们今年新增了两条生产线。”这项发明专利投入使用后，该公司产品不良率由20%下降至0.5%，生产效率提升了至少30倍，产品畅销国内外。

邓自军介绍，公司目前拥有20余人的科研团队，已取得10余项发明专利和新型实用技术专利，公司产值也由成立之初的200多万元跃升至近5000万元。“今年，我们又有3项技术发明，年产值实现1亿元指日可待。”

企业为主扛起创新驱动“大旗”，推动广安工业经济加速转型升级。“2012年广安国家级高新技术企业只有三四家，这两年增长了近20家，从横向来看，和成都、绵阳等地还有差距，但纵向却是一个质的提升。”广安市科学技术和知识产权局相关负责人透露，目前，广安已形成精细化工、生物医药、新型住宅等六大高端产业，并将努力把每个产业都培育成百亿元产业。

1月9日召开的广安市第七届科技进步奖励大会透露，目前广安建立省市级企业技术中心50个、市级产业技术研究院3个，引进、研发、转化工业新技术新成果47项。北新建材、左军机械等24家企业创建为国家高新技术企业，安泰茧丝绸、阿克拉斯电动车等35家企业创建为省级创新型企业等。

2014年，省科技厅与广安市举行的厅市会商工作会定下目标任务——力争“十二五”末，广安高新技术企业达到30家，高新技术产业产值突破150亿元。

营造环境　人才集聚为创新助力

“在广安，我唯一担心的是如何聚集、吸引人才。”李长明说。

“我们要大胆改革，进一步破除束缚科技创新的思想观念和体制机制障碍，提高科技成果转化效率，把科学技术融入现实生产力。”侯晓春说。

近两年来，广安聘请周其凤、厉以宁等9名国际知名学者担任决策咨询暨投资促进高端专家，为院士专家团队创造良好的工作生活环境。

除了引进高端人才，广安还着力培育本土人才。广安职业技术学院、各区市县职业教育学校针对产业发展趋势，开设电子信息、装备制造、节能环保等专业培训，为广安产业转型升级储备一批骨干人才。

缺乏高校资源的广安，正在通过对外合作来弥补这一短板。目前，由北京师范大学和广安市政府联合建设邓小平农村发展学院一事被提上日程，将着力培养更多具备现代化知识的农村基层干部，建成与国际接轨、具有中国特色的农业现代化干部培训学院，西南大学等高校也考虑在广安设立分校或帮助广安发展高校。

广安还成立了金财公司，将运用市场法则，对成长性好、市场潜力大的科技创新项目和产业高端项目，通过入股等方式给予资金支持。

（2015年1月21日《四川日报》1版，记者：刘川、陈君）

凝心抓党建　聚力促发展

——2014年广安党建工作综述

2014年，党的群众路线教育实践活动得到了中央、省领导、社会各界及广大人民群众的充分肯定，引进高端人才工作得到省委领导批示肯定，干部选拔任用工作获得中组部和省委组织部选人用人专项检查组的积极评价……按下去年全市党建工作的回放键，一项项特色亮点工作犹如一个个跳跃的音符，合奏出一曲加快广安发展的时代强音。

是什么激发出全市广大干部群众不断迸发创业的动力和激情？

这力量来自全市141057名党员，来自7556个基层党组织——全市各级党组织和党员干部用实际行动改作风、促发展，用实际行动赢得群众的信任和支持，为我市发展汇聚正能量。

夯实基础增强服务能力

过去脏乱差的落后村，如今建起了活动阵地；过去生活环境恶劣的社区，如今干净整洁……去年以来，我市加强基层党组织建设，提高了联系服务群众的能力和水平。

每年新增投入4000多万元用于基层党组织阵地建设，村（社区）办公经费标准提升到两万元；新一轮村级活动场所升级改造工作已经启动，62个尚无活动阵地的村已全面启动建设，30平方米以下村活动室的升级改造即将完成；在106个村开展发展壮大集体经济工作试点，目前有集体经济收入村已达720个；建成新农村“1+N”党群综合服务体116个、园区党群活动服务中心10个。296个软弱涣散基层党组织得到有效整顿，党的基层基础进一步夯实。致力打通联系服务群众“最后一公里”，全市4500余名机关干部走基层进万户、下深水到一线，为群众办好事实事5500件；在农村，大力推行“1234”工作法，设立村务中转站，着力构建“10分钟服务圈”等服务平台，切实解决了群众办事难的问题；在城市社区，开通“社区民情专递”，搭建网格信息平台，以菜单式、上门式的方式，把服务送到小区和居民家中。

一件件实事，是党对百姓的承诺，架起了党群关系的连心桥。

“两大活动”解决群众难题

“党员干部的群众观念更强了。”提及今年的变化，群众最有发言权，“广安人民医院排队不用久等，政务服务中心工作人员态度和善，城区备用水源、穿城河流生态得到有效治理……”

生活环境的变化，党员干部作风的变化，老百姓看在眼里，甜在心里。

“为人民服务由被动变主动，为民务实清廉主题根植于党员干部脑中，是群众路线教育实践活动的最大成效。”党员干部这样评价教育实践活动，“活动让我们从思想上得到转变。”

变化，源于市委开展党的群众路线教育实践活动和“走基层”活动。

去年以来，我市将教育实践活动与“走基层、解难题、办实事、惠民生”活动相结合，市委领导带头深入各区市县蹲点调研，带头下访、交心交流，落实惠民项目、办好民生实事，4 万余名党员干部纷纷走出机关，走进乡村社区，与群众一起聊、一起干，用真心换真情，用实干换信任，为群众解决了一大批实际困难和问题，受到群众普遍欢迎。目前，全市共建立民生、困难群众、稳定工作三本台账 16760 本，结成帮扶对子 41456 对，投入资金 1.6 亿元，解决民生难题 21538 件。

与此同时，群众反映强烈的突出问题得到有效解决，党员干部队伍作风实现根本好转。市委坚定整治不正之风决心，对准作风之弊、行为之垢出重拳、下猛药，聚焦重点方面查问题、抓整改，特别是通过开展“9+3”问题专项整治，一大批群众反映强烈的突出问题得到解决。

活动开展以来，全市性会议和文件同比分别下降 11.8%、5.8%；压缩“三公”经费开支 1932.9 万元、同比下降 14.53%；清理调整多占办公用房 6837.73 平方米，停建楼堂馆所 7 个、9732 平方米；清理吃空饷人员 626 人，处理 549 人；叫停“形象工程”“政绩工程”1 个；查处“四风”问题案件 184 件，党纪政纪处分 195 人，其中公款送礼、公款吃喝 10 起 35 人。群众反映强烈的市人民医院挂号缴费等候时间长等 39 项已整改到位，砂石和商品混凝土市场价格回归正常，城区备用水源、穿城河流生态整治等问题得到有效治理，群众切实感受到了活动带来的新气象。

外引内培打造人才高地打造人才高地

2014 年 7 月 7 日，由美国医学与生物工程院院士、西南大学洁净能源与先进材料研究院院长李长明主导的“广安·中国长明高新技术产业园”项目，在广安区官盛新区开工建设。项目建成达产后，预计年产值达 200 亿元，年税收 5 亿元，可提供就业岗位 65000 个。目前，该项目正有序推进。

李长明是我市引进的人才之一。2014 年，我市将引进人才与引进项目相结合，引进国家“千人计划”李长明院士、中国工程院院士尤政在广安建设院士产业园区，带动吸引北大、清华等高校毕业生到广安创业；引进全省“千人计划”李英富、彭立增等博士团队建立医药研发中心，着力实现科研成果就地转化，借智借力助推我市经济发展，借助高端决策专家董奇，争取北师大与广安联建邓小平城乡发展学院，加强对全市干部人才培训，重点对农村基层干部进行全覆盖培训。

要推动各项事业发展，引进人才是推手，培养人才是关键。为了加强领导班子和干部队伍建设，我市落实“好干部”标准和“三严三实”要求，围绕广安发展排兵布阵、调兵遣将。

一方面，创新领导班子和领导干部选任方式、综合考核评价、综合分析研判、功能结构模型化管理等综合配套改革试点，大力实施“优秀年轻干部人次递进培养计划”，选用优秀干部。加强学习型领导班子建设、多渠道锻炼干部，邀请厉以宁、李肇星、傅高义、易中天等专家学者到广安讲学，开展大规模干部培训，在北京、深圳、成都、重庆等地建立培训基地，今年共培训各类干部 3.6 万人次，选派 81 名干部到重庆市委党校、北京市海淀区委党校学习。选派 521 名干部到省级机关、重庆、成都和广安重点园区、乡镇、村（社区）挂职锻炼，选派 20 名优秀年轻干部到市级金融部门和大中型民营企业挂职锻炼，安排市级部门年轻干部、乡镇干部互派挂职各 20 名；积极推进干部跨行业跨部门交流，今年交流县级干部 98 人次，4 名干部交流到市属国有企业任职。

另一方面，坚持把引进人才与培养本土人才相结合，充分发挥“两大人才”作用。实施高层次人才递进培养计划，今年第一批选派 50 名到西南大学参加培训。推进企业家培养计划，组织 150 名企业家在西南财大和浙江大学参加企业管理培训，获省“2014 年藏区和贫困地区产业发展紧缺人才培养行动项目”专项补助 22 万元。激励教育卫生人才服务基层，对到乡镇服务的专业技术人员实行奖励积分，在同等条件下优先评聘。正风肃纪纯洁干部队伍党的建设，不仅要抓干部队伍建设，更要注重干部队伍管理，我市充分认识到党风廉政建设和反腐败工作的重要性。2014 年，我市秉持改革创新理念，坚持真抓实干作风，推进全市反腐倡廉建设，取得了明显成效。

市委领导率先垂范，带头学习相关文件精神，并召开专题会议研究，在全市形成了抓正风肃纪工作的整体合力。同时，加强常态监督，以不定时间、不定地点、不定对象的“三不定”方式，深入机关单位、基层一线，对群众反映强烈的吃拿卡要、庸懒散浮拖、公务时间休闲娱乐等问题开展随机检查，查处一线人员违纪问题 54 起，查处公款大吃大喝、乱发钱物、庸懒散浮拖、吃拿卡要等“四风”问题案件 128 件，处理 223 人，党纪政纪处分143人，公开曝光典型案件42件。

在对党员干部的教育方面，我市强化正反教育。深入挖掘“勤廉双优”先进典型，结合查处的“四风”问题典型案件，在元旦、“五一”、中秋等重要时间节点集中通报，2014年以来全市共通报干部作风正反典型28起。

群众的满意度也作为考核党员干部的一项指标，我市委托国家统计局广安调查队对全市116个单位开展正风肃纪群众满意度测评。强化测评结果运用，向76个被测评单位反馈意见建议500余条，责令限期整改，对测评得分排名倒数3位的单位主要负责人进行约谈，并将测评结果纳入年度责任制考核。同时，将被测评单位的整改落实情况在市纪委网站、《广安日报》等向社会公开，对整改满意率低于80%的，督促继续整改。

我市还出台了一系列禁令，对“四风”问题进行明令禁止，让“四风”问题无处遁形。

公车使用“五不准”，春节、“五一”、国庆等节假日期间“五不准”“五严禁”……近年来，我市针对公车使用、公费旅游、公款吃喝等现象出台系列禁令。

2014年，针对中央相关规定制度，我市出台《广安市国家公职人员违反规定操办婚丧喜庆等事宜责任追究办法》《广安市国家公职人员公务时间休闲娱乐责任追究办法》《广安市党政机关国内公务接待管理办法》《广安市市直机关差旅费管理办法》等规定，意在健全制度规范，构建长效机制，对“四风”说不。

有了一系列的廉政教育和反腐措施，我市狠刹“四风”问题，通过查处一批典型，起到了良好的震慑作用，党风政风明显好转，社风民风风清气正。2014年，全市纪检监察机关立案568件，查处县处级干部违纪违法案件12件，“不敢腐”的新高压不断加大。

（《广安日报》2015年1月12日，记者：陈玲）

賨州涌动改革潮

——2014广安全面深化改革工作综述

“改革圆了我的创业梦！”1月6日上午，广安某文化传媒公司负责人刘向峰成功谈成一笔新业务。刘向峰说，他能拥有自己的公司，得益于广安注册资本登记制度的改革。

2014年3月1日，我市正式实施注册资本登记制度改革，实行注册资本认缴登记制、改变企业年检制度、简化市场主体住所（经营场所）登记手续、实现网上登记电子营业执照等，打破民营企业注册难“瓶颈”，为企业提供更加高效、便捷的登记注册服务。

注册资本登记制度改革后，大幅度降低了公司的设立门槛，放宽了注册资本登记条件。如今，在我市像刘向峰一样的受益者越来越多。

2014年是全面深化改革元年，面对新形势，我市如何应对和推进？

“广安要走在全省改革开放前列。”过去的一年，我市牢记省委书记王东明的要求，始终把贯彻落实中央、省委关于全面深化改革的决策部署同广安实际紧密结合，主动顺应群众期盼，充分释放改革的动力、活力和红利，初步形成以改革稳增长、调结构、防风险、惠民生的生动局面，我市全面深化改革取得阶段性成效，经济社会发展呈现良好势头。

深化改革进行时　改革举措密集出台

全面深化改革，关键要有新的谋划、新的举措。

时光倒回半年前，2014年6月10日，市委四届七次全体会议通过《中共广安市委关于全面深化改革加快县域经济跨越发展的决定》，对行政审批制度、投资管理体制、财税体制、城乡用地制度等21个重点领域改革进行了总体安排，吹响了我市全面深化改革的号角。

事实上，在这之前，我市一些项目、规划的审批经常无效运转很长时间，区市县一个请示往往要流转几个月才能得到答复……思想解放不足、发展动力不够、机制体制不活、行政效能不高等问题，制约着经济发展。

历史因素与现实矛盾相互交织，是躲开走、绕着过？还是直面问题、解决问题？

“不改革开放，只能是死路一条”。市委书记侯晓春信念坚定：要推进科学发展、加快发展，化解制约发展的深层次矛盾和问题，实现走在全省改革开放前列，迈入全省经济发展第一方阵，全面建成小康社会，谱写中国梦广安新篇章，根本出路在加大改革力度，全面深化改革。

党的十八届三中全会为全面深化改革指明了方向。2014年2月召开的省委十届四次全会对四川全面深化改革作出了系统部署。5月召开的全省县域经济工作会，要求壮大做强县域经济。

随后，《深化医药卫生体制改革方案》《加快国资国企改革促进经济发展的意见》《关于建立统一的城乡居民基本养老保险制度的实施意见》等13个专项改革方案在我市相继出台。同时，我市还制定出台了《稳增长二十条措施》，确保经济总体平稳增长。

一股股深化改革的春风拂过賨州大地，为广安发展带来了勃勃生机。

改出新机制新体制　经济发展频添后劲

“力争把华蓥山旅游文化景区打造成世界级旅游目的地。”在市委近期召开的专题会上，与会人员围绕华蓥山旅游文化景区规划展开研讨。此项规划同时也是我市实施多点多极支撑发展战略的一大重要举措。

2014年，我市深入推进多点多极支撑发展战略，构建形成了“6+3+1”向“6+4+2”的升级转变。目前，我市又充分整合金融财政资源，由市政府注资3亿元成立广安金财投融资集团，运用市场法则吸纳、引导社会资本参与广安建设发展，充分发挥财政资金杠杆放大效应，加快全市产业转型升级和重大项目建设。

随着广安金财投融资集团的诞生，我市创新形成“6+4+3”13个轮子全面驱动发展的新格局，发展活力全面释放。2014年，预计全市地区生产总值增长10%，全社会固定资产投资增长36%，社会消费品零售总额增长13%。

变化的不仅是发展格局，还有招商引资方式——变“人海战术”为“精英战术”，借助全国知名专家、学者的智慧和资源，大力引进高端产业。

聘请著名经济学家厉以宁等为高级决策咨询暨投资促进专家，发挥这些专家团队横向经济联系作用，在市场竞争中赢得资源配置的主动权；与中关村科技园签订战略合作协议，中关村科技园将支持辖区总部企业到我市建立生产基地，帮助我市培育高端产业。

专家“红娘”展示出投资促进独特“魅力”。2014年，我市引进项目900个，到位资金805亿元，同比增长13.9%。

随着更多经济增长点的形成，广安的发展后劲更足。

放活土地经营权　改革惠及农村大地

加快新农村建设、深化农村改革，是中央、省委作出的重大部署。

2014年10月，我市召开深化农村改革推进会，进一步明确全市新一轮农村改革指导思想，以放活土地经营权为核心，创新农业经营体系，发展适度规模经营，着力提高农业劳动生产率和农业现代化水平，努力推动广安农村改革走在全省前列。

我市各地各部门把深化农村改革作为做好“三农”工作的重中之重，以放活土地经营权为突破口，开展土地承包经营权确权登记，创新农业经营体系，培育新型农业经营主体，发展适度规模经营，初步搭建县级农村产权交易平台，保证了农村各项改革工作顺利进行。

前锋区碧峰新村勇于突破土地“瓶颈”，探索创新“企业—集体—农民”的土地流转新模式，有效利用坡地、田坎、荒地、贫瘠地等，因地制宜发展特色优势产业，增加土地收益，并将部分土地附加值作为集体经济收入。目前，该村流转土地2000余亩，发展蔬菜500亩，花椒1100亩，麻竹500亩，莲藕、海椒等经济作物发展迅速，取得了良好的经济效益，其中仅花椒产业一项就实现了人均年收入增加1000元以上，老百姓生活水平得到进一步提高。

随着农村各项改革的深入推进，广大农民的土地、林地承包经营权、集体资产股份权、农村住房财产权得到了全面保障。在改革不断推进的浪潮中，越来越多的农村群众真正享受到了改革带来的好处，并对新农村充满了信心。

支持金融创新　提高金融服务水平

2014年11月19日，位于思源大道的重庆银行广安分行正式开业运营。重庆银行广安分行是川渝合作打造“双核五带”、建设“川渝合作（广安）示范区”、渝广合作金融领域的丰硕成果，是我市从省外引进的第一家城市商业银行，同时也是我市2014年开业营运的第三家银行业金融机构。

重庆银行广安分行将立足“地方的银行、市民的银行、中小企业的银行”的市场定位，秉承“服务川渝经济，携手共建繁荣”的发展理念，服务广安地方经济的服务宗旨，切实为广安经济社会健康、快速发展提供支持。

2014年是我市深化金融改革发展的攻坚之年。2014

年2月，为推动我市金融业健康快速发展，充分发挥金融对经济发展的支撑保障作用，市政府印发“2014年金融工作意见”，加快推进金融改革步伐。着力支持金融创新，扩大信贷规模，规范融资行为，降低融资成本，鼓励银行业金融机构对实体经济、小微企业、“三农”项目贷款融资倾斜，引进银行业金融机构和非银行业金融机构，培育金融中介服务市场，建立市与区市县、园区融资平台合作机制等。

近年来，武胜县大力开展金融招商，着力完善农村金融体系，提高农村金融服务水平，引进武胜中银富登村镇银行，服务于武胜县域内“三农”、中小企业、微型企业、工薪阶层等。截至2014年10月，该行存款客户达1449户，新增存款余额3093万，有效贷款客户59户。

瘦身增效　多领域改革取得明显进展

前不久，枣山物流商贸园区业主苏慧敏来到市政务服务中心办理项目建设手续。让她没想到的是，以往至少需要一个多月才能办好的手续，4个小时不到就办完了。“广安行政效率真高!”苏慧敏由衷称赞。

2014年，我市行政审批制度改革取得成效，对市本级行政许可、非行政许可审批项目进行了全面清理规范，全面公布市、县两级行政审批项目目录，市级取消6项、下放22项。

同时，政府机构改革稳步推进。稳步推进职能有机统一的大部门制改革，农业与农机、卫生与人口计生、教育与体育等机构职能整合工作全面完成，完成全市2730个事业单位分类工作。推进改革，广安步伐一直在加快。2014年，我市不断完善现代市场体系，招投标制度改革有序实施，投资管理体制改革开始起步，财税体制改革取得了初步成效。此外，工商登记制度改革全面实施。施行注册资本认缴、“一照多址”“一址多照”登记制和企业年报公示制，共办理各类市场主体登记10312户，比上年增长12.2%。

这一年，我市在其他一些关键领域的改革也取得了新突破、新进展：

教育领域综合改革稳步推进，建立以学生发展为核心、科学多元的学生综合素质评价体系，在农村初中建立和完善九年一贯对口招生制度等；医疗卫生体制改革取得实效，确定5家县级公立医院作为省综合改革试点单位，全市8家县级公立医院实行药品零差销售，患者所购药品取消加成，门诊次均费用和住院费用分别比上年降低15%和16%；社会保障体制改革不断深化，建立统一的城乡居民基本养老保险制度，大学毕业生就业不受户籍限制，对农村土地剩余面积低于当地标准的农民纳入失业登记范围等。

新年新征程，处于改革开放的广安，深化改革的车轮滚滚向前，一幅改革全景图正在6000多平方公里的大地上徐徐展开。

（《广安日报》2015年1月10日，记者：杨雪莲）

“三大发展战略”在广安的生动实践

——2014年广安经济发展综述

2014年12月29日，我市举行“洁净水”行动综合治理PPP项目集中开工仪式，广安市第二污水处理厂、武胜县第二污水处理厂等一批项目集中开工。这些项目的开工建设，将进一步改善我市生态环境，推动经济转型升级，促进广安科学发展、加快发展。

如今的广安，机器轰鸣、塔吊林立，犹如一个大工地，处处涌动着持续发展的强劲动力。渝广巴高速公路和遂广高速公路广安段、广安港、西溪河堤防二期工程等重大项目加快推进；小平故里路、流杯滩大桥、广安区七一水库等重大项目相继建成投用……

2014年，我市坚持以筹办邓小平同志诞辰110周年纪念活动统揽各项工作，创新实施“三大发展战略”，专注发展，锐意改革，步入跨越式发展的“快车道”。预计全年地区生产总值增长10%，全社会固定资产投资增长36%，社会消费品零售总额增长13%。

2015年1月6日，省发改委主任唐利民莅临广安督促检查投资和重点项目建设工作时，对我市工作给予充分肯定：广安经济社会发展步入了历史最好时期，特别是固定资产投资走在了全省前列，走出了一条创新发展之路。

13 个轮子驱动发展：广安发展潜力全面释放

日前，由市政府注资 3 亿元的广安金财集团正式成立。该集团致力运用市场法则吸纳、引导社会资本参与广安建设发展，充分发挥财政资金杠杆放大效应，加快全市产业转型升级和重大项目建设。

事实上，广安金财集团仅是我市深入实施多点多极支撑发展战略的一个缩影。市委书记侯晓春认为，发展不足、增长点不多的广安，要在“次级突破”中实现跨越升位，努力走在全省改革开放前列，只有大胆改革，打破原有格局，培育更多新的区域经济增长极，才能实现又好又快发展。

2013 年年初，市委、市政府创新形成了“6+3+1”十点驱动发展新格局。“6”就是 6 个区市县竞相跨越，科学发展，形成支撑广安发展的 6 个增长点；“3”就是调整形成了国家级广安经开区、枣山物流商贸园区和协兴生态文化旅游园区；“1”就是组建广安发展建设集团。

2014 年，我市继续探索多点多极支撑的实现形式，新设立了华蓥山旅游文化景区、广安交通投资建设集团和广安金财集团，形成了“6+4+3”13 个轮子全面驱动发展的新格局，广安的承载能力进一步增强，发展纵深进一步延伸。

——四大产业园区成为有效集聚现代产业和投资的主体。广安经开区建成 30 平方公里道路骨架，一批重大工业项目全面开工；枣山物流商贸园区迅速拉开核心区 10 平方公里骨架路网，建成广安南站站前广场，广安—成都动车开行；协兴生态文化旅游园区广安红色文化影视城一期、玛瑙城国际酒店等重点产业项目实现运营，景区综合功能和服务水平显著增强；华蓥山旅游文化景区和大熊猫自然保护区管委会筹备工作加快推进，两只大熊猫顺利入住。

——投资平台作用充分显现。广安发展建设集团由过去的投融资平台转变为实体型现代企业，在全市民生工程、市政建设、投融资等方面发挥了重要作用，为经济建设提供了重要资金支持；广安交通投资建设集团有序推进广前路、广华大道、官盛特大桥等 6 个交通重点项目建设，实现利税 1000 万元。

——底部支撑作用更加凸显。广安区成功引进总部经济等产业项目近 200 亿元，官盛新区从无到有；武胜县节能环保产业园及新材料项目纳入全省稳增长项目，白坪乡高洞村被央视评为 2014 年“中国十大最美乡村”；岳池县大力推进医药产业园区发展，科伦药业实现亩产值上千万、税收过百万；前锋区加快建设产城一体发展高地、山水园林旅游新城，规划设计方案获得国家级金奖；邻水县高滩工业园被授予“重庆空港工业配套园”，宏帆广场等一批中心商圈加快崛起；华蓥市大力推进电子信息产业，“华蓥造”3D 裸眼智能手机成功下线，实现手机配套向整机制造的历史性跨越。

13 个轮子全面驱动发展，广安发展潜力全面释放，发展活力全面迸发。2014 年，预计全市地区生产总值增长 10%。

创新驱动发展：高端产业集群化加速形成

2014 年 7 月 7 日，由美国医学与生物工程院院士、西南大学洁净能源与先进材料研究院院长李长明领衔专家团队投资 160 亿元的中国・长明高新技术产业园，在广安区官盛新区开工建设。

“目前，园区已与长虹手机签订了两亿元植入生物智能芯片的合同，即将在广安先期投入生产。”李长明介绍，整个产业园建成达产后，院士专家团队的科技成果和专利产品将直接转化为现实生产力，推动广安工业企业跨越发展，形成千亿级的高新技术产业。“产业层次偏低，科技创新能力不强，仍是制约广安发展的关键性问题之一。”我市不断探索创新驱动发展战略新举措，积极引导院士专家将教学基地、科研基地、实习基地在广安布局，建立院士研究院，把他们的专利产品转化为经济发展的现实生产力，不断提高院士专家对广安经济发展的辐射带动作用，着力占领创新驱动发展的制高点。

中国工程院院士、清华大学机械工程学院院长尤政领衔的专家团队，在广安经开区建设新能源研究院，并投资 10 亿元建设超级电容项目。该团队引领的新能源汽车生产、生物医学应用技术、健康监护技术等领域的高新技术成果，也正在加紧洽谈转化为产业项目。

专家“红娘”展示出投资促进独特“魅力”：中国建材集团、中国恒天集团、新希望集团等大型企业在广安布点项目；投资 200 亿元的宏威高新电子信息材料、投资 120 亿元的金山科技新城等一大批重大项目相继落户广安。2014 年，预计全市全年引进项目 900 个，到位资金 805 亿元，增长 13.9%。

在创新驱动战略的引领下，我市科技招商全面推进，院士经济项目化、高端产业集群化的新局面正加速形成，逐步走上创新驱动、转型发展的新路径。目前，我市已形成了精细化工、生物医药、新型住宅等六大高端产业，努力将其分别培育成百亿元产业。

“转变发展方式的核心是要实现有效益的增长。”侯晓春认为，调结构、转方式不是一定要淘汰传统产业，传统产业通过创新，一样可以做出高端产品。

广安光前集团与盛瑞传动共同研发出国内首个自主生产的自动变速箱——8AT自动变速箱，一举打破洋品牌垄断的局面，结束了100%依赖进口的历史；广安凯特医药打破传统中药生产方式，采用先进技术生产出具有同样疗效的天麻素中间体化学成分，产量占全国市场份额七成以上……

2014年1—11月，全市共实施技术创新项目37项；累计完成技改投资145.4亿元，增长26%。

随着企业技术创新步伐加快，我市工业加速转型升级。2014年1—11月，全市规上工业增加值增速居全省第8位。其中，电子信息、医药化工等新兴产业实现产值126亿元，增长33.2%。

“洁净水”行动：倒逼经济加速转型升级

2014年5月19日，总投资30亿元的省重点工程项目——广安红色文化影视城正式开园。“投资广安，除了报答伟人的恩情，我们看中的还有西溪河的一湾清水。”项目投资人贾云说。

而几年前的西溪河却是另一副模样：源头全民水库网箱养鱼泛滥，沿河两岸小水电站、排污口密布。

以治水倒逼经济转型升级。全市累计投入治理资金1亿余元，彻底取缔全民水库网箱养鱼和西溪河上游的全部养殖场，彻底关停沿河两岸小水电站，启动全民水库生态重建项目。持续的治理使全民水库和西溪河水质明显改善。2013年至今，协兴生态文化旅游园区共引进项目22个，总投资达326.58亿元，成为游客来广安必点的一道特色“招牌菜”。

西溪河的大变样，仅是我市深入开展“洁净水”行动的一个缩影。“环境污染重，是追赶跨越进程中的一大难题。这个‘坎’跨不过去，经济发展就不可持续，老百姓的生活质量就会大打折扣。”市委市政府认为，必须坚持把生态建设摆在突出位置，切实加强环境治理。

2014年10月15日，《中共广安市委广安市人民政府关于全面开展“洁净水”行动的意见》正式出台，全力打造“水清岸绿、城水相融、人水相亲”的宜居宜业宜游新广安。

“八大专项行动”成为抓手——全面开展城乡生活污水处理专项行动、工业污染防治专项行动、畜禽养殖污染防治专项行动、水产养殖污染防治专项行动、农业农村污染治理专项行动、江河湖库内源治理专项行动、生态修复专项行动、饮用水安全保障专项行动，确保“360度无死角”。

为破解资金难题，我市成功与中信集团牵手，使得广安成为省内唯一入围财政部“PPP”模式推广的试点城市，“洁净水”行动一期所需的30亿元资金投入里，可获得国家财政部30%的支持。

如今在我市，一场声势浩大的全民治水行动已经全面铺开。以治水倒逼经济转型升级，给广安带来了巨大的产业发展“乘数效益”。

玖源新材料等45个重大工业项目加快建设，利爵摩托等34个重大工业项目竣工投产，工业产值超10亿元以上企业达到12户；全市淘汰小煤矿产能251万吨；现代农业产业基地达到183万亩，粮食生产实现六连增；新兴先导型服务业快速发展，服务业增加值增幅跃居全省前列；旅游产业飞速发展，2014年中国旅游日主会场活动在邓小平故里成功举办，预计全市全年完成旅游总收入200亿元。

（《广安日报》2015年1月8日，记者：胡世平）

弘扬清风正气　护航发展升级

——2014年广安市纪检监察工作扫描

“两个责任”扛牢抓实、正风肃纪驰而不息、“广土”工程润物无声、打虎拍蝇持续发力……2014年，全市纪检监察机关深入推进转职能、转方式、转作风，聚焦监督执纪问责主业，以实际成效推动反腐倡廉建设，为推进广安“两个跨越”，谱写中国梦广安篇章提供了坚强纪律保障。

“两个责任”扛牢抓实

新闻回放：市委制发落实“两个责任”《实施方案》，创新实施“明、询、查、考、述、评”六步工作法，采取以责任分解落实“三书”、纪委委员询问、党风政风行风满意度测评等措施推动责任落实。

市委领导班子成员根据分工，多次分线研究反腐倡廉工作，带头落实主体责任。采取领导干部述责述廉述险、拟提拔任用干部考察落实责任制情况、实行“一案三查”等举措，推行纪检组织负责人定期述职、约谈、询问、评议等机制，层层传递压力，推动“两个责任”落实。

数据链接：市县两级党政领导班子成员带队宣讲“两个责任”200余场次，签订落实责任《承诺书》，“一岗双责”有效落实。全年12916名党员干部书面“三述”、2896名领导干部会议“三述”，交出一份年度履责“答卷”。实行“一案三查”，追究95人的责任，以问责倒逼“两个责任”落实。

正风肃纪驰而不息

新闻回放：在正风肃纪中，坚持“六抓”，采取“三不定”方式，开展常态检查，严查顶风违纪行为。深入整治“9+3”等问题，在重要节点集中通报、公开曝光“四风”典型案件。开展正风肃纪群众满意度测评，在媒体公布测评结果，约谈排名倒数单位主要负责人，让其“现现丑、流流汗”。

在全省率先创新出台违反规定操办婚丧喜庆等事宜、公务时间休闲娱乐责任追究办法等制度规定，建章立制，为干部作风套牢了“紧箍咒”，织密了“制度笼”。

数据链接：全年共查处“四风”问题184件，处理223人，并点名道姓公开曝光，全市共公开曝光典型案件53件，形成有力震慑。向76个被测评单位反馈意见建议500余条，督促逐一整改。

“打虎拍蝇”持续发力

新闻回放：畅通信访举报渠道，注重吸纳群众参与，构建来信、来访、电话、互联网等多位一体的信访举报网络，让腐败现象无处遁形。建立“案件线索信息管理库”，实施线索统一排查、统一受理、统一登记、统一管理等制度，推进线索规范处置、腐败问题及时揭露。强化反腐败协调，完善纪检监察机关与检察、公安、审计等机关部门在线索移送、协同办案等方面的协作机制，增强反腐合力。

推进惩治成果向预防成果转化，发挥办案治本功能。召开住建、国土、交通等领域专题警示教育会，分析通报典型案件，以案明纪释法，堵塞制度漏洞。

数据链接：全年共处置线索812件，立案605件，查处涉及县处级干部案件16件，移送司法机关处理32人；县乡纪委立案数占全市立案总数的93.22%，既严打“老虎”也勤拍“苍蝇”，惩贪治腐保持了高压态势。

“广土”工程润物无声

新闻回放：立足“八大廉洁基石”建设，深化预防腐败“广土”工程，在全社会倡导崇廉尚洁价值理念。举办“邓小平廉政思想与实践”专题展等，办好“安辑廉线”网站集群，开设“安辑专刊”“安辑在行动”等专题专栏，编制《清慎勤》《贪欲之害》等廉政教育读本及警示教育片，反腐倡廉宣传教育形式多样。

推行廉政风险直接管理，强化重点岗位防控。实行党风廉政建设“天成指数”动态预警机制，定期分析通报地方和部门综合指数排名，推进问题早发现、早提醒、早纠正。试点开展新提拔科级领导干部家庭财产申报工作，探索开启源头治腐新模式。

数据链接：开展“廉接你我他、共建靠大家”活动，张贴廉洁公益广告13万余幅、廉洁公益标语5万余张。选取7名地方和部门主要负责人由市纪委牵头实施廉政风险直接管理。根据“天成指数”排名约谈各级各部门主要负责人112名。对46个市级部门的5803项行政权力事项设置电子监察点227312个、廉政风险点5158个，推进权力运行实时监控、动态预警。

深化改革聚焦主业

新闻回放：深入推进“三转”。调整市、县两级纪委机关内设机构和职责，大力清退参与的议事协调机构，不再参与招标投标现场监督等具体事务，将工作交还主责部门，实行再监督、再检查、再执法、再问责。创新建立部门纪检组参加党组会议同步记录制度，纪委同人大、政协监督工作协作配合制度等，拓宽监督视野、整合监督资源、提升监督实效。

深化“三项建设”。出台《区市县纪委书记、副书记提名和考察工作办法》《纪检监察机关干部资格准入制度》，上级纪委对下级纪委的领导更加直接有力。开展纪检监察系统“安辑·砺炼”等专项行动，提升监督执纪能力。加强纪检监察干部教育、管理和监督，严查跑风漏气、以案谋私、顶风违纪等行为，防止“灯下黑”。

数据链接：市、县两级纪委议事协调机构由582个减少为99个，精简82.99%。市纪委监察局机关纪检监察室由3个增加到6个，66.7%的内设室、72.88%的工作力量向执纪监督主业集聚。

（《广安在线》2015年2月6日）

在依法治市的道路上迈出铿锵步伐

——2014年广安依法治市工作综述

建设法治广安，是我市贯彻党的十八届四中全会精神、落实省委治蜀兴川的重大战略部署，功在当前、利在长远。回首2014年，广安依法治市的烙印清晰可见。

我们激动，我市执法日趋规范文明，司法彰显权威公正，公平正义以看得见、摸得着、感受得到的方式，走近群众，群众满意度不断提升，被全国普法办表彰为“六五”普法中期先进城市，市政府被表彰为全国“六五”普法中期先进单位。

我们喜悦，法治建设为广安跨越发展保驾护航，2014年全市城镇居民人均可支配收入和农村居民人均纯收入稳步增长，经济建设在法治轨道内强劲发展。

我们鼓舞，市委市政府高度重视法治建设工作，无论是领导干部，还是普通群众，法治正成为全市470万干部群众的共同信仰，学法懂法用法蔚然成风，尚法守制、公平正义、诚信文明、安定有序的依法治市新格局正逐步形成。

2014年，是广安法治史上的重要里程碑。我市出台并深入实施《广安市依法治市纲要》，狠抓“六五”普法和“法律七进”活动，为推动广安迈入全省经济发展第一方阵营造了良好的法治环境，谱写出广安依法治市新篇章。

简政放权　强力推进依法行政

市民李晓东未曾想到，一次办证经历，竟让他感受到了法治政府建设给他带来的实实在在的实惠。

“要是在以前，跑好多冤枉路也没有这么快办完，没想到现在5天就办结了，真‘给力’！”2014年7月11日，在减少了资料初审、领导签字等多个环节后，原本至少需要50天才能办结的民办职业培训机构审批事项，时间大为缩短，这为一直想要开一家艺术培训学校的他省去了不少的时间和精力。

像李晓东一样的受益者还有很多。“以前每年都要跑政务服务大厅办理矿产资源勘查许可证年检，现在方便了，这个行政审批事项已经取消了。”邻水县凉山乡跳沟村硫铁矿工作人员小张说，“以后行政机关都不再对此实施审批，而是对年检内容纳入日常监管。”

依法行政是推进法治建设的核心。我市把简政放权作为激发市场活力、调动社会创造力的利器，转变政府职能，加强行政效能监察。

2012年至今，我市已开展了三次行政审批项目清理规范工作，从源头上减少执法人员随意自由裁量的空间，给权力运行套上“紧箍”，避免执法的随意性，保证执法依法依规。

2012年以前，我市市本级行政审批项目的平均承诺办结时限为8.05天，目前缩减至3.2天，比法定平均最高办结时限提速达73.7%。行政审批项目数量和承诺办结时限为全省最少和最短的市州之一。

同时，我市在全省率先试点并全面推行行政案件集中管辖制度，将辖区内6个基层法院的行政案件统一交由前锋区法院和武胜县法院进行集中管辖，有效破解司法权力行政化、地方化，全市行政案件受理量同比上升100%，审理质量持续提升。

善政良治，已成为全市上下的高度共识和践行方向。

全民普法　力争法治宣传无盲区

市委书记侯晓春高度重视法治建设，多次主持召开市委常委会议专题研究依法治市工作，并深入基层开展调研，解决问题、督促指导法治工作有序开展。他强调，建设法治广安，要加强法治宣传教育，大力开展全民普法，不断提高普法针对性和覆盖面，提高全社会法治意识和法律素养，切实做到全民守法、依法办事。

2014年2月，市委成立了由侯晓春任组长，市委副书记袁险峰任常务副组长，四大班子分管联系领导和市中级人民法院、市检察院主要领导为副组长的依法治市领导小组，同时完善县（市、区）、市级部门依法治理领导小组及办事机构，推动形成党委统揽、系统推进、部门各司其职、各行各业积极参与的统筹协调工作机制，形成了横向到边、纵向到底的普法工作网络。

各级领导干部带头学法用法。市委副书记、市长罗增斌在每次市政府常务会议召开前都带头学习法律法规知识，为全市领导干部带头学法做好表率。同时，各级党委政府坚持党委常委会、政府常务会会前学法制度，做到会前至少学习一部与会议议题相关的法律，依法决策能力有效提升。

为推动全民普法工作深入开展，我市组织“六五”普法讲师团和法律服务小分队深入城市社区、乡村院落，广泛开展法律咨询、法制讲座等，送法到千家万户。同时，划分城市社区网格812个、农村（园区、景区）网格8346个，选配专兼职网格服务管理员9204名，实现人在格中走、事在格中办。目前，已实现城乡区域全覆盖，走在了全省前列。

2014年，全市共开展法治宣传活动4000余次，举办法治培训班和法治讲座1000余期，各类法律知识竞赛460余场，办法制专栏墙报8000余期，开展广播电视及平面媒体法治宣传400期（场）。新建法治文化大院（小区）12个，发放法治宣传资料和法律知识读本500余万份（册）、提供法律咨询35.4万人次。

如今，法律知识已走进千家万户，家喻户晓。

固本强基　扎实开展“法律七进”活动

2014年12月3日，岳池县司法局组织的法治文艺巡回演出，在该县兴隆中学举行。

演出在舞蹈《春天的故事》中拉开帷幕，灯戏《嫁妈》、小品《调解唤回合家欢》等10个法治文艺节目，将法律知识融入歌曲、舞蹈、小品等表演中，在给群众带来欢乐的同时，也让法律知识扎根群众的心中。

“这种寓教于乐的普法形式，巴适得很!”该镇居民王志告诉记者，他最近多了一个兴趣爱好——定时收看岳池电视台开设的《法治聚焦》栏目，“现在我可以算是半个法律专家了。”

这只是我市扎实开展“法律七进”（进机关、进乡村、进社区、进学校、进企业、进单位、进宗教场所）工作活动的一个缩影。我市根据不同地域、不同行业、不同人群的差异法律需求，分门别类，逐年、逐项、逐条列出了菜单式普法大纲，并按照“谁执法谁普法”的工作机制和属地管理的责任机制，强化各地、各部门、各单位、各行业的普法责任，落实了每一“进”的牵头单位、责任单位和具体的推进措施，有力推动了“法律七进”工作的深入开展。

在“法律七进”活动中，我市创新普法方式，借力农村法制辅导站、“巡回法庭”“背篼法律图书馆”、网格“法律诊所”等，将“法”的种子播撒进群众心里，点燃群众学法热情，逐步由“要我学”转变为“我要学”。同时，我市将法治文化与城市文化、民俗文化相结合，通过浮雕、名言警句、漫画等形式，将法治文化注入公园、广场、院落等，把枯燥的法律知识融入群众休闲生活之中，让广大群众在休闲娱乐中接受潜移默化的法治教育，促进“法律七进”活动落地生根。

如今，法律“触角”已延伸到机关、乡村、学校、社区、企业、单位、寺观教堂，以点带面地夯实法治建设根基。

尚法守制　彰显普法工作成效

近日，走进武胜县飞龙镇卢山村，只见停车场管理员穿工装、戴胸牌，规范地履行自己的职责；农家乐业主文明待客，公平竞争；村民房前屋后干净整洁，邻里友爱互助……一步一景，随处都折射出村落整洁、井然有序的法治气息。

“自从村民们自发制定了《村规民约》，大家都按契约内容严格遵守，如今村民们遵纪守法意识和文明素养不断增强，邻里纠纷减少了，环境卫生变好了，游客增多了，新村更加和谐美丽了。”卢山村党支部书记李斌文介绍说，为了更好地建设法治村庄，村委会还通过批评教育、典型引导等方式，让模范遵守《村规民约》的村民上光荣榜受表扬，让违反规定的村民上“曝光台”受批评，引导村民个个从自身做起。

像这样民主协商的行为准则，并非卢山村特有，如今它已蔚然成风，渗透到群众生活的方方面面。截至2014年10月底，全市2763个村、221个社区全部完成了村规民约（居民公约）的制定完善工作。

在华蓥市双河街道办果子村，该村坚持依法治村，在城镇化建设中拆迁房屋500多栋，搬迁坟墓800多座，未出现一例村民缠闹现象、无一人违法违规上访，依法治村规范实施与社会效果达到有机统一。

如今，法治精神、法治意识、法治观念正熔铸到群众的头脑之中，体现于群众的日常行为之中，尚法守制已成为全社会崇尚的法治风尚。

法治广安，已在路上。

（《广安日报》2015年1月13日，记者：刘婧）

一份精彩的民生答卷

——2014 广安实施民生工程综述

刚刚过去的 2014 年，一项项民生工程的顺利实施，令全市人民倍感温暖！

这一年，广安南站、枣（山）彭（家）公路等建成投用；"洁净水"行动实施、乡村公路改造、新农村建设、广安临港食品城等惠民项目加速推进……

这一年，骑游步道上，骑游爱好者欢快地你追我赶；西溪河边，市民们高兴地聊天散步；市民广场上，舞蹈爱好者扭动着灵活的身姿……

据统计，2014 年，全市共投入省、市民生工程资金达 125.63 亿元，投入力度空前。行走在广安大地，随处可见一张张幸福的笑脸，随时可闻一曲曲欢歌笑语，一幅幅百姓安居乐业、幸福祥和的民生新画卷正在千家万户徐徐展开。

问需于民　民生工程群众自己说了算

民生无小事，小事关民生。

"作为贫困农村人口占比近 20%的地方，保障和改善民生，让群众共享改革发展成果，是我们当前最紧迫的任务。"市委书记侯晓春说，民生工作涉及千家万户，如何确保所办的事的确是群众最需要、最迫切、最盼望的，让群众真正得到实惠？是我们推进民生工作必须思考的问题。

我市坚持把项目交给群众选择、工程交给群众监督、建设让群众参与，保证各个环节和过程全部公开。

每年 10 月初，市、县两级民生工程项目信息收集员就会深入乡村、社区等地开展走访，发放民情民意信息卡，了解、收集群众最迫切的民生愿望。各级政府网站开通民生工程征集专栏，建立 QQ 群和微信群，公开向社会征集下一年度实施项目。

市惠民办主任刘贤述告诉记者，市、县两级惠民办从中梳理出重要意见 100 余条，按照"量力而行、尽力而为"和"尽量不与省定民生项目相重合"等原则，最终确定 22 个 2014 年民生项目，包括新建乡镇垃圾处理站、整治乡村烂路等，民生工程针对性更强、覆盖面更广。

由于是群众自己选择的民生工程，群众参与项目建设的积极性空前高涨。2014 年，武胜县清平镇白果村水泥公路修建，村民积极参与，主动投工投劳，于今年初提前竣工通车。"百姓全程参与已成为民生工程建设的一大亮点，形成了'民建民管民受益'的局面。"侯晓春说。

开源节流　新增财力八成用于民生工程

1 月 7 日，记者走进华蓥市禄市镇月亮坡村时，村民李世寿正和妻子忙着灌香肠。"住在这里，和城里没差别！"李世寿放下手中的活儿，骄傲地对记者说，"我们的房屋是穿上了'保温服'的新型住宅，冬暖夏凉，还可以抗 9 级地震、抵御 12 级台风，防火节能。"

"这样的房屋贵不贵？你能住得起吗？""住得起！"面对质疑，李世寿扳起指头给记者算账：购房户每平方米只需交 1500 元，差额部分由财政补齐，拆建户每户还额外补助两万元。新型房屋采用墙体和屋面承重，实际得房率比传统房屋高出 12%左右，这样算下来，新型房屋比传统房屋还便宜。

据了解，仅一期 500 户新型房屋建设，市本级财政就已安排 2000 万元专项资金，用于建设补助。2014 年，全市共投入省、市民生工程资金 125.63 亿元，投入力度超过以往任何一年，比 2013 年增加 64.09 亿元，增幅达 104%。

对于财力并不强的广安来说，如此大手笔办民生，资金如何解决？刘贤述告诉记者，除确保新增财力的 80%以上用于民生、在编制年度预算时加大对民生领域的倾斜力度等常规手段外，我市在"节流"上做了不少新文章。

去年初，我市成立市委财经领导小组，规定凡市本级 50 万元以上的大额支出，均须报市委财经领导小组集体研究；使用工业、农业、商贸、金融、旅游等专项资金超过 50 万元的亦须审定，确保专项资金优先用于民生领域。与此同时，我市大力压缩一般性支出，年初预算公用经费支出压缩 2%，压缩资金全部用于民生领域。

保质保量 民生项目当年实施当年完成

1月8日上午，记者在小平故里路三段看到，改建后的道路宽阔平坦，干净整洁；交通标线完整清晰，鲜明美观，路况质量和通行能力得到显著提高。“速度快，质量好，小平故里路真是漂亮。”出租车司机蒋敬春深有感触地说，改造后的小平故里路高端、大气、上档次，已成为我市一道靓丽的风景线。

而市民不知道的是，这段原本应该三个月完成的道路，广大工程建设者仅仅用了30天时间。这不仅是广安交通建设的一个奇迹，更是“广安速度”的体现。

“小平故里路改建工程（三段）是纪念邓小平同志诞辰110周年的重大民生项目，也是广安打造世界级旅游目的地的一项重要内容，其意义重大而深远。”据市公路管理处负责人介绍，接到任务后，他们迅速行动，成立了领导小组，负责项目统一部署、组织协调工作，快速高效推进工程建设。该项目从4月6日动工改建，经过30天的艰苦奋战，于5月5日建成通车，不仅改善了市民出行环境，也提升了广安城市形象。

广安民生工程建设有道“硬杠杠”——当年实施，当年完成。“为确保工程质量和进度，我们每两个月就会‘倾巢而出’。”刘贤述介绍，该办工作人员一年有四分之一的时间，在乡村民生工程建设一线“督工”，每两个月到各区市县抽查“督导”一次。“民生工程涉及面广，必须有专门机构来做信息收集和协调调度的工作，同时肩负起‘督查’职能，让群众真正得到实惠。”

问效于民 民生工程提升群众幸福指数

灯光闪烁，人潮涌动。1月7日晚，记者在市民广场看到，一群群跳广场舞的大妈，正随着音乐节拍扭动着灵活的身姿，滑旱冰的小孩往来穿梭，人们呼朋引伴、三五成群，玩得不亦乐乎。

“广场环境好，又大又气派，每天晚上锻炼的人很多，我们又多了一个休闲的好去处。”家住广安城区万和花园的王杰，每天都会邀上老姐妹来广场锻炼身体，她高兴地对记者说：“感觉生活越来越有滋味了！”

“发展经济的目的是为了保障和改善民生。”侯晓春认为，GDP应多些“幸福”的味道。如果GDP快速增长，老百姓却没有共享改革发展成果，“幸福指数”上不去，GDP只是毫无意义的数字。

正是基于这一理念，2013年3月，我市启动36个打基础、利长远的重大惠民项目建设，涉及小平故里30平方公里建设、产业园区建设、基础设施建设和农业现代化建设等，总投资逾600亿元。如今，广安红色文化影视城、市民广场、枣（山）彭（家）公路、骑游步道等建成投用；协兴生态旅游文化名镇、广安农副产品综合批发交易市场等加速推进……

与此同时，我市还将创建全国文明城市与民生工作相结合，把幸福广安的内涵要求转化为创文的思路和举措，举全市之力建设民心工程，全面改善群众生活环境和生活质量。广安市污水处理厂莲花桥月亮湾倒虹管复线和10KV备用电源工程全面完工；广安城区思源大道、民安街等街道亮化升级改造工程基本完成；广安城区亮灯率达到98%以上，主干道重要节日和重要区域亮灯率达到100%……人民群众的幸福指数不断提升。

（《广安日报》2015年1月11日，记者：范露霜）

重要文件

中共广安市委关于深入开展党的群众路线教育实践活动的实施意见

广委发〔2014〕3号　2014年2月14日

各区市县委，市委各部委，广安经开区、枣山物流商贸园区、协兴生态文化旅游园区党工委，市级各部门党组（党委）：

根据《中共中央关于在全党深入开展党的群众路线教育实践活动的意见》（中发〔2013〕4号）、《中共中央办公厅印发〈关于开展第二批党的群众路线教育实践活动的指导意见〉的通知》（中办发〔2014〕4号）和《中共四川省委关于深入开展党的群众路线教育实践活动的实施意见》（川委发〔2013〕14号）、《四川省深入开展党的群众路线教育实践活动第二批实施方案》（川委群组发〔2014〕3号），现就我市开展党的群众路线教育实践活动提出如下意见。

一、重大意义和指导思想

群众路线是党的生命线和根本工作路线。在全党深入开展以为民务实清廉为主要内容的党的群众路线教育实践活动，是新形势下坚持党要管党、从严治党的重大决策，是顺应群众期盼、加强学习型服务型创新型马克思主义执政党建设的重大部署，是推进中国特色社会主义伟大事业的重大举措，是永葆党的青春活力和战斗力的重要传家宝。广安是邓小平同志家乡，是革命老区、西部欠发达地区，要推动广安科学发展、加快发展，确保与全国全省同步全面建成小康社会，特别需要全市各级党组织增强政治定力、更加坚强有力，特别需要全市各级党员、干部养成邓小平同志提出的为群众服务、向群众负责、同群众商量、共群众甘苦的工作作风，特别需要全市人民群众踊跃参与支持、更加齐心协力。全市各级党组织和广大党员干部要深刻认识到，深入开展党的群众路线教育实践活动，将有效解决各级领导班子和党员、干部队伍中存在的“四风”突出问题，为全面深化改革增添强劲动力，为实施“三大战略”、推进“两个跨越”提供坚强的组织保证、作风保障和群众基础。全市各级领导班子和广大党员干部要把思想和行动高度统一到中央和省委的部署要求上来，切实增强开展教育实践活动的自觉性和坚定性。

开展群众路线教育实践活动，必须高举中国特色社会主义伟大旗帜，坚持以马克思列宁主义、毛泽东思想、邓小平理论、“三个代表”重要思想、科学发展观为指导，认真贯彻党的十八大、十八届三中全会和省委十届三次、四次全会精神，把“照镜子、正衣冠、洗洗澡、治治病”的总要求贯穿始终，以严的标准、严的措施、严的纪律，坚决反对“四风”，推动广大党员、干部思想进一步提升，作风进一步转变，党群干群关系进一步密切，为民务实清廉形象进一步树立，党的基层基础工作得到进一步加强。必须做到教育和实践两手抓，使马克思主义群众观点深深植根于思想中、真正落实到行动上。必须突出作风建设，着力解决“四风”方面存在的突出问题，着力解决群众反映强烈的切身利益问题，着力解决联系服务群众“最后一公里”问题，为办好邓小平同志诞辰110周年纪念活动，推动广安超常规跨越发展，加快迈入全省发展第一方阵步伐，努力走在全省改革开放前列，谱写中国梦广安篇章提供坚强保证。

二、基本原则和总体要求

教育实践活动要坚持以“学习伟人风范，践行群众路线”为引领，全面贯彻“照镜子、正衣冠、洗洗澡、治治病”总要求。紧紧围绕为民务实清廉主题，认真落实中央八项规定、省委省政府十项规定、市委市政府十一项规定和《党政机关厉行节约反对浪费条例》，用整风精神坚决反对形式主义、官僚主义、享乐主义和奢靡之风，着力解决“四风”突出问题、群众反映强烈的切身利益问题、联系服务群众“最后一公里”问题。牢牢把握正面教育为主、批评与自我批评、开门搞活动、分类指导、领导带头等“五项基本原则”，切实把握好七个方面要求：

（一）突出重点领域、重点对象。坚持以市、区（市、县）、园区领导机关、领导班子和领导干部为重点，突出抓好直接联系服务群众的执法监管部门和窗口单位、服务行业的教育实践活动。同时，注重抓好乡镇（街道）和村（社区）等与群众密切联系的基层组织的教育实践活动。

（二）突出学习教育、纯洁思想。坚持把思想政治教育贯穿始终，切实加强广大党员、干部马克思主义群众观点和党的群众路线教育、党性党风党纪教育和道德品行教育，对照理想信念、党章党纪、民心民生、先辈先进四面镜子，搞清楚“我是谁、为了谁、依靠谁”，弥补精神之“钙”，立利民为民之志，打牢为民务实清廉的思想基础。

（三）突出领导带头、层层示范。各级党员领导干部特别是市、区（市、县）、园区党（工）委班子及成员，要高度自觉，严格要求，喊响叫亮“向我看齐、对我监督”，带头开展学习调研、带头征求各方意见、带头进行对照检查、带头抓好整改落实、带头推进工作实践，当好教育实践活动的排头兵，形成一级做给一级看、一级带着一级干、层层真学真查真改的生动局面。

（四）突出聚焦“四风”、解决问题。强化问题导向，坚持整风精神，紧紧扭住反对“四风”这个重点，集中解决市、区（市、县）、园区领导机关、领导班子和领导干部“四风”方面存在的突出问题，着力解决发生在群众身边的腐败问题、损害群众利益的不正之风，坚决有力地同陈规陋习、顽症痼疾作斗争。坚持把找准抓住问题、动真逗硬解决问题贯穿全过程，真查真改、立行立改，从一开始就紧紧盯住作风问题不放，从小事做起，从具体事情抓起，以解决问题的实际成效取信于民、惠及于民。

（五）突出开门开放、群众参与。坚持开门开放搞活动，充分相信群众、紧紧依靠群众、正确引导群众，注重发挥群众积极性，虚心听取群众意见，从群众最直接最关心的问题改起，确保每个环节、每项工作都让群众参与、受群众监督、请群众评判。坚持用群众答应不答应、满意不满意检验每个环节和整个活动的质量，努力在解决作风不实、行为不正和从政不廉上取得实效，在服务群众、提高群众工作能力、密切党群干群关系上取得实效，真正把活动成效落实到最基层、体现在最基层。

（六）突出分类指导、有序推进。坚持从实际出发，针对不同层级、不同领域、不同对象，找准各自需要解决的突出问题，提出适合各自特点的目标要求，采取相应的方法措施，稳步推进，有序实施。贯彻中省精神，鼓励探索创新，确保“规定动作”做到位、“自选动作”有特色，使活动开展得更加有声有色、更富有成效，真正达到党员干部思想受到教育、作风得到改进、行为更加规范的目的。

（七）突出严格要求、真督实导。切实贯彻党要管党、从严治党方针，从活动一开始就做到高标准严要求，做到操作程序不变通、执行政策不走样、目标效果不降低，深入找问题、逗硬抓整改、从严正风纪，始终保持从严治吏、从严抓活动的高压态势。充分发挥督促检查作用，突出重点对象、重点任务，抓住关键环节、关键节点，严肃督导、严格把关，防止降格以求，确保活动质量和效果，确保活动不虚、不空、不偏、不走过场。

三、明确重点工作任务

开展教育实践活动，要紧紧抓住反对“四风”这个重点，集中解决市、区（市、县）、园区领导机关、领导班子和领导干部“四风”方面存在的突出问题，下大力气解决发生在群众身边的不良作风问题，对作风之弊、行为之垢来一次大排查、大检修、大扫除。各级各部门各单位要深入查找自身存在的突出问题，增强针对性，防止出现上下“一般粗”。同时，积极回应群众关切，维护群众利益，注重解决实际问题，把改进作风的成效真正落实到基层，真正让群众受益。

（一）着力解决“四风”突出问题。市、区（市、县）、园区领导班子和领导干部重点解决政绩观不正确，搞“形象工程”“政绩工程”，换一任领导变一套思路，好大喜功、虚报浮夸，盲目举债、寅吃卯粮，只顾眼前、不顾长远，思想狭隘、固步自封，不敢担当、不愿负责，当太平官、逍遥官，有令不行、有禁不止，执行政策打折扣、搞变通，文山会海、不求实效，疏远群众、脱离基层，拍脑袋决策、搞一言堂，不团结、拉圈子，跑官要官，敛财谋利、以权谋私等问题。市、区（市、县）、园区机关及其直属单位重点解决庸懒散拖、推诿扯皮，工作不落实、服务不主动，“中梗阻”，衙门作风严重，部门利益至上，热衷检查评比、创建达标，下基层走马观花，不给好处不办事、没有关系办不成事，公款送礼、公款吃喝，攀比待遇、养尊处优，奢侈浪费、腐败堕落等问题。执法监管部门和窗口单位、服务行业重点解决门难进、脸难看、事难办，乱收费、乱罚款、乱摊派，不作为、慢作为、乱作为，滥用职权、吃拿卡要，执法不公，办关系案、人情案、金钱案，收回扣、拿红包，搞权力寻租，权力部门化、部门利益化等问题。乡镇（街道）领导班子和领导干部重点解决不关心群众冷暖，责任心不强，弄虚作假、欺上瞒下，哄骗上级，糊弄群众，落实惠民政策缩水走样，工作方式简单粗暴，得过且过、遇到矛盾绕着走，在位不在岗，“走读”现象突出，“机关化”现象严重等问题。村（社区）等基层组织主要解决软弱无力，服务群众意识和能力不强，优亲厚友，中饱私囊，办事不公，侵犯群众利益，克扣群众财物，拖欠群众钱款，打白条、耍赖账等问题。“两新”组织党组织主要解决不重视党建工作，党组织形同摆设，降低党员标准和要求，制度机制不健全，党组织和党员作用发挥不明显等问题。教育系统党组织主要解决党性弱化，责任心不强等问题。卫生系统党组织主要解决党性不强、责任心缺乏、业务不精等问题。各级机关及其直属事业单位和基层党组织都要注重解决组织涣散、纪律松弛、干部“走读”的问题。

（二）着力解决群众反映强烈的切身利益问题。坚持为民利民便民，本着尽力而为、量力而行的原则，从宏观层面不折不扣落实各项民生政策，扎实抓好市、区（市、县）、园区、乡镇（街道）确定的民生工程，从微观层面切实解决好与群众生产生活息息相关的上学难、就业难、住房难、看病难、饮水难、用电难、出行难、增收难以及社会保障、生态环境、食品药品安全、安全生产、社会治安、执法司法、征地拆迁补偿、贫困地区扶贫开发等具体问题。认真解决环境污染严重、交通拥堵、市场秩序混乱等群众关注的热点问题。想方设法解决好空巢老人、孤寡老人、留守儿童、孤儿、残障人员、受灾群众、低收入家庭等特殊困难群体的生产生活问题。特别要把基层群众反映的切身利益问题一件一件解决好、落实好，坚决杜绝乱摊派、乱罚款、乱收费，侵占、挪用、截留惠民物资和资金，违规处置集体资产，违规插手工程项目等各种与民争利问题和损害群众利益的不正之风。畅通群众诉求表达渠道，加强与群众真诚沟通，做好矛盾纠纷排查化解工作，让群众办事更加便利、得到更多实惠，增强安全感、提高满意度，切身感受到社会公平正义。

（三）着力解决联系服务群众“最后一公里”问题。以基层服务型党组织建设为抓手，以“三抓三建”（抓书记、建强基层组织，抓队伍、建好服务站点，抓保障、建立激励机制）及农村“10分钟服务圈”、村（社区）“1234”工作法、社区民情传递制度、党员志愿服务等为载体，切实解决部分党组织覆盖和工作覆盖不全，不适应城镇化、工业化和农业现代化发展形势要求的问题；解决部分基层党组织书记服务意识不强、服务水平不高、服务作风不好，带头致富和带领群众致富能力弱的问题；解决乡镇（街道）和村（社区）便民服务中心（站、点）不健全、运行管理制度不完善不落实、办事人员缺位，基层群众办事难、办事不方便的问题；解决机关和党员干部直接联系服务群众制度机制不健全、不落实的问题；解决乡镇服务能力弱、服务手段单一、活力不足，村级集体经济薄弱、“空壳村”现象严重等问题。抓好服务群众的政策保障，建立服务基层群众激励机制，推动人、财、物向基层倾斜，建好、用好村级组织活动场所，落实村（社区）党组织工作经费，改善村（社区）党组织工作条件，落实关爱基层干部政策，充分调动基层干部服务群众的积极性，让群众话有地方说、事有地方办、困难有人帮、问题有人管。

四、抓好关键环节步骤

按照中央和省委的部署要求，我市教育实践活动从2014年2月开始，9月基本完成。参加单位主要是：市、区（市、县）、园区机关及其直属单位，乡镇（街道）和村（社区）等基层组织，非公有制经济组织和社会组织，医院、学校（含高等职业技术学院、中等职业技术学校），市、区（市、县）所属国有（控股）企业等。要坚持问题导向，坚持教育、实践并重，坚持边学边查边改，把学习教育贯穿始终，把解决问题贯穿始终，充分调动领导干部和广大群众两个积极性，打牢学习教育和查摆问题两个基础，抓住整改落实和建章立制两个关键，使教育实践活动各个环节的工作有效衔接、相互贯通。

（一）学习教育、听取意见

通过扎实认真的学习，深入开展调查研究，广泛听取广大党员、干部和群众意见，切实增强为民服务意识。

1. 结合实际抓学习教育。在逐级进行动员部署的基础上，围绕强化思想理论武装，深入开展马克思主义群众观点和党的群众路线专题学习讨论，向群众学习，拜群众为师，增强广大党员干部的理想信念、宗旨意识、群众观点，解决好世界观、人生观、价值观“总开关”的问题，解决好入党为什么、当干部为什么、为后人留什么的问题，解决好权力观、地位观、利益观的问题，解决好为了谁、依靠谁、我是谁的问题，使党的群众路线在全体党员、干部中深深扎根，使践行党的根本宗旨成为党员、干部的普遍自觉。在学习内容上，坚持“四个方面必学”，党章、党的十八大和十八届三中全会精神必学，习近平同志、刘云山同志和王东明同志系列重要讲话必学，《论群众路线——重要论述摘编》《党的群众路线教育实践活动学习文件选编》《厉行节约、反对浪费——重要论述摘编》《邓小平论党的群众路线选辑》《邓小平为民务实清廉故事选辑》五本书必学，中国特色社会主义理论、党的光辉历史和优良传统必学。建立邓小平理论专家库，宣讲小平同志的群众路线理论论述和典型故事。同时，要以兰辉、郭元平、邓德勤、杨淑芹等先进典型为榜样，结合不同领域、不同行业党员干部的工作职责与实际需求，有针对性地开展理想信念、党性党风党纪、道德规范和职业守则教育，切实加强党的组织制度、组织规范、组织纪律教育。在学习方式上，紧密联系行业、领域和本单位实际，集中开展理论宣讲教育、先进典型引导教育、贫困地区帮扶实践教育、反腐倡廉警示教育、红色教育基地党性教育“五项专题教育”和群众观点怎么看、群众路线怎么走、改进作风怎么办、五好干部怎么做“四个专题讨论”。充分利用市、区（市、县）党校、远教站点、党建网站、教育基地、手机短信等平台，通过领导干部讲党课、专家作辅导报告、播放专题教育片、专题研讨、参观发展现场、典型引导、个人自学、邓小平为民务实清廉故事大赛等多种方式，丰富学习载体，妥善处理工学矛盾。市、区（市、县）、园区机关及其直属单位和乡镇（街道）要组织集中学习、专题讨论。学习讨论要防止空对空、坐而论道，特别是市、区（市、县）、园区、乡镇机关领导班子和领导干部要坚持走出去，与基层干部、党员和群众一起学习、一起讨论，把学习讨论与基层体验有机结合起来。其他基层党组织要运用灵活多样、务实管用的方式，抓好基层党员的学习教育工作。要开展群众路线知识抽查测试，测试成绩在适当范围公开。在教育实践活动各环节，凡是出现要求不达标、任务不过关的领导班子和个人，倒查学习教育情况，并在规定时间内“补课”。

2. 深入群众听取意见。结合开展“走基层、解难题、办实事、惠民生”和“三联五帮”“三进三同三促”活动，把“面对面”与“背靠背”结合起来，把“个别听”与“集体谈”结合起来，把“走进群众听”与“组织群众评”结合起来，把聚焦“四风”问题与找准制约发展、影响民生的问题结合起来，广泛听取基层群众各方面的意见建议，特别要听取工作对象和服务对象的意见。坚持问计于民、问需于民、问政于民，结合本地本单位实际，围绕感恩奋进作贡献怎么干、改革开放走前列怎么走、川渝合作示范区怎么建等方面内容开展深入调查研究，直接到基层、到群众中去找问题、找原因、找办法。要结合本地本单位实际，采取主动纳谏、开门评风、百姓听音、基层问症、躬身自省、畅通民主评议、个别走访、信函征询、座谈征求、网络渠道、电台作客、市民热线、信箱征求、网格化服务管理信息系统、第三方调查等多种方式，依托各级政务服务中心、信访接待中心、党员群众服务中心等平台，统筹做好征求意见工作。要防止相互征求意见“公文旅行”“函来函往”，防止“一窝蜂”下基层、重复征求意见。

（二）查摆问题、开展批评

严把查找“四风”问题具体表现、撰写对照检查材料、谈心谈话、民主测评“四关”，对照为群众服务、向群众负责、同群众商量、共群众甘苦的要求，认真查摆问题，开展批评和自我批评。

1. 找准抓住突出问题。坚持为民务实清廉要求，认真开展“四照四查四纠”活动，即：对照理论理想、查信念之失、纠服务群众意识不强的问题，对照党章党纪、查行为之垢、纠不与群众同甘共苦的问题，对照民心民生、查发展之偏、纠不向群众负责的问题，对照先辈先进、查作风之弊、纠脱离群众不同群众商量的问题。通过群众提、自己找、上级点、下级评、互相帮、集体议等方式，联系领导班子、班子成员和党员干部个人实际查找“四风”问题，注重从关系群众切身利益问题、联系服务群众“最后一公里”问题中查找“四风”问题。各级机关和企事业单位要对照《党政机关厉行节约反对浪费条例》进行检查，乡镇（街道）、村（社区）还要对照《农村基层干部廉洁履行职责若干规定（试行）》进行检查。

2. 认真撰写对照检查材料。市、区（市、县）、园区机关及其直属单位和企事业单位领导班子、班子成员，乡镇（街道）领导班子、班子成员要撰写对照检查材料。对照检查材料要逐项列出“四风”问题的具体表现、典型事例；对“三公”经费支出、职务消费、人情消费、公务用车、办公用房和住房、家属子女从业等情况要作出说明；从理想信念、宗旨意识、党性修养、政治纪律等方面剖析根源；明确努力方向和整改措施。主要负责同志要主持起草领导班子对照检查材料，并在一定范围征求意见。班子成员要自己动手撰写个人对照检查材料。上级党组织、党委（党组）负责同志和督导组要分级分类审核把关。领导班子和党委（党组）主要负责同志的对照检查材料，要报上级教育实践活动办公室备案。党员领导干部的对照检查材料，要按照干部管理权限上报。

3. 开好专题民主生活会和组织生活会。市、区（市、县）、园区机关及其直属单位领导班子，乡镇（街道）领导班子和国有企业、学校、医院等企事业单位领导班子要召开专题民主生活会。会前，要普遍开展谈心交心。会上，要以整风精神开展严肃认真的批评和自我批评，既揭短亮丑、动真碰硬，又实事求是、出以公心，不发泄私愤，不搞无原则纠纷。会后，要在一定范围通报民主生活会情况并进行民主测评。上级纪检机关和党委组织部门要派员参加会议，督导组组长对开展批评和自我批评的情况要进行点评。其他基层单位的党组织要召开专题组织生活会，开展民主评议党员和处置不合格党员工作，针对存在问题提出改进措施和办法。基层党支部（总支）班子、支部（总支）书记、机关党员干部的对照检查情况由所在支部（总支）组织全体党员进行民主评议。对问题矛盾比较集中、反映问题较多的基层单位，上级要专门派人到会指导。村（社区）党组织要进行对照检查。党员领导干部要以普通党员身份参加所在支部的组织生活会。批评与自我批评要坚持“五要五不”要求，即：要直奔主题、要揭短亮丑、要动真碰硬、要实事求是、要出以公心，不评功摆好、不遮遮掩掩、不绕弯兜圈、不避重就轻、不避实就虚。

（三）整改落实、建章立制

围绕在为民服务意识、履职尽责、联系群众等方面查找出来的具体问题，加强整改落实，建立长效机制。

1. 上下联动抓整改。坚持即知即改，立行立改。从具体事抓起、从身边事做起、从群众最不满意的事改起。市、区（市、县）、园区机关及其直属单位和企事业单位领导班子，乡镇（街道）领导班子要认真制定整改方案，明确任务书、时间表和责任人；领导班子成员要制定个人整改措施；村（社区）和非公有制企业、社会组织及其他基层组织可列出问题清单，明确整改措施。实行开门整改，向群众作出整改承诺，及时公布整改情况，请群众评价和监督。重点部门、重点项目整改要通过媒体或其他方式在一定范围公示并作出承诺。要及时公布整改情况，请群众评价和监督。要把整改的问题和需要上级帮助解决的问题衔接起来，以上带下、以下促上，动真碰硬、攻坚克难，持续用劲、步步为营，确保整改成效让群众看得见、感受得到、大多数人满意。

2. 深入开展专项整治。不折不扣地落实中央、省委和市委确定的专项整治任务，对文山会海、检查评比泛滥，行政审批改革不到位，“门难进、脸难看、事难办”，违反财经纪律，公款送礼、公款吃喝、奢侈浪费，超标配备公车、多占办公用房、滥建楼堂馆所，党政机关、事业单位超编和超职数配备，“三公”经费开支过大，“形象工程”和“政绩工程”，侵害群众利益行为，干部“走读”等问题，下猛药、出重拳，一项一项整治。同时，各地区各部门各单位要结合履行职能职责和作风建设实际，确定专项整治重点，尤其要把解决群众反映强烈的突出问题、整治侵害群众利益行为作为重中之重，不达目的不罢休。

3. 强化正风肃纪。坚持严的标准、严的措施、严的纪律，坚决查处发生在群众身边的不正之风和腐败问题，坚决整治特权病、冷漠病、懒散病、享乐病、挥霍病。对有问题不整改、大问题小整改、边整改边再犯的，要严肃批评教育，必要时采取组织措施和纪律措施。要加强领导班子建设和严格教育管理干部，对软、懒、散、庸的领导班子进行整顿；对存在一般性作风问题的干部，立足于教育提高，促其改进；对群众意见大、不能认真查摆问题、没有明显改进的干部，要进行组织调整。在活动中发现的重大违纪违法问题，要及时移交纪检监察机关或有关方面严肃查处。要加强基层党组织建设和党员教育管理，对软弱涣散的基层党组织，进行集中整顿；对长期不起作用甚至起负作用的党员，进行严肃教育，不合格的要严肃党纪、给予组织处理。

4. 加强和改进群众工作。认真贯彻执行《中央办公厅、国务院办公厅关于创新群众工作方法解决信访突出问题的意见》（中办发〔2013〕27 号）和《中共四川省委关于进一步加强和改进党的群众工作的意见》（川委发〔2013〕22 号），建立健全市、区（市、县）和园区领导联系指导基层工作制度，深入推进机关干部“走基层、解难题、办实事、惠民生”活动及“三联五帮”“三进三同三促”、在职党员到社区报到开展志愿服务、党代表联系群众和党员创先争优活动，健全党员干部服务群众承诺践诺制度，改进区（市、县）、乡镇（街道）窗口单位直接面向群众的服务方式，大力推广“文建明工作法”和中江县建立民生诉求、困难群众、稳定工作“三本台账”等做法经验，努力提高带着责任和感情做好群众工作的能力。

5. 健全落实制度规定。按照于法周延、于事简便的原则，围绕解决“四风”方面突出问题和规范资源分配权、财政资金管理权和人事权，区分“废、改、立”三种类型，建立健全行得通、指导力强、能长期管用的制度规定，构建群众合法权益保障机制、党员干部直接联系服务群众机制、干部作风状况考核评价机制，推动改进作风、密切联系群众常态化长效化。承接、贯彻好第一批教育实践活动中中央和省委、省政府以及省直各部门出台的制度和办法，防止简单照搬照抄，重复建设制度。强化制度执行，提高党员干部依法依章依纪办事意识，加强对制度执行情况的督促检查，坚决纠正有令不行、有禁不止、无视制度的问题。

教育实践活动结束前，要结合实际对活动的效果进行民主测评，认真开展“回头看”并进行总结。总结的主要内容包括：开展活动的基本做法、基本成效、基本经验、意见和建议等。

五、强化分级分类指导

要针对参加教育实践活动单位类型多，党组织情况差异较大，党员数量多，行业分布、职业构成多样等特点，坚持从实际出发，根据不同层级、不同领域、不同对象提出不同目标要求，采取不同方法措施，有针对性地加强指导。要认真把“规定动作”做到位，鼓励探索创新“自选动作”，突出本地本单位特色。

（一）压茬有序推进。教育实践活动大体安排 8 个月时间，具体到每个单位，集中教育时间一般不少于 3 个月。各地各单位可采取统一部署、逐级推进、压茬进行的办法，市、区（市、县）和园区领导机关要先行一步，乡镇（街道）和村（社区）及其他基层党组织依次推进。坚持时间服从质量，各地各部门各单位可结合实际，统筹协调、灵活安排时间进度。

（二）注重分类实施。针对本次教育实践活动单位的不同特点，分类制定指导意见，明确具体任务、政策原则和推进措施。县以上领导机关、领导班子和领导干部要紧紧扭住解决“四风”问题不走神、不散光，在找准和解决突出问题上下功夫、见实效。县以下单位要突出服务群众这个着力点，在增强服务群众意识、提高服务群众能力上下功夫，运用“三联五帮”“三进三同三促”、驻村联户、结对帮扶、在职党员到社区报到等有效载体，把联系服务群众工作做扎实，在直接联系服务群众中受教育、转作风。非公有制经济组织和社会组织党组织要注重采取小型、业余、分散的方式开展活动。流动党员参加教育实践活动以流入地党组织为主、流出地党组织为辅。可采取送学上门等方式，组织离退休职工党员及年老体弱党员参加学习教育。非中共党员领导干部可参加活动。在活动中要注意听取非中共党员领导干部意见建议，发挥其作用。

（三）加强行业系统指导。统战、工商联、民政等部门单位，要发挥职能作用，指导非公有制经济组织和社会组织开展教育实践活动。政法、教育、国土资源、环境保护、住房和城乡建设、农业、卫生、计生、安监、食品药品监督管理等关系群众切身利益的部门，要发挥条条指导作用，上下联动开展专项整治，切实纠正行业不正之风。

六、切实加强组织领导

市委常委、市政府党员副市长都要明确教育实践活动基层联系点，示范带动和推进教育实践活动深入开展。

（一）落实领导责任。本次教育实践活动的领导关系，原则上按干部管理权限确定。市、区（市、县）、园区党（工）委对本地区教育实践活动承担直接责任，在抓好本级班子教育实践活动的同时，加强研究谋划和系统设计，加强领导和指导推动，抓好本地区教育实践活动。乡镇（街道）党（工）委主要抓好班子自身的教育实践活动，负责组织村（社区）等基层党组织和党员的教育实践活动。基层党组织要积极发挥作用，认真搞好本地本单位的教育实践活动。各级党委（党组）主要负责同志要承担起第一责任人的责任，把教育实践活动紧紧抓在手上。特别是对需要侧重解决的问题，做到心中有数；对可能发生的复杂情况，进行分析预判，提出有效的预防和解决对策。要坚决把好各个关口，做到规定动作未完成、质量效果不合格“两个绝不放过”。对教育实践活动走了过场的，要追究一把手的责任。分管领导为直接责任人，其他班子成员要认真履行“一岗双责”，加强对分管部门（单位）的工作指导。要用好的作风组织开展教育实践活动，防止文山会海，力戒形式主义。

（二）加强指导督查。各级党员领导干部要建立基层联系点，并结合各自分工，对分管联系单位开展教育实践活动进行指导，重点指导联系点和分管联系单位做好征求意见工作，参加领导班子专题民主生活会，审阅领导班子及其主要负责同志的对照检查材料、整改方案和整改措施，督促搞好整改落实特别是集中专项治理工作。

市委派出督导组，对区（市、县）、园区领导班子、市直机关及其直属单位领导班子进行督导，对区（市、县）重点督导人大、政府、政协、法院、检察院领导班子和驻区（市、县）的地税、国土、农联社等省垂管单位、正在移交的工商、质监等省垂管单位的领导班子，同时对各地各部门各行业系统开展活动情况进行面上督导。区（市、县）党委和园区党工委要派出督导组，重点对乡镇（街道）、直属机关及单位进行督导。各级党组织要从实际出发，根据不同层级、不同领域、不同对象，分条块、分行业系统进行督促指导。坚持组织督导和群众监督相结合，建立群众监督员队伍，吸纳群众监督员进入督导组，参与各个环节的督导。督导组要认真审阅活动实施方案、对照检查材料、整改方案等，全程参与专题民主生活会并进行点评，督促抓好每个环节各项工作落实。要沉下去面对面开展工作，及时发现和解决问题，有效传导压力。活动中，要采取组织评判、反向测评、万人评议、专项述职、重点抽查和督导评价等方式检验活动效果。

（三）加强宣传引导。新闻媒体要广泛宣传中央、省委和市委精神，通过新闻报道、先进典型宣传、言论评论、工作综述、专题专访等形式，充分反映教育实践活动进展和成效。创新宣传形式和载体，重视发挥网站、微博、微信等新兴媒体的作用，加强正面宣传和舆论引导，为教育实践活动顺利开展营造良好舆论氛围。强化舆论监督，通过以案说法、典型曝光、事件评述等方式，发挥监督警示作用，促进教育实践活动深入开展。

（四）坚持统筹安排。强化统筹兼顾，将教育实践活动与我市正在进行的改革发展实践各项工作有机结合，做到两手抓、两不误、两促进，用推动广安跨越发展的成果检验教育实践活动的成效。要强化“五个结合”：把开展教育实践活动与开展“感恩小平·我为小平家乡发展作贡献”活动相结合，引导全市上下积极参与邓小平同志诞辰110周年纪念活动和为小平家乡发展做贡献；与落实中央和省委、市委决策部署相结合，积极改革、锐意创新，扩张“6+3+1”十点驱动发展新优势，加快建设川渝合作示范区，推动广安加快迈入全省发展第一方阵，努力走在全省改革开放的前列；与深入推进“走基层、解难题、办实事、惠民生”活动相结合，引导广大党员、干部用心用情服务群众，努力为人民群众带来更多福祉；与加强基层组织建设相结合，深化争创基层服务型党组织、争当为民务实清廉型党员干部“双争”活动，打造“民得实惠、党得民心”的服务型基层党建工作品牌；与建立健全为民务实清廉长效机制紧密结合，把活动中的好做法好经验上升为制度性成果，用制度约束干部、规范行为，把权力关进制度笼子。

市委教育实践活动领导小组办公室要根据活动单位的不同特点，提出分类指导意见。各地、各部门、各单位党委（党组）要根据中央、省委和市委部署要求，结合本实施意见，制定具体实施方案，并报市委教育实践活动领导小组办公室备案。

中共广安市委办公室　广安市人民政府办公室关于全面推进幸福美丽新村建设提升农村精神文明建设水平的实施意见

广委办发〔2014〕31号　2014年11月10日

各区市县委、区市县人民政府，广安经开区、枣山园区、协兴园区管委会，市级各部门：

近日，中宣部、中央文明办召开了全国农村精神文明建设工作经验交流会，把建设幸福美丽新村确定为当前和今后一个时期农村精神文明建设的主题。为认真贯彻落实中央、省、市决策部署，按照中共广安市委办公室、广安市人民政府办公室《关于印发〈广安市创新幸福美丽新村建设机制专项改革方案〉的通知》（广委办发〔2014〕25号）要求，结合广安实际，现就全面推进幸福美丽新村建设提升农村精神文明建设水平，提出如下意见。

一、总体目标

以邓小平理论、“三个代表”重要思想、科学发展观和党的十八大及十八届三中、四中全会精神为指导，以培育和践行社会主义核心价值观为根本，深入学习贯彻习近平总书记系列重要讲话精神，以幸福美丽新村建设为载体，以民风建设和环境整治为重点，培育一批具有一定特色和亮点的农村精神文明建设先进典型，确保五个“美”（环境美、风尚美、人文美、秩序美、创业美）的建设全面完成，让农民群众得到美的享受、养成美的德行、过上美的生活，让城乡之间、乡村之间各美其美、美美与共，共筑幸福美丽新村。

（一）环境美：规划合理、设施配套，村容整洁、绿化美化，公共服务日臻完善，自然生态有效保护，乡村环境宜居、宜业、宜人。

（二）风尚美：家庭和睦、民风淳朴，文明有礼、移风易俗，崇德向善、守望相助，形成讲道德、尊道德、守道德的村风民俗。

（三）人文美：文化繁荣、底蕴深厚，耕读传家、以文化人，充满乡土气息，富于时代精神，使农民群众享有健康的精神世界，建设农村各具特色的精神家园。

（四）秩序美：学法用法、遵纪守法，民主法制、村务公开，风清气正、和谐稳定，社会有效治理，维护公平正义，农村安定祥和、农民安居乐业。

（五）创业美：吃苦耐劳、勤劳致富，勇于创新、诚信经营，刻苦钻研技术、推进产业升级，集体经济发展、有钱办事理事，拥有良好的创业创新环境。

二、重点任务

（一）坚持教育为先，培育和弘扬社会主义核心价值观

1. 突出典型示范性。各地要善于发现群众身边的先进典型，精心打造“最美品牌”，广泛开展好媳妇、好儿女、好公婆评选表彰，开展寻找最美乡村教师、最美乡村医生、最美村官、最美少年、最美家庭等活动，通过“好人榜”暨“善行义举榜”、道德榜等方式，进一步激发农民群众的道德热情，培育和传播乡贤文化，凝聚起向上向善的强大正能量。

牵头单位：市委宣传部；责任单位：市委组织部、市文明办、团市委、市妇联、市教育局、市文广新局、市卫生局，各区市县，广安经开区、枣山园区、协兴园区

2. 突出宣传普及性。用好县乡媒体和农村大喇叭，评身边好人，讲好人好事，具体生动地宣传核心价值观。制作刊播一批富有乡土气息、符合农民审美情趣的优秀公益广告作品，运用农民喜闻乐见的文艺形式和文艺活动，营造浓厚的宣传教育场景。用好新媒体，适应“微时代”的要求，积极运用微博、微信、微视、微电影等方式传播核心价值观。

牵头单位：市委宣传部；责任单位：市文明办、市委网信办、市文广新局、市文联、广安日报社、广安广播电视台，各区市县，广安经开区、枣山园区、协兴园区

3. 突出受众针对性。各级、各部门要针对不同农村地区，针对农村不同群体，针对农村存在的突出问题，针对农村地域广阔的特点等，有针对性地开展核心价值观宣传教育。

牵头单位：市委宣传部；责任单位：市级各部门，各区市县，广安经开区、枣山园区、协兴园区

4. 突出教育长效性。各级、各部门要把学习宣传贯彻习近平总书记系列重要讲话精神作为一项重大政治任务，深入开展中国特色社会主义和“中国梦”宣传教育，广泛开展经常性的形势政策宣传教育，在兴起宣传教育高潮的基础上，做到年年坚持，常抓常新。

牵头单位：市委宣传部；责任单位：市委组织部，各区市县，广安经开区、枣山园区、协兴园区

（二）坚持重在建设，着力改善民生

1. 抓好农村硬件建设。切实抓好“四改一建”。一是改路。在已有工作基础上，大力推进自然村组的道路通畅建设，支持农户硬化通户便道，为农民群众出行提供便利，为他们发家致富提供支持，为进一步加强城乡互动、促进城乡交流创造条件。二是改水。加强农田水利基础设施建设，加大农村“洁净水”工程实施力度，搞好农村水污染源头治理。建好乡镇污水处理厂（站）和配套管网，实现雨水和污水分流。加强饮用水源保护，加大对水污染和农村环境卫生治理力度，通过城乡一体供水、引泉入村、自来水入户等方式，切实保障农民群众喝上干净卫生的水。三是改厕。各地要根据实际，加大农村改厕工作力度，建造卫生厕所，以“厕所革命”的力度，改变农民群众的生活方式和行为习惯。四是旧村改造。统一规划、统一设计，各地根据不同状况，有针对性地开展旧村改造。对村域范围内的无房户、危房户、征地拆迁户等农户，大力实施新村建设；对长期形成的居住相对集中的自然村落，进行统一的维修加固、风貌塑造，完善功能配套，使农民受益、受惠；在改建过程中切实保护好农村自然生态、历史文化，对历史传承下来具有保护价值的古村庄、古院落、古民居，要按照修旧如旧的原则进行保护性修缮。五是建设乡村学校少年宫。各地要争取中央彩票公益金支持，建设好乡村

学校少年宫。按照分级负责的原则，开展配套建设，配备辅导员队伍，加强业务培训，完善激励机制和考核机制，加强建设资金监督管理，建好、管好、用好每一所学校的乡村学校少年宫，发挥乡村学校少年宫在加强未成年人思想道德建设中的重要作用。

牵头单位：市委农工委；责任单位：市交通运输局、市水务局、市卫生局、市住房城乡规划建设局、市环境保护局、市文明办、市教育局、市财政局，各区市县，广安经开区、枣山园区、协兴园区

2. 重视农村软件建设。一是建好家风家训，创五好文明家庭。各地要把家风家训作为民风建设的基础工程，抓好宣传教育、征集评选、展示推广等各个环节，引导村村寨寨、家家户户写家风、晒家训，让好家风好家训代代相传。把建好家风家训与创建“五好文明家庭”“星级文明户”创建结合起来，广泛开展寻找最美家庭活动，弘扬家庭文明新风。二是建农村志愿者组织，扬奉献友善新风。以农村社区为基本平台，广泛开展“邻里守望”志愿服务，把关爱留守儿童、留守妇女、留守老人，关爱因病、因残、因祸导致的残缺家庭、单亲家庭子女作为重点，亲帮亲、邻帮邻，互帮互爱、守望相助，营造人人为我、我为人人的社会风尚。三是建村规民约，促移风易俗。各地要按照社会主义核心价值观的要求，发动农民讨论制定村规民约，成立村民议事会、道德评议会、禁赌禁毒会、红白理事会，并依靠“一约四会”参与民间事务的调解、监督与服务，在遏制陈规陋习、倡树文明新风等方面发挥作用。

牵头单位：市文明办；责任单位：市妇联、团市委、市民政局、市残联、市公安局，各区市县，广安经开区、枣山园区、协兴园区

3. 加强农村产业建设。一是加快发展现代农业。创新现代农业经营模式，加快培育和扶持专业大户、家庭农场、农民合作社、农业企业等新型农业经营主体。发挥农业多种功能，加快发展循环农业、休闲农业，拓展农民增收渠道。二是深化农村土地经营制度改革。进一步放活土地经营权，创新农业经营体系，发展适度规模经营，促进农户持续增收。三是加大农业科技创新力度。强化农业科技对产业发展的支撑，加强新品种、新技术、新模式、新机制的示范运用。选派科技人员为边远贫困地区、水淹区、旱山区、地质灾害区等产业发展提供服务。四是加快发展乡村旅游。在农业现代化区域推进乡村旅游，在新村内开办农家乐、乡村客栈，把新村“变成”经营场所；在现代农业产业基地内建游览园、休闲农场，发展休闲农业，把农作物“变成”旅游产品，激活农村要素资源，繁荣农村经济，增加农民收入。

牵头单位：市委农工委；责任单位：市农业局，市科技局、市旅游局，各区市县，广安经开区、枣山园区、协兴园区

（三）坚持问题导向，开展专项整治

1. 把整治脏乱差作为经常性任务。有关部门要以坚决的态度、有力的手段，开展经常性的环境建设和整治行动；结合城乡环境综合治理，大力实施乡村清洁工程，继续推行户分类、村收集、镇（乡）运输、县处理的农村生活垃圾处理模式，切实解决垃圾乱倒、粪便乱堆、禽畜乱跑、柴草乱放、污水乱泼等现象。

牵头单位：市住房城乡规划建设局（市整治办）；责任单位：各区市县，广安经开区、枣山园区、协兴园区

2. 把治理农村面源污染作为紧迫任务。一是突出“保”。保护林地、草地、湖泊、湿地、江河，把绿水青山留给子孙后代。二是集中“压”。实行严格的环评制度，把中央提出的环境保护各项任务落到实处。三是重在“建”。大力推进农村污水处理、垃圾处理等设施建设，大力推进节水农业、旱作农业、循环农业和标准化规模养殖，大力开展节水、节油、节电、节粮、节纸宣传教育，大力建设地域文化特色鲜明、经济实用、生态环保的新民居，使幸福美丽新村成为名副其实的生态村。

牵头单位：市环境保护局；责任单位：市林业局、市住房城乡规划建设局、市农业局、市发展改革委，各区市县，广安经开区、枣山园区、协兴园区

3. 把治理黄赌毒作为突出任务。一是严厉整治。对黄赌毒要始终保持高压态势，抓一批重大案件，公布一批“黑名单”，打出声势、打出威风。二是突出重点。及时查处内容恐怖残忍、低俗下流、淫荡奸恶、诱发青少年违法犯罪的出版物和游戏软件，继续整治校园周边环境，清理违规网吧、娱乐场所、露天文艺演出，为群众特别是青少年健康成长创造良好文化环境。三是管好网络。各有关部门要认真落实有关法律法规，依法加强网络社会管理，打击制造传播谣言、非法攫取经济利益等网络犯罪，使网络空间清朗起来。此外，各地要依法查处封建迷信、非法宗教等活动，严厉打击黑恶势力犯罪活动，严防境内外敌对势力和非政府组织在农村实施的“松土运动”，切实维护农村社会稳定。

牵头单位：市综治办；责任单位：市公安局、市文广新局、市委网信办、市民宗局，各区市县，广安经开区、枣山园区、协兴园区

（四）坚持以文化人，丰富农民精神文化生活

1. 以标准化、均等化为主攻方向，大力完善农村基本公共文化服务。一是统一服务标准。保障农民群众看电视、听广播、读书看报、进行公共文化鉴赏、参与公共文化活动等基本文化权益，让农民看得见、摸得着、享受得到。二是推进重点文化惠民工程。继续实施广播电视村村通、乡镇综合文化站和村文化室建设、文化信息资源共享、农村电影放映、农家书屋等文化民生项目，让农民在家门口就能享受到普惠、实惠、优惠的公共文化服务。三是向经济欠发达地区倾斜，加大对偏远、贫困地区文化服务网络建设的帮扶力度。

牵头单位：市文广新局；责任单位：各区市县，广安经开区、枣山园区、协兴园区

2. 以乡贤文化为重点，大力弘扬优秀民间民族文化。积极培育弘扬乡贤文化，给幸福美丽新村增添新的亮色。一是对各地农村历代名贤积淀下来的思想观念、文化传统、文史典籍进行挖掘整理，延续传统乡村文脉，培育富有地方特色和时代精神的乡贤文化，增强农村的文化吸引力和凝聚力。二是鼓励各界成功人士回乡支持农村建设，以自己所学所长反哺桑梓，以自己的美言善行垂范乡里、教化村民。三是充分利用民族民间文化资源，开发具有民族传统和地域特色的民间工艺项目、民间艺术和民俗表演项目，培育一批乡土文化能人、民族民间文化传承人，彰显农村文化的特色和魅力。

牵头单位：市文广新局；责任单位：市文联，各区市县，广安经开区、枣山园区、协兴园区

3. 以就近方便、群众喜闻乐见为原则，大力活跃农村群众文化。一是广泛开展具有乡土特色的文化活动，鼓励自办文化，加强对农村文化市场的培育和引导，为群众文化发展提供必要的服务和保障。二是利用民族传统节日和现代重要节庆日、纪念日，以“我们的节日”为主题，广泛开展群众性节日民俗、文化娱乐、经典诵读和体育健身活动，做到热在乡村、热在群众。三是加大“送”的力度，发挥“三下乡”等品牌活动的示范带动作用，到农村开展送书、送戏、送电影等活动，把优秀文化产品送到田间地头、送到集市广场。

牵头单位：市委宣传部；责任单位：市文广新局、市卫生局、市科技局、市科协，各区市县，广安经开区、枣山园区、协兴园区

三、工作要求

（一）加强组织协调，增强工作合力。各地文明委要在党委、政府统一领导下，切实担负起牵头抓总的责任，发挥“党委统一领导、党政群齐抓共管、文明委组织协调、有关部门各负其责、全社会积极参与”工作机制的优势，调动文明委成员单位、党政有关部门、群团组织和社会各界的积极性，形成共同关心、支持、参与全面推进幸福美丽新村建设提升农村精神文明建设水平的强大合力。

（二）整合各方资源，形成有效投入。各地要扩大公共财政覆盖农村的范围，强化幸福美丽新村建设的要素保障，保证一定数量资金用于建设。用好农村公益事业“一事一议”财政奖补政策，鼓励社会资本、民间资金参与幸福美丽新村的项目建设和服务。

（三）科学制定规划，加强分类指导。各地要做到规划先行，按照生活宜居、设施配套、环境优美的总要求，从农村实际出发，因地制宜、因村制宜，精心规划幸福美丽新村建设方案。制定好建设的线路图、任务书、时间表，抓好试点引领、普遍推进、深化提升各个阶段的工作，挂图作战、稳扎稳打，推动工作有序推进、螺旋上升。

（四）推动以城带乡，提升城乡共建。认真贯彻落实中央关于工业反哺农业、城市支持农村的基本方针，按照健全城乡发展一体化体制机制的要求，充分发挥城市在资源、人才、技术、信息、服务等方面的优势，在更高层次、更广领域支持幸福美丽新村建设，进一步推动农村精神文明建设。

（五）广泛发动群众，发挥主体作用。通过项目带动、工程联动、以奖代补牵动等多种方式，积极吸引群众参与，让群众发挥主人翁作用。引导农民群众充分发扬自力更生、艰苦奋斗精神，不等不靠、自强不息，用自己的勤劳智慧创造美好生活。

（六）倡导文明风尚，重视宣传教育。各地要广泛宣传培育和践行社会主义核心价值观的重要作用，引导广大农民群众知荣明耻，明辨是非，自觉提高自身修养，倡导文明风尚。树立精神文明建设先进典型，点面结合，通过宣传教育，动员农村干部群众自觉参与幸福美丽新村建设，夯实农村精神文明建设工作的群众基础。

中共广安市委 广安市人民政府关于进一步加快工业园区建设和发展的意见

广委发〔2014〕6号 2014年3月24日

各区市县委、区市县人民政府，广安经开区管委会，市级各部门：

近年来，全市园区建设快速推进，园区经济迅猛发展，园区已成为全市工业发展的主要载体和“两化互动”的重要支撑。但目前我市园区发展还存在基础配套差、经济总量小、产业层次低等问题，为实现市委四届六次全会确定的到2017年全市工业产值4000亿元、园区工业产值3500亿元的目标，我们必须以更大的勇气、更强的力度、更优的政策、更活的机制加快推进园区建设。根据全省加快推进产业园区发展大会精神，现就进一步加快全市工业园区建设和发展提出如下意见。

一、思路和目标

以邓小平理论、“三个代表”重要思想和科学发展观为指导，认真贯彻落实党的十八大和十八届三中全会精神，按照“产城一体”的总要求，坚持用改革的智慧和更大的勇气，强力推进园区建设，完善园区配套功能，全力抓好产业招商，着力打造产业集群，加快形成主业突出、功能完善、优势明显、低碳生态的成熟园区。到2017年，全市工业园区新拓展面积180平方公里，园区工业产值达到3500亿元以上，工业集中度达到85%以上；广安经开区产值超1000亿元，前锋、华蓥、岳池、武胜、邻水五个园区产值分别超500亿元，广安区园区产值超200亿元；广安经开区培育成国家新型工业化产业示范基地，区市县园区升级为省级经开区。

二、重点和措施

（一）坚持规划引领，提升科学发展水平。一要抓紧修订总体规划。各区市县、各工业园区要按照“创新型、专业型、生态型”的要求，聘请一流的专业机构，高起点、高标准修订园区总体规划和控制性详规，注重与发改、国土、建设等部门加强沟通，确保园区规划与土地利用总规、城市总规等有效衔接。二要逐个完善专项规划。根据园区总体规划和功能定位，加快制定园区主导产业发展、基础设施建设、生态绿地建设以及园区投融资等专项规划，统筹编制电力、道路、管网等市政综合管网建设规划并提前与相关部门衔接，确保规划的同步性和实用性。三要科学严谨用好规划。强化规划刚性约束，任何单位和个人不得擅自更改和调整园区规划，确需调整的必须严格按规定程序报批。鼓励园区高标准建设园区规划展示厅，充分展示园区发展前景和功能分区，增强园区吸引力。

（二）坚持基础先行，提升园区承载能力。一要突出抓好道路管网建设。按照“先规划、后建设，先地下、后地上”的原则，适度超前抓好园区道路、管网和市政配套等基础设施建设。到2014年6月底前，广安经开区完成30平方公里、区市县工业园区各完成10平方公里园区道路骨架。整合发改、城建、水务、交通等项目资金，集中用于园区基础建设。创新园区道路建设用地模式，探索将城中村改造、新农村公路建设、农村公益设施建设项目有机结合，充分发挥公路养护段等职能部门的积极作用，缩短建设时限，凝聚发展合力。二要突出抓好配套设施建设。按照“基础完善、功能配套”的要求，强力推进园区供排水、污水处理、供电、供气等公用配套设施建设。全市工业园区要在2014年年底前开工建设园区专用污水处理厂，启动规划建设园区配变电站、供水厂和天然气管网。科学规划布局园区综合体，大力发展现代物流、金融信息等生产性服务业，配套建设购物、娱乐、住宿等生活性服务设施，高标准、高层次打造产业新城。三要突出抓好标准厂房建设。按照“集中培育、集约用地”的要求，大力推进园区企业孵化平台建设，各工业园区每年建成10万平方米以上标准厂房，其中2层以上厂房不低于50%。

（三）坚持突出主业，提升产业集聚能力。一要坚定发展主导产业。各工业园区要按照“1+n或2+n”（1—2个主导产业，n个战略性新兴产业）的原则，科学确定主导特色产业。广安经开区以能源化工、有色金属、高新材料及新型建材产业为主，邻水县以机加产业为主，华蓥市以电子信息产业为主，岳池县以医药产业为主，前锋区以装备制造和轻纺产业为主，武胜县以节能环保产业为主，广安区以楼宇经济和电子信息产业为主。到2017年，各工业园区主导产业的产值比重不得低于70%。二要大力培育高端产业。制定煤炭、建材、机加等传统产业升级改造扶持政策，支持企业自主研发或引进新工艺、新产品。加快制定高端产业投资促进优惠政策，鼓励引进新能源、新材料、高端电子信息以及节能环保、生物医药等高端产业，抓好新型主宅制造产业基地建设。鼓励园区和企业建立技术研发中心，积极争取中省项目支持，市、县（市、区）两级政府按规定给予专项支持。三要加快构建产业集群。围绕园区主导产业，统筹整合全市资源，大力引进同类或关联企业到园区集中发展，今后除特殊的资源型项目外，新引进工业项目一律到园区发展。鼓励广电、广能、光前、爱众股份等骨干企业通过兼并重组做大做强，支持诚信化工、玖源化工、领创电子、安泰茧丝绸等优势企业延伸发展上下游产品，补齐拉长产业链条，促进产业集聚，打造产业集群。鼓励引导园区企业建立现代企业制度，积极参与上市，快速做大做强。

（四）坚持项目为重，提升园区后发优势。一是全力抓好产业招商。深入分析世界500强、国内500强以及央企、知名民企的年度发展规划和战略布局，对有意进军西部、布点西南的重点目标企业，采取“上门拜访、邀请考察”等办法，做到精准对接，集中力量攻关。对行业龙头企业、领军企业以及战略性新兴产业企业，采取“一业一策、一企一策”的办法，实行最优惠的引进政策，提升产业层次，形成产业支撑。二是加快项目前期工作。实行重大项目集中会审制和全程代办制，对在市级园区投资5亿元以上、区市县园区投资1亿元以上的，纳入重大项目“绿色通道”，确定专门领导联系、落实专人跟踪服务。对前置条件较多、审批时限较长的重大项目，在确保安全和生态环境的前提下，采取“一企一策”的方式加快前期工作进度。三要强力推进项目建设。建立重大项目挂牌督办制度，将固定资产投资5亿元以上的项目纳入重点督办事项，严格实行“定联系领导、定责任部门、定开工时间、定形象进度、定竣工时间”的“五定工作制”，强力推进项目建设。

（五）坚持创新发展，提升园区发展活力。一要理顺园区管理体制。按照“健全体制、灵活机制”的总体要求，进一步理顺园区管理体制和运行机制，激发园区发展活力，促进园区实现自我积累、滚动发展。精简下放行政权力，市、县（市、区）两级部门在园区设有办事机构或派出机构的，由其依法履行职责；未设立派出机构的，依法委托行使。二要创新园区建设模式。鼓励各地在合作建园方面“先行先试，率先突破”，支持园区与园区、园区与企业、企业与企业以股份制形式共建园区，鼓励外地政府或企业集团在广安建设“飞地园区”，实现资源整合、优势互补、利益共享。三要做实做大园区投融资平台。鼓励园区引入战略投资者做实做大园区投融资平台，支持有条件的园区按市场机制建立园区建设发展基金和产业发展基金。坚持以土地使用权、公用配套设施经营权出让为突破口，采用BT、BOT以及独资、合资等形式，充分激活和鼓励民间资本参与园区建设。加快建立园区金融超市或投融资服务中心，鼓励银行业和非银行业金融机构到园区落户发展或设立分支机构。四要提升政务服务水平。组建园区服务中心，明确专人为企业提供从申请审批到建成投产的全过程跟踪服务。依托市政务服务中心网上办事大厅，督促园区加快建立网上电子服务大厅。加强园区管理，建立健全矛盾纠纷排查化解、安全生产、治安管控新机制。建立园区投资环境定期抽查制度，市（县）效能监察室每季度到企业抽查1次投资环境评价，公开通报反映强烈的热点难点问题。

三、保障和激励

（一）强化组织保障。加强组织领导，实行市（县）级领导定点联系重点产业园区制度，联系领导应每季度深入园区调研或召开1次联席会议，主动为联系园区解决实际困难和问题。对工业产值超过100亿元、每年完成产值和税收目标任务的区市县工业园区，党工委书记和管委会主任达到一定任职年限且有重大贡献的，可采取优先提拔使用或享受相关待遇给予倾斜等措施予以激励。

（二）强化财税支持。从2014年起，市政府每年在工业发展资金中安排1000万元产业发展资金（资金安排由市财经领导小组审定使用），重点扶持工业园区主导产业和战略性新兴产业发展，鼓励开展自主研发、传统产业升级改造和科技成果转化应用，支持园区生产性服务平台建设和生态环境建设等。严格落实税收优惠政策，对符合条件的高新技术企业和西部地区鼓励类产业企业，减按15%征收企业所得税；企业从事环境保护、节能节水以及重大公用基础设施投资经营所得，自项目取得第一笔生产经营收入纳税年度起，第一年至第三年免征企业所得税，第四年至第六年减半征收。对纳税大户或为地方发展做出突出贡献的明星企业，市委、市政府在直购电政策、天然气指标、融资服务等要素保障方面给予重点支持。

（三）强化用地保障。贯彻落实党的十八届三中全会精神，在符合土地利用规划和用途管制的前提下，鼓励园区将农村集体经营性建设用地通过出让、租赁、入股，实行与国有土地同等入市、同权同价。根据《土地管理法》规定，在符合土地利用总体规划的基础上，鼓励农村集体经济组织利用经营性集体建设用地兴办企业，或与其他单位和个人以土地使用权入股、联营等形式共同举办企业。积极利用城乡建设用地增减挂钩、工矿废弃土地复垦等政策，全力争取用地指标，重点抓好工矿废弃土地复垦工作。市国土资源局和区市县政府要优先保障重大项目和园区建设用地需要。各工业园区要严把项目用地审核关，对项目投资强度、亩均税收贡献、容积率作出硬性规定，做到集约用地。全面清理园区存量土地，依法收回未达到招商引资签约条件的企业用地，提高土地利用效率。

（四）强化人才保障。鼓励园区建立高端人才服务中心和引智基金，赋予园区自主引进或招聘工业、规划、建设、金融等方面的硕士以上（全日制）高层次人才、行业领军人才以及高端研发人才。整合农民工就业培训、下岗职工再就业培训等政策，有针对性地根据园区企业实际需求组织用工培训，鼓励职业培训机构在园区和企业建立实训基地。加强用工对接，建立市、县、乡互通互联的用工信息网络，定期开展用工招聘会和劳动技能培训。凡与园区企业签有固定期合同的务工人员，其社会保障、住房租购、子女就学与本地居民享受同等待遇，符合规定的办理常住户口。

（五）强化考核激励。市绩效办牵头对全市工业园区实行专项考核，逗硬奖惩。对年度考核连续两年名列全市最后一位的园区，责成同级党委对园区管委会主要负责人进行组织处理。

中共广安市委
关于全面深化改革加快县域经济跨越发展的决定

广委发〔2014〕3号　2014年6月24日

2014年6月10日，中共广安市委四届七次全体会议通过《中共广安市委关于全面深化改革加快县域经济跨越发展的决定》（以下简称《决定》）。

为贯彻落实党的十八届三中全会、四川省委十届四次全会和全省县域经济工作会议精神，全面深化改革，加快县域经济跨越发展，推动广安走在全省改革开放前列，特作出如下决定。

一、深化行政审批制度改革

凡是涉及生产经营、投资建设的项目管理、规划建设、土地管理、环境保护、安全生产、企业登记和外商投资等行政审批事项，市县两级依法均可实施的，一律由县级行政部门实施。除中央、省委明确要求以及经市政府确定的跨行政区域和统筹平衡的项目外，其他审批权一律下放至区市县，对不能下放的行政审批项目，将行政审批的受理环节或本部门服务窗口前移至区市县。加快推进县级政务服务中心标准化建设进程，健全市县政务服务网络体系，落实“两集中、两到位”，完善并联审批实施办法，推行代办服务和行政权力网上运行。（牵头部门：市法制办、市政务服务中心）

二、深化投资管理体制改革

落实《四川省人民政府关于发布政府核准的投资项目目录（四川省2014年本）的通知》（川府发〔2014〕29号）规定，除明确规定由市级核准的项目核准权限不得下放外，其他项目核准权限一律下放至区市县，目录以外的企业投资项目实行备案管理。外商投资注册资本在3000万美元以下的审批权限下放至各扩权县（市）。将城市供水、管道燃气销售价格等权限内商品政府定价、政府指导价审批权下放至广安区、前锋区。（牵头部门：市发展改革委、市商务局）

三、强力推进招投标制度改革

实行电子化招投标，开展网上招标、投标、备案和计算机辅助评标。扩大抽签招标适用范围。实施自主招标制度，由市县两级公共资源交易中心履行招标代理机构职责，分级负责政府投资项目的招标代理工作。实施招标标准文本制度，固化招标文件内容，统一招标文件编制依据、评标方式和标准。完善BT、BOT管理办法，严格规范建设条件、程序和建设方式。实施固定价比选制度，应急工程由市政府审批，按固定价比选方式招标。按照属地管理原则，将目前由市公共资源交易中心代理的各区市县本级政府投资工程建设项目的自主招标代理职责下放至区市县。（牵头部门：市发展改革委、市公共资源交易中心）

四、积极推动财税体制改革

推进财政专项资金整合，发挥财政导向和杠杆作用，拓宽多元化筹资渠道，推进县域经济转型升级。围绕推进基本公共服务均等化政策目标。健全县级财政基本保障机制，加大县域基础教育、医疗卫生、社会保障等各项民生和社会事业投入力度。支持扩大乡镇基本财力保障机制试点范围。完善市区两级财政体制，广安区、前锋区所属企业缴纳的企业所得税地方部分省与区按35：65分享，印花税和契税全部留归区级，市级不参与分享，促进财力向基层倾斜，为县域经济发展提供财力保障。（牵头部门：市财政局）

五、深入推进金融领域改革

支持金融创新，扩大信贷规模，规范融资行为，降低融资成本。鼓励银行业金融机构对实体经济、小微企业、“三农”项目贷款融资实行倾斜。建立银行业金融机构、小额贷款公司和融资性担保公司贷款风险补偿基金，辖区内商业性融资性担保公司融资性担保费率控制在担保金额的5%以内。企业贷款融资涉及市县两级的行政性收费，除工本费外一律免收；涉及市县两级的事业性收费，按规定标准的低限减半执行；降低中介机构不动产登记服务收费标准，延长贷款抵押物登记期限。引进银行业金融机构和非银行业金融机构，支持民间资本依法发起设立或投资入股中小型银行等金融机构，争取设立广安银行。推动全市农村信用社改革，2015年年底前全面改制为农村商业银行。培育金融中介服务市场，规范金融中介市场行为。建立市与区市县、园区融资平台合作机制，鼓励企业通过发行债券、上市等方式直接融资。推动产业基金、风投基金等私募股权发展，组建邓小平故里发展基金，扩大基金集聚效应。（牵头部门：市金融办）

六、深化城乡用地制度改革

深化城乡建设用地增减挂钩试点，强力推进工矿废弃地复垦利用，实行城乡建设用地增减挂钩和工矿废弃地复垦利用指标在全市范围内有序流转。推进农村集体经营性建设用地、农村宅基地管理方式改革。争取“水库水面”用地方式改革，实行水库水面用地只征不转。争取项目建设使用农村集体经营性建设用地。建立高效利用土地奖励机制，严格执行低效利用土地退出机制，采取“租让结合”“先租后让”等方式保障项目用地。（牵头部门：市国土资源局）

七、加快农村产权制度改革

以县为单位统筹开展农村集体土地所有权、农村集体建设用地使用权、农村土地承包经营权、林权、农村房屋所有权等确权登记颁证，培育规范产权评估中介机构。依托县级公共资源交易中心开展农村产权交易。加快农村信用体系建设，全市家庭农场（林场、养殖场）、农业企业、农民合作社（组织）2015年年底前全部纳入信用等级评定和金融授信。推动农村集体产权股份合作制改造，盘活农村土地承包经营权、集体建设用地使用权和除饮用水源之外的小型水利工程经营权。（牵头部门：市委农工委）

八、加快推动工业转型升级

加强产业规划引导和项目引进统筹，推动主导产业集群发展。加快煤炭、水泥等传统产业兼并重组、转型升级，做大做强装备制造、电子信息、生物医药、节能环保、新材料、新型住宅等战略性新兴产业。引进发展总部经济、研发中心、销售中心、采购中心和结算中心。支持发展小微企业，在有条件的乡镇或园区规划建设小微企业创业基地。创新园区管理发展机制，赋予更多经济社会发展管理权；加快园区升级发展，建设园区孵化中心、生产生活服务中心，将广安经开区培育成为国家新型工业化产业示范基地，区市县园区培育成为省级经开区。创新要素保障机制，破解资金、土地、人才等制约瓶颈，工业发展资金80%用于大企业大集团培育、企业技术改造与创新、产业园区拓展、产品市场开拓、企业用工培训等，争取更多企业纳入直购电试点。（牵头部门：市经济和信息化委）

九、推进旅游体制机制建设

实施旅游多点多极支撑发展战略，设立华蓥山旅游文化大景区、华蓥山大熊猫自然保护区，建设华蓥山国家级旅游度假区。落实区市县、园区发展旅游业主体责任，强化旅游部门职能责任，运用市场法则推动旅游大发展，完善吃、住、行、游、购、娱等旅游要素，打造旅游产业集群带。改革完善旅游统计指标体系，增加带动就业人数、财税收入等考核指标。建立政府企业联动的大营销机制，加大宣传力度，提升广安形象。（牵头部门：市旅游局）

十、构建新型城镇化推进机制

实行县级辖区规划负责制，推动经济社会发展、土地利用、城乡、生态环境保护规划等“多规合一”。加快实施户籍制度、城镇建设用地、社会保障、行政区划、社区管理和投融资体制等配套改革，推进以人为核心的新型城镇化进程。完善市域城镇体系规划，以基础设施和公共服务设施承载能力合理确定城市开发规模，依托产业园区规划建设新城区，推动有条件的县城和重点镇发展成为中小城市。充分利用资源、区位、产业等优势，打造一批经济强镇、旅游名镇、文化重镇、生态美镇等特色集镇，辐射带动城乡统筹发展。有序整合保障性安居工程等项目资金，实施城镇危旧房和棚户区改造，建设“幸福美好家园”。推广使用新型建材，发展成套商品住宅，推动建筑产业转型升级。（牵头部门：市住房城乡规划建设局、市规划局）

十一、完善交通运输行政管理体制

广安区、前锋区道路运输管理机构实行垂直管理，武胜县、岳池县、邻水县和华蓥市道路运输管理机构下放当地政府管理。岳池县、华蓥市、武胜县航务（海事、船检）机构下放当地政府管理。区市县路政大队由当地政府管理。（牵头部门：市交通运输局）

十二、推进教育领域综合改革

改革资源配置方式，合理调整城乡学校布局，推行教师“县管校用”和教师定期轮岗交流制度，加快学校标准化建设和教育信息化建设步伐，完善义务教育免试就近入学办法，试行学区制和九年一贯对口招生，促进县域内教育均衡发展。改革办学体制，鼓励社会力量多种形式兴办教育，推行“名校+弱校（民校、新校）”等办学方式。加快现代职业教育体系建设，推进产教融合、校企合作和集团化办学，开展职业教育“现代学徒制”试点。改革教育管理体制，建立健全专业学会、行业协会等第三方机构参与教育监测评估制度和依法办学、自主管理、民主监督、社会参与的现代学校制度。（牵头部门：市教育局）

十三、加快医疗卫生体制改革

推进县级公立医院综合改革，破除以药补医，建立科学的补偿机制和管理体制。探索医疗卫生县乡村一体化改革试点，发挥县级医院的人才、技术、设备等优势，实行县级医院领办乡镇卫生院，拓展县级医院医疗业务，提高乡镇卫生院医疗质量和服务水平，建立健全分级诊疗、双向转诊制度，推行基层卫生人员“县招乡用、乡招村用”和医师多点执业，鼓励引导医务人员到基层服务，构建以县级医院为龙头的医疗卫生服务联合体。将麻醉药品、第一类精神药品购用审批和医疗广告审批权限下放至区市县。（牵头部门：市卫生局）

十四、推动就业体制机制创新

将土地（林地）被依法征用或流转的农村劳动者纳入就业创业和就业援助的范围。将农村劳动力特别是转移农村劳动力纳入就业失业登记和监测统计，建立城乡统筹的人力资源数据库。整合区市县人力资源市场，建立覆盖城乡的基层劳动就业和社会保障服务平台。将小额担保贷款政策覆盖到农村劳动者，对开展“以创新带动创业、以创业带动就业”的在校大学生、高校毕业生，给予培训补贴、创业补贴、社会保险补贴、小额担保贷款和贴息等资金支持。（牵头部门：市人力资源社会保障局）

十五、深化社会保障体制改革

完善统筹城乡养老保险制度，整合新型农村社会养老保险和城镇居民社会养老保险制度，完善社会保险关系转移接续办法，推进医疗保险省内异地即时结算。实现工伤保险、失业保险、生育保险和居民医疗保险市级统筹。全面实施居民大病保险。打破户籍界限，鼓励灵活就业人员以个人身份自愿参加职工医疗保险。精算平衡确定缴费水平，降低社会保险缴费标准。推动社会保险费征缴方式改革，实现“五险合一”统一征缴。（牵头部门：市人力资源社会保障局）

十六、创新预防和化解社会矛盾机制

建立健全社会稳定风险评估制度。全面构建网格、村（社区）、街道（乡镇）和县（市、区）四级联动运行机制，推进网格化服务管理规范化建设。整合信访、司法、大调解资源，立足解决实际问题，依法规范信访维稳秩序，建立完善信访维稳长效机制。创新维稳处突体制机制，推进军民融合深度发展。（牵头部门：市委政法委）

十七、推进领导班子和干部队伍建设综合配套改革

创新干部选拔任用方式，选准考实干部，建立健全领导班子和领导干部综合考核评价办法，建立完善谈心谈话、日常考核、年度考核、届期考察、专项分析“五位一体”的领导班子和领导干部综合分析研判体系。实行领导班子结构模型化管理，优化领导班子结构。实施优秀年轻干部人才递进培养计划，造就一批“信念坚定、为民服务、勤政务实、敢于担当、清正廉洁”的执政骨干力量。健全干部关心激励机制，将区市县产业园、区党（工）委书记纳入市委评选表彰优秀乡镇党委书记范

围，对园区发展达到一定规模、贡献突出的主要负责人，纳入县级后备干部管理，同等条件下优先提拔使用或享受相关待遇。（牵头部门：市委组织部）

十八、构建广纳社会贤才机制

打破体制壁垒、扫除身份障碍，通过公开选拔等方式，畅通企事业单位和社会优秀人才进入党政领导岗位和公务员队伍渠道。加强干部人才交流工作，建立定期安排优秀年轻干部人才到产业园区、企业挂职锻炼制度。完善优秀人才引进、评价、激励、约束相配套的政策体系，增强人才政策开放度，鼓励区市县、产业园区设立人才激励资金，通过向社会购买服务的方式，广泛吸纳国家“千人计划”人才和国内高端人才到广安创业发展。（牵头部门：市委组织部）

十九、完善组织人事调配机制

进一步理顺党群系统、政府系统、园区、国有企事业人事调配和军队转业干部、退役士兵安置工作，成立市组织人事统筹领导小组，切实发挥牵头抓总和领导把关作用，修订完善市级机关事业单位新进人员调配管理办法，形成“一个口子进出”的调配格局。（牵头部门：市委组织部、市人力资源社会保障局）

二十、建立纪律法制保障机制

加大执纪执法机关监督检查力度，严肃查处有令不行、有禁不止、不愿改革、阻挠改革等行为，利用行业协会或中介机构搭车收费、违规设定前置性条件以及明减暗增、明放暗不放等问题，严格追究相关领导和责任人责任。秉持“支持改革者、宽容失误者、惩治腐败者”理念，大力营造“先干不争论、先试不议论、先做不评论、做好自有公论”氛围，严格区分改革失误和个人违纪违法的界限，及时为受到错告、诬告的同志澄清是非，依纪依法严肃查处造谣、诬告以及不作为、乱作为等影响改革的失职渎职行为。（牵头部门：市纪委、市委政法委）

二十一、实施绩效考核激励机制

根据各区市县和产业园区在资源禀赋、发展基础、发展水平等方面的不同特征，实行差异化下达目标任务。建立完善由封顶计分考核向上不封顶计分考核、静态考核向动态考核、集中考核向分散考核、等次考核向拉通排名考核“四个转变”的绩效考核机制。设立特别贡献奖，对区市县和产业园区生产总值总量、增长速度进入全省前 15 名或其他主要经济指标总量、增长速度进入全省前 10 名的以及其他贡献特别突出的，给予重奖。（牵头部门：市绩效办）

全市广大党员干部要在中央、省委的坚强领导下，深化改革、扩大开放，务实创新、追赶跨越，保持“逢山开路、遇水架桥、风雨无阻、昼夜兼程”的精神，推动广安科学发展、加快发展，为迈入全省发展第一方阵、全面建成小康社会而努力奋斗。

中共广安市委　广安市人民政府
关于进一步推进民营经济又好又快发展的意见

广委发〔2014〕8 号　2014 年 5 月 22 日

各区市县委、区市县人民政府，广安经开区、枣山园区、协兴园区管委会，市级各部门：

民营经济是国民经济的重要组成部分，在支撑增长、促进创新、扩大就业、增加税收等方面具有重要作用。为推动我市民营经济又好又快发展，促进经济结构优化升级，增强经济发展内生动力，根据省委、省政府《关于推进民营经济又好又快发展的意见》（川委发〔2013〕19 号）和省政府《关于印发鼓励和支持民营经济又好又快发展若干政策措施的通知》（川府发〔2013〕44 号），现就进一步推进民营经济又好又快发展提出如下意见。

一、把握总体要求，明确发展目标

（一）发展思路。以邓小平理论和“三个代表”重要思想为指导，认真落实科学发展观，紧紧围绕实施“三大战略”，切实加强引导，坚持改革创新，强化发展扶持，全面优化服务，推动民营经济做大规模，做优结构，做强实力，实现民营经济又好又快发展，推动广安经济迈入全省发展第一方阵。

（二）目标任务。到 2017 年，全市民营经济增加值总量达到1200亿元，占全市GDP的60%以上；民间投资占全社会固定资产投资比重达到58%以上；全市民营企业总数达到12000户以上；民营经济规模进一步壮大，科技创新能力进一步增强，服务体系基本健全，发展环境明显改善，发展质量明显提升。

二、拓展创业空间，激发发展活力

（三）扩大发展领域。按照中、省“非禁即入”有关规定，坚持权利平等、机会平等、规则平等，凡法律法规未禁止的行业和领域，鼓励民营资本进入。破除体制性障碍，鼓励和支持民间资本参与全市各个行业建设发展、进入垄断性行业、公用事业、基础设施、社会事业、金融服务业等领域。大力发展国有资本、集体资本和民营资本等参股的混合所有制经济。鼓励有条件的民营企业积极开展对外投资合作。放宽市场准入条件，实行主体资格与经营资格相分离的工商登记新制度，放宽企业核名、经营范围和经营场所登记。扩大注册资本零首付范围和时限，逐步将注册资本实缴登记制改为认缴登记制。放宽集团注册登记条件，支持组建企业集团。支持对提供社区便民服务的小额经营者进行社区备案。

（四）培育市场主体。鼓励全民创业，支持各类人群特别是高校毕业生、退伍军人、返乡农民工、下岗失业人员等自主创办个体工商户或私营企业，支持发展农民专业合作社和家庭农场。大力实施创办小企业计划，支持个体工商户转型升级为小微企业，小微企业发展为中型企业。用好用活各类扶持资金，建立健全创业服务体系，建设完善创业示范基地，搭建创业发展平台。到2017年全市新发展个体工商户50000户以上，新发展小微企业6000户以上。

三、推动转型升级，提高发展质量

（五）促进集群发展。鼓励民营企业进入产业园区，加快产业园区建设步伐，力争将广安经开区创建为“川商产业园区”，将县级园区创建为小企业创业示范基地。支持民营企业围绕产业链引进配套企业，实现集聚发展，培育一批规模优势明显、财税贡献大、产业带动力强的民营大企业大集团。到2017年，全市力争培育大型民营企业发展产值100亿元以上的5户，50亿—100亿元的10户，5亿—50亿元的80户。支持民营企业在广安发展总部经济，做大做强规模。加快建设一批现代服务业集聚区和专业市场，着力培育一批商贸综合体、特色商街和商业圈。

（六）增强创新能力。支持民营企业加强技术改造和创新，提高竞争力。用好中、省补助资金，重点支持民营企业开发和应用新技术、新工艺、新装备，提高自主创新能力。鼓励民营企业与国有企业、高等院校和科研院所开展技术合作，推动产学研成果转化与应用。依法保护民营企业的自主知识产权。鼓励民营企业建立企业技术中心，支持符合条件的创建市级、省级、国家级企业技术中心。严格执行国家有关法律法规，综合运用财税、金融、环保、土地、产业政策等，支持民营企业加快淘汰落后技术、工艺和装备，提升技术装备水平。进一步落实发展循环经济优惠政策，鼓励和引导民营企业开展资源综合利用。

（七）提升管理水平。鼓励民营企业深化内部改革，完善法人治理结构，建立健全现代企业制度。引导有条件的民营企业推行所有权和经营权分离，积极稳妥引入职业经理人。引导和指导民营企业加强生产销售、财务投资、用工用能等各项管理，以管理水平提升促进效益提升。

（八）培育知名品牌。深入推进国家商标战略实施示范城市建设，加快培育一批民营经济知名品牌。动员、支持民营企业参与中国知名品牌价值评价工作，积极争取市政府质量奖、省政府质量奖、国家质量奖。支持民营企业实施标准化战略，采用国内外先进标准组织生产，参与各级标准的编制修订工作。支持民营市场主体注册商标，鼓励创建广安市知名商标、省著名商标、中国驰名商标和省名牌产品，积极争取国家质量奖、省政府质量奖。对品牌创建成功的企业，按照市委、市政府有关规定予以奖励。

四、加强政策扶持，强化发展支撑

（九）加强财政扶持。从2014年起，市财政每年预算安排的各产业发展资金，进一步加强对民营经济发展的支持。各区市县、广安经开区、枣山园区、协兴园区管委会要大力支持民营企业发展。大力支持民营企业、服务机构申报争取中、省各类资金补助。完善财政融资支持政策，优化贷款增量奖补政策。建立小微企业信用贷款风险补偿机制，加大中小企业信用担保贷款财政奖补力度。充分发挥各级财政资金的引导作用，吸引社会各类资金投入民营经济发展。

（十）落实税收优惠。对年应纳税所得额低于6万元（含）的小型微利企业，在2015年年底前，其所得减按50%计入应纳税所得额，按20%的税率缴纳企业所得税。自2013年8月1日起，对小微企业月销售额不超过2万元的增值税小规模纳税人和营业税纳税人，暂免征收增值税和营业税。对符合西部大开发鼓励类产业企业所得税优惠条件的企业，可减按15%的税率缴纳企业所得税。落实企业开发新产品、新技术、新工艺发生的研发费用企业所得税税前加计扣除政策。自2011年11月1日起至2014年10月31日止，对金融机构与小微企业签订的借款合同免征印花税。除另有规定外，纳税人因有特殊困难，不能按期缴纳税款的，经省级税务部门批准，可延期缴纳税款，但最长不得超过3个月。

（十一）加大融资支持。各银行业金融机构要加大支持力度，确保对小微企业贷款增速不低于全部贷款平均增速、贷款增量不低于上年同期水平。推动完善中小微企业金融服务组织体系，支持金融机构向小微企业集中的区域延伸服务网点。优化小微企业金融服务，在银行业金融机构准入、不良贷款容忍度、监管评级等方面实施差异化监管，金融机构和融资服务机构要提高对小微企业融资服务收费透明度，严禁附加不合理条件。鼓励银行业金融机构创新金融产品，开发股权质押、知识产权质押等贷款产品。大力发展村镇银行等新型农村金融机构和小额贷款公司，鼓励符合条件的民间资本投资入股金融机构和参与金融机构增资扩股、重组改造。鼓励民营企业采取股权融资、信托、租赁等多种融资方式，支持中小企业发行中小企业集合票据和中小企业集合债券，帮助指导民营企业上市。

（十二）保障依法用地。支持重大民营企业项目积极争取列入省50项重大推进项目统筹用地计划。对符合国家产业政策的项目确需调整土地利用总体规划的，依法按程序及时调整。支持民营企业采取租赁方式使用国有土地，降低一次性投入成本。鼓励企业节约集约用地，在符合规划、不改变用途的前提下，对工业项目在原土地上增加厂房建筑面积、提高土地利用率的，不再增收或调整土地出让金。民间投资项目用地符合《划拨供地目录》的，可采取划拨方式供地。支持民营企业在符合产业政策和有关法律法规的情况下，积极探索农村集体土地流转、利用新模式、新办法。

（十三）缓解用工难题。将民营经济创业培训和用工培训纳入全市总体培训规划，整合培训项目，打捆使用培训资金，重点开展紧缺技术工种技能培训，对经岗位技能培训并取得技师、高级技师和工艺美术大师资格的，由政府按规定给予培训补贴。对小微企业新招用高校毕业生并组织开展岗前培训的，按规定给予培训费补贴。支持民营企业参与高校毕业生就业见习工作，落实就业见习生活补贴。对民营企业吸纳就业困难人员就业的，按规定给予社保补贴、岗位补贴。对小微企业新招用毕业年度高校毕业生，签订1年以上劳动合同并按时足额缴纳社会保险费的，按有关规定给予1年的社会保险补贴，政策执行期限延至2014年年底。

五、提升服务水平，优化发展环境

（十四）改进服务方式。加快服务型政府建设，进一步转变职能，改进作风，为民营经济发展提供高效服务。继续深化行政审批制度改革，减少审批事项，下放审批权限，简化审批程序，规范审批行为。进一步深化政务公开制、首问负责制、服务承诺制、限时办结制，切实提高服务质量和效能。主动协调服务，帮助民营企业解决生产经营用水、用电、用气、运输等问题。

（十五）完善服务体系。整合和规范现有行业性服务机构、社会性服务机构以及社会团体、中介组织，形成多主体、多层次、全方位的民营企业社会化服务体系。充分发挥工商联作为政府服务民营经济助手作用，发挥个体私营协会、企业家协会、行业商会等团体组织在民营经济发展中的引导和服务作用。加快建设广安市中小企业服务中心，为全市中小微企业提供政策咨询、创业辅导、管理诊断、人才培训等全方位服务。

（十六）保障合法权益。严禁以行政权力强制干涉民营企业合法生产经营活动，严厉查处乱执法、乱检查、乱收费等违纪违规行为。依法保护民营投资主体的合法财产和收益。加强民营企业生产经营场所社会管理，维护良好的生产经营秩序。引导民营企业与职工依法签订劳动合同，按时足额支付职工工资，保障职工休息、休假、劳动安全卫生、女工特殊保护等权益。加强民营经济劳资关系协调工作，维护劳资双方合法权益，努力构建和谐稳定的劳动关系。遵循经济规律，按照市场法则激发民营经济主体加快发展，推动各种所有制经济依法平等参与市场竞争。

六、强化统筹协调，增强发展保障

（十七）加强组织领导。各地各部门要进一步解放思想，提高民营经济对区域经济发展重要性的认识，坚决破除偏见歧视、单纯管制、小富即安的落后观念，牢固树立平等竞争、主动服务、做大求强的激进意识，落实发展举措，推动民营经济跨越发展。切实加强对民营经济工作的领导，成立广安市民营经济工作领导小组，负责全市民营经济发展工作的领导、统筹和协调。市民营经济工作领导小组下设办公室（以下简称市民营办）于市经信委，落实工作人员和工作经费，具体负责民营经济发展日常工作。各区市县、广安经开区、枣山园区、协兴园区管委会也要明确相应机构，落实工作保障。

（十八）强化协作配合。建立民营经济发展联席会议制度，定期召开联席会议，研究解决民营经济发展中的困难和问题。建立民营经济发展情况报送制度，各区市县、广安经开区、枣山园区、协兴园区管委会及民营经济工作领导小组成员单位要及时向市民营办报送民营经济指标完成和相关发展情况。市统计局要完善民营经济统计监测制度，各区市县统计局、广安经开区、枣山园区、协兴园区统计部门要加强民营经济发展的统计、监测和动态分析，及时发布相关信息。

（十九）加大宣传力度。大力宣传民营经济在经济社会发展中的重要地位和作用，宣传民营企业和民营企业家的先进事迹，树立民营经济及投资主体的良好形象，大力营造合法经营者在社会上有地位、政治上有荣誉、经济上得实惠的社会氛围。积极宣传鼓励、支持、引导民营经济发展的方针政策，提振发展信心，营造民营经济发展的良好环境。

（二十）严格督查考核。把民营经济发展工作纳入对各区市县、广安经开区、枣山园区、协兴园区管委会和市级相关部门的综合目标考核。市督查办、市民营办要定期组织开展专项督查，通报民营经济发展情况。对为民营经济发展做出突出贡献的单位和个人予以表扬奖励，对贡献突出的民营企业予以表彰奖励。

中共广安市委　广安市人民政府
关于深化国资国企改革促进发展的意见

广委发〔2014〕14号　2014年9月13日

为贯彻落实党的十八大、十八届三中全会和省委十届三次、四次全会以及市委四届七次全会精神，进一步深化我市国资国企改革，推动国有资产监管迈上新台阶、国有企业发展取得新成效，不断增强国有经济服务全市经济社会持续健康发展的能力，根据《中共四川省委四川省人民政府关于深化国资国企改革促进发展的意见》（川委发〔2014〕11号），结合广安实际，现提出如下贯彻意见。

一、指导思想、基本原则和主要目标

（一）指导思想。坚持以邓小平理论、“三个代表”重要思想、科学发展观为指导，围绕国有资产保值增值和国有企业做强做优，深化国资国企改革，完善国有资产管理体制，以推进开放性市场化重组为途径，积极发展国有资本、集体资本、非公有资本相互融合的混合所有制经济，不断增强国有企业活力和竞争力，为推动广安跨越发展做出贡献。

（二）基本原则

——坚持基本经济制度。坚持两个“毫不动摇”，积极发展国有资本、集体资本、非公有资本等交叉持股、相互融合的混合所有制经济，增强国有企业活力和竞争力，促进各类所有制资本共同发展繁荣。

——坚持市场化导向。正确处理好政府和市场的关系，发挥市场配置资源的决定性作用，尊重企业市场主体地位，做到政资分开、政企分开，切实转变企业经营机制，激发企业活力。

——坚持分类监管。明确不同类型企业的功能定位，实行分类监管和考核，提升国有资本监管的科学性、系统性、针对性、有效性。

——坚持统筹推进。实行整体推进与重点突破相结合，尊重基层首创精神，鼓励企业先行先试。

（三）主要目标

到2020年，实现以下主要目标：

——国有资本布局不断优化。80%的国有资本集中在公共服务、基础设施和民生保障等重点行业和关键领域。培育1—2户具有较强市场竞争能力，拥有知名品牌的省内一流企业。

——现代企业制度不断完善。建立健全以董事会为重点的法人治理结构，以产权为纽带的母子公司管理体制。全面完成企业内部劳动、人事、分配三项制度改革。建立职业经理人制度，加大国有企业经营管理人员市场化选聘力度。

——产权多元化取得新突破。2017年全面完成国有企业公司制股份制改革，积极发展混合所有制经济，实现投资主体多元化。积极推动具备条件的企业实现整体改制上市或主营业务上市，力争到2020年新培育1户国有企业上市。

——国有资产监管体制进一步健全。根据不同类型国有企业的功能定位，实施分类管理，提高监管的针对性和有效性。按行业、分类别组建若干国有资本投资运营公司，建立以管资本为主的国有资产监管体系。

二、优化配置资源，服务经济建设

（四）优化国资布局。围绕广安多点多极支撑发展战略，引导国有资本向公共服务、基础设施、民生工程等重要行业重点区域集中。开放国有资本投资领域和项目，鼓励民间资本进入，积极发展国有资本、集体资本、非公有资本等相互融合的混合所有制经济。

（五）注重资本运营（行业主管部门牵头，市国资监管等部门配合）。积极推动国有资源（资产）资本化，国有资本证券化。鼓励国有企业充分利用包括股票债券市场、全国股份转让系统和区域性股权、产权交易场所在内的多层次资本市场上市挂牌，以融资、转让、并购等方式实现国有资本充分流动和股权多元化。建立市、县公共资源交易平台与成都（川藏）股权交易中心、西南联合产权交易所的联动机制，通过市场化机制为资本定价、发现价值。鼓励和支持以项目公司为载体，将城市公共资源、水利、交通运输、林业、旅游等国有资源资本化，通过合资参股、增资扩股等方式，引导民间资本进入，实现价值最大化。

（六）整合优质资源（行业主管部门牵头，市国资监管等部门配合）。按照“存量不变、增量分成”的模式建立健全重组利税分享机制，支持市本级与各区市县所属的，产业相近、行业相关、主业相同的国有企业通过合并、划转、并购等多种方式进行重组，重点推进交通运输、能源水利、粮食流通、市政建设、旅游开发等领域的国有企业重组，由相关行业主管部门会同国资监管机构开展调查研究，充分征求各方意见，提出行业企业重组整合意见。2020年前，力争培育3户以上品牌较优、效益较好、行业领先的大企业大集团。

三、深化改革创新，促进国企发展

（七）推进产权结构多元化（市国资监管部门牵头，相关部门配合）。用3年时间全面完成全市国有企业的公司制改造。竞争性国有企业和二、三级国有子企业原则上都实行股权多元化；有条件的企业可推进股份制改革，积极培育上市。2015年全面启动国有企业公司制改造工作，并开展国有企业股权多元化试点。

充分发挥市场配置资源的决定性作用，鼓励国有企业利用资本市场和产权市场进行开放性重组。鼓励非公有制的企业法人、其他经济组织、企业员工及其他各类投资者按照市场规则，坚持依法合规，公开、公平、公正地参与国有企业改制重组，实现投资主体多元化，促进混合所有制经济发展。支持市域内所属国有企业以项目为依托，以产权为纽带，与中央、省国有企业和大型民营企业进行产权重组，实现合作共赢。支持符合条件的国有企业成立财务公司或投资入股商业银行、证券公司、保险公司、信托公司等金融机构，推动产业资本和金融资本融合发展。

（八）促进治理结构规范化（市委组织部牵头，市财政局、市国资监管部门配合）。结合“三重一大”决策机制，制定出台规范董事会议事决策指导意见，规范董事会的制度建设和运行机制，按照《中华人民共和国公司法》和企业章程的规定落实董事会在重大决策、薪酬考核、选人用人等方面的职权。除总经理外，其他经理层成员一般不进入董事会。竞争性企业实行外大于内的董事会结构，董事长和总经理原则上分设，党委书记一般由董事长兼任。功能性企业原则上董事长为法定代表人，经法定程序可兼任总经理，党委书记可单设。积极推行财务总监（负责人）外派制度，探索实行首席财务官制度。完善监事会内设外派运行机制，充分发挥监事会作用。履行出资人职责的管理机构委派或推荐监事会主席和专职监事，与股东监事和职工监事共同组成企业监事会。探索建立更加公开透明的国有企业财务预算等重大信息公开制度，主动接受社会公众监督。2015年开展国有企业财务预算试点工作，2016年全面推行。

（九）推行选人用人市场化（市委组织部牵头，市人力资源社会保障局、市国资监管部门配合）。引导国有企业全面建立体现企业特点、具有竞争比较优势的人事管理制度体系，规范企业中、高层职数限制与职位设置。支持建立人才引进激励机制，国有企业可在职工奖励基金中提取部分作为人才引进激励资金，专项用于引进高层次企业管理和技术创新人才。建立国有企业职业经理人制度，通过竞争性选拔等方式选择国有企业经营管理人员。加强对董事会市场化选聘经理层工作的指导，制定出台国有企业公开选聘经理层试行办法，明确选人用人标准，规范选聘程序，完善配套政策。2016年开始，竞争性国有企业对新选任企业经理层人员（包括总经理在内）原则上都实行市场化选聘；功能性国有企业应逐步提高企业经理层人员的市场化选聘比例。建立以聘任制、任期制和经营目标责任制为主要内容的管理制度，明确责任、权利、义务，推行契约化管理。促进国有企业通过科学、合理的管理人员考核机制，建立竞争择优、能上能下的选人用人制度。规范国有企业招聘制度，加快形成公平、公正、公开的人才选拔机制。

（十）实现激励约束科学化（市国资监管部门牵头，相关部门配合）。建立完善中长期激励机制，分类制定国有企业中长期激励办法。对符合条件的竞争性国有企业可实施股权、现金等激励；对功能性国有企业在完成重大任务后，经考核可实施专项奖励。支持高新技术企业的经营管理层、核心技术人员和业务骨干以现金、技术、知识产权等多种方式参与企业改制、股权重组。根据企业类别、行业属性和企业领导人员选任方式的不同，制定相应考核标准和差异化薪酬管理制度。建立完善与长效激励相配套的业绩挂钩、财务审计、延期支付、追索扣回、资产损失责任追究等约束机制。制定国有企业负责人职务消费管理办法，规范国有企业管理人员职务待遇、职务消费和业务消费。改革国有企业工资决定机制，建立健全并严格执行国有企业资产损失责任追究制度。

（十一）推动创新发展持续化（市科技局牵头，市工商局、市国资监管部门配合）。鼓励国有企业加大研发投入，提高自主创新能力；支持国有企业与科研院所、高等学校开展产学研合作，加强研发平台建设，相关费用经认定可视同利润进行考核。加强对国有企业专利、商标等知识产权和无形资产的保护和管理，力争2020年全市国有企业拥有2—3个省内知名商标或品牌。强化企业科学管理。深入开展标杆管理活动，优化管理流程，推动企业管理信息化建设，完善企业内部控制体系，提升管理效益和水平。

四、强化国资监管，提高监管实效

（十二）完善国资监管体制（市国资监管部门牵头，相关部门配合）。坚持政资分开、政企分开、所有权与经营权分开，确保国有资产监管机构代表本级政府对出资企业依法享有的资产收益、参与重大决策和选择管理者等出资人权利事项落实到位。按照“分级管理，各负其责”的原则，进一步明确企业国有资产授权履行出资人职责的机构和监管范围。市本级由国资监管机构牵头，清理并提出授权建议报市委市政府审定后明确。政企脱钩后的企业、事业单位改革转制形成的企业，以及新组建的国有企业全部纳入统一监管体系。履行出资人职责的国有资产监管部门和其他行业主管部门不得非法干预企业的具体生产经营活动，真正发挥企业自主经营、自负盈亏的市场主体作用。上级国有资产监管机构依法加强对下级政府国有资产监管工作的指导和监督。

（十三）建立分类管理模式（市国资监管部门牵头，市绩效办、市财政局等相关部门配合）。根据国有企业资产总额、主营收入、净利润和从业人员四项核心指标，将国有企业划分为功能性、竞争性两种类型。功能性国有企业是指主要承担政府战略任务、重大专项任务或提供公共产品和服务，承担其他公益公用事业的企业，以实现社会效益为主要目标，兼顾经济效益。竞争性国有企业是指以市场化为导向，主要提供竞争性产品或服务的企业，以经济效益最大化为主要目标，兼顾社会效益。由国资监管部门牵头，对市本级和各区市县所属国有企业进行全面清理，界定类别，对多层次管理的企业应对其母子公司分别予以界定。针对不同类型的国有企业，分别从领导人员配置、薪酬管理、业绩考核、目标责任、监管重点等多方面设置不同的标准、方法和要求，实行分类监管。完善国有资本经营预算制度，分类确定、逐步提高国有资本收益上缴比例，更多用于保障和改善民生。

（十四）优化国资监管方式（市国资监管部门牵头，相关部门配合）。以管资本为主加强国有资产监管，进一步完善国有资产监管体制。以产权为纽带，打造“1+N”国有资本运营管理模式，即以行业国有企业重组、资源整合等方式组建若干国有资本运营、投资公司，再通过划入国有资本运营、投资公司股权及注入资金等方式，打造我市国有资本运营公司航母。构建科学合理的国资监管体系，通过章程管理、契约管理、清单管理和协同管理等，加强战略管理、发展目标、布局结构、公司治理、考核分配和风险控制等重大事项和关键环节的管控。切实减少审批事项，落实企业自主经营权，实施标准化操作流程，提高管理精细化水平。

五、加强党的领导，形成改革合力

（十五）充分发挥党组织的政治核心作用。加强和改善党对国有企业的领导，健全党委参与企业重大问题决策的体制机制。加强党风廉洁和反腐倡廉建设，加强对国有企业领导人员的监督，健全权力运行制约监督机制。加强对国有企业经营管理人员的教育培训。抓好基层组织建设，尊重基层首创精神，健全以职工代表大会为基本形式的企业民主管理制度，保障职工参与管理和监督的民主权利。加强国有企业精神文明建设，用社会主义核心价值体系引领企业文化建设。建立健全企业信用体系和国有企业年度社会责任报告制度，推动国有企业做好节约资源、保护环境、安全生产、保障民生、构建和谐劳动关系和维护社会稳定等工作。

（十六）营造国有企业改革良好环境。国资国企改革是一项系统工程，市国资监管部门要统筹安排、系统推进、稳妥操作，认真吸取过去国有企业改革的经验教训，建立健全公开透明的制度机制，切实规范国有企业改制和产权转让行为，防止国有资产流失。各地、各部门要增强大局观念和服务意识，各司其职、密切配合，细化支持国资国企改革各项政策，落实工作举措。建立鼓励改革创新的容错机制，对法律法规和国家政策未规定事项，鼓励国有企业开展改革创新。注重宣传舆论引导，加大对国资国企改革的宣传力度，调动各方面积极性，大力营造支持改革的良好氛围。

中共广安市委　广安市人民政府
关于加快发展新兴先导型服务业的意见

广委发〔2014〕22号　2014年12月31日

各区市县委、区市县人民政府，广安经开区、枣山园区、协兴园区管委会，市级各部门：

为进一步推动产业结构调整，提升经济发展质量和人民生活水平，推动服务业尽快做大做强，按照《中共四川省委、四川省人民政府关于服务业改革发展的指导意见》（川委发〔2014〕10号）、《中共四川省委办公厅、四川省人民政府办公厅关于建立五大新兴先导型服务业发展推进机制的通知》（川委厅〔2014〕48号）精神，现就加快发展新兴先导型服务业提出如下意见。

一、目的意义

近年来，我市服务业快速发展，规模、质量、结构和效益不断提升，已逐渐成为经济发展的新“引擎”。但服务业特别是新兴先导型服务业发展滞后、总量不大、水平不高、结构不优等问题依然存在，仍是经济发展的“短板”。在当前经济形势下，加快发展新兴先导型服务业，是现代服务业发展的重点方向，是经济结构调整和发展方式转变的战略选择，是协调推进新型城镇化、新型工业化、农业现代化和信息化的主动力，是释放内需和保障就业的重要载体。各级各相关部门要充分认识发展新兴先导型服务业的重要意义，进一步增强紧迫感和责任感，解放思想，改革创新，攻坚克难，争取新兴先导型服务业发展取得重大突破，为全市经济社会发展做出新的更大贡献。

二、总体要求

（一）总体思路。抓住川渝合作示范区建设的有利契机，适应服务业转型升级发展需要，大力发展电子商务、现代物流、现代金融、科技服务、养老健康服务、通信服务等新兴先导型服务业，推动一、二、三产业互动融合发展，加快广渝服务业区域一体化进程，通过改革创新、规划引领、政策扶持、主体培育，加快服务业产业升级，增强集聚效应和辐射功能，打造成渝经济区新兴先导型服务业发展示范区。

（二）发展目标。通过新兴先导型服务业的强力带动，到2020年，服务业增加值增速保持全省前列，增加值占GDP的比重达到全省平均水平。新兴先导型服务业增加值占服务业增加值比重达60%，新兴先导型服务业固定资产投资、税收收入、就业人数等指标增速超过服务业平均增速。

三、主要产业

（一）着力发展电子商务。抓住电子商务快速发展的有利时机，推动网络经济与实体经济深度融合。引导“全企触网”，鼓励、引导企业利用第三方平台建立电子商务营销网络，深化电子商务应用，扩大市场份额。支持企业发展B2B、B2C、C2C、O2O等第三方专业化互联网电子商务平台，促进线上线下融合发展。支持电子商务与物流协调发展，积极引进国内外知名电子商务企业在广安设立区域物流（结算）中心或服务基地，引领广安电子商务发展。建设电子商务孵化园和集聚区。支持大学毕业生、个体工商户创建电子商务孵化园或集聚区，通过电子商务创业，鼓励本土电子商务企业集聚发展，做大做强，把广安建设成为四川省电子商务示范城市。到2020年，电子商务交易额达到4000亿元以上，年均增长32%以上；网络零售额达到450亿元以上，年均增长36%以上，占社会消费品零售总额达20%以上。商贸企业电子商务普及应用率达90%以上，规模以上生产制造企业电子商务普及应用率达95%以上，培育电子商务交易额超100亿元的企业1家、超10亿元的企业2家以上、超亿元的企业10家以上、超5000万元的企业20家以上、超1000万元的企业50家以上，打造3个产业集聚度高、市场吸纳力强的电子商务功能园区。

（二）大力发展物流业。坚持以规划为引领，以市场为导向，以企业为主体，以园区为载体，以专业化、信息化、标准化为重点，充分发挥广安优越的区位和交通优势，依托煤炭水泥、新型建材、机械制造、特色农产品等优势产业，大力整合物流管理资源、市场资源、要素资源，加快提升枣山、临港、前锋、高兴、城东、万善、渝邻等物流园区基础设施承载能力和现代化水平，建设与全国重要交通节点枢纽相适应、与主导优势产业相配套、与川东北区域性中心城市相融合的现代物流业体系，努力打造国家级煤储战略基地、川渝合作物流发展示范区。到2020年，物流业增加值达到110亿元以上，年均增长17%以上，社会物流总费用占GDP的比重年均下降0.6个百分点，下降到13%以下，建成年产值500亿元以上物流园区1个以上、100亿元以上物流园区6个以上；引进知名物流企业10家以上，A级以上物流企业达到20家以上。

（三）加快发展现代金融业。深入推进金融领域改革，鼓励外地金融机构和非银行金融机构入驻广安开展业务，培育地方性金融机构、准金融机构。拓宽融资渠道，鼓励企业通过主板、创业板、新三板上市和区域性场外市场融资。加大信贷投放总量，引导金融机构创新产品和服务方式，健全金融中介服务市场。扩大保险深度和密度，提升保险对社会经济发展保障水平。到2020年，初步建成川东北具有较强影响力和竞争力的金融中心市，金融业对经济的直接贡献不断增大，金融产业增加值占地区生产总值和第三产业增加值的比重分别达到3%以上和8%以上，年均金融投放增速高于全市年均经济增速4—5个百分点，高于全省金融投放平均速度。

（四）有序发展科技服务业。引导企业加大研发设计投入，推进生产技术、技能和工艺改进与产品创新设计服务，鼓励制造企业外包工业设计服务。支持高新技术向新型服务企业延伸，增强文化创意、移动多媒体、电子商务、现代物流等现代服务企业科技创新能力。运用“创新驱动发展战略基金”，积极扶持和鼓励企业组建科技孵化器。培育和完善科技中介服务体系，发展知识产权创造、运用、保护和管理等环节服务。建设科技成果信息共享、成果交易和转化平台，制定技术交易买方激励政策，发展技术交易市场。到2020年，科技服务业总收入达到8亿元以上，建成科技企业孵化器10家以上。

（五）积极发展养老健康服务业。加快推进城乡社区老年人日间照料中心、农村幸福院、老年护理院等养老服务设施建设。推动医养融合发展促进医疗卫生资源进入养老机构、社区和居民家庭。积极开展康复护理、家庭护理、老年护理等全方位护理服务，把广安打造成川渝地区一流的养老服务基地。强化基本医疗服务，市上重点办好2—3家大型医院，区市县各办好1—2所县级公立医院，推动社会资本提供非营利性服务，推广中医药医疗保健服务。支持发展集群式医疗服务、特需医疗服务、医学美容产业等多元化健康服务，大力发展老年医疗保健服务，积极发展健康体检及咨询服务、健康保险服务、网络健康服务。进一步深化公共卫生服务，发展健康教育服务、生殖健康服务，发展体育服务、医学培训、医药产业、医疗器械、医疗和健康保险等关联产业。到2020年，居家老年人养老服务覆盖率达100%，90%以上乡镇和60%以上农村社区建立养老服务设施和站点；全市卫生总费用达到70亿元以上，医疗卫生机构每千人口床位数达到5.8张以上，民营医疗机构医疗服务量占全市总量的30%以上，培育提供健康体检、母婴照料和老年护理等服务的大型专业服务机构1—2家，培育民营和外资医院发展标杆2—3所，培育年产值上亿元的民营医疗服务机构1—2个。

（六）创新发展通信产业。以光纤宽带网络、下一代互联网和第四代移动通信等网络建设为重点，加快建成宽带、融合、泛在、安全的新一代通信基础设施，提升宽带能力和应用水平，打造“智慧广安”。采取无线技术加快宽带网络在农村地区全覆盖，完善农村综合信息服务体系，加快打造“宽带乡村”。推进“三网融合”，不断拓展和深化宽带在智能工业发展、传统产业改造升级、制造业和服务业融合、农村信息化等领域的应用。创新宽带应用服务模式，大力促进信息消费，培育新的经济增长点。加快发展以手机为重点的电子信息产业，打造华蓥“数字硅谷”，建设智能终端（手机）研发制造基地。支持通信企业销售本地电子信息产品，扩大国内市场份额。到2020年，通信企业年实现营业收入达到30亿元以上，发展移动手机用户达到260万户以上，3G/4G用户普及率达到85%以上，固定宽带家庭用户普及率达到

55%以上，光纤到户（FTTH）覆盖家庭75万户以上。

四、保障措施

（一）加强组织领导。市上分产业成立由市委、市政府分管联系领导为正副组长，相关部门为成员的新兴先导型服务业发展推进领导小组，研究部署重大事项，协调解决具体困难和问题。制定出台工作推进方案，指导新兴先导型服务业发展。各区市县政府、园区管委会要成立相应领导小组，制定工作推进方案，确保新兴先导型服务业发展有序推进。

（二）强化规划引领。各地各相关部门要按照新兴先导型服务业发展的思路、目标、重点，编制完善本地本行业发展规划，尽快形成上下贯通、衔接一致的产业规划。编制新兴先导型服务业发展规划要主动加强与其他产业规划的衔接，体现一、二、三产业互动发展要求。编制和修订国民经济和社会发展规划、土地利用规划、城市总体规划、城镇体系规划等要前瞻性考虑新兴先导型服务业发展需求，注重相互关联，减少重复建设和资源浪费。强化规划刚性约束和执行力度，严禁随意变更。

（三）强化政策支持。在市委、市政府已出台有关支持服务业发展优惠政策（广安府发〔2012〕26号、广安府发〔2014〕19号、广安府发〔2014〕36号、广委办发〔2013〕26号、广安府办发〔2014〕39号、广安府办发〔2014〕53号等）基础上，进一步加大对新兴先导型服务业的政策支持力度。一是支持引进知名企业。对新引进的知名电商企业在广安新建区域物流（结算）中心和服务基地，新引进的知名物流企业、二级、三级医院，由受益财政通过各级项目专项资金予以支持。二是支持企业发展壮大。对电商企业年开票销售收入（以发票或税务部门认定的财务报表为准）1000万元以上的、现代物流企业年营业额突破1000万元的、通信企业年销售本地电子信息产品300万元以上的，前3年内，由受益财政采取“一事一议”办法予以支持。三是支持企业创优升级。对新评定为国家A级以上的物流企业，新认定的国家级、省级科技企业孵化器，以及新入围四川省服务业百强的规上服务业企业，受益财政予以一次性资金支持。对贷款进行技术改造、创优升级的新兴先导型服务业企业，受益财政给予一次性贴息支持。

（四）加强改革创新。全面放宽市场准入，进一步取消和减少新兴先导型服务业重点领域审批事项，切实加强政府服务和后续监管。深入实施工商登记制度改革，实行负面清单管理，创造非禁即入的宽松发展环境，坚持破除金融、科技、养老、卫生、通信等领域垄断经营、管制经营、限制经营的状态，进一步放开市场准入、放宽经营范围，鼓励社会资金进入新兴先导型服务行业，建立和完善以民间投资为主体的社会投资体系。适应统计制度改革发展要求，积极推进服务业统计方法制度改革，准确反映新兴先导型服务业发展情况。

（五）优化发展环境。进一步畅通政务服务“绿色通道”，为新兴先导型服务业企业提供“一站式”“保姆式”服务。强化舆论宣传。充分发挥媒体作用，大力宣传新兴先导型服务业对经济发展的重要作用，形成全社会共同关心、支持新兴先导型服务业发展的良好氛围。新兴先导型服务业各行业主管部门要深入研究产业发展规律和特点，注重分类指导，促进各行业率先突破发展。各级行政执法部门要转变工作方式，增强服务意识，提高行政效能，严禁对新兴先导型服务业企业乱检查、乱罚款、乱摊派，切实减轻企业负担。

（六）严格督查考核。建立完善新兴先导型服务业发展考核评价体系，科学制定考核指标和考核办法，逐步提高新兴先导型服务业考核权重。分年度科学分解考核目标，深入开展督查活动，确保新兴先导型服务业发展的政策和目标落到实处。坚持定期考核和不定期考核相结合，科学考核、认真考核、逗硬考核，真正做到奖励先进，惩戒落后，形成你追我赶、竞相跨越的新兴先导型服务业发展良好局面。

广安市人民政府
关于促进当前经济稳增长工作措施的通知

广安府发〔2014〕21号　2014年6月9日

各区市县人民政府，广安经开区、枣山园区、协兴园区管委会，市级各部门：

为积极应对当前经济下行压力，更好发挥政府作用，保持经济平稳较快增长，特制定促进当前经济稳增长工作措施，请认真组织实施。

一、加大投资力度。落实《四川省人民政府关于发布政府核准的投资项目目录（四川省2014年本）的通知》规定，除明确规定由市核准的项目核准权不得下放外，其他项目核准权限一律下放至区市县，目录以外的企业投资项目实行备案管理。加快重大签约项目落地。加快在建项目建设，组织开工一批新项目，确保下半年全市完成工业投资158亿元。有序推进房地产开发，全年完成房地产开发投资60亿元以上。加快财政资金支出进度，有效引导社会投资。

二、加快推进省市重点工业项目和技术改造项目，清理2012—2013年度财政资金支持的工业项目建设情况，对2014年6月30日前仍未开工建设或停工超过6个月的项目，收回已拨付的财政资金；对项目实施较好的区市县和园区，在安排项目资金时给予倾斜支持。县级以上财政部门及其他部门拨付给企业的专项资金，符合规定条件的，不作为征税收入。严格落实签约项目落地推进责任制，新开工一批重大工业项目，每月排名通报项目进展情况；加快推进园区污水处理厂、孵化中心以及金融、物流等生产性服务中心和生活性服务中心建设，年底专项考核。

三、开展“入企结对帮扶稳增长”活动，对停产企业实施“一企一策”重点帮扶，确保停产面控制在8%以内；加快煤矿企业复工复产进度，确保6月底前复工复产率70%以上，对9月底前复产煤矿给予专项奖励。鼓励境内企业和政府工程项目在同质同价前提下，优先就近采购煤炭、水泥等产品，对2014年采购使用市内产品（技术服务）比上年净增1000万元以上的市内企业，根据实际采购金额按一定比例给予奖励。继续实施电煤调运“绿色通道”制度，鼓励境内煤电供需双方深化战略合作。

四、加大规上企业培育力度，支持中小微企业创新发展，对注册成立3年内、生产经营正常、租用生产场地的科技型小微企业，给予50%的厂房租金补助。深入实施工业大企业大集团培育计划，对年纳税亿元以上的工业企业实行“一事一议”方式支持企业做大做强。

五、加快实施城镇危旧房棚户区改造工程。以争取国开行危旧房棚户区改造贷款为契机，加快实施“百万安居工程建设行动”，推进保障性安居工程建设，确保6月底前城镇危旧房棚户区改造开工率达100%，全年竣工率达70%以上。

六、加快推进特色集镇建设。抢抓百镇建设试点契机，争取更多集镇列入全国重点镇。按照繁荣产业、完善功能、挖掘文化、突出特色的思路，以实施“七个一”（建一条特色街区、建一座污水处理厂站、建一个规范化的农贸市场、建一处以上市民休闲广场、建一所公办幼儿园、建一所以上标准化公厕、建一座压缩式垃圾中转站）为重点，启动建设50个工业、商贸、旅游经济强镇，年内开工建设30个，2015年再建设20个，优化城镇网络体系。

七、积极发展旅游业。修编景区修建性详细规划，加快华蓥山等精品景区建设，完善酒店集群、旅游集散中心等公共服务及配套设施。开展智慧旅游建设，优化旅游市场环境，鼓励旅游企业通过多种方式开展产品营销，对开展旅游推介促销活动和组织旅游专列、自驾游、骑游团队、境外游客达到一定规模的给予资金补贴。

八、推进服务业综合改革试点。规划建设服务业功能区，争创省级现代服务业集聚区，支持中央商务区和现代商贸功能区建设。推动服务业与制造业融合发展，逐步提升生产性服务业比重。积极培育限上商贸企业和规上服务业企业，对新培育的每户给予5000元奖励。对当年投资额5亿元以上带动力强的服务业重点项目按一定比例给予贷款贴息扶持。对制造业主辅分离设立的服务业企业符合小型微利企业条件的，减按20%税率征收企业所得税，其中2014年1月1日至2016年12月31日，对年应纳税所得额低于10万元（含10万元）的小微企业，其所得减按50%计入应纳税所得额，按20%税率征收企业所得税。

九、培育发展电子商务。深入推进“全企入网”“全民触网”工程，积极引进国内外知名电商企业，培育壮大本土电子商务企业，规划建设电子商务集聚区，鼓励中小企业入驻“天虎云商”平台，支持名特优产品开展网上推介销售。对入驻电子商务集聚区的电商企业、入驻“天虎云商”平台的中小企业从房屋租赁、技术研发等方面予以补贴。

十、积极发展现代物流业。推进物流园区建设，引进知名物流企业入驻。加快重大物流项目建设，培育壮大物流企业，支持主辅分离物流企业发展，积极申报A级物流企业。对申报成功的A级物流企业每户给予5万元奖励。

十一、不断壮大外贸经济。做实外贸出口企业，壮大生产型出口企业，积极组织企业参加“万企出国门”活动，鼓励企业开拓国际市场，推动“广安造”产品走出国门。对出境参展的市内企业，在展位费、装修费等方面予以支持。对市内企业发展外贸综合服务、建立境外营销网点、进行进出口产品技术改造和研发等给予支持。推进“一次申报、一次检查、一次放行”监管模式，执行出口产品检验检疫费减免政策。全面落实国家出口退税相关政策，调整外经贸工作奖励和优惠政策，加大对生产型出口企业及出口本地产品企业奖励力度。积极支持外向型经济发展，将外商投资注册资本在3000万美元以下的审批权限下放至扩权县（市）。

十二、努力开拓消费市场。鼓励企业利用国庆、中秋等节假日，开展商品促销活动，扩大消费需求。争取主办一批中央、省大型会展活动，积极举办广安车市联展、家装建材、名优特产等展会，在场地租赁等方面给予补贴，以会展业带动相关产业较快发展。鼓励宾馆、饭店等转型发展，开发新的消费品种，满足不同层次消费需求，对餐饮企业员工办理卫生健康证减免有关规费并可在市内跨区域使用。严格落实宾馆、饭店等与一般工商业用水、用电、用气同价政策。加快推进农产品产地批发市场建设，畅通农产品流通渠道。组织开展应季农产品产销对接活动，推进鲜活农产品进社区、进超市、进市场、进团体。2014年市场交易规模首次上5亿元、10亿元台阶的，给予市场促销奖励。

十三、用好用活省上两个金融支持政策，提升金融机构创新金融产品和服务实体经济的能力，跟踪落实“感恩小平·共建广安”金融对接活动成果，建立重点企业、重点项目信贷审批“绿色通道”，提高放贷效率，力促全年新增贷款100亿元。对纳入省市重点培育的大企业大集团和“专精特新”中小企业且生产经营正常的，银行不得抽贷并继续加大信贷支持力度，实行优惠利率。鼓励企业利用票据、信托、金融租赁等新型工具和股权、债券、期货等资本市场融资，支持符合条件的企业上市或在“新三板”、区域性场外市场融资，市财政分阶段给予奖励。

十四、全面落实农业扶持政策，对种植业、养殖业等达到一定规模的予以资金扶持。支持农产品加工企业建基地、上技改，予以项目配套和政策支持。鼓励通过整合资源开展跨区域、跨行业、跨所有制的兼并与联营，培育壮大一批带动能力强的农业骨干龙头企业。

十五、发展壮大品牌经济，全面落实商标兴市和质量兴市战略各项政策措施，支持企业注册商标和创建一批老字号品牌，积极争创驰名、著名商标和国家地理标志产品。指导帮助企业申报无公害认证、地理标志认证、绿色有机食品认证。加快创建“华蓥山”优质农产品公用品牌，鼓励企业新注册农产品商标。

十六、积极争取扩大直购电试点范围，加大实施丰水期富余电量消纳政策力度，主网大工业用电增量部分按外送电价水平执行。全力争取天然气用气指标，力促重点用气工业企业正常生产。

十七、认真落实省政府支持困难企业的社会保障政策，允许生产经营严重困难的企业缓缴养老、医疗、失业、工伤、生育保险费，缓缴期限原则上不超过6个月；适当降低参保企业工伤和生育保险费率；参保企业人均工资低于上年度全省城镇非私营单位在岗职工平均工资60%的，单位缴纳养老保险费基数可按企业实际工资总额核定，但最低不能低于上年度全省城镇非私营单位在岗职工平均工资的40%。

十八、发挥财政资金引导作用。综合运用以奖代补、“民办公助”、贴息贷款等财政支持方式，引导社会资金投入经济建设。充分发挥工业、农业、商贸、旅游、金融等财政专项资金杠杆作用，前三季度各类专项资金安排使用比重达80%以上。推进“营改增”改革扩面，做到“营改增”试点行业总体税负有所下降，基本消除重复征税，对增加税负的企业进行财政扶持。

十九、实施涉企收费清单管理。开展投资环境专项监察和涉企收费专项检查，公开曝光严肃查处乱收费、乱罚款、乱作为等破坏投资环境的单位和人员。降低产品检验检测收费，各项涉企产品质量监督检验收费在现行执行标准上降低10%，计量、安全检定检测收费降低10%，建筑活动综合技术服务费降低10%，建筑消防设施检测费降低20%。重点清理涉煤行政事业、中介服务及培训收费项目，暂停征收煤炭价格调节基金，取消市、县两级设立的涉煤收费，规范涉煤培训并降低收费标准25%。2014年12月31日前免征小微企业管理类、登记类和证照类等所有行政事业性收费。

二十、深化行政审批改革。凡涉及生产经营、投资建设的项目管理、规划建设、土地管理、环境保护、安全生产、企业登记和外商投资等行政审批事项，市县两级依法均可实施的，一律由县级行政部门实施。除中、省明确要求以及经市政府确定的跨行政区域和统筹平衡的项目外，其他审批权一律下放至区市县，对不能下放的行政审批项目将行政审批受理环节或本部门服务窗口前移到区市县。对川渝合作示范区、承接产业转移示范区建设项目和其他投资3000万元以上的重大项目全部纳入并联审批绿色通道，实行“保姆式”“一站式”“代办式”服务。

本措施自印发之日起施行，有效期一年。

广安市人民政府办公室
关于进一步做好稳定和扩大投资工作的意见

广安府办发〔2014〕48号　2014年7月31日

各区市县人民政府，广安经开区、枣山园区、协兴园区管委会，市政府各部门、各直属单位：

根据《四川省人民政府办公厅关于进一步做好稳定和扩大投资工作的意见》（川办发〔2014〕61号）精神，为扩大有效合理投资，充分发挥投资对稳增长的关键作用，确保实现今年经济增长预期目标，经市政府同意，现提出如下工作意见。

一、凝聚合力全面完成目标任务

各区市县政府、园区管委会、市级相关部门要坚持把抓投资作为稳增长的关键举措，对照全年目标任务，找准差距，增添措施，做到目标不动摇、工作不松懈、力度不减弱；要倒排工期，定量分析细化，做到任务到领导、责任到部门、目标到项目；要及时协调解决项目建设中的具体问题。市发改、住建、环保、经信、统计等职能部门和行业主管部门，要加强业务指导，提升项目服务水平，确保2014年固定资产投资预期目标达到840亿元以上，奋斗目标达到1000亿元。

二、加大投资管理体制改革力度

认真贯彻落实省政府《关于深化投融资体制改革的指导意见》（川府发〔2014〕22号）、《关于发布政府核准的投资项目目录（四川省2014年本）的通知》（川府发〔2014〕29号）规定，扎实推进投融资体制改革，尽快制定出台配套管理办法。进一步调整和缩减核准范围，除明确规定由市核准的项目核准权不得下放外，其他项目核准权限一律下放至区市县，目录以外的企业投资项目实行备案管理。除必须由市及以上发展改革部门审批的政府投资项目外，市、县两级发展改革部门均有管理、审批权限的，全部下放至区市县、园区发展改革部门；下放给扩权县（市）发展改革部门的市级审批权限也全部对应下放给广安区、前锋区。外商投资注册资本在3000万美元以下的审批权限下放至各扩权县（市）。城市供水、管道燃气销售价格等权限内商品政府定价、政府指导价审批权下放至广安区、前锋区。加强项目协同监管，做好对下放权限事中事后的监管和服务，切实把国家、省、市下放的项目管理权管好用好。市级相关部门要做好部门之间、部门和地方之间的衔接，原则上应同步下放核准前置条件的审批权限，进一步优化审批流程，缩短审批时限，不断提高审批效率。完善投资统计分析体系，加大信息发布和引导力度。

三、鼓励引导民间投资健康发展

要进一步落实、完善鼓励和引导民间投资健康发展的政策措施，积极创造公平竞争、公开透明的市场环境。不断强化企业和其他市场主体的投资自主权，进一步发挥社会资本的作用，在金融、铁路、公路、水利、能源、电信等行业和健康、养老、电子商务等新兴服务业以及市政基础设施、保障性住房、危旧房棚户区等领域，加快向民间资本推出一批示范项目，并进一步落实财政、金融、税收等方面的配套政策，切实做好示范项目的组织实施、协调服务和宣传引导工作。要推广运用政府与社会资本合作机制（PPP），鼓励社会资本通过特许经营等方式，参与公共服务设施和城市基础设施等项目的投资、建设与运营。支持天然气开发等与中央企业组建合资公司，发展混合所有制经济。加大城际铁路和资源开发性铁路投融资改革试点力度。全面清理涉及项目投资的行政事业性收费并向社会公布。

四、努力扩大实体项目投资规模

千方百计推动在建项目加快建设进度，力争尽快形成更多实物工作量。狠抓新项目开工，加快推进项目用地、环评、可研等前期工作，明确时间节点和责任主体，在前期工作经费、配套服务等方面给予引导和支持，尽快达到开工条件。加强对纳入“十二五”规划未实施重大项目的清理力度，提出“十二五”期间有条件开工的项目清单，加快推进前期工作，推动项目提前开工。切实抓好项目招引和落地工作，2013年民企入川、央企入川、港澳企业四川行“三大投资促进活动”和第十四届西博会、第十七届渝洽会已签约尚未开工的项目，要抓紧督促尽快开工建设。省上将对政府性投资项目实施情况进行清理检查，要求2014年6月底以前已安排国家和省财政资金的建设项目，要在9月底前全部开工；逾期未开工的，将视情况收回已拨付资金。市政府也将于近期对各地政府性投资项目实施情况进行清理检查，各区市县、园区要加大项目推进力度，督促未开工项目尽早开工。

五、强化重点项目支撑作用

加快推进393个投资1000万元以上重大项目建设，突出抓好241个列省列市重点项目和36个纪念邓小平诞辰110周年纪念活动重大惠民工程。抓好项目协调和督促指导，对列入今年竣工投产或有条件提前竣工的重大项目，加快建设进度，力争早日完成投资计划。对列入今年加快建设的重点项目，在合理组织施工和确保工程质量的前提下，尽可能多地形成实物工作量。2014年上半年未开工的项目力争三季度开工并形成实物工作量。加快实施“百万安居工程建设行动”，建立健全广安发展建设集团、广安交通投资建设开发集团、各区市县和园区融资平台，争取开发性金融更大支持，加快危旧房棚户区改造和保障性住房建设，确保9月底前全部开工。结合新型城镇化建设和危旧房棚户区改造，稳定房地产投资，促进房地产市场健康发展。

六、提前实施一批已纳入中长期规划的重大项目

创造条件提前实施一批已纳入国家中长期规划的重大项目。统筹加快推进川东北经济区发展规划、川渝合作示范区（广安片区）建设总体方案、承接产业转移示范区建设规划等事关广安长远发展的全局性、基础性、战略性重点项目前期工作。结合“十三五”规划编制，尽快提出争取纳入国家和省“十三五”规划的重大项目清单，加强与中央和省的沟通衔接，确保更多项目纳入国家和省级规划。抓住国家建设丝绸之路经济带、长江经济带及推进新型城镇化和加大中西部铁路、棚户区改造、水利等基础设施投资的政策机遇，针对我市投资的重要领域和突出薄弱环节，有针对性、前瞻性地研究谋划储备一批重大项目，按照“滚动建库、动态管理、分类评级”原则，充实投资项目储备库，不断增强投资接续能力。

七、多渠道筹集建设资金

要进一步整合政府性资金，保障当前急需的重点项目建设资金需求。加快各类基本建设项目财政资金下达拨付进度，加大中央和省投资项目地方配套资金落实力度，2014年6月底以前下达中央和省投资计划的项目，地方配套资金在9月底前要落实到位。切实强化项目融资协调服务，围绕“感恩小平·共建广安”金融对接活动，继续加强项目金融对接，构建多层次多方式的政、银（保）、企融资对接平台。人行广安市中心支行、广安银监分局等金融主管部门要督促各金融机构积极向上争取，力争扩大信贷规模、下放审批权限、开展金融改革试点等政策向广安倾斜，切实抓好对接成果转化，力争年内落实对接活动融资规模70亿元以上。鼓励企业充分运用企业债券、短期融资券和中期票据等直接融资工具，支持符合条件的项目业主通过主板、创业板、“新三板”等多层次资本市场进行融资。认真研究运用省上“对总部和主营业务均在我省的企业，在境内主板、中小板、创业板和境外主板、创业板首发上市的，以及‘新三板’挂牌的，省财政将给予一次性补助”的政策，争取更多的补助。鼓励金融机构支持重点企业和重点项目融资，做到不抽贷、不限贷。加快发展新兴产业创业投资基金，搭建创新型中小企业融资平台。

八、狠抓土地要素保障

强化土地利用总体规划引领作用。统筹安排建设用地规模、时序和结构，优化土地利用布局，切实保障重

大项目用地。要对接好稳增长项目用地安排，科学合理配置土地利用计划。各区市县、园区要按照“统筹安排、突出重点、区别对待、有保有压”的原则，科学合理分解、使用用地计划，确保年度计划指标有效用于重大项目。对投资规模大、经济效益好的重大产业项目建设用地指标给予优先安排。全面清理批而未征、征而未供、供而未用的土地，盘活存量建设用地。对已取得土地1年以上未开工建设且无特殊原因的项目，综合采取经济、行政等手段督促开工；对已取得土地2年以上未开工建设且无特殊原因的项目，用地予以收回，重新出让。严格执行国家各类资源节约集约利用标准，提高土地节约集约利用水平。强化工业园区用地内涵挖潜，探索低效工业用地退出机制。认真抓好城乡建设用地增减挂钩、工矿废弃地复垦试点，加快已批项目实施进度，缓解建设项目用地指标紧张局面。积极推进采矿用地改革、水库水面用地改革试点。创新工业用地出让方式，鼓励项目分期建设、分期供地，鼓励企业以租赁方式使用建设用地，根据企业发展需要灵活确定土地出让期限。

九、加强项目投资工作督促检查

市政府将进一步强化对各地、各有关部门投资完成情况和重点项目、投资1000万元以上项目推进工作督促检查，按月通报固定资产投资和重点项目完成情况，按季度通报向上争取资金情况。严格考核各地投资、重点项目、向上争取支持目标任务完成情况，对超额完成全年目标任务的区市县、园区和市级部门予以通报表扬，对未完成年度目标的区市县、园区和责任部门予以通报批评。

广安市人民政府办公室
关于促进新型住宅产业化发展的意见

广安府办发〔2014〕39号　2014年7月9日

各区市县人民政府，广安经开区、枣山园区、协兴园区管委会，市级各部门：

为培育现代住宅产业体系，加快传统住宅产业更新改造步伐，促进新型住宅产业化发展，现就全市促进新型住宅产业化发展提出如下意见。

一、充分认识加快新型住宅产业化发展的重要意义

新型住宅产业化跨越多个产业，经济关联度高，产业拉动力强，可带动建筑、冶金、装修装饰等50多个相关产业发展。加快新型住宅产业化发展，有利于提高住宅建设效率，有效节约资源能源，减少环境损害；有利于加快传统住宅产业改造升级，提升住宅品质，改善人居环境；有利于推动住宅生产方式和增长方式的转变，加快产业结构调整，培育新的经济增长点。当前，住宅产业面临结构调整和转型升级的关键时期，正由粗放型向集约型，从高能耗型向性能优、节能生态型转变。各级各相关部门要高度重视，把握机遇，切实将加快新型住宅产业化发展作为建设资源节约型和环境友好型社会、推动产业结构调整的重要举措，采取有效措施，加快产业创新，抢占发展制高点，努力开创我市新型住宅产业化发展新局面。

二、指导思想、基本原则和发展目标

（一）指导思想。以科学发展观为指导，以建设“人文住宅、科技住宅、绿色住宅”为目标，以推动中国恒天集团第一住宅制造产业园项目、北新房屋有限公司新型城镇化建设项目为切入点，依靠科技进步和技术创新，培育现代新型住宅产业体系，推进住宅产业化发展，为促进全市循环经济形成和经济社会可持续发展发挥积极作用。

（二）基本原则。

1. 政府主导，市场主体。强化政府的宏观指导、政策引导和社会服务职能，加强部门协作，规范市场秩序，营造良好发展环境。以市场为导向，运用市场机制，鼓励各行业广泛参与，促进新型住宅产业化健康发展。

2. 以人为本，提升品质。以满足不同群体的多层次、多样化需求为出发点，充分体现时代特征和城市特色，提高住宅质量和性能，提升住宅综合品质。

3. 科技引领，创新驱动。加大企业技术开发力度，鼓励企业技术创新，加快科技成果转化和应用，积极引

进和推广使用先进成熟的技术成果，提高住宅产品的科技含量，带动产业优化升级。

4. 统筹规划，分步实施。按照“由少到多、由简单到复杂、由单项突破到多项集成”的步骤，积极推进新型住宅产业化的试点示范，加快新型住宅产业基地建设，提高部品部件生产能力，提升新型住宅产业整体发展水平。

（三）目标任务。用3—5年时间，通过试点推进产业培育和产业化推广，提高我市住宅产业规模化、标准化、产业化水平，打造全国住宅工业部品集散地，努力将广安建设成为千亿级的新型住宅产业化基地和全国住宅产业化示范城市。

1. 2014—2016年（试点推进期）。积极申报全国住宅产业化示范城市。依托北新建材、中国恒天集团第一住宅制造产业园，启动建设千亿级的新型住宅产业基地，力争2014年、2015年和2016年全市新型产业化住宅分别达到1000户（套）、10万平方米，3000户（套）、30万平方米和10000户（套）、100万平方米。

2. 2017—2018年（面上推广期）。广泛推广先进适用、符合新型住宅产业发展方向的技术和部品，产业基地部品生产能力完全满足新型产业化住宅建设的需要，初步建成全国新型住宅部品区域性集聚地。到2017年，新型住宅产业基地初步建成，新型产业化住宅达到10万户（套）、1000万平方米。坚持工业化、现代化理念，用3—5年时间，通过试点推进产业培育和产业化推广，提高我市新型住宅产业规模化、标准化、产业化水平，争创全国住宅产业化示范城市。

三、工作重点

（一）加快建设住宅产业基地，形成住宅部品部件生产能力。促进中国恒天集团第一住宅制造产业园项目尽快落地，加快北新房屋有限公司新型城镇化项目建设，支持有条件的区市县和企业建设住宅产业化基地，鼓励发达地区有实力的住宅产业集团进驻各园区，鼓励入驻我市新型住宅建材生产企业提高住宅部品部件生产能力，鼓励本地企业和外地知名企业以技术转让、合资、合作等方式进驻住宅产业基地，参与新型住宅产业基地建设。

（二）推广适用技术，建立健全住宅产业标准化体系。根据中国支撑体住宅施工地方标准、部品部件生产和地方安装标准，结合广安实际，推进大空间灵活布局又便于改造的支撑体住宅成套技术，推广北新薄板钢骨建筑体系，加快轻型钢结构房屋内的部品集成（即采用0.8毫米至3.3毫米厚的热镀锌钢板，混轧成截面为C型和U型薄壁钢骨，通过“工厂化”规模生产，组合成墙板、楼板、屋架等构件，在现场进行快速组装）建设，逐步构建具有广安特色的绿色、环保、高效节能的新型钢结构房屋体系。

（三）开展试点示范，发挥引导促进作用。积极推进新型住宅产业化工程试点示范，在广安经开区规划3000亩土地用于新型住宅生产基地建设，在小城镇和“美好家园”建设中推广新型住宅建设，鼓励商品房住宅引入新型住宅建设技术。通过试点示范工程，引导房地产开发企业在设计理念、技术集成、居住形态、建造方式和管理模式等方面开拓创新，突出体现住宅产业现代化技术新成果和先进居住文化，保持示范工程的先进性和引导性。各级各相关部门要制定相关政策措施，充分发挥政策引导作用，稳步推进新型住宅产业发展。

（四）健全管理制度，建立完善的质量控制体系。新型住宅建设开发企业、建设和监理单位是新型住宅产品质量的第一责任人，新型住宅开发企业要向用户提供“住宅产品质量保证书”和“住宅使用说明书”。强化规划、施工图设计审批制度，凡不符合规定要求的设计项目一律不得开工，并按有关规定追究设计单位和设计人员的责任。加强对从事住宅建设的设计、开发、施工、监理企业资质管理，逐步建立新型住宅市场准入制度。积极推广一次性装修或菜单式装修模式，避免二次装修造成的结构破坏、浪费和扰民等现象。完善单项工程竣工验收和住宅项目竣工验收备案制度，未经竣工验收的住宅，不得交付使用。

四、保障措施

（一）加强组织领导。为加强全市新型住宅产业化工作的组织领导，成立由市委副书记、市长罗增斌任组长，市委常委肖友才、肖雷、黄秀川及副市长席世洪任副组长，市级相关部门、各区市县政府负责人为成员的市新型住宅产业化工作领导小组，下设办公室于市住房城乡规划建设局，负责协调处理新型住宅产业化发展工作中的重点问题。各级各相关部门要进一步加大工作力度，创新工作手段，密切协调配合，及时研究解决新型住宅产业发展中遇到的困难和问题，形成推动新型住宅产业化发展的合力。

（二）加强政策扶持。通过贷款贴息、财政补贴等扶持方式，加快新型住宅产业化项目示范和推广，支持新型住宅产业化企业进行技术研发、标准制定、部品生产、项目试点等工作。实施产业化试点开发企业的开发项目，在法律法规和政策许可范围内，经相关部门批准认可，试点部分的建筑面积可享受城市建设配套费减缓优惠。逐步完善相关审批程序，各相关审批部门要提高工作效率，营造良好环境，确保住宅产业化试点项目顺利实施。

（三）加强宣传引导。通过媒体宣传或组织会展活动等形式，向政府管理部门、开发企业、施工单位、生产企业以及消费者，广泛宣传推进新型住宅产业化发展带来的经济效益和社会效益，提高公众对发展节能省地环保新型住宅及公共建筑的认识，增强新型住宅产业化社会认知度，为推进新型住宅产业化发展营造良好社会氛围。

广安市人民政府
关于进一步加强食品药品安全工作的意见

广安府发〔2014〕2号　2014年6月18日

各区市县人民政府，广安经开区、枣山园区、协兴园区管委会，市级各部门：

根据国务院《关于加强食品安全工作的决定》（国发〔2012〕20号）和国务院、省政府关于改革完善食品药品监督管理体制的要求，现就进一步加强全市食品药品安全工作提出以下意见。

一、深化思想认识，明确工作目标

食品药品是特殊的行业，与人们生活息息相关。食品药品安全是重大的民生问题，直接关系人民群众身体健康和生命安全，市委市政府高度重视，群众高度关切。近年来，我市食品药品安全形势总体稳定向好，但由于食品药品安全基础薄弱，食品安全形势依然不容乐观。各级各部门要充分认识当前食品药品安全监管工作的重要性、紧迫性、严峻性，进一步增强责任感和紧迫感，按照最严谨的标准、最严格的监管、最严厉的处罚、最严肃的问责“四个最严”的要求，深化改革，健全体系，依法监管，科学监测，整治重点，打击犯罪，确保人民群众“舌尖上的安全”。

到2014年年底前，影响群众饮食用药安全的突出问题得到更好解决，较大以上食品药品安全事故得到有效防范和坚决遏制，食品药品市场秩序持续好转，人民群众对食品药品安全的满意度明显提高，每个区市县配备食品药品快检车1辆、执法车3辆以上，每个分局及监管所配备执法车1辆以上，80%的基层食品药品监管所具备履职条件，农村宴席申报备案率达90%，100%的村（居）配备协管员，全年不发生食品药品安全责任事故。

到2017年，全市食品药品监管机构更加健全，基层执法力量得到加强，100%的乡镇食品药品监管所达到标准化建设要求，农村宴席申报备案率达100%；联合执法、社会共治、举报奖励、产品追溯等方面制度基本建立；监管保障能力进一步提高，财政经费投入不低于全省平均水平，检验检测能力达到85%以上，电子监管系统基本建成，监管执法装备达到国家规划要求，应急处置能力不断增强，公众饮食用药安全保障水平进一步提高。

二、深化体制改革，提升监管能力

（一）推进食品药品基层监管机构建设。加快推进检验检测机构改革，整合基层检测资源，合理配备和充实食品药品安全监管人员，重点强化基层监管执法力量，逐步实现基层食品药品监管所按乡镇设置，每个监管所人员配备不少于2人，每个行政村（社区）食品药品安全协管员不少于1名。

（二）推进食品药品检验检测能力建设。加强技术装备建设，逐步配备现场快速检测和调查取证等设备，进一步提升食品药品安全检验检测能力。加大对市食品药品检验检测中心技术能力建设的支持力度，确保2016年年底前建成投入使用。加强食品药品安全风险数据监测，不断提高分析判断和风险评估能力，及时处置食品、药品、医疗器械等生产经营中的违纪违规违法行为。

（三）推进食品药品执法队伍建设。组织食品药品安全监管人员开展不同类型的法律法规、制度标准和专业知识培训，全面提高监管执法队伍业务素质。通过“走出去、请进来”以及技能比武、案卷评查、交叉执法等形式，切实加强执法、检验检测、协管等人员培训，提高队伍执法、检验检测、风险监测和应急处置等能力。每人每年接受专业培训不少于40小时，培训率达100%。

三、依法全面监管，消除安全隐患

（一）加强食用农产品质量监管。严格按照全面建设无公害农（畜）产品生产基地的基本要求，建立食用农产（畜）产品准入、准出、质量检测等制度，强化对农（畜）产品生产环境的依法治理，加大对农业投入品肥料、农药、兽药、生长调节剂、饲料及饲料添加剂等的监管力度，严禁违禁物品投入生产。加强市场抽检，抓好农产品农药残留、畜产品兽药残留和瘦肉精等违禁物监控检测，严禁未经检验和检查不合格的食用农（畜）产品进入流通、消费环节。

（二）加强食品生产加工环节监管。建立健全食品生产加工生产制作规范和监督管理办法，严格实施食品生产经营许可制度。加强食品生产加工环节执法检查和日常巡查，完善现场检查制度，加大对食品生产经营单位的监管力度。健全完善食品退市、召回和销毁管理制度，防止过期食品等不合格食品回流食品生产经营环节。

（三）加强食品流通和消费环节监管。建立市场准入管理、质量检测、信息公示、不合格产品退市等制度，督促县城以上的所有市场、超市建立进货索证索票制度；乡镇、街道、社区所有食杂店建立食品进货台账制度；县城以上餐饮单位全部建立原料进货索证制度，切实消除安全隐患。加强餐饮业原料监管，严厉查处采购、使用病死或者死因不明的畜、禽及其制品、劣质食用油、不合格调味品、过期变质食品等违规违法行为。

（四）加强药品生产经营监管。实施《中药材生产质量管理规范》（GAP），建设中药材无公害（养殖）示范基地。完善和实施驻企业监督员和质量授权人制度，全面检查GMP执行情况，落实企业主体责任。加强对药店销售处方药、婴幼儿乳粉和托幼机构预防用药行为的监管，严厉打击药店非法行医行为。深入推进药品分类管理，稳妥推进基本药物电子监管，强化高风险产品、中药材、中药饮片、药用辅料监管。强化药品生产企业和流通企业的日常监管和电子监管，严格药品经营许可准入。严格配送企业监管，确保药品配送覆盖率达到100%。

（五）加强医疗器械、化妆品、保健品监管。严把医疗器械注册、经营准入关，加大高风险医疗器械监管抽验力度，完善医疗器械检验检测体系建设。建立保健品、化妆品生产经营企业监管档案，落实监督检查员制度。督促化妆品生产经营企业实行分级分类管理，加强特殊用途及进口化妆品的监管。严厉打击保健食品冒充药品、制售假劣保健品等违法犯罪行为。

四、建立监管体系，实现社会共治

（一）建立责任体系。各区市县政府、园区管委会对本辖区食品药品安全工作负总责，要建立食品药品安全工作长效机制，落实食品安全综合协调机构、人员和经费，组织实施食品药品安全监管，对各职能部门及乡镇（街道）监管工作进行考核评价。各级食品药品、农业、卫生、工商、质监、商务等部门要严格依照《食品安全法》《农产品质量安全法》《药品管理法》等法律法规，认真履行食品药品安全监管职责。要督促食品药品生产经营者严格依照法律、法规、规章和食品药品安全标准与规范从事生产经营活动，切实履行食品药品安全主体责任，保证食品药品安全。

（二）建设追溯体系。加快建设食品药品产地编码、生产档案、产品标识和其他可追溯信息的食品药品安全追溯信息平台，实现市及各区市县政府、园区管委会、市级相关部门食品药品企业信息互通共享，确保源头可追溯、流向可查询、产品可召回、责任可追究。先行开展生猪产品、酒类质量安全追溯体系建设，并逐步拓展到其他重点品种，实现食品药品从源头生产到最终消费全过程可追溯。

（三）建设诚信体系。建立各类食品药品生产经营单位信用档案，与工商登记、税务管理、金融服务、证券监管、医保定点等融合对接，实行“红黑榜”制度，及时向社会公布食品药品生产经营者信用情况，发布违法违规企业“黑名单”，对屡教不改、重复违法的坚决依法逐出食品药品市场；对遵纪守法、信誉良好、产品安全的企业列入“红名单”，支持其扩大生产经营规模、拓展市场。

（四）建设执法体系。深化食品药品监管体制改革，建立健全食品药品安全行政监督、执法监督、技术监督“三位一体”的监管体系和覆盖市、县、乡、村四级监管网络。加强行政执法与刑事司法衔接，市、县公安机关要组建食品药品犯罪侦查机构，进一步强化在食品药品犯罪侦查和风险排查中的作用。

（五）建设共治体系。建立以政府监管为主导，以行业自律为基础，以社会参与为动力的政府、市场和社会三方协同监管的共治体系。加大食品药品安全宣传力度，将食品药品安全纳入公益性宣传范围，营造食品药品安全人人有责、人人参与的社会氛围。设立市“12331”食品药品投诉举报中心，完善食品药品举报奖励办法，畅通投诉举报渠道，及时受理群众举报和投诉案件。引导支持“两代表一委员”参与食品药品监督，大力支持新闻媒体开展舆论监督，客观及时地报道食品药品安全问题。

五、落实工作举措，提供有力保障

（一）加强组织领导。各区市县政府、园区管委会、市级有关部门要高度重视食品药品安全监管工作，将其摆在突出位置，列入重要议事日程，认真研究部署，扎实深入开展食品药品安全监管。要深入基层调查研究，定期召开专题会议，全面掌握本地食品药品安全状况和监管工作开展情况，解决影响本地区食品药品安全的重点难点问题和人民群众反映的突出问题。

（二）加大经费投入。各区市县政府、园区管委会、市级相关部门要建立与食品药品安全监管职责相匹配的财政经费投入保障机制，重点加强食品药品监管能力项目建设，将食品药品专项整治、风险监测、监督抽检、应急处置、宣传培训等专项经费纳入同级财政预算，严格资金使用情况的审计与监督，确保资金使用高效、合规。要切实解决各级食品药品监管机构特别是乡镇派出监管机构办公和业务用房，为开展食品药品监管工作创造条件。要加强基层执法车辆和现场快检、调查、通信等设备设施配置，满足正常执法需要。要落实协管员待遇，充分发挥协管员工作积极性和主动性。

（三）开展专项整治。突出重点区域、重点行业和重要节点，围绕非法添加、使用非法食品原料和有害食品原料生产加工食品、制售假冒伪劣食品等突出问题，综合运用执法抽检、市场巡查、突击暗访、风险监测及有奖举报等手段，开展风险隐患排查治理，消除食品安全隐患。

（四）查处违法犯罪。各地各相关部门要严厉查处和打击食品药品领域的各种违法犯罪行为，对涉嫌犯罪的要及时移送司法机关立案，严禁有案不移、有案难移、罚过放行、以罚代刑。加强对重大案件的督办、抽查和复核力度，确保处罚到位。对未及时查处、久拖不结的违法案件，市级监管部门要组织力量直接查办，并追究相关人员的责任，进一步形成对食品药品违法犯罪的严打高压态势。

（五）严格考核问责。把食品药品安全工作纳入绩效目标内容，严格逗硬考核。市食安委要充分发挥职能作用，加强日常抽查和监督检查，定期通报检查结果，推动监管工作顺利开展。加大行政问责力度，严肃查处监管执法中的不作为、乱作为等监管失职、渎职行为。对在特大、重大和较大食品药品安全事故中存在失职、渎职行为或负有领导责任的责任人员，依法依纪严肃处理。

广安市人民政府
关于深化投融资体制改革的实施意见

广安府发〔2014〕45号　2014年11月27日

各区市县人民政府，广安经开区、枣山园区、协兴园区管委会，市政府各部门、各直属事业单位，有关单位：

为进一步深化投融资体制改革，推进政府职能转变，充分发挥市场在资源配置中的决定性作用，确立企业投资主体地位，充分激发民间投资活力，根据《四川省人民政府关于深化投融资体制改革的指导意见》（川府发〔2014〕22号）精神，结合我市实际，现就深化投融资体制改革工作提出如下实施意见：

一、转变政府管理职能，确立企业投资主体地位

（一）落实企业投资自主权。正确处理政府与市场、政府与企业的关系，进一步放宽市场准入，坚持“谁投资、谁决策、谁受益、谁承担风险”的原则，逐步减少政府对企业的行政审批事项，除关系国家安全和生态安全、涉及重大生产力布局、战略性资源开发和重大公共利益等项目外，政府不再审批企业投资项目，一律由企业依法依规自主决策，依照不同情况实行核准制和备案制。认真贯彻执行国务院、省政府《政府核准的投资项目目录》，公布广安市《政府核准的投资项目目录》，目录外的项目实行备案管理。对实行核准制的企业投资项目，不再审查项目的市场前景、经济效益、资金来源、产品技术方案等内容，由企业自主决策。对实行备案制的企业投资项目，由企业自主决策、自负盈亏、自担风险，不得设置前置条件进行变相审批。

（二）精减下放投资项目审批事项。对涉及投资项目审批事项进行全面清理，凡法律法规没有明确要求的审批事项一律予以取消，重点清理并取消省政府规章以下规范性文件设定的非行政许可投资项目审批事项，严禁市、县行政规范性文件设立行政许可投资项目审批事项和前置条件。除跨区市县、跨流域和需市级及以上统筹平衡资源等建设条件的，以及国家和省明确规定由市级及以上政府或市级及以上投资主管部门等管理的项目外，其余项目的审批核准权限一律实行属地化管理，由区市县负责。贯彻执行《政府核准的投资项目目录（四川省2014年本）》规定，除明确规定由市级核准的项目核准权限不得下放外，其他项目核准权限一律下放至区市县。外商投资注册资本在3000万美元以下的审批权限下放至各扩权县（市）。将城市供水、管道燃气销售价格等权限内商品政府定价、政府指导价审批权下放至广安区、前锋区。规范前置要件设置，对区市县管理的投资项目，除国家法律法规有明确规定外，其审批所需的前置要件均同步下放区市县管理，区市县政府和市级相关部门不得自行设定前置条件或提高审批机关层级。抓好国务院、省政府下放投资项目审批事项的承接落实，各区市县、市级有关部门要主动与省级部门衔接，确保无缝对接；下放至区市县的审批事项，市级部门要加强指导，规范办理。

（三）改进和完善企业投资项目核准方式。全面清理前置要件设置，无法律法规规章依据的投资项目审批前置条件，原则上一律取消，理顺和解决前置条件相互交叉、互为前置的问题。严格实施核准事项公示制，一次性告知申请条件和办理程序，全面公开受理情况和办理结果。积极开展并联评价、联合审查、网上核准、联合验收等，不断提高核准效率。发改、规划、国土、环保等前置要件审批部门要精简审批流程、缩短审批时限、优化服务水平。从项目规划开始，坚持“能并则并、能减则减，同步审批、提高效能”的原则，对原审批程序、审批方式进行科学优化：合并项目建议书和可行性研究报告审批环节；合并项目初步设计和施工图设计审查环节；对技术相对简单、不涉及公众安全的项目，各职能部门分别直接办理相关手续，涉及的前置条件的附件资料后补存档；各职能部门受理重大项目审批事项时，对于主件齐全，仅缺副件材料的，在申请人作出书面承诺后，先予受理；对于重大项目基本符合审批条件的，且与公共利益或他人重大利益无利害冲突的，在申请人作出书面承诺后，先予审批通过。

二、不断扩大投资领域，充分激发民间投资活力

（一）积极发展混合所有制经济。打破垄断，鼓励竞争，放宽社会资本的投资领域，给予民间资本、外资等社会资本平等的地位。允许非国有资本参股国有资本投资项目，鼓励非国有资本利用参股、收购、兼并等方式参与国有企业改制；允许国有资本利用参股的形式，投入以民间投资为主的公用事业等项目，大力发展国有资本、集体资本和非公有资本等交叉持股、相互融合的混合所有制经济。

（二）充分激发民间投资活力。深入贯彻中央、省关于鼓励和引导民间投资健康发展的政策措施，切实落实财政、金融、税收等方面的支持政策。认真贯彻落实《广安市政府投资项目BT、BOT建设方式监督管理办法（试行）》（广安府办发〔2013〕43号），采取放宽市场准入、购买服务、以奖代补、贴息等多种方式，引导和鼓励民间投资通过特许经营、合资合作、资产收购、参与改制、BT、BOT、PPP等方式，参与投资、建设和运营市内供水、供气、供热、污水和垃圾处理、公共交通、道路桥梁等基础设施，参与园林绿化、河道管理、物业管理、停车场管理、社区医疗、敬老院、体育馆、游泳馆、会展中心等公益性事业项目，参与金融、电信、能源、保障性住房、危旧房棚户区改造等行业领域。对于体育场馆、会展中心以及其他大型公共设施可通过竞争确立运营主体，降低管理成本。其他民间资本和外资等社会资本出资建设的项目，无论新建、扩建和改建，均由投资者自主决策、自担风险，企业内部健全投资风险责任制度，完善投资监督约束机制。按照国家安排部署，积极放宽外商投资准入条件，推进外商投资管理体制改革。

三、积极创新融资模式，规范拓展融资渠道

（一）积极拓宽政府融资渠道。对已建成的经营性基础设施项目，探索国有资本退出机制，通过采取股权转让、合资合作、资产变现等多种形式引入社会资本，盘活存量资产，筹集建设资金。加强和规范城市基础设施及非营利性的社会公益事业项目建设—移交融资管理模式。对高速公路、收费公路、城市供水供气、污水垃圾处理等经营性基础设施项目，继续支持采用建设—运营—移交模式建设。鼓励采用融资租赁、发行债券、信托产品等方式拓宽政府融资渠道。建立健全广安发展建设集团、广安交通投资建设开发集团、各区市县和园区融资平台。严格规范政府性债务举债主体和举债行为，严格控制政府性债务规模，防范政府性债务风险。

（二）大力拓展直接融资。加快多层次资本市场发展，鼓励具备条件的各类所有制企业集合优质资产或兼

并重组形成上市资源，积极推进企业在境内外证券市场上市。加强与银行间市场交易商协会合作，支持符合条件的融资平台发行直接债务融资工具。建立城乡产权流通交易平台，鼓励国有、集体和私营产权进入产权交易市场进行交易，充分发挥资本市场的融资功能。鼓励推动符合条件的企业通过发行短期融资券、中期票据等融资方式，扩大银行间市场直接融资规模。建立市与区市县、园区融资平台合作机制，鼓励企业通过发行债券、上市等方式直接融资。推动创业投资和股权投资规范、有序、健康发展。

（三）创新债券融资方式。探索开展企业债券、资产证券化、非公开定向债务融资工具、非百强县发行企业债券、保障性住房债贷组合等债券品种创新试点，加大政府对企业债券贴息支持力度，鼓励符合条件的企业进行债券融资。在企业债券发行过程中推行公开竞争方式选择债券主承销商，营造公平公正的竞争环境。支持以人民币出资设立外商投资股权投资基金。推动中小企业私募债券融资。推动产业基金、风投基金等私募股权发展，提升邓小平故里发展基金营运效益，扩大基金集聚效应。

四、发展地方金融产业，增强地方金融服务能力

（一）推进金融机构建设。积极引进金融机构，支持民间资本依法发起设立或投资入股中小型银行等金融机构。全面推进全市农村信用社改革，在2015年年底前全面改制为农村商业银行。有序发展社区银行、村镇银行和农村资金互助社。积极引进国际性、全国性、全省性、区域性金融机构入驻。探索组建由国有资本发起设立、其他资本参与的金融资产管理公司。支持发展信托公司，积极引进辖区外信托公司发展业务，积极引导企业集团设立财务公司。支持民间资本投资入股和参与银行业金融机构重组和改造。

（二）健全融资担保体系。加大融资性担保行业扶持力度，重点培育几家大型融资担保机构，推动小额贷款公司融资政策落到实处。鼓励小额贷款、融资性担保机构建立现代企业制度，树立竞争观念，通过重组改造、强强联合的方式，不断提高服务质量，切实成为自创信誉、自担风险、自负盈亏、自我发展的法人实体。鼓励保险公司开发为中小企业贷款提供还款信用保险等险种。建立银行业金融机构、小额贷款公司和融资性担保公司贷款风险补偿基金，辖内商业融资性担保公司融资担保费率控制在担保金额的5%以内。

五、营造良好市场环境，规范发展中介服务行业

（一）加强投融资监督管理。依据相关法律法规和发展规划，切实加强对全市投融资活动的监督管理。依法保护合法的民间借贷和企业融资行为，打击非法融资，有效维护市场秩序。在行政管理、招标投标、政府采购等投融资领域引入信用评价制度，建立“一处失信、处处受制”的诚信激励和失信惩戒机制，协助推动全省统一的社会信用信息系统平台建设。

（二）培育中介服务机构。规范投融资中介市场，按照“增量控制，存量化解，确保风险可控”的要求，加强对以投（融）资理财信息咨询类公司为代表的民间理财类公司的风险防范。在新的约束性规定出台前，按照省政府要求暂停民间理财类公司的工商登记。鼓励市外知名融资担保、融资租赁公司来我市开办分支机构或开展中介服务，带动我市金融中介服务发展；加强对融资性担保公司和融资租赁公司可持续发展研究，鼓励进行改革，增强市场竞争力。打破地区封锁和行业垄断，建立统一开放、公开竞争的投资中介服务市场，各类投资项目都应通过公平、公正的方式，择优选择投资中介机构。

六、加强监测和风险防控，促进结构优化和效益提升

加强投融资数据统计和运行分析，建立信息定期发布制度，编制和发布产业投资导向目录，利用报刊、电视、互联网等各类媒体和产权交易市场等相关平台，及时向社会发布投融资法律法规、产业政策、发展规划、投资项目、融资需求、行业动态和风险预警等方面信息，引导投资者做出科学的投资决策，促进投资结构优化和效益提升。建立健全投融资风险预警和防范体系及后评价机制。

广安市人民政府
关于深入推进义务教育均衡发展的实施意见

广安府发〔2014〕15号　2014年3月5日

各区市县人民政府，广安经开区、枣山物流商贸园区、协兴生态文化旅游园区管委会，市级各部门：

根据《国务院关于深入推进义务教育均衡发展的意见》（国发〔2012〕48号）和《四川省人民政府关于深入推进义务教育均衡发展的实施意见》（川府发〔2013〕46号）精神，结合我市实际，现就深入推进义务教育均衡发展提出如下意见。

一、指导思想

全面贯彻党的教育方针，深入实施素质教育，遵循教育规律和人才成长规律，积极推进义务教育学校标准化建设，优化配置教育资源，促进学校内涵发展，建立和完善义务教育投入保障长效机制，着力缩小区域之间、城乡之间、校际之间义务教育学校办学水平差距，努力办好每一所学校，促进每一个学生健康成长。

二、工作目标

义务教育阶段学校达到省定基本办学标准，学校数量、规模满足生源变化的需求，消除“大班额”现象。办学经费得到保障，学校公用经费拨款达到国家规定标准。教师配置基本达标，结构更加合理，整体素质更加优良。特殊教育群体公平接受教育，权益得到保障。素质教育深入实施，教育教学质量整体提升。全面落实省、市、县三级政府签署的推进县域内义务教育基本均衡发展目标责任书，区域之间、城乡之间、校际之间办学条件、师资水平、办学质量更加均衡，教育公平得到保障，实现义务教育基本均衡发展目标（2014年华蓥市，2015年邻水县、武胜县，2016年广安区、前锋区、广安经开区、枣山物流商贸园区、协兴生态文化旅游园区，2017年岳池县）。

三、主要任务

（一）规范推进布局调整。要严格落实《四川省人民政府办公厅关于规范农村义务教育学校布局调整的实施意见》（川办发〔2013〕13号），根据省、市统一部署的县域实现义务教育基本均衡发展的年限要求，科学合理、符合实际地调整义务教育学校布局。要根据城镇建设规划体系，科学安排城区和乡镇中小学布局，加大城区学校建设经费投入，新建、扩建和改建一批标准化中小学校。要严格规范农村义务教育学校撤并程序，确因生源减少需要撤并学校的，县级人民政府必须严格撤并方案的制定、论证、公示、报批等程序。村小教学点撤并方案须由学校申请，经乡镇人民政府审核后，报区市县教育局审批；义务教育阶段学校撤并方案须由学校申请，经乡镇人民政府审核，区市县教育局审查后，报区市县人民政府审批。学校撤并应先建后撤，保证平稳过渡。同时，根据实际需要，按照程序恢复一批教学点或成建制学校，逐步形成稳定、合理的学校布局。

（二）大力加强标准化建设。要按照《四川省义务教育学校办学条件基本标准（试行）》要求，制定本区域内义务教育学校分步达到基本标准的工作方案。要结合实施农村义务教育薄弱学校改造计划、中小学校舍安全工程、农村义务教育校舍维修改造、农村初中建设工程等项目，加快推进义务教育学校标准化建设，使所有学校校舍达到省定标准，真正把学校建成最安全、最放心的场所。要采取新（改、扩）建学校等措施，切实解决“大校额”“大班额”问题。要加强学校音乐室、美术室和体育运动场地建设。要以实验教学仪器、图书资料配备、教育信息化、综合实践活动室建设和体育卫生与艺术设备配置、学校场地标准化建设等为重点，加快教育教学装备标准化建设。要进一步科学规划建设寄宿制学校，努力改善学生寄宿、食堂等生活设施，妥善解决以农村留守学生为重点的学生住校食宿问题。

（三）全力提升信息化水平。要把全面推进中小学教育信息化作为促进义务教育均衡发展的重要举措，重点突破农村学校教育信息技术应用障碍，实现以环境、管理、教学、学习等“四个数字化”为核心的“数字教育”，推进教育过程的全面信息化。要建成广安教育城域网，完善市、县、校三级信息网络，基本实现教育档案、学籍、财务、设备、人事等领域管理手段的信息化。要加快教学资源库建设，实现优质教育资源共享。

（四）着力促进师资均衡配置。要按照国家、省规定的师生比配齐配足教职工，按照要求配备中小学校实验、图书、信息技术、科学、艺体等学科教师和心理教育、生活管理、炊事、安全保卫、卫生等专业技术与后勤服务人员，学校教师、职员、工人配置要科学，教师学科、年龄结构要合理，切实满足教育教学的需要。教师的补充要实行公开招聘，教育行政部门要按照规定履行中小学教师招聘录用、职务（职称）评聘、培养培训和考核职能。要进一步加强教师培训、培养工作，扎实开展“名师培养行动”“农村教师专业发展行动”“骨干教师成长行动”“教育家型教师成长行动”“教育家型校长成长行动”等五项行动计划，努力造就一批教学名师和学科领军人才。各级财政部门要按照规定核拨教师继续教育经费，落实教师培训专项资金。学校年度公用经费预算总额的5%要用于安排教师培训费。要加强师德师风建设，健全师德评议制度，完善学生、家长和社会参与的师德评价和监督机制。要实行县域内公办学校校长、教师定期交流制。要全面推行校长任期制，校长每届任期3年，在同一所学校连续任职应不超过三届。要建立和完善鼓励城镇学校校长、教师到农村学校或薄弱学校任职任教机制。在同一所学校工作满一定年限的教师应进行交流，力争每年教师交流的数量达到辖区内义务教育阶段教师总量的10%左右。要严格执行城镇中小学教师评聘中、高级职务（职称）应有一年以上农村学校或薄弱学校任教经历的规定。要推行教职工“县管校用”制度，由教育行政部门在核定的总编制内以师资的学科、年龄、职称等综合均衡为目标，根据学校岗位需求统一派遣教师到相应学校，实现教师身份由学校人到教育系统人的转变。要采取措施落实特殊教育教师待遇。对长期在农村基层和艰苦边远地区工作的教师，在工资、职称等方面实行倾斜政策。要完善医疗、养老等社会保障制度，切实维护农村教师社会保障权益。

（五）扩大和共享优质教育资源。要健全优质教育资源共享机制，充分发挥优质学校的辐射、带动作用，扩大优质教育资源覆盖面，整体提升学校办学水平。要鼓励建立学校联盟，探索集团化办学，提倡对口帮扶，积极开展“老校+新校”“强校+弱校”等模式和“教育联盟”“教育集团”的试点运作，有效缓解城区“择校热”现象。要积极开展农村薄弱学校委托管理模式改革，各区市县要将城区1—2所优质小学或初中通过实行“职责授权、资源统调、多元扶持、分年评估”，对口选择区域内1—2所农村薄弱小学或初中学校进行委托管理，尽快提高农村薄弱学校办学水平。要推动办学水平较高学校和优秀教师通过共同研讨备课、研修培训、学术交流、开设公共课等方式，实现教师专业发展和教学质量提升。要提高社会教育资源利用水平。各地博物馆、科技馆、文化馆、图书馆、展览馆、青少年校外活动场所、综合实践基地等机构要积极开展面向中小学生的公益性教育活动。公共事业管理部门和行业组织要努力创造条件，将适合开展中小学生实践教育的资源开发为社会实践基地。教育部门要统筹安排学校教育教学、社会实践和校外活动。学校要积极利用社会教育资源开展实践教育，探索学校教育与校外活动有机衔接的有效方式。

（六）加强和改进学校管理。要加大中小学校管理力度。要建立覆盖区域内每一所学校和所有工作环节的责任体系，健全各项规章制度，努力将每一所学校都办成管理规范、教风严谨、质量优良和群众满意的学校。要进一步完善学生学籍管理办法，建立以居住地学龄人口为基准的义务教育管理和公共服务机制。要规范中小学办学行为。要按照“就近、划片、免试”入学原则，保障每一个孩子就近接受义务教育；义务教育阶段不得举办或变相举办重点学校，不得举办任何形式的选拔生源考试；义务教育阶段学校要均衡编班，不得设重点班和非重点班，不得依据考试成绩对教师、班级、学生进行排名和奖励；坚决纠正中小学违规补课和乱收费行为；要建立课程安排公示、学生体质健康状况通报、家校联动等制度，切实减轻学生过重课业负担。要实施好农村义务教育学生营养改善计划，完善学校卫生安全责任制度和监测体系。要加强校园文化建设，实现学校管理制度化、精细化、科学化，提升学校文化品位。要提升学校教育教学管理水平，形成良好的校风、教风、学风，引导学校实行“一校一品”“一校一特”。要加强对民办义务教育学校规范管理，扶持推动民办学校办出特色。

（七）保障特殊群体平等接受义务教育。要按照“以流入地政府为主，以全日制公办学校为主”的原则，做好进城务工人员随迁子女接受义务教育工作。要建立由县级政府统筹、相关部门和农村基层组织齐抓共管的关爱农村留守儿童的工作机制，切实解决好留守儿童的生活和教育问题。要进一步健全弱势群体、困难群体学生专项档案和跟踪帮扶制度，认真落实资助贫困家庭学生的各项政策。要加强问题学生的转化教育。要做好孤儿教育工作。要加强流浪儿童救助保护，保障适龄儿童重返校园。要加大对特殊教育的投入力度，改善特殊教育学校办学条件，建立特殊教育学校、教学点、辅读班有机结合的特殊教育体系；按照不低于当地同级普通学校生均公用经费标准3倍的原则，落实特殊教育学校生均公用经费；保证残疾适龄儿童少年的入学率达90%以上，巩固率达95%以上。

（八）全面提高义务教育质量。要全面贯彻执行党的教育方针，全面实施素质教育。要坚持“育人为本，德育为先”的育人理念，把社会主义核心价值体系贯穿学校教育全过程。要深化基础教育课程改革，着力提高学生的学习能力、实践能力和创新能力。要完善符合素质教育要求的义务教育学校教育教学质量和学生学业质量评价体系，科学评价学校教育教学质量和办学水平，引导学校按照教育规律和人才成长规律办学，引导社会按照正确的教育观念评价教育和学校。要建立中小学教育质量综合评价改革实验区，发挥示范带动作用。各地教育督导部门要定期对中小学实施素质教育情况开展督导评估，对实施不力的学校校长进行问责。

四、保障措施

（一）强化职责，完善组织协调机制。成立广安市推进义务教育均衡发展工作领导小组，统筹全市义务教育均衡发展工作。领导小组由市长任组长，常务副市长、分管副市长任副组长，相关部门负责人为成员。领导小组下设办公室于市教育局，由市教育局局长兼任办公室主任。各区市县政府要切实承担起推进区域内义务教育均衡发展的主体责任，成立推进县域内义务教育均衡发展工作领导小组，建立健全组织协调机制和推动有力、督查到位、考核严格、奖惩分明、公开问责的责任机制。编制、发展改革、财政、人力资源社会保障、国土资源、住房城乡规划建设、地税等部门要在义务教育均衡发展的教职工编制及配置、项目安排、经费拨付、建设用地等方面予以优先和重点支持。公安等部门要加强校园周边环境整治等工作。宣传部门和有关媒体要大力宣传义务教育均衡发展的重要意义、先进典型和成功经验，形成全社会参与、支持义务教育均衡发展的强大合力和良好氛围。各成员单位要分工合作，密切配合，形成工作合力，共同推进义务教育均衡发展。

（二）加大投入，完善经费保障机制。要完善各级政府分项目按比例分担义务教育经费的保障机制，以促进公平和提高质量为导向，加大投入力度，完善保障内容，提高保障水平。要切实做到教育经费“三个增长”，按照规定足额征收并及时安排教育费附加和地方教育附加，从土地出让收益中按10%的比例计提教育资金全额用于教育。农村税费改革转移支付资金用于义务教育不低于45%。各区市县政府要加强统筹，加大对农村地区、贫困地区以及薄弱环节和重点领域的支持力度。要拓宽其他社会资金进入教育领域的途径，多渠道筹集教育经费，推动教育事业又好又快发展。

（三）加强监督，完善督导考核机制。要建立健全义务教育均衡发展督导评估机制，对县域内义务教育学校标准化建设、资源配置状况、教育均衡状况、群众满意度进行重点评估，对地方政府在入学机会保障、投入保障、教师队伍保障以及化解“大校额”“大班额”等方面进行综合评估。要建立健全义务教育均衡发展绩效考核机制，将统筹推进义务教育均衡发展工作纳入政府年度绩效目标责任考核的重要内容。对按期实现义务教育均衡目标的区市县，按照国家有关规定给予奖励；对工作不力、未按期完成任务的给予通报批评，并对当地政府主要负责人和分管负责人进行行政问责。

广安市人民政府
关于推进依法治市加快法治政府建设的实施意见

广安府发〔2014〕32号　2014年10月21日

各区市县人民政府，广安经开区、枣山园区、协兴园区管委会，市级有关部门：

根据《四川省人民政府关于推进依法治省、加快法治政府建设的意见》（川府发〔2014〕39号）、《中共广安市委关于印发〈广安市依法治市纲要〉的通知》（广委发〔2014〕10号，以下简称《纲要》）精神，现就全面推进依法行政、加快法治政府建设提出如下意见。

一、总体要求

认真贯彻实施《纲要》部署，以建设法治政府为目标，以政府职能转变为核心，着眼改革发展稳定大局，深化行政审批制度改革，加强政务公开和信息公开，推进行政权力依法规范公开运行，着力规范行政行为，切实维护公民、法人和其他组织的合法权益，为全市经济社会又好又快发展提供有力的法治保障。

二、工作目标

到本届政府任期结束时，政府依法管理社会事务的水平显著提升，政府全面充分履行经济调节、市场监管、社会管理和公共服务职能基本到位，行政决策的科学化、民主化、规范化基本实现，权责明确、行为规范、监督有效、保障有力的行政执法体制基本建立，防范和化解行政争议及社会矛盾机制比较完善并规范运行，人民群众对法治政府建设基本满意。

三、主要任务

（一）加快转变政府职能。

1. 精减和规范行政审批事项。最大限度减少行政审批事项，加大生产经营、投资建设类行政审批项目下放力度，对行政审批及其中介服务实行清单目录管理。坚持放管结合，各级行政审批实施机关要分类逐项制定监管办法，加强过程监管（责任单位：各级行政审批实施机关，市政府法制办）。推进工商登记制度改革，放宽登记条件，优化办理程序，强化监管责任，建立完善市场主体信用信息公用平台。（责任单位：市工商局）

2. 改革社会组织管理制度。理顺政府与社会的关系，改革社会组织登记制度，实现行业协会商会类、科技类、公益慈善类、城乡社区服务类等四类社会组织依法直接登记（责任单位：市民政局）。深化政社分开，实现社会组织与政府部门“人员、机构、财务、资产、职能”五分开，推动完善社会组织管理体制，优化发展环境。（责任单位：市政府法制办、市民政局）

3. 整合政府机构和职责。进一步明确市、区市县政府职责权限，推进事权下放，同时匹配财权事权。按照职能转变要求，结合机构改革，科学界定和划分政府职能职责，整合食品药品、农业、交通、文化等系统行政执法职责，优化政府机构设置。（责任单位：市委编办、市财政局、区市县政府、园区管委会）

4. 建立政府购买公共服务的制度体系和管理平台。制定《广安市政府机构购买公共服务指导意见》，明确政府购买公共服务的范围，公开政府购买公共服务目录，推动政府及其部门规范购买公共服务。（责任单位：市财政局）

（二）坚持依法科学决策。

5. 严格执行行政决策程序。健全完善行政决策制度，严格执行行政机关重大决策程序规定，凡涉及经济社会发展全局，社会涉及面广，与公民、法人和其他组织利益密切相关的重大事项都要纳入重大行政决策范围。把公众参与、专家论证、风险评估、合法性审查和集体讨论作为重大决策的必经程序。（责任单位：市、区市县政府、园区管委会，市政府各部门）

6. 严格执行行政决策合法性审查制度。制发行政规范性文件、采取重大行政措施的文件、重大行政决策事项、行政管理体制调整、部门职能职责的调整划分、权力下放等重大事项，以及部门实施行政许可、行政处罚、行政强制、行政征收等影响公民、法人或其他组织权利义务的行为，均应在报请政府常务会议或部门办公会议审议前交由法制机构进行合法性审查，未经合法性审查或者审查不合法，不得作出决策。（责任单位：市、区市县政府、园区管委会，市政府各部门）

7. 强化行政决策责任追究。加大行政决策监督力度，制止和纠正超越法定权限、违反法定程序的决策行为。严格执行《广安市行政机关重大决策过错责任追究规定》，对违反决策规定、出现重大决策失误或因执行不力、执行有误，造成重大损失或恶劣影响的，按照“谁决策、谁负责”的原则追究责任。（责任单位：市监察局、区市县政府、园区管委会）

（三）切实规范行政执法行为。

8. 加强行政执法队伍建设。严格行政执法人员资格准入，加强行政执法人员资格管理，落实持证上岗制度。各级行政执法部门要对聘用履行行政执法职责的合同工、临时工进行集中清理，杜绝不具备行政执法资格的人员行使执法权。加强行政执法人员法律知识和业务知识培训，强化行政执法纪律和职业道德教育，不断提高行政执法人员的素质和能力。（责任单位：各级行政执法部门、市政府法制办）

9. 切实履行行政执法监督管理职责。各级行政执法部门要严格依法行政，切实加强监督检查，特别是对涉及环境保护、安全生产、宏观调控、市场秩序、产品质量、建筑质量和安全、食品药品安全、土地及资源管理、城乡规划建设、社会公共安全、生态保护，以及其他关系国计民生和群众切身利益等领域，要严格执法，强化监督管理。（责任单位：各级行政执法部门）

10. 进一步规范行政执法裁量权。市级行政执法部门要按照《四川省规范行政执法裁量权规定》，对市本级和区市县执法部门实施的存在裁量空间的具体行政行为，制定具体行政执法裁量标准，以规范性文件形式制发、公布，并纳入行政职权目录。认真落实行政执法裁量权行使规则，推行行政执法裁量权案例指导制度，提升行政执法公信力。（责任单位：市政府法制办、市级行政执法部门）

11. 改进行政执法方式。坚持执法与服务并重、教育指导为先的原则，推行全程说理式执法、轻微问题告诫、突出问题约谈、重大案件回访等柔性执法方式，坚决制止和纠正“钓鱼式”执法、选择性执法、利益化执法等不正当执法方式。加强行政执法信息化建设，推行行政执法流程网上运行和行政执法文书制作电子化，提高执法效率和规范化水平。开展执法协作，推动多部门联动执法、跨地区协同执法。完善“两法衔接”机制，加强行政执法与刑事司法的有效衔接。（责任单位：各级行政执法部门）

（四）强化行政权力监督制约。

12. 深入推进政务公开和信息公开。以涉及人民群众切身利益的领域为重点，推进和深化行政权力运行、财政资金、公共资源交易、公共服务、公共监管等信息公开，切实保障公众的知情权、参与权和监督权。继续加强政府门户网站建设，健全网络理政平台运行机制，充分发挥政府门户网站公开信息、政务服务和政民互动作用。拓宽信息公开渠道，利用政务微博、微信等新媒体及时发布各类权威政务信息、开展互动交流、提供在线服务。（责任单位：市政府办、市政府各部门、区市县政府）

13. 推行行政权力清单制度。依托行政权力依法规范公开运行平台的行政职权目录，建立行政权力清单，实行“行政权力进清单、清单之外无权力”。市政府建立由市审改办牵头，市法制办、市委编办、市政务服务中心等部门各负其责的工作机制，统筹推进行政许可事项清理、非行政许可审批事项清理、行政权力依法规范公开运行等工作（责任单位：市审改办、市法制办、市委编办、市政务服务中心、各级行政执法部门）。加强对行政权力依法规范公开运行的电子监察。（责任单位：市政府办、区市县政府）

14. 自觉接受监督。自觉接受人大及其常委会的法律监督、工作监督和政协的民主监督，认真办理人大代表建议和政协委员提案，满意率达到90%以上。依法参与行政诉讼，行政首长出庭应诉率达到90%以上，全面履行法院生效判决或裁定，认真落实法院、检察院的司法建议。拓宽群众监督渠道，依法保障人民群众对行政行为实施监督的权利（责任单位：市、区市县政府、园区管委会，市政府各部门）。建立政府法制层级监督与行政监察联动工作机制（责任单位：市政府法制办、市监察局）。强化财政审计、经济责任审计、政府投资审计。（责任单位：市审计局）

（五）提高制度建设质量。

15. 严格执行规范性文件立项制度。市、区市县政府年初公布年度规范性文件立项计划，增强规范性文件制定工作的计划性、指导性和实用性。凡未列入立项计划的，除经同级政府主要负责人同意，一律不得制发规范性文件。（责任单位：市政府法制办、区市县政府、园区管委会）

16. 加强规范性文件监督管理。严格实行规范性文件统一登记、统一编号、统一公布制度。加大规范性文件备案审查力度，未经备案审查或审查不合法的规范性文件，不得作为行政管理的依据。市、区市县政府及其部门每3年开展一次规范性文件清理，并向社会公布继续有效和废止、失效的规范性文件目录。（责任单位：市政府法制办、市政府各部门、区市县政府、园区管委会）

17. 建立政府法律顾问团制度。按照《四川省人民政府法律顾问团管理办法》规定，在市、区市县政府以及政府部门推行政府法律顾问团制度，充分发挥法律顾问团作用，为政府及其部门提供法律咨询服务。各区市县政府要在2014年12月底前普遍建立政府法律顾问团，提高依法处理行政事务的能力和水平。（责任单位：市、区市县政府，园区管委会，市政府各部门）

（六）预防化解行政争议和社会矛盾。

18. 加强重大事项风险评估。按照《中共广安市委办公室广安市人民政府办公室关于深入推进重大事项社会稳定风险评估工作的意见》（广委办发〔2014〕21号），建立健全重大事项社会稳定风险评估审查备案制度，加大对土地征收、房屋拆迁、重大建设项目以及涉及民生重大政策改革的风险评估力度，对未开展风险评估或有重大涉稳隐患的重大事项，一律不得审查通过。各级政府部门要建立本部门、本系统风险评估机制，细化行业评估标准，与政府评估有机衔接、协调配合。加强评估流程监管，扩大社会参与度，增强评估工作的科学性、民主性、客观性，切实提升社会矛盾源头治理能力。（责任单位：市、区市县政府、园区管委会，市政府各部门）

19. 加强和改进行政复议工作。各级行政复议机关要进一步整合行政复议资源，改革完善行政复议体制，创新案件审理机制。各级行政复议机构要巩固行政复议规范化建设成果，畅通行政复议渠道，依法办理行政复议案件，加大纠错力度，按照“有错必纠”的原则撤销违法或不当具体行政行为，切实提升行政复议公信力，积极、有序化解各类行政争议。（责任单位：各级行政复议机关）

20. 认真做好信访工作。认真贯彻《信访条例》（国务院令第431号），以群众工作统揽信访工作，强化逐级负责制和属地管理责任。进一步畅通和规范群众诉求表达渠道，引导群众依法逐级信访。健全信访联席会议制度、网上受理信访工作制度和及时就地解决信访问题的保障机制，协调推动群众合理合法诉求得以及时解决。把信访工作纳入法治轨道，坚持完善信访与行政复议和行政诉讼衔接机制，对可以通过复议、诉讼等法律程序解决的信访事项，积极引导当事人通过法律途径解决。（责任单位：市信访局、区市县政府、园区管委会）

（七）落实法治政府建设保障措施。

21. 提高运用法治思维和法治方式履行职责的能力。全市各级行政机关及其工作人员特别是领导干部要带头学法用法守法，牢固树立依法行政观念，增强依法行政、依法管理、依法办事意识。进一步完善政府常务会议、部门办公会议会前学法制度，科学安排会前学法内容，拓展学法广度和深度，切实提高运用法治思维和法治方式深化改革、推动发展、化解矛盾、维护稳定的能力。（责任单位：市、区市县政府、园区管委会，市政府各部门）

22. 严格行政过错责任追究。各地各部门在行政管理和行政执法中，凡违反法定权限、法定程序决策，违法制定规范性文件，不依法履行职责造成严重后果，滥用职权、违法行政或者行政不作为引发群体性事件，要追究有关责任人的责任；行政行为被司法机关、行政执法监督机关、上级行政机关撤销、变更或者确认违法的，要追究存在执法过错的行政机关主要负责人、分管负责人和直接责任人的责任。（责任单位：市监察局、区市县政府）

四、工作要求

（一）加强组织领导。各地各部门要将依法行政、建设法治政府工作作为政府建设的一项长期性、根本性、全局性、基础性工作来抓，切实加强组织领导。市政府与各区市县政府及其部门、园区管委会主要负责人签订依法行政责任书，推动依法行政工作更好落实。各级政府及依法行政工作领导小组要定期研究依法行政工作，及时解决工作中存在的重大问题。

（二）强化舆论宣传。各地各部门要高度重视法治政府建设宣传工作，形成浓厚舆论氛围。各级新闻媒体要充分发挥舆论导向作用，开展经常性宣传，重点宣传严格依法行政、加快法治政府建设工作的重要意义、任务、工作重点和好经验、好典型，营造良好的舆论氛围。

（三）严格考核检查。市政府依法行政工作领导小组根据《四川省市县政府依法行政指标》和市政府年度依法行政工作安排，制定具体的考核实施办法，每年对各区市县政府和市政府各部门依法行政工作开展考核评估。各区市县政府要把法治政府建设作为政府目标绩效管理的重要内容，加大对依法行政的考核力度，定期通报情况，确保法治政府建设工作目标全面完成。

广安市人民政府
关于进一步加强政务公开工作的通知

广安府发〔2014〕47号　2014年12月9日

各区市县人民政府，广安经开区、枣山园区、协兴园区管委会，市级各部门：

为巩固党的群众路线教育实践活动成果，落实党的十八届四中全会依法治国决定，充分发挥政务公开服务人民群众生产、生活和经济社会活动作用，加强权力运行制约和监督，以公开促公正，以透明促廉洁，营造更加开放透明、风清气正、廉洁高效的政务环境，根据《四川省人民政府关于深化政务公开工作的意见》（川府发〔2014〕64号）要求，经四届广安市人民政府第43次常务会议审定，现就进一步加强全市政务公开工作通知如下。

一、全面深化信息公开

认真贯彻十八届四中全会精神，全面推进政务公开，坚持以公开为常态、不公开为例外，推进政府决策、管理、服务、结果公开。严格按照《政府信息公开条例》《四川省贯彻〈中华人民共和国政府信息公开条例〉实施办法（试行）》（川府发〔2008〕33号）、《广安市人民政府信息公开实施办法（试行）》（〔2011〕19号）等精神，向社会全面公开政府职能、法律依据、实施主体、职责权限、管理流程、监督方式等事项，持续深入推进市县两级政府和部门21类、乡镇8类主动公开信息的公开，重点推进财政预算、公共资源、重大建设项目批准和实施、社会公益事业建设、公共服务和社会监管等信息公开。涉及公民、法人或其他组织权利和义务的规范性文件，按照政府信息公开要求和程序予以公开。加强互联网政务信息数据服务平台和便民服务平台建设，不断推进政务公开信息化建设。建立健全政府信息公开申请接收、登记、办理、审核、答复、归档等各个环节的制度规范，畅通政府信息公开申请受理渠道，做好解疑释惑工作，引导公众正确行使申请权和救济权。要完善信息公开程序，加强政府信息公开工作的审查，确保不发生失泄密事件。

二、推行行政决策公开

坚持依法科学民主决策，凡涉及群众切身利益或社会高度关注的重要改革方案、重大政策措施、重点工程项目等行政决策前，要通过政府网站等渠道广泛征求群众意见，决策后以适当方式反馈或公布意见采纳情况。要建立完善重大行政决策专家论证、公众参与、风险评估、合法性审查、集体决策等制度，对一些涉及面广、社会关注度高或专业性比较强的行政决策，要制定事前舆情收集、信息发布和回应的整体方案。

三、主动回应社会关切

建立健全政策解读发布例行制度，涉及群众切身利益或社会高度关注的重要改革方案、重大政策措施等正式发布后，要及时制定解读方案，组织相关部门负责同志、专家学者和评论员队伍对出台的政策进行准确解读，印发政策解读明白纸，积极回应群众关心关切的问题，做到政策贯彻与解读同步推进，整体联动，推进政策解读规范化制度化。充分发挥政府网站信息公开第一平台作用，推进网络理政平台建设，定期组织市级部门负责人上线解读政策，开展政民互动，回应社会关切。充分发挥新兴媒体在政务公开中的作用，办好“广安播报”政务微博、“广安发布”政务微信，各区市县、市级各部门年内要开通政务微信公众账号。充分发挥广播电视、报刊、新闻网站、商业网站、手机报等各类媒体在政策解读方面的积极作用。

四、推进权力公开运行

进一步完善行政权力依法规范公开运行平台，推进行政机关行政审批、行政许可、行政处罚等行政权力规范运行。编制、公开行政职权目录，适时调整目录信息，并统一在电子政务大厅向社会公开，未列入目录的行政权力一律不得行使，列入目录的行政权力除涉密事项外必须在网上依法规范公开运行。推进行政权力运行过程和结果公开，除依法需要保护的涉及国家秘密、商业秘密和个人隐私的案件外，必须及时在政府网站依法公开，公开内容包括违法违规的主要事实、处罚种类、依据和结果等。要切实加强行政权力依法规范公开运行平台的全程监察监控，防止行政权力不在平台运行、逃避监管等现象，确保行政权力行使依法、透明、廉洁、高效。

五、深化基层政务公开

大力推进乡镇（街道）政务公开，建立健全公开制度，规范公开内容，编制公开目录，不断改进和完善公开的程序、方式及监督管理等配套措施。充分利用村（居）务公开栏、居民小区公示栏公开村（居）民最关心的涉及本村村民利益的事项。年初要公开本村经济社会发展规划、村民委员会年度工作计划；每季度要公开财务计划及各项收入、支出、债权债务和村集体经济收益及其使用情况；年底要公开本年度村（居）务重大事项落实情况和全年财务收支情况。及时公开计划生育、征地拆迁补偿、土地流转、公共事业投入、涉农补贴、最低生活保障、扶贫助残、拥军优属、社会捐赠等项款物的接收、发放和扶贫救灾资金管理使用等情况。健全农村集体资金、资产、资源管理制度，为深入推进村（居）务公开打好基础。

六、强化政务公开保障

各地、各部门要将政务公开作为一项基本制度，贯穿决策、执行、监督等环节。加强组织领导，健全机构和队伍，加大宣传培训力度。将政务公开工作纳入各级政府依法行政、政府部门绩效评价等指标体系，加大考核检查力度。依法及时妥善处理涉及信息公开的举报投诉、行政复议、行政诉讼，切实保障群众知情权、参与权、监督权。政务公开主管部门要加强指导督促，定期对各地、各部门政务公开工作推进、制度落实等情况开展督促检查。严肃责任追究，对不履行信息公开职责，损害群众合法权益的，依法依纪追究责任。

广安市人民政府关于建立统一的城乡居民基本养老保险制度的实施意见

广安府发〔2014〕34号　2014年11月6日

各区市县人民政府，广安经开区、枣山园区、协兴园区管委会，市级各部门：

按照党中央、国务院和省委、省政府的决策部署，依据《中华人民共和国社会保险法》《国务院关于建立统一的城乡居民基本养老保险制度的意见》（国发〔2014〕8号）、《四川省人民政府关于建立统一的城乡居民基本养老保险制度的实施意见》（川府发〔2014〕23号），在总结我市新型农村社会养老保险（以下简称新农保）和城镇居民社会养老保险（以下简称城居保）试点经验的基础上，现就合并实施新农保和城居保两项制度、在全市范围内建立统一的城乡居民基本养老保险制度提出如下实施意见：

一、指导思想

高举中国特色社会主义伟大旗帜，以邓小平理论、“三个代表”重要思想、科学发展观为指导，贯彻落实党中央、国务院的各项决策部署，按照全覆盖、保基本、有弹性、可持续的方针，以增强公平性、适应流动性、保证可持续性为重点，全面推进和不断完善覆盖全体城乡居民的基本养老保险制度，充分发挥社会保险对保障人民基本生活、调节社会收入分配、促进城乡经济协调发展的重要作用。

二、任务目标

坚持和完善社会统筹与个人账户相结合的制度模式，巩固和拓宽个人缴费、集体补助、政府补贴相结合的资金筹集渠道，完善基础养老金和个人账户养老金相结合的待遇支付政策，强化长缴多得、多缴多得激励机制，建立基础养老金正常调整机制，健全服务网络，提高管理水平，为参保居民提供方便快捷服务。2014年年末，全市实现新农保和城居保制度合并实施，并与职工基本养老保险制度相衔接。2020年前，全面建成公平、统一、规范的城乡居民养老保险制度，与社会救助、社会福利等其他社会保障政策相配套，充分发挥家庭养老等传统保障方式的积极作用，更好地保障参保城乡居民的老年基本生活。

三、参保范围

年满16周岁（不含在校学生），非国家机关和事业单位工作人员及不属于职工基本养老保险制度覆盖范围的城乡居民，均可在户籍所在地参加城乡居民养老保险。

四、基金筹集

城乡居民养老保险基金由个人缴费、集体补助、政府补贴构成。

（一）个人缴费。参加城乡居民养老保险的人员应当按规定缴纳养老保险费。缴费标准目前设为每年100元、200元、300元、400元、500元、600元、700元、800元、900元、1000元、1500元、2000元、3000元13个档次。市人力资源社会保障局会同市财政局依据国家统一规定和全市城乡居民收入增长等情况适时调整缴费档次标准，但最高缴费档次标准原则上不超过我市灵活就业人员参加职工基本养老保险的年缴费额。参保人自主选择档次缴费，多缴多得。

（二）集体补助。有条件的村集体经济组织应当对参保人缴费予以补助，补助标准由村民委员会召开村民会议民主确定，鼓励有条件的社区将集体补助纳入社区公益事业资金筹资范围。鼓励其他社会经济组织、公益慈善组织、个人为参保人缴费提供资助。补助、资助金额不超过当地设定的最高缴费档次标准。

（三）政府补贴。政府对符合领取城乡居民养老保险待遇条件的参保人全额支付基础养老金。国家规定标准的基础养老金由中央财政全额补助。

全市各级人民政府应当对参保人缴费给予补贴，补贴标准不低于40元/年人。对选择100元、200元、300元、400元、500元、600元、700元、800元、900元、1000元、1500元、2000元、3000元档次缴费的，政府补贴分别对应为每人每年40元、40元、45元、50元、60元、60元、65元、70元、75元、80元、100元、120元、160元。除省级财政安排的补贴外，其余部分由市和区市县（园区）两级财政共同分担，扩权试点县（市）由本级财政负担。

对重度残疾人、独生子女伤残死亡家庭（指独生子女三级以上残疾或死亡且未再生育或收养子女的家庭）夫妻，按照100元/年人的标准由参保所在区市县（园区）为其代缴，所需资金由各区市县（园区）财政负担。同时，如果本人自愿缴纳高于最低标准档次的，其超出部分由本人负责。

五、建立个人账户

城乡居民养老保险经办机构为每个参保人建立终身记录的养老保险个人账户，个人缴费、地方人民政府对参保人的缴费补贴、集体补助及其他社会经济组织、公益慈善组织、个人对参保人的缴费资助，全部记入个人账户。个人账户储存额按国家规定计息。

个人账户储存额只能用于个人账户养老金支付，除出国（境）定居、死亡等情形外，不得提前支取或挪作他用。

六、养老保险待遇及调整

城乡居民养老保险待遇由基础养老金和个人账户养老金构成，支付终身。

（一）基础养老金。中央确定基础养老金最低标准，建立基础养老金最低标准正常调整机制，根据经济发展和物价变动等情况，适时调整全国基础养老金最低标准。参保缴费人员达到待遇领取年龄，正常缴费年限超过15年的，每超过1年，基础养老金每月增加2元，加发部分的资金由各区市县（园区）财政负担。对长期缴费的，可适当提高基础养老金的加发标准，具体办法、资金分担比例另行确定。

（二）个人账户养老金。个人账户养老金的月计发标准，目前为个人账户全部储存额除以139（与现行职工基本养老保险个人账户养老金计发系数相同）。参保人死亡，个人账户资金余额可以依法继承。

七、养老保险待遇领取条件

参加城乡居民养老保险的个人，年满60周岁、累计缴费满15年，且未领取国家规定的基本养老保障待遇的，可以按月领取城乡居民养老保险待遇。

新农保或城居保制度实施时，已年满60周岁，在本意见发布之日前未领取国家规定的基本养老保障待遇的，不用缴费，自本意见实施之月起，按月领取城乡居民养老保险基础养老金；距规定领取年龄不足15年的，应逐年缴费，允许补缴，累计缴费不超过15年；距规定领取年龄超过15年的，应按年缴费，累计缴费不少于15年。

城乡居民养老保险待遇领取人员死亡的，从次月起停止支付其养老金。市人民政府将结合我市实际，探索建立丧葬补助金制度。社会保险经办机构应每年对城乡居民养老保险待遇领取人员进行核对；村（居）民委员会要协助社会保险经办机构开展工作，在行政村（社区）范围内对参保人待遇领取资格进行公示，并与职工基本养老保险待遇等领取记录进行比对，确保不重、不漏、不错。

八、转移接续与制度衔接

参加城乡居民养老保险的人员，在缴费期间户籍迁移、需要跨地区转移城乡居民养老保险关系的，可在迁入地申请转移养老保险关系，一次性转移个人账户全部储存额，并按迁入地规定继续参保缴费，缴费年限累计计算；已按规定领取城乡居民养老保险待遇的，无论户籍是否迁移，其养老保险关系不转移。

城乡居民养老保险制度与职工基本养老保险、优抚安置、城乡居民最低生活保障、农村五保供养等社会保障制度以及农村部分计划生育家庭奖励扶助制度的衔接，按有关规定执行。

九、基金管理和运营

将新农保基金和城居保基金合并为城乡居民养老保险基金，完善城乡居民养老保险基金财务会计制度和各项业务管理规章制度。城乡居民养老保险基金纳入社会保障基金财政专户，实行收支两条线管理，单独记账、独立核算，任何地区、部门、单位和个人均不得挤占挪用、虚报冒领。我市将根据全省的统一安排，在整合城乡居民养老保险制度的基础上，逐步推进城乡居民养老保险基金省级管理。

城乡居民养老保险基金按照国家统一规定投资运营，实现保值增值。

十、基金监督

全市各级人力资源社会保障部门要会同有关部门认真履行监管职责，制定完善城乡居民养老保险各项业务管理规章制度，规范业务程序，建立健全内控制度和基金稽核监督制度，对基金的筹集、上解、划拨、发放、储存、管理等进行监控和检查，并按规定披露信息，接受社会监督。财政、审计部门按各自职责，对基金的收支、管理和投资运营情况实施监督。对虚报冒领、挤占挪用、贪污浪费等违法违纪行为，有关部门按国家有关法律法规严肃处理。积极探索有村（居）民代表参加的社会监督的有效方式，做到基金公开透明，在阳光下运行。

十一、经办管理服务与信息化建设

各区市县人民政府、园区管委会要切实加强城乡居民养老保险经办能力建设，结合本地实际，科学整合现有公共服务资源和社会保险经办管理资源，加强基层经办力量。注重运用现代管理方式和政府购买服务方式，降低行政成本，提高工作效率。加强城乡居民养老保险工作人员专业培训，不断提高公共服务水平。社会保险经办机构要认真记录参保人缴费和领取待遇情况，建立参保档案，按规定妥善保存。各区市县级人民政府、园区管委会要为经办机构提供必要的工作场地、设施设备、经费保障。城乡居民养老保险工作经费纳入同级财政预算，不得从城乡居民养老保险基金中开支。基层财政确有困难的区市县（园区），省、市级财政可给予适当补助。

在现有新农保和城居保业务管理系统基础上，整合形成省级集中的城乡居民养老保险信息管理系统，纳入“金保工程”建设，并与其他公民信息管理系统整合实现信息资源共享；将信息网络向基层延伸，实现市、县、乡镇（街道）、社区实时联网，有条件的地区可延伸到行政村；大力推行全国统一的社会保障卡，方便参保人持卡缴费、领取待遇和查询本人参保信息。

十二、加强组织领导和政策宣传

全市各级人民政府、园区管委会要充分认识建立城乡居民养老保险制度的重要性，将其列入当地经济社会发展规划和年度目标管理考核体系，切实加强组织领导；优化财政支出结构，加大财政投入，为城乡居民养老保险制度建设提供必要的财力保障。全市各级人力资源社会保障部门要切实履行主管部门职责，会同有关部门做好城乡居民养老保险工作的统筹规划和政策制定、统一管理、综合协调、监督检查等工作。

各地、各有关部门要认真做好城乡居民养老保险政策宣传工作，全面准确地宣传解读政策，正确把握舆论导向，深入基层开展宣传活动，引导城乡居民踊跃参保、持续缴费、增加积累，不断提高参保水平。

本意见自发布之日起实施，已有规定与本意见不一致的，按本意见执行。

便民服务指南

服务电话

广安市常用便民服务电话

表 15

类别	名称或单位	电话号码
应急服务	火警电话	119
	报警电话	110
	交通事故	122
	急救中心	120
	号码百事通	114
	市民热线	12345
	天气预报	12121
	报时服务	12117
法律服务、监督投诉	消费投诉	12315
	法律维权	12348
	旅游投诉	96927
	质量投诉	12365
	价格投诉	12358
	商务投诉	12312
	烟草投诉	12313
	文化投诉	12318
	价格监督举报	12358
	土地违法举报	12336
	环保举报投诉	12369
	组织部专用举报热线	12380
	劳动维权热线	12333
	公务员职务犯罪统一举报	12309
	公共卫生公益投诉和举报	12320
	广安市法律援助中心	2333148
	广安市邑源公证处	2333462

续表15

类别	名称或单位	电话号码
车站服务	广安城南中心汽车站	2348147
	广安城北汽车总站	2222461
	广安火车站（前锋）	8302112
	广安南火车站（枣山）	023-64324157
主要医院单位	广安市人民医院	2222448
	广安市疾控中心	2335674
	广安市中心血站	2351790
	广安市妇幼保健院	2349059
	广安市精神病院	2349401
	广安区人民医院	2222554
	广安区疾控中心	2249995
	广安区妇幼保健院	2222184
水电气单位	广安爱众天然气	2983777
	广安爱众自来水	2983505
	广安爱众供电	2983187
	广安电业局供电	95598
	广安有线电视维护	96655
通信客服	中国电信客服热线	10000
	中国移动客服热线	10086
	中国移动综合服务信息平台	12580
	中国联通客服热线	10010
银行证券客服	中国工商银行	95588
	中国农业银行	95599
	中国银行	95566
	中国建设银行	95533
	中国邮政储蓄银行	95580
	成都银行	028-96511、400-689-6511
	重庆银行	023-96899、400-709-6899
	四川信用社	96633
	华西证券公司	400-888-8818

续表15

类别	名称或单位	电话号码
保险客服	人民财产保险	95518
	中华联合财产保险	95585
	太平洋财产保险	95529
	平安财产保险	95511
	安邦财产保险	95569
	华农财产保险	400-010-0000
	大地财产保险	95590
	锦泰财产保险	400-866-6555
	信达财产保险	400-866-7788
	中国人寿保险	95519
	新华人寿保险	95567
	泰康人寿保险	95522
	农银人寿保险	95581
	人民人寿保险	400-889-5518
	合众人寿保险	95515
	太平洋人寿保险	95500
	太平人寿保险	95589
	长城人寿保险	95576
城区学校	广安职业技术学院	2256123
	广安电大	2335620
	友谊中学	2331059
	广安中学	2222123
	广安二中	2243120
	广安三中	2611243
	广安四中	2231333、2223777
	广安友谊中学实验学校	8963355
	广安实验学校	2321155
	广安育才学校	2335209
	广安思源中学	2222003
	广安外国语实验学校	2227001
	广安市特殊教育学校	2346985
	广安励志中学	2347115
	西溪初中	2333020
	希望小学	2321972
	东方小学	2352579
	长乐小学	5109598

续表15

类别	名称或单位	电话号码
城区学校	北仓路小学	2222570
	厚街小学	2222639
	思源小学	2338953
	北辰小学	2243262
	中石油希望小学	2249068
	石桥小学	2250119
	广安市第一幼儿园	2353363
	广安区实验幼儿园	2222769

广安火车时刻表

广安火车站（前锋）时刻表

表 16

车次	列车种类	运行区段	到站时间	发车时间
K358	快速	重庆北——广州	00：37	00：42
K1034	快速	贵阳——西安	9：08	9：11
K690	快速	重庆北——太原	9：26	9：29
K806	快速	重庆北——福州	9：46	9：53
K508	快速	贵阳——北京西	10：43	10：49
K1270	快速	重庆北——福州	19：34	19：39
K664	快速	重庆北——南通	22：20	22：24
K1004	快速	重庆北——西安	11：13	11：18
K1582	快速	重庆北——乌鲁木齐南	11：37	11：42
K9424	快速	重庆北——达州	8：43	8：46
K910	快速	重庆北——郑州	12：25	12：31
T10	特快	重庆北——北京西	12：40	12：45
K16	快速	重庆北——济南	13：36	13：43
K1154	快速	重庆北——上海	14：23	14：33
T258	特快	重庆——汉口	15：31	15：38
K1574	快速	重庆北——长春	16：54	17：00

续表16

车次	列车种类	运行区段	到站时间	发车时间
K692	快速	昆明——呼和浩特	12：57	13：02
K542	快速	重庆北——乌鲁木齐南	18：40	18：44
K820	快速	重庆北——北京西	23：10	23：15
K1064	快速	重庆北——哈尔滨	00：17	00：22
K805	快速	福州——重庆北	4：11	4：17
K1003	快速	西安——重庆北	7：00	7：05
K689	快速	太原——重庆北	4：56	5：02
T257	特快	汉口——重庆北	5：49	5：55
K1573	快速	长春——重庆北	6：16	6：22
K819	快速	北京西——重庆北	7：48	7：59
K691	快速	呼和浩特——昆明	7：24	7：30
K909	快速	郑州——重庆北	8：27	8：31
K15	快速	济南——重庆北	8：48	8：52
K541	快速	乌鲁木齐——重庆北	11：08	11：16
K1535	快速	呼和浩特东——重庆北	11：52	11：58
K1063	快速	哈尔滨——重庆北	13：16	13：21
K357	快速	广州——重庆北	13：55	14：01
K589	快速	北京西——重庆北	14：37	14：42
K1581	快速	乌鲁木齐——重庆北	15：03	15：10
K1269	快速	福州——重庆	10：01	10：07
K835	快速	达州——深圳西	21：18	21：24
K663	快速	南通——重庆北	21：46	21：51
K507	快速	北京西——贵阳	23：14	23：21
K9512	快速	广安——达州		15：19
K9511	快速	达州——广安	15：56	

说明：此为2015年7月1日启用的时刻表，具体时间以车站公布为准

广安南火车站（枣山）时刻表

表 17

车次	列车种类	运行区段	站名	到站时间	发车时间
D5179	动车	广安南——成都东	广安南		9：32
			岳池	9：43	9：45
			南充	10：18	10：22
			遂宁	10：54	10：58
			成都	11：59	
D5176	动车	成都东—广安南	成都东		7：48
			遂宁	8：45	8：48
			南充	9：23	9：26
			岳池	10：16	10：14
			广安南	10：25	
D5175	动车	广安南——成都东	广安南		11：00
			岳池	11：10	11：13
			南充	11：47	11：49
			遂宁	12：20	12：22
			成都东	13：19	
D5172	动车	成都东——广安南	成都东		11：41
			遂宁	12：38	12：40
			南充	13：14	13：16
			岳池	13：49	13：51
			广安南	14：01	
D5171	动车	广安南——成都东	广安南		14：26
			岳池	14：36	14：38
			南充	15：12	15：15
			成都东	16：41	
D5178	动车	成都东——广安南	成都东		13：46
			岳池	15：41	15：44
			广安南	15：54	
D5173	动车	广安南——成都东	广安南		20：08
			岳池	20：18	20：21
			南充	20：55	20：58
			成都东	22：23	

续表17

车次	列车种类	运行区段	站名	到站时间	发车时间
D5174	动车	成都东——广安南	成都东		17：03
			遂宁	18：00	18：02
			南充	18：36	18：38
			岳池	19：11	19：13
			广安南	19：23	
D5177	动车	广安南——成都东	广安南		16：14
			岳池	16：24	16：27
			成都东	16：19	
D5180	动车	南充——广安南	南充		8：34
			广安南	9：14	
K9362	快速	重庆北——南充	重庆北		07：24
			广安南	08：43	08：46
			岳池	09：00	09：09
			南充	10：04	
K9364	快速	南充——重庆北	南充		11：01
			岳池	11：57	12：03
			广安南	12：17	12：25
			重庆北	13：44	
K9366	快速	重庆北——南充	重庆北		14：18
			广安南	15：37	15：56
			岳池	16：10	16：14
			南充	17：25	
K9368	快速	南充——重庆北	南充		17：58
			岳池	18：39	18：50
			广安南	19：04	19：16
			重庆北	20：35	

说明：此为2015年7月1日启用的时刻表，具体时间以车站公布为准

广安汽车时刻表

广安城南汽车站时刻表

表 18

客运线路	里程（公里）	最高票价（元）	执行票价（元）	发车时间
广安——重庆	157	56	56	6：30 至 19：30 间隔约 30 分钟一班
广安——贵阳	585	229	196	10：00
广安——成都	300	116	98	7：30、8：40、10：00、11：00、12：40、14：00、15：50、17：30
广安——南充	93	31	30	6：50 至 18：30 间隔约 40 分钟一班
广安——遂宁	173	57	57	9：30、13：30
广安——乐山	457	149	147	9：30
广安——达州	176	68	68	9：30、14：00
广安——大竹	113	38	38	8：30、11：10、15：30
广安——昆明	1145	430	276	8：00
广安——万州	265	98	98	9：30、14：00
广安——重庆江北机场	137	55	55	7：10、8：00、9：00、10：10、11：50、13：00、14：10、15：30、16：50、18：00
广安——都江堰	395	124	123	14：00
广安——涪陵	236	84	84	9：00、13：50
广安——内江	298	97	97	8：30、13：10
广安——攀枝花	995	326	326	9：00
广安——西安	785	288	126	11：30（隔日班）
广安——眉山	415	126	126	8：50、14：40
广安——邛崃	399	122	122	8：20、13：40（途经温江）
广安——绵阳	355	120	118	8：30、14：30
广安——自贡	354	104	104	8：40（途经合川、铜梁、龙水、邮亭、荣昌）
广安——广元	365	116	114	8：50
广安——泸州	385	121	103	8：40、14：20
广安——资阳	300	96	93	9：10
广安——营山	140	42	42	9：20、14：30

续表18

客运线路	里程（公里）	最高票价（元）	执行票价（元）	发车时间
广安——蓬安	119	32	32	8：40、14：40
广安——巴中	303	94	93	8：20、13：50
广安——宜宾	423	143	143	8：10、15：00
广安——阆中	241	79	66	8：20、14：10（途经西充、建兴、南部）
广安——北碚	146	45	45	9：10、11：30、14：30、16：30
广安——渠县	82	24	24	7：30、9：30、13：30
广安——九龙	100	31	31	10：30、16：30（途经袁市）
广安——邻水	54	23	23	6：50至18：40间隔40分钟一班
广安——武胜	45	13	13	6：40至18：20间隔20分钟一班
广安——岳池	25	10	10	6：45至18：45间隔15分钟一班
广安——华蓥	24	9	9	6：40至18：45间隔10分钟一班
广安——罗渡	19	5	5	6：30至18：30流水班
广安——前锋	34	8	8	6：40至18：50间隔20分钟一班
广安——顾县	37	13	13	6：30至17：40间隔90分钟一班
广安——普安	24	6	6	6：50至18：00间隔40分钟一班
广安——花桥	54	12	12	6：30至17：30间隔50分钟一班
广安——恒升	53	14	14	6：35至18：00间隔40分钟一班
广安——化龙	14	3.5	3.5	7：00至17：40间隔约50分钟一班
广安——岳池（普客）	28	8	8	6：50至18：30间隔约20分钟一班

广安城北汽车站时刻表

表19

客运线路	里程（公里）	日班次	发车时间
广安——前锋	32	70	6：00至18：00间隔10分钟一班
广安——前锋快	32	45	6：30至17：30间隔30分钟一班
广安——观阁	56	23	6：25至17：45间隔40分钟一班
广安——桂兴	33	11	6：45至17：15间隔50分钟一班
广安——广兴	67	15	6：35至16：35间隔60分钟一班
广安——苏台	18	8	7：30至16：45间隔50分钟一班
广安——协兴	12	32	7：40至17：40间隔20分钟一班
广安——严家沟	22	4	9：30、11：25、15：25、17：25
广安——永兴	32	22	6：05至17：45间隔30分钟一班
广安——天池	34	12	7：45至17：35间隔50分钟一班
广安——花桥	49	39	6：30至18：00间隔20分钟一班

续表19

客运线路	里程（公里）	日班次	发车时间
广安——花桥快	49	19	6：15至17：15间隔30分钟一班
广安——南充	112	4	8：10、9：30、11：00、14：55
广安——苟角	31	22	6：35至17：35间隔30分钟一班
广安——全民	19	24	6：15至17：45间隔30分钟一班
广安——龙安	22	20	6：00至17：35间隔30分钟一班
广安——东环	32	17	7：30至17：30间隔50分钟一班
广安——兴坪	27	9	8：10至17：20间隔80分钟一班
广安——杨坪	30	5	8：50、10：50、11：50、13：20、15：50
广安——郑山	50	5	9：30、10：15、14：00、15：20、17：15
广安——东岳	38	14	6：50至17：20间隔40分钟一班
广安——白云	51	8	6：20至17：30间隔90分钟一班
广安——白市	53	12	6：40至17：00间隔50分钟一班
广安——龙台	60	4	9：10、10：30、15：30、16：30
广安——云龙	66	2	8：30、14：30
广安——岳池	34	46	6：15至18：00间隔15分钟一班
广安——肖溪	75	8	6：00至15：50间隔60分钟一班
广安——石莲	17	16	7：15至18：00间隔40分钟一班
广安——合川	119	3	7：40、11：30、14：30
广安——蓬安	100	1	14：20
广安——渠县	82	6	7：50、9：25、11：30、13：30、14：30、17：00
广安——广州	1500	1	10：00
广安——昆明	800	1	7：30
广安——贵阳	600	1	9：30
广安——北碚	110	4	8：40、11：00、14：00、16：10
广安——资阳	292	1	8：20
广安——康定	750	1	8：30
广安——营山	140	2	9：00、14：00
广安——恒升	51	28	6：30至18：00间隔20分钟一班
广安——福建	2200	1	14：00
广安——重庆	158	11	7：30至16：45间隔40分钟一班，下午间隔60分钟一班

广安市一二类汽车维修企业

一类维修企业 15 家

1. 广安市进口汽车维修中心
2. 广安添缘汽车大修厂
3. 广安市新力量轿车维修中心
4. 广安市力士车业有限公司
5. 广安骏安达汽车有限公司
6. 四川华星锦业汽车销售服务有限公司广安分公司
7. 广安振兴车业有限公司
8. 广安市洁城新能源汽车有限公司
9. 广安东聪汽车维修有限公司
10. 邻水县广邻运业有限公司修理厂
11. 邻水县西坛汽车修理厂
12. 华蓥市天利汽车修理厂
13. 华蓥市华鑫汽车技术服务中心
14. 四川华蓥山广能集团万丰物流有限责任公司汽车大修厂
15. 武胜县来普汽车大修厂

二类维修企业 61 家

1. 广安市广安区蓝创汽车服务有限公司
2. 广安全新汽车维修有限公司
3. 广安区兴隆汽修厂
4. 广安宏泰运业公司汽车修理厂
5. 广安市蜀东车业有限公司
6. 广安市桂源汽车修理厂
7. 广安捷运车业有限公司
8. 广安鹏泰汽车汽车修理厂
9. 四川广安交通建设开发有限责任公司汇通车业分公司
10. 广安市广安区鹏程维修店
11. 广安思原修理厂
12. 广安市大明汽修有限责任公司前锋分公司
13. 广安智和城汽车销售服务有限公司
14. 广安市天盛车业有限公司
15. 广安联众恒信汽车销售服务有限公司
16. 广安冠亚车业有限公司
17. 广安天骄车业有限公司
18. 广安市前锋镇永胜汽修厂
19. 广安交通汽修厂
20. 广安区三鑫汽车服务中心
21. 广安荣达汽车维修中心
22. 广安市大明汽修有限责任公司
23. 广安嘉诚佳美汽车销售服务有限公司
24. 四川广安惠方工贸有限公司
25. 邻水县腾远汽车修理厂
26. 邻水县荣耀龙汽车修理厂
27. 邻水县泰鑫汽修厂
28. 邻水县诚朋汽车修理中心
29. 邻水县恒兴汽车修理厂
30. 邻水县国强汽车修理厂
31. 华蓥市东汽汽修厂
32. 邻水县民族动力汽修厂
33. 华蓥市宏祥汽车维修中心
34. 华蓥市东川汽车服务中心
35. 华蓥市捷成轿车维修中心
36. 华蓥市天池镇农业服务中心汽修厂
37. 华蓥市腾辉公司汽车队修理厂
38. 华蓥市广跃实业有限公司汽车修理厂
39. 华蓥市市政汽修厂
40. 华蓥市海宏汽修厂
41. 华蓥市通达汽修厂
42. 岳池县宏源汽修厂
43. 岳池县新悦骏盛贸易有限公司新悦汽修厂
44. 岳池县合力汽车修理厂
45. 四川岳池康顺运业有限公司汽车修理厂
46. 岳池县鸿宇汽修厂
47. 岳池县奔腾汽车修理厂

48. 岳池县宏达车业汽修厂
49. 岳池县鸿运汽车修理厂
50. 四川省汽车运输第 84 队汽车修理厂
51. 四川省汽车运输第四十三队恒达汽车修理厂
52. 岳池海天汽车修理厂
53. 武胜县互邦汽车修理厂
54. 武胜县交通运输公司汽车修理厂
55. 武胜县平安汽车修理厂
56. 武胜县沿口鸿源汽车修理厂
57. 武胜县精璞诚汽车修理厂
58. 武胜县鸿达汽车销售服务有限责任任公司
59. 武胜县沿口长征汽车维修服务中心
60. 武胜县万鑫汽车维修服务有限公司
61. 武胜万合汽车维修服务有限公司

广安市城区公交线路

2014 年，广安市城区公交线路共有 12 路，其中夜班 1 路。

一、公交一路（1 路）

起点站：城南汽车站　终点站：城北汽车站

途经站点：上行：城北汽车站—人工湖—北辰办事处—五星街—广二中（正门）—恒丰村镇银行—洗脚溪—北门口—人民路—中医院—新南门—高岩—正元星辰—重百商场—市政府—市委、人大机关—中桥（市政务中心）—武警支队—市农业发展银行—市人民医院（后门）—市运管处—财保公司—市卫生局—东方街口—万盛四街—万盛一街—城南汽车站。

下行：城南汽车站—万盛一街—万盛四街—东方街口—市卫生局—财保公司—市运管处—市人民医院（后门）—市农业发展银行—武警支队—中桥（市政务中心）—市委、人大机关—市政府—重百商场—正元星辰—高岩—新南门—人民路—北门口—洗脚溪—恒丰村镇银行—广二中（正门）—五星街—北辰办事处—人工湖—城北汽车站。

（单面里程：10 公里，夏季：首班发车时间 6：30，末班发车时间 19：35；冬季：首班发车时间 6：30，末班发车时间 19：05）

二、公交二路（2 路）

起点站：木桥村　终点站：三桥村

途经站点：上行：三桥村—植物油厂—奎阁大桥—渠江北路口—四九滩电站—区建设银行—龙马广场—人民路—中医院—新南门—高岩—正元星辰—重百商场—美好家园—丝绸花园—福源医院—五福桥—枣山粮站—广三中—枣山镇—枣山小学—木桥村。

下行：木桥村—枣山小学—枣山镇—广三中—枣山粮站—五福桥—福源医院—丝绸花园—美好家园—重百商场—正元星辰—高岩—新南门—人民路—龙马广场—区建设银行—四九滩电站—渠江北路口—邓家湾码头—奎阁大桥—植物油厂—三桥村。

（单面里程：11.5 公里，夏季：首班发车时间 6：20，末班发车时间 19：35；冬季：首班发车时间 6：20，末班发车时间 19：05）。

（备注：本 2 路公交车线路自 2012 年 11 月 28 日起执行）

三、公交三路（3 路）

起点站：奎阁派出所　终点站：城北汽车站

途经站点：城北汽车站—人工湖—北辰办事处—恒丰村镇银行—洪洲大道西段—萃屏山隧道—友谊中学实验学校—武警教导队—友谊中学初中部—建安北路—市图书馆—思源广场—市烟草公司—市经信委—市委、人大机关—中桥（市政务服务中心）—武警支队—市农业发展银行—市人民医院（后门）—大明上城—市移动公司—实验学校—官盛路口—广安职业技术学院—白塔大桥—奎阁工业园区—奎阁办事处—奎阁派出所。

（单面里程：13.1 公里，夏季：首班发车时间 6：25，末班发车时间 19：35；冬季：首班发车时间 6：20，末班发车时间 19：05）

四、公交四路（4 路）

起点站：城南汽车站　终点站：城北汽车站

途经站点：上行：城北汽车站—人工湖—北辰办事处—五星街口—北辰小学—广二中（侧门）—广二中（正门）—恒丰村镇银行—洗脚溪—北门口—人民路—中医院—新南门—高岩—正元星辰—重百商场—广宁市场—希望小学—民安上街—美好家园—丝绸花园—福源医院—五福桥—城南汽车站。

下行：城南汽车站—五福南路—广福小城镇—五福桥—福源医院—丝绸花园—美好家园—民安上街—希望小学—广宁市场—重百商场—正元星辰—高岩—新南门—人民路—北门口—洗脚溪—恒丰村镇银行—广二中（正门）—广二中（侧门）—北辰小学—五星街口—北辰办事处—人工湖—城北汽车站。

（单面里程：8.3 公里，夏季：首班发车时间 6：30，末班发车时间 19：35；冬季：首班发车时间 6：30，末班发车时间 19：10）

五、公交五路（5 路）

起点站：城北汽车站　终点站：新武警支队

途经站点：城北汽车站—渠江北路口—四九滩电站—区建设银行—龙马广场—人民路—滨江路—新南门—高岩—市图书馆—思源广场—凌云路口—巴黎春天—凌云桥—市中级法院—市文体局—市检察院—武警支队—市农业发展银行—市人民医院（后门）—市运管处—亿林龙城—神龙山风景区—市卫生局—东方街口—万盛四街—万盛一街—城南汽车站—广福小城镇—广福社区卫生院—怡和民居—穿石路口—广南高速入口—广武路口—观音桥—天成村—新武警支队。

（单面里程：16.3 公里，夏季：首班发车时间 6：30，末班发车时间 19：30；冬季：首班发车时间 6：30，末班发车时间 19：05）

六、公交六路（6 路）

起点站：中心血站　终点站：思源中学

途经站点：上行：思源中学—广安中学—兴国寺—滨江路—人民路—萃屏公园—龙马广场—区建设银行—四九滩电站—渠江北路口—城北汽车站—人工湖—北辰办事处—恒丰村镇银行—洪洲大道西段—萃屏山隧道—友谊中学实验学校—国美电器—富源街—在水一方—华都农贸市场—希望小学二校区—福源医院—五福桥—城南汽车站—市广电局—二号桥—城南体育场—友谊中学高中部—市教育局—武警支队—市农业发展银行—市人民医院（正门）—中心血站。

下行：中心血站—市人民医院（正门）—市农业发展银行—武警支队—建安桥—城南体育场—二号桥—市广电局—城南汽车站—五福桥—福源医院—希望小学二校区—华都农贸市场—在水一方—富源街—国美电器—友谊中学实验学校—萃屏山隧道—洪洲大道西段—恒丰村镇银行—北辰办事处—人工湖—城北汽车站—渠江北路口—四九滩电站—区建设银行—龙马广场—萃屏公园—人民路—滨江路—兴国寺—广安中学—思源中学。

（单面里程：15 公里，夏季：首班发车时间 6：20，末班发车时间 19：23；冬季：首班发车时间 6：20，末班发车时间 18：52）

七、公交七路（7 路）

起点站：思源小区　终点站：城南汽车站

途经站点：思源小区—摩托车检测中心—环城北路二段—车管所—渠江北路口—四九滩电站—区建设银行—龙马广场—人民路—中医院—新南门—高岩—正元星辰—重百商场—美好家园—丝绸花园—福源医院—五福桥—城南汽车站。

（单面里程：8.5 公里，夏季：首班发车时间 6：30，末班发车时间 19：30；冬季：首班发车时间 6：30，末班发车时间 19：00）

八、公交八路（8 路）

起点站：城南汽车站　终点站：佛手山

途经站点：上行：佛手山—广花路口—协兴法庭—协兴派出所—协兴四十米大道—团堡山—牌坊新村—小平故里—三八蚕房—八角庙—影视城—界坡村—环城路口—寨子新村—友谊中学实验学校—西溪花园—广宁市场—市政府—中桥（市政务中心）—市教育局—友谊中学高中部—城南汽车站。

下行：城南汽车站—建安桥—中桥（市政务中心）—市政府—广宁市场—西溪花园—友谊中学实验学校—寨子新村—环城路口—界坡村—影视城—八角庙—三八蚕房—小平故里—牌坊新村—团堡山—协兴四十米大道—协兴派出所—协兴法庭—广花路口—佛手山。

（单面里程：14.6 公里，夏季：首班发车时间 6：30，末班发车时间 19：20；冬季：首班发车时间 6：30，末班发车时间 19：00）

九、公交九路（9路）

起点站：新南门　终点站：协兴镇

途经站点：新南门—人民路—龙马广场—区人大（建设路）—北辰办事处—五星街口—建设路口—广二中—游客中心—界坡村—影视城—八角庙—三八蚕房—小平故里—牌坊新村—团堡山—协兴镇。

（单面里程：14.6公里，夏季：首班发车时间6：30，末班发车时间19：20；冬季：首班发车时间6：30，末班发车时间19：00）

十、公交十路（10路）

起点站：城北汽车站　终点站：奎阁派出所

途经站点：城北汽车站—人工湖—区人大（建设路）—龙马广场—人民路—滨江路—新南门—高岩—正元星辰—重百商场—民安中街—城南体育场—城南汽车站—区运管所—万盛四街—东方街口—市卫生局—神龙山风景区—明珠花园—市农业发展银行—市人民医院（后门）—大明上城—市移动公司—实验学校—官盛路口—广安职业技术学院—白塔大桥—奎阁工业园区—奎阁办事处—奎阁派出所。

（单面里程：14公里，夏季：首班发车时间6：30，末班发车时间19：30；冬季：首班发车时间6：30，末班发车时间19：00）

十一、公交十一路（11路）

起点站：思源中学　终点站：佛手山

途经站点：思源中学—广安中学—兴国寺—新南门—人民路—龙马广场—区建设银行—四九滩电站—渠江北路口—邓家湾码头—杨森花园—腰鼓溪大桥—广安水厂—八一村—天赐园—大龙路口—华福村—佛手山。

（单面里程：14.5公里，夏季：首班发车时间6：30，末班发车时间19：10；冬季：首班发车时间6：30，末班发车时间18：50）

十二、夜班一路

起点站：城北汽车站　终点站：城南汽车站

途经站点：城北汽车站—渠江北路口—四九滩电站—区建设银行—龙马广场—北门口—人民路—中医院—新南门—高岩—正元星辰—重百商场—美好家园—丝绸花园—福源医院—五福桥—城南汽车站。

（单面里程：7公里，夏季：首班发车时间19：50，末班发车时间21：05；冬季：首班发车时间19：20，末班发车时间20：53）

索　引

D

F

G

H

J

K

L

M

N

P

Q

R

S

T

W

X

Y

Z

广安市民政局

市委书记侯晓春在福利院与儿童集体过生日

市委副书记、市长罗增斌查看"9·13"洪灾灾情

副市长钟志荣调研全市养老事业发展

党组书记、局长何良涛带队到中江县考察村规民约、居民公约建设情况

查看"9·13"洪灾灾情

党组书记、局长何良涛在党的群众路线教育实践活动中与群众交谈

看望慰问孤残儿童

局党组深入前锋区观塘镇碧峰村与群众面对面交流征求意见

党的群众路线教育实践活动动员大会

召开双拥工作座谈会

广安市广安区人民政府

2014年，广安区牢牢把握科学发展、加快发展工作基调，立足长远打基础，加快转型促跨越，围绕“再造一座滨江新城、再建一个产业园区”，以发展都市产业、总部经济推进新型城镇化，以发展楼宇工业、科技产业推进新型工业化，以实施产村相融、农旅结合推进农业现代化，以发展现代物流、电子商务引领现代服务业，经济社会发展取得了明显成效。

经济运行稳中向好。地区生产总值达到111.4亿元（不含协兴、枣山园区，下同），同比增长（下同）9.5%，

2014年3月12日，副省长甘霖深入广安区龙安乡勇敢村调研扶贫工作

2014年7月7日，省人大常委会副主任黄润秋一行赴广安区慰问困难群众

2014年5月13日，省政协副主席王正荣在广安区调研县级公立医院改革工作

2014年6月8日，市委书记侯晓春一行赴广安区官盛新区调研

2014年10月9日，市委副书记、市长罗增斌赴广安区调研官盛新建设情况

2014年11月11日，举行广安区重大项目开工仪式

快于全国、全省平均速度。实现社会消费品零售总额75.3亿元、增长13.1%，第三产业增加值达60.7亿元、增长12.3%，增幅居全市前列。一般公共预算收入完成4.57亿元、增长17.2%，其中，税收收入占比57.9%，收入结构更趋优化。

投资总量突破百亿大关。始终把投资作为拉动经济增长的关键，充分发挥财政资金的杠杆作用，引领撬动社会投资，掀起了新一轮建设发展的热潮，全社会固定资产投资突破百亿大关，达到103.9亿元、增长28.9%，对经济的贡献率达43%。

官盛新区建成雏形。坚持高标准规划、大手笔建设、快速度推进，官盛新区滨江大道、官盛大道一期竣工通车，莲花大道、纵二线、横三线等干线道路即将建成，10平方公里的道路骨架基本形成；盛世芳庭、官盛春天等美好家园建设进展顺利；成功引进江苏华建等10余个企业集团，投资建设滨江新城。

新型产业园区快速建设。以现代工业园区建设理念，探索政府主导、企业建园新模式，全面启动建设20平方公里的临港都市产业园，加快建设投资160亿元的长明高新技术产业园，纳米漆、智能医疗检测仪等高新技术产业项目即将入驻，工业发展迈出新的步伐。

居民收入持续增长。把保障和改善民生作为我们的最大责任，投入民生资金19.23亿元，占一般公共预算支出的76.7%，全面完成138项省市区定民生工程。实现城镇居民人均可支配收入26558元、增长10.3%，农民人均纯收入8729元、增长12.1%，城乡居民收入差距继续缩小；农村贫困人口减少3.12万人，为实现全域脱贫打下了坚实基础。

新建成的广安区人民医院

新建成的官盛新区滨江大道

升级改造后的萃屏公园

流杯滩大桥竣工通车

广安区蔬菜基地

杨坪乡仙鱼新村

广安市前锋区人民政府

省委常委、政法委书记刘玉顺一行在市委书记侯晓春等领导的陪同下调研新区建设发展情况

省青年经济与文化交流促进会（蜀青会）开展2014年“前锋行”参观考察活动

市委书记侯晓春一行在区委书记尹黎明陪同下调研大春生产和产业基地建设情况

市委副书记、市长罗增斌一行在区委书记尹黎明，区委副书记、区长米亮的陪同下调研2014年经济工作

区委书记尹黎明带队到代市镇调研农村农业工作

第三届中国（四川）国际物流博览会期间，区委副书记区长米亮在会上推介前锋新区

前锋区党的群众路线教育实践活动工作会议召开

“双违”治理动员大会

前锋工业园区

高端轻纺产业

观塘现代农业园区一角

代市镇农业产业化

永前大道

观塘镇九桥新村

城市新区核心区规划效果图

华蓥市人民政府

省委书记、省人大常委会主任王东明，省委副书记、省长魏宏视察成都西博会华蓥展馆

副省长甘霖视察华蓥电子信息产业

华蓥市委书记肖伟华、市委副书记、市长谭焰调研新城规划

住建部党组书记、部长陈政高（右）视察华蓥保障房建设

广安市重大项目集中开工仪式华蓥分现场

华蓥市电子信息产品在成都西博会上展出

葡萄基地

蜜梨基地

华蓥市农贸市场

华蓥山大熊猫野化放归培训基地

华蓥市工业新城中小企业孵化园

禄市镇梨园新村

阳和镇偏岩子新村

秀美蓥城

岳池县人民政府

岳池县幅员面积1479平方公里，辖43个乡镇、1个翠湖景区管委会，827个行政村、52个社区，总人口119.2万人，其中，农业人口101.1万人、非农业人口18.1万人，耕地面积5.3万公顷。因盛产优质稻米而享有“银岳池”之美誉。是西部首个中国曲艺之乡、中国农家乐之源，是全国食品工业强县、全国电子商务百强县、四川省首批扩权县，已成功创建为省级卫生县城、省级文明城市、省级环境保护模范县。

岳池县坚持“快节奏、高速度、超常规”发展基调，抢抓西部大开发、川渝合作示范区（广安片区）建设、重庆市产业转型升级等重大机遇，大力实施点极支撑、创新驱动、城乡统筹发展战略，全县经济社会发展潜力得到全面释放。2014年，全县实现地区生产总值172.8亿元、增长9.7%；完成全社会固定资产投资134.6亿元，同比增长29.6%；实现社会消费品零售总额75.5亿元，同比增长13%；完成地方公共财政收入7.5亿元，同比增长17.9%；城镇居民人均可支配收入23232元，同比增长10%；农民人均纯收入9747元，同比增长12.1%。

市委书记侯晓春等领导出席岳池县人民政府与四川好医生药业集团云医院项目签约仪式

市委副书记、市长罗增斌等领导出席岳池医药产业园推介暨签约仪式

县委书记郑鹏程调研基层党建工作

县委副书记、县长汤才勇在广岳大道通车仪式上致辞

县委书记郑鹏程调研产业发展

在重庆渝洽会上签订项目协议

全面启动“两城同创”工作

安排布署扶贫攻坚工作

群众健身活动

县城全貌

武胜县人民政府

县委书记毛加庆到武胜供电公司调研纪检监察工作

县委书记毛加庆在县十一届四次党代会上作报告

县长文阁在十六届人大五次会议上作政府工作报告

在西博会上武胜举行重点产业项目推介会

嘉陵江龙舟旅游文化节

第二届乡村旅游文化节

建设中的街子园区

四川一通鼎晟铸造公司曲轴生产车间

安泰茧丝绸生产车间

建设中的广安武胜节能环保新材料产业园

迎宾大道

现代农业园区万亩标准蔬菜基地

中国竹丝画帘之乡武胜县飞龙镇

弘武盛宴美食街区

飞龙镇张家院子

在武胜县白坪小学举行全国红军小学建设工程爱国主义军事体验基地授牌仪式

邻水县人民政府

省委书记、省人大常委会主任王东明在市委书记侯晓春等陪同下在邻水经开区视察

县委副书记、县长赵璞到县整治办开展“走基层，到部门”调研

县人大常委会党组书记、主任梅可明到九龙镇污水处理站调研

县政协党组书记、主席刘朴看望“9·13”洪灾受灾村民

邻水首届葡萄采摘节在缪氏庄园举行

邻水县天宝柚子专业合作社

邻水县利农山羊养殖专业合作社

邻水县柑子镇李子园

2014 年 1 月 13 日，邻水召开中共邻水县第十二届委员会第六次全体（扩大）会议

2014 年 4 月 14 日，中共邻水县委中心组召开“党的群众路线教育实践活动”第三次专题学习会

2014 年 2 月 13 日，邻水县召开第十七届人民代表大会第四次会议

邻水县高滩园区被授予重庆空港工业园区配套产业园

四川左军机械有限公司

邻水县御临镇白龙峡漂流度假区

广安经济技术开发区管理委员会

国家级广安经开区设立于 1995 年 7 月，1996 年 1 月经四川省人民政府批准为省级开发区，2010 年 6 月经国务院批准升级为国家级经济技术开发区，2012 年 10 月经中编办批准机构升格为副厅级国开区。2013 年 4 月市委、市政府为实施多点多极支撑发展战略，经开区成建制并代管奎阁街道、护安镇、新桥乡。“一区三园”（新桥工业园、临港物流园和滨江新区）规划面积 103 平方千米。其中，新桥工业园 60 平方千米，重点培育精细化工、新材料、新能源、有色金属等 4 大高端成长性产业；临港物流园规划 15 平方千米，重点发展现代生产性物流、电子信息、高端精密制造、智能制造等 5 大战略性新兴产业；滨江新区商贸园规划 28 平方千米，着力构建电子商务、总部经济等 4 大先导型服务业集群，规划为广安主城区的 CBD（中央商务区）、EBD（生态商务区）、CAZ（中央活力区）、ICD（产业集聚区）。

省委书记、省人大常委会主任王东明视察宏威新材料项目

省委副书记、省长魏宏视察广安经开区

市委书记侯晓春调研经开区项目选址工作

市委副书记、市长罗增斌视察经开区建设

经开区管委会中心组学习会议

经开区领导深入企业座谈

2014年，经开区坚定不移“抓投资、稳增长、促转型、惠民生”，抢抓“一带一路”、长江经济带等重大机遇，围绕“三大发展战略”和“两个跨越”，发挥川渝合作、国家级经开区等多项叠加的政策优势，紧扣多点多极精准发力、创新创造，项目建设、产业集聚、招商引资持续向好。“规划引领、产业支撑、环境再造、创新驱动、政策洼地”的发展路径更加清晰，距离产业集聚区、滨江活力区、开放合作区、创新示范区的目标愿景更加接近。2014年，全区实现GDP28亿元，工业总产值76亿元，固投8362万元，社消零总额25.8亿元，公共财政收入11.8亿元。

上级领导调研经开区工作后合影

新能源项目研发

“相约小平故里·共建广安经开区”银政企对接活动

广前大道

广安港

新桥工业园区一角

广安协兴生态文化旅游园区管理委员会

团中央中青高级人才培训中心副主任王捍忠一行视察协兴园区

市委书记侯晓春赴园区视察

市委常委、市委秘书长杨利民，副市长席世洪视察希贤小学

翰林小镇开工建设

园区管委会与重庆希贤投资有限公司签订《广安欢乐世界项目投资协议书》

协兴园区召开党的群众路线教育实践活动工作会议

改建后的翰林院子

广安红军小学教学区落成暨授旗、授牌感恩捐赠仪式在翰林小学举行

中央电视台心连心艺术团在园区演出

国家 AAAA 级景区神龙山

新建成的福兴大道

广安天下历史文化街区

大型主题游乐园欢乐王国（效果图）

协兴镇果山幸福美丽新村新型住宅

骑游步道

翰林院子

红色文化影视城一角

广安枣山物流商贸园区管理委员会

省委副书记、省长魏宏视察园区临港大市场

省委常委、副省长钟勉视察广安火车南站

市委书记侯晓春调研园区“美好家园”建设情况

省人社厅党组成员、副厅长徐毅视察入园企业

市委副书记肖友才到园区开展“送温暖”活

市委常委、副市长严春风调研枣山园区城市基础设施建设工作

市政协副主席江陵调研枣山园区建设

园区主任李代芹介绍园区发展情况

园区地处广安市城区西南部，北侧紧邻小平故里核心区，西侧为望子山等山体林地所包绕，东侧为城南主城区。园区管委会辖枣山镇、广门乡，共35个村（社区），幅员面积57.4平方公里，总人口5.3万人。

园区位于泸蓉、巴广渝和广武遂高速公路在园区核心区域交汇，兰渝（在建）、渝川陕（待建）和遂广利（待建）铁路纵贯园区。2013年7月兰渝铁路南充至枣山段通行后，动车到成都仅2小时；待兰渝铁路枣山至重庆段通行后，动车到重庆仅0.5小时。2015年高速公路全面竣工后，汽车到重庆只需40分钟，到成都仅2小时。

《成渝经济区规划》和《川渝合作示范区建设总体方案》从国家战略层面赋予了示范区在投资、财税、金融、土地、开放、产业、人才等19个方面的特殊政策，其放大效应正在显现。

2013年3月以来，省委“多点多极支撑”的战略部署和市委“6+4+4”竞相跨越的谋篇布局，催生了枣山园区。园区秉持规划活城、环境立城、产业兴城、要素助城的发展理念，全力打造川渝合作的产业新高地、广安主城的城市新片区。预计到2017年，实现生产总值、固定资产投资、社会消费品零售总额、财政收入、城镇居民可支配收入、农民人均纯收入“六个翻番”，现代物流商贸等“五大产业集群”初具规模。预计到2020年，建成千亿级现代物流商贸园区，与重庆市实现一体化发展，城镇化达到重庆城市平均水平，生态环境更加优美，与重庆同步全面建成小康社会。

园区党工委书记、管委会主任李代芹召开现场办公会

举行重大项目集中开工仪式

川渝建材城

华美立家

万贯法国风情街

临港大市场

广岳大道

泰和国际商贸城

广安市国土资源局

省国土资源厅厅长杨冬生调研广安市杂卤石型钾盐矿勘探工作

全市国土资源管理工作会

启动党的群众路线教育实践活动

市政协领导视察农村土地整治工作

开展“土地日”宣传活动

局党委书记、局长李胤与群众座谈

签订“数字广安”地理信息公共平台合作协议书

广安市前锋区桂兴镇五里村工矿废弃地复垦利用试点项目

广安市商务局

市委书记侯晓春，市委副书记、市长罗增斌带队到深圳考察并与深圳大丰收签约建设诚信消费体系

市委常委甘用德、副市长刘和斌在迎春购物月启动仪式现场巡查

局长刘代忠调研城市综合体商业设施建设

局领导带队到敬老院慰问

永辉超市开业

省特色商业街武胜雪花啤酒风情街

建成后的农贸市场

枣山临港大市场

广安市发展和改革委员会

省发展改革委主任唐利民一行在市委书记侯晓春，市委副书记、市长罗增斌等的陪同下深入邓小平故里调研

国家发展改革委地区司副司长黄进发深入广安调研川渝合作示范区建设

中央第四巡回督导组到市发展改革委调研党的群众路线教育实践活动

省发展改革委副主任代永波一行到广安调研经济运行情况

省发展改革委副主任邓正权一行到广安征求省人大代表对计划报告的意见建议

市委常委、副市长肖友才带队到前锋区龙滩乡伍山村调研“挂包帮”工作

市委常委、市总工会主席甘用德，市人大常委会副主任蔡学勤和市发改委主任熊祥俭出席广安火车南站动车开行仪式

召开 2014 年全市发展改革工作会议

市人大常委会副主任、市委第六督导组组长易铭珅指导市发展改革委党的群众路线教育实践活动

广安至成都动车开行

组织开展“学习伟人风范、践行群众路线”专题报告会

广安市住房和城乡建设局

住房城乡建设部部长陈政高视察广安新型城镇化和住宅产业发展工作

省委副书记、省长魏宏调研中桥组团保障房建设

市委书记侯晓春视察主城区环境综合整治

市委副书记、市长罗增斌，副市长席世洪在局长王小兵的陪同下冒雨调研市民广场

广安创建国家住宅产业现代化试点城汇报会

改造后的金安大道

改造后的电信办公楼

幸福美丽新村

广安市交通运输局

交通运输部党组成员、总工程师，省政府党组成员、副秘书长戴东昌到广安调研

省交通运输厅党组书记、厅长彭琳到广安调研

市委副书记、市长罗增斌调研交通运输工作

环城公路东南片区段

岳池县朝阳乡农村公路

前锋区代市镇至梭罗乡的农村公路

建设中的巴（中）广（安）渝（重庆）高速公路广门互通

建设中的广（安）华（蓥）快速通道

广安市卫生和计划生育委员会

省卫计委副主任张祖芸到广安调研无偿献血工作

市卫计委主任郑建军到重庆市卫计委汇报渝广合作工作

市卫计委主任郑建军到广安区穿石乡清凉村开展送温暖活动

广安市实行单独二孩政策首例领取二孩生育证的群众

慰问护理工作者

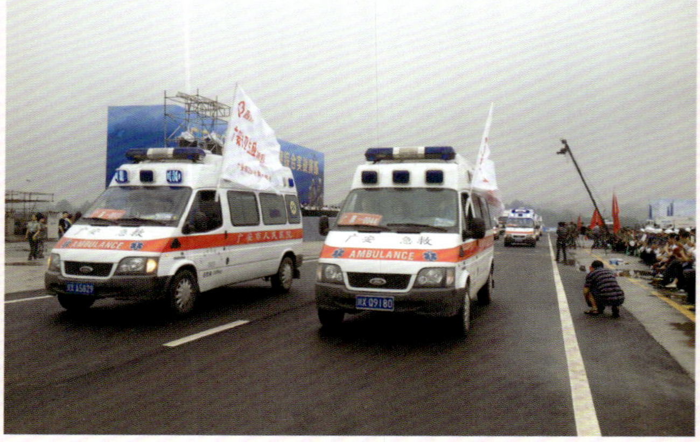

广安市卫生计生系统应急演练

广安市庆祝"5·12"国际护士节表彰大会

法国专家到广安市人民医院技术指导

"2014'思源救护中国行"活动救护车捐赠接收仪式

"八一"节送健康进警营

四川华西医院广安医院举行签字暨揭牌仪式

广安市举办"我是冠军"卫生计生系统技能大赛

广安市农业局

市委书记侯晓春调研广安优质水稻基地

市委副书记、市长罗增斌巡视农博会广安展馆

市委常委、政法委书记肖雷在西部(西安)农博会上推荐“邓小平故里优质农产品华蓥山公用品牌”

广安市在成都举行“邓小平故里优质农产品华蓥山公用品牌”推荐会暨农业招商引资项目签约仪式

农博会上邓小平故里优质农产品华蓥山公用品牌展馆

现代农业基地建设

观塘现代农业园区

广安市水务局

副省长甘霖到市水务局调研

省水利厅厅长冷刚，市委书记侯晓春，市委副书记、市长罗增斌出席“9·13”防汛抢险工作会

市委书记侯晓春一行调研全民水库增容改造工程

局长徐元武调研西溪河全民水库

新改建的广安区七一水库渠系

全市农田水利基本建设现场会

西溪河葫芦岛堤防（三期）竣工

广安市洁净水工程及猫儿沟水库开工

建成的岳池县大高滩集中供水工程

省工商局党组书记、局长万鹏龙视察在苏州市举行的“2014 中国国际商标品牌节暨中华品牌博览会”广安馆

省检查组指导市工商局依法行政工作

市工商局党组书记、局长余万祥看望慰问定点帮扶村留守儿童

市工商局承办广安市第一届迎国庆“名标”商品展销会

中国工商出版社智库型传媒建设推进暨专家聘任工作会在广安市举行

市工商局启动党的群众路线教育实践活动

组织农贸市场业主召开创建全国文明城市动员会

开展“3·15”“红盾春雷行动”街头宣传活动

广安市烟草专卖局（公司）

1 2
3 4 5
6
7 8

1. 2014 年工作会
2. 开展扶贫帮困活动
3. 市烟草专卖局（公司）局长、经理刘丹云深入市场走访零售客户
4. 市烟草专卖局（公司）党员活动阵地接受省直工委领导检查
5. 展开展“3·15”法治宣传活动
6. 女职工到福利院看望残障儿童
7. 开展拓展培训
8. 广安烟草篮球队参加全省系统“诚至诚杯”篮球赛取得第五名

邓小平图书馆

国家旅游局向邓小平图书馆捐赠图书

省委常委、成都市委书记黄新初到邓小平图书馆视察

市委书记侯晓春到邓小平图书馆（汉陶博物馆）调研

市委副书记、市长罗增斌到邓小平图书馆调研

市委常委、宣传部部长唐雄兴到邓小平图书馆调研

馆长彭贇到基层图书馆调研

邓小平生平思想
知识有奖竞答赛

广安市档案局

省档案局党组书记、局长丁成明到广安检查档案工作

省档案局党组成员、副局长罗亚夫到广安调研

局领导参观“邓小平廉政思想与实践”专题展

局领导开展“走基层、写春联、送祝福”活动

开展“12·4”档案法制宣传

召开中层干部“三述”测评会议

召开广安市2014年档案工作会议

召开2014年档案业务培训会议

广安市粮食局

市委副书记、市长罗增斌，副市长刘和斌在国家粮食局汇报工作

省粮食局局长张书冬在广安放心粮油示范店检查指导工作

市委常委甘用德率队参加川渝第二届粮油精品展示展销会

副市长张瑛在“世界粮食日”“全国爱粮节粮宣传周”启动仪式后巡查首届粮油商品展销会

市粮食局领导督促指导华蓥粮食物流园区建设

市粮食局学雷锋志愿服务队为贫困村送去科学储粮小粮仓

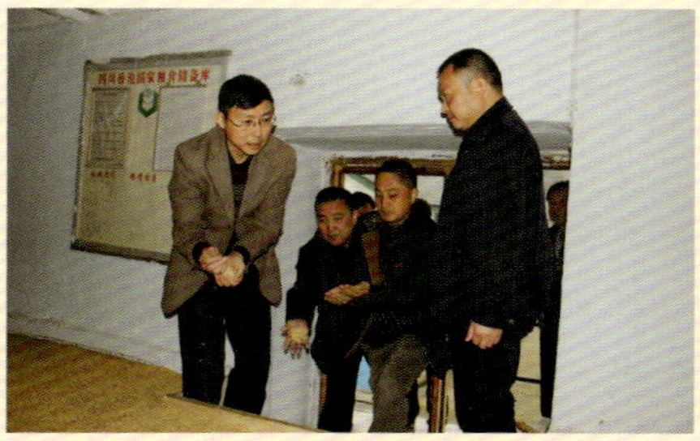

市粮食局领导在收购库点检查托市粮收购

参加首届粮油展销会的嘉宾参观”世界粮食日”主题雕塑

广安良信电子商务公司宣传放心粮油产品

中央储备粮广安直属库

中央储备粮广安直属库仓储保管员向分公司领导汇报储粮情况

中储粮以“两个确保’和“三个维护”为企业的根本使命，秉持“忠诚 创新 高效 卓越”的价值追求，通过提供优质服务实现国家放心。

中国储备粮管理总公司成都分公司领导检查仓储工作

中央储备粮广安直属库办公楼

广安市航务管理局

2014年，航务海事系统全力以赴保障水上交通安全，全市600多艘营运船舶、500余公里航道，未发生水上交通安全事故，有力保证了人民群众的生命财产安全和社会安定。全年全市水路运输完成社会客运量135.94万人次，客运周转量1243.58万人公里，货运量571.9万吨，货运周转量32423.5万吨公里。正式开通了广安至重庆的班轮，2014年11月6日，首艘1000吨级货船将18个集装箱的石膏粉顺利运抵广安港，标志着广安水运步入新的时期。

局长周进才与采砂船员举行安全生产座谈会

市地方海事局向邻水县长滩中心学校赠送一批救生衣

检查客渡船舶救生安全设备

检查采砂船生产安全

指导学生正确穿戴救生衣

水上交通安全宣传进学校

首艘千吨级货轮进入渠江广安水域

广安港新东门码头

广安市公路管理处

处长刘伟慰问直属养护段职工

改建后的小平故里路

志愿者服务队街头宣传

小平故里路病害整治

会仙桥竣工

邻遂路道路整治现场

华蓥市养护段应急分队开展除雪工作

改造后的兴平道班

整治公路上打场晒粮行为

安装公路安保工程（波形防护栏）

广安市公路运输管理处

省运管局局长刘四昌检查广安春运工作

市交通运输局局长王晓明检查车站运输工作

处长柳维波上“三严三实”专题党课

召开安全会议

开展“大提升大比武”活动

狠抓队伍建设

广安市公安局交通警察支队

1. 省直机关工委副书记、省委第十三督导组组长汤建平到支队车管所检查指导工作
2. 市委副书记、市长罗增斌深入现场调研交管工作
3. 市委副书记、市长罗增斌，副市长、市公安局局长邓文国等领导深入城区各执勤点慰问节日期间执勤交通民警
4. 副市长、市公安局局长邓文国到川东高速广安东站检查指导工作
5. 副市长席廿洪调研城区幼儿园周边交通秩序工作

执行大型纪念活动交通安保任务

举行道路交通安全宣传活动

《1012 交广直播间》开播

华蓥市经济和信息化局

广安市委书记侯晓春在华蓥市工业园区调研

广安市政协主席刘凤成率政协委员视察华蓥工业企业

华蓥市委书记肖伟华深入广华工业园区调研

华蓥市委副书记、市长谭焰到溪口机械加工企业调研

局长雍黎明深入领创电子调研

园区企业生产车间

举行重大工业项目集中开工仪式

启动党的群众路线教育实践活动

召开“三严三实”专题教育集中谈心谈话会

开展扶贫帮困活动

中国人民银行广安市中心支行

总行党委组织部副部长郑五福深入广安中支支农再贷款惠农创业示范基地调研

成都分行党委书记、行长周晓强在广安调研时与市委、市政府主要领导座谈

人行成都分行党委委员、副行长严思勃参加“感恩小平·共建广安”金融工作座谈暨金融对接大会

成都分行党委委员、副行长边志良到广安中支调研依法行政工作

人行成都分行党委委员、纪委书记刘飞到广安中支验收行政监察方式创新工作

成都分行党委委员、工会主任岑岑到广安中支指导民主生活会

市委常委王义杰到广安中支检查工作

市政府副市长陈捷到广安市信用信息中心调研

广安中支组织金融系统开展金融知识宣传普及活动

中国农业银行股份有限公司广安分行

市委常委王义杰到农行广安分行调研

人行广安中支行行长王浩到农行调研

农行省分行副行长陈实一行深入网点调研

召开 2014 年工作会暨职代会

开展送春联送祝福活动

客户经理在西瓜基地为农户上门服务

“五四”青年节员工风采展示

团委青年员工在广安火车站开展服务返乡务工人员

深入小微企业开展金融服务

华蓥支行送金融知识下乡

四川省农村信用社联合社广安办事处

全国工商联常委、四川省政协副主席、省工商联主席陈放，省农村信用社联合社理事长王华一行到广安农信调研座谈

省农村信用社联合社理事长王华、省政协副秘书长、农业委员会副主任刘宇一行在岳池联社调研

省农村信用社联合社理事长王华代表全省农信系统向广安红军小学捐赠500万元

省农村信用社联合社主任张远国深入岳池联社调研网点建设

省联社主办、市文广新局和省联社广安办事处承办、四川省农村信用社星河艺术团承演的“感恩小平作贡献·同心共筑中国梦”文艺演出

省委党的群众路线教育实践活动第13督导组对省联社广安办事处群教活动进行民主测评

广安第一家本土商业银行——武胜农商银行正式成立

参加在武胜举办的“农信银杯”2014CCTV三农创业致富榜样评选推介活动

邻水县联社全民金融知识大奖赛群众答题现场

广安市广安区农村信用合作联社

2014年，广安区农村信用合作联社以成就广安农村商业银行改制要件为目标，以支持“三农”、支持中小微企业、支持区域经济发展为已行，积极落实“惠农兴村”“扶微助小”“融城旺社”三大金融服务工程，坚定不移的走四川农信特色发展之路。到年末，各项存款余额达到89.15亿元，各项贷款达到45.48亿元，实现各项收入67398万元，创造存款增、贷款升、质量优、收入涨的良好业绩。

省联社资保处处长向彦明（右）与省联社广安办事处主任黄跃（中）慰问职工

存贷业务持续增长。2014年联社存、贷款营销取得较好成效，9月成功突破130亿元大关。通过加强服务、大力发行银行卡、做好外出务工人员对接工作等方式，实现存款组织迅猛增长，当年新增存款15亿元。联社把握好信贷投放节奏，用好用足合意贷款规模，加大有效贷款营销力度，积极支持“三农”、小微企业和社会民生。2014年，累计发放各项贷款27.07亿元，贷款余额达到45.48亿元，实现净投放6.31亿元。其中，累计发放涉农贷款17.70亿元，涉农贷款余额达到30.70亿元，占各项贷款总额的67.50%，较上年增加5.98亿元。

联社领导和干部共商联社发展大计

资产结构更趋优化。联社在2014年下大力气对资产质量和结构进行优化，实现不良贷款较年初净降4107万元，成功收回地方政府融资平台贷款1083.8万元。运用法律武器，保全信用社资产，收回当年诉讼案件金额5572.73万元、往年执行案件金额6104.68万元。同时，以达到建设农村商业银行要件为目标，与重庆国地资产、国际信托公司签订协议书，成功化解1.8亿“平安重庆1号”信托产品风险。

联社理事长张伟率队到企业调研

财务收入稳定增长。2014年各项收入稳定增加，实现收入总额6.74亿元，同比增加1.24亿元。其中信贷利息收入实现4.5亿元，占总收入66.77%，百元贷款收息率达10.82%；货币市场交易总额达到206.93亿元，实现利息收入1.22亿元；实现中间业务净收入597.84万元。

联社理事长张伟、副主任刘子菡慰问小学生

联社领导慰问敬老院老人

联社举办银企对接座谈会

开展"存款破百亿"路演活动

在思源广场宣传金融知识

联社营业厅

开展'农信杯'全民金融知识大奖赛活动

"农信杯"全民知识大奖赛获奖人员留影

中国邮政储蓄银行股份有限公司广安市分行

省分行行长刘义龙到广安调研

广安分行金融支持“三农”座谈会议

省分行行长刘义龙，市委常委、政法委书记肖雷，市政府副市长钟志荣一行到基层调研

省邮政公司总经理杜卫红调研广安邮政金融业务

省分行副行长周广明到广安分行调研

省分行副行长刘强到广安分行调研

省分行副行长张忠平到广安分行基层支行调研

省分行副行长周亚平到广安分行调研

总行法律与合规部总经理余红永调研广安邮政金融业务

市委常委王义杰到分行调研

副市长陈捷到分行调研

广安分行开展党的群众路线教育实践活动

市委党校常务副校长蒙焱雄指导广安分行上党课

人民银行广安中心支行行长王浩到分行调研

中国邮政集团公司广安分公司

省公司总经理杜卫红到广安邮政公司调研

广安分公司总经理余琦梅调研基层工作

中国邮政集团公司邮票发行部总经理高山参观广安集邮展厅

举办抗战胜利 70 周年全国主题集邮巡展和邓小平同志诞生 111 周年首发式

举办世界邮政日宣传活动

副市长刘和斌参加广安邮政 2015 年工作会

感恩主题邮局开业

迎春晚会

启动第十一届青少年书信文化活动

中国人寿保险股份有限公司广安市分公司

副市长刘和斌在市政府十楼会议室组织召开2014年全市农村小额人身保险工作会

中国人寿武胜公司在中心镇现场理赔75000元小额保险理赔金

广安市公司庆祝中国人寿连续12年入选世界500强

市委常委王义杰、副市长刘和斌在市公司总经理王建明陪同下视察广安市分公司宣传展区

中国人寿广安市分公司“国寿防癌疾病组合保险”首卖日，市民群众排队购买

中国人民财产保险股份有限公司广安市分公司

中国人民财产保险股份有限公司广安市分公司（简称人保财险广安市分公司）是中国人民财产保险股份有限公司的二级分支机构，是广安市境内经营财产保险业务时间最长、机构网络最健全、技术设备最雄厚、服务最完善、业务规模和市场份额最大、偿付保障能力最强的一家最大的综合性财产保险公司，下辖广安、华蓥、岳池、武胜、邻水、前锋 6 个县级支公司和 46 个保险营销服务部，主要经营各类财产损失保险、机动车辆保险、机动车交通事故责任强制保险、政策性农险、责任信用险、短期意外伤害保险和健康保险等 130 余个险种和业务。

2014 年，公司保费收入 4.1 亿元，承担风险保障 1380 亿元，赔案数 6.1 万件，支付赔款约 3 亿元，缴纳税收和代征代收车船税 3200 万元，代征车购税 2970 余万元。

市委书记侯晓春为公司颁发“支持地方经济发展先进单位”奖牌

捐建的贫困村引水槽

客户赠送锦旗

农村小额意外保险理赔

为受灾养殖户理赔

总经理曾继强为贫困户送去慰问金

关爱留守儿童

慰问贫困群众

举办晨会风采展示比赛

成立人保爱心基金，连续两年开展“爱心助学”帮扶活动

开展人保之友俱乐部“金秋十月光雾山赏红叶”自驾游活动

开展“7·8”保险公众宣传日活动

中国平安财产保险股份有限公司广安中心支公司

总经理邹晓林检查优质服务窗口

表彰诚信服务明星

客户赠送锦旗

保险公众宣传日活动

开展消费者权益日宣传活动

中国石油天然气股份有限公司
四川广安销售分公司

中国石油四川广安销售分公司是中国石油天然气股份有限公司在广安市设立的分支机构，属于国有大型企业。设8个职能科室，下辖前锋油库、非油品经营部以及广安、邻水、华蓥、武胜、岳池等5个片区，在岗员工466人。拥有在用油库1座，总库容1.6万立方米；加油站57座，其中营运加油站43座、加气站1座，销售网点遍布城乡。截至2014年12月底，公司资产总额1.6亿元，固定资产4570.28万元，销售成品油23.43万吨，市场占有率80%左右，实现税收1981.98万元。

副市长刘和斌到公司油库调研

公司总经理谭宏在岳池片区检查工作

公司签订战略合作协议

开展党的群众路线教育实践活动

公司青年志愿者推广自主加油

举办职工运动会

前锋油库

长乐加油站

广安职业技术学院

团中央领导王捍忠到学院检查

市委书记侯晓春到学院作形势报告会

市委副书记、市长罗增斌到学院检查

学院与人行广安市中心支行签定战略合作协议

学院建设中期验收

中国文联在学院举行纪念邓小平诞辰 110 年慰问演出

纪念五四运动文艺汇演

2014 年校园歌手大赛

学院新生军训

广安市人民医院

2014年，广安市人民医院继续坚持“以人为本、服务社会”的办院宗旨和“爱心、质量、人才、品牌”的核心理念，以病人为中心，抓服务质量的改进，以质量为核心，抓医疗安全的防范，以改革为契机，抓管理能力的提升，按照《广安市卫生局2014年度绩效考核目标》和《广安市人民医院2014年工作计划》认真开展工作，以新思路、新观念、新举措增强医院工作的生机与活力，促进了医院稳步发展，较好地完成了各项目标任务。院党委被市直机关工委表彰为“市直机关先进基层党组织”；神经内科护理组被省总工会表彰为“四川省五一巾帼标兵岗”，护理部获市妇联表彰为“巾帼文明岗”；陈华被市委表彰为“优秀共产党员”、陈红梅被市直机关工委表彰为“优秀共产党员”；王君获“纪念邓小平诞辰110周年先进个人”。全年服务门急诊患者60万人次，同比增长10.5%；服务住院患者5.4万人次，同比增长9%；服务手术患者2.2万台次，同比增长28.8 %。

省卫生计生委主任沈骥出席四川大学华西医院广安市人民政府合作签字暨四川大学华西医院广安医院揭牌仪式

副市长陈全禄到医院慰问

副省长陈文华在市委书记侯晓春陪同下视察医院

副省长陈文华、四川大学副校长步宏、市委副书记肖友才、四川大学华西医院院长李为民为四川大学华西医院广安医院揭牌

市委书记侯晓春到医院调研

市委常委、宣传部部长唐雄兴慰问医务人员

院长王光林为华西医院的五名专家教授颁发学科主任聘书

院长王光林深入前锋区龙滩乡青杠村精准扶贫

院党委书记、副院长付茂军深入前锋区桂兴镇界牌村精准扶贫

开展卫生下乡义诊活动

捐款帮扶

四川大学华西医院与广安市人民政府战略合作签约暨四川大学华西医院广安医院举行揭牌仪式

学雷锋志愿服务活动

开展“党员义工日”活动

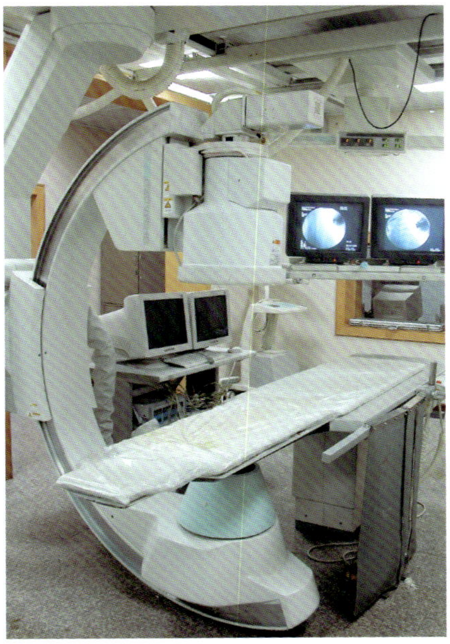

1000MA 大型 C 臂数字减影 X 光机（DSA 机）

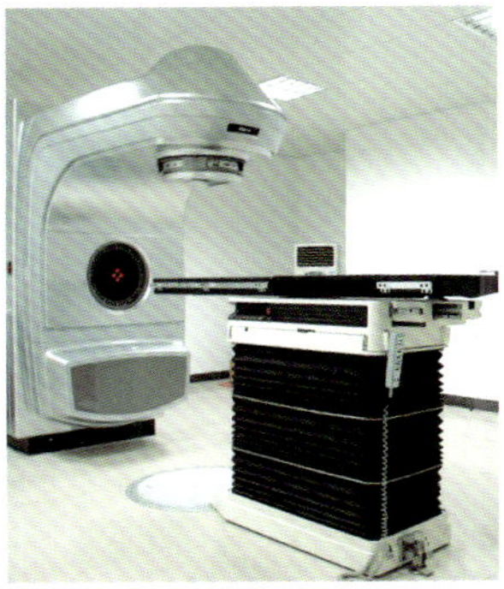

GK-100 型医用电子直线加速器

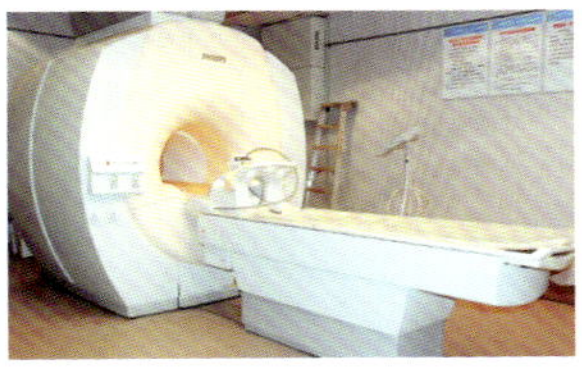

飞利浦 lnteral.5T 磁共振机

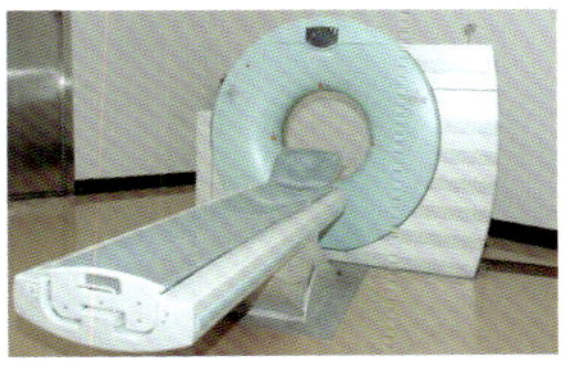

西门子螺旋 CT

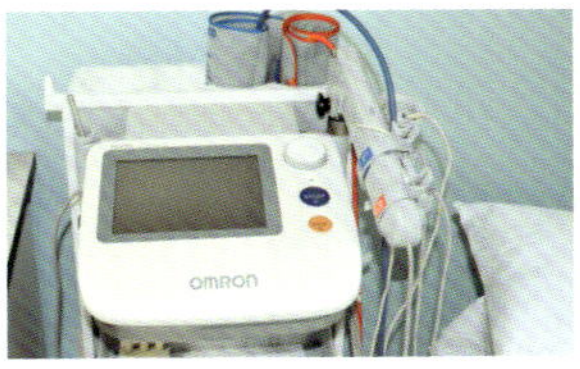

动脉硬化检测仪

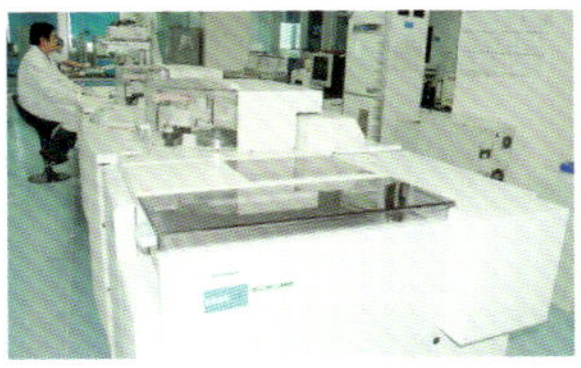

全自动生化分析仪

广安市妇幼保健院

市委副书记、市长罗增斌，副市长陈全禄在市卫计委主任郑建军，副主任张君的陪同下，慰问医院一线医务工作者

开展义诊活动

慰问残疾儿童

广安市广安区人民医院

广安市广安区人民医院（原区中医院）建院于1959年3月，2000年11月，在原“广安市广安区中医院”的基础上增挂“广安市广安区人民医院”，2015年2月，经区委四届六十五次常委（扩大）会议研究，决定将医院正式更名为“广安市广安区人民医院”。新址占地面积33亩，建筑面积29000平方米，总投资近亿元。医院编制床位300张，开放床位500张，可容纳年收治门诊患者26万余人次，年收治住院患者3万余人次；手术室、检验科、重症监护室以及消毒供应室等均按三级医院标准建设；建设规范化体检科，开展一站式体检服务；门诊楼、住院楼宽敞明亮，院内外环境舒适优美，住院病房、就诊科室均配置有中央空调。为加快医院建设进度，区政府将城北储配气罐所属地块划拨给医院作为二期工程建设，二期门诊外科综合楼计划投资7000万元，建设规模25000平方米，预计2017年完工。

省卫计委、市卫计委领导到医院检查分级诊疗工作

市委常委、市总工会主席甘用德在区委书记文建平，区委副书记、区长吴荣胜的陪同下到医院调研二期工程建设

医院党委书记、院长王月成慰问社区贫困户

2015迎新春歌咏比赛

专家义诊活动

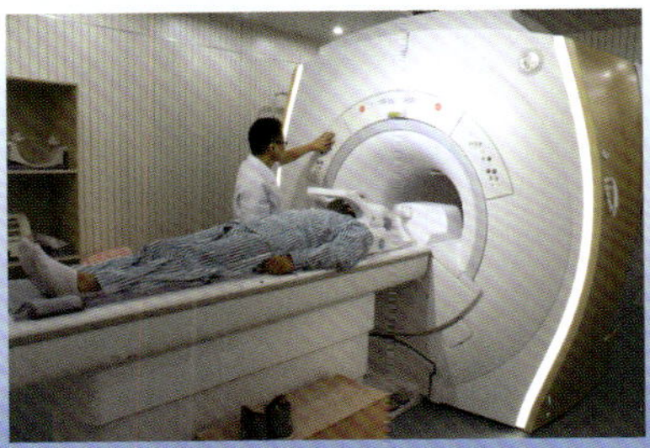

美国GE1.5T超导核磁共振

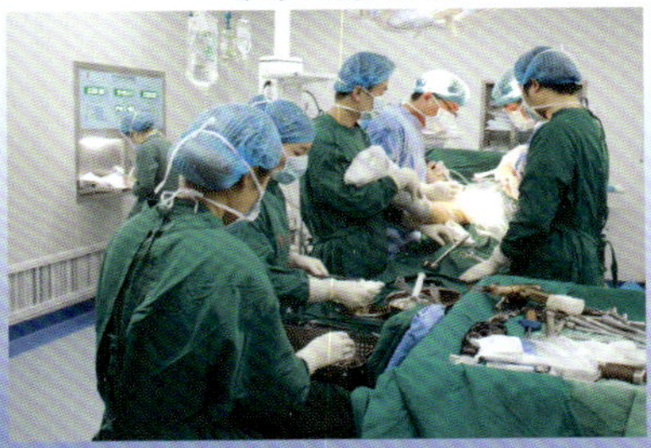

人工髋关节置换术

岳池眼科医院

岳池眼科医院是广安市最具规模的治疗和预防眼病的专科医院，是广安市城镇职工基本医疗保险定点医院、新型农村合作医疗定点医院、广安市白内障手术复明定点医院。岳池县扶残助残先进集体、四川省助残先进集体、全国残疾人康复工作先进集体。

医院占地 11. 3 亩，建筑面积 5000 平方米，环境优美，管理规范，设病床 60 张，有职工 50 人。开设准分子激光治疗近视、白内障、眼底病、斜弱视、青光眼、眼外伤、眼整形、医学验光配镜、低视力康复等临床科室。

医院设备先进，引进日本 EC5000 准分子激光治疗机、美国爱尔康公司的超声乳化仪、玻璃体切除系统、德国蔡司手术显微镜、日本尼德克电脑验光仪、眼用 A/B 超、非接触式眼压计、荧光眼底照相机、OCT、Master 等系列眼科现代医疗先进设备。

医院开展准分子激光治疗近视，白内障超声乳化 + 人工晶体植入术、眼后段玻璃体切除术、抗青光眼术、斜视矫正术、眼外伤、眼整形、眼底病、低视力康复等各种眼病的诊断和治疗。

免费为儿童视力普查

为群众义诊

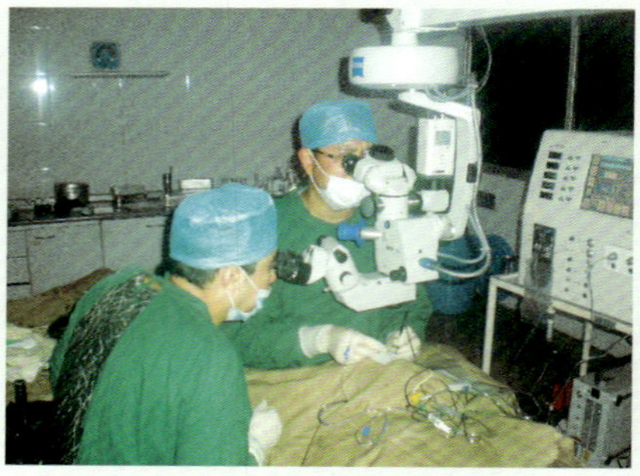

玻璃体切割术

建院 22 周年合影

四川广安爱众股份有限公司

公司董事长罗庆红深入基层调研

四川广安爱众股份有限公司（以下简称“公司”）是于 2002 年 10 月经四川省人民政府批准由原四川渠江电力有限公司改制设立的一家股份制公司，注册资本 7.18 亿元，在职员工 2664 人，主营水力发电、供电、天然气供应、生活饮用水，以及水电气仪表校验、安装、调试等。公司于 2004 年 9 月在上海证交所上市，股票代码 600979。

公司自成立以来，秉承“爱心起搏生活，服务情连大众”的经营理念，积极发挥机制、人才、技术、管理等方面的优势，立足广安优势资源，放眼周边和西部，通过资源控制、技术创新、市场开拓、资本运作、产业链延伸等战略措施，构筑企业核心竞争力，努力成为主业突出的能源资源开发和公用事业服务企业集团。截止 2014 年底，公司总资产 61.53 亿元，净资产 19.21 亿元，下辖水、电、气三个事业部，负责水电气专业化的运营和管理。在四川广安、南充、绵阳以及云南德宏、昭通和新疆投资控股 18 个子公司（含 1 个控股孙公司），1 个参股公司，1 个合资公司。年发电能力约 12 亿千瓦时，年供电能力 18 亿千瓦时，年供水能力 6000 万立方米，年供气能力 3.38 亿立方米，努力为客户提供优质、高效、安全的能源和公用服务产品。

学习贯彻十八届三中全会

“3·15”宣传活动

抢险作业

用电安全检查

管网改造

电网升级改造

四川广安承平港务有限公司

广安港：渠江（四九滩——丹溪口）广安航运建设工程位于广安市境内，由新东门作业区一期工程、富流滩船闸改扩建工程和航道整治工程三个单项工程组成，由四川省港航开发有限责任公司（股权比例95%）和广安市政府（股权比例5%）投资，四川广安承平港务有限公司建设管理。其中，新东门作业区主要是以集装箱、大宗散货、件杂货等运输为主，是具有装卸存储、中转换装、运输组织、临港工业、现代物流、旅游客运等功能的综合性现代化港口。该工程拟新建6个1000吨级泊位，多用途泊位4个、散货泊位1个、液货泊位1个，设计年吞吐量为集装箱7.8万标箱、件杂货121万吨，散货50万吨、液货32.3万吨。新东门作业区一期工程5、6号泊位已开港试运行，作业区已进一步完善的功能分区，包括集装箱处理区、多式联运区、仓储配送区、物流处理区、停车场区、加工包装区、管理办公区、展示交易区、综合服务区等。其中，件杂仓库已获批为川东北第一家“保税仓库”。港口逐渐具备了全程物流服务，主要为进出港的货物提供集装箱拆箱、堆存、中转服务、分拨配送、增值加工、信息代理、展示交易等。建设与现代物流相配套的信息交换中心、仓储中心、货运代理业务中心和货物集散、分拨及配送中心，成为川东北地区的物流集散中心和配送中心。

富流滩船闸改扩建工程：拟建III级船闸1座，船闸尺度为200m×23m×4.2m（长×宽×门槛水深），通过能力为年过闸货运量1399.7万吨。截止到2015年3月，完成投资额2.8亿元，工程总量70%。

渠江四九滩至丹溪口段航道整治工程：按照内河III级航道标准进行整治，航道尺度为2.4m×60m×480m(水深×直线段宽度×弯曲半径)，整治长度为70.9km。截止到2015年3月，完成投资额1.0亿元，施工I标除白塔段因文物保护的原因外全部完成，航标、站房已进入招投标阶段。

市委书记侯晓春、副市长陈捷调研港口建设

市委副书记、市长罗增斌，市人大常委会主任余仪在广安港调研

四川省川东北分水物流服务联盟成立大会

广安港首发出港集装箱

广安港

四川广安承平投资开发有限公司

承平盛世 3000 亩规划鸟瞰图

四川交投集团作为省属国有重要骨干企业，于 2010 年正式挂牌成立，总资产超 2000 亿元，是川内最大的国企。四川交投集团主要职责是按照省政府交通发展规划和年度计划，筹集重大交通基础设施建设资金，对公路、港口、航道及以航道渠化为主的航电枢纽、客货运站场等重大交通基础设施项目进行投融资、建设和管理，对划入的国有资产进行经营管理，在川内 90% 以上的公路、港口、航道等都是由该集团公司修建，每天至少惠及一亿人的生活。集团在建和建成公司公路超 4200 公里，通车里程超 2800 公里，分别占全省的 65% 和 80%。

在省内，除地产开发外，广安港、四九滩水电站、小龙门电站、青居电站、都京港码头，以及“嘉舟丽港”酒店等均为集团旗下项目。在地产板块，除承平盛世项目外，正在开发的地产项目包括：南充“上河湾”，南充“滨江景城”，仁寿“北城时代”，苍溪“汉水秀城”。2015 年，包括南充清泉寺项目在内的多个项目陆续启动。

承平盛世实景

承平盛世项目：承平盛世项目是交投置地在广安全力打造的 1 号作品。项目位于中桥片区，为广安市区的南出口，靠近广安港、城市综合服务中心，西为广安旧城区、北为奎阁、东南为官盛区。该区域将建设为“生态之城，未来之都”的生态型宜居临港配套区，体现广安多元的文化生活，完善的城市配套，和谐的生活氛围。项目总体规划 3000 亩。一期占地 86 亩，共 1236 套住宅及 17000 平商业，仅 8 个月售罄，2015 年年底交付使用，项目二期占地约 55 亩，共 756 户，容积率仅为 2.5，这种容积率一般只是多层洋房采用。二期高层电梯和电梯洋房成点式布局于小区内部，这种布局使小区内每一户的通风采光都达到极致，最大限度地提升小区的居住品质，已销售 90%。项目三期占地 116 亩，住宅共 1190 户，作为承平盛世升级产品，2015 年 11 月推售。

第一大道风情商业街

承平盛世一期

承平盛世二期

承平盛世三期

广安市住房和城乡建设局组织省上有关专家、市区及各县辖区所有房产项目安全负责人在承平盛世项目二期施工现场观摩学习

中国移动四川广安分公司

副市长刘和斌出席广安市4G开通仪式

“八一”建军节移动公司与军分区领导座谈

四川移动副总经理刘耕到广安移动公司调研

广安市教育局与广安移动公司签订教育信息化战略合作协议

在广安市4G开通仪式上，公司总经理陈健全接受媒体采访

新华社等十余家中央省市媒体到广安移动公司采访智慧城市建设情况

“9·13”特大暴雨灾害通信保障